见识城邦

更新知识地图　拓展认知边界

人性中的善良天使

暴力为什么会减少

[美] 斯蒂芬·平克——著　　安雯——译

The Better Angels of Our Nature

Why Violence Has Declined

Steven Pinker

中信出版集团 | 北京

图书在版编目（CIP）数据

人性中的善良天使：暴力为什么会减少 /（美）斯蒂芬·平克著；安雯译．--2 版．-- 北京：中信出版社，2019.7（2025.11 重印）

书名原文：The Better Angels of Our Nature: Why Violence Has Declined

ISBN 978-7-5217-0643-7

Ⅰ.①人… Ⅱ.①斯…②安… Ⅲ.①世界史–文化史–研究 Ⅳ.①K103

中国版本图书馆 CIP 数据核字（2019）第 094307 号

人性中的善良天使：暴力为什么会减少

著　　者：[美] 斯蒂芬·平克
译　　者：安　雯
出版发行：中信出版集团股份有限公司
（北京市朝阳区东三环北路 27 号嘉铭中心　邮编　100020）
承 印 者：河北鹏润印刷有限公司

开　　本：787mm × 1092mm　1/16　　印　　张：61.25　　字　　数：990 千字
版　　次：2019 年 7 月第 2 版　　印　　次：2025 年 11 月第 7 次印刷
京权图字：01–2014–8127　　审图号：GS 京（2022）0762 号
书　　号：ISBN 978–7–5217–0643–7
定　　价：128.00 元（全 2 册）

服务热线：400–600–8099
投稿邮箱：author@citicpub.com

献 给

伊娃（Eva），卡尔（Carl）和埃里克（Eric）

杰克（Jack）和戴维（David）

亚尔（Yael）和丹尼尔（Danielle）

以及他们将继承的世界

人是一种怎样的混合生物呀！ 他新奇、古怪、混乱，自相矛盾，不可思议！ 他裁断世上万物，他是微末的蚯蚓、真理的宝库，是充满谬误和不确定性的阴沟，宇宙的光荣和糟粕。

——布莱兹·帕斯卡

总　目

上册目录

第 4 章 人道主义革命 151

第 5 章 长期和平 223

第 6 章 新和平 349

图表目录

序　言

本书所谈论的可谓人类历史最重大之事。无论你是否相信（我知道大部分人不信），纵观历史长河，暴力呈现下降趋势；而今天，我们也许正处于人类有史以来最和平的时代。暴力减少的过程肯定不是一帆风顺的，暴力并未全然消失，这一趋势也不能确保会持续下去。但无论我们观察的是人类数千年的历史，还是短期事态，大至发动战争，小到体罚儿童，暴力下降的趋势有目共睹，无可置疑。 xxi

暴力的退却对人类生活的影响无所不在。一个人如果时刻忧虑自己会被劫持、强暴或杀害，如果他赖以生存和发展的设施可能在落成之际即被洗劫和焚毁，他就很难发展出复杂精致的艺术、学术和商业。

暴力的历史轨迹不仅影响人们如何生活，也影响人们对生命本身的认识。人类久经厮杀，处境到底是改善了，还是恶化了？还有什么比解答这个问题更能让我们认识生命的意义和目的呢？家庭、部落、传统和宗教，饱受个人主义、世界主义、理性和科学等种种力量的侵蚀。对于这种现代性，我们又该做何理解？我们眼中的世界到底是一场充斥着犯罪、恐怖主义、屠杀和战争的噩梦，还是以历史的标准衡量，是一个前所未有的和平共处时期，答案取决于我们如何理解历史的变迁。

对暴力变化趋势是在上升还是下降的判断也离不开我们对人性的理解。虽然基于生物学的人性理论通常将暴力视为宿命，心智白板论认为暴力是后天生成的，但我的观点恰恰与此相反。我们应该如何理解人类之初的自然状态和人类历史进程的开端？觉得暴力在增加的人认为，我们创造的世界已经毒化了人类自身，而且很可能已经无法逆转；而觉得
xxii 暴力在减少的人认为，我们的起点确实很低，但文明将我们引向崇高，我们可以期望这一向上的进程将会持续下去。

本书篇幅巨大，但我别无选择。首先，我必须要说服你，在人类历史上，暴力确实在减少。我知道，此论必定遭到质疑、责备，甚至激起愤怒。我们的认知将我们预设为相信自己生活在暴力时代，特别是在这个时代，有媒体推波助澜，其信条是“见血的消息上头版”。人类的大脑在估算事件概率时，总是避难就易地从回想案例和图像开始。与老人安然辞世的画面相比，残暴杀戮的场景更易令人产生身临其境般的感觉，让我们刻骨铭心。[1]不论暴力死亡的比例有多小，它的绝对数都足以填满媒体的晚间新闻，让人们对暴力的印象与其实际比例完全脱节。

放大危险感也符合道德心理学。从来没有人会为了宣扬世界已经变得更美好而去招募志愿者，传播好消息的人总是被告诫闭上嘴巴，以免诱发人民的自满情绪。而知识界的大部分人都极不愿意承认，在文明、现代性和西方社会里还有些积极的东西。也许，正是某种最初推动暴力减少的力量，制造了暴力永存的幻象。在暴力行为减少的同时，容忍或美化暴力的态度也在减少，而且人们的态度通常起主导作用。按照人类历史上大规模暴行的标准，得克萨斯州的注射死刑，偶发的流氓挑衅少数族裔的种族仇恨罪，都只能算是些小打小闹。但是，站在当代的道德制高点上俯视，我们把它们看作我们的行为可以堕落到什么程度的标志，而不是我们的标准已经提高到什么程度的标志。

面对这些先入为主的观念，我只能用数字来说服你们。我将从数据库中收集这些数字，并将其制成图表。我会解释数据的来源，并尽力说明数据是如何被采集的。我提出的问题是，如何理解在家庭、社区、部落和其他武装派别之间，以及在主要民族和国家之间，暴力在许多方面都在减少。如果每一个层面上暴力历史的轨迹各有其特质，那么它们就应该各有专著论述。但让我一再惊讶的是，回顾过去，世界上各个层面的暴力几乎呈现一致的下降趋势。这就有必要在一本书中结集文献，寻

找这些发展在何时、如何且为何出现了这些共性。

我希望能让读者相信，当很多不同形式的暴力都呈现下降的趋势，
就很难说这是一种偶然，因此需要我们给出解释。暴力的历史可以很自
然地演绎成一个道德的传奇—— 一场正义反抗邪恶的英勇奋战，但这不 xxiii
是我的出发点。我的方法是对历史的因缘进行广义的科学解释。我们可
能会发现，道德领袖（主流道德的制定者和捍卫者）以及他们的活动对
和平有着特殊的贡献。但我们也可能发现一些更直白的原因，比如技术、
管理、商业或知识等方面的变化对和平的作用。暴力减少不能被看作一
个不可阻挡的、能将人类带往完美和平这一最终目标的进步力量，它只
是一组基于不同历史阶段、不同人类群体行为的统计趋势，因此需要从
心理学和历史学的角度来解释：人类的大脑如何应对情势的变化。

这本书的大部分篇幅是在探讨暴力和非暴力心理学。我大量援引的心智理论是对认知科学、情感和认知神经科学、社会和进化心理学，以及其他有关人性的科学研究的综合。在我的著作《心智探奇》（*How the Mind Works*）、《白板》（*The Blank Slate*）、《思想本质》（*The Stuff of Thought*）中，我探讨过这些理论 。我从中认识到，心智是一个具有认知和情感功能的复杂系统，这些功能由大脑实现，而大脑的基本构造又源自进化过程。这些功能的某些部分让我们产生各种暴力倾向，而另一些功能，比如林肯所说的“人性中的善良天使”，则把我们引向合作与和平。解释暴力减少的方法是查明我们的文化和物质环境中有哪些变化让我们天性中爱好和平的动机占了上风。

最后，我要证明，人类的历史已经融入人类的心理层面。人类的一切事务都彼此关联，暴力事件更是如此。跨越时间和空间来看，越和平的社会往往越富裕、健康，受教育程度和管理水平越高，对妇女的尊重程度越高，从事贸易的可能性也越大。在这些优良的特质中，哪些开启了良性循环，哪些只是伴生品？回答这个问题并不容易。人们很容易屈服于不能令人满意的循环论证，比如暴力减少是因为文化中的暴力因素减弱了。

社会科学家将社会变量分为“内生”和“外生”两种，前者处于系统内部，可能受到它们所试图说明的现象的影响，而后者则受外力的驱

动。外生力量可以来源于实践领域，例如技术、人口统计、商业和治理机制的变化，也可以来源于知识领域，因为新思想被构思和传播，并拥有自己的生命。对历史变迁最令人满意的解释是确定一个外生的触发力。在数据允许的限度内，我将试图找出在不同时间以不同方式曾经作用于
xxiv 我们心智的外生力量，而这些力量就是导致暴力减少的原因。

对这些问题的讨论，汇聚成此部长篇巨著——这本书分量太重，我不妨将主要结论做一个预告。《人性中的善良天使》是一个关于六大趋势、五个心魔、四位善良天使、五种历史力量的故事。

六大趋势（第 2 章至第 7 章）。人类这个物种从暴力中后撤经历了种种发展。条分缕析，我将其归纳为六大趋势。

第一个趋势是以千年为尺度的过程：我们这个物种的大部分进化史是在狩猎、采集和栽种中完成的。大约 5000 年前，人类从这种无政府状态开始向第一个具有城市和政府的农耕文明过渡。伴随这一转变，人类在无政府自然状态下的常规劫掠和打杀减少了，暴力死亡率下降到原来的 1/5 左右。我将这个和平阶段称作“平靖进程”（pacification process）。

第二个过渡期历时 500 多年，欧洲史对这一阶段有详尽的记载。从中世纪晚期到 20 世纪，欧洲国家的凶杀率下降了 90%~98%。在社会学家诺贝特·埃利亚斯（Norbert Elias，1897—1990 年）的经典著作《文明的进程》（*The Civilizing Process*）一书中，他将这一令人讶异的暴力减少归因于分散的封建领地整合为具有中央集权和商业基础设施的大王国。与埃利亚斯所见一致，我将这一趋势称为“文明的进程”（civilizing process）。

第三个变迁跨越几个世纪，起始点大致是 17 和 18 世纪的“理性时代”和“欧洲启蒙运动”（尽管这一变迁是对古希腊文明和文艺复兴的传承，在世界其他地区也同时存在平行的古代文明）。在这一阶段，第一次出现了有组织的社会运动，推动废除那些已被社会接受的暴力形式，比如专制、奴隶制、决斗、严刑逼供、迷信杀戮、残酷处罚和虐待动物，系统地形成了和平主义的第一个高潮。历史学家有时称这种转变为“人道主义

革命”（humanitarian revolution）。

第四个重大变迁始于“二战”结束。战后的几十年间，人类见证了史无前例的发展：超级大国和发达国家停止了彼此之间的战争。历史学家将这一天赐佳景称为“长期和平”（long peace）。[2]

第五个趋势也与武装冲突有关，但它变得越来越有节制。虽然从新闻报道中，人们还很难相信这一结论，但自冷战结束，各种武力冲突——内战、种族清洗、专制政府的对内镇压，以及恐怖袭击，在世界范围内一直在减少。鉴于这一令人欢欣的发展并不稳定，我将之称为“新和平”（new peace）。

最后，1948 年《世界人权宣言》标志着战后时代的到来，人们对较小规模的侵犯行为越来越反感，这些行为包括对少数族裔、妇女、儿童、同性恋的暴力侵犯和对动物的虐待。从 20 世纪 50 年代后期至今，随着接连 xxv
不断的社会运动，由人权概念衍生的民权、女权、儿童权利、同性恋者权利和动物权利逐一登场，我将此阶段称为“权利革命”（rights revolutions）。

五个心魔（第 8 章）。许多人坚信“暴力压力释放理论”：人类具有一种内在的侵犯性——死亡本能或嗜血的冲动，这种聚积在我们内心的压力必须阶段性地得到释放。这种理论完全背离现代科学对暴力心理的理解。侵犯性（aggression）不是单一的动机，更不是一种日渐迫切的冲动。它是几种不同心理系统的输出，它们的环境诱因、内在逻辑、神经生物基础以及社会分布各不相同。第 8 章对五种心理系统进行了阐释。“捕食或工具性暴力”（predatory or instrumental violence）仅仅是作为实现某种目的的实用手段。“支配欲”（dominance）则表现为对权威、声望、荣誉和权力的追求，它的表现形式可以是个人之间的叫阵，也可以是种族、民族、宗教或民族团体之间的权力之争。“复仇心”（revenge）激起了人类的道德冲动，施行报复、惩罚，伸张正义。“虐待狂”（sadism）以他人的痛苦为快乐。“意识形态”（ideology）则是一个共同的信仰体系，它通常具有一种乌托邦式的幻想，为了追求无限的善可以不择手段地使用暴力。

四位善良天使（第 9 章）。人之初并非性本善，亦非性本恶，但是他们生来就具备某些动机，这引导他们远离暴力，趋向合作和利他。“共情”（empathy），特别是同情意义上的共情，让我们对他人的痛苦感同身受，并对他人的利益产生认同。“自制”（self-control），让我们能够预测冲动行事的后果，并相应地抑制冲动。“道德感”（moral sense）将一套规则和戒律神圣化，用以约束和管治认同同一文化的群内相互关系。有些时候，这些规则和戒律使暴力减少，但部落的、威权的和道学的规则却经常会增加暴力。“理性”（reason）让我们得以超脱有限的视角，思索我们的生活方式，追寻改善的途径，并引导我们天性中的其他几种美德。在本书的一小节中，我将从生物学家的技术角度，探讨是否有可能从基因变化上看出最晚近的人类进化史也确实是趋向暴力减少的。不过，本书的着眼点是变迁的环境条件：不变的人性在不同历史环境变化中的不同表现。

五种历史力量（第 10 章）。在最后一章中，我试图结合心理学和历史学，找出那些有利于人类的和平动机和驱使暴力大幅减少的外生力量。
xxvi “利维坦”（leviathan），即国家和司法垄断了武力的使用，可以化解掠夺性的攻击，抑制复仇的冲动，避免各方自以为是的自利式偏见。“商业”（commerce）是一个各方都可以是赢家的正和博弈，因为技术进步使商品和思想可以跨越的距离越来越远，参与的人群越来越庞大，他人的生命也因此更有价值。他们也就更不会成为被妖魔化和非人化的目标。“女性化”（feminization）社会文化越来越尊重女性的利益和价值的过程。既然暴力主要是男性的消遣，提高妇女赋权的文化总是更少鼓吹暴力，也更不会在无所寄托的年轻男性中滋生危险的亚文化。“世界主义”（cosmopolitanism）的力量，例如识字率、流动性和大众媒体，都有助于人们从与自己不同的人的角度出发，扩大共情的范围，接纳他人。最后，知识和理性在处理人类事务中具有越来越重要的作用——“理性的滚梯”（escalator of reason）使得人们认识到暴力循环有害无益，克制将一己之私置于他人利益之上的特权，并且重新审视暴力，将其看作一个需要解决的问题，而不是一场争夺胜负的竞赛。

一旦人们意识到暴力在减少，他们眼中的世界将与以前有所不同。往昔不再纯洁无瑕，今天亦未必礼崩乐坏。人们开始意识到，公园里嬉戏的异族通婚的家庭，拿元首当笑料尽情调侃的喜剧演员，还有那些在危机来临时悄悄地偃旗息鼓，而不是使战争升级的国家，我们身边这些习以为常的细节，对于我们的祖先而言都是无法实现的乌托邦。我们对此无须自鸣得意，今天我们得以享有和平，是因为过去几代人痛恨暴力的蹂躏，为减少暴力而付出了他们的努力，我们今天也应该为减少尚存的暴力而努力。确实，对暴力在减少这一事实的认识，最有效地证明了人类的努力是值得的。人性中的残暴，长久以来就是道德教化的对象。认识到某种力量能减弱人的残暴性，我们就能找出其中的因果关系。与其追问“为什么会有战争”，不如多问问“为什么会有和平”。我们不仅可以追究我们到底做错了什么，也可以探讨我们做对了什么。因为有些事情我们确实做对了，那么最好能搞清楚这些做对的事情究竟是什么。

* * *

很多人问我是怎样开始进行暴力分析的。这不是一个难回答的问题：研究人性必然要关注暴力。我是从马丁·戴利和马戈·威尔逊有关进化心理学的经典之作《杀人》（*Homicide*）中第一次了解到暴力是在减少的。他们在这本书中调查了非国家形态社会中的高暴力死亡率，以及从中世纪至今凶杀案的减少。在以前的几部著作中，我均提到过这些暴力 xxvii
下行的趋势，结合西方历史上的废奴、结束专制、停止酷刑处罚等人道主义的发展，以此支持一个观点，即道德进步与人类心智的生物学解释和对人性中阴暗面的认知是一致的。[3]在回答网络论坛 www. edge. org 2007 年的年度问题“你对什么比较乐观”时，我重申了这些观点。我的这个观点引发了历史犯罪学和国际关系研究学者的大量来信。他们告诉我，暴力减少的历史证据要比我知道的更丰富。[4]他们的数据让我相信，这是一个被低估的、有待讲述的故事。

所以，我首先要向这些学者致以最深切的感谢，他们是 Azar Gat，Joshua Goldstein，Manuel Eisner，Andrew Mack，John Mueller 和 John Carter Wood。我在写作本书时，也受益于与 Peter Brecke，Tara Cooper，Jack Levy，James Payne 和 Randolph Roth 之间的通信。他们慷慨地与我分享他们的思想、文章和数据，亲切地指导我进行远非我专长的领域的研究。

David Buss，Martin Daly，Rebecca Newberger Goldstein，David Haig，James Payne，Roslyn Pinker，Jennifer Sheehy-Skeffington 和 Polly Wiessner 阅读了本书的初稿，并提出了极为有益的建议和批评。Peter Brecke，Daniel Chirot，Alan Fiske，Jonathan Gottschall，A. C. Grayling，Niall Ferguson，Graeme Garrard，Joshua Goldstein，Capt. Jack Hoban，Stephen Leblanc，Jack Levy，Andrew Mack，John Mueller，Charles Seife，Jim Sidanius，Michael Spagat，Richard Wrangham 和 John Carter Wood 对部分章节所做的评论，让我获益匪浅。

许多人及时地回复了我就本书提出的询问，甚至提出了建议，他们是 John Archer，Scott Atran，Daniel Batson，Donald Brown，Lars-Erik Cederman，Christopher Chabris，Gregory Cochran，Leda Cosmides，Tove Dahl，Lloyd deMause，Jane Esberg，Alan Fiske，Dan Gardner，Pinchas Goldschmidt，Cmdr. Keith Gordon，Reid Hastie，Brian Hayes，Judith Rich Harris，Harold Herzog，Fabio Idrobo，Tom Jones，Maria Konnikova，Robert Kurzban，Gary Lafree，Tom Lehrer，Michael Macy，Steven Malby，Megan Marshall，Michael McCullough，Nathan Myhrvold，Mark Newman，Barbara Oakley，Robert Pinker，Susan Pinker，Ziad Obermeyer，David Pizarro，Tage Rai，David Ropeik，Bruce Russett，Scott Sagan，Ned Sahin，Aubrey Sheiham，Francis X. Shen，Lt. Col. Joseph Shusko，Richard Shweder，Thomas Sowell，Håvard Strand，Ilavenil Subbiah，Rebecca Sutherland，Philip Tetlock，Andreas Forø Tollefsen，James Tucker，Staffan Ulfstrand，Jeffrey Watumull，Robert Whiston，Matthew White，Maj. Michael Wiesenfeld 和 David Wolpe。

哈佛大学的许多同事和学生慷慨地向我提供了他们的专业知识，他
们是：Mahzarin Banaji，Robert Darnton，Alan Dershowitz，James Engell，Nan-
cy Etcoff，Drew Faust，Benjamin Friedman，Daniel Gilbert，Edward Glaeser， xxviii
Omar Sultan Haque，Marc Hauser，James Lee，Bay McCulloch，Richard
McNally，Michael Mitzenmacher，Orlando Patterson，Leah Price，David Rand，
Robert Sampson，Steve Shavell，Lawrence Summers，Kyle Thomas，Justin Vin-
cent，Felix Warneken 和 Daniel Wegner。

特别感谢那些和我一起为本书制作数据报告的研究者。Brian Atwood 进行了无数精确的统计分析和数据库搜索工作，他的工作不仅完整，而且富有洞察力。William Kowalsky 从民意调查领域发现了很多相关的研究成果。Jean-Baptiste Michel 帮助开发了书虫项目、谷歌全球书籍词频统计器和谷歌书籍语料库，并构建了一个具有独创性的战争规模分布模型。Bennett Haselton 所做的一项有关人对暴力历史的观感的研究信息十分丰富。Esther Snyder 协助完成了绘图和文献搜索的工作。Ilavenil Subbiah 为本书设计了精美的图表和地图，并多年来一直为我提供关于亚洲文化和历史的宝贵见解。

我的文学代理人 John Brockman 提出的问题，促使我写作此书，他对初稿提出了很多有益的意见。Wendy Wolf 是我在企鹅出版社的编辑，本书的定稿很大程度上是在她对初稿所做的详细分析基础上成型的。对于 John 和 Wendy，还有企鹅出版社的 Will Goodlad 对本书写作的每一个阶段所给予的支持，我深怀感激。

我由衷地感谢我的家人 Harry，Roslyn，Susan，Martin，Robert 和 Kris 给予我的爱和鼓励。我必须向 Rebecca Newberger Goldstein 表达我最深切的感激，她不仅丰富了本书的内容和风格，她对本书价值所抱有的信念也给了我极大的激励。在塑造我的世界观方面，她比谁做得都多。本书题献给我的外甥女、外甥和我的继女们：愿他们享有一个暴力不断减少的世界。

第 1 章

陌生的国度

往昔是一个陌生的国度：那里人们的行为与我们全然不同。

—— L. P. 哈特利

如果往昔是一个陌生的国度，那它就是一个极端残暴的国度。人是健 1
忘的，常常不记得生活曾经何等危险，每时每刻、方方面面都表现出残忍的野蛮。文化记忆抚平了往日的块垒，原来的血腥已经褪色，留下的只有轻描淡写的纪念。佩戴十字架的妇女很少会想到这曾经是古代常用的刑具。一个人说到替罪羊时，也不会想到一种旧俗：为处罚王子的胡作非为，要鞭打一个无辜的孩子。我们周围到处都是祖先生活方式的丑恶印记，但我们几乎没有意识到它们。正如旅行可以开阔视野，对我们的文化遗产进行一次思想之旅，也许能够提醒我们，往昔的生活有多么不同。

21 世纪的开端以“9·11”恐怖袭击事件、伊拉克战争和达尔富尔危机为标志。如果有人说我们生活在一个非同寻常的和平时期，你很可能认为此人不是梦呓就是别有用心。我从与人们的谈话和调查中得知，大部分人拒绝相信这一判断。[1] 在这一章，我将用日期和数据来说明这个问题。但是，首先，为了软化你的立场，我想提醒你，大家熟知的历史里充满了罪恶的史实。我这样说，不是为了争论而争论。科学家经常要对他们的结论进行合理性检验，对真实世界做抽样，以确保他们的方法没有缺陷，不至于得出荒谬的结论。本章的各个小节就是对我后面使用的数据进行的合理性检验。

下面，让我们走马观花，游历一个叫作“往昔”（公元前 8000 年至 20 世纪 70 年代）的陌生国度。我们不是要再次回望那些已经被赫然载入史册的战争和暴行，相反，我们要在那些貌似熟识的地标背后进行搜索，寻找那些被掩盖着的罪恶。当然，“往昔”不是一个单一的国家，
2 它跨越了多种多样的文化和习俗。它们所具有的共性在于令人震惊：这个旧世界暴力横行，人们逆来顺受，甚至经常认可暴力；而且暴力的方式之残忍，足以震撼21世纪西方人敏感的心灵。

史前人类

1991年，两名徒步旅行者在蒂罗尔州阿尔卑斯山脉发现了一具从融化的冰川中探出的尸体。救援人员以为这是一起滑雪事故的遇难者，他们用风钻将尸体从冰川中挖掘出来，这损坏了尸体的大腿和背包。而当某位考古学家发现一把新石器时代的铜斧时，人们才意识到这具尸体已有5000年的历史了。[2]

现在，这具尸体被称作“冰人奥茨”，他成了家喻户晓的明星，上过《时代周刊》的封面，成为多部著述、纪录片和文章的主题。自梅尔·布鲁克斯（Mel Brooks）的《两千岁老人》（“我有4.2万个儿孙，但没有一个来看望我”）以来，还没有哪一位千岁老者能告诉我们这么多过去的事情。奥茨生活在人类从狩猎–采集社会向农耕社会过渡的关键历史时期，那时，替代石器的金属工具刚刚出现。除了铜斧和背包，他还带着一筒羽箭、木柄匕首，还有一块裹着树皮的琥珀—— 一套精心制作的打火装置。他戴着有皮帽带的熊皮帽子、用兽皮缝制的绑腿，防水的雪鞋的材料是皮革和麻线，里面还衬着草。他患有关节炎的关节上有文身，这很可能是针灸留下的痕迹。他随身携带着有药用价值的蘑菇。

在冰人被发现10年后，放射专家宣布了一个惊人的发现，奥茨的肩膀上嵌着一个箭头。他并不是像原来科学家推测的那样，失足落崖后被冻死，而是被谋杀的。新石器犯罪现场调查组对奥茨进行了尸检，勾勒出当时的犯罪场景。奥茨的手上、头部和胸部都有尚未愈合的创伤。DNA（脱氧核糖核酸）分析在奥茨的羽箭头上发现了另外两人的血迹，从他的匕首上发现了第三个人的血迹，而在他的斗篷上还有第四个人的

血迹。据场景复原，奥茨参与了一次抢劫，与比邻的部落发生了冲突。他用箭射杀一人，然后取回了箭，射杀了另外一人，再次取回了箭。他背着一个受伤的同伴，在受袭后进行抵抗，最后自己中箭倒地。

到 20 世纪末，奥茨不再是唯一一个成为科学明星的千年老人。1996 年，在华盛顿州的肯纳威克，一场水上飞机竞赛的观众注意到哥伦比亚河岸边有暴露的骨头。考古学家很快找到了一具生活在 9400 年前的男性骨架。[3]“肯纳威克人”很快成为法律和科学争议的目标，受到媒体的高度关注。几个美洲印第安人部落互相抢夺对这具骸骨的监护权，并力争要按照传统掩埋骸骨。但是，联邦法院驳回了他们的要求，指出没有一种人类文化能够连续存在 9000 年。当科学研究重新开始，人类学家对自 3
己的新发现颇为激动——在人体解剖学上，肯纳威克人和今天的美洲原住民非常不同。一项报告称此人有欧洲人的特征，另一项报告称他和“阿伊努人”，即日本的原住民相吻合。两种可能性都意味着美洲曾经有几次独立的移民迁入，这与 DNA 证据相矛盾。DNA 证据表明，美洲原住民是西伯利亚移民的后裔。

肯纳威克人之所以成为一个令人着迷的科研对象，有多个原因。原因之一是，在肯纳威克人的骨盆上留有一枚石弹。尽管他的盆骨已经部分愈合，这表明他并非死于此伤，但法医证据明确无误地指出，肯纳威克人被击中过。

我们只有两具史前人类的遗骨，而他们生命的结束方式，都是非常可怕的。大英博物馆的很多参观者都被“林多人”吸引了。那是一具保存完好、有 2000 年历史的古尸，于 1984 年在英国的泥炭沼泽地被发现。[4]我们不知道他有多少孩子来探望过他，但我们知道他是怎样死的。他的头盖骨被钝器击裂，他的脖子被扭断了，不仅如此，他的喉咙也被割了。林多人可能是一个德鲁伊教的人，被以三种方式牺牲，以献祭给三位神。北欧泥炭沼泽地保留下来的男女尸体都带有被勒死、被棍棒打死、被刀扎或者遭受酷刑的痕迹。

在为此书做研究的一个月时间里，我检索到两个保存完好的人类尸体的新故事。一个是在英格兰北部的泥沼中挖出的一个 2000 年前的头骨。当考古学家清理头骨的时候，感觉到里面有东西在动，于是从底部的敞口处向里看，看到里面有一种黄色的东西，它竟然是被保存下来的大脑。和以往一样，尸身保留完好的程度并非值得我们关注的唯一要点。这具头骨是被故意从尸体上切割下来的，这告诉考古学家，这是一位活人献祭的受害者。[5] 另一个故事是德国的一处有4600年历史的坟墓，里面埋葬着一位男子、一位女子和两个男孩的尸体。DNA 分析显示，他们是一个核心家庭的成员，这应当是科学界已知的最古老的核心家庭。这四位死者是同时下葬的。考古学家认为，这表明他们是在一场袭击中被同时杀害的。[6]

难道说，古人不进行谋杀，就不能给后人留下一具有趣的尸骨了吗？根据丧葬学理，有些案例可以有合理的解释，因为只有经过处理的尸体才能够长久地保存。也许，在人类的第一个千禧年开始的时候，只有那些作为献祭品牺牲者的尸体才会被扔进泥沼，因此得以为后代保存下来。但是，我们还是没有理由认为，古人保存这些人的尸体，只是因为他们
4 是被谋杀的。下面，我们要从法医的鉴定结果来看看古代尸体的死亡原因，以及它是怎样落到我们的手里的。目前，史前的遗骨给我们留下的明确印象是，在“往昔”这个地方，人的身体极有可能受到伤害。

荷马的希腊

我们对史前人类暴力的理解主要依赖于偶然受到防腐处理或者石化而保留下来的尸体，所以它必定是很不完整的。但是，一旦文字开始传播，古人就给我们留下了他们如何处理日常事务的更完整的记录。

《荷马史诗》被视为第一部西方文学名著，在许多文学阅读指南中占据首位。尽管荷马的故事以公元前1200年左右的特洛伊战争为背景，但他写作的时间要晚得多，应该是在公元前800至公元前650年。人们认为他的作品反映了那个时代东地中海的部落和酋邦内的生活现实。[7]

今天，人们经常听到这样的说法，以整个社会为攻击目标，而不仅仅是限于攻击对方武装力量的全面战争，是现代的发明。人们一般将全

面战争归咎于民族国家的出现、普救论的意识形态和远距离杀伤技术。但如果荷马的描述是准确的（它们与考古学、民族志和历史相吻合），那么古希腊的战争在全面性上绝不亚于现代战争。阿伽门农向国王墨涅拉俄斯解释他的作战计划时这样说：

> 怎么，心软了，我的兄弟？为何如此关照我们的敌人？或许，你也曾得过特洛伊人的厚爱，在你的家里？不，不能让一个人躲过暴烈的死亡，逃出我们的手心——哪怕是娘胎里的胎儿，也绝不放过！让特洛伊人死个精光，无人哀悼，不留痕迹！[8]

文艺理论家乔纳森·戈特沙尔（Jonathan Gottschall）在他的著作《强暴特洛伊》（*The Rape of Troy*）中讨论了古希腊战争的作战方式：

> 士兵划着吃水浅的快船登岸，海边的居民未及抵抗就遭到扫荡。男人通常被杀死，牲畜和其他可携带的财物被劫掠一空，妇女被带走，成为胜利者的性奴或家奴。荷马时代的男子经常要面对突发的暴力死亡，女子则生活在持续的恐惧中，时刻为她们的男人和孩子的生命担忧。海面上的每一片帆影都可能预示着被强暴、被奴役的厄运。[9]

我们还经常读到，20 世纪的战争具有空前的破坏力，因为战争使用的武器是机关枪、大炮、轰炸机和其他远程武器，士兵无须进行面对面 5
的肉搏，就可以毫无怜悯地杀死大量从未谋面的敌人。根据这一推理，手持武器远远没有现在高科技战争手段这样的杀伤力。但是，荷马生动地描绘了当时的战士可能造成的大规模破坏。戈特沙尔给出了形象的范例：

> 冰冷的青铜轻而易举地刺入肉体，带着黏稠液体的血肉四处横飞：颤抖的矛尖上挂着一块人脑，年轻人绝望地用手捂住内脏，眼球被挑出眼眶，或从头骨上被割下来，在尘土中茫然地闪着微光。尖利

> 的兵器在年轻的躯体上砍进杀出：在额头的正中，在太阳穴，在两眼之间，在脖颈处，从嘴巴或脸颊的一侧穿透到另一侧，刺穿肋骨、胯部、臀部、手、肚脐、后背、腹部、乳头、胸部、鼻子、耳朵和下巴……长矛、长枪、箭、剑、匕首和石块，贪婪地吞噬着肉体和鲜血。喷洒的鲜血，在空气中散成血雾。骨片横飞，骨髓从鲜红的创口涌出……
>
> 激战之后，上千名阵亡者，加上伤者的残肢断臂血淌成溪，和土为泥，灌沃了平原上粗壮的野草。男人驾驭着沉重的战车和钉着马刺的战马，在泥泞中跋涉，士兵脚上的系带鞋裹满泥巴。盔甲和武器散落在四周。尸横遍野，慢慢在腐化、分解，成为野狗、蠕虫、苍蝇和乌雀的盛宴。[10]

在 21 世纪的战争中，当然还能见到强暴妇女，但长久以来，这一直被视为一种野蛮的战争罪行，大多数军队试图阻止这样的暴行，而其余军队则予以否认和隐瞒。但是，对《伊利亚特》的英雄们来说，女性的身体是正当的战利品：妇女是他们可以随心所欲地享受、垄断和处置的。墨涅拉俄斯在妻子海伦被诱拐后，发动了特洛伊战争。阿伽门农拒绝将一名性奴交还给她的父亲，遂将希腊拖入灾难。他忽然心动，占有了一位本来属于阿喀琉斯的姑娘，后来他送给阿喀琉斯 28 个女子作为赔偿。而阿喀琉斯是这样描述自己的职业的："我熬过了一个个不眠之夜，挨过了一天天喋血苦战，为了抢夺敌方壮勇们的妻女，而和他们拼死相争。"[11] 奥德赛在离家 20 年后回到妻子身边，他杀死了那些追求妻子的男人，尽管人们都认为他已经战死；当他发现这些男人与家中的侍妾们通奸时，他下令儿子将她们一并处死。

即便按照今天战争纪录片的标准，这些屠杀和强奸的故事也是令人震惊的。荷马和他笔下的人物肯定在哀叹战争的无益，但是他们认为这是命中注定，只能接受，就像天气，人人都在谈论，但无人能做任何改
6 变。正如奥德赛所说："我们人类，按着宙斯的意志，必要历经残酷的战争，从年轻直至死亡，谁也不能幸免。"人们在制造武器和运用战术

上倾注了大量的心血智慧，但说到战争的原因，他们立刻变得束手无策。人们不是将战争的苦难作为一个需要人类自己解决的问题，而是编造出暴躁的天神，将人类自己的悲剧归咎于神的嫉妒和愚蠢。

希伯来《圣经》

和荷马的作品一样，希伯来《圣经》讲述的场景约在公元前2世纪后期，但写作的时间是在500年后。[12] 与荷马的作品不同的是，《圣经》在今天受到数十亿人的尊崇，被他们奉为道德价值的源泉。《圣经》是世界上最畅销的出版物，已被翻译成3000种语言，世界各地酒店的床头柜上都有它的身影。戴着祈祷头巾的正统犹太人亲吻《圣经》，美国法庭上的证人将手放在《圣经》上发誓，甚至总统在宣誓就职时也要手触《圣经》。尽管地位崇高，《圣经》却是一出漫长的暴力庆典。

起初，神创造天地。耶和华用地上的尘土造人，将生命的气息吹进他的鼻孔里，让他成了有灵魂的人亚当。耶和华从亚当的身上取下一根肋骨，造成一个女人。亚当叫自己的妻子夏娃，因为她是众生之母。亚当知道夏娃是自己的妻子，她怀孕，生了该隐。她再次怀孕，生了该隐的兄弟亚伯。该隐与他的兄弟亚伯说话，二人正在田间，该隐起来攻击他的兄弟亚伯，把他杀了。在一个人口为4人的世界上，这一行径造成25%的凶杀率，比当今西方国家的凶杀率高出大约1000倍。

男人和女人一开始繁衍生息，上帝就认定他们有罪，而种族灭绝是人类应得的惩罚。（在比尔·考斯比的喜剧小品中，挪亚的一个邻居问他为何要建造方舟，挪亚回答说："你能踩水多长时间？"）当洪水退去时，神给挪亚上了一堂道德课，即"仇杀律"："凡流人血的，他的血也必被人所流。"

《圣经》中的另一个重要人物是亚伯拉罕，他是犹太人、基督徒和穆斯林的精神祖先。亚伯拉罕有一个侄儿罗得，住在所多玛。因为那里的居民犯下了肛交和其他罪行，神要用神圣的凝固汽油弹毁灭那里的每一个男女和孩子。罗得的妻子犯下回头眺望焚城烈焰的罪行，因此被夺去性命。

神为了考验亚伯拉罕的道德观，命令他将儿子以撒带到山顶，捆绑起来，再割断喉咙，作为给神的燔祭。以撒能够生还，是因为天使拉住
7 了亚伯拉罕的手。1000 多年来，读者始终在困惑，神为什么进行这样可怕的试探。一种解释是，神之所以阻止他，不是因为亚伯拉罕通过了考验，而是因为他没有通过。但这样的解释不符合当时的标准：服从神的权威，而不是敬畏人的生命，才是至高的美德。

以撒的儿子雅各有个女儿叫底拿。底拿被绑架后受到奸污——这在当时显然是一种求爱的风俗，强奸者的家庭接着会向受害女子的父母出价买下她，为强奸者娶作妻子。底拿的兄弟们表示，一个重要的道德原则不允许他们做这样的交易——强奸者未行割礼。于是他们提出了一个条件：如果强奸者家乡的所有男子都割掉包皮，底拿就是他们的人了。当那里的男子挂着血淋淋的阴茎而行动不便的时候，底拿的兄弟们攻入城市，大肆掠夺和破坏，屠杀了男人，抢走了妇女和儿童。当雅各担心四邻的部落会进行报复性的袭击时，他的儿子们解释说，冒这个险是值得的："他岂可待我们的妹妹如同妓女？"[13]此后不久，他们重申了他们对家庭价值的承诺，这一次是将弟弟约瑟卖为奴隶。

雅各的后裔以色列人找到了去埃及的路。渐渐地，他们生养众多，这让法老心生不快，于是法老开始奴役他们，并下令杀死所有以色列人的新生男婴。摩西侥幸逃过了大规模的杀婴行为，长大成人后挑战法老，要求释放他的子民。无所不能的神本可以软化法老的心肠，但相反，神让法老变得更冷酷，这让神有理由用痛苦的疥疮和其他苦难折磨埃及人，接着又让他们的长子全部丧命。（"逾越节"这个词暗指神派来的行刑天使越过以色列人家的房门，屠杀埃及人的长子，饶过以色列人的孩子。）在这场屠杀之后，神又降下另一场屠杀，让追杀以色列人的埃及军队在跨越红海时全军淹没。

以色列人会聚西奈山，聆听《十诫》。它是一种伟大的道德准则，禁止雕刻偶像和觊觎牲畜，但允许奴役、强奸、虐待、肢解和对邻近部落的种族灭绝。摩西从神那里带回了一套完整的法律，规定亵渎神明、同性恋、通奸、顶撞父母和在安息日工作都为死罪。以色列人在等待摩

西返回的那一段时间里心烦意乱。为了打发时间，他们膜拜金牛雕像，而你可以猜想一下，为此他们应受什么惩罚——死亡。摩西和他的兄弟亚伦遵从神的旨意，杀死了 3000 名以色列同胞。

在《利未记》中，神用 7 个章节指示以色列人如何源源不断地屠宰神要求的牲祭。亚伦和他的两个儿子为第一次献祭准备了神堂，但是两个儿子疏忽了，用错了香料。神便将他们烧死了。

当以色列人往“应许之地”去的时候，他们遇到了米甸人。以色列人遵从神的命令，残杀男子，焚烧城市，劫掠牲畜，俘虏妇女和儿童。8
当他们返回向摩西报告时，摩西大怒，因为他们饶过了妇女的性命，而这些妇人中竟然有人引导以色列人敬拜敌人的神。于是，他向士兵下令，杀死所有人，只留下未婚的性奴作为对士兵的奖励，他们可以任意奸淫。“所以，你们要把一切的男孩和所有已嫁的女子都杀了。但女孩子中，凡没有出嫁的，你们都可以存留她们的活命。”[14]

在《申命记》第 20 和 21 节，对于那些不肯臣服的城池，神授予以色列人一项笼而统之的政策：用利剑杀光所有的男子，掠尽牲畜、妇女和儿童。当然，面对一张新近到手的美丽面孔，男子可能会有些麻烦：因为这个男子刚刚残杀了她的父母兄弟，她也许没有心情谈情说爱。神预见到了这个小小的不便，并提出下述解决方法：俘获人应该剃光她的头发，削短她的指甲，将她囚禁在他的房间里一个月，任她哀哭，使她的眼泪流干。然后，他就可以进屋，强奸她。

对于上了名单的其他敌人（赫人、亚摩利人、迦南人、比利洗人、希未人、耶布斯人），种族灭绝必须是彻底的：“其中凡有气息的，一个不可存留。只要照耶和华你神所吩咐的……”[15]

当约书亚入侵迦南并洗劫耶利哥城时，他将这一指示付诸行动。在城墙塌陷之后，他的兵士“将城中所有的，不拘男女老少、牛羊和驴，都用刀杀尽”。[16]更多的家园沦为焦土。约书亚“击杀全地的人，就是山地、南地、高原、山坡的人，以及那些地的诸王，没有留下一个。将凡有气息的尽行杀灭，正如耶和华以色列的神所吩咐的”。[17]

接着，以色列人的历史进入士师或部落酋长时代。他们中间最有名的参孙，因在自己的婚宴上屠杀了 30 个男子而为世所熟知，杀人的原因只是他需要他们的衣裳偿还赌债。为报杀妻杀父之仇，他又杀死了 1000 名非利士人，并放火焚烧尸体。而在他挣脱束缚后，他又用驴腮骨击杀了 1000 人。当他最后被俘，双眼被灼伤时，神再次赋予他力量，进行了一次“9·11”恐怖袭击事件式的自杀式袭击——他推倒一座大型建筑，压死了 3000 名在里面做礼拜的男女。

以色列的第一个王扫罗建立了一个小王国，这让他有机会报仇雪恨。几个世纪前，在以色列人出埃及的时候，亚玛力人曾经骚扰过他们，神下令“消灭所有的亚玛力人”。所以，当士师撒母耳膏立扫罗为王时，他提醒扫罗谨记神谕：“现在你要去击打亚玛力人，灭尽他们所有的，不可怜惜他们，将男女、孩童、吃奶的，并牛、羊、骆驼和驴，尽行杀
9 死。”[18]扫罗执行了命令，但他饶恕了亚玛力王亚甲的性命。撒母耳得知后震怒，并“在吉甲耶和华面前将亚甲杀死”。

扫罗最终被他的女婿大卫推翻，大卫吞并了南部的犹太部落，征服了耶路撒冷，立它为一个王国的首都。这个王国将持续 4 个世纪之久。后人用传说、诗歌和雕塑颂扬大卫。3000 年来，他的六角星一直是他的人民的象征。基督徒也尊崇大卫为耶稣的先驱。

但是，在希伯来《圣经》中，大卫并不仅仅是“以色列的美歌者”，一个弹奏竖琴吟诵《诗篇》的英俊挺拔的诗人。杀死歌利亚让他名声大振，随后他招募游击队，用刀剑顶着自己的同胞勒索钱财，并为非利士人充当雇佣兵作战。他的这些成就让扫罗心生嫉恨：在扫罗的宫殿内，女人们吟唱的是“扫罗杀死千千，大卫杀死万万”，所以扫罗要设计刺杀大卫。[19]大卫在发动一场成功的政变前侥幸逃脱。

大卫称王后，继续杀戮上万，保持着那个千辛万苦赢得的声誉。他的将军约押“毁坏亚扪人的地”，大卫“将城里的人拉出来，放在锯下，或铁耙下，或铁斧下”。[20]最后，大卫干了一件被神认为是不道德的事情，他下令进行一次人口统计调查。为了惩罚大卫的这一过错，神杀死了 7 万名以色列人。

在王室内部，性和暴力是无法分开的。一天，大卫在王宫的屋顶上

散步，偷窥到一名叫拔示巴的裸体女子。他为所见心感愉悦，于是将她的丈夫派往战场送死，将拔示巴充为后宫。后来，大卫的一个孩子强奸了自己的妹妹，又丧命于另外一个孩子的复仇之手。复仇者押沙龙召集军队，并与大卫的 10 个嫔妃通奸，企图篡夺大卫的王位。（按照惯例，我们不知道这些嫔妃对此有何感想。）押沙龙被大卫的士兵追赶时，树枝挂住了他的头发，大卫的将军将三柄长枪刺入他的心脏。家庭纷争并未到此结束。拔示巴玩弄手段，让大卫膏封他们的儿子所罗门为继承人。大卫的合法继承人、长子亚多尼雅刚提出抗议，所罗门就把他杀了。

所罗门王的杀戮要少于他的前任们，让他名垂青史的是他在耶路撒冷建造的第一圣殿，以及他编写的《箴言书》、《传道书》和《雅歌》（他在后宫有 700 个王妃和 300 个嫔妃，显然他不可能将所有的时间都花在写作上）。让他久负盛名的还是他最出色的品质——“所罗门的智慧”。两个住在一个房间里的妓女先后在几天内产子，其中一个婴儿夭折，两个母亲都声称那个活着的男孩儿是自己的。聪慧的所罗门王的判决是，抽出利剑，将孩子劈为两半，每个妇女各得一半血淋淋的尸体。10
一个女子立即撤回了自己的要求，而所罗门王就将男婴判给了她。“以色列众人听见王这样判断，就都敬畏他，因为见他心里有神的智慧，能以断案。”[21]

美好传说的间离效果能让我们忘记故事发生的那个残酷的世界。不妨想象一下，在今天的法庭上，一位裁决母子归属案的法官拿出一把电锯，威胁说要在争执各方的眼皮底下将婴儿劈作两半。所罗门确信，那个更仁慈的妇人（尽管我们永远也不知道她是否真是生母）会自己站出来，而另外那个卑鄙的妇人会看着孩子在她面前被屠杀——他是对的！然而，他也必须准备万一他错了，他要么劈死孩子，要么失去信誉。对两个妇人来说，她们肯定是相信这位智慧之王有能力实施这一令人毛骨悚然的谋杀。

在现代人眼中，《圣经》所描绘的世界，其野蛮程度令人惊心动魄。家庭直系亲属之间相互奴役、奸污和谋杀。军人毫无区别地屠杀平民，包括儿童。妇女被买卖，像性玩具一样被争来抢去。仅仅因为轻微的不服从，甚至不为任何原因，耶和华虐待和屠杀的人就有成千上万。这些暴行既不是孤立的个案，也不是鲜为人知的，所有那些在主日学校被孩子们用蜡笔涂色的、《旧约》中主要人物的故事里都能见到这些暴行。它们好像一条不断展开的情节线，绵延千年，从亚当、夏娃开始至挪亚，到三圣父（亚伯拉罕、以撒和雅各），到摩西、约书亚、士师们、扫罗、大卫、所罗门和后来的各位。据《圣经》学者雷蒙德·施瓦格尔（Raymund Schwager）说："希伯来《圣经》中有600多个段落是专门谈论族群之间、国王之间或个人之间的攻击、毁灭和相互残杀的……除了约有1000个句子提到耶和华现身亲手执行暴力惩罚，有更多的经文描写耶和华将犯罪者送到行刑人的刀口下，还有100多处提到耶和华亲口下令杀人。"[22]马修·怀特（Matthew White），一位自封的暴力学家，建立了一个数据库，里面有人类历史上主要战争、屠杀和种族灭绝造成的估计死亡人数，他认为《圣经》中有特别记载的大规模杀戮约为120万人。（他排除了《历代志下》第13节中描述的犹大人和以色列人之战的50万人的伤亡，因为他认为从历史上看，死亡人数是不可信的。）如果加上挪亚洪水的受害者，受害人数约为2000万人上下。[23]

当然，令人欣慰的是，这些事件大部分是从未发生过的。不仅没有证据显示耶和华水漫大地、火焚城市，就连三圣父、出埃及记和征伐建立犹太王国，也几乎可以肯定都是虚构的。在埃及的文字记载里，历史学家找不到任何有关百万奴隶离去的只言片语（而这样的事件不可能逃
11 过埃及人的眼睛）。在耶利哥城及其附近城市的废墟上，考古学家也没有发现任何在公元前1200年左右毁于战祸的痕迹。公元前1000年前后，如果真有一个从幼发拉底河延伸到红海的大卫王国，当时竟然完全没有人留意到它。[24]

现代《圣经》学者已经确认，《圣经》就是一部维基百科。它融合了500多年间许多作者的著述，它们风格各异、方言混杂，同一人物有不同名字，对神的理解也各不相同。它的编辑过程很随意，留下了大量自相矛盾、重复和前后不一致的内容。

希伯来《圣经》最古老的部分可能起源于公元前10世纪。它们涉及当地部落的神话和消亡，以及从邻近的近东其他文明中汲取的法律

准则。对于迦南东南部山区处于铁器时代的游牧和农耕部族，这些经文很可能就是他们据以裁决边界纠纷的法典。这些部落开始蚕食山谷和城市，间或也会发生劫掠，甚至摧毁一两个城市。最终迦南人接受了他们的神话，他们拥有共同的家谱，光荣的历史，防止他们叛逃到外国的一系列禁忌，并有一位防范自相残杀的隐形执法者。经文的初稿完成于公元前 7 世纪晚期至公元前 6 世纪中叶，那时巴比伦人征服了犹大王国，原居民被迫流亡，经文对这一时期给出了连续的历史叙述。经文定稿完成于公元前 5 世纪，犹大国居民已经返回自己的家园。

虽然《旧约》中的历史事件是虚构的（或者像莎士比亚的历史悲剧一样，经过巧妙的艺术加工），它仍然为我们观察公元前第一个 1000 年中期近东文明的生活和价值观提供了一扇窗户。不论以色列人是否卷入过种族清洗，他们显然认为这是个好主意。任何人都不曾想过，不被强暴，不被当作一件性具，可能是一位妇女的正当权益。在《圣经》作者的眼中，奴隶制，还有剜眼、石刑、分尸等酷刑都无可非议。与对习俗和权威不假思索的服从相比，人的生命毫无价值。

如果你认为，我回顾希伯来《圣经》的文字内容，是试图非难今天的数十亿信众，那你根本就没有明白我在说什么。毋庸置疑，犹太教徒和基督徒中的绝大部分人都是绝对正派的人，他们不会赞成种族灭绝、强奸、奴隶制，以及用乱石砸死犯轻罪的人。他们纯粹是将《圣经》作为神迹而敬畏的。在过去的几千年间，《圣经》一直在不断地被修改，被寓言化，或被谨慎地忽略，暴力内容较少的经文（犹太教的《犹太法典》和基督徒的《新约》）的地位越来越重要。而这一点正是问题的关键。人们对暴力的感受已经发生了巨变，今天的信徒对《圣经》是有取
舍的。他们只是口头上承认《圣经》是道德典范，而实际的道德观念却 12
来自现代原则。

古罗马帝国和早期基督徒

基督徒淡化了《旧约》中愤怒的上帝，更多地尊奉一个新观念的

神，即《新约》中上帝的儿子耶稣，一位“和平之君”。爱你的敌人，当人打你左脸时送上右脸，当然比剿杀一切生灵更具优势。可以肯定的是，为确保追随者的忠诚，耶稣也还是不能完全不使用暴力的意象。在《马太福音》第 10 章第 34~37 节，他说：

> 你们不要想，我是来叫地上太平；我来并不是叫地上太平，乃是叫地上动刀兵。因为我是来叫人与父亲生疏，女儿与母亲生疏，媳妇与婆婆生疏。人的仇敌就是自己家里的人。爱父母过于爱我的，不配作我的门徒；爱儿女过于爱我的，不配作我的门徒。

不清楚耶稣为什么要说这样的话，也没有证据显示他为此惩处了什么人。

当然，关于耶稣曾说过什么，做过什么，我们其实都没有任何直接的证据。[25]这些所谓耶稣的言辞，是在他死后几十年写的。基督教《圣经》和希伯来《圣经》一样，充满了自相矛盾、未经证实的史实和明显的虚构。但正如希伯来《圣经》让我们看到了公元前第一个 1000 年中期的社会价值，基督教《圣经》给我们讲述了公元 1 世纪、2 世纪的社会状态。事实上，在那个时代，耶稣的故事绝非特例。很多异教神话都讲到神派来一位救世主，在冬至那天出生，母亲是处女，出生时有十二位相应十二星宫的门徒环绕身旁。救世主在春分日像替罪羊一样，陷身地狱，在欢乐中复活，象征性地被门徒分食，最终得到救赎和永生。[26]

耶稣故事的背景是古罗马帝国，它刚刚成为犹太人的又一个征服者。尽管基督教的第一个世纪处于“古罗马和平”时期，但所谓的太平安宁只是一个相对的状态。当时正是古罗马帝国野蛮扩张的年代，包括征服不列颠，烧毁耶路撒冷的第二神殿，并将以色列人驱逐出犹太家园。

这一时期古罗马帝国的杰出标志是斗兽场。今天，它吸引了上百万名游客，世界的每一个角落都有印着斗兽场图案的比萨饼包装盒。在这个运动场里，能够和美国“超级杯”规模相媲美的观众云集一堂，观赏血腥残忍的巨作。女子赤裸着被捆缚在柱子上，被强奸，或被野兽撕成碎
13 片。成群的战俘模拟战争场面，相互残杀。奴隶被用来上演神话中肢解和

处死的故事。例如，将扮演普罗米修斯的男奴用锁链拴在岩石上，由受过训练的鹰叼出他的肝脏；角斗士互搏直至死亡。我们今天拇指向上和拇指向下的手势，就来自当年的斗兽场，观众以此向取胜的角斗士发信号，告诉他是否应该给对手致命一击。为了给古罗马市民提供吃喝玩乐，大约 50 万人以这种极度残忍的方式丧命。在古罗马人的恢宏巨制面前，我们今天的暴力娱乐项目只能自惭形秽。[27]

古罗马最著名的死刑方式当属钉十字架（crucifixion），这个词的词源是“极度的痛苦或折磨”（excruciating）。任何人，只要曾经抬头仰望教堂的前方，一定会在某一瞬间有过这样的念头，被钉在十字架上必定有无法形容的痛苦。那些神经强大的人可以通过阅读耶稣基督的尸检报告来丰富他们的想象。这份报告的依据是考古学和史学资料，文章发表在 1986 年的《美国医学会杂志》上。[28]

古罗马人行刑以鞭笞赤身裸体的囚犯为开始。短鞭子用几股皮绳编结而成，鞭绳上系着尖利的石块，古罗马士兵用鞭子抽打囚犯的后背、臀部和双腿。据《美国医学会杂志》文章作者的描述，“创口一直撕裂到下层骨骼肌，皮肉被成条地拉出来，鲜血淋漓地颤动着”。囚犯的双臂被捆在一具100 磅（约45 公斤）重的十字架上，他必须将它扛到行刑地，然后矗立在地上。他那皮开肉绽的后背会被按在十字架上，他的手腕会被钉在木头上。（与大家熟悉的画面不同，手掌上的皮肉是经不住一个男子的体重的。）当囚犯被悬挂起来后，再将他的双脚钉住，脚下通常没有撑板。因为囚犯的体重完全悬在双臂上，胸腔受压，无法呼吸，他只得收紧双臂，或者双腿撑在被钉进脚背的钉子上。窒息和失血直至最后死亡，整个过程可能要三四个小时，也可能要三四天。行刑者可以将囚犯的身体撑在一个座板上，以此延长酷刑的时间，也可以用木棒打断囚犯的双腿，加速其死亡。

虽然我总想说，没有哪一个人是我不能理解的，但我还是发现，我完全无法理解那些发明和滥施这些酷刑的古人。即使我抓到了希特勒，可以任意惩罚他，我也绝对不会想到对他施加这样的酷刑。我无法不因同情而退缩，不愿意成为那种能够享受残忍的人，我也看不出在没有相应收益的情况下，给这个苦难深重的世界再增加一点儿痛苦有什么意义。（即便这样做的目的是防止未来出现暴君，我还是认为，更有效的做法是最大化独裁者必受制裁的预期，而不是最大化处罚的残忍程度。）但
14 是，在这个被我们称为“往昔”的异国他乡，钉十字架只是一种普通刑法。它是波斯人的发明，被亚历山大大帝带回欧洲，在地中海各国广为流行。耶稣被判犯有“轻微煽动蛊惑罪”，与两名普通的盗窃犯一起被执行十字架死刑。最令人悲愤的是，在当时，这个故事的煽情之处在于，当局竟然将耶稣与小毛贼同等对待。对于因一个如此轻微的过失，犯人就要遭受钉十字架的惩罚，人们反而习以为常。

当然，耶稣上十字架，从来都被认为是大事件。十字架成为象征，引领了一场横扫古代世界的运动，基督教最终被古罗马帝国接受。2000 年之后，十字架至今仍然是世界上最易被辨识的标志。在人们的脑海中留下印象如此深刻的可怕死亡，它必定成为一种极有力的模因（meme）。但是，让我们暂且退后一步，从我们所熟识的基督教之外，思索一下是什么样的心态，才会试图赋予“基督受难”以某种意义。一场伟大的道德运动选用的标志，其图像来源竟然是一件恐怖的酷刑兼死刑器具，以今天人们的情感来看，这实在令人不寒而栗。（请设想一下，集中营纪念馆用淋浴喷头做标志，或者卢旺达种族灭绝的幸存者围绕着一柄大砍刀的图形举行某种宗教仪式。）进一步说，第一代基督徒从基督上十字架受难中看到了什么教训？在今天，这种野蛮行为可能会激起民变，或者推翻暴政，或者要求不再对任何人使用此种酷刑。但显然，早期基督徒得到的教训并非如此。相反，耶稣受难是福音，是最美妙的历史插曲中最必要的一节。耶稣受难得以发生，是神给世人的绝大恩惠。神以无边的法力、怜悯和智慧，除了让一个无辜的男子（还是神的儿子）四肢被钉穿，在痛苦中慢慢窒息而死，神想不到还有其他的办法，能让人类从他们的罪与罚中得到解脱（尤其是人类的原罪之一：他们居然是那对冒犯天规的夫妇的后裔）。只要承认这一残忍的谋杀是神仁慈的礼物，人便能得到永生。而如果人们看不出其中的逻辑，他们的肉体将永堕炼狱。

从这种思路来看，酷刑杀人并非是一种不可思议的恐怖，它也有光

明的一面。它是救赎之路，是神意的组成部分。和耶稣一样，早期基督教圣徒也是被花样翻新的酷刑折磨至死，并因此在上帝身边得到了自己的位置。1000 多年间，基督教殉教史以低俗的笔调描述了这些刑讯折磨。[29]

下面是几位众所周知的圣徒的名字，虽然人们对他们的死因所知甚少。圣彼得，耶稣的门徒之一，也是第一位教皇，他被倒钉在十字架上。圣安德烈，苏格兰的守护神，他在“X”形的十字架上结束生命，此即英国国旗上两根对角线的起源。圣劳伦斯被架在火上活生生地烧烤。大多数加拿大人都不了解这些酷刑的细节，尽管他们知道加拿大的一条大河、一片海湾，还有蒙特利尔市两条主要大道中的一条都是以他的名字命名的。另一位为人所怀念的圣徒是圣凯瑟琳，她被 15
施以轮刑。在轮刑中，行刑者将受害者捆缚在大车轮上，用大锤击打他或她的四肢，再将被砸烂但仍有生息的肢体编结在轮辐上，轮子被置于木桩的顶端，供鸦雀啄食；受害者迁延时日，最终因失血和休克而死亡。（圣凯瑟琳之轮，轮外沿嵌有尖刺，是牛津大学圣凯瑟琳学院校徽上的装饰。）圣巴巴拉（美丽的加州城市圣巴巴拉就是以她的名字命名的）被拴住脚踝倒挂起来，士兵用铁爪撕裂她的身体，割掉她的乳房，并用烧红的铁块烧灼她的伤口，再用带有尖刺的木棒击打她的头部。圣乔治是英格兰、巴勒斯坦、格鲁吉亚共和国、十字军和童子军的守护神，因为神一再使他复活，他得以数次死于酷刑。他被两腿分开放在尖利的刀刃上，双腿绑上重物，放在火上炙烤，刺穿双脚，被有刺的车轮碾压，将 60 枚钉子钉入他的头颅。蜡烛将他的后背烤到流出油脂，最后他被锯成两半。

殉教史上窥阴癖式的描述不是为了唤起对酷刑的反抗，而是为了激发对英勇先烈们的崇敬。在耶稣的故事中，酷刑成了一件绝好的事情。圣徒们欣然接受自己遭受的折磨，因为此生受难将换得来世的祝福。基督教诗人普鲁登修斯（Prudentius）这样描写一位圣徒：“母亲就在现场，凝视着为她心爱的人的死所做的一切准备。她的眼中没有一丝悲伤，相反，每当橄榄木燃起的火上的铁锅吱吱作响，她的孩子被烤焦时，她都欣喜无比。”[30]圣劳伦斯应该被喜剧演员尊为保护神，他躺在烤架上对施刑者说：“这边已经熟了，转个身，来尝一口吧。”施刑者都是普通人，有点儿像是演员。他们被我们唾弃，仅仅是因为他们折磨了我们的英雄，而不是因为他们使用了酷刑。

早期的基督徒颂扬酷刑，认为这是对罪孽的公正处罚。公元 590 年教皇格列高利一世（Pope Gregory I）颁行的“七宗罪”，大多数人都听说过。但几乎没有人知道，犯有这些罪的人在地狱要接受何种惩罚：

> 骄傲：轮刑
> 妒忌：浸冰水
> 饕餮：强迫吞食老鼠、蛤蟆和蛇
> 好色：在火和硫黄中焖熏
> 愤怒：活体肢解
> 贪婪：下油锅
> 懒惰：扔进蛇坑[31]

当然，这些判决都是无期徒刑。

因其将残忍神圣化，早期基督教成为基督教欧洲 1000 多年制度化酷
16 刑的始作俑者。“火刑柱、烧脚刑、轮刑、撕筋裂肌的绞床、被劈开卸作四块、被开膛破肚、被剥皮、被重物压死、拇指夹、铁环绞喉、文火慢烤、铁处女（一个空心的人行木雕，内部布满尖利的铁钉；后来，一个重金属摇滚乐队也取名‘铁处女’）”，如果你了解以上这些表述，也就知道中世纪和近代的异端分子所经受过的残酷迫害的一小部分。

在西班牙宗教审判时期，教会官员得出结论，数千名前犹太教徒的皈依不真诚。为了迫使皈依者承认他们秘密叛教，裁判官将他们的双臂捆在背后，再将他们吊在手腕上，反复地猛烈提起再抛下，受刑人肌腱撕裂，双臂脱臼。[32]还有许多人被活活烧死。遭受这一刑罚的还有迈克尔·塞尔维特（Michael Servetus），因为他质疑三位一体；焦尔达诺·布鲁诺（Giordano Bruno），因为他相信地球围绕太阳旋转（以及其他异

端）；威廉·廷代尔（William Tyndale），因为他将《圣经》译成英文。伽利略——可能是宗教审判最著名的受害者，他逃过了这一厄运。他只是被带到了刑具面前（具体说，就是绞床面前），然后赏给他一个忏悔的机会，要求他公开宣布放弃日心说，即否认“太阳是世界的中心，而且是不动的，地球不是中心，而且是移动的”。今天动漫中出现“绞床”一词时，意思是指训练四肢的弹性（“伸展运动”）或者一些双关语（“你想给我上发条——和我较劲吗?”“无痛苦——不付出，无收获”），但在当时，这可不是闹着玩的。与伽利略同时代的苏格兰旅行家和作家威廉·利思戈（William Lithgow）描述了宗教审判中使用绞床的情景：

> 当摇杆向前扳动，我的双膝受到两块木板拉开的张力撕扯，大腿肌腱被抻断，膝盖骨破裂。我双眼惊恐地睁大，口吐白沫，上齿磕打下齿，急如鼓槌密击。双唇颤抖不已，喉咙发出呻吟，鲜血从两臂，从被撕裂的肌腱，从手掌和膝盖处喷流而出。惨痛的折磨刚刚停止，我被放到地上，旋即传来连声叫喊：“忏悔！忏悔吧！”[33]

虽然很多新教徒都是这类酷刑的受害者，但是，一旦得势，他们也狂热地将酷刑加诸他人，甚至包括妇女；15 世纪至 18 世纪，在驱巫的名义下，有 10 万多名妇女被施以火刑。[34]暴力历史上常见的一个现象是，几百年后，这些令人恐怖的事件都变成了令人轻松的谈资。在当下的流行文化中，女巫已不再是被刑讯折磨和极刑的受害者，而是动漫影视中的俏皮角色或冒失鬼，比如女巫希尔达、金缕梅、葛琳达、萨曼莎，还有《圣女魔咒》里的哈利维姐妹。

在基督教国家，制度化的酷刑不只是一种盲目的习俗，还有其道德理性。如果你真的相信那些不认耶稣是救世主的人将落入炼狱，对不信基督的人施以酷刑，令其醒悟真理，岂不是对他最大的恩惠：几 17
个时辰的痛苦总好过永世的折磨。在一个人教唆带坏他人之前令其沉默，或者杀鸡儆猴，正是一种尽责的公益举措。圣奥古斯丁用两个类比说明了这一点：慈父不会让其子捡拾毒蛇，园丁要剪除腐枝以保住树木。[35]耶稣自己也确认过对这种手段的选择："人若不常在我里面，就像枝子丢在外面枯干，人拾起来扔在火里烧了。"[36]

我要再次强调，我这里讨论的目的不是要指责基督徒赞成酷刑和迫害。今天，大部分虔诚的基督徒都是宽容和人道的。即使那些在电视转播布道坛上激情咆哮的人，也不会号召活烧异教徒或者吊死犹太人。那么，既然他们的信仰意味着实施酷刑是为了更崇高的目标，他们为什么不去这样做呢？答案是，在今天的西方社会，人们的宗教意识形态与他们的实际生活是脱离的。当他们在教堂持守信仰的时候，他们宣扬的是两千年来未曾改变的信念；但他们在实际行动中所遵从的则是非暴力和宽容这样的现代规范。对这种仁慈的言行不一，我们大家都应该心存感激。

中世纪骑士

如果"圣洁"（saintly）这个词值得人们多看一眼，那么"有骑士风度"（chivalrous）这个词也一样。亚瑟王时代骑士和贵妇的传说，是西方文学史上最浪漫的篇章。兰斯洛特和吉尼维尔是浪漫爱情的原型。加拉哈爵士是风流骑士的化身。卡米洛特（Camelot）是亚瑟王宫廷的所在地，这个地名曾被用作百老汇音乐剧的名字。肯尼迪总统遇刺后，人们得知他喜爱剧中的音乐，"卡米洛特"又成为对肯尼迪政府的带有怀念意味的代称。据说，肯尼迪最欣赏的歌词是"永勿忘却，那曾经的佳境，瞬间辉煌，光荣的卡米洛特"。

事实上，骑士的生活方式早已被忘得精光，而这对保持某种幻象还真不是坏事。中世纪骑士传说的背景是6世纪，创作年代是11世纪到13世纪，其真实的生活绝不会是百老汇喜欢的题材。中世纪史学家理查德·卡尤珀（Richard Kaeuper）统计了这些浪漫小说中最著名的13世纪的《兰斯洛特》中极端暴力行为的数量，发现平均每4页就有一起。

> 让我们仅仅观察可以被量化的部分，至少有8个人头被劈开（有的被
> 18 劈到眼睛，有的被劈到牙齿，有的被劈到面颊），8个摔下战马的人被

> 胜利者战马的铁蹄故意地践踏（让他们一次又一次地在剧痛中昏死过去），5 次斩首，2 次整个肩膀被砍断，3 次砍手，3 次手臂被斩断，长度不一，一名骑士被扔进烈火，两名骑士被放到投石机上投出，当场死亡。一名妇女痛苦地被骑士用铁条禁锢住；另一名妇女受神惩罚，被经年累月地放在滚水缸里；还有一名妇女几乎被长矛刺中。妇女经常被劫持，我们就听说有 40 名妇女被奸污……
>
> 除了这些容易列举的行为，还有 3 场私人战争（其中一次是 100 人死亡，另一次是 500 人中毒身亡）……在一场比武中，为了活跃气氛，兰斯洛特用长矛杀死了与他交手的第一个人，接着拔出剑，“左右挥舞，战马和骑士纷纷倒地，利剑划过脚、手、头、手臂、肩膀和大腿。他见到一个，砍倒一个，未曾绝命的伤者在他的身后苟延残喘，所经之地，血流成河”。[37]

骑士是怎样得到翩翩绅士的美誉的？据《兰斯洛特》讲，“除非对方先动手，或者是无法避免的非常情况，兰斯洛特从来不会杀死任何求饶的骑士”。[38]

再看看他们最自鸣得意的所谓骑士风度——对妇女彬彬有礼。一位骑士为了讨好某位公主，竟然发誓要以她的名义去强奸他见过的最漂亮的女人。而他的竞争者则承诺，在比武大会上打败对手，取下头颅献给公主。骑士保护妇女，但仅限于防止她们被对手拐骗。在《兰斯洛特》中，“罗格雷斯王国的习俗是，如果一位贵妇或一位小姐独自出行，她不用担心任何人。但如果她由一位骑士陪伴出行，她则可能成为其他骑士的战利品。胜者可以随意带走妇女，绝不会感到愧疚，也不会受到谴责”。[39]这大概不是今天大部分人所说的骑士精神。

早期现代欧洲

在第 3 章中，我们将会看到，骑士型的军阀逐渐被中央集权的君主控制，中世纪的欧洲终于平静了一些。但是，国王和王后本身也并非高贵的典范。

英联邦国家的学生用下面的记忆方法来学习英国历史上的重要事件之一：

亨利八世，六任妻子，
一死一活，两人离婚，两人砍头！

19 1536 年，亨利将他的妻子安妮·博林斩首，因为安妮所生的儿子未能存活，而亨利看上了她的一个宫女，便捏造了安妮·博林通奸和叛国的罪名。又有了两任妻子之后，亨利怀疑凯瑟琳·霍华德通奸，将她也送上了断头台。（今天的游客在伦敦塔还能看到斩首台。）亨利显然是那种爱吃醋的人，他将凯瑟琳的一个前男友开膛破肚，剁成几块。具体做法是：脖子套上绳索吊起，未等断气就放下来，开膛取出内脏，阉割，斩首，最后分尸四块。

亨利的王位先后传给了儿子爱德华、女儿玛丽和另一个女儿伊丽莎白。"血腥玛丽"这个绰号，不是说玛丽曾将番茄汁混进伏特加，而是指她将 300 名宗教异端送上了火刑架。在如何解决家庭纠纷上，姐妹两人恪守祖先的传统：玛丽将伊丽莎白关进监狱，并在表妹简·格雷被处决时亲自监刑；伊丽莎白则处死了她们的另外一个表妹（苏格兰女王玛丽），将 123 名神父开膛碎尸，并让其他政敌受到断骨铐的折磨——这一刑具也是伦敦塔另一个吸引旅游者眼球的地方。今天的英国王室为了小到言行粗鄙大到婚外情等缺点备受指责，但他们既没有砍下任何一个亲戚的脑袋，也没有将任何一个敌人开膛剖腹，难道人民不应该为此夸赞他们几句吗？

尽管伊丽莎白一世签署了所有这些酷刑，她仍是英国最受尊敬的君主之一。她统治的时期被称为黄金时代，文艺（特别是戏剧）得到蓬勃发展。莎士比亚的悲剧中充满了暴力，这已经不是什么新闻了。虽说今天的观众已经对大众娱乐习以为常，但莎翁虚构世界里充斥的暴行之野蛮，还是让人感到震惊。亨利五世——莎翁笔下的英雄之一——在百年战争中，向法国的一个村庄发出最后通牒：

只要一眨眼，
那无法无天的士兵不管满手血污，
不管耳边的一阵阵尖叫，一把拖住你女儿的秀发往外跑。
你们的父亲多么可敬，
却给一把揪住了银白的胡须
——高贵的额头，也得对准墙脚撞下去！
你们那些赤裸裸的婴儿，
在枪尖上吐着唾沫。[40]

在《李尔王》中，康沃尔公爵挖出了格洛斯特伯爵的眼珠（他喊着："出来，可恶的浆块儿！"）。公爵的妻子里甘下令把眼眶流淌着鲜血的伯爵赶走，她说："把他推出去，让他一路摸索到多佛！"在《威尼斯商人》中，夏洛克获得了从贷款担保人胸口割下一磅肉的权利。在《泰特斯·安德洛尼克斯》中，两名男子杀死一个人，强奸了他的新娘，割下女子的舌头，砍掉了她的双手。女孩子的父亲杀死了两个强奸犯，将他们做成烤馅饼，给他们的母亲吃，再将她杀死；最后，他又杀死自己 20
的女儿，因为她曾经被人玷污。他自己又被别人杀死，而接着，杀他者又被杀死。

给孩子创作的娱乐节目也一样可怕。雅各布·格林和威廉·格林兄弟1815年出版了一部民间故事大全，后来被改编为儿童读物。众所周知的《格林童话集》，和《圣经》、莎翁戏剧并列为畅销书，是西方经典中最受推崇的作品。虽然在删减过的迪士尼动画片中，暴力痕迹不再显著，格林童话本身却充满谋杀、杀婴、吃人、肢残和性虐待。拿三个和继母有关的故事来说吧：

- 在一个荒年，汉塞尔和格蕾特尔的父亲和继母将他们丢弃在森林里，任凭他们被饿死。孩子们见到一座由食物搭成的小

> 屋，里面住着女巫。女巫囚禁了汉塞尔，准备把他养肥后吃掉。幸而格蕾特尔将女巫推进炽热的烤炉，于是“邪恶的女巫被恐怖的烈火烧死了”。[41]
>
> • 按照母亲的指点，灰姑娘的两个同父异母的姐姐为了将脚塞进水晶鞋，不是削脚指头就是削脚后跟。鸽子留意到鲜血，在灰姑娘和王子结婚后，鸽子啄去两个姐姐的眼睛，“为了她们犯下的罪孽和恶行，惩罚她们终身失明”。
>
> • 白雪公主激起继母——王后的嫉妒心，王后命令猎人将她带进森林杀死，并要猎人带回公主的肺和肝作为证据。当王后发现白雪公主还活着时，她三次设计要取公主的性命，两次下毒，一次让她窒息。王子救活公主后，王后又闯进他们的婚礼，但是“炭火上放着一双铁拖鞋……她只得穿上炽热的铁拖鞋，一直跳到倒地死去”。[42]

正如我们将要看到的，今天的儿童娱乐节目制作人对暴力越来越反感，甚至认为木偶剧《芝麻街》早年的情节也过于危险。说到木偶戏，《潘趣和朱迪》曾经是欧洲风行一时的儿童剧娱乐形式之一。进入 20 世纪后，英国海滨小镇里装饰得花花绿绿的戏台上，滑稽戏的保留节目还是这两个打斗玩偶。研究文学的学者哈罗德·谢克特（Harold Schechter）总结说，这出戏的典型场景是：

> 开始总是潘趣要去摸摸邻居的狗，狗呢，总是一口咬住木偶那怪异的特大号鼻子。潘趣掰开狗嘴，叫来狗的主人斯凯拉莫休，一番稍嫌粗鲁的戏谑之后，开始猛敲他的脑袋，直到那家伙的脑袋脱离肩膀。然后，潘趣呼唤他的妻子朱迪，要求她给他一个亲吻。朱迪的
> 21 反应是在他的脸上抽一巴掌。潘趣于是找到另一个方式释放他的热情，他要来自己的婴儿，放在怀里轻轻地摇晃。不巧，婴儿选择在这个时候又拉又尿。潘趣可真是个热爱家庭的男子汉啊，他将婴儿的头在舞台上一通乱砸，接着，把孩子的尸体扔给观众。朱迪再次

出现在舞台上，她发现了刚刚发生的事情，当然，她非常生气。她从潘趣的手上抢走棍子，开始戳他。但潘趣夺回棍子，狠狠地揍朱迪，直到将她打死。接着，他开始哼一支胜利的小曲儿：

请问谁人能像我，恶妻缠身，
最终要想得自由，
拿起绳子，拿起刀，
或是拿起文明棍？[43]

甚至主要创作于17世纪和18世纪的《鹅妈妈童谣》，按照今天的标准，也是少儿不宜。公鸡罗宾被残忍地杀害。单身母亲住在破房子里，有许多私生子，她虐待他们，鞭打他们，让他们挨饿。让两个无人看管的孩子执行一项危险的任务；杰克的头部受伤，这很可能导致大脑损伤，而吉尔的情况未明。一个流浪汉承认他把一个老人推下了楼梯。乔治·普尔基对未成年的女孩子进行性骚扰，使她们出现创伤后应激障碍（PTSD）的症状。矮胖子汉普蒂·邓普蒂从墙上摔下来后，伤情危重，无法复原。一个粗心大意的母亲把婴儿独自留在树梢上，结果当然是场灾难。一只乌鸦冲下来袭击正在晾衣服的女仆，凶狠地啄伤她的鼻子。还有三个弱视的小老鼠被肢解。此外，不是蜡烛烧着了你的床，就是刽子手砍下了你的头！《童年疾病文档》（*Archives of Diseases of Childhood*）最近刊登了一篇文章，统计了不同类型的儿童娱乐节目中的暴力发生率。电视节目中每小时有4.8个暴力场面，而在童谣中，每小时有52.2个暴力场面。[44]

欧洲和早期美国的荣誉观

如果你手边有一张面值10美元的钞票，看看钞票上的人，想一想此人的生死经历。亚历山大·汉密尔顿是美国历史上最光彩照人的人物之一。作为《联邦党人文集》（*Federalist Paper*）的合著者，他协助阐明了民主的哲学基础。作为美国第一任财政部部长，他设计了支撑现代市场经济的财政制度。在他的一生中，他曾率领三个营队在独立战争中作战，并参与发起制宪会议，担任国家军队的总司令，还创办了纽约银行，任纽约州议员，并创办了《纽约邮报》。[45]

22 但是，在 1804 年，这位才华横溢的男子却干了一件在今天的人看来无以复加的蠢事。汉密尔顿和当时的副总统阿龙·伯尔长期不合，互有恶语。由于汉密尔顿拒绝否认他对伯尔的某项批评，伯尔提出决斗挑战。有太多的理由可以让汉密尔顿避免与死亡约会，常识只是其中之一。[46]决斗的风俗已经远去。在汉密尔顿居住的纽约州，决斗已属非法，汉密尔顿还有一个儿子死于决斗。在一封解释为何接受伯尔挑战的通信中，汉密尔顿列举了五项反对决斗的意见。但是，他还是同意参加决斗，因为“身为男人的荣誉”让他别无选择。就在写下此信的次日清晨，他划船渡过哈得孙河，在新泽西州帕里萨德与伯尔对决。伯尔不是最后一个朝人开枪的副总统，但与迪克·切尼相比，他的枪法更准，汉密尔顿在决斗的第二天离世。

汉密尔顿不是唯一一位卷入决斗的美国政治家。亨利·克莱有过一次决斗，詹姆斯·门罗想过要在约翰·亚当斯担任美国总统期间向他提出决斗挑战。在美元上露脸的其他人也都不同凡响。20 美元钞票上永垂不朽的安德鲁·杰克逊的身体里留有多次决斗的子弹，他自称走起路来身体“叮当作响，像是一个装铅弹的袋子”。甚至 5 美元钞票上的“伟大的解放者”林肯也接受了决斗的挑战，尽管他设定了条件以确保决斗无法执行。

正式的决斗当然不是美国人的发明。它产生于文艺复兴时期，本来是一种对贵族及其眷戚内部暗杀、仇杀和街头斗殴的抑制手段。一旦某人感到他的荣誉受到非难，就可以向对手提出决斗挑战，这将暴力限制在单一死亡的范围内，而且失败方的家族或亲随不必感到难堪。但是，正如散文家阿瑟·克里斯托（Arthur Krystal）所说：“绅士……将荣誉看得如此之重，这使得任何冒犯都成为对名誉的挑战。两个英国人可以因为各自的狗咬架而决斗。两个意大利人翻脸，仅仅是为了争辩塔索和阿里奥斯托两位大诗人孰优一筹，直到其中一方在决斗中重伤，在奄奄一息之际才承认，他从未读过他拼死力推的诗人的作品。拜伦的伯祖父威廉——第五代拜伦男爵，为谁家地盘上有更多猎物这一问题争吵不休，最后在决斗中杀死了对手。”[47]

尽管教会和许多国家的政府都宣布禁止决斗，但决斗在 18 世纪和 19 世纪一直存在。塞缪尔·约翰逊为这一习俗辩护说：“既然一个男人能够向侵入他的家园的男子开枪，他也应该能够向冒犯他名誉的男子开枪。”伏尔泰、拿破仑、威灵顿公爵、罗伯特·皮尔、托尔斯泰、普希金和数学家埃瓦里斯特·伽罗瓦，都曾为决斗增光添彩，最后两位甚至在决斗中送命。一场决斗的缘起、高潮和结局，是小说家追求的好题材，沃尔特·司各特、大仲马、莫泊桑、康拉德、托尔斯泰、普希金、契诃夫和托马斯·曼都重笔渲染过决斗的戏剧效果。

决斗的盛衰展示了一种令人困惑但却常见的现象：一种暴力可以在 23
一个文明中存在几个世纪，然后消失得无影无踪。当一位绅士同意决斗，他们不是为了争夺金钱、土地甚至妇女，而是为了荣誉。而荣誉这种古怪的商品之所以存在，完全是因为人们相信其他人都相信它存在。人性中的一些成分能够吹大荣誉的泡沫，比如追求名望和受制于成规旧俗；另外的一些成分则能扑灭这些泡沫，比如幽默感。[48]正式决斗的习俗于 19 世纪中叶在英语国家逐渐消失，并在随后的几十年内在欧洲其他国家消失。历史学家注意到，这一习俗被埋葬，很大程度上不是因为法律禁令和道德谴责，而是因为它成了人们的笑料。当“庄重的绅士赶赴荣誉的决斗场，却只能引起年青一代的讥笑时，不论它曾经是何等神圣的传统，没有任何一种习俗能经得住这样的考验”。[49]今天，如果有谁再说起“向前十步，转身，开火”，人们想起的是兔八哥和疯狂山姆，而不是“男人的荣誉”。

20 世纪

“被忘却的暴力”之旅开始进入当代历史，四周的地标开始有些眼熟了。但是，即使是来自20世纪的文化记忆，其中许多文物藏品也仿佛来自遥远的异国他乡。

比如，尚武文化的衰落。[50]在那些稍有历史的欧美城市，都点缀着一些炫耀武力的公共设施。行人可以看见各种雕塑——骑在马背上的指挥官、肌肉发达体形健美的裸体希腊武士、马拉战车为顶饰的凯旋门，还有长矛和剑形的铸铁栅栏。以大获全胜的战役命名的地铁站：巴黎有奥斯特利茨，伦敦有滑铁卢。在一个世纪以前拍摄的照片中，总有男子穿着花里胡哨的军礼服，不是在国家庆典上游行，就是在豪华晚宴上与贵族寒暄。美国那些历史悠久的州的州徽都是富有攻击性的图像，比如投射器、锋利的武器、鹰隼或者猛禽。就连以和平主义著称的马萨诸塞州也是如此，其州徽的上方是一节断臂挥舞着长剑，中间是一个美国原住民手持弓箭，下方是本州的座右铭：“我们用刀剑寻求和平，但和平只存于自由之下。”无独有偶，邻州新罕布什尔州装饰本州车牌的箴言是“不自由，毋宁死”。

但西方现在已经不再用军事胜利来命名公共场所了。我们的战争纪念碑，不是彰显马背上骄傲的将领，而是哭泣的母亲、筋疲力尽的士兵或详尽的阵亡者名单。军人身着简单的军服，与民众相比没有什么特权，在公共生活中极为低调。在伦敦特拉法尔加广场上的巨狮和纳尔逊纪念
24 柱的对面，新立的雕像与军功战绩毫不相干，基座上是一位赤裸身体的、怀有身孕的艺术家，而她生下来就没有双臂和双腿。比利时伊普尔第一次世界大战战场，是诗歌《在佛兰德原野上》（*In Flanders Fields*）灵感的来源，也是英联邦国家在11月11日佩戴罂粟花的缘由；那里刚刚建起一座纪念碑，纪念在那次战争中因逃跑而被枪决的上千名士兵，这些士兵在当时被看作可鄙的怕死鬼。美国最新的两个州的座右铭分别是阿拉斯加的“北方通向未来”和夏威夷的“正义永存”。（虽然威斯康星州在为原来的昵称“美国的奶牛场”征集更新的时候，应征中有一条是“不吃奶酪，毋宁死”。）

德国的和平主义尤其坚定和突出，这个民族曾经如此尚武，以至于条顿和普鲁士这两个词就是“铁血军国主义”的同义词。直到1964年，

讽刺作家汤姆·莱勒（Tom Lehrer）还表露了他对联邦德国加入多边核联盟的恐惧。在一首讽刺摇篮曲中，歌手安慰孩子说：

> 日耳曼曾经好战又野蛮，
> 如今危险已去恐惧不再；
> 1918 年给他一个大教训，
> 从此他一直都是好乖乖。

1989 年，柏林墙倒塌，民主德国和联邦德国协商统一，对德国复仇主义的恐惧也再次苏醒，但德国今天的文化仍然是全心全意地反省它在“二战”中的角色，竭力反对任何有军力扩张之嫌的举动。即使在电子游戏中，暴力也成了禁忌。帕克兄弟公司曾试图在德国发行德语版的《大战役》（*Risk*）。在这个棋盘游戏中，玩家在地图上竞争占领世界。德国政府要求审查游戏的内容。（最后，游戏被改编为玩家竞争“解放”而不是征服对家的领土。）[51] 德国的和平主义绝不仅仅是象征性的。2003 年，50 万名德国人参加了反对美国入侵伊拉克的游行。众所周知，美国国防部长唐纳德·拉姆斯菲尔德轻蔑地将德国称为“老欧洲”。鉴于欧洲大陆漫长的战争历史，除了曾有学生抱怨莎翁戏剧无非老生常谈，拉姆斯菲尔德的此番言论可以说是最典型的历史健忘症了。

西方对武力象征的感觉也在发生变化，我们很多人都有切身经历。当终极武器新式核弹在 20 世纪 40 年代和 50 年代露面的时候，虽然它让 25 万人命丧核弹的记忆犹新，上亿人的身家性命正受到威胁，但是人们并没有排斥它。人们不仅没有排斥它，甚至觉得它是迷人的！核试验熔化了密克罗尼西亚的环礁比基尼，而性感泳衣却以比基尼命名，因为设 25
计者认为，比基尼泳衣与核爆炸一样具有震撼效果。居民后院的防空洞、学校里抱头藏到课桌下面的防空演习，以及各种可笑的“民防”设施，事实上都让人们觉得核袭击没有那么可怕。直到今天，在美国许多公寓和学校的地下室入口处，还能见到三个三角形组成的防空掩体标志。美国 20 世纪 50 年代的许多商标上都有蘑菇云的图形，包括“原子火团硬糖球”、“原子商场”（麻省理工学院附近的一家夫妻杂货店），还有“原子咖啡厅”。在核战的危险真正开始减弱的1982年，纪录片《原子咖啡厅》（*The Atomic Café*），就借用了这家咖啡馆的名字，片中记录了世界在20世纪60年代初对核武器令人费解的淡漠。

我们的生活中还有一个重要的变化，那就是人们越来越不能容忍在日常生活中展示武力。几十年前，一个男人对挑衅者报以老拳是非常令人尊敬的事情；[52]在今天则成了鲁莽粗野，成了冲动控制障碍症的病状，成了去接受愤怒管理治疗的挂号证。

1950年的一个事件可以说明这一变化。哈里·杜鲁门总统的女儿玛格丽特是位很有抱负的歌手，《华盛顿邮报》的一篇乐评不留情面地批评了玛格丽特的表演。总统看到后，用白宫的信笺给批评家写信说：“我希望有一天能与你见面。到那时，你将需要一个新鼻子，需要很多鲜牛排来盖住你的青眼圈，没准儿你还需要一根新拐杖。”虽然大家都对杜鲁门的冲动怀有同情，但在今天，如果一个当权的人公开威胁要用暴力伤害一位批评家，那简直是滑天下之大稽，甚至是阴险的。但在当时，杜鲁门却因父亲般的骑士精神而广受赞赏。

如果你知道什么是“97磅懦夫”和“沙迷眼窝囊废”，那你大概熟知“查尔斯·阿特拉斯健身计划”的标志性广告。从20世纪40年代开始，这个广告在杂志和漫画书中经常出现。广告中的故事情节是，在海滩上，一个瘦弱的男子当着女朋友的面受到欺辱。他躲回家中砸桌子，踢椅子，拿出10美分的邮票下赌注，收到了一份健身计划的说明书。最后他返回海滩，向欺负过他的人报仇雪恨，这赢得了年轻女子的笑脸（图1-1）。

图1-1　20世纪40年代健身广告中常见的暴力

当时，阿特拉斯健身计划这个产品是超越性的，因为健身运动到 20 世纪 80 年代才开始真正风行。但说到他的市场营销，那还是旧时代的过气产物。 26
今天的健身房和运动用品广告绝不会借用斗殴张扬男子气概，代言的形象一般是孤傲的，甚至还要带些同性恋的气质。在特写镜头下，坚实的胸肌和肌块累累的小腹，能让男女都心生羡慕。他们要展示的是美，而不是威力。

相比对男性之间暴力的厌恶，人们更加蔑视男性针对女性的暴力。婴儿潮那一代人大多对 20 世纪 50 年代的代表作《蜜月期》（*The Honeymooners*）有种怀旧心理。在剧中，杰基·格黎森扮演一个粗壮的公交车司机拉尔夫，老是筹划着要发横财，而明智的妻子艾丽斯则对他百般嘲弄。一个不断抖出的搞笑场景是，拉尔夫愤怒地向妻子挥拳咆哮：“总有一天，艾丽斯，总有一天……你要尝尝我的老拳！”（有时候，他也说：“乓，瞄准，直接奔月！”）艾丽斯对此总是一笑置之，不是因为她蔑视家庭暴力，而是她知道，拉尔夫其实还不够男子汉，不会这样做。针对妇女的暴力在今天已变得非常敏感，主流电视台根本不可能播放《蜜月期》这样的喜剧节目。1952 年《生活周刊》中的这则广告（图 1–2），也是不可能出街的。

图 1–2　1952 年一则咖啡广告中的家庭暴力

这则广告以戏谑和挑逗的手法表现家庭暴力，在今天完全不能接受。但在当初，这样的手法并不鲜见。在 20 世纪 50 年代梵豪森牌衬衫的广告中，一个妻子被打了屁股。在 1953 年必能宝邮资机的广告中，一个怒气冲天的老板对着他固执的女秘书大喊大叫，其标题是："杀死一个女人总是违法的吗？"[53]

27 此外还有一出创下长期上演纪录的音乐剧《异想天开》（*The Fantasticks*），里面有一首吉尔伯特和沙利文式的小调"取决于你掏出多少钞票"［歌词来自 1905 年翻译的爱德蒙·罗斯坦德（Edmond Rostand）的话剧《罗马风格》（*Les Romanesques*）］。该剧说的是两个父亲密谋一次绑架，然后，一个父亲的儿子救出另一个父亲的女儿：

你能看见公开的强暴，
你能看见彬彬有礼的强暴，
你能看见印第安人的强暴：
那场面真是迷人。
你还能看见马背上的强暴，
他们都说这既新鲜又快乐。
你能看见各种强暴，五花八门，
一切取决于你掏出多少钞票。

虽然这里的强暴（rape）实际上指的是劫持，而不是性侵犯，但从 1960 年该剧开播到 2002 年停播，人们对强暴的认知发生了变化。歌词作者汤姆·琼斯（与威尔士歌唱家没有亲属关系）向我解释说：

随着时间的推移，这个字眼儿让我越来越紧张。尽管过程很缓慢，但是渐渐地，对于报纸上的那些标题，对于凶残轮奸的描述，还有对于"约会强奸"的报道，我开始有了新的理解。我开始想："这事儿一点儿也不可笑啊。"的确，我们不是在说"真正的强奸"，但是在那些笑声里，无疑包含了对我们喜剧化这个字眼儿所感到的震惊。

20 世纪 70 年代初，琼斯请求重新填词，制作人拒绝了他，但允许他在那首小曲前加引言，说明那个字眼儿的含义，同时允许他减少那个字眼儿的重复次数。2002 年，这出喜剧结束演出。2006 年该剧重新登台时，琼斯填写了全新的歌词，他还采取了法律行动，从确保在世界任何地方上演的《异想天开》都必须使用新版剧本。[54]

直到最近，对儿童行使暴力都还是合乎情理的。父母不仅揍孩子，通常还会使用梳子、板子这样的武器，或者扒光衣服露出臀部，以提高痛感和羞耻感。整个 20 世纪 50 年代，儿童作品中总是可以看到母亲警告调皮的男孩子说："等你老爸回家再说。"于是，家长中更强壮的那个会解开皮带，抡到孩子身上。其他常见的惩罚手段是不让孩子吃晚饭就去睡觉，还有用肥皂刷洗孩子的口腔。那些被交给没有血缘关系的成人照管的孩子处境更加糟糕。许多人还记得在学校受过的惩罚。按照今天 28
的标准，那些处罚手法都属于"酷刑"，足以将老师送进监狱。[55]

*　　*　　*

今天的人们认为世界到处充满危险。只要看新闻，就无法不注意到那些越来越可怕的恐怖袭击、文明之间的冲突和大规模杀伤性武器的效果。但是我们往往会忘记，几十年前的新闻中也充斥着危险。幸运的是，这些恐惧现在均已烟消云散。在后面的章节中，我会给出数据，说明 20 世纪 60 年代和 70 年代是比我们生活的今天更为残忍和险恶的时代。为了保持本章文风的一致性，我继续用比较形象的方式陈述我的观点。

我于 1976 年大学毕业，和大多数毕业生一样，已经完全不记得毕业典礼上那个将我送进成人世界的演讲了。这给了我一张许可证，让我可以再创造一个毕业演讲。请你想象一下，在 20 世纪 70 年代中期，一位世界形势分析专家会做出什么样的预言：

校长先生、老师、父母、亲友、1976 级的同学们：

这是一个面临巨大挑战的时代，也是一个充满各种机会的时代。今天，你们学业已成，整装待发。我谨呼唤你们，回馈社会，让未来更光明，让世界更美好。

如此等等，无须赘言。下面，我想说几句更有趣的话。我想和你们分享我的预言，看看35年后你们重聚时，世界将是何种模样。彼时，斗转星移，时间已进入新千年，世界变化之剧烈，绝非你所能想象。我指的不是技术进步，尽管它的影响让你难以把握。我指的是和平和人类安全。你会发现，这一进步更是让人难以设想。

诚然，2011年的世界仍将危机四伏。今后35年间，就像今天一样，会有战争；也像今天一样，会有种族灭绝，有些甚至会发生在人们完全无法预见的地方。核武器仍将是世界的威胁。某些地区的冲突仍会继续。但是，在这些常量之上会叠加一些高深莫测的变量。

首先，也是最重要的，自童年蜷缩在防空洞里起，你们的记忆中就刻上了对核武器和第三次世界大战的恐惧。这个纠缠经年的噩梦，即将烟消云散。在10年之内，苏联将宣布与西方和平共处，冷战将不发一枪而偃旗息鼓。中国不再是一个军事威胁，它甚至将是我们主要的贸易伙伴。在今后35年内，无人使用核武器。事实上，
29 大国之间不会发生任何战争。西欧将继续保持和平，而在5年之内，战祸连绵的东亚亦将进入和平。

喜讯不止于此。民主德国将开放边境，欢乐的学生将把柏林墙砸成粉末。铁幕将消失，中欧和东欧诸国将摆脱苏联的控制。苏联不仅将放弃共产主义，甚至将自动解体。苏联的加盟共和国将成为独立国家。而大部分国家的变革完全不需要流血。

法西斯主义将在欧洲以至整个世界消失，葡萄牙、西班牙和希腊，以及韩国和大部分中南美洲的国家将转向自由民主。元帅、上校、军政府、“香蕉共和国”和每年一度的军事政变，将在大部分发达国家的政治舞台上绝迹。

中东也有令人诧异的发展。你们刚刚经历了25年以来以色列和阿拉伯国家的第五次战争。这些战争使5万人丧生，最近还威胁将超级大国卷入核冲突。但在3年之内，埃及总统将和以色列总理在

> 以色列议会大厦拥抱，签署永久期限的和平条约。约旦也将和以色列维持长期和平。而叙利亚将不定期地和以色列进行和谈，两国不再交战。
>
> 南非即将结束种族隔离政权，白人少数族裔将把权力交给黑人多数族裔。整个过程中不会发生内战，不会有大规模的流血冲突和针对前统治者的暴力行动。
>
> 这些进展，大部分是人们长期卓绝奋斗的成果，但其中也有一些是突发事件，似乎从天而降。你们中间也许会有人去尝试解答这一切到底是怎样发生的。在此，我谨向你们已经取得的成就表示祝贺，并希望你们在未来的岁月里获得成功和满足。

对这样一篇充满乐观主义的大话，听众会做何感想？与会者已经发出阵阵冷笑，暗自揣测演讲者是否去过伍德斯托克音乐节，在那里灌下了太多的迷幻药。然而，这个乐天派的几乎每一个预言在事后都被证明是正确的。

*　*　*

没有哪个观光者会靠“某城一日游”就了解一个国家，我也不指望对几千年历史的一番走马观花，就能让你相信往昔的暴力甚于今天。现在，旅游归来，你仍然满心疑问：难道我们今天没有使用酷刑？难道 20 世纪不是人类历史上最血腥的世纪？难道不是新的战争方式取代了旧的？ 30
我们不是正生活在“恐怖时代”吗？他们在 1910 年时不是也说过不会再有战争了吗？那些工厂式养殖场里不断被宰杀的鸡算是怎么回事？难道核恐怖分子不会在明天发动一场大战？

这些都是很好的问题，我将在本书的其余部分，借助历史研究和量化数据来做出回答。但我希望，本章内容作为合理性检验，为我的工作打下了基础。它们提醒我们，尽管今天仍有各种危险，但昨天的危险更为严重。本书的读者（以及世界上其他大多数地区的人民）都不再需要担心被绑架卖为性奴；不再担心宗教性种族清洗、致命的角斗和比赛；不再需要担心会为了非主流的信仰而被钉十字架，受石刑、轮刑、炙刑或者吊颈；不再担心因未能生儿子而被斩首，因曾经与王室成员约会而被开膛破肚；不再需要担心要用手枪决斗来捍卫自己的荣誉，或在海滩上挥拳斗殴来博取女友的欢心；也不再需要为世界大战中核武器毁灭人类文明的前景而忧心忡忡。

第2章
平靖进程

看吧，生命实在是肮脏、野蛮且短促，但只有成为穴居人，你才明白这是什么意思。

——《纽约时报》漫画[1]

托马斯·霍布斯和查尔斯·达尔文都是善良之人，但他们的名字却 31
成了令人讨厌的形容词。无论是霍布斯式还是达尔文式（更不用提马尔萨斯式、马基雅维利式或奥威尔式）的世界，都是令人恐惧的地方。霍布斯和达尔文两人被载入词典，概因冠以两人之名的“主义”，各自成为对自然状态下生命的悲观概述，达尔文是“适者生存”（这个短语其实并非他的创造），霍布斯是“人的一生，孤独、贫困、肮脏、野蛮又短暂”。然而，两人给我们留下了他们对暴力的深刻见解，其洞见比与其同名的形容词更深刻、更精微，也绝对更人道。我们今天对人类暴力的任何理解都必须以他们的分析为起点。

本章的主题是暴力在逻辑和时间意义上的起源。我们将依据达尔文和霍布斯的分析，探究暴力的自适应逻辑，并据此推演哪些暴力冲动已经在进化中成为人性的组成部分。我们将回到史前暴力，探究人类演化进程中暴力出现的时间，在有文字记载之前的1000年间暴力的常发程度，以及什么样的历史发展推动了第一次暴力减少。

暴力的逻辑

达尔文的理论告诉我们，生命为什么具有现在的特质——不仅是机体的特质，还有决定其行为的基本思维模式和动机。《物种起源》出版 150 年之后，自然选择论在实验室和野外得到大量证实，并被来自数学和科学新领域的思想充实，从而形成了对生命世界的一套系统的新理解。这些领域
32 包括遗传学，它解释了使自然选择成为可能的复制因子；还包括博弈论，它勾画出在一个存在其他智能主体的世界里，各有追求的单个主体的命运。[2]

为什么进化竟然允许一个生命寻求伤害其他生命？答案并非如“适者生存”所说的那样简单。《自私的基因》（*The Selfish Gene*）的作者理查德·道金斯（Richard Dawkins）显然认为，人们对司空见惯的生命世界往往缺乏反思，他力图通过结合了遗传学和博弈论的现代进化生物学，帮助他的读者增加对生命世界的理解。他要读者将动物想象成按照他们的基因设计的“生存机器”（基因是在演化进程中唯一不断地复制自己的主体），然后推想这些生存机器会如何演化。

> 对于某个生存机器来说，另一个生存机器（不是前者的子女，也不是其他近亲）是它环境的一部分，就像一块岩石、一条河流或一块面包也属于它的环境一样。这个充当环境的生存机器可以制造麻烦，但也能够被加以利用。它同一块岩石或一条河流的一个重要区别在于：它往往会还击。因为它也是机器，拥有寄托着其未来的不朽基因，而且为了保存这些基因，它也不惜赴汤蹈火。自然选择有利于那些能够控制其生存机器并充分利用环境的基因，包括充分利用相同和不同物种的其他生存机器。[3]

任何人，只要见过鹰撕碎欧椋鸟，成群的蚊虫叮在一匹马身上，或者艾滋病毒渐渐地吞噬一个男子的性命，就会对生存机器冷酷地利用其他生存机器的方式有第一手的观察。在大部分生命世界里，暴力是默认选项，是某种不需要解释的存在。当受害者属于其他物种时，我们将进攻的一方称为捕食者或者寄生虫，但受害者也可以是同一物种。很多不同种类的动物都有杀婴、手足相残、同类相食、强奸、致命伤害这样的记录。[4]

道金斯还措辞谨慎地解释了为什么自然界中不存在大规模的血腥杀

戮。首先，动物不倾向于伤害自己的近亲，因为任何促使动物伤害亲族的基因，都极有可能伤害亲族体内所携带的自己的基因副本，所以自然选择过程淘汰了有自伤害倾向的基因。更重要的是，道金斯指出，与岩石和河流不同，生物倾向于反击。任何一个进化出暴力倾向的生物体，其所属物种中的其他成员也必然（在平均水平上）进化出同等的暴力能力。如果你攻击你的同类，你的对手可以和你一样强壮、一样好斗，而且装备同样的武器和防卫手段。攻击同类会伤及自身，是一种极有力的选择压力，它排斥了不加选择的进攻和消耗，也排除了暴力的“压力”释放说和大多数民间暴力理论，比如嗜血、死亡愿望、杀手本能，以及 33
对毁灭的渴望、索求和冲动。进化中的暴力选择永远是策略性的。物竞天择的结果是，生物只有在预期收益大于预期成本的情况下才会动用暴力。智能物种特别具有辨识力，他们巨大的脑容量不仅让他们能够计算进化全过程的平均胜算，而且能够精确计算特定情况下的成本收益。

当同一智能物种的成员间关系进入暴力逻辑的时候，我们看到的就是霍布斯的自然世界。《利维坦》中有一段名言，霍布斯用简短的篇幅分析了暴力的动机。他的分析至今无人能超越：

> 因此，在人类的天性中，我们发现存在三个造成争吵的主要原因。第一是竞争，第二是猜疑，第三是荣誉。人们攻击他人的第一个原因是求利，第二个原因是求安全，第三个原因是求名誉。在第一种情形下，人们使用暴力奴役他人、他人的妻子儿女和牲畜。在第二种情形下，则是为了保护自己。在第三种情形下，则是由于一些琐事，比如一言一笑、一点意见上的分歧，以及任何轻视他们的迹象，无论是直接指向他们本人，或是针对他们的亲友、民族、职业或名字。[5]

霍布斯认为，竞争是能动主体追求自身利益不可避免的结果。我们今天认为竞争是进化过程固有的组成。谁能够将竞争者逐离有限的资源，如食物、水和理想领地，谁就能够得到更大的机会繁衍，在数量上超过竞争者；谁能够适应这一竞争，谁就能够在这个世界生存。

我们也知道，为什么“妻子”也是男人应该竞争的一种资源。在大多数动物中，雌性动物在后代身上的投资都大于雄性。对哺乳动物而言，这一点更加显著，母亲在体内孕育后代，并在孩子出生后照顾他们。一个雄性可以和数个雌性交配，以增加繁衍后代的数量——同时可能让其他雄性没有后代。而雌性即使和多个雄性交配，也无法增加生育的数量。因此，在许多物种中，包括人类，雌性的生育能力就是稀缺资源，成为雄性竞争的对象。[6] 但所有这些并不等于说，人是由基因控制的机器，强奸和攻击在道德上是可以被原谅的，妇女只是被动的性感战利品，人都是试图尽可能多地生养孩子；也不等于说，人不受文化的制约。这些观点都是对性选择论的误解。[7]

34 争斗的第二个原因是缺乏自信。在霍布斯的时代，缺乏自信意味着“恐惧”，而不是“羞怯”。第二个原因是前一个原因的结果：竞争产生恐惧。如果你有理由怀疑你的邻居，感觉他蓄意将你从竞争中铲除，就是说，要杀死你，那你自然会想到要先发制人，抢先干掉邻居，从而保护自己。即使你是一个连苍蝇都不愿意伤害的人，只要你不想放弃，不想被杀，你就会感到要去杀人的诱惑。悲剧在于，你的竞争者也完全可能因同样的计算而忧心如焚，尽管他也是一个连苍蝇都不愿意伤害的善良之辈。事实上，就算他知道你本来无意冒犯，他还是有正当的理由忧虑，他会认为你满心疑窦，担心他将要伤害你，因此准备消灭他；而你也有同样先下手为强的动机。以此类推，无限循环。政治学家托马斯·谢林（Thomas Schelling）做过一个类比，持枪的屋主和持枪的窃贼，为避免自己被射杀，都有先开火的动机。这一悖论有时被称为“霍布斯陷阱”，在国际关系领域，则被称作“安全困境”。[8]

智能主体怎样才能让自己摆脱霍布斯陷阱？最显而易见的方法就是威慑政策：人不犯我，我不犯人；准备充分，挺住初次打击；人若犯我，我必犯人。一项可靠的威慑政策会打消竞争对手出于谋利而进行侵犯的动机，因为回击产生的成本可以抵消进攻的全部预期收益。同样，因为你承诺不会率先动手，对手失去了出于恐惧而进行侵犯的动机。更重要的是，因为威慑消除了进行第一次打击的动机，也就减少了对先发制人的需要。威慑政策的关键在于威胁报复的可信度。如果你的对手认为第一次打击就足以消灭你，他当然没有理由担忧报复。如果对手认为，一旦发生攻击，你有可能理性地克制报复行动，那他就会利用你的理性攻击你且不受惩罚。你只有持守承诺，不暴露软肋，以眼还眼，以牙还牙，而且锱铢必较，唯此威慑政策才会有效。因此，我们也就明白为什么些许小事—— 一个字眼儿、一声冷笑或任何一点点轻蔑的迹象，都能够引发争端。霍布斯称之为“光荣”，常用的说法是“荣誉”，而最准确的用词应该是“信誉”（credibility）。

威慑政策也被称为“恐怖平衡”，在冷战时期，也叫作“相互确保毁灭”。威慑只能用暴力威胁来遏制暴力，因此这一政策能够确保的和平是非常脆弱的。各方必须对任何失敬的信号，哪怕是非暴力的轻蔑，做出宣示实力的暴力反应，因此，一种暴力行为可能导致另一种暴力行为，进入无休无止的复仇循环。我们将在第8章中看到，自利偏差是人性的一项主要特征，这一特征让各方相信自己的暴力是正当的报复行为，而对方的暴力是无端挑衅。

霍布斯的分析适用于无政府状态的生活。他的著作的标题指出了摆脱困境的途径：利维坦，即君主制或者其他体现民意并垄断武力使用权的政府权威。利维坦通过处罚侵犯行为，抑制了侵犯的动力，从而化解了先发制人的焦虑，也打消了每个人为证明自己的决心而时刻准备出手的紧张感。因为利维坦是一个公正无私的第三方，它不受沙文主义的影响而产生偏见；沙文主义让各方都认为对手阴险恶毒，而自己则如冰雪般清澈纯洁。 35

利维坦的逻辑，可以用下面这个三角形来概括（图2-1）。在每一个暴力行为中，都有三个利害关系人：侵犯者、受害者和旁观者。三方都有暴力动机：侵犯者要捕获受害者，受害者要进行报复，而旁观者要尽量减少另外两方争斗产生的连带伤害。两个参战者之间的暴力可以称为战争，旁观者压制参战者的暴力可以称为法律。简而言之，利维坦理论就是法律好过战争。我们可以检测一下根据霍布斯理论对暴力历史所做的预期。利维坦第一次出现是在人类盛会的尾声。考古学家告诉我们，

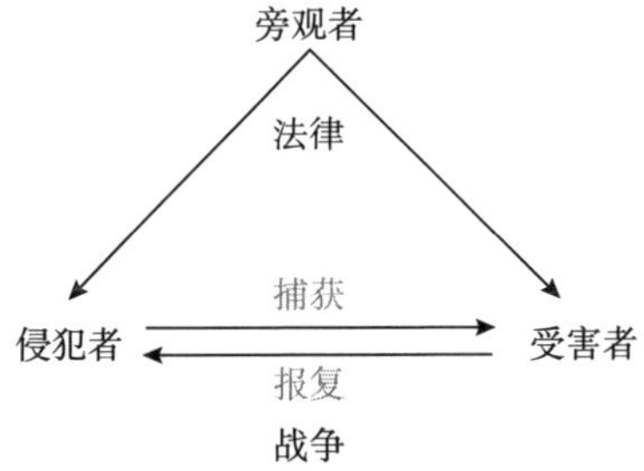

图 2–1　暴力三角

人类一直生活在无政府状态，大约 5000 年前才开始进入文明。定居的农民第一次聚居为城和邦，建立了第一个政府。如果霍布斯的理论是正确的，那么，这一变迁应该带来第一次暴力减少。在文明出现之前，世界上没有“一种让所有人敬畏的共同权威”，人们的生活应该比文明之后更混乱、更残暴、更短命，直到某一天一个武装权威实现了和平，情况才开始改善。我将这个发展称为“平靖过程”。霍布斯坚信，美洲很多地方仍有未开化的人生活在无政府的暴力状态，但他没有说明他指的具体是哪些人。

因为没有资料，人们可以随意揣测原始人的生活状态，当然很快也会有人提出相反的理论。霍布斯的对手是出生于瑞士的哲学家让–雅克·
36 卢梭，他的观点是：“没有什么（人）能够比处于原始状态更温和……野蛮人的例子……似乎确证人类本来应永远停留在这一状态，以后的种种改进……都是指向物种的衰败。”[9]

虽然霍布斯和卢梭的哲学远比“混乱残暴短命”对“高贵的野蛮人”这一简单概括更深奥精妙，但他们对自然状态下的生命抱有的成见引发了长久的争议，一直延续到今天。在《白板》一书中，我讨论了这个问题如何通过日积月累，成为人类情感、道德和政治的沉重包袱。20 世纪下半叶，卢梭的浪漫理论成为政治正确的人性论，这既是对早期关于“原始”人类的种族主义学说的回应，也是出于一种信念，即相信卢梭对人类生存状态的描述更加积极乐观。许多人类学家认为，如果霍布斯是正确的，那么战争不仅不可避免，甚至是必要的，因此，任何支持和平的人都必须坚持霍布斯是错误的。事实上，这批“和平派人类学家”在学术界相当富有进攻性，动物行为学家约翰·范·德尔·登嫩（Johan van der Dennen）将他们称为“和平与和谐黑手党”。他们一直坚称，人类和动物是绝对排斥同类相残的，战争是后天的产物。原住民在与欧洲殖民者遭遇之前，他们之间的打斗是仪式性的、无害的。[10]

正如我在序言中所说，以生物理论解释暴力导致宿命论，而浪漫人性论则对人类充满乐观，这两种观点都是本末倒置。但这不是本章要论述的问题。论及史前人类的暴力，霍布斯和卢梭都是在说空话：他们对文明之前的人类生活一无所知。今天我们能够做得更好一些。本章回顾了人类最原初阶段的暴力行径。故事要从我们成为人类之前开始，通过观察我们那些灵长类近亲的攻击性，我们可以看到在进化谱系中，暴力是如何出现的。当说到我们人类自己的时候，首先，我将生活在无政府状态下的觅食族群和部落，与生活在有某种政府形式的定居者进行对比；其次，我们要了解觅食者的争斗和他们争斗的对象。需要回答的关键问题是：无政府部落之间的战争是否比生活在稳定国家的人的争斗更具破坏性？我们要求答案既有描述，又有数据，并尽可能地估算出在利维坦和在无政府两种状态下的人均暴力死亡率。最后，我们再来审视文明生活的优势和劣势。

人类祖先的暴力

我们对暴力史的追溯能走多远？人类进化谱系上的灵长类祖先早已绝迹，但它们至少给我们留下了一种证据，证明它们可能是什么样子，那就是它们的其他后代——黑猩猩。当然，我们人类不是从黑猩 37
猩进化而来的。而且，黑猩猩是否保留了我们共同祖先的特质，或者早已是一个独特的黑猩猩偏支，这是一个有争议的问题。但无论答案如何，与我们有共同特质的黑猩猩都是我们的教材，它展示了在灵长类身上暴力行为的演化过程。我们可以以此来测试一个演化预设，即暴力倾向不是水压释放式的，而是策略性的，只有在潜在收益高、风险低的情况下才会出现。[11]

黑猩猩的群体一般最多为150只，有自己的领地。黑猩猩的食物包括水果和干果，这些果实不均匀地散布在森林之中。觅食时，黑猩猩时分时合结成小组，从单独1只到15只不等。如果在领地的边界地带，一个群体的黑猩猩遭遇来自另一个群体的黑猩猩，双方的互动永远是对抗性的。如果两个群体的黑猩猩势均力敌，这场边界纠纷将是一场喧嚣的噪声战，双方尖叫、低吼、摇动树枝、向对方扔东西，相互攻击约半小时左右，直到一方，通常是数量较少的一方逃遁。

这种典型的炫耀实力的战斗，在动物中非常常见。人们一度认为这只是为了物种自身利益不流血而解决争端的仪式，现在人们对此的理解是，这是武力和决心的宣示。既然战斗的输赢结果显而易见，而战斗的过程会给双方都造成伤害，一番吵闹之后，弱势的一方就应该让步了。如果双方势均力敌，炫耀武力就有可能让冲突升级，引发恶斗，其中一方，甚至双方，都有可能受伤或丧命。[12]在黑猩猩群体之间的冲突不会升级为血腥恶斗，因此人类学家一度认为它们是本性和平的物种。

珍·古道尔（Jane Goodall）是第一个在野外对黑猩猩从事长期观察的灵长类动物学家，她得出了一个惊人的发现。[13]当一群雄性黑猩猩遭遇只数很少的，或者单只的来自其他群体的黑猩猩时，它们既不发出叫声也不吹毛瞪眼，而是立即利用数量优势采取行动。如果这个陌生者是处于发情期的青春期雌性，它们可能会为她梳理毛发，并尝试与之交配。如果她带着自己的幼崽，它们就会攻击她，杀死并吃掉幼崽。而如果它们遭遇单只的雄性黑猩猩，或者能够从一小群中孤立出一只黑猩猩，它们会对其施以野性的残杀。进攻方的两只黑猩猩按住受害者，其他黑猩猩则开始打它，咬掉它的脚趾和生殖器，撕碎它的身体，扭断它的四肢，喝它的血，或者掐断它的气管。在一个群落里，黑猩猩一个接一个地杀害了邻近群落中所有的雄性黑猩猩。在人类看来，这样的行为就是种族灭绝。黑猩猩之间的这种攻击大多不是偶发的遭遇战，而是边界巡逻的结果。在巡逻中，一群的雄性黑猩猩会悄无声息地寻找并锁定单只雄性黑猩猩。社群内部也会发生残杀。一群雄性黑猩猩可能会杀死一个竞争对手，而一只强壮的雌性黑猩猩也会在一只雄性或一只雌性同伙的协助下，杀死另一只处于弱势的雌性黑猩猩的后代。

当珍·古道尔第一次对这些杀戮做出描述时，其他科学家怀疑，这 38
些被观察的黑猩猩是否受到了惊吓，或是患病，或者因为灵长类动物学家为了方便观察，给黑猩猩喂食了人类自己的加工食品。30 年之后，已经没有人再怀疑，这些致命性侵犯属于黑猩猩的常规行为。灵长类动物学家已经观察到或推断出近 50 起社群之间的杀戮，还有至少 25 起社群内部的杀戮。这些报告涵盖至少 9 个社群，其中一个从未被人投食喂养过。在某些社群，超过 1/3 的雄性死于暴力。[14]

达尔文主义的基本原理是否适用于黑猩猩？灵长类动物学家，曾经是古道尔的学生的理查德·兰厄姆（Richard Wrangham），收集了有关黑猩猩的种群学和生态学的大量数据，对几种假说进行了测试。[15]他记录了一大一小两个达尔文自然选择优势。一旦黑猩猩消灭雄性对手及其后代，它们或者立即迁入对手的家园，扩张自己的领地，或者依仗自己越来越强的数量优势继续进攻，连战连胜。这样，它们为自己、自己的后代和与自己交配的雌性，垄断了领地内的食物资源，其结果就是雌性黑猩猩的生育率上升。强势社群有时也吸纳消亡社群的雌性黑猩猩，给雄性带来第二次繁殖优势。黑猩猩并不是直接为获取食物和雌性配偶而打斗。它们关心的仅仅是统治自己的领地和在对自身风险最小的前提下消灭对手。进化的收益是间接的，而且非常漫长。

至于风险，黑猩猩降低风险的方法就是欺负弱小，它们只在数量占据优势时开战，通常至少要有 3 比 1 的优势。因为果树是散布在森林中的，黑猩猩的觅食方式经常将倒霉的猎物送到它们的手中。有些黑猩猩迫于饥饿，不得不成群结队或独自觅食，有时还会冒险到没有黑猩猩的地方寻找食物。

这些和人类的暴力到底有什么关系呢？它提出了这样一种可能性，即人类和黑猩猩的共同祖先可以追溯到约 600 万年前，从那时起，人类的祖先很可能进行过与今天黑猩猩同样的杀戮。当然，还有另外一种可能性。人类和黑猩猩的共同祖先还给世界留下了第三个物种——倭黑猩猩（又名矮黑猩猩或侏儒黑猩猩），它们在200万年前与表兄弟分手，演化为独立的物种。人类与倭黑猩猩和黑猩猩同属近亲，而倭黑猩猩从来不进行致命性攻击。倭黑猩猩和黑猩猩之间的这一差异确实是灵长类动物学中最为人津津乐道的现象之一。倭黑猩猩以温顺、母权制、充满情欲和食草的“嬉皮猩猩”而闻名。它们成为纽约素菜馆的店名，给性学家苏西（Suzy）博士以哲学灵感——“倭黑猩猩之路：通过快乐获得和平”。而《纽约时报》专栏作家莫琳·多德（Maureen Dowd）干脆表示，它们是当今男人的楷模。[16]

39 灵长类动物学家弗朗斯·德瓦尔（Frans de Waal）表示，在理论上，人类、黑猩猩和倭黑猩猩的共同祖先很可能更接近倭黑猩猩，而不是黑猩猩。[17]据此，男性群体间的暴力在人类演化史上并非根深蒂固。黑猩猩和人类各自发展出致命的攻击行为，而人类的攻击性很可能是特定文化的历史产物，而不是物种演化的结果。那么，如果人类不是天性倾向群体暴力，也就不需要一个利维坦，或者任何其他组织机构来控制人类的暴力。

这种认为人类是从爱好和平的、倭黑猩猩式的始祖演化而来的观点有两个问题。第一个问题是，人们很容易被“嬉皮猩猩”的故事冲昏头脑。倭黑猩猩是濒临灭绝的稀有物种，数量极少，而且生活在刚果危机四伏、孤立隔绝的原始森林中。我们对倭黑猩猩的大部分知识，都来自对一小群圈养的、食物充足的幼年或青年倭黑猩猩的观察。许多科学家怀疑，如果能够对更年长的、饥肠辘辘的、数量更多也更密集的、活动更自由的倭黑猩猩进行系统的研究，勾勒出的画面也许会相当阴暗。[18]事实证明，在野外的倭黑猩猩从事狩猎活动，彼此交战，甚至互相伤害，有时也可以是致命的。所以，尽管倭黑猩猩的攻击性不如黑猩猩——它们从不互相袭击，社群之间可以和平相处，但它们也不是绝对和平的。

第二个，也是更重要的问题是，两种猩猩和人类的共同祖先事实上更接近黑猩猩，而不是倭黑猩猩。[19]倭黑猩猩是一种非常古怪的灵长类动物，它们不仅行为古怪，其解剖学特征也非常奇特。它们有小巧的、孩子般的头颅，体型轻巧，性别差异较小，这些都是幼态化特性。这让它们与黑猩猩和其他类人猿（大猩猩和猩猩），以及人类的始祖南方古猿的化石都非常不同。倭黑猩猩这种与众不同的解剖学特征，说明它们出现幼态持续，即动物调整其成长过程，将幼态保留在成熟体中（比如倭黑猩猩的头颅和大脑）。因此在类人猿家族的族谱上，倭黑猩猩越来越偏离猿猴的属性。幼态持续一般发生在被驯化的物种身上，比如狗是从狼分离而来的，它的筛选过程就是减少动物的攻击性。兰厄姆认为，倭黑猩猩的进化筛选降低了雄性的攻击性，这也许是因为倭黑猩猩成群觅食，不存在易受攻击的独行者，所以群体暴力没有获益的机会。也就是说，倭黑猩猩是猿猴家族的异类，而我们人类则是更接近黑猩猩的动物。

即使黑猩猩和人类各自独立地发展出群体暴力习性，这种巧合本身也含有丰富的信息。这也许说明，致命攻击对智能物种而言是一种进化上的 40
优势，这一物种会分裂成不同大小的群体，有亲缘关系的雄性会结成联盟，而且能够判断彼此的相对实力。本书后面的章节会谈及人类的暴力行为，我们会看到人类和黑猩猩这两条平行线，有时实在是过于接近。

当然，我们希望能够发现化石，以填补共同祖先和现代人类之间的空白。但是，黑猩猩的祖先没有留下任何化石，原始人类的化石和手工艺品也十分罕见，不足以提供任何攻击性行为的直接证据，比如保留完好的武器或创伤。因为在侵犯性的物种身上发现了剑状的犬齿，一些古人类学家通过测量雄性化石的犬齿，以及雄性犬齿与雌性犬齿之间的差异（因为在实行一夫多妻制的物种中，雄性体型较大，与其他雄性的冲突也更频繁），以寻找其暴力倾向的迹象。[20]很不幸，与其他灵长类动物的口鼻不同，不论古人类是爱好和平还是富于侵犯性，他们的口腔太小，张合度不够，不允许大型犬齿发挥作用。除非一个物种留下大量完整的骸骨，否则很难可靠地确定它们的性别，也就无法比较雄性和雌性的体型。（出于这些原因，对于认为新近发现的拉密达猿人，这个 440 万年前的古老物种有可能是人类的始祖，许多人类学家是心存疑问的。拉密达猿人雌雄同体，而且是小犬齿，因此是一夫一妻制，且性情温和。）[21]最新发现的更丰富的人属（*Homo*）化石显示，至少从 200 万年前开始，雄性人属的体型就大于雌性，它们的性别差异程度至少和现代人是一样的。这印证了我们的猜测，即男子之间的暴力竞争在进化谱系上有着漫长的历史。[22]

人类社会的种类

我们所属的物种——晚期智人或“解剖学意义上的现代人”，据说已经有 20 万年的历史。但是，拥有艺术、仪式、服装和复杂的工具，并有能力在不同的自然生态环境中生活的“行为意义上的现代”人类，大约是 7.5 万年前在非洲开始出现，随后散布到世界其他地方。当这一物种出现的时候，他们是内部平等的小规模血缘群体，以游牧为生，辅以狩猎和采集，没有书写文字，也没有政府。今天绝大部分的人类生活在阶层化的、人口规模以百万计的社会中，食物来自耕作农业，并在国家统治之下。这一变迁大约开始于 1 万年前，我们有时称其为“新石器时代革命”。当时在新月沃地（即幼发拉底河流域）、中国、印度、西非、美索不达米亚和安第斯山脉开始出现农耕。[23]

我确实想过，以 1 万年为界，将人类的生存史划分为两个阶段：一
41 个是“狩猎-采集时代”；在这个时代，我们完成了人类主要的生物演化。在现存的狩猎-采集群体中，我们仍然能找到这一进化的蛛丝马迹。另一个是后来的“文明时代”。这一分界线符合生态区位论，人类具有生物适应性，进化心理学家称之为“进化适应的环境”。但是，它和利维坦假说却不相吻合。

首先，1 万年的界限仅仅适用于第一个农耕社会。在世界其他地方，农业是从那些摇篮地区逐渐传播出来的。比如，近东的农耕浪潮一直到 6000 年前才波及爱尔兰。[24]直到几百年前，美洲、大洋洲、亚洲和非洲的许多地区还是狩猎-采集者的家园，当然，有少数地方至今仍然如此。

而且，狩猎-采集群体和农业文明是两种格格不入的社会形态。[25]我们最熟知的非国家形态的狩猎-采集群体是喀拉哈里沙漠里的布须曼人（!Kung San），也称昆申人或桑人，以及北极圈内的因纽特人。但是，他

们之所以能够以狩猎-采集的方式生存，完全是因为他们居住在没有其他人愿意涉足的地球极地地区。所以，他们不能代表我们的无政府主义的祖先。我们的先人很可能享受着更丰饶的环境。直到不久之前，还有一些觅食者徜徉在山谷中、河流畔，那里丰富的鱼类和禽兽，让他们能够维持富足和复杂的定居生活方式。西北太平洋沿岸的美洲印第安人就是一个常见的例子，他们的图腾柱和冬季赠礼节都非常出名。此外，还有一些人生活在亚马孙和新几内亚这些国家鞭长莫及的地带。他们是猎人兼栽种者，在狩猎和采集之外，他们刀耕火种，在森林中的小片空地上开辟菜园，种植香蕉或红薯。他们的生活虽然不像单纯的狩猎-采集者那样严峻艰苦，但也远远没有完全定居的农民那样舒适。

农民一旦开始固定居所，种植谷物和豆类，饲养家畜，他们的数量就开始暴增。接着是开始分工，一部分人完全依靠其他人提供的食物为生。人们最初形成的不是国家和政府，而是靠亲缘和文化凝聚的部落，一些部落又联合为酋邦。酋长是大权在握的领袖，有固定的扈从。此外还有一些游牧部落，他们带着自己的牲畜四处游荡，向定居的农民出售畜禽产品。希伯来《圣经》中的以色列人，开始是游牧部落，在《圣经》中提到的士师时代，发展为酋邦。

在农耕文明历时约 5000 年之后，才出现了第一个真正意义上的国家。[26]开始是实力比较雄厚的酋长率领武装扈从，征服了其他酋邦和部落，进一步集中权力，并开始供养专业化的艺术家和士兵集团。新兴的国家开 42
始修建堡垒、城市和其他防御设施。他们也开始发明书写文字，记录并明确规定属民上缴的税收和贡品，并编纂法典约束人民。有些国家垂涎邻邦的产业，被觊觎的国家不得不奋起自卫，结局往往是大国吞并小国。

人类学家认为，这一时期的社会有许多亚态和过渡形态。他们还认为，不存在任何文化滚梯，能够保证社会由简单形态一直向上运行，发展成为复杂形态。部落和酋邦可以无限期地保留自己的制度，比如欧洲的门的内哥罗部落，它一直延续到 20 世纪。而当一个国家陷落时，接手占领它的也可以是部落。《荷马史诗》中的迈锡尼文明覆灭后，开始的是希腊黑暗时代，而随古罗马帝国衰亡而来的则是欧洲黑暗时代。即使到了今天，在许多国家，比如索马里、苏丹、阿富汗和刚果民主共和国，本质上仍然是酋长制。他们的酋长，就是我们所说的军阀。[27]

我们可以在日历上绘制一条死亡数量时间线，但对于检测暴力的历史演变，这条线毫无意义。如果我们发现某个人群中的暴力开始减少，那是因为他们的社会组织形态发生了变化，而不是历史时钟的指针走到了某个钟点。如果这个变化要发生，它可能发生在不同的时间。我们也不应该期待暴力是沿着从简单的狩猎-采集游牧社会，到复杂的狩猎-采集定居社会，到农耕部落和酋长制，到小国家，再到大国家这样一条直线平稳地减少的。我们可以期待的主要变迁，是第一个带来内部暴力减少的社会组织形式的出现，即中央集权的国家——利维坦。

早期的国家并不都是（比如霍布斯理论总结的）公民的共同体，其所拥有的权力来自公民协议产生的社会契约。早期的国家更像是勒索保护费的黑帮组织，蛮横的头领从本地人手里收取钱物，然后保护他们免受外人的欺侮，同时防止他们彼此之间争斗。[28]首领和受他保护的人一样，受益于暴力的减少。就像一个农民要防止他饲养的动物彼此伤害一样，一个统治者也会尽力阻止他的属民卷入无休止的掠夺和对抗。对百姓来说，这些冲突不过是欠债还钱、报仇雪恨，但是对统治者而言，这是纯粹的净亏损。

* * *

关于非国家形态社会的暴力，这是一个早已高度政治化的话题。几百年间，人们普遍认为原住民是凶猛的野蛮人。比如，《独立宣言》控诉说，英王“竭力挑唆残酷无情的印第安蛮族来对付我们边疆的居
43 民，而众所周知，印第安人作战的准则是不分男女老幼、是非曲直，格杀勿论”。

在今天来看，这段话的措辞太落后，也太冒犯了。字典已经开始警告说，不应使用“蛮族”（savage，源于 sylvan，意思是“森林中的”）来指代原住民。我们已经认识到欧洲殖民者对美洲原住民施行的种族灭绝，因此，《独立宣言》的签署者看起来就像一口黑锅，自己满身污渍，

却偏偏要跳起来数落别人不干净。尊重他人的尊严和权利这种现代观念，让我们无法对史前人类的暴力程度进行坦率的讨论，此外，“和平派人类学家”还要为古人涂抹上一层卢梭主义彩妆。比如，玛格丽特·米德（Margaret Mead）将新几内亚的坎布里人（Chambri of New Guinea）描绘成为一种逆性别文化，她只看到那里的男性涂脂抹粉，弄卷毛发，而完全无视这些男子是在杀死敌对部落的成员之后，才有资格给自己装扮上这些我们认为女性化的装饰。[29]那些不愿随波逐流的人类学家发现自己被同行排挤，被专业团体的宣言谴责，被以诽谤罪起诉，甚至被指控犯有种族灭绝罪。[30]

确实，与现代战争相比，人们很容易产生部落战斗杀伤力有限的印象。一伙对邻村怀有怨愤的家伙，只能在遭遇仇家的那个特定时间和特定地点动手。而双方隔空叫阵，距离之远，使他们的“导弹”一般很难落到对方的阵地。双方恶语相向，诅咒，叫骂，侮辱，吹牛皮，外加张弓搭箭，或者投出几只梭镖，同时自己也不会忘记避闪对方发射过来的利器。每当有一两个武士负伤或是阵亡，就到了他们叫停的时候了。这种喧闹的场面，让观察者认为原始人的战争是一种仪式和象征，同后来场面宏大的战争屠杀完全不同。[31]历史学家威廉·埃克哈特（William Eckhardt）写过：“狩猎-采集群体通常25人到50人一伙，很难发动像样的战争。他们既缺乏战斗人员和像样的武器，也没有多少理由开战，更没有多余的钱支付战斗费用。”[32]他认为暴力在历史的进程中大大增加的观点，经常被人引用。

仅在过去的15年，那些没有预设政治立场的学者，比如劳伦斯·基利（Lawrence Keeley）、史蒂文·勒布朗（Steven LeBlanc）、阿扎尔·加特（Azar Gat）和约翰·范·德尔·登嫩开始系统地整理有关非国家形态社会中大规模战斗的频率和规模的资料。[33]原始社会战争的实际死亡数字显示，那种看上去无害的某一场战斗是欺骗性的。首先，小冲突可能升级为尸横遍野的恶战。其次，几十人规模的帮伙之间经常发生摩擦，即使每一次只有一两个人丧命，日积月累的死亡率也会非常高。

最主要的扭曲还是在于没有区别两种不同的暴力：战斗和偷袭。对

44 黑猩猩的研究说明，这种区分是十分重要的。偷偷摸摸的袭击所造成的伤亡数量远远大于喧嚣的战斗。[34]一群人在凌晨潜入敌人的村庄，射杀第一个从茅屋中出来解手的男人，接着向冲出茅屋的其他村民放箭。他们可以用梭镖刺穿茅屋的草墙，也可以从门口或烟囱口向屋内放箭，并放火烧屋。在村民能够组织自卫之前，很多睡眼惺忪的人已经被撂倒，而偷袭者迅即溜回森林。

某些时候，进犯者有足够的实力屠杀全村，或者杀死所有的男人，劫走妇女。另外一种卑鄙但有效的灭敌方式是伏击：袭击者可以预先埋伏在森林中的狩猎路线上，在敌人经过时发动突袭。还有一个战术是"背信弃义"：一方佯装要和敌人和解，请对方参加宴会，然后举暗号刺杀毫无防备的宾客。而发现任何一个孤身误入他们领地的男子，人类的政策和黑猩猩毫无两样，那就是格杀勿论。

在非国家形态社会中，男人（而且差不多总是男人）对于战争是非常非常严肃认真的，这不仅反映在他们的战术上，也反映在他们的装备上，包括化学武器、生物武器和其他杀伤性武器。[35]箭头上可能涂有从有毒动物身上提取的毒素，或者沾上腐烂物，以便造成伤口溃烂。箭头的设计可能是为了易于与箭杆脱离，因此让伤者很难拔出箭头。武士最喜欢的奖品是人头、整张的头皮和男性生殖器官。他们基本上不留战俘，只是偶尔带回几个活口，以便回村后施以酷刑虐杀。"五月花号"上的清教徒威廉·布莱福特对马萨诸塞州原住民的观察是："他们并不满足于杀人取命，而是乐于用最血腥的方式折磨人。他们用贝壳剥活人的皮，切下四肢和关节，在炭火上烧煮，在活人眼前吞食从他们身上割下的肉片。"[36]

虽然当我们读到欧洲殖民者称原住民为野蛮人时会感到如芒在背，深感这些殖民者的虚伪和种族主义，但我们也知道他们并没有编造原住民的暴行。许多目击者都讲述过部落战争的残忍。20 世纪 30 年代，海伦娜·瓦莱罗（Helena Valero）在委内瑞拉热带雨林被雅诺马马人绑架。她讲述了他们的一次突袭行动：

带着儿童的妇女从四面八方不断涌入，他们都是被喀拉维塔里人

> （Karawetari）抓来的……接着，男人开始屠杀孩子，小孩子或大孩子，他们杀死了很多。孩子想逃跑，但他们抓住孩子，摔在地上，用手里的弓扎穿孩子的身体，将他们钉在地上。他们提着幼儿的脚，将他们甩向树干和岩石……所有妇女都在哭泣。[37]

19世纪初，一个名叫威廉·巴克利（Willian Buckley）的罪犯为了 45
逃脱澳大利亚殖民当局的处罚，与瓦扫让（Wathaurung）原住民一起快活地生活了30年。他拥有第一手的资料，告诉了我们原住民的生活方式，包括战争的方式。

> 为了进攻敌人的据点，他们先是埋伏在附近，等到周围一切悄无声息，大部分敌人进入熟睡，成群地躺在一起时，我方开始扑向敌人，当场杀死三人，打伤数人。敌人匆忙逃离，丢下的武器成为进攻者的战利品，丢下的伤员被用飞旋镖打死。最后胜利者长吼三声，结束战斗。他们以极其残忍的方式，用燧石、贝壳和战斧割下死者的四肢。
>
> 妇女看见返回的男人时，开始高声号叫，并狂野地跳起舞蹈。他们用棍子抽打着扔在地上的死尸和肢体。看上去，所有人都兴奋得完全疯狂了。[38]

不只是见过原住民的欧洲人描述过这样的场景，原住民自己也有记录。因纽特人罗伯特·纳斯卢克·克利夫兰（Robert Nasruk Cleveland）在1965年回忆道：

> 第二天早上，入侵者攻进了营地，杀死了留在那里的所有妇女和儿童……他们向被杀死的妇女的阴道里塞上白鲑鱼，然后诺阿塔克人（Noatakers）就带着克提提伽娃和她的婴儿离开营地，撤回诺阿塔克河的上游……最后，在快要到家时，这些诺阿塔克人轮奸了克提提伽娃，留下她和她的婴儿，任凭他们在荒野等死。

> 几个星期之后，返回家园的科伯克（Kobuk）猎鹿人见到的是他们的妻子和儿女腐烂的尸身。他们发誓复仇。一两年之后的一天，他们北上诺阿塔克河上游，很快发现了大队的努阿塔格米特人，于是悄悄地跟踪他们。一天早上，努阿塔格米特人发现了大群的驯鹿，营地里的男人出外追猎。男人一离开，科伯克人就进入营地杀死了所有的妇女。他们割下妇女的阴户，用绳子穿成一串，随即迅速撤回家乡。[39]

人们一直认为吃人是原始野人习俗的精髓，但许多人类学家对有关人类相食的报道嗤之以鼻，认为那是部落间的血腥诽谤。但最新的法医考古发现显示，食人在史前人类中广泛存在。这些证据包括有人类牙印的人骨，还有像其他动物骨头一样被敲碎、烹煮后丢弃在厨房垃圾桶的
46 人骨。[40]有些带有屠宰痕迹的骨骼可以追溯到 80 万年前，那时海德堡人——现代人和尼安德特人的共同祖先刚刚在进化舞台上现身。在烹调的器皿上和人的粪便里也发现了人血蛋白的痕迹。食人在史前也许是一个常态，因此它已经对人类的进化产生了影响：我们的染色体组中包含了某些抗朊病毒疾病的基因，而这些疾病恰恰是通过同类相食传播的。[41]这些发现与目击者的描述相符，比如，在一位传教士的手稿中，这样描述毛利武士对一具经防腐处理的敌方酋长首级的嘲弄：

> 想逃跑，是不是？但是逃不出我的大棒。你被煮熟了，成了我口中的食。你的父亲呢？他也被烧熟了。你的兄弟呢？他被吃掉了。你的老婆？她就坐在这儿呢，她是我的老婆啦。你的孩子们呢？他们在那儿，扛粮食包呢，都成了我的奴隶啦。[42]

许多学者都倾向于认为觅食族群没有侵犯性，因为他们无法想象什么样的手段和动机能够驱使原始人发动战争。比如，埃克哈特就曾断言狩猎-采集群体“没有多少理由开战”。但是，生物进化的自然选择决定它总是要去争夺点儿什么（当然，这并不是说，他们会一直处于争夺状

态）。霍布斯注意到，人类的冲突有三个特别的理由：利益、安全和可靠的威慑。在非国家形态社会中的人，也一样为这三个理由彼此开战。[43]

觅食的原始人可以通过入侵争夺地盘，比如狩猎场、水源、河口的两岸，以及珍贵的矿石资源，比如燧石、黑曜石、盐和赭石。他们也可能劫掠别人饲养的牲畜或储存的食物。而且，妇女经常是争夺的目标。男人袭击邻近的村庄，可以毫不掩饰自己劫持妇女的目的，他们先是轮奸，然后将其分配为妻。他们也有为其他目的洗劫邻村的时候，那么，妇女就是额外的奖赏。有时候，他们会说，某个女子已经许婚，但到了成亲的日子却没有被送过来，这也是劫掠的理由。青年男子会为了奖品、成绩和其他炫耀力量的彩头而争斗。在有些社会，这样的行动是成年的标志。

非国家形态社会中的人也以安全为由进行侵略。他们的脑子中只有“安全悖论”或霍布斯陷阱。如果他们担心自己太弱小，就会和近邻联手，或者在敌人变得更强大之前抢先下手。一个亚马孙的雅诺马马人告诉人类学家：“我们对战争已经厌倦了，不想再杀人了，但是有些人实在太奸诈，不可信。”[44]

在大部分调查中，最经常提到的战争动机是复仇，其本质是要增加敌
人对进犯的预期成本，向潜在的对手显示凶狠的威慑力。在《伊利亚特》 47
中，阿喀琉斯对人类这一心理特性进行了描述。世界上没有一种文化会对他的话感到陌生，他说，复仇“远比流淌的蜂蜜还要甜美，从男子的胸中奔涌而出”。觅食族群和部落民对盗窃、通奸、破坏、偷猎、抢劫妇女、背信弃义、疑似巫术以及以往的暴行等进行报复。一项跨文化的研究发现，95%的人类社会都接受一命偿一命的观念。[45]部落民不仅感到复仇在自己的胸中奔涌，而且知道复仇也奔涌在敌人的心中。这也就是为什么他们要一个不留地杀光所有的敌人，因为幸存者一定会为被杀的族人复仇。

国家形态社会和非国家形态社会的暴力水平

对非国家形态社会中暴力的描述，固然消除了认为觅食族群的人天生和平这样的成见，但我们仍不知道，与所谓的文明社会相比，他们的

暴力水平是更高一些，还是更低一些。现代国家的史册上写满了血腥的屠杀和战争暴行，除了在各个大陆都有针对原住民的暴力，他们自己之间的战争死亡人数也已经以千万计。只有通过数字，我们才能了解文明是增加了暴力还是减少了暴力。

当然，从绝对数上看，文明社会所造成的破坏力是无与伦比的。但我们是应该看绝对数还是看占人口比重的相对数呢？这个选择把我们带进了一个道德不可计量的困境，杀死 100 个人的 50% 和杀死 10 亿人的 1%，到底哪个更糟糕。一种观点认为，一个被酷刑折磨或被杀死的人所承受的苦难程度，与有多少其他人遭受同样的命运无关，所以我们的同情和分析的重点应该放在这些苦难的总量上。但另一种观点认为，因为活着就意味着有夭折或惨死的可能性，可能死于暴力、意外或者疾病，所以，在给定的时间和地点，享有完整生命的人数，可以作为道德良好的量度；相反，暴力死亡的人数可以衡量道德如何败坏。这一观点也可以用一个问句来表述：“如果我是生活在某个特定时代的人，我成为暴力受害者的可能性有多大？”根据这种观点推论，无论是用暴力死亡在人口中所占的比重，还是计算个人的风险，结论都是，要比较横贯各个社会的暴力危害，应该关注暴力行为的发生率，而不是数量。

那么，如果将国家的出现作为分界线，将狩猎-采集、狩猎-栽种以及其他部落民（不分时代）放在分界线的一边，国家形态社会中的
48 定居民（同样不分年代）放在分界线的另一边，我们会看到什么？最近有几位学者从人类学和历史学文献中搜罗了他们能找到的每一份来自非国家形态社会的尸体统计资料，结果估摸出两个数字。一个数字得自对特定人群进行长期研究的民族志学者的人口统计数据，包括死亡统计。[46]另一个数字来自法医考古学家，他们用挖掘罪证的眼光对墓地和博物馆的藏品进行了检查。[47]

我们有可能确定一个在几百年前甚至几千年前丧命的受害者的死亡原因吗？一些史前人类的遗骨上带着暴力伤害的铁证——骨头上嵌着石器时代的镖头或箭头，比如前面提到过的肯纳威克人和冰人奥茨。其他

间接的证据也是确凿无疑的。今天的考古学家可以通过检查史前人类的骨骸，以确定他们曾经受到来自他人的武力损伤。伤痕可以包括受击破裂的头盖骨、石器在头骨和肢体骨骼上留下的切口，以及尺骨的招架骨折（当一个人面对攻击抬起手臂防卫时会遭受的骨折）。有几种方式可以从骨伤痕上鉴定是受害者活着的时候遭受的创伤，还是受害者遗骨暴露后所受的损伤。活人的骨骼受创破碎时像玻璃破碎，断茬锋利，而死人的骨头破碎时像粉笔，边缘呈平滑的直角。如果在一根骨头上，破碎面的风化模式与完好面不同，那就说明它可能是在周围的皮肉烂掉之后才破碎的。周围遗留物也可作为鉴定犯罪的证据，包括战壕、盾牌、攻击性武器（比如在捕猎中毫无用途的战斧），还有洞穴墙壁上描绘的人类战争的场景（有些洞穴画有超过 6000 年前的古老历史）。即使汇总所有这些证据，考古学的死亡统计仍然是低估数，因为有些死亡原因，比如毒箭、伤口腐烂、内脏和动脉破裂，在受害者的遗骨上不会留下任何痕迹。

研究人员将暴力死亡的原始数据汇总之后，可以用两种方式计算死亡率。第一，计算所有暴力死亡的百分比。这一比率可以回答的问题是："与寿终正寝相比，一个人有多大的机会死于另一个人之手？"图 2–2 中有三个非国家形态社会的统计数据，即来自史前考古遗址、狩猎–采集群体、狩猎–栽种和其他部落的遗骸，还有就是国家形态社会的统计数据。让我们看看这些数据。

最上面的一组数字是在史前考古遗址内挖掘出的人类遗骸所显示的暴力死亡。[48]这些遗骸来自亚洲、非洲、欧洲和美洲的狩猎–采集和狩猎–栽种部落，年代从公元前 14000 年到公元 1770 年。这些个案或者发生在国家出现之前，或者发生在那些未与任何国家有过持续接触的非国家形态社会。这些遗址发现的暴力死亡率的范围是 0~60%，平均暴力死亡率是 15%。

接下来的一组数据是 8 个当代或近代以原始方式生活的狩猎–采集群 50
体的暴力死亡。[49]这些数据来自美洲、菲律宾和澳大利亚。这一样本组的平均战争死亡率与上面的样本组相差无几：14%，区间是 4%~30%。

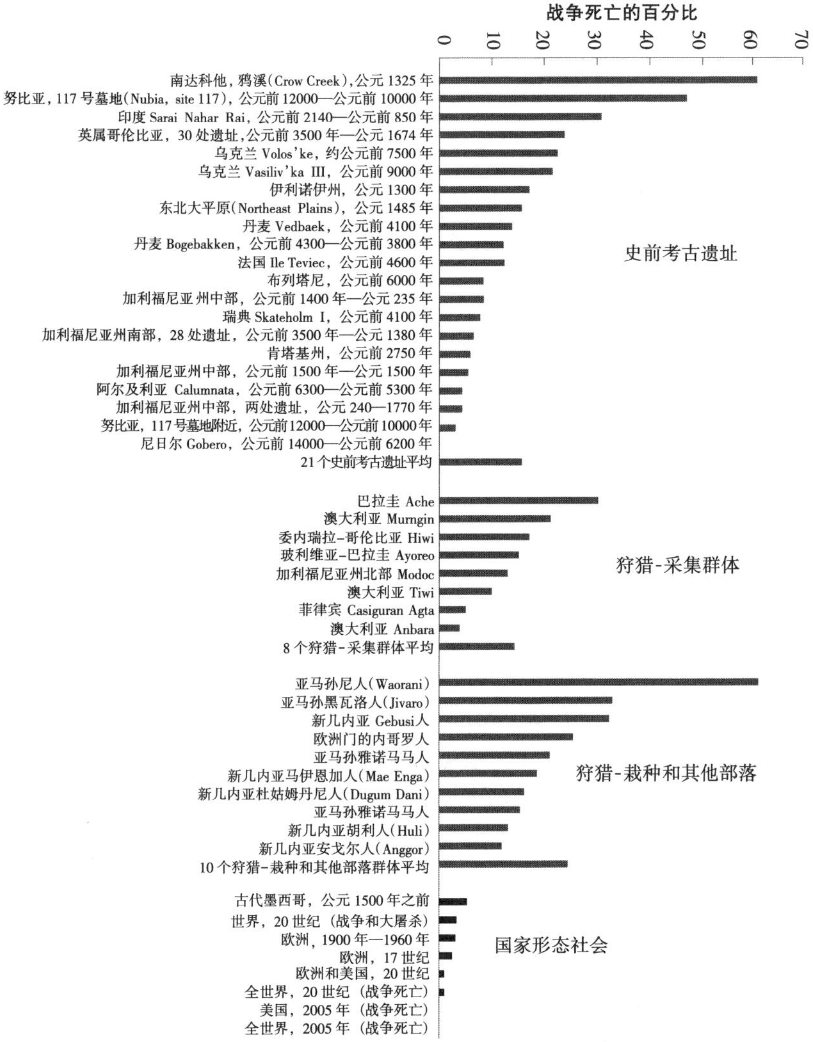

49 **图 2-2　非国家形态社会和国家形态社会中战争死亡的百分比**

资料来源：史前考古遗址：鲍尔斯（Bowles），2009 年；基利，1996 年。狩猎-采集群体：鲍尔斯，2009 年。狩猎-栽种和其他部落：加特，2006 年；基利，1996 年。古代墨西哥：基利，1996 年。全世界 20 世纪的战争和大屠杀（包括人为因素导致的大饥荒）：怀特，2011 年。欧洲 1900—1960 年：基利，1996 年，来自怀特，1942 年，1942/1964 年，1942/1965 年；见注释 52。17 世纪的欧洲：基利，1996 年。20 世纪的欧洲和美国：基利，1996 年，以及哈里斯（Harris），1975 年。20 世纪全世界战争死亡：拉齐纳和格莱迪奇（Lacina & Gleditsch），2005 年；萨基斯（Sarkees），2000 年；见注释 54。美国 2005 年战争死亡：见正文和注释 57。全世界 2005 年战争死亡：见正文和注释 58。

在第三组数据中，我将前国家形态社会中的狩猎、采集和栽种的混合状态归总。这些数据主要来自新几内亚或者亚马孙热带雨林，平均暴力死亡率为24.5%，其中还有欧洲最后的一个部落社会门的内哥罗人，它的暴力死亡率正好接近这一组的平均数。[50]

最后一组是国家形态社会的暴力死亡数据。[51]最早的数据是哥伦布发现美洲前的墨西哥帝国和城市的暴力死亡率，5%的人被其他人杀死。那里无疑充满危险，但其暴力死亡也只是前国家形态社会的1/3至1/5。当进入现代国家形态社会，我们面对的是成百上千的政治单元、几千年的历史和许多亚种的暴力形式——战争、凶杀、屠杀等等，所以很难给出单一的“准确估算”。为了尽量公允地进行比较，我们可以选择那些最暴戾的国家和时代的数据，再加上对当今世界暴力情况的估算。我们在第5章中会看到，在过去500年欧洲史中，最暴力的时期莫过于17世纪，即血腥的“宗教战争”时期，以及进行了两次世界大战的20世纪。历史学家昆西·赖特（Quincy Wright）估计17世纪的战争死亡率是2%，20世纪前50年的战争死亡率是3%。[52]如果将20世纪最后40年也计算在内，战争死亡率将会更低。有人估算，包括美国（其他）战争的死亡，整个20世纪的战争死亡率低于1%。[53]

最近，通过发布两个定量数据集，战争研究变得更加精确，我将在第5章对此进行解释。这些研究有保留地给出了20世纪的战争死亡人数——约4000万。[54]如果考虑到20世纪有60亿的死亡总数，忽略某些人口统计上的细节，我们可以估算20世纪的战争死亡率约为世界总人口的0.7%。[55]即使我们将战争的间接死亡，比如战争导致的饥荒和疾病的死亡估算为直接死亡的3至4倍，也无法弥合国家形态社会和非国家形态社会在暴力死亡率上的差距。如果再加上种族灭绝、政治清洗和其他人为的灾难，结果会如何呢？我们在第1章中提到的暴力学家马修·怀特估计，所有可归咎于这些人为因素的死亡总数是1.8亿人左右，但这也仅仅将20世纪的暴力死亡提升了3%。[56]

现在，让我们回到当今世界。根据最新的《美国统计摘要》（*Statis-*

tical Abstract of the United States)，2005 年美国人口死亡数为 2448 017。
51 2005 年也是美国卷入伊拉克和阿富汗两场武装冲突后最糟心的一年，阵亡人数创下近 10 年新高。两场战争共造成 945 名美国人死亡，占当年美国总死亡人数的 0.04%（万分之四）。[57]即使我们算上 18 124 个国内凶杀死亡，暴力死亡率也只有 0.8%，也就是 8‰。其他西方国家的暴力死亡率比美国更低。至于全世界的暴力死亡率，《人类安全报告》（*Human Security Report Project*）计算的数字是政治动荡（战争、恐怖袭击、种族灭绝，以及军阀和地方武装制造的杀戮）直接导致的暴力死亡为 17 400 例，死亡率为 0.03 %（万分之三）。[58]这是一个非常保守的估计，仅仅计算了那些有直接证据的战争死亡，但如果我们从宽计算没有文献记录的战争死亡和饥荒疾病导致的间接死亡，将其按照有记录的战争死亡的 20 倍来计算，暴力死亡率还是低于 1%。

图 2-2 上最大的断裂，是无政府群体和部落与有政府的国家之间的差别。不过，我们比较的根据都是来自考古挖掘、民族志内的数字和当代的估算，有一些甚至就是废纸便笺上潦草的记录。是否有一种方法能够对狩猎-采集群体和定居文明社会的两组数据集进行并列比较，人民、年代和方法都更有可比性？经济学家理查德·斯特克尔（Richard Steckel）和约翰·瓦利斯（John Wallis）对 900 具美洲原住民遗骸的数据进行了研究，这些遗骸的来源地覆盖了从加拿大南方直到南美洲的广袤地区，死亡日期均在哥伦布抵达美洲大陆之前。[59]他们将遗骸按照狩猎-采集群体和城市居民两类分组，后者属于安第斯文明和中美洲文明，比如印加人、阿兹特克人和玛雅人。在狩猎-采集群体的遗骸中，带有暴力伤害印记的占 13.4%，这个数字接近图 2-2 中的狩猎-采集群体。城市居民的遗骸上有同样印记的只有 2.7%，这个数字接近图 2-2 中 20 世纪之前的国家形态社会。所以，假定其他因素不变，我们发现，生活在文明社会的人成为暴力受害者的可能性会下降至原来的 1/5。

现在再看看对暴力进行量化的第二种方式。在这种方式中，谋杀率是用活人的比例来计算，而不是用死人的比例来计算的。这一统计方式对于以坟场荒冢为依据的数据比较困难，但对于大部分其他数据来源却比较容易，因为它只需要知道死亡人数和人口规模，而不需要其他来源的死亡累计。每年每10万人中的凶杀数是一个衡量谋杀率的标准，本书将一直使用这一尺度来衡量暴力。要了解这些数字的意义，我们以人类历史上最安全的地方——刚刚进入21世纪的西欧为例。在那里，居民区每年的凶杀率是10万分之1。[60]即使在最温文尔雅的社会，偶尔也会有年轻人在酒吧斗殴中失去控制，也会有老太太在亲夫的茶水里搅上些砒霜，所以这个暴力死亡数字可以说是低得不能再低了。在现代西方社会，美国属于最危险的国家。在情况最糟糕的20世纪70年代和80年代，美国 52
的凶杀率是10万分之10。在暴力严重的城市，比如底特律，凶杀率高达10万分之45。[61]当一个社会的凶杀率高到这个水平时，人们在日常生活中就会感觉到危险的存在，而当凶杀率达到10万分之100，个人生活都会受到这一危险环境的影响：假定你有100个亲戚、朋友和熟人，那么在10年的时间内，其中会有一人遇害。如果凶杀率飙升至10万分之1000，即1%，那么每年你都会失去一个认识的人，而你自己也随时有可能被谋杀。

图2–3是27个非国家形态社会（包括狩猎–采集和狩猎–栽种）和9个国家形态社会的战争死亡率。非国家形态社会年均战争死亡率是10万分之524，大约0.5%。在国家形态社会中，墨西哥中部的阿兹特克帝国经常处于战争状态，战争死亡率大约是0.25%。[62]在阿兹特克帝国之下，是在不同世纪经历过严酷战争的国家。19世纪的法国经历了大革命、拿破仑战争和普法战争，平均每年的人员损失是10万分之70。20世纪的两场世界大战让无数生灵涂炭，德国、日本、俄国/苏联的军队遭到重创，此外还有各种内战和其他军事冲突。德国、日本、俄国/苏联的年均战争死亡率分别是10万分之144、10万分之27和10万分之135。[63]20世纪，美国成了臭名昭著的战争贩子，参加了两场世界大战，还有菲律宾战争、朝鲜战争、越南战争和伊拉克战争。但美国每年为此丧失的生命甚至比20世纪的其他军事大国还要少，仅为约10万分之3.7。[64]即使我们算上20世纪世界其他各地所有的组织型暴力——战争、种族灭绝、大清洗

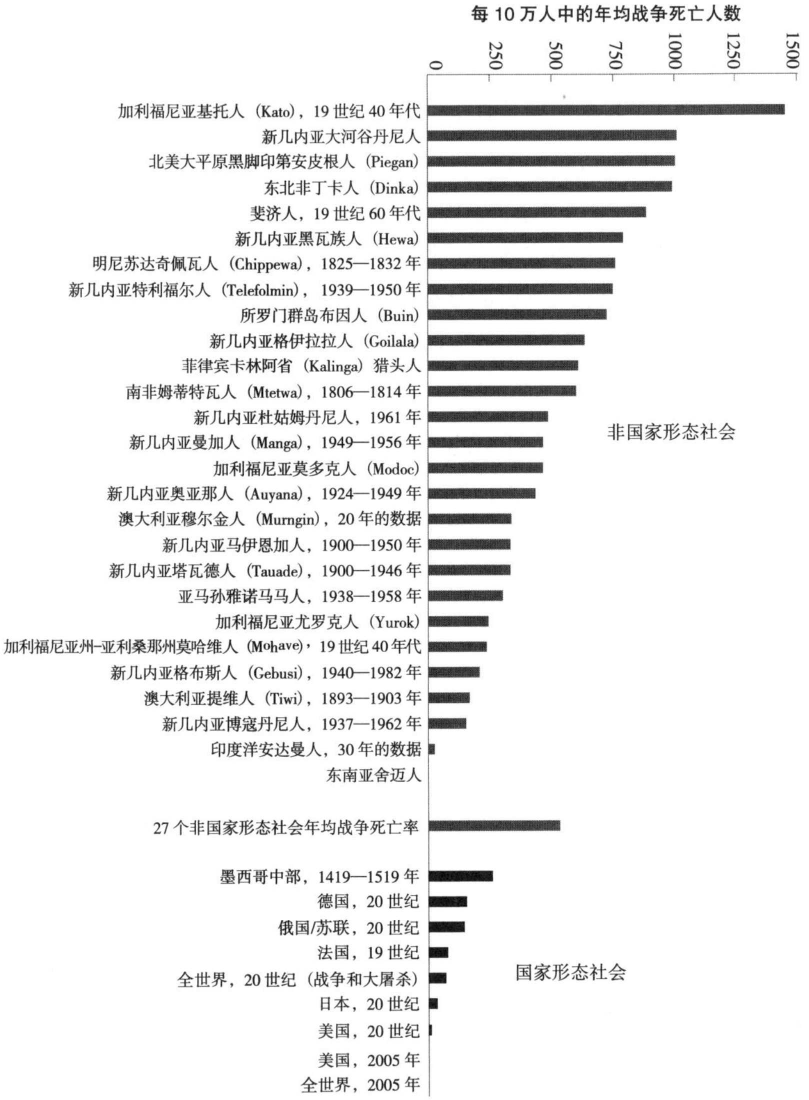

53 **图 2–3　非国家形态社会和国家形态社会年均战争死亡率**

资料来源：非国家形态社会：新几内亚的黑瓦人和伊拉拉人，来自加特，2006 年；其他来自基利，1996 年。墨西哥中部、德国、俄国/苏联、法国和日本的数据来自基利，1996 年；见注释 62 和注释 63。20 世纪的美国：利兰和奥博罗恰努（Leland & Oboroceanu），2010 年；见注释 64。20 世纪的世界：《2008 年人类安全报告》（*Human Security Report Project*，2008）；见注释 57 和 58。

和人为的饥荒，年均死亡率也只有 10 万分之 60。[65] 2005 年，图表上代表美国和全世界的暴力死亡率的横线极短，短到完全看不见了。[66]

所以，根据这一计算方式，国家形态社会的暴力程度比传统的群体和部落形态的社会要低得多。即使在战祸最深重的年代，现代西方国家的死亡率也不到非国家形态社会平均死亡率的约 1/4，而与最暴戾的非国家形态社会相比，不足其 1/10。

*　*　*

虽然觅食族群之间常有战争，但这并不普遍。我们不能认为，如果人性中的暴戾倾向发生弱化，是对外部条件的战略性反应，而不是对人内在诉求的释放性反应。据两项民族志学的调查，65%~70% 的狩猎–采集群体至少每两年会经历一场战争，一代人中至少经历过一次战争的达 90%，而所有人都有对过去战争的文化记忆。[67] 这说明，狩猎–采集群体
54 经常发生冲突，但却能够长期避免战争。图 2–3 展示的两个部落——安达曼人和舍迈人均有很低的战争死亡率，但是这两个部落都有着饶有意味的故事。

印度洋上的安达曼人年均暴力死亡率的记录是 10 万分之 20，大大低于非国家形态社会的平均水平（10 万分之 500），但他们是世界上现存的最勇猛的狩猎–采集群体。2004 年，印度洋发生大地震和海啸，人道救援团体的直升机飞过他们的岛屿时，遭遇雨点般的箭与镖的攻击。救援人员当即松了一口气，他们知道，这说明安达曼人没有被灭绝。两年后，两个印度渔民醉入酣梦，他们的渔船漂流到安达曼人的一个小岛岸边。两人当即被杀，直升机被派去打捞尸体，也遭遇了一阵箭雨。[68]

当然，在狩猎–采集和狩猎–栽种群体中，也有像舍迈人那样从来没有卷入任何旷日持久的、集团性的、算得上战争的杀戮行为。“和平派人类学家”对他们进行了大量研究，认为他们可能是人类进化史上的常态，只有那些更晚近、更富有的栽种社会和游牧社会才会卷入有组织的暴力行动。这一假说与本章没有直接关系，本章的目的是要对那些生活在非国家形态社会的人民和生活在国家形态社会的人民进行比较，而不

是对狩猎–采集者与其他人进行比较。但是，我还是有理由怀疑这种认为狩猎–采集群体纯洁无瑕的假设。图 2–3 显示，在这些社会中，战争死亡率虽然低于栽种社会和部落社会，但暴力水平基本上相差不大。如前所述，我们今天观察到的狩猎–采集群体，可能并没有历史代表性。我们能够看到的这些群体，都散落在荒漠或冰原这些不毛之地。他们之所以生活在那里，也许正是因为他们能够保持低调，并在面临冲突时情愿用脚投票。正如范・德尔・登嫩的评论所说，“当代‘和平的’觅食者……是这样彻底解决问题，过上和平生活的，他们或者与世隔绝，断绝了和其他人的联络，或者四处逃匿，或者受到暴虐不得不臣服，在惨败中不得不接受驯化，被武力威胁不得不成为顺民”。[69]比如，生活在卡拉哈里沙漠里的布须曼人，在 20 世纪 60 年代被誉为狩猎–采集和谐社会的典范，而事实上，他们在 20 世纪初与欧洲殖民者、他们的邻居班图人开战，自己内部也彼此开战，包括几次倾巢出动的大屠杀。[70]

对这几个小社会的低战争死亡率，人们很可能会产生误解。虽然这些人能够避免战争，但是还会有谋杀，他们的凶杀率和现代国家形态社会是可以一比高低的。在图 2–4 中，我以比图 2–3 大 15 倍的比例进行了绘制。左侧是一组非国家形态社会的数据，让我们先看最靠右的灰柱。舍迈人是从事狩猎和栽种的部落，有一本书是《舍迈人：马来亚的非暴力人民》（*The Semail：A Norvident People of Malaya*），据说他们会尽一切可能避免使 55
用暴力。不过，舍迈人的凶杀案不算多，但舍迈人的人口也不多。人类学家布鲁斯・瑙佛特（Bruce Knauft）做过计算，他发现舍迈人的凶杀率是每年 10 万分之 30，这与美国最臭名昭著的犯罪城市的凶杀率接近，而且是美国全国凶杀率（取最糟糕的那 10 年的平均数字）的 3 倍。[71]同样的长除法也摧毁了所谓布须曼人爱好和平的声誉，有一本关于布须曼人的书是《毫无恶意的人民》（*The Harmless People*），而北极圈中部的因纽特人则是另一本书《从不发怒》（*Never in Anger*）的灵感之源。[72]不仅这些毫无恶意的、非暴力的、不会发怒的人民互相谋杀，谋杀率甚至远远高于美国和欧洲国家，而且，当布须曼人被博茨瓦纳政府接管之后，他们的谋杀率下降到原来的 1/3，这正好应验了利维坦理论的预言。[73]

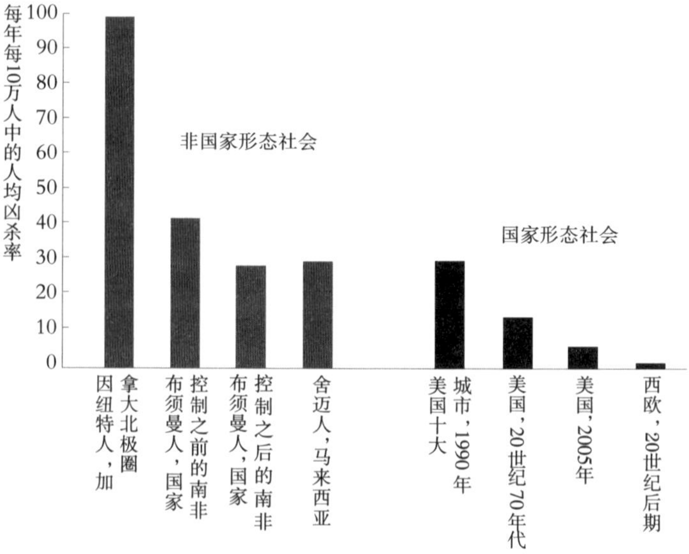

图 2-4 最少暴力的非国家形态社会与国家形态社会的凶杀率比较

资料来源：布须曼人和中北极圈因纽特人：加特，2006 年；李（Lee），1982 年。舍迈人：瑙佛特，1987 年。美国十大城市：兹姆林（Zimring），2007 年，第 140 页。美国：《联邦调查局统一犯罪报告》（*FBI Uniform Crime Reports*）；见注释 73。西欧（估算）：世界卫生组织；见注释 66，第 3 章，第 701 页。

政府管制下凶杀减少的事实过于明确无误，以至于人类学家对此所做的记录很少辅以数据。史书中记载了各式各样的“和平时代”——“古罗马治下的和平”，还有“伊斯兰治下的和平”“西班牙治下的和平”“奥斯曼治下的和平”“中国治下的和平”“不列颠治下的和平”，新几内亚的“澳大利亚治下的和平”，太平洋西北部的“加拿大治下的和平”和南非的“比勒脱尼亚治下的和平”。它们都是指在一个有效政 56 府的管制下，疆域内的抢劫、武斗和战争出现减少。[74]虽然帝国统治本身可以是非常残酷的，但确实在所征服的地盘上控制住了地方性的暴力。“平靖进程”是一个如此普遍、无所不在的现象，人类学家通常对它视而不见，将其当作方法论上的一个干扰噪声。毫无疑问，那些原住民受到政府管辖后，相互之间的争斗减少了，因此被排除在暴力研究之外。原住民自己也感受到了平靖的效果。生活在新几内亚的一个奥亚那人这样解释“澳大利亚治下的和平”：“政府来了以后，生活好过多了，因为一个人可以安心踏实地吃饭了，无须时刻警惕别人的袭击，早上可以放心地出门撒尿了，不用担心中箭丧命。”[75]

人类学家卡伦·埃里克森（Karen Ericksen）和希瑟·霍顿（Heather Horton）对政府出现后流血复仇减少的情况进行了定量研究。在一项对192个传统研究所做的调查中，他们发现，在殖民者或国家政府管治之前的觅食族群中，经常发生一对一的复仇，而在部落社会，家族对家族流血仇杀也是常事，在那些强调男人荣誉的文化中尤为严重。[76]相反，在中央政府管治的社会或者因有其他传统资源而对社会稳定要求较高的社会中，人们经常接受法庭和法院的裁决。

当发展中国家摆脱了欧洲人的殖民统治之后，随之而来的通常是战乱。而现代武器、有组织的军事力量和反抗部落长老追求自由的年青一代，给战乱火上浇油。[77]这是20世纪下半叶最有讽刺意味的悲剧现象之一。我们在下一章中会看到，这一发展是历史性暴力减少的一股逆流，但它表明利维坦在推进暴力减少过程中所起的作用。

文明及其缺陷

那么，霍布斯是正确的了？至少他有一部分是正确的。我们发现人性中有三种导致暴力的主要因素：收益——掠夺性攻击，安全——先发制人的攻击，荣誉——报复性攻击。数字证明，相对而言，“在没有一个共同敬畏的权威的时代，人们所处的状态就叫作战争”。而在这种状态下，人们生活在“对暴力死亡的持续恐惧和危险之中”。

但霍布斯坐在17世纪英国的扶手椅里，不可避免地犯下了许多错误。生活在非国家形态社会的人，在家族和盟友之间有着广泛的合作关系，他们的生活远远不是“孤独的”，他们中间的纠纷和残暴仅仅是间歇性的。尽管他们过几年就要打杀一番，但是他们还是有很多时间觅食，宴饮，歌唱，讲故事，生儿育女，照顾病人，以及从事其他生活必需的工作，寻找生活的快乐。我在上一本书的初稿里，很随意地将雅诺马马人称为“凶悍的人”，影射的是人类学家拿破仑·沙尼翁（Napoleon 57

Chagnon）名著的书名。一位研究人类学的同事在我的初稿边页上写道："是幼儿凶悍、老妇凶悍，还是他们的吃相凶悍？"

对于他们的生活是不是"贫穷的"，有不同的说法。但可以肯定，那些没有国家组织的社会没有宽敞的房屋，没有传送和运输重物的工具，没有对地球的地理知识，不知道计算时间，也没有系统的文字，如果邻村的武士时刻都有可能向你射来几支毒箭，抢走妇女并烧掉你的茅棚，你也就很难有机会去发展这些技术和知识。但是，对于第一批放弃狩猎和采集，开始从事定居农业的人，他们的选择绝非易事。终日在田野里耕耘，以含淀粉的谷物维生，与牲畜和成千上万的人拥挤地生活在一起，污秽遍地，疾病丛生。斯特克尔和他的同事对古人遗骸所做的研究表明，与狩猎-采集者相比，最初的城市居民患有贫血、炎症、龋齿，而且身高大约矮6~7厘米。[78]有些研究《圣经》的学者相信，被逐出伊甸园的故事就是从觅食社会向农业社会变迁的文化记忆："你必汗流满面才得糊口。"[79]

那么，为什么我们的祖先要离开伊甸园？对许多人来说，这从来就不是一个明确的抉择：他们加倍地繁殖，掉进了马尔萨斯陷阱，自然的野味无法支撑他们的索取，他们不得不种植食物。随后才出现了国家。生活在边界的觅食者，或者被吸入城市，或者坚守自己原有的生活方式。对那些能够进行选择的人，伊甸园的唯一问题就是太缺乏安全了。几颗蛀牙、两块脓疮、几英寸的身高，相对于得到5倍的安全保障来说，只是小小不然的代价。[80]

对一种死亡的逃避，又带来另外一种死亡。古罗马历史学家塔西佗这样说："原来我们受犯罪之苦，现在我们受法律之害。"在第1章我们谈到的《圣经》故事中，最初的国王用专制的意识形态和残酷的刑罚管制他们的臣民。只要设想一下，暴戾的国王监视着人民的一举一动，人民日常生活的方方面面都受到律条的规范，亵渎神明和不尊奉国教者要被乱石砸死，国王有权力将妇女征入后宫，或者把婴儿劈为两半，把小偷和迷信小集团的领袖送上十字架。在这些方面，《圣经》是精确写实的。研究国家起源的社会科学家早已注意到，最初的国家是等级森严的神权制，精英为保证自己的经济特权，实施严刑苛法，维持属民的服从。[81]

有三位学者对大量的文化样本进行了分析，在早期国家形态社会的政治制度的复杂性与对绝对权威和残忍手段的依赖性之间找到了量化的相关关系。[82]考古学家基思·奥特拜因（Keith Otterbein）的研究显示，一个社会中央集权的程度越高，越倾向于在战斗中杀死妇女（而不是劫走
58 妇女）、蓄奴和从事人口贩卖。社会学家史蒂文·施皮策（Steven Spitzer）表示，结构复杂的社会更倾向于将不侵害他人的活动有罪化，比如渎圣、性错位、不忠和巫法，并对罪犯施以酷刑、肢解、奴役和死刑。历史学家和人类学家劳拉·贝齐格（Laura Betzig）证明，社会制度越复杂，社会越容易落入暴君的掌控。而所谓暴君，就是那些永远正确永远伟大、草菅人命而不受惩罚，并在后宫禁锢大量女子的领袖。她还发现，在巴比伦、以色列、古罗马、萨摩亚、斐济、缅甸、阿兹特克、印加、（密西西比下游的）那切兹、非洲的阿善堤和其他王国，都出现过这个意义上的专制政治。

当涉及暴力时，这个世界上的第一个利维坦——国家，解决了一个问题，但又制造了另一个问题。人民固然不再经常地死于凶杀和战争，但他们又被暴君、神职和贪官污吏攥在手心里。这让我们更加觉得“平靖”这个字眼儿带有太多的血腥气，它绝不仅仅带来了和平，而且带来了强权政府的绝对控制。要解决第二个问题，人类还要再等上几千年，而在世界的很多地方，这个问题至今也没有得到解决。

第3章

文明的进程

文明在多大程度上是通过排斥本能才得以确立的，这是一个不容忽视的问题。

——西格蒙德·弗洛伊德

自从我开始用餐具吃饭，就一直为餐桌礼仪挣扎烦恼；礼仪规定， 59
不能用餐刀将食物送到叉子上。当食物的体积足够大时，我把叉子插到食物下面，肯定能盛住一块什么，这点儿机灵劲儿我还是有的。但是我的小脑确实不够发达，对付不了那些精切细斩的小碎块，还有那些滚圆溜滑的小豆粒，它们总是在叉子的尖齿前躲闪翻滚。我只好在盘子里追逐它们，绝望地寻找一个小沟或者一个小坎，让我的叉子能够借上一点儿力，并祈望它们不要突然飞蹦起来，最后趴在桌布上大喘气。偶尔，我会趁用餐同伴不注意，在她看见我的鲁莽举动之前，赶紧用餐刀堵住这些小颗粒、小豆粒的逃路。餐刀是用来切割食物的，除此之外做任何用途都是没有教养，让人无法容忍，我必须竭尽全力，避免这种羞耻和失态。阿基米德宣称："给我一个支点和一根足够长的杠杆，我就能撬动地球。"但是，如果他知道什么是进餐礼仪，他甚至不可以用餐刀将青豆推到叉子上！

当我还是个孩子的时候，我曾追问过为什么会有这种毫无意义的禁忌。我问："以一种有效而且完全卫生的方式使用刀子和叉子，有那么可怕吗？我又不是要用手指头抓土豆泥吃。""我说不行，就是不行。"所有的孩子都会得到这样的答案，这就无法再争论下去了。对这些莫名其妙的礼仪规则，我暗自恼火了几十年。突然，就在我为此书进行课题研究的某一天，我豁然开朗，谜团解开了，从此不再为刀叉礼仪而纠结。我的顿悟受惠于一位你也许尚未听说过的大思想家诺贝特·埃利亚斯。

埃利亚斯生于德国的布雷斯劳市（现在波兰的弗罗茨瓦夫市），从事社会学和科学史的研究。[1]1933 年，因为是犹太人，他逃离了德国；1940 年，因为是德国人，他被关进英国的一个集中营；他的父母均在纳粹集中
60 营遇害。在这些灾难之上，纳粹还要在他的生命里留下一笔重彩，他的巨著《文明的进程》于 1939 年在德国出版。在当时的环境中，这简直是个天大的笑话。埃利亚斯从一所大学流浪到另一所大学，大多数时间是在夜校授课。为了谋生，他还取得了心理治疗师的资格。最后他终于在兰开斯特大学安顿下来，从事教学工作，直至 1962 年退休。1969 年，《文明的进程》英文版出版。他不再默默无闻，但是要到他生命的最后 10 年，当人们终于恍悟到他书中的重大发现时，他的地位才得到真正的承认。他的发现不是关于餐桌礼仪背后的理性，而是关于凶杀的历史。

1981 年，政治学家泰德·罗伯特·格尔（Ted Robert Gurr）利用法庭和郡政府的记录，估算了英国历史上不同时代的凶杀率，得出 30 个估计数，与伦敦现在的记录一起，绘制成图表。[2] 我在图 3-1 中复制了这组数据，计算死亡率的方法和第 2 章中所使用的方法一样，即每年每 10 万人中的凶杀数。我必须使用对数尺度，因为凶杀率的下降几乎是一条陡峭的直线。图表显示，从 13 世纪到 20 世纪，英国各地的凶杀率降至原来的 1/10、1/50，在有些地区甚至是 1%。比如，14 世纪牛津的凶杀率是每年 10 万分之 110，而 20 世纪中叶伦敦的凶杀率是每年不到 10 万分之 1。

61 几乎每一个见到此图的人都深感惊讶（包括我自己——我在序言中已经提到，这张图就是一粒种子，生根发芽，本书是它结出的果实）。这一发现颠覆了人们的一个成见，即过去的世界是一派田园牧歌，今天的世界则满目腐败堕落。当我通过网络问卷调查人们对暴力的看法时，人们猜测 20 世纪英国的暴力水平比 14 世纪英国的暴力水平高 14%。而事实是，20 世纪英国的暴力水平比 14 世纪英国的暴力水平低 95%。[3]

本章要讨论的是欧洲从中世纪到现在凶杀率的下降，以及它在其他时间和世界其他地方的正例与反例。本章的题目借用了埃利亚斯的书名，因为他是唯一一位用理论解释这一现象的大思想家。

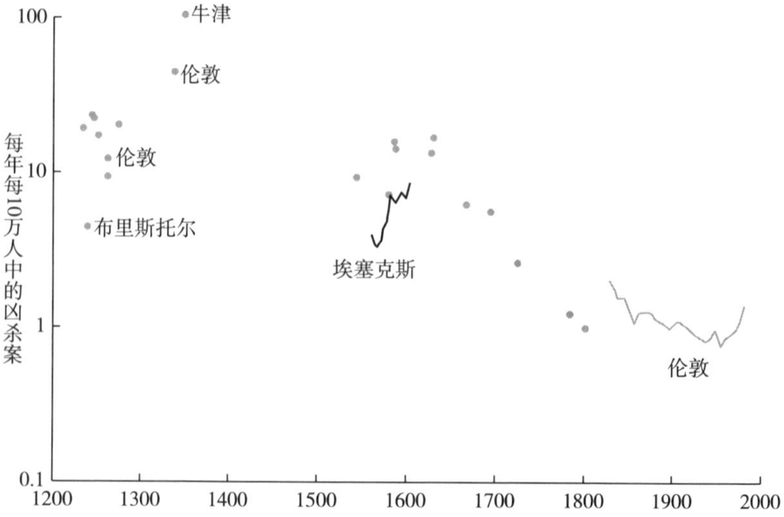

图 3–1　1200—2000 年英国的凶杀率，格尔 1981 年估算

资料来源：格尔的数据，1981 年，第 303-304 页，第 313 页。

欧洲凶杀率的下降

凶杀率在下降——在我们对这一非凡的发展进行解释之前，首先要确保它是真实的。格尔的图表发表后，几位犯罪历史学家对凶杀进行了更深入的研究。[4] 犯罪学家曼纽尔·艾斯纳（Manuel Eisner）对英国几个世纪以来的凶杀案进行了更大规模的估计，他使用的材料包括尸检官的验尸报告、法庭案例和地方档案。[5] 在图 3–2 中，每一个灰点是对某个城镇或管辖区的凶杀统计，同上，图表使用对数尺度。从 19 世纪起，英国政府就保有完整的年度凶杀案记录，它们在图中用灰线表示。另外一位历史学家 J. S. 科伯恩（J. S. Cockburn）整理了 1560—1985 年肯特郡的连续数据。艾斯纳将这些数据与他自己的数据重叠在一起，即图中的黑线。[6]

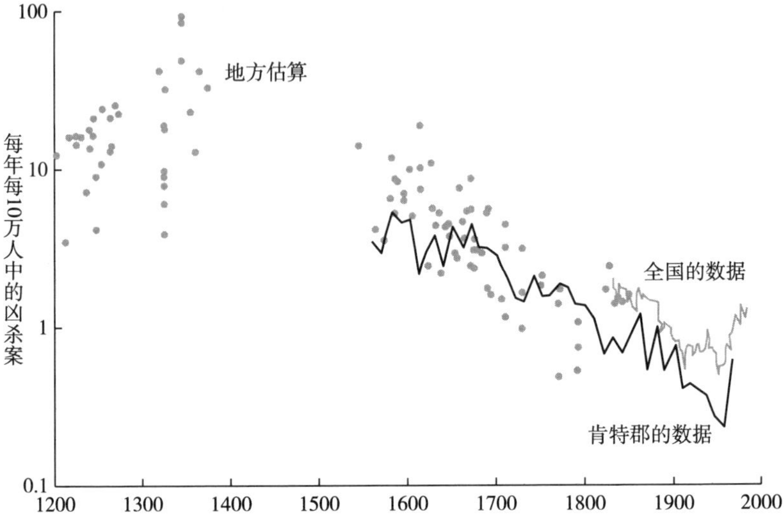

图 3-2 1200—2000 年英国的凶杀率

资料来源：艾斯纳绘图，2003 年。

62 我们再次清楚地看到凶杀率的下降，而且不是一星半点：凶杀率从中世纪的 10 万分之 4~100，下降到 20 世纪 50 年代的 10 万分之 0.8。从数据的时间上看，中世纪的高凶杀率不能归咎于 1350 年左右随黑死病而来的社会动荡，因为我们还有黑死病时期之前的大量数据。

艾斯纳对数据的可信性进行了全盘考量。之所以使用凶杀这种选择性的犯罪来量度暴力，是因为不论文化差异多么大，不论人们如何定义犯罪，一具尸体都是无法被掩盖的罪行，而且总是能吊起人们探究根底的好奇心。与抢劫、强奸和攻击相比，凶杀案的记录是更可靠的暴力指标，虽然其他犯罪通常（虽非永远）与凶杀存在相关性。[7]

我们当然想知道不同时代的人对这些杀戮有怎样的反应。他们是否和我们今天一样，对故意杀人和过失杀人区别裁断，他们是起诉还是听之任之？过去的凶杀率和强奸率、抢劫率和攻击率之间是什么关系？他们是否抢救暴力的受害者，以防止他们由受伤变为被杀？

幸好，这些问题都是可以讨论的。艾斯纳引用的研究表明，将几个世纪之前的凶杀案交给今天的人来判断是不是故意伤害，今天的结论通常和当时的结论一样。他的研究还显示，在大部分时期，凶杀率和其他暴力犯罪率相关。他指出，法医学或刑事司法体系的任何历史性进步都必然会低估凶杀案的减少，因为与几个世纪前相比，今天被抓获、起诉和定罪的杀人犯比例更高。在救生医疗方面，20 世纪之前，江湖郎中治死的病人和救活的病人一样多；1300—1900 年，医疗救生的成功率越来越高。[8] 在任何情况下，如果社会科学研究的仅仅是 1/4 或者 1/2 的变化，而不是 10 倍和 50 倍的变化，采样噪音就会带来很大的干扰。

英国人之间的凶杀逐渐减少，这在欧洲人中是否属于特立独行呢？艾斯纳研究了其他西欧国家的情况，犯罪学家为这些国家收集了杀人数据。图 3-3 显示，西欧各国的情况相当接近。虽然斯堪的纳维亚人拖延了几个世纪才想明白犯不上互相残杀，而意大利人直到 19 世纪还不曾认真地思考过这个问题，但到 20 世纪，所有西欧国家的凶杀率都降至每年 10 万分之 1 左右，各国相差无几。

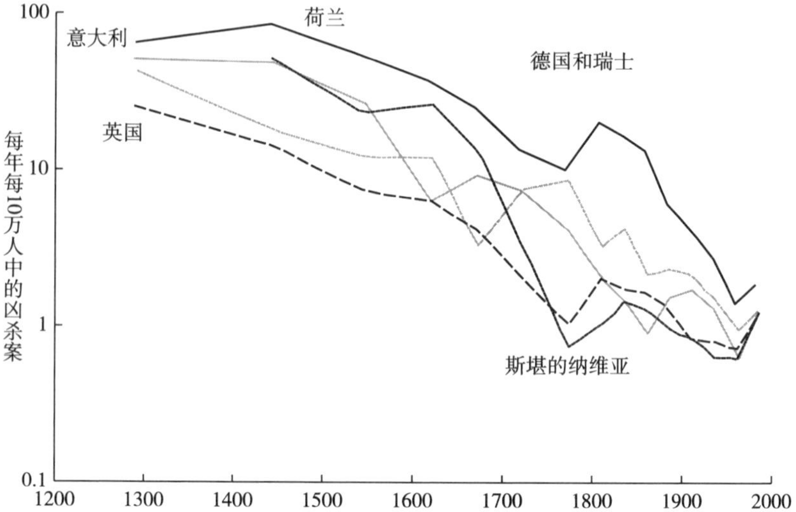

图 3-3　1300—2000 年西欧 5 个地区的凶杀率

资料来源：艾斯纳的数据，2003 年，图表 1。

为了更好地看清欧洲暴力的减少，我们来比较一下第 2 章中提到的 63
非国家形态社会的凶杀率。在图 3-4 中，为了将非国家形态社会的数据纳入表格，我延长了纵轴线，将对数尺度上的量级增加到1000。与未被平靖的非国家形态社会和因纽特人相比，中世纪后期西欧的暴力要和缓得多，与定居的觅食部落，比如舍迈人和布须曼人在一个水平上。而从14世纪起，欧洲的凶杀率稳步下降，直到20世纪最后30年才出现了一个小反弹。

虽然欧洲总体上凶杀数量越来越少，但某些凶杀模式一直维持不变。[9] 约92%的非杀婴类凶杀案的凶手是男性，年龄集中在20多岁。直到20世纪60年代凶杀率有所回升之前，城市总体上比乡村更安全。凶杀的其他模式则发生了变化，以前上层社会和下层社会的凶杀率基本接近，但凶杀率开始下降后，上层社会凶杀数量的下降幅度要比下层社会大得多。我们后面再回头探究这个现象。[10]

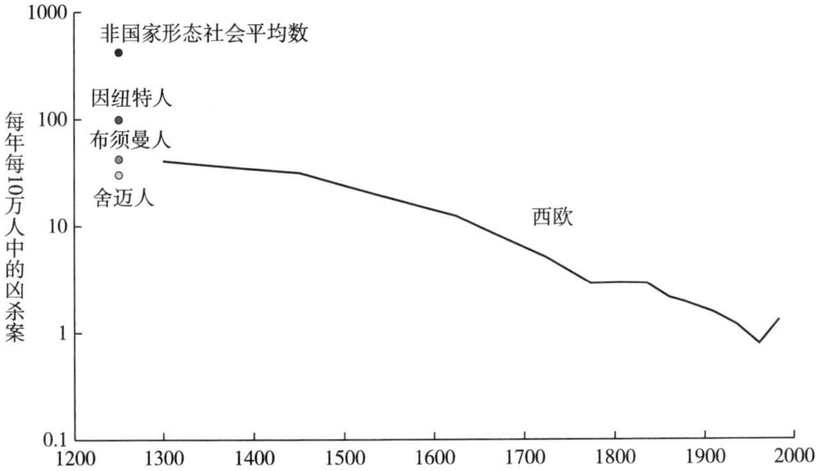

图3-4 1300—2000年西欧和非国家形态社会的凶杀率

资料来源：非国家形态社会（不包括舍迈人、因纽特人和布须曼人的26个非国家形态社会几何平均数），见图2-3。欧洲：艾斯纳，2003年，图表1；5个地区的几何平均数，缺少数据的部分用内推值代入。

另一个历史性的变化是，与杀害孩子、父母、配偶和手足的案件相比，无亲缘关系的男子之间的凶杀案减少了。这在凶杀统计学中是一个
64 很常见的模式，有时也被称为“维寇法则”（Verkko's Law）：与涉及女性和亲族的家庭暴力相比，男人之间的凶杀率在不同的时间和地点会有很

大的波动。[11]马丁·戴利（Martin Daly）和马戈·威尔逊（Margo Wilson）的解释是，家庭成员之间的紧张和冲突在任何时代、任何地方都基本相同，因为这种根深蒂固的利益冲突源自亲缘成员之间基因重叠的模式——遗传的相似性。相反，非亲缘男性之间的暴力是获得性的，它受争夺支配权或优势的刺激，对当时当地的具体环境非常敏感。在一个特定的环境中，一个男人需要多少暴力才能在等级排序中保持自己的地位，要看他如何评估其他人的暴力程度，这可能导致暴力急速螺旋上升的恶性循环，也可能导致暴力螺旋下降的良性循环。我将在第 7 章中讨论亲缘心理的细节，并在第 8 章中讨论支配权问题。

对欧洲凶杀率下降的解释

欧洲凶杀率连续几个世纪下降，这到底意味着什么呢？城市生活中来自五湖四海的居民素不相识，却要拥挤地生活在一起，文化背景和阶级背景各不相同，这难道不是暴力的温床吗？资本主义和工业革命带来哪些痛苦的社会变迁？你是否相信，以教堂、传统和对神的畏惧为中心的小城镇生活，是我们抵挡谋杀和混乱的最佳防卫手段。再好好想一想！随着欧洲进入城市化、商业化、工业化和世俗化，它变得越来越安全了。这就让我们回到了埃利亚斯的理论，它是唯一经得住验证的理论。

在《文明的进程》一书中，埃利亚斯没有使用多少数据来支持他的理 65
论，因为当时没有这样的数据，他的做法是检视中世纪欧洲人日常生活的内容。比如，他查看了 15 世纪德国《中世纪家庭画册》（*The Medieval Housebook*）中的插图，这些插图画的是一位骑士眼中的世情百态。[12]

从图 3-5 中可以看到很多细节，农民正在给一匹马开膛破肚，而一头猪在农人身后嗅着他裸露出来的臀部。在附近的一个山洞里，一男一女坐在木枷上。再往上，一个男子被押向绞刑架，而绞架上已经悬挂着一具尸体。

在绞刑架旁边，受轮刑的男子尸身残破，乌鸦正在啄食他。轮刑架 66
和绞刑架都不是画面的焦点，而只是背景的组成部分，如同树木和磨坊。

图 3–5 《土星》细部，《中世纪家庭画册》，第 1475~1480 页

资料来源：埃利亚斯复制，1939/2000 年，附录 2，见 Graf zu Waldburg Wolfegg，1988 年。

图 3-6 是第二幅插图的细部，图中的骑士正在攻击一个村庄。在左下角，一个农夫被士兵刺伤，在他的上方，另一个农夫的衣角被士兵揪住，边上的一个哭号着的妇女双手伸向天空。在右下角的小教堂内，士兵正将匕首刺向一个农民，他的财物被洗劫一空。在教堂左侧，骑士铐住了一个农民。上方，几个骑兵放火点燃农舍，士兵一面赶走农人的牛羊牲畜，一面向农妇挥舞着大棒。

图3-6　《火星》细部，《中世纪家庭画册》，第1475~1480页

资料来源：埃利亚斯复制，1939/2000年，附录2，见 Graf zu Waldburg Wolfegg，1988年。

封建欧洲的骑士，就是我们今天所说的军阀。国家毫无行动的能力，67
国王只是贵族中最显赫的一个，没有常备军队，对国家几乎没有控制。所谓的治理，就是国王分封了男爵、骑士和其他贵族，由他们掌管大大小小的采邑，向领地内的农民征收粮食和徭役。骑士经常以征战、偷袭和复仇这些霍布斯式的暴力方式进犯其他骑士的领地。如《中世纪家庭画册》插图中所示，他们在进行杀戮时毫不手软。在《远方之镜：多灾多难的14世纪》（*A Distant Mirror*：*The Calamitous 14th Century*）一书中，历史学家巴巴拉·塔奇曼（Barbara Tuchman）这样形容他们的谋生之道：

> 骑士兴致勃勃地参与这些私斗，攻敌的唯一战略就是在对方领地上杀戮和残害尽可能多的农民，毁坏尽可能多的庄稼、葡萄园、工具、仓库和其他财物，因为这样就能减少敌人的岁入。结果，双方交战的主要受害者是各自领地内的农民。[13]

正如我们在第 1 章中所见，为了维护威慑的可信度，骑士举行血淋淋的竞赛和其他彰显男子气概的运动，并饰以荣誉、勇气、骑士精神、光荣和侠义之类的辞藻，以至于后人忘记了他们不过是些残暴的盗贼。

在私斗和比武的背景之下，生活中还充满其他暴力。我们已经看到，宗教价值观已经和滴着鲜血的十字架、永生永世的炼狱、对圣徒受肢解酷刑的刺激性描述融为一体。工匠以独出心裁的创造力来制造各色虐待狂式的刑具。旅行成了玩命，匪徒劫持人质勒索赎金成了一门大买卖。埃利亚斯注意到："小人物，比如制帽工、裁缝和牧人，也都动辄拔刀相向。"[14]甚至神职人员也不例外。历史学家巴巴拉·哈纳沃特（Barbara Hanawalt）引用 14 世纪英国的记载说：

> 事件发生在耶佛陀夫特（Ylvertoft），国王爱德华在位第五年的圣马丁节前的那个星期六。耶佛陀夫特教区牧师——来自威灵顿的威廉派他的职员约翰去约翰·考布勒家买一支一便士的蜡烛。约翰要先拿到钱才肯交出蜡烛，这就惹恼了威廉。威廉猛然推门进屋，击打约翰的前额，令他脑浆飞溅，当即丧命。[15]

人们的娱乐也沾满暴力的色彩。塔奇曼描述了当时两项流行的运动项目："参赛者的双手被捆在身后，用他们的脑袋去撞击一只被钉在柱子上的猫，看谁能先杀死这只猫。参赛的风险是发狂的猫可能会撕破他

 们的面颊，抓出他们的眼珠……或者人们拿着大棒追打关在围栏中的猪，

观众在笑声中看着这头猪尖叫着狂奔乱躲，直到在大棒下咽下最后一口气。”[16]

我在几十年的学术生涯里阅读了数千篇学术论文，内容从不规则动词的语法到多重宇宙物理学，其中最古怪的一篇莫过于《丢面子和要面子：中世纪后期城镇的鼻子和荣誉》。[17]在这篇论文中，史学家瓦伦丁·格勒布纳（Valentin Groebner）整理了几十宗中世纪欧洲砍掉别人鼻子的事件。有时，这是官方对异端、叛国、卖淫或鸡奸的惩罚，但更常见的还是私人之间的复仇行为。在1520年纽伦堡的一个案件中，汉斯·里格尔与汉斯·冯·艾布的妻子发生了关系。妒火中烧的冯·艾布割掉了无辜的里格尔妻子的鼻子。一位最高法官综合考量了案情，判处里格尔通奸罪成立，坐监四个星期，冯·艾布免于处罚。这种人身伤害经常发生，以至于格勒布纳这样写道：

> 中世纪晚期的一位外科教科书的作者也特别关注鼻部损伤，讨论被割下来的鼻子是否能够再长回去。对于这个大家争论不休的问题，法国御医亨利·德·蒙德维尔在他的名著《整形外科》一书中给了一个结论性的回答：“不能。”15世纪的其他医学权威则要乐观得多，海因里希·冯·福尔思庞特1460年的《医药大典》夸下不少海口，其中之一就是一张专为失去鼻子的人“制作新鼻子”的处方。[18]

“割掉你的鼻子，让你难堪”（to cut off your nose to spite your face），这样古怪的谚语其实都来源于生活。中世纪后期，割下某人的鼻子，是让某人丢脸的典型方式。

和其他研究中世纪生活的学者一样，埃利亚斯对中世纪古人暴躁的脾气感到震惊。按照我们今天的眼光，那时候的人真是浮躁、粗野到了极点，而且极其幼稚：

> 并不是说他们总是面露凶色、横眉怒目，时时刻刻挥刀弄剑……相

> 反，他们本来是在乐呵呵地互相调侃，甩出一连串嘲弄的字眼儿，但就在笑语喧哗声中，他们可以突然拔刀相向，开始玩命地厮杀。我们看到的中世纪的人充满了矛盾：他们有虔诚的宗教信仰，对地狱怀有极度的恐惧，心怀沉重的罪恶感和忏悔，同时疯狂地追求狂欢和享乐。他们的性情暴躁易变，毫无克制地仇恨和好勇斗狠。所有这一切，都可以出现在同一个人身上，而且阴晴不定、瞬息可变，这就是当时人们完全同构的情感生活。比起后来的人，中世纪的人更冲动，感情的表达更自由、更直接，也更开放。只是到了我们这里，一切才变得微妙、温和和精于算计。社会禁忌作为各式各样的
> 69 自我克制，深深地渗透到追究功利的社会机体中，所以我们才会觉得不加隐藏的宗教虔诚、桀骜不驯的派头和凶残的行为是相互矛盾的。[19]

塔奇曼也这样写道："中世纪人的行为带有显而易见的幼稚，他们无法克制自己的任何冲动。"[20]多萝西·塞耶斯（Dorotry Sayers）翻译了《罗兰之歌》（*The Song of Roland*）。她在序言中提到，"在个人和民族的大灾大难临头时，轻轻地抿住嘴唇，静静地将烟头扔进壁炉，这种硬汉形象，是非常晚近的事情"。[21]

虽然中世纪人的孩子气肯定有被夸大的成分，在不同的时代，人们表达情感的习俗确实有所不同。在《文明的进程》一书中，埃利亚斯用很大篇幅记录了一组不同寻常的数据资料——礼仪手册。今天，我们认为《艾米·范德比尔特家族礼仪》（*Amy Vanderbilt's Everyday Etiquette*）和《曼纳斯小姐行为矫正指南》（*Miss Manners' Guide to Excruciatingly Cornect Behavior*）这类书，只是提供了一些免于失态受窘的小常识。但它们曾一度是道德行为的严肃指南，由那个时代的思想大家撰写。1530年，人文运动的创始人之一、大学者德西德里乌斯·伊拉斯谟（Desiderius Erasmus）撰写了《论男孩的礼貌教育》（*On Civility in Boys*）这一行为手册，该书在欧洲畅销了整整200年。这些手册明确规定了哪些行为是不可接受的失礼，也让我们从中知道哪些是当时人必须遵守的规则。

总而言之，中世纪的人是粗野的。礼仪手册中大量的劝诫是关于如何消除身体的异味：

> 不要在楼梯、走廊、衣柜和墙帏上撒尿和涂抹其他污秽。/不要在女士面前，或者在宫廷的门口和窗户前大小便。/不要在椅子上前后滑动，做出要排出气体的样子。/不要用裸手在衣服下面触摸私处。/不要在别人大小便时打招呼。/不要在排出气体时发出噪声。/不要在其他人面前做大小便前解衣松带的准备，也不要在人前做大小便后系扣穿衣的动作。/当你在小旅馆里和别人同睡一张床的时候，不要紧挨着别人，不要把自己的腿放到别人的两腿中间。/如果你在床单上看见什么令人恶心的东西，不要告诉你的伙伴，不要指给他看，也不要举着发臭的东西让别人闻，然后说“我很想知道这东西到底有多臭”。

针对擦鼻涕的规矩有：

> 不要用桌布、手指头、袖子或者帽子擦鼻涕。/不要将自己用过的手绢拿给别人用。/不要将手绢叼在嘴里。/“在用手绢擦过鼻子后， 70
> 千万不要打开手绢，向内张望，仿佛你头上有珍珠或宝石掉了进去。”[22]

接着是对吐痰的详细规定：

> 在盆里洗手的时候，不要向盆里吐痰。/吐痰的时候不要吐得太远，以至于你要伸长腿，才能踩到那团东西上去。/吐痰的时候，要侧过脸，不要让痰涎溅到别人身上。/“任何脓痰落在地上后，都应该踩上一脚，以免让人恶心。”[23]/如果在别人的衣服上看见痰和鼻涕，礼貌的做法是不动声色。

还有关于餐桌礼仪的很多建议：

> 不要第一个从大盘子中取食物。/不要像猪那样在饭桌上打瞌睡、打鼾和出声地舔嘴唇。/不要为了将大块肉靠近自己而转动大盘子。/“不要狼吞虎咽，仿佛你明天就要进监狱；也不要向嘴里塞太多食物，两颊鼓胀如风箱；更不要张嘴咀嚼，发出猪一样的响动。”/不要将手指头伸进大盘子去蘸汤汁。/不要将进过自己嘴巴的勺子伸进公盘取菜。/不要将自己啃过的骨头放回公盘。/不要用桌布擦抹刀叉餐具。/ 不要将嘴里的食物放回自己的盘子。/不要请别人吃自己已经咬过的食物。/不要用舌头舔油渍的手指头，不要在面包上和衣服上擦拭油渍的手指头。/不要将头低到汤碗上喝汤。/不要将骨头、菜渣子、蛋壳、果皮吐到手里，或者扔到地上。/吃饭时不要抠鼻子。/不要直接用汤盘喝汤，要用汤匙喝汤。/用汤匙喝汤时不要发出声音。/不要在饭桌上松裤腰带。/不要用手指头打扫脏盘子。/不要用手指头搅拌调味汁。/不要将肉食举到鼻子前闻味儿。/不要用托碟喝咖啡。

看到这些戒律，当代读者的脑海里会产生一连串反应：那时候的人该是多么草率、鲁莽、野性和不成熟啊！这些不都是父母对三岁孩子的教导吗，怎么会是一个大哲学家向有文化的人发表的文字呢？但是，正如埃利亚斯所指出的，优雅的举止、自我克制和深思熟虑这些看似第二天性一样的品质，对我们来说其实是习得性的，这也是为什么称其为“第二天性”。这些品质是随着欧洲的现代化而逐渐被人们接受的。

五花八门的劝诫说的都是一个道理。几十个形形色色的规矩彼此相连，强调的就是那几个主题。并不是我们每个人都要逐项地接受训导，哪位粗心大意的母亲疏漏了一条半条，她已经成年的儿子也不见得就会
71 揪着桌布擤鼻涕。这个单子上的规则，以及那些没有开列在这里的更多规则，可以浓缩为几条简单的原则：控制食欲，延迟享乐，顾及别人的情感，不要像农民那样粗俗，远离动物的本能。

人们认为，对于违反这些规则的人的处罚是内在的羞耻感。埃利亚斯注意到，礼仪手册很少论及健康和卫生。今天，我们已经认识到，人的厌恶情绪早已演化为一种下意识的抵御生物污染的手段。[24]但在19世纪之前，人们对微生物和感染还毫无认识。礼仪书中唯一明确的原则是避免乡巴佬的举止、动物般的粗野和对他人的冒犯。

在中世纪的欧洲，性行为也没有后来那样慎重。人们经常在公众场合赤身裸体，夫妇或情侣在保持交媾的私密性方面也是非常敷衍潦草的。妓女在光天化日之下拉客，英国的许多城镇中都有一个叫作“摸巷”的红灯区。男人堂而皇之地向孩子吹嘘自己的性史，他们的私生子和婚生子女混居在一起。在向现代社会过渡的过程中，这种赤裸裸的张扬渐渐地让人们感到困窘，被视为粗野，最后才是不可接受。

语言中留下了这一变化的印记。“农民”（peasantry）一词的另一个意思是道德沦丧；“莽汉”（boor）的原意就是“农人”，在德语和荷兰语里也一样；“恶棍”（villain）源自法语的 vilein，指农奴或村民；“土头土脑的”（churlish）词源是英文的 churl，意思是平民；“下流”（vulgar），俗称底层人；“卑鄙微贱”（ignoble）一词，就是由“非—贵族”两个词组合而成的。许多描述这些令人难堪的行为和事务的字眼已经成为禁忌。英国人现在习惯于叫喊着神明发誓赌咒，比如“我的上帝啊！”“耶稣基督啊！”但在刚刚进入现代社会的时候，他们是叫喊着性行为和排泄物发誓的，即我们今天所说的“盎格鲁-撒克逊的四字经”，现在这些都不能再用于文明场合了。[25]历史学家杰弗里·休斯（Geoffrey Hughes）注意到：“将一朵蒲公英叫作 pissabed（尿床），将苍鹭叫作 shitecrow（大便-乌鸦），将红隼叫作 windfucker（操风者）的时代，已经和用硕大的阳具为男子紧身兜裆袋做的广告一样，一去不复返了。”[26]私生子、淫妇、笨蛋和娼妇也从常用的俚语变为禁忌语。

随着新礼仪的确立，军人的武器装饰，特别是刀剑，也发生了变化。在中世纪，大部人随身携带短刀。他们会在餐桌上用它对付整只烧烤的禽兽，先是切下一大块，用刀尖挑着，再送到嘴里。但是，在一个公共聚会上，每个人身前身后刀光闪闪、杀气腾腾，刀尖对着自己的面孔指来指去，这种恐怖景象越来越让人反感。埃利亚斯引述了一系列以如何使用刀具为中心的礼仪：

> 不要用刀剔牙缝。/不要在吃饭时一直握着刀，只在需要切割食品的
> 时候才拿起刀。/不要用刀尖挑起食物送入口中。/不要用刀切面包，
> 72 要用手来掰面包。/如果你将刀给别人，要手握刀尖，将刀柄递给对
> 方。/不要将刀柄紧攥在手心里，而是用手指拿着刀柄。/不要用刀
> 尖对着别人指指点点。

在这个过渡时期，叉子成为通用的餐具，人们不再需要用刀将食物送进嘴里。餐桌上出现了各种专用的餐刀，人们不再需要在进餐时动用自己的佩刀了，餐刀被设计成圆头，而不是尖头。有些食物是永远也不需要使用餐刀的，比如鱼类、球形的食物和面包——所以，“一起掰面包”的意思就是“共同进餐”。

中世纪的一些刀具禁忌一直保留到今天。许多人不愿意将刀具作为送人的礼品，如果实在要送，一定要配上一枚硬币，收礼的人将硬币还回送礼者，表示这是一次买卖，而不是一次赠送。表面的理由是刀具有“切割友谊”的象征，但更有可能是避免将凶器送给朋友。还有一种迷信认为将刀递给他人会带来厄运，所以，应该是将刀放在桌子上，让对方自己来取。餐具中的餐刀是圆头，而且也不是非常锋利，能够切割食物即可，牛排餐刀仅在有硬肉食时才摆上桌，吃鱼则有专用的钝口餐刀。不是绝对需要使用餐刀时，就尽量不要动用它。用餐刀来吃糕点，用餐刀将食物送进嘴巴，用餐刀搅拌食物（俗话说“刀子搅拌，煽动捣乱”），以及用餐刀将食物放在叉子上——对，放在叉子上——都是粗野的行为。

啊哈！

* * *

埃利亚斯的理论将欧洲暴力的减少归因于大众的心理变化。他的著

作的副标题是“社会遗传学和心理遗传学的调查”。他认为，这个转变从11世纪或12世纪开始，到17世纪和18世纪完成。在这几个世纪的时间内，欧洲人越来越克制自己的冲动，关注自己行为的长期后果，顾及其他人的想法和感情。随时准备进行复仇的荣誉文化让位给时刻讲究自我克制的尊严文化。皇亲贵族在文化仲裁的压力下，严格遵守种种清规戒律，以此将他们自己与乡巴佬和庄稼汉拉开距离。接着，这些规诫被社会吸收，灌输给一代又一代的稚龄儿童，直到成为他们的第二天性。中产阶级总是迫不及待地效仿贵族，他们渐渐地接过这些贵族自律的标准；这些标准又从中产阶级向下层社会传递，最终成为整个社会文化的组成部分。

埃利亚斯发现了弗洛伊德的心理结构模型，即使年幼的孩子完全不能理解规则的意义，但他们自幼从父母那里接受了这些规则，随后内化为自己的意识（即超我）。某一天，孩子的自我开始能够践行这些规则， 73
约束自己的生理冲动（即本我）。埃利亚斯没有涉足弗洛伊德那些更奇异的理论（比如“原始弑父”、“死亡本能”和“俄狄浦斯情结”），他的心理学是完全现代的。在第9章，我们会探究人的意志力，即心理学家所说的自制、延迟满足和较低的时间折现，俗语中则有所谓的“默数到十”（少安毋躁）、“勒住马缰”（三思而行）、“咬紧牙关”、“有备无患”和“枪打出头鸟”。[27]我们还要探究心理学家所说的共情能力、直觉心理学、换位思考、心智理论和俗称“钻进别人的脑子里”、“站在他人的角度看世界”、“穿上别人的鞋子走几里路”，以及对他人之痛“感同身受”。埃利亚斯预见到人们将对自制和共情这两种人性中的善良天使进行科学的研究和分析。

埃利亚斯的批评者指出，任何一个社会都有关于性和排泄的规范，这些规范可能是来自与洁净、厌恶和羞耻有关的内在情感。[28]我们将看到，各个社会将这些情感道德化的程度是衡量文化差异的重要尺度。虽然中世纪的欧洲并不缺少规范得体行为的标准，但是这些标准的水平都是非常低下的。

值得称道的是，埃利亚斯没有陷入学术时髦的窠臼，称早期现代欧洲人“发明”或者“建构”了自制。他仅仅表示，他们增加了一些大脑认知的能力，这一能力是人生来俱有的，只是中世纪的人未能充分利用它而已。埃利亚斯一再明确表示，（人的认知能力）“没有零点”。[29]我们在第 9 章中将会看到，人们如何管理自己的自制力，是心理学中一个有趣的话题。第一种可能的解释是，自制力如同肌肉，如果你用餐桌礼仪这样约束训练自己，当别人侮辱你时，你会有更强和更有效的自制力，控制自己不去杀人。第二种可能的解释是，自制的特定设置是一种社会规范，比如你站在别人身边时应该保持多远的距离，或者在公共场所，身体的哪些部位应该被遮挡严实。第三种可能的解释是，自制可以根据一时一地的成本和收益进行相应的调整。毕竟，自制不是一种纯粹的美德。过多的自制会让侵犯者认为你已经失去报复的良机，因无法再采取行动，而对你进行攻击。但如果给他一个理由，让他相信你会不计后果地进行反击，他从一开始就会对你更加尊重。在这样的情况下，人们就要根据所处的危险调整自制的水平。

* * *

到此为止，文明进程的理论仍是不完整的，因为它试图用现象内生
74 的过程来解释现象本身。该理论指出，暴力行为的减少，与冲动、炫耀、放荡、野蛮和餐桌上粗俗举止的减少相吻合。这样的解释无疑将我们绕进一张心理过程的罗网。因为人们学会了克制自己的暴力冲动，所以人们的暴力行为减少了，这差不多等于什么也没有说。我们也无法肯定到底是人们的心理冲动变化在先，暴力的减少在后，还是相反。

但是埃利亚斯确实提出，存在外源触发器，准确地说，是两个外源触发器激发了暴力减少的整个过程。第一个外源触发器是，欧洲在经历几个世纪的封建领主和采邑林立的无政府状态后，出现了真正的利维坦。中央集权的君主获得了强大的力量，把战乱不休的骑士置于他们的控制之下，并将自己的触角伸延到王国的疆域之外。根据军事历史学家昆西·赖特的研究，在 15 世纪，欧洲有 5000 个独立的政治单元（主要是领主封地和公国），在 17 世纪早期“三十年战争”时期有 500 个政治单

元，在 19 世纪初期的拿破仑时代有 200 个政治单元，而在 1953 年，欧洲只剩下不到 30 个独立的政治单元了。[30]

政治单元的整合本来是相对强大的军阀吞并相邻军阀的自然聚合过程，但是军事进步加速了这一进程，这场史称“军事革命”的技术进步包括火药武器、常备军和其他只有大政府和大财政才能支撑的昂贵的战争工具。[31] 一个在战马上一手扬鞭一手挥剑的汉子，带着一伙破衣烂衫的农民，在战场上肯定不是由国家在战场上部署的步兵和炮兵大部队的对手。社会学家查尔斯·蒂利（Charles Tilly）说：“国家制造了战争，战争又制造了国家。”[32]

骑士之间争夺势力范围的战事，让日益强势的国王们感到不快，因为不论哪一方获胜，都有农民丧生，生产力被破坏。从国王的立场看，这都是在消耗自己的军力和财力。一旦他们进入和平——所谓的“国王的和平”，他们的利益动机会要求他们继续维持和平。一个骑士放下武器，将自己的安全交给国家。这是一个冒险的举动，因为他的敌人也许会视此为软弱的表现。所以国家必须信守承诺，不能让任何人怀疑其维持和平的能力，回到相互侵夺和仇杀的过去。[33]

骑士之间和农民之间的争斗不仅令人讨厌，而且失去了机会。在诺曼统治时期的英国，一些天才认识到将司法系统国有化的益处和可能性。几个世纪以来，英国的法律制度一直将凶杀视为一种侵权行为。在英国的法制下，受害人的家人会要求凶手的家人支付血债，而不是复仇。英王亨利一世将凶杀案定义为“对国家”的犯罪，换句话说，是“对王权”的侵犯。一宗张三被李四谋杀的案子，不再是张三起诉李四，而是国王起诉李四，或者，比如在美国是人民起诉李四，或者密歇根州起诉 75
李四。这一安排的精彩之处在于，赎金（通常是凶手的全部财产，加上来自凶手家庭的财产）是判给国王，而不是受害人的家庭。司法职责由巡回法庭承担，它们定期走访各地，听审累积的案件。为了保证所有凶杀案都能得到庭审，每一宗死亡案件都由一名王室代理人——“验尸官”进行调查。[34]

一旦利维坦掌握权力，游戏的规则也就发生了变化。一个男人获得财富的途径不再是当一个地区最坏的骑士，而是去朝廷朝拜，讨国王和他的随从的欢心。法庭基本上是政府的官僚机器，莽汉和大炮筒子在这里是无法施展的，法庭需要的是有责任心的监管人。贵族不得不改变他们的自我兜售方式。他们只好陶冶自己的风度，以免冒犯国王的宠臣，还要学习换位思考，揣度国王和权臣的心意。所以，在宫廷（court），得体的举止被赞为"庄重有礼"（courtly）的，"礼貌"（courtesy）的词根也是"court"。各种"礼仪指南"最早就是要告诉贵族在宫廷如何举手投足，当然也包括怎么处置他们的鼻涕。埃利亚斯追踪了几个世纪的记录，勾画出礼貌从贵族模仿宫廷，逐渐到资产阶级精英模仿贵族，再到中产阶级模仿精英的演变。他用一句口号总结了自己的理论，即"从战士到朝臣"，将集权化的国家权力与民众心理变化联系了起来。

* * *

中世纪晚期的第二个外部变化是经济革命。封建制度的经济基础是土地和土地上劳作的农民。用地产经纪人的话来说，土地是一种无法被增加的东西。在以土地为基础的经济中，任何人想提高生活水平，或者在马尔萨斯人口扩张期维持生活水平，他的首选就是征服附近的土地。用博弈论的语言来说，对土地的竞争是零和博弈：一方的得，就是另一方的失。

基督教的意识形态排斥一切商业活动和技术创新，堵塞了从现有自然资源之外增加财富的道路，进一步强化了中世纪经济零和博弈的性质。塔奇曼解释说：

> 基督徒对商业的态度……是金钱就是罪恶。用圣奥古斯丁的话来说，"经营本身就是恶行"，在超出生存最低需要之外谋求盈利就叫作贪婪；用钱来生钱，放贷收息就是万恶的高利贷；批发商品，转手抬价零售，是不道德的，会受到教会法规的谴责。简而言之，正如圣哲罗姆的格言所说："一个人，不可能既做商人，又取悦上帝。"[35]

我的祖父会这样说："非犹太人的想法！"犹太人从小就熟悉钱商和中 76
间人业务，但也因此不时受到迫害和驱逐。当时的法律规定商品的价格只能固定在"公平价"上，即原材料的成本加上附加的劳动价值。塔奇曼解释说："为了确保没有人能占他人的便宜，商业法禁止发明新的工具或技术，禁止固定价格之下的低价销售，禁止加班，禁止雇用额外的学徒、妻子和儿童，禁止对商品进行广告宣传或对其进行赞扬，以损害他人利益。"[36]这种零和博弈的规则，使得攫取成为增加财富的唯一手段。

在正和博弈中，各方都有同时改善处境的选择。日常生活中最典型的正和博弈是交换互利，即各方均以较小的成本向对方提供较大的受益。比如，灵长类相互剔除背上的跳蚤，猎人彼此分享大型猎获，几家父母轮流看护孩子。我们在第 8 章会看到，进化心理学的一个关键见解是，人类的合作以及支持这种合作的社会情感，比如同情、信任、感恩、内疚和愤怒，之所以在演化中留存并胜出，是因为它们使人类能够在正和博弈中繁衍兴旺。[37]

剩余互换是经济生活中典型的正和博弈。如果农民有多余的谷物，牧民有多余的牛奶，双方互换谷物和牛奶，各方都有进益，即所谓的"双赢"。当然，有分工，单个时点上的交换才有收益。两个农民用一桶麦子再换回一桶麦子，毫无交换的意义。现代经济学的一个基本观念是，分工是创造财富的关键，分工让生产专业化，生产者各有所长，精修研习，提高生产的成本效益；分工也让交换手段专业化。有效交换的基础之一是交通，通过交通，不同产地的生产者才能实现剩余交换。交换的另一个基础是货币、利息和中间商，有了这些手段，一个生产者才能与其他生产者随时交换多种剩余。

正和博弈也改变了对暴力的激励。不论你是交换恩惠还是交换剩余，交换伙伴只有活着才对你更有价值。如果你能揣摩到别人的心愿和喜好，便能更好地提供服务和产品，从而更好地在交换中得到自己的所需。虽然很多知识精英都追随圣奥古斯丁和圣哲罗姆，轻蔑商人，认为他们自
私且贪婪，但事实上，自由市场很重视共情。[38]一个好商人必须要满足客 77
户，否则竞争者就会把他们挖走。客户越多，商人就会越富有，此即所

谓“文明商业”（doux commerce）。经济学家萨缪尔·里卡德（Samuel Ricard）在 1704 年说：

> 商业将人们通过互利联结起来……通过商业，人要学习深思熟虑，要学会诚实，要学习举止得体，还要学会在言谈和行动中谨慎和有所保留。一旦意识到精明和诚实是成功的必要条件，商人就会远离罪恶，或者，至少他要在言谈举止中表示庄重和严肃，以免在他所交往的和未来有可能交往的人中留下任何不良的印象。[39]

这就引出了第二个外部变化。埃利亚斯注意到，在中世纪晚期，人们终于开始走出技术和经济发展长期停滞的泥淖。货币逐渐取代了实物交换，而较大规模国家的出现，保证了货币在国家疆域内得到承认。古罗马帝国之后就一直被忽视的公路工程又开始动工，以往限于沿海和水路的商品开始直达内地。马掌的使用，使马蹄不受硬路面的磨损，车轭使马能够加大拉车的负重，这极大地改善了马车运输的效率。轮车、指南针、钟表、轮纺车、踏板织机、风力磨坊和水力磨坊等技术在中世纪后期日臻完美。这些行业内出现的能工巧匠形成了整个手工匠阶层。分工越来越细，剩余越来越高，交换机制越来越顺畅。生活中正和博弈的机会越来越多，零和博弈的吸引力迅速下降。为了抓住机会，人们必须计划未来，控制冲动，换位思考，还要开发社交和认知的技巧，拓展人际网络。

“文明的进程”的两个触发器——利维坦和文明商业是相互关联的。正和博弈的商业合作在利维坦监管下的骡马大市上最有前途。国家不仅适合提供公共品，比如货币和道路之类经济协作需要的基础设施，当买卖双方权衡是抢劫还是交易的时候，国家可以在天平上加上自己的砝码。假定一个骑士可以从邻居家抢劫 10 蒲式耳（约 270 千克）麦子，他也可以用同样的时间和精力，筹措钱款，从邻居手里购买 5 蒲式耳麦子。盗贼方案看起来很不错。但是，如果骑士知道国家会对抢劫判处 6 蒲式耳麦子的处罚，他有可能只剩下 4 蒲式耳麦子，那他还不如诚实地劳动。

国家的存在让商业更有诱惑力，而商业的存在则让国家更容易管理和运作。如果没有购买谷物这个诚实的选择，国家就只能威胁要从骑士手中 78
拿走10蒲式耳麦子，才能让骑士觉得抢劫无利可图；但处罚10蒲式耳和处罚5蒲式耳的执行难度大不一样。当然，在现实世界，国家的制裁手段更有可能是体罚的威胁，而不是罚款，但它们的原则是一样的：合法的选择越有吸引力，人们就越不愿意犯罪。

这两种文明的力量互相强化，在埃利亚斯看来，它们就是同一个过程的一部分。国家控制的集中化和对暴力的垄断，工匠行会和官僚的成长，货币交易取代实物交换，技术的发展，贸易的繁荣，本来各不相关的个体日渐形成相互依赖的社会网络，所有这一切是一个有机的整体。在这个有机体中寻求生存和发展，人们培养共情和自制力，直到它们——用埃利亚斯的话说，成为人的第二天性。

在这里使用"有机"一词并非妄言。生物学家约翰·梅纳德·史密斯（John Maynard Smith）和厄尔什·绍特马里（Eörs Szathmáry）曾经说过，生命史上进化变迁的动态过程与"文明的进程"相似。这几个大变迁就是基因、染色体、微生物、有核细胞、有机生物、有性生殖生物和动物各个群落的相继出现。[40]在每一次变迁中，具有自利和合作两种能力的个体，在它们能够生成一个更大单元的时候，都趋向合作。它们有分工，有利益互换，并发展出保护机制以防止某个成员剥夺其他成员而伤及整体。记者罗伯特·赖特（Robert Wright）在《非零》（*Nonzero*）一书中勾勒出了一条类似的弧线，即人类社会的历史就是一场正和博弈。[41]在本书的最后一章，我会详细地回顾与暴力减少有关的各种理论。

* * *

"文明的进程"理论作为一个科学假说经受住了最严格的检验：它给出的惊人预测被证实了。1939年，埃利亚斯没有任何凶杀统计数据，他从历史叙事和古老的礼仪手册中学习。格尔、艾斯纳、科伯恩及其他人用图表展示了凶杀率的下降，这让犯罪学家大吃一惊，而埃利亚斯是唯一一个用理论预测了这一趋势的人。那么，根据近几十年我们对暴力的了解，埃利亚斯的理论在多大程度上是成立的呢？

埃利亚斯的祖国德国在“二战”中的非文明行径，使他本人备受困扰，他颇费周折地在自己的理论框架内解释“非文明进程”。[42]他讨论了德国历史上反复无常的统一和分裂，以及由此导致的对中央权威的合法性缺乏信任。根据他的记录，德国精英顽固地以军国主义文化为荣，共产主义和法西斯主义的兴起打破了国家对暴力机器的垄断，其结果是对外来群体特别是犹太人的同情心萎缩。如果说他的这些分析挽救了他的
79 理论，实在有些勉强，他也许根本不应该做这些尝试。纳粹时期的恐怖不同于领主之间的烽火狼烟，更不同于市民在餐桌旁互捅几刀，其规模、性质和起因都完全不同。事实上，在纳粹时期，德国一对一的凶杀率一直在下降（见图 3-19）[43]。在第 8 章，我们会看到，即使在文明社会，道德感的区隔化（或小团体化）、信仰和法制在人口不同组成部分之间的分布，也会将人们引向意识形态驱动的战争和种族灭绝。

艾斯纳指出了“文明的进程”理论的另一个问题：暴力的减少和集权国家的兴起并不总是同步的。[44]比利时和荷兰是暴力减少的先锋，但是它们从来没有强有力的集权政府。而当瑞典开始进入暴力减少过程时，它的国家权力也没有强化的迹象。相反，意大利诸国一直在暴力减少进程中殿后，但它们却拥有庞大的官僚机构和警察力量。早期的现代君主实行严刑峻法，但在那些最无顾忌地实行酷刑的地区，暴力并没有减少。

许多犯罪学家相信，国家安抚人心的力量不仅来自蛮横的强权，而且来自人民对它的信任。没有哪个国家能够在每一个酒吧、每一间农舍都安插暗探，监视违法行为，那些试图以恐惧为统治工具的是集权独裁，而不是人民以自制和共情共存的文明社会。一个利维坦只有在它的公民感到法律、执法和其他社会规则都具有正当性的时候，才是一个文明社会，公民才不会在国家权力看不见时，就放纵自己最坏的冲动。[45]这个观点并没有反驳埃利亚斯的理论，但它增加了一个转折。法治的确立结束了封建领主之间的血腥残杀，但要将暴力进一步减少到欧洲各国现有的水平，还需要一个更加复杂的过程。在这个过程中，相当数量的人接受了加诸他们头上的法治。自由意志主义者、无政府主义者和其他对利维

坦持怀疑态度的人认为，当社区自主其事的时候，他们通常能发展出一套合作规范，在没有法律、警察、法庭和其他政府冗员的情况下，自己非暴力地解决内部的争端。在《白鲸》一书中，伊什梅尔解释了美国捕鲸者在远离法治几千英里之外，是如何处理鲸鱼猎获纠纷的。一艘捕鲸船的人打伤或打死了一头鲸鱼，而另一艘捕鲸船的人却认为那是他们的猎获：

> 因此，如果没有一些成文的或者不成文的、普遍的、没有争议的法律来处理所有这些案件，渔民之间经常发生最令人烦恼和最暴力的纠纷。
>
> ……虽然没有其他国家（荷兰除外）有过成文的捕鲸法，美国 80
> 渔民在这件事情上成了自己的立法者和律师……它们也许被刻在具有安妮女王头像的硬币上，也许被刻在鱼叉的倒钩上，或者是在一条项链上，寥寥几字，言简意赅：
>
> 1. 系住之鲸归系者。
> 2. 未系之鲸，人皆可争之，先系者得。

世界上许多地方的渔民、农民和牧民中都有这一类非正式的规则。[46] 在《无须法律的秩序：邻人如何解决纠纷》（*Order Without Law*：*How Neighbors Settle Disputes*）一书中，法学家罗伯特·埃里克森（Robert Ellickson）研究了现代美国版本的古代牧民和农民之间的冲突（经常是暴力冲突）。在加利福尼亚州北部的沙斯塔县（Shasta County），传统的牧场主是牛仔，在开阔的草场上放养牛群，而现代牧场主则在有灌溉、有围栏的牧场中养牛。两种牧场主和种植干草、苜蓿和其他谷物的农场主共处。离群的牛会不时拱翻围栏，吃掉庄稼，弄脏溪流，在公路上游荡，被汽车撞倒。该县将牧场分为两类，一类是“开放牧场”。在开放牧场中，牛主人无须对这一类意外损害承担法律责任；另一类是“封闭牧场”。在封闭牧场中，牛的主人对牛造成的一切损失负有全责，无论他是疏忽大意还是有其他原因。埃里克森发现，财产受到牛只伤害的人都不愿意求助司法系统裁决损失和赔偿。事实上，大部分居民——牧场主、农场主、保险公司的调停人，甚至律师和法官，都坚信为此等纠纷动用法律是绝对错误的。居民通过寥寥数项隐性规范即可和睦相处。牛的主人对牛造成的损失始终负有全责，无论牧场是开放的还是封闭的，但是，如果损失微小，或者是偶发的，受损财产的主人应该“不予计较”。人们心里大致都有一本账，记着人欠我欠，而偿还往往不是货币形式的。（比如，一个牧场主的牛损坏了另一个牧场主的栅栏，他之后可以给后者免费看护走失了的牛。）对于赖账和违约的惩罚主要是闲言碎语，间或会有私下的威胁，或者轻微的破坏行动。我会在第 9 章分析这些规范背后的道德心理，它属于公平对等概念的范畴。[47]

隐性规范非常重要，但它不能取代政府。沙斯塔县的牧场主不会因为牛撞倒了栅栏而求助政府，但他们知道，他们生活在公权的庇荫之下，一旦他们的非正式制裁失效，或者发生更严重的纠纷，比如打架、杀人或者争抢妇女，公权会立即介入。我们将会看到，他们目前能够如此和平共处本身，就是一个地方性“文明的进程”的传奇。19 世纪 50 年代，加利福尼亚州北部牧场主的年均凶杀率是 10 万分之 45，这相当于中世纪欧洲的水平。[48]

81 我认为，“文明的进程”理论能够对当代暴力减少给出大部分解释，不仅仅是因为它预测了欧洲凶杀率的大幅度下降，也是因为它准确地预测了当代那些未能实现欧洲所享有的低凶杀率（年均 10 万分之 1）的地区和时间。在这些例外中，有两个地带是文明的进程从未完全渗透的：社会经济规模较低的阶层以及地球上人迹罕至或不适宜居住的地区。其中两个地区的文明进程发生了逆转，即发展中国家和 20 世纪 60 年代。下面我们依次展开分析。

暴力和阶级

在凶杀数量减少之外，欧洲暴力减少还有一个显著的特征，就是凶杀案的社会经济特征发生了变化。几个世纪之前，富人至少是和穷人一样暴力的。[49]绅士随身佩剑，绝不会放过拔剑寻仇的机会。他们出门通常有仆从跟随，而仆从也是保镖，一点点冒犯，每一次对冒犯的回击，都有可能酿成贵族帮派之间的血腥斗殴（比如《罗密欧与朱丽叶》的开场）。经济学家格里高利·克拉克（Gregory Clark）研究了从中世纪晚期到工业革命期间英国贵族的死亡记录。我在图 3-7 中使用了他的数据。数据显示，14 世纪和 15 世纪，有惊人的 26% 的男性贵族死于暴力——在图 2-2 中，我们可以看到这也是未受过教育的部落 82
的平均暴力死亡率。到了 18 世纪初，这一比率下降到了个位数，今天则基本上是零。

图 3-7　英国男性贵族死于暴力的百分比，1330—1829 年

资料来源：克拉克的数据，2007 年 a，122 页；数字为每一年数据的中值。

以百分比衡量的凶杀率还是相当高。进入 18 世纪和 19 世纪之后，暴力仍然是上流社会生活的组成部分，比如亚历山大·汉密尔顿和阿龙·伯尔。塞缪尔·约翰逊（Samuel Johnson）在为自己辩护的时候一向不吝啬言辞，鲍斯威尔（Boswell）引用他的话说："我曾经痛揍过很多家伙，不过其余的总算够聪明，闭住了他们的嘴巴。"[50]上流社会成员之间逐渐不再彼此动用武力，但即使有法律制约，他们还是保留了对属下行使武力的权力。早在1859年，英国《良好社会之习俗》（*The Habits of a Good Society*）一书的作者就劝导说：

> 有些男人，只有体罚才能使其理性，这是我们在生活中不得不面对的问题。一位女士受到鲁莽粗汉或者不良马车夫的骚扰和胡搅蛮缠，一记狠狠的勾拳就能解决整个麻烦……因此，一个男子，不论他是否愿意成为一名绅士，都应该学习拳击……对此没有成文的法规，只有诉诸常识。该出手时就出手，出手要准要快；一只手保持防护姿势，另一只手向敌人出击。绅士之间不会互相攻击。拳击术应当用于惩罚地位比你低下，但比你更强壮和更莽撞的人。[51]

精英阶层是欧洲暴力减少的急先锋。今天欧洲各国的统计数据都显示，绝大部分凶杀和其他暴力犯罪的罪犯来自社会经济地位最低的人。这一变化显然是因为在中世纪，人们可以通过武力实现晋升。记者史蒂文·赛勒（Steven Sailer）这样回顾20世纪初英国发生的变化："英国上议院的一位世袭议员抱怨说，英国首相劳合·乔治之所以设立一些新爵位，完全是因为他们是白手起家的百万富翁，最近才获得大片土地。当问这位议员'您祖上是怎样得到爵位的'时，他厉声回答说：'全靠战斧，先生，全靠战斧！'"[52]

上流社会终于放下战斧，遣散了卫队，不再挥拳暴打仆从和车夫，中产阶级则追随其后。这一次不是依靠宫廷，而是有其他的文明力量完成了这一驯化。在工厂和商业机构就业的人必须要学习恪守礼仪。日渐发展的民主政治让人民开始认同政府和社会机构，并使法院制度
83 成为他们申诉的一种途径。接着，1828年，罗伯特·皮尔（Robert Peel）爵士在伦敦创立了市警察局，并以他自己的小名命名了这一机构——"鲍比"。[53]

今天社会下层与暴力相关的主要原因是，精英和中产阶级通过法制寻求公正，而下层仍然诉诸学者所说的暴力"自助"。这里的"自助"与《爱得过多的女人》（*Women Who Love Too Much*）或《心灵鸡汤》（*Chicken*

Soup for the Soul）毫无关系，而是指“自卫报复”“边疆正义”“把法律抓在自己手里”，以及在国家干预缺失的情况下，人们为了寻求公正而采取的其他暴力复仇方式。

《作为社会控制的犯罪》（*Crime as Social Control*）是一篇颇具影响的论文。法学家唐纳德·布莱克（Donald Black）在文章中说，我们所说的犯罪，从犯罪者的角度看，则是寻求公正。[54]犯罪学家对布莱克使用的统计数据早有所知，即凶杀中，只有很小的比例（大约10%）有明确的犯罪目的，比如，在盗窃时杀害屋主，在逮捕行动中杀害警察，或在抢劫和强奸之后灭口。[55]大部分凶杀案最常见的动机都与道德有关，比如受到侮辱后的报复，家庭争吵的升级，惩罚情侣的出轨或背弃，以及其他嫉妒、报复和自卫的行动。布莱克列举了休斯敦资料库中的一些案例：

> 一个年轻男子在争吵中杀死了自己的兄弟，争吵的原因是这个兄弟占妹妹的便宜。另一个案例是男人杀妻，因为在两人争论应该先付哪些账单时，妻子嘲笑丈夫说“谅”他不敢杀她。另一个案例是女子在争斗中杀死了丈夫，因为丈夫揍了妻子的女儿（丈夫的继女）。还有一个案例，一名妇女杀死了自己21岁的儿子，因为他“和同性恋鬼混并吸毒”。还有两个凶杀案，起因都是争抢停车位，死者均因伤口发炎丧命。

布莱克注意到，大部分凶杀都是死刑案，法官、陪审员和刽子手都是普通公民。这提醒我们，我们怎样看待暴力，取决于在暴力三角（见图2-1）中我们怎样占据制高点。设想一下，一个男子因为伤害他妻子的情人而被捕受审。从法律的立场看，丈夫是侵犯者，社会是受害者，社会因此要寻求公正（法庭为案件命名的方式，恰恰体现了这一性质，比如人民控告约翰·某某）。从情人的立场来看，侵犯者是丈夫，他自己是受害者。如果这个丈夫被判无罪或流审，或者达成认罪减刑，对于寻求复仇的情人来说，都是不公正的。从丈夫的立场看，他是（通奸的）受害者，情人是侵犯者，正义已经得到伸张——但是现在，他却成 84

了二次侵犯的受害者，国家成了侵犯者，情人是从犯。布莱克注意到：

> 犯谋杀罪的人经常顺从地将自己的命运交给当局，许多人耐心地等待警察的到来，一些人致电警方报告自己的罪行……在这一类案件中，犯案人确实带有某种烈士的味道。正如明知违规也要罢工的工人，明白自己要为此蹲大牢，或者其他为了坚持原则而以身试法的人，他们认为自己坚持了真理，愿意为此承担后果。[56]

这些观察颠覆了许多有关暴力的教条。其中之一是暴力是由道德和公正的缺失造成的。相反，过度的道德和正义经常引发暴力，至少犯罪人认为自己是站在道德和正义一方的。另一个备受心理学家和公共卫生研究者珍视的教条是，暴力是一种疾病。[57]但是，公共卫生学对暴力的解释完全无视疾病的基本定义，即某种引起个人不适的障碍。[58]最凶残的罪犯也坚持认为自己绝无疾患，反而是受害人和旁观者认为暴力是一种疾病。第三个似是而非的信条是，下层人民被卷入暴力是因为经济窘困。比如，为喂养孩子而偷窃食物，或者他们要表达对社会的愤怒。下层的暴力也许真有表达愤怒的意思，但对象不是社会，而是剐蹭了他的汽车、在大庭广众之下羞辱了他的那个浑蛋。

犯罪学家马克·库尼（Mark Cooney）的《精英凶杀的减少》（*The Decline of Elite Homicide*）一文深受布莱克的启发。库尼在文章中说，许多下层人——贫穷的、未受过教育的、未婚的，以及少数民族——事实上是无国籍的。他们中很多人靠违法活动为生，比如贩毒、聚赌、出售赃物和卖淫，所以一旦发生业务纠纷，为了保护自己的利益，他们既不可能提起诉讼，也不可能报告警察。为此，他们要向大佬——那些贩卖禁品的大户，比如黑手党、毒枭和禁酒时代的私酒商人乞求所需的暴力资源。

他们没有国籍的另一个理由是，下层人民和法律系统互相敌视。布莱克和库尼都表示，在处理与低收入的美国黑人有关的案件时，警方“似乎不是无动于衷就是充满敌意……开始是犹犹豫豫不肯介入，一旦介入后就重拳狠击”。[59]法官和检察官也是“对下层人民十分冷漠，通常处置草率，涉案各方都对裁决不满”。[60]记者希瑟·麦克唐纳（Heather MacDonald）引述纽约哈莱姆区一位警长的话说：

> 上周末，一个街坊都熟识的傻小子打伤了一个孩子。孩子的全家人 85
> 到打人者的公寓进行报复。受害人的姐姐们乱踢公寓的房门。但是那个傻小子的妈妈却狠揍了这几个姐姐，她们躺在地上，口角流血。受害人的家人是来寻衅的，我可以指控他们非法侵入。傻小子的妈妈打伤对方的家人，足够被控三项伤害罪。但是，他们都是街头混混、渣滓，他们将以他们自己的方式得到正义。我告诉他们：“你们或者统统进监狱，或者自行了断。”否则，他们就会因为蠢行而被关进监狱。到时候区检察官会非常恼火，而这些家伙都不会在法庭上露面。[61]

毫不奇怪，下层社会的人不愿意依靠法律，甚至对法律有所抵触，反而寻求古老的法外正义自助和“荣誉守则”。与纽约警长对管区内居民的评价相对应，年轻的美国黑人告诉犯罪学家迪纳·威尔金森（Deanna Wilkinson）：

> 雷吉：我所住小区的警长不该在我们这里工作，你怎么能派一个白人警察来保护和服务黑人小区？这是不可能的，因为在他们眼里，黑人的面孔就代表犯罪，而且黑人的面孔长得都是一样的。没有犯罪的黑人长得和犯罪的黑人一模一样，所有人都被警察骚扰。
>
> 德克斯特：事情被他们搞得越来越糟，黑鬼（警察）他妈的鼓捣黑鬼（青年）。他们自己欺骗自己，你知道我在说什么吗？这些黑鬼（警察）袭击藏毒窝点，拿走我的毒品，然后自己拿着这些臭大粪到街上出售，套住其他人，接着再来一圈。
>
> 昆廷（谈到开枪打中他父亲的凶手）：他很有可能被无罪释放。我能怎么办？……如果我失去父亲，而他们不能给凶手定罪，我会杀

了凶手全家。这就是我们的办法。如果你抓不到他，抓不住他们……每个人从小就知道这一套，谁都想受尊重，谁都想当个男子汉。[62]

也可以说，历史性的文明进程并没有铲除暴力，只是将暴力推挤到社会经济的边缘人群中了。

世界各地的暴力

“文明的进程”不仅沿着社会经济维度向下层推进，也以西欧为中心，沿着地理维度全方位向外围推进。在图 3–3 中，我们可以看到英国第一个完成了自身的平靖，接着是德国和低地国家。图 3–8 给出了 19 世纪末和 21 世纪初欧洲地图上和平进程向外蔓延的对比。

87 19 世纪末，欧洲工业化国家（英国、法国、德国、丹麦和低地国家）是和平的中心，周围有野性尚存的爱尔兰、奥匈帝国、芬兰，再外围有西班牙、意大利、希腊和斯拉夫各国。今天，和平中心已经覆盖了整个西欧和中欧，但是，东欧和巴尔干山地的暴戾之气仍然有迹可循。

在这些国家中，每一个国家内部亦有自己的变化梯度：在城市和人口密集的农业中心进入和平很久之后，内陆地区和山区一直暴力横行。流行病一般的家族战事在苏格兰高地延续到 18 世纪，但撒丁区、西西里、门的内哥罗（黑山）和巴尔干其他地区的暴力一直持续到 20 世纪。[63]我在本书开篇提到的两部浸染了鲜血的古典名著——《圣经》和《荷马史诗》，都来自居住在荒山野岭的人民，这并非巧合。

世界其他地方的情况如何呢？欧洲国家对凶杀进行统计已经有一个多世纪的历史，但其他大陆的国家并非如此。即使在今天，警察局向国际刑警组织报告的警察记录薄上的数字也常常不可靠，有时甚至令人难以置信。许多政府认为，防范自己的公民相互谋杀用不着他人操心。在某些发展中国家，军阀用政治解放运动的辞藻来粉饰他们的土匪行径，让人们难以区分哪些是内战的伤亡，哪些是有组织犯罪的谋杀。[64]

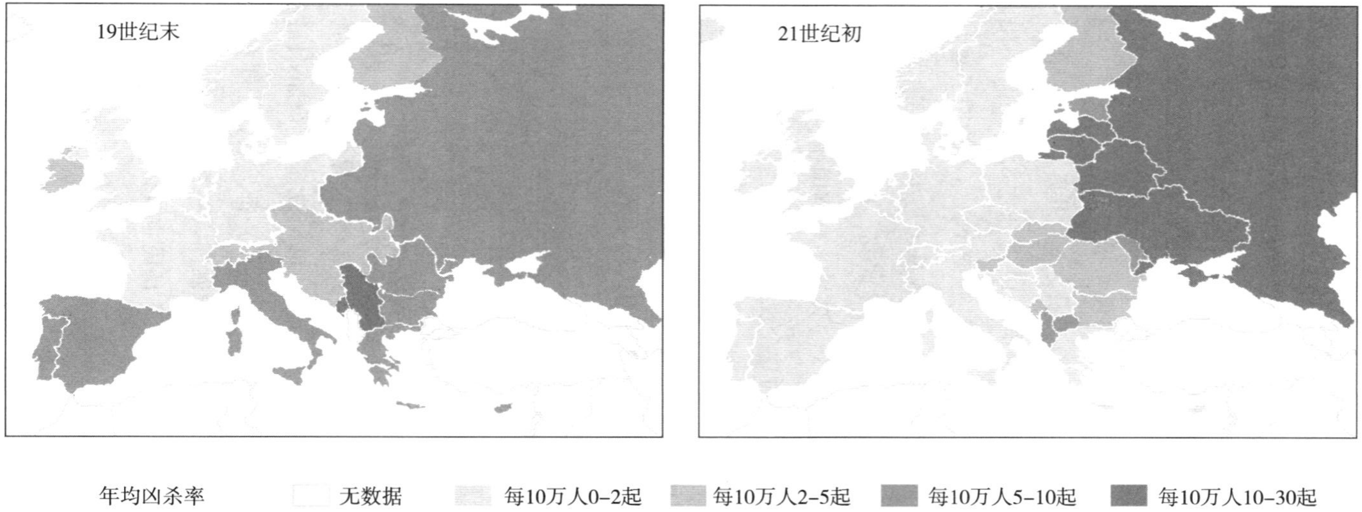

图3-8 19世纪末和21世纪初欧洲凶杀统计地理分布

资料来源：19世纪末（1880—1900年）：艾斯纳，2003年。艾斯纳的“>10万分之5”直到“万分之5~10”，与艾斯纳的“万分之10~30”相匹配。门的内哥罗的数据来自塞尔维亚的统计资料。21世纪初（主要是2004年）的数据：联合国毒品和犯罪问题办公室，2009年；数据选择见注释66。

本书插图系原文插图。

86

在种种局限之下，今天世界的凶杀水平和分布到底如何？世界卫生组织的数据是最可靠的，它尽量利用各国公共卫生系统的记录和其他资料来源推算死亡人口的死因。[65]联合国毒品和犯罪问题办公室对每一个国家的人口死亡数据做了高估值和低估值，这可以作为对世界卫生组织数据的补充。图 3–9 是根据 2004 年的数据绘制的世界地图（2004 年数据见联合国毒品和犯罪问题办公室的最新报告）。[66]好消息是，这套数据显示，各国凶杀率的中值是每年 10 万分之 6。世界卫生组织在 2000 年估计，不分国别，全世界的凶杀率是年均 10 万分之 8. 8。[67]相比前国家时期三位数和欧洲中世纪两位数的凶杀率，这两个数字都说明了暴力的减少。

图 3–9 显示，西欧和中欧是当今世界暴力最少的地区。在其他地区，有可靠低凶杀率数据的国家是原来的英联邦，比如澳大利亚、新西兰、斐济、加拿大、马尔代夫和百慕大。只有一个英国殖民地不服从英国文明的教化，我们将在下一节探讨这个现象。

89 几个亚洲国家和地区的凶杀率也很低，尤其是那些接受了西方模式的国家和地区，比如日本、新加坡和中国香港地区。现有的一些专制政府（包括很多伊斯兰国家）严密监控国民的生活，一旦发现越线就施以严刑峻法，我们称其为“警察国家”。不用说，它们的暴力犯罪率都很低。不过，我还是忍不住要提到一件逸事，说明中国也像欧洲一样，经历过漫长的文明进程。埃利亚斯特别关注对刀具的禁忌，因为它与欧洲暴力的减少形影相随，而这一禁忌在中国得以进一步演化，刀具被限于在厨房使用，食物被厨师切成适合入口的小块后才能上桌，在餐桌上彻底禁绝了刀具。埃利亚斯引用中国人的话说：“番鬼粗野，刀剑佐食。”[68]

其他国家的情况如何呢？犯罪学家加里 · 拉福里（Gary LaFree）和社会学家奥兰多 · 帕特森（Orlando Patterson）都发现，犯罪和民主化的关系是一个反转的 U 字。民主国家和专制国家一样，都相对安全，但是正在民主化的国家和半民主国家（也称伪民主政体）通常深受暴力犯罪的困扰，而且易于陷入内战，有时甚至二者纠缠在一起。[69]今日世界上犯罪最为猖獗的地区是俄罗斯、撒哈拉以南的非洲和拉美的部分地区。许多国家的警察队伍和司法系统贪污腐败，向罪犯和受害者两边敲诈勒索，

图3-9　2004年世界凶杀统计地理分布

资料来源：联合国毒品和犯罪问题办公室，2004年国际凶杀统计；见注释66。

本书插图系原文插图。

88

向出价更高的一方施舍保护。牙买加（33.7）、墨西哥（11.1）和哥伦比亚（52.7）饱受毒枭荼毒，法律对贩毒收入供养的军事组织束手无策，鞭长莫及。在过去的40年里，随着贩毒日益泛滥，凶杀率也随之上升。其他国家，例如俄罗斯（29.7）和南非（69），在前政府垮台之际都经历了文明退化的过程。

许多地区从部落制度转入殖民地统治，接着又突然变为独立国家，比如撒哈拉以南的非洲和巴布亚新几内亚（15.2），都深受文明退化之苦。人类学家波莉·威斯纳（Polly Wiessner）在她的文章《从梭镖到机枪》中回顾了巴布亚新几内亚恩加省部落民的暴力历史。在文章的开始，她引用了1939年在当地工作的一位人类学家的描述：

> 我们到达拉伊山谷的心脏地带，如果这不是世界上最美的山谷的话，那么它一定是新几内亚最美丽的山谷。到处都是精心耕作的园地，生长着枝繁叶茂的红薯和木麻黄。修缮齐整的阶梯道路蜿蜒乡间，小花园星罗棋布……整个山谷仿佛一个巨大的热带园林。

90 与此相比的是威斯纳本人在2004年的一篇日记：

> 拉伊山谷已是荒凉的弃地，用恩加人的话说，成了“鸟雀蛇鼠的家园”。房屋被烈火烧成灰烬，红薯地杂草茂盛，残垣断壁间枝干横生。在大森林中，战事频仍，“兰博”们用猎枪和高能步枪相互厮杀，死伤难以记数。路旁，数年前人声熙攘的闹市一片空寂，犹如鬼市。[70]

恩加人从来都不是人们所说的和平使者。他们中的“马伊恩加”部落，在上一章的图2-3中占有一席之地。他们在战争中互相残杀，年均死亡率是10万分之300，让我们在本章中谈及的其他所有国家相形见绌。在那里，霍布斯状态的所有要素都有充分的表现：强奸和通奸，偷窃家畜和土地，骚扰，当然还有复仇、复仇和更多的复仇。不过，恩加人早已意识到战争的破坏力，某些部落采取措施限制战火，不时也有所成就。比如，他们制定了与《日内瓦公约》类似的准则，规定肢解人体或杀害来使是战争罪行。虽然他们有时仍与其他村庄和部落进行毁灭性的战争，但会在自己的社区内控制暴力行为。任何一个人类社会都要面对年轻人和老年人之间的利益冲突。年轻人为自己追求统治权力（和交配机会），老人则力图减少大家庭和家族中的争斗，以免出现两败俱伤、自相残杀的局面。恩加的长者迫使桀骜不驯的年轻人参加“单身团”，鼓励年轻人控制自己的复仇冲动。他们的谚语是“血债难逃”和“杀猪者寿，杀人者夭”。[71]他们的文化中还有其他的文明元素，他们规范了何为合理得体以及清洁卫生。威斯纳在一封给我的电子邮件中做了这样的描述：

> 恩加人在大小便的时候，用雨披遮盖自己，避免冒犯他人，也避免对太阳不敬。一个男人站在路边背对公路小便，是极其粗野的举止。他们在做饭之前一丝不苟地洗手。他们在遮挡生殖器问题上非常谨慎，但在对付鼻涕方面不甚讲究。

最重要的是，恩加人在20世纪30年代末开始接受澳大利亚式和平。在20年的时间内，战事迅速减少，许多恩加人不再依靠暴力解决纠纷，而是用“法庭斗争”取代战场杀戮。

当巴布亚新几内亚在1975年赢得独立后，恩加人中的暴力直线上升。政府官员给自己的同族发放土地和补贴，被政府冷落的家族心怀愤恨并图谋报复。年轻人离开“单身团”进入学校，但毕业后找不到 91
任何工作，只有加入流氓犯罪团伙，彻底抛弃了部落长者的约束和自幼遵守的规则。他们受到酒精、毒品、夜总会、赌博和武器（包括M-16和AK-47）的蛊惑，不断卷入强奸、抢劫、放火等活动，行为方式和欧洲中世纪的骑士没有太大分别。警察未经训练而且装备不足，腐败的官僚无力维持秩序，国家虚弱不堪。简言之，速成的非殖民化带来政府真空，巴布亚人的文明进程发生逆转，他们既失去了传统的制约，又没有现代社会的“第三方执行机制”。发展中国家的其他前殖民地也都经历了类似的文明倒退，这可以算是世界凶杀率下降大潮流中泛起的些许旋涡。

西方人很容易认为，在那些没有法制的地方，暴力是顽固和永久的。事实上，在历史上有很多时期，人们实在受够了血腥的暴力，于是开始组织犯罪学家所说的“文明攻势”。[72]凶杀率的下降原是国家权力的确立和商业发展的副产品。与这种非规划性的发展相比，“文明攻势”是社区中一部分人的主动努力，通常是妇女、老人和神职人员教化“兰博”和“拉斯克”（Rasckol）——黑帮和流氓，帮助他们重建文明生活。威斯纳的文章中报道了恩加省进入21世纪后数年间开始的文明攻势。[73]教会领袖力图用体育运动、音乐和祈祷吸引年轻人离开黑帮，并以宽恕之道取代复仇。2007年，恩加人开始使用手机，部落的长老建立了快速反应机制，用手机报告冲突，并在打斗失控前及时赶到现场。他们从各自的家族内部约束闹事者，有时甚至以野蛮的公开行刑作为震慑。社区政府同时禁止赌博、饮酒和卖淫。新一代的年轻人见到“恶棍短命，一无所得”，也愿意接受长老的努力。威斯纳对结果做了量化描述：在暴力上升了数十年之后，凶杀数量在进入21世纪后的几年内迅速减少。我们将会看到，恩加不是唯一一个文明攻势取得成效的地区。

美国各州的暴力

> 就像樱桃馅烘饼一样，暴力也是美国的特色。
>
> ——H. 拉布·布朗

布朗这位黑豹党发言人也许搞错了水果，但他对美国的评价却是有统计依据的。在西方民主国家中，美国的凶杀率居高不下。它不与近亲英国人、荷兰人和德国人结伴，反而与强悍的阿尔巴尼亚人和乌拉圭人
92 为伍，凶杀率一直停留在世界的平均水平之上。美国的凶杀率不仅始终不能与欧洲和英联邦民主国家相比，而且在整个20世纪都没有明显的下

降，见图3–10。（在20世纪示意图中，我使用的是线性标度而不是对数标度。）

美国的凶杀率一路攀升到1933年，在20世纪30年代和40年代迅速下降，整个50年代都保持在相当低的水平，但在1962年开始飙升，70年代和80年代在高点上浮动，直到1992年才出现真正的下降。与美国的情况相同，西方民主各国在60年代均出现暴力反弹。但为什么美国的凶杀率一直远远高于英国，两国的差距从来未曾弥合过？一般说来，政府有效、经济发达，享有“文明的进程”的国家暴力水平普遍下降，美国是不是此一般性规律的一个反例？如果是的话，美国有何特性？报纸的评论经常给出一些似是而非的解释，比如“为何美国暴力猖獗？因为我们的文化素质中具有暴力倾向”。[74]我们怎样才能走出这个循环逻辑？美国人不仅仅是喜欢扣动扳机，即使从总凶杀案中减去因枪支导致的死亡，只计算使用绳索、刀子、铅管、扳手、烛台等器械的凶杀案，美国人的谋杀率仍然高于欧洲国家。[75]

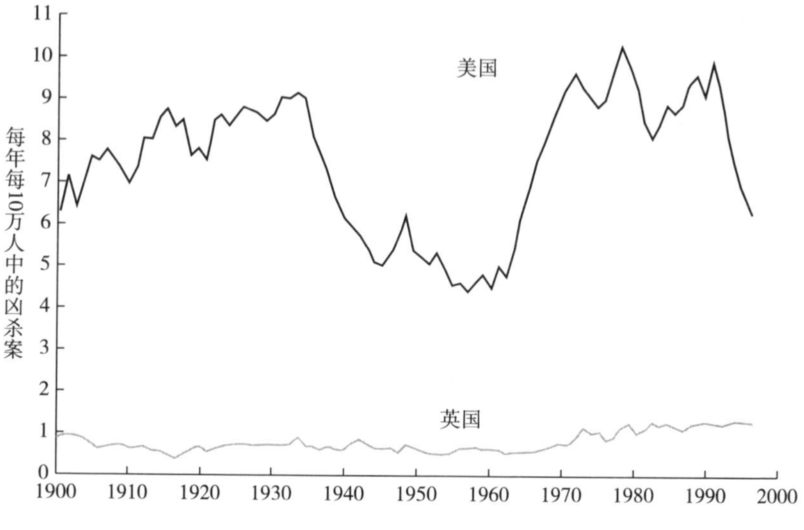

图3–10　1900—2000年美国和英国的凶杀率

资料来源：图表来自门克宁（Monkkonen），2001年，第171页，第185~188页；同时见察恩和麦考尔，1999年，第12页。门克宁的美国资料与本章图3–18中联邦调查局的犯罪总报告的数据略有差距。

欧洲人一向认为美国人不够文明，但这种看法只有一半是对的。美利坚合众国——The United States，原本就是一个复数名词，与其说“这
94 个美国”，不如说这些美国。记住这一点，是我们理解美国暴力问题的关键。说到暴力，美国不是一个国家，而是三个国家。图3-11显示的是2007年美国50个州的凶杀率，它与表示世界凶杀率的图3-9使用同样的分色方式。

图3-11显示，美国某些州的情况和欧洲没有区别。这些地区有新英格兰各州，从东岸直至太平洋西岸的北方地带（明尼苏达州、艾奥瓦州、南北达科他州、蒙大拿州和西北太平洋沿岸数州），加上犹他州。北方地带不是指有共同的气候带，俄勒冈州的气候和蒙大拿州毫无相似之处，而是指历史上从东向西的移民路线。这条丝带上的各州安定和平，凶杀率低于每年10万分之3，越往南，凶杀率越高。美国南方亚利桑那州（7.4）和亚拉巴马州（8.9），甚至比乌拉圭（5.3）、约旦（6.9）和格林纳达（4.9）都要糟糕。我们还可以看到路易斯安那州（14.2），它的数字已经接近巴布亚新几内亚州（15.2）。[76]

地图上的第二组对照不是很明显。路易斯安那州的凶杀率比南方其他各州都高。首都哥伦比亚特区（地图东北上方一个很小的黑点）的凶杀率远远超出一般水平，为每年10万分之30.8，在最危险的中美洲和非洲南部的国家之列。这两个行政辖区是美国非裔人口比重最高的地方。今天美国白人和黑人之间凶杀率的差距之大令人触目惊心。1976—2005年，白人的年均凶杀率是4.8，而黑人的年均凶杀率是36.9。[77]不仅仅是黑人更容易被逮捕和判刑，这也意味着种族差距可能是种族歧视的产物。无论是对受害者辨认施暴者种族的匿名调查，还是对人们（无论白人还是黑人）叙述自己的暴力侵犯史的调查，都显示了美国白人和黑人之间凶杀率的巨大差距。[78]虽然南方各州非裔美国人的比例比北方各州要高，但南北之间的暴力差异不是种族构成的副产品。南方的白人比北方的白人更加暴力，南方的黑人也比北方的黑人更加暴力。[79]

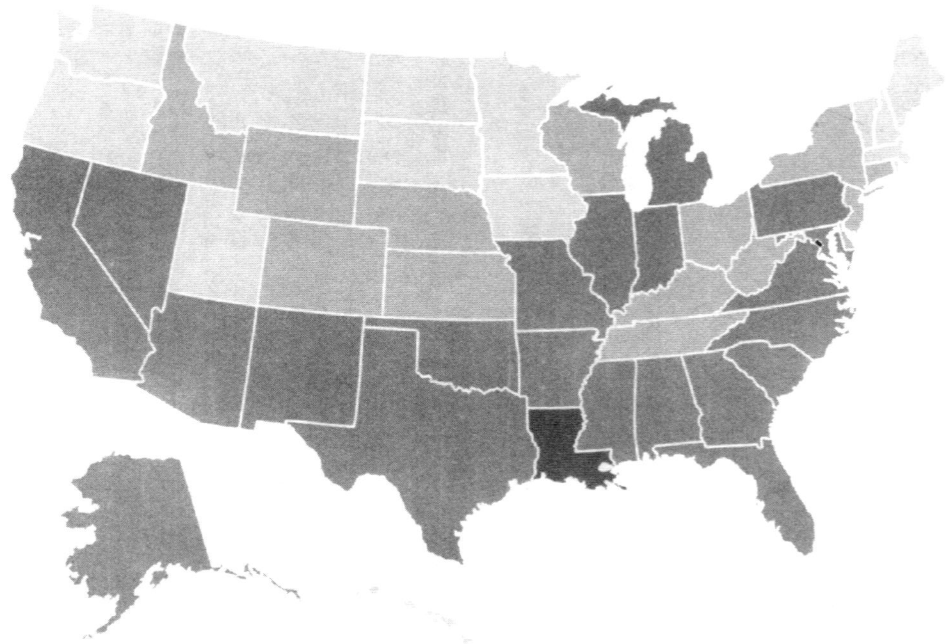

年均凶杀率　每10万人0–3起　每10万人3–5起　每10万人5–10起　每10万人10–30起　每10万人30–70起

图3-11 2007年美国凶杀率地理分布

资料来源：美国联邦调查局资料，2007年，表4。美国各地按地区、地理区域和州统计的犯罪，2006—2007年。

本书插图系原文插图。

虽然美国北方人和美国白人比西欧人更暴力（西欧的凶杀率只有10万分之1.4），但是两者之间的差距远远小于国家之间的差距。略加回顾，即可发现美国也曾经历国家主导的文明进程，尽管不同地区文明化的时间和程度都有所不同。真相需要被挖掘，因为在凶杀记录和统计方面，美国长期落于人后。联邦政府一直不对凶杀进行统计，而是由各州自己记录。直到20世纪30年代之前，美国都没有可靠的全国统计数据。在很长时间内，美国一直是一个活动靶标，“下48州”在1912年才成型，许多州周期性地受到移民大潮的冲击，大熔炉中人口的种族构成不断变化。基于这些原因，研究美国犯罪的历史学家只好将就着使用一些较小行政区的短期数据。在《美国凶杀》（*American Homicide*）一书中，兰道夫·罗斯（Randolph Roth）整理了大量小范围历史数据，给出了全国统计数据出现之前300年的凶杀历史。大部分数据的走势如同过山车，上下起伏，但仍然可以看出随着无政府边疆的消失和国家的介入，美国
95 各个地区文明化的过程。

图3–12将艾斯纳整理计算的英国凶杀率与罗斯收集的新英格兰数据进行了叠加。根据埃利亚斯的方式，罗斯对殖民时代新英兰高凶杀率进行了观察，“在边疆暴力年代，凶杀率高居不下，成年人中年均为10万分之100。直到1637年，英国殖民者和美洲原住民在新英格兰确立了他们的统治地位后才出现转机”。在国家政权确立之后，旧英格兰和新英格兰的两条凶杀曲线的走势惊人的一致。

美国东北各州的凶杀率从三位数或接近三位数的两位数迅速下降到个位数。位于康涅狄格州和特拉华州的荷兰殖民地新尼德兰，凶杀率在最初几十年直线下降，从10万分之68降至10万分之15（图3–13）。但到19世纪，当我们有了新数据的时候，看见的却是美国与它的两个母国背道而驰。虽然新英格兰的大部分农村和种族单一地区——佛蒙特州和
96 新罕布什尔州继续漫步在和平的谷地，凶杀率只有10万分之1，波士顿却在19世纪中叶变得更加暴力，凶杀率与新尼德兰地区的纽约和费城不相上下。

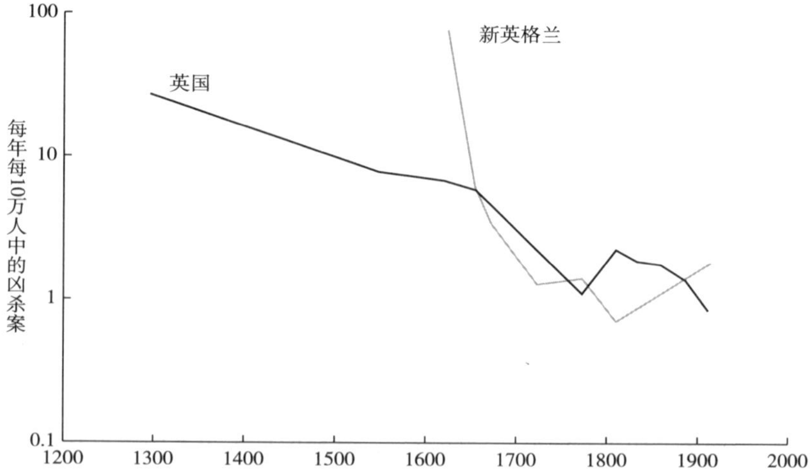

图 3–12　1300—1925 年英国的凶杀率，1630—1914 年新英格兰的凶杀率

资料来源：英国的数据：艾斯纳，2003 年。新英格兰的数据：1630—1637 年，罗斯，2001 年，第 55 页；1650—1800 年，罗斯，2001 年，第 56 页；1914 年，罗斯，2009 年，第 388 页。罗斯的估算是以 0.65 为乘数，将以成年人口为基数的统计转换为以平均人口为基数，见罗斯，2009，第 495 页。在图中，每一年所使用的数据为当年统计的中间值。

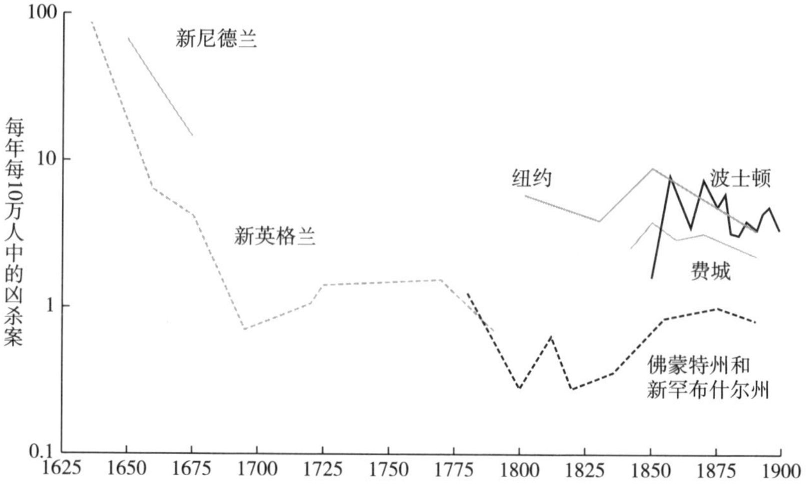

图 3–13　1636—1900 年美国东北部各州的凶杀率

资料来源：数据来自罗斯，2009 年，仅有白人统计。新英格兰：第 38 页，第 62 页。新尼德兰：第 38 页，第 50 页。纽约：第 185 页。新罕布什尔州和佛蒙特州：第 184 页。费城：第 185 页。在图中，每一年所使用的数据为当年统计的中间值。数据被乘以 0.65，将以成年人口为基数的统计转换为以平均人口为基数，见罗斯，2009 年，第 495 页。将“无亲缘关系的成年人”的数据乘以 1.1 之后，使之与“所有成年人”的估计值大致相当。

美国东北部城市凶杀率的几次起伏，显示美国版的文明进程发生了两次曲折。这几条线在凶杀水平的中段上徘徊，虽然远离了高峰，但也迟迟不肯进入低谷，说明在新的疆土内，政府管制将凶杀压低了一个数量级，从 10 万分之 100 降到 10 万分之 10。在欧洲，这一势头将凶杀率一直带到 10 万分之 1，但美国的情况则不同，凶杀率保持在 10 万分之 5~15之间，一直到今天仍然如此。罗斯认为，一个有效的政府可以安定民众，将凶杀率从 10 万分之 100 降至 10 万分之 10，但进一步的工作则取决于人民在多大程度上接受其政府、司法和社会秩序的正当性。在欧洲文明进程中，艾斯纳也观察到相似的情况。

美国版文明进程的另一个转折是，罗斯的许多小范围数据均显示在 19 世纪中期，暴力有所增加。[80]在美国的许多地区，内战和战后的冲突打乱了原有的社会平衡，东北各州受到爱尔兰移民浪潮的冲击。我们会看到，这使美国凶杀率的减少幅度大大落后于英国。19 世纪的爱尔兰裔美国人恰如 20 世纪的非裔美国人，总是比别人更好勇斗狠，主
97 要原因是他们和警方彼此毫无尊重。[81]但在 19 世纪下半叶，美国城市警力扩张，专业素质提升，警察被纳入刑事司法系统，不再手提警棒在大街上自行主持正义。进入 20 世纪后，北方大城市中白人的凶杀率终于开始下降。[82]

但是，19 世纪下半叶的暴力变化有其宿命的特点。我在前面展示的图表只是给出了美国白人的凶杀率。图 3–14 给出了两个城市中黑人杀黑人和白人杀白人的凶杀率，两者之间差距显著。图 3–14 也告诉我们，美国黑人凶杀率和白人凶杀率之间的差距并非从来如此。19 世纪上半叶，美国东北部城市、新英格兰、中西部和弗吉尼亚州的黑人和白人的凶杀率非常接近，但随后出现了差距。进入 20 世纪后，差距越拉越大，非裔美国人的凶杀率猛增。在纽约，非裔美国人的凶杀率从 19 世纪 50 年代的 3 倍于白人，蹿升到 20 世纪中叶的 13 倍于白人。[83]如果要追根究源，特别是要谈到与此相关的经济隔离和居民隔离，可以另外再写一本书了。但正如我们所看到的，
98 原因之一是低收入非裔美国人的社区基本上处于无国家状态，依赖的是荣誉文化（有时称为“街头帮规”）保护自己，而不是国家的法律。[84]

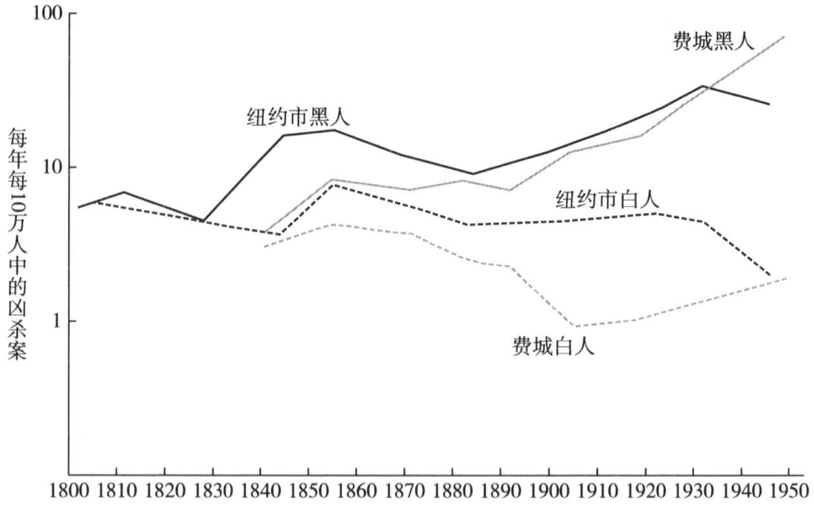

图 3-14 1797—1952 年纽约和费城黑人和白人的凶杀率

资料来源：纽约 1797—1845 年，罗斯，2009 年，第 195 页。纽约 1856—1885 年，罗斯的平均数，2009 年，第 195 页，格尔，1989 年 a，第 39 页。纽约 1905—1953 年，格尔，1989 年 a，第 39 页。费城 1842—1894 年，罗斯，2009 年，第 195 页。费城 1907—1928 年；雷因（Lane），1989 年，第 72 页（15 年平均数）。费城，20 世纪 50 年代，格尔，1989 年 a，第 38~39 页。罗斯的估计数被乘以0.65，将按成年人人口计算的数据转换为按总人口计算；见罗斯，2009 年，第 495 页。此外，他对费城所做的估算被乘以 1.1，将无亲缘关系的凶杀转换为全部凶杀，并乘以 1.5，将受到起诉的凶杀转换为全部凶杀（罗斯，2009 年，第 492 页）。每一年所使用的数据均为当年统计的中间值。

* * *

英国人最早在新英格兰和弗吉尼亚实现定居，图 3-13 和图 3-15 的对比，也许让人们认为两个殖民地在它们的第一个百年间完成了文明的进程。不过，必须留意到竖轴上的数字，你才能明白其中的含义。在图中，东北各州的数据以 0.1~100 为单位，而东南方弗吉尼亚州的数据则是 1~1000，高出 10 倍。与黑人和白人之间的鸿沟不同，美国北方和南方的差距自有其历史渊源。从一开始，马里兰州和弗吉尼亚州的切萨皮克殖民地的暴力水平就高出新英格兰，然后，凶杀率逐渐下降到一个比较温和的水平（在年均 10 万分之 1 至 10 万分之 10 之间），整个 19 世纪都维持在这一水平。南方其他殖民地的凶杀率则在 10 万分之 10 至万分之 100 之间浮动，如图中佐治亚州种植园区的数据所示。在山区和偏远的内地，例如佐治亚州的穷乡僻壤和田纳西州—肯塔基州边界地带，凶杀率一直徘徊在非常不文明的10万分之100的水平上，有些地区一直到19世纪还是如此。

99 为什么美国南方会有悠久的暴力历史？最笼统的答复是，政府的文明使命从来不曾深入美国南方。历史学家彼得·斯皮伦堡（Pieter Spierenburg）曾经很挑衅性地说，美国是“民主来得太早了”[85]。在欧洲，首先是国家解除人民的武装，并声称垄断暴力，然后人民接管了国家的机构。在美国，人民在国家缴除他们的枪支之前就掌握了国家政权，比如宪法第二修正案确立人民有权持有和携带枪支。换言之，美国人，特别是南部和西部的美国人，从来没有像世界其他地方的人民那样，和政府签署过完整的社会契约，容许政府垄断合法使用武力的权力。在美国历史上，地方民团、治安员、私刑暴民、公司警察、私人侦探和侦探公司都是合法的武装力量，美国公民更是将武装视为个人的权利。

历史学家已经注意到，这种权力分享在美国南方一向是神圣不可侵犯的。埃里克·门克宁这样说，在19世纪，“南方各州有意保持弱政权，在地方和个人暴力问题上，有意避免判处监禁”。[86]杀人如果“事出有因”，就会被从轻发落，而“在南方乡村，大部分凶杀都事出有因，这些原因包括：受害人未能尽全力逃避凶手，私人争执引发杀人，或者凶手和受害人的本意是互相杀害”。[87]

在南方的传说中，对自助正义的信赖由来已久。孩子在襁褓中时，母亲就给他们吟诵这样的故事。年轻的安德鲁·杰克逊从母亲那里得到这样的训诫：“无论是受到侮辱还是伤害，永远不要上法庭，你要自己来摆平。”[88]这位参与过决斗的总统自我吹嘘说，他走起路来，留在身体里的铅弹哗啦哗啦响作一片。南方山地的勇武标志——丹尼尔·布恩（Daniel Boone）和《荒野大王》的大卫·克罗（Davy Crockett）给这一传统添加了浓重的传奇风采。肯塔基州和西弗吉尼亚州乡村中哈特菲尔德和麦考伊两家的家族世仇，在这一习俗下更是战火难熄。只要这些凶杀被计入统计，南方的暴力死亡必然居高不下，而且至今仍是南方人心中的梦魇。[89]

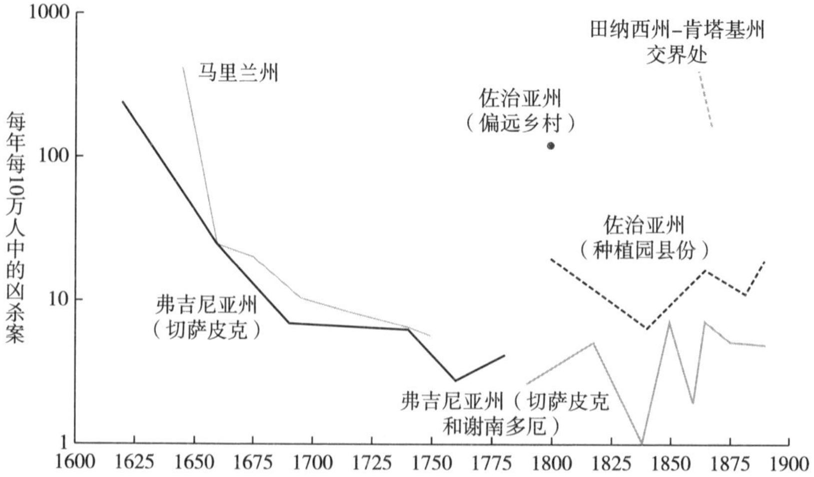

图 3–15 1620—1900 年美国东南部各州的凶杀率

资料来源：数据来自罗斯，2009 年，仅有白人的数据。弗吉尼亚州（切萨皮克殖民地），第 39 页、第 84 页。弗吉尼亚州（切萨皮克和谢南多厄），第 201 页。佐治亚州，第 162 页。田纳西州–肯塔基州，第 336~337 页。弗吉尼亚州 1838 年的数字为 0，因为 0 无法定义，图表上标注为 1。罗斯的估计值均被乘以 0.65，将成年人中的凶杀率数据转换为总人口的凶杀率；见罗斯，2009 年，第 495 页。

自助正义依靠的是对一个人的能力和决心的信任。直到今天，美国南方仍然崇尚有效威慑，或曰“荣誉文化”。荣誉文化的本质是，它不认可攻击和工具性暴力，但是允许在受到侮辱和冒犯后进行报复。心理学家理查德·尼斯比特（Richard Nisbett）和多夫·科恩（Dov Cohen）认为，这一思维范式已经渗入南方各州的法律、政治和人民的观念之中。[90]在与抢劫有关的凶杀方面，南方人没有比北方人更糟糕，但他们在打架斗殴中却更多地发生命案。调查显示，南方人理论上并不认可使用暴力，他们使用暴力仅仅是为了保护家园和家人。而南方各州的法律也认可这一道德伦理。南方的法律给予个人在自卫和保护私产时致人死命 100
的广泛自由，对购买枪支甚少约束，允许学校进行体罚（“打板子”），明确谋杀为死刑罪，司法系统也乐于执行死刑。南方人更愿意参军，入军校学习，在对外政策上持鹰派观点。

尼斯比特和科恩设计了一套巧妙的测验，证明荣誉规则主导了南方人的个人行为。在一项研究中，他们向美国各地的公司发出虚构求职信。

一半的求职信上写着这样的忏悔：

> 有一件事我必须做出解释，因为我觉得我必须诚实，不想被误解。我曾经被判有罪，是人们所说的“一般杀人罪”。在您给我发出申请表格前，您也许愿意先听听我的解释。情况如下：我打了一个家伙，他和我的未婚妻有奸情。我家在一个小镇，一天晚上，这个人在酒吧里拦住了我。他向大家说他和我的未婚妻睡觉，他当面嘲笑我，说如果我是个男人，就出去和他干一架。我还年轻，不想在众人面前退缩。我们到了小巷里，他开始攻击我，把我打倒在地，并在地上捡起一个酒瓶。我可以逃走，法官也说我当时应该逃走，但是我的骄傲不允许我这样做。小巷的地上有根铁管子，我把它抓到手里，向他抡了过去。我没想打死他，但是几个小时后，他死在了医院里。我认识到我犯了错误。

另一半求职信都有一段相同的话，即求职者承认被判偷车罪，他说他犯下愚蠢的盗窃罪全是为了养活妻子和年幼的孩子。对于犯有杀人罪的男子的求职信，更多的南方公司会送出附有信函的申请表，他们的回复所用的语气也比较温暖。比如，一家南方商店的店主回信说，很抱歉店里暂时没有位置空缺，然后接着说：

> 你过去的遭遇，是任何人都可能遇到的麻烦。它只是一个不幸的事件，不能以此就否定你。你的坦白证明了你是诚实的……我祝愿你时来运转。你具有积极的人生态度和工作愿望，这些都是一个企业期望员工具备的品质。如果你安顿下来后，发现离我们不算太远的话，请你顺道时过来看看我们。[91]

没有任何北方公司给予他这样温暖的回复。而不论南方还是北方，都没有公司对偷车贼表示温暖。不过，北方公司更倾向于原谅偷车人，而不是情仇杀人犯。南方公司则相反。

尼斯比特和科恩在他们的试验中也观察到南方的荣誉文化。他们的研究对象不是南方荒蛮之地的白佬，而是密歇根大学的富家子弟，条件是这些学生曾经在南方生活过至少6年。被选中的学生接受测试，“对特定人类判断的切面进行有时间约束的反应”（装腔作势的文章标题正好掩盖了研究的真正目的）。在进入实验室的走廊上，学生一定要经过一个正在整理文件柜的工作人员。当学生走过他身边的时候，他放下工作，猛地关上文件柜，接着嘟囔一句粗话：“臭东西。”此时，测试主持人出来迎接学生，他并不知道哪些学生受到了冒犯。他将学生带进实验室，让学生填写问卷，采集血样。他们发现，北方来的学生对“粗话”一笑置之，行为和那些没有听见粗话的对照组没有区别，但是受到冒犯的南方学生在进入实验室时怒气冲冲。他们回答的问卷表现出他们的自尊心受到了伤害，血样中的睾酮素和应激激素——皮层醇的水平升高。他们对测试主持人表现出强势的姿态，握手时更坚定用力。而离开时，在走廊迎面遇见另外一位工作人员，南方学生拒绝给他让路。[92] 101

为什么是南方人而不是北方人培养了这种荣誉文化，是否存在某种外因？当然，维持奴隶制经济所需要的残忍也许是一个原因，但是暴力频仍的南方腹地的经济支柱并不是奴隶种植园（见图3–15）。尼斯比特和科恩受到大卫·哈克特·费希尔（David Hackett Fisher）的著作《阿尔比恩的种子》（*Albion's Seed*）的影响。这部讲述英国在美洲殖民地历史的书，追溯了来自欧洲不同地区的第一批移民的根源。北方各州的移民是清教徒、贵格会教徒、荷兰人和德国的农民；南方内地的移民则主要来自苏格兰–爱尔兰，他们中有许多是边远山区的牧羊人，原本就是不列颠王国政府的化外之民。尼斯比特和科恩认为，放牧可能是荣誉文化的外因。牧民的财富都是易于被盗窃的实物，而且不像农民的土地，这些财富自己有脚，转眼之间就能被带走。全世界的牧民都具有迫不及待报仇雪恨的习性。尼斯比特和科恩认为，苏格兰–爱尔兰人将他们的荣誉文化带到美国，并在南方边疆山区的放牧生活中保留了这一文化。虽然现在的南方人不再是牧民，但习俗的生命力远比造就它们的生态环境更持久。直到今日，南方人的行为举止仍然强硬，像是他们随时都要对付盗马贼一般。

牧民假说的前提是，在某种职业性策略失去用途后，人们仍然会在数百年内坚守这一策略，但对荣誉文化的一般性解释不需要依靠这一假
102 说。人们选择在山区放牧，是因为山区不适于耕作，而山区处于无政府状态，是因为政府难以完成它的征服、平靖和管理。自助正义的直接诱因是无政府，而不是放牧本身。前面说过，沙斯塔县的牧场主牧牛已经有一个世纪之久，但当他们中间任何人遭受财物或牛只的微小损失时，他们会认为此人应该“忍气吞声”，而不是贸然动武捍卫自己的荣誉。最近的研究也发现，比较南方各县的暴力水平和他们的放牧规模，一旦有其他变量出现，两者之间会立刻丧失相关性。[93]

我们因此可以充分地假定，来自不列颠穷乡僻壤的移民定居到美国南方的穷乡僻壤，两处长期以来都是无法无天的蛮荒之地，因此养育出荣誉文化。我们还需要解释为什么这种文化具有如此顽强的自生能力。毕竟，美国南方早已有了功能齐备的司法系统。也许，荣誉文化之所以能够一路高扬，是因为没有人胆敢出头抛弃它。抛弃它等于自取其辱，承认自己是不值一钱的胆小鬼、软骨头。

* * *

美国西部的情况比南部更严重，直至20世纪初，西部还是无政府的三不管地界。好莱坞电影里的套话“离得最近的警官在145公里之外”，是对数百万平方公里的疆域内的真实描述，结果也像是好莱坞电影的俗套——永远的暴力。纳博科夫的长篇小说《洛丽塔》中的男主人公亨伯特·亨伯特在带着洛丽塔跨州大逃亡的日子里，饱餐美国大众文化，尽情地享受牛仔电影中令人眼花缭乱的打斗场面：

> 红褐色的西部风光，古铜面色、双眼碧蓝的骑手，一位刚刚抵达咆哮山谷的端庄秀丽的女教师；嘶鸣的骏马，受惊后飞奔的马群，颤动的窗框后露出一把短枪的枪口；触目惊心的徒手打斗场面，桌椅横飞，满是尘土的老式家具东倒西歪，一片狼藉；矫健的身影四处

> 翻滚，被死死按住的手还在竭力摸索掉在地上的短刀，粗重的呻吟声，击中脸颊的重拳，踢向小腹部的皮靴，横空飞蹿的绳索。最后，英雄身受重创，即使是阿喀琉斯也只能躺着进医院了。但这里的结局则不然，古铜色的脸上伤痕累累的英雄斗志正高，开始热情地拥抱他那光彩熠熠的边疆新娘。[94]

在《暴力之地》（*Violent Land*）一书中，历史学家戴维·考特莱特（David Courtwright）说，好莱坞西部片中牛仔的浪漫形象未必准确，但是他们展示的暴力却是非常写实的。牛仔的生活只有两部分，一是危险而艰辛的劳作，一是发薪日的饮酒、赌博、嫖妓和斗殴。“为了让牛仔成为美国经历的象征，道德美容是必需的。牛仔骑在骏马上，作为保护者和冒险家的形象被记住了，而下马后酗酒、在酒吧后门粪堆上夜宿的形象被忘记了。”[95] 103

在美国西部，年均凶杀率比东部城市和中西部农区高出50倍甚至几百倍：堪萨斯州的阿比林市，10万分之50；得克萨斯州的道奇市，10万分之100；格里芬堡，10万分之229；威奇托市，10万分之1500。[96]究其原因，解释不外乎霍布斯理论。司法系统缺乏资金、无能，通常还有贪污腐败。考特莱特说：“1877年，得州约有5000人在通缉犯名单上，如以此来说明司法系统的效率，实在令人沮丧。”[97]自助正义成为对付盗马贼、窃牛贼、公路响马贼和其他强盗的唯一选择。此种威慑力量的担保是不计一切代价的“言必信，行必果”。科罗拉多的一块墓碑上镌刻着一句简短的碑文可作为概括：“他说比尔·史密斯是骗子。”[98]目击者这样描述一场发生在运牛货车押车员车厢里恶斗的起因：

> 当时人们正在玩纸牌，一个人说了一句“我可不喜欢和脏手（意指作弊）玩牌”。对家的一个牛仔将“脏手”听作“脏汉”，立刻火冒三丈。一通枪响之后，现场一人死亡，三人受伤。[99]

还不仅仅是牛仔之乡处于霍布斯式的无政府状态，在西部的其他地方，矿工、铁路工人、伐木人和其他季节性短工的居住地都处于这一状态。在1849年加州淘金热中，有这样一张宣示产权的告示，节选如下：

> 敬告各位，我声明，经清溪区法律核准，并以短枪宪法修正案为依据，峡谷内50英尺地带归本人所有，不得穿越，违者依法格杀勿论。此非猴子虚言，如有必要，本人将依法以枪维权。因此各位留神，特此警告。[100]

考特莱特引用了当时10万分之83的凶杀率数据，并指出，“大量的其他证据也证明，淘金潮中的加州野蛮残暴、不可饶恕。淘金的营地取名如人类行为的仿生：剜眼村、谋杀酒吧、割喉谷、坟场塬。还有一个绞刑镇，一个威士忌镇，一个‘蛾摩拉’镇，但有意思的是，没有‘所多玛’”。[101]新兴的矿工聚居地的凶杀率也很高：内华达州的奥罗拉，10万分之87；科罗拉多州的莱德维尔，10万分之105；加州的伯帝镇，10万分之116；怀俄明州的本顿，10万分之24000（几乎是4人中就有1人因暴力死亡）。

在图3-16中，我用罗斯对特定地区所做的数据，画出了西部暴力的曲线。加州的曲线说明，在1849年淘金潮前后，暴力是上升的，但之后和其他西部各州一起加入了文明的进程：凶杀率下降至原来的1/10，从
104 10万分之100~200下降到10万分之5~15（尽管在美国南方，凶杀率未能继续下降到欧洲和美国新英格兰地区的10万分之1~2的水平）。图中也显示了加州牧场区各县凶杀率的下降。埃里克森的研究表明，在加州接受法制之前，曾经历过无法无天的长期暴力。

可以说，至少有五个美国主要地区——东北部、中部大西洋沿岸、南方沿海、加州和西南部——在不同的时间以不同的进度经历了文明进程。而美国西部的暴力减少比东部整整晚了两个世纪，直到1890年美国宣布关闭美国新边疆，这一著名的宣言才标志着无政府状态在美国的终结。

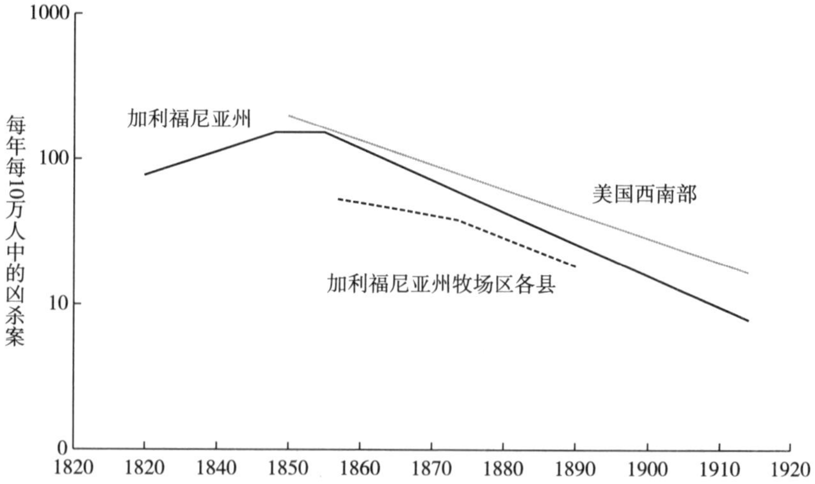

图 3–16　1830—1914 年美国西南部各州和加州的凶杀率

资料来源：数据来自罗斯，2009 年，仅有白人的数据。加利福尼亚州（估算），第 183、360、404 页。加利福尼亚州牧场区各县，第 355 页。西南部各州，1850 年（估算），第 354 页。西南部各州，1914 年（亚利桑那州、内华达州和新墨西哥州），第 404 页。按成年人人口估算的数据乘以 0.65，转换为按总人口估算，见罗斯，2009 年，第 495 页。

* * *

无政府不仅是美国西部暴力混乱的唯一根源，在迅速扩张的美国疆土上，还有其他暴力地带，比如劳工营地、流浪汉村庄和中国城。考特莱特认为，人口构成和心理演化进一步加剧了西部的野性。西部的人口主要是年轻的单身男子，刚刚逃脱贫瘠的农场或城市贫民窟，力图在荒蛮的新边疆发财致富。在对暴力的研究中，一个普遍的现象是，暴力罪犯大多是年龄在 15 岁到 30 岁的男性。[102] 在大部分哺乳类动物中，雄性都是更具竞争性的性别；而作为智人，男性在社会群体中 105
的地位还取决于他的声誉，即他在年轻时开始的名望投资，这将影响他的一生。

但是，男性的暴力是可以调节的。从为接近女性与其他男性对抗竞争，到直接讨好女性。关怀她们的子女，男人如何分配他们的能量，有一系列连续选择空间。生物学家将此选择空间称为“暴徒对抗爸爸”

(cads versus dads)。[103]在以男性人口为主的社会生态系统中，单个男性能量的优化配置倾向做“暴徒”，因为成为群雄首领，必须打垮其他男性竞争者，而只有首领才能在势力范围内接触稀缺的女性资源。在女性数量众多但少数男性得以垄断这些女性的环境中，男性的选择也是“暴徒”。在这些限制下，男性会选择用生命做赌注，正如戴利和威尔逊所说：“任何一个意识到即将彻底丧失繁殖机会的生物，都会格外努力，甚至不惜以死亡为代价，尝试改变其生命的轨迹。”[104]在男女数量相等、一夫一妻制的生态系统中，男性中胜出的是“爸爸”。在这种环境中，暴力竞争不仅不能给男性带来繁殖优势，反而是一个可能产生劣势结果的严重威胁：如果一个男子死了，那他肯定不能再供养他的子女了。

关于边疆暴力，还有一个生物学的解释，但不是社会生物学的，而是神经生物学的解释，即无处不在的烈酒。酒精干扰了整个大脑，尤其是扰乱了负责自制力的前额叶皮层的突触传递（见图8–3）。一个陶醉在酒精中的大脑，在性、话语和身体各方面都是缺少自制的，有各种谚语为证，比如：“啤酒眼”——醉眼看花，美丑不分；“发酒疯”——酒后撒疯，胡言乱语；“酒后之勇”——酒后威风，逞一时之勇。很多研究都表明，人们在酒精的影响下，行为有更大的暴力倾向。[105]

美国西部最终归化文明，不仅仅是因为有了铁面的警长、动辄宣判绞刑的法官，也是因为女性人口的大量流入。[106]好莱坞西部片中“刚刚抵达咆哮山谷的端庄秀丽的女教师（们）”，的确是历史的真实写照。自然界不接受性别比例失调，东部城市和农场中的妇女纷纷涌入西部，填补了失衡的空缺。孤独的单身汉以及他们的市政官和商人，受够了西部堕落和悲惨的生活，到处鼓动寡妇、老姑娘和年轻的单身女子到西部婚姻市场上寻找自己的财富。女性到来后立即利用自己的优势地位讨价还价，按照自己的心愿改造西部。她们要求男人为了婚姻和家庭放弃豪饮和打架斗殴，修建学校和教堂，关闭酒吧、妓院、赌场和其他诱惑她们的男人的设施。教会给予男女同样的成员资格，并有严格的周日清晨礼拜，颂扬和鼓励自律和节制，因此教会成为妇
106 女文明攻势的强有力的组织力量。今天，看到救世军和“基督教妇女

禁酒联盟”，尤其是卡丽·内申（Carrie Nation）举着斧头冲击乡下酒店的恐怖分子形象，我们就忍不住要发笑；讽刺救世军的人，改编了救世军军歌的歌词，它被说成是“我们绝不吃饼干，因为里面有酵母/只要咬一小口，男人就会变禽兽”。但是，早年参加禁酒运动的女权主义者面对的是实实在在的酒精灾难。在那些男人统治的地盘上，酒精助燃暴力的结果就是血流成河。

妇女和婚姻教化了青年男性，尽管这种说法听起来像陈词滥调、土得掉渣，但它已是现代犯罪学的一个共识。有一项非常著名的研究，它对波士顿1000名低收入家庭的青少年连续跟踪了45年。研究发现，有两个因素可以预测一个有不良记录的人是否能避免成为终身罪犯：（1）有一个稳定的工作；（2）和一个他关心的女性结婚，养活她和她的孩子。婚姻的影响是实质性的：他们之中3/4的单身男子和1/3的丈夫，继续有犯罪行为。单从这个差别看，我们无法知道是婚姻阻止男人继续犯罪，还是职业罪犯本来就很少结婚。但是，社会学家罗伯特·桑普森（Robert Sampson）、约翰·劳布（John Laub）和克里斯托夫·怀默（Christopher Wimer）认为，婚姻确实是促进和平的动因。他们发现，如果所有推动男子结婚的因素保持不变，打算结婚本身，可立刻减弱一个男子的犯罪倾向。[107]约翰尼·卡什简明扼要地概括了其中的因果关系：只因我有了你，我定当洁身自爱。

了解了美国西部和美国南部乡村的文明进程，也就明白了今日美国的政治版图。许多北方和沿海的知识分子，对于他们生活在保守红色州的同胞很不以为然，特别是对他们热爱枪支、支持死刑、主张小政府、信仰福音派基督教、崇尚“家庭价值”和性别得体（sexual propriety）的文化感到困惑。而蓝色州的对头们也有同样的不满和困惑，他们认为蓝色各州的居民对罪犯和外敌姑息懦弱，对政府深信不疑，给世俗主义涂上知识化的色彩，而且容忍淫秽放荡。我怀疑，这种所谓的文化战，其实是历史上美国白人选择了两条不同的文明进程的结果。北方是欧洲文明的延伸，延续了自中世纪就已开始的法庭推动和商业推动的文明进程。美国南方和西部则保留了无政府新兴国家特有的荣誉文化，同时受到当地的教会、家庭和禁酒等文明力量的制衡。

20 世纪 60 年代的文明倒退

> 可是你要谈破坏，要记住把我算在（外）……内。
>
> ——约翰·列侬《革命 1》

尽管比较欧美的历史变迁，两者之间有很多延滞和不合拍，但两地在
107 一个方面是完全同步的：凶杀率在 20 世纪 60 年代回升了。[108]图 3-1 至图 3-4显示，欧洲国家的凶杀率回升到整整一个世纪前的水平。图 3-10 显示，60 年代，美国凶杀率飙升。美国的凶杀率曾经在 30 多年间直线下降，其间历经了大萧条、“二战”和冷战，但此后，凶杀率突升，从 1957 年的 10 万分之 4.0 升到 1980 年的 10 万分之 10.2，增长了 2.5 倍多。[109]除了凶杀之外，其他各项犯罪都出现回潮，包括强奸、伤害、抢劫和盗窃；回潮时高时低，持续了 30 年。城市是重灾区，纽约简直成了罪孽的象征。暴力回潮覆盖了所有的种族和男女两性，但最具戏剧性的是黑人男性，他们的凶杀率在 20 世纪 80 年代中期高达 10 万分之 72。[110]

20 世纪 60 年代至 80 年代，暴力的大洪水重新塑造了美国的文化、政治舞台和人们的日常生活。关于抢劫的笑话成为喜剧节目的当家菜，“中央公园”就是“死亡陷阱”的代名词。纽约人将自己囚禁在公寓里，里面有电池闩锁和辅助锁，还有流行一时的“警察锁”—— 一根钢管，一端固定在地板上，另一端顶住门。我现在的家距离波士顿市中心不远，当年，那里被称为“作战区”，因为抢劫和捅人的事件层出不穷。城里人纷纷驾车逃离，搬往近郊、远郊或者有围墙警卫的封闭社区，被他们抛在身后的下城如一片烧毁的废墟。书籍、电影、电视剧将恐怖的城市暴力作为创作背景，比如《小型谋杀案》（*Little Murders*）、《出租车司机》（*Taxi Driver*）、《战士帮》（*The Warriors*）、《纽约大逃亡》（*Escape from New York*）、《布朗克斯-阿帕奇要塞》（*Fort Apache the Bronx*）、《希尔街的布鲁斯》（*Hill Street Blues*）和《虚荣的篝火》（*Bonfire of the Vanities*）。妇女纷

纷上课学习防身术。身穿层层防护衣，如同米其林轮胎先生一般的志愿者裹上气垫圈扮演暴徒，让妇女练习如何目不斜视地走路，如何将钥匙、铅笔和高跟鞋的鞋跟变作自卫的武器，如何使用空手道的劈和柔道的摔制胜敌人。头戴红色贝雷帽的“守护天使”在公园和车站巡逻。1984 年，伯恩哈德·格茨—— 一位举止温和的工程师，在纽约地铁车厢里开枪击中四名年轻的劫匪，顿时成为民间英雄。对犯罪的恐惧，在几十年间让保守派政客不断当选。尼克松 1968 年提出“法律与秩序”的施政纲领，在竞选关注上竟然压倒了越战；老布什 1988 年在电视辩论中对杜卡基斯冷嘲热讽，皆因杜卡基斯这位麻省州长批准了一项监狱休假计划，让一名强奸犯得以获释；众多参议员和众议员都承诺对犯罪“绝不姑息手软”。虽然公众的反应有些过度，但事实上，每年死于车祸的人比死于凶杀案的人多得多，尤其是那些不在酒吧里与年轻人争吵的人。但是，暴力犯罪倍增，这样的感觉也绝非人们的臆想。

20 世纪 60 年代的暴力回潮出乎所有人的意料。当时经济高速增长，接近充分就业，收入差距之小，简直就是今日人们的梦想；历史性的种族平等正在起步，政府的各种公共项目遍地开花，而医学的进步，让挨了刀枪的受害者有更大的机会获救。社会理论家在 1962 年很可能兴高采烈地打赌说，因为这些有利的条件，我们将迎来一个低犯罪率的时代。但他们赌输了，还输得精光。 108

为什么西方世界会遭遇历时 30 年的犯罪狂潮，至今未能完全恢复？在暴力下降的大趋势中出现过若干次局部性的逆流，60 年代即为其中之一。在本书中，我已经提出了解释暴力减少的历史变迁，如果我分析的大方向正确的话，这些变迁恰好应在此刻发生逆转。

最明显的莫过于人口结构的变化。20 世纪 40 年代和 50 年代是婚姻盛行的年代，犯罪率跌到谷底。美国人结婚的人数之高，迄今为止无出其右。婚姻使男人从街头回到郊外的家中。[111]婚姻高峰的结果一是严重打击了犯罪，二是带来了婴儿潮。1946 年出生的第一批婴儿在 1961 年进入犯罪高发期。在婴儿潮高峰期 1954 年出生的婴儿，在 1969 年进入犯罪高发期。结论似乎很自然，犯罪激增是婴儿潮的回声。不过，这两组数字讲不通。如果仅仅是因为有了更多十几二十几岁的青年人，其中一部分人犯了这个年纪易犯的罪行，那么 1960—1970 年犯罪增长应该是 13%，而不是 135%。[112]而且，这些青年人不仅在犯罪人数上，在暴力的程度上也超过了他们的前辈。

许多犯罪学家认为，20 世纪 60 年代的犯罪率激增不能用通常的社会经济变量来解释，其缘由主要在于文化准则的变化。当然，为了摆脱所谓暴力者是因为他们生活在暴力文化中这种循环逻辑，我们必须辨识文化变迁的外生原因。政治学家詹姆斯·Q. 威尔逊（James Q. Wilson）坚持说，无论如何，人口结构是一个关键的触发因素，不是因为年轻人的绝对人数，而是因为他们的相对份额。他借评论人口学家诺曼·赖德（Norman Ryder）的一段话表明了自己的观点：

> “这是一种常年入侵的野蛮人，他们必须经过驯化，掌握融入社会所需要的各种功能，变成建设者。”这种“入侵”就是新生代达到成人的年龄。每一个社会都要应对这一宏大的社会化过程，但偶尔，这一过程会因参与者的数量发生非连续性巨变而被吞没……1950 年和 1960 年，“入侵部队”（14 岁至 24 岁），以 3∶1 的数量优势压倒
> 109 了“防守部队”（25 岁至 64 岁）。到 1970 年，因为前一梯队年龄的成长，这一比例迅速降到 2∶1，这是自 1910 年以来不曾有过的状态。[113]

后续的分析表明，这种解释，如果作为单一的因素，是不能令人满意的。一般来说，比他们的前辈更大的年龄群体不会犯下更多的罪行。[114]但我认为，威尔逊在将 60 年代的犯罪激增和代际文明退化过程联系起来时，确实说到了点子上。从许多方面看，新一代人是在反抗一场埃利亚斯描述的已经持续了 8 个世纪的文明运动。

在坚定的团结意识方面，婴儿潮一代是非同寻常的（我明白，我们这些婴儿潮一代总是说我们与众不同）。这一代人仿佛是一个民族，或者是一个国家。（10 年之后，这一代人不无自负地称自己是“伍德斯托

克人”。）他们不仅在人数上压倒老一代，拜新电子媒体所赐，他们充分感受到了他们在数量上的力量。婴儿潮是伴随着电视长大的第一代人。电视，尤其是在三大电视网时代，让年轻人知道其他同代人正在分享他们的经历，并且知道其他人也知道同样的事情。这种经济学家和逻辑学家所说的共同认知，催生了一张横向的团体网络，割断了与父母和权威的纵向联系。在纵向关联中，年轻人相互隔绝，被迫臣服于各自的长者。[115]正如不满的民众在集会上最能感受到自己的力量，婴儿潮一代人在《艾伦秀》上，看见其他和自己一样的年轻人为了摇滚乐如醉如痴，还知道全美每一个年轻人都在同一时刻以同样的方式如醉如痴，而且知道其他年轻人也知道他是知道的。

婴儿潮一代还被另外一种新科技捆绑在一起，那就是晶体管收音机。它最先是被日本索尼公司推销上市的。现在的父母抱怨 iPod（苹果公司音乐播放器）和手机像是被焊到了孩子的耳朵上，他们忘记了他们的父母也是这样抱怨他们和收音机的。我仍然记得，小时候，在蒙特利尔的家中调试收音机，纽约电台的信号经过深夜的电离层反射，回荡在我的卧室。我听到了摩城唱片和迪伦的歌声，还有琼斯的《英国入侵》和《英国迷幻》，心里感觉到正在发生什么，但琼斯先生并没有说清楚到底发生了什么——那种感觉真是既让人毛骨悚然，又让人荡气回肠。

对于一个文明社会，即使在最好的年代，15 岁至 30 岁的人群中的团结意识也是一种威胁。这次文明衰退的过程被一种贯穿 20 世纪的不断强化的趋势放大了。埃利亚斯的译者、学术继承人和社会学家卡斯 · 武泰（Cas Wouters）说过，当“欧洲的文明进程”走到尽头之后，它被一个“去正式化进程”取代。文明进程一直是从上层社会向下层社会传导规范和礼仪。但随着西方国家的民主化，越来越没有人将上层社会视为 110
道德典范，品位和风度的等级也被铲平了。去正式化影响到衣饰着装，人们抛弃了帽子、手套、领带和长裙，换上了运动便装。它也影响到了语言，人们开始用小名称呼朋友，不再冠以先生、夫人和小姐。此外，无数的变化显示，人们的言谈举止变得不那么拘谨，而是更随意、更自然了。[116]在马克斯兄弟出演的电影里，古板的上流社会贵妇人，如玛格丽特·杜蒙之流，已然成为被嘲弄的角色，而非竞相效仿的对象。

在经历了一系列去正式化的打击之后，精英们又遭受到第二波冲击。民权运动揭露了美国上层的道德污点，而随着批判的深入，更多的上流劣迹为人所知。这些劣行恶迹包括：普遍的贫困、欺凌美洲原住民、粗暴的军事干涉，特别是越南战争，还有稍后提出的环境掠夺问题，以及对妇女和同性恋的歧视。随着马克思主义被第三世界的“解放”运动接受而声名鹊起，西方也有越来越多文化人和知识分子成为马克思的拥趸。20 世纪 60 年代至 90 年代的民意调查显示，人们对公共机构的信任程度日渐降低。[117]

公众中荡平官僚政府、严厉追究统治集团的意愿不仅不可阻挡，而且在很多方面也是可取的。但这一运动也让上流社会和资产阶级的生活方式风光不再，而几个世纪以来，这个阶层的暴力程度都低于劳动阶级和下层社会。价值观原来从宫廷向下渗透，现在则变成从市井街巷向上涌动。[118]

这些潮流受到大众文化的欢迎和喝彩。显然，埃利亚斯文明进程的两个原动力不是这种变化的原因。政府管制既没有蜕化到美国西部和第三世界新独立国家那样的无政府状态，以商业和专业分工为基础的经济也没有退回到封建制度和实物交易。然而，埃利亚斯文明序列中的第二步——与更大的自制和相互依赖相应的心理变化，却在 20 世纪 60 年代反主流的年轻人中受到重挫。

文明行为的内在主导——自制，成为年轻人的主要攻击目标。随心所愿、自我表达和反抗压抑成为至高无上的美德。“如果你觉得好，那就干吧”成为流行的警句，被印在徽章上。“那就干吧”（Do It）是政治煽动家杰里·鲁宾（Jerry Rubin）的一本著述的书名。“干到你满意为止（甭管是干什么）”是乐队 BT Express 的流行歌曲中副歌的歌词。基
111 斯·理查兹（Keith Richards）大言不惭地说：“肉体重于思想，摇滚乐是属于脖子以下身体的音乐。”鼓动家阿比·霍夫曼（Abbie Hoffman）告诫说：“青春期重于成年期，不要相信 30 岁以上的人。”歌曲《谁是

我这一代》中说："希望在老去之前就死掉。"清醒受到诋毁，精神错乱被浪漫化，这一类电影有《脂粉金刚》、《飞越疯人院》、《红桃 K》和《狂暴者》。最后，当然还有毒品。

个体应该融入相互依存的社会网络，在稳定的经济和社会组织中，彼此都对他人负有责任。这一观念受到反文化一代的痛击。如果你能想象出一个画面，赤裸裸地与上述理念背道而驰，那可能就是滚石音乐了。"滚石"一词起源于马迪·沃特斯（Muddy Waters）的一首歌，它与时代产生的共鸣如此强烈，以至它成就了三大文化标志：摇滚乐队、《滚石》杂志和鲍勃·迪伦的另一首名歌。在歌中，他嘲笑一个沦落街头、无家可归的上流贵妇。蒂莫西·利里曾在哈佛大学当心理学教师，他的名言"追求自我，顺其自然"（Tune in，turn on，drop out）成了"迷幻运动"的响亮口号。工作中为各自的利益而相互协作，在他们眼里和出卖没有两样。迪伦在歌中这样唱道：

哦，我已尽力，
就是要做我自己，
但所有人都要你
和他们一样，
你当牛做马，他们在唱歌，我已经厌倦。
我再也不想给玛姬的农场干活了。

埃利亚斯曾经写道，历史上计时装置和时间意识的发展，反映出人们自制和将自我融入相互依存的社会网络的要求。他说："这就是为什么个人在张扬他或她的超我时，总是表现为对社交时间的反抗，也是为什么那么多人想要准时准点的时候，就和自己发生冲突。"[119]1969 年的电影《逍遥骑士》是这样开场的，丹尼斯·霍珀和彼得·方达在启程骑摩托巡游美国之前，不谋而合地将他们的手表扔到地上。同一年，乐队"芝加哥"（当时他们的队名是"芝加哥运输当局"）的第一张唱片中有这样的歌词："真有人知道时间是什么？真有人在意？若真是如此，我无法想象这又是为什么。”当我16岁的时候，所有这一切都是有意义的，所以我也将我自己的天美时牌手表扔掉了。祖母看见我光秃的手腕大吃一惊，说：“没有手表，你还算个正派人吗？”她从柜子里掏出一块精工手表，那是她参观1970大阪世界博览会时买回来的。我一直到今天还用着它。

同自制和社会交往一起受到攻击的还有第三个理想，即婚姻和家庭生活。此前几十年，正是因为婚姻和家庭，男人的暴力被大大地驯化了。
112 一男一女倾心相许，结成一夫一妻的家庭，在安全的环境中养育子女，这一观念也成了大肆嘲弄的对象。这样的生活被说成是没有灵魂，墨守成规，消费主义，物质主义，千篇一律、塑料般的不自然、平庸乏味，像“奥兹和哈里特”一样的郊区荒漠。

我不记得在60年代看见任何人用桌布擤鼻涕，但流行文化确确实实是藐视清洁卫生、行为得体和节制性欲这些准则的。在人们眼里，嬉皮士永远是一副脏兮兮、臭烘烘的样子。以我个人的体验，这是诽谤。但是，如果说他们拒绝依照传统的标准梳洗打扮，应该是没有争议的。在那幅有关伍德斯托克音乐节的图片中，一群赤身裸体的观众在泥浆中嬉戏，那真是令人难以忘怀。仅仅是从唱片封套上（图3-17），我们也可以看到对传统观念的颠覆。在唱片《销售一空》的封套上，罗杰·达尔特瑞身上酱汁沥沥，浸泡在装满番茄汁焗豆的浴缸里；在披头士乐队的唱片《昨天和今天》上，四名留着可爱拖把头发式的歌手身上挂着大片

图3-17　20世纪60年代藐视传统的清洁卫生和得体举止

的生肉和残躯断肢的娃娃（这张封套很快被召回了）；滚石乐队的《乞丐的盛宴》的封套上是一个恶臭的公共厕所（原稿未能通过审查）；在《谁是下一个》的封面上，四位音乐家正在拉裤链，背景是一面尿渍斑驳的墙。对得体举止的蔑视也伸延到著名的现场音乐会中。在蒙特利流行音乐节上，吉米·亨德里克斯做出与他的扬声器交配的样子。

扔掉手表或者在茄汁焗豆里洗澡，完全算不上是暴力犯罪。60年代原本应该是和平和爱情的时代，在某些方面也确实如此。不过，对放纵声色的歌颂渐渐地变为对暴力的纵容，接着，就变为暴力本身了。在每一场音乐会的结尾，“谁人乐队”都要摔碎他们的乐器，为此大出风头。这原本只是无害的喜剧效果，但乐队鼓手凯斯·穆恩却实实在在地砸毁了十几间酒店房间；另一位乐师皮特·汤曾德在舞台上点爆他的套鼓，震聋了自己的一只耳朵，他在舞台下殴打妻子、女友和女儿，因为“表面乐队”的键盘乐师和他的前妻约会，他威胁要剁下键盘乐师的双手；最后，1978年，在死于过量服用毒品之前，他驾车发生意外，碾死了自己的保镖。 113

流行歌曲中有时会颂扬个人暴力，仿佛暴力不过是一种反正统的示威形式。1964年，玛莎·里夫斯和范德拉斯乐队唱道：“夏日姗姗，良辰当时，街头舞翩跹。”四年之后，滚石乐队的回应是，“岁月正当时，街头起烽烟”。在他们的《魔鬼陛下》和《致魔鬼的交响曲》两张唱片中，有一首长达10分钟、极富舞台效果的歌曲《午夜漫游人》，唱的是波士顿杀人魔王奸杀的真事，歌词是这样的：“我要砸烂你的玻璃窗/一拳！一拳穿透你的钢门/我……要……尖……刀……直……插……你的……喉咙！”摇滚音乐家满腔热忱，将每一个流氓、每一个系列杀人犯都看作意气风发的“造反派”或者“亡命徒”。电影《摇滚万万岁》（*This Is Spinal Tap*）调侃了这种疯狂的热情。剧中的乐队谈论他们的计划，要以伦敦东区杀人犯开膛手杰克的生平为蓝本，写一部摇滚音乐剧。（合唱部分的歌词是：“你真是个调皮鬼呀，俏皮杰克！”）

伍德斯托克音乐会之后不到四个月，滚石乐队在加州的阿尔塔蒙特高速公路举办了一场免费音乐节，组织者特地雇用“地域天使党”——当时和“反文化亡命兄弟”一样被浪漫化了的黑帮团伙负责保安事务。对于音乐会的气氛（恐怕也是整个60年代的气氛），维基百科在此条目下这样记录：

> 一位体重超过350磅的大块头杂技演员沉浸在迷幻药的幻象中，脱光了衣服，疯狂地穿过人群，冲向舞台，听众被他推挤得东倒西歪。“地狱天使党”成员看到此景，从舞台上跳将下来，举起大棒，将此人打昏在地。

后面的故事就不需要给出处了，纪录片《给我庇护》（*Gimme Shelter*）做了详尽的记载。一名“地域天使党”成员在舞台上殴打“杰斐逊飞机”乐队的吉他手；米克·贾格尔试图安抚越来越暴躁的黑帮，但是劝阻无效；另一个“地狱天使党”成员用刀捅死一名年轻的观众，据说这名观众掏出了一支枪。

* * *

20世纪50年代，摇滚乐突然出现在舞台上时，政治家和神职人员诬蔑它，说它败坏道德，腐蚀精神，教唆犯罪，鼓动违法。在克利夫兰的摇滚名人堂和纪念馆里，人们可以看到一个奇妙的录像，全是这些老顽固喋喋不休地辱骂摇滚乐。不过，我们今天是不是——呃——要承认，他们当年是正确的呢？我们真的能够在60年代流行文化的价值观和与之相伴而来的暴力犯罪上升之间找到联系吗？当然，两者之间没有直接的关联。而且，即使相关也不一定就成因果，应该说，是第三个因素，即反对文明价值观的力量，同时造就了流行文化和暴力行为的上升。无论如何，婴儿潮一代的绝大多数人从来没有犯过罪。人们的观念和流行文
114 化当然是相互促进的，在边缘地带，总有一些敏感脆弱的个人和亚文化可能受到这样或那样的冲击，反文明思维也总要放出一些似是而非、花里胡哨的乱箭，煽动真正的暴力。

其中之一是国家的司法机构自我设限。虽然摇滚音乐家几乎不会直接影响公共政策，但是作家和知识分子却能够。他们迫不及待地要赶上“时代精神”，着手为新时代的堕落和放纵寻找理由。弗洛伊德将在性压抑和精神压抑与政治压迫之间建立联系，鼓吹革命斗争就是从压制中寻求解脱。闹事者往往被视为造反和不服从，或者是种族主义、贫困和不称职的父母的受害者。无视公德的街头涂鸦者被看作“艺术家”，街道流氓成了“社区领袖”。许多非常聪明的人也受到激进思潮的诱惑，犯下无比愚蠢的错误。一流大学的毕业生制造炸弹，引爆军队和政府设施，或者在武装抢劫中，驾车接应射杀警卫的凶手逃跑。几个满口华丽辞藻的心理变态犯人，将纽约的知识界糊弄得神魂颠倒，竟然组织游说，请求释放这些变态的罪犯。[120]

从 60 年代初的性革命开始，到 70 年代女权主义兴起，对女性性欲的掌控，被视为成熟男子的一个特征。流行小说和电影，甚至披头士乐队的摇滚乐《狂奔逃命》（*Run for Your Life*）、尼尔 · 扬的《沿河而下》（*Down by the River*）、吉米 · 亨德里克斯的《乔，你好》（*Hey Joe*）、龙尼 · 霍金斯的《你爱谁?》（*Who Do You Love*）的歌词中，都充满性强暴和粗暴的性嫉妒。[121]“革命”政论文章甚至为一切找到了合理性，比如在埃尔德里奇 · 克里弗（Eldridge Cleaver）1968 年的回忆录、畅销书《冰上灵魂》（*Soul on Ice*）中，这位黑豹党领袖写道：

> 强奸只是起义的一个片段。违反和践踏白人的法律和价值体系，这让我感到愉悦，而蹂躏白人的女人——我相信，这一点让我得到最大的满足，因为历史上白人就是这样使用黑人女子的，我对此是恨透了。我感到我就是在复仇。[122]

莫名其妙的是，在这场起义中遭到欺凌的妇女的权益，从来不是他的政治原则考虑的对象，媒体对他的回忆录的评价也完全忽略了这一点。（《纽约时报》说：“精彩和有揭示性的。”《国家》周刊说：“一本非凡的书……文笔优美。”《大西洋月刊》说：“这是一位睿智、骚动、热情和优雅的男子。”）[123]

法官和议员也受到将犯罪合理性化风气的影响，他们在将恶棍关进监牢这个问题上越来越畏首畏尾。尽管当代的公民自由运动没有造成系列影片《警探哈里》中所说的情况，众多重罪犯“因技术问题而
115 逍遥法外”，但执法力量疲软、犯罪率飙升却是事实。在美国，1962—1979年，犯罪嫌疑人被捕率从0.32下降到0.18，捕后判刑监禁率从0.32下降到0.14，犯罪嫌疑人被监禁率从0.10下降到0.02，下降至原来的1/5。[124]

比把暴徒放归街头更具灾难性的是执法部门和社区完全脱节，导致某些居民区的秩序不断恶化。破坏社会秩序的流浪、闲荡和乞讨被非罪化；轻罪——损坏财物、喷绘涂鸦、地铁和公车逃票，以及在公共场所便溺，则不再被警方关注。[125]感谢陆续出现的抗精神病药物，以及人们对异常行为的理解和态度上的变化，精神病院的病房总算是空了，但街上无家可归的流浪汉的数量翻了两番。店主和居民本来还互相关照，监督本地的捣蛋鬼，但是最后，他们还是向地痞、乞丐和劫匪投降了，举家撤往郊区。

60年代的文明退化过程不仅影响了个人的选择，也影响了决策者的选择。许多年轻人决定不再为“玛姬的农场”打工，他们不再追求受人尊重的家庭生活，而是和全是男性的群体在一起。在这样的群体内部，为争夺统治地位，侮辱或小规模的打斗以及流血报复都是家常便饭。由于性解放运动，男人有了更大的自由，他们可以在不承担婚姻责任的情况下得到大量的性生活机会。有些男人想从毒品走私中分杯残羹，在这个行当里，“自助正义”是保护产权的唯一手段。（在80年代后期，强效可卡因市场竞争激烈，但进入的门槛特别低，原因是这种毒品可以被分成极小的分量出售。结果，在1985—1991年的凶杀增长中，25%是大量涌现的青少年可卡因毒贩。）在毒品走私本身特有的暴力成分之外，毒品本身和老牌的酒精一起，让人失去自持，变得焦躁易怒。

美国非裔社区受到的文明退化影响最严重。他们从二等公民的历史

弊端入手，这种弊端让许多年轻人在体面和下层阶级两种生活方式之间徘徊。与此同时，新一波反正统的潮流正在向错误的方向推进。由于警察队伍中种族歧视的老情绪，加上司法系统姑息犯罪的新态度，与美国白人相比，黑人青年能够从执法部门得到的保护越来越少，而犯罪活动的受害者绝大部分是黑人。[126]对执法部门的不信任，发展成玩世不恭，有时甚至是病态的偏执，这就让自助正义成为唯一的选择。[127]

社会学家丹尼尔·帕特里克·莫伊尼汉（Daniel Patrick Moynihan） 116
在 1965 年发表的著名报告《黑人家庭：要求国家采取行动》中首次指出："在所有这些打击之外，受到重创的还有美国非裔的家庭生活。"一开始，他受到严厉的诋毁，但最终人们承认他是正确的。[128]很大一部分（今天已经是绝大部分）黑人儿童是非婚生子女，很多人是在没有父亲的情况下长大的。这一趋势在 60 年代初期就已经显现，而后，性解放为这一趋势推波助澜，而扭曲的福利激励，更是鼓励年轻妇女"与国家结婚"，而不是与孩子的父亲结婚。[129]父母影响论认为，没有父亲的男孩长大后有暴力倾向，因为家庭中缺少父亲的榜样和管教。虽然我对父母影响论持怀疑态度（比如，莫伊尼汉本人就是在没有父亲的家庭中长大的），但大量的无父家庭确实还有其他原因能够导致暴力。[130]这些不养育自己子女的年轻男性厮混在一起，经常为争夺统治权而厮杀。市中心充满火药味，战斗一触即发，气氛恰如当年西部蛮荒地区的牛仔沙龙和矿工宿营地。不过，这一次不是因为周围没有女性，而是因为女性缺乏谈判能力，无法迫使男性接受文明的生活方式。

20 世纪 90 年代的文明回归

我们不应该得出一个错误的印象，即把 60 年代的犯罪热潮看作西方暴力减少的终结，或者标志着暴力的历史趋势是循环往复的，从一个时代转入另一个时代，像溜溜球那样不断地上下起落。美国的年均凶杀率近年来最糟糕的记录是 1980 年的 10 万分之 10.2，相当于西欧 1450 年凶杀率的1/4，因纽特人的 1/10，非国家形态社会平均凶杀率的 1/50（见

图 3-4）。

这个数字被证明是最高值，而不是常态，亦不能预示未来的走向。1992 年，发生了一件怪事。凶杀率比前一年下降了近 10%，接着，它连续 7 年下降，在 1999 年达到 5.7，是 1966 年以来的最低水平。[131]更令人吃惊的是，在随后的 7 年中，凶杀率继续维持在低水平，并进一步下降，从 2006 年的 5.7 跌至 2010 年的 4.8。在图 3-18 中，上面的那条曲线是 1950 年以来美国凶杀率的走势，包括 21 世纪所达到的新低点。

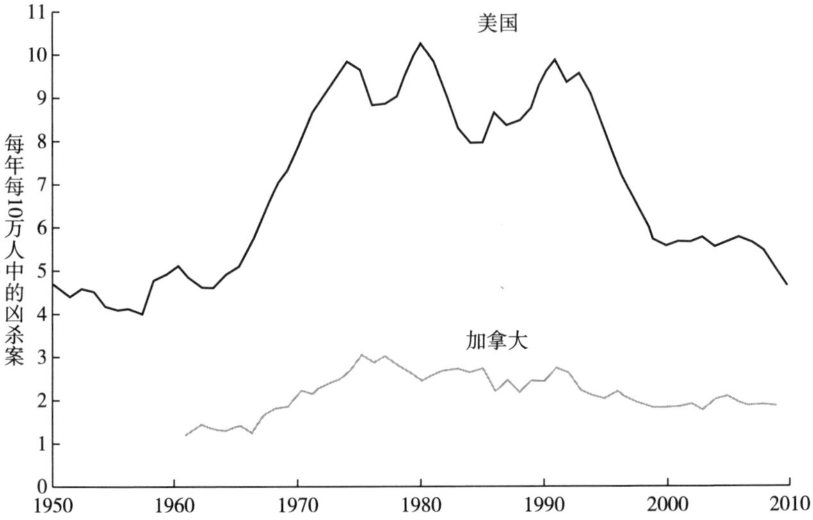

图 3-18　1950—2010 年美国凶杀率，1961—2009 年加拿大凶杀率

资料来源：美国的数据来自《联邦调查局 1950—2010 年犯罪统计一览表》，美国司法统计局，2009 年；美国联邦调查局，2010 年 b，2011 年；福克斯和扎维兹，2007 年。加拿大的数据，1961—2007 年，来自《加拿大统计》，2008 年。加拿大 2008 年的数据，《加拿大统计》，2010 年。加拿大 2009 年的数据，K. 哈里斯，“加拿大犯罪率下降”，《多伦多太阳报》，2010 年 7 月 20 日。

图中还显示了加拿大自 1961 年以来的走势。加拿大人的凶杀率不到美国人的 1/3，这部分是因为加拿大警方在 19 世纪移民定居之前先行进入西部边疆，未给暴力的荣誉守则留下滋生的土壤。除了这一点，加拿大凶杀率的起伏和其南方邻国的曲线相平行，1961—2009 年的相关系数为 0.85。加拿大的凶杀率在 20 世纪 90 年代几乎下降了 35%，而美国则下降了 42%。[132]

90 年代美加两国凶杀率下降的平行轨迹出乎人们的意料。这两个国家以及西欧各国，在经济发展的方向和执法部门的政策方面各不相同，但都出现了相似的暴力跌势。[133]图 3–19 给出了 5 个主要欧洲国家在 20 世纪的凶杀率。60 年代之前，凶杀率呈长期下降趋势，60 年代出现反弹，最近又回到较低的水平。每一个主要欧洲国家的暴力都在减少，英国和爱尔兰在某一段时间内似乎是例外，但在进入 21 世纪后，它们的暴力也开始减少了。 117

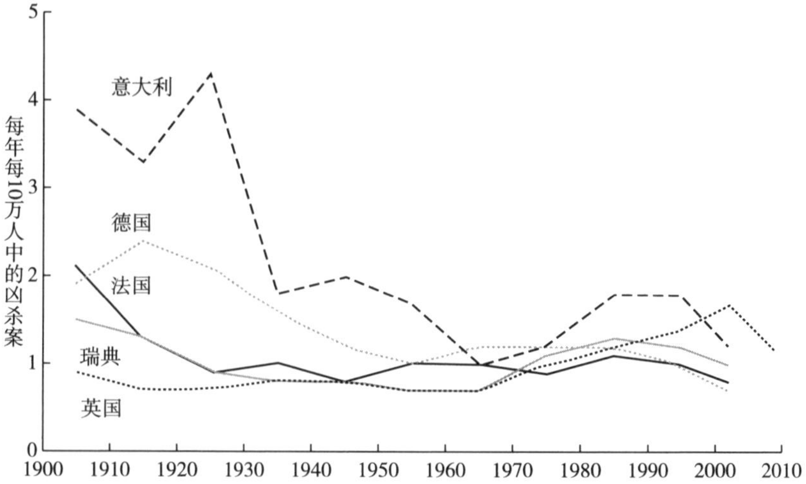

图 3–19　1900—2009 年 5 个西欧国家的凶杀率

资料来源：数据来自艾斯纳，2008 年，不包括英国，2009 年，沃克等人的数据，2009 年；人口估计来自英国国家统计办公室，2009 年。

不仅凶杀减少了，其他类型的伤害案也减少了。在美国，各类主要犯罪都减少了一半，包括强奸、抢劫、重伤、入室盗窃、扒手，甚至偷车。[134]统计数据证明了这一趋势，人们在日常生活中也深有感受。游客和年轻的美国白领又占据了城市的中心地带，犯罪不再是美国总统竞选的中心议题。

没有任何专家预测到这一进展，甚至在下降趋势开始之后，流行的观点仍然是，开始于 60 年代的犯罪增长趋势将会持续，情况会变得越来越糟。詹姆斯·Q. 威尔逊在1995年的论文中说：

> 地平线外，阴霾密布，风暴将至。人口再次变得更年轻了。到90年代末，14~17岁年轻人的人数将比现在多出100万。在这100万人中，有一半是男性，其中有6%将是高频率惯犯——在已有的罪犯之外，我们还将多出3万名抢劫犯、杀人犯和盗贼。做好准备吧。[135]

在地平线上的阴霾之外，其他犯罪评论员又添上了更多耸人听闻的形容词。詹姆斯·艾伦·福克斯（James Alan Fox）在2005年还预测说
118 一场“腥风血雨”即将来临，犯罪高潮“将非常之恐惧，相比之下，1995年反倒成了‘过去的好时光’”。[136]约翰·迪卢洛（John DiIulio）发出警告说：到2010年，将有超过25万个新“街头超级杀手”，他们将让“‘红血帮’和‘蓝瘸帮’看起来就像是驯养的宠物”。[137]《泰晤士报》的前编辑在1991年预测，“到2000年，纽约将是一座没有蝙蝠侠的‘哥谭市’”。[138]

具有传奇色彩的纽约市市长菲奥雷洛·拉瓜尔迪亚也许会说：“我犯的错误，也是个美丽的错误。”（威尔逊说得最到位，他说：“社会科学家最好永远都不要去预测将来，让他们研究透彻过去就已经够困难了。”）谋杀专家所犯的错误是，在对人口结构变化趋势的认识上太过自信。80年代后期，毒品推动的暴力犯罪泛滥，大量青少年被卷入其中。而作为婴儿潮的回应，90年代，青少年人口势必会增长。但是，总体而言，二十几岁和十几岁的青少年犯罪倾向群体数量在20世纪90年代实际上是减少的。[139]即使这个修正后的统计数据也无法解释90年代的犯罪减少。人口年龄分布的变化是缓慢的，每一个年龄组的人口，是被总人
119 口这条大蟒蛇逐个吞噬下去。但90年代的犯罪率连续7年急剧下降，以后的9年一直稳定在低水平。与60年代的犯罪率的上升一样，每个年龄段暴力发生率的变化抵消了这些群体规模所产生的影响。

还有一个疑问就是用经济来解释犯罪趋势，其效果未见得比人口构成说更有说服力。虽然美国90年代的失业率一直在下降，在加拿大却是

上升的，但加拿大的犯罪也减少了。[140]法国和德国的失业率也在上升，但暴力却在减少，而爱尔兰和英国的失业率在下降，暴力却在增加。[141]现在人们已经不再对此感觉惊讶了，因为犯罪学家早已知道失业率和暴力犯罪率之间的相关性并不高。[142]（与失业率具有某种相关性的是财产犯罪。）2008 年发生的金融危机是自大萧条以来最大的经济衰退，此后的三年内，美国的凶杀率又下降了 14%。犯罪学家戴维·肯尼迪（David Kennedy）对记者解释说："人们有个根深蒂固的观念，认为一旦经济恶化，犯罪也会恶化——这个观念现在是错误的，而且从来就没正确过。"[143]

在经济指标中，不平等通常比失业更能准确地预测暴力。[144]但是基尼系数，即测量收入不平等的指标，在 1990—2000 年是上升的，犯罪数量却是减少的，而基尼系数在 1968 年达到历史性的低点，犯罪数量却开始猛增。[145]用收入不平等来解释暴力的问题在于，即使在全州或者全国的范围内，两者呈现相关性，但在一个州或者一个国家的内部，两者之间仍然缺乏相关性。这一差距的真正原因是，促生暴力的不是不平等本身，而是国家治理和文化的特性，正是这种特性同时造成了不平等和暴力。[146]（比如，在一个不平等的社会，贫民区没有警力保护，很有可能成为暴力肆虐的三不管地带。）

另一个错误的先入之见通常来自权威的评论家，他们总是把社会趋势和针对某些新闻时事的"国民情绪"联系在一起。2001 年 9 月 11 日的恐怖袭击，引起了巨大的政治、经济和情绪骚动，但是凶杀率并没有受到影响。

* * *

受 90 年代暴力减少的启发，暴力研究中出现了一个非常古怪的假设。当我告诉别人我正在写一本书，主题是关于暴力减少的历史时，不断有人对我说，这个问题已经解决了。他们解释说，暴力事件的发生率之所以下降，是因为 1973 年美国最高法院对罗伊诉韦德案的裁决。堕胎合法化后，那些本来没有人愿意生养，成人后又大多成为罪犯的孩子，就不用出生了；那些不情不愿的或者不合格的母亲，从此可以选择堕胎了。我在2001年第一次听到这种理论，当时是经济学家约翰·多诺霍（John Donohue）和史蒂文·莱维特（Steven Levitt）提出的。我觉得这实
120 在太好玩了，不可能是真的。[147]任何假说，只要它来自外行，想用一个单一的、被忽略了的事件解释重大的社会现象，几乎肯定是一个谬误，即使它当时能找到一些数据作为支持。不过，莱维特和记者斯蒂芬·迪布内（Stephen Dubner）合著了畅销书《魔鬼经济学》（*Freakonomics*），将这一理论普及到大众。现在，大部分公众都相信90年代犯罪率下降是因为70年代的妇女打掉了有犯罪宿命的胎儿。

公平地说，莱维特强调，罗伊诉韦德案只是导致犯罪率下降的四个因素之一，他也给出了精巧的相关性统计学分析证明这一关联。比如，在1973年之前，有几个州堕胎已经合法化，而犯罪率最先出现下降的也是这几个州。[148]但是，这些统计数据是对一条漫长的、有假设前提的、牵强的因果链的两端进行比较——能够得到合法堕胎为第一环，20年后的犯罪率下降为最后一环——中间的所有环节都被忽略了。这些环节包括以下几个假设：合法堕胎使“不想要的孩子”减少，“不想要的孩子”更有可能成为罪犯，而第一代经过堕胎筛选的年轻人是90年代犯罪率下降的先锋。但是，对于两者之间的相关性还有其他的解释（比如，在最先通过堕胎合法化的自由派各州，毒品瘟疫的发生和结束也比较早），而中间的各个过渡环节，不是非常脆弱，就是根本不存在。[149]

首先，魔鬼经济学理论假定，妇女刚好在1973年前后可能受孕怀上不想要的孩子，此后唯一的影响因素就是孩子是否被生出来。一旦堕胎合法化，男女双方有了堕胎做避孕的备份方案，也就很有可能进行更多不加防护的性生活。如果妇女会怀上更多“不想要的孩子”，堕胎这个选择，也不过是让“不想要的孩子”的比例保持不变而已。事实上，“不想要的孩子”的比例甚至可能会升高，妇女有了堕胎撑腰壮胆，在性解放运动的高潮中有了更多不加防护的性爱。但是，一旦发现怀孕，又开始拖延犹豫或者改变主意。这也许真能解释为什么1973年之后，美国妇女中最弱势的几个群体——贫困、单身、青少年和非裔——出生的

孩子，在新生儿总人口中的比例没有减少。魔鬼经济学的理论预测没有实现。而且，这一比例增加了，增加的幅度还非常大。[150]

在有犯罪倾向的人口内部，妇女个体之间有什么差异吗？魔鬼经济学理论似乎是全面倒退的。在意外怀孕并且不准备抚养孩子的妇女中，选择终止妊娠被看作向前看、有现实感、能够自律；而接受怀孕生下孩子，则属于听天由命、没有条理，或者很不成熟，只想到可爱的婴儿，而想不到他们不服管教的青春期。几项研究证明了这个观点。[151]在年轻孕妇中，与完成妊娠或者发生流产的人相比，选择堕胎的人学习成绩更好，更少申请福利，也更有可能完成学业。但如此来说，堕胎的可获得性，也可以导致出现犯罪倾向更强的一代人，因为通过基因选择或者环境选择，它淘汰了那些最有可能思考和有自制力的人。 121

魔鬼经济学中关于犯罪的心理原因的理论来自《哎呀，克鲁普克警官》。黑帮分子谈到自己的父母时说："他们本来不想要我，不知道怎么闹的，我还是来了。吼吼吼！大蜥蜴！这就是为什么我是个大浑蛋！"这就是合理性。虽然"不想要的孩子"长大后也许会犯下更多的罪行，但原因更可能是，生活在犯罪倾向环境中的妇女更有可能有更多"不想要的孩子"，是环境而不是"不想要"本身导致了更多的犯罪。对父母管教的效果和伙伴压力的效果所做的比较研究显示，假定基因为不变量的话，伙伴压力的效果总是压倒父母的影响。[152]

最后，如果1973年后的堕胎合法化塑造了更加厌恶犯罪的新生代，那么犯罪率的下降就应该从最年轻的群体开始逐渐升高，年龄越大的群体，犯罪率越高。比如，1993年16岁的青少年（1977年出生，当时堕胎正如火如荼）应该比1983年的青少年（1967年出生，当时堕胎是非法的）所犯的罪行少。按照同样的逻辑，1993年时22岁的青年应该是富于暴力的，因为他们出生在堕胎合法化之前的1971年。直到20世纪90年代末，合法堕胎时代出生的第一批婴儿达到20多岁，20岁这个年龄段的犯罪率才应该开始下降。但事实完全相反。20世纪80年代末90年代初，合法堕胎年代出生的第一代人成年时，他们不仅没有压低凶杀案的统计数字，反而带来了前所未有的大混乱。而在罗伊案裁决之前出生的、年龄略长的这批人放下刀枪的时候，犯罪率开始下降，并从这个年龄组开始传递到后面的年龄组。[153]

*　*　*

我们怎样才能解释最新一轮的暴力减少呢？许多社会学家都尝试过，他们能想到的最好的结果是，暴力减少有多种原因，没有人能够知道是什么原因，因为太多的事情同时发生了。[154]尽管如此，我认为有两个宽泛的解释最有道理。第一个是，利维坦——国家的权力更大、更聪明，也更有效了；第二个是，20 世纪 60 年代虽然发生了反主流逆潮，但“文明的进程”依然又回到了轨道上，并且进入了新阶段。

20 世纪 90 年代初，美国人已经厌倦了抢劫、蓄意破坏和驾车行凶的行为，国家开始在几个方面强化刑事司法体系。最有效也最残酷的方法是让更多的人在监狱里待更长的时间。20 年代至 60 年代初，美国的监禁率一直维持不变，在 70 年代初甚至有所下降，随后则连续增长了近 5 倍。今天，美国监狱关押了 200 多万人，监狱服刑率为世界之冠。[155]监
122 狱人口占美国总人口的 0.75%，在年轻男性，特别是非裔美国年轻男性中所占比例就更高了。[156]美国监禁率上升起始于 20 世纪 80 年代，原因有几个，包括有关强制量刑的法律（比如加利福尼亚州的“三振出局”法），大量新建监狱（以前农村社区会奋起抵制，现在却为了刺激经济而表示欢迎），还有“缉毒战”（拥有少量可卡因和其他管制药物都是犯罪行为）。

研究犯罪率下降的理论大多都华而不实，但大规模监禁肯定能够降低犯罪率，因为它运作的机制几乎没有可动的部分。监禁将最具犯罪倾向的人从街道上带走，使他们丧失（行为）能力，犯罪的统计数字当然就会下降。尤其是在少数人犯有大量罪行的情况下，监禁的效果特别显著。比如，有关费城的犯罪记录的经典研究发现，6% 的青年男性犯了超过一半的罪行。[157]犯罪量大的罪犯被抓获的机会也大，也最有可能被检控和被判刑关押。而犯有暴力罪的人，也往往会卷入其他麻烦，因为他们的倾向就是只要能及时行乐，绝不惜牺牲长远利益。他们大多不能完成

学业，不愿工作，总是遇到各种事故，寻衅滋事，小偷小摸，破坏财物，酗酒，吸毒。[158]一个搜捕吸毒者和小毛贼的监狱王国，不免要顺带捕获一些暴徒，这样留在街上的暴力犯更见稀少。

监禁还具有间接威慑的作用。一个被判过刑的人出狱后，再次犯罪之前会有所犹豫，而熟识他的人，也会吸取他的教训。要证明监禁对人有不良影响（因为他们无法再进入社会），说起来容易，做起来则很困难，因为所有的统计数据都不支持这个观点。在犯罪率高的地区，被关进监狱的罪犯也多，这就造成一种假象，似乎是监禁带来了高犯罪率，而不是减少犯罪。但是，如果方法得当（比如，检视某一时间在押犯的增长和稍后一段时间的犯罪数量减少是否相关，或者，检视法庭下令减少在押犯人数之后，是否导致犯罪数量增多），监禁的威慑效力是可以被测试的。莱维特和其他犯罪统计学家的分析认为确实存在威慑效应。[159]有人总是更喜欢真实世界的经验，而不是精巧的统计模型，他们可以去看看 1969 年蒙特利尔警察罢工的故事。警察离开岗位后的几个小时之内，蒙特利尔这个以安全著称的城市发生了 6 起银行抢劫案、12 起纵火案、100 起商店洗劫案、2 起谋杀案。当局紧急召回所有警察以恢复社会秩序。[160]

但是，说监禁人数暴涨导致犯罪数量减少，也不是无懈可击的。[161]首先，监狱的膨胀始于 20 世纪 80 年代，而暴力的减少是 10 年之后才出现 123
的；其次，加拿大并没有扩张监狱，但其犯罪率也下降了。这些事实尽管不能否认监禁效应，但它们迫使该理论做出额外的假设，比如监禁效果需要时间逐渐生效，并在达到某个临界点之后，向全国扩散。

大规模的监禁即使能够降低暴力，其本身也会产生新的问题。一旦将暴力倾向最强的人锁进牢房，继续监禁更多的犯人，降低暴力犯罪率的效果会迅速递减并消失。因为新来的犯人危险性越来越小，将他们从社会上清除出去，对暴力犯罪率产生的影响微乎其微。[162]而且，随着年龄的增长，人的暴力倾向会减弱，对超过一定年龄的犯人继续监禁，对减少犯罪率也没有多少意义。因此，监禁水平存在一个最优度。但美国的刑事司法系统很难把握这个最优，因为在选举政治的压力下，监禁率只会不断上升；在民选法官，而不是任命法官的选区，情况更是如此。任何一个候选人，只要他胆敢表示监狱里关押的人已经太多而且时间也太长，竞选对手就会在电视广告上说此人“对犯罪心慈手软”，并将此人赶下政坛。其结果是，美国监禁的人数远远超过了应有的水平，尤其是对美国黑人不合比例的高监禁率，让非裔社区丧失了大量男性成员。

20 世纪 90 年代利维坦提高效率的第二个方式是扩张警察队伍。[163]克林顿总统不愧是一位政治天才。1994 年，他支持立法，承诺为美国增加 10 万警力，并由此出奇制胜地压倒了他的保守派对手。新增的警力不仅可以制止更多的犯罪，而且这些警察在街头出现本身就让很多人放弃了犯罪的念头。美国英文中的“扁平足”原来在口语中是“警察”的意思，现在他们又赢回了这一绰号。很多警察重新开始在街区内步行巡逻，不再仅仅坐在警车内等待呼叫后再赶往犯罪现场。在有些城市，比如波士顿，警察和假释官一起巡逻。假释官对那些最糟糕的前科犯人的情况了如指掌，而且有权为任何过失再次逮捕他们。[164]在纽约，警察总局迫不及待地追踪各个街区的犯罪报告，一旦发现犯罪率有所上升，就立刻向分局的局长问责并施压。[165]警察的曝光率成倍提高，即使是对那些轻罪，比如涂鸦、乱扔垃圾、咄咄逼人的乞讨、在公共场所喝酒或小便，以及在红灯时强行擦拭挡风玻璃后向司机勒索现金，他们也不会坐视不理。詹姆斯·Q. 威尔逊和乔治·克林（George Kelling）在他们著名的“破窗理论”中首先提到，一个整洁的环境告诉大家，此地的警方和居民决心协力维持治安，而一个乱涂乱画和又脏又乱的环境则意味着此地属于三不管地带。[166]

是不是更强大和更聪明的警察力量抑制了犯罪？对这个问题的研究
124 通常是社会科学中充满困惑变量的老鼠洞，但从整体来看，即使我们不能明确到底是哪一种手段发挥了作用，我们的回答仍然是：“是，有一部分是。”不仅有几项分析表明，确实是新的警务工作抑制了犯罪，而且在完善警察体制上付出最大努力的辖区——纽约市，其犯罪率的下降也最显著。纽约曾经是罪恶都市的象征，现在则是美国最安全的城市之一，犯罪率的降幅是全国平均水平的两倍。进入 21 世纪之后，美国其他地区的犯罪率下降势头减弱后，纽约仍然保持了犯罪率继续下跌的势头。[167]犯罪学家富兰克林·齐姆林（Franklin Zimring）在《美国犯罪大下降》（*The Great American Crime Decline*）一书中是这样说的："如果犯罪下降中的35%（美国全国犯罪下降中的一半），是由更多警力、更积极的治安管理和管理制度的改革共同促成的，那么，这将是迄今为止城市警务史上在防止犯罪方面取得的最大成就。"[168]

警方的"破窗"治安有什么特殊之处呢？学术界的绝大多数人都厌恶"破窗理论"，因为这个理论似乎证明社会保守派（包括纽约市前市长鲁迪·朱利亚尼）的观点是正确的，即暴力犯罪的水平取决于法律和秩序，而不是如贫困和种族主义之类的"根本原因"。很难用一般的相关性分析来证明"破窗理论"，因为执行这一政策的城市同时也增雇了大量警员。[169]不过，《科学》杂志最近报道了一项非常有创意的研究，它通过科学的黄金标准——一个实验操作和一个对照组，为这一理论提供了支持。

三名荷兰研究人员选择了格罗宁根的一条小街，荷兰人在那里停放自行车，研究人员在每辆自行车的车把上贴上广告。车主必须撕去广告贴才能骑车，但研究人员搬走了所有垃圾筒。车主只有两个选择，或者将广告贴带回家，或者将其扔在地上。在停车点的上方是一个显眼的标牌，指示"禁止涂鸦"，此外还有一面墙。实验者或者在墙上涂鸦（此为实验组），或者让墙面保持光洁（此为对照组）。当墙面布满涂鸦的时候，将广告贴随手扔在地上的人是对照组的两倍——和"破窗理论"的预测完全一样。在其他研究中，如果人们看见到处都是不还回商店的购物车，或者听到远处非法燃放爆竹的响声时，随地弃置垃圾的行为就会增多。受到影响的远远不只随手乱扔垃圾这种危害不大的违规行为。在另一项实验中，一个信封半露在信箱外面，明显可以看到信封里装有一张5欧元的钞票。当信箱被乱涂乱画或被垃圾包围时，1/4的行人会偷走信封；而当信箱干净的时候，偷信的人减少了一半。研究人员说，整洁的环境培养责任意识，不是通过威慑——因为格罗宁根的警察几乎不会惩罚乱扔垃圾，而是通过给出一个社会规范的信号：在这里生活的人遵守规则。[170]

*　*　*

125 最后，我们必须要看到规范发生的变化，才能真正理解 20 世纪 90 年代的犯罪率下降，正如 30 多年前犯罪率上升时发生的情况一样。虽说警方的各项改革对美国暴力的迅速减少肯定有贡献，特别是在纽约，但是要记住，加拿大和西欧的暴力犯罪水平也下降了（尽管下降的程度有所不同），他们并没有像美国这样大力扩张监狱和警力。就连一些最冷静的犯罪统计学家也举手投降，并得出结论，即文化和心理的变化是难以被计量研究的，而它们肯定是在影响因素之列。[171]

“90 年代犯罪率大幅下降”是一个大趋势的组成部分，这个大趋势可以被称作“文明复兴进程”。首先，60 年代的一些愚蠢的观念已经失去了吸引力。一些主义的崩溃，以及对其带来的经济灾难和人道灾难的认识，撕掉了革命暴力的浪漫面纱，让人们怀疑在枪口下重新分配财富是否睿智。对强奸和性虐待有了更深刻的认识，原来的信条“如果你觉得好，那就干吧”听起来让人反感，而不是感到自由和解放。下城黑人区的暴力、儿童被驱车枪击的流弹击中、教堂里青少年的葬礼被持刀黑帮骚扰，这些都是赤裸裸的罪恶，不再能用“对贫困和种族歧视的一种可以理解的反应”作为开脱。

随之而来的是文明攻势的浪潮。我们将在第 7 章看到，60 年代的一个积极的遗产是民权、女权、儿童权利和同性恋权利的革命。随着婴儿潮一代在 90 年代成为正统，这些权利运动开始整合力量。他们将强奸、殴打妻子、仇恨犯罪、欺凌同性恋和虐待儿童纳入法律与秩序的框架，从一种反叛型的运动变成一种进步型的事业；他们努力将家庭、工作场所、学校和街道变得对弱势群体更加安全（比如女权主义者举行反对强暴妇女的示威“还我安宁夜”），从而也是对所有人都更加安全。

90 年代一场令人印象最深刻的文明攻势来自美国非裔社区。他们肩负起重新教化自己的年轻人的重任。和 100 年前美国西部的平定一样，

其主要的道德源泉是妇女和教会。[172]在波士顿，由雷·哈蒙德、尤金·里
弗斯和杰弗里·布朗领导的神职人员小组与警方和社会服务机构合作，
打击团伙暴力。[173]他们熟悉当地社区的情况，知道谁是最危险的帮派成
员。他们向这些人发出通知，警告他们警方和社区正在监视他们。他们
不是与这些帮派分子谈话，就是找他们的母亲或者祖母谈话。社区领袖
的努力截断了冤冤相报的循环，他们与那些刚刚受到过欺压的帮会成员
谈话，劝说加施压要求他们放弃报复。这样的干涉之所以有效，不仅是
因为有了被逮捕的恐惧，而且，这样的外部压力给了帮会成员一个“退
缩”的借口，让他们在让步的同时又不丢面子，很像是一个孱弱的求情 126
人往往能劝解开两个打架的强壮男人。这些努力共同造就了 90 年代的
“波士顿奇迹”——凶杀率下降至原来的 1/5；自该时期至今，尽管有些
波动，但它一直维持在相当低的水平。[174]

警察和法庭也发挥了他们的作用。他们将工作的重心从严刑峻法及其威慑，转移到文明进程的第二个阶段，强化人们心目中政府权力的正当性。一旦执法和司法系统运作有效，有头脑的小兄弟就知道，“老大哥”——政府时时刻刻都在盯着他们，随时准备扑向他们，让他们的非法生意血本无归。没有哪个民主制度有这样的资源或者意愿，能够将社会变成某种“斯金纳箱”。犯罪行为中只有很少的一部分“样本”能够被发现，并受到惩罚，所以取样要足够公平，公民才会认为整个政府具有合法性。决定一个制度的正当性的关键因素是，必须让人们感觉到，在这个制度确立之后，每一个人，更重要的是还有每个人的敌人，都明白犯法必会受到惩罚，所以他们会产生内在的自我约束，不去从事掠夺、先发制人的进攻以及滥用私刑这些勾当。但是，过去在美国许多地区的法庭上，刑罚的裁处没有一定之规，非常随意，对于被告，判刑更像是一场飞来的横祸，而不是某种特定行为带来的可预见的后果。罪犯缺席假释听证会，或者被检验证明吸毒却不受惩罚，他们看见其他罪犯也是这样干的，而且也都没有受到惩罚。但是，某一天，他们突然被判监禁，刑期长达数年。他们当然想不明白，只能觉得这完全是自己厄运当头。

但是现在，法官和警察以及社区领袖一起办案，他们对付犯罪的策

略更加多样，对重罪犯处以严厉得出乎意料的重刑，对轻罪犯则采取轻惩但必罚的政策。比如，缺席一次假释听证的罪犯，一定会被带回监狱吃几天牢饭。[175]这一转变其实是利用了人们的两个心理特性（我们将在“善良天使”一章做详细解释）。一个特性是，人，特别是有违法犯罪倾向的人，总是不看重未来，对假定的和滞后的惩罚比较麻木，但对确定的和立即发生的惩罚则会有较强烈的反应。[176]另一个特性是，人都是在道德层面上构想自己与其他人以及与各种组织的相互关系，将这些关系分为两类，或者是原始的实力竞争，或者是互惠和公平原则下的合约。[177]史蒂文·阿尔姆法官设计了一套成功的“强制假释”制度，他这样总结说：“如果一套制度在执行中不能做到言必信，行必果，对违规的处罚漫无章法，人们就会认为，‘我的假释官不喜欢我’，或者‘某某对我有偏见’，而不是所有的违规者都受到同样的对待。”[178]

为平息暴力出台的新措施，也强调培养“文明的进程”的内在动
127 力——共情和自制。波士顿将新措施命名为“十点联盟”，宣言中阐述了十大目标，诸如“推广和宣传有助于降低黑人社区内行为暴力和语言暴力的新文化，我们作为一群人，什么样的观念和行为让我们个人和集体均落后于人，针对这一问题发起对话、内省和反思”。在这些新举措中，有一项叫作“停火行动”的配合方案，戴维·肯尼迪（David Kennedy）在设计方案时完全遵循了康德的信条——“仅仅是源于外部压力的道德永远是不充分的”。[179]记者约翰·西布鲁克（John Seabrook）对一次建立感情纽带的活动做了如下报道：

> 我参加过这样一次活动，它充满那种可以感受到的、几乎是渴望福音般的愿望，要让那些帮伙成员得到洗心革面的体验。一位上了年纪的前犯罪团伙的成员阿瑟·费尔普斯——人们都叫他“老爹”，将一位坐在轮椅上的37岁的妇女推到房间的中央。她叫玛格丽特·朗，胸部以下高位截瘫。费尔普斯流着眼泪说：“17年前，我开枪打中了这位妇女，从此我生命中的每一天都在承受这个后果。”朗哭喊着说：“我只能在口袋里上厕所。”说着，她从轮椅的口袋里掏

> 出结肠造口包，举起来，在场的年轻里人眼睛里满是恐惧。最后一位演讲的是名叫阿龙·普林斯三世的街头社工，他大声喊："你的房子起火了！你的家正在燃烧！你们要救自己一命吗？站起来吧！"在场有3/4的年轻人跳了起来，仿佛他们身上有木偶的提线被拉紧了一样。[180]

90年代的文明攻势还试图赞颂责任价值观，引导年轻人远离充斥暴力的生活。美国首都华盛顿曾经举行过两次令人瞩目的大游行，分别是由黑人路易斯·法拉汉组织的"百万人大游行"和由白人基督教保守派运动"守约者"组织的大游行。两者的宗旨都是宣示男子承担抚育孩子的责任。虽然两者都带有令人不安的种族中心主义、性别歧视和宗教极端主义的印迹，它们在其弘扬的文明回归进程中都具有历史性的意义。在《大分裂》（*The Great Disruption*）一书中，政治学家弗朗西斯·福山（Francis Fukuyama）说，随着90年代暴力犯罪率的下降，其他指示社会病态的指标，比如离婚率、福利依赖率、少女怀孕率、退学率、性病率以及青少年车祸案和枪伤案也都下降了。[181]

* * *

过去20年的文明回归进程不仅是回归自中世纪以来席卷西方的历史潮流。最初的"文明的进程"是国家统一和商业增长的副产品，但最近的犯罪下降，则是针对保障和提升人民福祉的主动设计。另一个具有新意的特点是，此次复兴将文明的表面修饰与我们最关切的共情和自制的培育分离开来。

90年代的文明回归并没有在流行文化中完全推翻60年代的反文明成 128
果。许多最近涌现的流行音乐风格，比如朋克、金属、哥特、垃圾摇滚、黑帮说唱和嘻哈，让原来的滚石乐队看起来古板得就像是基督教妇女禁酒联盟。好莱坞的电影越来越血腥；只要轻点鼠标，互联网上无限供给的色情随手可得；暴力娱乐的新平台——电子游戏，成了许多人的主要消遣。

不过，在这些文化颓废品大行其道的同时，现实生活中的暴力减少了。无须将文化的时钟扳回《奥兹和哈里特》时代，文明回归进程还是扭转了社会功能失常的问题。某天晚上，我坐在波士顿的地铁车厢中，看见一个面相凶狠的青年。他身着黑色皮夹克，脚蹬长筒靴，文身，戴着戒指和饰钉。其他乘客都尽力和他保持着距离，可他突然大声喊了起来："没人愿意给这位老太太让个座吗？她可能是你的祖母哎！"

所谓"被遗忘的一代"在90年代成人并进入社会，人们常说他们精通媒体、诙谐讥讽，属于后现代派。他们可以摆出各种姿势，尝试各种风格，让自己沉浸在低俗的文化流派中，却不会对其中任何一种玩意儿真心投入。（在这一点上，他们比婴儿潮那一代年轻人精明老到得多，后者当年将摇滚音乐家的胡言乱语奉为严肃政治哲学般的金科玉律。）今天的西方社会已经不再缺少这样的洞察力。记者戴维·布鲁克斯（David Brooks）在2000年出版的《天堂里的波波族》（*Bobos in Paradise*）一书中指出，中产阶级中的许多人已经成为"布尔乔亚—波希米亚人"——反传统的中产阶级；这些人以社会边缘人的姿态，享受着完全正统的生活方式。

卡斯·武泰与晚年的埃利亚斯进行过对话。武泰深受启发地表示，我们正生活在文明进程的一个崭新的阶段。这就是我前面提到过的信息时代的长期趋势，它正在导向埃利亚斯所说的"情感控制的可控放纵"，即武泰所说的第三天性。[182]如果我们的第一天性是主导自然状态下的生命的进化动机，第二天性是文明社会中教化而成的习性，那么，第三天性就是对这些习性的有意识的反思。我们从中评价文化规范中哪些方面值得坚守，哪些已经失去了生命力。几个世纪之前，我们的祖先为了让自己文明起来，必须将所有的自发性和个性都消灭在萌芽状态，而今天，非暴力原则已经生根开花，我们可以放弃某些已经变得陈腐的清规戒律了。从这个角度来看，女性在公共场合裸露大量皮肤，男性在公共场合爆几句粗口，都不能算是文化衰落的迹象。相反，这说明，他们生活在文明社会，无须担忧他们会因为这样的言行举止而受到骚扰和伤害。小说家罗伯特·霍华德（Robert Howard）是这样说的："文明人比野蛮人更粗鲁无礼，因为他们知道，他们可以不讲究礼貌，还能保住脑瓜不被开瓢。"也许，在不久的将来，我也可以用餐刀把青豌豆推到我的餐叉上。

第 4 章

人道主义革命

那些能让你相信荒诞的人，也能让你犯下暴行。

——伏尔泰

世界各地有很多稀奇古怪的博物馆。在美国加利福尼亚州的伯灵格姆（Burlingame）有一个皮礼士纪念品博物馆（Museum of Pez Memorabilia），展品是 500 多个卡通人头像的小糖果筒。在巴黎，游客排着长队，为的是看一眼城市下水道博物馆。得克萨斯州麦克莱恩市的“魔鬼的绳索博物馆”展出铁丝网的各种细节和种类。在东京，目黑寄生虫学博物馆邀请参观者“试着不带恐惧感地看待寄生虫，花些时间了解奇妙的寄生虫世界”。而在雷克雅未克，那里的“阳具博物馆收藏了冰岛能够找到的几乎所有陆地和海洋哺乳动物的 100 多具阴茎与阴茎的组成部分”。

但是，我最不愿意去消磨时光的博物馆当属意大利圣吉米尼亚诺（San Gimignano）的中世纪刑事和酷刑博物馆。[1] 旅游网站 www.tripadvisor.com 上的一条有用的评论说道：“门票 8 欧元。对于十几间小展室，总数不超过 100~150 件的展品来说，门票的确是略贵了。但是如果您对恐怖死亡主题感兴趣，那您不应该过门而不入。在那些阴森的、石头墙的房间里，装满了执行酷刑和死刑的刑具的原件与复制品。每一件展品都配有意大利语、法语和英语的精彩说明。器械的每一个小孔小扳是用于肢解哪个部位的，谁是老客户，受害人是怎样受罪/死亡的，都有详尽解说。”

在这些展示中世纪残暴的展品中，那些自认对暴行历史了如指掌的读者，还是能发现某些令人震惊的东西。那里有西班牙宗教审判所用过的“犹大的摇篮”：受刑人赤裸着身体，手脚被捆缚住，靠腰上围着的
130 铁环吊起来，再被放到一个锋利的楔形桩上，锋尖对准肛门或者阴道；一旦受刑人放松肌肉，锋尖就会刺入并撕裂他们的身体。“纽伦堡的处女”是“铁姑娘”的一种，上面的铁刺经过精心排布，不会刺穿受刑人的要害部位，避免让其在受够折磨之前结束生命。一套雕版画展示：受刑人被拴住脚踝骨倒吊起来，身体从胯裆处向下被锯成两半。解说词说，欧洲各处使用这一刑法，惩罚包括叛乱、巫术和违抗军令等罪行。“梨刑”是一个可以分开的、布满尖刺的木球，将其塞入受刑人的口中、肛门或阴道后，再用螺栓装置打开木球，从身体内部将受刑人撕裂。这一刑罚被用于鸡奸、通奸、乱伦、异端、亵渎和“与撒旦性交”。“猫爪刑”或“西班牙挠子”是一种多齿的钩子，用来从受刑人身上扯下或刮碎皮肉。“耻辱面具”被做成猪头或者屁股的形状，除了公开羞辱外，为阻止他们叫喊，受刑人还要忍受鼻子和口中被塞进刀片或木球的痛楚。“异教徒之叉”有一对两端都是尖刺的叉子，一端顶在受刑人的下巴上，另一端架在他的脖子上，一旦受刑人的肌肉疲劳放松，铁叉的两端就会刺穿他的下巴和脖子。

中世纪刑事和酷刑博物馆里的刑具并非都是罕见品。在圣马力诺、阿姆斯特丹、慕尼黑、布拉格、米兰和伦敦塔，都能看见中世纪酷刑器械的收藏。在许多咖啡桌书籍中，人们能看见成百上千幅酷刑图片，比如《艺术中的宗教裁判和刑罚》。图 4–1 复制了一些此类图片。[2]

当然，酷刑不是过去才有的东西。当代“警察国家”一直在使用酷刑，在种族清洗和种族灭绝中，匪帮也在使用酷刑。而民主国家在侦讯与平暴行动中也会动用酷刑，最臭名昭著的例子就是小布什政府在“9·11”恐怖袭击事件之后的所作所为。但是，近来发生的零星的、秘密的并受到举世谴责的酷刑事件完全不能和中世纪欧洲历经数百年的制度化残暴相提并论。酷刑在中世纪不用隐藏，不受非议，亦无须婉语修饰。它不是被煽动起来的疯狂大众的心血来潮，酷刑已经融入人们的公共生活。它不仅是野蛮政权以此恐吓政敌或温和政府从恐怖嫌疑分子那

131

图4-1　中世纪和近代欧洲的酷刑

资料来源：“锯刑”，赫尔德，1986年，第47页。“猫爪刑”，赫尔德，1986年，第107页。“刺穿刑”，赫尔德，1986年，第141页。“火刑柱”，平克，2007年a。“犹大的摇篮”，赫尔德，1986年，第51页。“轮上受刑”，普皮，1990年，第39页。

里榨取情报的一种策略，还是一种逐渐培育并得到祝福的惩戒方式，是艺术创造性和技术发明的一个宣泄口。许多酷刑的刑具做工精良，装饰华美。设计它们，不是仅仅造成肉体的痛苦，因为一顿暴打也能制造足够的痛苦，刑具打造者是要激发人们内心的恐惧，诸如刺入身体的某些孔穴，在人体的皮囊里翻搅，将受刑人以屈辱的姿势昭示大众，或者将他们放在某种位置，当他们体力耗尽支撑不住的时候，痛楚剧增，不是被刑具断肢毁容，就是丧命。酷刑行刑人是他们所在时代顶级的解剖学和生理学专家，他们利用知识让痛苦最大化，避免造成让受刑人失去痛感的神经损害，尽量在受刑人死亡前延长意识清醒的时间。如果受刑人是女性，残暴还要被色情化：妇女在受刑前被剥光衣服，她们的乳房和
132 阴部往往是施刑的目标。冷笑话对受害者的苦难毫无同情。在法国，“犹大的摇篮”被称为“守夜人”，因为受刑人不能入睡。受刑人可以被装在一只铁牛里活活烧烤，他的嘶喊声从牛嘴里传出来，仿佛是野兽在嚎叫。一个被指控扰乱治安的人可能会被迫戴上“喧嚣者的长笛”，即一种模仿长笛或小号形状的刑具，一头是一个铁项圈套在受刑人的脖子上，刑具上有夹碎手指骨和关节的钳子。许多酷刑装置被做成动物的形状，再加上一个怪诞的名字。

中世纪基督教王国的文化就是残忍。欧洲大陆各地的中央政府和地方政府都在执行酷刑，成文法中明确写有对轻罪的处罚，包括剜目、烙印、割手、割耳、割鼻、割舌和其他残害身体的刑罚。死刑则是残忍的极致，延长行刑折磨的方式有火刑、轮刑、五马分尸，穿透直肠的刺穿刑，开膛剖腹将肠子绕成一卷；甚至绞刑，也是慢慢吊起、慢慢窒息，而不是快速拉断颈项。[3]基督教会在宗教审判、驱巫和宗教战争期间，亦大施残忍的酷刑。最有讽刺意味的是，名为英诺森（Innocent，意思是“清白无辜”）四世的教皇在1251年批准实施酷刑，多明我会的修士兴致盎然地执行了这一敕令。装帧精美的大开本休闲书籍《宗教审判》（*Inquisition*）中提到，在教皇保罗四世（1555—1559年）治下，宗教审判“无休无止”。保罗，一个多明我会修士，一度做过宗教审判大审判长，其本人就是一个技术娴熟的酷刑行刑人、残暴的大屠杀刽子手。他

热衷此道并才华出众，1712 年因此被封圣”。[4]

酷刑不只是一种粗暴的正义，一种用更大的暴力阻止暴力的蛮横尝试。大部分被送上绞刑架和火刑架的罪犯都是非暴力犯罪。按照今天的标准，他们中的许多人甚至不应该受任何法律惩罚，比如异端、渎圣、叛教、批评政府、八卦、说脏话、通奸和非正统性行为。基督教和世俗的法律系统都受罗马法启发，为获取忏悔而动用酷刑，并根据这样的忏悔判处被告有罪。他们完全无视一个明显的事实，就是一个人为了停止剧烈的痛苦，可以承认任何罪行。比起用酷刑阻止、恐吓和获取可核查的信息，比如同谋的名字或武器的地点，酷刑用于确保忏悔，实在是更加荒唐。没有哪一种裁决比下面的情况更荒诞了。如果一个罪犯在火刑中被烧死了，没有奇迹发生挽救他的性命，那就证明他是有罪的。一个疑为女巫的女子在捆缚手脚后被沉塘，如果她浮在水面上，说明她是女巫，会被处以绞刑；如果她沉下去淹死了，就证明她是无辜的。[5]

与人们现在的印象完全不同，刑讯逼供并不是藏在地牢里，而是一种流行的娱乐形式。它们吸引了大批的观众，在欢呼雀跃中围观受刑人挣扎和哀号。在轮刑中撕裂的四肢、绞架上的尸体、铁笼中饱受风吹日晒饥饿干渴的罪人，还有他们一点一点死去，再一点一点腐烂的躯体，
这些都是当时人们熟悉的景象。（欧洲某些公共建筑上至今还悬挂着这 133
样的铁笼，比如在德国的明斯特大教堂。）酷刑经常是一项参与性运动。被捆在柱子上的受刑人，可以被群众骚扰、殴打、切割、扔石头、糊上泥巴或者粪便——有时甚至因此窒息而死。

在欧洲，制度性的残忍绝不是罕见的事情。在其他文明中，有记载的酷刑有几百种之多，受害人成百上千万。这些记载中有亚述人、波斯人、塞琉古人、古罗马人、中国人、印度人、波利尼西亚人、阿兹特克人，以及许多非洲王国和美洲原住民部落。以色列人、希腊人、阿拉伯人、奥斯曼土耳其人的历史中也记录了残杀和严刑峻法。正如本书第 2 章结尾所说，第一批古老的文明都是专制的神权政体，不惜使用酷刑和极刑惩罚没有受害人的罪行。[6]

*　*　*

本章的主题是关于历史上的重大转变，我们终于摆脱了那些令人毛骨悚然的历史。当代西方和世界上的大部分地区已经消除了极刑与肉体惩罚，政府行使暴力对付自己人民的权力受到严格的限制，奴隶制已经被废除，人民对残忍也失去了胃口。所有这一切都是在短暂的历史瞬间发生和完成的，其起点是 17 世纪的“理性时代”，在 18 世纪末的“启蒙运动”中达到光辉的顶点。

在这场进步中——如果有人说这不是进步，那我不知道这能叫什么，一部分是受新思想的引导，它明确地表示必须最大限度地克制甚至废止制度化的暴力。还有一部分是受情感的变化推动，人们对自己的同类开始有了更多的同情心，对同胞的苦难不再无动于衷。新的意识形态由此产生，它将生命和幸福作为价值观的中心，并用理性和事实来推进新制度的设计。这个新的意识形态可以被称为人道主义或人权。18 世纪下半叶，这一新思想对西方世界产生了巨大的冲击，我们称其为“人道主义革命”。

今天，人们提到启蒙运动时经常带着嘲讽的口气。左派的“批判思想家”认为启蒙运动要对 20 世纪的灾难负责；梵蒂冈的基督教保守派和美国精英右派坚信中世纪的天主教才具有明晰的道德标准，他们迫不及待地要以此取代宽容的世俗主义。[7] 甚至很多中间派的非宗教作家也将启蒙运动贬低为书呆子的复仇，笑话这些书呆子竟然天真地相信人类是一个具备理性的物种。人们之所以如此健忘、如此不懂感恩，原因可能是我们在第 1 章中所说，历史受到自然和时间的洗刷粉饰，往昔暴行的事实，已经被抛进记忆的黑洞，留下来的都是失去原味的谚语和徽章。如果本章开始展示的图片过于生动而令人不安，我只是想提醒大家，不要忘记被启蒙运动终结的是一个什么样的时代。

134 当然，没有一个历史变迁能够功毕一役，人文主义潮流在启蒙运动前后绵延数百年，遍及西方之外的世界各个角落。[8] 但是在《人权的发明》（*Inventing Human Rights*）一书中，历史学家林恩 · 亨特（ Lynn

Hunt）表示，历史上曾经有两个时刻，人类大张旗鼓地申明了人的权利。一个是在 18 世纪末，1776 年美国的《独立宣言》和 1789 年法国的《人权宣言》；另一个是在 20 世纪中叶，1948 年的《世界人权宣言》。在随后的几十年间，爆发了一系列权利革命（见第 7 章）。

我们将看到，这些宣言绝不仅仅是言辞动人。人道主义革命后，人类才开始废止许多历史悠久、早已被人们熟视无睹的野蛮行径。本章前面的图片中展示的那些令人恐怖的、反人道主义的恶俗，远在人道主义革命之前就已经被抛弃了。这些习俗消失的时间，是我们理解制度性暴力减少的出发点。

迷信杀戮：人祭、巫术和血诬

最愚昧的制度性暴力是人祭——为满足嗜血的神灵而折磨和杀害无辜的人。[9]

《圣经》中亚伯拉罕捆缚以撒献神的故事说明，在公元前 1000 年前，人祭绝非不可思议之事。以色列人夸耀说，他们的神在道德上优越于周围部落的神，因为他们的神只要求屠宰牛羊做牺牲，而不要儿童做牺牲。但诱惑一定就在周围游荡着，故而以色列要在《圣经 · 利未记》第 18 章第 20 节中明文规定其为非法："不可使你的儿女经火归与摩洛，也不可亵渎你神的名。"他们的后裔在几百年间一直努力不让这一恶习复活。公元前 7 世纪，国王约书亚摧毁了竞技场托非特，从此"不许人在那里使儿女经火献给摩洛"。[10]犹太人从巴比伦返回耶路撒冷后，逐渐停止用人做祭祀，但从犹太教中分离出来的一个教派还保留了人祭的观念。他们相信神接受一个无辜者的受难和牺牲后，会豁免整个人类的厄运。这个教派叫作基督教。

所有的主要文明都有神话提到人祭。除了希伯来《圣经》和基督教《圣经》，在希腊传说中，为了让上天给自己的舰队降下顺风，阿伽门农将女儿依菲琴尼亚作为献祭。在古罗马史上，为了抵挡汉尼拔的进攻，四名奴隶被活埋。在威尔士德鲁伊教的传奇中，因为建造城堡的建材不

135 断丢失，祭司杀死了一个孩子。围绕着印度教女神、有四只手臂的迦梨，还有阿兹特克神羽蛇神，有很多人祭传说。

活人祭祀不只是令人着迷的神话。两千年前的古罗马史学家塔西佗，记录了他目睹的日耳曼部落的人祭活动。古希腊史学家普鲁塔克描述了迦太基发生的人祭，今天的游客还能在那里看到儿童献祭烧成焦炭的遗骸。夏威夷人、斯堪的纳维亚人、印加人和凯尔特人都有人祭的传统——还记得前面提到的“沼泽人”吗？在墨西哥的阿兹特克人中，在印度东南部的冈德人中，在西非的阿散蒂王国、贝宁王国和达荷美王国，活人祭祀是地地道道的行业，受害者的数目成千上万。马修·怀特估算，公元1440—1524年，阿兹特克人每天要用大约40个人做活人祭祀，共有120万人成为牺牲品。[11]

活人祭祀，往往以酷刑折磨受害者开场。比如，阿兹特克将做献祭的人吊起来缓缓放入火中，在他们绝命之前又将他们吊出来，剖开胸膛取出仍在跳动的心脏。（在电影《夺宝奇兵2：魔域奇兵》中，这种祭祀形式被阴差阳错地安放到20世纪30年代的印度，为迦梨上演了一台献祭大戏。）印尼婆罗洲的达雅克族人，用竹篾和竹签在被献祭的人身上捅上1000下，让受害者慢慢地失血而亡。为了得到足够多用作祭祀的活人，阿兹特克人发动战争活捉俘虏，而印度的冈德人则专门喂养用于献祭的儿童。

杀害无辜通常与其他迷信风俗结合在一起。将活人埋葬在城堡、宫殿或寺庙的地基中，以减轻对神明崇高领域的冒犯，威尔士、德国、印度、日本、中国都有过这样的奠基祭献。还有一种非常著名的做法，许多古老的王国（包括苏美尔、埃及、中国和日本）都采用过，那就是殉葬：国王或皇帝驾崩后，他的侍从和嫔妃要和他一起下葬。在印度，殉葬变为殉夫，寡妇要在为去世的丈夫举行火葬时跳入火堆。1829年，印度才立法禁止殉夫，但从中世纪开始到1829年，大约20万妇女因此恶俗而丧命。[12]

那时候的人在想些什么呢？许多制度化的杀戮尽管不可饶恕，但至少是可以理解的。握有权力的人杀人，目的是消灭敌人，恐吓犯上作乱者，或者是显示自己的威风。但是，牺牲手无缚鸡之力的儿童，为了捕获俘虏做献祭而发动战争，喂养低种姓儿童做活人祭品，很难说这些是维持权力的有效手段。

政治学家詹姆斯·佩恩（James Payne）关于人类武力历史的著作对此提出了深刻的见解。他说，古时候，人们对他人生命的价值评价很低，因为他们自己的生命中有太多的痛苦和死亡，早已习以为常。任何能够给自己带来优势的机会都是珍贵的，取得机会的底线都可以被压低，再压低，甚至可以以他人的生命为代价。如果像我们现在的大多数人一样，古人也相信神灵，那么活人祭祀无非就是为了取悦神，得到神的护佑。“原始世界充满了危险、苦难和惊恐，诸如瘟疫、饥荒和战争。他们自 136
然会问：‘什么样的神创造了这样的世界？’理所当然的回答是：‘一个残忍的神，一个喜欢看见人流血和受罪的神。’”[13]所以他们会认为，如果这些神灵至少每天都要求人血滋养，那人们为什么不积极主动一些呢？而且，牺牲的最好是别人，而不是自己。

在世界的一些地方，基督教的布道人，比如爱尔兰的圣帕特里克，倡导禁止活人祭祀。在另外一些地方，比如在非洲和印度，则是欧洲殖民者废除了这一恶俗。英军驻印度总司令查尔斯·内皮尔（Charles Napier）听到当地有人不满废除殉夫，说这是他们的习俗时，回答说：“你说烧死寡妇是你们的风俗，很好。我们也有自己的风俗，当男人活活烧死一个女人的时候，我们就将绳索套在这些男人的脖子上，绞死他们。去架起你们火葬的柴堆吧，我的木匠会在旁边造一个绞架。你可以遵守你的风俗，我们也要遵守我们的风俗。”[14]

在大部分地区，活人祭祀会自行消亡。大约公元前 600 年，以色列人放弃了人祭。在随后几百年间，古希腊、古罗马、中国和日本也放弃了这一风俗。在成熟的、开始出现文字的社会中，人们开始反思活人祭祀。一种可能性是，识字的精英阶层、最早出现的历史学者，以及与周边其他社会的接触，三者共同发生作用，使人们有了进行分析的手段，认识到神灵嗜血这个假设是错误的。他们推断，事实上，将处女扔进火山口不能治愈疾病，不能打败敌人，也不能带来好天气。另外一个可能性是，比较富裕和稳定的生活，逐渐改变了人们的宿命倾向，并提高了他们对他人生命的评价。佩恩是赞同这一可能性的。这两种分析都有道理，但也都很难求证，因为在开始废除活人祭祀的时代，我们看不到任何科学的进步和经济的发展。

从活人祭祀的风俗中走出来总不免会带有道德的色彩。那些经历了这一转折的人知道他们已经取得了进步，对其他仍然固守陋习的未开化的外邦人，他们掩饰不住脸上的鄙夷。日本历史上有过这样一幕，展示了当时坚决主张废止人祭的人所怀有的同情心。公元前 2 世纪，天皇的弟弟去世了。根据殉葬的传统，他的侍从要和他一起被埋入坟墓。但是侍从在坟墓中还活了很多天，人们一直能听见他们“在夜晚的哭泣和哀号”，天皇和听者无不动容。5 年后，皇后过世，天皇改变旧俗，用泥塑人像代替活人放入坟墓。佩恩说：“天皇在哄骗神灵，因为人的生命已经变得太珍贵了。”[15]

* * *

凶残的神不加区分地吞嚼无辜牺牲品的血肉，这是一种相当粗糙的灾难理论。即使当人摆脱这个梦魇之后，还是情不自禁地要寻找超自然的力量，来解释发生在自己身上的不幸。区别只是，他们的解释更见精细和具体了。他们仍然感到超自然的力量，但这些力量不再来自一个笼
137 而统之的神，而是来自某个特殊的个体。这样的个体就叫作巫。

在狩猎-采集群体和部落社会，最常见的报复手段就是巫术。在他们的因果观念中，没有任何一种死亡是自然的。任何人命损失，如果找不到一种看得见的原因，那就一定是有某种看不见的原因，也就是妖魔在作祟。[16]很多社会都曾经容许以一些奇奇怪怪的理由进行冷血杀戮。只有考虑到人类认知的特性以及具体的长期利益冲突，我们才能多少理解这一现象。大脑的进化让人类可以看到自然中隐藏的力量，包括那些肉眼看不见的力量。[17]一旦人开始在无法检验的世界里搜寻答案，创造力就会在那里遇到一个巨大的空间，而指控某人玩弄妖术魔法，往往带有指控者本身的自利动机。人类学家已经观察到，部落民经常会孤立某些被

人轻贱的姻亲，指控他们妖魔附体，这是处死这些人最合适的借口。此类指控可用来削弱敌人（特别是那些夸口自己有神力的人）。在争夺声望的竞争中，这样的指控可以表示自己比其他人更神圣，占据神性的制高点。此外，总有一些偏执、怪癖、成为累赘的邻里，特别是其中有些人，舅舅不疼，姥姥不爱，不会有亲戚愿意为他们打抱不平，驱巫成了处置这些人的手段。[18]

在发生意外的时候，人们也会通过巫术指控，设法让另一方承担责任，以弥补自己的一部分损失。这有点儿像美国的某些意外伤害案，受害人摔跤跌伤，或是将热咖啡倒在自己身上，然后为此起诉事故现场的每一个人。也许，最大的潜在动机是转移敌人的注意力，保护自己不受指控和掩盖证据：被指控的人也许能够推翻指控他参与阴谋的全部物证，但永远无法证明自己与阴谋没有意念上的关联。在马里奥 · 普佐的小说《教父》（*The Goolfather*）中，维托 · 柯里昂受人信任，因为他的原则是“如果你将意外当作个人攻击，意外就不会发生在你身上”。在电影中，他警告其他黑帮家族的首领：“我是一个迷信的人。如果不幸的意外发生在我儿子身上，如果我儿子被雷电击中，我要找你们中间的一些人算账。”

道德指控有时会升级失控，成为对指控者的反指控，产生雪崩效应，造成异常的大众幻觉和群众性癫狂。[19]15 世纪，两名修道士出版了一本揭露女巫的书《女巫之槌》（*Malleus Maleficarum*）。历史学家安东尼 · 格拉夫顿（Anthony Grafton）称此书是“《巨蟒》和《我的奋斗》的古怪结合”。[20]在该书的鼓噪下，同时也受到《圣经》的激励——《出埃及记》第 22 章第 18 节说：“行邪术的女人，不可容她存活。”在随后的 200 年间，法国和德国的驱巫运动杀死了 6 万至 10 万所谓的巫师（其中 85% 是女性）。[21]这些妇女先是被施以酷刑，她们受刑不过而承认犯有吃婴，沉船，破坏庄稼，在安息日骑着扫帚飞行，与魔鬼交配，将她们自己的鬼情人变形成猫狗，以及让普通男子相信他们已经失去男根并因此不举 138
等罪名；然后，她们被处死，通常是被活活烧死。[22]

控巫的心理能够演变成其他血腥诽谤。比如，在中世纪的欧洲，不断浮现有关犹太人的谣言，说他们在水井内下毒，或者在逾越节杀害基督徒的孩子，用孩子的鲜血做节日的薄饼。在中世纪，成千上万的犹太人在英国、法国、德国和低地国家被屠杀，这些地区的犹太人被清除一空。[23]

驱巫总是违反常识的。客观地说，妇女骑在扫把上飞舞，或者将男人变成猫，都是不可能的事情。只要允许足够多的人互相交流意见并对流行的看法提出质疑，揭示这些事实并不难。在整个中世纪，只有少数几位神职人员和政治家说出了事实，女巫是不存在的，以巫术的罪名实行迫害是败坏道德。（很不幸，一些敢于提出怀疑的人，自己也被关进地牢遭受酷刑。）[24]到了“理性时代”，这样的声音才越来越强，这些声音中有著名的作家伊拉斯谟、蒙田和霍布斯。

有些官员受到科学精神的感染，亲自动手检验控巫。一位米兰的法官杀了自己的驴子，然后指控一个仆人行巫，接着是严刑逼供。酷刑之下，仆人承认犯有一切被指控的罪行，而因为惧怕再次受刑，这个仆人甚至情愿上绞架也拒绝收回认罪。（今天，保护研究实验中人体受试者委员绝对不会批准这样的实验项目。）从此，这位法官禁止在自己的法庭上使用酷刑。作家丹尼尔·曼尼克斯（Daniel Mannix）讲述了另一个故事：

> 德国不伦瑞克公爵被宗教审判所在他的领地里所用的手段震惊了，他请两位著名的耶稣会学者监督审判。
>
> 经过一番认真研究之后，两位神父对公爵说：“审判所在履行自己的职责。被他们逮捕的人都是其他巫师忏悔时供出的罪人。”
>
> 公爵说：“两位和我一起去刑讯室看看。”
>
> 他们跟在公爵身后，去看望一名四肢被绑在刑架上的妇女。
>
> “让我来审问她。”公爵建议说，“听着，妇人，你承认你是一个女巫。我现在怀疑这两个人正在施巫术。你怎么说？行刑官，加一轮刑！”
>
> “不要！不要啊！”妇女尖叫起来，“您是对的。我在安息日经常看见他们。他们自己变成山羊、狼或其他什么动物。”
>
> “你还知道他们干过什么？”公爵继续问。

“他们和几个女巫生过孩子。一个女巫有 8 个孩子，父亲就是他们俩。那些孩子头像青蛙，腿像蜘蛛。”

公爵转身对两位目瞪口呆的神父说：“我的朋友，我要不要给你们两位上刑，直到你们忏悔？”[25] 139

这两位耶稣会修士之一弗里德里克·施佩（Friedrich Spee）神父在震惊之余，于 1631 年写了一本书。人们认为此书终结了德国大部分地区的控巫运动。欧洲几个国家在 17 世纪明令禁止驱巫，这场迫害运动总算销声匿迹了。1716 年，英国最后一次绞死女巫；1749 年，欧洲最后一次有妇女被判行巫而被烧死。[26]

在世界上大部分地区，制度性的迷信杀戮，不论是人祭、血诬还是驱巫，是在两种压力下消亡的。一种是理性的压力：人们认识到，某些事件，即使是那些对个人生活有重大影响的事件，是被非人力的自然力量和纯粹的偶然机会决定的，而不是其他人有意识的设计。有这样一个保险杠贴纸——“总会有倒霉的时候”（Shit happens），这句话是代表道德进步的一大原则，完全可以和“爱你的邻人”以及“人皆生而平等”相提并论。

另一种压力比较难解释，但也是非常强大的，即对人类的生命和幸福的评价提高了。米兰的法官对自己的仆人刑讯逼供，以此证明酷刑是不道德的，伤害了一个人，帮助了更多人，但是为什么我们会对他的实验感到震惊呢？这是因为我们对其他人有同情心，我们不需要认识他们，只要他们是人；我们将这种同情心凝聚为明确的法律，规定对他人（任何有人类特征的人）施虐为非法行为。尽管无法消除要将自己的不幸归咎于他人这一人类天性，但我们一直在努力克制不让这种天性发展成暴力。我们会看到，提高对他人福祉的评价，是人道主义革命时期废除其他野蛮习俗的主要动力。

迷信杀戮：对亵渎神圣、异端邪说和叛教者的暴行

人类用想象力臆造出各种罪恶，这种追求的极致产生了对人类自己

的伤害，活人献祭和火烧女巫只是其中的两个例子。另一个例子可能出现在为追求幻觉而杀人的精神病患者身上，比如杀人魔王查尔斯·曼森，为了加速世界末日的到来而计划发动种族战争；刺杀里根总统的约翰·辛克利行刺的目的是为了让演员朱迪·福斯特对他留下深刻印象。但是，最大的危害还是来自贬低血肉生命的宗教信仰，比如认为现世的苦难将在来世得到补偿，或者驾驶飞机撞击摩天大楼的人，将在天堂享有 72 个处女。我们在第 1 章中看到，基督教信仰认为，一个人只有接受基督是救世主，才能脱离地狱的无尽煎熬，这成了一种道义责任。它迫使人们接受这一信念，并让可能对此产生怀疑的人保持沉默。

140 无凭无据的信仰所带来的最大危险是，这些信仰要靠暴力手段来维护。确立信仰本身反映出人们自己的能力，它给予的赞赏具有权威性，还可以让统治者的地位具有合法性。为此，人们对自己的信仰越来越执着。挑战一个人的信仰，就是挑战他的尊严、立场和权力。当这些信仰的依据仅仅是信念而没有其他支持的时候，不断被人挑战，成了信仰根深蒂固的弱点。相信石头向下坠落而不是飞上天，没有人会对此感到难以接受，因为所有清醒的人都能看见这个事实。但是要说婴儿生来带有原罪，或者上帝是三位一体，或者阿里是排在穆罕默德之后第二位最有神性的人，就不是所有人都愿意接受了。每当人们以信仰为中心组织自己的生活时，他们会发现其他人没有这些信仰也活得挺好——或者更糟糕的是，这些人还对他们的信仰提出了确凿的反证，他们反而成为众人眼中的傻瓜。信徒无法通过说服怀疑派来维护自己基于信心的信仰，只有采取激愤的手段对付他们。信仰是信徒生活的全部意义之所在，侮辱这一信仰的人，必彻底消灭之。

中世纪和近代基督教世界对异教徒和无信仰者的迫害极其残忍，杀戮的人数之众，超出人们的想象。相比之下，那些认为 20 世纪是暴力巅峰的传统观念，实在是大错特错。没有人知道到底有多少人死于这些神圣屠杀，我们只能从考古学家的估计中看到大概。比如，政治学家鲁道夫·J. 鲁梅尔在《政府造成的死亡》（*Death by Government*）和《政府屠杀的统计》（*Statistics of Democide*）中，历史学家马修·怀特在

《恐怖事件大全》（*The Great Big Book of Horrible Things*）和网站“大规模争执造成的死亡”中，分别给出了他们的估算。[27]他们力图推算出战争大屠杀的死亡人数，包括没有常规统计资料的事件。他们梳理能够找到的资料，使用合理性检验手段评估数据的可信程度以及允许的误差，通常他们取可靠数据的最高值和最低值之间的几何平均数，即中间值。我在本书中出示的是鲁梅尔对该时期的估算，他的数字一般低于怀特的估算。[28]

1095—1208 年，十字军发动了一场战争，从土耳其穆斯林手中夺回耶路撒冷，战士由此可赎罪并赢得通往天堂的门票。他们先是在出征途中在犹太人社区大肆屠杀，在围困和攻陷尼西亚、安提阿、耶路撒冷和君士坦丁堡之后，他们杀光了那里的穆斯林和犹太人。据鲁梅尔估计，在屠杀中丧命的人数是 100 万。当时世界上大约有 4 亿人口，是 20 世纪中叶的1/6。按照这个比率，十字军屠杀造成的死亡人数相当于今天的约 600 万人，相当于纳粹杀害犹太人的数量。[29]

13 世纪，法国南部的清洁派开始接受阿尔比教派的异端说教。根据这一教义，他们有两个神，一个是善神，一个是恶神。怒不可遏的教皇联合法国国王，向这一地区派出大军，屠杀了约 20 万清洁派信徒。从 1210 年占领布拉姆城（Bram）后的所作所为，人们可以看见教皇讨伐异端的手法。占领军割取 100 名俘虏的鼻子、上唇，剜出所 141
有人的眼睛，只留下一个人的一只眼睛，让他引领这些俘虏走到另一个城市卡巴莱，恐吓卡巴莱的市民投降[30]。从此，人们再也见不到清洁派教徒了，阿尔比十字军彻底铲除了他们。历史学家将这一事件定义为灭绝性屠杀的典型。[31]

阿尔比异端镇压过去不久，宗教裁判所又登上历史舞台，开始清除欧洲的其他异端。从 15 世纪末到 18 世纪初，西班牙的宗教裁判以皈依的犹太人和穆斯林为目标，指责他们恢复旧习。16 世纪托莱多的一份手稿描述了宗教裁判所审讯一名妇女的情景。这名妇女被指控在星期六穿着干净的内衣，这说明她是一个秘密的犹太教徒。她受到绞床和水刑的折磨（我就不向各位叙述细节了——这个肯定比水刑更糟糕）。每次酷刑后停止几天，让她恢复体力，然后再次开始施刑。而她一直在努力揣摩到底应该忏悔些什么。[32]梵蒂冈教廷今天宣称宗教裁判所只杀害了几千人，但它忽略了一个事实，即绝大部分受害者是送交世俗的行政当局处决和监禁的，那些监禁通常只是被拖长的死刑而已。此外，还有新大陆宗教裁判所分部的受害者。据鲁梅尔估计，仅西班牙宗教裁判就杀害了35 万人。[33]

宗教改革运动之后，天主教教会不得不面对北欧众多信众成为新教徒的问题，这些信徒通常是非自愿地追随本地的公爵或国王改宗新教的。[34]而新教徒必须处理分裂教派。这些分裂教派既不是基督教的任何流派，也不是犹太人。有人可能认为，新教因为自己是天主教教义的异端，受到严酷的迫害，所以会对迫害异端持怀疑的态度，但是，事实不是这样。马丁·路德创作了6.5 万字的专著《论犹太人和他们的谎言》（*On the Jews and Their Lies*）。在基督徒如何对待这个“被排斥和被诅咒的民族”的问题上，他提出了下列忠告：

> 第一……烧毁他们的教堂或学校和……将那些不能被烧掉的物件用土埋葬或掩盖起来，不让任何人再看见一块他们的砖石……第二，我建议，他们的房子也应该被夷平和毁掉……第三，我建议，他们所有的祈祷书和犹太教法典，里面充满了关于偶像崇拜、谎言、诅咒和亵渎的教唆，一律没收……第四，我建议，从今往后禁止他们的拉比传教，违者处死……第五，我建议，不得向犹太人发放通行证……第六，我建议不许他们发放高利贷，没收他们所有的现金和金银财宝，妥善保管……第七，我建议在每一个犹太年轻人手里放上一把连枷、一把斧头、镰刀、铁锹、纺纱轮，或者一只纺锤，让他们汗流满面地挣饭吃，就像亚当的孩子所受的处罚一样（《创世
> 142 记》第 3 章第 19 节）。因为他们让我们这些受诅咒的外邦人流汗吃苦，辛勤劳作，而他们在家中游手好闲，大吃大喝，养尊处优。这还不算，还要夸夸其谈地亵渎神明，因为我们劳作，就说他们的神在基督徒的神之上，这是不合适的。让我们接受其他民族都有的常

识……将这些犹太人永远地驱逐出这个国家。[35]

至少，他要他们中的大部分人活着受罪。基督教的再洗礼派（今天阿米什教派和门诺教派的先驱）连这样的慈悲都得不到。他们相信，人不应该在出生时受洗，而是应该自己坚信信念后再决定洗礼，所以路德宣布他们应被处死。新教的另一位主要奠基人约翰·加尔文对亵渎神圣和异端持类似的观点：

有些人说，这些罪只是一些言论，不应是被判处如此重刑的理由。但是我们给狗戴上口套，难道我们应该任人信口开河，想说什么就说什么吗？……上帝说得很清楚，假先知应该毫不留情地被石头砸死。当上帝的荣耀受到威胁，我们只能将所有自然的情感踩在脚下。父亲不能原谅儿子，丈夫也不能原谅妻子，即使是性命相交的朋友也不能原谅。[36]

加尔文将自己的观点付诸实践，他下令将作家迈克尔·塞尔维特（他对三位一体提出了质疑）处以火刑，而这只是他下令处死的人之一。[37]亨利八世是第三个反叛天主教的主力。在他统治期间，每年平均有 3.25 个异教徒被烧死。[38]

一边是十字军和宗教裁判所，另一边是要杀死拉比、再洗礼派教徒和神体一位派，所以，1520—1648 年，欧洲宗教战争是混乱、残忍和漫长的。这些混战肯定不仅是为了宗教，也是为了疆土和王朝的权力，但宗教之争让人们的情绪白热化了。根据军事史学家昆西·赖特的分类，宗教战争包括：法国胡格诺战争（1562—1594）；荷兰独立战争，也称“八十年战争”（1568—1648）；“三十年战争”（1618—1648）；“英国内战”（1642—1648）；伊丽莎白一世对爱尔兰、苏格兰和西班牙的历次战争（1586—1603）；“神圣同盟战争”（1508—1516）；查理五世对墨西哥、秘鲁、法国和奥斯曼的历次战争（1521—1552）。[39]这些战争伤亡率极为惨重。在“三十年战争”中，士兵把今天的德国大部分地区夷为平地，使其人口减少了约1/3。鲁梅尔估计死亡总人数是575万，按照当时的世界人口数量，这个死亡率是欧洲第一次世界大战死亡率的两倍，与第二次世界大战的死亡率相当。[40]历史学家西蒙·沙玛（Simon Schama）估计，英国内战中有近50万人丧生。按比例计算，这个损失比第一次世界大战的损失还要大。[41]

143 直到17世纪下半叶，欧洲人才终于开始厌倦杀戮，不再因为别人的信仰错误而大开杀戒了。1648年的《威斯特伐利亚和约》标志着“三十年战争”的结束，确立了各王公决定本国宗教信仰（新教或者天主教）的原则，让少数派也能在和平中生活。（教皇英诺森十世对和平很不适应，他“永久地”宣布和平条约“废止、无效、失效、不公、被诅咒、堕落、愚蠢、毫无意义和影响”。）[42]西班牙和葡萄牙的宗教裁判所在17世纪失去势头，在18世纪进一步减弱，最终分别在1834年和1821年彻底关门。[43]英国在1688年光荣革命之后就不再有宗教杀戮。虽然直到现在，基督教的各个宗派之间还是时有冲突（比如北爱尔兰的新教和天主教，巴尔干国家的天主教和东正教），但今天的矛盾更多是种族性和政治性的，而不是宗教性的。从18世纪90年代开始，犹太人在西方获得了法律上的平等，首先是在美国、法国和荷兰，接着是在19世纪扩展至欧洲的大部分国家。

* * *

到底是什么原因使欧洲人终于决定，即使让他们的异见同胞冒着永堕炼狱的风险，并且以身试法诱惑他人一同沉沦，也没有什么了不起的？也许，“宗教战争”实在让他们精疲力竭了。但是为什么要花30年才能让他们精疲力竭，而不是10年或20年？有人觉得，人们从那时开始给予生命更高的价值。这种新开发的鉴赏力，一部分源于情感的变化，即开始习惯认同他人的痛苦和快乐；另一部分源于认知和道德的变化，即从珍视灵魂变为珍视生命。灵魂神圣的教义听起来令人振奋，但事实上极其邪恶。它将现世的生命贬低为一个转瞬即逝的过渡状态，仅仅是生命存在的一个微不足道的小片段。死亡好比青春期和中年危机，无非是生命的一个必经阶段。

欧洲怀疑论和理性主义日渐兴起，推动了以生命而不再是灵魂，作为道德和价值轴心的转换。没有人能够否认生命和死亡之间的差别以及苦难的存在，但是对不灭的灵魂离开躯体之后的事情，却是需要灌输来培养的信念。17 世纪被称为“理性时代”，因为学者开始坚持认为信仰应该接受经验和逻辑的证明。这一立场打破了有关灵魂和救赎的教条，也打破了当权者的暴力政策，即用暴力（比如“犹大的摇篮”）胁迫人们相信无法相信的事情。

伊拉斯谟和其他持怀疑态度的哲学家认为，人类的知识天生是脆弱的。如果我们的眼睛可以被视觉假象欺骗，比如船桨在水面上仿佛是折断的，圆桶从远处看是正方形，我们为什么应该相信我们对一个更加虚 144
无缥缈的对象的信仰？[44] 1553 年，加尔文将迈克尔·塞尔维特处以火刑，激起了对宗教迫害这一观念的大讨论。[45]法国学者塞巴斯蒂安·卡斯泰利奥（Sebastian Castellio）领导了对加尔文的批判，他提请人们注意，尽管人们有着互不相容的信仰，但都坚信自己才握有真理，这实在很荒谬。他还指出，按照这些信念行事具有令人恐怖的道德后果。

> 加尔文说自己肯定是正确的，而（其他教派）说他们也肯定是正确的；加尔文说他们是错的，并且希望审判他们，而他们也是这样说加尔文的。谁应该来主持审判？谁让加尔文来充当所有教派的仲裁者，可以一人独揽生杀大权？他说他有“上帝之道”，但其他人也说他们有“上帝之道”。如果说事实是清楚的，那么对谁是清楚的？对加尔文吗？那他又为什么写了那么多书来证明真理？……鉴于这种不确定性，我们必须将异端简单地定义为那些我们不同意其观点的人。如果继而就是要杀死异端，而每个人都认为他人是异端，逻辑的结果就是一场灭绝性的战争。加尔文只好入侵法国和其他国家，荡平城镇，不分男女，不分老幼，不分人畜，杀光所有的生灵。[46]

17 世纪的很多学者参与了这场争论，包括巴鲁克·斯宾诺莎、约翰·弥尔顿（他写道，“让真理和谎言掐架……真理是强大的”）、艾萨克·牛顿和约翰·洛克。现代科学的出现证明，人们深信不疑的信仰可能是彻头彻尾的谎言，世界的运作遵循自然法则，而不是神的奇思妙想。天主教会用酷刑威胁伽利略，并对他施以终身软禁，就因为他相信一个自然界的事实，而他后来被证明是正确的。教会的做法对自己非常不利。人们越来越多地用怀疑论的思维，加上幽默和常识，来挑战迷信。在《亨利四世》第一幕中，格伦道尔吹牛说："我可以召唤地下的幽魂。"豪斯伯回答说："啊，这我也会，什么人都会；可是您召唤它们的时候，它们果然会应召而来吗？"弗朗西斯·培根以提出信仰必须以观察为基础的原则而著称。他写道，一个男子被带到教堂看画，画上是一群向神明发愿祷告而逃过沉船灾难的水手。这个男子被问道："这难道不是证明了神明的力量？"他回答说："是。不过，那些发愿之后被淹死的人呢？他们被画在哪里？"[47]

残忍和不寻常的惩罚

对迷信和教条的批判，终于消灭了酷刑的一个借口，但酷刑仍然是惩罚世俗罪行和过失的一种手段。古代、中世纪和近代的人认为残忍惩
145 罚有充分的合理性。惩罚某人的全部意义在于让他感受巨大的痛苦，以至于他和其他人不再会被诱惑去参与违禁活动。据此，惩罚越严酷，越能达到惩罚的目的。而且，一个没有有效执法和司法制度的国家必须让轻微的惩罚发挥作用。它必须让惩罚残忍到令人无法忘怀，以至于任何目击者都因恐惧而臣服，并向其他人描述，让更多的人感到恐惧。

但是，残忍惩罚的实际作用只是其吸引力的一个方面。甚至在惩罚与法制毫不相关的时候，还有旁观者在欣赏残忍。比如，折磨动物曾经是人们无伤大雅的娱乐。在16世纪的巴黎，一大流行娱乐是烧猫。人们将猫用绳子吊在舞台上，然后慢慢放低，一直放入火中。历史学家诺曼·戴维斯（Norman Davies）说："观众，包括国王和王后，一起尖声狂笑，看着动物在痛苦中号叫，烧着，烤熟，最后变成焦炭。"[48]其他流行娱乐还有斗狗、奔牛、斗鸡，公开处决"有罪"的动物，以及逗熊游

戏。在逗熊游戏中，熊被用铁链拴在柱子上，狗或者将熊撕成碎片，或者在搏斗中被熊咬死。

即使不去主动地欣赏虐待和折磨，人们也对这些暴力表现出冰冷的麻木和无动于衷。塞缪尔·佩皮斯（Samuel Pepys）应该是他那个时代相当有教养的人，他在 1660 年 10 月 13 日的日记中这样写道：

> 去查令十字街，看见哈里森少将被处绞刑、水刑和分尸。在行刑中，他看起来还不错，和其他在同一情形下的人一样快活。他们将他当众大卸八块，把割下来的头颅和心脏拿给围观的群众看，这换来大家的一片叫好声……愿他自此魂归上帝。而我带着卡坦斯上尉和谢普利先生去了太阳饭店，给他们叫了一些生蚝。[49]

佩皮斯关于哈里森“看起来还不错，和其他在同一情形下的人一样快活”的冷漠笑话，指的是他被绞得半死，然后被开膛剖腹，被阉割。最后在被斩首之前，他的器官被示众，被扔进火中烧掉。

即使是那些没有这样“多彩多姿”的刑罚，实际上也是骇人听闻的酷刑，尽管它们被委婉地贴上“体罚”的标签。今天，许多历史景点为了吸引游客，都布置了木桩和木枷，孩子可以摆个受刑的姿势拍照留念。下面是 18 世纪英国两个上木枷的犯人的真实故事：

> 其中一个个子太矮，够不到木板上放脑袋的圆洞。执吏不由分说地将他的头塞进木洞。可怜的家伙无法站立，完全是被吊在木枷上。很快，他的脸色开始发青，血从鼻孔、眼睛和耳朵中流出来。围观的群众愤怒地攻击他。执吏打开木枷，可怜的家伙从木枷上掉到地上，当场咽了气。在民众的痛击之下，另外那个家伙也受了重伤， 146
> 躺在地上，绝无生还的希望。[50]

另外一种“体罚”是鞭笞，这是一种在英国水兵和美国黑奴中常见的刑罚，用于惩罚傲慢或者行动迟缓。鞭子有数不清的型号和种类：有些剥去皮肤；有些将皮肉刮碎，打成肉酱；有些穿透肌肉抽到骨头。根据查尔斯·内皮尔的回忆，在18世纪后期的英军中，1000鞭的处罚绝非罕见：

> 我经常看见受罚者被带出医院三四次，接受未被执行完的鞭刑。如果一次完成全部处罚，伤害过重，可能会有生命危险。看到刚刚愈合的、鲜嫩的新皮肤赤裸着接受鞭笞，那真是可怕。我见过成百上千的人被鞭打，我一贯的观察是，当被打到皮开肉绽后，剧痛开始减弱。人们一般从受第一鞭开始颤抖和号叫，直到第300鞭，此后就是忍受，甚至到第800鞭或者第1000鞭，哼都不会哼一声了。他们通常像死人一样倒在那里，行刑人就像是在鞭打一堆生肉。[51]

“爬进船底”（keelhaul）这个词有时候用来指一种口头训斥，而它字面上的意思来自英国海军的一种惩罚。将水兵用绳子拴住，拖在船身的底部。如果这个水手不被淹死，也会被吸附在船底的藤壶剐成碎片。

到16世纪末，英国和荷兰开始用监禁取代酷刑和肉体残害，作为对轻罪的处罚，但情况并没有得到真正的改善。囚犯必须自己负担食物、衣服和干草。如果他们或他们的家庭负担不起，就得不到食物、衣服和干草。有些时候，他们不得不支付“松铁”费，就是花钱让狱卒打开戴在囚犯腿上的带刺的铁环，或者松开将他们的双腿固定在地板上的铁棍。害虫、酷暑、严寒、粪便、粗粝和腐坏的食物，不仅增加了痛苦，而且滋生疾病，使监狱成为事实上的死亡集中营。许多监狱都是工厂；在那里，食不果腹的囚徒被迫终日劳作，从事锯原木、砸石头或者踩踏轮车等重体力活。[52]

* * *

在西方，18世纪是制度性残忍的转折点。英国的改良派和各种委员会开始对国家监狱的“残忍、野蛮和敲诈勒索”进行抨击。[53]公众的良知被有关酷刑处决的图片报道刺痛了。根据对 1726 年凯瑟琳·海斯被行刑的描述，当时的情况是这样的：“火焰刚刚烧到她，她试着用手推开柴火，但只是把柴束推散开了。行刑者只好拉紧套在她脖子上的绳索，想把她勒死，但是火焰烧到行刑者的手，他被灼伤了，所以只 147 好松开了绳子。人们将更多的木柴扔进火里。三四个小时之后，她终于变成了灰烬。”[54]

“轮上粉碎”这句平淡无奇的话完全表达不出这种刑罚的恐怖。根据记载，受刑人被变成一个“巨大的尖叫的木偶，在血泊中痛苦地扭动，就像一只大海怪。这个木偶有四个触角，每一个触角都是生腥的、黏稠的、没有形状的肉和骨头碎片混合在一起”。[55]1762 年，法国一位名叫让·卡拉斯的 64 岁的新教徒，被控为阻止自己的儿子改宗天主教而杀害了他。事实上，他只是想掩盖儿子自杀的真相。[56]在审讯中，他被施用了吊坠刑和水刑，目的是要他交代同谋，最后他受到轮刑。在经受两个小时的残忍折磨之后，出于仁慈，他被绞索勒死了。被敲碎骨头时，他还喊着为自己的清白辩护，这一可怕的图景让围观者深受刺激。铁棒的每一下敲打，“都响在他们的灵魂深处”，而“在场的每一个人都泪流满面，但为时已晚”。[57]伏尔泰站出来仗义执言。他说，外国人以优雅的文学和美丽的女演员来评判法国，却没有注意到法兰西是一个尊奉“残暴旧俗”的冷酷民族。[58]

其他著名作家也开始痛斥虐待性的刑罚。有些人和伏尔泰一样，认为这是法国的耻辱，称这些刑罚是野蛮的、非文明的、残忍的、原始的、食人生番的和令人发指的。其他人，如孟德斯鸠指出，基督徒在为自己受到古罗马人、日本人和穆斯林的严酷镇压而悲恸的同时，却使用同样的手法迫害自己的同胞，这实在是很虚伪。[59]一位美国医生，也是美国《独立宣言》的签署人——本杰明·拉什（Benjamin Rush）呼吁说，在读者和那些受过严刑处罚的人之间存在着共同的人性。他在 1787 年的文章中这样写道：“那些男人，也许还有女人，虽然作为个人，让我们厌恶，但他们也有灵魂，也和我们的朋友和亲人一样，有用同样的物质构成的肉体和骨骼。”接着，他说，如果我们对他们的痛苦无动于衷，毫不同情，那么“同情的原则就会彻底失效，并从人类的心里彻底消失”。[60]司法制度的目标应该是改造罪犯，而不是伤害罪犯，“公开的刑罚从来都不是让罪犯洗心革面的有效手段”。[61]英国律师威廉·伊登（William Eden）也注意到了残酷刑罚的野蛮功效，他在1771年写道：“我们让自己的同胞像挂在篱笆上的稻草人一样腐烂，我们的绞架上吊满了人类的尸体。毫无疑问，一个人被迫见惯了这等景象，内心会有什么样的变化，他对人的情感能够不麻木吗，对不幸者的仁慈能够不消失殆尽吗？”[62]

在这些作家中，最有影响的一位是米兰的经济学家和社会学家切萨雷·贝卡里亚，他在1764年出版的畅销书《论犯罪与刑罚》（*On Crime*
148 *and Punishments*）在知识分子中产生了巨大的反响，很多大思想家都深受影响，包括伏尔泰、狄德罗、杰斐逊和约翰·亚当斯。[63]贝卡里亚从第一原则出发，即正义体系的目的是实现“最大多数人的最大幸福”（这句话后来被边沁引用，成为功利主义的座右铭）。因此，使用刑罚的唯一正当性在于威慑人们不去对其他人造成更大的伤害。推而论之，刑罚应该与犯罪造成的伤害相称，不是要平衡神秘的宇宙正义，而是建立正确的激励机制：“如果两个罪行对社会造成不同程度的伤害，而我们对它们施加同样的处罚，那么，人们就会毫无顾忌地尽可能为了占取更大的便宜而犯下更大的罪行。”贝卡里亚对刑事司法进行了冷静的分析。他明确表示，对威慑犯罪而言，刑事处罚的确定性和及时性远比其严厉性更重要；刑事审判应该公开，并以事实为依据；死刑不是威慑的必要手段，也不应属于应该授予国家的权力之例。

不是所有人都赞赏贝卡里亚的观点。他的著述被列入教廷的《禁书目录》，法国法学家和宗教学者穆雅尔·德·沃格朗（Muyart de Vouglans）对贝卡里亚进行了激烈的反驳。穆雅尔嘲笑贝卡里亚柔软的心灵，指责贝卡里亚草率地挑战经过时间检验的现有体制，并认为只有严厉的刑罚才能抵抗人天性中的堕落，其根源是人类的原罪。[64]

但是，时代接受了贝卡里亚的思想。在几十年之内，所有的主要西方国家都开始废止惩罚性酷刑，包括当时刚刚独立的美利坚合众国，它的宪法第八修正案明确禁止“残酷和不寻常的惩罚”。虽然很难准确地描绘出酷刑减少的曲线（因为许多国家是在不同时间废止不同的酷刑的），但是图 4–2 显示了 15 个欧洲主要国家和美国废除司法酷刑的时间。

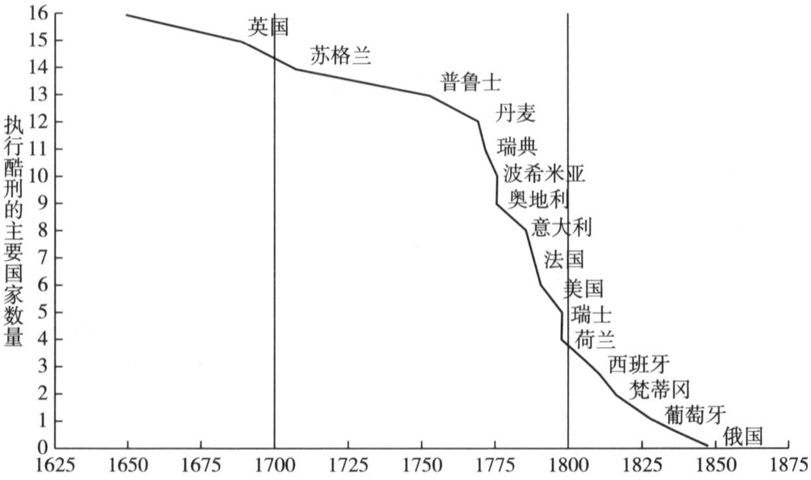

图 4–2　废除司法酷刑的时间

资料来源：亨特，2007 年，第 76、179 页；曼尼克斯，1964 年，第 137~138 页。

我在图 4–2 和本章的其他图中特别注明了 18 世纪这个时间段，以强调，在这个小小的历史片段之内，发生了多少重要的人道主义改革。另外一项人道主义运动是防止虐待动物。1789 年，边沁在文章中提到了动物权利的基本原理：“问题不是它们是否能够推理，也不是它们是否能够说话，而是它们是否痛苦。”这句话直到今天仍然是动物保护运动的口号。1800 年，英国议会通过了第一个禁止逗熊的法案。1822 年，通过了《虐待牲畜法案》，并于 1835 年将保护范围扩大到公牛、熊、狗和猫。[65]和很多起源于启蒙运动的人道主义运动一样，反对虐待动物运动在 20 世纪下半叶的权利革命中掀起第二次浪潮，其高峰是在 2005 年立法禁止英国最后一项合法的血腥运动——猎狐。

死刑

149 英国在 1783 年启用坠落式绞刑，法国在 1792 年启用断头台。当时，这些都是道德进步，因为这样的处决方式让受刑人立即丧失意识，比那些拉长行刑时间、延长受刑人痛苦的处决手段更人道。但是死刑处决仍然是暴力的一种极端形式，尤其是在人类历史上，大部分国家都毫无顾忌地使用极刑。无论是在《圣经》中，还是在中世纪以及近代，小偷小摸之类的过失和违规都可以被判处死刑，比如鸡奸、闲言碎语、偷菜、在安息日从地上捡起一根木棍、与父母顶嘴，甚至批评皇家的花园都是死刑罪。[66]在亨利八世统治的最后几年，伦敦每个星期有十几起死刑处决。1822 年，英国有记录的死刑罪名达 222 项，包括偷猎、造假币、抢劫养兔场和伐树。每宗案件的庭审时间平均为 8.5 分钟，可以肯定有很多无辜的人被送上了绞架。[67]鲁梅尔估计，从耶稣时代起到 20 世纪，1.9 亿人因轻罪被判处死刑。[68]

但随着 18 世纪的结束，死刑本身已被判死刑。长期以来被当作大众狂欢的公开绞刑，于 1783 年在英国被废止。1834 年，绞架悬尸示众被废止。1861 年，英国原有的 222 项死罪被减少到 4 项。[69]在整个 19 世纪，
150 许多欧洲国家都在减少死刑罪条款，只留下谋杀和叛国两项死罪。逐渐地，几乎所有的西方国家都彻底废除了死刑。在继续下面的故事之前，请先看图4-3，它显示，在现存的 53 个欧洲国家中，除了俄罗斯和白俄罗斯，所有国家都废除了对普通犯罪的死刑。（少数几个国家仅对叛国罪和严重军事罪行保留死刑罪的条文。）废除死刑的潮流在第二次世界大战后席卷西方世界，但是事实上，废除死刑的实际时间开始得更早。比如，荷兰在 1982 年宣布正式废除死刑，但实际上自 1860 年起就再没有执行过死刑。一般来说，一个国家最后一次执行死刑和正式宣布废除死刑之间平均有 50 年的时间间隔。

今天，人们普遍认为死刑是对人权的侵犯。2007 年，联合国大会以 105 票对 54 票（29 票弃权）通过一项无约束力的暂停死刑决议，同样

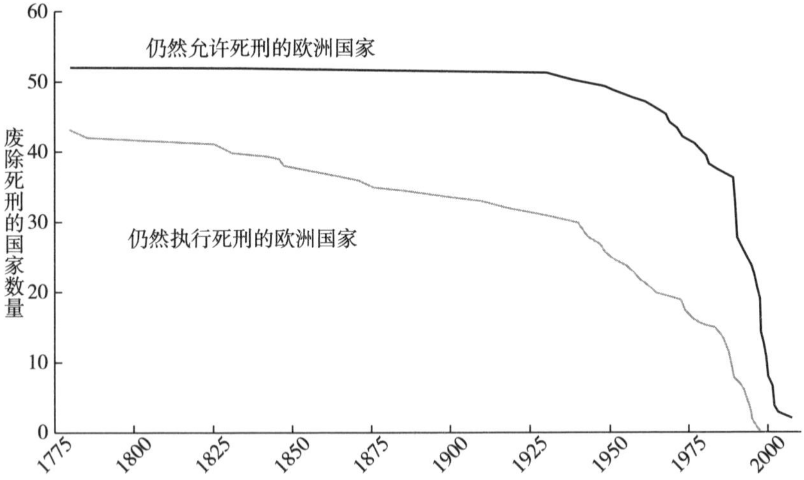

图 4–3　欧洲废除死刑的时间

资料来源：法国外交部，2007 年；《英国死刑》，2004 年；大赦国际，2010 年。

的决议提案在 1994 年和 1999 年都没有被通过。[70] 美国是反对这一决议的国家之一。在西方民主世界，无论是在死刑问题上，还是在各种形式的暴力问题上，美国都是一个局外人。（或者我应该说“是一些局外人”，美国有 17 个州——大部分是北方州，已经在本州废除了死刑，其中有 4 个州在过去的两年废除了死刑，而有 18 个州已经有 45 年没有执行过死刑了。）[71] 即使美国的死刑臭名昭著，也大多只是象征性的。图 4–4 显示，自殖民地时代以来，美国的死刑率在总人口中的比重大幅下降，在 17 世纪和 18 世纪下降得最快，而那也正是其他形式的制度性暴力在西方迅速减少的时期。

在过去的 20 年里，这种几乎看不见的增长反映了严厉打击犯罪的政 151
策，这些政策是对 20 世纪 60 年代、70 年代和 80 年代杀人潮的反应。但是在今天的美国，“死刑判决”简直就是小说里的情节，因为强制性的司法复核几乎将死刑的执行无限期推迟，全国只有零点几个百分点的谋杀犯真被处死。[72] 最近死刑执行数量呈下降趋势，上一个高峰年是 1999 年。从那以后，年均死刑执行数量几乎减少了一半。[73]

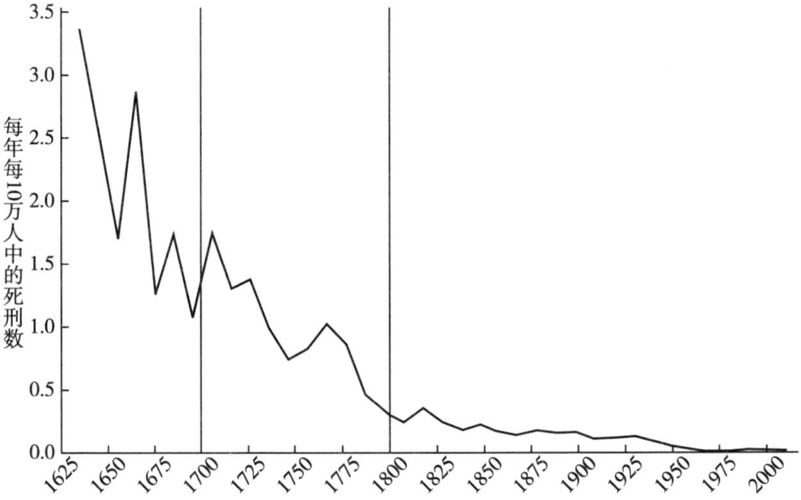

图 4-4　1640—2010 年美国的死刑率

资料来源：佩恩，2004 年，第 130 页，数据来自埃斯皮和斯麦克拉，2002 年。1990—2000 年和 2000—2010 年的数字来自死刑信息中心，2010 年 b。

在美国死刑判决数量减少的同时，死刑罪的种类也在减少。过去，人们为了小偷小摸、鸡奸、兽奸、人兽性交、通奸、巫术、放火、隐瞒出生、盗窃、奴隶反叛、造假币、盗马都可能被处死。图 4-5 给出了自殖民时代以来对非凶杀罪执行死刑的比重。近几十年来，除了谋杀罪，唯一可能被判处死刑的罪只有“阴谋策划谋杀罪”。2007 年，美国最高法院裁定，任何针对个人的罪行，在“没有生命损失”的情况下，均不得被判处死刑。（虽然对一些危害国家的罪行，例如间谍、叛国和恐怖主义，仍然可使用死刑判决。）[74]

死刑的行刑方式也在发生变化。美国不仅早已废除虐待性的死刑执行，比如火刑，而且尝试了一系列“人道”的死刑方法，但问题是，越
152 是能有效地确保瞬间死亡（比如将几颗子弹射进大脑），在旁观者看来就越是恐怖，人们都不愿意在脑子里留下杀死一个活生生的人的记忆。因此有形的绳索和子弹让位给无形的毒气和电击，后来又被全身麻醉后注射致死的准医疗程序取代。即使是这种手段，还是被人批评说对垂死的囚犯来说压力太大。正如佩恩所说：

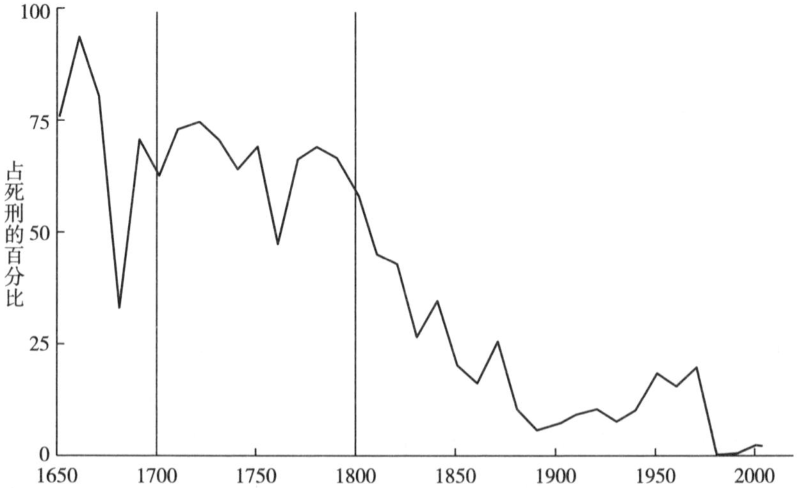

图 4–5 1650—2002 年美国以非凶杀罪被处死刑的人数

资料来源：埃斯皮和斯麦克拉，2002 年；死刑信息中心，2010 年 a。

> 经过一次又一次的改革，立法者一再地柔化死刑，以至于它现在只能说是一个完全退化了的器官。它不再令人恐惧；按照它目前的限制级别，它也不再有确定性，在 200 个谋杀案件中只会有一个凶手被处以死刑。说美国“有”死刑，这到底是什么意思呢？如果美国的死刑仍然是活跃的、传统式的，我们一年就可能处决大约10 000名犯人，包括一批完全无辜的人。犯人可以被执行酷刑式处决，这些处决可以通过全国各大电视网转播给所有公民，包括儿童收看；每天会有 27 起死刑处决，留给其他电视节目的空档肯定很有限。这样的场景让为死刑辩护的人也觉得难以容忍。这说明，他们也感受到了对人类生命越来越多的尊重。[75]

我们可以想象，在 18 世纪提出废除死刑思想的人看起来有多么鲁莽草率。你可能认为，没有了对恐怖极刑的惧怕，有些人会毫不犹豫地为利益或者复仇行凶杀人。但是我们今天看见的事实是，废除死刑 153
并没有打断数世纪以来凶杀暴力下降的趋势，而且当代西欧国家均已不再执行死刑，它们也是世界上凶杀率最低的国家。制度性暴力曾经被认为是维持社会运转不可或缺的手段之一，但一旦它被废除，社会照样运转良好。

奴隶制

在人类文明历史的大部分时间，奴隶制都是常态，而不是例外。希伯来《圣经》和基督教《圣经》都接受了奴隶制，柏拉图和亚里士多德证明奴隶制是一种合乎自然的制度，是文明社会的基础。在伯里克利时代，所谓的民主雅典有35%的人口是奴隶；古罗马共和国也是一样。奴隶一向是战争的主要战利品，而且不论种族，那些没有国家保护的人最容易被掳获为奴。[76]“奴隶”一词的词源是斯拉夫（Slav）。字典告诉我们，“在中世纪，斯拉夫人被大量俘虏并作为奴隶”。国家和军队，如果不是奴隶制的机器，就是反抗奴隶制的机器，就像我们听过的名歌：“统治吧！不列颠尼亚！统治这片汹涌的海洋！不列颠人永远永远不会被奴役！”早在非洲人成为欧洲人的奴隶之前，他们就成了其他非洲人、北非以及中东的伊斯兰国家的奴隶。有些国家直到最近才废除奴隶制：卡塔尔，1952 年；沙特阿拉伯和也门，1962 年；毛里塔尼亚，1980 年。[77]

在战争中被俘为奴，做奴隶的命运总要好过被屠杀。在很多社会，奴隶制渐渐转变为较温和的隶属形式，比如奴役、雇佣、服兵役和职业行会。但是，暴力是奴隶制核心的本义——如果一个人承担了一个奴隶的全部工作，但是能够不受暴力限制和惩罚地选择随时退出，我们就不能称他为奴隶——暴力往往是奴隶生活的一部分。《圣经·出埃及记》第 21 章第 20~21 节说：“人若用棍子打奴仆或婢女，立时死在他的手下，他必要受刑；若过一两天才死，就可以不受刑，因为是用钱买的。”奴隶没有身体所有权，即使那些境遇较好的奴隶也逃不出被残酷剥削的命运。妓院里的女奴被长期地、无休止地强奸，而看守她们的男人都是阉人。阉人的睾丸（某些黑人阉人的整个外生殖器）被割下后，敷上滚热的黄油止血，以免因失血过多而送命。

非洲的奴隶贸易是人类历史上最残酷的篇章。16 世纪到 19 世纪，至少有 150 万非洲人惨死在横穿大洋的运奴船上。他们被用锁链拴在拥挤不堪、布满污秽的船舱底部。一位观察者说："那些活着抵岸的人，形状之悲惨，无以言表。"[78]此外，在到达海岸或者中东的奴隶市场之前，大批人被迫徒步穿过丛林或沙漠，有数百万人在途中殒命。奴隶贩子按照冰商的商业模式处理他们的货物，即在运输过程中，损失相当一部分的货物属于正常。至少有 1700 万甚至可能多达 6500 万非洲人在奴隶贸易中死亡。[79]奴隶贸易不仅在运输途中残害生命，因为有源源不断的新奴隶供给，奴隶主毫不吝惜奴隶的生命，把他们往死里使用，然后再买进新的奴隶。即使是那些尚能保持健康的奴隶，也是生活在鞭笞、强暴、肢体伤残、骨肉分离和就地正法的阴影之下。 154

当奴隶和奴隶主发展起私人的情谊，奴隶主也经常——通常是在遗嘱中——释放自己的奴隶。在某些地方，比如中世纪的欧洲，如果向人民征税比奴役更简便易行，或者弱国无力行使奴隶主的财产权时，奴隶制就开始转变为农奴制和佃农制。群众性废除奴隶制度的运动最早出现在 18 世纪，并迅速将奴隶制推向终结。

人们为什么会逐渐放弃这种最廉价的人力工具？历史学家一直在争论，废奴到底是受经济利益的驱动还是受人道关怀的驱动。经济利益驱动说曾经一度占了上风。1776 年，亚当·斯密分析说，奴隶制肯定比有酬雇工缺乏效率，因为后者才是正和博弈：

> 奴隶的劳作，成本看起来只是维持奴隶生存的费用，最终却是得不偿失的。一个不能取得和拥有财产的人，除了尽量多吃之外没有其他兴趣，工作则是尽量少做。在换取自己的生存所需之外，他的任何劳作都是要靠暴力来榨取，而不是出于自己的利益。[80]

政治学家约翰·穆勒（John Mueller）说："斯密的观点受到人们的推崇，但是，奴隶主们却不以为然。结论只能是，或者是斯密错了，或者奴隶主都是些算不清账的生意人。”[81]有些经济学家，如罗伯特·福格尔（Robert Fogel）和斯坦利·恩格尔曼（Stanley Engerman）总结说，斯密的分析至少对美国内战前的南方来说是错误的，当地的经济运作相当有效率。[82]南方的奴隶制不是逐渐被成本收益更高的生产技术取代，而是被战争和法律摧毁。

在世界上的大部分地区，也是枪炮和法律终结了奴隶制。英国曾经是
155 奴隶贸易最猖獗的国家，它在1807年宣布奴隶贸易非法。1833年，大英帝国全境废除奴隶制。到19世纪40年代，在经济制裁和近1/4英国皇家海军的支持下,英国人向其他国家发出了终止奴隶贸易活动的呼吁。[83]

大部分历史学家的结论是，英国制定废奴政策的动机是人道主义。[84]洛克1689年的著作《政府论》动摇了奴隶制的道德依据，虽然他和他的思想继承人实际上都是这一制度的获益人。他们倡导的自由、平等和普世人权仿佛放出了关在瓶子中的精灵，一旦接受新的价值，任何人都感到越来越无法认同奴隶制度。启蒙时代出现了很多从人道主义立场抨击酷刑的作家，比如法国作家雅克-皮埃尔·布里松（Jacques-Pierre Brisson），他们也用同样的原则批判奴隶制。持相同立场的还有贵格会的教友，以及传教士、学者、自由黑人、获得了自由的黑奴，还有政治家。其中，贵格会在1787年创建了影响广泛的“废止奴隶贸易学社”。[85]

同时，也有很多政客和传教士为奴隶制辩护，他们的论据包括《圣经》认可奴隶制，非洲人为劣等人种，保留南方生活方式，还有家长般的关切，即自由的黑人无法独立生存。但这些强词夺理在认知和道德的审判下退却了。在一个其成员利益由社会契约协商而定的社会中，一个人能拥有另一个自己的同类，并专横地将其排斥在社会成员之外，这对任何有理智的人来说都是难以辩解的。杰斐逊这样说：“大部分人类生来背上并没有戴着马鞍，那些少数被偏爱的人生来也没有穿着马靴和马刺，能让他们理所当然地骑在别人身上作威作福。”[86]最能激起道德反感的是以第一人称讲述的奴隶生活，比如1789年出版的埃奎亚诺的《一个非洲黑奴的自传》（*The Interesting Narrative of the Life of Olaudah Equiano*）和1845出版的《一个美国黑奴的自传》（*Narrative of the Life of Frederick*

Douglass, an American Slave）。小说则更具感染力，例如斯托夫人的《汤姆叔叔的小屋》（或叫《卑贱者的生活》，1852 年）。小说刻画了最撕心裂肺的场景，母亲被迫离开她们的孩子，善良的汤姆因拒绝鞭打其他奴隶而被殴打致死。这本小说销量达 30 万册，成为废奴运动的催化剂。甚至有这样的传说，亚伯拉罕·林肯在 1862 年见到斯托夫人时说：“原来你就是那位引发这场伟大战争的小妇人啊！”

1865 年，在经历美国历史上最严酷的战争之后，美国宪法第十三修正案废除了奴隶制。很多国家此前已废除了奴隶制，法国在反复中先后两次宣布废除奴隶制，第一次是在 1794 年法国大革命初期，但拿破仑在 1802 年复辟，于是法国在 1848 年第二共和国时期再次宣布废除奴隶制。世界其他地区也相继废除了奴隶制。许多百科全书提供了废除奴隶制的时间线，这些时间线在区域划分和对“废止”的定义上有所不同，所以彼此略有出 156
入，但是它们显示了同样的模式，即废奴呼声的高潮始于 18 世纪末。图 4-6显示了自 1575 年以来正式废除奴隶制的国家和殖民地的数量。

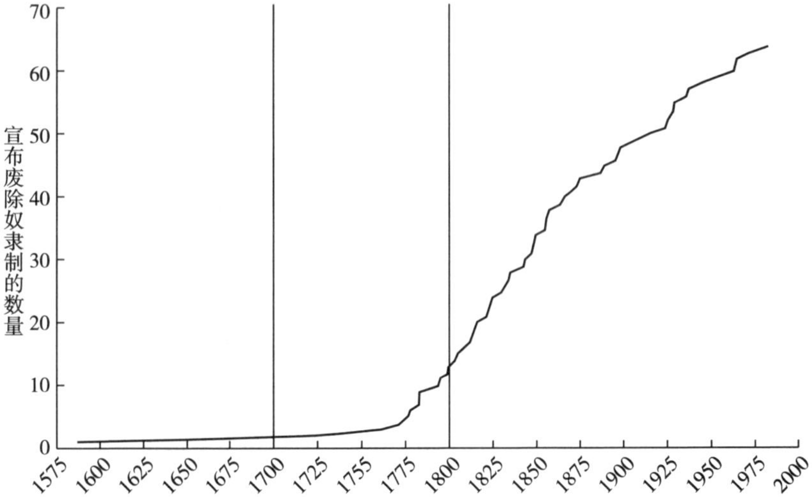

图 4-6　废除奴隶制的时间

资料来源：我见到过的最完整的废奴清单是维基百科上的“Abolition of slavery timeline”词条（2009 年 8 月 18 日资料）。维基百科这一词条下“现代”栏目中包括我在前面提到过的所有政治实体的废奴事件。

债役是奴隶制的近亲。在《圣经》时代和古代，还不起债务的人就有可能被奴役、被监禁或者被处死。[87]“严刑峻法的”（draconian）一词的词源是古希腊立法者德拉古（Draco）的名字，他在公元前621年制定法律，规定欠债者被罚没为奴。《威尼斯商人》中夏洛克要求从安东尼奥的身上割下一磅肉的权利，也从一个侧面反映了这种制度。到16世纪，不履行债务的人不再被奴役或处死，但是成千上万的债务人塞满了负债人监狱。有时，他们虽然完全破产，但还要自理饭费，只有靠从监狱的窗口向过路的行人乞讨来维持生命。在19世纪初的美国，数以千计的欠债人——其中包括很多妇女——被困在监狱中，半数以上人的债务还不到10美元。与反对奴隶制的运动一样，19世纪30年代兴起的一场改革运动既诉诸理性，又诉诸情感。国会的一个委员会在辩论时说：“如果所有这些被压迫的受害人聚集起来，和他们受到连累的妻子、儿
157 女和朋友一起站在我们面前，那种场景会让人性战栗。”[88]1820—1840年，美国几乎所有的州都废除了债役，而大部分欧洲国家在19世纪60和70年代也废除了债役。

佩恩注意到，我们对待欠债人的历史勾画出一个暴力在生活的各个领域全面退缩的神秘进程。西方社会已经从奴役和处决欠债不还的人，变为监禁，再变为没收他们的财产抵债。他指出，甚至没收财产也是一种暴力行为：“约翰用信用卡买了食品杂货，随后拒绝付账，他并没有行使暴力。如果店家去法院起诉，使警方出面没收约翰的汽车和银行账户，那么店家和警察就是首先使用了暴力”。[89]因为这是一种暴力——虽然人们一般都不这样想，这样的操作也已经减少了。破产法的趋势是，尽量减少惩罚和挤压欠债人的资产，给予他们机会重新开始。在许多国家，欠债人的房屋、汽车、退休金和配偶的资产都是受保护的，当一个人或者一个公司宣布破产之后，他们可以不受惩罚地勾销很多债务。在欠债人塞满监狱的年代，人们会预言，这样的宽宏大量会彻底葬送资本主义，因为资本依靠的就是借贷还钱。但是商业生态系统继续进化，为失去了的杠杆寻找新的适应手段。当贷方不能再合法地对借方进行强制性威胁后，信用检查、信用评级、贷款保险和信用卡等种种新手段应运

而生，经济生活一直在继续。一整个种类的暴力就这样消失了，承担同样功能的新机制开始运作，但没有人意识到它和原来曾经发生过的事情有何种关联。

当然，奴隶制和其他形式的奴役制度还没有在地球上完全消失。从最近对涉及劳工和卖淫的人口走私报道来看，有些人对统计数据视而不见，对道德进步麻木不仁。他们说，自 18 世纪以来，世界就没有发生变化。在他们眼里，好像世界上少数地区秘密的奴役行为和世界性的有政府支持的奴隶制度没有什么区别。此外，现代人类的人口贩卖令人发指，但它无论如何也不可能与当年非洲奴隶贸易的恐怖相提并论。正如在 2003 年发起联合国教科文组织人口贩卖统计项目（UNESCO Trafficking Statistics Project）的戴维·法因戈尔德（David Feingold）在谈到今天人口贩卖的温床时所说：

> 人口贩卖较之于贩奴，尤其是跨越大西洋的奴隶贸易，充其量也是微不足道的。18 和 19 世纪，非洲的奴隶是在战争中被劫持或者捕获的。他们被送往新大陆终生为奴，他们或他们的孩子几乎很少能逃离那里。相比之下，虽然今天的人口贩卖中还有一些受害者是被劫持的，但对大多数人来说……人口贩卖是移民过程中发生了严重的错误。尽管有时迫于环境的压力，但大多数人是为了寻找更富裕或者更刺激的生活而自愿离开家园的。他们在途中陷入了受威胁和 158
> 受剥削的处境。无论如何，这种处境不会是终身性的，被贩卖的人也不会成为永久或者世袭的贱民阶层。[90]

法因戈尔德还提到，人权团体报告的人口贩卖人数，被记者和非政府组织一再引用，通常都是无中生有，或者是为了支持他们倡导的价值观念而被夸大了。尽管如此，人权活动家也承认，情况已经有了显著改善。“解放奴隶”组织（Free the Slaves）的主席凯文·贝勒斯（Kevin Bales）发表过一个声明。尽管他以含糊的统计数据作为开场，但它客观地描述了这个问题：“虽然奴隶的真实数量是有史以来最多的，但按世界总人口计算，奴隶所占比重也许是最小的。今天，我们不必打赢这场法律战，每一个国家的法律都反对奴隶制。我们也不需要去做经济论证，因为没有哪个经济是依赖奴隶制的（与19世纪不同，没有奴隶，整个产业都会垮台）。我们也不需要做道德论证，因为没有人再试图为奴隶制辩护了。”[91]

* * *

“理性时代”和启蒙时代快速终结了很多暴力制度。但还有两种制度更顽固，在世界的大部分地区又延续了两个世纪，它们是暴政和国家之间的战争。尽管人类消除暴政和战争的第一波系统的努力几乎在摇篮中就夭折了，而且只在我们有生之年才开始成为主流，但是，奠定了人道主义革命的新思潮和新理念，也正是今天抗拒暴政和战争新努力的思想源泉。我将在下文中逐一说明。

专制统治和政治暴力

说到政府，社会学家马克斯·韦伯有一句名言，指政府就是一个垄断了使用暴力的合法组织。所以说，根据这一性质，政府就是执行暴力的工具。在理想的状态下，暴力仅仅被作为一种威慑犯罪分子和入侵者的备用工具，但是，几千年以来，大多数政府都不具备这样的克制力，而是沉湎于滥用暴力。

如果说专制就是“社会的首领有权任意地，而且不受惩罚地杀害自己的臣民”，在这个意义上，最初出现的国家组织，全部是专制主义国家。[92]劳拉·贝齐格的研究已经表明，在巴比伦、希伯来、古罗马帝国、萨摩亚、斐济、高棉、纳齐兹、阿兹特克、印加和九个非洲王国都可以找到专制统治的证据。这些专制统治者生活奢侈、后宫糜烂，充分地享受权力，把达尔文主义的“适者生存”原则发挥到了极致。一份早期英国殖民者在印度的报告中提到，“苏拉特的莫卧儿总督举行了一次晚
159 会……晚会受到干扰，因为主人突然大发雷霆，下令将所有的舞女就地

斩首。英国来宾被吓得目瞪口呆”。[93]英国人之所以能够承受这种打击，是因为这个母国刚刚结束专制统治。当亨利八世陷入各种坏情绪时，他处死了两个妻子、几个被怀疑是她们情人的男子、多名他自己的顾问（包括托马斯·莫尔和托马斯·克伦威尔）、《圣经》翻译家威廉·廷代尔，还有数万名其他人。

世界各地都有独裁暴君心血来潮滥杀无辜的故事。智慧国王所罗门提议通过劈开婴儿来解决谁是母亲的争执。《一千零一夜》（《天方夜谭》）的故事背景是波斯国王每天要杀死一位新娘。印度奥里萨邦富有传奇色彩的国王纳拉辛哈德瓦，要求不多不少 1200 名艺术家用不多不少 12 年建造一座庙宇，否则将全体被处死。在瑟斯博士的《巴塞洛缪·卡宾斯的 500 顶帽子》中，主人公差点儿因为无法在国王面前摘下帽子而被砍头。

而独裁者自己也是成于刀剑毁于刀剑。在人类历史上的大部分时间里，政治谋杀——挑战者杀死首领，夺权篡位——是权力转移的主要机制。[94]政治谋杀不同于现代的暗杀，后者试图发表政治声明，执行人想要被载入史册，或者纯粹就是疯狂。从事政治谋杀的人本身就是政治精英集团的成员，弑君夺位，期望登基之后承继大统，被承认具备合法性。扫罗王、大卫王和所罗门王都曾经是谋杀阴谋的目标，或者是谋杀阴谋的参与者。在古罗马帝国分崩离析之前，共经历了 49 位皇帝，其中有 34 位是被卫兵、高官或者自己的家人杀死的，尤里乌斯·恺撒不过是其中之一。曼纽尔·艾斯纳做过计算，公元 600—1800 年，有 1/8 的欧洲君主是被谋杀的，其中 1/3 的谋杀者篡夺了王位。[95]

政治领袖不仅相互残杀，而且通常对其公民实施大规模暴力。他们对人民滥施酷刑，大兴牢狱，随意处决，而且让人民食不果腹，为了宏大的建筑工程拼死劳作。鲁梅尔估计，在 20 世纪之前，这些专制政府共杀害了1. 33亿人，而总数则可能高达 6. 25 亿人。[96]所以，在一个社会中，一旦抢劫和仇杀得到控制，减少暴力的最大机会是减少政府的暴力。

到 17 世纪和 18 世纪，许多国家的暴政和政治谋杀开始减少。[97]艾斯纳估算，自中世纪到 1800 年，欧洲弑君率下降至原来的 1/5，特别是在西欧和北欧。这种改变的典型是斯图亚特王朝的两位国王的命运，他们均与英国议会长期纷争。1649 年，查理一世被砍头；但在 1688 年，他的儿子詹姆士二世在光荣革命中被不流血地请下王位。甚至在他试图政变之后，也只是被强迫去国流亡。到 1776 年，美国革命将“专制制度”的定义降低到对茶叶征税和为士兵提供食宿的水平。

160 同时，政府的专制性逐渐减弱，思想家在不断地探索新的原则和方式，以便将政府的暴力控制在最低限度。它始于一场观念的革命。政府不再被视为社会的有机组成部分，或者是上帝统治其王国的地方特权。人们开始认为，政府就是一个小工具—— 一个人类的技术发明，目的是增加全体人民共同的福祉。当然，政府从来都不是一个刻意的发明，它早在有文字的人类历史之前就已经存在了，所以这种新的思想方式确实需要超前的想象力。霍布斯、斯宾诺莎、洛克、卢梭，以及后来的杰斐逊、汉密尔顿、詹姆斯·麦迪逊和约翰·亚当斯，这些思想家都设想过在自然状态下人的生活会是什么样子，并在头脑中反复构思一群理性的人会怎样安排他们的生活。他们的结论是，新的制度与当时的神权政治和世袭君主制毫无相似之处。很难想象，一个在自然状态下的理性人，会选择君权神授这种制度安排——“朕，即国家”，或者让一位近亲生育的 10 岁儿童登上王位。相反，政府应该为自己的人民效劳。国家权力，也就是霍布斯所说的“让大家敬畏”的力量，并不意味着国家手持为谋求自己的私利而残害公民的许可证。这个力量不过是一项得自人民授权执行的协议，即“一个人，在其他人也愿意这样做的条件下，自愿放弃绝对的权利，并且同意，自己享有特定的自由，正如他容许其他人也只享有同样特定的自由一样”。[98]

我们可以公平地说，霍布斯本人并没有将这个问题思考透彻。按照他的想象，在某个清晨时分，人民突然就给予一个主权国家或者一个委员会一次性的永久授权。在此之后，这个国家或委员会即充分地体现了他们的利益，以至于他们从此不再需要提出任何疑问。一个人只要设想一下美国的某位议员，或者英国王室的某位成员（且不说那些统帅或委员），就会明白这样的安排会导致什么样的灾难。现实中的国家——利维坦是有血有肉的人，具备我们能够期望智人物种所可能具有的所有贪婪和愚昧。洛克认为，当权者将会“使自己免受自己所制定的法律的约束，并在制定和执行法律的时候，让法律符合自己的意愿，从而有了置于社会其他成员的利益之上的私利，违反了组织社会和政府的初衷”。[99]他呼吁立法权和行政权分立，而且一旦政府不再执行人民的意愿，公民有推翻政府的权利。

霍布斯和洛克理论的继承人将他们的思想推向新的高度。经过长期的研究和争论，他们拿出了美国宪政政府的设计蓝图。他们痴迷于这样一个问题：一个由易犯错误的人组成的统治集团如何能够具备足够的力量，阻止公民互相残杀，同时自己又不会变得自大到成为最大的侵害力 161
量。[100]麦迪逊写道：“如果人都是天使，政府就是没有必要的。如果天使要统治人类，就没有必要对政府进行外部或内部控制。”[101]结果，洛克三权分立的思想被写进了新政府的设计中，因为“必须以野心来抵抗野心”。[102]于是，美国政府被分成行政、司法和立法三个权力部分。在联邦体系中，政府分为州和全国两级，定期的选举能够迫使政府关注大众的意愿，并以有序和平的方式移交权力。但最重要的也许是，政府存在的先决条件就是它要肩负的使命，即在公民的同意下，保障公民的生命、自由和追求幸福，并且以《权利法案》的形式，界定一系列对政府权力的限制，约束政府不得对自己的人民实施暴力。

美国政治制度的另一个创新是明确承认正和博弈的安抚作用。文明商业的理念贯穿在《宪法》的通商、合约和征用条款中，这些条款防止了政府过多介入公民之间的互惠交换。[103]

18 世纪时人们尝试的民主政体，就如同今天一项高新科技产品的 1.0 版，你能期待的只有这么多了。英国的民主政治清汤寡水、淡而无味；法国民主实践演变成一场十足的灾难；至于美国民主中的一个缺陷，大家最好去看看演员“冰茶”（Ice-T）扮演的杰斐逊是如何检视宪法草案的：“让我们来看看：言论自由，宗教自由，出版自由，你可以拥有奴隶……我看着很好啊！”但是，民主制度的初期设计的价值在于它继续升级的潜力。尽管有其自身的限制，它不仅开辟了一些区域，绝不容忍宗教裁判、残忍处罚和专制权威，而且还具备让自己继续扩张的基础。明确宣示“我们认为下述真理是不言而喻的：人皆生而平等”，不论当时这一宣言多么虚伪，它都是一个内在的权利保护者。以它为支撑，87年后废除了奴隶制，再经过一个世纪，其他各种形式的种族压迫制度被终结。一旦民主观念开始传播，全世界越来越多的国家受到它的感染，我们将会看到，自从政府出现之后，民主实际上就是一种最伟大的暴力遏制技术。

大战

在人类历史上大部分时间里，为战争辩护的理由就是恺撒那句简洁扼要的名言：“我来过，我看见，我征服。”征服就是政府要做的工作。帝国兴起，帝国衰落，整个民族被征服，被奴役，没有人觉得这有什么
162 不对的地方。那些被冠以“某某大帝”的历史人物，既不是伟大的艺术家、学者、医生，也不是伟大的发明家——这些人才是给人类增添了幸福和智慧的人。“大帝”都是些独裁者，他们的业绩是征服了广阔的疆土和疆土内的人民。如果希特勒的好运气能持续得再久一点儿，他可能会以“阿道夫大帝”的身份被载入史册。即使在今天，标准的战争史书籍告诉读者的主要是战马、盔甲和火药，而对于这些宏大场景下成千上万的人命伤亡却总是语焉不详。

同时，战争中某些男男女女的个人命运，永远吸引着人们的眼球，一直是审视战争的道德视角。在公元前5世纪的中国，儒家和道家的对立派墨家的创始人、哲学家墨子就说过：

> 杀一人，谓之不义，必有一死罪矣。若以此说往，杀十人，十重不义，必有十死罪矣；杀百人，百重不义，必有百死罪矣。当此，天下之君子皆知而非之，谓之不义。今至大为不义，攻国，则弗知非，从而誉之……
>
> 今有人于此，少见黑曰黑，多见黑曰白，则必以此人为不知白

黑之辨矣……今小为非，则知而非之；大为非攻国，则不知非，从而誉之，谓之义；此可谓知义与不义之辨乎？[104]

偶尔也有西方先知高扬和平的理想。先知以赛亚祈愿说："他们要将刀打成犁头，把枪打成镰刀；这国不举刀攻那国，他们也不再学习战事。"[105]基督教导说："你们的仇敌，要爱他；恨你们的，要待他好；诅咒你们的，要为他祝福；凌辱你们的，要为他祷告；有人打你这边的脸，连那边的脸也转过来由他打。"[106]虽然基督教以一场和平运动为开端，但到公元312年时，情况急转直下。古罗马帝国统治者君士坦丁看到一个奇异的景象——天空中出现了一个燃烧的十字架，上面写着"以此必将征服"，随后他使古罗马帝国皈依了这个好战版的基督教信仰。

几千年间，尽管有周期性出现的和平和厌战情绪，但战争状态几乎连绵不断。根据《不列颠百科全书》，中世纪的国际法的前提是："（1）各方无法就和平和停火达成一致，因此即使在独立的基督教社区之间，战争也是国际关系的基本状态；（2）除非有单独的安全通行权和条约一类的特殊安排，统治者都认为自己有随意处置外国人的绝对酌情权；（3）公海不属于任何国家，谁都可以为所欲为。"[107]在15、16和17世纪，欧洲国 163
家之间战争频繁，平均每年爆发约三场新战争。[108]

反对战争的道德理由是无可辩驳的。音乐家埃德温·斯塔尔这样说："战争。啊哈！它有什么好处？绝对什么也得不到。战争是千千万万个母亲眼中的泪水，她们的儿子走上战场，失去生命。"只是在大多数时候，人们都不在意这个观点，原因有两个。

第一，此乃"别人的问题"。如果一个国家决定不再学习战争，但是它的邻国继续好战，和平的镰刀无法抵御好战的梭镖，它很可能成为入侵国的阶下囚。迦太基人败于古罗马人，印度人败于穆斯林入侵者，清洁派教徒败于法国人和天主教教会，还有很多国家历史上不止一次地被卡在德国和俄国之间，都是这种命运的实例。

第二，和平主义在自己的国家内也经常是军国主义势力打击的对象。

在一个已然陷入战争或者即将卷入战争的国家，国家的领袖无法分辨谁是和平主义者，谁是胆小鬼或者叛国者。在历史上，再洗礼派和其他许多主张和平的教派一样，一直受到迫害。[109]

只有在某一时刻，大批选民受到反战情绪的感染，和平主义才能得到关注和支持。必须有经济制度和政治制度为基础，反战运动才不至于完全依赖人民的道德诉求。正是在“理性时代”和启蒙时代，和平主义摆脱了原来虔诚但毫无效果的状态，成为一场具有切实可行的议程的运动。

将毁灭一切的战争魔鬼送回老家的方法之一是讽刺。道德说教会受到嘲弄，激情雄辩可以被送进监狱，但讽刺是一种难以压制的、圆滑的，并可以达到相同目的的反对力量。它诱惑听众变换角度，站在一个外人，比如一个傻瓜、一个外国人或一个游客的角度观察社会，让人们领悟到自己社会中的虚伪和人性中的缺陷。如果听众听懂了笑话，如果读者或观众喜欢这些小品，这说明他们默认了作者对原有规则的解构，而作者完全不需要做长篇大论的批判。比如，莎士比亚笔下的福斯塔夫对荣誉概念——人类历史上众多暴力的主要源泉——进行了迄今为止最精辟的分析。哈尔亲王催促福斯塔夫立即参战，说“哎，只有一死，你才好向上帝还账”。福斯塔夫沉思地说：

> 这笔账现在还没有到期，我可不愿意在期限未满以前还给他。他既然没有叫到我，我何必那么着急？好，那没有关系，是荣誉鼓励我上前的。嗯，可是假如当我上前的时候，荣誉把我报销了呢？那便怎么样？荣誉能够替我重装一条腿吗？不。重装一条手臂吗？不。解除一个伤口的痛楚吗？不。那么荣誉一点不懂得外科的医术吗？不懂。什么是荣誉？两个字。那两个字荣誉又是什么？一阵空气。好聪明的算计！谁得到荣誉？星期三死去的人。他感觉到荣誉没有？没有。他听见荣誉没有？没有。那么荣誉是不能被感觉的吗？嗯，对于死人是不能被感觉的。可是它不会和活着的人生存在一起吗？
> 164 不。为什么？讥笑和毁谤不会容许它的存在。这样说来，我不要什

么荣誉；荣誉不过是一块铭旌；我的自问自答，也就这样结束了。[110]

讥笑和毁谤不会容许它的存在！一个多世纪之后，即1759年，在“七年战争”期间，约翰逊设想了一个魁北克的印第安人首领会怎样向他的人民评价“欧洲人的战争艺术和规矩”：

> 他们有成文的法律，他们吹嘘说这个法律是来自那个创造了大地和海洋的他。他们自称相信并遵循这个法律，在离开生命的时候，他就会让他们感到愉悦。为什么这个法律没有被传达给我们？它被藏起来了，因为它被违反了！他们怎么可能向一个印第安民族传布这样的福音。我被告知，他们的第一条戒律就是，己所不欲，勿施于人……
>
> 贪婪之子拔剑互相残杀，将强取豪夺称为宣战书。让我们漠然看待这场屠杀，并记住，每一个欧洲人的死亡都是将这个国家从暴君和强盗手中拯救出来，因为他们向我们提出的要求，还算是国家对国家的要求吗？这难道不是秃鹫对小兔、老虎对小鹿的要求吗？[111]

（上文中提到的小兔是指野兔的幼崽。）乔纳森·斯威夫特的小说《格列佛游记》（1726年）典型地刻画了优势地位转变的情况——从小人国转到巨人国。斯威夫特通过格列佛的嘴向巨人国的国王讲述了自己国家的近况：

> 他对我叙述的我国近百年来的大事记感到十分惊讶。他断然宣称，那些事不过是一大堆阴谋、叛乱、暗杀、大屠杀、革命和流放，是贪婪、党争、虚伪、背信弃义、残暴、愤怒、疯狂、仇恨、嫉妒、淫欲、阴险和野心所能产生的最严重的恶果……
>
> “至于你呢，”国王接着说，“你生命的大半时间一直在旅行，我很希望你到现在为止还未沾染上你那个国家的许多罪恶。但是，根据你自己的叙述以及我费了好大劲儿才从你嘴里挤出的回答来看，

我只能得出这样的结论：在你的同胞中，大部分人是大自然从古到今容忍在地面上爬行的小小害虫中最有毒害的一类。”[112]

法国人也喜欢嘲讽。布莱兹·帕斯卡（1623—1662年）在《思想录》中这样想象：“为什么你要为了自己的利益杀死我？我手无寸铁。”“为什么，你不是生活在河对面吗？我的朋友，如果你生活在我这一边，杀了你，我就是个凶手，但是既然你生活在对岸，我就是英雄，不过如此。”[113]在伏尔泰的小说《老实人》（1759年）中，他也借
165 虚构人物的口发表了反战言论，比如，“100万名身穿制服的暗杀者，咆哮着从欧洲的一端冲到另一端，为了挣他们每日的口粮，军纪严谨地从事着谋杀和掠夺”。

在讽刺作品告诉大家战争的虚伪和卑鄙的同时，18世纪开始出现论证战争非理性和可避免的新理论。最早出现的是“文明商业”，即正和收益的交易必定比零和或者负和收益的战争更有吸引力。[114]虽然还要再等200年，人类才会使用博弈论的数学语言，但其关键的思想可以用文字简明地表述如下：如果你能够用更少的钱从别国那里购买财宝，然后把自己的东西卖给他们，为什么还要花钱再加上流血伤亡去侵略别国，抢劫这些财宝呢？圣皮埃尔神甫（Abbé de Saint Pierre，1713年）、孟德斯鸠（1748年）、亚当·斯密（1776年）、乔治·华盛顿（1788年）和康德（1795年）都在文章和著作中赞扬自由贸易，因为它把各国的物质利益联结在一起，鼓励它们彼此珍重对方的存在。正如康德所说：“商业的精神迟早会抓住每一个人，它是不能和战争共存的……所以，尽管并非完全出于道德动机，各国将被迫促进和平的崇高事业。”[115]

就像对待奴隶制那样，贵格会成立了反对战争制度的活动团体。这一教派对非暴力的信奉虽说是来自他们的宗教信仰——神通过人类的每一个个体生命向我们讲话，但这并不妨碍他们成为业绩卓著的生意人，而不是禁欲的路德派。他们创立了伦敦劳埃德保险公司（伦敦劳合社）、巴克莱银行，还有宾夕法尼亚殖民地。[116]

那个时代最出色的反战文献当属康德1795年的论文《永久和平论》。[117]康德从来不是一个空想家，他在文章的开始就做了谦逊的忏悔，说这个标题是来自一家小旅店的招牌，招牌画面是墓地外加这样一行文字。接着他逐一陈述了实现永久和平的六个先决步骤，接着又给出了三大原则。这些先决步骤是：和平条约不应留下战争的可能性；一个国家不得吞并另外一个国家；解散常备军；政府不得借债资助战争；一个国家不得干涉其他国家的内政；在战时，国家应避免使用破坏对未来和平信心的战术，比如暗杀、投毒和煽动叛国。

更有意思的是他的几项“正式条款”。康德坚信人性的限制，他在其他地方曾经这样写过：“人性是块弯曲的木材，做不成任何正直的东西。”因此，他从霍布斯的概念出发：

> 人类肩并肩和平相处的状态不是自然状态，自然状态是战争状态的
> 一种。这不是说人类一直处于交战状态，但至少一直受到战争的威 166
> 胁。所以，和平状态是人们建设的结果。为了确保不发生战争，仅仅是简单地不采取敌对行动是远远不够的；而且，除非每一个邻国（只有文明国家才有可能）都接受安全条约的约束，各国都会视自己的邻国为敌国，而各国都恰恰要求自己的敌国接受条约。

接着，他概述了他的永久和平的三大条件。第一个条件是，各国都是民主政体。康德使用的字眼是共和制，因为他将民主与暴民统治联结在一起，他脑子里所想的是一个致力于自由、平等和法治的政府。康德争辩说，民主政体之所以不会互相开战，有两个原因：第一，民主作为一种设计的政府形式，基础是非暴力的——这个设计“源自纯粹的法治概念”。民主政府只有在保护自己公民的权利时才会使用武力。康德这样推理，民主国家往往会在与其他国家交涉时将这一原则外部化，这些其他国家也只应该由自己的公民而不是其他势力统治。

第二，更重要的是，民主政体倾向于避免战争，因为所有战争的收益都归国家领袖，而代价则由人民来支付。在专制政体下，“世界上最

容易做出的决定就是宣战，因为对于一个专制的统治者来说，他是领主而不是国家的成员，战争不需要他牺牲任何快乐，诸如他的餐饮、狩猎、乡间别墅、宫廷仪式等等。因此，他很可能为一些最微不足道的理由而发动战争，就像他因为开心而举办一次晚会一样”。但是，如果权力在民，他们就会再三考虑是否要在愚蠢的海外冒险上浪费自己的钱财和生命。

永久和平的第二个条件是“以自由国家的联盟为基础制定国际法”—— 一个“国联”，他这样称呼它。这个联盟是一个国际化的利维坦。鉴于每一个国家都认定自己永远正确，国联将超越单个国家，给争端提供客观的第三方仲裁。正如为了避免可怕的无政府状态，个人认同社会契约，向国家交出某些个人的自由，国家之于国联则是：“对于国家和其他国家的关系，只存在一种合理的方式让世界能够避免无法无天的必然引发战争的局面。如同个人，国家必须放弃它们蛮横（无法无天）的自由，将自己纳入公法的制约，从而建立一个包括不同国家的不断增长的实体，最后将世界上的所有国家纳入其中。”

康德并没有设想一个拥有全球军队的世界政府。他认为，国际法可以自我执行。“各国对法律这个概念（至少在言辞上）的尊重证明，人身上还沉睡着更强大的道德意愿，要去克制自己身上的邪恶因素（他不
167 能否认这一点），并且期望其他人也这样做。”说到底，《永久和平论》的作者也就是提出“绝对命令”的人，绝对命令（或“绝对律令”）是指人应该按照能够成为普遍行为准则的方式行动。这些乍听起来都是虚无缥缈的空想，但康德把这一思想与民主的传播联结在一起，让这一思想落在坚实的地面上。两个民主国家可以相互承认对方所遵从的原则的有效性。这使它们区别于神权政治，神权政治基于狭隘的信仰；这也使它们区别于专制政体，专制政治基于家族、王朝或者有魅力的领袖。换句话说，如果一个国家有理由相信它的邻国是按照与自己相同的方式组织政治事务，那么，因为两国政府解决问题的手段是一样的，所以两国均无须担心对方会发动进攻，也就均无须采取先发制人的防卫行动。以此类推，双方都不会掉进霍布斯陷阱。比如说，今天的瑞典人不会因为

担忧他们的邻居正在酝酿什么“挪威高于一切”的计划而夜不能寐，挪威人对瑞典人也没有这样的顾虑。

永久和平的第三个条件是“普世友好”或者“世界公民”。一个国家的人民只要不随身携带武器，就应该能够自由安全地生活在其他国家。跨越国界的对话、贸易和其他“和平关系”将全世界人民编织在同一个共同体中，“一个地方发生的侵权，全世界都会有所感受”。

显然，无论是讽刺作家对战争的丑化，还是康德如何减少战争的实用主张，都没有立刻得到普遍认同，未能让西方文明逃脱 150 年后的一场浩劫。但我们将会看到，他们播下了一场运动的种子，这场运动后来开花结果，最终使世界远离了战争。即使在当时，对战争的新认识也立即产生了影响。历史学家注意到，对战争的态度在 1700 年左右开始发生变化。领袖们开始声称自己爱好和平，说战争都是被强加在他们身上的。[118]穆勒说过：“不可能再像恺撒那样简单而坦诚地宣布‘我来过，我看见，我征服’，这句话逐渐变成‘我来过，我看见，可当我站在这里观望的时候，他打了我，我赢了’。这也许应该被视为是一种进步吧。”[119]

对许多国家来说，帝国权威不再具有吸引力了，这是一个更切实的进步。18 世纪，世界上一些最好战的国家，比如荷兰、瑞典、西班牙、丹麦和葡萄牙，它们面对战事失利，不是扩张军备，计划反攻夺回胜利，而是退出征战的游戏，把战争和帝国甩给其他国家，自己埋头于商业贸易。[120]我们将在下一章看到这个变化带来的一个后果，即大国之间的战争时间变短了，频率降低了，参与的国家也减少了（虽然军事组织的进步意味着战争更具破坏性了）。[121]

最伟大的进步尚未到来。过去 60 年来大规模战争数目的惊人减少，也许就是对康德象牙塔理论的迟到的辩护——如果现在还不是“永久和 168
平”，也肯定是“长期和平”，而且是越来越长的长期和平。正如启蒙时代的伟大思想家预示的那样，我们能够得到这个和平，不仅是因为唾弃战争，而且是因为民主的传播、贸易和商业的扩张，以及国际组织的成长。

人道主义革命源自何方？

我们已经看到，曾经是数千年文明组成部分的不人道行为，突然在一个世纪的时间里消失了。驱巫、折磨囚犯、处决异端、奴役外国人，所有这些令人作呕的残忍行为，迅速地从家常便饭变成了匪夷所思。佩恩评论过要解释这些变化是多么困难：

> 抛弃这些武力的路径经常是人们意想不到的，甚至是神秘的——如此之神秘，有时人们感到是上天的力量在起作用。一次又一次地，那些暴力的基础原本是如此根深蒂固、自我强化，似乎只有魔法才能扫除这些暴力。人们只能用“历史”来解释这个造福世代的政策——减少暴力的使用——是如何逐渐加诸人类的，人类自己既不曾有意识地追求过它，也从来没有赞同过它。[122]

停止使用武力惩罚欠债不还的人，就是这种神秘性的案例之一。这种未经特意追求的进步是一个漫长的过程，大多数人从来没有意识到这是一个趋势。还有，远在民主原则被明确表述之前，英语国家中的政治谋杀就已经消失了。在这些实例中，一种模模糊糊的情感转变，也许成为一场精心设计的改革的先决条件。在争权夺利的集团放弃将谋杀作为分配权力的佳选之前，很难想象如何能实现一个稳定的民主政治。最近非洲国家和伊斯兰国家的民主未能站稳脚跟，这提醒我们，在改变有关暴力的规范之前，必须先改变治理的具体细节。[123]

当然，在变化被落实为成文法律之前，情感的逐渐转变通常不足以改变实际的操作。比如，有良知的废奴鼓动家说服当权者通过法律，并以枪炮军舰为后盾，最后才终结了奴隶贸易。[124]至于血腥的运动、公开绞刑、残忍刑罚和欠债人监狱，也都是有良知的鼓动家和从他们开始的公众辩论影响到立法者，立法者通过法案，这些恶俗和暴行才被告废止。

169 在解释人道主义革命时，我们不需要在默契的规则和明确的道德论证之间做取舍。两者是相互作用的。当情感发生变化，对现状提出质疑的思想家就有可能将理念付诸实施，他们就会有言说的机会，并被公众接受。他们的主张不仅说服了拥有权力的人，而且经过酒吧争吵、家庭辩论渗透进社会的文化情感，最后使人们的观念发生变化，形成新的共识。当一种常规被从上至下的改革宣布为非法之后，一方面，它从人们的日常生活中消亡，另一方面，它也不再是人们心目中的现实选项。比如在办公室和教室里抽烟，原本是人们的日常生活，但它后来被法律禁止，今天人们已经觉得原来的旧习简直不可思议。同样，奴隶制和公开绞刑这些恶行早已是过去，没有一个活着的人能记得它们。在今天的人们眼里，它们是难以想象的丑陋，甚至没有人会认真地对它们进行辩论。

对其他生命及其痛苦的关注，也是深受人道主义革命影响的社会观念大转变。当然，人们的道德远远不是完美无瑕的，他们看见珍宝还是会产生占有欲，脑子里一样有见不得人的淫思绮念，甚至也会巴望杀死那些公开羞辱他们的人。[125]但是，一些其他的邪恶愿望已经不再吸引人，大多数人都失去了围观烧死一只猫的胃口，更不要说围观烧死一个男人或者女人。在这一方面，我们确实有别于我们几个世纪之前的祖先，对于其他生命遭受的无法言表的痛苦，他们不仅赞成，亲手实施，甚至还能够尽情地享受。那时候的人在想些什么呢？为什么我们今天没有他们的那些想法了？

在了解第 8 章的施虐心理学和第 9 章的共情之前，我们还回答不了这个问题。但是，我们现在可以看看哪些历史性的变化，让人们不再滥用残忍。同以往一样，寻找先于情感和行为变化的外生变量是我们面临的最大挑战，但只有找到这样的外生变量，我们才能摆脱说人们停止残忍行为是因为他们变得不那么残忍了这样的循环逻辑。是什么改变了人们生活的环境，并最终引发了人道主义革命？

*　*　*

“文明的进程”是我们的一个备选答案。回想一下，埃利亚斯曾经表示，在向现代社会过渡的时期，人们不仅更加自制，而且培养起共情的意识。他们这样做，目的不是为了身体力行尊奉新的道德标准，而是因为要想获得成功，他们必须竭尽全力拉拢政界和商界的领袖。财富的获得越来越依赖社会关系网络，而不是农耕和抢掠。当然，嗜好残忍与协作社会的价值格格不入：如果你认为你的邻居会兴高采烈地看到你被开膛破肚，又怎么能和他们一起工作呢？文明的进程减少了个人暴力，自然也就削弱了对严刑峻法的需要，正如今天的“严厉打击犯罪政策”，也是随着犯罪率的升降而时紧时松。

170 研究人权史的史学家林恩·亨特提出了“文明的进程”的另一个冲击效应：个人卫生和礼仪的改进。比如，使用餐具进食，性行为私密化，以及尽量不在人前进行排泄，并保持衣裳不沾染排泄物。她认为，烦琐的礼节增强了人们的“自主”意识——他们拥有自己的身体，这个身体具有内在的完整性，不是任何社会的附属品。身体的完整性越来越被认为是值得尊重的，不得以造福社会为理由、以个人牺牲为代价对其进行侵犯。

我个人的情感倾向于更具体的东西。我怀疑，关于卫生对道德情感的影响，还有一个更简单的假说，即人们彼此之间的反感越来越少了。人类对污秽和身体的排泄物非常反感，就像今天人们会回避身上散发着屎尿气的流浪汉；古人对邻居更冷酷无情，也是因为这些邻人肮脏邋遢，令人厌恶。更糟糕的是，人们很容易从生理反感滑向道德反感，视所有不卫生的东西为下贱卑鄙。[126]研究 20 世纪暴行的学者一直在琢磨，为什么当一个集团压倒性地统治另一个集团之后，特别容易发生残暴行为。哲学家乔纳森·格洛弗（Jonathan Glover）已经分析过人性灭绝的恶性循环。人们迫使那些受歧视的少数族裔在悲惨恶劣的环境中生活，让他们看起来更像是动物或低等人种，这刺激统治集团加倍地虐待他们，使他们的处境和状态进一步恶化，最后扫除了压迫者残存的最后一点儿良知。[127]也许，如果文明的进程是一部影片，这种人性灭绝的螺旋线就如同倒放这部电影，是历史潮流的逆转。而历史的浪潮是人们的生活更清洁，更有尊严，历经几个世纪之后，也更尊重人民的福祉。

很不幸，“文明的进程”和“人道主义革命”在时间上并没有以一种互相影响的方式同步发展。国家和商业的兴起，凶杀的急遽减少，文明进程的不断向前迈进，历时几个世纪之久，但人们仍然不介意残酷刑罚、国王的绝对权力和对异端的凶残迫害。确实，当国家握有的权力越大，它也就变得越残忍。比如，动用酷刑逼供（而不是判刑监禁），就是在中世纪许多国家恢复罗马法的时候重新引进的。[128]一定有其他因素在17、18世纪加速了人道主义情怀的发展。

* * *

一个可能的解释是人们在自己生活改善的同时变得更有同情心了。佩恩猜测说："当人们的生活越来越富裕时，他们的食物更好了，身体更健康，生活更舒适，他们觉得自己以及别人的生命都更有价值了。"[129]原来廉价的生命变得越来越珍贵，这一假说大致符合历史的大潮流。几千年来，世界一步步摆脱了人祭和酷刑处决等野蛮行径，也是几千年来， 171
人们的寿命越来越长，生活越来越舒适。那些率先废除严刑峻法的国家，比如17世纪的英国和荷兰，确实位居那个时代最富有的国家之列。而在今天世界上那些贫困的角落，我们还能看到奴隶制、迷信杀戮和其他野蛮习俗。

但是，"生命曾经一钱不值"的假说也有一些问题。当时许多比较富裕的国家，比如古罗马帝国，都是虐待狂的温床。今天在富有的中东石油输出国中，可能会发现截肢和石刑等严厉惩罚。更大的问题还是时间的不吻合。图4-7描绘了当代西方致富的历史，经济史学家格里高利·克拉克使用1200—2000年英国人均实际收入（按照能够购买固定数量的食物货币额）做富裕程度的测度。

富裕水平在19世纪工业革命到来之后飞速上升。在1800年以前，世界是马尔萨斯理论的天下，食物生产的任何进步都带来更多嗷嗷待哺的嘴巴，人们低下的生活水平一直得不到改善。不仅英国如此，全世界都是如此。1200—1800年，欧洲国家经济水平的测度指标，比如收入、人均卡路里的摄取、人均蛋白的摄取、每个妇女存活的子女数量都没有上升趋势。确实，他们与狩猎-采集社会的水平几乎没有什么差距。

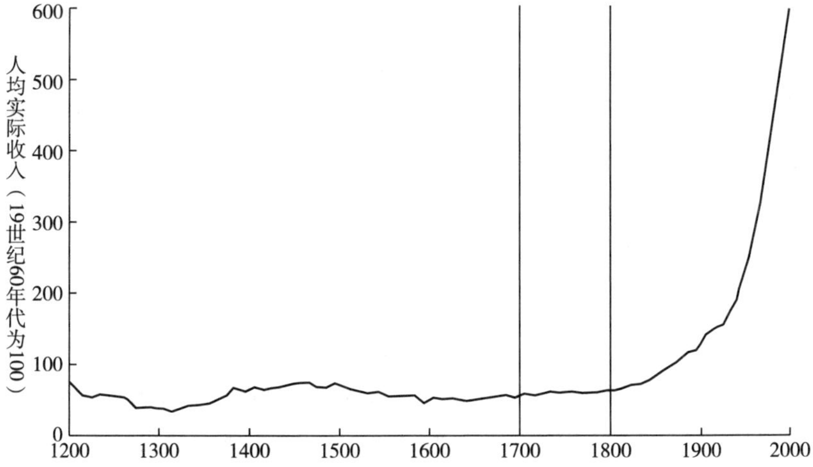

图 4-7　1200—2000 年英国人均实际收入

资料来源：克拉克绘图，2007 年 a，第 195 页。

只有当工业革命引进了更有效的制造技术，并兴建运河和公路等基础设施之后，欧洲的经济才开始飞速发展，人民也开始变得富有了。我们试
172 图解释的人道主义革命在 17 世纪开始，到 18 世纪已然成为社会的主流。

即便我们能够说富裕和人道主义情感是相关的，也很难说清相关的原因。货币并不只是填饱肚子和给人一个遮风挡雨的栖身之地，也能买来更好的政府、更高的识字率、更大的流动性和其他东西。而且，我们不能肯定地说，贫困和不幸就一定会让人们享受虐待他人的乐趣。人们完全可以说，如果你亲身感受过痛苦和赤贫，你应该更不希望别人也遭受这样的命运；反之，如果一个人生活安逸，反而不容易了解别人的苦难。我会在最后一章再回到“生命曾经一钱不值”的假说，这里我们还要继续寻找其他可能的外生变量，来解释为什么人们变得更富有同情心了。

*　*　*

在工业革命前，图书生产是一个生产率得到显著提高的新技术。在 1452 年古登堡发明印刷术之前，每一部书籍都由手工抄写。书籍的制作不仅费时费工—— 一本相当于今天 250 页的书，需要 37 个工作日才能

完成，而且在原材料和能源的使用方面都缺乏效率。手写字比印刷字难辨认，所以手写书的版面更大，使用的纸张更多，装订、储存和运输的费用也更高。古登堡发明印刷术之后，出版成为当时的高端技术行业。在工业革命期间，印刷和造纸行业的生产力提高了 20 倍（见图 4–8），高于英国经济的增长率。[130]

图 4–8　15 世纪 70 年代至 19 世纪 60 年代英国图书生产率

资料来源：克拉克的图表，2007 年 a，第 253 页。

高效的印刷新技术引发了图书出版业的大爆炸。图 4–9 显示，17 世纪每年的图书出版数量迅速增长，而在 18 世纪末出现直线上升。 173

书籍也不再是贵族和知识分子的玩物。研究识字率的学者苏珊·基恩（Suzanne Keen）指出："到 18 世纪末，伦敦和外郡的市镇到处都有可以借阅图书的图书馆，图书馆向外租借量最大的就是小说。"[131] 书籍的种类越来越多，越来越便宜，人们阅读的意愿也就越来越强烈。在普及教育和标准考试出现之前，很难估计读写的水平，但是历史学家一直在使用一种巧妙的替代方式进行估测，比如能够在结婚证书和法庭声明上签署姓名的人的比重。图 4–10 给出了克拉克整理的两组时间数列，它们显示，在 17 世纪的英国，识字率提高了一倍，而到 17 世纪末的时候，

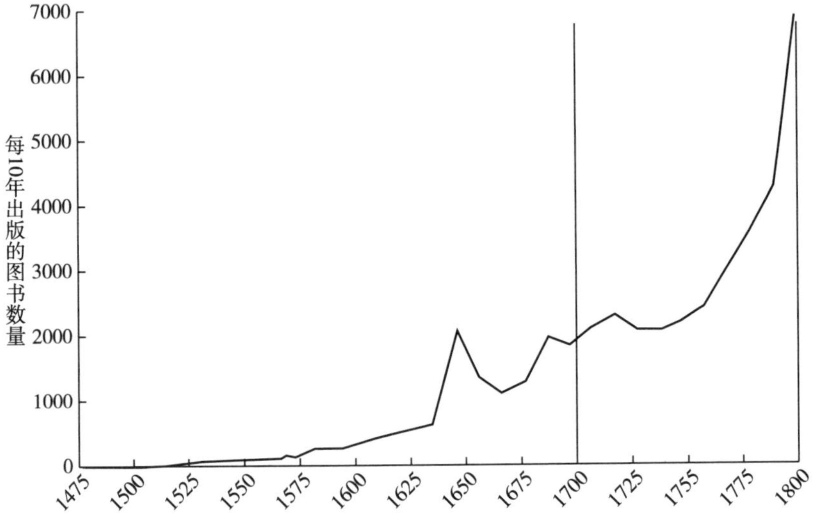

图 4-9　1475—1800 年英国每 10 年出版的图书数量

资料来源：西蒙斯（Simons），2001 年；图片来自网页。

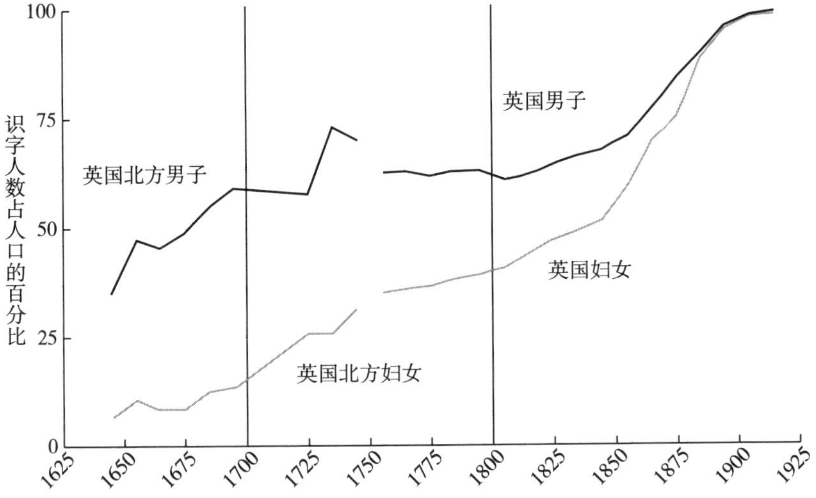

图 4-10　1625—1925 年英国的识字率

资料来源：克拉克的图表，2007 年 a，第 179 页。

大部分英国人已经学会了读和写。[132]

西欧其他国家同时期的识字率也在提高。到 18 世纪末，大部分法国公民可以读写，虽然其他国家直到后来才出现识字的估计数字，但一般都认为，到 19 世纪初，丹麦、芬兰、德国、冰岛、苏格兰、瑞典和瑞士的大多数男性都识字。[133]不仅有更多的人能够阅读，而且他们阅读的兴趣也扩展了。历史学家罗尔夫·恩格尔辛（Rolf Engelsing）将这一发展称为“阅读 174
革命”。[134]人们开始阅读宗教之外的世俗书籍，开始在集体阅读之外进行个人阅读。除了一本正经的文献，例如年鉴、宗教作品和《圣经》之外，人们也开始阅读小册子、小传单和期刊。历史学家罗伯特·达恩顿（Robert Darnton）这样说：“18 世纪末确实像是一个时代的转折点，不同阶层的人民开始接触到多种多样的读物，随着机器造纸、蒸汽动力印刷、活字铸排和几乎普遍识字，大众阅读的雏芽一路生长，在 19 世纪全面开花。”[135]

当然，17、18 世纪的人还有很多可以阅读的东西。“科学革命”已经让人们看到显微镜下的微观世界和天文望远镜中的宏观世界，意识到我们每天的生活不过是连续的浩瀚时空中一个小小的切片，我们居住的地方只是行星轨道上的一块岩石，并非创造世界的中心。欧洲人对美洲、大洋洲和非洲的探索，以及通往印度和亚洲的航线的发现，开辟了一个全新的世界，揭示了生活方式与读者迥然不同的异域民族的存在。

我认为，写作和读写能力的提高是触发人道主义革命的外生变量的最佳候选因素。生活在由村庄和宗族组成的狭小世界中的人，只有通过五官感觉其狭隘的小世界，他们只有一个知识的来源——教会；而阅读给人们带来了关于其他人、其他地方和文化的迷人故事，以及五花八门的思想。出于几种原因，人们思想的扩展会给他们的情感和信仰增加一剂人道主义的良药。

共情的兴起和对人类生命的尊重

人类的同情心，并不是人看到另一个生命时就会自动产生的条件反 175
射。我们会在第 9 章中看到，虽然不同文化的人都对亲人、朋友和婴儿表现出同情，但对于较远的邻居、陌生人、外国人和其他芸芸众生，人们就会有所保留。哲学家彼得·辛格（Peter Singer）在他的著作《扩大的圈子》（*The Expanding Circle*）中论证说：随着人类历史的发展，人们已经将利益认同的人拓宽进自己的圈子。[136]有意思的问题是，是什么拓宽了共情圈。最好的答案是人们学会了读写。

阅读是一种转换视角的技巧。当别人的想法出现在你的脑海中时，你就是站在那个人的角度观察世界。你不仅去看见、去听见那些你并未亲身经历过的场景，你还走进那个人的心灵，暂时分享他或她对世界的态度和反应。我们将会看到，“接受别人的观点”意义上的“共情”不同于“对别人感到同情”意义上的“共情”，但第一个共情是导向第二个共情的自然通道。一旦站在另外一个人的角度，你就会想到这个人是第一人称的——“我”，是现在时态的，有和自己一样的思想意识活动，只是想法和你有所不同。不难想象阅读他人文字的习惯能够让一个人养成代入别人观点的习惯，从而感受别人的欢愉和痛苦。在某一个瞬间，我们突然觉得自己就是绞架上窒息得脸色发青的人，或者是那个绝望地推开燃烧着的柴束的女子，或者自己正颤抖地经受着200下鞭打。我们也许会问自己，是否应该在任何人的身上使用这样的酷刑。

接受别人的观点可以改变一个人的成见。了解一个只有从外国人的、探险家的或者历史学家的眼睛才能看到的世界，能够将一个不可争议的规则（“这是常规”）变为一个准确的观察（“我们的部落正在这样做”）。有了对自我的意识，才有可能对自己的生活提问，质疑旧俗和常规是否能够改变。了解历史的进程，就会明白领先者可以变成落后者，落后者也可以变成领先者；沧桑人世，三十年河东，三十年河西。人们也许会形成一种新的思维习惯，经常能够自己提醒自己：“我，不过是走运罢了。”

那些让读者超越本乡本土的小见识的阅读绝不仅限于纪实图书。我们已经说过讽刺小说如何将人们带入假想世界，他们在那里看到自己的愚蠢和可笑，无须长篇累牍的说教，人们的情感就能发生改变。

现实主义小说让读者一步一步进入一个和自己完全不同的人的生活，思其所思，感其所感，读者的共情圈就这样被扩大了。研究文学的学生都学过，

18世纪是小说史的转折点。小说自此成为一种大众娱乐，到18世纪末，英法每年出版近百部新小说。[137]与初期出版的作品不同，新小说不再拘泥于讲述英雄、贵族和圣徒的业绩，而是再现普通人的悲欢离合以及奋斗和失意。

林恩·亨特指出，人道主义革命的鼎盛期18世纪，也正是书信体小说的全盛时期。在这种类型的小说中，故事情节是在主人公自己的言说中展开的。与保持距离的旁白不同，主人公自己展示的思想和感情都是"实时的"。18世纪中叶，三部情节小说出人意料地成为畅销书，三本书的书名都是书中女主人公的名字：塞缪尔·理查森的《帕梅拉》（*Pamela*，1740年）和《克拉丽莎》（*Clarissa*，1748年），还有卢梭的《新爱洛伊丝》（*New Hélöise*，1761年）。书中描述的被禁止的爱情、难以忍受的包办婚姻，还有那些平凡女子（包括女仆）不平凡的悲惨命运，让许多与她们在生活中毫无交集的成年人感动得热泪盈眶。一位退役军官在给卢梭的信中热情洋溢地说：

> 你让我为她发疯。想象一下吧，她的死让我泪如泉涌……我从来没有这样尽情地哭过。阅读此书给了我如此强烈的体验，我相信，我会很高兴在完成阅读的最后一瞬间死去。[138]

启蒙时代的思想家对小说让读者与他人认同并同情他人的作用赞赏不已。在为理查森所写的悼词中，狄德罗说：

> 尽管你知道这是小说，但一旦你进入他的角色，你会不由自主地被卷入他们的对话，然后，你同意，你谴责，你爱慕，你开始烦躁了，你感到愤怒了。不知道有多少次——我已经不觉得奇怪了，我就像一位第一次被带进剧院的儿童，哭喊着对故事中的人说："不要相信他，他是在骗你呀。"……他的人物都是来自生活中的普通人……他描写的激情，正是我自己内心的感受。[139]

当然，教会的神职人员痛斥这些小说，还将几本小说列入《禁书目录》。

一位天主教的神职人员这样写道：“翻开这些书，你就会看到，几乎所有作品都侵犯了神圣和人类正义的权利，父母对孩子的权威遭到蔑视，婚姻和友谊的神圣纽带被斩断。”[140]

亨特认为存在这样一个因果链：阅读书信体小说，体会书中与自己经历完全不同的人物，就是一种设身处地为他人着想的训练，最后就是转变为反抗残忍刑罚和践踏人权。和其他解释一样，对于这一
177 相关性，我们很难排除还有别的解释。也许是因为其他原因，人们变得更有同情心，这也让人们喜欢书信体小说，并关切其他人的不幸遭遇。

但是，一个纯粹的因果关系假说要比一个英语老师的幻想更靠谱。这一连串事件的顺序是：印刷出版的技术进步，大规模出版图书，识字率提高，小说风行于世，这些依次发生在18世纪人道主义革命开始之前。在某些情况下，一群人在受苦受难，但久已被社会遗忘。畅销小说或者回忆录向广大读者展示了这些人的生活和苦难，最后导致了政策的改变。当《汤姆叔叔的小屋》在美国让废奴活动家奔走呼号的同时，查尔斯·狄更斯的小说《雾都孤儿》（1838年）和《尼古拉斯·尼克尔贝》（*Nicholas Nickleby*，1839年）让人们看到了英国工厂和孤儿院中的孩子受到的虐待。理查德·亨利·达纳的《航海两年》（*Two Years Before the Mast: A Personal Narrative of Life at Sea*，1840）和赫尔曼·梅尔维尔的《白鲸》帮助结束了对水手的鞭刑。在刚刚过去的20世纪，埃里希·玛丽亚·雷马克的《西线无战事》（*All Quiet on the Western Front*）、乔治·奥威尔的《1984》、阿瑟·库斯勒的《正午的黑暗》（*Darkness at Noon*）、亚历山大·索尔仁尼琴的《伊万·杰尼索维奇的一天》（*One Day in the Life of Ivan Denisovich*）、哈珀·李的《杀死一只知更鸟》（*To Kill a Mockingbird*）、埃利·威塞尔的《夜》（*Night*）、库尔特·冯内古特的《第五屠宰场》（*Slaughterhouse-Five*）、亚历克斯·哈里的《根》（*Roots*）、阿扎尔·纳菲西的《在德黑兰读〈洛丽塔〉》（*Reading Lolita in Tehran*）和艾丽斯·沃克的《拥有欢乐的秘密》（*Possessing the Secret of Joy*，一部讲述女性割礼的小说）都曾经唤起公众对某些受害人的关注。没有这些书籍，受害人和他们的苦难很有可

能被社会遗忘。[141]电影和电视吸引了更多的观众，提供了更直观的体验。我们将在第 9 章介绍一些实验，它们证实虚构的故事确实能够激起人们的同情心，并促使他们采取行动。

一般的小说也罢，书信体小说也罢，都是扩大共情的关键类型，让人们习惯于走出狭隘自私的角落。仅此一点，阅读的爆炸性增长就可能已经对人道革命做出了贡献。此外，它还可能有另外一个方面的贡献：为考量道德价值和社会秩序的新思想提供了一个温室。

文字共和国和启蒙人文主义

在戴维·洛奇（David Lodge）1988 年的小说《小世界》（*Small World*）中，一位教授解释了他为什么认为精英大学正在衰亡：

> 与过去相比，今天的信息变得越来越方便携带了。人也一样……过去 20 年以来，有三件事情让学术发生了革命性的变化……航空旅行、直拨电话和复印机……只要你能找到一部电话、一台复印机，加上会议经费，你就成了，你就和这世界上最重要的大学——全球校园接通了。[142]

莫里斯·扎普（Morris Zapp）说的没错，但是他过分强调 20 世纪 80 *178*
年代的技术。在他的著作发表 20 年后，这些技术被电子邮件、电子文献、互联网、博客、电话会议、Skype（一种即时通信软件）和智能手机超越。而在他说此话的 200 年前，当年的技术——航海、印刷图书和邮政服务已经让信息和人具有了便携性。它们的结果是一样的，一个全球校园、一个公共空间，或者用 17 和 18 世纪的叫法：一个“文字共和国”。

任何一位 21 世纪的读者如果深入了解思想史，都会不由自主地被 18 世纪的“博客圈”打动。每一本书刚出印厂，立即被销售一空，旋即再版印刷，接着就是被翻译成数种文字，评论的小册子和单张接踵而至，学者通信交流，最后是又一本新书火热出炉。洛克和牛顿这样的思想家通了上万封信。伏尔泰一个人就写了18 000多封信，足足编纂了15卷书。[143] 当然，按照今天的标准，这种对话的进行速度过于缓慢，需要数周甚至数月才有一次交流，但它的速度足以引发讨论、批评、融会、提炼，并引起当权者的关注。最著名的事例是贝卡里亚的《论犯罪与刑罚》，此文一出，即在欧洲思想界引起轩然大波，推动了在全欧洲废除酷刑惩罚。

只要有一定的时间和足够的供货人，思想的市场不仅会传播思想，而且会改变思想的创作。没有人能聪明到在一开始就知道什么观点最有价值。牛顿（很难说他是个谦虚的人）在1675年给科学家同行罗伯特·胡克（Robert Hooke）的一封信中承认："如果说我能看得更远，那是因为我站在巨人的肩膀上。"人类的头脑擅长将一个复杂的想法打包，并将它与其他想法结合成更复杂的组合，再将这个组合打包，做成更大的装置，然后再结合更多其他思想，层出不穷。[144] 为了做到这一点，需要稳定的源源不断的组件供给，而这必须依靠各种思想交流的网络。

全球校园不仅增加了思想的复杂性，也提高了思想的质量。在蜗居的隔绝中，难免会滋生各式各样怪异和有害的思想。阳光是最好的消毒剂。一个有害的观点暴露后，其他思想家的批评至少让这个观点有了枯萎和死亡的机会。在"文字共和国"中，迷信、教条和野史的寿命都不长，那些就控制犯罪和管理国家冒出来的馊主意也得意不了几时。放火烧一个人，观察他是否会被烧死，以此来判断他是否有罪，这种方法是十分愚昧的。因为一个女子与魔鬼交配并将魔鬼变成猫而处死她，同样愚蠢至极。除非你自己就是世袭的专制君主，否则你不可能认同世袭专制君主是最佳政体这样的奇谈怪论。

在洛奇1988年提到的技术名单上，只有喷气式飞机还没有被互联网
179 取代。这也告诉我们，有时面对面的沟通是无法被替代的。飞机让人们团聚一堂，但生活在同一个城市的人不是已经"团聚一堂"了吗？所以，城市一直是思想的熔炉。国际化的大都市可以聚集大量不同思想的人，还提供了大量的角落和缝隙，足供特立独行的人寻找藏身避难之地。"理性时代"和启蒙时代也正是城市化的时代。伦敦、巴黎和阿姆斯特丹成为知识的骡马大市，思想家每天都在沙龙、咖啡馆和书店聚会，对

时兴的观点评头论足。

阿姆斯特丹是思想角斗的主战场。在 17 世纪“荷兰的黄金时代”，它是一个喧嚣的港口，向各种商品、思想、货币和人敞开大门。它包容了天主教、再洗礼派、各个新教教派，也包容了祖先被葡萄牙驱逐出境的犹太人。它拥有众多出版商，禁书出版生意做得风生水起。它不仅印刷有争议的书籍，还向那些禁止这些书籍的国家出口。斯宾诺莎就是阿姆斯特丹人，他将《圣经》作为文学分析的对象，还构造了一套包罗万象的理论。在这套理论中，他完全没有给上帝留下存身之地。1656 年，犹太社区将斯宾诺莎逐出，当时欧洲宗教审判的恐怖经历记忆犹新，犹太社区非常担忧这是否会惹恼身边的基督徒。[145]悲剧并未落到斯宾诺莎头上，但如果他住在偏僻的乡村，情况可能就不一样了。他不过是收拾了自己的物品，搬到另外一个小区而已，接着，他又搬到更宽容的荷兰城市莱顿。两个城市的作家、思想家和艺术家圈子都对他张开了双臂。约翰·洛克在 1683 年被怀疑参与了反对英王查理二世的阴谋，阿姆斯特丹成了他的避风港。勒内·笛卡儿也不断地变换住址，风声一紧，他就在荷兰和瑞典两国之间来来往往。

经济学家爱德华·格莱泽（Edward Glaeser）将自由民主的出现归功于城市的兴起。[146]暴虐的独裁者即使被他的人民鄙视，仍然能保住权力，这个谜被经济学家称为“社会两难困境”或者“搭便车问题”。在专制制度下，独裁者和他的打手们有强烈的动机把持权力，但单个的国民却缺乏动机去推翻他，因为虽然民主的收益惠及全民，但反抗者却要独自承担专制镇压的风险。城市像一个熔炉，将金融家、律师、作家、出版商和人脉广泛的商人聚集到一起，他们可以在酒吧或行会大厅共谋挑战现政权的大计，彼此分工合作，共担风险。古希腊的雅典、文艺复兴时期的威尼斯、美国革命时期的波士顿和费城、低地国家的各个城市都是孕育民主的城市典型，今天的城市化和民主化也总是并肩同行。

政治暴君和宗教暴君从来都知道信息的流动和人的流动所具有的颠覆性力量，所以他们一向压制言论、写作和结社的自由，这就是为什么民主国家要通过权利法案保护这些渠道。在城市和文化兴起之前，自由 180
的思想很难形成和聚合，所以可以说，人道主义革命出现的部分原因是

17 世纪和 18 世纪城市的兴起。

* * *

当然，将人和思想汇聚在一起，不能决定这些思想会怎样演化。“文字共和国”和大都市的兴盛也不能单独解释为什么在 18 世纪出现了人道主义伦理观，而不是为酷刑、奴隶制、专制主义和战争寻找更合理的解释。

我个人的看法是，这两个发展是相互关联的。当一个具备一定规模的、由自由和理性的力量组成的社区协商一个社会应该如何管理自己的事务，在逻辑的一致性和世界各方反馈的制约下，他们的共识必然指向一定的方向。正如我们不需要解释为什么分子生物学家发现的 DNA 有四个组成单位——假定他们的实验操作正确，假定 DNA 确实是有四个组成单位，从长期来说，他们不可能再找到任何其他结果，我们也不需要解释为什么启蒙思想家会逐渐开始反对非洲奴隶制、酷刑、专制王朝，以及处死女巫和异端。在公正、理性、见多识广的思想家的大量观察下，这些做法最终被认为是不正当的。在思想的王国中，一个思想蕴含着其他思想，思想本身就是一种外生的力量。一旦一个思想家群体进入这个王国，无论他们所处的实际环境如何，他们的思想都将被迫向某些方向发展。我认为，道德发现的过程是人道主义革命最重要的动因。

我打算继续就这个观点进行更深一层的阐述。在人类历史的相当短的时间内，许多暴力制度就走到了尽头，因为批判这些制度的理论早已经过长期的酝酿，是“理性时代”和“启蒙时代”涌现的哲学思想的延续。许多思想家，比如霍布斯、斯宾诺莎、笛卡儿、洛克、大卫·休谟、玛丽·阿斯特尔（Mary Astell）、康德、贝卡里亚、斯密、玛丽·沃斯通克拉夫特（Mary Wollstonecraft）、麦迪逊、杰斐逊、汉密尔顿和约翰·穆勒，共同构造了一种世界观，即我们所说的启蒙人文主义（有时也称为“古典自由主义”，尽管自 20 世纪 60 年代以来，自由主义这个词已经具有了其他含义）。下面是对启蒙人文主义哲学的简要概述，虽然粗略，但总算是对这些启蒙时代思想家的观点给出一个连贯的总结。

启蒙人文主义的起点是怀疑主义。[147]人类历史上的愚昧，以及我们自己
容易被错觉和谬误迷惑的现实告诉我们，人（不分男女）是会犯错误的。
所以，人需要有理由才能去相信某件事情。信仰、启示、传统、教条、权
威、主观确定性带来的陶醉——都会带来错误，不应该作为知识的来源。
有什么东西是我们可以确信的吗？笛卡儿给了一个很好的回答：我们自己
的意识。我正在思索什么是我能够知道的——这个事实让我知道我是有意 181
识的，而且我能够知道我的意识是由几种不同的经验构成的。它们包括对
外部世界和其他人的感知，各种欢愉和痛苦——有感官的（比如食物、舒
适、性），还有精神的（比如爱、知识和对美的欣赏）。

我们也相信理性。我们提出问题，评估可能的答案，并试图说服其他人承认这些答案的价值。这就是推理，而推理就是默认了理性的有效性。我们也相信谨慎使用理性得到的所有结论，比如数学原理和逻辑学。

虽然我们不能对自然世界进行任何逻辑证明，但是我们有权相信某些有关自然世界的信念。我们所谓的科学，就是运用理性和观察对自然世界进行试探性的归纳。科学在解释和改变世界方面的成功毋庸赘言，科学的进步表明我们有可能去认识世界，虽然我们的认识永远是或然的，而且是随时准备被修正的。因此，科学是我们应该如何获取知识的一个范式——这里所说的科学，不是指科学的具体方法或者体系，而是指科学的价值观，即寻求对世界的解释，客观地衡量各种答案，承认我们对世界的理解在任何时候都具有试探性和不确定性。

理性的不可或缺，并不意味着个人永远是有理性的，或者永远不被激情和幻象动摇。这仅仅是说，人有理性的能力。如果一群人愿意去完善理性的能力，公开和公平地运用这种能力，从长远看，他们就能够在合作中通过理性得到更坚实的结果。林肯曾经观察到，你可以在某些时间内愚弄所有人，也可以永远地愚弄某些人，但你不可能永远地愚弄所有人。

在我们对世界的信念中，最有把握的一条是其他人是和我们一样有意识的。其他人也是由同样的材料构成的，也追求同样的目标，让我们自己感到痛苦和快乐的事情，也同样让其他人感到痛苦和快乐。

根据同样的推理，我们可以推断，那些在表面上与我们有许多差异的人——性别、种族、文化，在最根本的层面和我们是一样的。莎士比亚笔下的夏洛克问：

> 难道犹太人没有眼睛吗？难道犹太人没有五官四肢，没有知觉，没有感情，没有血气吗？他不是吃着同样的食物，同样的武器可以伤害他，患同样的疾病，用同样的方法治愈，冬天同样会冷，夏天同样会热，就像一个基督徒一样吗？你们要是用刀剑刺我们，我们不是也会出血的吗？你们要是搔我们的痒，我们不是也会笑起来的吗？你们要是用毒药谋害我们，我们不是也会死的吗？那么要是你们欺侮了我们，我们难道不会复仇吗？

182 人类对特定事物的基本反应是一致的，这种超越一切文化的共性具有深刻的含义。第一重含义是，存在普世的人性。它包括我们共同的快乐和痛苦、共同的推理方式，以及我们对愚昧的共同弱点（尤其是对复仇的渴望）。就像世界上的其他事情一样，人性也是可以被研究的。我们在决定如何组织我们生活的时候，应该将人性的因素考虑在内——一旦科学对我们的本能提出疑问，我们就要对本能有所保留。

人类心理共性还有另一重含义，即无论人和人之间有多大的差异，一般而言，他们是可以达成共识的。以我们共同认可的事实为起点，使用我们共同接受的逻辑和取证标准，我可以诉求于你的理性，并试图说服你。

这种“理性的普世性”的具体化之一，就是界定什么是道德。如果我恳求你去做一件会影响到我的事情——请不要踩着我的脚，或者不要为了好玩而捅我一刀，或者下水去救我的孩子；如果我想要你认真对待我的恳求，就不能让我的利益凌驾于你的利益之上（比如，我要保留踩你的脚、捅你一刀，或者看着你的孩子被淹死的权利）。我必须申明我的立场，这个立场迫使我以同样的原则对待你。我不能表现出仅仅因为我是我，我的利益就是特殊的，而你的就不是；我也不能要求你承认，我现在所站的地方是宇宙中一个特别的地方，没有别的原因，就是因为我恰好站在这里。[148]

你和我应该达成这种道德上的理解，不仅因为只有如此我们才能在逻辑上保持一致的对话，还因为只有相互无私，我们才能同时追求共同利益。比起你和我各自囤积剩余，任其腐烂，看着对方的孩子掉在水里却见死不救，两个人没完没了地寻衅斗殴，如果我们能够分享剩余，互相救对方的孩子，不再掐住对方的喉咙，我们的处境当然会更好。当然，如果我稍微自私一点点，多吃多占了一点点，你多少憨厚了一点点，我的处境也许会比你的处境稍微好一点点。但是，你也可以这样想，这样做。所以，如果我们两人都尝试占对方的一点儿便宜，我们两人的处境都会变得更糟。如果任何一个中立的观察者、你和我三方能够理性地进行讨论，我们得出的结论只能是，我们期望达到的状态是我们双方都做到无私。

所以，道德并不是一套由充满复仇精神的神任意制定再写在纸上的规则，也不是某一种文化或某一个部落的习俗，它是人们视角的互换性和世界为正和博弈提供机遇共同产生的结果。世界各大宗教都发现了道德的这个基础，虽然对这一金科玉律各有自己的版本，而从斯宾诺莎的“永恒观”、康德的“绝对命令”、霍布斯和卢梭的“社会契约”、洛克和杰斐逊的“人皆生而平等乃不证自明的真理”中也可以看到道德的这一基础。

存在普世人性，这已然是一个事实性知识。任何人都没有权力将自 183
己的利益置于他人的利益之上，这已经是道德的原则。以此为出发点，我们可以推导出应该怎样处理我们的事务。政府是一个好东西，因为在无政府状态下，人们的自私、自欺和对他人的自私和自欺的恐惧将导致持续不断的冲突。如果每个人都同意放弃暴力，并授权一个没有利害关系的第三方进行管理，那么人们的生活会更好。但既然这个第三方也是由人而不是天使组成的，他们的权力必须受到其他人的监督，迫使他们按照被管治者的意愿进行管治。政府不得对其公民使用暴力，尤其是其手段不得超过防止更大暴力所需的最低限度。政府应该创造条件，允许人民在自愿合作和交换中繁荣昌盛。

这一推理也可以被称作人文主义，因为它承认的价值是人的实现，这是唯一不可被否认的价值。我感受欢乐和痛苦，并追求能够实现欢乐或解除痛苦的目标，所以，我没有理由否认其他众生拥有同样的权利。

如果这些话听起来是老生常谈、平淡无奇，那么你就是启蒙运动的孩子，已经受过人文主义哲学的浸润。但是，作为一个历史的事实，这绝不是一件平庸和乏味的事情。尽管不一定是无神论的（无神论和自然神论是兼容的，在自然神论中，上帝等同于宇宙的本质），启蒙人文主义完全不涉及经文、耶稣、仪式、宗教法、神圣意志、不朽灵魂、来世、福音时代，或者一个对个人直接回应的上帝。任何无助于人的实现的世俗价值，启蒙人文主义同样不予理会。这些无用的东西包括：国家的威望、民族或阶级的声誉；受崇拜的各种美德，比如男子汉气概、尊严、英雄主义、光荣和荣誉；以及其他一些神秘的力量——使命、命运、辩证法和斗争。

我认为，启蒙人文主义，不论是直接地还是间接地，都为 18 世纪和 19 世纪形形色色的人道主义革命奠定了基础。第一批自由民主政体的设计，特别是美国《独立宣言》中“不证自明的真理”明确地体现了启蒙人文主义的哲学。之后，它被传播到世界的其他地方，并与各个文化中萌发的人道主义理念相融合。[149]我们会在第 7 章中看到，启蒙人文主义在当代的权利革命运动中再次得到发展。

虽然如此，启蒙人文主义并没有在一开始就大获全胜。虽然它帮助消灭了很多野蛮的制度并建立了民主政治的桥头堡，但世界上的大部分国家坚决地排斥它的影响。反对力量之一，是我们在本章中所讲述的启蒙主义和我们在前一章中所讲述的文明进程之间的张力，虽然我们将看到，两者
184 并不是不可调和的。这种反对力量根基更加深厚，后果也更加恐怖。

文明和启蒙

与启蒙运动接踵而至的是法国大革命：昙花一现的民主之后，是一

连串的弑君、暴动、狂热、暴民、恐怖行动和先发制人的战争，最后以一位自大的皇帝和一场疯狂的侵略战争而告终结。超过 25 万人在法国大革命和后续的动荡中丧命，而在法国大革命和拿破仑战争中，另有 200 万到 400 万人被杀害。在反思这场大灾难的时候，人们会很自然地说："从此之后，所以，就是因为它……" 而左右两派的知识分子都为此谴责启蒙运动。他们这样说："这就是你能得到的——你吃了智慧之树上的果子，你从神那里偷来了火种，你打开了潘多拉的盒子。"

启蒙运动的理论要对恐怖行为和拿破仑承担责任。客气点儿说，这种指责是值得怀疑的。政治谋杀、屠杀和帝国扩张的战争，这些恶行和人类文明一样古老，对欧洲（包括法国）的君主而言早已是家常便饭。许多为大革命提供了精神支持的法国哲学家在思想界无足轻重，与霍布斯、笛卡儿、斯宾诺莎、洛克、休谟和康德理性流派也没有传承关系。美国独立战争更严格地遵守了启蒙运动的蓝本，它给世界带来了第一个持续了两个多世纪的自由民主政体。在本书的结尾部分，我将用暴力减少的历史数据证明启蒙人文主义的积极意义，并反驳来自左右两边的批评。但是，在这些批评家中，有一位特别值得我们注意，他是盎格鲁-爱尔兰作家埃德蒙·伯克（Edmund Burke），因为他的观点与暴力减少的另一个主要原因——文明的进程有密切的关系。对暴力减少原因的两个解释是互相重叠的，两个都诉诸共情的扩展和合作的安抚作用，但是它们所强调的是人性的不同侧面。

伯克是知识界世俗保守主义之父，他的保守主义基于经济学家托马斯·索维尔（Thomas Sowell）所称的"对人性的悲剧性洞察"。[150]在伯克的眼中，人类的知识、智慧和美德永远是有限的。人是自私和短视的，如果放任他们自行其是，他们将立即陷入霍布斯式的自相残杀。人们在恪守文明社会的准则时，培养了自制和社会和谐的习性，只有如此才能阻止人类落入万劫不复的深渊。社会习俗、宗教传统、性道德、家庭结构和长期存在的政治制度，即使没有人能说明它们的合理性，它们也是克服人性固有弱点的久经考验的方法。正如它们曾经带领人类走出了野蛮时代，对于今天的社会，它们同样不可或缺。

根据伯克的观点，凡人没有足够的智慧来根据基本原则设计社会。一个社会是一个有机的系统，它自发地发展，而控制社会的是无穷无尽
185 的互动和调整，人类的头脑完全无法理解其中的奥妙。我们无法用口头语言来表述它如何运作，这并不意味着我们就应该按照时髦的理论抛弃它或者改造它。这种笨拙的胡修乱补只会导致意想不到的后果，最终导致暴乱。

伯克显然走得太远了。因为酷刑、驱巫和奴隶制是长期存在的传统，突然废止它们将使社会回到野蛮状态，所以人们永远也不应该奋起反抗这些制度，这样的说法简直是太愚蠢了。这些传统本身就是野蛮，我们已经看到，社会能够找到新的补偿方式，替代被废止的暴力制度，尽管这些暴力制度都曾经被认为是不可替代的。人道主义可以说是发明之母。

但是，伯克有他对的一面。在人们的日常生活和政府的行为中，都有不言而喻的文明规范，它们是成功推行特定改革的前提条件。这些规范的发展也许是依靠神秘的“历史动力”，正如佩恩注意到的，在民主原则确立之前，政治谋杀已经在自发地淡出历史，而某些旧制度已经开始了消亡的过程，群众运动恰好给了它们致命一击。[151]

在解释暴力减少时，文明和启蒙不是非此即彼的关系。在有些时期，共情、自制和合作这些隐性规范领先，理性阐述的平等、非暴力和人权等原则随后。在另一些时期，则可能是相反。

这种往复交替也许解释了为什么美国独立战争没有像法国大革命那样灾难深重。美国的建国之父们不仅是启蒙运动之子，也是英国文明进程的产物，自制和合作已经是他们的第二天性。“出于对人类舆论的尊重，必须把他们不得不独立的原因予以宣布。”《独立宣言》礼貌周全地解释说，“为了慎重起见，成立多年的政府不应因微不足道和短暂的原因而改变。”确实是为了慎重起见。

但是，他们的庄重和审慎绝不仅仅是盲目的习惯。建国之父们有意识地审视了人性的局限性，正是这些局限性让伯克忧心忡忡。“政府本身又是什么，”麦迪逊问，“不正是人性的集大成者？”[152]在他们的远见中，民主，就是要设计成对人性弱点的制约，特别是对领导滥用权力的

制约。对人性的认知，可能是美国革命家和他们的法国同志之间最大的不同，后者有着浪漫的情怀，坚信自己即将摆脱人性的局限。1794年， 186
“恐怖统治”的总设计师马克西米利安·罗伯斯庇尔（Maximilien Robespierre）这样写道：“法国人民似乎已经超越世界上其他人类2000年；身居其间，你很想将他们看作另外一个物种。”[153]

在《白板》一书中，我提出了对人性的两种极端看法：“悲剧观”（对人性的缺陷逆来顺受）和“乌托邦观”（拒绝承认人性存在弱点），这就是决定右翼和左翼政治思想的最大分野。[154]我认为，根据现代科学，对人性更深刻的理解表明，处理政治问题中的人性远比上述两种极端的观点更复杂和深奥。人的头脑不是白板，没有一种人道的政治制度应该允许蔑视领导人或者重塑公民。即使有这样或那样的局限性，人性中还有一个具有递归、开放性和组合能力的系统进行推理，因此人能认识到自身的局限性。启蒙人道主义的引擎——理性主义，永远不会被特定时代中人们推理中出现的缺陷和错误击败。理性总是能够退后一步，记录缺陷，修正规则，避免下一次再犯错误。

血与土

第二次反启蒙运动开始于18世纪末19世纪初，中心不是在英国，而是在德国。以赛亚·伯林（Isaiah Berlin）的论文和哲学家格雷姆·加勒德（Graeme Garrard）的著作对这场运动的各种思潮做过阐述。[155]卢梭是这场运动的始作俑者，后来卷入的人中有神学家、诗人和散文家，比如约翰·哈曼（Johann Hamann）、弗里德里希·雅各比（Friedrich Jacobi）、约翰·赫尔德（Johann Herder）和弗里德里希·谢林（Friedrich Schelling）。它的目标不是像伯克认为的那样，是启蒙运动对社会稳定的“意想不到的后果”，而是理性本身的基础。

他们说，启蒙运动的第一个错误是它的起点是个人意识。一个脱离了文化和历史背景的空洞的个体理性，是启蒙运动思想家的凭空想象。一个人，不是一堆抽象的思考—— 一根棍子上的一个大脑，而是有感情的血肉之躯，是大自然不可或缺的组成部分。

第二个错误是设定存在普遍人性和普遍有效的推理体系。人生来就有文化背景，从自己文化中的神话、符号和史诗中认知意义。真理并不是飘在天空中的命题，仿佛每个人抬头就能看见，它只能存在于具体的叙述和形象之中，而这种叙述和形象只能是一个地方的历史所独有，并赋予那里居民的生活以意义。

按照这个思路，一个理性的分析家来评判传统的信仰或习俗就是迷失了方向。只有当一个人经历了奉守这些信仰的人的生活，他才有可能真正理解这些信仰。比如，只有重历约旦丘陵上古代牧人的生活，才有
187 可能欣赏和领会《圣经》。每一种文化都有其独特的重心，一个万有引力的中心，除非我们努力占据它，否则不可能理解它的意义和价值。[156]世界主义非但算不上是什么美德，而且“抛弃了一切让人最能成为人，让人最能成为自己（具有个性）的因素”。[157]普遍性、客观性和合理性，请你们走开，浪漫主义、生命主义、直觉和非理性主义，请你们进来。赫尔德对“狂飙突进运动”总结说：“我不是在思考，而是在做我，在感觉，在生活！……感情！温暖！鲜血！人性！生活！”[158]

所以，反启蒙运动的孩子追求一个目标，不在于它是否客观真实或高尚，而是因为它是一个人创造力的独特产物。创造力的源泉也许是一个人真正的自我，浪漫派画家和作家就是这样认为的，或者也可以是某种超然的存在—— 一种宇宙精神、一团圣火。伯林说：

> 有些人将创造性自我等同于超个人的“有机体”。在这个有机体——国家、教会、文化、阶级或者历史自身当中，他们认为自己是组成要素或成员，或者将其等同于一种伟大的力量，而他们自己则是这种力量在尘世留下的散射物。激进的民族主义，与阶级、文化或者种族利益自我认同，或者进步力量是些政治和道德概念——在指向未来的历史浪潮中，这些东西一度被用来解释和正义化某些行为，而如果这些行为的发生是出于私利的算计和平凡的动机，原本是令人憎恶和鄙视的——这些概念都是一种自我实现论的不同表述，其

> 本质是对启蒙运动的核心命题的轻蔑拒绝。这些命题认为何为真，何为是，何为善，何为美，通过正确使用客观的，而且是任何人都可以使用和验证的手法进行探索和阐述，得到的答案对所有人都是成立的。[159]

反启蒙运动同时也否定了暴力问题是可以被解决的这一假定。斗争和流血是自然秩序与生俱来的组成部分，因此也是无法被消除的，除非完全湮灭世界的活力，彻底颠覆人类的命运。赫尔德的原话是这样说的："人渴望和谐，但自然更了解什么是人类最需要的：它渴望斗争。"[160] 美化弱肉强食的斗争——丁尼生所说的"自然乃尖齿利爪下的血肉"，是 19 世纪艺术和写作无所不在的创作主题。后来，它还被裹上了一层科学的外衣，改造为"社会达尔文主义"。不过，将达尔文牵扯进来，不仅时间上阴差阳错，而且也是不公正的，达尔文的《物种起源》在 1859 年才出版，此时浪漫主义斗争论早已成为流行的哲学思想，而达尔文自己则是一位彻头彻尾的自由人文主义者。[161]

反启蒙运动是 19 世纪日益强盛的各种浪漫主义运动的源泉。其中一些对艺术产生了深远的影响，给我们带来超凡绝伦的音乐和诗歌。另外一些则成为政治意识形态，导致暴力减少进程发生了可怕的逆转。188
这些意识形态之一是军国主义，即人们知道的"血与土"——这个概念的含义是，一个民族群体和它的土地，加上独特的道德素质，即构成一个有机的整体。这个整体的伟大与光荣比它的个别成员的生命和幸福更加宝贵。此外还有浪漫军国主义，穆勒对这一思想的概括是："战争是高尚的、上进的、善良的、光荣的、英雄的、兴奋的、美丽的、神圣的、令人激动的。"[162] 第三种思潮是马克思的社会主义。在这个理论中，历史就是阶级之间的光荣斗争，其终结将是资产阶级被征服，无产阶级取得最后的胜利。第四种是国家社会主义。它认为历史是种族之间的光荣斗争，其终结将是劣等民族被征服，雅利安人取得最后的胜利。

人道主义革命是历史性暴力减少的里程碑，这是人类最值得骄傲的成就。迷信杀戮、残酷刑罚、滥用死刑、蓄奴也许还没有从地球上被彻底清除，但可以肯定它们已经被赶到了犄角旮旯。自文明诞生之初，专制主义和大规模战争就是笼罩在人类头上的阴霾，至此也终于开始出现缝隙，露出几缕微光。启蒙人道主义的哲学以及它所代表的社会进步在西方站稳了脚跟，直到更多的暴力意识形态悲剧性地走上它们的道路。

第 5 章
长期和平

> 战争和人类一样古老，而和平还是当代的新发明。
>
> —— 亨利·梅因

20 世纪 50 年代初，两位著名的英国学者回顾了战争的历史，并大胆地预测了未来几年内世界的变化。其中一位是阿诺德·汤因比（Arnold Toynbee，1889—1975 年），他也许称得上是 20 世纪最著名的历史学家。汤因比曾在两次世界大战中为英国外交部工作，并曾在两次大战后代表英国政府参加和平会议。尤其是在 12 卷本巨著《历史研究》中，他按年代记录了 26 个文明的兴衰。他在 20 世纪 50 年代所看到的历史的规律，让他无法感到乐观： 189

> 在最近的西方历史中，战争接踵而至，其破坏性也越来越大；从今天的情况看，1939—1945 年的战争显然已经不是这一递增趋势的高峰。[1]

汤因比写下这段话时，“二战”的阴影尚未消散，冷战和核武器时代已经降临，他做出如此黯淡的预言完全情有可原。当时许多著名评论家都和他一样悲观，关于世界末日即将来临的预言又持续了 30 年。[2]

另外一位英国学者有着截然不同的资历。刘易斯·弗里·理查森（Lewis Fry Richardson，1881—1953 年）是物理学家、气象学家、心理学家和应用数学家。他的名望主要来自他在预测天气的数值技术方面的工作，他的设计比能够应用这一技术的计算机早了好几十年。[3] 理查森对人类未来的预测不是来自对各大文明的渊博知识，而是得自他对一个多世纪以来几百起暴力冲突的数据进行的统计分析。理查森比汤因比更细致，也更乐观：

> 20 世纪相继出现的两场世界大战很容易让人们笼统地相信，世界变
> 190 得更加好战了。但是，这样的判断需要逻辑的检验。在未来很长一
> 段时间内，可能不会发生第三次世界大战。[4]

理查森反驳流行的全球核战争不可避免论的方式，是统计而不是印象。半个多世纪之后，我们知道，著名历史学家错了，鲜为人知的物理学家却是对的。

本章要讲的就是理查森预测背后的故事：大国战争的趋势及其结论—— 一个意想不到的好消息，即当时看起来将要不断恶化的战争威胁没有继续发展，形成一次新的暴力高峰。在过去 20 年中，世界的注意力已经转向其他形式的冲突，包括小国之间的战争、内战、种族清洗和恐怖主义；这些问题将是我们下一章讨论的内容。

统计和叙事

对于坚持随着历史发展，暴力正在减少这一观点的人来说，20 世纪似乎实在太令人困窘了。它被公认为是历史上最暴力的世纪。20 世纪上半叶，大战、内战和大屠杀连绵不断，马修 · 怀特将其称为“血腥的世纪”（Hemoclysm），即希腊语的“血流成河”（或“血潮”）。[5] 血腥的世纪不仅是生命的无底深渊，还是人类如何理解自己历史的一个谜团。启蒙运动本来期望科学和理性带来人类的进步，结果得到的却是一系列严酷的指控：死亡本能的复发，现代性的实验，对西方文明的控诉，人类为科学和技术所做的浮士德式的交易。[6]

但是，一个世纪有 100 年，而不是 50 年。20 世纪下半叶，人类史无前例地避免了大国之间的战争，约翰 · 加迪斯（John Gaddis）称之为

“长期和平”。接着，冷战又出人意料地结束了。[7] 我们如何理解这个扭曲的世纪的多重性格？我们又如何预测这个世纪的战争与和平的前景？

对于历史事件的历时性，历史学家汤因比和物理学家理查森之间的预测竞争，给出了两种互补的理解方法。传统的历史是对“过去”的叙述。但如果我们要想接受乔治·桑塔亚纳（George Santayana）的忠告——记住过去，才能不让过去重复，就必须识别历史的规律，如此才能知道到底是什么导致了目前的困境。在一组有限的观察数据中归纳规律，是科学家惯用的手法，某些科学研究中总结规律的经验可能也适用于历史数据。

让我们假定，第二次世界大战是人类历史上破坏性最大的事件。（或者，如果你愿意，并认为整个“血腥世纪”更符合这个定义，我们也可以将两次世界大战及其连带的种族灭绝作为一个长期的历史事件， 191
假定它是人类历史上破坏性最大的事件。）我们能够看出战争与和平有什么样的长期趋势吗？

答案是：什么也看不出来。最具破坏力的事件总是要发生在某个世纪的某个时点上，我们在大量完全不同的长期趋势中都能看到它的存在。汤因比假定第二次世界大战是一个上升的滚梯中的一级，如图5-1中的左图所示。图5-1中的右图，代表战争是周期性的这一普遍认识。两个规律指出的前景都是黯淡的。像所有令人沮丧的预测一样，这两个模型也孵化出一些黑色幽默。我经常被问到是否听说过一个人从办公楼的楼顶摔下去的笑话，这个人在下坠的过程中，每经过一层，都向楼里的工人大喊：“到目前为止一切都很好！”我也听说过（好几次）这样的笑话：在感恩节前夜，火鸡发表评论说，农夫和火鸡之间已经364天相安无事。作为火鸡，它是何等走运，能够生活在一个拥有长久和平的非凡时代。[8]

但是，历史的进程是否真的像万有引力定律或者行星的运行轨道那样具有确定性？数学家告诉我们，任何有限的点集都可以被数量无限的曲线穿过。图5-2显示了两条其他性状的曲线，对相同的情节进行了非常不同的叙述。

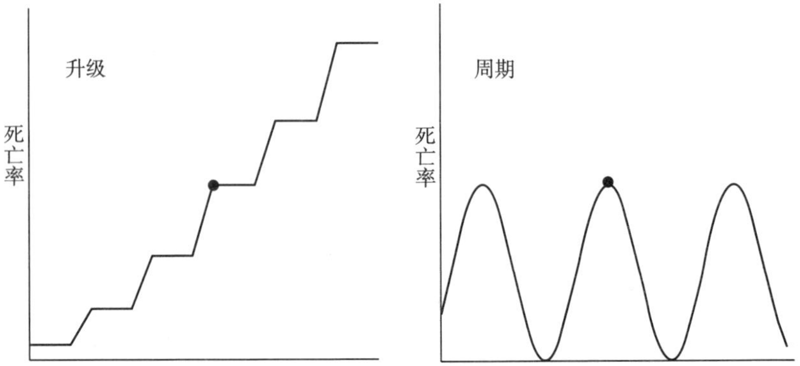

图 5-1　战争历史趋势预测中两种悲观的可能性

图 5-2 中的左图描绘的是一种非常极端的可能性，即“二战”是统计上的一个意外，既不是上升序列中的一步，也不能预示任何未来的事件，甚至根本不属于任何趋势。乍看起来，这一说法非常荒谬。一个随机发生的事件，怎么能够在仅仅 10 年之内就产生如此巨大的灾难群——希特勒、墨索里尼和日本的残暴侵略；大屠杀、苏联“大清洗”、古拉格、两颗原子弹？暂且不说第一次世界大战和之前 20 年内发生的战争和种族灭绝。史书中记载的常规战争的死亡率通常是以万计或者十万计，很少会有以百万计的。如果战争真的是随机发生的，发生一场造成 5500 万人死亡的大战的概率难道不应该几乎是不可能的吗？

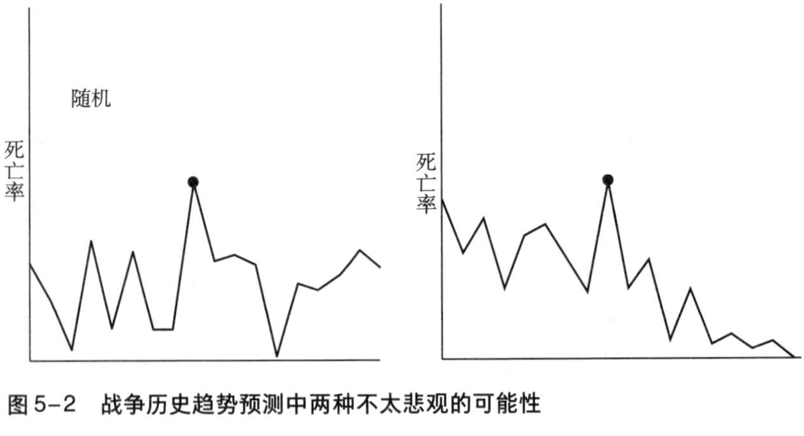

图 5-2　战争历史趋势预测中两种不太悲观的可能性

理查森证明，这两种直觉都是认知上的幻觉。一旦铁色子开始滚动（德国首相特奥巴尔德·冯·贝特曼-霍尔韦格在“一战”前夜这样形容当时的局势），不幸的结局可能比我们幼稚的想象力做出的预见糟糕千百倍。 192

在图 5-2 中的右图中，“二战”所处的位置可以说是非常不悲观，甚至可以说是乐观的。“二战”是否可能是锯齿形下滑线上一个孤立的峰值，是大规模战争完成其历史生命之前的最后一口大喘气？我们会看到，这种可能性绝非没有根据。

在现实中，长期的战争轨迹可能是几个趋势的叠加。我们都知道，在其他的复序列，比如天气序列中的规律，是数条不同曲线的组合：季节的循环节奏、每天变化的随机性、全球变暖的长期趋势。本章的目的是要辨识国家之间战争的长期趋势的构成因素。我将要努力说明的是：

- 没有周期。
- 极具随机性。
- 破坏性战争的升级趋势最近得到了逆转。
- 各种战争全面减少，包括国际战争。

所以，20 世纪并未陷入万劫不复之深渊。相反，发源于启蒙运动的反暴力人文主义，是 20 世纪不朽的道德趋势，虽然它被反启蒙运动的意识形态及其联手的战争机器蒙上了阴影，但终于在“二战”之后重整旗鼓。

为推导这些结论，我将综合对战争发展轨迹的两种理解：一是理查森和他的追随者，一是传统历史学家和政治学家的叙述。我们必须运用统计分析，以避免出现汤因比的谬误，即在那些复杂统计现象中过于人性化地幻想其宏大的图景，并自信地根据这些幻想的图景推测未来。但是，没有统计的叙事是盲目的，没有叙事的统计是空洞的。历史不是一个屏幕保护程序，不是由方程式产生的一组美丽的线条，历史的曲线是对一系列真实事件的抽象，涉及人们的决策和武器的功效。所以，我们也必须解释图中的楼梯形、斜坡形和锯齿形等模型，与领导人和士兵的行为，与刺刀和炸弹有什么样的关系。本章的论述过程是，从对原材料 193

的统计分析开始，再转向叙述。要理解战争的长期轨迹这种复杂现象，两者缺一不可。

20 世纪真的是最糟糕的世纪吗？

“20 世纪是历史上最血腥的世纪”这句老话被用来指控过各种各样的恶魔，包括无神论者、达尔文、政府、科学、资本主义、共产主义、进步的理想，还有男性。但真是这样吗？没有 20 世纪之外的数据能够支持这个判断，也不能仅仅因为有人提及几个世纪之前血流成河的“血潮”就说这个判断是成立的。真相是，我们永远无法知道哪个世纪是最糟糕的世纪，因为得到 20 世纪的死亡数据已经很困难，更不用说更早的数据了。但有两个理由怀疑，“最血腥的世纪”这个看似真实的陈述其实只是一个错觉。

第一，20 世纪的暴力死亡数量肯定超过以往，但它的总人口数量也更多。1950 年的世界人口数量是 25 亿，差不多是 1800 年的 2.5 倍，是 1600 年的 4.5 倍，是 1300 年的 7 倍，是公元 1 世纪的 15 倍。所以说，1600 年的战争死亡数要乘以 4.5，才能够和 20 世纪的战争破坏做比较。[9]

第二个错觉是历史近视眼：最靠近我们观测点的历史就是当代，对当代我们可以看到更多的细节。我们的常识和专业的历史学都会被历史近视眼折磨。认知心理学家阿莫斯·特沃斯基（Amos Tversky）和丹尼尔·卡尼曼（Daniel Kahneman）已经证实，人本能地使用“易得性启发”这个捷径来估算相对频率，即越是容易回想起来的事件，人们就认为它越可信。[10]比如，那些成为新闻头条的意外事件，比如空难、鲨鱼袭击和恐怖炸弹，往往被人们高估，而那些堆积如山的无人理会的意外，比如触电、摔伤和溺水，则被人们低估。[11]当我们判断不同世纪的杀戮事
194 件的强度时，任何一个不了解数据的人都会高估最近发生的、被研究最多的或者被宣传最多的那些冲突。在一项对历史记忆的调查中，我让 100 名互联网用户在 5 分钟内尽量写出他们能记得的战争。人们的反应主要集中在两次世界大战、美国人参与的战争和近现代的战争。虽然古

代的战争更加频繁，人们能记住的主要还是近几个世纪内的战争。

如果我们搜索史料，根据当时的世界人口总量计算死亡率，即可校正易得性偏差和 20 世纪的人口爆炸。我们会发现，历史上许多战争和暴行都绝不逊色于 20 世纪的残暴。下面的表格是怀特列出的一份清单，被称为“人类相互之间（可能）做过的（大约）19 件最残暴的事情”。[12] 每一个死亡数字取的都是中值，或者是大量历史文献和百科全书中引用的数据的众数。无论是当代的事件还是古代的事件，这些数据不仅包括战场上的死亡，还包括饥荒和瘟疫造成的平民死亡，因此它们远高于战场上的死亡人数。我添加了两列数据，为的是将历史数据与 20 世纪进行比较，即如果当时的世界人口是 20 世纪中叶的水平，死亡的规模和排序应该是怎么样的。

首先，你是否听说所有这些事件？（反正我原来没有。）其次，你是否知道在第一次世界大战之前，有 5 次战争和 4 场暴行，其杀害的人数均超过第一次世界大战？如果说，（就我们目前所知）在人类相互之间做过的 19 件最残暴的事情中，有 14 件发生在 20 世纪之前，我怀疑很多读者听到此话都会大吃一惊。这里使用的都是绝对数字。如果我们按照总人口规模来排列数据，20 世纪的暴行中只有一件能够进入前 10 名。人类历史上最严重的暴行是“安史之乱”，这是一场发生在中国唐朝的历时 8 年的叛乱。根据人口统计，唐朝损失了 2/3 的人口，即当时世界 1/6 的人口。[13] 195

当然，我们不能完全从字面的意义来理解这些数据。有些数据倾向于将饥荒和瘟疫造成的死亡全部归咎于战争、叛乱或者暴君，也有一些数据是来自没有数字概念的文化，它们完全没有计数和簿记的现代知识。同时，文字的历史证实，早期人类文明颇具杀戮能力。技术的落后不构成屠杀的障碍。卢旺达和柬埔寨的大规模屠杀说明，最没有技术含量的手段，例如砍刀和饥荒就可以谋杀大量的人口。而且在远古时期，杀戮的方式也不一定就是技术落后的，军事装备总是被吹嘘为各个时代的尖端科技。军事史专家约翰·基根（John Keegan）说过，公元前 2000 年中期，文明社会就已经饱受游牧部落军队两轮战车的蹂躏。“战车围住 196

人类相互之间（可能）做过的（大约）19 件最残暴的事情

排名	原因	世纪	死亡人数（万）	死亡人数（万）：相当于 20 世纪中叶	调整后的排名
1	第二次世界大战	20 世纪	5500	5500	9
2	蒙古人的征服	13 世纪	4000	27800	2
3	安史之乱	8 世纪	3600	42900	1
4	明朝灭亡	17 世纪	2500	11200	4
5	太平天国	19 世纪	2000	4000	10
6	屠杀美洲印第安人	15—19 世纪	2000	9200	7
7	苏联“大清洗”	20 世纪	2000	2000	14
8	中东奴隶贸易	7—19 世纪	1900	13 200	3
9	大西洋奴隶贸易	15—19 世纪	1800	8300	8
10	帖木儿征服中亚	14—15 世纪	1700	10 000	6
11	英国对印度的统治（主要系可以防范的饥荒）	19 世纪	1700	3500	11
12	第一次世界大战	20 世纪	1500	1500	15
13	俄国内战	20 世纪	900	900	19
14	古罗马帝国衰亡	3—5 世纪	800	10 500	5
15	刚果自由邦	19—20 世纪	800	1200	17
16	三十年战争	17 世纪	700	3200	12
17	俄国大混乱	16—17 世纪	500	2300	13
18	拿破仑战争	19 世纪	400	1100	18
19	法国宗教战争	16 世纪	300	1400	16

一群没有甲胄的步兵，在100码（约91米）或200码之外转圈，一部战车组——一人驾驶，一人射箭，每分钟可以撂倒6个人。10辆战车10分钟可以制造500人甚至更多人的伤亡。这对当时的小军队来说，不啻为‘索姆河战役’般的惨重伤亡。”[14]

马背上的草原游牧民族，例如斯基泰人、匈奴人、蒙古人、突厥人、匈牙利人、鞑靼人、莫卧儿人和满族人，都对大规模屠杀技术进行过完善。2000年来，这些武士精心部署弓箭手，弓箭制作精良（使用的材料有层压的黏合木、兽筋和兽角）。在他们的洗劫和袭击行动中，受害者尸横遍野。这些部落人的暴行在“19件最残暴的事情”中占据了第3、第5、第11和第15，而在按总人口规模调整后的排列中，领头的6个事件，他们占据了4个。13世纪，蒙古人对伊斯兰领土进行入侵，仅在梅尔夫（Merv）一城的大屠杀就导致130万人丧命，另外在巴格达有80万居民被杀害。研究蒙古人历史的学者桑德斯（J. J. Saunders）这样评论说：

> 蒙古人进行屠杀时表现出的冷酷野蛮令人难以形容地反感。陷落城镇的居民被强迫在城墙外列队，所有手持战斧的蒙古骑兵得到命令，要杀死一定数量的人，10个、20个或者50个。为证明命令得到执行，凶手有时要割下受害人的一只耳朵，收集的耳朵装在口袋里，交给长官点数。在屠杀发生数天之后，蒙古军队会返回被摧毁的城镇，搜索那些藏身于地窖和阁楼里的可怜的漏网者，将他们拽出来处死。[15]

蒙古人的第一位领袖成吉思汗这样反思自己的生活乐趣：“人生最大的乐趣莫过于征服和追杀敌人，夺走他们的马匹，抢走他们的财物，看着他们的亲人哭泣，把他们的子女掳为己有。”[16]现代基因科学证明，这并非虚言。目前生活在前蒙古帝国疆域内的男子中，有8%的人带有同样的Y染色体，这可以追溯到成吉思汗的年代。最有可能的是，他们都是成吉思汗或者他的儿子们的后代，可见数目巨大的女子曾经被他们

“掳为己有”。[17]应该说，成吉思汗的成就设定了很高的门槛，但帖木儿（亦名瘸子帖木儿），一个立誓复兴蒙古帝国的突厥人，竭力追赶成吉思汗。每当攻克一座西亚城池，他都要屠杀数以万计的俘虏，然后用死难者的头颅建造宣礼塔，以纪念自己的功业。一名叙利亚目击者称，共有28座宣礼塔，每座塔有1500个人头。[18]

最残暴名单也戳穿了一个流行的谎言，即在20世纪，有组织暴力的
197 水平与和平的19世纪相比发生了量子级飞跃。其一，要证实这个说法，除非对19世纪进行重新界定，比如砍掉19世纪初发生的极具毁灭性的拿破仑战争。其二，19世纪中后期没有发生战事的地区也仅限于欧洲。在世界很多其他地方都是“血潮”滚滚，包括中国的“太平天国”——一场宗教煽动的叛乱，演变成人类历史上最惨痛的内战。非洲的奴隶贸易，遍布亚洲、非洲和拉丁美洲的帝国战争，还有两场血腥的内战——美国独立战争（65万人死亡）和“沙卡统治”，1816—1827年，这位祖鲁希特勒在征服南非的过程中杀死了100万至200万人。还有我没有提到的大陆吗？对了，还有南美洲。在南美洲发生的众多战争中，有巴拉圭“三国同盟战争”（1864—1870年），战争中有40万人丧命，其中包括超过60%的巴拉圭人口。如果按照人口比例排列，巴拉圭战争是当代历史上破坏性最大的战争。

一个极端案例的名单当然不足以确立一个趋势。在20世纪之前有更多的大战和大屠杀，但20世纪之前也有很多个世纪。图5-3将怀特的“最残暴的事情”名单从21个扩展到100个，并按照当时的世界人口比例排列，再来看看它们在公元前500—公元2000年的分布。

198 从这些飞溅的斑点中可以看出两个规律。第一，最严酷的战争和暴行——那些杀死了超过世界人口1/10的战争和暴行——在2500年的时间内分布很均匀。第二，数据点向右向下趋于密集，越靠近现在，暴力的程度越低。怎样解释这个漏斗图形？我们的祖先不可能不进行小规模屠杀，而只放任自己从事大规模杀戮。怀特提出了一个可能的解释：

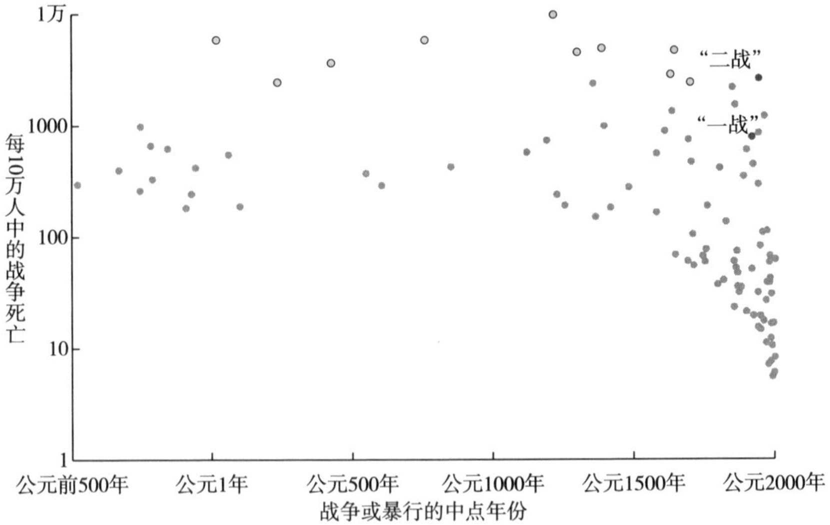

图 5-3 人类历史上最残暴的 100 场战争和暴行

资料来源：怀特的数据，按照麦克伊韦迪和琼斯（McEvedy & Jones）世界人口统计计算死亡比例，1978 年，取中值。注意，比例的基数不是按照战争或暴行发生期间的人口数计算的。有圆圈的点，表明事件的死亡率高出 20 世纪的两次世界大战（按时间顺序）：中国新朝、三国、古罗马帝国衰亡、安史之乱、成吉思汗、中东奴隶贸易、帖木儿、大西洋奴隶贸易、明朝灭亡和征服美洲。

> 过去 200 年来暴力事件如此之多，唯一的原因就是我们在这一时期有了更多的记录。我研究这个问题多年，关于 20 世纪的大规模杀戮，我已经很久没有看见新的、未发表过的资料了。但是，似乎每一次打开一本老书，我都能发现在遥远的过去，有几十万人被屠杀后又被遗忘了。也许在很久以前，一位编年史家记录了一个伤亡数字，但后来整个事件都被湮没在历史的灰烬之中。也许一些现代历史学家曾经重新审视这一历史事件，但是忽略了死亡人数，因为这不符合他们心目中的往昔的形象。他们认为没有毒气室和机枪，人类不可能屠杀如此之多的同胞，所以他们认为这些不利证据都是不可靠的。[19]

当然，一些屠杀被编年史家记录下来，却被其他人忽视或否认，同时肯定还有很多暴行从一开始就没有留下记录。

如果不能够对历史近视眼有所校正，历史学家也一样会得出错误的结论。威廉·埃克哈特整理了早至公元前3000年的战争记录，并将它们的死亡人数按时间顺序进行了排列。[20]他的图表显示，在过去的5000年里，战争死亡率呈加速上升趋势，16世纪后升幅加大，20世纪飙升。[21]但是，这根曲棍球棒几乎可以肯定是一个错觉。詹姆斯·佩恩已经说过，任何一个声称得出战争上升的趋势，而不对历史近视进行校正的研究，都只能说明“关于世界各地的战情，美联社是比16世纪的修道士更可靠的消息来源”。[22]埃克哈特的资料来源之一是昆西·赖特的巨著《战争研究》（*A Study of War*），赖特在书中开列了1400—1940年的战争名单。对赖特名单的检视，可以证明佩恩的担忧，即历史的错觉是一个真实问题，绝非假说。对1875—1940年的战争，赖特能够找到其中99%的战争爆发和结束月份，但对1480—1650年的战争，他只能搜索到其中13%的战争爆发和结束月份。这显然是一个警示性标志，说明与近期历史相比，遥远历史的记录是非常不完整的。[23]

历史学家赖恩·塔格佩拉（Rein Taagepera）用另一种方式量化了历史近视。他取一本历史年鉴，用尺子测量书中每个世纪所占用的篇幅。[24]
199 差距之大，使他不得不对数据进行对数化处理（当数据呈指数级下降时，曲线呈直线形）。图5-4是对他的图示的复制。图示显示，当你回到过去，在大约两个半世纪的时间内，历史记录的覆盖率呈指数级下降。在接下来的3000年内，覆盖率的下降幅度减小，但仍然是呈指数级下降。

如果古代编年史家忽略的只是几场小型战争的记录，那么人们还是可以确信死亡人数不会被低估，因为绝大多数死亡都是由无法忽视的大规模战争造成的。未计算的死亡人数不仅会模糊事实，而且会在进行估算时诱发偏差。基根称之为“军事水平线”。[25]在这条水平线之下，是袭击战、埋伏战、骚扰战、争夺地盘、宿仇和劫掠，历史学家对这些“原始”战争不屑一顾。而在这些水平线之上，是有组织的征服和占领行动，包括精心策划的战斗——穿着军服的彩排和玩具士兵的模型演戏。还记得塔奇曼描述的14世纪“私家战争”吗？骑士带着满腔激情出征，脑子里只有一个目标，就是尽量多地杀戮对方领地内的农民。这些屠杀

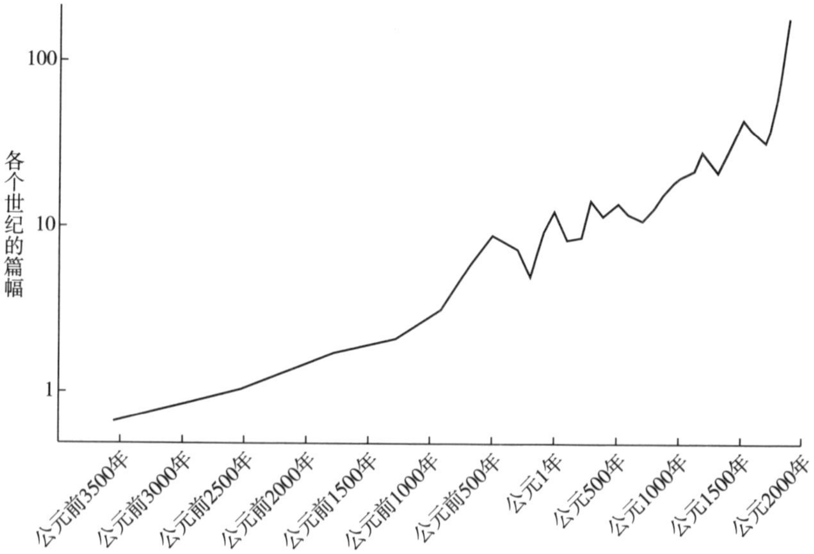

图 5–4 历史近视眼：一部历史年鉴中给予各个世纪的篇幅（按厘米测量）

资料来源：塔格佩拉和科尔比，1979 年，第 911 页。

从来没有被命名为“某某对某某之战”，也没有被写入永垂不朽的历史典籍。从理论上说，对“军事水平线”之下的冲突记录不全，让整个时期的战争死亡数据都变得很不可靠。如果与国家出现后的战争相比，无政府封建社会、边疆地带和早期部落中有更多的冲突发生在“军事水平线”之下，而不是发生在后来的列强之间的冲突中，那么，这些社会的暴力在今天看来就比实际上要少。

所以，一旦按照人口规模进行比较，并校正易得性偏差和历史近视 200
眼，说 20 世纪是最血腥的世纪就没有那么理直气壮了。排除这个武断的判断是我们理解战争历史轨道的第一步。下一步就是聚焦观察战争的时间分布——结论将带给我们更多的惊讶。

对致命冲突的统计 I：战争的时机

刘易斯·理查森写道，他探索用数据分析和平，出于两个成见。作为贵格派教徒，他相信“战争中的恶行压倒了善行，尽管道德善是引人瞩目的”。[26]而作为科学家，他认为，对于战争，人们做了太多的道德判断，但缺乏足够的知识：“表达愤慨是如此简单，并令人如此满足，它已经开始妨碍人们听取与他们的情绪不合的事实。如果读者指责我为了一个虚假的教条——理解一切即宽恕一切——而抛弃了伦理道德，我的回答是，这只是暂时悬置道德判断，因为谴责越多，了解越少。”[27]

在仔细翻阅世界不同地区的百科全书和史籍之后，理查森收集了1820—1952 年 315 个“致命冲突”的数据。他遇到的困难是艰巨的。困难之一是，大部分史料在提到数字时都是敷衍潦草的。困难之二是，经常不清楚史籍是怎样计算战争的，有时候是分开的，有时是合并的，有时是分分合合的。第二次世界大战是一场单独的战争还是两场战争，一场在欧洲，一场在太平洋？如果是一场战争，我们是不是应该说它是 1937 年爆发的，因为日本在 1937 年对中国发动全面入侵，甚至应该说是从 1931 年日本占领中国东北开始的？而通常我们说“二战”是在 1939 年开始的。理查森注意到：“战争的概念是一个离谱的东西，找不到贴切对应的事实。此概念物化失败。”[28]

物理学家对物化失败并不陌生，理查森使用了两种数学估算法解决这个问题。他没有去为战争寻找晦涩的“精确定义”，而是给予每一个独立的案例以“平均优先级”—— 一视同仁：当他依次审视每一个时间不明确的冲突时，他将它们先合为一次冲突，再分为两次冲突，并系统地反复测试。最后的结论是，长期来看，偏差是可以抵消的。（这就是常用的“数值修约”原则，将尾数为 5 的数字约入最近的偶数—— 一半的时间是向上，另一半的时间则是向下。）借用天文学的惯例，理查森给每一次冲突的战死人数一个量级，即十进制的对数（大致为零的个数）。在对数计算标度上，测量中一定程度的不准确不像在常规的线性标度上那样重要。比如，战争是造成 10 万人死亡还是 20 万人死亡的不
201 确定性，可以转换为仅仅是数量级 5 与数量级 5. 3 之间的不确定。所以，理查森将不同数量级的冲突放进对数化的格子里：2. 5 至 3. 5（死亡人数在 316 到 3162 之间），3. 5 至 4. 5（死亡人数在 3163 到 31622 之间），以

此类推。对数标度的另外一个优点是，让我们在同一个尺度上直观各种不同规模的冲突，不论是部落圈地还是世界大战。

理查森还要面对的一个问题是，统计中应该包括哪些冲突，哪些死亡应该计入，最小规模是什么。按照他的标准，他的数据库要纳入所有算得上是“善意暴行”的历史事件，所以他的数据囊括了各种形式、各种规模的战争，以及哗变、叛乱、暴动和种族清洗；这也是为什么他称自己的分析单位是“致命冲突”，而不是去争论什么才算是“战争”。他按照数量级排列的数据中有战场上死亡的士兵，有被故意杀害和误伤的平民，还有死于疾病和恶劣环境的士兵；他没有计算死于疾病和恶劣环境的平民，认为这些死亡更有可能是因为渎职，而不是蓄谋。

理查森对历史记录上的一个重大缺陷惋惜不已：每次冲突死亡在4人至315人之间的世仇、劫掠和骚扰（数量级为0.5至2.5）。这些死亡规模对于犯罪学家来说太大，但对于历史学家来说又太小，因此缺乏记录。对于这些在“军事水平线”之下的冲突问题，他引用雷金纳德·库普兰（Reginald Coupland）论述东非贩奴史的内容，并且说：

> “主要供给来源是在选定的地区进行有组织的奴隶劫掠，在一片地区被‘洗劫一空’后，稳步杀向内陆的其他地区。有些阿拉伯人自己下手劫掠，但更多的是诱惑一个当地的酋长劫掳其他部落，并向酋长出借自己的武装奴隶和枪支以确保其胜利。结果当然是部落之间的战事日增，直至整个国家陷入战火。”
>
> 这种非常的习俗应该如何归类？这只是阿拉伯人和黑人之间的一场开始于2000年以前，于1880年才告结束的宏大的战争吗？如果这样归类，这场战争带来的死亡超过了历史上任何一场其他战争。从库普兰的描述来看，似乎更有理由认为，这是阿拉伯商队和黑人部落或村庄之间的无数个小规模致命冲突的集合，伤亡的数量级为1、2或者3。无法得到详细的统计数字。[29]

同样无法取得数据的还有拉美的 80 场革命、俄国的 556 次农民起义，这些都是理查森知道的史实，却被迫排除在他的统计之外。[30]

但是，理查森收录了凶杀的数字，将标尺的原点定在数量级 0，即冲突导致的死亡人数为 1（因为 $10^0 = 1$）。他想象莎士比亚笔下的波西娅会反驳他说："你不应该将谋杀和战争混为一谈；谋杀是令人厌恶的自私的罪行，而战争是英雄式和爱国主义的冒险。"他回答说："但是它们都是致命的冲突。杀死一个人是罪恶的，而杀死一万个人却是光荣的，难道你不觉得奇怪?"[31]

202 理查森接着分析了 315 次冲突（没有计算机辅助运算），对人类暴力进行了全景俯视，测试了历史学家建议的和他自己偏爱的几种假说。[32]大部分假说都没有经受住数据的检验。同文同种并没有减少让分裂的两派开战的机会（想想大部分内战，还有 19 世纪南美各国之间的战争吧），尽管很多人对世界语抱着这样的希望——"世界语"（Esperanto）的本意就是"希望"。经济指标也不能给出任何战争预测，比如，富国并不必然向穷国开战，反之亦然。一般地说，军备竞赛也不能预测战争。

但是，有几个一般性规律被证明是存在的。一个长期稳定的政府可以抑制冲突：国境一侧的人民发生内战的可能性比起另一侧的人民发生国家间战争的可能性小。国家一般是和邻国发生冲突，而大国则会和所有人发生冲突，主要原因是幅员辽阔的帝国让几乎所有人都成了它们的邻国。特定的文化，特别是那些具有军国主义意识形态的文化，特别易于卷入战争。

但是，理查森那些最具长远意义的发现是关于战争的统计规律。他的概括是坚实的、深远的，但是没有受到世人的重视。为了理解他的发现，我们必须先了解一下概率悖论。

* * *

假定你生活在一个地方，在一年到头任何时间里都有被雷电击中的机会。假定被雷电击中是随机的：每天被雷电击中的机会都是一样的，击中率是每个月一次。你的房子今天，星期一，被雷电击中了，那么下一个最有可能被雷电击中的日子是哪一天?

答案是“明天”，星期二。肯定，这个概率并不大；粗略估计为0.03（即一个月一次）。现在来看看明天之后你的房子最有可能被雷电击中的那一天，星期三。让这件事发生，要满足两个条件。一是雷电必须在星期三击中你的房子，其概率为0.03。二是雷电没有在星期二击中你的房子，否则星期二就是发生第二次雷击的日子，而不是星期三。为了计算概率，你必须用雷电不会在星期二击中房子的概率（0.97或者1－0.03）乘以雷电在星期三击中房子的概率（0.03），得出的结果是0.0291，比星期二遭受雷击的概率略小。那么，星期四会怎么样？如果星期四是第二个遭受雷击的日子，其概率是，星期二不会遭到雷击（0.97）或者星期三不会遭到雷击（也是0.97），但是一定要在星期四遭到雷击，所以机会是0.97×0.97×0.03，结果是0.0282。星期五呢？星期五成为第二个被雷电击中的日子的概率是0.97×0.97×0.97×0.03，或者是0.0274。随着时间推移，概率呈现下降趋势（0.03……0.0291……0.0282……0.0274），因为假定某天为下一个被雷电击中的日子，所以在这天之前的每一天都不能被雷电击中，这样不能被雷电击中的日子越多，所以时间越推移，概率越小。确切地说，概率呈指数级下降，即以加速度下 203
降。而从今天起30天后的概率是0.97^{29}×0.03，略高于0.01或1%。

几乎没有人知道正确的计算结果。我向100名互联网用户发出问卷，用斜体表明“下一个”以免读者疏漏。67位选择了“每一天的概率是一样的”。虽然直觉上这个答案很有说服力，但却是错误的。如果每一天成为下一个被雷电击中的日子的概率一样，今天起1000年后的那一天的概率和一个月后那一天的概率就会是一样的，也就是说，这所房子1000年不被雷电击中的概率和下个月被雷击中的概率是一样的。在其他回答问卷的人中，19人认为房子最有可能成为第二个被雷电击中的日子是一个月之后。100个人中只有5个人正确地猜出答案是“明天”。

雷击这个统计概率典型被统计学家叫作“泊松过程”，以19世纪数学家和物理学家西蒙–丹尼斯·泊松（Siméon-Denis Poisson）的名字命名。在泊松过程中，事件发生是连续的、随机的和相互独立的。天神朱庇特每时每刻都在掷骰子，如果骰子的蛇眼向上，他就甩出一道雷电。在接下来的一刻，他又掷下了骰子，对刚才发生的事情完全没有记忆。根据我们看到的原因，在一个泊松过程中，两个事件之间的间隔呈指数分布：存在很多的小间隔，间隔越长，间隔的数目就越少。这也就是说，随机发生的事件，看起来呈现集簇的形态，因为将事件分离开需要的是一个非随机过程。

人类的头脑在欣赏这样的概率论上是很有困难的。我读研究生时曾经在一个听觉感知实验室工作。在一项实验中，要求听众在听见信号“嘟嘟”时尽快按下一个按钮。“嘟嘟”声发出的时间是随机的，也就是说，是根据泊松过程设计的。听众——也都是研究生——完全清楚这个情况，但是，实验一开始，他们就跑出实验站报告说：“你们的随机发生器坏了。发出的‘嘟嘟’声都是突发的。听起来是‘嘟嘟嘟嘟嘟……嘟……嘟嘟……嘟叭嘟叭嘟嘟嘟’。”他们不理解这正是随机产生的声音。

1968 年，这个认知错觉才第一次被数学家威廉·费勒（William Feller）写进他的概率论教科书：“在没有受过训练的人看来，随机看来就是规则或趋势，而不是集簇。”[33]这里有几个集簇错觉的例子。

伦敦大轰炸。费勒回忆说，第二次世界大战中伦敦大轰炸期间，伦敦人注意到，市内有几个地区遭到德国 V–2 火箭的多次袭击，而其他地区则完全没有。他们相信这些火箭是有目标的，针对某些特定的社区。但当统计学家将伦敦的地图划分成小方块，然后点算遭到轰炸的次数时，
204 他们发现轰炸符合泊松过程的分布——换句话说，炸弹的落点是随机的。托马斯·品钦（Thomas Pynchon）在 1973 年将这个情节写进了他的小说《万有引力之虹》（*Gravity's Rainbow*），书中的统计学家罗杰·墨西哥准确地预测了轰炸的分布，虽然不是精确到点。墨西哥不得不一边澄清他不是特异通灵的人，另一边推掉那些想知道何处可以藏身的迫切请求。

赌徒谬误。很多豪赌客闹到倾家荡产都是因为“赌徒谬误”。他们

相信，在撞运气的游戏中（比如猜轮盘赌中的红字，或者骰子上的数字7），如果出现一连串相同的结果，下一次摇盘或掷骰子的结果就会不一样。特沃斯基和卡尼曼证实，人们认为掷硬币得出的真实序列（比如：反反正正反正反反反反）是人为的，因为硬币正面或反面连续出现的次数太多，超过了人们直觉允许的范围，人们反而认为一个人为操纵的序列（比如：正反正反反正反正正反）是真实的，因为其中没有出现太多连续的正面或反面。[34]

生日佯谬。如果至少有23个人共处一室，那么其中两个人生日相同的概率大于50%。大部分人对这个结果都感到吃惊。而人数达到57人，两人生日相同的概率上升到99%。在这个案例中，错觉集簇是日历。因为生日可能性最多只有这么多（366），所以一年之中总有一些人的生日会在同一天，除非有什么神秘的力量将它们拉开。

星座。我最喜欢的实例是生物学家古尔德（Stephen Jay Gould）在萤火虫洞旅游时得到的一项发现。这个著名的萤火虫岩洞在新西兰的怀托莫。[35]在岩洞黑暗的天顶上，布满了星星点点的萤火虫。岩洞仿佛一个天文馆，唯一的不同是，“星空”上没有星座。古尔德探究了其中的奥妙。萤火虫是真正的饕餮之辈，不会放过任何伸手可及的食物，所以落在天顶上的昆虫相互间保有一定的距离。这就让它们的分布比天空上的星星更均匀。从我们所站的位置看，星星是随机散落在天幕上的。但是，星星的排列似乎是有形状的，比如公羊、公牛、双子等等。数千年来，人类渴望规律的大脑一直将这些形象视为皇皇奇观。古尔德的同事、物理学家爱德华·珀塞尔（Ed Purcell）用计算机程序制作了两幅随机点状图，印证了古尔德的直觉。这些虚拟的星星溅落在纸上，没有任何约束条件。而虚拟的萤火虫则需要周围有一些小小的空间，这点儿空间是不可侵犯的。结果见图5-5，你们应该能够猜出哪张是星空，哪张是萤火虫。左图上面有团块、线状、空白和丝纹（也许，根据你们的嗜好，还 205
有动物、裸体或者圣母马利亚），正如天空上的星星，这是随机产生的图形。右图似乎是漫无目的，但实际上每个点之间的距离是有意识的安排，比如岩洞天顶上的萤火虫。

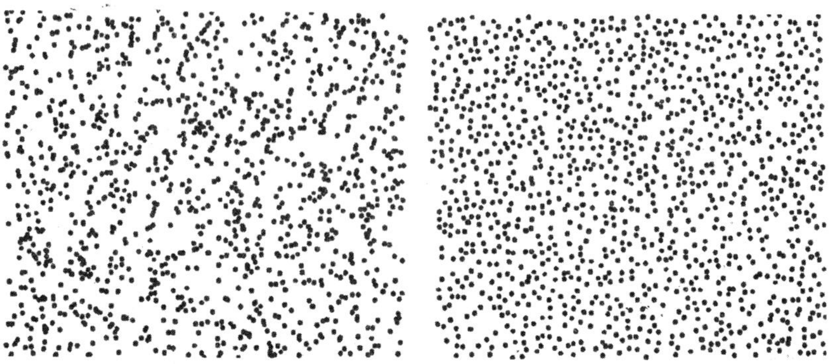

图 5–5 随机图像和非随机图像

资料来源：珀塞尔编制，根据古尔德 1991 年的文章，第 266~267 页。

理查森的数据。我要给出的最后一个例子也是来自物理学家、我们的老朋友刘易斯·弗里·理查森。这些都是来自自然现象的真实数据。图5–6中线段的长度代表不同持续时间的事件，它们在时间上从左向右排列，在大小上从下至上排列。理查森表明，这些事件之间的关联是泊松过程：它们的开始和结束都是随机的。你也许觉得你看出了某种规律，比如，左上方出现大片的空白，右上方有两条漂浮物。但是，你应该已经学会不要轻信这些表象。而理查森也确实证明，自始至终，在强度分布上，不存在具有统计学意义的趋势。如果你用拇指盖住右上角的两条浮线，那就完全是一幅随机的图像了。

206 你也许已经猜到了这是什么数据。每一个线段都是一场战争。横轴是时间，从 1800 年至 1950 年，以 25 年为单位。竖轴是战争强度的数量级，根据死亡人数的十进对数做标度，从最小的 2 开始（死亡 100 人）到最高的 8（死亡 100 万人）。右上角的两条线是第一次世界大战和第二次世界大战。

理查森最主要的发现是，战争爆发的时间是随机的。战神马尔斯不断地掷铁制的骰子，每一次蛇眼向上，他就派出两个国家开战。接着他继续掷骰子，但是对刚才发生过的事情毫无记忆。结果，两场战争开战之间的间隔呈指数分布，有大量的短间隔以及少量的长间隔。

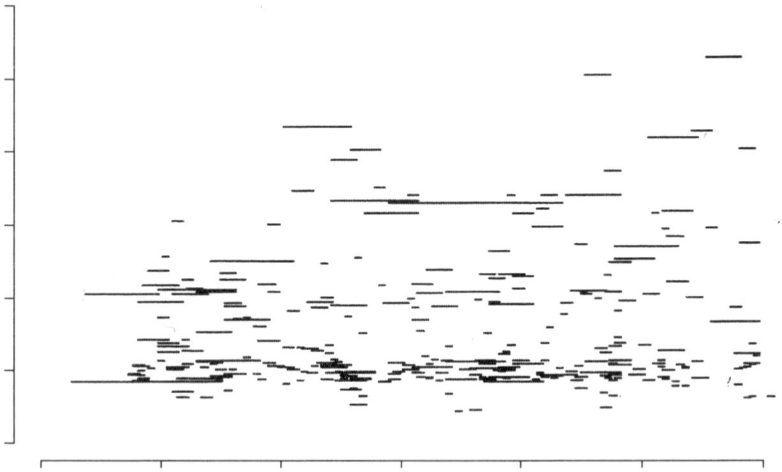

图 5-6　理查森的数据

资料来源：哈耶斯根据理查森 1960 年的数据制图，2002 年。

对战争的历史叙事认为星座是虚幻的星系团，但战争的泊松性质破坏了历史叙事，同时混淆了在人类历史上看到的宏大模式、周期和辩证法这些理论。一次恐怖的冲突不会让世界就此厌倦战争，哪怕是暂停片刻，在和平中缓缓气儿。地球也不会因为两个交战国一阵咳嗽，就被传染上战争瘟疫，发作起来不可收拾。和平中的世界不会积攒起越来越沉重的战争渴望，仿佛无法忽视的瘙痒，最终只能在冲动的爆发中得到释放。事实的确不是这样。战神一直在掷骰子。在理查森进行研究的同时和之后，由其他人整理出的数个战争数据库，全部支持同样的结论。[36]

理查森发现，不仅战争的爆发是随机的，战争的结束也是随机的。和平女神帕克斯也在不断地掷骰子，只要双六向上，战争双方就放下武器，铸剑为犁。理查森看到，一场（数量级为 3）小规模战争开战之后，每一年它都有略低于一半的机会（0.43）结束。这就意味着大部分战争会持续两年多一点儿的时间，对不对？如果你点头称是，那说明你没有集中注意力！因为战争在每一年结束的概率是一个常数，或称一个常概率，那么战争最有可能在第一年之后结束，在两年之内结束的可能性略小一点儿，战争延续进入第三年的可能性还要更小一点儿。以此类推，可能性是逐年下降的。同样的结论也适用于较大规模（数量级为4至7）的战争，这个规模的战争在开战第一年后结束的概率为0.235。战争的时间长度呈指数分布，最短的战争也是最常见的战争。[37]这就告诉我们，战争状态下的国家不是非要“排除体制中的好战因素”才会恢复理智，战争并没有什么“势头”，不是必须“自我发泄”。战争一开始，那些反战的综合力量——和平主义、恐惧和溃败——就开始推动战争的结束。[38]

如果战争的开始和结束都是随机的，我们来寻找战争中的历史趋势，是否毫无意义呢？我们的工作绝不是毫无意义的。泊松过程中的“随机性”定义的是连续事件之间的关系，也就是说事件前后之间没有联系：事件的发动机，例如骰子，是没有记忆的。但是，这绝不是
207 说这一概率将长时间保持为一个常数。战神可以变换开战的号令，比如，开战号令从蛇眼向上改为数字加总为3、6或者7。任何变换都会改变战争发生的概率，但其随机性仍然不变，即一场战争的爆发不会增加或减少另一场战争的可能性。具有漂移可能性的泊松过程被称为非平稳过程。战争的概率可能在某个历史时期出现下降沉寂，但接着又死灰复燃。它有可能是一个非稳定的泊松过程，并带有一个代表速度递减的参数。

同理，战争的数学可能性既是一个泊松过程，也显示出周期性。理论上，战神可能出现摇摆，导致掷骰子的3%是战争，然后变成6%是战争，后来又回到3%是战争。实际上，非稳定泊松过程中的周期和稳定性泊松过程中的集簇错觉是很难区分的。几个集簇也许蒙蔽人们的眼睛，以为看到了整个系统的兴衰（比如商业周期，实际上是经济活动无法预知的波动排序，而不是一个真正有固定周期的循环）。有一些很好的统计方法可以测试时间序列数据中的周期性，但是这些方法在分析长期数据时才最有效，其时间要求之长远远超过我们所寻找的循环周期，因此它有足够的空间容纳许多假定的周期。为了保证结论的可信度，最好有第二套数据做平行分析，这样我们就能避免被

“过度拟合”的周期假象蒙蔽，错将某一数据集合中的随机集簇看作有规律的周期。理查森研究了量级为 3、4 和 5 的战争的几种可能的周期（量级更高的战争数量不足以支撑这样的测试），而他没有找到任何周期。对其他更长时间数据的分析，可以辨认的周期有 5 年、15 年、20 年、24 年、30 年、50 年、60 年、120 年和 200 年。面对如此之多面目不清的备选，最稳妥的结论是，战争完全没有明显的周期。大部分以计量方法研究战争的历史学家都同意这一结论。[39]社会学家皮蒂里姆·索罗金（Pitirim Sorokin）是另一位对战争进行计量研究的先驱，他总结说：“历史看起来既不单调和缺乏创意，仿佛是严格周期律、‘铁律’和‘普遍一致性’的忠实代言人，也不像一台引擎那样刻板和机械，在一个单位时间内只能制造一定量的革命。”[40]

*　*　*

那么，20 世纪的“血流成河”是否有某种偶发性呢？似乎人们只是这样动一动念头，就是对战争受难者的巨大侮辱。但是，“致命冲突”的统计规律不是一定要推出这样的结论。只要时间足够长，事件的随机性完全可以和不断变化的概率共生。可以肯定，与其他时期相比，20 世纪 30 年代的某些概率显然是有其特殊性的。纳粹认为入侵波兰名正言顺，因为这是为了给“优等种族”的雅利安人获取生存空间，这和灭绝“劣等种族”的犹太人是同一种意识形态。在当时的德意日三国，军国主义都是汹汹涌动的潮流。在纳粹和某些思潮背后，其共同的特性就是反启蒙运动的乌托邦主义。即使从长期看，战争的发生都是随机分布的，偶尔也会有例外。比如，“一战”的爆发就可以说是增加了欧洲爆发 208
“二战”的可能性。

但从统计学的角度看，特别是考虑到集簇错觉，我们往往会夸大历史的逻辑连贯——认为历史的力量是按照循环、渐强和冲突这些程式进行运动，因此所有已经发生的事情都是必然要发生的。即使所有的概率都指向同一方向，一场死亡量级为 6 或 7 的大战仍然需要某些突发事件进行引爆，而如果我们能够回放历史的话，这些导火索事件不一定会再次发生。

1999 年，怀特回答了一个在那一年被人们反复提到的问题："谁是20 世纪最重要的人物？"他说是加夫里洛·普林齐普（Gavrilo Princip）。这个家伙又是谁呢？他是 19 岁的塞尔维亚民族主义者，刺杀了在波斯尼亚进行国事访问的奥匈帝国王储弗朗茨·斐迪南大公。因为一系列的错误和意外，大公被送进了刺客的射击范围。怀特对自己的选择给出了解释：

> 这个人独自挑起了一个巨大的链式反应，最终导致 8000 万人死亡。
>
> 你行吗，阿尔伯特·爱因斯坦?!
>
> 仅仅用了几颗小小的子弹，这个恐怖分子打响了第一次世界大战，摧毁了四个君主国，留下巨大的真空，让纳粹把持了德国，继而走向第二次世界大战……
>
> 有些人想贬低普林齐普的重要性，说在当时的紧张局势下，一场"世界大战"迟早不可避免，但是，我要说，没有任何事情比北约集团和华沙集团之间的战争更不可避免了。如果没有塞尔维亚人打响的第一枪，世界大战是可能避免的，而没有这场大战，就不会有列宁，不会有希特勒，也不会有艾森豪威尔。[41]

其他喜欢设想与现实相反情形的历史学家，比如理查德·内德·勒博（Richard Ned Lebow），持有类似的观点。[42]至于第二次世界大战，历史学家 F. H. 欣斯利（F. H. Hinsley）写道："历史学家正确地几乎是一致地同意……第二次世界大战的起因是阿道夫·希特勒的个性和人生目标。"基根对此表示同意，他说："只有一个欧洲人真正希望战争——阿道夫·希特勒。"[43]社会科学家约翰·穆勒总结说：

> 这些意见表明，欧洲本来不存在卷入另一次世界大战的动力，历史没有要求决战，欧洲各国也没有进入必然引致战争的冲突轨道。也

> 就是说，如果希特勒从事艺术，而不是政治；或者1918年战壕中英国人的毒气弹更有效一点；或者在1923年啤酒馆政变中，是希特 209
> 勒，而不是走在他身边的其他人被机关枪击中；或者希特勒在1930年的车祸中一命归天；或者，德国人民拒绝他成为国家元首，或者在1939年9月之前（甚至在1940年5月之前）的任何时间将他赶下台，欧洲这场史无前例的大劫难都很可能不会发生。[44]

所以，纳粹的种族灭绝也很可能不会发生。我们在下一章中会看到，大多数研究种族灭绝的历史学家都同意社会学家米尔顿·希默尔法布（Milton Himmelfarb）1984年论文的标题："没有希特勒，就没有集中营。"[45]

概率是人类观察事物的一个角度。从足够近的距离观察，个别事件有其特定的原因。甚至投掷硬币的结果也是可以根据初始条件和物理学定律进行预测的，一个魔术师可以利用这些定律，每一次都得到正面向上的结果。[46]但当我们拉远镜头，对大量的事件做广角观察的时候，我们看见无数的因素有时在互相抵消，有时又朝同一方向排列。物理学家和哲学家亨利·庞加莱（Henri Poincaré）对此解释说：在一个决定论的世界里，我们所谓的把握时机，或者是大量微小的因素汇聚为一个强大的效果，或者是我们疏忽了的某个小因素决定了一个我们无法忽视的大效果。[47]在有组织的暴力活动中，某人想启动战争，他伺机而动，也许有机会，但也许没有机会；他的对手则要决定是应战还是逃避；枪林弹雨，爆炸声震耳欲聋，人命贱如草芥。这些事件受神经科学、物理学和心理学定律的支配。但在总体上，众多因素拥进一个矩阵，有时在最后会导致一些极端的结果。不论是何种意识形态的、政治的和社会的潮流，它们共同将20世纪上半叶的世界带到危险之中。就在这几十年间，人类遭遇了一连串厄运。

* * *

现在，我们看看最关键的问题：随着时间的推移，爆发战争的概率是增加了、减少了，还是维持不变？理查森的数据是有偏差的，它指示发生战争的概率指向增加的方向。数据的起点在拿破仑战争之后，刚好切掉这场创纪录的恶战，终点截至人类历史上最具破坏性的大战——第二次世界大战。理查森没能在有生之年看见人类的“长期和平”——这已然持续了几十年。但是他作为数学家的机敏，让他知道在统计概率上存在长期和平的可能性。他设计了巧妙的方法测试时间序列上的战争趋势，排除了他的数据中前后两端的极端事件可能造成的误导。最简单的莫过于将战争按照量级分组，根据分组分别测度发展趋势。在 5 个分组（量级 3 到 7）中，他都没有看到任何有意义的趋势。如果一定要说些什么，他看到了一点点下降的趋势。他写道：“虽然不能作为一个结论性的证明，但数据显示，自从 1820 年以来，人类变得不那么好战了。最清
210 晰的观察结果是战争的数量随时间推移而有所减少……但是，在随机变量中差异不够大，所以结果很不明显。”[48]欧亚战火余烬犹在，理查森就写下这番话，这无疑证明一位伟大的科学家要以事实与理性克服印象和成见的愿望。

我们将会看到，使用其他数据对战争频率所做的分析也得出了相似的结论。[49]但是战争发生的频率不是故事的全部，战争的量级也非常重要。如果有人说，理查森认为人类的好战心在减弱，他的推测所依据的是将两场世界大战归入一个子类，而这个子类只有两个数据，因此统计分析是毫无意义的，那么这个人的错误是可以理解的。理查森的其他分析将所有的战争一视同仁，即第二次世界大战与 1952 年导致 1000 人死亡的玻利维亚革命战争没有分别。理查森的儿子已经向他指出，如果将战争数据分为大小两类，那么这两类战争的趋势是相反的：小规模战争的发生频率明显在下降，但是大规模战争则不然，虽然战争的数目不大，但频率却是增加的。另外还有一种解释是，1820—1953 年的战争频率下降了，但是战争更严酷了。理查森检测了这两个相反的规律，发现它在统计上是有意义的。[50]下一节我将告诉大家，这也是一个非常巧妙的结论：其他数据证明，直到 1945 年，欧洲的战争和其他大国之间的战争总体上是数量减少了，但破坏程度增大了。

那么，人类是更加好战了还是不那么好战了？对此没有单一的回答，因为“好战”可以有两个意思。它可以指一个国家有多大的可能性卷入战争，也可以指当它卷入战争时有多少人会丧命。设想两个同等人口规模的农村乡镇，其中一个乡镇有100名喜欢在森林放火的青少年。森林都是独立的地块，所以每一次放火后，大火会自己熄灭，没有太大的损失。而另一个乡镇只有两个纵火犯，但是它的森林是连成片的，任何小火苗都有可能演变成铺天盖地的森林大火。哪个乡镇的森林火灾更严重呢？答案可以是此，也可以是彼。如果考虑的是无法无天的混账程度，那么第一个乡镇的问题更严重。但如果考虑的是受损的严重程度，那就是第二个乡镇的问题更严重。事实上，两个乡镇中哪一个的总损失更大，是遭受了很多起小火灾的乡镇，还是遭受了几起大火灾的乡镇，也是不能一概而论的。为了理解这些问题，我们必须将对时间序列数据的统计分析转向对量级数据的统计分析。

对致命冲突的统计 II：战争的量级

在计算每个量级上的战争数量时——有多少场导致千人死亡的战争，多少场导致万人死亡的战争，多少场导致10万人死亡的战争，等等，理查森有了他的第二个重大发现。计算的结果是有很多小规模战争和屈指可数的大规模战争，这并非完全出人意料。真正让人惊异的是每一个量级的战争之间的对比如此整洁清晰。理查森将致命冲突的数量记录和死 211
亡人数记录（即量级本身）绘制在一起的时候，就得到了图5-7。

研究自然科学，例如物理学的科学家，早已习惯看见他们的数据呈现完美的直线，比如气体的体积与温度之间的关系。但是他们无论如何也无法想象一团乱麻般的历史数据竟然也可以有这样完美的表现。我们从中看到的数据，从规模上看，既有人类历史上最血腥的恶战，也有丛林小国的军事政变；从时间上看，则涵盖了从工业革命的开端一直到计算机时代的降临。当看到根据这些数据画出的平滑的对角线时，有谁不目瞪口呆呢？

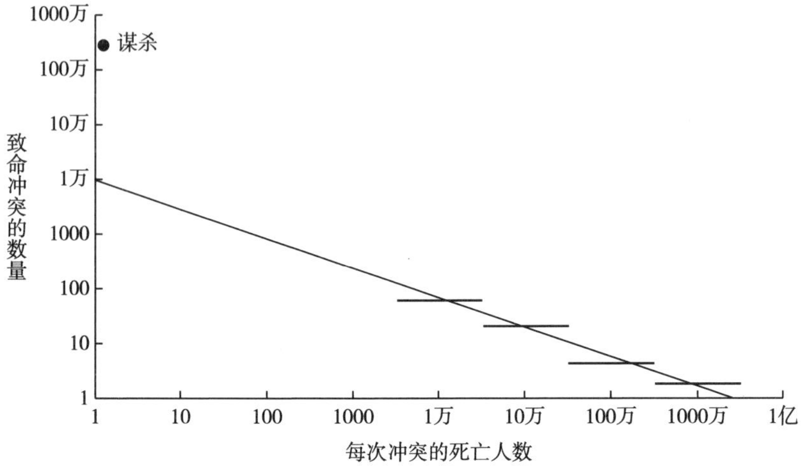

图 5-7　1820—1952 年不同量级的致命冲突的数量

资料来源：韦斯改编，1963 年，第 103 页；理查森的数据，1960 年，第 149 页。1820—1952 年，按战争结束年计算。

一个特定事件的发生频率和这一事件的规模呈比例关系，在双对数坐标图上，图形呈一条直线，即称为幂律分布。[51]之所以称为幂律分布，是因为当抛开对数标度，回到原始数据时，事件发生的概率与事件的规模两个变量之间呈比例关系，即后者乘以某次幂（即坐标图上斜线的斜率），加上一个常数等于前者。在我们的案例中，幂为-1.5，意思是战争死亡人数每上升 10 倍，战争发生的概率下降至前一期的 1/3。理查森将谋杀（暴力的量级为 0）也放进了这个战争图表，因为它在性质上完全符合同一规律：它的破坏程度比最小的战争还要小，发作的频率却比战争高很多。但是，你可以看见，它孤独地高悬在竖轴的上方，远远偏离战争趋势的外推线。在这样的情况下，理查森仍然坚持说所有的“致命冲突”都在一条连续线上，未免显得有些强词夺理。理查森不屈不挠地将谋杀“点”与战争“线”用一条陡峭的曲线连接起来，这样他的数据
212 里就可以植入死亡以个位、十位和百位计的冲突统计，而这些数据在历史资料中是不存在的。（这些小冲突都在“军事水平线”之下，正好落入犯罪学和历史研究之间的空当。）不过，让我们放下这些谋杀和小冲突，集中观察战争部分。

理查森的样本是否只是一个意外？50年之后，政治学家拉斯-埃里克·塞德曼（Lars-Erik Cederman）使用“战争相关项目”（Correlates of War Project）的主要战争死亡数据，绘制了1820—1997年97场国家之间战争的统计趋势图（图5-8）。[52]在双对数坐标中，这些数据也呈现出一条向下的斜线。（塞德曼绘图的方式略有不同，但不影响我们得到所需要的结论。）[53]

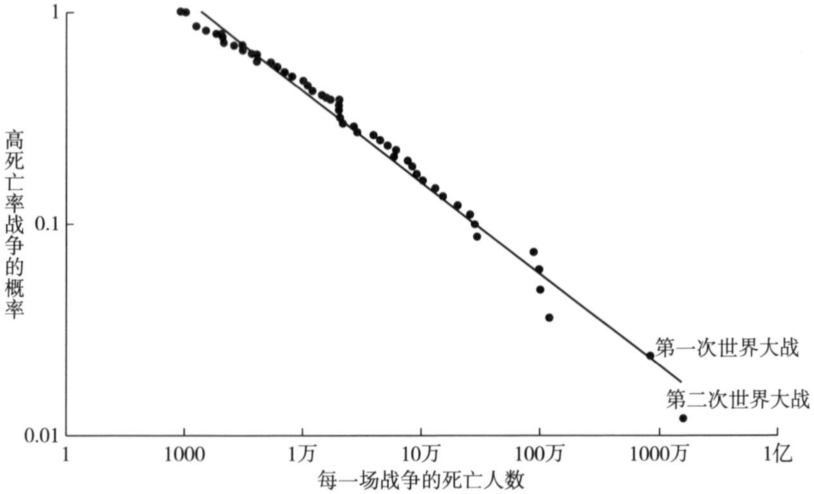

图5-8 1820—1997年不同量级的战争概率

资料来源：塞德曼图表，2003年，第136页

科学家之所以对幂律分布感到着迷，有两个原因。[54]一是在衡量一些你认为毫无关联的事件时，不断地呈现出这一分布状态。最早的一个幂律分布是语言学家齐普夫（G. K. Zipf）在20世纪30年代发现的，当时他针对英语词汇的使用频率绘制了统计图表。[55]如果对一个大型的语料库进行统计分析，人们会发现大约有十几个词的使用极其频繁，即在全部词语中，它们的使用频率超过1%，包括the（7%）、be（4%）、of（4%）、and（3%）和a（2%）。[56]有大约3000个词为中度使用频率，即万分之一，这样的词有“信心”（confidence）、“少年”（junior）和“担心”（afraid）。还有数万个词的使用频率只有百万分之一，包括“使怨 213

恨”（embitter）、“递交请愿书”（memorialize）和“有名衔的”（titular）。最后还有数十万个使用频率远远低于百万分之一的词，比如“险境”（kankedort）、“能驱邪的”（apotropaic）和“液化”（deliquesce）。

另外一个幂律分布的案例是经济学家维尔弗雷多·帕累托在1906年发现的。他在观察意大利的收入分配时发现，一小撮人巨富，大众则极端贫困。自这些发现问世之后，在其他领域也找到了各种幂律分布，比如城市人口、常用的姓名、网站受欢迎的程度、学术论文的引用数量、图书和音乐的销售量、生物种群中物种的数量，以及月球陨石坑的大小。[57]

幂律分布的第二个显著特征是，在一个巨大的值域内，所有的幂律分布看起来都是一样的。要理解这一特征的重要性，让我们比较一下幂律分布和一个大家更熟悉的所谓“正态分布”——高斯分布，或“钟形曲线”。测量男性的身高，或者统计高速公路上的车行速度，大部分数据都围绕着一个均值，并向两侧逐渐下降，曲线的形状如同钟形。[58]图5-9显示的是美国男性的身高分布。大量男性的身高在5英尺10英寸（179厘米）左右，少数在5英尺6英寸（169厘米）或6英尺2英寸

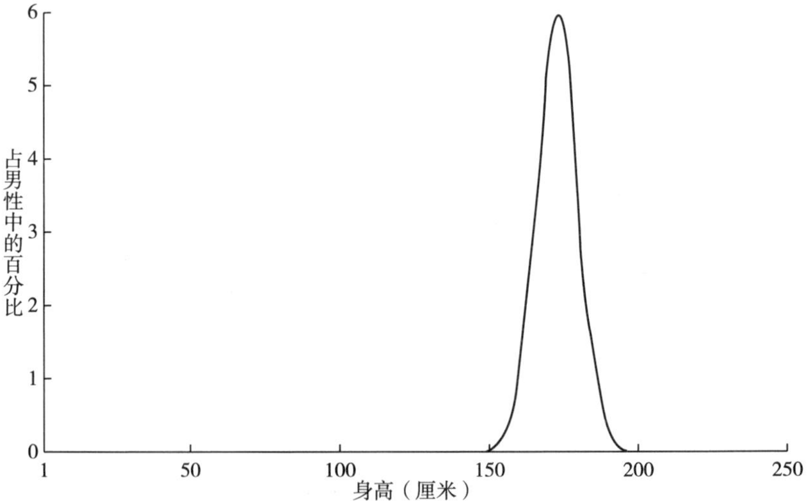

图5-9　男性身高（一个正态分布，或钟形曲线分布）

资料来源：纽曼制图，2005年，第324页。

（189 厘米），极少数男性的身高在 5 英尺（152.5 厘米）或 6 英尺 8 英寸（203 厘米）。没有人的身高低于 1 英尺 11 英寸（约 58 厘米），也没有人的身高高于 8 英尺 11 英寸（272 厘米）（这是《吉尼斯世界纪录》中的两个特例）。世界上最高个男子的身高和最矮个男子的身高之比是 4.8，而你可以打赌你永远也不会撞见 20 英尺（608 厘米）高的男人。 214

但是，对于其余的事件，测量数据并不是围绕一个典型值形成高点，不是在两侧对称下滑，也并非都限制在一个适度的小区间内。城镇的规模就是一个例子。“美国典型的城市有多大规模”是一个很难回答的问题。纽约有 800 万人口，而根据《吉尼斯世界纪录》，美国最小的城市是一个小“镇”——弗吉尼亚州的达菲尔德（Duffield），人口仅有 52 人。最大城市的人口规模是最小城市的 15 万倍，与男子身高的 5 倍之差相去甚远。

而且，城市人口规模的分布不是钟形曲线。如图 5-10 所示，这个分布是 L 形曲线，左侧立着陡直的脊背，右侧拖着平缓的尾巴。在图中，

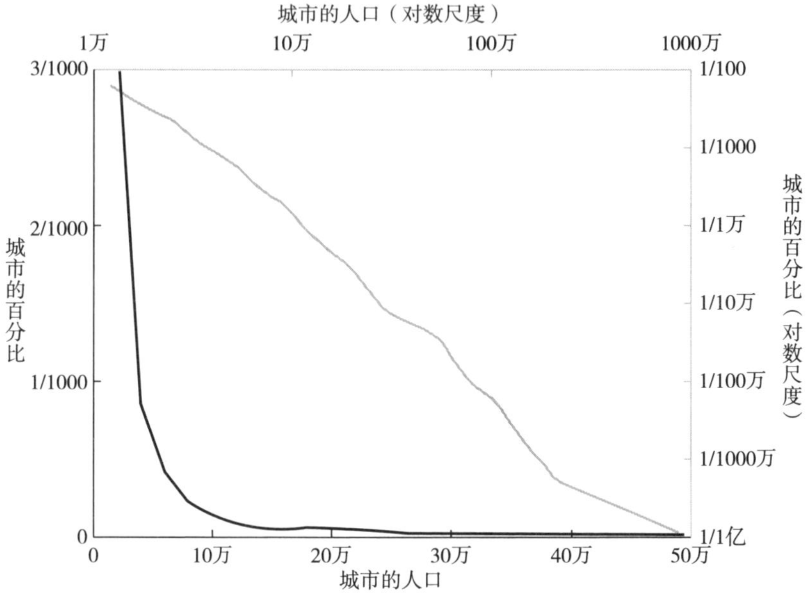

图 5-10　城市人口（一个幂律分布）、线性尺度和对数尺度

资料来源：根据纽曼改编，2005 年，第 324 页。

城市的人口按照黑色横轴上的常规线性标度排列：10 万人口的城市、20 万人口的城市等。所以，黑色竖轴上是不同人口规模的城市在总城市的比重，0.003%的美国城市有 2 万人口，0.002%的美国城市有 3 万人口，0.001%的美国城市有 4 万人口，等等。城市的人口规模越大，城市的数
215 量就越少。[59]我们再来看灰色的坐标，灰色横轴和竖轴上的标度是用对数标度衡量同一组数据，即按照量级（数据中零的位数）排列。城市的人口标度按照1 万、10 万、100 万和 1000 万排开。同样，不同人口规模的城市在总城市中的比重按照量级刻度排列：0.01%（1 万分之一）、0.001%（10 万分之一）、0.0001%（100 万分之一）等。随着两个坐标轴的伸延，开始出现一个有趣的现象：L 形曲线被拉成一条几乎平滑的斜线。这就是典型幂律分布的特征。

这就将我们带回了战争。因为战争也呈幂律分布，幂律分布的某些数学性质可以帮助我们理解战争的性质和引发战争的机制。首先，从战争数据的幂指数分布看，它没有均值。也就是说，没有一场战争可以称为“典型的战争”。我们不能期待，一场战争将一直打到某个伤亡水平——或者某个平均伤亡水平，然后就会自然地减缓结束。

其次，幂律分布与规模无关。当你将双对数坐标图的曲线上移或者下移，它看起来都是一样的，就是一条线。这一性质的数学含义是，无论放大或缩小观测的单位，观测对象的分布形态均不变。假定在常用性上，2KB（千字节）的计算机文件是 1KB 文件常用性的 1/4，那么，2MB（兆字节）的文件就是 1MB 的 1/4。在战争问题上，你也可以这样看。从一场 1000 人死亡的小规模战争发展为一场 1 万人死亡的中型战争的概率是多少？它和从一场中型战争变为一场 10 万人死亡的大规模战争的概率，甚至从 10 万人死亡的大规模战争演变为创历史纪录的百万人死亡的大战，或者变成一场世界大战的概率，是一样的。

最后，幂律分布有“长尾”（亦称“厚尾”），即它们有相当数量的极端值。你永远都不会见到一个身高 20 英尺（超过 5 米）的巨人，也不可能在公路上看见一辆车车速达到每小时 800 公里。但是，你很有可能见过有 1400 万人口的大都市，或者见过一本在畅销书排行榜上盘踞

10 年之久的好书，或者用肉眼观察到月球上一个巨大的陨石坑——或者一场导致 5500 万人殒命的世界大战。

当你飞速提高量级标度时，幂律分布的长尾缓慢地而不是急速地下降，这意味着极端值发生的概率极小，但并非小到完全不可能。这是一个非常重要的区别。你遇见一个身高 5 米的人的概率是小到完全不可能的，你完全可以用生命打赌，这是永远也不会发生的。但是，一个城市的人口增长超过 2000 万，或者一本书在畅销书排行榜上停留 20 年，仅仅是极端不可能发生——也就是说，可能不会发生，但你还是可以想象 216
它会发生。我用不着解释长尾在战争分析上的意义了。世界发生死亡 1 亿人的战争的可能性是极端不可能的，发生死亡 10 亿人的战争的可能性就更小了。但是在核武器时代，我们可怕的想象力和幂律分布的数学含义都表示，这不是完全不可能的。

到目前为止，我已经以柏拉图式的抽象方法讨论了战争的起因，好像军队是被数学方程式送上战场似的。我们确实需要理解战争本身为什么呈幂律分布，即什么样的心理学、政治学和技术的结合会产生这样的规律。此刻我们还不知道答案是什么。有太多的机制能够产生幂律分布，而战争数据又不够精确，无法告诉我们到底哪一种机制在起作用。

但是，战争幂律分布与规模无关的性质，还是向我们透露了各种战争动力的内幕。[60]直觉地看，这是表示规模无关紧要。无论是街头混混、民兵或者是大国正规军等，这些争斗联盟在权衡是应该威胁还是后撤，或是虚张声势，是应战升级、坚持战斗还是投降时，决策背后的心理过程和博弈过程都是一样的。这大概是因为人类是社会动物，所以聚众结盟，再合并为大联盟和更大的联盟。但在任何一个规模上，这些联盟都是被一个小集团或者一个人送上战场的，他们可以是流氓头子、黑帮首领、军阀、国王或者皇帝。

对于幂律分布的武力冲突模型中的规模无关这一直觉知识，我们应该如何理解呢？[61]最简单的办法就是假定这些联盟自己在规模上都呈幂律分布，它们相互之间的冲突与它们的数量成比例，它们遭受的损失与它们各自的规模成比例。我们知道一些人类的聚集，比如城市，呈幂律分布，也知道其中的道理。幂律分布最主要的起因之一是偏好依附（preferential attachment）：一个东西越大，它吸引的新成员就越多。偏好依附也被称为累积优势，“富人越富”和“马太效应”——对《新约·马太福音》第25章第29节，比利·霍利迪这样总结说：“得到了的还要再得到，没有得到的却要再失去。”热门网站吸引更多的访客，成为更热门的网站；畅销书上了销售排行榜，诱惑更多的人来买书；大城市人口众多，因此能提供更多的专业和文化机会，也就有更多的人涌入大城市。（你怎么能够让见识过巴黎的人留守乡下？）

理查森考虑过这个简单的答案，但是发现答案与数据不符。[62]如果争斗代表城市规模，那么争斗的规模每缩小至原来的1/10，数量应该增长10倍，但实际情况是，数量增长了不到4倍。此外，在最近几百年来的战争中，战争的参与者是国家而不是城市，国家是呈对数正态分布（一个扭曲的钟形曲线），而不是呈幂律分布。

217 复杂系统科学提出了另外一种机制，这门科学研究的是类似结构形态的控制规律，尽管这些结构由不同的物质组成。许多研究复杂性理论的专家最感兴趣的是显现出被称作“自组织临界条件”形态的系统。你可以将“临界条件”理解为压垮骆驼的最后一根稻草：一个小输入引发一个突发的大输出。“自组织”临界条件则是指一头骆驼背上的创伤刚刚愈合，体力稍有恢复，恢复的程度恰好能够让同一根稻草把它再次压倒。典型的例子是细流堆沙，当细细的沙流从上方落到沙堆的顶部，间歇地引起不同规模的沙堆滑坡；滑坡的分布符合幂律分布。随着滑坡，沙堆的坡度变缓，到一定程度时，流沙滑坡就会停止；但是随着新的沙流落下，沙堆的坡度再次逐渐变陡，直到触发一场新的沙崩。还有地震和森林火灾的案例。火灾烧毁森林后，新的树木随机生长，形成新的树丛，枝干互相交错攀附，为下一次火灾准备燃料。好几位政治学家都根据森林火灾原理，开发出计算机模拟的战争模型。[63]在这些模型中，一些国家征服周边国家，形成更大的国家，就像一片树丛繁衍生长侵入另一片树丛，形成更大的树丛。只消扔进一个烟头，就能引起灌木燃烧或者熊熊的森林大火；而在他们的模型中，一件打破各国之间均衡的事件，就可以触发一场冲突或者一场世界大战。

在这些模拟过程中，战争的破坏性主要取决于参战方和它们盟友的疆土规模。但在现实世界，破坏性变量还取决于交战双方都希望对手先崩溃而坚持战斗的决心。当代历史上最血腥的冲突，比如美国内战、第一次世界大战、越南战争和两伊战争，都是消耗战，双方不断地向战争绞肉机中填入人力和物力，希望对方先被拖垮。

约翰·梅纳德·史密斯是第一位将博弈论应用到进化论中的生物学家，用消耗战博弈为这种僵持状态建立了模型。[64]交战双方展开的是资源竞争，各方都期望自己能坚持到最后，在等待中成本越积越高。最初的状态是，它们就像大型甲壳动物争夺地盘，双方怒目而视，直到一方撤出；成本就是动物在僵持期间浪费的时间和能量，它们本来可以用这些时间去觅食和寻偶。消耗战博弈在数学上相当于这样一种拍卖，即两个出价人中出高价者赢得拍品，但双方都要支付失败者的低出价。当然，用这样的博弈来分析战争，叫价之后支付的是士兵的生命。

“消耗战”是博弈论中最自相矛盾的情况之一（正如“囚徒博弈”、“公地悲剧”和“一美元钞票竞拍”）。在这些博弈中，理性人追求各自的利益，但其结果却远远不如他们合作达成一个有约束力的协议。你可 218
能认为，消耗战博弈中的各方应该接受 eBay（易贝网）对买家的忠告：确定竞拍品的价值，出价绝对不超过这个限度。问题是，其他投标人也是按照同样的战略进行博弈。只需要再加价一美元（或者再多等待一分钟，或者再多派出一批士兵进入战场），他就赢了。他拿到战利品，他所支付的代价与你心目中的估价相差无几，而你落得两手空空，还必须付出你报出的估价。你是绝对不会让这样的事情发生的，所以你就想到采用“永远比对手多出一美元”的战略。你会看到这样做的结局是什么。正是因为消耗战博弈中的逻辑悖论，即失败者一样要支付代价，所以投标人会在出价超过竞拍品价值之后仍然坚持叫价。尽管谁都已经不可能取胜了，但是各方都还希望损失不要太大。在博弈论中，这类结果的术语是“灾难现象”。这也被称为“皮洛士的胜利——得不偿失的胜利”，这个军事比喻的含义极为深远。

消耗战博弈演化出这样一种战略，即交战各方都要等待一段时间，时间的长短是随机决定的，等候的平均时间长度也可以代表相应的资源。从长期来看，各方的付出都得到了理想的回报，但是因为等待的时间长短是随机的，没有人能够预计对方投降的时间，也就不知道何时才能耗过对方。换句话说，它们遵守这样的规则：每时每刻都在掷骰子，如果它们都是（比如说）4，让步；如果不是，接着再掷一次骰子。结果当然是一个泊松过程，所以你应该知道，等待的时间呈指数分布（因为掷骰子得到双4的机会越来越小，需要等待的时间也就越来越长）。既然战争要等到其中一方认输的那一刻才告终止，那么战争的长度也呈指数分布。让我们回到战争模型，它以士兵的性命而不是分钟、秒钟为代价，如果真正的消耗战就像是博弈论中的“消耗战”一样，假定其他条件不变，那么消耗战将呈现量级指数分布。

当然，真实的战争不是呈指数分布，而是呈幂律分布，带有一条长长的尾巴（在此，就意味着更大数量的大战）。但是，如果数值被二次指数过程调整后向相反的方向推移，指数分布可以变化为幂律分布。消耗战博弈可以有这样的转折。如果消耗战博弈中的一方在某个时刻哆嗦了一下或者面色变得惨白，或者表现出其他神经紧张的迹象，由此透露出让步的意向，那么，对手会利用这一“示意”，再多等片刻，取得最后的胜利，而且屡战屡胜，百试不爽。正如理查德·道金斯所说，一个经常进行消耗战的物种，你只能期望它们都长着面无表情的扑克脸。

现在，人们也许会猜测，生物也可以利用相反的信号，即继续战斗而不是准备投降的信号。如果交战的一方能够采取某种强硬的姿态，显
219 示“我将坚守阵地，绝不后撤一步”，那么它的对手也许会理性地计算一下，然后放弃战斗，控制损失，以免战争升级，两败俱伤。但我们称其为“姿态”是有理由的。任何一个懦夫都会叉着膀子，瞪着眼睛，但对手可以一眼看穿他是在虚张声势。只有当这个信号是有代价的时候，比如示强方将手放在蜡烛的火苗上，或者用匕首在自己的胳臂上划几刀，才能证明他确实有此意志。（当然，只有在战利品有特殊意义时才值得支付这种自找的代价，或者，他有理由相信，即使出现战争升级，他也

能战胜对手。）

在消耗战的案例中，你可以想象一个领导人随着冲突的深化，承受战争代价的意愿越来越强，决心越来越坚定。他的口号将会是：“我们将继续战斗，绝不让孩子们的鲜血白流。”这种心态，即所谓损失憎恶——沉没成本谬论，也叫作“砸好钱救烂钱”——显然是非理性的，但是它在人类的决策活动中却十分常见。[65]人们忍受暴虐维持婚姻，是因为他们已经在一起生活了很多年；人们硬着头皮看完一场烂电影，是因为他们已经买了电影票；或者在赌博中加倍下注，试图捞回输掉的老本；或者向失败的大笔投资追加更多的资金。虽然心理学家不能完全理解为什么人们会沉湎于沉没成本谬论，通常的解释是这展示了一个公开的承诺。这是人们在宣示：“一旦我做出决定，绝不会软弱、愚蠢或者犹豫不决，绝不轻易改变主意。”在一场像减员比赛那样的决胜较量中，损失憎恶可能是一个代价高昂因而可信的信号，表明选手不打算向对手让步，坚定地奉行再战一轮直至胜利的战略。

我已经提到过，理查森的数据提出的证据显示，战争越残酷，战斗时间就越长：与大规模战争相比，小规模战争在开战第二年结束的可能性更大。[66]在“战争相关计划数据库”中，从量级的数据也可以看出战争升级的迹象：战争持续的时间越长，不仅伤亡越大，而且还有时间之外的因素带来更高的、意想不到的战争成本。[67]如果从战争的统计数据回到实际战争，我们能够看到这一机制的工作原理。历史上很多残酷血腥的战争，都是因为一方甚至双方的领袖采取了极其非理性的损失憎恶战略，最终产生了巨大的破坏性。直到“二战”的最后几个月，尽管败局已定，但是希特勒仍然疯狂地坚持战斗，日本也是如此。林登·约翰逊总统数次将越南战争升级，一首针对他的抗议歌曲充分体现了民众对毁灭性战争的理解：“我们半身陷进泥潭，大傻瓜还在喊叫冲锋。”

系统生物学家让-巴普蒂斯特·米歇尔（Jean-Baptiste Michel）为我讲解了消耗战中承诺升级为什么呈幂律分布。我们只需要假定领导 220
人在前一个承诺上增加一个固定的比例，比如说，每一次新投入的兵力是现在正在参战的兵力的10%。那么，常数化的比例增长符合心理学上的一个著名发现——所谓“韦伯定律”：增量的强度要想被人感受，它必须是已经存在的强度的一个常比。（如果一个房间内已经有10只灯泡，如果增加1只，第11只灯泡亮起时，你就会注意到房间更亮了。但是如果房间里已经亮着100只灯泡，只有再亮起10只灯泡，你才会注意到房间比原来更亮了。）理查森观察到，人们对生命损失的感觉也是一样的：“举例说，在和平时期，英国潜艇西蒂斯沉没将会是报纸连续数天的报道热点，但在战争期间，同样的损失只会是报纸上的一条简报。这种对比符合韦伯-费希纳定律，即对增量的感觉，取决于这一增量占前一个存量的比重。”[68]心理学家保罗·斯洛维奇（Paul Slovic）最近重审了几项试验，均支持理查森的观察。[69]有一句名言说，“一人的死亡是悲剧，百万人的死亡是统计数据”，虽然数字不正确，但确实抓住了人类的心理。

如果战争按照前一个承诺的比例升级（一个固定比例的士兵被派上战场并在战斗中阵亡），随着战争的继续，战争的损失呈指数增长，就像是银行的复利。如果战争是一场消耗战博弈，它们的时间长度呈指数分布。回想一下数学法则，如果这个变量是一个指数分布变量的指函数，那么它即呈现幂律分布。[70]我个人的猜测是，升级和消耗的结合是对战争量级呈幂律分布的最好解释。

虽然我们可能不知道为什么战争呈幂律分布，幂律分布的性质——标度不变性和长尾性——表明，在一系列作用过程中，战争的规模不是一个影响因素。军事联盟总是可以更大一点儿，战争总是可以持续更长时间，损失总是可以更惨重一些，但是战争的发展形态都是相似的，与它们开始时的规模完全无关。

* * *

显然，下一个问题应该是与“致命冲突”的统计学有关：大量的小规模战争和少量的大规模战争，哪一种造成的伤亡更大呢？幂律分布本身不能回答这个问题。你可以想象在一个数据库中，将每一个规模上的战争死亡加总到同一个固定数：一场死亡1000万人的战争，10

场死亡100万人的战争，100场死亡10万人的战争，一直到1000万个
杀死1个人的谋杀案。事实上，指数都大于1（这是我们从战争中得
到的）的分布将大量个体甩向尾部。在这一区间内的幂律分布有时服
从“80∶20法则”，也称为“帕累托法则”，即人口中最富有的20%控 221
制了80%的财富。这个比率也许不一定是分毫不差的80∶20，但许多
幂律分布都具有这种不平衡性质，比如，20%的最热门网站得到2/3
的总点击量。[71]

理查森将每一个量级的战争死亡加总。计算机科学家布雷恩·哈耶斯（Brian Hayes）根据理查森的数据，制出图5-11。灰柱标示的是不引人注意的小冲突的死亡统计（死亡人数在3人至3162人之间），这些不是实际数字，因为这些死亡属于犯罪历史学的研究范畴，理查森的资料来源中没有这一部分数据。相反，理查森插入这些假设的数据，将谋杀和小规模战争平滑地连接起来。[72]不论有没有这些灰柱，图形都令人震动：峰值在两端，中间下垂。它告诉我们（至少在1820—1952年）

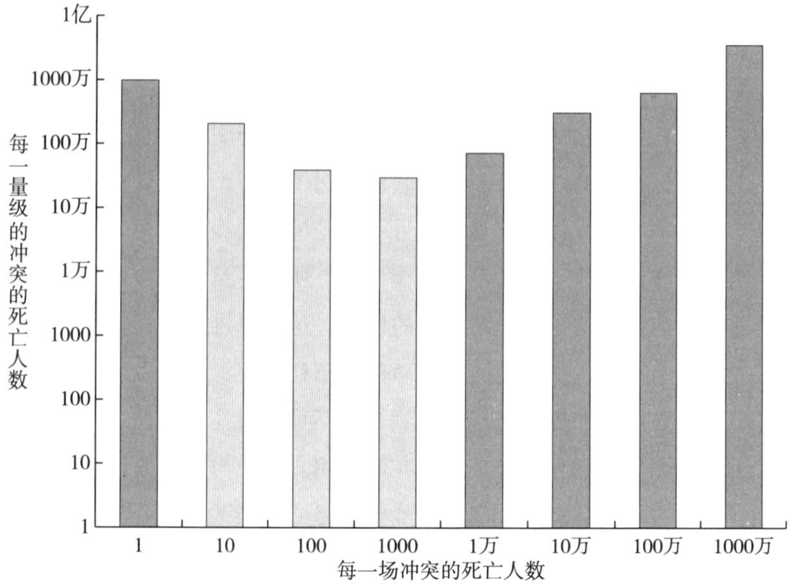

图5-11 不同量级冲突的死亡总数

资料来源：哈耶斯绘图，2002年，根据理查森的数据，1960年。

最具破坏力的暴力是谋杀和世界大战。其他形式的冲突杀死的人数要少得多。这个结论在后来的60年中一样成立。在美国，朝鲜战争的军人死亡为3.7万人，越战为5.8万人，其他战争远远无法与之相比。同时，这个国家每年有1.7万起谋杀，从1950年至今，谋杀死亡数字加总可达百万之众。[73]同样，全世界的凶杀死亡人数也远远高于战争及其连带死亡，即使包括战争导致的饥荒和疾病死亡。[74]

222 理查森也估算了从谋杀到世界大战各个量级的致命冲突占总死亡的比例，结论是1.6%。他解释说："相比这些冲突引起的大量关注，这个数字比人们的想象要小很多。那些喜爱战争的人可以为他们自己的品位辩护说，说到底，战争死亡相比疾病死亡还是差得远了"。[75]而且，这个结论至今还是绝对正确的。[76]

在最近130年的战争总死亡中，两次世界大战的死亡占77%，这个发现有非同寻常的意义。战争并不遵循幂律分布常见的"80∶20法则"。它们遵循的是"80∶2法则"：几乎80%的死亡来自2%的战争。[77]倾斜的比率告诉我们，全球防止战争的努力应该集中在防止那些最大规模的战争。

我们一直期望有关暴力的统计能够与连贯的历史叙述相吻合，但"80∶2"之比凸显了这一愿望所面临的困境。在解释20世纪历史的时候，人们对故事情节的偏好被两个统计假象强化了。一个是想要在随机分布的历史事件中看到有意义的规律，另一个是钟形曲线思维模式，它使极端值看起来像天文数字，几乎不可能出现。所以一旦出现极端事件，我们会推断，它背后一定有非同寻常的设计。这种思维方式让人们不愿意接受这样一个事实，即当代历史上两件最糟糕的事，尽管发生的可能性很小，但不是可能性极端之小，小到几乎不可能发生。因此，它们的发生，并不是因为背后有什么必然性在起作用。即使当时的紧张局势增加了两场大灾难发生的机会，两场大战都不是必然会发生的。只是一旦发生，它们就有大把的机会不断升级，不管战争已经有多么残酷，总能继续变本加厉。如果我们对不同水平上的战争破坏力进行全面的统计，两次世界大战只是统计分布中两个极不走运的样本罢了。

大国战争的轨迹

理查森得出的两个有关战争统计学的结论都相当宽泛：第一，战争时间表是随机的；第二，战争量级为幂律分布。但是，对于两个关键的参数——战争的概率和战争的损失是怎样随时间而变化的，他却未能深究。他表示，战争发生的频率下降，但战争的破坏性增强这一规律仅适用于对1820—1950年战争的分析，结论应该严格局限于他所使用的不完整的战争数据。那么，对于今天战争的长期轨迹，我们又知道些什么？

在有记录的历史中，找不到任何关于世界战争的完整可靠的数据，而且即使有这样的数据，我们也不知道如何理解它们。几百年来，不同的社会各自经历了剧烈的、不均衡的变迁，只用一个死亡数据对整个世界进行描述未免会抹杀太多的社会特性。但是，政治学家杰克·莱维（Jack Levy）汇编了一个数据集，为我们清晰地勾画出在特定时间和空 223
间内的战争轨迹。

莱维时间区间始于15世纪晚期，当时正是所谓火药、航海术和印刷术开创的“现代化时代”（“现代”一词有诸多的定义，这里取其中一种）。这也正是主权国家在中世纪的封爵和公国中出现的时代。

莱维关注的国家，都属于大国体系——在那个特定的时代里，屈指可数的几个能够对世界指手画脚的国家。莱维发现，无论任何时候，都是极少数几个重达800磅（约363公斤）的大猩猩要对大部分骚乱承担主要责任。[78]在赖特整理的世界500年数据库中，大国参与了约70%的战争，其中有4个大国“有幸”至少参与了欧洲所有战争的“1/4”。[79]（直到今天，这个结论仍然成立。自“二战”以来，法国、英国、美国和苏联/俄罗斯卷入的国际冲突比其他任何国家都要多。）[80]有些国家在大国结盟中时进时出，它们在参与结盟时卷入的战争远远多于它们在不结盟时的战争行动。集中分析大国系统的一个优势是资料翔实，因为以其显赫的印迹，即使是粗枝大叶的文人也不会忽略它们参加过的战争。

从战争量级不平衡的幂律分布中，我们可以预测，在有记录的战争死亡中，大国之间的战争（特别是那些同时涉及几个大国的战争）的死亡人数占有绝对的比重。[81]有句非洲谚语说得好（像很多非洲谚语一样，许多部落都有同样的说法）：“大象打架，草地遭殃。”这些大象习惯于互相争斗，因为在它们之上，没有任何宗主国能控制它们。在霍布斯的无政府状态下，它们总是在神经质地打量彼此。

莱维设计了一套定义大国的指标，并列出了1495—1975年的大国名单。它们中的大部分是欧洲国家：法兰西和英格兰/大不列颠/联合王国（整个时期），1918年前哈布斯堡王朝统治下的各个王国，1808年前的西班牙，17世纪和18世纪初期的荷兰和瑞典，1721年之后的俄国/苏联，1740年之后的普鲁士/德国，以及1861—1943年的意大利。这个大国体系中也包括几个欧洲之外的国家：1699年之前的奥斯曼帝国，1898年之后的美国，1905—1945年的日本，1949年之后的中国。莱维汇编的数据库中对战争的定义是：（1）每年至少有1000名战争死亡人数（这是很多数据库中对“战争”的最低要求，比如“战争相关资料项目”也是这样要求的）；（2）有一个大国卷入；（3）有一个敌对国家。他排除了殖民地战争和内战，除非是一个大国卷入另一个国
224 家的内战，即意味着战争中一个大国与一个外国政权相对抗。在和莱维协商之后，我利用“战争相关资料项目”将莱维的数据库扩展了25年，直至2000年。[82]

让我们从巨头们的冲突开始——战争双方各为一个大国。这样的冲突被莱维称为“全面战争”，它也可以被称为“世界大战”，至少在这个意义上，第一次世界大战对此称呼当之无愧——不仅战火蔓延至世界各地，而且将当时几乎所有的大国都卷入了战争。这类战争还包括“三十年战争”（1618—1648年；7个大国中有6个卷入这场战争）、路易十四的“法荷战争”（1672—1678年，同样是7个大国中有6个卷入战争）、“大同盟战争”（1688—1697年，7个大国中有5个卷入战争）、“西班牙王位继承战争”（1739—1748年，6个大国全部卷入战争）、“七年战争”（1755—1763年，6个大国全部卷入战争），以及法国大革命和拿破仑战争（1792—1815年，也是6个大国全部卷入战争），外加两场世界大战。

还有另外 50 多场有两个或者更多大国参与对峙的战争。

大国交战中人民遭受战乱的时间长度，是衡量战争影响力的指标之一——人民流离失所，骨肉分离，被迫牺牲，生活被彻底打乱。图5-12给出了每 1/4 个世纪中大国交战时间的百分比。在最早的两个 25 年（1550—1575 年和 1625—1650 年）中，曲线两次达到顶峰：在这两个 25 年中，大国交战延续了整整 25 年。这一时期，欧洲战事频仍，欧洲宗教战争此起彼伏，包括第一次胡格诺战争和“三十年战争”。图表上的趋势毫无疑问是下降的。随着时间推移，大国交战的时间越来越短了，虽 225
然有几次反弹，包括法国大革命和拿破仑战争以及两次世界大战。在图表的最右端，出现了“长期和平”的第一个迹象。在 1950—1975 年这 25 年中，只有一场大国战争（朝鲜战争，1950—1953 年，美国和中国对抗），此后世界再没有发生过大国战争。

图 5-12　1500—2000 年大国交战时间的百分比

资料来源：根据莱维和汤普森的资料改编，2011 年。 数据为 25 年统计数的加总。

现在让我们拉开距离，对战争做一次广角观察：我们有 100 多场至少有一个大国卷入的战争的数据，敌对方有可能是大国，也有可能不是。[83] 有了这个更大的数据集，我们可以在图 5-12“战争年数”测度上找到两个新的维度。第一个是频率。图 5-13 给出了每 25 年中战争发生的数量。我们再一次看见连续 5 个世纪的下降趋势：大国越来越少地卷入战争。在 20 世纪的最后 25 年，只有 4 场战争符合莱维的战争标准：两场中越战争（1979 年和 1987 年），针对伊拉克入侵科威特发起的“海湾战争”（1991 年），以及为了阻止科索沃驱赶阿尔巴尼亚族裔居民，北约对南斯拉夫的轰炸（1999 年）。

图 5-13　1500—2000 年大国战争的频率

资料来源：莱维制图，1983 年；最后一个单元的数据来自国家间战争相关资料数据库，1816—1997 年，萨尔吉斯，2000 年；1997—1999 年的数据，奥斯陆国际和平研究所（Peace Research Instituet Oslo，PRIO）战争死亡数据，1946—2008 年，拉齐纳和格莱迪奇，2005 年。数据为每 25 年统计数的加总。

第二个维度是战争的时间长度。图 5-14 显示的是这些战争平均持续的时间。虽然在 17 世纪中叶出现了一个高峰，但总的趋势是下降的。这个峰值并不是将“三十年战争”简单地计算为持续了 30 年的一场战争
226 的结果。和其他历史学家的做法一样，莱维将“三十年战争”分成四场局部战争。但是即使在切分之后，那个时代的宗教战争仍然是严酷而漫长的。自那时之后，大国开始寻求尽快结束战争。最新的结果是，在 20 世纪的最后 25 年，4 场有大国参与的战争平均长度只有 97 天。[84]

图 5-14　1500—2000 年大国参与的战争的时间长度

资料来源：莱维制图，1983 年；最后一个单元的数据来自国家间战争相关资料数据库，1816—1997 年，萨尔吉斯，2000 年；1997—1999 年的数据，奥斯陆国际和平研究所战争死亡数据，1946—2008 年，拉齐纳和格莱迪奇，2005 年。数据为每 25 年统计数的加总。

那么，战争的破坏性问题又该如何解决？图 5-15 给出的是至少有一个大国参战的战争死亡人数。生命的损失在 19 世纪初从 1500 人开始上升，而在 19 世纪中叶和后期一直减少，直至两次世界大战出现反弹，接着在 20 世纪下半叶急速回落。人们一般的印象是，在这 500 年的大部分时间内，战争的破坏性变得越来越大，原因可归结于军事技术和军队组织方式的进步。如果这个印象是成立的，相反的两个趋势——越来越少的战争和越来越大的破坏性——就完全符合理查森的推测，虽然时间尺度放大了 5 倍。

因为图 5-15 将战争的频率和量级叠加在一起了，我们完全无法证明我们在图中所看到的事实，但是莱维认为，纯粹的破坏性可以按照他称为“密度”的量度指标来区分，即每个国家在战争期间每一年战死的人数。图 5-16 显示的是战争死亡的“密度”曲线。在图中，大国战争的死亡人数稳定上升，一直到第二次世界大战达到高峰，趋势非常明显，因为数据没有受到 19 世纪后期大国战争次数稀少的扭曲。令人震动的是，20 世纪下半叶突然出现的转折，完全扭转了前 450 年中交错上升的走势。228

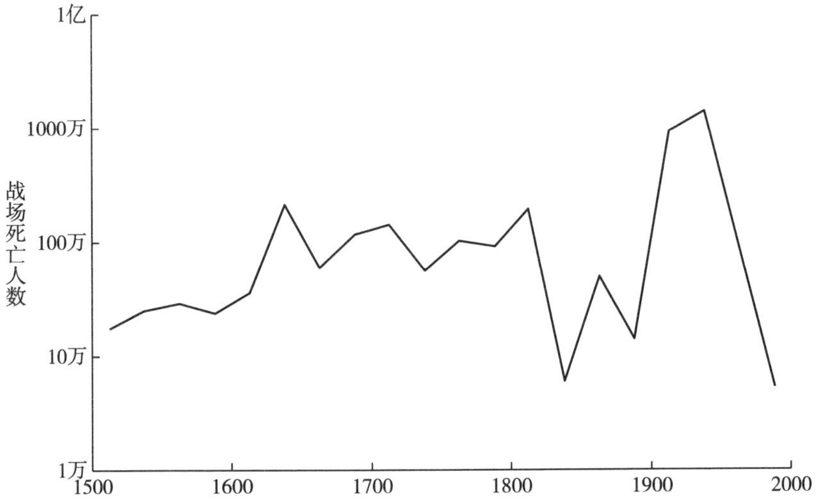

227 **图 5-15　1500—2000 年大国战争的死亡人数**

资料来源：莱维制图，1983 年；最后一个单元的数据来自国家间战争相关资料数据库，1816—1997 年，萨尔吉斯，2000 年；1997—1999 年的数据，奥斯陆国际和平研究所战争死亡数据，1946—2008 年，拉齐纳和格莱迪奇，2005 年。数据为每 25 年统计数的加总。

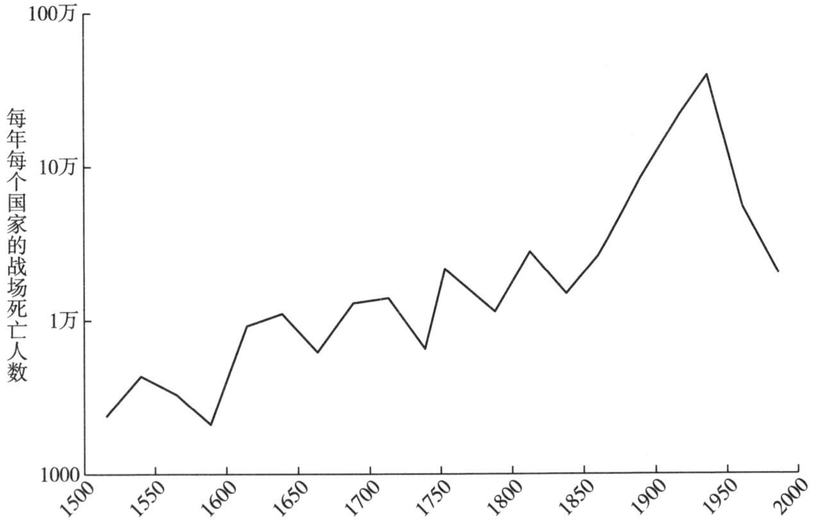

图 5-16　1500—2000 年大国战争的死亡集中度

资料来源：莱维制图，1983 年；最后一个单元的数据来自国家间战争相关资料数据库，1816—1997 年，萨尔吉斯，2000 年；1997—1999 年的数据，奥斯陆国际和平研究所战争死亡数据，1946—2008 年，拉齐纳和格莱迪奇，2005 年。数据为每 25 年统计数的加总。

20 世纪后期的特殊性还在于不仅大国战争的次数减少了，每一场战争的杀伤力也明显下降了。这一对下行线捕捉到的就是长期和平的厌战情绪。为了更好地理解这些趋势，我们将从统计图表转向历史叙述。但在此之前，让我们确认在对战争轨迹的更广泛的观察中，同样能看到这些统计规律。

欧洲战争的轨迹

大国参与的战争就像一个舞台有限但戏码丰富的剧场，让我们尽可观察战争的历史趋势。还有一个剧场，那就是欧洲。这一片小小大陆不仅有最完整的战争伤亡记录，而且对全世界有着巨大的影响。在过去的500 年间，世界的大部分地区都是欧洲帝国的组成部分，拒绝臣服者则一直在与这些帝国抗争。战争与和平的潮流，与其他人类社会的活动，比如科技、时尚和思想一样，大多是从欧洲发源，向世界其他地方扩散传播。

欧洲完整的历史资料让我们有机会对一系列有组织的冲突形态进行观察，即从大国参与的国际战争到两个普通国家之间的冲突，死亡低于千人临界标准的冲突，内战和种族灭绝，以及饥荒和瘟疫造成的平民死亡。如果我们将其他形式的暴力加总，会得到一个什么样的图像？是不是小冲突的脊柱高挺，拖着一条大规模冲突的长尾巴？

政治学家彼得·布莱克正在编制所有“致命冲突”的汇总，他称其为“冲突目录”（Conflict Catalog）。[85]他的目标是要找出自 1400 年以来全部有记载的历史中每一条有关武装冲突的信息并进行结集。布莱克从理查森、赖特、索罗金、埃克哈特、“战争资料相关项目”、历史学家埃文·卢亚德（Evan Luard）、政治学家卡列维·霍尔斯蒂（Kalevi Holsti）整理出的战争数据入手。这些资料中的大部分对冲突和国家的法律定义都有很严格的准入标准。布莱克放宽了这个标准，他将所有有记载的冲突都纳入他的数据汇编中，甚至连一年内只有 32 人死亡的冲突都包括在内（在理查森的战争量级中为1.5），以及任何能够在本地有效行使主权的政治单元。接着，他在图书馆梳理历史典籍和地图，包括其他国家出版的各种语言的历史书籍。我们期待见到一个幂律分布的战争趋势，而放宽标准带来的不是几个边际上的小案例，而是数量巨大的新案例：布莱克发现的冲突至少是以往各种数据库总和的3倍。至今为止，《冲突目录》包含发生在公元1400—2000年的4560起冲突（其中已经有3700场冲突被录入电子表格），最终的冲突记录将达到6000场。这些冲突中大
229 约1/3有估计的死亡人数，布莱克将死亡分为军事死亡（在战斗中阵亡的士兵）和总死亡（包括战争引发的饥荒和疾病造成的平民死亡）。布莱克慷慨地向我提供了2010年最新的全套数据。

让我们先来简单地数一下共有多少场冲突——不仅有大国参与的战争，还有各种大大小小的致命冲突。根据这些数据绘制的图5-17，给出了一个观察欧洲战争史的独到视角。

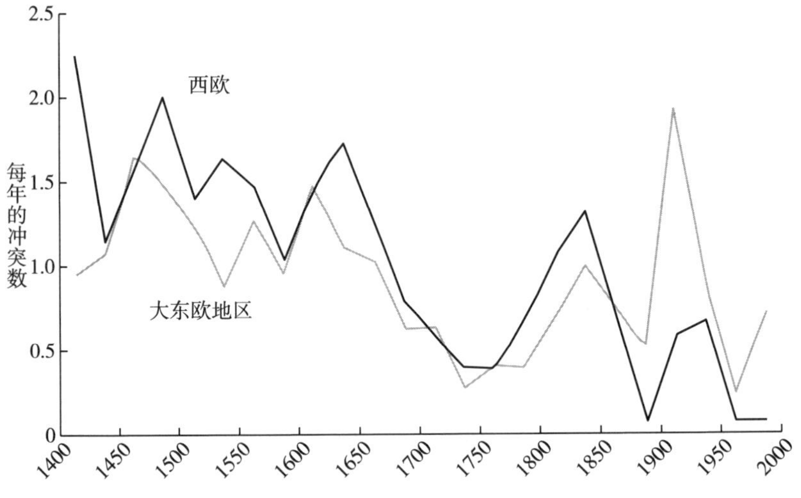

图5-17　1400—2000年大欧洲每年发生的冲突

资料来源：《冲突目录》，布莱克，1999；朗和布莱克，2003年。冲突数据为每25年数据的总和，包括国际冲突、内战、种族清洗、叛乱和骚乱。“西欧”的范围包括今天的下列国家：英国、爱尔兰、丹麦、瑞典、挪威、比利时、卢森堡、荷兰、德国、瑞士、奥地利、西班牙、葡萄牙和意大利。“大东欧”的范围包括今天的塞浦路斯、芬兰、波兰、捷克共和国、斯洛伐克、匈牙利、罗马尼亚、前南斯拉夫的各个共和国、阿尔巴尼亚、希腊、保加利亚、土耳其（欧亚两部分）、俄国（欧洲部分）、格鲁吉亚、亚美尼亚、阿塞拜疆和其他各高加索共和国。

我们再次看到，以武装冲突爆发的频率来衡量，冲突呈现下降趋势。在这个故事开始的1400年，欧洲国家每年要挑起三场战争。这一比率蹒跚下行，到今天，西欧国家几乎没有冲突，东欧国家每年有不到一起冲突。甚至东欧国家出现的反弹实际上也多少是个误解，因为在这部分数据中，有半数被归为“欧洲”的参战国，这仅仅是因为它们曾经属于奥斯曼帝国或者苏联；今天，它们通常被划分为中东或者中南亚（比如，在土耳其、格鲁吉亚、阿塞拜疆、塔吉克斯坦和亚美尼亚发生的冲突）。[86]其他的东欧冲突发生在前南斯拉夫共和国或苏联。南斯拉夫与俄国/苏联和土耳其这些地区也要为20世纪前25年冲突激增负主要责任。

这些冲突中人员死亡的情况如何？《冲突目录》在此充分显示了它 230
兼容并收的优势。幂律分布告诉我们，在全部战争死亡中，或者说至少在千人死亡临界线之上的战争的总死亡中，大国战争中最大的那场冲突造成的死亡占有最大的份额（这与我至今绘制的图形相一致）。但是，理查森提醒我们，在理论上，被传统历史和统计数据疏忽的大量的小规模冲突，很可能构成一个巨大的死亡数目（见图5-11中的三条灰柱）。《冲突目录》提供了第一个涵盖灰色区域的长期数据，并尽量涵盖袭击、骚乱和屠杀这些不在传统军事水平线之上的事件（尽管我们可能永远无法找回早期此类事件的记录数据）。不巧的是，《冲突目录》仍在制作中，目前的记录中只有不到一半的冲突有死亡数字。在这项工作完成之前，我们只能通过代入某些1/4世纪战争死亡的中值，对欧洲冲突死亡的走势形成一个大概的印象。布赖恩·阿特伍德和我对这些数据进行了补充，对各种形式和不同规模的冲突的直接和间接的死亡加总，再除以各个时期欧洲的总人口，最后按照比例绘图。[87]图5-18展示的就是欧洲暴力冲突历史的最全面的图景（当然是指迄今为止）。

根据人口规模测度的战争死亡显示，直至1950年，走势总体还是上升的，这说明欧洲杀人的能力超过了它繁衍人口的能力。但是，图形中最引人注意的是三次“血潮”。除了第二次世界大战所在的那1/4个世 231
纪外，最血腥的时刻是17世纪初的宗教战争，以及第一次世界大战的20世纪第一个25年，再有就是法国大革命和拿破仑战争时期。

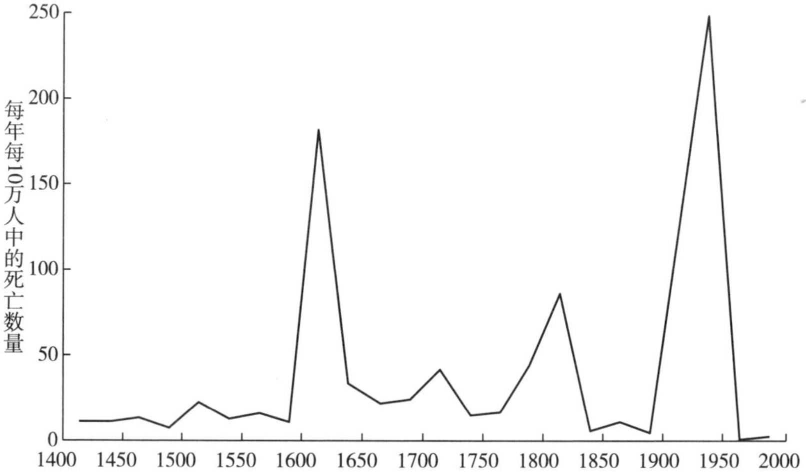

图 5-18 1400—2000 年大欧洲冲突死亡率

资料来源：《冲突目录》，布莱克，1999；朗和布莱克，2003 年。数字取自“总死亡”栏，每 25 年数据的合计。剔除重复录入。缺失的数据按照该 25 年的中值填补。各历史阶段的人口总计来自麦克伊韦迪和琼斯的估算，1978 年，为每 25 年末尾的数据。“大欧洲”的定义与图5-17 相同。

欧洲的有组织暴力看起来像是这样一个东西。1400—1600 年，是一条低水平但稳定的基线，接着就是血流成河的宗教战争；然后是颠簸的下行，直到 1775 年发生的法国大动荡。19 世纪中后期是一个明显的平静时期，随后是 20 世纪的“血潮”，最后是一个前所未有的长期和平。

我们应该怎样认识过去 500 年来大国之间和欧洲发生的各种缓慢的动荡和突然的暴力？现在，我们必须将统计学手中的指挥棒交给叙事史了。在本章的下一节中，我要引用其他学者的研究，看看记录冲突数量的数字和图表背后的故事，这些学者有历史学家和政治学家，比如戴维·贝尔（David Bell）、尼尔·弗格森（Niall Ferguson）、阿扎尔·加特、迈克尔·霍华德（Michael Howard）、约翰·基根、埃文·卢亚德、约翰·穆勒、詹姆斯·佩恩，以及詹姆斯·希恩（James Sheehan）。

这里我先做一个预告。将图 5-18 中波折的曲线视为一个四种潮流的合力。现代欧洲的起点是一个霍布斯式的世界，充满频繁但规模小的冲突。随着政治实体整合，出现大型国家之后，战争的数量越来越少。同时，战争变得更加残酷，因为军事革命促生了更大也更有效率的军队。最后，在几个不同时期，欧洲各国在要求个人利益服从乌托邦理想的集权主义意识形态，以及将推进个人利益作为终极价值的启蒙人文主义之间摇摆不定，艰难徘徊。

霍布斯式的背景与王朝和宗教时代

在过去 1000 年的大部分时间中，欧洲历史的背景就是战争，小到中世纪骑士的抢劫和仇杀，大到随后几个世纪中登上舞台的各种政治实体参与的战争，冲突无时不在。

仅仅是欧洲战争的数量，就足以让人惊讶。在《冲突目录》中，布莱克先做了一个总结。公元 900—1400 年，欧洲榜上有名的冲突是 1148 场，而 1400 年至今，还有 1166 场——在 1100 年的时间内，平均每年两场冲突。[88]除了那些最勤勉的历史学家，其他人可能完全没有听说过这些冲突中的绝大部分，甚至很多大国参与的主要战争也同样不为人所知。举例说，“丹麦-瑞典战争”（1516—1525 年），“施马卡尔登联盟战争”（1546—1547 年），“法国-萨夫伊战争”（1600—1601 年），“波土战争”（1673—1676 年），“尤利希继承战争”（1609—1610 年），还有“奥地 232
利-撒丁尼亚战争”（1848—1849 年）。哪怕是受过最良好教育的人，看到这些名字也会感到一片茫然。[89]

当时，战争不仅在实践上是常见的，在理论上也是可以接受的。霍华德注意到，在统治阶层看来，“和平只是两场战争之间的间歇”，而且战争是“一种不请自来的活动，是世间万物自然秩序的组成部分”。[90]卢亚德解释说，虽然 15 世纪和 16 世纪的战争死亡率一般比较低，“但即使在死亡率很高的时候，也没有任何迹象显示，统治者或者指挥官会因此有所顾虑。在很大程度上，这些伤亡被看作战争不可避免的代价，同时其本身也代表着崇高的名誉和光荣”。[91]

他们为何而战呢？战争的动机正是霍布斯认定的“争斗的三大主因”：掠夺（主要是土地），先发制人阻止其他掠夺者，言行一致的威慑或者荣誉。在欧洲，战争与其他形式的冲突，比如部落、骑士与军阀相互抢掠和仇杀之间的区别是，战争是通过有组织的政治实体，而不是以个人和家族为单元来执行的。在财富的主要形式不是商业和创新，而是土地和自然资源的时代，征服和掠夺在几个世纪之内一直是人们改善地位向上流动的主要手段。今天，对我们大多数人来说，掌管一片领土，已经不是一个非常有魅力的职业选择。但不要忘记，俗话所说的“过着帝王般的生活”，在几个世纪前意味着拥有对领土的控制，而土地是保证生活质量的主要途径。只有控制了土地的人，才会有充足的食物、舒适的房屋、漂亮的用品、随叫随到的娱乐，而他的孩子才能避免夭折。王室私生子这种经年不断的丑闻告诉我们，风流浪荡的性生活是欧洲王族的特权，就像苏丹拥有后宫，只不过欧洲人委婉地将嫔妃称为“侍女”罢了。[92]

但是，领袖追求的不仅是物质的回报，还追求统治优势、荣耀和丰功伟绩——志得意满地凝视地图，狂喜地看着代表自己领土的色块比某人的大上几平方厘米。卢亚德解释说，即使是在统治者对自己名义上的疆域没有任何实际管辖权的情况下，他们还是要开战，仅仅是为了“理论上的统治权：某人得到某地封赐因此宣示效忠某王”。[93]许多战争就是男人比赛撒尿，没有任何实际利益，可以仅仅是一个领主突然起意，要为了称号、礼仪或者座次的安排向另一个领主表达敬意。一个象征性的轻蔑举止就会触发战争，比如拒绝降旗，拒绝向某人的旗帜行礼，拒绝摘除外套袖口上的某个徽章，或者拒绝遵守使节优先权的约定。[94]

虽然在欧洲历史上，政治统治集团争夺领袖地位始终是争斗的动机，但关于集团的定义，以及集团间争斗的性质和范围却发生了变化。《国际社会与战争》在综合战争数据和历史叙述方面进行了最为系统的尝试。卢亚德在书中表示，欧洲武装冲突的历史可以分为 5 个“时代”，
233 每一个时代均按照当时争夺统治权的政治集团的性质来定义。事实上，卢亚德的“时代”不像是列车的一节节车厢，反而更像是绳索上绞在一起的麻线。明白这一点，他的理论可以帮助我们理解战争历史中的几次重大转折。

* * *

卢亚德将他的第一个时代——1400—1559 年，称为“王朝时代”。在这个时代，王“室”皇“家”，或者以血缘为基础的大家族联盟，彼此争夺欧洲跑马场的控制权。一点儿生物学入门知识就可以让我们知道，统治权世袭制度本身就是无休无止的继承人战争的根源。一方面是想永远执政的权力欲，另一方面是对有限生命的意识，如何调和两者是统治者始终面临的难题。最自然的解决方式是指定一位子孙，通常是长子，承继大统。人们不仅认为自己的骨肉子孙是自己生命的延续，而且认为后代对长辈的孝敬之情会抑制继承人的弑君躁动，因此晚辈绝不会因为急不可耐而抢夺王位。有些物种中的成年生命一旦完成繁衍，自己就会死去。对于这样的物种，世袭制度可以解决继承问题。但是人类的生物属性在许多方面都不适合这样的制度设计。

第一，人类是晚成雏，新生儿完全未成熟，需要一个漫长的儿童期。也就是说，很有可能出现的情况是父亲死时，儿子还太年幼，无法进行统治。第二，人的性格特点是多基因的，因此服从统计学中的中值回归定理：无论父母具备何等卓越的勇气和智慧，他或她的儿女的平均水平都只能低于父母。（评论家丽贝卡·韦斯特说过，645 年的哈布斯堡王朝“没有天才，只有两位统治者还算有能力……其余是无数的笨蛋，其中低智和疯子屡见不鲜”。）[95]第三，人类是有性繁殖，就是说，每一个人都是两个谱系的基因传承，而不是一个。两个谱系都会在传承人活着的时候要求他对自己尽忠，在死了的时候要分得他的遗产。第四，人类是雌雄二态，虽然人类这个物种的雌性在平均意义上不像雄性那样嗜好征战和暴政，但一旦机缘巧合，她们中的很多人都能够培养出这样的口味。第五，人类是某种程度的一夫多妻式生物，男性往往会有私生子，成为合法婚生继承人的竞争对手。第六，人类是多子的，在生育期可以生育数个子女。这就为亲子冲突铺垫了舞台，一个儿子很有可能在父亲寿终之前就想掌握家族传宗接代的大权，兄弟姐妹反目成仇，而父母对长子的厚待，很可能让弟弟生出觊觎之心。第七，人类是信任提携亲属的，他们会像关照自己的子女一样关照同胞的子女。这些生物属性中的每一种都会引起继承争端，而现实中经常是数种属性同时作用，欧洲人为了王朝更替的纠纷鏖战不已。[96]

* * *

234 卢亚德将1559年定为“宗教时代”的起始年，这个时代一直延续到1648年，当时《威斯特伐利亚和约》终于宣告了“三十年战争”的结束。对抗的宗教联盟，结盟的成员都是信奉“一个国王，一部法律，一种信仰”原则的统治者。为了争夺对城市和国家的控制，他们至少进行了25场国际战争和26场内战。通常是新教徒与天主教徒对抗，但在俄国“混乱年代”（自鲍里斯·戈杜诺夫统治期开始至罗曼诺夫王朝建立之前的空位期），则是天主教和东正教争夺权力。宗教狂热并不局限于基督教世界，除了基督教国家和伊斯兰国家土耳其的厮杀之外，穆斯林的土耳其逊尼派和波斯帝国什叶派在此时期先后四次开战。

在本书所列的“人类相互之间（可能）做过的（大约）19件最残暴的事情”列表中，最后一列是根据人口规模调整的排名，“宗教时代”在排名中占了12、13和16；而在图5-15和图5-18中，这个时期都是明显的峰值期。打破杀戮纪录的原因之一是军事技术的进步，这个时期出现了火枪、长矛和火炮。但很难说军事技术是发生大规模残杀的决定因素，因为在接下来的几个世纪中，武器的杀伤力越来越大，但死亡人数却大幅度减少了。卢亚德认为宗教狂热是导致这一时期大屠杀的唯一原因：

> 战火烧向平民——特别是那些因信奉异教而被视为应该被消灭的平民，战争因此更加残酷，伤亡水平大幅度上升。骇人听闻的血腥屠杀可以归结为神的愤怒。1572年，阿尔瓦公爵在占领纳尔登城之后，杀光了全城的男子，称此乃上帝对纳尔登人顽强抵抗所做的裁决。同样，1649年，克伦威尔放任他的部下血洗爱尔兰的德罗赫达，宣称这是“来自上帝的公正审判”。这是一个残酷的悖论，在

> 战争中，那些为信仰而战的人对待对手往往比其他人更少怜悯和仁慈。在宗教冲突最激烈的地区，除战争伤亡，还有因饥荒和农作物歉收带来的惨重的人命损失。[97]

“三十年战争”和“八十年战争”这样的名字，在图5-14中，表现为一个空前绝后的高峰。它告诉我们，宗教战争不仅是惨烈的，而且是漫长的。研究外交史的史学家加勒特·马丁利（Garrett Mattingly）注意到，在这个时期，终结战争的主要机制彻底失效：“一旦宗教因素压倒政治因素，与敌对国的任何协商看起来都无异于异端和叛教。导致新教与天主教决裂的问题是不容协商的。结果……外交接触完全断绝。”[98]而在人类历史上，这还不是最后一次由意识形态的狂热煽动起狂 235
暴的战火。

主权时代的三大潮流

历史学家认为，1648年的《威斯特伐利亚和约》不仅结束了宗教战争，而且塑造了现代国际秩序的雏形。欧洲从此进入“主权国家时代”，不再是教皇和神圣罗马帝国治下犬牙交错、四分五裂的封建领地。在这个时代，刚刚崛起的主权国家虽然仍与君主和宗教密不可分，但是国家的影响力开始取决于政府、疆土和商业帝国的实力。主权国家的整合过程在1648年之前就已经开始，随着这一进程达到高峰。各种统计分析都告诉我们，欧洲出现了两个相反的趋势：战争的频率下降，战争的破坏程度加剧。

战争数量减少的主要原因是参战的政治实体的数量减少了。回想一下第3章的内容，欧洲政治实体在“三十年战争”期间为500个左右，到20世纪50年代只有不到30个。你也许会认为，这种数量减少只是一个计算上的小把戏。[99]只要动动橡皮，外交家就能抹掉地图上两军对峙的分界线，将某些冲突从史书的“国际战争”章节中抽出来，塞进“内战”部分。但在现实世界中，这种减少是真实的。理查森向我们表明，即使我们保持欧洲内部的边界不变，国家内部的战争也远远少于国家之间的战争。（以英国为例，已经有350年未曾发生真正的内战，但它参与了众多的国际战争。）这是利维坦逻辑成立的又一个例证。小王公封侯联合组成较大的王国，中央权威防止王国内部各方互相开战，其理由和王公诸侯制止属民互相谋杀，以及农夫阻止他饲养的牲畜相互残杀的理由完全相同：对于主人来说，辖区内私人之间的争斗是净损失。因此，战争数量的减少也是埃利亚斯“文明的进程”的一个体现。

战争残忍程度的提升是军事革命的结果。[100]国家对战争的投入越来越大，是因为武器的进步，特别是加农炮和火枪的出现，但更主要的是因为国家的组织能力，它能够征调更多的兵力去杀人和被杀。在中世纪和“王朝时代”的欧洲，统治者对集结大批的农民并对他们进行军事训练
236 总是心存疑虑。不难理解，他们会问自己：“不会出什么差池吧？”所以，他们宁愿召集雇佣兵组织临时军队，或者将没有钱赎罪的流氓和闲汉拼凑起来打仗。查尔斯·蒂利在他的论文《作为有组织犯罪的开战和建国》中说：

> 在战时……国家的管理者经常向私人发包战争，有时也雇用匪帮袭击敌国，鼓励自己的正规军劫掠战利品。虽然是为王家服役，但士兵和水兵通常是依靠搜刮百姓维持自己的开销，征用、强奸和抢劫都是家常便饭。一旦军队解散，他们会继续干自己的老行当，只是没有了王家的保护。退役的军舰转身就是海盗船只，退役的军人立刻变成土匪。
>
> 反过来也是一样，国王最好的武装力量资源就是全世界的不法之徒。罗宾汉变成王家弓箭手的故事也许是个神话，但神话反映的是真实的世界。“合法”使用暴力和“非法”使用暴力的界限是一点一点逐渐清晰起来的。在这个过程中，国家的武装力量逐步统一化和常备化。[101]

正规化和常备化的军队当然也更有效率。初期由土匪流氓组成的民

兵能够对平民造成严重伤害，但这些人既缺乏勇气又没有纪律，他们在有组织的战斗中非常没有效率。穆勒解释说：

> 说到底，罪犯的座右铭绝对不会是“永远忠诚”、“人人为我，我为人人”、“责任、荣誉、国家”、“（天皇）万岁”或者“铭记珍珠港”，而是“捞到钱赶紧逃”。确实，对一个罪犯来说，在战场上送命（或者在受雇去抢劫银行的行动中送命）是最最莫名其妙的事情；为了追求暴力的激动去死，或者为了获得战利品而死，实在太缺乏理性了，因为一旦人死亡，就什么也享受不到了。[102]

但是在16世纪和17世纪的军事革命中，国家开始组织职业常备军。他们从社会的各个阶层进行大规模征募，不再仅仅收纳社会底层的渣滓。他们将演习、训导和严酷的惩罚相结合，训练士兵从事有组织的战斗。他们向士兵灌输纪律、毅力和勇气这样的职业守则。其结果是一旦两支这样的军队交火，瞬息之间就会造成惨重的伤亡。

军事史学家阿扎尔·加特曾经说，“革命”一词在此可算是用词不当，因为军事进步是一个循序渐进的发展。[103]以高效为目的的技术进步和组织进步历时几个世纪，提高军队各个部分的效率的过程是这一变迁大潮的组成部分。也许，与其说是军事革命本身，不如说是拿破仑的作战 237
方式让战场成为屠宰场。他改变了原来交战双方努力保存兵力的做法，代之以倾全力进攻的战术。在拿破仑之后，任何一个国家要想打败对手，都只能穷兵黩武，竭尽所有的人力、物力投入战场。[104]而另一场“进步”（19世纪开始的工业革命）的脚步声已经响起，它装备起更大规模的军队，更迅速地将士兵运往前线。可再生的炮灰供应加剧了消耗战博弈，将战争一步步推向幂律分布长尾的远端。

* * *

在这个军事大国急剧膨胀的时期，除了国家整合之外，还有一种力量也在促使战争的频率下降。许多历史学家都注意到，在漫长的欧洲战争史上，18 世纪是一个间歇期。在前一章中我已经提到，一些帝国，比如荷兰、瑞典、丹麦、葡萄牙和西班牙停止了大国竞争博弈，转向占领商业领域。布莱克称之为“相对平静的 18 世纪”（至少从 1713 年至 1789 年是相对平静的）。在图 5-17中，这一时期的曲线呈 U 形。在图5-18 中，18 世纪是宗教战争和法国动荡之间的低洼的 W 型。卢亚德表示，1648—1789 年的“主权时代”，“目标通常相对有限，许多战争都是在不分胜负的情况下结束的，由此可以说没有哪个国家能实现其最终目标。战争是漫长的，但是作战的手法相当克制，伤亡比前一个时代和后一个时代都要小”。可以肯定，这个世纪也有非常血腥的战斗，比如被称为“七年战争”的世界大战。但是，戴维 · 贝尔认为，“历史学家必须有能力在恐怖的阴影下辨识事实，即使 18 世纪并没有真的将龇牙咧嘴的猎犬变为‘娱乐哈巴狗’……这期间的冲突在欧洲历史上也是属于恐怖程度最低的”。[105]

正如我们在第 4 章中所见，这种宁静是理性时代、启蒙运动和古典自由主义黎明有关的人道主义革命的一部分。宗教狂热的平息让战争不再具有末世审判的意义，交战双方的首领可以谈判协商，而不是一定要战斗到最后一兵一卒。许多主权国家成为商贸大国，它们更愿意看见正和博弈的贸易，而不是零和博弈的征服。作家对战争荣誉进行解构，对暴力历史进行批判，并将士兵和被征服者的感受带给读者。哲学家重新定义政府，以前政府是实现君主奇思妙想的工具，现在政府是提高个人生活、自由和幸福的手段，并试图想办法约束政治领袖的权力，激励他们避免战争。当时的一些统治者逐渐受到这些思想的影响，或者至少受
238 到感染。尽管这些“开明的专制”仍然是专制，但总是强过不开明的专制。而作为和平力量的自由民主制度，终于在美国和英国找到了最初的落脚点。

反启蒙运动的思想和民族主义时代

当然，接下来，世界出了可怕的差错。法国大革命和拿破仑战争导致 400 万人丧命，使自己名列“人类相乎之间（可能）做过的（大约）

19件最残暴的事情”之一，在图5–18中出现了一个高峰。

卢亚德将1789年定为“民族主义时代”的开始。在“主权国家时代”，参与各方是各式各样的王权帝国，它们不一定是“民族国家”，即在同一片国土内由相同语言和相同文化的人组成的国家。在这个新时代，国家由民族界定，并要与其他民族国家竞争领先地位。民族主义的理想在欧洲掀起30场独立战争，先后导致比利时、希腊、保加利亚、阿尔巴尼亚和塞尔维亚的自治。此外，意大利和德国的统一战争也是受到民族主义激励的结果。当时亚洲和非洲人民还没有资格表达自己的意愿，所以欧洲人加紧在亚非殖民，以此为自己的民族国家增加荣耀。

我们可以说，第一次世界大战就是这种民族主义渴望的总爆发。其导火索是塞尔维亚民族主义者反抗哈布斯堡王朝，而站在日耳曼人一边反抗斯拉夫人的忠心耿耿的民族主义分子火上浇油，扩大事端。接着，反抗斯拉夫人迅速转为反抗英国和法国，“一战”的结局是多民族的哈布斯堡王朝和奥斯曼帝国解体，中欧和东欧形成新的民族国家。

卢亚德将1917年作为“民族主义时代”的结尾。就在那一年，美国参战，并将战争塑造为民主对抗专制的斗争，同时，俄国革命创建了第一个社会主义国家。世界从此进入“意识形态时代”，先是民主国家和社会主义国家在第二次世界大战中联手反对纳粹，后来则是在冷战中相互对抗。当卢亚德在1986年写作的时候，他在“1917”后面留下的是破折号，今天我们可以写上“1989年”，作为这个时代的休止符。

“民族主义时代”的概念有些牵强。这个时代始于拿破仑战争，因为这场战火就是被法兰西民族主义精神点燃的。但是点燃战争的是法国大革命残留的思想，因此它远远走在了所谓的“意识形态时代”之前。这个时代很像一个三明治，两端是两次大规模毁灭性战争，中间夹着两个破纪录的和平间歇期（1815—1854年和1871—1914年）。

迈克尔·霍华德坚持认为，为了更好地理解过去200年的历史，可以 239
将它看作四种力量——启蒙人文主义、保守主义、民族主义和乌托邦思想——争抢影响力的战役。某些时候，其中几种力量会结成临时同盟。[106]
拿破仑时代的法兰西继承了法国大革命，因此它被看成是法国启蒙运动的一部分。事实上，它被更好地归类为法西斯主义的第一次实施。虽然拿破仑推行了几项合理的改革，比如公制度量和民法规则（在很多法语地区，拿破仑的民法至今有效），但在更多的方面，他都背叛了启蒙运动的人文进步。他通过政变夺取政权，推翻宪法确立的政府，恢复奴隶制，颂扬战争，由教皇加冕成为法兰西皇帝，重立天主教为国教，将三个弟弟和妹夫立为外国的国王，疯狂地发动战争机器抢夺地盘，无情地践踏人类生命的价值。

贝尔说过，拿破仑时代的法国崇尚法兰西民族主义和乌托邦思想的混合物。[107]这种意识形态，就像它之前的基督教教义以及后来的法西斯主义等，都是弥撒亚式的，充满终极审判的狂热，坚定地追求领土扩张，并且坚信自己是正义的化身。它们都将自己的敌人视为不可救赎的恶魔：为了追求神圣的目标，必须彻底消灭这些恶魔的威胁。贝尔还说，激进好战的乌托邦主义是对启蒙主义人文理想的倒行逆施。对于革命而言，康德“追求永久和平这一目标的价值不仅在于它符合最基本的道德律，而且在于它符合人类文明的历史进步……因此，理所当然地，为了未来的和平，任何以及所有的手段都是正当的，甚至包括灭绝性的战争”。[108]康德本人对这种阐释深恶痛绝，他认为，这样的战争将“永久和平埋葬在全人类的坟场上”。美国的建国之父们同样意识到人性中扭曲的成分，因此对具有帝国倾向和弥撒亚救世情结的领袖人物充满恐惧，并予以坚决的抵制。

法国大革命的思想先是被拿破仑挂在刺刀上传遍欧洲，接着又在血雨腥风中被赶了出去，此后，正如我们在第 4 章中看到的，欧洲出现了一系列“反启蒙运动”的新思潮。霍华德将它们的共同之处归结为“个人作为一个个体，其所具有的理性和观察能力，不足以创造一种成为社会和平和公正基石的法律制度。相反，个人是一个社会的成员，社会塑造了个人，其塑造方式甚至是个人无法完全理解的，而社会有权要求个人对其保持忠诚”。

我在前面曾经提到两种反启蒙运动思想，从相反的两个方向抵制法国大革命的观念。第一种是埃德蒙·伯克的保守主义，他认为社会习俗是文明进程久经考验的成就，它驯服了人性中的阴暗面，因此值得我们像对待知识分子和改革家的措辞严谨的著述一样予以尊重。伯克式的保 240
守主义，其本身就是理性的优美应用，它代表了对启蒙运动的小修正。但是，约翰·格特弗里德·冯·赫尔德的浪漫民族主义让反启蒙运动思想极度膨胀，他的观点是，一个民族集团——在赫尔德这里，就是日耳曼人民——有着非同寻常的品质，完全不可能被所谓人类的普遍性涵盖。这个民族的整合不是靠什么理性的社会契约，而是被鲜血和土地紧紧地联结在一起。

霍华德说："这种启蒙运动与反启蒙运动之间，个人和部落之间的辩证，在欧洲流行开来，并在很大程度上塑造了整个19世纪的欧洲历史，甚至20世纪的世界历史。"[109]在这两个世纪中，伯克的保守主义、启蒙的自由主义和浪漫民族主义上演了一出又一出时分时合、同床异梦的游戏。

在1815年的维也纳会议上，大国的政治家构造了一种延续了一个世纪的国际关系体系，维也纳会议是伯克保守主义思想的胜利，即稳定压倒一切。尽管如此，霍华德还是观察到，"这个新体系的建筑师既是启蒙运动的继承人，也是法国大革命领袖的追随者。他们既不相信神圣王权，也不相信神圣神权，但如果教会和国王是在革命的狂风暴雨后重建和维护国家秩序的必要工具，那么也只好在各地重整他们的权威了"。[110]更重要的是，"他们不再认为大国之间的战争是国际关系中不可避免的组成部分。以往25年的一系列事件证明，战争实在是过于残酷了"。大国承担起维护和平和秩序的责任，他们组建的"欧洲同盟"（Concert of Europe）可以说是国联、联合国和欧盟的先驱。19世纪的欧洲得以有较长时间的和平间歇，"欧洲同盟"这个国际利维坦功不可没。

但是，君主们一边要维持欧洲的稳定，另一边要对付内部的民族纠纷，各个民族开始强烈地要求管理自己的事务。霍华德说："结果，民族主义与其说是来自普世的人权，不如说是民族首先为争取生存而战，继而为维护生存而战。"从短期看，对和平的渴望并不是特别强烈，因为很多人得出的结论是："只有当所有的民族都得到自由的时候才会有和平。同时，很多民族宣称有权在必要的时候使用武力争取自由，而‘维也纳同盟’体系正是要力图防止这种民族解放战争。”[111]

民族主义情感很快融入所有的政治运动。一旦民族国家得以确立，它立即成为新的、保守派竭力维护的权势集团。当王室成为民族国家的象征，保守主义和民族主义也就渐渐开始合流。[112]许多知识分子将浪漫民族主义与黑格尔的辩证历史观——历史不可阻挡地向前发展——交织在
241 一起。卢亚德这样总结黑格尔的历史观：“全部的历史都是在执行一个神圣计划。战争是主权国家解决它们之间纠纷的途径，这正是神圣计划宣示自身的过程，主权国家中出现超级国家（比如普鲁士），代表着神圣意志得以实现。”[113]最终，黑格尔哲学孵化出了法西斯主义和纳粹主义。法西斯和纳粹运动具有弥撒亚式的、军国主义的和浪漫民族主义的特质。作为与此相似的另一个历史建构——暴力解放不可阻挡的辩证历史观，成为20世纪共产主义运动的基石。[114]

人们也许会认为，英美和康德式启蒙运动的自由派继承者会反对日渐强硬的军国民族主义。但是，自由派却发觉自己身处困境：他们怎么能为王权和帝国辩护呢？于是，自由主义在“人民自决”的伪装下和民族主义站到一起，所谓“人民自决”总算还带着模模糊糊的民主意识。很不幸，“人民自决”一词所含有的那点儿人文主义意味完全取决于一个借代关系。“民族”或“人民”一词代表着组成民族的个体的男人、女人和孩子，然而政治领袖却成了民族的化身。一位统治者、一支军队、一片疆土、一种语言，在认知上被等同于数百万个血肉之躯。伍德罗·威尔逊在1916年的一次演讲中将自由主义的民族自决奉为至高原则，这一原则成为第一次世界大战后世界新秩序的基石。当时就有人看到了“民族自决”原则中内在的自相矛盾，威尔逊的国务卿罗伯特·兰辛在自己的日记中这样写道：

> 这个词组简直是装满了炸药。它带来了永远也无法实现的希望。我担心，它会让成千上万人付出生命的代价。最后，它将受到鄙视，被叫作理想主义者的梦幻。这些人无视现实的风险，等到想起那些

恪守原则的忠告时，一切都为时已晚。这个词组会造成多大的灾难，会带来多少悲剧！当始作俑者清点那些为了他喊出的这个字眼儿而送命的人的尸体时，他会做何感想啊！[115]

兰辛在一个问题上犯了错误，付出生命代价的人不是成千上万，而是成百万甚至上千万。“民族自决”的危险之一是，如果民主是指一片地产上居住的同文同种的团体，在这个意义上，从来都不存在所谓的“民族国家”。与树木和山岭组成的风景不同，人是有脚的。为追逐机遇，人四处迁徙，定居后还会召唤来更多的亲友。这种人口分布上的混合，可以在地理上不断地细分，变成少数民族中还有少数民族。一个对一片疆土宣称主权的政府，自认构成一个“民族国家”，但在事实上，它可以完全无视生活在这片土地上的许许多多个体的利益，反而更关切其他 242
领土上的某些人的利益。如果乌托邦是一个政治疆界和种族疆界刚好相吻合的世界，那么各国领导人将忍不住加速推进这一进程，开展种族清洗和民族统一主义运动。在没有自由民主、没有对人权的坚实承诺的情况下，一个政权等同于人民这种借代关系能够让任何一个国际联盟（比如联合国大会）成为一场闹剧。无能的独裁者总是能受到国际大家庭的欢迎，并拿到全权委托状，然后用饥荒、监狱和谋杀来对付自己的人民。

* * *

另一个破坏了19世纪欧洲和平间歇的新发展是浪漫军国主义。这种说教认为，撇开战争的战略目的，战争本身也是一种有益的活动。无论是自由派还是保守派，都接受这样的观点，即战争调动起英雄主义、自我牺牲精神和男子气概，布尔乔亚社会充斥着矫揉造作和物质享受，而战争是荡涤颓废、振奋人心的良药。今天，对一项专门用来杀人和从事破坏的事业怀有崇敬之情，绝对被认为是发疯。但在当时，作家纷纷表示：

战争总是扩展人民的思想，提升他们的品格。

——亚历克西·德·托克维尔

（战争就是）生活本身……我们必须吃和被吃，世界才能生存下去。只有好战的民族才能兴旺，一个民族一旦放弃武装，它的死期也就到了。

——埃米尔·左拉

战争的崇高就在于它用伟大的国家精神彻底摧毁渺小的个人，让同胞相互牺牲的情操，让爱、友谊和强烈的同生共死的情怀得到最充分的张扬。

——海因里希·冯·特赖奇克

当我告诉你战争是一切艺术的基础时，我的意思也是说，它是人类一切崇高美德和力量的基础。

——约翰·罗斯金

战争是可怕的，但又是必要的，因为战争将国家从社会僵化和停滞中解救出来。

——格奥尔格·威廉·弗里德里希·黑格尔

（战争是）一次净化和一次解放。

243 ——托马斯·曼

战争是人类进步所必需的。

——伊戈尔·斯特拉文斯基[116]

相反，和平则成为“一种梦想，而且不是一个美妙的梦想”，德国军事战略家赫尔穆特·冯·毛奇（Helmuth von Moltke）说：“如果没有战争，世界就会在物质主义中沉沦。”[117]弗里德里希·尼采对此表示同意，他说：“如果人类忘记了如何制造战争，他们就只剩下些幻想和漂亮的情感，除此之外还能期待的所余无几（甚至是荡然无存了）。”依照英国历史学家 J. A. 克拉姆（J. A. Cramb）的解释，和平的意思是“世界在迟钝之中沉沦……一场噩梦成真，如同太阳变成冰块，留下行星在一片黑暗的空寂中默默地沿着轨道运行”。[118]

甚至反对战争的思想家，例如康德、亚当·斯密、拉尔夫·沃尔多·爱默生、奥利弗·温德尔·霍姆斯、H. G. 威尔斯、威廉·詹姆斯，也为战争说了不少好话。从詹姆斯1906年的文章《道义战争》的标题，就能看出他谈及的是战争的积极性，而不是战争中的恶。[119]当然，他在文章的开始对军事浪漫主义战争观做了一番挖苦：

> “可怕”的战争是拯救世界的唯一方案所要支付的小小代价，否则世界将成为小文员和教师、男女同校、热爱动物者、“消费者联盟”和“慈善联合会”、毫无节制的工业化信徒以及没羞没臊的女权主义者的天下。人类将不再有廉耻，不再有坚强，更不会有勇气！这个星球上将住满了懦夫。唾弃它吧！

但是，他又表示：“我们必须有新的能量和奋斗来维持我们的刚强气概，这是军人所忠实信奉的品质。尚武美德是久经考验的黏合剂，英勇无畏，蔑视懦弱，放弃私利，服从命令，仍然是一个国家立国的基石。”所以，他提出了一项强制性国家服务建议，这个项目应该“招募我们那些娇生惯养的年轻人，为了戒除他们身上的幼稚，将他们送往煤矿、钢铁厂、渔轮和建筑工地”。

浪漫民族主义和浪漫军国主义互为营养，在德国表现得尤为突出。德国是欧洲国家晚宴的迟到者，但自认为也配得上拥有一个帝国。在英国和法国，浪漫军国主义信誓旦旦地说，战争的景象绝不应该是它所显现的那样恐怖。相反，伊莱尔·贝洛克（Hillaire Belloc）这样写道：“我多么渴望一场大战！它将像扫帚一样横扫欧洲的污泥浊水！”[120]保罗·瓦莱里（Paul Valéry）也有同感：“我几乎在盼望一场毁灭性的战争。”[121]甚至夏洛克·福尔摩斯也忍不住发表了自己的意见。阿瑟·柯南道尔在1914年让福尔摩斯感叹说：“这会是冰冷和苦涩的，华生，在它大爆发之前，我们中间不少人可能就已经枯萎了。但是，说到

底这是上帝的狂风，风暴过去后，阳光下会有一片更干净、更美好、更
244 坚实的大地。”[122]各色隐喻不胜枚举：清扫灰尘的扫帚，振奋人心的清风，修枝裁叶的剪刀，荡涤污泥浊水的风暴，还有提纯精练的火焰。英国诗人鲁珀特·布鲁克（Rupert Brooke）写道：

> 此刻，感谢上帝，让我们躬逢盛世，
> 正值青春年少，将我们从梦中唤醒，
> 坚定的手势，清明的目光，锋锐的力量，
> 行动吧，就像游泳健将果敢地跃入水中。

评论家亚当·高普尼克（Adam Gopnik）说：“当然，游泳健将不是跃入干净的水中，而是一脚踩进血水之中。”高普尼克在2004年为7本有关第一次世界大战的新书写书评。将近一个世纪过去了，这些著述仍然在试图琢磨当时到底发生了什么。[123]这场大屠杀令人难以置信——在短短4年时间中，850万人战死沙场，约有1500万人死于战争。[124]浪漫军国主义本身无法解释屠杀的狂热。至少从18世纪起，作家就开始赞美战争，但在拿破仑战争后的19世纪，曾经有两次史无前例的没有大国战争的时期。第一次世界大战是各种破坏性逆流聚攒起来的超级风暴，战神的铁骰子将它们汇集在一起：军国主义和民族主义的意识形态背景；突然出现的威胁到各个大国信誉的军备竞赛；感到恐惧的统治者认为先下手为强后下手遭殃的霍布斯陷阱；各方认为有能力速战速决并且胜算在握的过度自信；军事机器中大规模运输能力和杀伤能力的结合——大批士兵被迅速运抵战场，并在抵达后迅速阵亡；以及消耗战博弈，将交战双方锁定在战争成本呈指数级增长的游戏中，欲罢不能，直至毁灭。所有这些因素，在某一天被一个撞上大运的塞尔维亚民族主义分子突然点爆了。

意识形态时代的人文主义和极权主义

在始于1917年的“意识形态时代”中，19世纪反启蒙运动思想中

必然论的信仰体系，决定了战争的整个过程。浪漫化和军国化的民族主义，在法西斯的意大利、大日本帝国和纳粹德国煽动起扩张的野心，而在德国，除民族主义外，还要加上一些伪科学的种族优越论。这三个国家的每一个统治者都诅咒颓废的个人主义和现代自由西方的普世主义，也都坚信天命让他们成为一方自然疆域的霸主：地中海、太平洋周边地区和欧洲大陆。[125]打响第二次世界大战的入侵行动，就是要实现这种天命式的目的。同时，苏联要推动一个辩证的历史进程；在这个进程中，无产阶级和农民要消灭资产阶级。美国则决心将共产主义运动限制在“二 245
战”结束时的边界之内，因此产生了冷战。[126]

上述总结没有提及一个要点，而它恰恰可能是20世纪影响力最为持久的思潮。穆勒、霍华德、佩恩以及其他政治史学家告诉我们，19世纪还有一个继承了启蒙运动战争批判的思想运动。[127]与自由主义流派对民族主义怀有柔软的同情心不同，反战派坚定地以个人为本位，坚持个体的利益至高无上。它将康德的民主、商贸、世界公民和国际法诸原则发展为实现和平的具体途径。

19世纪和20世纪初期反战运动的智囊有：贵格派，比如约翰·布赖特；废奴主义者，比如威廉·劳埃德·加里森；商贸和平论的提倡者，比如约翰·斯图亚特·穆勒和理查德·科布登（Richard Cobden）；和平主义者，比如列夫·托尔斯泰、维克多·雨果、马克·吐温和萧伯纳；哲学家，比如伯特兰·罗素；工业家，比如安德鲁·卡内基和阿尔弗雷德·诺贝尔（诺贝尔和平奖的由来）；还有许多女权运动家和一些左右摇摆的社会主义者。（警句：“刺刀的两边都是工人。”）一些道德开拓者创建了专用于预防和制约战争的新制度，比如海牙国际仲裁法庭以及有关战争守则的一系列《日内瓦公约》。

两本畅销书的出版让和平成为流行的主题。1889年，奥地利小说家贝尔塔·冯·苏特纳（Bertha von Suttner）的小说《放下武器！》（*Die Waffen Nieder!*），以第一人称讲述了战争的残酷。1909年，英国记者诺曼·安吉尔（Norman Angell）先是出版了一个小册子《欧洲的幻觉》（*Europe's Optical Illusion*），后来扩展成书《大幻影》（*The Great Illusion*）。

他在书中论证说，战争是没有经济效益的。掠夺在原始经济中也许有利可图，因为财富的形态是有限的资源，比如黄金、土地或者自给自足的匠人的手工产品。但在一个财富来自交换、信用和分工的世界里，征服不可能让征服者更富有。矿产不会跳到地面上，庄稼不会走进粮仓，征服者还是要支付报酬，以使矿工采矿，使农民春种秋收。事实上，征服者要付出金钱和生命，而且他破坏了人人受益的信任和合作系统，他只会变得更穷。不妨想象一下，加拿大中部省份马尼托巴征服西部省份萨斯喀彻温，能有多大的收益？如果说两个加拿大省份之间的征服收益有限，那德国征服加拿大，能得到的好处也绝不会更大。

尽管文学作品一时间颇受欢迎，但反战运动在当时被认为过分理想化，没有任何政治势力愿意给予严肃的考虑。苏特纳被叫作“荒谬的温情香水”，她的德国和平学社是“一个滑稽的缝纫俱乐部，会员都是些感情脆弱的女大妈和男大妈”。安吉尔的朋友告诉他说：“不要再碰那些问题，否则你会和那些怪人、赶时髦的新潮儿或者留着胡子穿着凉鞋追
246 求高级思维、靠吃坚果维生的狂热分子划为一类。”[128] H. G. 威尔斯这样写道，萧伯纳是“一个还在玩耍的上了年纪的顽童……在整个战争期间，我们一直听得见萧氏发出不和谐的伴奏，活像一个痴呆儿童在医院里大喊大叫”。[129]事实上，安吉尔从来没有说战争是无用的，他仅仅是说，战争无法实现它的经济目的，他只是担心醉心荣耀的领导人会以此为借口发动战争——人们提到安吉尔，却总是说他认为战争是没有用处的。[130]第一次世界大战结束后，安吉尔成为一个笑柄，因为他竟然认为能够终结战争。直到今天，他仍被看作天真乐观主义的象征。当我写作本书的时候，不止一位同事把我拉到一边，教育我诺曼·安吉尔是何许人也。

* * *

但是，穆勒认为，安吉尔是那个笑到最后的人。第一次世界大战不仅宣告了浪漫军国主义在西方主流思想界的终结，也否定了在任何情况下认为战争是一种需要，或者不可避免的观念。卢亚德说：“第一次世界大战改变了人们对于战争的传统态度。人类第一次有了一种几乎是普

遍的认知，故意发动战争不再被认为是正当的。”[131]这不仅是因为欧洲被生命和财产的巨大损失震撼，正如穆勒所说，欧洲历史上也曾经有过破坏性相当的战争，但在许多情况下，大部分参战国舔舔伤口，拍拍灰土，仿佛没有得到任何教训，就立即跳进一场新的战争。还记得我在前面说过，致命冲突的统计显示不出有任何厌战情绪。穆勒坚持认为，这一次则出现了关键性的区别，锲而不舍、旗帜鲜明的反战运动现在终于可以说：“我早就告诉过你们！”

无论是政治家还是文化领域，都能看到这种转变。当人们目睹第一次世界大战的破坏性后，“伟大的战争”被改名为“结束一切战争的战争”。一旦战争结束，各国首脑立即着手将希望付诸现实，宣布正式放弃战争，并筹组国联，防范新的战争。无论这些措施在事后来看多么差劲，在当时，它们却是对几千年传统的颠覆。在此之前，人类一直将战争奉为光荣、英雄、名誉的等价物，用军事理论家卡尔·冯·克劳塞维茨的名言来说，战争“仅是政治以另外一种方式的继续”。

我也一直将第一次世界大战称为第一次“文学大战”。到20世纪20年代后期，对战争进行苦涩反思的创作，将战争的悲剧和徒劳无益变为大众的知识。在这个时代的伟大作品中，有西格里夫·萨松（Siegfried Sassoon）、罗伯特·格雷夫斯（Robert Graves）和威尔弗雷德·欧文（Wilfred Owen）的诗歌和回忆录，畅销小说和家喻户晓的电影《西线无战事》，T. S. 艾略特（T. S. Eliot）的名诗《空心人》（*The Hollow Men*），海明威的小说《永别了，武器》（*A Farewell to Arms*），R. C. 谢里夫（R. C. Sherriff）的戏剧《旅途终点》（*Journey's End*），金·维多（King Vidor）的电影《大游行》（*The Big Parade*），让·雷诺阿（Jean Renoir）的电影《大幻影》（*Grand Illusion*）——名字取自安吉尔的著作。

像其他人文主义的艺术作品一样，这些故事用第一人称，力图让读者和观众体验到故事中人物的痛苦感受。在《西线无战事》一个著名的 247
场景中，年轻的德国士兵审视一个刚刚被他杀死的法国人的尸体：

> 毫无疑问，他的妻子还在思念他；她肯定不知道灾难已经降临。他

看起来好像是经常给她写信的那种人——她还会再收到他的信。明天，也许一周之后，她或许又能收到他的信，甚至再过更长的时间，个把月后，还会收到一封被邮局拖延的书信。她能看到信里他正和她诉说深情呢……

我跟他交谈起来，我说："……原谅我，同志……为什么他们从来不告诉我们，你们和我们一样都是一群可怜虫，你们的母亲和我们的母亲一样在担惊受怕，我们都恐惧死亡，都会死亡，都有悲伤痛苦？"……

"我一定要给你妻子写信，"我急切地对那个死人讲……"我要把我刚才对你讲的话都告诉她，她不会受罪的，我以后一定帮助她，还会照顾你的父母和孩子……"我心神不定将他的皮夹拿在手里。皮夹不小心从手里滑到地下，展开了……照片上是一名妇女和一个小女孩，她们站在一面长满青藤的墙前，是那种业余摄影师拍摄的小小的照片。和照片在一起的，是家信。[132]

另一个士兵问为什么会爆发战争，有人回答说："通常都是一个国家严重侵犯了另一个国家引起的。"这个士兵回答说："一个国家？我听不明白。德国的山不会跑去侵占法国的山。或者河流，或者树林，或者一片麦田，这些怎么会去侵犯人家？"[133]穆勒认为，这部文学作品的最后结果是，战争不再被看作光荣、英雄、神圣、令人激动、男子气概或者清除污浊的，它变成不道德的、令人厌恶、野蛮、无用、愚蠢、浪费和残酷的。

也许，还要加上一个，荒谬的。第一次世界大战的直接原因是荣誉受到损害，导致摊牌。奥匈帝国领袖向塞尔维亚发出羞辱性的最后通牒，要求为大公遇刺道歉并镇压塞国内部的民族主义运动，直到奥匈帝国满意为止。俄国人为斯拉夫同胞打抱不平，德国觉得俄国侵犯了说德语的同胞，英法随即加入混战，一场有关荣誉、侮辱、羞耻、声望、信用的竞赛一步步升级，最后失去控制。各国唯恐被甩在后面成为"二流国家"，这种恐惧让他们在"懦夫博弈"中拒绝刹车，结果只有迎头相撞。

当然，纵观血腥的欧洲历史，荣誉竞赛所点燃的战火比比皆是。但是，正如福斯塔夫所说，荣誉只是一个字眼——我们今天也许会说，只是一个社会建构，“毁谤不能容忍它”。很快，毁谤就出现了。迄今为止最优秀的反战电影也许要算马克斯兄弟的《鸭羹》（*Duck Soup*，1933年）。格劳乔扮演鲁弗斯·T. 法尔弗莱，弗里多尼亚国（“自由之地”）一位刚刚得到任命的领袖。他被要求和邻国西尔瓦尼亚的大使达成和平协议：

> 如果我不能倾尽全力让我们挚爱的弗里多尼亚与世界和平共处，我就是辜负了人们给予我的高度信任。我十万分热切地期待与特伦蒂诺大使会面，我将以国家的名义，向他伸出友谊之手。我深信他将怀着同样的心情接受这一善意的姿态。 248
>
> 不过，假如他拒绝接受，那样也很好。我伸出我的手，他拒绝和我握手。这会给我的脸上增光，不是吗？我，一国元首，在一个外国大使那里碰钉子了。他以为他是什么人，竟敢跑到这里，当着我的人的面，把我当个傻瓜耍？让我再想一想。我伸出手，那个阴险的家伙拒绝和我握手。为什么？这只卑鄙、贼头贼脑的臭猪！我告诉你，他永远也不会忘记这一天！（大使进屋。）是啊，你拒绝和我握手，是吧？（他打了大使一个大耳光。）
>
> 大使：蒂斯代尔太太，这是最后一根稻草！现在没有回旋余地了！开战吧！

于是，一个古怪的制作编号突然闪出画面，马克斯兄弟在一队德国士兵的钢盔上弹奏木琴音乐，躬身躲闪着呼啸的子弹和炮弹。他们身上的军装一直在变换，从内战的士兵，换作童子军，再换作英国王宫卫兵，直到戴着浣熊皮帽子的边疆拓殖者。人们一直将战争比喻为决斗，决斗在逐渐成为人们的笑柄后销声匿迹了。战争的名声当时也经历了类似的过程，奥斯卡·王尔德的预言差点儿成为现实：“只要战争被视为邪恶，它就总有一种魅力。当它被视为粗鄙时，它就不会受到欢迎了。”

查理·卓别林的《大独裁者》（*The Great Dictator*，1940 年）是另外一种经典的战争讽刺喜剧。它嘲笑的对象不再是理想王国中冲动的领袖，因为当时每个人都烦透了军队的尚武文化。相反，小丑一抹脸成了满脑子尚武理想的当代独裁者。一个令人难以忘怀的电影场景是：希特勒和墨索里尼这两个角色在一间理发店里交谈，两人相互较劲儿，力争盖过对方一头，不断升高他们所坐的理发椅，直到两人的脑袋撞到天花板。

穆勒认为，到 20 世纪 30 年代，欧洲弥漫着浓重的厌战情绪，甚至德国平民和军官也不例外。[134]虽然德国人对《凡尔赛条约》的条款非常不满，但几乎没有人愿意通过发动战争来修正条约。穆勒历数了一连串有机会成为总理的德国领导人，他们之中只有希特勒一个人怀有征服欧洲的野心。历史学家亨利·特纳说，只需要一次军事政变，就可以避免第二次世界大战。[135]希特勒充分利用了世界的厌战情绪，一而再，再而三地宣称热爱和平，但他也深知，在还能够阻止他的野心的时候，是不会有人愿意出来阻拦他的。穆勒和许多历史学家都认为，希特勒一个人要对这场人类历史上最可怕的灾难负有主要责任。穆勒翻阅了希特勒的各种传记，为这一观点寻找证据：

249 在 1933 年拿到对国家的世纪控制权之后，（希特勒）迅速并坚决地处置他的对手和潜在对手，手法包括劝服、恐吓、压制、欺诈、降级，以及在许多情况下甚至不惜进行谋杀。他的精力超人，具有非同一般的说服力、记忆力和全神贯注的能力；并且极度嗜好权力，狂热地坚信天降大任在肩；此外还具有几乎是无限的自信心，胆大妄为，以及得天独厚的撒谎能力、令人着迷的演讲风格；最后就是能够毫不留情地消灭任何妨碍他或者试图妨碍他实现自己意图的人……

希特勒需要利用混乱和不满为自己寻找机会，尽管这些混乱和不满大多是他自己制造的。他还需要帮手——一些对他崇拜不已、俯首帖耳的奴才；需要一支能够听他使唤和调遣的军队；需要一个国家的国民能够为其所魅惑并被他带入屠宰场；还需要茫然、没有

> 组织、愚蠢、短视、胆小如鼠的外国对手，以及情愿祈祷而不愿作战的邻国——可以说，他也是自己动手，制造了大部分他所需要的条件。希特勒将他得到的各种条件一一加以利用，根据自己的目的对世界进行操纵和重塑。[136]

最后是 5500 万人的死亡（包括日本进犯东亚的行动所造成的至少 1200 万人的死亡）。世界再一次呼唤和平。

长期和平：一些数字

本章中，在战争统计方面，我用了很大的篇幅。但是，现在我们还要来看一看 1945 年以来最有意思的统计数字：0。在经历了人类历史上最残酷的战争厮杀之后，将近 70 年过去了，在大批的战争分类统计栏目中，数字都是 0。让我从最重要的统计开始：

• 冲突中使用核武器的数量为 0。5 个大国拥有核武器，所有这些国家都曾卷入战争。但是，没有任何核武器被投入使用。这还不仅是大国避免在全面核战争中同归于尽，它们也避免在战场和轰炸敌人设施的行动中使用小规模“战术型”核武器，它们中有很多相当于常规的爆炸装置。20 世纪 40 年代后期，美国在使用核武器上是克制的，因为当时它拥有核垄断，不必担心“确保相互毁灭”。我在本书中一直使用各种比重以量化暴力。如果我们来计算一下一个国家实际从事的暴行和它具有的暴行能力之比，考虑到它们拥有的破坏能力，战后几十年的和平真是要高出人类历史其他时期好几个数量级。

本来这一切都还不能算是最后的结论。直到冷战突然终结之前，许多 250
专家，包括阿尔伯特·爱因斯坦、查尔斯·珀西·斯诺（C. P. Snow）、赫尔曼·卡恩（Herman Kahn）、卡尔·萨根（Carl Sagan）和乔纳森·谢尔（Jonathan Schell）都曾认为，热核战争导致世界末日即使不是不可避免，也是非常有可能的。[137] 比如，杰出的国际问题学者汉斯·摩根索（Hans Morgenthau）在 1979 年这样说：“世界正在不可避免地走向第三次世界大战—— 一场战略性核战争。我不相信有任何办法能够阻止这场战争。"[138]根据《原子科学家公报》（*The Bulletin of the Atomic Scientists*，后简称《公报》）网站上的信息，这份期刊的宗旨是"向公众提供有关核武器的深度分析、评论和报告并影响政策制定"。自1947年开始，《公报》发布"世界末日之钟"，量度"人类距离灾难性毁灭——以午夜为代表——还有多长时间"。时钟公布时的分针距离午夜还有7分钟，在后来的60年中，分针时进时退很多次，距离午夜最近的时候只有2分钟（1953年），最远的时候是17分钟（1991年）。到2007年，《公报》决定，60年内向前挪动了2分钟的末日之钟到了再次调整的时候了。但是，他们不是调试钟表的机械，而是重新定义了什么是"午夜"。今天的"末日"包括"生态系统的破坏、洪灾、大暴雨、旱情和极地融冰"。这也算是一种进步吧。

• 冷战两大敌对国战场交火记录为0。肯定，他们偶尔会和对方的小伙伴开战，在某个附庸国打一场代理人战争。但是，当美国或者苏联中的一方将部队派往对抗地区（柏林、匈牙利、越南、捷克斯洛伐克、阿富汗）时，另一方就采取回避姿态。[139]这是一个意义重大的特征。我们已经知道，一场大战的伤亡人数远远高于许多场小战争的总和。过去，当大国的敌人侵入一个中立国，大国往往会出现在战场上以表达自己的不快。1979年，当苏联入侵阿富汗时，美国为了表示本国的不满，从莫斯科奥林匹克运动会上撤回了自己的运动员。20世纪80年代后期，米哈伊尔·戈尔巴乔夫掌权之后，冷战在未发一枪的情况下戛然而止。接着是柏林墙在和平中被推倒，苏联基本上在和平中解体。

• 1953年之后，大国交战次数为0（或者甚至可以说自1945年之后大国交战次数为0，因为许多政治学家认为，中国在朝鲜战争结束之后才被视为大国）。1953年之后，没有战争的和平间歇打破了19世纪一次历时38年和一次历时44年的2项和平纪录。事实上，到1984年5月15日为止，大国之间保持和平的时间之长打破了古罗马帝国以来的纪录。[140]自公元前2世纪条顿人的部落向古罗马人发起挑战开始，每一次破坏和平的战事都有军队跨越莱茵河。[141]

- 第二次世界大战之后，西欧国家之间的州际战争的数量为 0。[142]而在 1956 年苏联短暂地入侵匈牙利之后，整个欧洲国家之间的州际战争的数量 251
亦为 0。[143]要记住，在此之前，欧洲自 1400 年起每年要开启两场全新的武装冲突。

- 自 1945 年以来，全世界主要发达国家（44 个高收入国家）之间的战争为 0（唯一的例外是 1956 年的匈牙利事件）。[144]今天，我们理所当然地认为战争发生在更小、更穷、更落后的国家。但是，两场世界大战以及几个世纪中许多两个国家名字相连的战争（普法战争、普奥战争、俄国瑞典北方大战、英西战争、英荷战争）都告诉我们，事情原先并不是今天这个样子的。

- 自 20 世纪 40 年代末以来，通过征服另一个国家而扩张领土的发达国家数量为 0。波兰被吞并，英国将印度纳入大英帝国版图，或者奥地利将自己算作一个不伦不类的巴尔干国家，这样的情况不再出现。1975 年之后，世界上一个国家征服或者部分征服另外一个国家的次数为 0。而自 1948 年之后的这个数字也已经接近于 0（我们下面将探究有关这方面的发展）。[145]事实上，各大国的扩张转变为收缩。这个过程可以称为“世界有史以来最大的权力转移”，欧洲国家将大片的帝国领土拱手交给独立了的殖民国家，移交过程有时是和平的，有时是因为他们在殖民战争中失利。[146]我们将在下一章中看到，整整两个战争类别——攫取殖民地的帝国主义战争和保持殖民地的殖民战争——已不复存在。[147]

- 第二次世界大战之后，被国际社会承认的因为被征服而亡国的国家数字为 0。[148]（南越也许是唯一的例外，这要看南越与北越在 1975 年的统一是被视为一种征服还是一场国际战争的结束。）可以比较一下，在 20 世纪上半叶，有 22 个国家被占领或者被吞并，当时的国家数目要少得多。[149]虽然 1945 年之后，很多国家赢得独立，但几乎没有几个国家被分裂。1950 年的世界地图上的国界线和 2010 年的地图相差无几。而在过去，世界上的统治者将领土扩张看作他们的天职。

* * *

本章的要点就是这些 0，0 所代表的长期和平是各种心理不断调整的结果。无论在今天还是在过去的历史上，这种调整无时不在，并最终导致暴力的减少。在这种情况下，发达国家的主流思潮对战争的共识开始发生变化，新的思潮逐渐被世界其他国家接受。在人类历史的大部分时
252 期，那些渴望权力、威望和复仇的大人物能够通过他们的政治网络实现野心，为了满足自己而对因此产生的受害者毫无怜悯之心。换句话说，他们相信战争有其正当性。尽管战争的心理构成——支配、报复、麻木不仁、部落意识、团体迷思和自我欺骗并没有消失，但自 20 世纪 40 年代末以来，欧洲和其他发达国家中这些心理构成开始解体，战争的频率因此下降。

有些人不愿意承认这些惊人的发展，说战争在发展中国家仍然存在，所以战争只是换了个地方，并没有减少。我们会在下一章探究世界其他地方的武装冲突，在此我只想说这个意见没有意义。不存在什么“暴力守恒定律”，也没有什么泄压系统，让世界某个地方的暴力高压在另外一个地方爆发出来。部落战、内战、私斗、劫掠奴隶、帝国战争和殖民战争在发展中国家的地盘上已经存在了几千年。一个在某些贫困地区仍有战争的世界，总是强过一个在穷困和富裕地区都有战争的世界，尤其是要考虑到富国能够调动的难以估量的破坏力。

当然，长期和平不等于永久和平。没有人会根据历史统计数据推出大国之间、发达国家之间或者欧洲国家之间永远不会再发生战争的结论。但是，可能性随着时间发生的变化对我们是有意义的——赌场上铁色子游戏的赔率会下降，幂律线会下沉或倾斜。在我们的真实生活中，这一切已经发生了。

即便如此，同样的统计意识提醒我们还有其他的可能性。也许，赌博的赔率完全没有变化，我们只是对一个随机出现的和平时期进行了过度解读，就像我们前面对战争和暴力的集簇形态进行了过度解读一样。也许，战争的压力已经在集聚，随时都有可能爆发。

但是，也存在并非如此的可能。关于致命冲突的统计显示，战争不是一个钟摆，不是压力蒸锅，也不是一群狂奔的野兽，而是一个没有记忆的骰子博彩，也许赔率还在不断变换。许多国家的历史证明，

和平是绝对可以长期维持的。穆勒是这样说的："如果战争狂热症是周期性发作的，我们大可期待瑞士人、丹麦人、瑞典人、荷兰人和西班牙人现在就该扑向战场了。"[150]美加两国有着世界上最长的不设防国境线，但加拿大人和美国人并没有为了过期已久的边境争端而夜不能寐，忧心如焚。

好运气到头了的可能性有多大？这种可能性几乎不存在。战后几十年，是500年前开始成型的大国所经历的最长的和平期。[151]在战火密布的欧洲历史上，目前的和平也是它的历史纪录。所有的统计分析都会证明，考虑到前几个世纪的战争纪录，长期和平中的那些0以及近乎0是极端的不可能事件。如果以1495—1945年的大国战争为基准线，出现只发生 253
1场大国战争的65年和平期的概率为0.001（朝鲜战争属于边缘案例）。[152]即使我们以1815年作为起点，让拿破仑战争后的19世纪和平期修正观测的基准线，我们得到的结果是，仅发生4场大国战争的可能性低于0.004，而欧洲国家之间只发生一场战争（1956年苏联入侵匈牙利）的概率为0.0008。[153]

当然，概率的计算完全取决于计算者如何定义事件。当你在对已经发生的事件有充分知识的情况下估算发生率（一种事后的比较，即人们所说的"数据探测"），与你在事前给出预测（一种有计划的或者先验的比较），结果可能非常不同。回想一下，一个房间里有57个人，出现2个人在同一天过生日的概率是0.99。在这个案例中，我们只有在找到这一对人之后方能确定生日的具体日子。而如果我们事先确定生日的日期，比如"我的生日"，那么出现和我在同一天过生日的人的概率低于1/7。股市骗子就在利用这两种概率计算的差别，在他们向客户发送的简报上预测市场的每一种可能走向。几个月后，终于撞上运气的分散的简报收件人会认为这家伙是个天才。对"长期和平"持怀疑态度的人可以说，那些在每一次长期和平出现后对此大做文章的人只不过是玩了一个"数据探测"的鬼把戏。

但事实上，有一群学者在20多年前的一篇论文中指出，没有战争的时代将会延续，并认为这是新思维的结果。今天，我们可以说他们的先验预测应验了。这些故事既有标题，也有日期：维尔纳·莱维的《战争即将结束》（*The Coming End of War*，1981 年）；约翰·加迪斯的《长期和平：战后国际体系的稳定因素》（*The Long Peace: Elements of Stability in the Postwar International System*，1986 年）；卡列维·霍尔斯蒂的《末日骑士：兵临城下，还是改变方向，或者全面撤退?》（*The Horsemen of the Apocalypse: At the Gate, Detoured, or Retreating?*，1986 年）；埃文·卢亚德的《锈蚀的剑：当代世界政治中军事权力的消融》（*The Blunted Sword: the Erosion of Military Power in Modern World Politics*，1988 年）；约翰·穆勒的《逃离末日：大规模战争已经过时了》（*Retreat from Doomsday: The Obsolescence of Major War*，1989 年）；弗朗西斯·福山的《历史的终结》（1989 年）；詹姆斯·李·雷（James Lee Ray）的《废奴和国际战争的终结》（*The Abolition of Slavery and the End of International War*，1989 年）；卡尔·凯森（Carl Kaysen）的《战争过时了吗?》（*Is War Obsolete?* 1990 年）。[154]1988 年，政治学家罗伯特·杰维斯（Robert Jervis）捕捉到了一个大家都关注到的现象：

> 战后最令人瞩目的特征是它是名副其实的“战后”，因为 1945 年之后，大国之间再没有发生过战争。大国之间如此之长的和平期是史无前例的。[155]

这些学者相当肯定地认为这不是一时的好运。他们指出，这是一个
254 根本性的转变，支持对未来的预期。20 世纪 90 年代初，凯森在对穆勒 1989 年的著作进行评论时，最后加上了一段话：

> 很清楚，欧洲的国际构架，以及整个世界的国际构架正在发生深刻的转型。这种转型在过去一般是通过战争完成的。本文的观点支持这样一种预测，即这次的变化可以在没有战争的情况下发生（尽管这不是说在各国内部也一定没有暴力冲突）。时至今日——1 月中旬，万事安好。此后的每一天，作者和读者都可以热切而紧张地验

证这一预见。[156]

当军事历史学家提出国家间战争被消除的初步评估时，人们的感觉会特别深刻，因为这些学者毕生浸润在各种战争史料中，看够了“此次非同寻常”的各种可能性。约翰·基根一向被称为“卓越的”军事史学家，如果有人以为“卓越”是他名字的一部分，也不足为奇。在1993年出版的名著《战争史》中，他写道：

> 在我以毕生精力阅读战争史料，与老兵厮混，探访昔日的战场，观察战争的影响之后，我似乎感到，战争即将偃旗息鼓了，且不论战争是否理性，至少它很可能不再是人类处理分歧所需要的和有效的手段了。[157]

另一位卓越的学者迈克尔·霍华德在1991年曾经这样说：

> 很有可能，高度发达社会之间大规模的、有组织的武装冲突——这个意义上的战争不会再发生了，国际秩序将被纳入一个稳定的框架。[158]

而同样卓越的大师埃文·卢亚德——我们巡视600年战争史的向导——在更早的1986年就说过：

> 欧洲刚刚发生了最令人惊异的变化，国际战争正在人们的面前被画上休止符……想到欧洲前几个世纪所经历的战争的规模和频率，这一变化的程度极为壮观，也许可以称之为人类战争史上最令人震惊的断裂。[159]

20多年过去了，他们中没有任何一个人需要修正他们的判断。阿扎尔·加特的军事史巨著《战争文明史》，覆盖面比以往任何著作都要宽 255

泛，并以演化心理学的方法分析了霍布斯的王国……加特在书中写道：

> 在富裕的自由民主国家……真正的和平状态基于真诚的相互信任。他们已经达成共识，他们之间的战争可能性已经完全被消除了，甚至作为一个选项也是不可能的了。这在人类历史上是前所未有的。[160]

长期和平：态度和事件

加特的“真正的和平状态”中的“状态”二字不仅强调了发达国家之间的战争为0这个已知的事实，而且特别指出了这些国家中思维模式的变化。发达国家对战争的概念化及对战争的准备都发生了根本性的变化。

1500年以来战争死亡率不断上升（见图5-16）的主要动因是强制征兵制度，它为各国军队提供了源源不断的新鲜血肉。到拿破仑战争时期，大部分欧洲国家都开始实行某种形式的征兵制。当时人们还没有“良心抗拒”的概念，20世纪60年代让美国年轻人惴惴不安的电报的第一个句子是“问候您”。与之相比，中世纪的征募方式完全没有礼貌可言。老话所谓的“抓差”原意是指政府出钱雇用黑帮和流氓在街上抓人，再将抓来的人押进军队或者送上军舰。（在美国革命战争时期，“美国海军”的水兵几乎都是被“抓差帮”抓来的人。）[161]强制兵役可以消耗一个人的大部分生命。在19世纪的俄国，一个农奴服兵役的年限可以长达25年。

军队征兵制表明行使武力是正常的：人民被强制服役，服役本身将他们暴露在伤残和送命的高风险下。除了那些面临强敌威胁的时刻，征兵的强度可以衡量一个国家动用武力的愿望有多么强烈。在第二次世界大战后的数十年间，世界各国的军人服役时长稳定地下降。美国、加拿大和大部分欧洲国家都彻底废除了征兵制。在另外一些国家，征兵制也更像一个培养公民意识的集训班，而不是武士演练营地。[162]佩恩整理了1970—2000年48个有相当历史的国家的军人服役数据。根据他的数据，我绘制了图5-19。数据显示，自20世纪80年代后期，冷战尚未结束时，征兵制就已经开始消亡。1970年，这些国家中只有19%不实行征兵制，而在2000年，这个数字为35%，2010年达到50%。这个数字将很快超过半数，因为又有两个国家（波兰和塞尔维亚）已经计划在之后的10年内取消征兵制。[163]

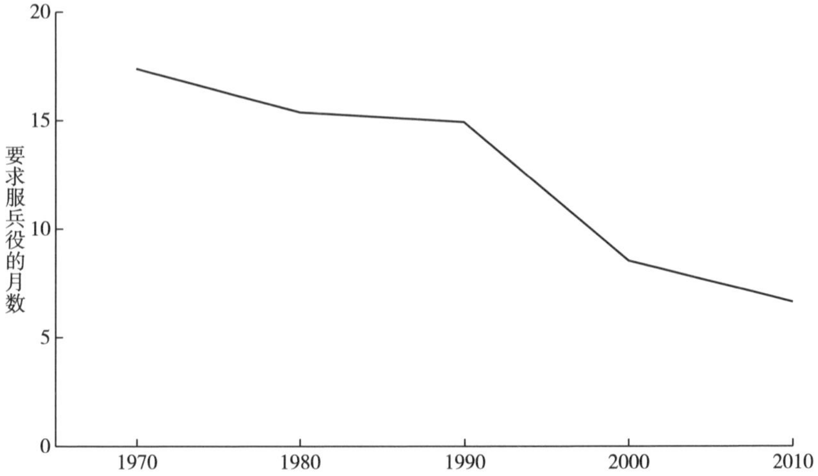

图5-19 1970—2010年48个历史悠久国家的征兵服役长度 256

资料来源：1970—2000年图表来自佩恩，2004年，第74页，根据国际战略研究所（伦敦）《军事平衡》刊物（各期）的资料绘制。2010年的资料来自《军事平衡》（IISS，2010年），补充资料来自中央情报局《世界概况》，2010年。

另一个衡量好战程度的指标是一个国家的军队人数占总人口的比重，不论这些军队人员是强制征兵而来，还是通过电视上做志愿兵广告——“人尽其才”——招募而来。佩恩表明，军人占总人口的比重是表明一个国家在观念上是否迎合好战情绪的最佳指标。[164]第二次世界大战后，美国刚开始遣散军队，就在冷战中遇到了新敌人，因此它的军队人数总量没能收缩到战前的水平。但图5-20显示，20世纪50年代中期之后，军队的人数迅速减少。欧洲更早地开始停止向军事部门进行人力投资。

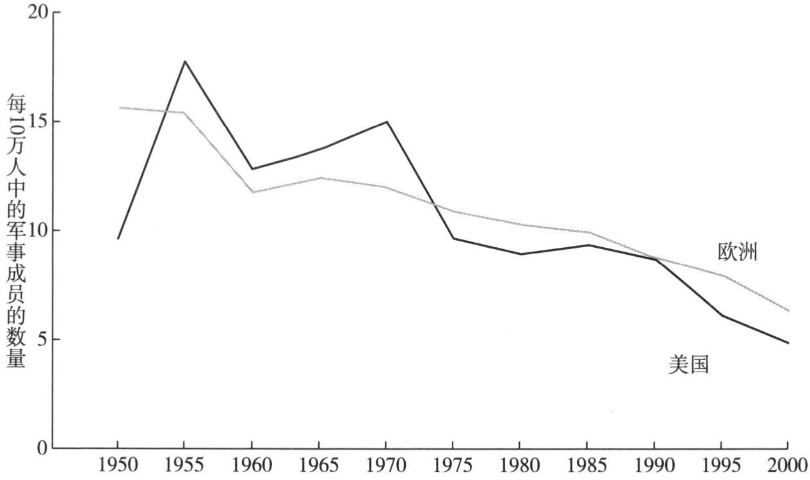

256 **图 5-20　1950—2000 年美国和欧洲军事人员的数量**

资料来源：战争相关数据资料库国家物力数据（1816—2001 年），萨吉斯，2000 年。每 5 年的未加权平均数。“欧洲”包括比利时、丹麦、芬兰、法国、希腊、匈牙利、爱尔兰、意大利、卢森堡、荷兰、挪威、波兰、罗马尼亚、苏联 / 俄罗斯、西班牙、瑞典、瑞士、土耳其、英国、南斯拉夫。

其他一些大国，包括澳大利亚、巴西、加拿大和中国，也在近几十年中裁减军队的数量。冷战结束后，裁军成为世界性的大趋势。1988 年，世界上每 10 万人中有 9 名以上军事人员，而到 2001 年，在历史悠久的国家中，每 10 万人中仅有不到 5.5 名军事人员。[165] 军事人员减少的部分原因是非军事性服务外包，比如由私人承包商提供洗衣和伙食服务，以及在最富裕的国家，用机器人和无人机替代前线战斗人员。但是，机器人大战的时代还很遥远。最新的事态显示，地面部队的人数仍然是军队战斗力的主要限制条件。因此，军队机器人化的进展本身就表明了战斗人员
257 减少的趋势。国家开发这些昂贵的技术，皆因自己公民的生命（甚至我们将要看到，还有外国公民的生命）变得越来越珍贵了。

* * *

既然战争始于人的思想，就让我们从人的思想出发构建和平。

——联合国教科文组织　铭文

长期和平的另一个指标是一套清醒理智的检查，它表明各国领导和大众的思维模式已经发生了变化。20 世纪下半叶，民族主义、扩张领土的野心、国际上的荣誉文化、对战争的普遍认可、对战争造成的生命代价无动于衷——这些好战思维已经在发达国家失去市场。

第一个标志性事件是 1948 年 48 个国家签署的《世界人权宣言》。《世界人权宣言》开篇即陈述了以下条款：

> 第一条　人皆生而自由；在尊严及权利上均各平等。人各赋有理性良知，诚应和睦相处，情同手足。
>
> 第二条　人人皆得享受本宣言所载之一切权利与自由，不分种 258
> 族、肤色、性别、语言、宗教、政见或他种主张、国籍或门第、财产、出生或他种身份。且不得因一人所隶国家或地区之政治、行政或国际地位之不同而有所区别，无论该地区系独立、托管、非自治或受有其他主权上之限制。
>
> 第三条　人人有权享有生命、自由与人身安全。

你可以说这不过是一些表达了良好愿望的辞藻。但是，为了支持启蒙运动的理想，即承认政治领域的终极价值是个人的存在，签字国正在抛弃那些延续了上百年的学说，即终极价值是国家、民族、文化、人民、阶级或者其他集体（更不用说一个世纪之前的几百年间，终极价值是君主，人民不过是他或她的牛羊）。1945—1946 年的纽伦堡审判让人们认识到了申明普世人权的必要性。在审判中，一些律师辩护说，只能为纳粹在被占领国，例如波兰实行的屠杀部分进行起诉。按照以往的观念，他们在自己国家境内的所作所为，其他任何人都无权置喙。

另一个说明《世界人权宣言》并非一纸空文的证据是，大国对于签署这一宣言非常紧张。英国担心它的殖民地，美国担心它的黑人，苏联担心它的加盟共和国。[166]但是，在埃莉诺·罗斯福的督促下，宣言经过 83 个回合的讨论之后，全票获得通过（虽然苏东集团的 8 个国家缺席会议）。

45 年后，瓦茨拉夫·哈维尔对抛弃反启蒙运动意识形态的时代潮流做了精彩的总结。哈维尔是捷克斯洛伐克的剧作家，在非暴力的天鹅绒革命推翻当时的制度之后，他出任捷克的总统。哈维尔写道：“在民主基础上整合欧洲这一思想的伟大之处在于，它彻底战胜了认为民族国家是民族生命最高表现的赫尔德式老观念。”[167]

* * *

对于“长期和平”做出贡献的还有一个自相矛盾的因素：冻结国境线。联合国首先倡议现有国家及其边界神圣不可侵犯。这一准则将任何武力改变边境线的企图都视为“侵略”。在国际关系博弈中，领土扩张从此不再具有正当性。边界的划分也许毫无道理可言，边界内的政府也许根本不配执政，但武力修整边境在任何国家的政客心目中都不再是一个现实的选项。一般而言，接受继承的边境线是一个和平举措。正如政治学家约
259 翰·瓦斯克斯（John Vasquez）所说：“在所有主张战争的逻辑根据中，最常见的就是边境问题。几乎所有国家之间的战争都涉及这样或者那样的边境纠纷。”[168]

政治学家马克·察赫尔（Mark Zacher）对这一变化进行了量化研究。[169]自1951年以来，仅有10次入侵行动导致了国境线的大改动，这10次军事行动都发生在1975年之前。大部分行动都是在人烟稀少的偏僻之地或者荒岛插上一些国旗，还有一些行动形成了新的政治实体（比如孟加拉国），并非征服者扩充疆土。10次听起来也不少了，但是如图5－21所示，与之前的300年相比，它是一条陡峭的下滑线。

以色列是一个特例。以色列和阿拉伯国家之间蜿蜒的军事分界线“绿线”是1949年战争的结果，当时各方（尤其是阿拉伯国家）都不同意接受这个安排。但在随后的几十年中，国际社会接受了这个谜一样的状态，将此作为以色列的实际边境线。以色列在国际压力下，已经交出了大部分它在1949年之后各次战争中得到的领土，而我们在有生之年，将会看到以色列交出其他领土。这个过程也许会伴有一些领土交换，也许还会包括有关耶路撒冷的复杂安排。在耶路撒冷问题上，边境不可变更的准则与城市不可分割的准则相抵触。其他大部分占领行动，比如

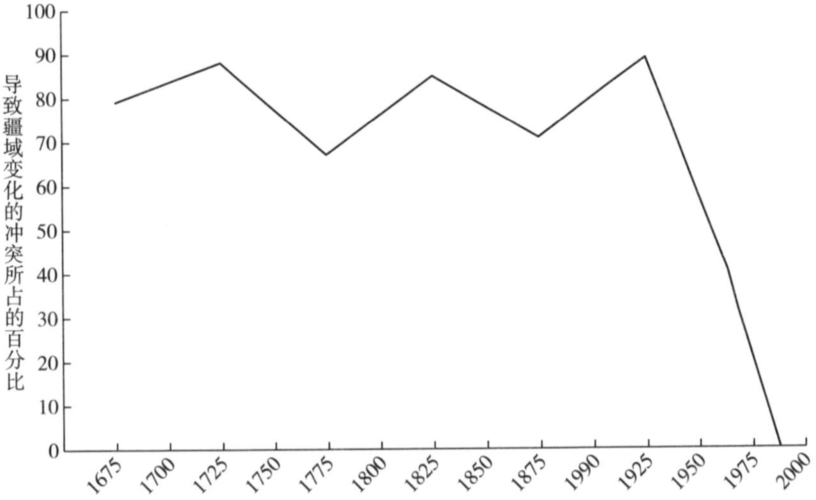

图 5-21　1651—2000 年导致疆域变化的领土战争的百分比

资料来源：数据来自察赫尔，2001 年，表 1 和表 2；除了最后的 20 世纪下半叶的数据之外，每半个世纪的数据点上的数据均为中值。20 世纪下半叶每 25 年为一个数据点。

印度尼西亚占领东帝汶，已经得到纠正。近年来最戏剧性的案例是 1990 260 年萨达姆·侯赛因入侵科威特（这是 1945 年后发生的唯一一次一个联合国成员完全吞并另一个联合国成员）。多国部队立即行动，速战速决，将萨达姆赶出了科威特。

国家边界不可侵犯背后的心理学，与其说是共情和道德理性，不如说是准则和禁忌（我们将在第 9 章讨论这方面的问题）。在受到尊重的国家中，征服已经不是一个可以想象的选择。如果一位民主国家的政治家建议征服另一个国家，现在已经根本不会有人愿意与之争论，他面对的只会是困惑、尴尬或大笑。

察赫尔指出，“领土完整”准则不仅排除了征服，也排除了其他形式的边界侵蚀。在非殖民化过程中，新独立的国家的边界是老殖民行政官几十年前在地图上画的线，经常将少数民族的家园一分为二，或者将势不两立的敌对部落拼凑在一起。总之，没有人想到号召这些新国家的领导人坐到谈判桌前，在空白的地图上重新划分边界。苏联和南斯拉夫解体时，原来共和国和省份之间的内部边界变成了主权实体之间的国境线，也没有出现重新划分边界的问题。

将地图上任意画出的线条神圣化似乎很不合逻辑，但是即使是任意的和不公正的准则，尊重准则也是理性的选择。博弈论专家托马斯·谢林注意到，当两个谈判人认为达成一系列妥协的状态优于放弃谈判的状态时，那么，任何凸显的认知界标都将有助于他们达成一个符合双方利益的协约。[170]比如，人们在讨价还价时，可以将双方出价之差打个对折“成交”，或者四舍五入“成交”，而不是无休无止地争吵什么是最公平的价格。梅尔维尔《白鲸》中的猎鲸人接受了“已系之鲸归系者”这样的规则，因为他们知道，接受规则能避免“最烦人和最暴力的纠纷”。律师喜欢说：“现实占有，败一胜九——在谁手里就是谁的。”另外，每个人都知道“篱笆严紧才能邻里和睦”的道理。

20 世纪 30 年代，在欧洲领导人和希特勒谈判时，大家都认为德国吞并奥地利和大片捷克斯洛伐克领土，将所有日耳曼民族的居住地区纳入德国版图是完全合理的，而今天对领土完整原则的尊重则认为这是完全不可接受的。的确，这个原则一直在侵蚀民族国家及与其共生的民族自决理念，而这些理念曾经是 19 世纪后期和 20 世纪的民族领袖狂热追求的目标。对横穿民族居住地的人工边境线进行重新划分，仍然是无解的地理难题，与其说无休止地纠缠一个无解的难题，并挑起种族灭绝和以收复领土为借口的征战，接受现有边界被认为是更好的安排。

领土完整原则带来了大量的不公正，例如一些族群被划入一个对其
261 福祉毫不关心的政治实体。这一点，也正是《白鲸》中水手伊希梅尔耿耿于怀的问题，他念叨说：“对那个勇不可当的标枪手约翰·布尔来说，可怜的爱尔兰，不就是有主鲸吗？”某些被宁静的边界线分开的欧洲国家，在第二次世界大战乃至战后经历了大规模种族清洗，由此完成了同质化过程，当时有数百万德裔和斯拉夫人被迫背井离乡。现在，新的国际准则对发展中国家反而提出了更高的要求。社会学家安·广仲（Ann Hironaka）一直认为，因为坚持国家和边界不可变更，发展中国家的内战被拉长了。但权衡利弊，边界神圣不可侵犯原则对整个世界而言还是

一个合算的交易。我们在下一章将会看到，与几场大规模国家之间的战争相比，大量小规模内战的死亡人数仍然更低，更不用说与世界大战相比较了。这一观察与致命冲突的幂律分布相符。而且，随着现代国家从一种民族精神的载体演变为人权原则指导下的多民族社会契约，各种内战的数量在减少，其破坏性也在减轻。

* * *

与民族主义和领土征服一样，国家荣誉观念在战后的数十年间也逐渐褪色。如卢亚德所说："总而言之，与过去相比，今天人命的价值排序会更高一些，国家威望（或民族'荣誉'）的排序会更低一些。"[171]尼基塔·赫鲁晓夫是冷战最严峻时期的苏联领导人，但他显然也捕捉到了这种新情感，他说过："我可不是沙皇麾下的军官，因为在化装舞会上放了个屁就要自杀。让步总是好过开战。"[172]许多国家的领导人对此看法一致，对本来会导致战火的挑衅或让步，会冷静地不予理会。

1979 年，美国遭遇两场相继而至的挑衅——苏联人入侵阿富汗和伊朗人在政府操纵下占领美国大使馆。美国的反应不过是抵制莫斯科奥运会，以及每天晚上在电视上彻夜播放被扣押人质的消息。吉米·卡特后来说："我可以动用手中的武力摧毁伊朗，但我担心在这个过程中，人质的性命不保，我也不想杀死 2 万名伊朗人。所以，我没有进攻。"[173]虽然美国鹰派对卡特的懦弱愤怒不已，不过，他们自己的英雄罗纳德·里根对 1983 年贝鲁特炸死 241 名美国军人事件的回应是，从黎巴嫩撤出全部美军；1987 年伊拉克战斗机向美国军舰"斯塔克号"发射导弹，37 名美国海军军人遇害，里根也是稳坐不动。2004 年，伊斯兰恐怖组织对马德里列车进行爆炸袭击，事件未在西班牙煽起反伊斯兰情绪，反而，很多西班牙人认为政府卷入伊拉克战争才招致了恐怖袭击，在随后的大选中将其赶下了台。

世界历史上影响最深远的放弃荣誉案例是 1962 年古巴导弹危机的解决。虽然追求国家威望是促成危机的起因，但一旦陷入危机，赫鲁晓夫和肯尼迪都意识到双方均需要保留面子，而问题只能由双方共同 262

设法解决。[174]肯尼迪读过塔奇曼关于第一次世界大战历史的著作《八月炮火》（*The Guns of August*），知道国际关系中的“自卑和自大的个人情结”驱动的懦夫博弈可能导致灾难。在回忆导弹危机的回忆录中，罗伯特·肯尼迪说：

> 我们一致同意双方都不想为古巴打仗，但是，其中一方很可能会出于“安全”、“骄傲”或“面子”的原因采取行动，另一方为了同样的安全、骄傲或面子的原因必须做出回应。回应引起对方的再回应，并逐渐升级为武装冲突。这正是我（肯尼迪）想回避的。[175]

赫鲁晓夫有关沙皇军官的俏皮话表明，他对荣誉的心理学也有所警惕，对博弈论有同样的直觉。在危机最紧要的时刻，他向肯尼迪提供了这个分析：

> 这是一根在战争身上打了结的绳子，你和我都不要在两端拉扯它，因为你我越使劲儿扯，绳结就会越紧。也许有一天，这个绳结拉得太紧了，系铃人再也无法解铃，到那时就只能割断绳结了。[176]

解铃之途是互相让步——赫鲁晓夫从古巴撤走苏联的导弹，肯尼迪从土耳其撤走美国的导弹，并承诺不会入侵古巴。危机逐步降级不是单纯的撞大运。穆勒回顾了冷战期间大国对峙的历史。他总结说，历史的演变更像是一步一步地爬梯子，而不是登上一架自动滚梯。虽然领导人有几次开始进入危险的升级竞赛，但是每向上爬一级，他们的恐高症就越严重，最后总是小心翼翼地又爬了下来。[177]

尽管冷战中苏联人敲鞋咆哮，但苏联领导人米哈伊尔·戈尔巴乔夫最后听凭苏东集团以及苏联本身解体，未让世界遭受一场新的大灾难。历史学家蒂莫西·嘉顿·艾什（Timothy Garton Ash）称此为“放弃使用武力的惊人之举”，并说这是一个“个人对历史产生重大影响的辉煌典范”。

艾什最后这个评价提醒我们，历史的偶然性是双向的。在一个平行的世界里，斐迪南大公的司机在萨拉热窝没有走错路，或者啤酒馆政变时警察开枪瞄准的是另外那个某某人，人类历史就会少一场甚至两场世界大战。在另外一个平行的世界里，也有可能是美国总统听信了参谋长联席会议主席的建议，入侵古巴；作为回应，苏联的坦克穿 263
过柏林墙，人类历史上又多了一两次世界大战。但是鉴于主流理念和准则决定了变化的可能性，所以塞族学生普林齐普和希特勒塑造了20世纪上半叶的世界，肯尼迪、赫鲁晓夫和戈尔巴乔夫塑造了20世纪下半叶的世界。

* * *

20世纪价值观的另一个历史性巨变是，民主国家中领导人的战争计划遭到人民的抵制。50年代后期和60年代初期出现了大规模的“反核武器”示威活动，它的传奇之一是与其他反战运动共同推出的和平标志——圆环中的三叉戟。60年代后期，反对越战的示威把美国搅得国无宁日。反战信念早已不局限于一群情感脆弱的女大妈男大妈，那些穿凉鞋留大胡子的理想主义者也不再被视为狂热分子。在60年代成年的那一辈人中，相当一部分人都怀有反战信念与和平理想。第一次世界大战结束10年之后，以战争为题材的艺术充满了悲情。与此不同，60年代的流行艺术谴责正在发生的核军备竞赛和越战。黄金时段的电视节目充满了反战宣传［比如《史默瑟兄弟喜剧时间》（*The Smothers Brothers Comedy Hour*）和《风流医生俏护士》（M*A*S*H）］，此外还有数不清的流行电影和歌曲：

> 《二十二条军规》（*Catch-22*）、《奇幻核子战》（*Fail-Safe*）、《奇爱博士》（*Dr. Strangelove*）、《心灵与智慧》（*Hearts and Minds*）、《FTA》（*FTA*）、《我如何赢得战争》（*How I Won the War*）、《无语问苍天》（*Johnny Got His Gun*）、《王者之心》（*King of Hearts*）、《风流医生俏护士》、《多可爱的战争》（*Oh! What a Lovely War*）、《第五屠宰场》。

《艾丽斯餐厅》（*Alice's Restaurant*）、《在风中飘扬》（*Blowin' in the Wind*）、《残酷的战争》（*Cruel War*）、《毁灭的前夜》（*Eve of Destruction*）、《我觉得我死定了》（*Feel Like I'm Fixin' to Die Rag*）、《给和平一个机会》（*Give Peace a Chance*）、《圣诞快乐（战争结束了）》[*Happy Xmas*（*War Is Over*）]、《不再做战争机器》（*I Ain't Marchin' Anymore*）、《如果我有一把锤子》（*If I Had a Hammer*）、《想象》（*Imagine*）、《暴雨将至》（*It's a Hard Rain's a Gonna Fall*）、《昨夜梦境》（*Last Night I Had the Strangest Dream*）、《机关枪》（*Machine Gun*）、《战争的主人》（*Masters of War*）、《随军牧师》（*Sky Pilot*）、《3–5–0–0》、《和好有时！》（*Turn! Turn! Turn!*）、《再造战士》（*Universal Soldier*）、《出了什么事?》（*What's Goin' On?*）、《上帝在我们这边》（*With God on Our Side*）、《战争到底为什么?》[*War*（*What Is It Good For?*）]、《深陷泥淖》（*Waist-Deep in the Big Muddy*）、《花儿都到哪儿去了?》（*Where Have All the Flowers Gone?*）。

与18世纪和20世纪30年代一样，艺术家不仅指责战争不道德，而且嘲弄战争，让战争显得荒唐可笑。在1969年伍德斯托克音乐会上，“乡巴佬乔和鱼”乐队唱着那首轻快的《我觉得我死定了》。合唱部分的歌词是：

嘿，一、二、三，我们为何要开战？
别问我，我不知道，下一站就是越南！
264 嘿，五、六、七，快快打开天国之门。
哪有时间搞明白，呜呼！大家都要去送死。

1967年，在独角戏《艾丽斯餐厅》里，阿罗·古斯里收到入伍通知，要他到纽约一个征兵中心去见军队的精神病医生：

我就到了那儿，我说：“精神病大夫，我想杀人。我是说，我就是想杀人，杀人。我就是想看看，看看血肉还有肝呀胆呀在我嘴里的样子。我要大吃烧焦了的尸体。我是说杀人，杀、杀、杀。”接着我开始蹦上蹦下，嘴里喊着“杀、杀”。他也跟着我一起蹦蹦跳跳，也喊着“杀、杀”。一位中士走过来，给我别上一枚奖章，把我带到大厅的另一边，说：“你是属于我们的孩子。”

人们很可能将这场文化运动当作婴儿潮一代的怀旧情绪。如汤姆·莱勒所嘲讽的，胜仗都是他们的，好歌都是我们的。但是，在某种意义上，我们也打了胜仗。因为风起云涌的全国反战行动，林登·约翰逊令人惊讶地宣布不再寻求1968年总统连任的党内提名。虽然对抗议活动日益失控的反应帮助尼克松在1968年入主白宫，但尼克松也确实将美国的战争计划从军事胜利转变为挽回面子的撤军，尽管在战争结束之前已有2万名美国人和100万名越南人在战争中丧生。1973年停火之后，美军开始撤离越南，国会禁止任何新的军事干预行动，并削减对南越政府的资助，因此有效地结束了战争。

有人说，美国从此患上“越战综合征”，极力回避任何军事介入，到20世纪80年代，才逐渐恢复信心，进行了几场小规模的战争，并在几场代理战争中向反共力量提供支援。但无论如何，美国的军事政策永远不可能回到从前了。美国最好战的总统也明白，在“伤亡恐惧”“厌战”“多佛信条”（即竭尽全力减少运回多佛空军基地的覆盖着国旗的棺材）这些强烈的社会情绪下，美国人已经不可能承受任何高伤亡率的军事行动。自20世纪90年代起，美国在政治上可接受的战争行动仅限于通过远程控制技术实施外科手术式打击。绞肉机般的消耗战和对外国（比如德累斯顿、广岛和北越）平民的大规模空袭的日子已经一去不复返了。

美国军队内部已经发生了明显的变化。各级军官都清楚地意识到没有必要的滥杀在国内是公关噩梦，在国外则事与愿违，不仅得罪盟友，还会鼓噪敌人。[178]海军陆战队设置了新的军事教程，向队员灌输新的荣誉准则《海军陆战队战士操守》。[179]教程问答是：“有操守的战士是生命的保护者。谁的生命？自己的和他人的。哪些他人？所有的他人。”海军 265

陆战队退役军官、以骁勇著称的罗伯特·汉弗莱曾经在第二次世界大战的硫黄岛战役中指挥一个步枪排，他所讲述的《狩猎故事》（*The Hunting Story*）作为形象的共情扩展，成为美军教化士兵的教材。[180]在这个故事中，一队驻扎在亚洲某个国家的美军，为了消遣而全体出动猎野猪：

> 他们的卡车开出车库，驶向大森林，途中他们在一个小村子外停车，雇一些当地人为他们拍打树丛兼做向导。
>
> 村子穷困不堪。房子都是土坯垒就的，没有电，没有自来水。道路泥泞，整个村庄散发着熏人的气味。无数的苍蝇扑面而来。男人面容阴沉，衣衫脏兮兮的。女人捂着脸，孩子流着鼻涕，衣衫褴褛。
>
> 很快，车上的一个美国兵说："这地方太臭了。"另一个说："这些人活得像动物一样。"最后，一位年轻的空军军官说："是呀，他们简直是一无所有；活着还不如死了好。"
>
> 你能说什么？他们说的好像都没有错。
>
> 但是，就在这时，卡车上的一位老中士开口了。他是那种寡言少语的人。事实上，除了他的军装，他看起来就像是当地村庄里的一个汉子。他看着年轻的空军军官，说："你认为他们一无所有，是不是？行啊，如果你真那么肯定，你干吗不拿着我的刀，从车后面跳下去，去看看能不能杀死一个？"
>
> 车上一片死寂……
>
> 中士接着说："我也不知道为什么他们要如此珍重自己的生命。也许是因为那些流着鼻涕的孩子，也许是森林里的女人。但是，不论是什么，他们珍视他们的生命和他们所爱的人的生命，和我们美国人一模一样。如果我们不停止说他们的坏话，他们会把我们一脚踢出这个国家！"
>
> （一名士兵）问中士："我们美国人拥有那么多财富，能做些什么来证明不管这些村民有多穷，我们都在平等的人格上尊重他们？"中士淡淡地回答："你要有足够的胆子跳下车，不要介意裤腿上溅

满泥巴和羊粪。你要有勇气面带笑容地走进村庄。当你看见臭气熏天、面相恐怖的农民，你要能够看着他的脸，只用你的眼睛让他知道，你知道他是和你一样能感受痛苦的人，和你一样怀着希望的人，和我们所有人一样想满足孩子愿望的人。这是我们唯一的办法，舍此只有失败。”

《海军陆战队战士操守》即使是作为一种愿望，也显示了美国武装力量的长足进步，原先它的士兵叫越南的农民“黄佬儿”“地溜儿”“斜眼儿”，军队在调查诸如美莱村大屠杀之类的暴行时迟疑不决，拖拖拉 266
拉。前海军陆战队上尉杰克·霍本参与了制定和实行《海军陆战队战士操守》的工作，他在写给我的信中说：“20 世纪 70 年代刚刚加入海军陆战队的时候，我听到的就是‘杀杀杀’。那时告诉受训的队员，荣誉守则是‘保护所有人的生命，包括敌人，如果可能的话’，是根本不可能的。”

21 世纪初以来美国主导的阿富汗战争和伊拉克战争肯定表明，美国还没有远离战争，但这些战争和从前完全不同了。在这两场冲突中，国家间战争的阶段进展迅速，（按照历史标准）战争死亡率相当低。[181]伊拉克战争的大部分死亡是战后无政府状态下的社区间暴力造成的。截至 2008 年，伊拉克战争中美国人的死亡总数是 4000 人（越战是 5.8 万人），这推动美国人选出一位新总统，并在两年内结束了军队的作战任务。在阿富汗，美国空军在 2008 年轰炸塔利班的行动中恪守人道主义原则，“人权观察”对此称赞说是“最低限度伤害平民的良好记录”。[182]政治学家乔舒亚·戈尔茨坦（Joshua Goldstein）在讨论智能定位政策如何在科索沃战争和伊拉克战争中大规模减少平民伤亡时，对 2009 年使用武装无人机打击阿富汗和巴基斯坦境内的塔利班和基地组织进行了如下评论：

在过去，军队会对这些恐怖分子的藏身地狂轰滥炸，行动中会有成千上万的平民丧命并失去家园。为了击毙寥寥几个敌人，不精确的

> 炮火和空袭让整个村庄和城镇沦为瓦砾；现在一架无人机飞进战区，指引一枚导弹打击激进分子聚集的一座房屋。这样的行动还是会误中目标，但是，同历史上任何标准相比，平民的死亡率都大大下降了。
>
> 至今为止，我们都认为这一趋势是理所当然的。2010 年 2 月，一枚导弹失误炸死 10 名阿富汗平民，这一消息成为头条新闻。事件本身是一桩可怕的悲剧，但它也是一个例外，平民死亡率相当之低，而当时正在进行的是这场为期 8 年的战争中最大的一次军事打击行动。驻阿富汗美军司令为 10 名平民的死亡向阿富汗总统沉痛致歉，全世界的媒体把这一事件渲染为在进攻上的重大发展。我不是说杀死 10 名平民没有问题，而是要说，在以往的战争中，甚至就在几年之前，这样的平民伤亡不会引起任何关注。平民死亡，即使数目巨大，一般都被认为是战争中必要的和不可避免的——或许也是不幸的——副产品。我们正在进入一个新的时代，这样的假设不再适用了。这的确是个好消息。[183]

267 《科学》杂志在 2011 年报道了维基解密透露的文件和以美国为首的联军的平民伤亡数据，这些本来是秘密的数据证实了戈尔茨坦的判断。2004—2010 年，阿富汗战争的平民死亡大约是 5300 人，其中约 80% 是被塔利班叛乱分子而不是联军杀害的。对于这样一场大规模军事行动而言，即使将这个平民伤亡数字翻番，仍然相当低 ——相比而言，越南战争中至少有 80 万平民死于战火。[184]

在对战争的态度上，美国人发生了巨大的转变，而欧洲人的变化更是翻天覆地。外交政策分析家罗伯特 · 卡根（Robert Kagan）这样说：“美国人来自战神火星，欧洲人来自爱神金星。”[185] 2003 年 2 月，欧洲大城市爆发了声势浩大的示威，抗议美国领兵入侵伊拉克，伦敦、巴塞罗那和罗马各有百万人参加了游行，马德里和柏林各有 50 多万人上街示威。[186]伦敦示威者打出的标语是“不要鲜血换石油”、“制止疯狂派牛仔病”、“美国才是流氓国家”、“泡壶茶，不打仗”、“打倒战争”，还有一个简单的“不”字。德国和法国不约而同地拒绝参加美英联合行动，西班牙刚刚加入就撤出了。甚至在欧洲争议较小的阿富汗战争，主要战斗力也都是美国士兵。阿富汗战争名义上是44国组成的北约军事行动，但兵力半数以上是美军，而且，说到骁勇善战，美军已经赢得一定的声誉。2003年，一位身在喀布尔的加拿大武装部队上尉在写给我的信中这样说：

> 今天早上，卡拉什尼科夫机枪协奏曲响起来之后，我一直等着哨兵先开火。我觉得他们都睡着了。这已经是家常便饭。我们的岗哨一向是由德国联防军负责的，他们干得可真不怎么样……如果他们真是在执勤的话。我之所以敢这样评价他们，是因为他们多次放弃岗哨。第一次是因为我们被火箭击中了，其他几次是因为他们觉得岗楼里太冷了。我向一位德军中尉指出他们缺乏荣誉和基本的军人素质，他回答说岗楼的供热是加拿大的责任。我反驳他说，给士兵提供保暖服装是德国人自己的责任。我真想说些什么提醒他喀布尔不是斯大林格勒，但我最后还是忍住了。
>
> 德军已经今非昔比。或者，就像我多次听到人们说的，“他们不是（纳粹）国防军”。想到我们人民的历史，我本来应该说这实在是件大好事。但是，现在我的安全要仰赖这些优等主宰民族后裔的警觉性。我要说，在说这是件大好事之前，我还真有点儿犹豫了。[187]

在《士兵都到哪儿去了？：现代欧洲的变迁》（*Where Have All the Soldiers Gone? The Transformation of Modern Europe*）［英国版是《垄断的暴力：为什么欧洲人厌恶打仗》（*The Monopoly on Violence: Why Europeans Hate Going to War*）］中，历史学家詹姆斯·希恩说，欧洲人的国家 268
观念发生了彻底的改变。作为制度的国家（state），其作用不再是为了保证民族（nation）的面子和安全把持武力，而是要提供社会保障和物质福利。尽管在美国“疯狂派牛仔”和欧洲“投降派猴子”之间还有各种差异，但在过去60年间，欧美政治文化分别在两条平行线上的运动，都是背战争之道而驰，其共性的历史意义远远大于两者现存的差异。

长期和平是核武和平吗？

什么才是正确的？与专家的分析、末日钟、欧洲几个世纪的历史经验相悖，为什么第三次世界大战没有发生呢？到底是什么迫使大名鼎鼎的军事历史学家开始使用诸如“尺度壮观的变化”、“战争史上最令人惊异的断裂”，以及“史无前例的”这些形容词？

对很多人来说，答案显而易见：原子弹。战争变得过于危险，领导人都被吓破了胆。战争一旦开启，将不断升级直到毁灭，即使不是终结人类本身，至少也会终结人类的文明，这种核武恐惧的均衡阻止了各国领袖发动战争。[188]丘吉尔在英国议院发表最后一个重要演讲时说：“世界很可能是这样的，经过一个极具讽刺意味的过程，我们进入故事的特定情节。在这里，安全是恐怖孕育的巨婴，生存是毁灭的孪生兄弟。”[189]外交政策分析家肯尼思·华尔兹（Kenneth Waltz）持同样的见解，他建议我们要“感激我们的核武祝福”。伊丽莎白·罗斯托提议为原子弹授予诺贝尔和平奖。[190]

我们期望这不是真的。如果“长期和平”是核武和平，它只能是傻瓜的天堂，因为任何一次意外、一次误会，或者一位空军将军对自己珍贵的体液的痴迷，都有可能引发世界末日。谢天谢地，我们的观察告诉我们，核武器的毁灭性威胁对“长期和平”没有什么贡献。[191]

首先，大规模杀伤性武器从来没有踩住过滚滚战车的刹车闸。诺贝尔和平奖的创立者在19世纪60年代说过，他发明的炸药“将会比上千份世界公约更快地导致和平，（因为）一旦人们发觉整个军队可以在瞬间被彻底摧毁，他们当然会守住宝贵的和平”。[192]当潜艇、炮兵、无烟火药和机关枪出现的时候，人们都提出过同样的预见。[193]20世纪30年代，人们对飞机空投毒气弹惊恐不已，认为这将最后毁灭文明和人类，但是恐惧也没能结束战争。[194]正如卢亚德所说：“历史上没有任何证据告诉我们，仅因存在极限破坏性武器就能够阻遏战争。如果生物武器、毒气、神经毒气和其他化学武器的发展在 1939 年不能阻止战争，那么很难说为 269
何现在核武器就一定能够做到这一点。”[195]

其次，核武和平理论无法解释为什么没有核武器的国家也抑制战争。比如说，欧洲国家之间的危机在过去经常演变成战争，但是为什么 1995 年加拿大和西班牙之间的渔业权纠纷，以及 1997 年匈牙利和斯洛伐克对多瑙河水坝的争执没有升级为战争？在“长期和平”时期，发达国家的领袖从来不需要计算盟国中哪一个会挨打不还手（比如说，“进攻德国和意大利不会受到抵抗，但是攻打英国和法国则不行”），因为这些领袖从来没有进犯其他国家的打算。他们也没有受到核大国的阻遏——美国不会威胁加拿大和西班牙说，“如果你们在比目鱼的争论上太过喧哗，就让你们尝尝核武器的味道”。

而对超级大国自己为什么避免相互冲突，穆勒给出了一个更简单的解释：常规战争的前景就足以阻止他们开战。第二次世界大战显示，自动生产线可以大量制造坦克、火炮和炸弹，有能力屠杀数千万人，让城镇沦为瓦砾。苏联人最明白这一点，它自己在战争中遭受了最为惨痛的伤亡。核战争可以造成无法想象的破坏，常规战争造成的破坏可以想象，但仍然令人震惊，很难说两者之间的这点不同是大国避免交战的原因。

最后，核武和平理论无法解释为什么总是在无核国家挑衅（或者拒绝服从）核武国家的情况下爆发战争——这本来是核武威胁最应该能够避免的。[196]朝鲜、北越、伊朗、伊拉克、巴拿马和南斯拉夫对抗美国，阿富汗和车臣叛军对抗苏联，埃及对抗英国和法国，埃及和叙利亚对抗以色列，越南对抗中国，阿根廷对抗英国。就在 1945—1949 年，美国还是唯一拥有核武器的国家，苏联完成了它对东欧的控制。冒犯核霸王的国家不是自寻死路。他们准确地预见了现实的危险，大国的核威胁不过是虚张声势。阿根廷的军人政权在下令进攻马尔维纳斯群岛的时候，坚信英国不会向布宜诺斯艾利斯实行核报复，让城市变为陨石坑。以色列在 1967 年或 1973 年没有对埃及大量集聚的军队进行现实的威胁，更不用提荡平开罗了。

谢林和政治学家尼娜·坦嫩瓦尔德（Nina Tannenwald）分别对“核武禁忌”进行了论述。他们共同的观点是核武器本身属于一种非常态的恐怖范畴。[197]使用战术核武器，即使这件核武器在破坏性上和常规武器相
270 当，也应被视为开启历史先河的、后果难以想象的划时代事件。所有形式的核爆都遭到人们的诅咒。中子弹可以减少对设施的破坏，但以瞬间产生的高能辐射大量杀伤士兵，它的研发遭到全世界的坚决反对。尽管如政治学家斯坦利·霍夫曼（Stanley Hoffman）所说，中子弹满足了哲学家对一场正义战争的所有道德要求，但中子弹的开发最终在军队的实验室里胎死腹中。[198]20 世纪 50、60 年代半狂想式的“和平利用核能”的各种计划，比如使用核爆挖掘运河和港口、推动火箭进入太空等，现在都已经成为那个愚昧年代的可笑回忆。

肯定地说，自长崎事件以来，不使用核武器还不是一个纯粹的禁忌。[199]核武器自己不能制造核武器，拥有核武器的国家对其设计、建造、运送以及使用的条款进行了大量的研究。不过，这种活动完全被限制在假想世界之中，与实际战争计划几乎没有交集。有明显的迹象显示，禁忌心理——彼此均认同某些念头过于邪恶，因此不能去想——在这里的表现是，每次提及核战争的前景，前面都要加上一个词：难以想象的。1964 年，在巴里·戈德华特仔细思考如何在越南战争中使用战术核武器的问题之后，林登·约翰逊的竞选班子立即推出了著名的“雏菊”电视广告。在广告片中，一个小女孩数着雏菊上的花瓣，她的计数同时就是核爆的倒计时。人们认为约翰逊在那年的总统选举中获得压倒性的胜利，这支广告也小有功劳。[200]罗伯特·奥本海默在 1945 年目睹第一次核弹试验时，引用了《薄伽梵歌》中的诗句：“现在我成为死神，世界的毁灭者。”自那之后，宗教典故一直和核武形影相随。最常见的还是《圣经》中的词句：天启、末日、世界的终结、最后的审判。肯尼迪和约翰逊政府的国务卿迪安·腊斯克（Dean Rusk）这样写道：“如果美国动用核武器，我们将世世代代被打上该隐的印记。”[201]物理学家阿尔文·温伯格（Alvin Weinberg）曾参与核武器的研发工作，他在 1985 年发出疑问：

> 我们是否正在见证广岛的神圣化，就是说，广岛正在升华为一个极为神秘的圣像，成为一种足以与《圣经》事件相比较的宗教力量？尽管我不能证明，但我相信，人们在广岛核爆40周年之际流露出的深刻的关切，表明广岛事件已经具有重大宗教节日般的象征意义……广岛的圣化是核武时代最具希望的进步。[202]

核武禁忌的出现不是一朝一夕的事情。我们在第1章已经看到，在广岛核爆至少10年之后，很多美国人仍然对原子弹保持敬慕。艾森豪威尔政府的国务卿约翰·福斯特·杜勒斯在1953年哀叹人们围绕核武器有 271
着各种“虚假的认识”和“禁忌”。[203]1955年，中国台湾地区和大陆之间爆发台海危机时，艾森豪威尔说：“在任何战斗中都可以严格地针对军事目标，严格地为了军事目的使用这些武器。在你能够使用子弹和其他什么东西的地方，我看不出来有什么理由不能够使用这些武器。”[204]

然而在接下来的10年里，核武器成了一种耻辱，这一类言论变得令人完全无法接受了。人们先是认识到核武器的破坏力与历史上其他任何武力都不在一个序列上，它们彻底违背了发动战争合乎比例的观念，民防计划（比如后院的防空洞和藏在课桌下面的掩蔽演习）在核武面前荒唐可笑。接着，人们认识到，在核爆之后的几十年中，核辐射余波的持续辐射可能会造成染色体损伤和癌症。大气核试产生的辐射微尘已经使全世界的降雨受到锶90的污染。锶90这种放射性同位素和钙一样，存在于儿童的骨骼和牙齿中。马尔维娜·雷诺兹的反战歌曲《他们对雨做了什么?》(*What Have They Done to the Rain?*）就是对此有感而发。

尽管美国和苏联急不可待地开发新的核武技术，但在同时，虽然听起来很虚伪，他们也开始致力于召开核裁军会谈，发布核裁军声明。但真正开始让核武臭名昭著的还是草根运动。莱纳斯·鲍林、伯特兰·罗素、艾伯特·史怀哲等公共人物和上百万公民一起举行示威，签署请愿书。与日俱增的压力迫使超级大国先是暂停大气核试验，接着完全禁止大气核试，随即签署了一系列军备控制协议。1962年的古巴导弹危机是一个临界点。林登·约翰逊利用公众的情绪，在“雏菊”竞选广告中丑化戈德华特。他在1964年的一份声明中呼吁公众关注核武定义的边界，说："不要搞错。世界上根本不存在常规核武器这样的东西。在危机四伏的19年中，没有哪个国家向其他国家投放原子弹。不使用核武器现在是政治决策的头等大事。"[205]

世界持续走好运，无核战20年成为无核战30年、40年、50年和60年；一种禁忌自我强化，直到发展成为公共常识。使用核武之所以是难以想象的，是因为每个人都认为它是难以想象的，而且每个人都知道这是人人皆知的常识。事实上，因为核威慑越来越无效，它不仅未能阻止大规模战争（越战），也未能遏止小规模战争（马岛战争），这算是人类为无限期推迟最后审判而付出的小小代价。

*　*　*

当然，一个仅仅建立在相互认同基础上的准则很有可能突然崩溃。人们也许会忧虑——也应该忧虑，比如印度、巴基斯坦、朝鲜，甚至很快还会有伊朗这些大国俱乐部之外的核武国家，可能不接受使用核武器后果不
272 堪想象这一共识。更糟糕的是，国际恐怖组织的全部目的就是要以无法想象的极端恐怖震撼世界，那么，它们只要偷盗一件核武器就可以破除禁忌。一旦引爆一次核武器，所有的约束都会失效。悲观主义者会说，尽管"长期和平"至今为止不依赖核威慑，但这只是暂时的。结局肯定是核武扩散，一个疯子就能截断幸运线，无论大国还是小国都会打破核武禁忌。

今天世界核安全的危险现状，让所有头脑清醒的人都感到不安。但即使如此，情况并不像有些人认为的那样糟糕。我会在下一章讨论核武恐怖主义问题。在此，我们来看一看核武现状。

核武扩散的速度没有大家预期的那样疯狂，这让我们有了一线希望。在美国1960年的总统竞选辩论中，肯尼迪预测，到1964年，将会有"10个、15个、20个"国家拥有核武器。[206]中国在1964年进行第一次核试验，在不到20年的时间里，核俱乐部就有了5名成员。汤姆·莱勒的歌曲《谁是下一个?》正是抓住了人们对失控的核武扩散的恐惧。他在歌中依次唱出各个国家的名字，猜度它们是否会是下一个拥有核武器的

国家（“下一个是卢森堡/谁知道？也许会是摩纳哥”）。

但是，歌曲历数的国家中唯一成为核武国家的是以色列（“‘耶和华是我的牧者’，《诗篇》如此说/为了万无一失——最好还有颗炸弹！”）。专家预言，日本将在1980年之前“坚定地进入制造核武器的程序”，而一个统一的德国“会为没有核武器而缺乏安全感”，但是这两个国家都没有兴趣发展核武器。[207]信不信由你，自1964年之后，放弃核武的国家的数量和取得核武的国家的数量是一样的。什么意思呢？就是说，以色列、印度、巴基斯坦和今天的朝鲜拥有制造核武器的能力；同时，1989年，南非在种族隔离政权垮台前夕，拆除了它的核设施，哈萨克斯坦、乌克兰、白俄罗斯谢绝了从苏联继承的核武器。信不信由你，自20世纪80年代起，在非核国家中，寻求核武器的国家迅速减少。图5-22中的数字来自政治学家司各特·萨根，显示的是1945年后每一年有多少无核国家开始发展核武项目。

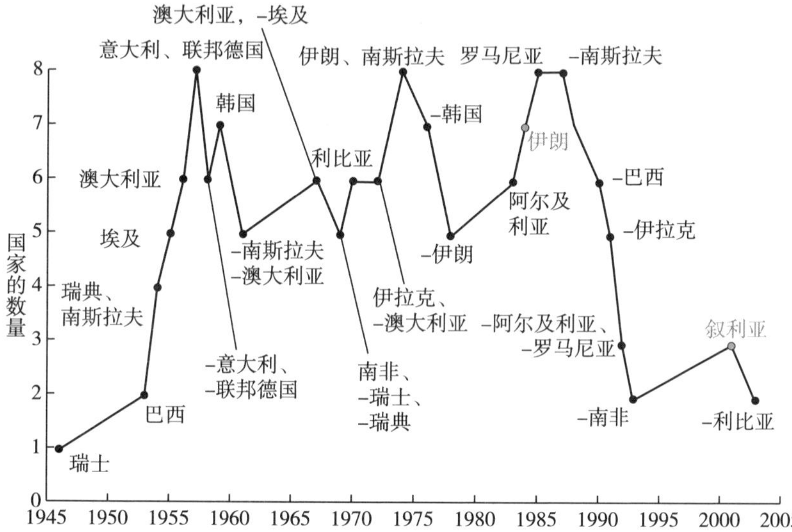

图5-22 1945—2010年无核国家开始和终止开发核武器的记录

国家前的减号“-”表示该国终止了核项目。灰色字体的国家是人们相信在2010年正在开发核武技术的国家。虽然以色列在2007年对叙利亚一处被怀疑是核设施的地点进行过轰炸，但直至2010年，叙利亚一直拒绝国际原子能机构的检查，所以叙利亚仍然被列在此名单上。

资料来源：根据萨根的资料改编，2009年；萨根2010年的更新资料，2010年，司各特·萨根和简·艾斯伯格（Jane Esberg）提供。

下行线表示在不同年份，阿尔及利亚、澳大利亚、巴西、埃及、伊拉克、利比亚、罗马尼亚、韩国、瑞士、南斯拉夫曾经发展核武器，但后来放弃了原来的计划，偶尔有些国家和地区是在以色列的空袭压力下放弃了核计划，但更多的国家和地区是出于自我选择。

* * *

核武禁忌是否已经岌岌可危？是否不可避免地会有一个流氓国家挑
273 战禁忌，从而让整个世界失去约束？历史是否告诉我们每一种武器技术或迟或早要付诸应用，最后成为无可非议的现实？

毒气的故事是第一次世界大战最恐怖的篇章，它也是我们寻找答案的地方。在《化学武器禁忌》（*The Chemical Weapens Taboo*）一书中，政治学家理查德·普莱斯（Richard Price）追溯了化学武器怎样在20世纪上半叶沦为过街老鼠。1899年的《海牙公约》是旨在规范战争行为的一系列国际协议，各项公约分别禁止签约国使用中空弹，空中投掷爆炸物（当时是使用气球投弹，4年之后才发明了飞机）以及散布毒气的发射装置。鉴于后来发生的种种事件，《海牙公约》看来无非是准备丢进历史垃圾箱的几张废纸，上面写满了自我感觉良好但毫无执行力的宏大宣言。

但是普莱斯认为，第一次世界大战的参战军人还是应该感激《海牙公约》。当德军开始在战场使用致命毒气的时候，它宣称这仅仅是对法国人使用催泪手榴弹的回击，并没有违反《海牙公约》的条款，因为没有使用炮弹发送毒气，而只是打开毒气筒，任凭风将毒气带向敌人。即
274 使德国人的理由完全站不住脚，但它还是指明一个事实，即德国人感到他们必须为自己的行为进行辩解。作为对德国违反公约的报复，英国、法国和美国随即宣布，因为有包括美国在内的非签约国参战，各方同意公约不再有效。

第一次世界大战之后，反对化学武器成为世界性的诉求。《日内瓦议定书》（1925年）包含了一项更加严谨的条款：“鉴于在战争中使用窒息性的、有毒的或其他气体，以及一切类似的液体、物体或一切类似的方法，已经为文明世界的公正舆论所谴责；并鉴于……已经宣布禁止

其使用……这项禁令成为公认的对国际良知和实践具有同样拘束力的国际法的一部分。”[208]最后133个国家先后签署了议定书，尽管其中不少签署国保留了储藏化学武器作为威慑的权力。丘吉尔对议定书的解释是：“我们单方面地做出决定，除非德国人率先使用，我们绝不使用这种令人憎恶的武器。但是，深知敌人的野蛮，我们也不能掉以轻心，必须充分做好准备。”[209]

不论是否有效，这份协议确立了反对在国家间战争中使用毒气的禁忌。令人惊讶的是，在第二次世界大战中，交战双方都有大量毒气，但都没有在战场上使用。任何一方都不愿意承担率先在战争中使用毒气的恶名，尤其是纳粹当时仍然希望英国能够接受他们对欧洲大陆的控制权。各方都对对方的报复心怀戒惧。

甚至在某些意外事件打破了稳定，很可能触发不可阻挡的升级行动的时候，双方也都保持了克制。欧洲战场上的盟军曾经两次意外地开启了毒气。盟军向德军司令部做出解释，德军司令部接受了解释，没有进行报复。[210]对文明的某种认知区隔化多少也有助于保持克制。30年代，意大利法西斯在阿比尼西亚，日本帝国主义在中国都使用过毒气。但是各国领导人对这些事件默不作声，因为他们认为这些行动发生在“未开化”地区，不属于国际大家庭的事务。因此，没有人认为这是可能导致禁忌崩溃的违约行为。

自20世纪30年代以来，在战争中持续使用毒气的是1967年埃及在也门的行动，以及1980—1988年伊拉克在战争中针对伊朗军队（以及伊拉克境内的库尔德平民）。触犯禁忌也许就是导致萨达姆·侯赛因垮台的原因。美国主导的伊拉克战争在2003年推翻了萨达姆政权，这次战争行动遭到很多人的反对，但是对萨达姆使用毒气的厌恶，让不少反战者闭上了嘴巴。2006年，伊拉克法庭审判萨达姆并判处他死刑，7项指控中有2项是使用毒气。[211]世界各国在1993年正式宣布全面禁止化学武器，所有已知的化学武器库存都已经或者正在被销毁。

为什么在如此之多的战争武器中，只有毒气格外被人们憎恶，并被视为不文明，甚至纳粹也没有在战场上使用它？（纳粹在其他地方使用 275

毒气的时候，显然没有什么愧疚之感。）遭受毒气侵害是极为痛苦的，但是被金属的碎片打穿或者打烂也同样是极为痛苦的。如果说到死亡数字，毒气的致命程度远远不如子弹和炸弹。在第一次世界大战中，因毒气致伤的伤员的死亡率不到1%，毒气死亡数总计不到战争总死亡数的1%。[212]虽然化学战在军事行动中往往一团糟，没有哪个战地指挥官愿意把自己的命运交给风力和风向——德国人还是很可能在敦刻尔克使用毒气，将英军打得一败涂地。而在太平洋周边列岛清除日军藏身的山洞时，美军也还是会觉得毒气最得心应手。如果说化学武器难以使用，这也不是它们的特性，大部分新武器技术在刚刚被启用的时候都没有效率。例如，第一批火药武器装载速度慢，瞄准困难，容易在士兵的脸上爆炸。而且，化学武器也不是第一个被指责为“野蛮”的杀人工具。在弓箭时代，人们指责使用火枪不道德、反人性并且是懦夫行为。那么，反对化学武器的禁忌的着眼点何在？

一个可能性是，人们在头脑中对毒有特殊的反感。无论如何，只要悬置正常的文明准则，任凭武士完成他们的工作，他们行事仍有约束，即只应该向有潜力使用同样武力的敌人采取快速和直接的打击。和平主义者也可以享受战争影片或者战争电子游戏，内中不乏枪杀、刀刺和爆炸，但几乎没有人会愉快地看着绿色的烟云在战地弥漫，慢慢地将活生生的人变为僵尸。投毒者一向受到痛斥，被视为特别邪恶的背信弃义的凶徒。毒是巫师的工具，而不是战士的武器，是（掌控了厨房和药箱的）婆娘的手段，而不是男子汉的本领。在《恶毒妇》（*Venomous Woman*）一书中，文学家玛格丽特·哈尔里斯（Margaret Hallissy）对其原型做了如下说明：

> 在两个身份相当的对手进行公平较量时，毒药从来都不是一件光彩的武器，不像剑或枪，这些才是男人的武器。一个使用此类暗器的男人令人不齿。公开承认对抗形成一种约束，在这个约束下，对等的双方都给予对方机会以显示实力……决斗者是公开的、诚实的，也是强壮的；投毒者则是狡诈、玩弄阴谋，而且是虚弱的。一个带

着枪或剑的男子具有威胁力，但是他昭示自己所具备的威胁，他打算攻击的受害者也可以武装自己……一个准备下毒的妇女和一个持枪的男子一样可以致人死命，但是因为她在暗中行事，受害者更加无法反抗。[213]

不论我们对投毒多么深恶痛绝，不论这是来自人类演化的遗传，还是来自文化历史的继承，只有将这种历史的偶然性放大，才能使之生根 276
发芽，成为战争规范中的一个禁忌。普莱斯分析说：在第一次世界大战中，从来没有有意地向平民施放毒气，没有发生这样的事本身就是一个关键性事件。至少，在应用上确立了不得触犯禁忌这个先例。20 世纪 30 年代，人们对飞机空投毒气弹毁灭整个城市感到极为恐惧，大众被动员起来坚决反对使用毒气。

化学武器禁忌和核武器禁忌给我们提供了清晰的类比。尽管核武器的破坏力是不可比拟的，但今天这两种武器合称为“大规模杀伤性武器”（WMD），因为这两种禁忌通过联系互相强化了。这两种武器都会导致疾病，造成慢性死亡，而且在施加伤害时无法分辨战斗人员和平民，因此格外令人恐惧。

至少按照核时代日益恐怖的标准，我们在化学武器上的经验能够提供某种道德准则，给世界带来某种希望。不是每一件杀人的技术都要成为军备工具箱里的永久组件；有些妖魔鬼怪还能够被塞回原来的瓶子；有些时候，道德情感也会固化为国际规范，并影响战争规则。此外，这些国际规范可以足够坚挺，不至于因一次孤立的违规就失去效力，而这样违规也未必一定触发不可控的暴力升级。这实在是一个给人以希望的发现，虽然似乎是意识到这个发现的人越少，对世界越好。

* * *

如果说世界得以免于化学武器之害，那么，它是否也能免受核武之害呢？美国一些偶像级人物提出了一个理想主义的宣言，标题是“一个没有核武器的世界”。这些偶像人物不是彼得、保罗和玛丽，而是乔治·舒尔茨、威廉·佩里、亨利·基辛格和山姆·纳恩。[214]舒尔茨是里根政府的国务卿。佩里是克林顿政府的国防部长。基辛格是尼克松和福特两位总统的国家安全顾问与国务卿。纳恩曾经是参议院军事委员会的主席，一直被认为是国会中最了解国防问题的议员。他们中间没有一个人有空想和平主义者的嫌疑。

支持他们的是一支“梦之队”，其成员都是身经百战的政治家，既有老牌的民主党人，也有老牌的共和党人，资格最老的是肯尼迪政府的阁员。他们中有 5 位前国务卿、5 位前国家安全事务顾问、4 位前国防部长。曾经在这些位置上服务的人中有 3/4 响应号召，参与推动一项分阶段、可核实、有约束力的彻底销毁核武器的计划，有时我们称其为“全球零核”（Global Zero）计划。[215]巴拉克·奥巴马和德米特里·梅德韦杰夫在各自的讲话中分别表示支持该项计划（这也是奥巴马在 2009 年被授
277 予诺贝尔和平奖的原因之一），几家智库已经开始研究具体实施的问题。主要线路图分四个阶段——协商，减撤，核实，最后在 2030 年彻底销毁核弹头。[216]

从这些支持者的简历来看，人们也许会说“全球零核”的背景是某种冷酷的实力政治。自从冷战结束以来，大国的核武库就成为一个荒唐的笑料。超级大国之间的生存性威胁不复存在，因此不再需要进行威慑。在核武禁忌有效的情况下，大国的核武库没有任何军事意义。核武报复无法威慑没有国家支持的恐怖分子，因为恐怖袭击的炸弹从来不会注明回信地址。如果他们是宗教狂热分子，那么这个世界上没有任何东西让他们觉得值得珍重，也就无从对他们进行威胁。世界上已有各式各样的核裁军协议，虽然都值得赞扬，但是只要数千颗核弹仍然存在，制造核弹的技术仍没有被遗忘，这些核裁协议对全球安全就没有实际作用。

“全球零核”背后的心理是将使用核武的禁忌扩展为拥有核武的禁忌。禁忌的前提是各方相互理解，承认在有核和无核之间有很多分界线，最重要的是零核与非零核之间的分界线。如果所有的邻国都没有装备核武器，那么就没有任何国家可以借口保护自己免受邻国威胁而寻求拥有核武器。老资格的核大国不应该认为自己有权保留核武器。如果成熟的强国远离这

种老式的丑陋的武器，发展中国家也就没有必要为了显示自己的强盛而寻求核武器。任何试图追求核武器的国家和恐怖组织都会被世人看作不可接触的异类—— 一个卑鄙的罪犯，而不是令人敬畏的挑战者。

当然，问题在于如何才能从此岸到达彼岸。销毁核武器的过程可能打开一个危险的窗口，在这个时期，某个核大国可能落入一个疯狂的扩张主义分子的掌控。有些国家为了防范对手不老实，可能自己也私藏几颗核弹。而流氓国家一旦确定不会受到核报复，就可能向恐怖分子提供核武器。在一个没有核武器，但仍然具备核武器制造知识的世界上——这个妖魔恐怕是无法再装回瓶子了—— 一次危机就可能导致各国竞相重整核武器，而第一个掌握核武器的国家将难以克制在敌人取得优势前发动攻击的欲望。无核世界是否真能如愿，以及是否真如所愿，包括谢林、约翰·多伊奇（John Deutch）和哈罗德·布朗（Harold Brown）在内的一些核武器战略专家持怀疑态度，虽然其他人还在努力制订裁核时间表和保障机制。[217]

因为存在这些不确定性，没有人敢说核武器很快就能像毒气弹一样得到控制。但是，我们至少可以在讨论中将彻底销毁核武器作为一种可预见的前景，这也算是显示了长期和平趋势的一个迹象吧。一旦实现无 278
核化，这将代表暴力的根本性下降。一个无核的世界！什么样的现实主义者敢有如此梦想？

长期和平是民主和平吗？

如果“长期和平”既不是恐怖孕育的巨婴，也不是与毁灭伴生的孪生兄弟，那它会是谁的孩子呢？我们能否找到某种外生的变量——某种不在和平进程之内的发展元素，它不仅在战后历史中生机蓬勃，而且让我们有理由相信它是天然的反战力量？是否能够找到某种因果解释，而不是仅仅说“发达国家不再打仗是因为它们不那么好战了”？

在第 4 章，我们提到了一个 200 年前的理论，它给出了某种预见。伊曼努尔·康德推断，弱化国家领导人发动战争的动机需要三个条件——除此之外，并不要求他们个人成为更善良、更温情的人。

首先是民主。民主政府的设计旨在通过共同接受的法治解决公民之间的争端，所以民主制度应该在处理与其他国家的关系时外化这一伦理。其次，与个人崇拜、救世信仰和沙文主义使命不同，每个民主政体都建立在同样的理性基础之上，所以每个民主国家都知道其他民主政体如何运作。在霍布斯的世界，担心对方先下手的恐惧让双方都有率先发动进攻的意愿，而民主国家之间存在的推定信任，能够将这种恐惧消灭在萌芽状态。最后，既然民主国家领导人要对人民负责，他们不太可能为了换取自己的荣耀，牺牲人民的鲜血和财富，发动愚蠢的战争。

现在被称为“民主和平”的理论给“长期和平”提供了两点解释。第一，所有的趋势线都指向正确的方向。在绝大部分欧洲国家，民主的根基相当浅。直到 1989 年，半壁东欧都在非民主的政府统治之下；西班牙、葡萄牙和希腊的法西斯独裁一直延续到 20 世纪 70 年代。德国在发动第一次世界大战时是军国主义君主制，与之联盟的是君主制的奥匈帝国；德国发动第二次世界大战时是纳粹独裁，有法西斯意大利与之结盟。甚至法国，也是经历了 5 次尝试才得到真正的民主，在此期间穿插着君主制、帝国，还有维希政府。不久之前，许多专家都认为民主制度已然日薄西山。1975 年，丹尼尔·帕特里克·莫伊尼汉哀叹说：“美国模式的自由民主与 19 世纪君主制的处境越来越相像：一种过时的政府形式，在几个孤立或者独特的零星角落坚持着，即使在一些特殊环境中运作得还算良好，但绝对不是未来的方向。它是世界的过去状态，不是世界的未来状态。”[218]

确实，社会科学家最好永远都不要去预测未来，让他们研究透彻过去
279 就已经够困难了。图 5–23 显示的是“二战”之后民主国家、专制国家和伪民主国家（非完全民主亦非完全专制的国家）在全球的命运。莫伊尼汉宣布民主已死的那一年恰好是各个政体相对命运的转折点，民主制度终于成为世界的潮流，尤其是在发达国家。南欧国家在 20 世纪 70 年代完成了民主化，东欧则在 20 世纪 90 年代初开始民主转型。到今天为止，在欧洲被归类为专制政体的国家只有白俄罗斯，除此就是俄罗斯，它仍然不能算是成熟的民主国家。美洲和太平洋地区的发达国家，例如韩国，也是以民

主政体为主。[219]与对国际和平是否有贡献无关，民主是一种最少对自己的公民施加暴力的政体，民主政体扩展本身就是暴力历史性减少的里程碑。

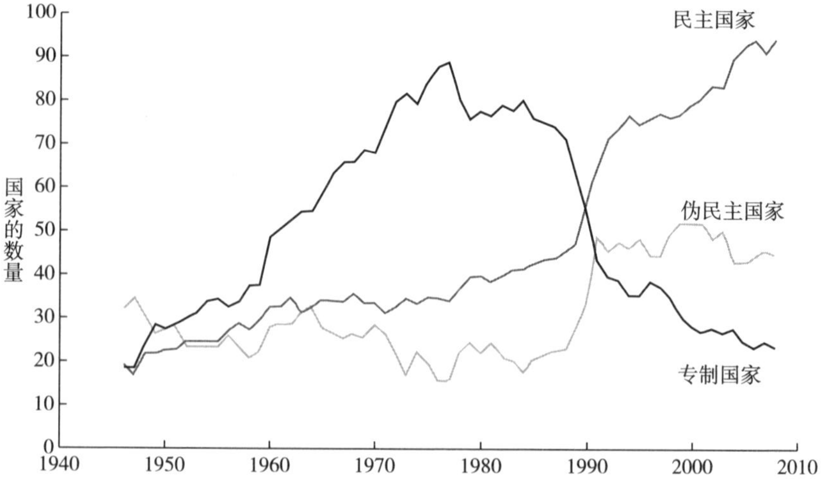

图 5-23　1946—2008 年，民主国家、专制国家和伪民主国家

资料来源：图表改编自马歇尔和科尔，2009 年。 仅包括 2008 年人口超过 50 万的国家。

"民主和平"的第二个卖点是一个人云亦云的描述，人们说得多了，仿佛也就成了事实，有时我们索性将它上升为历史的规律。这里有英国前首相托尼·布莱尔做出的一个解释，他在 2008 年接受了美国脱口秀主持人乔恩·斯图尔特《每日秀》的采访：

> 斯图尔特：我们的总统——您见过他了吗？他可是个大大的自由派。他相信如果每个家伙都是民主的话，那么他们就不会再打架了。
>
> 布莱尔：是啊。历史的事实是，从来没有两个民主国家卷入相互对抗的战争。
>
> 斯图尔特：让我问您一个问题。阿根廷，民主吗？
>
> 布莱尔：嗯，它是民主制度。他们选举自己的总统。 280
>
> 斯图尔特：英国，民主吗？
>
> 布莱尔：多少也算是吧。反正我上回离开那儿的时候，它还是

民主的。

斯图尔特：呃……你们打仗了吧？

布莱尔：事实上，（打仗的）那个时候阿根廷还不是民主国家。

斯图尔特：真见鬼！我还以为我套住他了！

如果说发达国家在第二次世界大战后完成了民主化，而民主国家之间从来没有发生过战争，那么，我们可以认为这就是对“二战”之后发达国家停止参加战争的解释。实际上，斯图尔特提出这样的疑问，说明“民主和平”理论受到严厉的审视，尤其是这个理论为布什和布莱尔2003年入侵伊拉克的行动提供了某种合理性。历史爱好者总是喜欢找到一些例外，这里是怀特搜集的几个特例：

- 公元前5世纪的希腊战争：雅典对叙拉古
- 公元前2世纪和公元前3世纪布匿战争：古罗马对迦太基
- 1775—1783年的美国独立战争：美国对英国
- 1793—1799年的法国大革命战争：法国对英国、瑞士和荷兰
- 1812—1815年的1812年战争：美国对英国
- 1849年法兰西-罗马战争：法国对罗马共和国
- 1861—1865年的美国内战：美利坚合众国对南方的美利坚联盟国（南方邦联）
- 1898年的美西战争：美国对西班牙
- 1899—1901年的第二次布尔战争：英国对德兰士瓦和奥兰治自由邦
- 1947—1949年的第一次印巴战争
- 1978年和1982年的黎巴嫩内战：以色列对黎巴嫩
- 1991—1992年的克罗地亚独立战争：克罗地亚对南斯拉夫
- 1999年的科索沃战争：北约对南斯拉夫
- 1999年的卡吉尔边境战争：印度对巴基斯坦
- 2006年的以色列-黎巴嫩冲突[220]

每一个反例都涉及这些交战的国家是不是真正的民主制度的问题。古希腊、古罗马和美国的南方邦联都是蓄奴的；英国在1832年之前一直是君主制，只有少得可怜的直选机制。其他交战国，例如黎巴嫩、巴基斯坦、南斯拉夫，以及19世纪的法国和西班牙，至多只能算雏形民主或者边缘民主。直到20世纪初，妇女还没有选举权——我们将会看到，在投票的时候，妇女比男子更倾向于和平。大部分支持“民主和平论”的人都认为该理论不适用于20世纪之前的世界，因为那时的民主仍然是新生的和不稳定的，但是20世纪之后，在成熟的民主国家之间确实没有发 281
生过任何战争。

批评“民主和平论”的人表示，民主的圈子非常狭小，里面只有寥寥几个国家，因此根据统计概率的规律，看不到交战双方都是民主国家的战争也没有什么可大惊小怪的。除了大国之外，有共同边界的国家才有交战的可能，而很多理论上会发生对抗的国家没有这个地理便利。无论如何，我们不需要引进民主这个因素来解释为什么新西兰和乌拉圭之间没有发生过战争。如果我们将民主和平论的适用范围进一步缩小，排除某个时点之前的战争案例（比如将时间约束设置为第二次世界大战之后），那么就有人会对“长期和平”做出一种更嘲弄的描述：自冷战开始以来，与世界上头号大国美国结盟的国家之间没有发生过战争。“长期和平”的其他表现，比如大国之间从未发生战争，是永远无法用“民主和平论”来解释的。持这种批评立场的人认为，大国之间的和平来自相互威慑，包括核威慑和常规武器威慑。[221]

至少在分析总体战争倾向上，民主和平论还有最后一个难题，即民主国家的表现远不是康德设想的那个样子。民主国家应该外化其受法律制约的权力分配和以和平手段解决争端这种观念，与英国、法国、荷兰、比利时争霸殖民帝国的战争格格不入。这几个国家在1838—1920年共攫取了至少33块殖民地，其中一些延续至20世纪50年代，甚至到60年代（比如法国在阿尔及利亚）。让“民主和平论”感到困窘的还有冷战期间美国的对外干涉，比如中央情报局帮助推翻多少有些民主色彩的伊朗政府（1953年）、危地马拉政府（1954年）和智利政府（1973年），智利政府因为过于左倾而让美国不能容忍。主张“民主和平论”的人的回答是，欧洲帝国主义虽然没有立刻烟消云散，但随着国内民主化的进展，欧洲国家在海外的殖民地迅速减少；而美国的对外干涉都是秘密行动，与公开的战争不同，公众完全不知情，因此是不能说明问题的例外。[222]

每当争论落入可伸缩的定义、刻意寻找的样本和各种各样的借口时，我们就应该引入有关致命冲突的统计分析了。两位政治学家——布鲁斯·鲁塞特（Bruce Russett）和约翰·奥尼尔（John Oneal）的工作为“民主和平论”注入了新的生命，他们的工作包括严格定义、控制混杂变量，并对民主和平论的量化进行测试：不是民主国家永远不进行战争（在提到的这些特例中，战争都关乎国家的生死存亡），而是在其他条件相同的情况下，民主国家比非民主国家更少卷入战争。[223]

鲁塞特和奥尼尔解开了纠缠在一起的乱麻团，他们使用统计学的多重
282 逻辑回归，剥离出混杂变量的影响。比如，我们发现老烟鬼中有很多人有心脏病，但需要证明的是引起心脏病的原因是吸烟，而不是缺乏运动，尽管吸烟的人大多锻炼不足。为此，我们首先要尽可能地收集心脏病人的数据，以及尽量多的干扰因子——锻炼的数据。在查看大量男子的健康记录样本之后，你或许会发现，平均而言，每星期增加一小时运动量，男性心脏病发病的概率就会降低一定程度。但是，运动量和心脏病发病率之间的相关性并不大，有些电视迷的心脏很健康，有些运动员却在健身房发生心肌梗死。当运动量一定时，预测的心脏病发病率和收集到的实际发病率之差被称为残差。在得到一组残差的集合之后，我们可以做各种测试，以确定我们真正想知道的变量——抽烟对心脏病的影响。

接下来，我们可以再找出一个变量集合。一般来说，老烟民的运动量较少，但是其中也有些人的运动量很大，同时，有些不吸烟的人完全不做任何锻炼。这就提供了第二组残差：男性中实际吸烟人数的比重和根据运动量推算的吸烟人数的比重之间的差。最后，我们可以看到吸烟和运动关联的残差（吸烟实际人数与从人们的运动量上推算的吸烟人数之间的差距）和运动和心脏病关联的残差（心脏病患者的

实际人数与根据运动量推算的心脏病患者的人数之间的差距）之间是否相关。如果两个残差相关，我们就可以说，吸烟和心脏病相关，而且两者与运动联合相关。如果我们在男子生命较早的时点上测度是否吸烟，在稍后的时点上测度是否有心脏病（排除心脏病导致男人吸烟的可能性，而不是相反），就会一步一步得出吸烟导致心脏病的结论。多重回归不仅让我们能够处理两个互相纠缠的预测变项，而且让我们能够处理任意多的预测变量。

多重回归的主要问题是，需要厘清的预测变量越多，需要的数据就越多，因为干扰变量有吸收和“耗尽”数据差异性的特性，干扰变量越多，数据差异性越小，我们也就只能依靠余下的差异性求证我们的假设。国与国之间的战争并不是经常发生的事件，这是人类的福气，却是社会科学家的“不幸”。“战争相关项目”的数据显示，1823—1997 年，世界共发生了 79 次真正意义上（年死亡至少 1000 人）的国家战争；1900 年之后，只有 49 次，这在统计学上完全没有意义。因此，鲁塞特和奥尼尔只能设法扩大他们的数据库，将与国家间武装争端有关的事件，包括军队进入戒备状态、开枪示警、战斗机升空示威、摩拳擦掌、放冷枪，以及其他耀武扬威的行动加入进去。[224]假定每发生一场真正的战争，相应地都有更多未发展成战争的小纠纷，而导致纠纷的起因和战争的原因都是一样的，因此，在统计上，这些大量的纠纷可以被视为战争的替代值。 283
1816—2001 年，被“战争相关数据库”承认的国家间武装争端有 2300 多起，这个数字足以让数据饥渴的社会科学家感到欢喜。[225]

鲁塞特和奥尼尔先是排列出分析单元：1886—2001 年每一年中每一对交战或者几乎交战的国家，它们或者是邻国，或者其中一方是大国，进入名单的唯一条件就是这一对国家确实在那一年发生过武装冲突。假定在一对交战国中，即使有一个是反战的民主国家，它仍然很可能被另一个更好战（而且可能也是不民主的）的对手拖进战争。所以，接下来要观察在每一组交战国中，比较不民主的那个国家在战争发生前一年的民主程度如何。显然，指责民主的荷兰在 1940 年卷入与德国入侵者的战争是非常不公平的：1940年的战争名单上有荷兰-德国组，而 1939 年德国民主的评级是0——最低分。

在确定一个国家是不是民主国家时，为了避免数据挖掘中的种种诱惑，尤其是有些不时上演竞选闹剧的国家会坚称自己是民主政体，鲁塞特和奥尼尔使用了“政体项目”（Polity Project）的数据。“政体项目”将民主化的程度从0~10分为11级，根据各个国家政治过程的竞争性、领导人遴选方式的开放性，以及对领导人权力的约束程度来对每个国家进行评级。研究者还加入了一些变量，它们被认为将通过纯粹的现实政治影响军事争端：一对国家以前是不是盟国（因为盟国之间不轻易交恶），两国之中是否有一个大国（因为大国喜欢找麻烦）；如果两个都不是大国，是否有一方比另一方要强大得多（因为结局预知，所以力量悬殊的两个国家之间较少发生战争）。

那么，民主国家是不是比不民主的国家更少介入军事争端，或者根本没有区别呢？答案是确定的——民主国家更少介入战争。当对抗的两国中不民主的一方是彻头彻尾的专制政权，发生战争的机会比平均水平高出一倍。当两个国家都是民主国家的时候，发生冲突的机会将减少一半。[226]

事实上，“民主和平论”比其倡导者所希望的更加坚实牢靠。不仅民主国家避免彼此之间的冲突，而且有证据显示，它们在任何情况下都倾向于避免战争。[227]民主国家之间互不交战，不仅是因为意气相投，惺惺相惜。从来没有人提“专制和平论”，因为强盗之间并不尊奉互不抢劫的守则，专制国家也不会因为同为专制就避免相互冲突。[228]“民主和平论”不仅被整整115年的历史数据验证，同时也被1900—1939年和1989—2001年这两个区段的数据验证。这说明“民主和平”不是冷战时期“美利坚治下的和平”的副产品。[229]事实上，从来不存
284 在什么“美利坚治下的和平”或者“不列颠治下的和平”，那些几个大国独霸世界的年代，并不比群雄并列的年代更和平。[230]没有任何迹象显示新兴民主化国家是“民主和平论”的例外，请想一想在苏联帝国崩溃后加入民主阵营的巴尔干国家和中欧各国，还有在20世纪70和80年代摆脱了军人政权的南美国家，它们中没有任何国家在民主化后

发动过战争。[231]鲁塞特和奥尼尔发现“民主和平论”只有一个限制条件：它起始于1900年左右，只适用于此后的世界；用19世纪的历史来验证它，则会有太多的反例。[232]

“民主和平论”经受住了严格的考验。但是，这不是说我们都应该是为自由而战的人，应该尝试向每一个我们能够攻占的专制国家安插民主政府。对一个社会而言，民主不是一个纯粹的外生变量；不存在一个民主政府运作程式说明书，能够让所有人照章办理。民主首先体现在一个社会的文明心态中，其最突出的表现就是反对政治暴力。前面讲到过，英国和美国当年为民主准备基础的时候，那里的政治领袖刚刚摆脱谋杀对手的恶习。没有这样文明的社会肌体，民主就无法保证国家内部的和平。在下一章我们会谈到，虽然新生的仍很脆弱的民主政体不再发动国家之间的战争，但是它们在内战方面的记录却仍然令人扼腕。

对于为什么民主国家厌弃国家间的战争，我们甚至没有足够的理由将民主美化为原动力。“富有的人要给他更多，匮乏的人还要让他失去。”——在马太效应中，实行民主制度的国家是受惠的一方，是满足了的人又得到了更多。民主国家不仅摆脱了专制，而且更加富裕、健康，受教育程度更高，对国际贸易和国际组织也更开放。为了理解长期和平，我们必须将这些影响因素分开。

长期和平是自由和平吗？

“民主的和平”有时被看作一种“自由的和平”的特例。这里的“自由”是古典自由主义意义上的自由，强调的是政治自由和经济自由，而不是左派的自由主义。[233]“自由和平论”提倡“文明商业学说”，即商贸是某种形式的互惠利他主义，交易各方均有机会因正和博弈而受益，商贸中利他即为利己。罗伯特·赖特在讨论人类合作发展历史的著述《非零》中，给予互惠主义以极高的评价。他说：“我们有许多不应该轰炸日本人的理由，而我本人想到的是日本人制造了我的小面包车。”

“全球化”这个时髦的字眼儿告诉我们，近几十年来，国际贸易蓬勃发展。各种外源的进步因素让贸易越来越容易，也越来越划算了。这些进步在交通技术方面有喷气式客机、集装箱货轮，在电子通信技术方
285 面有电报、长途电话、传真、卫星和互联网。贸易协议降低了关税和政策限制，国际融资和换汇通道让货币能够在各国之间流动。现代经济越来越多地取决于创意和信息，而不是体力和物质。

历史为我们提供了大量实例，告诉我们贸易与和平高度相关。18世纪，随着皇家特许和垄断逐渐让位于自由市场，加上贸易保护主义以邻为壑的思维模式逐步让位于国际贸易人人受益的观念，战争开始收敛，商贸开始兴盛。从大国武力游戏及其附属的战争中抽身的国家，比如18世纪的荷兰、20世纪下半叶的德国和日本，通常将国民精神从争当武力大国转变为争取成为经济实力大国。20世纪30年代的关税保护主义导致国际贸易萧条，这很可能是造成国际关系紧张的原因。在美国和中国之间，一个方向上是滚滚洪流般的制成品，另一个方向上是源源不断的美钞，除此之外，两国鲜有共同之处。但两国目前相互礼让，可以说是贸易促进和平的一个最新案例。在有关现代防止冲突的假说中，与“民主和平论”相媲美的还有“金色拱门理论”（麦当劳的黄色M商标），即在两个有麦当劳快餐店的国家之间从来没有发生过战争。唯一肯定的例外是1999年，北约短暂地轰炸了有汉堡“巨无霸”的南斯拉夫。[234]

撇开这些说笑，历史学家对“贸易有利于和平”是不是一般性规律持怀疑态度。比如，1986年，约翰·加迪斯这样写道：“这都是人们愿意相信的事情，但是实在没有多少历史事实能给出验证。”[235]当然，在古代和中世纪，发展支撑贸易的基础设施不足以带来和平。促进贸易的技术，比如船只和道路，也促进了掠夺；有些时候，甚至在同一伙人中，商贸和劫掠同时并存，其原则是“敌众我寡则商，我众敌寡则抢”。[236]在中世纪之后的几百年间，商贸盈利如此丰厚，人们有时甚至对抵制贸易的殖民地和弱国动用炮舰强迫其开放贸易。最臭名昭著的实例是19世纪的“鸦片战争”，当时英国人以武力进犯中国，迫使中国允许英国在中

国领土上贩卖毒品。大国之间的战争通常都发生在主要贸易伙伴之间。

在诺曼·安格尔（Norman Angell）宣称自由贸易已经消灭了战争的 5 年之后，第一次世界大战爆发，“贸易和平论”的声誉一落千丈。对此观点持怀疑态度的人乘胜追击，特别用数据说明，大战前几年英国和德国之间的经济依存程度，包括两国的贸易水平，达到了前所未有的水平。[237]安格尔自己也不无痛苦地指出，只有当各国都以国家的繁荣为首要考虑的时候，才会因战争毫无经济收益而避免战争。很多国家的领导人 286
情愿牺牲一点点——但经常远远不止一点点繁荣，来换取国家的面子，或者推行乌托邦式意识形态，或者纠正他们眼中的历史不公正。而他们的人民，民主制度下的人民，竟然也会支持他们的决定。

鲁塞特和奥尼尔，两位善于做数据分析的“民主和平论”的辩护者，对怀疑论充满了怀疑，于是对“自由和平论”进行了测试 。首先，他们注意到，尽管国际贸易在“一战”前夕达到一个小高峰，但与“二战”后的贸易发展相比，贸易量占 GDP（国内生产总值）的比重仍然非常低（图 5–24）。

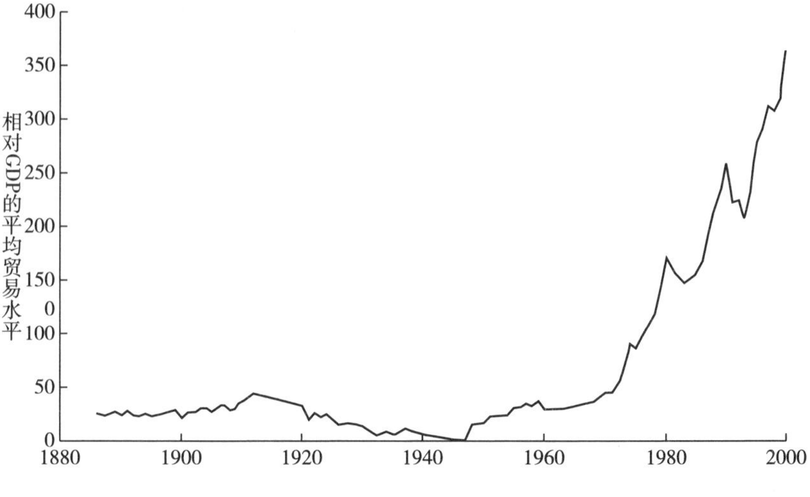

图 5–24　1885—2000 年各国 GDP 中国际贸易的比重

资料来源：鲁塞特制图，2008 年，根据格莱迪奇的数据，2002 年。

其次，国际贸易推动和平，只有在贸易受国际协议制约的情况下才成立，因为国际协议能够防范某些国家突然转向贸易保护主义，切断其贸易伙伴生命攸关的供应线。加特认为，进入20世纪前后，英国和法国都曾经吵吵嚷嚷要在帝国内实现自给自足的经济独立，不与殖民地之外的国家进行贸易。德国人对此感到惊恐，德国领导人深感自己也需要一个帝国。[238]

双方各有正例和反例，也有许多统计数据，所以我们又到了要进行多重回归的时候了。在每一对有战争风险的国家中，鲁塞特和奥尼尔先找出对贸易依赖程度较高的那一个国家的贸易量（占GDP的比重）。他们发现，即使将民主、相对军力、大国地位和经济增长作为控制变量，
287 在某个年份对贸易依赖较高的国家，在下一年则较少卷入军事争端。[239]其他研究表明，贸易的和平效应与该国的发展水平有关：那些已经具备降低贸易成本的金融和技术基础条件的国家，更倾向于在不使用武力的情况下解决它们之间的纠纷。[240]这个论断符合安格尔和赖特的观点，即在历史变迁的大背景下，金钱的激励指向贸易，背离战争。

鲁塞特和奥尼尔发现，不仅两国间双边贸易水平的提高有利于和平，而且每个国家对外贸的总依存度也与和平相关，一个向全球经济开放的国家不倾向于介入军事冲突。[241]我们因此有必要进一步扩展文明商贸的定义。国际贸易仅仅是一个国家商业精神的一个侧面，其他还包括允许外国资本进入，公民能够自由签订可强制执行的合约，并依赖自愿的货币交换，而不是自给自足、以物易物或者坑蒙拐骗。这种广义商贸所具有的和平效应甚至比民主的和平效应更加显著。只有两个国家都是民主政体时，“民主和平论”才有明显的效力，但当两个国家中的任何一个是市场经济时，商业的影响就会显现。[242]

根据这些发现，一些政治学家推演出一种叫作“资本主义和平论”的奇谈怪论。[243]“自由和平论”中的自由既是指民主的政治开放，也是指资本主义的经济开放。根据“资本主义和平论”，经济开放是促进和平的主要力量。持此观点的人坚信，康德对民主的论述同样可以用来论述资本主义。这样的论述当然会让左派哑口无言。所谓资本主义经济，

其运行依赖的是公民之间的自愿契约，而不是政府的命令和管治，这一原则与康德的民主共和具有某些异曲同工之妙。一个国家内形成自愿协议所采用的伦理（正如在法治下过渡权力的伦理一样）会自然地外化到它与其他国家的关系之中。一个自由市场国家的透明度和可理解度能够让邻国确信它不会进入战时体制，这不仅可以化解掉进霍布斯陷阱的危险，而且可以严格制约领导人玩弄战争威胁和边缘政策的能力。不论国家领导人的权力是否受选票箱的约束，在市场经济中，政客的权力受到控制了生产手段的股票持有人的约束，他们很可能反对扰乱国际贸易。对于领导人追逐个人荣耀、宏图伟业和绝对正义的个人野心，以及他们面对任何挑衅都要无限升级的冲动，市场的制约就是一道紧箍咒。

民主国家多为资本主义，反之亦然，但是两者之间并非完全相关， 288
比如某些国家是资本主义，但同时是专制政权；印度是民主制度，但直到最近，其经济制度仍然以社会主义为主。有几位政治学家研究了这种错位滑移现象，他们在分析军事冲突或其他国际争端的数据时，将民主和资本主义作为相互独立的变量。与鲁塞特和奥尼尔一样，他们也发现国际贸易和经济开放这些资本主义变量具有明显的和平效果。但在统计分析中，一旦离开资本主义，民主是否还具有和平效应，有些学者的看法就与鲁塞特和奥尼尔产生了分歧。[244]不过，即使人们在统计回归上对政治自由和经济自由的相对和平效应争执不下，整体“自由和平论”仍然有坚实的基础。

“资本主义和平论”这个观点让某些人感到特别震惊，因为他们总是记得资本主义曾经被视为“死亡机器”和“战争狂人”。研究和平的著名学者尼尔斯·彼得·格莱迪奇2008年作为学会主席在国际学会上发表演讲。在演讲结束之前，他不无调侃地使用了20世纪60年代的和平口号，但稍做了更新，他说：“要赚钱，不要战争。”[245]

长期和平是“康德和平”吗？

第二次世界大战甫一爆发，世界上的著名思想家都急切地想要弄明白灾难的起因，并提出防止灾难再次发生的各种方案。对于其中最出名的一项方案，穆勒这样解释说：

> 一些西方科学家明显出于参与研发高效杀人武器的负罪感……放下实验室的工作，开始琢磨人文问题。他们很快得出结论，其表述还带有一种福音式的确定性，这是他们在讨论物理问题时从未使用过的。虽然爱因斯坦是作为瑞士这个主权国家的公民完成了他最伟大的物理学发现，但是他和其他所有人一样，对瑞士这个榜样完全视而不见。他宣称："只要还存在拥有大规模武力的主权国家，战争就是不可避免的。"……幸运的是，他和其他科学家终于发现了一种能够解决问题的方法："只有创立一个世界政府，才能够防止人类迫在眉睫的自我毁灭。"[246]

世界政府似乎就是利维坦逻辑的直接展开。如果一个国家的政府垄断了暴力的使用权，能够解决个人间的凶杀以及不同集团间的战争问题，那么，一个世界政府合法垄断对军队的使用，不就可以解决国家间的战争问
289 题了吗？伯特兰·罗素在1948年提议，应该向苏联发出最后通牒，要求它立刻向世界政府表示臣服，否则美国就应该施以核打击。[247]虽然大部分知识分子走得都没有罗素那么远，但是世界政府却得到很多人的赞同，包括爱因斯坦、温德尔·威尔基（Wendell Willkie）、休伯特·汉弗莱、诺曼·卡曾斯（Norman Cousins）、罗伯特·梅纳德·哈钦斯（Robert Maynard Hutchins）和威廉·道格拉斯。很多人相信联合国会逐渐演变为世界政府。

今天还在鼓吹世界政府的人不是疯子就是科幻小说迷。世界政府的第一个问题是，一个政府的效力取决于它所管治的人民之间相互信任以及共享价值的程度，而这些都是不可能在全球尺度上实现的。第二个问题是，一个世界政府是唯一的，没有制衡机制来消除它的运转停滞和傲慢，因为只有在有替代、有选择的情况下，政府才能学习如何更好地进行管治，心怀不满的公民才有移民的空间。联合国不可能成为一个人们愿意接受其统治的政府。安理会在几个大国把持不放的否决权之下束手

束脚，无所作为；联合国大会与其说是世界人民的议会，不如说是一个为暴君准备的演讲台。

在“永久和平”中，康德展望未来，想象会出现一个“自由国家的联邦”。他所想的绝对不是国际利维坦。这个联邦逐渐地扩大为自由共和的俱乐部，而不是全球性的大政府，这个联邦依赖的是道德正当性的软实力，而不是对武力使用权的垄断。当前与康德的理念最接近的是政府间组织，简称 IGO——参与国在某个领域具有共同的利益，IGO 负担有协调各国政策的功能。在维持世界和平方面，国际组织中最有成效的不是联合国，而是欧洲煤钢共同体。它是一个由法国、联邦德国、比利时、荷兰和意大利在 1950 年发起的 IGO，目的是监管共同市场，规范煤钢这两种最重要的战略物资的生产。欧洲煤钢共同体的设计特别注重将宿敌（特别是联邦德国）及其各自的抱负融入一个共享的商业企业。欧洲煤钢共同体为欧盟的前身欧洲共同体打下了基础。[248]

很多历史学家相信，这些组织有助于西欧消除战争的集体意识。通过人、钱、商品和思想的相互渗透交流，这些组织弱化了各国成为军事对手的诱惑，正像美利坚合众国弱化了明尼苏达州和威斯康星州成为军事对手的诱惑。将各国带入一个俱乐部，各国领袖必须遵从某些合作规则，在一起社交和工作。这些组织可以作为不偏不倚的法官，调节成员国之间的纠纷。它手中的胡萝卜——大市场，可以诱使参与国或者放弃它们原先的帝国（比如葡萄牙），或者承诺成为一个自由民主的国家。[249]

鲁塞特和奥尼尔表示，政府间组织是康德和平力量三角中的第三个 290
角，另外两个分别是民主和商贸。（虽然康德没有在“永久和平”中将商贸作为独立的力量，但他在其他地方对商贸不吝赞赏，因此，鲁塞特和奥尼尔认为他们有足够的依据勾画“和平力量三角”。）政府间组织不需要任何乌托邦式的理想主义使命。它们可以协调防务、货币、邮政服务、关税、管道运输、渔权、污染、旅游、战争罪行、度量衡、道路标志等等——只要是各个政府自愿达成的协议，内容可以涵盖各个领域。图 5-25 表现了政府间组织成员在 20 世纪是如何稳步增加的，并在第二次世界大战后发展迅猛。

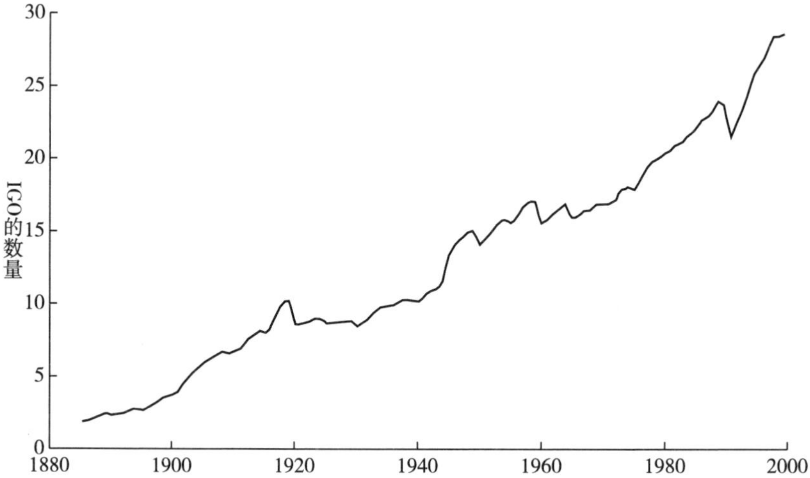

图 5-25　1885—2000 年每一对战争相关国家共同参与的 IGO 数目

资料来源：鲁塞特绘图，2008 年。

为了确认 IGO 成员组织是否对和平有独立的影响，或者它只是搭载在民主和商贸的便车上，鲁塞特和奥尼尔计算了每一对战争关联国家加入 IGO 的情况，连同民主和商贸因素以及实力政治变量，对这些数据进行回归分析。他们发现，康德的三个和平力量都是成立的：民主促进和平、商贸促进和平、政府间组织促进和平。在给定年份，三个变量都在最高第 10 级的一对国家。与平均水平相比，不会发生军事争端的概率为 83%。也就是说，两国间发生战争的可能性为 0。[250]

* * *

康德的理论在更宽泛的意义上还是正确的吗？鲁塞特和奥尼尔用精
291 巧的统计相关性为康德进行辩护。但是，相关数据得出的因果关系总是经不住推敲。更大的可能性是，在分析中两个呈现相关性的“因”与“果”背后，有某个隐藏的实体才是影响“因”与“果”两个变量的真正原因。在康德和平三角中，每一个推定的能动主体可能都有更深刻甚至更“康德主义”的原因，即以各方均能接受的方式解决冲突的愿望，而不是强者将自己的意愿强加给弱者。民族国家只有在各种政治势力厌倦使用谋杀分配权力之后才成为稳定的民主国家；只有在更努力追求共同繁荣，而不是单边光荣之后才大开商贸之门；只有当他们愿意为了一点互利而放弃一点主权时，才会加入政府间组织。换句话说，通过接受康德价值，民族国家及其领导人越来越多地遵从某些行为准则，并因此让这些准则成为普世原则。那么，长期和平是否意味着康德“绝对律令”在国际舞台上占据了支配地位呢?[251]

许多研究国际关系的学者会对这一看法嗤之以鼻。根据一种姑且可称为“现实主义”的流行理论，这个没有世界政府的世界将永远处于霍布斯无政府状态。也就是说，民族国家的领袖必须都是变态狂，仅仅为本国的利益着想，被煽情的（和自杀性的）道德思想蛊惑得斗志弥坚。[252]

为“现实主义”辩护的人会说，人性必然导致某种结果，而人性论的基础则是人都是自私自利的理性动物。但是，我们在第8章和第9章将会看到，人也是道德动物：人类的行为道德与否，其行为的依据都不是对无私所做的伦理分析，人类的行为受道德本能的指引，辅之以情感、规范和禁忌。人类也是认知动物，他们编织信仰，并以信仰指导行动。所有这些禀赋并非天然地将我们这个物种推向和平。但是，如果我们说在某些特定的历史时刻，领导人们的道德感和认知力与他们的同盟军相结合，将人类推向和平共处，这种想象既不是过于感性，也不是反科学的臆想。也许，长期和平就是这样一个历史时刻。

在三大康德式的原因之外，长期和平可能取决于一个最终极的康德原因。发达国家的选民所认同的各种准则已经演化为这样一种信念，即因战争造成人命伤亡，天然就是不道德的；只有在以战争制止更多的人命伤亡这一严格条件下，战争才具备合理性。如果确实如此，正如奴隶制、农奴制、轮刑、开膛破腹、斗杀狗熊、活烧猫、异端火刑、淹死女巫、绞死盗贼、公开行刑、在绞架上公示行刑犯的尸身直至腐烂、决斗、欠债人监狱、笞刑、船底拖曳等等，已在人道主义革命中从无可非议变 292
为充满争议，再变为不道德、难以想象，直到闻所未闻，发达国家之间的战争也将像这些恶行陋俗一样销声匿迹。

我们能够辨识发达国家中新兴的人道主义反战精神的外生原因吗？在第4章，我推断，出版、识字率、旅行、科学和城市化有关的各种因素的发展，拓宽了人们的知识视野和道德胸怀，加速了人道主义革命。20世纪下半叶与人道主义革命时代有着明显的相似之处，我们迎来了电视、电脑、卫星、电子通信和喷气式飞机的出现，以及科学和高等教育前所未有的普及。研究媒介的专家马歇尔·麦克卢汉（Marshall McLuhan）将战后的世界称为“地球村”。在一个村庄中，每个人都可以直接感受到其他村民的命运。如果这个村庄是我们共情圈的自然规模，那么，当村庄扩展到整个地球，村民所关切的同胞将远远超出原来的家族和部落。当你打开晨报，看到9000英里外一个小姑娘刚刚遭到凝固汽油弹袭击，她睁大的眼睛里满是惊恐，赤裸着身体，正向你跑来……在这样的世界上，没有哪个作家还会大言不惭地说战争是“男人至高美德和力量的基础”，或者还敢于鼓吹战争“提升人类的思想和品格”。

冷战的终结和苏联的和平解体，与20世纪末人员流动和思想交流有着密切的关联。[253]到20世纪70年代和80年代，苏联试图以控制媒体和人口流动来维持统治的做法完全失效。一个没有复印机、传真机、个人电脑（且不说刚刚出现的互联网）的现代经济简直就是一出滑稽戏，而且，无论一个国家的统治者如何专制，也无法阻止科学家和政策专家向西方学习，更无法阻止战后出生的年轻人喜爱摇滚乐、牛仔裤以及其他表达个人自由的消费品。戈尔巴乔夫本人具有强烈的世界性偏好，他在政府中安插了许多访问过西方和在西方学习过的政策分析人员。在1975年签订的《赫尔辛基协定》中，苏联领导人在字面上许诺尊重人权，苏东境内大批人权活动家纷纷为此鼓动民众，要求当局兑现承诺。因为戈尔巴乔夫的“公开性”（glasnost）政策，亚历山大·索尔仁尼琴的《古拉格群岛》（*The Gulag Archipelago*）在1989年获得书号正式出版，电视台能够实况转播人民代表大会的辩论，这让成百上千万的苏联人看到了苏联前任领导人的残忍和现任领导人的无能。[254]电脑芯片、喷气客机、电磁频谱不断传递着各种思想，苏东的铁幕最终被瓦解了。

293 反战思潮最终获胜的背后，也许还有另外一个原因。图5-18所展示的是大欧洲冲突死亡率。在颠簸的曲线上有三个峰值，分别是宗教战争、法国大革命和拿破仑战争、两次世界大战。每一个峰值之后都是一个凹值，三个凹值每一个都比前一个更低。每一次"血潮"之后，各国领袖都想尝试不让悲剧重演，他们的努力并非一败涂地。当然，他们达成的条约有效期实在有限，对于不懂得数字的人来说，历史典籍中的故事告诉他们，长期和平的好日子就要到头了，一场空前的大战正在等待着我们。但是，泊松雨点状的战争分布显示，战争没有周期性，没有聚积和释放的循环。没有什么东西能够阻止人们从过去的错误中学习，在每一次灾难后降低下一次犯错误的概率。

拉斯-埃里克·塞德曼重温了康德的论文，从康德对长期和平的论述中发现了某种新意。对于各国领导人是否有足够的智慧从基本原理中推断出和平的前提条件，康德不抱幻想；他认识到他们只能从苦涩的历史经验中学习。在论文《世界公民观点之下的普遍历史观念》中，康德写道：

> 战争、紧张且不懈的备战，以及由此产生的痛苦，每个国家迟早都必须在自己内部感受到，即使在和平时期也概莫能外。这些因素自然地驱使民族国家开始尝试寻找出路，虽然不尽如人意，但是，在最后，经过各种浩劫、动荡甚至彻底耗尽一国之国力，他们终于找到理由采取行动了，尽管其理由不需要如此之多的悲惨经验，他们也应该早已知道。这个行动就是放弃他们毫无法律约束的野蛮状态。[255]

塞德曼认为，康德的通过学习实现和平的理论，应该和他的通过民主实现和平的理论结合在一起。虽然包括民主国家在内的所有国家原本都曾经是好战的（因为许多民主国家原本都是实力大国），所有国家对于突如其来的战争都不免盲目应对，但是，民主国家因为信息开放，国家领导人必须承担责任，所以更有从灾难中学习的能力。[256]

塞德曼将1837—1992年军事冲突的历史走向进行了排列，交战双方均为民主国家的冲突为一组（黑线），其他国家的冲突为另一组（灰线），见图5-26。民主国家锯齿形的黑线显示，它以好战为起点，接着不断受到冲击，直到冲突水平直线上升。但是，在每一个峰值之后，冲突水平迅速跌至谷底。塞德曼还发现，与新兴民主国家相比，成熟民主国家的学习曲线的斜率更大。专制国家在大型战争的突然打击之后，也会恢复到比较和平的水平，但其过程缓慢，而且没有规律。人们常说，在20世纪的“血潮”之后，经历了民主化的世界“厌倦了战争”，“从错误中汲取了教训”。这些含糊其词的说法背后，也许确实有某种道理。[257]

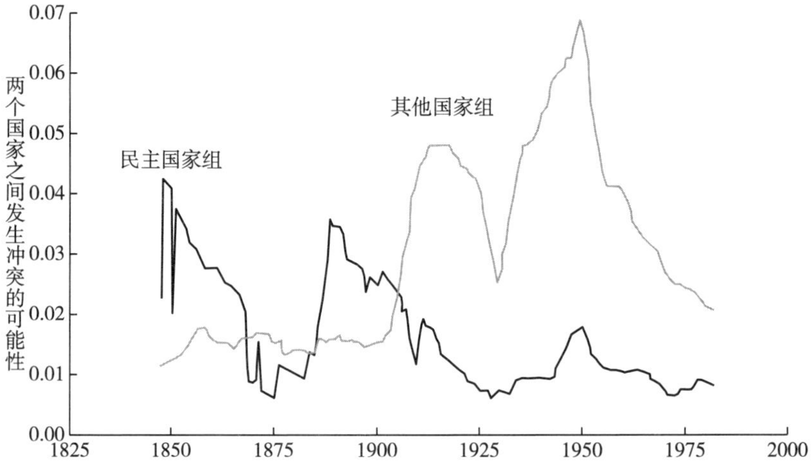

294 **图5-26 1825—1992年，两个民主国家间发生冲突的可能性和其他国家间发生冲突的可能性**

资料来源：塞德曼绘图，2001年。 曲线为两个交战国的20年移动平均值。

在20世纪60年代的反战民谣中，一个流行的主题是，战争之愚蠢不证自明，人们只是冥顽不化地拒绝接受这一事实。“还需要多少死亡，他们才能明白，已经有太多太多人失去了生命？我的朋友，答案就在风中摇曳。”“士兵都到哪儿去了？每一个士兵都到墓地去了。他们什么时候才能明白啊？”在经历了500多年的王朝战争、宗教战争、主权战争、民族主义战争、意识形态战争之后——在分布图上，脊峰处许许多多的小规模战争和长尾处几场恐怖的大战，统计数据表明，我们终于在学习了。

第6章

新和平

麦克白的自证是无力的——所以他受到良心的谴责。是的，埃古也不过是一只小羊羔。莎士比亚笔下恶人的想象力和气魄最多不过是几十具尸体罢了。因为，他们没有思想意识。

——亚历山大·索尔仁尼琴

你也许会认为，人类历史上最险恶的威胁已经消除，这让国际问题评论家感到释然。与专家原来的预测相反，苏联坦克没有入侵西欧，古巴危机、柏林危机和中东危机都不曾升级到核灾难。[1] 世界大都市没有在核打击下蒸发熔化，大气层没有受到核辐射的污染，也没有核爆炸产生的烟尘遮天蔽日，让人类步恐龙后尘而走向灭绝。不仅如此，统一后的德国没有成为第四帝国，民主制度没有变为君主政体，大国和发达国家没有陷入第三次世界大战。恰恰相反，它们一直处于和平之中，而且和平的时间越来越长。可以肯定，专家在几十年前就该认识到世界的命运开始变好了。

可惜，事实并非如此。权威评论家比以往更悲观了！1989年，约翰·格雷（John Gray）预测，世界正在“重复历史的老路，大国对抗的老套路……民族统一主义的诉求和战争”。[2]2007年，《纽约时报》的一位编辑这样写道：“某种重复已经开始了：‘（在1989年之后）不需要太长时间，在意识形态暴力和极权主义的推波助澜下，世界摇摇晃晃地旋转回到了它熟识的鲜血浸泡的模式中。’”[3] 政治学家斯坦利·霍夫曼说，在冷战结束后教授国际关系课已经让他感到非常沮丧，能听到的“无非是恐怖主义、人体炸弹、背井离乡的难民和种族灭绝”。[4] 民主、共和两党都弥漫着悲观主义：2007 年，保守派作家诺曼·波德霍雷茨（Norman Podhoretz）的著作《第四次世界大战：论抗击伊斯兰法西斯主义的长期斗争》出版。自由派专栏作家弗兰克·里奇（Frank Rich）说，世界是一
296 个“比以往任何时候更加危险的地方”。[5] 如果里奇所见为实，2007 年的世界应该比两次世界大战中的世界更加危险，也比 1949 年和 1961 年的柏林危机、古巴导弹危机以及历次中东战争时期更加危险。那么，我们的世界还真成了一个相当危险的地方。

前景为何如此暗淡？一部分原因是市场压力的结果。在权威评论家的市场中，卜凶的卡珊德拉（Cassandras）卖相总是好过乐天派宝莉阿娜（Pollyannas）。还有一部分原因是来自人类的秉性，大卫·休谟有过这样的观察：“谴责现状和思慕过去，这种幽默情感深深地根植于人性，即使那些具备极深刻的判断力和受过最全面教育的人也深受其影响。”但是，我认为，更主要的根源是我们的新闻界和知识界缺乏数学素养。记者迈克尔·金斯利（Michael Kinsley）最近写道：“当婴儿潮一代成人的时候，美国人正在半个地球之外杀戮送命；今天，这一代人进入退休年龄了，有些人甚至早已退休了，我们的国家还在干着同样该死的糗事，这实在是令人绝望。”[6] 这等于是假定 5000 名美国人的死亡与 5.8 万名美国人的死亡是同样该死的糗事，10 万名伊拉克人丧生和几百万名越南人的死亡是同样该死的糗事。如果我们不睁开一只眼睛盯着数字，已成定规的编辑方针“流血故事占据头版”将会盘踞人们的认知捷径；“越是令人难忘，就越是经常发生”，我们最终会产生一种所谓的虚假的不安全感。[7]

本章要谈的是挑起新悲观主义的三种有组织的暴力。前一章的重点是大国和发达国家之间的战争，所以我只是简要地提及了本章的内容。“长期和平”没有带来这三种暴力的终结，难免给人留下世界“比以往任何时候都更危险”的印象。

第一种有组织的暴力包含所有其他种类的战争，最引人瞩目的是内战，以及民兵、游击队和准军事组织之间的战争。这些战争在发展中国家如同瘟疫一般肆虐。这些战争被称为“新型战争”或者“低强度冲

突”，但起因仍然是“宿怨”。[8] 非洲少年手持苏制冲锋枪的图片已经尽人皆知，这更让人们觉得有理由相信地球上战争的重负并没有减轻，仅仅是从北半球搬到了南半球而已。

“新型战争”被认为对平民特别具有杀伤力，因为战争一旦降临，就会立即带来饥荒和瘟疫，而战争死亡的大部分是由饥荒和瘟疫造成的。根据一份广泛传播的统计资料，20 世纪初，90% 的战争死亡是士兵，10% 的战争死亡是平民，但是到 20 世纪末，这个比例正好颠倒过来。据报道，在刚果民主共和国等饱受战火蹂躏的国家，饥荒和瘟疫造成的死亡人数令人毛骨悚然，与纳粹大屠杀的死亡人数不相上下。

我要追踪的第二种有组织的暴力是大规模的种族灭绝和政治清洗。我们刚刚逃脱出来的这 100 年被称为“种族灭绝时代”，或者“一个世纪的种族灭绝”。许多评论家都曾经说过，种族灭绝是现代社会才有的现象，它在超级大国争霸期间被压制，在冷战结束后迫不及待地重操屠 297
刀，今天它已经成为一种最常见的暴力形式。

第三种有组织的暴力是恐怖主义。自 2001 年 9 月 11 日美国受到恐怖袭击以来，对恐怖主义的恐惧已经制造了一个巨大的政府官僚机构、两场对外战争，以及政治论坛上的一个强制性议题。恐怖主义的威胁被认为是美国的“生存性威胁”，具有“彻底毁灭我们的生活方式”或者结束“人类文明”的能量。[9]

当然，每一场祸患的代价都是人的生命。我在本章中提出的问题是，这些冲突造成的生命损失具体是多少，在过去几十年中是增势，还是减势？直到最近，政治学家才开始尝试度量这类冲突的破坏程度。他们得出了一个惊人的结论：所有类别的杀戮都呈下降的趋势。[10] 这一下降的趋势是相当晚近才出现的，只有近 20 年的历史，因此我们还不能认为它是一个持续的趋势。认识到这种暂定性，我将这种发展称为“新和平”。无论如何，这些趋势属于暴力的真正减少，值得我们给予认真的关注。它们具有实质性的规模，表现出与传统观点相反的走向。研究这几个趋势，可以帮助我们辨识出哪些选择是我们做对的，以便我们能够继续努力。

世界其他地区的战争走势

当欧洲国家逐一经历它们的王朝、宗教、主权、民族主义和意识形态的各个时代，遭受两次世界大战的蹂躏，接着转身步入长期和平的时候，世界上其他地区在做什么呢？不幸的是，历史记录上的欧洲中心倾向使我们没有可靠的数据追溯欧洲之外的发展。在殖民主义到来之前，非洲、美洲和亚洲的大部分地区还处于捕食、氏族仇杀、劫掳奴隶的状态。这些丛林中的活动基本都在军事水平线之下，没有引起任何历史学家的关注。殖民主义列强自己进行了大量侵略战争，以征服殖民地，镇压反抗，抵御对手。这是一个充满战乱的年代。据《冲突目录》记载，在 1400—1938 年的 500 余年，美洲有 276 场暴力冲突，北非和中东有 283 场，撒哈拉以南的非洲有 586 场，中亚和南亚有 313 场，东亚和东南亚有 657 场。[11]历史近视让我们缺乏可信的数据，因此无法为这些战争的频率和破坏力绘制趋势图。但在前一章中，我们已经看到，其中许多战乱是毁灭性的。它们包括内战和国家间的战争，其破坏程度从人口比例上看，有些甚至在绝对水平上都超过欧洲发生的战争，比如美国内战、中国的太平天国运动、南美的三国同盟战争（或称“巴拉圭战争”），以及南非夏卡·祖鲁的数次征战。

298 1946 年，欧洲列强和发达国家终于把自己摆到了和平的起点线上，人们也是从这时起开始有了对世界历史的整体记录。奥斯陆国际和平研究所的白沙尼·拉齐纳、尼尔斯·彼得·格莱迪奇和其他同事开始建立奥斯陆国际和平研究所战争死亡数据库，这套严谨的数据库的起始年份是 1946 年。[12]该数据库收录了每一年发生的武装冲突，最小规模的冲突死亡人数为每年 25 人。冲突按照死亡人数分级，死亡达到 1000 人时被定义为“战争”，这与“战争相关项目”所使用的定义一致。除此之外，没有其他特殊的定义。（我将在讨论各种规模的武装冲突时继续使用“战争”一词，而不考虑它的技术含义。）

奥斯陆国际和平研究所的研究人员力求分类标准尽可能可靠，让使用数据库的分析人员能够对世界各个不同地区的战争进行比较，并在固定的时间尺度上绘制趋势图。没有严格的分类标准，分析人员可能在比较某些战争的死亡人数时，使用包括死于瘟疫和饥荒的间接死亡数据，或者在计算某个地区军队对军队的战争死亡时，计入种族灭绝的数字。这样口径不一的对比毫无意义，而且极容易成为某种有企图的政治宣传。奥斯陆国际和平研究所的分析人员仔细地梳理历史记载、媒体报道、政府和人权组织的报告，尽可能客观地点算死亡数字。他们的计算比较保守；可以肯定他们倾向于低估数字，因为他们忽略了所有推测出来的和死因无法确定的死亡数字。其他暴力冲突数据库也使用了类似的标准和部分相同的数据，这些数据库包括“乌普萨拉冲突数据项目”（Uppsala Conflict Data Project，UCDP），数据库的起始年份是1989年；斯德哥尔摩国际和平研究所（Stockholm International Peace Research Institute，SIPRI）使用的是调整后的乌普萨拉数据；还有“人类安全报告项目”（Human Security Report Project，HSRP），同时使用奥斯陆和乌普萨拉两套数据。[13]

和刘易斯·理查森面对的问题一样，新的冲突计数必须处理语义物化失败的问题，因此他们必须在将冲突分类时使用强制性标准。[14]第一个强制性标准是，根据冲突的原因及同样重要的可数性区分三种大规模暴力。“战争”（以及比较缓和的版本“武装冲突”）的概念适用于大部分有组织的并具有社会正当性的群体杀戮。能够定义为战争的冲突必须至少有一方涉及政府，交战双方一定是争夺某种可辨识的资源，通常是领土或者政府统治权。明确地说，该数据库将狭义上的战争称为“以国家为基础的武装冲突”，它们是唯一能追溯到1946年的冲突数据。

第二个标准容纳了“非国家”或者“社团之间”的冲突，它包括军阀、民兵、准军事组织（通常属于某个种族集团或者宗教集团）之间的相互冲突。

第三个标准有一个冷冰冰的名字“单边暴力”，它包括种族灭绝、政治杀戮和对非武装平民的屠杀，既可以是政府的行为，也可以是民兵 299
的行为。奥斯陆国际和平研究所的数据库之所以没有包括单边暴力，部分是因为作为技术性选择，他们采取了根据原因划分暴力种类的做法；同时这也是历史学家长期以来只关注战争而忽视种族灭绝的遗留问题。人们只是在最近才认识到种族灭绝可以带来更惨重的生命损失。[15]鲁道夫・鲁梅尔、政治学家芭芭拉・哈尔夫（Barbara Harff）和乌普萨拉冲突数据项目已经收集了种族灭绝的数据，我们将在下一节探讨这些数字。[16]

三种暴力中的第一种是国家操纵的冲突，可以根据政府针对何种敌人进一步划分子类。典型的战争形式是国与国之间的战争，比如1980—1988年的两伊战争。此外，还有跨国家或者跨体制的战争，即一个政府向在其边境之外、没有国家地位的实体开战。一般来说，属于此范畴的有帝国主义战争（一个国家与原住民对抗以攫取殖民地），还有殖民战争（一个国家为了维持殖民地的战争），比如法国1954—1962年的阿尔及利亚战争。

最后一类是内战或一国境内的战争。在这一类战争中，政府与叛乱、起义和分裂运动对抗。这些战争还可以被进一步细分为完全的内部战争（比如斯里兰卡政府和泰米尔猛虎组织武装力量之间的战争），以及国际化的内部战争，即有外国军队介入，通常是帮助一个政府镇压叛乱者。阿富汗战争和伊拉克战争都是以国家间的冲突开始（美国及其盟国反对塔利班控制下的阿富汗和美国及其盟国反对复兴党控制下的伊拉克）。一旦原来的政府被推翻，外国军队留驻当地，并协助新政府防卫和打击叛乱者，冲突就应该被定义为国际化的内部冲突。

现在我们要问的问题是，哪些死亡应该被算作战争死亡。奥斯陆国际和平研究所和乌普萨拉冲突数据项目的数据库计算了直接或战争相关的死亡——在施暴者必须承担自身受伤害的风险的对抗中，受害者死于枪击、刀刺、棒击、毒气、爆炸、水淹或者故意制造的饥荒。[17]受害者可以是士兵，也可以是陷入交火之中的平民，或者是“附带损伤”中的死亡者。战争死亡的统计排除了因疾病、饥饿、紧张和基础设施瘫痪导致的间接死亡。当间接死亡与直接死亡相加作为战争导致的死亡总数时，这个死亡总数应该被称为非正常死亡。

为什么这两个数据库都不包括间接死亡呢？这不是要从史书中抹去

人类的某些苦难，而是因为只有直接死亡才有确凿可信的记录。直接死亡也符合我们对主体责任的基本直觉。一个主体要对什么样的行为后果承担责任？我们认为，主体可以预见到结果，有意识地让这一结果发生，并通过一系列行动使其发生，而这一系列活动本身没有过多不可控的中间环节。[18]估算间接死亡的主要问题是，它要求我们进行哲学式的思考， 300
在想象中模拟一个没有发生战争的可能世界，估算这个可能世界的死亡率，并以此为基准估算现实世界的战争间接死亡。这样的估算几乎需要一个人像上帝一样无所不知。即使没有发生战争，前政府的愚昧无能是否仍然会导致战后的饥荒？如果那一年发生了大旱，饥荒导致的死亡应该归咎于战争，还是归咎于天气？如果战争前一年的饥饿死亡率下降了，我们是否应该假定如果没有发生战争，这个死亡率应该进一步下降？或者我们应该将死亡率冻结在战前最后一年的水平上？如果萨达姆·侯赛因没有被废黜，他是否会继续杀害更多的政敌，死亡人数甚至超过他倒台后种族或教派战争所造成的死亡？我们是否应该将1918年大流感造成的4000万至5000万人的死亡加在第一次世界大战1500万人死亡的名单上，因为如果不是战争将如此密集的部队塞在战壕中，感冒病毒也许不会发生可怕的变异？[19]估算间接死亡需要我们就成千上万的冲突，以统一的口径回答所有这一类的问题，这是完全不可能的。

一般而言，战争总是同时具备多重破坏性，那些战争死亡人数更多的战争，通常也会导致更大的与饥荒、瘟疫、服务瘫痪等相关的死亡。出于这种考虑，战争死亡的趋势可以作为整体破坏性趋势的代表指标。但是，这样的关联并不是在每一种情况下都成立。在本章中，我们要探究基础设施薄弱的发展中国家是否比发达国家遭受更严重的战争连带危害，直接死亡和间接死亡的比率是否已经随时间发生了变化，以及战争死亡是否已经是一个误导性指标，不能再说明暴力冲突中的生命损失。

* * *

现在，我们有了冲突数据库这件精密仪器，对于全世界的最新战争走势，它能告诉我们些什么呢？让我们先从图6–1鸟瞰20世纪的总况。

图 6-1 由拉齐纳、格莱迪奇和鲁塞特整理，他们对“战争相关项目”1900—1945 年的数据做了调整，使之与奥斯陆国际和平研究所数据库中 1946—2005 年的数据相匹配；再将数据除以世界总人口，得出 20 世纪个人死于战场的风险。

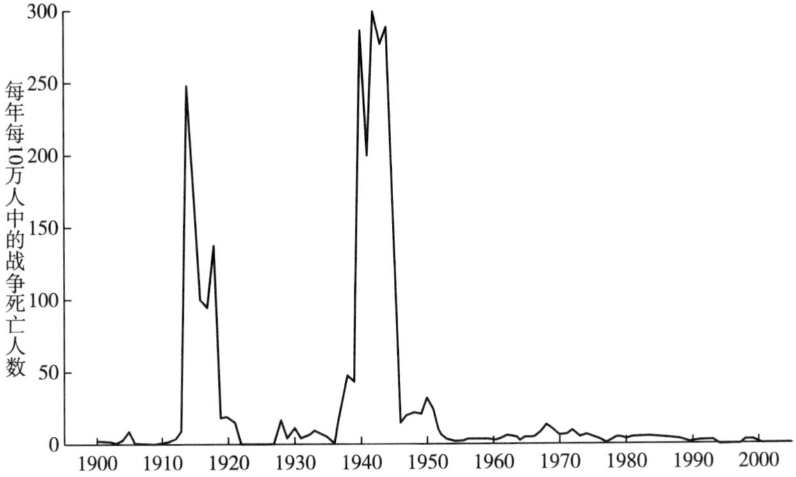

301 **图 6-1　1900—2005 年国家操纵的武装冲突中的战争死亡率**

资料来源：鲁塞特绘图，2008 年，根据拉齐纳、格莱迪奇和鲁塞特的数据，2006 年。

图 6-1 再一次向我们展示了两场世界大战令人震撼的破坏力。它们不是逐级上升，或者像钟摆一样摇摆，而是在起伏的低地上冲天而起。20 世纪 40 年代初之后，战争死亡率直线下降（高峰时为每年 10 万分之 300），下降速度世所罕见。眼尖的读者在下滑线上还能看到一个下行线，曲线在战后 10 年内出现了若干小高峰，随后下行至今天低平的直线。让我们在图 6-2 中放大观察这条下行线，同时按照战争的不同成因对战争死亡进行分解。

302 图 6-2 为区域图，每一层区域的厚度代表了一种国家操纵的冲突的战争死亡率，各层累计的高度是各种类型冲突加总的战争死亡率。首先，让我们留意一下图形的整体趋势。即使我们完全排除从第二次世界大战的峰值上跳水式的直线下降，图形还是明显地展示出过去 60

年间战争死亡率大幅度下降的趋势。进入21世纪之后的10年内，死亡率只相当于几张纸的厚度了。在这10年中，尽管在中期发生了31场冲突（包括伊拉克、阿富汗、乍得、斯里兰卡和苏丹），但战争死亡率只有年均10万分之0.5，甚至低于最和平的社会的凶杀率。[20]可以肯定，这些死亡数字低于真实死亡数字，因为它们仅仅包括有报告的战争死亡，但是在整个时间序列上，数字的口径是完全统一的。即使我们将现有数字乘以5，它仍然远远低于年均10万分之8.8的世界总凶杀率。[21]从绝对数看，年均战争死亡从20世纪40年代后期的约50万人，下降到21世纪初期的约3万人，下降幅度超过90%。所以我要说，不论人们相信与否，从全球的、历史的和量化的视角来看，60年代民谣吟诵的梦想已经成为现实：战争（几乎）从世界上消失了。

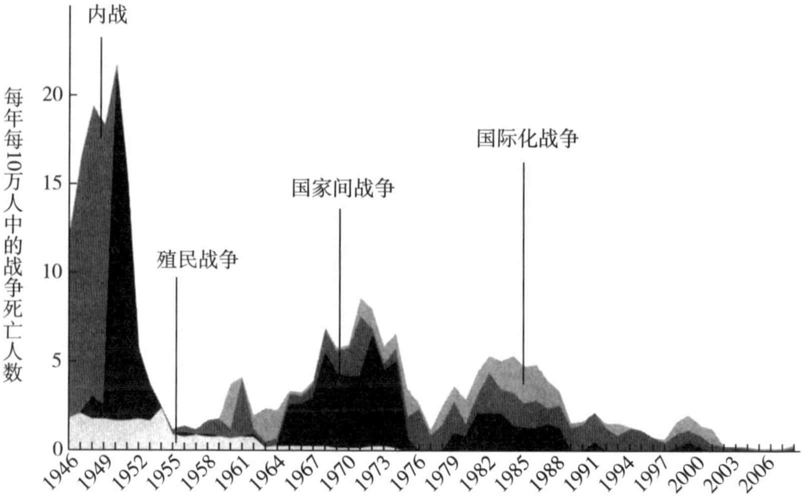

图6-2 1946—2008年国家操纵的武装冲突中的战争死亡率

资料来源：UCDP/PRIO武装冲突数据库；见“人类安全报告项目”，2007年，数据来自拉齐纳和格莱迪奇，2005年，数据来自塔拉·库柏（Tara Cooper）2010年进行的数据更新。估算尽量使用“最实”数据，除此，估算使用“高值”和“低值”的几何平均数。世界人口数字来自美国人口普查局，2010年c。1946—1949年的人口数据来自麦克伊韦迪和琼斯，1978年，数据乘以1.01，以便与其他数据匹配。

让我们且收起惊讶，更认真地观察一下各种战争类别发生的变化。我们从左下侧颜色最浅的色块开始，它所标示的战争种类已经从地球上彻底消失了：跨国战争或殖民战争。一个大国试图保住殖民地的战争极具破坏性，比如法国在 1946—1954 年企图守住越南的战争（战争死亡总数为 37.5 万），以及 1954—1962 年的阿尔及利亚战争（战争死亡总数为 18.25 万）。[22]在经历了所谓“人类历史上最大规模的权力移交”之后，这一类战争不复存在。

现在再看一看黑色的色块——国家之间的战争。图中有三个显著的黑色大色块，按照时间排列，色块的厚度逐一下降：第一块包括 1950—1953 年的朝鲜战争（4 年之内共有 100 万战争死亡），第二块包括 1962—1975 年的越南战争（14 年中共有 160 万战争死亡），第三块包括两伊战争（9 年中有 64.5 万战争死亡）。[23]自冷战结束以来，只发生了两场具备规模的国家间战争：第一次海湾战争，2.3 万战争死亡；1998—2000 年厄立特里亚和埃塞俄比亚之间的战争，5 万战争死亡。在 21 世纪头 10 年中，国家之间的战争数量稀少，为时短暂，战争死亡数量相对很少。（在每年 1000 人死亡这个技术意义上，无论印巴冲突还是厄立特里亚-吉布提冲突，均不能算作“战争”，此外还有快速推翻阿富汗和伊拉克政权的战争。）在 2004 年、2005 年、2006 年、2007 年和 2009 年这些年份，完全没有发生任何国家间冲突。

“长期和平”——在大国和发达国家之间没有战争——正在向世界其他区域蔓延。野心勃勃的大国不再认为有必要使用帝国征服或者欺压
303 弱国来宣示自己的伟大：中国宣布自己的“和平崛起”，土耳其津津乐道于它的“邻国零问题”外交政策；巴西外长克制不住自己的喜悦，乐呵呵地说：“我不知道有多少国家能够夸耀自己有 10 个邻国，却在过去的 140 年没有打过一场仗。”[24]东亚似乎紧步欧洲的厌战后尘，虽然在“二战”后的 10 年中，东亚成为世界上最血腥的地区，中国、朝鲜和印度烽火连绵，但 1980—1993 年，这一地区的冲突和死亡数字急遽下降，自此东亚的冲突数字一直保持在前所未有的低水平上。[25]

在国家间战争消亡的同时，内战突然猖獗起来。在图 6-2 中，20 世

纪80年代最上方那一大块浅灰色色块，包括苏联支持的阿富汗内战中的43.5万战争死亡。深灰层蜿蜒起伏走过80年代和90年代，其中是大量的小规模内战，比如安哥拉、波斯尼亚、车臣、克罗地亚、萨尔瓦多、埃塞俄比亚、危地马拉、伊拉克、利比亚、莫桑比克、索马里、苏丹、塔吉克斯坦以及乌干达内战。但即使是这一个色层，在进入21世纪后也迅速下滑，成为一条扁平的带子。

为了更清晰地理解这些数字告诉我们的图景，不妨将死亡人数按照战争的两个主要测度进行分解：每一种战争的数量和每一种战争的杀伤力。图6-3显示了每一种武装冲突的数量，在此没有考虑战争的 304
死亡人数。记住，一场冲突的最低死亡人数是25人。随着殖民战争销声匿迹和国家间战争日渐稀少，在冷战结束后，美苏两国不再支持自己的附庸国，国际化内战也经历了一个短促的冷却期。但是，接着在南斯拉夫、阿富汗和伊拉克等地出现了维持国际秩序的治安战争，国际化战争重新浮现。但是，最显著的现象是从1960年左右开始，纯属内部

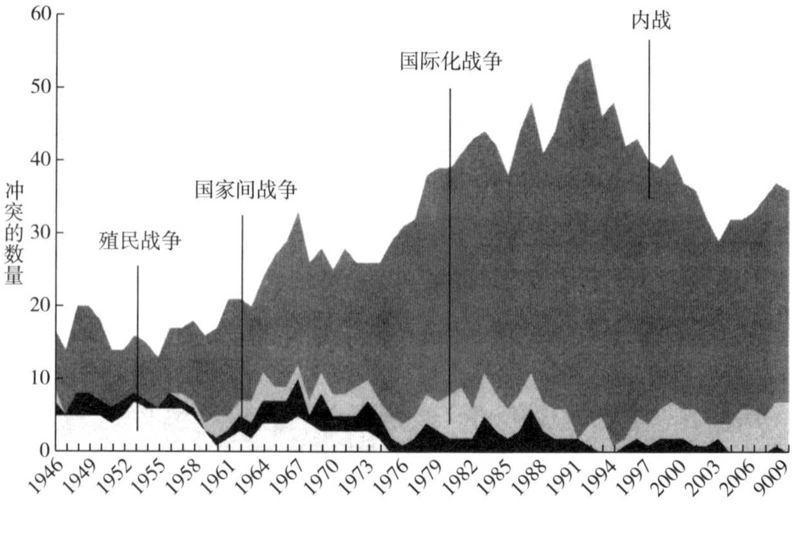

图6-3 1964—2009年国家操纵的武装冲突的数量

资料来源：UCDP/PRIO武装冲突数据库；见“人类安全报告项目”，2007年，数据来自拉齐纳和格莱迪奇，2005年，塔拉·库柏2010年对数据进行了更新。

冲突的内战数量暴涨，在 90 年代初左右达到高峰，然后一路下降，直至 2003 年，随后又出现了一个小反弹。

为什么两张图的色块相比差距如此之大？原因是战争的幂律分布。在幂律分布中，分布在 L 形尾部的少数战争造成了大部分战争死亡。在 1946—2008 年的 260 场冲突中，共有超过 940 万战争死亡，其中半数死亡来自 5 场战争，3 场是国家之间的战争（朝鲜战争、越南战争、两伊战争），2 场是解放战争（中国解放战争和阿富汗内战）。死亡人数下降的趋势主要来自长尾的消减，破坏力巨大的战争越来越少见。

不同规模的战争在死亡总量中占据的比重不同，除此之外，不同类型的战争在死亡总数中的份额也有明显的差别。图 6-4 显示了战争的第二个维度—— 平均每场战争造成的死亡人数。

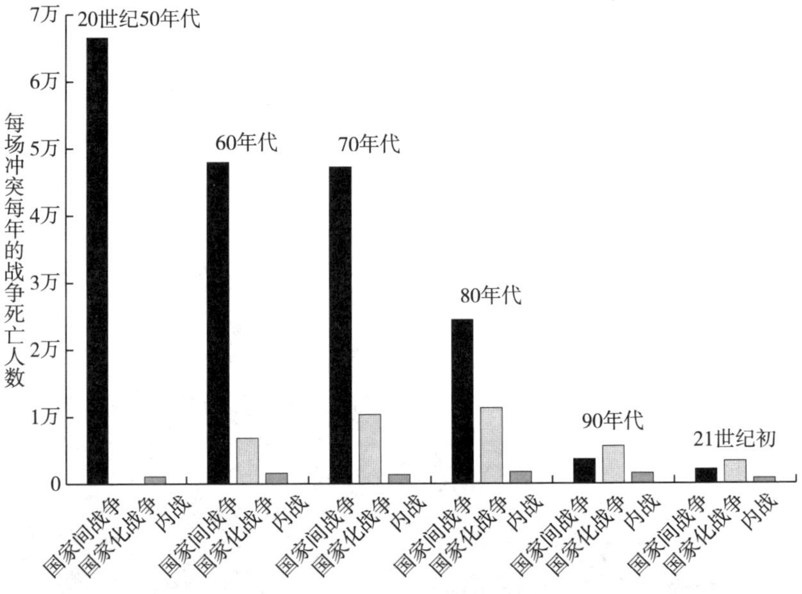

图 6-4　1950—2005 年国家间战争和内战的死亡人数

资料来源：UCDP/PRIO 武装冲突数据库，拉齐纳和格莱迪奇，2005 年；“人类安全报告项目”改编；人类安全中心，2006 年。

305 直到最近，人类历史上最具杀伤力的战争种类是国家间战争。没有什么比两个利维坦之间相互倾轧更残酷的游戏了，一批又一批被送上前线的炮灰，一轮又一轮炮火轰炸，直打到对方的城市化为灰烬。在这样的厮杀之下，人命损伤当然极为惊人。远远排在第二名和第三名的是一个利维坦将自己的霸气施加到本国之外的某个地方，或者扶植一个摇摇晃晃的政府，或者紧紧把持住自己的殖民地。最后一名是内战。在那些大国不予关注的小国内，扛着机关枪的叛军骚扰当地政府，他们能制造的伤害非常有限。在过去的25年中，这一类冲突的死亡率也有所下降。[26]1950年，平均每一场武装冲突（不分种类）要杀死3.3万人；2007年，这个数字是不到1000人。[27]

*　*　*

对于“二战”结束之后武装冲突走势的起伏，及其逐渐平静的“新和平”阶段，我们应该做怎样的解读呢？冲突舞台上最主要的变化是战争大多发生在穷国，主要集中在一个半弧形地带，从中非和东非伸延到中东，跨过西南亚和印度北方，向下进入东南亚。图6–5中的黑点显示的是2008年正在进行中的冲突，深灰色的国家包括当今世界上收入最低的“底层10亿人”。大约半数的冲突发生在人口占世界1/6的最贫穷国家。在2000年以前的几十年，冲突也都分布在贫穷地区，比如中美洲和西非。在历史上，无论经济因素还是地理因素都与战争没有常数关系。不要忘记，富有的欧洲国家曾经在500年间不停地相互厮杀。

在当今世界，贫困与战争的关系是平稳的，但是高度非线性。发达国家爆发内战的风险基本为0。对人均GDP为1500美元的国家来说（按2003年美元汇率计算），5年之内爆发新的国内武装冲突的可能性约为3%。但是，对于收入更低的穷国，内战风险大幅度增加：对于人均GDP为750美元的国家，5年内爆发内战的可能性是6%；对于人均GDP为500美元的国家，内战的可能性是8%；对于人均GDP为250美元的国家，内战的可能性上升到15%。[28]

306

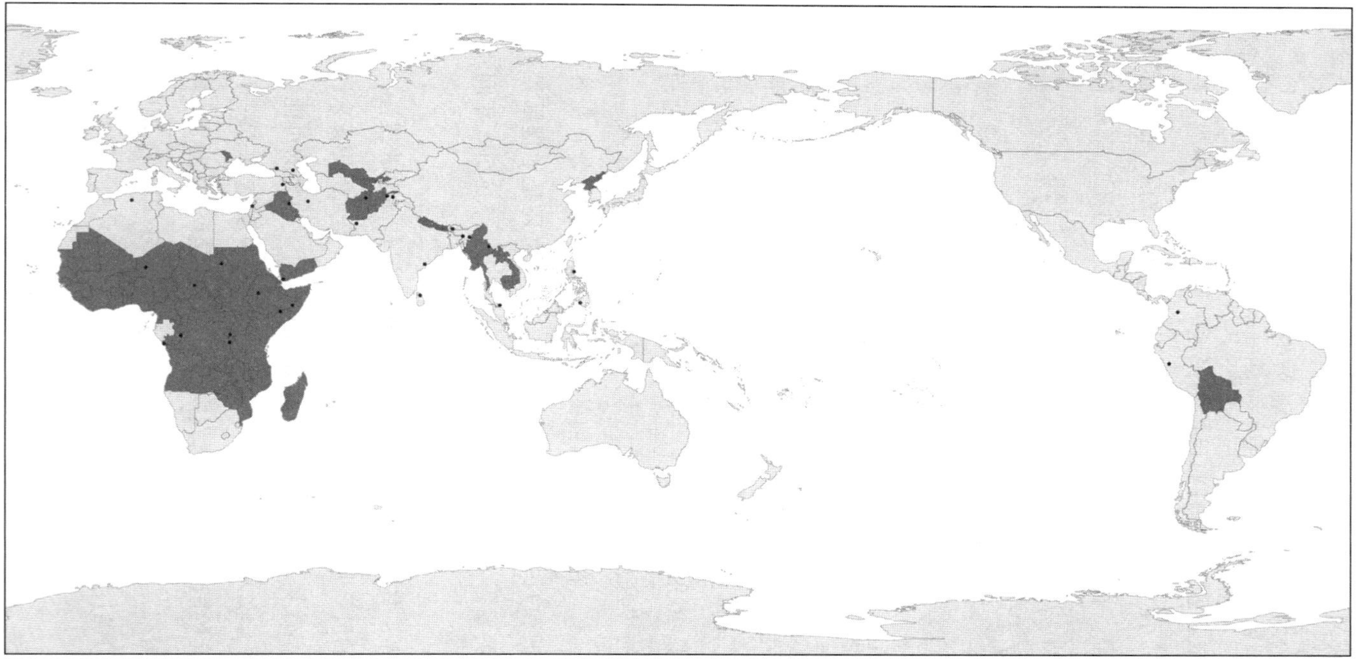

图6-5 2008年世界各地武装冲突的地理分布

深灰色的国家为“底层10亿人”或者世界人均收入最低的国家。黑点表示2008年发生冲突的地点。
资料来源：数据来自奥斯陆国际和平研究所的阿瓦尔·斯特兰德（H ά rvard Strand）和安德烈斯亚·弗若·托勒夫森（Andreas For Tollefsen）；根据哈尔瓦德·比海于格（Halvard Buhaug）和西里·鲁斯塔德（Siri Rustad）2008年为格莱迪奇制作的地图改编。

本书插图系原文插图。

对这种相关性的简单解释是，在资源贫瘠之地，穷人不得不为生存而进行争夺，此即贫困导致战争的原因。尽管某些冲突确实是为了争抢水源和可耕地，但两者之间的关系远不是这样简单。[29]首先，因果的指向关系可以完全相反。人们完全可以说，战争导致贫困，当辛苦修建的道路、工厂和粮仓不断被夷为平地，当技巧娴熟的工人和经理不断被赶走或被射杀，创造财富谈何容易。所以，战争也被称为“逆向发展”。据 307
经济学家保罗·科利尔（Paul Collier）估算，一个国家为一场典型内战所付出的代价是 500 亿美元。[30]

其次，自然资源这一类值钱的东西既不等于财富，也不等于和平。在非洲许多饱受战乱之苦的贫困国家里，到处都是金矿、石油、钻石和其他战略金属矿藏；而一些富裕并和平的国家和地区，比如比利时、新加坡，还有中国香港地区，完全没有任何可以称道的自然资源。肯定存在第三个变量，让我们假定这个既带来财富又带来和平的变量是文明商贸社会的规则和技能。而且，即使贫困确实导致冲突，也很可能不是因为要对稀缺资源进行竞争，而是因为政府没有足够的财力供养一支有效的治安力量和军队来维持稳定。经济发展的成果对政府的作用远大于对游击队的作用，这也是为什么发展中国家中的经济四小虎已享有相对的安定和平。[31]

不论贫困能够产生什么样的效果，对其效果以及其他“结构变量”进行量度，比如度量一个国家人口构成中青年和男性的比重，这些变量的变化都过于缓慢，无法充分解释发展中国家近年来内战的涨落。[32]这些变量与一个国家的管治形式之间存在相互影响。在图表中，20 世纪 60 年代内战部分的增厚有一个明显的触发因素：非殖民化。欧洲统治者在征服殖民地和镇压反叛时也许非常残忍，但一般来说他们有相当有效的治安警察、司法和公共服务系统。虽然他们经常豢养一部分族群，但是他们的目标始终是控制整个殖民地，所以，他们的执法具有良好的普遍性，通常不允许一个族群在迫害另一个族群之后完全不受法律的制裁。当殖民政府撤离时，他们将有效的管治一起带走了。20 世纪 90 年代，当苏联解体、共产党政权在东欧下台后，中亚和巴尔干地区立刻陷入半无政府状态。对于南斯拉夫联邦解体后发生的混乱，波斯尼亚的一位克罗地亚人这样解释说：“我们过去生活在和平与和谐之中，那是因为每隔几百米就有一个警察盯着我们，确保我们彼此非常相爱。”[33]

许多新近独立的殖民地国家的政府被控制在强人、贪官污吏，有时甚至是精神病人的手中。他们任凭大部分国土处于无政府状态，强盗和匪帮横行霸道，挑起战火，这正是我们在第 3 章中从波莉·威斯纳对巴布亚新几内亚文明退化进程的描述中所看到的景象。他们和他们的家族侵吞国家的税收，他们的专制让其他集团除发动政变和起义之外没有任何改变的希望。他们对小混乱的反应进退失据，在事情恶化之前无所作为，之后又派出敢死队毁灭所有村庄，这只会激起更大的反抗。[34]中非帝国的让-贝德尔·博卡萨算得上是这个时代的标志性人物，他给这个小
308 国正式取名为中非共和国。博卡萨有 17 个妻子，亲自切割（甚至有传言说有时还食用）他的政敌的尸体。当学校的学生抗议强制高价购买按照博卡萨规定的样式制作的校服时，他下令将学生殴打致死。他自己举办仪式给自己加冕，还制作了一张黄金的王座和一顶嵌满钻石的皇冠。这场加冕仪式的开销是这个世界上最贫困国家年收入的 1/3。

在冷战期间，许多暴君得以把持权力，是因为得到超级大国的庇护，理由正如富兰克林·罗斯福对尼加拉瓜的阿纳斯塔西奥·索摩查（Anastasio Somoza）的评价：“他也许是个狗崽子，但他是我们的狗崽子。”[35]苏联支持许多政权，目的是向全世界输出共产主义革命；美国支持另外一些政权，目的是要它们不要加入苏联阵营。还有一些大国，比如法国，与任何向它提供石油和矿产品的政权保持友好。专制政府得到一个超级大国的军火供给和金钱资助，反抗这些专制政权的叛军就会得到另一个超级大国的供给和资助，主子的利益在于看见受保护人在冲突中取胜，而不是结束冲突。从图 6-3 可以清楚地看到 1975 年前后，当葡萄牙解散它的殖民帝国，而美国在越南被打败，全世界的反叛者欢欣鼓舞的时候，内战开始了第二次高潮期。1991 年，内战的数量到达高峰，当年共爆发了 51 场内战。绝非巧合的是，那一年苏联解体，以冷战为动机的代理人战争也就此消失。

不过，只有1/5的冲突减少可以归功于代理战争的消亡。[36]某些主义的终结排除了另一个煽动冲突的动力源，它是卢亚德“意识形态时代”的最后一个反人道主义和崇尚斗争光荣的信条（我们将在本章稍后谈到另一个新的斗争信条）。意识形态，无论是宗教的还是政治的，总是要将战争推向死亡分布的长尾部，因为意识形态让领袖头脑发热，力求在毁灭性的消耗战中坚持住，最后压倒对手，完全不介意生命的代价。战后几场伤亡率最惨重的冲突，都是在朝鲜和越南这类政权推动下发生的。这些政权为了击败敌人，都显示了狂热的牺牲精神。

有关美国人在对越战争中打错算盘的著述已经有很多，这些作者大多是当时的决策者。最致命的错误就是他们低估了北越人和越共承受伤亡的能力。随着战事的进行，美国的战略家，比如迪安·腊斯克和罗伯特·麦克纳马拉（Robert McNamara），完全不能想象北越这样一个落后 309
国家能够抵抗地球上最强大的军队。他们总是信心十足地认为，下一次攻势升级将迫使越共投降。约翰·穆勒这样说：

> 如果我们对1816年以来上百个参加了国际战争和殖民战争的国家逐一按照占战前人口的百分比计算死亡率的话，显然有一个极端的个例……它能够接受的战争死亡率是最疯狂的，通常是自杀式的。比如说，是“二战”中的日本人能够接受的死亡率的两倍。而且，罕见的几个经历了如此之高的战争死亡率的国家，例如“二战”中的德国和苏联，都是为了民族的生存而战，而不是为了扩张而拼命。美国人在越南遭遇的对手似乎是一个运作极其有效的组织——耐心、纪律严明、坚韧不拔，基本上没有腐败，也没有令人涣散的自我放纵。虽然越共经常遭受大规模的军事挫败，压力和疲惫无时不在，但是他们总是能够重整士气，重新装备，以更大的斗志返回战场。事实也许正如一位美国将军所说：“他们是我们有史以来遇到的最优秀的敌人。”[37]

一则预言应验了：“杀死我们的10个人，我们也会杀死你们的1个人。到最后，还是你们承受不起。”民主愿意牺牲的生命，只是独裁者愿意失去的一个零头，而且，没有人会去询问被杀死的那10个人怎样看待送命这件事情。尽管占有各种优势，但民主国家最后还是放弃了消耗战。而到20世纪80年代，这些国家从意识形态国家转变为商品经济国家，当权者放松了对国民的统治。自此，他们也不再愿意以原来那样的代价挑起不必要的战争了。

现在的世界，很难再为声誉、荣耀和意识形态所鼓舞，而更多地享受着富足生活的愉悦。当然，被送上战场受死的人也越来越少了。2008年，为了阿布哈兹（Abkhazia）和南奥塞梯（South Dssetia）的一小片疆土的控制权，格鲁吉亚与俄罗斯发生了武装冲突。交战5天后，格鲁吉亚宣告失利，格鲁吉亚总统米哈伊尔·萨卡什维利（Mikheil Saakashvili）向《纽约时报》的作家解释了为什么他决定不组织抵抗占领军：

> 我们可能做这样的选择。我们可以将这个国家变成另一个车臣——我们有足够的人力和物力做到这一点。或者，我们什么都不做，只做一个现代欧洲国家。也许，总有一天，我们会将他们赶出去，但是我们必须跑上山，蓄起大胡子。这个国家会为此背上极其可怕的精神和情感重负。[38]

310 这个解释是夸张的，甚至是不老实的——俄罗斯没有要占领格鲁吉亚的意图，但是，总统的解释确实表达了在“新和平”背后发展中国家面临的一种选择：蓄起胡子上山打游击，或者不采取行动，继续做一个现代国家。

* * *

除了冷战的终结和意识形态的降温之外，还有哪些因素导致过去20年中内战数量减少，以及战争死亡人数锐减呢？而且，为什么在发达国家已经完全看不到的内战，在发展中国家中仍然持续出现（2008年共发生36场冲突，除一场之外全部是内战）？

回答这些问题的最佳切入点是康德的和平三角理论：民主—开放经济—融入国际社会。我在前一章介绍了鲁塞特和奥尼尔的统计分析，他们的分析尺度是整个世界，但分析的对象仅是国家间的争端。康德和平三角理论在分析发展中国家的内战时是否适用？毕竟发展中国家才是当今世界冲突的聚集地。结果是，每一个变量都大有深意。

人们可能认为，既然民主多多益善，是抑制战争的好东西，那么，有一点儿民主也比完全没有民主要好。但在内战的问题上，情况并非如此。在本章前面（以及在第3章我们检视世界的凶杀率时），我们都碰到了伪民主这个概念。这种统治制度既不是完全的民主，也不是完全的专制。[39]在政治学家眼中，伪民主被视为半民主政体、权贵政体，以及（我在一次会议上听人提到的）烂糟政府。我本人最喜欢最后一种说法。这是一些什么也搞不利索的行政当局。与专制政府不同的是，它们不再将自己的人民吓得不敢说话，但是也没有任何谈得上公平的执法系统，而法制是任何一个民主体制的必要条件。相反，它们经常对局部的犯罪活动进行全面打击。它们从专制政权演化而来，全盘继承了其贪腐的习性，将政府的税收和职位据为己有，在亲族之间进行瓜分，权贵的亲族再去行贿，寻求警察的保护、法庭的偏袒或各种许可证；而恰恰在这样的社会，要办成任何一件小事，都需要申请这样或那样没完没了的许可。政府的职位只是一张从事贪腐的门票，要获得政府的职位，唯一的途径就是在政府部门有亲族当权。而对政府的控制需要定期地经受“民主选举”的重新争夺，“选举”的利害关系之重大，不亚于抢夺任何珍贵且不容分享的战利品。家族、宗派、种族等集团围绕选票箱互相倾轧，接着就是试图推翻不符合自己愿望的选举结果。根据《冲突、管治和国家脆弱性全球报告》，爆发新的社会集团之间的战争，比如种族冲突型内战、革命战争和军事政变的可能性，伪民主制比民主制度高6倍多，比专制政权高2.5倍。[40]

前一章中的图5–23展示了为什么半民主的伪民主制国家的暴力成为
当今世界的一个问题。20世纪80年代末以来，随着专制制度的衰落， 311
“伪民主”国家的数量开始上升。目前这些国家从中非到中东，再到西亚和南亚，呈大新月形分布，基本上和图 6-5 中的战区图相吻合。[41]

当政府手中把持了大宗自然资源，例如石油、黄金、钻石和战略矿产的时候，一个赢家通吃的政治制度可以让国家的内战风险成倍增加。这些天赋的财富非但不是祝福，反而是所谓的资源诅咒，也就是众所周知的“富矿悖论”和“傻瓜的黄金”。拥有丰富的不可再生且易被垄断的自然资源的国家，通常经济发展速度更迟缓，政府更贪渎，暴力冲突也更频繁。委内瑞拉政治家胡安·佩雷斯·阿方索（Juan Pérez Alfonzo）说过：“石油乃魔鬼的粪便。”[42]一个国家之所以受到这些富饶资源的诅咒，是因为资源被集中把持在少数权贵和富豪手中，通常是政府的精英，有时是独霸一方的军阀。当权者念兹在兹的无非防止对家染指他们的财源，完全无心于建立交易网络，让社会共富，并在各个集团之间培养相互责任。科利尔和经济学家丹姆比萨·莫约（Dambisa Moyo），连同一批政策分析专家一起呼吁关注另外一个悖论——外援悖论。西方名流倾注了全部热情的外援，很可能也是一杯毒酒，因为它让转手分配外援的当权者有了更大的权力和财力，几乎没有多少外援真正用于建设可持续发展的经济基础设施。昂贵的违禁品，例如古柯、鸦片和钻石是第三种诅咒，其丰厚的收益，让政客和军阀为了保住非法的地盘和走私渠道而不惜凶残地杀戮。

科利尔指出：“21 世纪的‘底层 10 亿’国家，实际上处于 14 世纪的状态：内战、瘟疫和愚昧。”[43]14 世纪是一个灾难性的世纪，当时西方正处于文明进程的边缘，尚未出现有效的政府整合各方利益。穆勒在《战争残余》（*The Remnants of War*）一书中说，当今世界上的大部分冲突不再是职业军队进行的领土争夺战。冲突是由抢劫、恐吓、复仇和强奸构成，施暴者是为军阀和地方政客效劳的无业青年的帮派，很像中世纪爵爷在私人战争中纠集的社会渣滓。穆勒说：

> 这些战争中有很多被贴上“新战争”、“种族冲突”，或者最宏大的“文明的冲突”的标签。但是事实上，尽管不是全部，其中大部分都近乎小团伙（通常是非常小的团伙）的罪犯、匪帮和流氓的伺机

> 劫掠。他们参与武装冲突，不是作为孤注一掷的政府的雇佣军，就是作为独立或半独立的军阀，或者根本就是不折不扣的匪帮。这些施暴者带来的伤害可能是巨大的，施暴的对象一般属于特定的种族、国籍、文化或者宗教派系。他们对主要对手方的人特别残忍，但其行为和一般犯罪无异。[44]

穆勒引用了20世纪90年代各场臭名昭著的内战和种族灭绝的目击者报告，包括波斯尼亚、哥伦比亚、克罗地亚、东帝汶、科索沃、利比里亚、卢旺达、塞拉利昂、索马里、津巴布韦及亚非新月冲突地区内的其他国家。目击者说，这些暴行大多是吸毒后的流氓和醉醺醺的痞子所为。穆勒描述了1989—1996年利比里亚内战中的一些“士兵”： 312

> 按照惯例，战士都是一副美国动作大片，比如《第一滴血》、《终结者》和《丛林杀手》里好汉的做派。许多人都有响亮的绰号，比如“霹雳上校”“无畏上尉”“谋杀首领”“青年杀手上校”“丛林大王将军”“魔鬼杀手上校”“战主三世将军”“耶稣将军”“大麻烦少校”“光腚将军”“兰博将军”。尤其是在初期，叛匪尽情地宣泄对奇装异服的钟爱，简直到了疯狂的程度：妇女的长裙和假发、连裤丝袜、人骨制作的饰品，指甲上涂满色彩斑斓的油彩，甚至还有一个万花图案马桶坐垫做成的头饰（这也许是一个特例）。[45]

政治学家詹姆斯·费伦（James Fearon）和戴维·莱廷（David Laitin）的数据也证明，这些衣饰光怪陆离、武器装备轻便的内战匪帮都是一些小团伙。这些人熟悉当地的地理环境，据此与政府军周旋，而对同情政府和向政府通风报信的人进行恫吓。这一类乡村游击战和叛乱有各种渊源，但其本质并不是种族、宗教和意识形态上的冲突，而更像是流氓集团和黑帮之间的地盘争夺战。费伦和莱廷对1945—1999年的122场内战进行了回归分析，他们发现，在人均收入不变（他们将此作为政府资源的代理变量）的前提下，对少数民族的宗教及其语言实行歧视政策，或者收入高度不平等的多种族和宗教多元的国家发生内战的可能性并不见得更高。更容易爆发内战的是人口众多、多山地、新政府或者政局不稳定、大量出口石油、（或许还有）壮年男性人口比重偏高的国家。费伦和莱廷的结论是："我们的理论解释是，利维坦压倒经济因素。在这些地区，国家相对较弱，而且变化无常，人们既是因为恐惧也是出于投机而寻求地方势力的保护。这些土霸王一面维持一种原始的公正，一面肆无忌惮地为自己或者其他个人之外的目的搜刮保护费。"[46]

* * *

非殖民化后出现无政府状态，逆文明进程中内战数量不断上升，而当文明复兴进程逐步展开，政府不再欺压自己的国民，而是开始提供保护和服务时，内战数量也开始呈现下降趋势。[47]最近，很多非洲国家开始抛弃博卡萨式的狂人，而选择能够承担责任的民主派，比如南非的曼德拉，他称得上是历史上最伟大的政治家之一。[48]

313 变迁不仅要求发生内战的国家改变思想，甚至也要求国际社会改变某些固有的观念。历史学家杰拉德·普吕尼耶（Gérard Prunier）说过，在20世纪60年代的非洲，摆脱殖民统治争取独立成为终极理想。新独立的国家立即着手展开为主权国家挣面子的各项事业，比如航空公司、大会堂和国家级别的机构。许多国家深受"依附理论"的影响，这种理论提倡发展中国家不参与世界经济，而是发展自给自足的工业和农业。今天，大多数经济学家都认为这种政策必然导致贫困。经济民族主义通常与浪漫的军国主义结合在一起，军国主义颂扬暴力革命。20世纪60年代的一个标志性作品——切·格瓦拉棱角鲜明的肖像，正体现了这一点。一旦顶着革命光环的独裁者失去威望，民主选举就成了新的灵丹妙药。对于文明进程中孕育的各种面目阴沉刻板的机构，比如一个有效的政府和警察部门，一套可靠的商贸基础设施，人们觉得毫无浪漫可言。但是历史告诉我们，这些机构对于减少长期暴力是必要的，因而是所有其他社会良序的先决条件。

在过去20年来，大国、捐赠国和国际组织（比如非洲联盟）一直在强调这一点，它们排挤、惩罚、谴责，甚至在某些情况下侵入一些由无能的暴君统治的国家。[49]追踪和打击政府腐败的措施，以及辨识出不利于发展中国家加入全球贸易的各种障碍，都已经成为普遍的实践。很可能就是这些质朴无华的工作，共同扭转了从20世纪60年代直至90年代初让发展中国家陷于内战的政府畸形和社会病态。

理性的政府通常奉行民主和市场导向的政策，几项对内战数据进行的回归研究，期望找到类似“自由和平论”这样的解释发达国家间得以避免战争的根据。我们已经看见，和平的第一个支柱“民主”，不能减少内战的数目，尤其是在以权贵倾轧为特色的伪民主政体当道的时候。但是，即使是这样的民主，似乎也仍然可以减缓内战的严重程度。政治学家拉齐纳发现，如果其他变量不变，民主国家的内战与非民主国家的内战相比，死亡人数减少一半。格莱迪奇在2008年一项有关“自由和平”的调查中得出结论说：“民主国家很少发生大规模内战。”[50]“自由和平论”的第二个支柱要更强大一些，即向世界经济开放门户，包括开放贸易，开放外国投资，开放附带条件的外援，以及开放电子媒体。这一支柱既有助于减少内战发生的可能性，也有助于减轻内战的严重程度。[51]

*　*　*

康德和平论共有三个支柱。第三个支柱是国际组织，其中在消除内战方面成效最显著的莫过于国际维和部队。[52]在非殖民化的几十年间，内战层出不穷，问题不仅在于战争爆发数量剧增，更麻烦的是战争旷日持久，旧的战火未熄，新的硝烟又起，每年平均有2.2场新战争爆发，只有1.8场旧战争结束。[53]到1999年，平均的内战长度已经达到15年！20世纪90年代末及21世纪初，情形才开始变化，战争结束的数量终于开始超过新爆发的内战数量。更多的内战以没有明显胜负的谈判和解告终，而非血战到底。在过去，这些内战经常在停火数年后重新开战，但现在死灰复燃的情况已经非常罕见了。 314

维和部队的出现与和平趋势高度吻合。图6-6显示，从20世纪80

年代末开始，国际社会加强了维和行动，特别是大量增加维和人员的数量，使他们能够更好地履行职责。冷战结束是一个转折点，大国终于更愿意看见战火平息，而不是一定要看见自己的傀儡获胜。[54]维和行动的升级，也标志着人道主义时代的到来。在人们眼中，战争已经开始变成臭不可闻的脏东西，即使是只有黑人和棕色人送命的战争。

图 6–6 1948—2008 年维和行动数量的增长

资料来源：格莱迪奇绘图，2008 年，数据来自西里 · 鲁斯塔德。

联合国问题多多，但维和是它的长项之一，尽管它还做不到防患于未然。“维和行动有效吗？” 这是政治学家弗吉尼亚 · 佩奇 · 福特纳（Virginia Page Fortna）一篇文章的标题，她在文章里回答说：“毫无疑问，有用！”[55]福特纳整理了 1944—1997 年各次内战 115 个停火案例的数据，观察维和部队的存在是否减少了战争重启的机会。数据包括联合国维和行动、北约和非洲联盟这些永久性组织的行动，以及一些国家临时
315 联盟的行动。她发现，维和行动让内战复燃的机会减少了。这并非说维和行动无往不利，波斯尼亚和卢旺达的大屠杀就是两个有目共睹的失败案例。维和的作用主要在于一般来说它能够阻止战火重燃。维和部队不需要重兵。就像一个瘦小的裁判可以拉开两名厮打在一起的冰球悍将，

轻装甚至没有武器的维和部队也可以分隔敌对的民兵，并引导他们放下武器。即使维和部队不能带来完全停火，它也可以起到预警大冲突的绊网作用。并不是所有维和部队都必须是戴蓝色贝雷帽的士兵。审核选举，改造警察，检查人权状况，监督无能政府的运作，都是非常重要的工作。

为什么维和行动有效？第一个原因与利维坦有关：具备一定规模且武装优异的维和行动，可以直接对破坏和平协议的一方进行打击，提高侵犯行为的成本。成本和收益既有名誉上的，也有物质上的。对于莫桑比克反对派领袖阿丰索·德拉卡马（Afonso Dhlakama）和他的全国抵抗运动与政府签署和平协议一事，一位维和行动的参与者这样评论说："对德拉卡马而言，被认真对待，能够参加鸡尾酒会，受到尊敬，就已经意义重大了。通过联合国的斡旋，政府不再称全国抵抗运动为'武装匪帮'。被人争相拉拢的滋味真是挺不错的。"[56]

甚至小规模行动也可以有效地维持和平。维和部队的出现，打消了冲突双方出于恐惧对方先下手而发动攻击的冲动。而接受维和部队这一行动本身就显示了各方确有停止冲突的意愿。一旦维和部队进入指定地点，他们就开始监督停火协议的执行情况，确保双方都相信对方没有暗中备战的企图。维和部队也可负责维持日常治安，以防范小规模暴力行为引发不断升级的循环复仇。他们也可以找出那些想要撕毁停火协议的刺头和捣乱分子。如果有个别人破坏协议，发动挑衅性攻击，这时也只有维和部队有能力向被攻击方证明这只是流氓行动，而不是重启内战的信号。

维和行动的影响力不限于此。他们还可以试着封锁叛军和军阀的主要资金来源——违禁品交易，这些人往往是同一类人。维和人员还可以向遵守和平协议的一方提供资助，增强他们的实力，让他们在选举中赢得更多的支持。一位塞拉利昂人在谈到某位总统候选人的时候感叹说："卡巴去哪里，白人就去那里，联合国也去那里，钱也跟着去了那里。"[57]
第三世界国家的军人，就像中世纪欧洲的战士一样，报酬通常就是劫掠 316
的机会。维和部队手中的钞票可以用于"裁军、解除武装、重返社会"

项目，将“光腚将军”和他的同伙拉回公民社会。维和人员可以充当重要的中间人。对那些有更多意识形态追求的游击队来说，从一个中立方手中拿钱这个事实，说明他们还没有将自己卖给可憎的敌人。金钱也可以被用作迫使政府向政敌或特定的种族集团开放职位的杠杆。接受金钱的诱惑，向中立的第三方妥协，而不是直接面对自己的对手，是一种保全面子的安排。联合国在塞拉利昂的工作人员德斯蒙德·马洛伊（Desmond Malloy）指出：“维和人员创造了一种和谈的气氛。（妥协）成了一个面子问题——这是人类的特性。因此，需要一种能够达成妥协又不失尊严和面子的机制。”[58]

* * *

对于那些熟知刚果民主共和国、伊拉克、苏丹和其他死亡之地的读者来说，上面那些鼓舞人心的统计仍然没有足够的说服力。奥斯陆国际和平研究所和乌普萨拉冲突数据项目的数据在两方面受到了限制。它们只包含国家主导的冲突：战争中至少有一方是政府。死亡也只计算了战争相关死亡。如果我们开始寻找没有掉在这些灯柱下面的钥匙，战争和死亡的趋势会是什么样子呢？

首先是非国家间冲突（也称社区间暴力冲突）。在这类冲突中，军阀、民兵、黑帮、叛乱团体，以及通常属于某个种族集团的准军事人员互相开战。这些冲突通常发生在国家失败的地方。当一场战争看不见政府的身影，说明政府已经丧失了对暴力的垄断权。直到最近，战争专家一直对这一类战争没有兴趣。没有人追踪，也就没有记录和数据，因此也就无从描绘趋势。联合国给自己的使命是防止“战祸”，但它拒绝对社区间暴力（或者其他类型的武装冲突）进行统计，因为联大的成员国不愿意让社会学家在它们的国境内到处探头探脑地做调查，或者暴露政府凶残的暴力，或者暴露因政府无能而未能防范的凶杀。[59]

尽管如此，纵观历史，今天的非国家暴力冲突比过去几十年和几百年减少了很多。在那些年代中，地球上的大部分地区还不知道什么是国家。部落战争、打劫奴隶、游牧部落的抢劫、海盗袭击、贵族和军阀的私家战争，已经为害人类数千年。在 1916—1928 年中国军阀混战的 12 年间，有超过 90 万人死于战祸。[60]

从 2002 年起，乌普萨拉开始建立“非国家冲突数据库”。这些数据 317
给我们三点启示。第一，在某些年份，非国家冲突的数量和国家主导的冲突一样多，这种情况说明的是战争稀少，而不是社群间冲突频繁。毫不奇怪，大多数社群间冲突集中在撒哈拉以南的非洲，但最近一段时间以来，此类冲突在中东（主要是伊拉克）有增长的迹象。第二，非国家冲突杀戮的人数远远低于有政府参与的暴力行动，约为后者的 1/4，当然这也无须惊讶，按照定义，政府本来就是暴力机器。第三，2002—2008 年（该数据库中的最新数据）的冲突死亡人数明显呈下降趋势，尽管 2007 年是伊拉克社群间冲突伤亡最惨重的一年。[61] 所以，可以肯定，非国家间冲突造成的伤亡，不足以改变全世界武装冲突死亡水平下降这个“新和平”时代的基本事实。

*　*　*

统计在战乱中平民因饥饿、疾病和混乱而死亡的数字是更艰巨的挑战。人们常说，在一个世纪之前，平民死亡仅占战争死亡的 10%，而在今天，这个比重是 90%。与这个说法相一致的是，流行病学家的最新调查显示，平民（直接和间接）“非正常死亡”的数量之多令人毛骨悚然。他们的调查方法不是从媒体报道和非政府组织报告中统计尸体数量，而是由调查人员选择样本对象，询问他们认识的人中是否有人遇难，再将得到的数字根据占总人口数的比例外推。一项 2006 年发表在医学期刊《柳叶刀》上的调查估计，2003—2006 年，伊拉克战争中共有 60 万人丧生，这远远高于奥斯陆国际和平研究所和人权组织“伊拉克死亡统计”记录的 8 万至 9 万人的战争死亡。[62] 刚果民主共和国的另一项调查显示，内战的死亡人数为 540 万人，是奥斯陆国际和平研究所估算的战争死亡数的 35 倍，而这个数字超过了奥斯陆统计库中 1946 年以来各种战争死亡总数的一半。[63] 即使假定奥斯陆国际和平研究所的数字有意取死亡统计的下限（因为对死亡的原因有严格的限制），两个数字之间的差距也实在太大了。人们不得不怀疑，在总体上，战争死亡率的下降是否真的能说明和平时代的到来。

伤亡数字总是伴随着道德指责，所以我们无须惊讶这三个数字被广泛传播。它们被用来谴责布什的伊拉克战争以及世界对非洲的忽视。但是，如果我们客观地看待数据的来源，应该发现这些修正主义的估测都是缺乏根据的。（在此，没有必要一再强调，这不等于说人们应该对战时的平民死亡无动于衷。）

首先，通常所说的10%到90%的战争死亡为平民死亡之说，已经被证明完全是臆造。政治学家、“人类安全报告项目”的安德鲁·麦克（Andrew Mack）、乔舒亚·戈尔茨坦和亚当·罗伯茨（Adam Roberts）都
318 知道这个“10%到90%”的标签没有数据的支持，都曾尝试寻找这个数据的来源。[64]他们也知道，这种数据经不起合理性检验。在人类的大部分历史中，依靠土地为生的农民，几乎不生产任何剩余。不事耕耘的兵痞动辄就可以颠覆农村人口和食物的脆弱平衡，让人们陷入饥荒。“三十年战争”的历史特别能显示战争的危害，不仅大量平民死于屠杀，而且家园、庄稼、牲畜、供水遭到蓄意破坏，又造成更大数量的平民死亡。美国内战期间，在封锁和焚烧庄稼粮仓等焦土政策的夹击下，成千上万名平民死于饥饿。（在小说《飘》中，女主人公郝思嘉发誓不再挨饿，这展现了当时的历史现实：“上帝为我做证，我再也不要挨饿了!”）[65]在第一次世界大战期间，前线穿过人口密集的地区，向城镇和村庄发射炮弹，双方都试图用封锁使对方的平民挨饿。我已经提到过，如果将1918年大流感的受害者算作战争的间接死亡，“一战”的平民死亡数量会增加几倍。同样发生在20世纪上半叶的第二次世界大战，屠杀平民的方式有集中营、空袭、《第五屠宰场》式的对德国和日本城市进行的狂轰滥炸，此外还扔了两颗原子弹。今天的战争，无论如何伤害平民，也不可能达到当年的规模了。

戈尔茨坦、罗伯茨和麦克将这个模因追溯到一系列含混的重述中。在这些重述中，对不同类型的伤亡估算进行了混搭：将一个时期的战争死亡人数和另一个时期的战争死亡人数、间接死亡人数、受伤人数和难

民人数进行了比较。麦克和戈尔茨坦估计，平民死亡的数量相当于战争死亡数量的一半，在各次战争中的比重有所不同，但随着时间的推移，这个比重并没有越来越大。的确，我们将要看到，这个比重在最近大幅度下降了。

《柳叶刀》刊登的流行病学家对伊拉克战争死亡的估计引起了广泛关注。[66] 8 名卫生工作者组成的团队在 18 个地区挨家挨户地走访，询问各家最近的死亡情况。流行病学家将 2003 年入侵伊拉克前几年的死亡率从之后几年的死亡率中减去，认为两者之差是战争造成的死亡率，再用这个死亡率乘以伊拉克的总人口。这种算法的结果是如果没有发生美国入侵，会减少65.5 万名伊拉克人的死亡。被调查的家庭显示，这相差的 65.5 万死亡人口中有 92% 都是非正常死亡，他们死于枪伤、空袭、汽车炸弹，而不是疾病或饥饿这样的间接死亡。如果这个数据是真实的，那么常规的死亡计算就是低估了约 6/7。

如果样本的选择不遵循严格的标准，那么，将小样本的结果外推到整个人口可以导致巨大的偏差。由迈克尔·斯巴盖特（Michael Spagat）和尼尔·约翰逊（Neil Johnson）率领的一个统计学家小组发现，这些估算完全没有可信度，因为在被调查的家庭中，居住在主要街道和道路交叉口旁的 319
家庭数目多到不合比例，而这些地段往往是炸弹爆炸和枪战最密集的地带。[67]世界卫生组织进行的一项改进研究得出的战争死亡数字是《柳叶刀》中的文章估算的 1/4。即使是这个数字，也对原始估计数按照 35% 的容差系数进行了上调，以弥补撒谎、迁移和记忆衰退造成的误差。他们未经上调的死亡数字是 11 万人左右，非常接近战争死亡的点算数字。[68]

另一组流行病学家为了挑战 20 世纪中期之后战争死亡减少的一般性结论，对 13 个国家的战争死亡进行了新的推算。[69]斯巴盖特、约翰逊和他们的合作者对这些数据进行了研究。结果表明，他们的推算点散布在世界各处，对于追踪时间序列上的战争死亡毫无帮助。[70]

刚果民主共和国内战中有 540 万人死亡（90% 死于疾病和饥饿）的报告是否可信呢?[71] 结果，这个数字也是被夸大了的。国际救援委员会（The International Rescue Committee，IRC）得出这个数字所依据的战前死亡率过低，因为它使用的是撒哈拉以南的非洲的总体死亡率，刚果民主共和国的情况要糟糕得多，而计算依据的内战战争死亡率的估算又过高，因为它的数字来自国际救援组织提供人道援助的地区，那恰恰是受战争影响最严重的地区。“人类安全报告项目”意识到刚果民主共和国内战的间接死亡人数很多——很可能超过 100 万，但是项目审慎地拒绝接受流行病学家回顾调查推算的非正常死亡，理由除了他们的样本偏差，还有他们的估算需要揣测如果战争没有发生，事情会是什么样的。[72]

令人惊讶的是，“人类安全报告项目”搜集的证据说明，在过去 30 年的战争中，疾病和饥饿带来的死亡率呈现下降而不是上升的趋势。[73]这听起来似乎是说战争对孩子和其他生命是有益的，但这绝非他们统计分析的本意。相反，他们记录了过去这些年来发展中国家因营养不良和饥饿导致的死亡数量稳定减少，今天的内战大多是一个国家内一小撮叛乱分子在某个地点上的区域性战争，其破坏程度不足以扭转局面。事实上，当医药和食品能够在人道主义停火期间快速送达战区，营养不良和饥饿的死亡率可以加速下降。

这怎么可能呢？很多人都没有意识到联合国儿童基金会呼吁的一场“儿童生存革命”（5 岁以下的儿童是人口中最脆弱的人群，因此需要特别的援助，但这场革命也保护成人的生存）。现在的人道主义援助开始变得更聪明了。过去的援助组织经常是对着问题砸钱，现在它们已经掌握了公共卫生科学的新发现，了解哪些灾祸的杀伤力最大，也知道什么样的手段能够最有效地对应这些问题。发展中国家的儿童死亡主要有四
320 个原因：疟疾；腹泻性疾病，比如霍乱和痢疾；呼吸道感染，比如肺炎、流感和肺结核；以及麻疹。每一种疾病都是可以预防和治愈的，而且费用相当低。蚊帐、抗疟疾药、抗生素、饮水净化器、（在干净的饮水中加入少许食盐和糖的）口服补液疗法、疫苗、母乳喂养（此举可减少婴儿感染腹泻和呼吸系统的疾病），仅仅这些简易可行的手段就可以挽救大量生命。在过去的 30 年中，仅疫苗一项就拯救了 2000 万人的性命（1974 年时，全世界只有 5% 的儿童受到疫苗的保护，而今天，这个数字是 75%）。[74]即时治疗性食品，比如用锡纸包装的花生酱软糖，据说很受孩子喜爱，它是对付营养不良和饥饿的利器。

这些措施大大降低了战争的生命损失，也消除了对战争间接死亡大幅度上升抵消或者完全覆盖战争死亡减少的忧虑。“人类安全报告项目”估计，在朝鲜战争4年中，朝鲜总人口中平均每年有4.5%死于疾病和饥饿。而刚果民主共和国的内战，即使我们接受极其悲观的估计，即有500万人的间接死亡，平均每年的死亡率为全国人口的1%，也比朝鲜战争低80%以上。[75]

站在发展中国家的角度很难看到光明的一面，因为战争的余孽仍在制造无数的悲惨事件。我们在剔除夸张不实的数字方面所做的种种努力，似乎在斤斤计较地量化他人的痛苦，显得很没心没肺，特别是这些数据经常被用来作为筹集资金和呼吁关注的宣传素材。但是，追求真相，不仅是保持信誉，也是一种道义责任。知道全世界死于战争的人越来越少，对那些在每日新闻的轰击下已经麻木不仁、无动于衷的人是一服清醒剂，否则，很多人会认为穷国早已落入万劫不复的深渊了。与其揽镜自赞利他主义的高风亮节，不如更好地理解到底是什么力量在驱动这些数字减少，让我们可以再接再厉，继续努力改善人类的福祉。这些统计数字展现了若干意外的启示，有些听起来激动人心的东西，比如独立、自然资源和民主选举（当它没有效力的时候），都是增加暴力死亡的力量；而有些听起来枯燥的工作，比如有效的执法、向世界开放经济、联合国维和部队和花生酱软糖，都可以减少死亡。

大屠杀的走势

我们这个可悲的物种有能力从事各种各样的暴力，其中最独特的是大屠杀，它不仅令人憎恶，而且让人无法理解。我们可以理解人类为什么一次又一次地为了金钱、荣誉、爱情而发生致命的冲突，为什么对有过失的同类重刑惩罚，甚至为什么在见到手持武器的人时也会拿起武器兵戎相见。但是，有些人想要杀死数百万无辜的人，包括妇女、儿童和老人。我们作 321
为人类自称有人性，可这些行为却毫无人性可言。无论是叫作种族灭绝（因为人种、宗教信仰、族裔以及其他具有某种不可更改属性的成员身份而施加的杀戮），还是叫作政治清洗（因为政治立场而施加的杀戮），或者叫作政府屠杀（democide，政府或者民兵对平民进行的大规模杀戮），都是对人进行分类再施以杀戮，仅仅是因为他们是谁，而不是因为他们干了什么，他们就必须被杀死。这似乎与通常的谋财害命、恐惧和报复这些动机都没有关系。[76]

种族灭绝的受害者人数之巨超出了人们的想象。鲁梅尔是最早开始尝试统计大屠杀受害者人数的历史学家之一。他最著名的估算是，20 世纪被自己政府杀害的人的总数达到了 1.69 亿。[77]显然，这个数字是被高估了，但大部分研究暴力的学者都承认，20 世纪死于自己政府之手的受害者人数多过战争死亡。[78]马修·怀特对各种出版物中的死亡数字进行了综述，他认为，有 8100 万人死于政府的暴行，有 4000 万人死于人为的饥荒，总计有 1.21 亿人死于政府之手。相比之下，战争造成 3700 万军人和 2700 万平民的战争死亡，另有 1800 万人死于战争连带的饥荒，共有 8200 万人死于战争。[79]（怀特补充说，大约半数的政府屠杀发生在战争期间，没有战争，这部分杀戮也许不会发生。）[80]

在如此短的时间内杀害如此多的人，需要大规模杀伤的手段，这是大屠杀之所以恐怖的又一个层面。纳粹的毒气室和焚尸炉已经成为种族灭绝不可磨灭的象征。但是，大批量杀戮并非离不开现代的化学科技和铁路。1793 年，在法国大革命时期，革命政府镇压旺代地区的叛乱时，有人竟然想出用驳船大量处决犯人的主意——将塞满犯人的驳船完全浸入水中一段时间，直到船舱内所有人都在水中溺毙，再将驳船浮出水面，换下一批死囚。[81]在纳粹集中营中，毒气室并不是最高效的杀人工具。纳粹的党卫军别动队，或者说是行刑队用机枪扫射杀死了更多受害人，正如历史上驾驶两轮战车的亚述士兵，或者骑在骏马上的蒙古人在奔驰中用标枪刺杀敌人。[82]1972 年，布隆迪的图西族人大肆屠杀胡图族人（22 年后，卢旺达胡图族人反过来大肆屠杀图西族人）。一个行凶者这样解释说：

有好几种手段，好几种。一种是将 2000 人关在一栋房子，比如说监狱里。有几间大房间。锁上门窗。将这些人留在里面 15 天，没有吃没有喝。然后打开房门的时候，看到的都是尸体。不用殴打，什么都不用做。全都死掉了。[83]

乏味的军事术语“围城”掩盖了这样一个事实：剥夺一座城市的食物，让受困者在饥饿中耗竭生命，这是一种久经检验、成本有效的灭绝手段。弗兰克·乔克（Frank Chalk）和库尔特·约纳松（Kurt Jonassohn）在《种族灭绝的历史和社会学》（*The History and Sociology of Genocide*）一书中指出：“历史教科书几乎从来不报道一座古代城池的倾覆对它的居民意味着什么。”[84]《旧约·申命记》中有一段文字记载了追忆的预言，其依据就是亚述人或者巴比伦人的征服： 322

你在仇敌围困窘迫之中，必吃你本身所生的，就是耶和华你神所赐给你的儿女之肉。你们中间柔弱娇嫩的人必恶眼看他弟兄和他怀中的妻，并他余剩的儿女，甚至在你受仇敌围困窘迫的城中，他要吃儿女的肉，不肯分一点给他的亲人，因为他一无所剩。你们中间柔弱娇嫩的妇人，是因娇嫩柔弱不肯把脚踏地的，必恶眼看她怀中的丈夫和她的儿女。她两腿中间出来的婴孩与她所要生的儿女，她因缺乏一切，就要在你受仇敌围困窘迫的城中，将他们暗暗地吃了。[85]

在种族灭绝的数字和方式之外，施暴者沉湎于毫无约束的施虐狂状态，种种恶行煎熬着人类的道德想象力。来自世界各地和各个时代的目击者描述了受害者在被处死之前还受到过什么样的嘲弄、折磨和残害。[86]在陀思妥耶夫斯基在小说《卡拉马佐夫兄弟》中，提到 1877—1878 年俄土战争期间，土耳其人在保加利亚的暴行：胎儿被从母亲的子宫中揪出来；在执行绞刑的前夜，用钉子将囚犯从两耳处钉在栅栏上。对此他评论说：“人们有时候说到人身上残忍的‘兽性’，这种说法对动物极其不公平而且粗暴。没有任何动物像人这样残忍，像人这样技艺高超、匠心独具地残忍。一只老虎只能咬和撕，这就是它能做的全部。即使它做得到，它也绝对想不到要从耳朵处把人钉在墙上过夜。”[87]我本人读过这些记录种族灭绝的历史资料后，脑中留下的那些印象让我终生难得安眠。让我在此复述一件我无法忘怀的事例，不是因为它们血腥（这样的血腥在史书中无处不见），而是因为它们的冷酷。该事例来自哲学家乔纳森·格洛弗的《人道论：20 世纪的道德史》（*Humanity：A Moral History of the Twentieth Century*）。

323 在波兰的纳粹集中营，克里斯蒂安·维尔特是一个奴工营的指挥官。在他的营地，犹太囚犯分拣从被德国人杀害的犹太同胞身上剥下来的衣服，这些囚犯一直劳作到死。囚犯的孩子被从父母身边带走，送到另一个死亡营。

> 维尔特只破例留下了一个孩子……他给这个年约 10 岁的犹太男孩糖果，让男孩穿上小党卫军的军服。维尔特带着男孩骑马在营地巡视囚犯，维尔特骑着一匹白马，男孩骑着一匹小马驹，两个人抱着机关枪近距离向囚犯扫射（包括男孩的母亲）。[88]

格洛弗忍不住评论说：“这是赤裸裸的轻蔑和戏弄，令人深恶痛绝。”

* * *

人为什么要做出这样的恶行？要想理解人类的“因类而诛”，我们必须从人类聚类分群的心理学开始。[89]

人在自己的头脑中将其他人按照归属、习俗、相貌和信仰分门别类。虽然我们总是批评这种因陈袭旧是一种心智缺陷，但是，分门别类是处理情报信息不可或缺的手段。分类让我们得以根据一个对象的少数可观测的品质，而对其大量未经观测的品质进行推断。如果我注意到一种水果的颜色和形状，将之分类为一种覆盆子，我就能够推断它有甜味，可以充饥，没有毒。对于将人像水果分类一样根据某些共性分门别类，是政治正确感所不能接受的，但是如果没有这样的分类，也就没有各色各样的文化可供赞美，没有任何民族的品质让人骄傲。人以群分，除了统计学上的意义，还因为他们确实共享一些特性。所以说，人在头脑中对个体按所属群体做划分，事实上并不是心智缺陷。今天美国非裔确实比白人更依赖福利，犹太人的人均收入比盎格鲁-撒克逊新教徒要高，商学院的学生就是比学艺术的学生在政治上更保守——这一切都是平均意义上的。[90]

分类产生的问题往往超出统计学的范畴。首先，当人们处于某种压力、混乱或者情绪化的状态时，他们立刻忘记对人的分门别类只是一个近似值，而认为这些僵硬的条条框框可以套在每一个男人、女人和孩子身上。[91]其次，人有将对人群的分类道德化的倾向，将自己赞赏的品质赋予盟友，而将自己唾弃的品质安在敌人身上。比如，在“二战”期间，美国人认为，苏联人比德国人有更多优点，而在冷战期间，他们的想法正好倒转过来。[92]最后，人有将对人群的分类本质化的倾向。在实验中，孩子们告诉实验者，出生即被调包的婴儿开口说话的 324
时候将使用他们生父母的语言，而不是养父母的。而成人认为，一个特定的族裔和宗教集团的成员具有相同的类生物化的本质。也就是说，这个集团中的人是匀质的、不可变的、可预知的，而且是与其他集团的成员有区别的。[93]

当人们处于冲突中时，这种将人划类而分的认知习惯变得非常危险。它将霍布斯的暴力动机——利益、恐惧和威慑，从宣泄个人纠纷的小调转变为一场族裔战争的宣战书。历史调查显示，种族灭绝是由这三种暴力动机造成的。我们将看到，在酝酿的过程中还加入了两种剧毒的催化剂。[94]

一些种族灭绝的起因纯粹是为了自己的方便。原住民占据了一片沃土，或者垄断了水源、食物、矿藏，入侵者则想据为己有。扫除这些人如同清理灌木和消灭害虫，行为背后的心理学并不深奥，就是人类的同情心可以根据对他人的分类而开启和关闭。许多对原住民的大屠杀完全是为了抢夺土地或者奴隶，而将受害者划归劣等人种。此类种族灭绝包括美洲殖民者或政府对美洲原住民数不清的驱逐和屠杀，比利时国王利奥波德在刚果自由邦对非洲部落的残暴统治，德国殖民者在非洲西南部对赫雷罗人实施的灭绝，以及21世纪在苏丹政府支持下，贾贾威德武装组织对达尔富尔地区的侵袭。[95]

当征服者发现，他们不妨留原住民一条命，让原住民纳贡缴税时，种族灭绝又有了第二种赤裸裸的用途。享有嗜血魔头威望的征服者，可以随时向一座城市下达最后通牒——投降或者屠城。为了提高威胁的可信程度，入侵者必须做好屠城的准备。这正是成吉思汗和他的骑兵荡平西亚城市背后的理由。

一旦征服者将这些城市和领土纳入自己的帝国，他们就用雷霆手段镇压一切反叛，并以此来威胁被征服者保持顺从。公元68年，亚历山大总督招来古罗马军队镇压犹太人反抗古罗马统治的起义。根据历史学家弗拉菲乌斯·约瑟夫斯（Flavius Josephus）的记载，“一旦（犹太人）兵败，他们就被毫不留情地彻底消灭。有些人在野外被活捉，还有一些被赶进屋子里劫掠一空后，再付之一炬。古罗马人对婴儿毫无悲悯之心，不分老幼，格杀勿论，直到血流遍野，5万名犹太人被杀光”。[96]20世纪，苏联人在阿富汗，以及印度尼西亚和中美洲国家的右翼军人政府都在镇压叛乱时使用过类似的战术。

325 一旦受到非人对待的一方奋起自卫，或者反败为胜，就很可能出现团体间相互恐惧的霍布斯陷阱。各方都视对方为生存威胁，必欲先去之而后快。20世纪90年代南斯拉夫分裂之后，塞尔维亚民族主义分子对波斯尼亚人和科索沃人进行种族灭绝，部分原因是他们深恐自己成为对方屠杀的受害者。[97]

如果一个群体的成员看见自己的同志遇难，或者自己侥幸逃脱灾难，或者偏执地忧虑自己成为打击对象，这些人可能在心中激起道德义愤，向他们认为的袭击者寻求复仇。和所有形式的复仇一样，一旦报复性的屠杀箭在弦上不得不发，目的就无关紧要，重要的是已然广而告之、无路可退的冲动必须一条道走到黑，付出任何代价都在所不惜。这也许已经通过进化，通过文化范式，或者两者兼而有之，成为人类大脑中的固定程式，为了证明威慑的可靠性，必须进行杀戮。

这些霍布斯式的动机无法充分解释为什么这些掠夺、先发制人或者报复性的杀戮必须针对整个群体，而不是仅仅针对那些挑起冲突或制造麻烦的个人。将人分门别类的认知习惯也许是一个理由，小说《教父》第二部里提供了另外一种解释：年幼的维托·柯里昂的妈妈乞求西西里黑手党大亨饶过孩子的性命：

> 寡妇：尊敬的弗兰西斯科，你杀死了我的丈夫，因为他不肯屈服，杀死了他的大儿子，因为他发誓复仇。但是，维托才9岁，呆头呆脑的。他什么也不会说。
>
> 弗兰西斯科：我不是怕他讲话。
>
> 寡妇：他很弱小。
>
> 弗兰西斯科：他会长成汉子的。
>
> 寡妇：一个孩子不能伤到您。
>
> 弗兰西斯科：他会是一条汉子，那时他就要来寻仇了。

而他也确实回来复仇了。在电影中，成年的维托回到西西里，找这位黑手党大亨说话。他在这个老头的耳朵边小声报出自己的名字，接着把老弗兰西斯科像切鲟鱼一样开了膛。

家庭、亲族和部落内成员间的团结——特别是他们寻求复仇的决心，让他们认为任何一个成员被挑衅，就是他们全体被挑衅。虽然经常接触而力量相当的两个群体一般会将复仇限制在以眼还眼、以牙还牙的对等水平，但一再发生的暴力可以将偶尔的愤怒变为长期的仇恨。亚里士多德说过："愤怒的人希望自己愤怒的对象不断地受苦，充满仇恨的人则希望仇恨的对象永远消失。"[98]当一方发现自己在数量或者战术上占有优势，它就有可能抓住机会实施最后的解决方案。对抗的部落都明白种族灭绝的实践优势。人类学家拉斐尔·卡斯滕（Rafael Karsten）与亚马孙厄瓜多尔的黑瓦洛人一同叙述了他们的战争方式（在显示战争死亡率的 326
图2-2中，这个部落是一条长线）：

> 在分部落内部发生的小争斗具有私人间血债血偿的特点，其原则是公正的复仇，而两个不同部落之间的战争原则却是灭绝。在灭绝性战争中，没有以命偿命的问题，战争的目标是彻底消灭敌对部落……胜利方最大的顾虑就是留下一个敌人的性命，哪怕是一个小孩子的性命。他们担忧任何活口都有可能在将来向胜利者复仇。[99]

人类学家玛格丽特·德拉姆（Margaret Durham）的研究为我们提供了发生在距离亚马孙半个地球之外的一个类似的细节。在阿尔巴尼亚部落，他们通常尊奉对等复仇的规范：

> 1912 年 2 月，我接到报告，说的是一起惊人的大规模司法案件……梵迪亚家族的一个家庭，长期以来有作恶的坏名声——抢劫，枪击，在部落里为非作歹。首领在一次聚会上判决这个家族的所有男子死刑。一些男子被指派在某一天伏击他们，将他们捉拿归案。那一天，这个家族有 17 个男子被枪杀，其中一个只有 5 岁，另一个只有 12 岁。我谴责他们杀害无辜的儿童，但是他们说："这都是些孽种，不能让他们继续繁衍。"这种对遗传的信念，等于是说要杀死一个怀孕的不幸妇女，以免她生下一个男孩，从而再次作恶。[100]

本质主义者的"孽种"概念是几个生物学隐喻之一，其灵感来自对摇篮复仇的恐惧。人们预计，即使只有寥寥几个被打败的敌人活了下来，其残余势力也会成倍增加，并在未来制造麻烦。人类的认知经常是类比的。当人们想到令人讨厌的生殖生物集合的概念时，脑子里开始不断想起害虫的概念。[101]全世界的种族灭绝罪人都在不断地重复同样的隐喻，直到成为陈词滥调。他们所厌恶的人都是鼠辈、毒蛇、蛆虫、虱子、苍蝇、寄生虫、蟑螂或者（在世界的某些地方）猴子、狒狒、狗。[102]1641 年，一名英国驻爱尔兰指挥官为其下令杀害数千名爱尔兰天主教徒辩解说："杀死幼虱，才能消灭虱子。"[103]1856 年，加利福尼亚的定居者杀死了 240 名玉基族印第安人，仅仅是为了报复他们杀了定居者的一匹马。有人回忆，定居者的领袖说："有一个幼虫，就会有一只虱子。"[104]1864 年，在沙溪大屠杀前，约翰·齐文顿上校说："幼卵会长成虱子。"大屠杀导致数百名夏延族人和阿拉帕霍人死亡。[105]每当有人要形象生动地鼓动大屠杀，那些令人厌恶的生物因子，比如溃疡、癌症、细菌和病毒就成了他的修辞的一部分。说到犹太 327
人，希特勒有他自己的一套隐喻，也都是生物学的词汇：犹太人是病毒；犹太人是吸血的寄生虫；犹太人是混血的杂种；犹太人是有毒的血液。[106]

人类的头脑在演化中形成了对生物因子毒害的抵御意识：厌恶感。[107]身体的分泌物、动物的器官、寄生虫和寄生蠕虫、传播疾病的带菌媒介最开始触发厌恶感，厌恶意味着人不仅排斥这些污秽物，而且排斥任何看起来和这些污秽物相像或者有过接触的物体。厌恶感很容易被道德化。如果将道德评判视为一个连续的集，在它的一端是精神、纯粹、贞操和洁净，另一端就是兽性、污染、淫荡和肮脏。[108]所以当我们看见讨厌的污秽时，不仅有生理排斥感，而且有道德鄙视感。英语中用来比喻一个奸诈小人的词，很多都是传播疾病的媒介—— 一只老鼠、一只虱子、一只蛆虫、一只蟑螂。20 世纪 90 年代，用来形容被迫流离失所和种族灭绝的臭名昭著的术语是种族清洗。

隐喻思维是双向的。我们不仅使用令人恶心的隐喻代表道德堕落的人，还倾向于认为外形恶心的人品德也堕落（我们在第 4 章提到过这个现象，林恩·亨特的理论认为，欧洲清洁卫生的改善是导致严刑峻法减少的一个原因）。在道德评判集合的一端，受过净化仪式的白人苦行僧被尊为圣人；在另一端，生活在堕落和贫困之中的人被视作劣等人。普里莫·莱维（Primo Levi）既是化学家也是作家，他描述了德国纳粹将犹太人运往死亡营途中出现的这种恶性循环：

> 押运犹太人的党卫军好奇地看着男人和女人随处大小便——在站台上，在铁轨中间。德国乘客公开表达了他们的厌恶：这些人活该倒霉，看看他们的品行吧。天理昭昭，这不是人，算不上人类，而是动物。[109]

通向种族灭绝的感情道路——愤怒、恐惧和厌恶——可以有若干种组合。在政治学家丹尼尔·戈尔德哈根（Daniel Goldhagen）研究 20 世纪种族灭绝历史的著述《比战争更糟》（*Worse than War*）中，他指出，不是所有的种族灭绝都有同样的原因。他对屠杀分类的依据是受害群体是否被非人性化（被视为道德反感的对象），是否被妖魔化（成为道义愤怒的对象），或者两者兼而有之，或者两者皆非。[110]剿灭一个被非人性化的群体，看起来就像杀死一群寄生虫，比如德国殖民者眼中的赫雷罗人，土耳其人眼中的亚美尼亚人，苏丹穆斯林眼中的达尔富尔黑人，以及欧洲殖民者眼中的各种原住民。相比之下，一个被妖魔化的群体，被视为有正常推理的能力。有推理能力但仍选择异端邪说而拒绝真正的信
328 仰，因此更加十恶不赦。这些当代的异端包括专制的受害者，以及与他们相对应的智利、阿根廷、印度尼西亚和萨尔瓦多右翼独裁政府的受害者。此外，还有一些彻头彻尾的恶魔——这个群体不仅是令人憎恶的劣等人，而且卑鄙邪恶。纳粹就是这样看待犹太人的，胡图族和图西族也是这样看待彼此的。最后，可能还有一些既不是劣等人种也不是恶魔，但被认为是潜在的掠夺者，必须抢占先机予以清除，比如南斯拉夫解体后巴尔干无政府状态中发生的屠杀。

* * *

到此为止，我已经对种族灭绝进行了如下解释：本质主义的思维习惯将人按照某些特质聚类分群；而在道德感上，将人等同于他所类属的群体。个人或军队之间的霍布斯竞争的结合可以转化为种族之间的霍布斯竞争。但是，种族灭绝还有另外一个决定性的因素。正如索尔仁尼琴所指出的，杀害几百万人，你需要一个意识形态。[111]强势政权推崇乌托邦的信条，将个体完全淹没在道德化的范畴之中，利用这些信条煽动巨大的破坏力。因此可以说，正是意识形态造成了种族灭绝死亡人数分布上的异常值。制造分裂的意识形态包括十字军东征和宗教战争期间的基督教（以及一个分支——中国的太平天国运动）、法国大革命政治恐怖时期的革命浪漫主义、奥斯曼土耳其和巴尔干的种族灭绝行动中的民族主

义，以及德国集中营背后的纳粹主义等。

为什么乌托邦意识形态总是将人类引向种族灭绝？乍看之下，这似乎完全没有道理。即使有各种各样的理由说明乌托邦不可行，但追求完美世界的努力是否至少应将我们引向更美好的世界——60% 完美度的世界，或者 15% 完美度的世界？毕竟，一个人必须有追求才会有成就。难道我们不应该树立更高的目标，编织不可能实现的梦想，想象前所未有的图景，并追问“为什么不能是这样”？

乌托邦意识形态引发种族灭绝有两个原因。第一，它给出的是一个恶性功利计算。在乌托邦中，每个人都是永远幸福的，所以其道德价值无限外推。将一辆威胁到 5 个人性命的失控列车换轨到会撞死 1 个人的支道上，我们中大多数人都同意这在道德上是可以接受的。但是，如果你假定有 1 亿人的生命，甚至 10 亿人的生命可以得救，甚至可以外延到无限的将来，无数的生命为此得救，那么，我们能接受多少人的生命为了这无限的善而牺牲呢？死上几百万人似乎还是很合算的。

不仅如此，想想某些人明知有这样一个美好的未来，却还要反对它，他们就是我们有可能实现这个无限善的唯一障碍。他们该有多么恶毒？大家心里都明白。

第二，乌托邦都有一个明确的操作蓝图。在乌托邦世界，每一件事 329
情都有它存在的理由。人呢？好吧，有各种各样不同的人群。有些生来倔强，也许在本质上就从属于某些价值，而这些价值在未来美好新世界中绝无立足之地。也许在社区共享的世界，他们太富于独创性；在劳工世界，他们就是书呆子；或者，在一个虔信的社会，他们鲁莽轻率、不拘小节；在一个强调团结的社会，他们有强烈的家族意识；或者，在一个返璞归真的世界，他们过于都市化和商业化。如果你在一张白纸上设计完美新世界，你为什么不在一开始就从规划中剔除这些人呢？

在《血与土：从斯巴达到达尔富尔种族灭绝和灭绝的世界历史》（*Blood and Soil: A World History of Genocide and Extermination from Sparta to Darfur*）一书中，历史学家本·基尔南（Ben Kiernan）提到了乌托邦意识形态的另一个古怪特征。人类一次又一次回望早已消失的农耕天堂，梦想复兴健康的田园生活来取代日益扩张的腐败都市。在第 4 章，我们看到，启蒙运动在都市知识分子世界形成之后，德国反启蒙运动者大肆浪漫化人对土地的依附，他们赞美的正是基尔南此书的标题：血与土。浪漫派将世界看作一个和谐、纯净而有机的整体，而难于管治的都市人口，它的流动性，以及居民按照族群和职业聚居，都是对浪漫想象的公然冒犯。19 世纪和 20 世纪初的民族主义者都追求乌托邦，脑子里装满本民族在祖国的土地上繁荣昌盛的图景，其实蓝本就是最初开始定居生活的部落祖先流传下来的神话故事。[112]农耕乌托邦主义成为希特勒双重偏执的依据：一重是他对犹太人的仇恨，犹太人是商业和城市的盟友；另一重是他狂妄的计划，他要将人口稀少的东欧变成让德国城市居民殖民的农庄。柬埔寨市民被赶到农村杀戮场就是一个例子。

一般集中在城市的商业活动本身也容易触发道德仇恨。我们在第 9 章将会看到，人的经济学直觉根植于实实在在的产品或服务一对一的等价交换，比如，三只鸡换一把刀。真正理解当代经济的那套抽象数学道具，比如货币、利润、利息和租金，并不是一件容易的事情。[113]在直觉经济学中，农民和工匠生产的是可触摸到的有价值的物品。商人和其他中间商在转手商品时牟利，但没有产生新的商品，所以，通过使素不相识或相距遥远的生产者和消费者之间的交易成为可能，他们也创造了价值，但仍被视为寄生虫。更加卑鄙的是放债的钱商，他们借出一笔款项，收回时却要求一笔附加款，尽管他们的信贷服务让一些人在最需要钱的时候不至于两手空空。人们习惯于无视商人和放债人的无形贡献，将他们
330 看作血吸虫（又是一个使用生物学词汇的隐喻）。对个别中间商的反感，很容易会变成对一个族群的反感。中间商这个职业所需要的必备资本主要是专业知识，而不是土地和工厂，知识更多地在家族亲友之间传递，而且具有很好的便携性。出于这些原因，一些特定的族群擅长经商理财，经常在有需求的社区之间迁徙，并且成为致富的少数族裔——同时也成了嫉恨和憎恶的对象。[114]很多歧视、驱逐、骚乱和种族灭绝的受害者都曾经是擅长经商的社会团体或族群。他们包括苏联和柬埔寨的资产阶级少数民族，东非和大洋洲的印度人，尼日利亚的伊博人，土耳其的亚美

尼亚人，印度尼西亚、马来西亚和越南的华人，还有就是欧洲的犹太人。[115]

政治屠杀往往是终结旧时代诗作中的高潮，是暴力的最后一次出击，它将把人类带进千秋万代的祝福之中。研究政治屠杀的历史学家已经注意到，19 世纪和 20 世纪的乌托邦意识形态与传统宗教的末日观如同两条平行线。

在历史学家乔基姆·费斯特（Joachim Fest）和乔治·莫斯（George Mosse）的著述中，他们对纳粹的末世主义做了如下评价：

> 希特勒许诺一个“千年帝国”，一个永恒的完美世界，与《新约》启示录中恶魔重返世界之前的千年福地、善与恶的较量以及上帝战胜撒旦的最后胜利非常相似。他对纳粹党国的全部想象都极为神秘，弥漫着宗教——多为基督教的气息，充斥着仪式和符号。331
> 它的党国服从更高的律令——一个由先知希特勒受命完成的天赋重任。[116]

最后，要胜任这些工作，有特殊的资格要求。你想承受管理一个完美世界的压力和责任吗？乌托邦社会的领导人需要极端自恋和无情。[117]这些领袖对其事业的正义性坚信不疑，对渐进改革和动态调整毫无耐心，完全不顾及他们的宏大实验对人类产生的实际后果。

要想理解种族灭绝，必须理解领导人的动机，因为心理要素——本质主义的思维范式，霍布斯的贪婪、恐惧和复仇，厌恶情绪的道德化，乌托邦意识形态的号召力，这一切不可能在一瞬间征服一个国家的所有人民，煽动他们大开杀戒。各个不同的群体，可以互相回避、互不信任甚至互相蔑视，但仍然可以长期共存，完全不发生种族灭绝。[118]比如，美国南方种族隔离时期的非裔，以色列和被占领土地上的巴勒斯坦人，南非种族隔离时期的非洲人。甚至在纳粹德国，反犹情绪已经存在了几百年，但也只有希特勒及其几个狂热的党羽认为灭绝犹太人是个好主意。[119]而当进行大屠杀的时候，人口中只有很少一部分人，通常是警察、军队或者民兵真正下手谋杀。[120]

公元1世纪，塔西陀说过："那些滔天大罪都是这样发生的——少数寡廉鲜耻的人倡导，一些人附和赞成，其他所有人一声不吭，被动地默许。"据政治学家本杰明·瓦伦蒂诺（Benjamin Valentino）在《最终解决方案》（*Final Solutions*）一书中的描述，塔西陀的分工也适用于20世纪的种族灭绝。[121]
332 一个领袖或者一小撮党棍决定何时开始种族灭绝，他向相对人数不多的武装分子下达行动命令。这些人都是真诚的信徒、坚定的追随者和流氓恶棍（就像在中世纪一样，通常是从罪犯、流浪汉和无业年轻人中招募而来）。他们指望大多数人不会出头阻挡他们，而事实上大多数人也确实会如此，我们在第8章中将论述这一现象背后的社会心理学。产生种族灭绝的心理要素，比如本质主义、道德化和乌托邦意识形态对不同人群有不同的影响。领袖及其追随者满脑子都是这些意识形态，但是大众不需要太多，就足以打破平衡，让领袖的计划付诸实施。20世纪种族灭绝的历史明白无误地证实了领袖的不可或缺。当他们被推翻或者死去之日，就是种族灭绝停止之时。[122]

* * *

如果这个分析的思路是对的，那么，人性（包括本质主义、道德化和直觉经济学）被毒化、霍布斯安全困境、末世意识形态和领导人手中的机会都是种族灭绝的土壤。问题是，在历史的进程中，这些因素是如何相互作用的？

这个问题没有简单的答案，历史学家从来不认为种族灭绝是个有趣的课题。图书馆里关于战争的研究成果浩如烟海，但关于种族灭绝的研究几乎是零。乔克和约纳松指出，对于古代历史，"我们知道朝代更替，帝国消亡，城市灰飞烟灭。我们怀疑在这种时刻有些战争具有种族灭绝的性质，但是，我们不知道有多少人的生命牵涉其中。他们的命运实在无足轻重。如果有什么地方提到了他们，通常也是和牛羊牲畜的损失放在一起"。[123]

种族灭绝绝不是20世纪特有的产物。我们已经看到，过去几个世纪中发生的许多战乱和杀戮就是我们今天所说的种族灭绝。熟悉上古史的人都知道，在公元前5世纪的伯罗奔尼撒战争中，雅典人毁灭了米洛斯。根据修昔底德的记录，“雅典人处死了所有从军年龄的男子，将全体妇女和儿童掳为奴隶”。另一个类似的例子是公元前3世纪古罗马人在第三次布匿战争中灭绝迦太基和它的全部人口。其行动之彻底，以至于古罗马人自己形容说已将敌人碾为齑粉，无形可循。其他历史性的大屠杀还包括《伊利亚特》、《奥德赛》和希伯来《圣经》中的记载，十字军的屠杀和洗劫，对阿尔比派异端的镇压，蒙古人对欧洲的入侵，欧洲的驱巫运动和欧洲宗教战争的暴行。

《近代大屠杀历史》的作者们坚持认为，20世纪是前所未有的“种 333
族灭绝世纪”，的确是有些莫名其妙。乔克和约纳松在他们著作的开篇写道：“种族灭绝遍及人类历史的各个时期和世界的各个角落。”他们强调，书中对20世纪之前的11次种族灭绝的案例研究“既不彻底，也没有代表性”。[124]基尔南对此表示认同，他说：“此书的一项主要结论是种族灭绝在20世纪之前确实是经常发生的。”只要看一看目录的第一页，就可以明白他的意思：

第一部分：早期帝国扩张

1. 古代种族灭绝和早期现代社会
2. 西班牙征服新大陆，1492—1600年
3. 东亚的枪炮和种族灭绝，1400—1600年
4. 早期近代东南亚社会的种族灭绝

第二部分：殖民时期的殖民者

5. 英国对爱尔兰的征服，1565—1603年
6. 北美殖民地，1600—1776年
7. 19世纪澳大利亚的种族灭绝暴行

8. 美国的种族灭绝
9. 殖民者在非洲的种族灭绝，1830—1910 年[125]

鲁梅尔有数据支持自己的结论："皇帝、国王、苏丹、大汗、总统、总督、将军和其他统治者对自己的人民或那些受其保护或统治的人民进行的大规模屠杀，是人类历史的主要组成部分。"他统计了 20 世纪之前的 16 场大屠杀的 133 147 000 名受害者（包括印度、伊朗、奥斯曼帝国、日本和俄国的受害者），并推测政治清洗的死亡总数是 625 716 000 人。[126]

这些学者不是不加鉴别地把每个历史时期的数据都列在清单上。对于数字，他们相当谨慎。比如，他们注意到尽管有种族灭绝式的事件，但美洲原住民人口的减少主要是因为疾病，而不是有计划的灭绝行动。早期的新英格兰清教徒在 1638 年剿灭了佩科特人（Pequot），事后，英克里斯·马瑟牧师要求他的会众感谢上帝，为了他们能"在一天之内将 600 个野蛮的灵魂送进地狱"。[127]庆祝种族灭绝并没有影响到他的职业生涯。他后来还当上了哈佛大学的校长，我现在居住的房子就是以他的名字命名的。（座右铭是："发扬马瑟精神！"）

马瑟不是第一个也不是最后一个为种族灭绝而感谢上帝的人。我们在第 1 章中已经看到过，耶和华命令希伯来人进行十几场大屠杀；而在公元前 9 世纪，摩押人以屠城回敬希伯来人，他们以他们的神阿斯塔-基
334 摩的名义杀光了几座希伯来城市的居民。[128]在创作于约公元 400 年前后的《薄伽梵歌》中，有一小节描述了因为凡人阿诸那不愿意杀死他的祖父和老师所属的敌对派系，印度教的克利须那神训斥他说："对你来说，没有比为宗教原则而战更好的事业了；没有必要犹疑……灵魂无畏刀砍火烧……（因此）你何必为一个不值得悲悼的东西而哀伤。"[129]受约书亚征战的激励，奥利弗·克伦威尔在打败爱尔兰人之后，将一座爱尔兰城镇的男女老幼屠杀殆尽，他随即向议会解释他的行动说："这是为了感谢主保佑我们在德罗赫达（Drogheda）的努力。城里有三千多名敌人。我相信我们已经将他们全数消灭。"[130]英国议会全票通过一项动议，声明"既是作为他们有罪当罚的正义，也是出于警示后人的慈悲，议会特此

批准该项在德罗赫达的处决”。[131]

让人震惊的事实是，直到最近，只要此事没有发生在自己身上，人们一直不认为种族灭绝有什么特别的错误。只有一个例外，是16世纪西班牙神父安东尼奥·德·蒙特西诺斯（Antonio de Montesinos），他抗议西班牙人在加勒比地区对美洲原住民的残暴行径。用蒙特西诺斯自己的话说，他不过是“旷野里孤独的呼喊者”。[132]当然，有一些军人的戒律——有些甚至源自中世纪，徒劳地试图阻止战争中对平民的杀戮，也有具备早期现代性的思想家，例如伊拉斯谟和雨果·格劳秀斯（Hugo Grotius）偶尔发声抗议。但是，只有到了19世纪末，当公民开始抗议在美国西部和大英帝国发生的血腥杀戮时，反对种族灭绝才成为主流意识。[133]甚至直到那时，西奥多·罗斯福——未来的“进步”总统，在1886年曾经这样写过：“我不想走得太远，说只有死了的印第安人才是好的印第安人，但是，我相信10个人中有9个是这样的。而对第10个人，我认为也是不要仔细追究为好。”[134]根据文学评论家约翰·凯里（John Carey）的记录，直到20世纪，还有很多英国文人肆无忌惮地歧视大众，认为他们粗野、没有灵魂，仿佛他们的生命一文不值。种族灭绝式的狂想时时冒头。1908年，D. H. 劳伦斯写道：

> 如果我能为所欲为，我要建一个像水晶宫一样大小的行刑室，军乐队演奏着轻柔的音乐，电影放映机放着片子；然后我要到大街小巷里找到那些病病歪歪的、半死不活的人，还有那些残废；我会温柔地给他们带路，他们会懒洋洋地对我报以感激的微笑；乐队这时会轻轻地奏起《哈利路亚大合唱》。[135]

在第二次世界大战期间，美国人在民调中被问及如果美国取胜，应该如何处理日本人，10%~15%的人回答说“彻底消灭”。[136]

转折点出现在战后。当时英语中甚至没有专门指称种族灭绝的词，直到1944年，波兰律师拉斐尔·莱姆金（Raphael Lemkin）在一份关于纳粹在欧洲的统治的报告中创造了这个词。一年之后，这份报告被作为 335

简报送交纽伦堡审判的检察官。[137]纳粹对欧洲犹太人的毁灭性迫害震惊了世界，不仅因死亡人数之巨，而且是集中营的恐怖景象：流水线式的毒气室和焚尸炉，堆积如山的鞋子和眼镜，像瓶塞子一样码放在一起的尸体。1948 年，莱姆金推动联合国批准了《关于防止和惩治种族灭绝罪公约》，这是人类历史上第一次将种族灭绝——不论受害者是谁——视为犯罪。詹姆斯·佩恩注意到一种很另类的进步：今天否认集中营的人至少感到要否认集中营曾经存在，而在以前，种族灭绝的施暴者和同道却会炫耀自己的残忍。[138]

正因为纳粹集中营的幸存者讲述自己经历的勇气，世人认识到了种族灭绝的恐怖。乔克和约纳松意识到这些幸存者回忆的历史性价值。[139]在过去，种族灭绝的幸存者认为自己是屈辱的失败者，回忆往事只能是在严酷的历史判决上向揭开的旧伤疤上撒盐。只有在新的人道主义观念被接受之后，种族灭绝才成为反人类罪，幸存者则成为审判庭上的证人。战后不久，安妮·弗兰克的父亲出版了女儿的日记，他们一家在纳粹占领的阿姆斯特丹为逃避进集中营而东躲西藏。被发现后，安妮被押解到贝尔根—贝尔森集中营，最后因伤寒死在那里。她在日记中详细记载了自己的逃亡生活。20 世纪 60 年代，埃利·威塞尔和普里莫·莱维分别出版了有关犹太人在集中营被关押和处死的回忆录。今天，《安妮日记》（*The Diary of a Young Girl*）和威塞尔的《夜》是全世界读者最多的书。后来又有其他幸存者——亚美尼亚人、乌克兰人和吉卜赛人，以及波斯尼亚人、图西人和达尔富尔人也开始讲述他们的故事。我们一直不断地重新定位我们对历史的理解，这些回忆录就是这种努力的组成部分。乔克和约纳松说：“纵观大部分人类的历史，只有统治者才是主角，而在 20 世纪，被统治者第一次成为历史的主角。”[140]

任何一个和集中营幸存者一起长大的人都知道，回忆和讲述那些可怕的往事并非易事。战后几十年中，他们还是觉得那些经历都是难以启齿的耻辱。他们想忘掉这一切，除了受害者的羞耻之外，还因为他们在绝望的深渊里挣扎，泯灭了最后一丝人性，那些遭遇之沉重，令人不堪回首。在 20 世纪 90 年代的一次家庭聚会上，我遇到一个家族姻亲，他是奥斯维辛的幸存者。就在我们见面的第一分钟，他抓住我的手腕，开始讲这样一件往事。一群人正在默默地吃饭，突然其中一个人倒在地上死了。其他人立刻扑到他因腹泻而沾满粪便的身体上，从他手里抠出一块面包。当他们分这一小块面包时，有几个人觉得自己所得比其他人少得多，于是开始愤怒地争吵。把这样丑陋的故事讲出来，不仅需要极大 336
的勇气，还需要对听者有足够的信心，相信他们会理解故事的背景，不会武断评价当事人的品德。

* * *

尽管数千年来种族灭绝的数量之多掩盖了种族灭绝的百年历史，但人们对大屠杀在 20 世纪之前、之中和之后的走势仍然很茫然。鲁梅尔是第一个尝试对之进行数字分析的政治学家。在他的两部书——1994 年出版的《政府造成的死亡》和 1997 年出版的《政府屠杀的统计》中，他分析了直到 1987 年的 20 世纪中 141 个主使过政府大屠杀的政权，以及对照组——73 个未参与大屠杀的政权。他搜集了所有他能找到的对死亡人数的独立估算（包括亲政府的来源和反政府的来源，他假定两者都有倾向性，因此互相抵消），通过合理性检验，取比较可靠的中值。[141] 他对“政府屠杀”的定义接近乌普萨拉的“单边暴力”和我们平常所使用的“谋杀”的概念，不过行凶者是政府而不是个人，受害人一定没有武装，杀戮是有意识的行为。政府大屠杀包括种族灭绝、政治大屠杀、清洗、恐怖、行刑队（包括政府姑息纵容的私人民兵组织）处决平民、围困和查抄食品制造的人为饥荒、集中营内的死亡，以及德累斯顿、汉堡、广岛和长崎这样以平民为目标的轰炸。[142]

部分原因在于鲁梅尔在他的政府屠杀定义和书名中都使用了“政府造成的死亡”这一短语，他的结论是在 20 世纪有近 1.7 亿人死于他们自己的政府之手，这在无政府主义者和激进自由主义者那里成为一种流行的模因。但是，从鲁梅尔的数据中，我们得出的教训不应该是“政府是原本可预防死亡的主要成因”。我这样说有几个原因：一是鲁梅尔的“政府”概念不严谨，它包括民兵、准军事组织和军阀，而这些组织的出现恰恰表明政府过分无力而不是过分强大的迹象。怀特检查了鲁梅尔的原始数据并进行了计算，他认为，鲁梅尔名单上的24个伪政府造成的大屠杀死亡平均中值是约10万人，而被承认的主权国家政府所造成的屠杀死亡的平均中值是3.3万人。所以，我们更有理由说，政府造成的死亡比政府的替代品造成的死亡要少2/3。[143]而近年来，大多数政府都不曾沾手任何大屠杀，它们通过推行疫苗、卫生、交通安全和治安所防止的大量死亡，远远高于它们制造的屠杀死亡。[144]

337 但是，无政府主义观点的主要问题是，并不是一般意义上的政府，而是只有少数特定形式的政府进行大规模的杀戮。准确地说，141个大屠杀政权制造的死亡中有3/4是4个政府所为，鲁梅尔将这类屠杀政权称为“巨型谋杀犯”。[145]其余死亡中的11%由11个巨型谋杀犯承担，包括造成600万人死亡的日本帝国、190万人死亡的奥斯曼土耳其帝国。剩下13%的死亡分属于126个政权。种族灭绝不完全遵守幂律分布，除非将许多原本不被算作种族灭绝的较小杀戮都放在尖峰部位。但是，种族灭绝的分布绝对是倾斜的，高度符合80∶4规则——4%的政权制造了80%的死亡。

而且，政府屠杀的死亡绝大部分是对社会进行全面控制的极权政府制造的。[146]极权政府要对1.38亿人的死亡承担责任，占全部政府屠杀死亡的82%。排在第二位的是专制政权，死亡人数为2800万人。它是指能容忍企业和教堂等独立社会机构的独裁政权。被鲁梅尔定义为开放、竞争、选举和有限权力的民主政权杀害了200万人（主要是殖民帝国，以及世界大战期间的粮食封锁和对平民的轰炸）。政府屠杀死亡在不同政体之间的倾斜分布不仅说明极权政治巨兽的潜在受害者的绝对数量之惊人，鲁梅尔还发现，在百分比上，20世纪极权政府谋杀了它们治下4%的人口。独裁政府杀害了自己1%的人民，而民主政府杀死了自己0.4%的人民。[147]

鲁梅尔是“民主和平论”的先驱之一，他认为这一理论不仅适用于战争，而且特别适用于种族灭绝。他说：“在权力的两个极端上，极权政府屠杀了自己数千万的人民，而在许多民主国家，处决系列杀人犯都是罕见之举。”[148]民主国家很少发生大屠杀是因为民主政体在理念上以包容和非暴力的方式解决纠纷。更重要的是，民主政府的权力受到一系列制度的制约，因此一个领导人无法凭自己的一时冲动在国内调动军队大量杀害人民。通过对20世纪的数据进行回归分析，鲁梅尔展示了即使在各国的民族多样性、富裕程度、发展水平、人口密度和文化（非洲、亚洲、拉丁美洲，穆斯林、盎格鲁人等）不变的情况下，政府屠杀与不民主之间高度相关。[149]他认为，各种教训明确无误："问题的根源在于权力。解决问题的答案是民主。行动的进程则是推进自由。"[150] 338

种族灭绝的历史趋势如何？鲁梅尔尽量按年度来分解政府屠杀的数据，图6-7中的灰色曲线是按照世界人口比例排列的鲁梅尔的数据。和战争中的死亡一样，政府屠杀的死亡也集中在20世纪中期狂暴的"血潮"中。[151]这滚滚血潮中有纳粹的集中营、日本在中国和朝鲜的暴行，也有大战期间对欧洲和日本城市的狂轰滥炸。图左侧上行线上有第一次世界大战期间对亚美尼亚人的屠杀。右侧的曲线上有波兰、捷克斯洛伐克

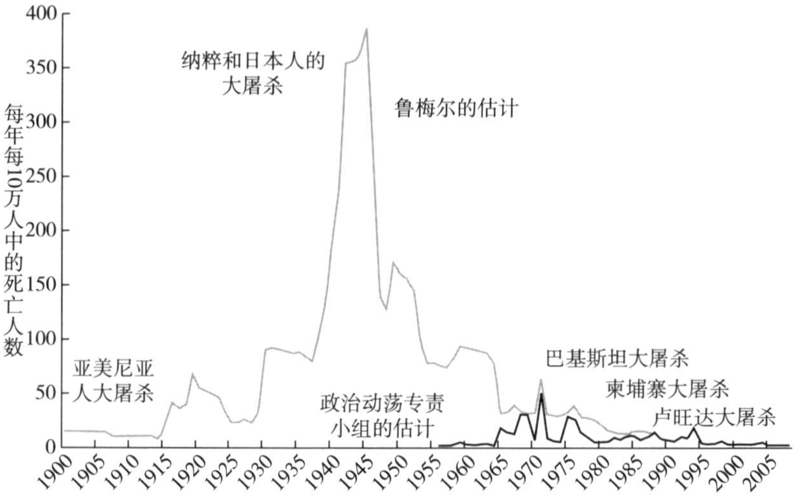

图6-7 1900—2008年种族灭绝死亡率

资料来源：灰色线，1900—1987年数据来自鲁梅尔，1997年。黑色线，1955—2008年数据来自"政治动荡专责小组（PITF）国家失败问题数据库，1955—2008年"，马歇尔、格尔和哈尔夫（Marshall, Gurr & Harff），2009年；制度和平中心，2010年。后者的死亡数据是哈尔夫2005年发表的表格8.1中各项值域的几何平均，根据在Excel数据库中的比重按年度分列。世界总人口数字来自美国人口普查局，2010年c。1900—1949年的人口数据来自麦克伊韦迪和琼斯，为与其他数据可比，乘以1.01。

和罗马尼亚杀害的德裔。对这样内容的图表说任何好话都是令人不快
339 的，但考虑到问题的重要性，我们还是不能不说：20 世纪 40 年代之后，世界再未闻到过那样的血腥味，40 年中政府屠杀的死亡率（和绝对数量）尽管有波动，但整体呈现出急剧下降的趋势。（其中一个小高潮是 1971 年孟加拉国独立战争中巴基斯坦军队进行的杀戮，另外一个高潮是 70 年代后期红色高棉在柬埔寨实施的屠杀。）鲁梅尔认为，第二次世界大战后政府屠杀的减少归功于极权政治的衰落和民主国家的兴起。[152]

鲁梅尔的数据库截至 1987 年，恰逢世事开始新一轮的转变。此后不久，民主大行其道——而波斯尼亚和卢旺达发生的大屠杀让全世界目瞪口呆。许多观察家得出的印象是，尽管我们本应吸取教训，但这些“新型战争”说明我们仍生活在大屠杀时代。

政治学家芭芭拉·哈尔夫最近增补了种族灭绝统计的数据。在卢旺达大屠杀中，短短 4 个月内，1 万名手持砍刀的男子杀害了 70 万图西族人，凶手中很多都是胡图族领头人匆忙中招募来的醉鬼、瘾君子、捡破烂的和黑帮成员。[153]许多观察家相信，大国的军事干预可以轻而易举地阻止这伙人手有限的大屠杀凶手。[154]比尔·克林顿为没有及时采取行动而愧疚不安，1998 年，他授命哈尔夫分析种族灭绝的风险因素和预警信号。[155]她收集了（非殖民化进程开始的）1955—2004 年的 41 场种族灭绝和政治清洗的资料。她对种族灭绝的定义比鲁梅尔更严格，而接近莱姆金最早对种族灭绝的定义：国家或者武装当局有意识地使用暴力全部或部分地消灭一个可识别的群体。如果严格依照人们对“种族灭绝”一词的理解，即对种族文化的灭绝（ethnocide），一个群体因为其种族属性而被孤立及消灭，这些资料中只有 5 次种族灭绝。其余大部分是政治屠杀，或者政治屠杀和种族灭绝的混合—— 一个特定种族的成员被指属于受打击的政治派别。

在图 6-7 中，我将哈尔夫政治动荡专责小组的数据和鲁梅尔的数据排列在同一个坐标轴上。她的数据远远低于鲁梅尔的数据，在 20 世纪 50 年代末的数据尤为明显，因为她使用的某个事件中被处决的受害者人

数要保守很多。但是，两条曲线的走势非常接近，从1971年之后一路下降。20世纪下半叶大屠杀的破坏性远远无法与“血潮”时期相比，我在图6-8中聚焦放大了哈尔夫的曲线。图形使用的数据来自第三套数据——乌普萨拉单边暴力数据库，包括每一年中政府或武装当局杀害25人以上的暴力行为；也就是说，行凶者不是必须有灭绝整个群体的意图。[156]

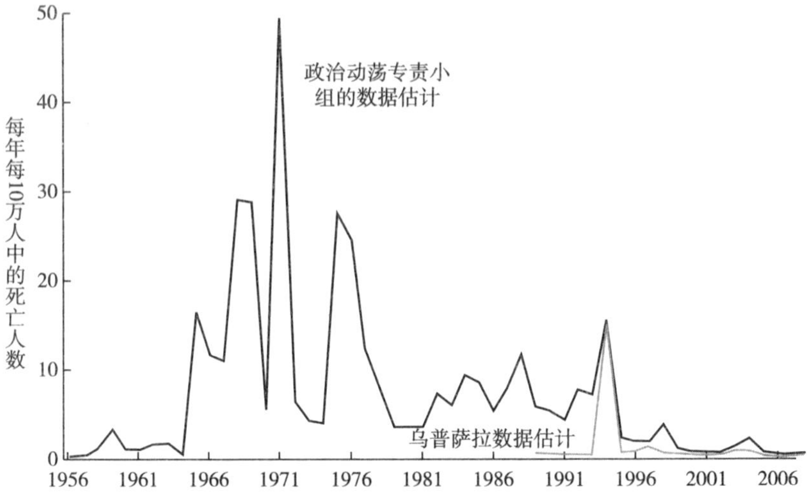

图6-8 1956—2008年种族灭绝死亡率

资料来源：政治动荡专责小组数据估计，1955—2008年，与图6-7相同。乌普萨拉数据，1989—2007年：来自http://www.pcr.uu.se/research/ucdp/datasets/的“高死亡率”估计除以来自美国人口普查局的世界人口数，2010年c。

图形显示冷战后的20年中未曾发生过种族灭绝。相反，大规模杀戮 340
的高峰出现在60年代中期至70年代末期。在这15年中，人类见证了印度尼西亚对共产党的政治屠杀（1965—1966年，约70万人遇害），布隆迪的图西族人杀害胡图族人（1965—1973年，约14万人遇害），巴基斯坦人在孟加拉国实施的屠杀（1971年，约170万人遇害），苏丹的南北暴力冲突（1956—1972年，约50万人遇害），乌干达伊迪·阿明政权的暴行（1972—1979年，约15万人遇害），柬埔寨的疯狂（1975—1979

年，250 万人遇害），最终触发船民灾难的越南 10 年大屠杀（1965—1975 年，约 50 万人遇害）。[157]在冷战结束后的 20 年内，发生了 1992—1995 年的波斯尼亚种族灭绝（22.5 万人死亡）、卢旺达种族灭绝（70 万人死亡）和达尔富尔种族灭绝（2003—2008 年有 37.3 万人死亡）。这些数字触目惊心，但图形毫无疑问是下行线。（最新的研究表明，这些数字有夸大的成分，但我仍然使用了这个数据库的数据。）[158]21 世纪头 10 年是过去 50 年中第一次没有发生种族灭绝的 10 年。乌普萨拉的数据的时段更有限，而他们的估算也一如既往更加保守，但即使如此，数据也呈现同样的趋势：1994 年卢旺达种族灭绝在单边暴力中最为突出，此后，世界再也没有出现过这样规模的血腥恐怖。

341 哈尔夫的工作不仅是收集种族灭绝的资料，还需要找出风险因素。她注意到，这些大屠杀都发生在国家失败之后的混乱中，比如内战、革命或者政变。她设计了一个对照组，93 个国家失败但没有发生种族灭绝的案例，对照组尽量接近那些发生了种族灭绝的国家；然后，她对数据进行逻辑回归分析，寻找事件发生前一年的特殊因素。

分析的结果是，某些人们原来认为重要的因素其实无足轻重。比如，有人认为种族灭绝是多民族聚居历史积怨必然爆发的结果，但哈尔夫的分析表明，民族的多样性对屠杀没有影响作用，因此否定了上述成见。经济发展的水平也不是影响因素。穷国往往有更多的政治危机，虽然政治危机是发生种族灭绝的必要条件，但在发生政治危机的国家中，并不是越穷就越可能发生种族灭绝。

哈尔夫的确从 3/4 的案例中找到了 6 个区别大屠杀型危机和非大屠杀型危机的风险因素。[159]一个因素是该国是否有种族灭绝的历史，不论引致屠杀的风险因素是什么，一旦曾经存在，就不会轻易消失。第二个预测因素是该国政治不稳定的近况，确切说，在过去 15 年内政权危机和种族战争或革命战争的次数。感觉权力受到威胁的政府会起意消灭或惩罚它们认为有颠覆意图或受到蛊惑的集团，而且也更愿意在反对派动员起来之前利用混乱实现自己的目的。[160]第三个因素是统治精英是否来自少数民族，这就是说，这些精英对自己统治地位的稳定性加倍地紧张不安。

其余三个因素与“自由和平论”相似。哈尔夫证明了鲁梅尔坚持的观点，即民主是防止种族灭绝的关键。1955—2008年，在其他条件不变的情况下，专制国家发生种族灭绝的可能性是完全民主和部分民主国家的3.5倍。这就是民主国家的三连胜“戏法”：民主国家较少发动国家间战争，民主国家较少发生大规模内战，民主国家较少出现种族灭绝。部分民主国家（伪民主或权贵倾轧）比专制国家更容易发生暴力型政治危机，正如我们在费伦和莱廷对内战的分析中所看到的一样。但是，当危机发生之后，半民主国家发生大屠杀的可能还是低于专制国家。

另一个具有三连胜特色的因素是开放贸易。哈尔夫发现，一个国家对国际贸易的依赖性越大，就越不可能发生种族灭绝，同时也越不会与其他国家交战和陷入内战。贸易抵抗种族灭绝的预防效应不可能来自贸易本身的正和收益，这与国际贸易和国家间战争的关系不同，因为我们在这里所说的贸易（进口和出口）并不包括与弱势的少数民族和弱势政治团体之间的贸易。那么，为什么贸易仍然是一个影响因素呢？一种可能性是，A国对生活在B国境内的某个集团有社群性或道义性的关切。 342
如果B国想和A国进行贸易，它只能克制消灭这个集团的冲动。此外，参与贸易要求平和的心态，包括具有遵守国际准则和法制的意愿，以及承担增加本国人民的物质福祉的使命，而不是追求纯洁、光荣和完美正义这些虚妄的幻象。

大屠杀的最后一个预测因素是排他性的意识形态。如果统治精英坚持认为某个特定的集团是他们实现理想社会的绊脚石，对他们“不承担任何普世性义务”，那么这个国家就更有可能进行种族灭绝。如果精英具备更务实和折中的治理理念，结果就会相反。排他性的意识形态包括伊斯兰主义（特别是执行伊斯兰教法）、反共军国主义以及将特定种族或宗教妖魔化的各种民族主义。

哈尔夫总结了这些风险因素叠加最终爆发种族灭绝的路径：

> 在过去的半个世纪中，几乎所有的种族灭绝和政治大屠杀要么是意识形态式的，最极端的例子是柬埔寨，要么是报复性的，比如伊拉

> 克（萨达姆 1988—1991 年对伊拉克库尔德人的镇压）。通常通过内战或者革命新掌权的精英，充满要创造新世界的想象，于是要铲除破坏和危险分子，意识形态型的大屠杀往往以此为起点。报复性的种族—政治大屠杀一般发生在旷日持久的内战期间……通常是一方——多数是政府方试图在叛军军事上失利之后，消灭敌人的群众基础。[161]

导致过去 30 多年种族灭绝减少的因素也许就是导致国家间战争和内战数量减少的原因：稳定的政府、民主、开放贸易，以及提升个体利益而不是群体斗争的人本主义执政理念。

*　　*　　*

逻辑回归的严谨之处在于，它基本上是一台绞肉机，输入一套变量，挤出的产出就是可能性。它背后被掩盖的是种族灭绝生命损失的极端非正态分布——极少数的人，受到若干意识形态的影响，在一个特定的历史时刻采取行动，就可以制造超大量的死亡。风险因素在不同水平上的运动决定了大屠杀受害人是几千人、几万人甚至几十万人。但是，对那些最恐怖的、受害者以千万人计的大屠杀来说，最能影响它们的往往不是渐变的政治力量，而是几种具有偶然性的思想和事件。

343 马克思主义意识形态的出现不啻为一场历史海啸，它对人类产生了惊心动魄的影响。[162]“还有一个问题就是屠宰场从来不出产煎蛋饼。”瓦伦蒂诺总结说，“现在欢呼‘历史的终结’也许还为时过早，但是，如果在当今世界，已经没有一种激进思想能够得到广泛的应用和接受，人类也许确实可以期待在新世纪大大减少杀戮的数量，不再重复 20 世纪的恐怖。”

在一个极具破坏力的意识形态之外，还有几位在 20 世纪几个特定时刻登上历史舞台的人做出了灾难性的决策。我已经提到许多历史学家都同意“没有希特勒就没有集中营”的观点。[163]不过，希特勒不是唯一一个以狂热杀害上千万生命的暴君。历史学家罗伯特·康奎斯特（Robert

Conquest）是研究斯大林的专家，他总结说：“如何看待整个‘大清洗’的性质，取决于对斯大林个人动机和政治动机的最终分析 。”[164]

恐怖主义的走势

344

恐怖主义是一个特殊的暴力种类，它造成的恐惧远远高于它造成的伤害。与凶杀、战争和大屠杀相比，恐怖主义制造的死亡数字就是个背景噪声而已。自 1968 年以来，国际恐怖主义的年死亡人数不到 400 人，而自 1998 年以来，国内恐怖主义的年死亡人数大约为 2500 人。[165]我们在本章中讨论的数字至少比这个数字高出两个数量级。

但是 2001 年 9 月 11 日之后，恐怖袭击和恐怖主义成为一种困扰。评论家和政治家对恐怖主义喋喋不休，到了无以复加的程度。“存在性”（existential）一词，作为对威胁和危机的一种修饰被频繁使用，这可是自萨特和加缪过了鼎盛期之后难得一见的现象。专家宣布，在恐怖主义面前，美国“脆弱”和“易碎”，美国作为“现代国家的优势地位”，“我们的生活方式”甚至“文明本身”均受到恐怖主义的威胁。[166]比如，在《大西洋月刊》2005 年的一篇文章中，一位负责反恐的前白宫官员十分肯定地预言：到“9 · 11”恐怖袭击事件 10 周年的时候，由于美国的赌城、地铁、购物中心连续发生爆炸，民航客机常规性地被肩式导弹击落，化工厂遭到破坏引发灾难性的后果，美国经济将陷入瘫痪。[167]国土安全部的庞大官僚机构几乎一夜之间拔地而起，戏剧性地向全国发布按颜色分级的恐怖活动警戒，劝告国民储备塑料布和胶带，紧张地到处检查身份证件（尽管假证件随处可见，布什总统自己不到饮酒年龄的女儿就因为用假证件点鸡尾酒而被警察逮捕），在机场没收所有指甲刀，在乡下的邮局外面修建水泥防护墩，还开列了 8 万个“恐怖袭击潜在目标”，其中还包括佛罗里达州一个糊弄游客的景点“威基-沃奇泉”，那里不过是有些漂亮女子扮作美人鱼在玻璃水缸里游来游去。

所有这一切都是对杀害了些许美国人的反应。“9 · 11”恐怖袭击事件造成近3000人死亡，这在图表上完全无法显示，在幂律分布上，它落在尾巴的最后，而分布本身说明了恐怖主义袭击的水平在下降。[168]“恐怖主义及应对策略全国研究联盟”（National Consortium for the Study of Terrorism and Responses to Terrorism，START）建立了“全球恐怖主义数据库”（Global Terrorism Database，最重要的对公众开放的有关恐怖主义袭击的数据资料）。它的数据表明，1970—2007年，在全世界范围内，只有另一次恐怖袭击杀死了500人。[169]在美国国内，蒂莫西·麦克维（Timothy McVeigh）1995年在俄克拉何马城炸毁了一栋联邦政府办公楼，造成165人死亡。1999年，两名青少年学生在科伦拜恩中学开枪扫射，造成17人死亡，其他的恐怖袭击杀害的人数均不到12人。除“9·11”恐怖袭击事件之外，美国境内在38年间死于恐怖主义袭击的人数是340人，尽管“9·11”恐怖袭击事件这一天开启了所谓的恐怖时代，在
345 “9·11”恐怖袭击事件之后，美国死于恐怖袭击的人数是11人。国土安全部挫败了另外一些袭击计划，但他们宣称的战绩中有很多最后都表明是“大象去除剂”，每一个没有见到大象的日子，都是去除剂有效性的证明。[170]

让我们将美国恐怖袭击的死亡名单——不论是不是包括“9·11”恐怖袭击事件——和其他可预防的意外死亡做些对比。每一年，美国有4万人死于交通事故，2万人死于跌倒，1.8万人死于凶杀，3000人死于溺水（包括300人死于浴缸里发生的溺毙意外），3000人死于火灾，2.4万人死于意外中毒，2500人死于手术并发症，300人在卧床上窒息而死，300人死于胃内容物吸入气管，还有1.7万人死于“其他和未分类的非交通事故意外及其后遗症”。[171]事实上，除1995年和2001年之外的每一年，美国死于雷击、野鹿、蜂蛰、花生过敏及“睡衣被点燃和熔化”的人数都高于恐怖主义袭击造成的死亡人数。[172]恐怖袭击造成的死亡人数如此之少，以至于任何想避免袭击的小举措都能增加死亡的风险。认知心理学家格尔德·吉仁泽（Gerd Gigerenzer）做过一个估算，在“9·11”恐怖袭击事件发生后的第二年，美国有很多人因恐惧飞机遭劫持或破坏而避开飞行，选择驾车出行，这些人中有1500名死于交通事故。他们完

全没有意识到，乘飞机从波士顿飞往洛杉矶的死亡风险，等于驾车在公路上行驶12英里。换句话说，为避免乘坐飞机而产生的死亡人数是“9·11”恐怖袭击事件中空难人数的6倍。[173]当然，“9·11”恐怖袭击事件将美国卷入两场战争，战争造成的英美两国国民的生命损失远远甚于劫机者，更不要说阿富汗人和伊拉克人的生命损失了。

恐怖主义造成的恐慌和恐怖主义造成的死亡之间的差异并非偶然。恐慌是恐怖主义的全部着眼点，正如这个字眼的字面意义所表明的。虽然有各式各样的定义（比如老话说，“一些人眼中的恐怖分子是另外一些人眼中的自由战士”），恐怖主义一般被理解为一种有预谋的暴力，执行者是非国家的组织或个人，暴力的对象是非战斗人员（平民或者休假中的士兵）。他们所追求的目标可以是政治的、宗教的或社会性的，手段是胁迫某个政府或者恐吓大众并传达自己的信息。恐怖分子的具体目标可以是让一个政府屈从于他们的某个具体要求，可以是腐蚀大众对政府保护能力的信心，或者挑动大规模的镇压行动，由此煽动人民对抗政府，或者制造社会动荡，以期恐怖集团获胜夺权。恐怖分子的个人动机是为了某种事业而不是个人利益，因此可以说他们是利他主义的。他们采取突然袭击，行动诡秘，常被人斥责为“卑鄙”。他们精于传播，惯于通过制造恐惧追求名声和公众的注意力。

恐怖主义是一种不对称战争——弱势对抗强势的战术。它调动恐惧心理带来的精神伤害之大，与它实际造成的人命和财产损失完全不相称。认知心理学家，比如特沃斯基、卡尼曼、吉仁泽和斯洛维奇都证明，人对一种风险的感知取决于心智上的两个小妖魔。[174]第一个是可 346
测度性（fathomability）：与相识的魔鬼打交道好过与不相识的魔鬼打交道。人们对于新奇、不可捉摸、影响延迟、当今科学无法充分解释的风险感到特别紧张。第二个是畏惧（dread）。人们忧虑发生最糟糕的情况，即那些不可控的、灾难性的、无意识的、不公正的风险（这里指承受风险的人，不是从风险中获益的人）。心理学家认为，人类心理的错觉是古大脑反馈回路的遗留物。在人类进化的过程中，它保护我们免受捕食动物、毒、敌人和风暴的伤害。人类在20世纪才积累了各种统计数据库，形成数字化社会。在此之前的漫长岁月里，人类一直生活在非数字化管理的社会中，风险感知功能可能一直是人类配置警惕性资源的最佳指导。而且，过去对危险认知心理上的种种怪癖缺乏科学的解释，人们利用这种无知谋取第二重利益：人们倾向于夸大敌人的威胁以便勒索赔偿，或以此来召唤盟友共同抗敌，甚至为先发制人地消灭敌人找借口（第 4 章中我们讨论过的迷信杀戮）。[175]

我们都知道风险认知上的谬误造成公共政策的扭曲。大量的财力与法律被用于防止在食品中使用添加剂和消除自来水中的化学残留物，这些物质对健康的危害微小到可以忽略不计，而另外一些可以挽救大量生命的措施却受到抵制，比如降低高速公路的限速。[176]有时，一件广为报道的事故可以成为一个先知的寓言，一个预示末世灾变的不祥征兆。1979 年的三里岛核电站事故无人死亡，甚至对癌症发病率也没有任何影响，但是美国为此停止了核能的发展，转而大量使用化石燃料，加剧了全球变暖趋势。

“9・11”恐怖袭击事件在国家意识上扮演了一种不祥的角色。大规模恐怖活动是新奇、不可捉摸、灾变性（与过去相比）和不公平的，从而将不可测知性和人类的畏惧感推到极限。恐怖主义者在制造伤害上的小投入足以赢得巨大的心理优势，国土安全部却不懂得这个道理。它推波助澜地煽动大众的恐惧，竟然在其使命陈述中警告说：“今天的恐怖分子可以在任何地点、任何时间，使用任何武器发动袭击。”乌萨马・本・拉登很清楚恐怖主义的这种优势，他得意扬扬地说“美国现在从北到南、从西到东充满了恐惧”，他花费 50 万美元制造的“9・11”恐怖袭击事件，给美国造成超过 5000 亿美元的直接经济损失。[177]

有责任心的政治家偶尔也能看懂恐怖主义的这笔账。在 2004 年的总统竞选中，约翰・克里一时忘情，对《纽约时报》的采访记者说：“我们必须回到我们原来的世界，在那里，恐怖分子不是我们生活的焦点，他们只是些讨厌鬼。作为一个前执法人员，我知道我们永远不可能消灭
347 卖淫，永远不可能消灭非法赌博，但是我们可以压低有组织的犯罪率，
将它保持在一个不会泛滥的水平上。它不是每天都在威胁人民的生命，

从根本上说，它就是那种你必须持之以恒地与其战斗，但对你的生活秩序并没有构成威胁的东西。”[178]在首都华盛顿，所谓“失态”就是“一位政客说了大实话”，乔治·布什和迪克·切尼对克里不依不饶，说他“不适合当领导”，克里则很快收回了自己的发言。

恐怖主义的兴亡成为暴力历史上的一个关键章节，不是因为它带来的伤亡数字，而是因为它带来的恐惧心理对人类社会的影响。当然，在未来，如果恐怖分子进行核武袭击的假说成为现实，它确实能带来巨量的死亡。我会在下一节讨论核恐怖主义，但现在我还是只讨论现实中发生过的暴力形式。

* * *

恐怖主义不是什么新东西。2000 年前，古罗马人征服犹太人之后，一群犹太抵抗战士暗杀古罗马官员和与古罗马人合作的犹太人，期望以此迫使古罗马人撤出。11 世纪，什叶派穆斯林的一个教派完善了自杀式恐怖主义形式，他们设法在公众场合接近叛教的领袖，公开行刺。行刺者深知自己会被领袖的贴身保镖当场杀死。从 17 世纪到 19 世纪，印度的一个邪教组织勒死了数万名游客，作为对女神迦梨的祭祀。这些组织没有完成任何政治变革，但他们以自己的名义留下了遗产：奋锐党、阿萨辛派，还有印度暗杀团。[179]如果你听到无政府主义者这个词的时候，能想象到一个身着黑大氅投掷炸弹的人，那说明你知道 19 世纪末 20 世纪初的一段历史。当时无政府主义者发动“行动宣言”运动，引爆咖啡馆、议会、领馆和银行，刺杀了十几位欧洲国家政要，包括俄国沙皇亚历山大二世、法兰西第三共和国总统萨迪·卡诺（Sadi Carnot）、意大利国王翁贝托一世（King Umberto Ⅰ）和美国总统威廉·麦金利（William Mckinley）。以遇刺首脑的赫赫威名命名的街道和他们的纪念碑标志着我们的文化意识中恐怖主义的力量。

任何认为恐怖主义是 2000 年之后新现象的人都没有什么记性。20 世纪 60 年代和 70 年代曾经是浪漫政治暴力流行的年代，发生了不下几百起爆炸、劫持人质和枪击事件，参与者有各式各样的某某军、某联盟、某某旅、某集团或者某阵线。[180]比如美国的“黑人解放军”、“犹太防御联盟”、“地下气象员”（名字来自鲍勃·迪伦的歌词“没有气象员你也知道风向哪边吹”），“民族解放武装力量”（争取波多黎各独立的武装组织），当然还有“共生解放军”（SLA）。70 年代，共生解放军上演了一出超现实大戏。1974 年，他们绑架了报业大亨的女继承人帕蒂·赫斯特，一番洗脑之后，让她入伙，而她立刻取“丹娘”为假名，协助同伴
348 抢劫银行，并站在七头毒蛇军旗前留下头戴贝雷帽手持机关枪的玉照。她的这张照片成为我们时代的三大标志性图片之一（另外两张图片，一是尼克松最后一次乘坐总统直升机离开白宫前挥手致意的照片，另一张是头发蓬松的比吉斯兄弟身穿白色涤纶迪斯科套装的照片）。

在同时期的欧洲，英国有“临时爱尔兰共和国军”和“阿尔斯特自由战士”，意大利有“红色旅”，德国有“红军旅”，西班牙有“埃塔”（巴斯克分离分子小组），而日本有“日本赤军”，加拿大有“魁北克解放阵线”。当时，恐怖主义已经是欧洲日常生活的组成部分，在路易斯·布努埃尔（Luis Buñuel）1977 年的爱情故事片《朦胧的欲望》（*That Obscure Object of Desire*）中，恐怖活动只是一个玩笑，到处都有汽车和商店被炸，影片中的主人公完全不把这些事放在心上。

这些恐怖组织现在都去哪里了？在大多数发达国家，国内恐怖主义已经和涤纶迪斯科套装一样销声匿迹。人们很少注意的一个事实是，这些组织大部分都是失败的，而且它们全都消亡了。[181]此事似乎难以置信，但这正是你周围的世界。以色列继续存在，北爱尔兰仍然是联合王国的一部分，克什米尔还在印度手中。在库尔德斯坦、巴勒斯坦、魁北克、波多黎各、车臣、科西嘉、泰米尔—伊拉姆或者巴斯克地区，没有一个成为主权国家。菲律宾、阿尔及利亚、埃及和乌兹别克斯坦都没有成为伊斯兰神权国家，日本、美国、欧洲和拉丁美洲国家也没有被宗教、无政府主义或者新时代乌托邦主义统治。

有数据可以证明这些印象。政治学家马克斯·亚伯拉罕（Max Abrahms）于 2006 年发表了文章《为什么恐怖主义行不通》（*Why Terrorism Does Not Work*）。他在文章中检视了美国国务院在 2001 年划定的 28 个外

国恐怖组织，其中大部分已经活跃了几十年。如果不考虑那些纯粹的战术成功（比如媒体曝光、新的支持者、释放囚犯和赎金），他发现，只有3次恐怖组织的行动（占总数的7%）实现了自己的目标：真主党分别在1984年和2000年从黎巴嫩南部赶走了多国维和部队与以色列的军队；泰米尔猛虎组织在1990年赢得对斯里兰卡东北海岸线的控制。如果算上斯里兰卡在2009年反手打败了猛虎组织，恐怖组织的获胜率就剩下2:42，不足5%。这个获胜率大大低于其他形式的政治压力，比如经济制裁在同期的胜算率为1/3。回顾最近的历史，亚伯拉罕表示，恐怖主义偶尔会有所成功，当然是在它们锁定一个区域性的目标时，比如将外国势力从人家自己已经厌倦了的占领区赶走，比如20世纪50年代和60年代欧洲国家大举撤离殖民地，不论有恐怖活动还是没有恐怖活动，这些撤离都是要发生的。[182]但是恐怖组织从来没有达到自己的最终目标，从来没有能够在一个国家实施一种意识形态或者彻底推翻一种意识形态。亚伯拉罕还发现，在仅有的几次成功中，恐怖组织针对的对象是军队，而不是平民，所以它们的角色更像游击队，而不是恐怖分子。以平民为首要目标的恐怖行动一向是以失败而告终。

政治学家奥德丽·克罗宁（Audrey Cronin）在她的著作《恐怖主义如何走向终结》（*How Terrorism Ends*）中研究了一组更大的数据：自 349
1968年以来活跃过的457次恐怖行动。和亚伯拉罕一样，她也发现恐怖主义事实上从来没有达到过目的。恐怖组织速生速灭，平均寿命在5~9年。克罗宁指出："国家在国际社会中享有某种程度的永生，而组织则没有这样的地位。"[183]

它们甚至得不到任何它们想要的东西。没有任何小型恐怖组织能夺取一个国家的政权，94%的恐怖组织从来没有实现过任何战略目标。[184]恐怖行动往往以头目被击毙或被抓获，或者组织被国家消灭，或者演变成游击队或政治派别而告终。它们中的很多组织被内斗拖垮，创建者后继无人，许多头脑一时发热的年轻人经不住和平享受与家庭生活的诱惑。

恐怖分子还有另外一条自杀之路。他们为无所成就而懊恼，为观众露出厌倦的神色而着急，于是采取更暴戾的行动。他们开始根据媒体的关注程度选择受害者——或者是受尊重的名人，或者以数量取胜。这当然能得到人们的关注，但关注方式却不是恐怖分子所希望的。“毫无意义的杀戮”会引起原有支持者的反感，他们不仅停止提供资金和庇护，甚至开始与警方合作。比如，意大利“红色旅”的自我毁灭开始于1978年对深受爱戴的前总理阿尔多·莫罗（Aldo Moro）的绑架，他们将莫罗关押2个月之后枪杀了他。莫罗身上连中11发子弹，尸体被扔在一辆车子的后备厢中。在1970年的“十月危机”中，加拿大的魁北克解放阵线弄巧成拙，他们绑架了魁北克劳工部长皮埃尔·拉波特（Pierre Laporte），并用他自己的念珠绞死了他，尸体也是被扔在车子的后备厢中。1995年，蒂莫西·麦克维在俄克拉何马城的一次联邦政府办公楼爆炸事件中造成165人（其中包括19名儿童）死亡，这使美国右翼反政府民兵运动的势力消失。克罗宁这样说：“暴力是一种国际语言，但是正派也有同样的力量。”[185]

攻击平民只能断送恐怖分子，滥杀无辜不仅吓跑了潜在的同情者，而且刺激公众支持全面镇压行动。亚伯拉罕追溯了以色列、俄罗斯、美国发生恐怖行动后民意的变化，他发现，在平民遭到严重袭击后，民意对恐怖组织的态度就开始波动下降，如果原来还有与恐怖组织达成某种妥协和承认他们的诉求具有正当性的愿望，此刻所有的理解都迅速消散。恐怖袭击之后，民众确信恐怖分子是生存威胁，支持消灭这些组织的政策。不对称的战争，顾名思义就是指一方比另一方更强大。捷足未必先登，强者也不一定就是胜者，但是人们总是忍不住要这样押宝。

* * *

虽然恐怖主义的性质决定它注定要失败，但恐怖活动总是一波未平一波又起。这个世界上有着无休无止的怨愤，只要有人拒绝接受恐怖主
350 义无效这个现实，恐怖主义的模因就会在心怀不满的人群中继续流传。

恐怖主义的历史走势令人难以捉摸。从1970年左右开始，才有很少几个机构开始收集有关的统计数据，而他们的数据标准和涵盖的内容差距甚大。即使在最好的情况下，恐怖行动和意外、凶杀、个人在压力下

的疯狂行动之间的区别，以及战争中的恐怖行为和暴乱之间的区别，都是非常模糊的。这些统计也有明显的政治倾向性：有些国家夸张恐怖袭击的数量，制造恐慌，有些则要压低统计数字，显示自己反恐取得了胜利。此外，几乎所有国家都关注国际恐怖主义，而对国内恐怖主义不以为意。事实上，本土恐怖活动的受害者人数是国际恐怖活动的6倍到7倍。“全球恐怖主义数据库”是迄今为止对公众开放的最全面的恐怖活动数据资料，它综合了许多早期的数据。虽然我们不能根据表面现象来解释图表上的每一个曲折，因为其中有一些是因为各个数据库的标准不同，出现了断裂或重叠，但是我们还是可以看到在所谓的“恐怖时代”，恐怖主义是否真的增加了。[186]

最可靠的记录是发生在美国本土的恐怖袭击，如果没有其他原因，那就是这些记录太少了，以至于可以对每一个记录仔细核查。图6-9显示的是自1970年以来美国发生的所有恐怖袭击，为了不让“9·11”恐怖袭击事件淹没其他记录，我使用了对数标度，否则的话，在巨塔般耸立的“9·11”恐怖袭击事件死亡记录之下，其他恐怖袭击的伤亡就像 351

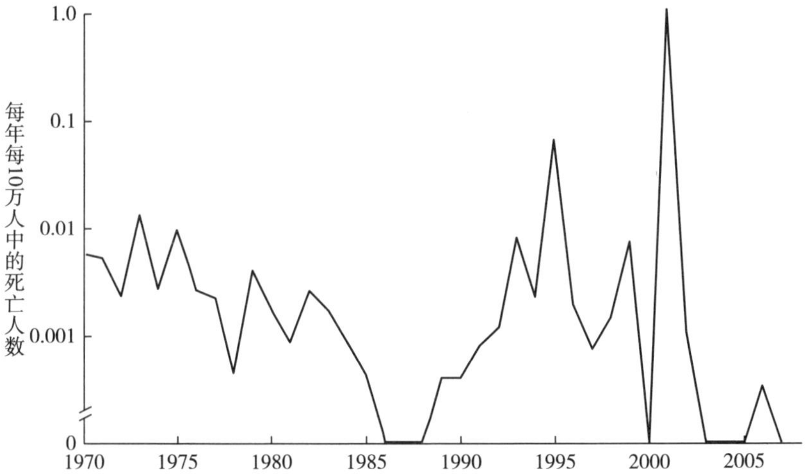

图6-9 1970—2007年美国恐怖主义造成的死亡率

资料来源：“全球恐怖主义数据库”，START（http://www.start.umd.edu/gtd/），2010年4月6日登录取数。1993年的数字来自START附录，2009年。因为log在此无法定义，没有发生死亡的年份被置于人为设定的0.0001的水平。

是地毯上的小皱褶。在对数标量的作用下，我们可以清楚地看到1995年俄克拉何马城爆炸案和1999年科伦拜恩高中枪击案的两个峰值（后者是否算是“恐怖主义”尚无定论，但是除了这个例外，我对整个数据库没有任何怀疑）。除了这个尖峰三重奏，20世纪70年代之后整个记录的趋势都是下降的。

西欧的恐怖主义走势（图6-10）特别能说明所有的恐怖组织都灭亡了，而其中绝大部分是失败的。尽管马德里的火车爆炸案在2004年带起一个高峰，但仍然不能遮盖恐怖主义运动从“红色旅”和“红军旅”的辉煌时代衰落的事实。

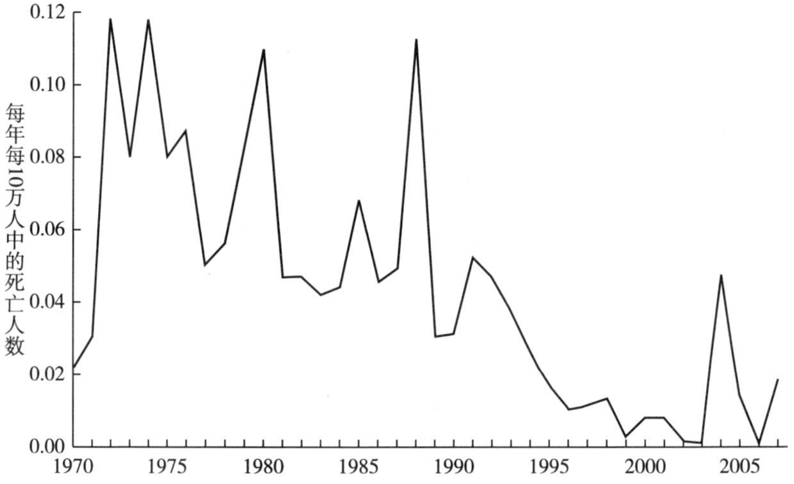

图6-10 1970—2007年西欧恐怖主义造成的死亡率

资料来源：“全球恐怖主义数据库”，START，2010年4月6日登录取数。1993年的数字为内推值。人口数据来自《联合国世界人口展望》（联合国，2008年），2010年4月23日登录取数；非以0和5结尾的年份的数据为内推值。

整个世界的趋势是什么样的呢？布什政府2007年发布的统计数字支持他们自己发出的警告——全球恐怖主义活动水平上升了。但是，“人类安全报告项目”的研究团队表示，布什政府的数据包括伊拉克和阿富汗战争中平民的死亡数字，这样的死亡如果发生在世界其他地方，应被定义为内战死亡。如果保持分类定义一致，将这些死亡排除在外，我们看到的将会是另外一幅图景。图 6–11 显示了在没有这些死亡的情况下，全球每年死于恐怖主义的人数（按照惯例，以 10 万人为单位）。对全球死亡总数的解释必须非常谨慎，它们来自不同的统计渠道，根据每一个数据库使用了多少新闻来源，这些数字可以上下浮动。但如果只考虑一 352
定规模的恐怖活动（死亡人数在 25 人以上的恐怖活动），各个数据库的曲线则相当一致，因为此类伤亡规模的事件有极大的新闻价值，所以每个数据库都会收集相关的资料。

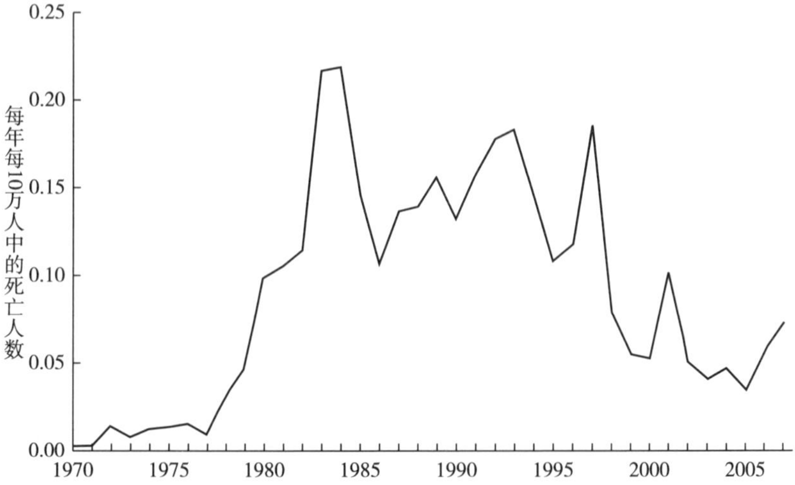

图 6–11　世界范围恐怖主义造成的死亡率（不包括 2001 年以来的阿富汗和 2003 年以来的伊拉克）

资料来源："全球恐怖主义数据库"，START，2010 年 4 月 6 日登录取数。1993 年的数字为内推值。世界人口数据来自美国人口普查局，2010 年 c；2007 年人口估计数是外推值。

与我们在国家间战争、内战和大屠杀中看到的图形一样，结果令人大吃一惊。新纪元的第一个 10 年——"恐怖时代"的开端——没有显示出上升曲线，也没有出现新的高峰，而是从 20 世纪 80 年代和 90 年代初的高峰一路下降。全球恐怖活动在 70 年代末上升，自 90 年代起下降，其原因与这一阶段内战和种族灭绝兴衰的原因一样。民族主义运动在去殖民化的初期迅速扩展，在冷战时期得到超级大国支持，但随着苏联的瓦解而逐渐失去踪影。图形中 70 年代和 80 年代初的凸起部分，主要是拉美恐怖分子酿制的苦果（萨尔瓦多、尼加拉瓜、秘鲁、哥伦比亚），1977—1984 年 61% 的恐怖活动死亡来自拉美。（其中很多恐怖活动的目标是军人和警察，“全球恐怖主义数据库”将所有旨在获取媒体关注而不是实质伤害的行动都包括在它的数据库中。）[187]1985—1992 年的高峰中也有拉美的贡献（大约占死亡人数的 1/3），此外还要加上斯里兰卡的泰米尔猛虎组织（15%）以及印度、菲
353 律宾和莫桑比克的恐怖主义活动。虽然印度和菲律宾的某些恐怖分子的活动是穆斯林团体所为，但在伊斯兰国家，恐怖活动的死亡率非常低，总死亡人数中只有 2% 来自黎巴嫩，1% 来自巴基斯坦。“9・11”恐怖袭击事件和巴基斯坦局势的恶化打断了自 1997 年之后恐怖主义衰落的走势。事实上，巴基斯坦境内的恐怖活动大多是阿富汗战争在边境地带的渗透。

根据数字，我们生活的时代并不是一个恐怖主义新时代。如果不计算伊拉克和阿富汗的战事，我们仍然在享受延续了几十年的恐怖主义下降。在我们的集体意识中，恐怖主义的阴影已经开始淡化。直到不久之前，恐怖主义与穆斯林之间并没有特殊的关联。

那么今天呢？我们今天是不是要对基地组织、哈马斯或者真主党的恐怖分子变本加厉，进行更多更大的袭击做好准备？阿富汗和伊拉克的遇难平民中很多都是死于人体炸弹，我们为什么要将这部分数字从恐怖袭击死亡总数中剔除呢？要回答这些问题，我们必须仔细观察伊斯兰世界的恐怖主义，特别是自杀性恐怖主义。

* * *

虽然“9・11”恐怖袭击事件并没有开创恐怖主义的新时代，但它预示着伊斯兰自杀性恐怖主义的时代。如果“9・11”恐怖袭击事件中的恐怖分子不准备送命，就不可能执行他们的行动计划。“9・11”恐怖袭击事件之后，自杀性袭击一时高涨，从 20 世纪 80 年代的每年 5 起和 90 年代的每年 16 起，上升到 2001—2005 年的每年 180 起。其中大部分袭击都是伊斯兰团体发动的，他们所要表达的动机至少有一部分与宗教

有关。[188]根据美国国家反恐中心最近的数据，2008年恐怖组织造成的死亡中有近2/3可归咎于逊尼派伊斯兰极端分子。[189]

作为一种杀害平民的手段，自杀性恐怖行动是一种既残忍又精密的战术。在自杀性袭击中，由人的眼睛和大脑控制的人手和人脚作为精确控制器与传输装置，执行者是一个看起来和上百万其他人一样的普通人，因此它是外科手术式的极端准确和极端隐蔽性的最佳结合。就技术的精密程度而言，没有任何机器人能够与其媲美。在恐怖袭击的次数上，自杀性袭击只占少数，但它是大多数人员伤亡的元凶。[190]对恐怖运动的领袖来说，自杀性袭击实在是一笔划算的买卖。正如一位巴勒斯坦官员所解释的，一次成功的行动仅需要“一个愿意赴死的青年……钉子、火药、一个电灯开关、一小段电线、水银（可从温度计中得到）、丙酮……最贵的一笔费用是去以色列某个城市的路费”。[191]唯一的技术障碍是年轻人的意愿。不想死是人的本能，是亿万年自然选择的演化结果。恐怖组织的领袖怎样克服这个障碍呢？

自从有战争的那一天起，人类就暴露在死于战场的风险之下，这里的关键词是“风险”。自然选择的逻辑在一般情况下是成立的，所以， 354
作为进取的一方，甘愿承受可能死亡的较小风险，以换取生存的更大机会——更大的土地、更多的女人，或者更安全，这很可能是在演化过程中胜出的人类意愿。[192]但自愿送死的基因在演化进程中则注定要被淘汰。所以，毫不奇怪，战争史上的自杀行动并非常规。觅食群体更愿意避免固定战场的危险，选择更为安全的偷袭和伏击；即使如此，武士还是经常会声称有梦兆或其他预兆指示凶吉，顺理成章地逃避同伙筹划的危险行动。[193]

现代军队为了鼓励士兵承担更大的风险，有一套制度褒奖忠勇；为了减少他们逃避风险，另有一套羞辱和惩罚懦弱的制度，包括处决逃兵。有些时候，还有一类特殊军人叫作督战员，他们紧紧站在士兵的身后，有权向任何不敢冲锋的士兵开枪。战争领袖和普通大兵之间的利益冲突催生了军队里一套众所周知的伪善话语。比如，一名英国将军这样粉饰第一次世界大战的残酷：“在枪林弹雨中，没有一个战士退缩，他们迎着扑面而来的机关枪、来福枪的扫射前进，直到全部牺牲……我从来没有见过，确实，也从来无法想象一个如此英勇、自律、坚毅的雄壮场面。”而一名中士则有完全不同的描述：“我们知道这样做毫无意义，甚至在开始冲锋前就知道了——要穿过这样一片开阔地。但是，我们只能向前。我们被夹在两个魔鬼之间，进退两难。如果前进，你可能被子弹打死；如果后退，你会被带到军事法庭再被处决。你该怎么办？”[194]

勇士在战场上甘冒死亡的风险可能另有原因。演化生物学家 J. B. S. 霍尔丹（J. B. S. Haldane）被问到是否会为了他的兄弟牺牲自己的生命时，他回答说：“不会，但如果是为了两个兄弟或者八个堂兄弟，那就另当别论了。”他提出的是后来被称为血亲选择、内向适应、亲缘裙带性利他主义的现象。只要这一生物亲族的收益大于牺牲造成的成本，自然选择会倾向于那些具有为血亲而牺牲倾向的生物基因。这样的牺牲倾向随亲缘的亲疏而增减。原因是这些基因帮助了亲族身上自己基因的副本，长期而言，它们比那些狭隘自私的基因更有生存优势。有些执迷不悟坚持反对这一理论的人认为，这样的理论要求生物有意识地计算自己的基因与亲族基因的吻合程度，并预测牺牲为自己的 DNA 能带来的好处。[195]当然，我们所说的生物物种具有舍身互救的倾向，救助的对象仅仅是统计意义上的基因亲缘。对于高级生物物种，比如人类来说，这种意向也可以表现为兄弟般的情谊。

在进化的大部分时间里，人类的生存形态都是以亲缘凝聚在一起的小群组，人的近邻大多是亲戚。比如，在雅诺马马人中，一个村庄内任
355 意选出两人，通常两人都认为彼此是亲眷，几乎都是亲表兄妹，甚至是更亲密的亲属。[196]遗传重叠的特性是，如果冒险行动能够让自己的战友获益，愿意在此时承受更大风险的基因则在进化过程中具有优势。与其他灵长类不同，黑猩猩从事合作式劫掠，原因之一是雌性黑猩猩在性成熟后分群，而不是雄性黑猩猩分群，因此一个黑猩猩群中的雄性一般都是有血缘的亲属。[197]

尽管进化论帮助我们了解人类心理的方方面面，但真正有意义的不在于实际上基因起源的相关度（就像狩猎-采集群体从来不曾将剐蹭过

口腔黏膜的棉花签送到实验室做基因检测，黑猩猩当然就更不用提了），而在于人们对基因相关度的感知，特别是这种感知与现实在足够长的时间段内是相吻合的。[198]促成血亲感知的因素有共同成长的经历，目睹自己的母亲关照他人，同餐共饮，同祖的神话，至亲骨肉的本质性直觉，共享的仪式和体验（经常通过发型、文身、划痕和变形来强调），相似的外形，以及语言中的各种比喻，比如兄弟会、手足情、父母之邦、祖国、鲜血。[199]在军队中，军官用尽各种手段和字眼，要让士兵养成相互之间具有基因相关的感觉，愿意为彼此承担丧失生命的风险。莎士比亚在《亨利五世》中，创作了战争文学史上最著名的战场动员演说。他假亨利五世之口，借圣克里斯宾节之机，向战士发表演说：

克里斯宾节，
从今天直到世界末日，永远不会被遗忘，
因为我们在这个节日里的行动，也将永远被人铭记。
我们，寥寥数人，幸运的数人，我们，就是一队兄弟
——因为，今天他的血和我的血洒在一起，
他就是我的好兄弟。

当代的军队一样费尽心思将士兵编成兄弟团队——从五六个人到二三十个人的火力小组、班、排，让士兵在小团体里培养相互为之而战的兄弟情谊。对军队心理的研究发现，士兵在战斗中最忠诚于自己团队的战友。[200]作家威廉·曼彻斯特（William Manchester）回忆过自己在“二战”中当海军陆战队队员时的经历，他说：

那些在生死线上的人，是我的骨肉，我的家人。我们之间的亲密无法用语言表达，它超过所有的朋友，无论是过去曾经有的，还是未来将会有的。他们从来没有让我失望，我也不会让他们失望……如果我知道我能够帮助他们脱险，那我一定要和他们在一起，绝不贪生怕死。现在我总算明白，男子汉不是为了军旗或国家而战，不是

为了海军陆战队、荣誉或其他任何抽象概念而战。他们为彼此而战。[201]

356 20多年之后，另一位也曾经是海军陆战队队员的作家威廉·波洛莱斯（William Broyles）描绘了一幅相似的画面，这次是在越南：

当岁月销蚀、记忆褪色，战争中最难忘的情感是战友之谊。战争中的一位战友就是一位你能够完全信赖的人，因为你要将你的生命交付于他……尽管这听起来是一派极右翼的腔调，但确实，对我们中间的大多数人来说，战争是唯一具有乌托邦色彩的经历。在战争中，个人的财产和地位一文不值：团体才是你的一切。你和你的战友有福同享，有难同当。这不是一个选择谁强谁弱的过程，而爱是不需要理由的，它超越种族、个性和教育——超越所有这些在和平时代将人分离的东西。[202]

虽然在极端的情况下，一个人为了拯救一个排的情同手足的战友，可以牺牲自己的生命，但如果要他为了这些战友，平静地制订在若干时间后自杀的计划，则是极其罕见的。如果这是常见的行为，那么战争指引将被彻底改写。为了避免恐慌和溃败（或者说要在没有督战员的情况下避免溃败），作战计划通常都不会让士兵知道自己已经必死无疑。比如，在第二次世界大战期间，一个轰炸机基地的战略分析人员计算出，比较所有飞行员驾驶为飞双程而装满油箱的轰炸机冒险，如果抽签决定少数飞行员驾机执行必死的单程飞行任务，飞行员的生存概率会更高一些。但结果是，他们决定所有人承担更高的不可预知的风险，而不要死亡风险较低但在短期内确定发生的厄运。[203]自杀性恐怖行动的策划者是如何克服这个障碍的呢？

死后升天的意识肯定会有帮助，比如“9·11”恐怖袭击事件中的劫机者被许诺死后能升上天堂。（日本神风特攻队的飞行员则没有这些活色生香的想象，而是被某种精神境界吸引。）但是，真正完美呈现当代自杀性袭击的还是泰米尔猛虎组织，虽然猛虎组织的成员生长在许愿轮回的印度教环境中，猛虎组织的意识形态却是世俗化的：原汁原味的民族主义、浪漫军国主义和20世纪第三世界解放运动的翻版反帝国主义。那些曾经准备执行自杀性袭击的恐怖分子自己说，促使他们投身此事的原因即使有对来生的期盼，分量也都不大。所以说，尽管对美好来世的期待有可能打破成本收益的均衡点（让人更难想象无神论者会成为人体炸弹），但这肯定不是唯一的心理动机。

人类学家斯科特·阿特兰（Scott Atran）对失败的自杀性恐怖袭击者和准备进行自杀性袭击的恐怖分子进行了采访，批驳了很多对他们的误解。与一般人们认为的无知、贫困、空虚和精神疾病相反，自杀性袭击恐怖分子往往受过良好的教育，出身中产阶级，有道德感，没有明显的精神疾患。阿特兰总结说，他们的动机中很大一部分来自亲缘裙带性利他主义。[204]

泰米尔猛虎组织的案例相对直观。他们使用相当于督战员式的恐怖 357
分子，这些人挑选自杀攻击的方案，恐吓执行者如果逃跑就杀死家人。[205]哈马斯和其他巴勒斯坦恐怖组织的方式略有不同，他们用胡萝卜取代大棒，向自杀性袭击执行者的家庭按月送上丰厚的补贴，外加一次性的赠款以及社区内受人尊重的地位。[206]虽然一般来说人们不会认为极端行为有助于生物的适应性，但人类学家阿龙·布莱克韦尔（Aaron Blackwell）和劳伦斯·杉山（Lawrence Sugiyama）都认为，在巴勒斯坦，自杀性恐怖袭击确实与生物的适应性有关。在约旦河西岸和加沙地带，因为新娘的价格高昂，很多男人很难娶到妻子，他们被限于堂兄妹结婚。一夫多妻占据了许多婚龄女子，还有很多女孩子嫁给以色列的富有的阿拉伯人。布莱克韦尔和杉山发现，99%的巴勒斯坦自杀性恐怖分子是男性，86%未婚，81%至少有6个兄弟姐妹，其家庭规模大于巴勒斯坦的家庭平均规模。把这些数据和其他数据代入一个简单的人口模型后，他们发现，一个自杀性恐怖分子，能够得到足够的金钱给家庭里的其他兄弟娶妻，他个人的牺牲能换来家族繁衍的机会。

阿特兰发现，有些自杀性恐怖分子不需要这样的直接激励。招募死士的最强有力的动机就是找到一伙亲密无间的兄弟。恐怖分子的小集团开始通常是一些没有固定职业的单身汉帮派，他们一起混迹于咖啡馆、宿舍、足球俱乐部、发廊或网上聊天室，能够盟誓彼此忠诚，让他们的生活突然有了新的意义。每一个社会的年轻人为了证明自己的勇敢和忠诚，都要干些愚蠢的事情，因为他们认为同伙会觉得这样做很酷。[207]（我将在第8章再回到这个议题。）宗教进一步强化了人们对团体的承诺，不仅是许诺进入天堂，还有将一己之身融入一次十字军东征、一种召唤、一个梦想或者一场圣战那种精神上的敬畏感。宗教还可以赋予一项事业以神圣价值，它至高无上，甚至高于生命。[208]这种效忠会在复仇的烈焰中白热化，这就是为什么伊斯兰激进武装分子发誓要对穆斯林在世界上任何时期任何地方受到的伤害和羞辱给以报复，甚至象征性的事件也不能放过，比如在神圣的穆斯林土地上出现异教徒的士兵。阿特兰在向美国参议院委员会做证的时候说：

> 从2004年在马德里引爆列车，2005年在伦敦地铁从事杀戮，2006年和2009年试图在美国航线上炸毁客机，以及长途跋涉到伊拉克、
> 358 阿富汗、巴基斯坦、也门或者索马里参战与异教军人对峙的年轻人来看，你能看到他们崇拜什么样的偶像，他们是怎样被组织起来的，什么把他们团结在一起，什么是他们的动力；你能明白，对这些当今世界最残忍的恐怖分子而言，《古兰经》或宗教教义并非他们为之献身的事业，召唤他们的是赢得同伴的赞赏和尊重，以及通过朋友赢得世界的永久敬意和纪念，这些都是他活着的时候永远不可能享有的……圣战组织是一个内部平等、机会均分的雇主……兄弟情深、速战速决、激动人心、充满荣耀，还非常酷。任何愿意动手用裁纸刀割下巨人歌利亚首级的人都受到欢迎。[209]

在激进浪潮中，当地伊玛目的作用很小，因为这些要翻天覆地的年轻人不会听从社区领袖的指导。基地组织更像一个全球化品牌，引导出一个分散的社交网，而不是中央控制的招募机构。

* * *

第一次近距离观察这些恐怖分子，给人的感觉非常压抑，因为我们看到的是一条九头蛇，既不能斩一首而破全局，也无法攻入它的体内。但是，请记住，所有恐怖组织的规律都是一个向下的弧线，是注定要灭亡的。那么，是否有任何迹象显示伊斯兰恐怖分子已经开始走向灭亡？

答案显然是肯定的。在以色列，对平民的不断袭击产生了在世界其他地方出现过的效果：彻底打消了人们对这些袭击组织的同情和做出让步的意愿。[210]在第二次巴勒斯坦人大起义开始之后，特别是在2000年亚西尔·阿拉法特拒绝了《戴维营和平协议》不久，巴勒斯坦的经济和政治前景越来越黯淡。克罗宁说，从长期看，自杀性恐怖主义是非常愚蠢的战术，因为这让受攻击的国家不再愿意宽容对待社会中的少数族裔，因为他们无法辨别谁是装着引信的炸弹。虽然国际社会谴责以色列修建安全防护墙，但是克罗宁注意到，其他受到自杀性袭击的国家采取了同样的防护措施。[211]约旦河西岸的巴勒斯坦领导人最近开始放弃暴力，将自己的精力用于改善政府管治，而巴勒斯坦的活跃团体也转向抵制、公民不服从、和平抗议和其他形式的非暴力抵抗活动。[212]他们甚至动员了拉吉莫汉·甘地（莫罕达斯·甘地的孙子）和马丁·路德·金三世做出支持他们的姿态。虽然现在还无法知道巴勒斯坦人的战术转折点在哪里，但放弃恐怖主义早已不是什么史无前例的新闻。

人们最关注的还是基地组织的命运。前美国中央情报局官员马克·萨奇曼（Marc Sageman）长期关注基地组织的动向。根据他的记录，2004年基地组织对西方进行了10次较大的恐怖袭击，主要是对入侵伊拉克的反应，但到2008年，类似的袭击只有3次。[213]不仅基地组织在阿富汗的基地溃不成军，领导人被击毙（包括本·拉登本人在2011年被击毙），伊斯兰世界对基地组织的支持一路下沉，而对它的反感越来越 359
大。[214]在过去6年中，越来越多的穆斯林对他们所看到的野蛮行径感到厌恶。正如克罗宁所说，除了暴力，正派也是一种有力的国际语言。基地运动的战略目标是要建立一个泛伊斯兰哈里发，实际上是要以一个更加专制、更加政教合一的政权取代现有的专制和政教合一的政权，闭关自守并要对非伊斯兰信徒进行种族灭绝。当人们认识到这个目标的真正含义时，就开始对目标失去了兴趣。而像所有恐怖组织一样，寻求曝光度是一个致命的诱惑；基地组织最后也未能免俗，他们为了吸引眼球不惜滥杀无辜，甚至是滥杀成千上万的穆斯林同胞。2000 年之后发生的巴厘岛夜总会袭击、约旦婚礼惨案、埃及旅游胜地凶杀、伦敦地铁爆炸案、伊斯坦布尔和卡萨布兰卡的咖啡馆爆炸案，都表明基地组织毫无意义地屠杀无辜，不论是穆斯林还是非穆斯林。被称为“伊拉克基地组织”（AQI）的运动已经被证明是最下三烂的恐怖运动，他们炸毁清真寺、集市、医院、排球比赛，甚至连葬礼也不放过；对敢于反抗他们的人凶残地施予断肢和斩首。

现在，各个层面都在向圣战战士发动圣战。沙特和印尼这些曾经纵容极端分子的伊斯兰国家，也终于感到受够了，开始镇压国内的极端分子。基地运动的权威人士也开始抨击这场运动。2007 年，本・拉登的导师之一，沙特的神职人员萨勒曼・阿勒奥达（Salman al-Odah）在一封公开信中谴责本・拉登“推行血腥和残忍的自杀性炸弹文化，把整个穆斯林社会和家庭带进毁灭的深渊”。[215]他毫不畏惧地批评本・拉登个人，说：“我的兄弟乌萨马，多少鲜血在流淌？以基地组织的名义，多少无辜的人——孩子、老人和妇女被杀死了？背负这成千上万甚至上百万人的性命去见全能的真主，你会很幸福吗？”[216]他的控诉引起一片共鸣：在伊斯兰组织和各大电视网络的网页上，2/3的留言支持阿勒奥达，他还向热情的英国穆斯林青年发表了讲话。[217]沙特的大穆夫提阿卜杜拉兹・艾尔・阿什-谢赫（Abdulaziz Ash-Sheikh）在 2007 年正式发布裁决令，禁止沙特人参加外国的圣战，并谴责本・拉登和他的密友“为了他们自己的政治和军事目的，将我们的年轻人变成人体炸弹”。[218]同年，另一位基地组织的元老、埃及学者萨伊德・依曼姆・艾尔・沙里夫（即人们所说的法德尔医生）出版了一本名为“圣战的合理化”的书，他解释说：“近些年，违背伊斯兰法的做法玷污了圣战……这些人以圣战之名杀害成百上千的人，包括妇女和孩子、穆斯林和非穆斯林！”[219]

阿拉伯世界同意这些宗教领袖的立场。2008年，圣战者网站组织了一场与主持基地组织日常行动的领袖阿伊曼·阿尔·扎瓦西里的在线问答。有人提问：“对不起，扎瓦西里先生，但是在阁下的祝福下，谁在杀害巴格达、摩洛哥和阿尔及利亚的无辜人民？”[220]伊斯兰世界各地的民意调查都说明民众感到愤怒。2005—2010年，在约旦、巴基斯坦、印度尼西亚、沙特阿拉伯和孟加拉国这些国家中，民调中支持人体炸弹和其他针对平民的恐怖袭击的人数直线减少，大约只剩下10%。即使是10%这个数字也够惊人了，整理这些数据的政治学家法瓦兹·盖尔盖斯（Fawaz Gerges）提醒人们注意，在美国的民意调查中，不少于24%的人认为“有意针对平民的轰炸或其他形式的袭击经常或者有些时候是有道理的”。[221] 360

更重要的是战争地区的民意，这些人民是恐怖分子的民意基础。[222]在巴基斯坦的西北边境省，仅在2007年下半年的5个月内，基地组织的支持率就从70%下降到只有4%。这在一定程度上是对前总理贝娜齐尔·布托（Benazir Bhutto）遭自杀式炸弹袭击的反应。在当年的选举中，伊斯兰极端分子得票仅占全国选票的2%，仅为2002年的1/5。2007年美国广播公司（ABC）和英国广播公司（BBC）联合在阿富汗进行的民调显示，对极端圣战派的支持一路狂跌到只有1%。[223]2006年，伊拉克逊尼派穆斯林的大多数，库尔德人和什叶派穆斯林的绝大多数都反对“伊拉克基地组织”。到2007年12月，他们100%地反对基地组织针对平民的恐怖袭击。[224]

民意的变化能否转化为暴力的减少呢？恐怖分子依赖民众的支持，所以民意向背将会影响到暴力的水平。2007年，伊斯兰世界对恐怖主义的看法发生了转折性的变化，这一年也是伊拉克自杀性袭击的转折点。根据“伊拉克死亡调查”组织（Iraq Body Count）的记录，2007年，伊拉克每天发生21起汽车炸弹和自杀性袭击，而到2010年，为每天不到8起。虽然数量还是非常多，但局势在好转。[225]伊斯兰世界态度的变化并不是进步的唯一原因，2007年上半年的美军增兵和其他军事调整也起到了遏制暴力的作用。但是，一些军事行动的进展本身取决于人民态度的变化。萨德尔的“马赫迪军”—— 一支伊拉克什叶派军事武装在2007年宣布停火；在被称为“逊尼觉醒”的运动中，成千上万的年轻人弃暗投明，从反抗美国支持的伊拉克当局，变为参与清剿伊拉克基地组织。[226]

恐怖主义是一种战术，不是意识形态，也不是一个政权，我们永远也不可能打赢一场“反恐战争”，更不可能实现G. W. 布什总统更大的目标——“扫清世间恶魔”（这两条都是小布什总统在“9·11”恐怖袭击事件之后发表的演讲中提出的）。在媒体全球化的时代，总会有一个意识形态狂在某个角落里培植不满和怨怼，投资恐怖主义，以期以一笔成本有限的暴力，给世界制造巨大的恐惧，也总会有一伙结义兄弟愿意为了情谊和荣耀甘冒生命危险从事恐怖活动。在发生大规模叛乱时，如果叛乱分子采取恐怖主义战术，很可能给平民和社会造成深重的损失，而核武恐怖主义的假想威胁赋予“恐怖”一词以新的含义（我将在本章
361 的最后一节讨论这个问题）。但是，历史的经验告诉我们，无一例外，恐怖主义运动自身都带有自我毁灭的种子。

天使不敢涉足的地方

“新和平”是指20多年前冷战结束之后，战争、屠杀和恐怖主义在数量上减少的过程。新和平没有“长期和平”那样长的历史，也不像“人道主义革命”那样具有革命性，更不曾以“文明的进程”的形式横扫文明世界。而最令人关切的问题是，它是否能够持续下去。虽然我有信心认为在我有生之年，法国和德国不会交战，烧猫取乐和轮刑虐待不会重返文明社会，人们在晚宴之际也不再会习惯性地拿着切牛排的餐刀互相捅来捅去，甚至割掉对方的鼻子，但对于世界是否不会再发生武装冲突，任何审慎的观察者都没有信心下此断言。

有时候人们问我：“你怎么能够知道明天不会发生一场战争（或者大屠杀，或者恐怖袭击），从而彻底颠覆你的整个理论？”提出这样的问题说明提问者没有明白本书的观点。本书的观点不是说我们已经进入一

个“宝瓶座时代”，即地球上的每一个人都永远和平、自由、博爱。本书强调的是，世界上的暴力呈现绝对的下降趋势以及理解这个趋势的重要性。暴力减少的原因是，在特定的时间和特定的文化背景下，政治、经济和意识形态条件发生了特定的变化。如果这些条件出现逆势变化，暴力就会重新回头。

我们的世界生活着形形色色的人。幂律分布的统计结果和过去200年的历史事件都告诉我们，少数暴徒就可以给世界带来巨大的灾难。在当今世界的60亿人口中，如果哪一个狂人拿到了一颗流失的核弹，他一个人就能够制造天文数字的损失。但是，即使发生这样的事情，我们还是需要解释为什么凶杀率下降至原来的1%，为什么奴隶买卖和债务人监狱消失了，为什么苏联和美国没有为古巴开战，姑且不论加拿大和西班牙为何不曾为平鱼纠纷打得头破血流。

本书的目的是要解释过去的历史和现实中的事实，而不是要预卜假想的未来。如果你坚持要问，科学的本质不就是给出可证伪的预测吗？理解过去的意义不就是为了推断未来吗？啊哈，好吧。我做出一个预测，在今后10年，爆发一年内死亡10万人的大型暴力冲突，或者事件总死亡超过百万人的可能性是9.7%。我是怎么得到这个数字的？是啊，这个数字很小，小到在直觉上就是“不太可能”，但是又没有小到如果真的发生这样的事件，就证明我的预测完全错误。当然，我的观点是，对于单个事件，例如在今后10年发生大规模暴力冲突而言，科学预测的概 362
念毫无意义。如果我们可以有几个平行的世界进行观测，对哪个世界发生了什么和没有发生什么进行统计和分析，是否能进行科学预测才可以另当别论。

但事实是，我们只有一个世界，而我不知道在未来几十年里世界会发生些什么。当然，不是所有人都像我一样谨慎。如果你在网络上查询“即将发生的战争”（the coming war）这个字符串，能得到200万条结果，与其联组的内容是“对伊斯兰”“对伊朗”“对中国”“对俄罗斯”“在巴基斯坦”“伊朗和以色列”“印巴之间”“对沙特阿拉伯”“对委内瑞拉”“在美国”“在西方国家之间”“为地球资源”“气候原因引发”

“为水资源”“与日本”（最后这个预测的发布时间是1991年，你也许会觉得人们从此应该在这个问题上更谦逊一些）。像《文明的冲突》（*The Clash of Civilizations*）、《起火的世界》（*World on Fire*）、《第四次世界大战》（*World War IV*），还有我最喜欢的《命中注定》（*We Are Doomed*）这些著述，只看书名就能感到作者的自信。

谁知道呢？也许他们是对的。在本章余下的部分中，我的目标是要指出他们的错误。我们不是第一次听到注定灭亡的警告了。专家发出过各种终结人类文明的警告：毒气弹、热核武器、苏联入侵西欧、世界有核国家达到两位数、复仇主义的德国、日本军国主义复活、城市内超级少年暴力犯罪泛滥成灾、石油短缺引发世界大战、印巴核战争、每周都会发生“9·11”恐怖袭击事件规模的恐怖袭击。[227]我将在本小节探讨“新和平”面对的四种威胁——与伊斯兰文明的冲突、核恐怖主义、伊朗的核武器和气候变迁；每一种威胁都有“可能是，也可能不是”两种可能性。

* * *

伊斯兰世界显然没有融入暴力减少的大潮流。20多年来各大新闻报道充斥着以伊斯兰的名义实施的野蛮杀戮，这让西方人闻之变色。这些事件有1989年宗教领袖向萨曼·拉什迪（Salman Rushdie）发出的追杀令，仅因为他在一部小说中描写了穆罕默德；2002年，尼日利亚判决一个未婚先孕的女子死刑，行刑方式是石刑；2004年，荷兰电影制片人提奥·凡高（Theo Van Gogh）被尖刀刺死，因为他制作了一部关于阿亚安·希尔西·阿里（Ayaan Hirsi Ali）的电影，讲的是伊斯兰国家妇女的处境；2005年，丹麦报纸刊登了时政漫画，对伊斯兰先知有所不敬，许多城市发生血腥的骚乱；一位在苏丹任教的英籍小学教师被监禁并面临被施鞭刑的威胁，因为她允许她的学生给一只玩具熊取名穆罕默德；当然还有“9·11”恐怖袭击事件，事件中19名穆斯林杀害了近3000名平民。

西方人心目中的伊斯兰世界嗜好西方人早已唾弃的暴力，这不仅仅是伊斯兰恐惧症或者东方主义，而且有数字的支持。虽然世界人口的近1/5是穆斯林，大约1/4的国家以穆斯林为主，但2008年世界上 363
所发生的武装纠纷和叛乱中一半以上是在伊斯兰国家。[228]在其他因素不变的情况下，与非伊斯兰国家相比，伊斯兰国家强迫更多的公民参军。[229]美国国务院恐怖主义组织名单的2/3是伊斯兰组织。2008年，在能够知道凶手的被恐怖分子杀害的人中，有近2/3死于逊尼派恐怖分子之手。[230]

伊斯兰国家无视民主化的大潮，只有大约1/4的伊斯兰国家有民选的政府，而这些民选过程大多非常不规范。[231]他们的领袖通常都是高票当选，得票率之高往往令人发笑。他们一旦大权在握，就将对手关进监狱，宣布反对党非法，解散议会，取消选举。[232]人口众多、贫困、石油资源丰富这些导致专制的风险因素绝非伊斯兰国家所特有。即使在回归分析中设定这些因素不变，结果还是穆斯林人口比重越大的国家，人民的政治权利越少。[233]政治权利在很大程度上与暴力相关，因为这种权利意味着人们是否可以自由地演说、写作和集会，而不被关进监狱。

许多伊斯兰国家的法律和惯例似乎还没有经历过人道主义革命。根据大赦国际的资料，有近3/4的伊斯兰国家执行死刑，相比之下，非伊斯兰国家中只有1/3还有死刑；许多伊斯兰国家仍然使用石刑、烙刑、剜目和砍手、挖舌，甚至还在使用上十字架等残酷刑罚。[234]每一年，伊斯兰国家都有1亿多女孩子被施以阴部割礼；当她们长大后，如果她们的父亲、兄弟或被强加给她们的丈夫不高兴，她们可能会被硫酸毁容，或者直接被杀死。[235]伊斯兰国家是最后废除奴隶制的国家（最后的两个例子是1962年的沙特阿拉伯和1980年的毛里塔尼亚）；而在伊斯兰国家，至今仍有人口买卖。[236]在许多伊斯兰国家，巫术不仅在字面上是犯罪，而且在现实中仍被起诉和判刑。比如，2009年，沙特阿拉伯判处一名男子有罪，因为在他随身携带的电话簿上有家乡厄立特里亚文字的字母，而在沙特警察眼中，这都是些诡异神秘的符号。他为此领受了300下鞭笞，外加3年多的监禁。[237]

在伊斯兰世界，不仅宗教迷信鼓励暴力，畸形发达的荣誉文化更是推崇暴力。政治学家哈立德·法塔赫（Khaled Fattah）和 K. M. 菲尔克（K. M. Fierke）记录了伊斯兰极端组织中流行的“耻辱话语”。[238]在伊斯兰遭受屈辱的清单上有十字军、西方殖民主义、以色列的存在、美军踏足阿拉伯领土、不争气的伊斯兰国家——西方文明要对此承担一切责任，而所有这些都是对伊斯兰的侮辱，也都是向西方国家不由分说地报仇雪恨的许可证，当然复仇的对象还要算上那些思想不纯正的伊斯兰领袖。伊斯兰激进分子的意识形态中具有典型的种族灭绝倾向：历史是一场暴
364 力斗争，最后光辉的顶点将是消灭一切人类中不可救赎的恶人。基地组织、哈马斯、真主党和伊朗政权的发言人都曾经妖魔化敌对势力——犹太复国主义、异教徒、十字军、多神教，他们都提到末日式大灾难和随之而来的乌托邦，并以此证明应该屠杀整个以色列民族，荡平整个美国，杀光一切侮辱过伊斯兰教的人。[239]

历史学家伯纳德·刘易斯（Bernard Lewis）不是唯一一个提出疑问的人——“错在哪里？”2002 年，联合国资助的一个阿拉伯知识分子组成的委员会发表了措辞坦率的《阿拉伯人权发展报告》，它被称为“阿拉伯人谈阿拉伯人”。[240]报告中记载了阿拉伯国家的政治迫害、经济落后、压迫妇女、遍地文盲、自我孤立于世界思想潮流之外。在报告发表时，整个阿拉伯世界出口的制成品少于菲律宾一个国家，互联网连线的水平低于撒哈拉以南的非洲，每年注册的专利数量相当于韩国的 2%，翻译成阿拉伯文的图书相当于翻译成希腊文的图书的约 1/5。[241]

事情并非向来如此。在中世纪，伊斯兰文明毫无疑问比基督教文明更优雅、更精美。当欧洲人绞尽脑汁设计酷刑刑具的时候，穆斯林则在忙于保存古希腊文化，吸收来自印度和中国的知识，在天文、建筑、测绘、医药、化学、物理和数学上领先于世。这个辉煌时代的标志之一是“阿拉伯数字”（源自印度）和大量外来词，比如酒精、代数、炼金术、碱、方位、蒸馏器和运算法则。正像西方在科学上远远落后于伊斯兰世界，它在人权方面也是后知后觉。刘易斯认为：

在宽容方面，无论是理论上还是实践上，伊斯兰都不如过去两三百

年中发展起来的西方民主制度，但它远远优越于在此之前的基督教和前基督教的社会和政权。在伊斯兰历史上，从来没有过能够与西方相比的对其他信仰和非信徒的解放、容忍和融和，但是，也从来没有过能和西班牙驱逐犹太人和穆斯林、宗教裁判所、对异教徒的公开判处和公开火刑、宗教战争，以及最近对儿童性侵犯的默不作声相比的罪恶。

为什么伊斯兰教丧失了领导地位，没能出现理性时代、启蒙运动和人道主义革命？一些历史学家指出《古兰经》中好战的段落，但与我们自己的种族灭绝经文相比，它们不足一提，即使使用一些巧妙的注释和深度发展中的准则，也不能误导公众视听。[242]

刘易斯的观点是，伊斯兰世界一直没有经历政教分离。穆罕默德不 365
仅是一位精神领袖，还是一位政治和军事首领，直到最近，也没有多少伊斯兰国家明白区分世俗和神圣之间差别的概念。当每一个潜在的新知识都要经过宗教的滤镜，社会就丧失了吸纳和融合新思想的机会。刘易斯回顾了伊斯兰的历史，当古希腊的哲学和数学典籍被翻译成阿拉伯文的时候，古希腊的诗歌、戏剧和历史却没有被介绍给阿拉伯世界。而当穆斯林自己发展了丰富多彩的文明史之后，他们不再对亚洲、非洲和欧洲邻国，以及他们自己敬拜自然神的祖先有任何好奇心了。古伊斯兰文明的继承人奥斯曼帝国拒绝接受机械钟表，拒绝统一度量衡，拒绝实验科学，拒绝现代哲学，拒绝翻译诗歌和小说，拒绝资本主义的金融工具，更重要的也许是，它拒绝印刷出版技术。阿拉伯语是《古兰经》的语言，因此印刷阿拉伯语被视为亵渎。[243]在本书的第4章，我猜测说识字市民组成的都市催生了欧洲的人道主义革命，因为它拓展了人们的共情圈，并为自由人文主义提供了滋生的思想土壤。也许，宗教的传统势力阻碍新思想进入伊斯兰文明的中心，将它束缚在相对缺少自由的发展阶段。好像是为了证明这一揣测的正确性，伊朗政府在2010年限制大学中学习人文科学的学生人数，理由是最高宗教领袖阿亚图拉·阿里·哈梅内伊（Ayatollah Ali Khameini）认为，学习人文科学“助长对宗教原则和信仰的怀疑和不解”。[244]

无论有什么样的历史原因，西方世界和伊斯兰世界之间横亘着巨大的鸿沟。根据政治学家塞缪尔·亨廷顿的著名理论，这一鸿沟将我们带进世界历史的新时代：文明的冲突。他写道：“欧亚文明之间巨大的历史断裂线再次燃起熊熊烈焰。”“这一次冲突的分界明显是沿着从西非一直到中亚的新月形伊斯兰国家集团的边界。暴力的一方是穆斯林，另一方是巴尔干的塞尔维亚东正教徒、以色列的犹太人、印度的印度教徒、缅甸的佛教徒和菲律宾的天主教徒。伊斯兰教有着血腥的边界。”[245]

虽然文明冲突论的惊人之语在时评家中很受欢迎，但很少有研究国际政治的学者接受这个概念。在世界的种种血腥冲突中，有相当大一部分发生在伊斯兰国家之间和伊斯兰国家内部（比如 20 世纪 80 年代的两伊战争和 1990 年伊拉克入侵科威特），还有相当大一部分发生在非伊斯兰国家之间或者非伊斯兰国家内部。作为对当今世界暴力现状的简单总结，这是否也能算是一种文明的断裂线？而且，尼尔斯·彼得·格莱
366 迪奇和哈尔瓦德·比海于格已经指出，在过去 20 年中，尽管伊斯兰国家在全球武装冲突和叛乱中所占的比重不断增加，从 20% 上升到 38%，但这并不意味着冲突的数量增加了。如图 6–12 所示，伊斯兰世界的冲突数量保持在一个不变的水平，而世界其他部分越来越和平了，也就是进入了我所说的“新和平”阶段。

更重要的是，我们无法用一个伊斯兰文明的概念笼统地概括 13 亿自称穆斯林的男男女女，他们生活的国家差异如此之大，比如马里、尼日利亚、摩洛哥、土耳其、沙特阿拉伯、孟加拉国和印度尼西亚。而按照大陆和国家来划分伊斯兰世界也非常不妥。西方人的头脑里有两个扭曲的范式，他们一直据此理解何为伊斯兰：一是总会占据新闻头条的发布追杀令和号召圣战的疯子，一是统治这些疯子的、被石油资源诅咒的专制政权。西方人的成见中几乎见不到迄今为止一向沉默或大部分时间保持沉默的穆斯林大多数。难道近几十年来席卷世界的自由主义浪潮真的完全没有波及 13 亿穆斯林吗？

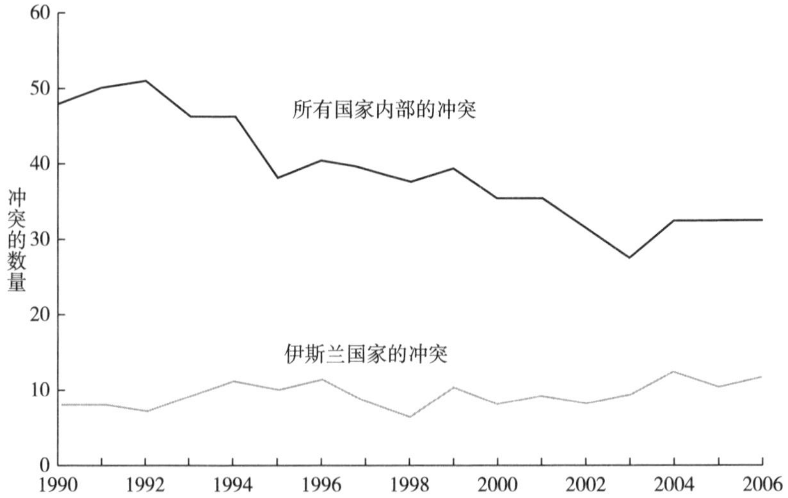

图 6–12　1990—2006 年伊斯兰国家和世界的冲突统计

资料来源：数据来自格莱迪奇，2008 年。"伊斯兰冲突"涉及伊斯兰国家或伊斯兰反对派运动，或者两者兼有。哈尔瓦德·比海于格从乌普萨拉战争数据库和奥斯陆国际和平研究所数据库收集的数据，并对伊斯兰冲突的数据进行了独到的处理。

2001—2007 年，盖洛普在拥有 90% 的世界穆斯林人口的 35 个国家进行了大规模民意调查，我们也许能够从中找到部分答案。[246]民调结果显示，大部分伊斯兰国家不会在近期成为世俗化的自由民主国家。埃及、巴基斯坦、约旦和孟加拉国的大部分受访者告诉民调工作人员，伊斯兰 367 教律法作为伊斯兰法背后的原则，应该是他们国家立法的唯一根据；这些国家中的大多数认为，伊斯兰律法至少应该是立法根据之一。另一方面，大多数美国人认为《圣经》应该是立法的依据之一，但可以假定他们并不是说在礼拜日工作的人应该被处以石刑。宗教有赖于含义模糊的寓言和其他形式的无恶意的伪善，以及对从不阅读的文本怀有的情绪化的忠诚。就像美国人信奉《圣经》，伊斯兰人信奉伊斯兰律法，更多是将其视为表明道德立场的象征；他们认为德行是自己文化中最优良的部分，他们并非真的想看见通奸犯被乱石砸死。在实践中，人们也可以从自由派的角度创造性地解读伊斯兰律法，寻找权宜之计，而且经常能够战胜严厉的原旨派。（在尼日利亚，从来没有妇女被执行死刑。）在大多数穆斯林眼中，伊斯兰律法和民主制度毫无抵触。的确，尽管人们对伊斯兰律法怀有崇敬，但绝大多数人都认为宗教领袖不应承担指导起草国家宪法的工作。

虽然大部分穆斯林不信任美国，但并不是全然对西方怀有敌意，也不是绝不接受民主的原则。许多穆斯林感觉美国不是真想在伊斯兰世界传播民主，而他们有自己的理由：美国一直在支持埃及、约旦、科威特和沙特阿拉伯的专制政权，拒不接受哈马斯在巴勒斯坦领土内的选举结果；1953 年，美国帮助推翻了伊朗经民主选举产生的摩萨台政府。穆斯林对法国和德国的态度要好得多。20%~40% 的人说他们羡慕西方文化中“公平的政治制度、尊重人的价值、自由和平等”。超过 90% 的人愿意本国的宪法能够保障言论自由，相当多的人支持宗教信仰自由和集会自由。而且，在主要伊斯兰国家，两性中绝大部分人认为妇女应该有权独立自主地投票，自由择业，享有和男性一样的法律权利，并且可以在政府中担任高官。我们也已经看到，伊斯兰世界的绝大多数人拒绝接受“9·11”恐怖袭击事件。在盖洛普民调中，即使在 2007 年基地组织的声望发生逆转之前，也只有 7% 的回复赞同“9·11”恐怖袭击事件。

政治暴力的动员情况如何？马里兰大学的一个小组研究了北非和中东 102 个穆斯林草根组织的目标，他们发现在 1985—2004 年，主张暴力的组织其比重从 54% 下降到 14%。[247] 而承诺进行非暴力抗议的组织是原来的 3 倍，参与选举政治的组织是原来的 2 倍。这些变化都是促成图 6-11 中恐怖主义活动死亡率曲线下行的原因。在我们日常阅读的新闻中，关于埃及和阿尔及利亚的恐怖暴力事件的报道要比几年前少很多。

368 伊斯兰的孤立隔绝受到多重自由力量的冲击，比如半岛电视台这样的独立新闻机构，海湾国家中美国大学的校园，包括社交网站在内的互联网的渗透，经济全球化的诱惑，非政府组织；而在伊斯兰社会内部，要求给予妇女权利的压力由来已久，再加上西方盟国的推动。僵化的保守派也许会继续抵抗一切新思想，试图将伊斯兰社会永远封固在中世纪。但是，他们也许会有所改变。

2011 年年初，一场风起云涌的抗议运动推翻了突尼斯和埃及的当权者，并直接威胁到约旦、巴林、利比亚、叙利亚和也门的政权。结果难以预料，但是示威者几乎全部是非暴力和非伊斯兰主义的，他们所表达的愿望是民主、廉洁的政府和经济发展，而不是全球圣战、恢复哈里发和杀光异教徒。但即使人心思变，我们还是可以想象，任何一个伊斯兰主义的暴君或者激进的伊斯兰革命团体仍然能够将大众拖入灾难性的战争。但更大的可能性是“下一场与伊斯兰的战争”永远也不会发生，伊斯兰国家不可能联合一致对抗西方：它们之间存在着巨大的差异，作为一个文明，它们对我们的文明没有敌意。有些伊斯兰国家，比如土耳其、印度尼西亚和马来西亚，正在走向自由民主。有些国家将继续被“狗娘养的”统治，不过这些统治者都是我们自己的“狗崽子”。还有一些将继续在重重矛盾中尝试伊斯兰律法下的民主制。没有一个国家会被基地组织的意识形态占据。如此，对“新和平”的可预见的危险还剩下三个：核恐怖主义、伊朗政权和气候变迁。

* * *

虽然常规的恐怖主义正如约翰·克里不小心溜出口的话，是一种可控的小麻烦，对我们的生活不构成颠覆性的威胁，但拥有大规模杀伤性核武器的恐怖分子将完全是另外一个问题了。一次核恐怖袭击将造成数百万人死亡，这种前景不仅在理论上有可能，也符合恐怖主义的统计规律。计算机科学家阿龙·克劳塞蒂（Aaron Clauset）、马克斯韦尔·扬（Maxwell Young）和政治学家克里斯蒂安·格莱迪奇将 11 000 次恐怖袭击造成的死亡数字代入双对数坐标，结果显示它们呈一条平滑的直线。[248] 恐怖袭击也遵循幂律分布，也就是说，其产生机理是，极端事件的可能性极小，但并非绝对不可能。

他们三人提出了一个简单的模型，触发战争的因素不过是一套指数；这与让-巴普蒂斯特·米歇尔和我提出的战争模型有些相像。恐怖分子筹划恐怖袭击的时间越长，造成的死亡人数就越多，二者呈指数级数增加；如果准备的时间翻一番，制造的死亡翻两番。可以肯定，单个自杀性恐怖分子的行动制造的死亡通常以个位数计，计划所需要的时间只是几天或者几个星期。2004 年马德里列车爆炸案的受害者大约为 200 人，筹划时间约 6 个月；“9・11”恐怖袭击事件的死难人数为 3000 人，基地
369 组织为此筹谋了 2 年之久。[249]但恐怖分子的时间不是他们自己的，每拖长一天，计划被干扰、终止或者仓促出手的可能性就增大一分。如果可能性是一个常数，谋划的时间则呈指数分布。（前面提到过，克罗宁表示，恐怖组织的消亡之快就像秋后的苍蝇，完全符合指数曲线。）一方面是指数增长的危险，另一方面是指数下降的成功机会，我们又看见一个幂律分布，拖着一条令人不安的长尾。考虑到现实世界中大规模杀伤性武器的现状，宗教狂热分子为了虚妄的目标要制造空前伤亡的意志，我们应该能够想象到发生长期筹划的阴谋可能制造数目巨大的死亡。

统计模型不是算命的水晶球。即使我们能够根据现有数据连成的曲线进行推断，在长尾部分的大规模恐怖袭击仍然是极小概率事件（尽管不是绝对不可能）。更重要的是，我们不能做这样的推断。在现实中，每当进入幂律分布的长尾，数据点就开始异动，或者散落在幂律线的两侧，或者将幂律线弯曲到概率极低的水平。恐怖主义危害的统计域值提醒我们，不能排除发生最坏的情况，但它没有告诉我们发生最坏情况的概率有多大。

请问，在今后 5 年内，发生下述情况之一的可能性到底有多大呢？（1）一个主要发达国家的领导人遇刺身亡；（2）核弹在一场战争或一次恐怖袭击中被引爆；（3）委内瑞拉和古巴参与及支持一个或数个拉美国家的马克思主义起义运动；（4）伊朗向恐怖组织提供用于袭击以色列和美国的核武器；（5）法国放弃核武器。

我在一个网页上向 177 个网民提供了 15 个这样的场景，请他们就发生这些场景的可能性进行评估。认为将会发生引爆核弹（场景 2）的中值是 0.20；认为可能发生恐怖组织从伊朗得到核弹，并在美国或以色列引爆核弹的中值是 0.25。超过半数的答卷人认为发生后一种场景的可能性大于前一种。为此，他们在概率统计方面犯了一个非常低级的数学错误。多个事件结合同发（事件 A 和事件 B 同时发生）的概率不可能大于其中单个事件的发生概率。你抽到一张红桃牌的概率一定低于你抽到一

张桃牌的概率，因为就抽中桃牌的概率来说，除了红桃之外，你还可能抽到黑桃。

特沃斯基和卡尼曼表示，包括统计学家和医学研究人员在内的大多数人都会犯这样的错误。[250]举例说，34 岁的比尔相当聪明，但缺乏想象力，有强迫症，并且很沉闷。上学时他的强项是数学，但在艺术和人文学科上成绩平平。如此，比尔吹爵士萨克斯管的可能性有多大？比尔成为一位会计师同时又吹萨克斯管的可能性又有多大？很多人认为后一个情况的可能 370
性高于前一个，这简直是荒谬，因为吹萨克斯管的会计肯定少于吹萨克斯管的人。在判断可能性的时候，人们往往依赖自己生动的想象力而不是思考事物本身的规律。比尔的性格符合人们对会计师的印象，但他显然不具备萨克斯管演奏家的素质，而我们的直觉总是追随我们脑子中的印象。

这种心理学家所说的“结合谬误”（conjunction fallacy）扰乱了很多推理过程。陪审团不会轻易相信一个做黑道生意的人杀死了他的雇员，但却更容易相信他为了封口而杀死知道底细的雇员。（法庭辩护律师靠这种谬误吃饭，他们在案情中添加各种相关的细节，给陪审团描画出一个个生动的画面，尽管从数学意义上讲，每一个附加的细节，都只能让他们所说的场景更不可能发生。）当人们不是简要陈述某种小概率事件（比如石油消费将要下降），而是将它们和一些响亮的理由拉扯在一起（比如说石油价格上升将导致石油的消费下降），在这种情况下，即使是专业的市场预测师也会高估此事件发生的可能性。[251]再比如，人们总是情愿花更多的钱购买恐怖袭击空难保险，而不愿意多花钱购买一揽子的空难保险。[252]

你应该能够看出我的结论了。伊斯兰恐怖分子在黑市上或者从流氓国家手中拿到原子弹，然后在人口稠密的都市引爆核装置的情景，在我们脑海里栩栩如生，难免浮想联翩。假使我们没有这等想象力，影视娱乐业也会为我们制作出《真实的谎言》（*True Lies*）、《惊天核网》（*The Sum of All Fears*）、《24 小时》（*24*）这样的惊悚大片。故事的展开简直天衣无缝，很容易让我们高估事件的可能性，尽管如果我们仔细思索一下导致灾难的每一个步骤，得出各种概率的乘积，很可能会有另一种判断。这就是为什么在我的问卷调查中，如此之多的人认为伊朗支持的核恐怖袭击的概率高于一般核袭击。问题不在于核恐怖袭击不可能或者是极其不可能发生。除了严谨的风险分析师外，其他人估测的此类概率总是趋于过高。

我所说的“过高”是什么意思呢？在我看来，任何“确定的”和“更有可能的”都是过高的估计。物理学家西奥多·泰勒（Theodore Taylor）在 1974 年宣称，到 1990 年，我们将不再可能阻止恐怖分子发动一场核攻击。[253] 1995 年，当时全世界在核恐怖主义危险问题上最活跃的活动家格雷厄姆·阿利森（Graham Allison）写道，在当时的环境中，很可能在 10 年之内发生以美国为目标的核袭击。[254] 1998 年，反恐专家理查德·佛肯拉斯（Richard Falkenrath）在文章中说：“肯定，越来越多的非国家实体将有能力获得并使用核武器、生物武器和化学武器。”[255] 2003 年，美国联合国大使约翰·内格罗蓬特判断，“很有可能”在两年内发生大规模杀伤性武器袭击。而到 2007 年，物理学家理查德·加温（Richard Garwin）估计，每年发生核恐怖分子袭击的可能性是 20%，或者说，到 2010 年之前发生核恐袭击的概率是 50%，10 年之内发生核恐袭击的概率几乎是 90%。[256]

371 像电视台的天气预报员一样，评论家、政客、研究恐怖主义的专家有充分的动机强调最坏的情况。毫无疑问，夸大可能性，让政府感到紧张而进一步采取防范措施，严密管制核装置和核原料，监控和渗透有核恐意图的组织，这是很睿智的做法。高估风险总是比低估风险更安全，但这也有一个限度。为了搜查不存在的大规模杀伤性武器而发动成本高昂的伊拉克战争，显然超过了这个限度。事实证明，预告一场从来不会发生的灾难，丝毫无损于专家的信誉，因为没有人愿意冒险，让一枚装满放射物质的蛋在自己面前炸开花。[257]

有少数几位勇敢的分析人员，比如穆勒、约翰·帕拉基尼（John Guinea Parachini）和迈克尔·莱维（Michael Levi），对各个灾难前景进行了彻底的分解。[258] 首先，在四种所谓大规模杀伤性武器中，有三种的破坏力远远低于老式的优质炸药。[259] 放射性炸弹或称“脏弹”实际上就是在常规炸药外裹上一层放射性物质（比如可以从医用废料中得到的物质），它只能产生轻微和短暂的辐射，辐射变化的水平和一个人搬到高海拔的城市一样。化学武器只在封闭的空间内有效，比如地铁，否则会很快地消散，被风吹走，被阳光分解。即使在地铁中使用化学武器，也不如常规炸药更具杀伤力。（在第一次世界大战中，毒气弹造成的伤亡仅是总伤亡数的很小一部分。）生物武器能够制造疫情，但是开发和施放的成本非常之高，而且对那些在非专业实验室中的制作人员一样具有威胁。这就是为什么尽管生化武器远比核武器容易获得，但是过去30年中只发生了三次生化武器恐怖袭击。[260] 1984年，罗杰尼希教教徒在俄勒冈州一个小城的餐馆的沙拉里投放沙门氏菌，导致751人食物中毒，但无人死亡。1990年，泰米尔猛虎组织在攻打一个堡垒时弹药供给不足，他们在附近的造纸厂找到一些氯气钢瓶，并在阵地前打开了气阀，这导致60人受伤，无人死亡。风很快将氯气吹向猛虎组织自己的阵地，从此他们知道这个东西非常不好玩。日本邪教奥姆真理教（Aum Shinrikyo）曾经连续失败了10次，最后在东京地铁成功释放了沙林毒气，杀害了12人。第四个案例是2001年美国发生邮寄炭疽病毒袭击，在媒体和政府部门工作的5名美国人遇害，最后发现这是一次杀人狂的行动，并不是恐怖分子的计划。

只有核武器才配得上WMD（大规模杀伤性武器）这几个字母。穆勒和帕拉基尼核对了各种声称恐怖分子几乎“就要”拿到原子弹的报告，发现所有的报告都是虚假的。在此类报告中，黑市上拉皮条购买核武的“兴趣”，演绎成正在实际发生的协商，一般性的描述发展成详尽的蓝图，东拉西扯的线索（比如伊拉克2001年购买铝管）被解释成发展核武项目的迹象。

如果仔细检查核恐怖分子的每一条可能通道，我们会发现它们都通 372
向死胡同。俄罗斯曾经对自己的核武贮备疏于保管，恐怖分子当时也许有过某种机会，但现在专家一致认为俄罗斯已经完善了制度，至今没有核武器流入中东的大巴扎。洛斯阿拉莫斯国家实验室（Los Alamos National Laboratory）前主任斯蒂芬·扬格（Stephen Younger）曾经说过：“不论新闻报道里说过些什么，所有国家对它们手中核武器的安全都非常谨慎小心。”[261]俄罗斯在避免核武流入车臣和其他民族分离组织方面有着重大的利害关系，巴基斯坦则对宿敌基地组织充满戒意。与流言相反，国际安全问题专家认为巴基斯坦政府和军队落入极端分子掌控的机会基本为零。[262]为了防止未经授权使用核武器，核装置都有复杂的连锁设计；如果没有适当的维护，大部分核武器会成为一堆带有放射性的废铁。[263]鉴于这些原因，奥巴马在2010年召集了47国核安全峰会，商讨如何防止恐怖分子提炼核裂变物质，例如钚和高浓缩铀，而不是紧盯核武器成品。

偷窃核裂变物质是一个非常现实的威胁，峰会上提出的防范措施显然十分明智和负责，早就应该如此办理。但是，我们还是不应该被车库里制造核弹的图景吓得失魂落魄，认为这是无法避免，甚至是极有可能的。对核原料的保护已经存在，或者正在准备实施，盗窃和走私核原料将越来越困难，一旦发现丢失，将发动全球追踪行动。制作一件核武器需要精密的工程和制造技术，绝非业余工匠力所能及。向美国总统和国会就大规模杀伤力武器提供咨询的“吉尔摩委员会”（Gilmore Commission），将制作原子弹称为“极为艰巨的”挑战，阿利森将原子弹描述为“又大又笨重、不安全、不可靠、难以预测、很可能不工作”。[264]更有甚者，筹备原料、专家和设备的过程充满风险，有可能被发现，还有可能发生各种背叛、欺诈、疏忽，最后还有可能走背运。莱维在他的著作《论核恐怖主义》（*On Nuclear Terrorism*）中开列了一张清单，说明恐怖分子必须要在这一系列事情上万无一失，才有可能实施核打击。莱维表示，“墨菲定律也适用于核恐怖：可能出错的地方一定会出错”。[265]穆勒提出恐怖分子发动核武袭击的20个障碍，如果某个恐怖组织有50%的机会克服每一个障碍，它获得成功的总概率是百万分之一。莱维用另外一种方法估算了核恐怖袭击的可能性，假定核恐怖袭击的障碍只有10个，清除每一个障碍的可能性是80%，核恐怖组织成功发动核打击的概率为1/10。这些还不是我们成为受害者的概率。一个恐怖组织要权衡各种方案，即使对核袭击做最乐观的估计，结论也许还是不如将资源用于成功可能性更高的计划。我必须再次强调，这些可能性绝不意味着核恐
373 怖袭击是不可能发生的，而是说核恐怖袭击不是像某些人所坚信的那样

急迫，那样不可避免，或者可能性极高。

* * *

如果现在的权威人士是值得信任的，那么你在阅读“新和平”这几个字的时候正在经历一场世界大战——甚至是伊朗发动的核战争的蹂躏。在我写作的此时此刻，围绕伊朗核能项目的紧张气氛正在加剧。伊朗已经提炼的铀足够制造核武器，并继续拒绝国际社会根据《防止核扩散条约》对其核能项目进行检查。伊朗总统马哈茂德·艾哈迈迪-内贾德嘲笑西方领导人，支持恐怖组织，指责美国人导演了“9·11”恐怖袭击事件；他还否认纳粹的集中营，呼吁将以色列“从地图上抹掉”，并且祈求第十二伊玛目再次现身，这位伊斯兰救世主将带领世人进入和平和正义。有些伊斯兰什叶派解释说，这位救世主将在全世界陷入战争和混乱的时候降临。

我们至少可以说，所有这一切实在令人不安；很多专家得出结论说，艾哈迈迪-内贾德是正在开发核武器的希特勒；一旦拥有核武器，或者他将直接对以色列进行核打击，或者他会将核武器送给真主党，让他们袭击以色列。即使情况没有这样可怕，他总可以借此恐吓中东国家，要他们俯首听命于伊朗的霸权。美国和以色列将不得不先下手轰炸伊朗的核设施，尽管这会引来经年累月的战争和恐怖活动。《华盛顿时报》2009年的一篇社论这样说：“向伊朗开战已经不可避免。唯一的问题是，战争是否迫在眉睫？”[266]

伊朗狂人很有可能发动核战争。但是，这种恐怖场景是否不可避免，或者是否有极高的可能性呢？一个人可以像艾哈迈迪-内贾德一样桀骜不驯，一样怀有玩世不恭的动机，但同时还可以想象世界仍有很多不那么糟糕的选择。约翰·穆勒、托马斯·谢林和其他外交事务分析家为我们设想了多重可能性，并得出结论说，伊朗的核武器不会导致世界的末日。[267]

伊朗是《防止核扩散条约》的签约国，艾哈迈迪-内贾德一再表示伊朗的核项目仅用于能源和医学研究。伊朗最高领导人哈梅内伊

（Khameini，他拥有比艾哈迈迪-内贾德更大的权力）在 2005 年发布裁决令，宣称伊斯兰禁止核武器。[268]如果伊朗政府继续发展核武器，也不会是历史上第一次有国家领导人红口白牙说瞎话。但是他们的大话说得太满，在全世界，包括他们所依赖的大国，如俄罗斯、中国、土耳其和巴西等的众目睽睽之下失信，他们也许会有所迟疑。

374 艾哈迈迪-内贾德对第十二位伊玛目的冥想并不意味着他会用核灾难来加速世界末日的到来。曾有分析家满怀信心地预言艾哈迈迪-内贾德会在 2007 年和 2009 年引爆核弹，这两个日子来了又走了。[269]请看看艾哈迈迪-内贾德是怎样解释他的信念的，下面是他在 2009 年接受全国广播公司记者安·柯里的电视采访：

> 柯里：您曾经说过，您相信他的到来，天启时刻将在您的有生之年降临。您相信您应该做什么加速他的到来？
>
> 艾哈迈迪-内贾德：我从来没有说过这样的话……我谈的是和平……我当时说的是末日之战和——世界大战，类似这样的东西。这是犹太复国主义正在要求的。伊玛目……将带来逻辑、文化和科学。他的到来意味着不再有战争，不再有敌意和仇恨，不再有冲突。他会召唤所有的人都如兄弟般相亲相爱。当然，他会和耶稣基督一起降临。他们两位将一起回来。他们在一起，会让整个世界充满爱。世界上那些关于大规模战争、末日战争等等都是些谎言罢了。[270]

作为一个无神论的犹太人，我不能说他的这些话完全可信。但很显然，除了那个伊玛目和基督这一点，其余的部分和虔诚的基督徒没有丝毫不同，而且他们更温和，反而是许多基督徒相信末日大战，并在各种畅销书中加以无限遐想。至于说他在讲话中那句被翻译成“将以色列从地图上抹掉”的话，《纽约时报》的作家伊桑·布朗纳（Ethan Bronner）咨询了波斯语翻译和伊朗政府言论分析家，询问这句话在文中的含义；他们一致认为艾哈迈迪-内贾德在做白日梦，巴望以色列总有一天改朝换代，而不是准备立即下手进行种族灭绝。[271]翻译外国人的惊人之语，常常带来惊人的危险；记得当年说赫鲁晓夫吹牛大喊“我们将埋葬你们”（We will bury you），他的意思其实是说他们的寿命比我们要长（outlive），而不是要动手将我们塞进坟墓（entomb）。

伊朗的行为也可以解释为锱铢必较。乔治·W. 布什总统在2002年将伊拉克、朝鲜和伊朗定义为“邪恶轴心”，接着就攻入伊拉克，推翻了萨达姆政权。朝鲜领导人看到这一活生生的事实，坚信自己正面临同样的威胁，于是加紧研发核武器，杜绝一切美国入侵的幻想。不久，伊朗也开始全力推进核开发计划，目的无非是制造混乱，让人们对伊朗是否拥有核武器以及是否能够迅速组装核武器产生疑虑，以此消除撒旦发动攻击的念头。

如果伊朗最终真的成为或者被认为已成为核国家，核时代的历史也不会被改写。我们已经看到，核武器除了同归于尽的威慑之外鲜有其他 375
用途，核大国一直受到无核国家的挑战。防止核扩散行动证明了这一点。人们在2004年推测朝鲜已经具备制造核武器的能力，到2010年前后，朝鲜会将核武器交给恐怖分子，并会刺激韩国和日本开发核武器。[272]事实上，朝鲜确实拥有核武器能力，2010年也已经过去了，什么都没有发生。任何国家都不太可能向一群没有准星的恐怖分子提供核弹药，这等于是要为完全不能控制的行为承担后果。[273]

以伊朗为例，在它决定自己（或者怂恿真主党人）向以色列发动核打击时，总要掂量一下对自己有什么好处，伊朗领导人必须确定以色列会进行核报复，至少是以眼还眼，以牙还牙，你来一颗，我必送还一颗，同时还会有核大国以惩罚触犯核禁忌为名采取联合军事行动。虽然伊朗现政权令人厌恶，而且在许多方面缺乏理性，不过，是为了继续把持权力，还是在巴勒斯坦核辐射中寻求至上的公义，或者为了第十二伊玛目的降临——不管有没有耶稣基督相伴——而选择彻底毁灭自己，伊朗当局进行这样的抉择时大概不会太在意原则。托马斯·谢林在2005年诺贝尔奖领奖致辞中说：“除了毁灭自己的制度，伊朗靠那几颗核弹头还能得到什么？核武器应该十二万分的珍贵，不宜赠送或出售；与其说用它来杀人，不如保留核武器，用以威慑美国或俄罗斯，或者其他什么国家，让它们不敢贸然进行军事进犯。”[274]

虽然设想最坏情况的替代方案经常是很危险的，但危险总是双向的。2002 年秋，小布什总统警告伊朗说：“美国不能无视日益增长的敌对威胁。面对这些威胁的明确迹象，我们不会等待确凿的证据——那支刚刚发射过子弹的枪，因为那很可能就是一朵蘑菇云。”“明确迹象”将美国卷入战争，几十万人为此送命，耗资近 1 万亿美元，世界并未因此更加安全。65 年来，所有声称核灾难不可避免的预测全部失算。无视这一历史，自以为是地确定伊朗将使用核武器，也许会将我们领向一场成本更加高昂的冒险。

* * *

近来，人们念兹在兹的另一个黯淡前景是全球变暖。地球的气温在持续升高，几十年之内将会造成海平面上升，沙漠化，某些地区干旱而另一些地区遭受洪涝和飓风灾害。经济将受干扰，加剧各国之间的资源竞争，而人口从灾害地区向外迁移，将会导致与迁入地区的摩擦。2007 年《纽约时报》的一篇评论文章警告说：“气候压力正说明
376 了国际安全所面临的挑战，而且是比冷战期间美苏军备竞赛或者防止核武器在流氓国家中扩散更棘手的挑战。”[275]同一年，阿尔·戈尔和联合国政府间气候变化专门委员会被授予诺贝尔和平奖，理由是他们呼吁针对全球变暖立即采取行动，他们的原话是说气候变迁威胁到国际安全。不断强化的恐惧感染到了所有人。一些军官在文章中将全球变暖称为“不稳定的力量倍增器”“气候变化带来的问题将延长反恐战争”。[276]

在我看来，这又是一个“可能是也可能不是”的具备两可答案的问题。虽然气候变化能够产生巨大的痛苦，其本身就是一个值得认真对待的问题，但它不一定导致武装冲突。对战争与和平进行过追踪研究的政治学家，比如哈尔瓦德·比海于格、艾迪安·萨勒彦（Idean Salehyan）、奥勒·泰森（Ole Theisen）和尼尔斯·格莱迪奇，对于战争的目的是争

夺资源这种流行说法一直持怀疑态度。[277]在撒哈拉以南的非洲国家，比如马拉维、赞比亚和坦桑尼亚，饥饿和资源匮乏是常态，但是他们并不曾卷入战争。飓风、洪水、干旱和海啸（比如 2004 年印度洋灾难性的大海啸）也没有引发武装冲突。再举一个例子，20 世纪 30 年代的美国沙尘暴带来巨大的灾难，但是并没有引发内战。在过去 15 年间，非洲大陆的气温持续上升，内战和战争死亡则一直在减少。土地和水源的压力肯定会导致地方性纠纷，但是一场真正的战争需要组织和武装一支暴力队伍，这更多取决于坏政府、封闭的经济、军国主义意识形态的影响，而不是单纯对土地和水资源的需要。在反恐战士的想象中，任何事情都会与恐怖主义发生关联：恐怖分子往往是就业不充分的下中产阶级，而不是自给自足的小农。[278]说到气候和种族灭绝的关系，苏丹政府不过是将达尔富尔的暴力归咎为荒漠化，以掩盖自己默认和纵容种族灭绝的种种政策。

在对 1980—1992 年的武装冲突所做的回归分析中，泰森发现，如果一个国家贫困、人口密集、政治不稳定、有丰富的石油资源，则很可能爆发战争，而是否干旱、缺水，是否有一般性的土地退化则与战争无关（严重的土地退化与战争存在弱关联）。泰森的研究使用了很多国家的数据（N），而不是仅仅挑选一两个国家进行研究，他的结论是，“那些根据资源短缺和暴力冲突的关系来预测黯淡未来的人，在大数据（N）研究中得不到任何支持”。萨勒彦补充说，在土地供给不变甚至减少的情况下，发展中国家低成本地改善水资源利用方式和农耕方式，就能大大提升生产率。正如发达国家政府已经做到的，一个有效的政府可以缓解 377
环境破坏给国民造成的痛苦。因为在影响环境的因素中，政治和社会组织具有决定性的作用，所以即使是世界气候发生了变化，资源战争也远非不可避免。

* * *

我们无法预知“新和平”是不是长期和平，但肯定不会是永久和平。在未来几十年中，我们还会见到战争和恐怖袭击，甚至有可能颇具规模。在我们知道的未知数中有伊斯兰极端武装分子、核恐怖分子、环境退化，此外还有许多未知因素。也许，某国的新领导人会决定一举收复某地，或者俄罗斯将吞并一两个苏联的小共和国，这都会激起美国做出反应。也许，气势汹汹的查韦斯会走出委内瑞拉，在整个第三世界煽动革命和残酷镇压颠覆力量。也许，就在此时此刻，来自某个闻所未闻的解放运动的恐怖分子，正在筹划一场惊天大破坏，或者，某种救世主意识形态正在某个狂人的脑子里酝酿发酵，而此人即将成为一个大国的领袖，从而将世界带回战争。正如《周六夜现场》中的新闻分析家罗莎娜·罗莎娜达娜所观察到的："总会有件什么事情。如果不是这一件，一定是那一件。"

但是，如果我们任凭丰富的想象力决定我们对可能性的判断力，那可就太愚蠢了。也许，总要发生什么事情，但这些事情可以更少，而且不一定是坏事情。数字告诉我们，在过去 20 年中，战争、大屠杀、恐怖主义的数量虽然没有降至零，但减少了很多。认为世界充满了连续不断的暴力，每一次停火都有另外一场新战争燃起，每一次和平的间歇都不过是为了下一步爆发累积张力和寻求释放，这种思维模式是完全不顾事实。今天，有千百万人能够活着，完全是因为没有发生内战和种族灭绝，而如果世界仍然保持在 20 世纪 60 年代、70 年代甚至 80 年代的状态，这些灾难很可能已经发生了。我们无法确保促成这一进步的条件，例如民主、繁荣、称职的政府、维和行动、开放经济，以及反人类意识形态的消亡能够永远持续下去，但这些进步似乎也不会在一夜之间无影无踪。

当然，我们生活在一个危险的世界。我已经强调过，对历史所做的统计鉴定显示，暴力大灾变不太可能发生，但并不是非常不可能发生。我们也可以用一种更有所期望的表述方式来陈述这一结论，我们可以说，虽然暴力大灾变并非极其不可能，但是它们不太可能会发生。

第7章

权利革命

我梦想有一天，这个国家会站立起来，真正实现其信仰的真谛："我们认为这些真理不证自明：人皆生而平等。"

——马丁·路德·金

我小的时候，身体不是特别健壮，行动也谈不上灵活机敏，所有有 378
组织的运动对我来说都是一种羞辱。打篮球永远是投篮不进。爬绳的时候，我的一只脚被悬空缠绕在绳索上，就像一团海藻挂在鱼线上。棒球呢，在暴晒的球场上，在那些漫长的间歇中，作为右翼外场球员，我总是暗自祈祷：千万不要有球朝我的方向飞过来。

但是我有一项天赋，让我在同伴中免于永远低人一等的命运：我不怕疼。只要对手的攻击是公开和正面的，不带有特别的侮辱，我就很能"打架"。与体育馆里的老师和草场上的教练主持的运动相比，男孩子还有另外一个世界。在那个世界里，我有足够的机会证明自己。

我报名参加皮卡冰球和（没有头盔和护垫的）拦挡橄榄球，经常被召唤上场，也能够一头扎进人堆奋力抢球。有一种运动叫"谋杀球"，一个男孩子抱住一只排球开始计秒，其他人则向他施以拳头，直到他忍受不住扔掉手里的排球，当然是抱球的时间越长越好。一种叫"骑马"的游戏——这是学校辅导员严格禁止的游戏，显然是得到了律师的指令。在"骑马"中，要有一个胖子（"枕头"）背靠树站着，另一个队友弯下身子，双手搂着胖子的腰，本队的其他孩子排队，一个接一个弯身搂住前面孩子的腰。对手方的孩子则助跑、跳跃，骑到弯着身子的"马"背上，做马的孩子或者支撑不住倒在地上，或者坚持三秒钟获胜。晚上回家之后，我们要玩“敲打指关节”（knucks）游戏。在这种被学校禁止的游戏中，输了的人要忍受一摞扑克牌敲打指关节。是用扑克牌的正面还是扑克牌的侧面敲打，以及敲打的次数，由分数决定。此外还有一套复杂的规则，规定挨打的人不能躲避，打人的人不能划伤对方和过度用力。妈妈们会不时进来检查我们的指关节，看看有没有被划破和打伤。

379 在成年人为孩子组织的活动中，没有一样能给我们带来发狂的欢乐。学校里最好玩的游戏要算闪避球，它有一种激动人心的喧闹，我们或者躲在勇猛的队友身后，逃避飞来的胶皮球；或者滚爬着扑向地面抢夺皮球，东奔西突，直到被胶皮球击中出局。在奥威尔式控制严格的“体育教程”中，这是唯一一项我期待的运动。

但是，在这场由来已久的战斗中，面对辅导员、体育教师、律师和妈妈们，男孩子最后还是败下阵来。一个接一个的学区开始禁止闪避球游戏。全国运动与体育教育协会（NASPE）发布了一项声明，草拟声明的人肯定从来都不曾是个男孩子，甚至可能从来也没有见过男孩子。声明这样解释禁止此项运动的原因：

> 全国运动与体育教育协会认为闪避球不是一项适合从幼儿园至高中十二年级体育教育课程的活动。有些孩子——那些技艺娴熟、最有信心的孩子——可能喜欢这项活动，但是很多孩子不喜欢！特别是那些胃部、头部、腹部被狠狠打中的孩子不喜欢这项活动。而且，教育我们的孩子靠伤害他人来取胜是不适当的。

是的，闪避球的命运也算是暴力历史性减少的又一个标志吧。在我们的血脉中，暴力娱乐源远流长。雄性灵长类动物的幼崽经常在玩闹中打架，而在游戏中扭打和搏斗是区别人类男女性别最明显的差异之一。[1]在人类历史的任何阶段和任何文化中，都可以见到各种带有打斗冲动的极限运动。除了古罗马的角斗对抗和中世纪的长矛比武锦标赛，在体育运动的血腥历史中，还有文艺复兴时期威尼斯人娱乐性的尖头手杖较量（贵族和神父当然不会放过这个乐子）；北美原住民苏族印第安人的男孩子在玩耍中会揪住对手的头发，然后跪在他们的脸上；爱尔兰人用结实的橡木棍打斗；还有一种 19 世纪时风行美国南方的踢胫游戏，参赛者互相抓住对方的双臂，尽力踢踹对方的胫骨，直到一个人倒下为止。此外，还有各式各样的徒手拳击，从其战术也许可以推测出当今拳击的规则（不许用头撞、不许攻击腹部以下部位等）。[2]

但是，在过去半个世纪，事情开始发生变化，各个年龄段的男孩子都受到了冲击。虽然人们对模拟暴力和自愿暴力的嗜好并没有改变，但是在社交生活中尽力排除所有真实的暴力。这就是为什么西方文化中暴力灾难的量级越来越低。战后，人们从反对屠杀上百万人的大规模战争以及杀害几千人的暴行，例如战争和种族灭绝，发展为反对伤害几百人、几十人甚至几个人的其他暴力形式，例如暴动、私刑和仇恨犯罪，再继续从杀戮延伸到其他形式的伤害，例如强奸、殴打、骚扰和恐吓。对受 380
害者的保护也在升级，开始包括少数族裔、妇女、儿童、同性恋甚至动物。禁止闪避球游戏不过是大势变化的风向标。

在持续不断的“权利”运动的努力下，暴力终于成为一种丑恶诱惑，在很多情况下甚至成为犯罪。这一连串权利运动包括民权、女权、儿童权利、同性恋权利和动物权利。这些运动在 20 世纪下半叶相继而至，我将它们统称为“权利革命”。从图 7-1 可以看到这个时代权利要求传播蔓延的情况。图中给出了 1948—2000 年英文图书中涉及权利内容的比重（相当于 2000 年同类图书的比重，其中包含民权、女权、儿童权利、同性恋权利和动物权利）。之所以选择 1948 年作为起点，是因为那一年联合国通过了《世界人权宣言》。

“民权”和“女权”两个词出现在权利时代之前，这些理念在 19 世纪就已经成为国民认同的良知。1962—1969 年是美国民权运动高峰时期，标志是几次极为戏剧性的法律胜利。当民权运动刚刚告一段落，女权运动开始升温，紧接着是儿童权利和 20 世纪 70 年代的同性恋权利，最后是动物权利。

这些交错迭起的运动告诉我们，每一个后来者都汲取了先驱者的经
381 验，接过某些成功的战术和口号，最重要的是，继续了前人的道德理性。

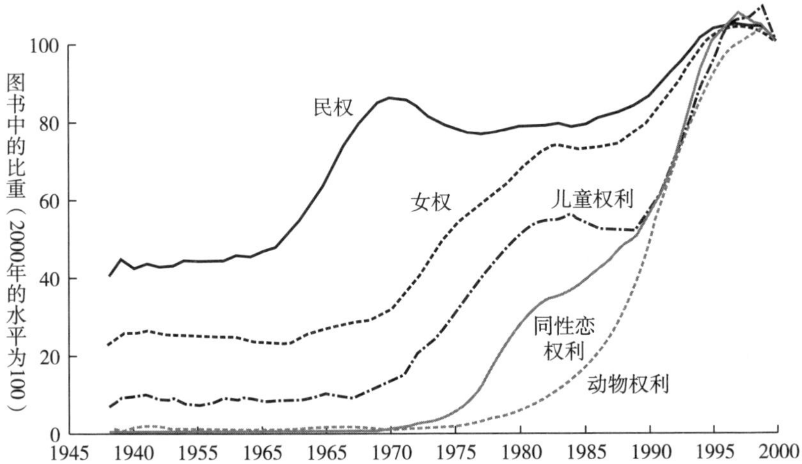

图 7–1　1948—2000 年，使用民权、女权、儿童权利、同性恋权利、动物权利等术语的英文图书

资料来源：“书虫项目”米奇等人对谷歌图书数字化的 500 万册图书进行的分析，2011 年。“书虫”是比“谷歌全球书籍词频统计器”（Google Ngram Viewer）更有效的分析工具，它在书中搜索字符串，在分析字符串在语料库中的比重之外，还可以分析该字符串在书中所占的比重。以 2000 年的水平为 100，图中的曲线是包含每一个权利词汇的图书比重的 5 年移动平均线，显示各年此类图书对应 2000 年的百分比。

在两个世纪前的人道主义革命中，知识分子对陈规陋习的反思推动了一系列社会改革，每一个进步都是人文主义思想的升华。这些个体的思索超越自身肤色、阶级和国籍，有时硕果累累，有时也是非常痛苦的。和当时相比，个人权利的概念现在已经发生了飞跃。如果一个有感知力的个体所拥有的生存、自由和追求幸福的权利不受其肤色的影响，那为什么它要受其他特征，例如性别、年龄、性取向甚至物种的影响呢？在一些特定的时刻和地点，碍于陈规陋习和粗野的兽性，人们还是无法接受这一逻辑推理的结论，但在一个开放社会中，权利运动已经是不可阻挡的大趋势。

权利革命重新审视了人道主义革命的某些议题，同时也回归了文明进程的某些主题。在向现代化的过渡中，尽管经历了旨在抑制暴力的种种变革，但人们当时未必认识到这些过程的真正意义。当欧洲人掌握了各种自制方式后的时候，他们感觉自己变得文明了、讲礼貌了，而没有意识到自己正置身于促使凶杀率下降的社会运动之中。今天，我们很少去思考习俗背后的理由，比如，厌倦了晚餐桌上食客随手杀来杀去的血腥场面，所以我们直到今天也不能用餐刀吃豌豆。同样，我们早已忘记美国保守州虔信宗教和崇尚“家庭价值”，最早是为了驯化牛仔镇上和矿工营地内天天打架斗殴的男人。

围剿暴力的行动连连获胜，防止虐待和忽视儿童的努力已经持续了整整一个世纪，禁止闪避球只是这场决赛获胜之后的一个多余动作罢了。它提醒我们，文明攻势之下，我们的文化仍带有各种不可思议的习俗、缺陷和禁忌。权利革命造就了一套深入人心的礼仪规制，我们将其称为“政治正确”。

权利革命还有另外一个古怪的遗产。我们将会看到，因为权利革命，各种类型的暴力都呈现大规模的稳定减少。但是，很多人拒绝承认这种胜利，部分原因是他们忽视了统计数据，还有一部分原因是，鉴于过去痛苦的经验，活动家为了继续维持压力而不愿意承认成功。第一代民权人士奋起反抗时，种族压迫的具体形式是私刑、夜袭、种族仇杀，以及在投票站对黑人进行赤裸裸的恐吓。今天最典型的种族歧视，也许是高速公路上美国非洲裔司机被警察叫停。［克拉伦斯·托马斯（Clarence Thomas）认为，虽然1991年他得到了最高法院大法官的任命，但那场众 382
说纷纭的国会听证简直就是一场“高科技私刑”。整场戏充满了低级趣味，当然，这最终证明我们已经取得了极大的进步。］过去，对妇女的压迫体现在丈夫可以合法地强奸、殴打和禁锢妻子；而今天，如果某个一流大学工程系的教授不是男女各占一半的话，就是歧视女性。同性恋权利运动开始于废除法律中对同性恋男子进行处决、残害和监禁的规定，现在则要废除将婚姻限制为一男一女之间的合约的法律。这并不意味着我们应该就此满足现状，或者贬低为继续消除歧视和偏见所做的努力。我要说的是，权利运动的第一个目标是使人们免于暴力伤害和丧命。这些胜利即使并不全面，我们仍然应该承认、赞赏并且试图加以理解。

私刑和种族迫害的减少与民权

在提起美国民权运动的时候，大部分人想起来的是20年来的新闻大事记。自1948年起，杜鲁门结束了美国军队中的种族隔离政策；整个50年代，民权运动节节推进，最高法院禁止学校实行种族分校，罗莎·帕克斯因在公交车上拒绝向白人男子让座而被捕，马丁·路德·金为声援罗莎组织抵制公交车运动；60年代初期，民权运动达到高峰，20万人在华盛顿举行游行集会，聆听马丁·路德·金发表历史上最著名的演讲；接着就是1965年通过《投票权法案》，以及1964年和1968年通过的两项民权法案。

在这几次辉煌的胜利之前，还有很多虽然没有这样响亮，但同样意义重大的成就。马丁·路德·金的著名演讲是这样开篇的："100年前，一位伟大的美国人——今天我们就站在他象征性的身影下——签署了《奴隶解放宣言》……对于千百万黑奴，它犹如燃烧着希望之光的巨大灯塔。"然而，"100年后，黑人依然没有自由"。在整整一个世纪中，非裔美国人未能行使自己权利的原因是，他们受到暴力的威胁。不仅是政府运用武力推行种族隔离和其他歧视性法规，非裔美国人被"社群间冲突"（或"社区间冲突"）形式的暴力围困在原地难以脱身。所谓"社群间冲突"，即按种族、氏族、宗教或者语言划分的一个公民群体攻击另一个公民群体。在美国的很多地方，非裔家庭受到有组织的流氓团伙（例如"三K党"）的恐怖欺凌。私刑是指暴徒公然对其他人实施酷刑甚至极刑。种族迫害是指一伙暴徒对另一个社区大肆骚扰破坏甚至谋杀，也称致命种族骚乱。这样的案例数不胜数。

政治学家唐纳德·霍洛维茨（Donald Horowitz）在其有关致命种族
383 骚乱的权威著作中，研究了50个国家的150宗有关社群间暴力的报告，他总结出了这些冲突的共性。[3]种族骚乱除了本身的性质外，还具有种族灭绝和恐怖主义两种特征。但与这两种集体暴力不同，这样的骚乱虽然有赖于政府同情和姑息侵犯者，却没有预先计划，没有精心构建的意识形态，也不是某位领袖统一构思蓝图，然后由政府或武装力量尽力实施。种族骚乱与种族灭绝有一样的心理根源。一个集团用某种特征对另一个集团的成员定性，并视这些成员低人一等，或者认为他们天性邪恶，甚或两者兼而有之。暴民集结成团伙，可能出于霍布斯式的恐惧，担心会受到攻击而抢先下手，也可能出于报复，宣称为了对方某种卑鄙的罪行 384
而进行复仇。用来挑动愤怒的所谓威胁和罪行通常是流言、谣传或者赤裸裸的编造。暴民满腔仇恨，下手如恶魔般残酷。他们常常烧毁或荡平对方的产业，而不是仅仅抢掠。他们并不在意追查被指控的罪犯，而是针对社群中的所有人，随意地实施杀戮、强奸、折磨和致残。通常，暴徒的武器并不是枪，而是刀棍。当然，行凶者大多是男青年，他们在狂欢中施暴，事后对所见所闻毫无愧疚，认为自己的行动不过是对不可容忍的挑衅的正义回击。遭受打击的族群不会因一次种族骚乱而毁灭，但是骚乱造成的死亡数量远远高于死于恐怖主义袭击的人数。种族骚乱的平均死亡人数约为 12 人，但也可以多到几百人、几千人甚至几万人（如果是全国性骚乱，比如 1947 年印巴分治后的情况）。致命的种族骚乱是种族灭绝的有效战术，它可以让数以百万计的人因恐惧而逃离家园，成为流离失所的难民。和恐怖主义一样，致命骚乱会带来巨大的财产损失和恐惧，往往会触发军管、被民主制度扼杀、军事政变和分裂战争。[4]

暴力种族骚乱并非 20 世纪的新事物。欧洲有着上千年对犹太社区进行杀戮的历史，迫害（pogrom）一词来自俄文，原是用来描述 19 世纪俄国犹太聚居区内经常发生的反犹暴乱。在 17 世纪和 18 世纪的英格兰，发生过数百起针对天主教徒的暴力骚乱。议会通过了《骚乱法》（*The Riot Act*），凡遇骚乱，地方行政长官控制群众的办法就是高声宣读法令，威胁暴徒说如果不立即解散将会面临死刑。[5]

美国历史上也充满社群间暴力。在 17、18 和 19 世纪的美国，几乎每一个宗教团体都曾经受到暴徒团伙的攻击，清教徒、贵格会、天主教徒、摩门教徒和犹太教徒，还有移民族群，例如德国移民、波兰移民、意大利人和爱尔兰人，毫无例外。[6]我们在第 6 章中已经看到，有些迫害美洲原住民的社群暴力如此之彻底，完全可以被归入种族灭绝。虽然美国联邦政府没有从事任何蓄意的种族灭绝行动，但是它确实执行了几次种族灭绝。“五大开化部落”被迫离开它们在东南部的故园，沿着“泪水之路”向西迁徙到今日的俄克拉何马，一路上有上万人死于疾病、饥饿和酷暑严寒。20 世纪 40 年代，数十万日裔美国人被关进集中营，仅仅因为他们和与美国交战的国家同属一个民族。

然而，受政府纵容的社群间暴力之害时间最长的还是非裔美国人。[7] 我们也许以为私刑主要是美国南方的一种现象，事实上，两次最残酷的私刑事件均发生在纽约市：一次是 1741 年，当时流言四起，说黑人奴隶将发动起义，许多黑人被送上火刑堆活活烧死；还有一次是 1863 年的征兵暴动（2002 年的电影《纽约黑帮》讲述的就是这个故事），暴动中至少 50 人被私刑处死。在美国南方内战后的几年之间，有数以千计的黑人被害，甚至在 20 世纪初期，至少有 25 个城市发生过杀戮 10 人以上的种族骚乱事件。[8]

19 世纪中叶，欧洲的暴乱开始减少。而美国一直要到 19 世纪末，暴力骚乱才开始慢慢消失，20 世纪 20 年代才出现终结的迹象。[9]詹姆斯·佩恩使用美国人口普查局的数据将美国的私刑统计制成图表，数据的起始年份是 1882 年，从 1890 年起直到 20 世纪 40 年代，私刑暴力一路减少（图 7–2）。在这几十年间，新闻中不时仍有私刑事件的报道，配上令人毛骨悚然的照片——吊着的尸体和被烧焦的尸体，“全国有色人
385 种促进会”等人权团体和活动家也在散发有关私刑的资料和图片。一位中学教师阿贝尔·米若珀尔（Abel Meeropol）看到了一张 1930 年印第安纳州两个黑人男子被吊死的照片，他在激愤之下写出这样的诗句：

南方之树结出奇异的果实，
绿叶滴着鲜血，树根也浸泡在血里，
黑黝黝的躯体在南方的晨风中摇荡，
白杨树枝上吊着怪异的果实。

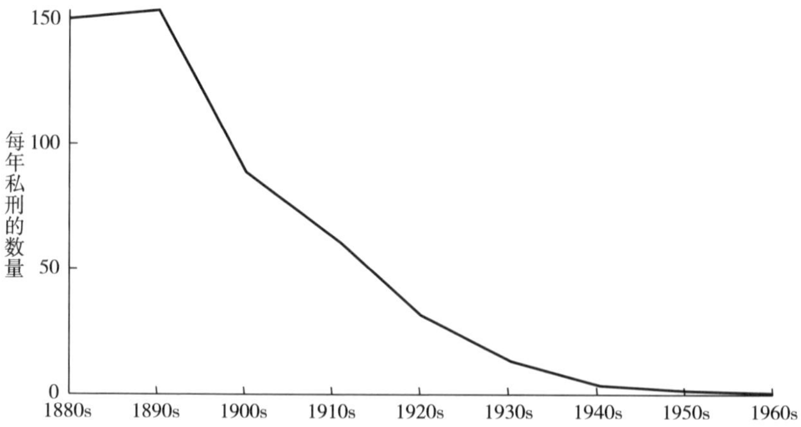

图 7–2 1882—1969 年美国的私刑数量

资料来源：佩恩制图，2004 年，第 182 页。

（在朱利叶斯和埃塞尔·卢森堡夫妇因向苏联传递核武情报而被处决后，米若珀尔和妻子安领养了卢森堡夫妇的两个儿子。）米若诺珀尔给诗句谱了曲子，此歌成为比利·霍利迪的当家歌曲，《时代周刊》在 386
1999 年将其称为“世纪之歌”。[10]我们总是能碰到一些神秘的时刻，暴力私刑处于高峰时，大多数人保持沉默，而当私刑情况已经没有早期那样严重的时候，却爆发了大规模的抗议示威。最后一个引起人们关注的私刑案例发生在 1955 年，密西西比 14 岁的埃米特·蒂尔被绑架、殴打、致残，最后被杀害，因为据说他冲一名白人妇女吹了声口哨。全部由白人组成的陪审团敷衍了事，宣判凶手无罪。

20 世纪 90 年代末，人们一度担忧私刑有卷土重来的势头，当时确实有几件谋杀案令举国震惊。1998 年，得克萨斯的 3 个种族主义分子绑架了非裔人小詹姆斯·伯德。他们殴打他，直到他不省人事，再用铁链一头拴住他的脚脖子，另一头铐在皮卡后面，卡车拖着小伯德在硬路面上行驶了 3 英里，他的身体破碎，被摔进阴沟。鬼鬼祟祟的谋杀不同于一个世纪前的私刑，当年对黑人实行私刑可以是整个社区的狂欢节，而今天所有人都知道私刑就是犯罪。就在小伯德谋杀案发生的几年前，联邦调查局开始收集仇恨犯罪的数据。所谓仇恨犯罪是指暴力指向特定的种族、宗教和性取向。自1996年以来，联邦调查局每年发表有关统计报告，我们由此可以看出小伯德案是否代表一个令人忧虑的新趋势。[11]图7-3显示了1996—2008年因种族原因被谋杀的非裔美国人的人数。竖轴上的数字不是每10万人口的谋杀率，而是谋杀的实际数。1996年，即报告发布的第一年，5名非裔因种族原因被谋杀。自那时以来，谋杀人数减少到每年1个人。在一个每年发生1.7万起谋杀案的国家，这个仇恨谋杀的人数小到几乎可以忽略不计，仅仅是一个统计噪声罢了。

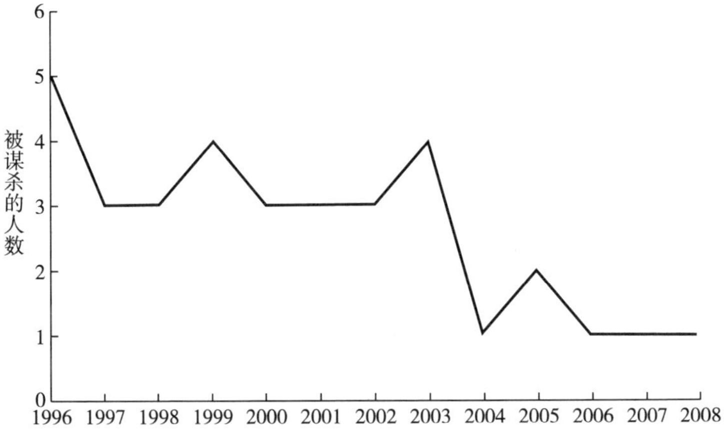

图7-3　1996—2008年非裔美国人因仇恨被谋杀的人数

资料来源：联邦调查局《仇恨犯罪统计》年度报告，见美国联邦调查局，2010年a。

当然，更常见的是那些不太严重的暴力，例如恶性攻击（攻击者使用武器或造成伤残）、单纯人身攻击，以及恐吓（让受害者感到人身安全受到威胁）。尽管种族仇恨事件的绝对数量令人警惕，每年仍有数百起伤害案、恶性攻击案和上千起恐吓案，我们仍必须将它们放在同期美
387 国犯罪数量的大背景下——美国每年的恶性攻击案高达100万起，以种族为动机的恶性攻击在其中（每年10万分之322）仅占0.5%，甚至低于任一谋杀案件的概率。正如图7-4所展示的，自1996年以来，3种仇恨犯罪的数量都在下降。

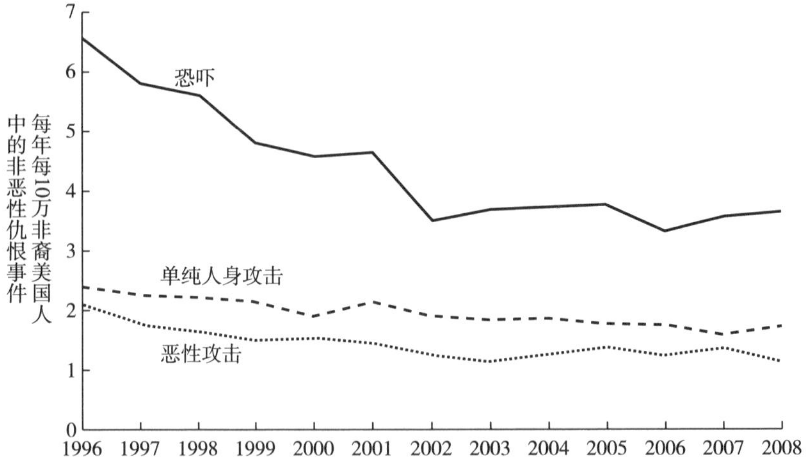

图 7–4 1996—2008 年针对非裔美国人的非恶性仇恨犯罪

资料来源：数据来自美国联邦调查局《仇恨犯罪统计》年度报告，见美国联邦调查局，2010 年 a。犯罪案的数量占非裔美国人口中的比重，非裔美国人口为总人口乘以 0.129，这一非裔美国人口比重来自 2000 年美国人口普查。

随着私刑消亡，对黑人的种族迫害也消失了。霍洛维茨发现，在 20 世纪下半叶的西方，他所关注的“致命种族骚乱”主题即将寿终正寝。[12] 60 年代中期在洛杉矶、纽瓦克、底特律和其他美国城市发生的种族暴动已经是全新的现象：非裔美国人不再是暴力的目标，而是暴力的参与者；骚乱的死亡人数很少（死者主要是被警察打死的暴乱参与者）；暴乱的袭击目标主要是财产，而不是人身。[13]1950 年之后，美国再没有发生过针对单一种族或族群的骚乱；在美国之外的西方，例如加拿大、比利时、科西嘉、加泰罗尼亚或者巴斯克地区这些存在族群摩擦的地方，也再没 388
有发生过这样的骚乱。[14]

* * *

20 世纪 50 年代末和 60 年代初确实发生过迫害黑人的暴力事件，但形式有所不同。人们没有觉得这些攻击和“恐怖主义”有什么关系，但事实上，它们具备恐怖活动的全部特征：直接针对平民，伤亡数量有限，宣传效果显著，以恐吓为目的，有明确的政治企图——阻止南方的去种

族隔离化。与其他恐怖主义的攻势一样，当种族隔离主义分子的恐怖活
389 动越过一个界限，成为彻头彻尾的邪恶，公众将全部同情给予受害者的时候，种族主义也就走到了尽头。公众从报道中看到，为了阻止黑人孩子进入白人学校，丑陋的暴徒向黑人孩子投掷秽物，进行死亡威胁。有些事件给人的印象之深刻，已经成为时代的文化记忆，比如在新奥尔良开学的第一天，6 岁的小女孩鲁比·尼尔·布里奇斯在联邦法警的护送下走向学校。当时，约翰·斯坦贝克（John Steinbeck）为了写作回忆录《横越美国》（*Travels with Charley*）驾车穿过美国大陆，他刚好抵达绰号为“快活之都”的新奥尔良市：

> 两辆车子里各走出 4 名体格魁梧的联邦法院执行官，然后不知道从车子里的什么地方，他们拎出了一个小小的黑人女孩儿，那是大家见过的个子最小的黑人小女孩儿。她穿着浆过的白得晃眼的衬衫，脚上的白色新鞋好小，小得几乎呈圆形。在白色的衬托下，她的脸和两条小小的腿显得特别黑。
>
> 魁梧的执行官让她站在路边，路障后面响起了一片刺耳的嘲弄声。小女孩儿并没有朝咆哮的群众望过去，但从她眼角的眼白所流露出的表情，让人觉得她像只受到惊吓的小鹿。执行官把她像个洋娃娃般扭过来，然后这列奇怪的队伍开始在宽广的人行道上朝学校的方向移动。陪同的人员实在太过魁梧，因此孩子显得格外瘦小。接着，小女孩儿不寻常地跳了一下，我想我知道她这么做的原因。我猜小女孩儿长到这么大，一定从来没有不蹦不跳地好好走过十步路，但这时的她，刚刚开始蹦跳，跳到一半的时候，就被压迫感压住了。她的两只小圆脚踩着慎重、不情愿的脚步，走在高大的护卫者之间。这一行人慢慢爬上阶梯，进入学校。[15]

这一事件也因 1964 年《展望》（*Look*）杂志刊出的一幅画而永垂史册。诺曼·洛克威尔（Norman Rockwell）的这幅名画题为“我们共同的难题”。而诺曼·洛克威尔的名字几乎等同于理想化的美国的感性形象。

1963 年，伯明翰市的一间刚刚举办了民权会议的教堂发生爆炸，4 名正在教堂主日学校上学的黑人女孩遇难。这件事触动了很多人的良知。同年，民权工作者梅德加·埃弗斯被三 K 党杀死；次年，詹姆斯·钱尼、安德鲁·古德曼和迈克尔·施韦纳被杀害。除了暴徒和恐怖分子的恶行之外，还有政府暴力。正直的罗莎·帕克斯和马丁·路德·金被投入监狱，和平的示威者遭到水枪、警犬、鞭子和棍棒的袭击，所有美国人都能够通过电视看到这些场面。

1965 年之后，对民权运动的抵抗日渐式微，反黑人暴乱成为遥远的记忆，没有任何社区和团体再愿意支持针对黑人的恐怖活动。90 年代，有报道指美国南方发生了数起烧毁黑人教堂的事件，这引起了社会的关注，但结果发现事实有很大出入。[16]所以，尽管媒体特别不会放过仇恨犯罪的新闻，但是谢天谢地，在今天的美国，此类犯罪确实越来越罕见了。在其他国家，以少数族裔为目标的私刑和种族暴动也在减少。

*　*　*

如果“9·11”恐怖袭击事件、伦敦和马德里的爆炸案发生在几十年前，都会成为在西方世界触发反穆斯林骚动的导火索。但是，这些事件都没有引发暴乱，有人权组织回顾 2008 年的反穆斯林暴力，在西方国家找不出一例以仇恨穆斯林为动机的命案。[17]

霍洛维茨认为，西方恶性种族骚乱的消亡出于以下几个原因：第一是政府管治。参加暴乱的人特别在意自己的安全，知道何时警方对他们睁一只眼闭一只眼，因此他们很清楚何时必须放弃攻击受害者。行动迅速的执法队伍可以平息暴乱，并将族群间复仇的骚动消灭在萌芽状态，但行动必须有预案。因为地方警察通常和施暴者属于同一族群，很可能对暴徒抱有同情，所以在镇压暴乱方面，使用专业化的国家武力比使用社区警力更有效。但是防暴警察可能造成更多死亡，他们必须经过使用最小武力驱散暴徒的严格训练。[18]

导致恶性种族暴乱消亡的另一个原因比较难界定：人们对暴力越来越厌恶，甚至无法容忍最小的暴力动机。我们前面说过，种族灭绝和恶性种族暴乱的主要风险因素是本质主义心理学，即将一个群体的成员视为无意识的障碍物，令人恶心的寄生虫，或者贪婪、恶毒或异端的恶棍。这些态度一旦成为政府政策，即丹尼尔·戈德哈根（Daniel Goldhagen）所说的排除主义政策，或芭芭拉·哈尔夫的排他性政策，政府就很可能执行种族隔离，强制同化，甚至实施非常极端的驱逐和种族灭绝。泰德·罗伯特·格尔表示，即使是非极端性的歧视政策，也是引发内战等种族暴力冲突的危险因素。[19]

让我们来设想一下如何设计与歧视性政策针锋相对的新政策。它们不仅要废止将某个少数民族置于不利地位的法规，还要矫枉过正，走到另一个极端，强制性地执行反排挤反歧视政策，例如黑白同校，更好更早的受教育机会，在政府职位、企业就业和教育机会上实行种族或民族配额。这些政策一般被称为补偿性歧视，在美国就是人们所说的平权行动。不论这些政策是否起到了防范种族灭绝和种族迫害的作用，它们彻底纠正了发达国家对过去造成或容忍暴力的排挤政策。而这些纠错政策正在成为世界性的大趋势。

在一份名为“1950—2003 年种族政治歧视的减少”的报告中，政治学家维克托·阿萨尔（Victor Asal）和埃米·佩特（Amy Pate）审视了 1950 年以来 124 个国家中 337 个少数族裔的状况。[20]（这一研究和我们在第 6 章看到的哈尔夫数据库的结论相同。）阿萨尔和佩特将对少数民族实行政治歧视政策和反歧视政策的国家绘制成图。如图 7-5 所示，在 1950 年，44% 的国家有歧视性的政府政策；但到 2003 年，只有 19% 的国家还保留这样的政策，而有更多国家开始了补偿性反歧视政策。

阿萨尔和佩特分地区检视数据时发现，美国和欧洲的少数族裔的处境最好，几乎已经没有任何官方的政策歧视。在亚洲、北非、撒哈拉以南的非洲，尤其是中东地区，虽然自冷战以来情况都有所改善，但少数族裔仍然受到合法的歧视。[21]作者总结说：“各国政府的正式歧视政策都在减少。这一趋势始自 20 世纪 60 年代末期的西方民主国家，到 90 年代，终于波及世界的各个角落。”[22]

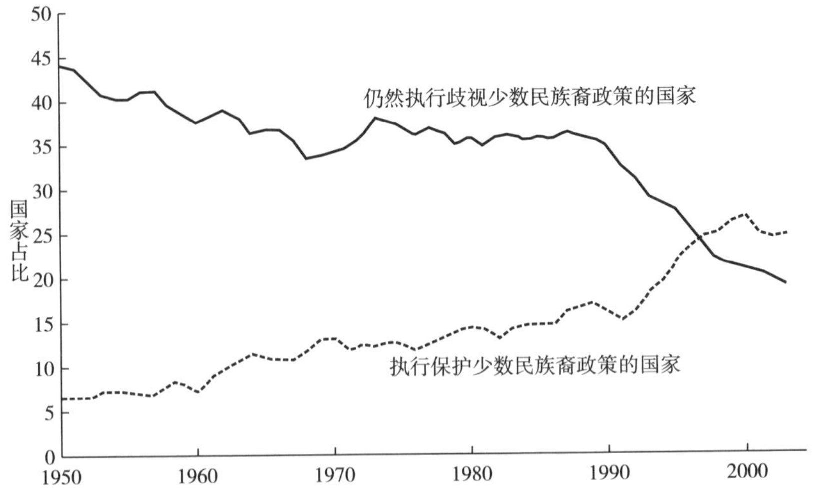

图7-5　1950—2003年实行种族歧视政策和平权政策的国家

资料来源：阿萨尔和佩特绘图，2005年。

*　　*　　*

不仅政府官方的歧视政策逐渐减少，普通人将少数族裔非人化和妖魔化的意识也在逐渐改变。许多知识分子仍然不相信这个判断，他们始终认为美国的种族主义根深蒂固，难以被消灭。但贯穿本书，我们已经看到，人类历史上的每一次道德进步，都有社会评论家出来指责说世界从来没有像现在这样糟糕过。1968年，政治学家安德鲁·哈克（Andrew Hacker）预 390
测，非裔美国人即将起义，开始“爆炸桥梁和供水管，焚烧大楼，刺杀政客和名流，当然间或还会举行大规模的暴动”。[23]虽然他既没有看见爆炸桥梁也没有看见暴动，但他仍然在1992年出版的《两个国家：黑与白，分裂，敌对，不平等》（*Two Natiens*：*Black and White*，*Separate*，*Hostile*，*Unequal*）一书中坚称：“种族之间横亘着一条巨大的鸿沟，没有任何迹象表明我们能够在百年之内弥合这条裂缝。”[24]在20世纪90年代那10年内，奥普拉·温弗瑞、迈克尔·乔丹、柯林·鲍威尔不断在民调中被提名最受尊重的美国人之列，但在出版物中，有关种族关系的描述仍然非常沉重。比如，法学家德里克·贝尔（Derrick Bell）1992年的著作《种族主义的

持久性》（*The Permanence of Racism*）的副标题是“种族主义是我们社会 391
中所必需的、永久的和难以摧毁的组成部分”。[25]

社会学家劳伦斯·波波（Lawrence Bobo）和他的同事决定亲自检测美国白人对非裔美国人的态度。[26]他们发现，歧视并非坚不可摧，事实上，公开的种族主义已经完全土崩瓦解。图 7–6 显示，在 20 世纪 40 年代和 50 年代早期，大多数美国人承认他们反对黑人孩子进入白人学校；在 60 年代初，几乎有半数人表示如果有黑人家庭搬进隔壁，他们就会搬家；到 80 年代，持此类态度的人不足 10%。

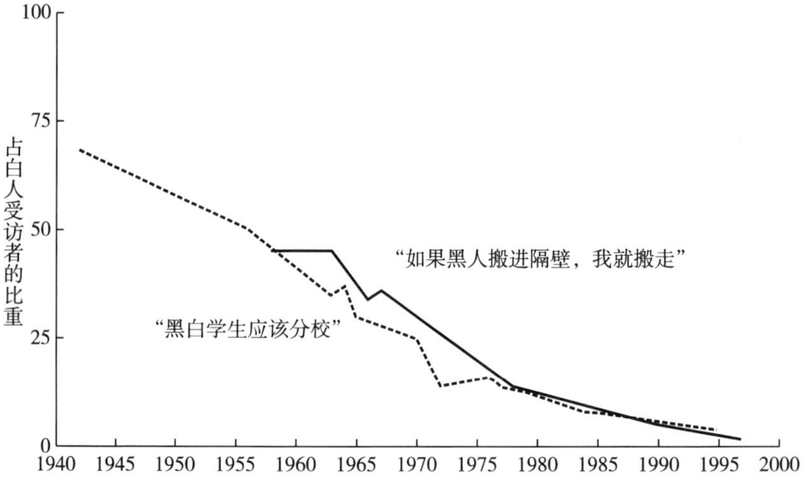

图 7–6　1942—1997 年美国人对种族隔离的态度

资料来源：“黑白分校”：数据来自舒曼（Schuman）、斯迪（Steeh）和波波，1997 年，使用芝加哥大学国家意见研究中心（National Opinion Research Center）采集的原始数据。“将会搬家”：数据来自舒曼、斯迪和波波，1997 年，使用盖洛普咨询公司采集的原始数据。

图 7–7 告诉我们，在 50 年代，只有 5% 的白人认可异族通婚；90 年代末，2/3 的人接受异族婚姻；到 2008 年，这个数字达到近 80%。对于“黑人是否能从事任何工作”这样的问题，70 年代初期就很少有人还做出带有种族偏见的回答，以至于民调问卷中不再列出这些问题。[27]

392 同时，种族非人性化和妖魔化的信念也在消失。在美国白人中，这些成见由来已久；他们一向认为非裔美国人懒惰，而且智商低于白人。

但在过去 20 年中，持有这种偏见的美国人的比重一直在下降；今天，认为能力低下导致不平等的人，其人数之少，可以忽略不计（图 7-8）。

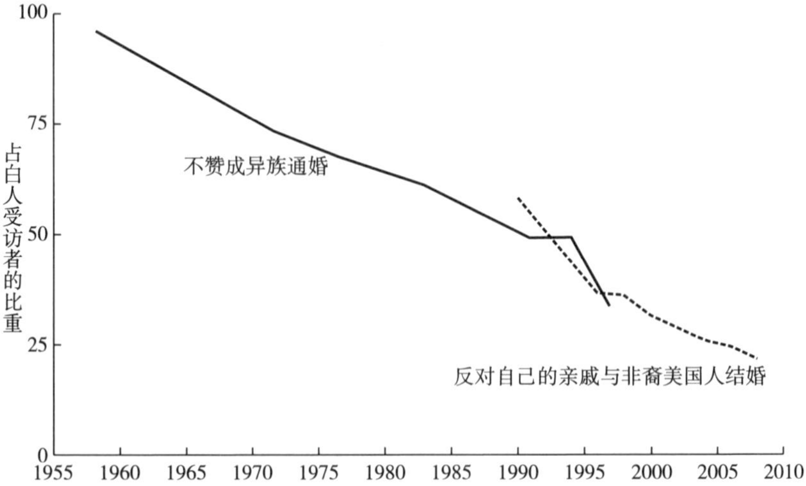

图 7-7　1958—2008 年美国白人对异族婚姻的态度

资料来源："不赞成"：数据来自舒曼、斯迪和波波，1997 年，使用盖洛普咨询公司采集的原始数据。"反对"：数据来自"综合社会调查"（General Social Survey）。

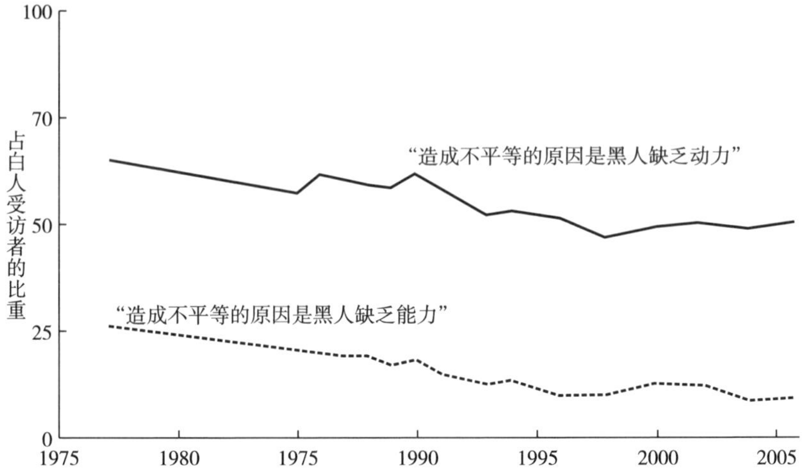

图 7-8　1977—2006 年不利于非裔美国人的态度

资料来源：波波和道森（Dawson）的数据，2009 年，原始数据来自"综合社会调查"。

宗教不宽容的现象也在持续减少。1924 年，在一所美国中产阶级学区的高中内，91% 的学生同意这样的表述：“基督教是唯一真正的宗教，所有人都应该皈依基督教。”到 1980 年，只有 38% 的学生同意这样的说法。1996 年，62% 的清教徒和 74% 的天主教徒同意“所有的宗教一样好”——而他们的上一代人对这样的问题只会感到困惑，更不要说 16 世纪的教徒了。[28]

对少数族裔的任何非人化和妖魔化的态度都会引起极大的反感，这是民调数字所无法反映的。这种态度已经改变了西方的文化、政府、体育运动和日常生活的方方面面。美国在过去 50 年一直在努力清除流行文化中积存的种族主义印记。首先是贬低非裔美国人形象的音乐剧，比如《阿莫斯与安迪》（*Amos' n' Andy*）和《小淘气》（*Little Rascals*）；其次
393 是电影，迪士尼的《南方之歌》（*Song of the South*）和许多“兔八哥”动画片。[29]在商标、广告、庭院装饰中，歧视性的漫画形象也逐渐消失了。民权运动的高峰是美国社会反种族歧视的转折点，反对歧视非裔的禁忌，开始扩展到反对歧视其他少数族裔。记得 1964 年我还是孩子的时候，刚刚推出一种系列混合冲泡饮品，各种果味分别命名是“笨葡萄”“大嘴青柠”“中国樱桃”“老印第安橙子”，几种水果被画成丑陋怪异的卡通人脸。出品的时间可是太不凑巧了。两年后，最后两种味道的饮品被改名为没有种族色彩的“乔乔樱桃”和“快乐奥利橙”。[30]我们现在经常还能看到球队更换队名，原来的很多队名都带有对美国原住民的成见。最近改名的球队是北达科他大学的美式橄榄球“善战苏人队”。在主流公共论坛上，贬损性的种族玩笑，对少数族裔不敬的词汇，没心没肺地调侃种族相貌差异，都已经是不能被接受的禁忌，好几位政客和媒体人因为失言丢掉了自己的饭碗。比如，2002 年，美国参议院少数党领袖特伦特·洛特（Trent Lott）发表了赞扬参加 1948 年总统竞选的斯特罗姆·瑟蒙德（Strom Thurmond）的言论，而瑟蒙德当年公开宣称自己持种族隔离主义立场。洛特自己所属的共和党纷纷对其言论表示愤怒，他随即被迫辞职。

对任何可能导致种族暴力的迹象保持高度警惕，防范暴力的行为也

界定了可以思想和可以言说的界限。如果我们认同不以肤色而以品格作为判断人的标准，那我们就很难为种族优惠和种族配额政策辩护。

但是没有一个负责人愿意取消这些政策，因为人们认识到，取消这些优惠政策，将削弱非裔美国人在专业领域的地位，可能再次导致社会两极化。所以，每当法庭裁决种族优惠政策非法，或在公决中被否决，它们总是改头换面以平权行动和“多样化”的委婉形式回到原来的地方。（比如，大学入学录取考虑的是每一所高中内最优秀的学生，而不是全国范围内最优秀的学生。）

学生入学之后，对种族主义的警觉仍未放松。许多大学要求新生参加特殊的培训班，在培训班上，要求学生检讨下意识的种族主义，并规定言论准则，禁用任何引起少数族裔反感的言辞，尽管如果有人将这些言论准则告上法庭，法庭总是裁决这些准则违宪。[31]有些反“种族骚扰”的案件本身已经成了笑料。在印第安纳大学，一名学生因为阅读一本讲述打败三K党的读物而被判种族歧视，因为图书的封面上印有三K党党徒的形象；布兰迪斯大学的一名教授在讲课时提到“湿背人”（wetback，从墨西哥到美国的移民，尤指偷渡者）一词而被判有罪，但他授课的内容就是有关对美国西裔的歧视问题。[32]一些被视为对种族问题缺少敏感意识的小事，比如1993年宾夕法尼亚大学一名学生向通宵狂欢的人抗议，他叫喊了一句“闭嘴，你这只大水牛”。这原本不过是来自他老家希伯来语中对流氓无赖的一种俗称，但在大学引起轩然大波，因为人们以为 394
这是一个种族性的新绰号。学校当即停摆，每个人都经历了从感到震撼、检讨到再一次刷洗自己灵魂的过程。[33]矫情到这种地步，我能给出的唯一辩护是，为了当今美国空前之种族和睦，付出如此代价也是值得的。（尽管正是由于这种虚伪的矫情，这些人决不承认美国已经处在种族和睦之中。）

我在《白板》一书中表示过，对种族仇视的过度恐惧已经扭曲了社会科学研究；在先天和养育的天平上，重重地将砝码加在养育一边；无视人性中某些偏见并非与种族差异有关，而是所有物种均有的特性。有一种潜在的恐惧，似乎如果人性中某种东西是与生俱来的，那么它就可能是种族和族群之间的差异。反之，如果人出生时头脑是一块白板，那么所有人出生时的头脑都应该是一模一样的白板。有些讽刺意味的是，因政治原因拒绝承认人类的天性，这透露出对某种特别阴暗的人性理论（人类将永远在种族敌意的边缘上徘徊，因此必须动员所有的文化资源以抵抗这一天性）的默认。

妇女权利与强奸、家暴的减少

回顾暴力的历史，我们总是震撼于某些在今天不齿于人类的暴力，在往昔却另有一番风景。

强奸的历史就是其中之一。在漫长的人类历史大戏中，强奸是最主要的暴力情节。它不仅带来痛苦，而且带来耻辱、恐怖和精神创伤，它粗暴地霸占女子延续生命的手段，甚至肆无忌惮地介入她繁衍的后代。强奸也是最常见的暴行。人类学家唐纳德·布朗（Donald Brown）总结了一系列人类的共性，强奸名列其中，有关强奸的记载遍布各个国家和地区的史册。希伯来《圣经》告诉我们，一名被强奸的女子可以被她的兄弟卖给强奸者，士兵有权强奸年轻的女俘虏，国王可以拥有多达数千个嫔妃。在亚马孙部落，在荷马时代的古希腊，在中世纪的欧洲，在百年战争期间的英格兰，强奸随处可见。在莎翁的戏剧中，亨利五世警告法国村民立即投降，否则他们的“闺女（将）落入奸淫者火热的手中”。无论在世界哪个角落，凡发生种族灭绝和种族迫害之时，都伴随着大规模的强奸，比如在波斯尼亚、卢旺达和刚果民主共和国所发生的惨案。武力入侵之后也经常发生强奸暴行，例如第一次世界大战中德国入侵比利时，第二次世界大战中日本入侵中国和苏联占领东欧国家，以及巴基斯坦在孟加拉国独立战争期间。[34]

布朗注意到，强奸是人类的共性，因此禁止强奸也是人类的共性。不过，我们必须承认，纵观世界历史，很少有人从受害者的角度认识强奸所
395 造成的伤害。《十诫》中没有一条是“不准强奸”，虽然第十条提到了妇女在当时世界的地位：妻子列在夫家的财产清单上，名位在房产之后，

在侍女和牲畜之前。《圣经》还告诉我们，已婚妇女遭到强暴，相当于她犯下通奸罪，可以被石刑处死，伊斯兰教法一直延续了这一传统。强奸不是被当作对女性的侵犯，而被认为是对男人——女子的父亲、丈夫或者主人（如果女子是奴隶的话）的冒犯。全世界的道德标准和法律制度对强奸的定义几乎一模一样。[35]强奸，是从一名父亲那里盗窃女儿的童贞，或者是从一名丈夫那里夺走妻子的贞洁。施暴者可以通过买下受害者做自己的妻子的方式来赎过。妇女要为被强奸而受惩罚。对丈夫、领主、奴隶主和妓院老板来说，强奸是他们的特权。在战争中，强奸则是合理合法的战利品。

在中世纪的欧洲，当国家开始制定统一的刑法制度，强奸从对父亲或丈夫的侵权行为转变为对国家的犯罪；表面上看，政府代表妇女的利益，但实际上，法律的天平一直向被告倾斜。因为控告虚假强奸易、为强奸辩护难这一事实，让人们将艰巨的举证负担全部压到强奸受害者的身上，在许多法规中将强奸受害者称为“女起诉人”（或“女原告”）。有时，法官和律师声称，一名女子不可能被迫发生违反本人意愿的性交，因为“你不可能给一根晃动的针穿上线”。[36]警察经常将强奸案当作玩笑，不是向受害人追问色情的细节，就是调侃受害人说，“有谁会愿意强奸你呢?”或者，“被强奸无非就是妓女没有拿到嫖客的钱”。[37]在法庭上，妇女经常发现自己和被告一起受审，不得不证明自己没有挑逗、鼓励和同意强奸者。在许多国家，妇女不能担任性犯罪案件的陪审员，因为她们会为证词感到“难为情”。[38]

从现代道德观念来看，人类历史上强奸之普遍和法制对强奸受害者之忽视是完全不可思议的。但在启蒙时代人文主义塑造新道德观念之前，从在人类进化中形成欲望和情感的遗传利益来看，强奸和对强奸的忽视又是那样顺理成章。强奸涉及三方，三方各有自己的利益：强奸者、与这个女子有特殊利害关系的男子和女子本人。[39]

进化心理学家和许多激进女权主义者都认为，强奸受人类性行为的经济学主导。正如女权主义作家安德烈娅·德沃金（Andrea Dworkin）所说，“一个男人想得到女人拥有的东西——性。他可以偷（强奸），可以请求索取（诱惑），可以租借（嫖妓），可以长期租赁（美国的婚姻），也可以彻底拥有（大部分社会中的婚姻）”。[40]进化心理学家则对支
396 撑这些交易的资源进行了分析。如果在一个物种的繁衍生育中，一个性别的生育速度快于另一个性别，生育较慢的性别就会成为较快一方竞争的稀缺资源。[41]在哺乳动物和许多鸟类中，雌性的生育过程更缓慢，除了妊娠期，哺乳动物还有哺乳期。当雌性成为更有权挑剔的性别，接近雌性所受的限制就被雄性视为必须克服的障碍。在许多物种中，包括大猩猩、猩猩和黑猩猩，都能看到雄性对雌性的骚扰、恐吓和强迫交配。[42]说到人类，当某些风险因素同时存在时，男性就有可能使用武力进行交配，这些因素是：他具有暴戾、残忍和冲动的性格；他作为失败者无法用其他方式吸引女性；他被排斥在集体之外，因此无须担忧在社群内的名誉；以及他意识到他不会为此受到惩罚的时候，比如在征服和迫害行动中。[43]大约5%的强奸会导致怀孕，这说明强奸给强奸者带来进化优势：无论强奸表现出何种倾向性，人类进化的历史显然未曾淘汰这一行为，反而特别筛选留下了它。[44]当然，所有这些都不是说男人“天性要进行强奸”，也不是说强奸犯对控制犯罪“无能为力”，或者说强奸因其不可避免或情有可原而属于“自然”现象。但是，这些能够帮助我们解释，为什么强奸是所有人类社会都能见到的一种瘟疫。

强奸还涉及受害女子的家庭，特别是她的父亲、兄弟和丈夫。在哺乳动物中，人类男性的不同寻常之处在于他喂养、保护和关照他的子女和子女的母亲。但是，从基因的角度看，这项投资颇具风险。如果这名男子的妻子有个秘密的情人，他就有可能在投资另一个男人的孩子；从进化上看，这无异于自杀。随着进化时间的推移，任何倾向于对妻子通奸无所谓的基因都会彻底败给那些对此保持高度警惕的基因。基因并不直接指挥人类的行为，它们通过塑造人头脑中的情感组成而发挥影响，在这里，这种情感就是性嫉妒。[45]男人想到自己的性伴侣不忠就会怒火中烧，因此他要采取防范措施，尽可能地消除背叛的可能性。措施之一是威胁她和她潜在的情人，并在必要的时候将威胁付诸行动。措施之二是控制女子的行动，削弱她释放女性优势的能力。父亲在展示他们对女儿

的所有权时，看起来很像是嫉妒女儿的性能力。在某些传统社会，可以出售女儿换取聘礼，而处女是没有身怀其他男子血胤的保证，贞洁遂成为卖点。父亲，甚至兄弟和母亲，都会将家中女孩子的贞操视为珍贵的资源而加以守护。而年长的女性出于自己的利益，也有动力约束年轻女子的女性竞争力。

当然，女人像男人一样会嫉妒自己的性伴侣，像生物学家一样能够从事实观察到男人只会关照自己的后代。一个男子的不忠带来的风险是，他对后代的投资会被其他女人和孩子分流；为了避免这样的风险，女子 397
必须尽力阻止自己的男人移情别恋。但是，性伴侣不忠的成本对男女是不同的，人们已经发现，男性的嫉妒更无情、暴烈，更倾向于性不忠（而不是情感不忠）。[46]没有哪个社会的女性和姻亲会特别介意新郎的童贞。

遗传利益形成的动机不会直接进入社会实践，但是这些动机促使人制定法规和确立习俗来保护这些利益。结果，男人彼此承认各自有权控制妻女的性能力，这成为世界各地都通行的法律和文化准则。人类的思维特别依赖形象的比喻，在女性的性能力这个问题上，最形象的比喻就是“财产”。[47]财产是一个极有弹性的概念，各种不同的社会都有法律规范对无形资产的占有权，例如领空、图像、曲调、短语、电磁频幅，甚至基因。所以，毫不奇怪，人们能够将财产的概念推向极端，强加在不可占有物的身上，即感知有自身利益的人，例如孩子、奴隶和妇女。

马戈·威尔逊和马丁·戴利在他们的文章《将妻子误为财产的男人》中，记载了世界各地将妇女作为父亲和丈夫财产的传统法规。财产法赋予所有人不受限制地出售、交换和销毁其财产的权利，如果财产被别人盗窃或损坏，财产所有人可以指望社区承认他们有索偿的权利。在这样的社会契约中，没有妇女本人的利益，强奸成为对拥有妇女的男人的侵犯。强奸被定义为一种造成物品损害或者盗窃珍贵物品的侵权行为，正如我们知道强奸（rape）一词本身与破坏（ravage）、贪婪（rapacious）和侵占（usurp）等词同源。由此可以推定，如果一名女子不受有门第有财产的男人保护，她也就不受法律的保护，而丈夫强奸妻子是一种不合逻辑的指控，如同指控一个人盗窃自己的财产。

男人为了保护财产，严厉地要求妇女为自己性价值的失窃和破坏承担责任。这种谴责受害者的逻辑，排除了任何将两相情愿的性关系解释为强奸的可能性，也导致妇女为躲避风险并不惜一切代价包括牺牲生命来抗拒强奸者。

虽然将妇女作为财产的最肆无忌惮的比喻和修辞在中世纪末期就已停止使用，但直到最近，我们仍能在法律、习俗和情感中找到传统留下的范式。[48]订婚后的女子（不是男子）戴订婚戒指，表示她们“被采纳”；许多新娘在婚礼上由父亲“交给”她们的丈夫，并改变姓氏。直到 20 世纪 70 年代，婚内强奸在任何地方都不算犯罪，司法系统很少关注强奸案
398 中妇女的利益。研究陪审团判案程序的法学家发现，陪审团仍然认为妇女要为自己被强奸承担疏于防护的责任，如果不提醒陪审团现代美国法律不接受这种概念，陪审团经常会根据这一民间理论做出不利于女性受害人的裁决。[49]至于感情方面的伤害，丈夫和男友往往毫不怜惜自己遭到强奸的伴侣，他们喜欢说：“我感到有什么东西永远失去了。我觉得被欺骗了。以前，她整个都是我的，但现在不再是这样了。”妇女因为被强奸而婚姻破裂的事例屡见不鲜。[50]

最后，我们要来看看强奸的第三方：受害者。出于同样的遗传演进，男人在有些情况下具有强迫女人交配的倾向；受害人的家族则认为强奸是对整个家族的挑衅，而妇女应该抗拒并憎恶被强奸。[51]有性繁殖的性质决定了女性在演化中成为掌握性控制权的一方。她选择交配的时间、条件和伴侣，以保障子女尽可能得到最合适、最慷慨和最有保护能力的父亲，并在最合适的时间生育子女。但是，女性对生育的规划，不论有意还是无意，都不是一张会计报表，也不是她头脑里的一块可以机械地控制她全部行为的芯片。这正是人类在进化中生成某些情感的基础，在这件事上，即女性控制自己性事的决心，以及在受到暴力性侵犯后的极度痛苦。[52]

强奸的历史，也就是女性的权益被排斥在形成风俗、制定道德准则和法律的社会协商过程之外。我们今天认为强奸是一种侵犯妇女的重罪，这种人文主义理念主导的情感代表了对女性权益的重新确认，将有意识

的个体的苦难和个体的实现，而不是权力、传统或者宗教习俗作为道德的基础。而且，这一理念已经融入自主权原则：人对自己的身体有充分的权利，不是可以被他人协商交换的公用资源。[53]我们现在所理解的道德，不是在不愿被强奸的妇女、希望实施强奸的男子和企图垄断女子性能力的父亲和丈夫之间寻找平衡，新的价值观完全推翻了旧的传统，妇女对自己身体的拥有完整的决定权，所有其他各方的利益都是可以不予考虑的。（我们今天承认的唯一的折中权衡是刑事司法程序中被告的权利，因为被告的自主权也摇摇欲坠。）

自主权原则也是启蒙运动中废奴、结束暴政、取消债务监狱和酷刑的关键性原则。强奸是施加在强奸受害者身上的暴行，这个在今天看来无可置疑的观念，却滞后于启蒙运动的其他成果，很晚才进入人们的头脑。在中世纪末期的英国法律中，已经有些案例试图平衡受害者的利益，但直到18世纪，这些法律才形成文字。[54]并非偶然，当时正是启蒙运动时代，人类历史上第一次出现了女权的觉醒。1700年，玛丽·阿斯特尔 399
在一篇短文中将反对暴政和奴隶制的原则扩展到反对压迫妇女，她说：

> 如果一个国家不需要绝对的权威，那么一个家庭呢？或者说，如果一个家庭需要绝对权威，为什么一个国家可以不需要呢？其中的道理不可能只适用于一个，而不适用于另一个……
>
> 如果人皆生而自由，为什么所有的女人却生而为奴呢？仿佛她们只能臣服于男人变化无常的、不确定的、不清不楚的、武断的意志，只能成为完美的奴隶？[55]

直到150年之后，阿斯特尔的观点才真正成为一场运动。女性主义的第一个浪潮以美国1848年的“塞尼卡福尔斯会议”（Seneca Falls Convention）开始，到1920年宪法第十九修正案结束，妇女得到了投票权、参加陪审团的权利、拥有婚姻财产的权利，以及离婚和受教育的权利。而对于强奸的态度和处理，则是在20世纪70年代的第二次女性主义浪潮中才发生的革命性变化。

这在很大程度上要归功于女学者苏珊·布朗米勒（Susan Brownmiller）1975 年的畅销书《违背我们的意愿》（*Against Our Will*），她在书中揭露了有史以来人类在宗教、法律、战争、奴隶制、政府政策和流行文化中对强奸的纵容。她还给出了有关强奸的统计数据，以及强奸受害人本人讲述被强暴和寻求司法公正的遭遇。如布朗米勒所说，社会的主流制度能够营造一种氛围，让强奸显得并非什么了不起的大事，比如常言所说“当你无法避免强奸的时候，不如乖乖躺好享受一番”，妇女的感受可以完全不存在。她写到，在 20 世纪 60 年代的逆文明潮流中，暴力被美化成具有浪漫色彩的反叛，性革命让淫荡成为文化高雅的标志。与女性相比，男性显然更崇尚暴力和性革命，更追求反叛和精致文化的结合，于是强奸几乎被视为一种时髦。布朗米勒的记录重现了在肤浅做作的文化背景下，一些强奸犯令人精神错乱的形象，还有那些假定读者对这些“英雄”充满同情的煽情评论。比如，斯坦利·库布里克（Stanley Kubrick）1971 年的电影《发条橙》（*A Clockwork Orange*）塑造了一个热爱贝多芬的恶棍，他残忍地殴打受害者，并以在丈夫面前强奸他的妻子为乐。《新闻周刊》（*Newsweek*）的一位评论家欢呼说：

> 从更深刻的意义上看，《发条橙》是对人类个性的一次探索，向我们宣告了什么才是真正的人……作为一个梦幻般的人物，阿利斯的魅力就是我们所有人身上都存在的某些黑暗和原始的东西。他的行为恰恰表达了我们对即兴式性满足的渴望，对释放愤怒和释放被压制的复仇本能的渴望，以及我们内心对冒险和刺激的需要。[56]

400 布朗米勒说，影评家似乎忘记了电影观众不只是男性，还有女性：“我肯定，没有女性相信那个戴着匹诺曹大鼻子，拿着一把剪刀的小流氓表达了任何女性对即兴式性满足、复仇或者冒险的渴望。”但是我们不能指责影评家曲解了制片人的意图。库布里克本人以第一人称复数的形式解释了影片的诉求：

> 阿利斯象征一个自然状态下的男人，如果社会没有将“文明化”强加在他的身上，他就是这样自由自在。我们下意识的反应是，阿利斯对从事杀戮和强奸具有一种无辜的自由感，我们认为这是人性中天然的野性，而展示男人真实的天性，就是这部故事片的力量所在。[57]

《违背我们的意愿》对将惩治强奸的法律和司法实践的改革提上议事日程起了推波助澜的作用。该书出版时，美国没有一个州认为婚内强奸是犯罪，今天，美国全部 50 个州以及大部分西欧国家都视婚内强奸为非法。[58]强奸危机处理中心缓解了报告强奸和从强奸中康复的艰难。确实，在今天校园的每个角落都能看到这些服务中心的广告。图 7–9 是一个招贴的复印件，哈佛大学很多厕所的马桶上方都贴着它，向学生提供了至少 5 家在遭到强奸后能够提供协助的机构。

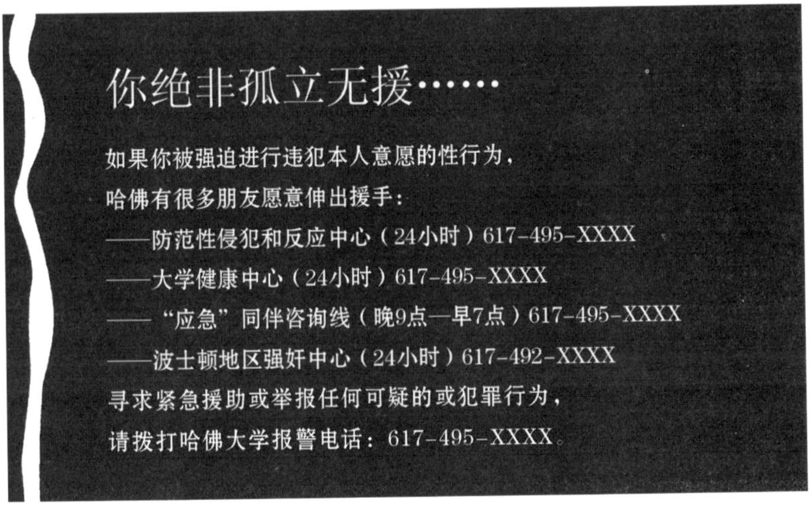

图 7–9　强奸预防和反应招贴

今天，每一级司法系统都必须严肃对待强奸案件。最近听到的一件案子反映了人们态度的变化。我的一个研究生在走过波士顿劳动阶层居住的街区时，三个在人行道上溜达的高中生上来和她搭话，其中一个抓住了 401
她的胸部。当她表示抗议时，这个男生开玩笑似地威胁要揍她。当她向警察报案后，警方安排了一位便衣和她一起对该街区进行监视，他们在一辆不引人注意的老汽车（1978 年款橙红色的凯迪拉克赛威，缉毒的战利品）中连续观察了三个下午，直到她发现对自己进行袭击的男子。区助理检察官与她见了几次面，在征得她的同意后，控告那个年轻男子犯有二级伤害罪，男子表示认罪。几十年前，即使是暴力强奸案的处置也常常是草率的，而现在一桩罪状较轻的相关案件也能让司法系统全力运转起来。

流行文化中强奸的意识也发生了翻天覆地的变化。今天的影视业在刻画强奸场面时，着眼于对受害人的同情和对施暴者的厌恶。流行电视系列片《法律与秩序：特殊受害者》（*Law & Order：Special Victims unit*）告诉大家，性暴力罪犯无论来自哪一个社会阶层，都是卑鄙的人渣，DNA 检测必定能将罪犯绳之以法。变化最大的是电子游戏产业，其收入可以与音像业媲美，而且消费对象主要是年轻人。视频游戏是一个庞大的、没有严格规范的无政府世界，大部分是年轻人自己开发自己使用。虽然游戏中充斥着暴力和性象征，但仿佛大家商量过一样，强奸不属于这个世界。法学家弗朗西斯·X. 沈（Francis X Shen）分析过从最早期到 80 年代的电子游戏的内容，发现这一禁忌几乎是绝对有效的：

> 强奸是一件不能进入电子游戏的东西……在游戏中可以大量杀人，手段经常非常残忍，有时甚至毁灭整个城市，这些暴力在现实中显然比强奸要严重得多。但是在电子游戏中，绝不允许任何人按下 X 按钮强奸另一个人物。在强奸问题上，“游戏不过是游戏”这个理由不能成立……即使在角色扮演游戏的虚拟世界里，强奸也是禁忌。

在这个国际研究项目中，他只发现了很少几个例外，而且每一个事例都立即引起强烈的抗议。[59]

但是，这些变化是否减少了强奸案？强奸的真实情况很不明朗，因为强奸案永远是被低估的，而同时又经常被虚报（比如 2006 年成为新闻热点的杜克大学 3 名曲棍球队队员被控强奸，但最后证明指控不实）。[60]维权组织提供的统计毫无可信度，这已经是公认的事实，有些统计荒唐到说 1/4

的大学生被强奸过。(这个数字根据的是一个非常宽泛的强奸定义,甚至不需要受害人自己承认被强奸;包括所有妇女在醉后同意发生但过后又后悔了的性关系。)[61]美国司法部统计局的《全国犯罪受害人调查》(National Crime Victimization Survey)数据库虽然不完美,但是足供使用。统计局自 402 1973 年以来进行了大量分层人口抽样调查,据此估算的犯罪率不受向警察局报案人数的限制。[62]设计调查时特别考虑到了如何抵消犯罪报告不充分的问题。90% 的受调查者是妇女。1993 年调查方式改进之后,对过去的调查数据进行了统一调整,因此全部资料具有可比性。强奸的定义范围有所扩大,但又没有太离谱;除了身体的强制力之外,还包括了语言威胁强迫性性行为;既遂的和未遂的强奸;受害者的性别可以是女性也可以是男性,可以是同性恋也可以是异性恋。(事实上,大部分强奸是男性施于女性。)

图 7-10 给出了调查的过去 40 年各年的强奸率。它显示,在 35 年中,这个比率惊人地下降了 80%,从 1973 年每 10 万 12 岁以上人发生 250 起强奸案,下降到 2008 年的每 10 万人发生 50 起。事实上,强奸率下降的幅度比此数据所显示的还要大,因为现在被强奸的妇女几乎肯定会报警,而在过去,很多强奸案的受害人忍气吞声,或者被警方敷衍了事。

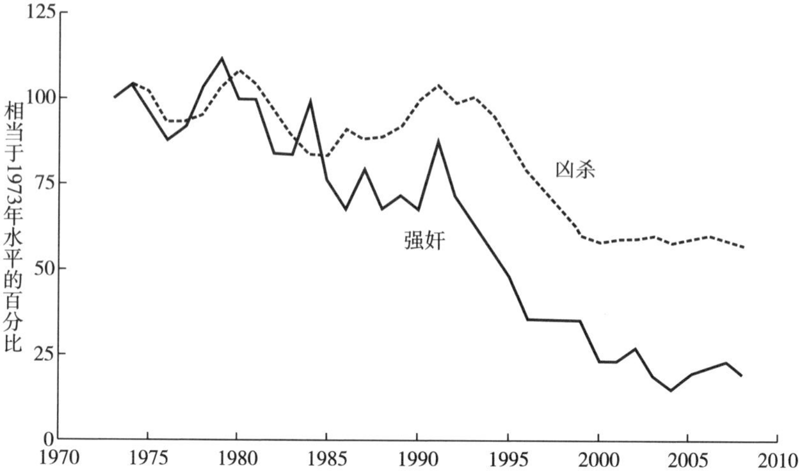

图 7-10　1973—2008 年美国强奸和凶杀率

资料来源:数据来自《联邦调查局犯罪报告》(FBI Uniform Crime Reports)和《全国犯罪受害人调查》;美国司法部统计局,2009 年。

我们在第 3 章已经看到，在 20 世纪 90 年代，从凶杀到偷车各种类型的犯罪率都全面下降。人们也许会想，强奸案数量的减少是整个大趋势的一个组成部分，与女权运动的努力没有太大的关系。在图 7–10 中，
403 我同时还给出了《联邦调查局犯罪报告》中的凶杀率数据，读者可以对比 1973 年以来两条曲线的变化。图形显示了强奸率的变化与凶杀率变化之间的区别。凶杀率在 1992 年之前一直上下波动，90 年代中期开始下降，进入 21 世纪后维持在一个基本不变的水平上。而强奸率在 1979 年前后开始下降，整个 90 年代呈现急速下降，21 世纪之后继续起伏下行。2008 年的凶杀率是 1973 年的 57%，而强奸率仅为 1973 年的 20%。

如果调查数据显示的趋势属实，强奸的减少是暴力减少的另一个主要组成部分。只是人们对此抱着一种视而不见的态度。反强奸组织非但不曾强调自己的成功，反而制造出一种女性正处于前所未有之危险境遇的印象（比如大学洗手间里贴满警告）。虽然对强奸率连续 30 年下降的现象需要做出和凶杀率连续 7 年下降不同的解释，但政治家和犯罪学家都还没有完成这个任务。这里没有“破窗理论”，没有“魔鬼经济学”理论，我们曾经用此解释近 30 年暴力的减少。

有些原因是相同的。20 世纪 90 年代强奸率的下降显然符合当时的大趋势，导致各种犯罪率下降的原因必然有共同之处，比如更有效的治安管理，更多的犯罪分子被关进监狱。在犯罪率下降之前、期间和之后，女权运动将强奸作为运动的焦点，要求警方、法院和社会服务机构予以特别关注。1994 年通过的《防止对妇女施暴法》提供了进一步防范强奸的措施，增加了联邦基金和监督机构，为强奸检测工具包和 DNA 测试提供资助。强奸检测工作将很多初犯强奸犯绳之以法，不让他们有再犯的机会。的确，可以说，90 年代犯罪率下降是女权分子反强奸运动的成果，反之亦成立。当 60 年代和 70 年代犯罪高潮终于开始放缓，女权分子反对性侵害的运动让街头暴力褪去了浪漫的光环，让公共安全成为一种权利，引发了 90 年代的社会改造进程。

当然，虽说女权运动推动了强奸犯罪率的下降，但是它也表明整个国家已经为迎接这个变化做好了准备。即使在过去，人们也不敢说女性

在警察局和法庭只能受到羞辱，丈夫有权强奸他们的妻子，或者强奸犯就应该在公寓走廊和车库捕猎妇女。女权运动速战速决，未经街头抵制，也没有诞生烈士，没有与警察的狼狗和凶狠的流氓团伙对峙。她们赢得这场战斗，部分是因为很多女性已经颇具社会影响力，技术进步突破了劳动中古老的性别分工，使女性从家务和照顾孩子中解脱出来；同时，也是因为支持女权的人，不分男女，人数越来越多了。

尽管有人力图用各种逸闻证明，由于反女权主义力量的存在，妇女 404
地位未能取得任何改善，但资料显示美国人对女性的态度发生了不可逆转的进步。心理学家琼·特温格（Jean Twenge）将超过 25 年间对女性态度的标准问卷中的回应绘制成表格，其中包括“在婚礼上仍然保留‘顺从’条款是对女性的侮辱”“妇女应该少操心权利，多想想如何做一个好妻子和好母亲”，以及“女性不应该期望享有和男性一样的行动自由”。[63]图 7–11 显示了 1970—1995 年间，在大学学龄男性和女性中对妇女态度的 71 次调查的平均结果。一代又一代学生，不论男女，对妇女的态度在不断进步。事实上，20 世纪 90 年代初期的大学男生对女性的态度比 70 年代的女性更倾向于女权。南方的学生比北方的学生略差一些，但趋势是一样的，而且与对美国其他人群调查的样本结果相一致。

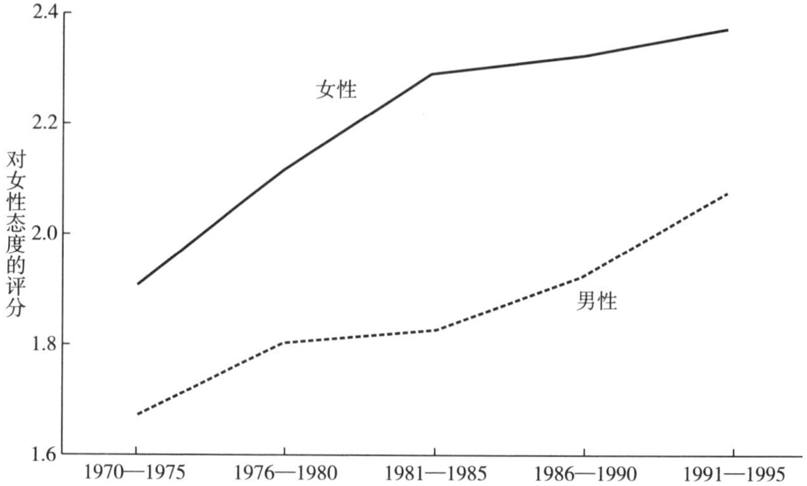

图 7–11　1970—1995 年美国人对女性的态度

资料来源：特温格制图，1997 年。

每个人都成为女性主义者了。西方文化的主流视角已经越来越无性别化。在18世纪的人道主义革命中，道德进步的引擎是在理性和论证中对一般公民地位的普世化，而这一特点再次成为20世纪权利革命的动力。女权进步紧随少数族裔权利的进步接踵而至，这绝非偶然。如果一个国家的立国信条是人皆生而平等，有什么理由不包括所有妇女？在性别问题上，这一普世化趋势有一个非常浅薄的象征，就是作家努力地避
405 免使用阳性的“他”来指称一般的人；同时还有一个深刻的象征，即重新制定那些以男性视角为标准的道德和法制。

强奸犯是男子，他们的受害人通常是女子。反强奸运动得到社会的支持，不仅是因为妇女已经进入政府的关键位置，开始调动政府的政策工具为妇女利益服务，我认为，还因为妇女进入政府改变了那些大权在握的男人的观念。道德制高点决定了何人收益何人买单，也决定了何为收益何为成本。比起男女之间对性的不同认识，他们性价值观之间的差距更严重，一方的收益，很可能是另一方的成本。

心理学家凯瑟琳·萨蒙（Catherine Salmon）和人类学家唐纳德·西蒙斯的《武士情人》（*Warrior Lovers*）一书，对女作家的色情小说进行了分析。他们写道：“看到为吸引异性读者而设计的色情场景，就像看见了两性之间的心理鸿沟……浪漫小说和成人电影之间的差别之大之深刻，简直可以认为男人和女人永远也不会和睦相处，更不要说缔结连理和养育儿女。”[64]既然色情小说的卖点是向消费者提供性经验，而且除了性之外，不必顾忌异性的其他需要，因此，这是观察男女纯粹性欲的一个窗口。男人的色情是直观的、生理性的、冲动的、滥情的，而且是不需要背景和个性的。针对女性的色情描写更多是语言的、心理的、反思的、专一的，有丰富的背景和个性。男性着迷的是肉体交配，女性喜欢的是与人做爱。

强奸不是男性性欲的正常表现，但男性的欲望在选择性伙伴方面的任意性，以及对性伙伴内心生活的漠视，确实让强奸成为可能。所以，与其说是“伙伴”，不如说是性交“对象”。男女在性观念上的不同，可以转变为他们在看待性侵犯伤害方面的差异。心理学家戴维·巴斯

（David Buss）所做的调查显示，男人倾向于低估性侵犯对女性受害人的伤害，而女人则高估了性侵害对男性受害人的伤害。[65]传统的法律系统和道德准则对强奸受害者异常严厉，性别鸿沟可以为这一现象提供某种解释。起因也许是男性统治者对女性拥有的粗暴权威，也可能是因为男性狭隘的智力，没有能力想象还有与自己不同的头脑，即在他们的异性看来，与陌生人发生突兀的、未经应允的性交非但没有吸引力，而且令人厌恶。在男性和女性并肩工作，必须为自身利害而顾虑对方利益的社会中，男人这种对异性心理的麻木不仁不可能不发生变化。

性别鸿沟也有助于解释有关强奸认识上的政治正确观点。我们已经看到，所有反暴力运动的成功经常包括重新估量原有的礼仪、观念和禁忌。就强奸而言，政治正确的信念是，强奸的要点不是性而是暴力。布 406
朗米勒是这样说的："从史前时期开始到现在，我相信，强奸的关键作用就是恐吓，是全体男性有意识地要将全体女性置于恐怖之中。"[66]她还说，强奸犯，就像希腊神话中为阿喀琉斯打仗的雇佣军密尔弥冬，是一群蚂蚁变身的士兵，"在我们的社会中，警察记录中的强奸犯事实上是为全体男性服务的忠仆密尔弥冬"。[67]当然，"密尔弥冬理论"是荒谬的。它不仅将强奸犯拔高为一个利他的战士，还污辱全体男性从他们所爱的女子被强奸中受益，而且，这个理论还假定"性"是性，暴力是暴力，"性"是一件男性从来不会以暴力获取的东西，而这与有关强奸犯和受害人的统计分布的大量事实相违背。[68]但是，如果允许我提一个讨好女性的建议的话，说强奸与性无关的理论，在一个无法想象与不情不愿的陌生人发生性关系的性别来看，确实有更大的可信性。

伴随着暴力的减少，强奸是无关性与欲的暴力成为一个信条。在神圣信条面前，常识从来都是无力的；今天的强奸救援中心一致认为"强奸和性骚扰不是出于性欲行为，而是以性为武器的侵犯、暴力和羞辱"。（对此，记者希瑟·麦克唐纳曾经回应说："在聚会上硬要将自己挤到女人身边的男人，都是在找一件东西，而且肯定不是想要重建父权。"）[69]因为这种神圣信条，强奸受害人咨询顾问会向学生提供一些不负责任的劝告，没有任何父母会这样劝告自己的女儿。当麦克唐纳问一所大学性骚扰防范中心的助理主任，他们是否鼓励学生注意一些基本守则，例如“不要酗酒，不要和男人上床，不要脱光衣服，不要让别人来扒自己的衣服”时，她回答说：“这些说法让我很不舒服。这好像是说，女学生被强奸是她们自己的错误——可是这从来都不是她们的错——不论一个人如何穿衣服，都不是在邀请暴力和强奸……我永远也不会让我的属下或者我自己告诉受害者，遭到强奸是因为她们穿错了衣服，或者是因为她们缺乏自律。”

幸好，麦克唐纳采访的学生没有让这种政治正确蒙蔽自己的常识。也许就研究信仰社会学来说，校园里防止强奸的官僚机构的党派立场算得上是个有意思的课题，但在历史大趋势中，他们都不是主流；近几十年来，女性的视角大量融入社会观念和执法系统，真正成为几大类犯罪减少的主要动力。

* * *

其他以妇女为目标的暴力种类还有“揍老婆”“殴打妻子”“虐待配
407 偶”“同居暴力”和“家暴”。男子利用体力优势恐吓、骚扰甚至在极端情况下杀害妻子、前妻或者女友。此类暴力的起因通常是男性的嫉妒或恐惧女性会离开自己，虽然这些男子的行为实际上是用暴力确立自己在两性关系中的统治地位，因为女性挑战他们的权威，或者因为女性没有做好家务等任何一点不合意而大加惩戒。[70]

在男子用以控制他们配偶的自由，特别是性自由的各种手腕中，家暴是其中的杀手锏。这也许与“守护伴侣”这种生物现象有关联。[71]在许多生物中，雄性对后代进行投资，雌性则有机会与其他雄性交配，雄性会到处追随刚刚与之交配过的雌性，不让她接触其他雄性，而一旦发现阻拦可能失败，雄性会试图当场与雌性交配。人类的一些实践，例如面纱、陪伴、贞洁带、幽禁、男女隔离以及女子阴部割礼，都是男性“守护伴侣”策略在不同文化中的表现。为了再增加一层防护，男人经常和其他男人（有时也和年长的妇女）签约，确认他在法律上享有对配偶的垄断权力。新月沃地、远东、美洲、非洲和北欧等世界各个文明的法典毫无例外地将妇女排在财产之列。[72]通奸是奸夫对丈夫的侵权行为，丈夫有权为此伤害配偶、离婚（女方家庭要退还新娘的聘礼）或者暴力复仇。通奸一向是单独由女方的婚姻状态来定义的，男性的婚姻状态和女子本人的偏好都无关紧要。直到20世纪第一个10年，各国法律仍容许作为一家之主的男性“严惩”自己的妻子。[73]

20世纪70年代，西方国家开始废除那些将妻子视作丈夫所属品的法律。离婚法变得更为对称公平。男人杀死妻子和她的情人，不再是被激怒后的正当行为。丈夫不得强制禁锢妻子，不得不许妻子离开家门。女方的家人不再因收容逃离丈夫的妻子而被控“窝藏”罪。[74]美国的大部分地方都为妇女设立了逃避丈夫虐待的庇护中心，法律保护她们的人身安全，视家庭暴力为犯罪。警察原来拒绝干涉“夫妻争吵”，现在大部分州都有法律要求警方逮捕可能动手施暴的配偶。在许多地区，检察官有责任先为受到潜在暴力威胁的配偶拿到法庭保护令，让女方脱离男方和家庭，随后再起诉男方，而且无论受害人是否愿意追究，检控方都不得撤诉。[75]有些妇女陷入虐待—道歉—原谅—再虐待的循环，一些针对这种情况的政策变得非常具有干涉性，以至于有些法律学者，比如珍妮·苏克（Jeannie Suk）认为，妇女的自主权已因此受到侵犯，这些政策已经走到妇女利益的对立面了。

人们的观念也发生了变化。几百年来，打老婆一直被认为是婚姻的 408
常规组成部分。从文学作品中，我们可以看到很多这样的描述。17世纪的剧作家博蒙特（Beaumont）和弗莱彻（Fletcher）嘲弄说“慈善和殴打都是从家里发源的”，20世纪的公交车司机拉尔夫·克拉姆顿（Ralph Kramden）则威胁说：“总有那么一天，爱丽丝……砰，正打在那臭小子脸上。”直到1972年，在一项对各种暴力的严重性进行排序的调查中，受访者将“殴打配偶”列在140项的第91位。（受访者认为“贩卖迷幻药”是比“在公园强奸陌生者”更严重的罪行。）[76]不相信调查数据的读者不妨去看看社会心理学家兰斯·肖特兰（Lance Shotland）和玛格丽特·斯特劳（Margaret Straw）在1974年做的一项实验。学生在回答一份问卷时，听到一男一女爆发争吵——实际上是安排的演员在演戏。我还是让作者自己来描述发生了什么：

> 大约 15 秒钟的激烈争吵之后，男子开始向女子动武。他剧烈地摇动她，而她挣扎着，抗拒着，尖叫着。她的喊声凄厉刺耳，夹杂着几声“别碰我”的乞求。随着女子的叫喊，出现了两种情况中的一种，并且重复了几次：一种是“陌生人情况”，女子喊着说“我不认识你”；还有一种是“夫妻情况”，女子喊着说“不知道我为什么会嫁给你”。[77]

大部分学生会涌出实验室查看动静。在演员表演“陌生者”的情况下，大约 2/3 的学生前去进行干涉。通常是慢慢靠近纠纷中的男女，希望他们能自己停止争斗。但在“夫妻情况”下，只有不到 1/5 的学生出面进行干涉。虽然学生面前就有电话，并且贴着校园警察局的急救电话，大部分学生都没有电话报警的意思。事后，当问及他们的想法时，他们说“此事与他们毫不相干”。1974 年，夫妻之间的暴力显然是可以被接受的，陌生人之间的暴力则比较让人难以接受。

今天，因为联邦政府对用人类做实验加以限制，我们已经不可能再进行这样的实验，这也算是我们这个厌恶暴力的时代的另一个标志吧。但是有其他研究显示，现在即使是男人攻击自己的妻子，其他人也很难认为此事和自己无关。1995 年的一项调查说，超过 80% 的受调查者认为“家庭暴力是非常严重的社会和法律问题”（比儿童贫困和环境问题更严重）；87% 的人相信干涉是必要的，即使挨了打的妻子并没有受伤；99% 的人相信如果男人殴打妻子并致伤，司法就应介入。[78]不同的年代对同样问题的回答发生了巨变。1987 年，只有一半的美国人认为男人用皮
409 带和棍棒殴打妻子是绝对错误的；10 年之后，86% 的人认为这样做是绝对错误的。[79]图 7–12 给出了对 4 次调查调整过的统计结果，调查的问题是，是否同意丈夫打妻子。1968—1994 年，认可丈夫打妻子的人数降至原来的一半，从 20% 落至 10%。虽然男人比女人更宽容家庭暴力，但女

权潮流带动男人跟着转变，1994 年认同家庭暴力的男人数量已经少于 1968 年认同家暴的女人的数量。这一趋势遍及美国全国各个地区、各个族裔，包括白人、黑人和西班牙裔。

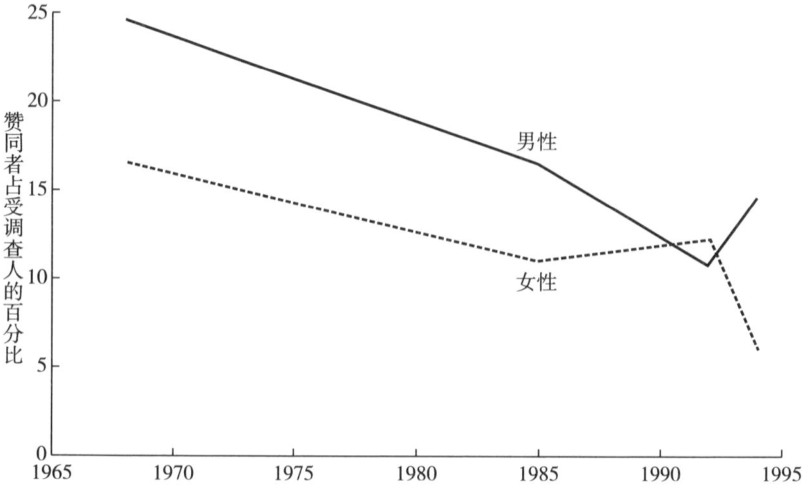

图 7–12　1968—1994 年美国人中同意丈夫掌掴妻子的人数

资料来源：斯特劳斯等人绘制，1997 年。

至于家庭暴力本身的记录，在考虑整个大趋势之前，我们要先看一看一个惊人的说法：男性所犯的家暴和女性所犯的家暴差不多。社会学家默里·斯特劳斯（Murray Straus）做过很多保密和匿名的调查，他询问受调查者是否曾对配偶行使暴力，结果他发现男女之间没有区别。[80]他在 1978 年时这样写道："大部分人（特别是那些女权主义的同情者）都没有意识到，老动画片中妻子挥舞擀面杖追赶丈夫，或者将水壶铁锅扔到丈夫头上的场景是非常贴近现实的。"[81]一些社会活动家已经在呼吁关注男人作为家暴受害者的问题，并呼吁为男人建立逃脱妻子和女友暴力的庇护中心。如果妇女从来都不是按性别分类的"殴打老婆"暴力的受害者，而是男女两性一向在同样程度上均为"殴打配偶"的受害者，我们单单说"打老婆"的减少是结束针对妇女的暴力社会运动的组成部分，就会让人产生误解。

410 要理解这样的调查结果，我们必须很谨慎地解释什么是家庭暴力。关键是夫妻纠纷和由此升级形成的暴力（如罗杰斯和哈特所说的“对话中伴随着飞过来的盘子”），同配偶的一方习惯性地威胁和恐吓另一方，两者之间的界限在哪里。[82]社会学家迈克尔·约翰逊（Michael Johnson）对有暴力问题的配偶之间的互动数据进行了分析，他发现，一套与控制欲有关的因素共同在起作用。在有些夫妻中，发出暴力威胁的一方，同时也控制家庭的财政，限制另一方的行动，借故泄愤，打孩子或者打宠物，有意识地不流露任何赞许和爱慕的感情。在一方为控制者的夫妻中，暴力型的控制者几乎全部是男性；而配偶中使用暴力的女性，几乎无一例外是自我防卫和保护孩子。当夫妻双方均不属于控制型时，只有在争吵失控的时候才会发生暴力；在这种情形下，男性暴力的水平略高于女性。控制者和吵闹者之间的区别解释了性别暴力统计上的谜案。暴力调查中的数字主要是非控制型配偶之间的纠纷，这样的家庭纠纷中男女行为相差不大。但根据庇护中心的登记资料、法庭记录、急救室和警察的统计，暴力主要来自夫妻中的控制型一方，通常是男人威胁妇女，有时候也有妇女进行自卫。在反目的伴侣中，男女暴力的不对称更加显著，一般总是男方对妇女实施追踪、威胁和伤害。其他研究已经证实，习惯性的恐吓和严重伤害主要是男性的行为。[83]

那么，有什么东西发生了变化吗？在你一拳我一脚这些小事情上也许没有太大变化，[84]但在严重的暴力行为方面，例如发生攻击并上报进入《全国犯罪受害者调查》的数量发生了剧减。与对强奸的估计数字一样，来自受害者调查的家暴数字也很不可靠，但不妨以此作为衡量变动趋势的指标。而对家庭暴力的新关注，也许让受调查者更愿意报告受到虐待的情况。图7-13是美国司法部1993—2005年的家庭暴力数据，数据显示妇女被家庭伴侣暴力对待的案件减少了2/3，而男人受家暴的数字减少了近1/2。

这一下行的趋势早就开始了。在斯特劳斯的调查中，1992年，妇女报告被丈夫殴打的数量是1985年的1/2。1992年，联邦政府开始建立暴力受害者数据库。[85]

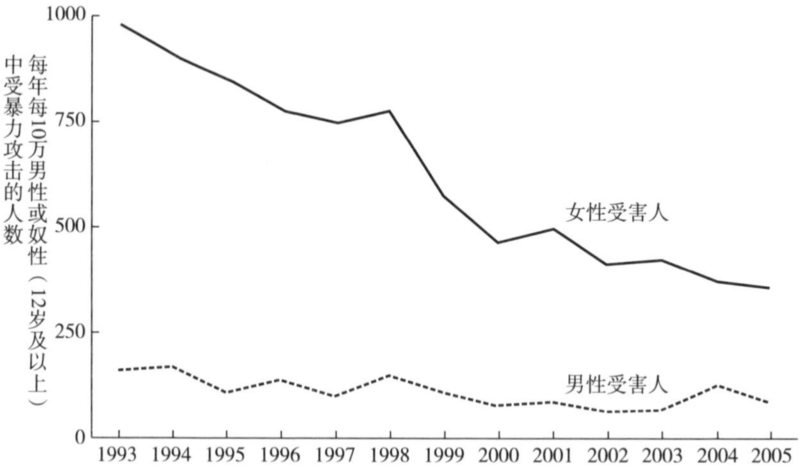

图 7-13 1993—2005 年美国亲密伴侣之间的暴力攻击数量

资料来源：美国司法部司法统计局资料，2010 年。

最极端的家庭暴力是杀妻和杀夫。对社会学家来说，亲密伴侣中的一方杀死另一方时，总是一方有绝对的优势，因此无须斤斤计较定义和报告中出现的偏差，死亡就是死亡。图 7-14 显示了 1976—2005 年亲密伴侣之间的凶杀比重，数字表现为每 10 万同性别人口中的死亡人数。 411

我们再一次看到稳定的下降曲线，虽然有一个饶有意味的插曲：女权主义对男性是非常有益的。自妇女运动兴起以来，一个男人被他的妻 412
子、前妻或女友杀害的机会减少了 5/6。尽管在这期间，没有任何针对男方暴力的运动结束，而妇女一般而言本来就不是喜好凶杀的性别，最有可能的解释是，妇女不得不杀死虐待她的丈夫或男友，大都因为受到丈夫或男友的生命威胁而无法出走。妇女庇护中心的发展以及法庭限制令的运用，使妇女有了出逃之路，也就没有必要再行使极端手段了。[86]

* * *

世界其他地方的情形如何呢？不幸的是，要想说清这个问题真的挺不容易。与凶杀不同，强奸和配偶虐待的定义因地而异，警察的报告非

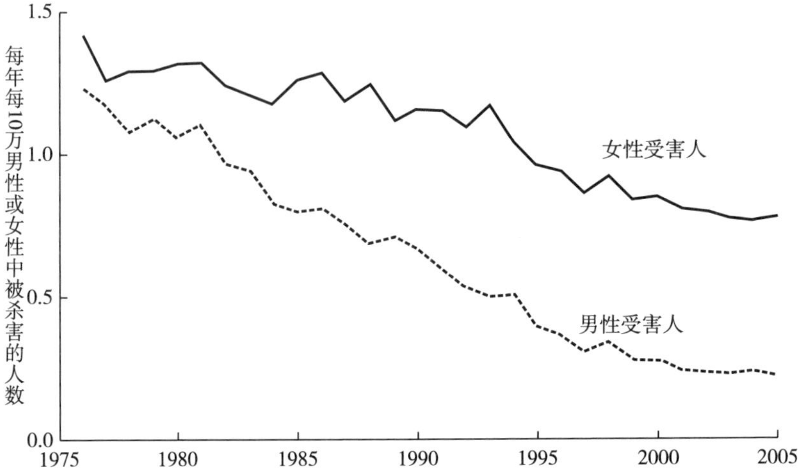

图 7-14　1976—2005 年美国亲密伴侣之间的凶杀数量

资料来源：美国司法部司法统计局资料，2011 年，根据在线犯罪司法统计原始资料（http://www.albany.edu/sourcebook/csv/t31312005.csv）。人口数据来自美国人口普查局。

常不准确，对于妇女所遭遇的暴力的统计，很容易受到妇女向警察报案意愿的干扰。而女权组织总是有在统计上夸大妇女所遭受的暴力的倾向，不愿意承认正在发生的暴力减少趋势。英国内政部主持了一项英格兰和威尔士犯罪受害者的调查，但是没有给出强奸和家庭暴力的变化趋势的数据。[87]不过来自另一个年度报告的数据（见图 7-15），显示了家庭暴力的减少，与美国的情况很相似。因为在如何定义家庭暴力和如何计算人
413 口基数上的差异，图 7-15 的数据与图 7-13 的数据无法直接比较，但两图显示的趋势几乎完全吻合。我们可以说，在西方民主国家均出现了相似的家暴减少趋势，因为它们都非常重视家庭暴力问题。

虽然美国和其他西方国家通常被指控为仇视妇女的社会，但世界上其他国家的情况更糟。我前面说过，在美国的家暴调查中，家暴定义宽泛，不分男女，拳打脚踢这样的暴力都能包括在统计之内。加拿大、芬兰、德国、英国、爱尔兰、以色列和波兰都采用了此类标准。但对世界上的其他国家来说，首先不存在性别中立。心理学家约翰·阿彻（John Archer）研究了 16 个国家家庭暴力数据中的性别构成，他发现，在非西

方国家，例如印度、约旦、日本、韩国、尼日利亚和巴布亚新几内亚，动手打人者主要是男人。[88]

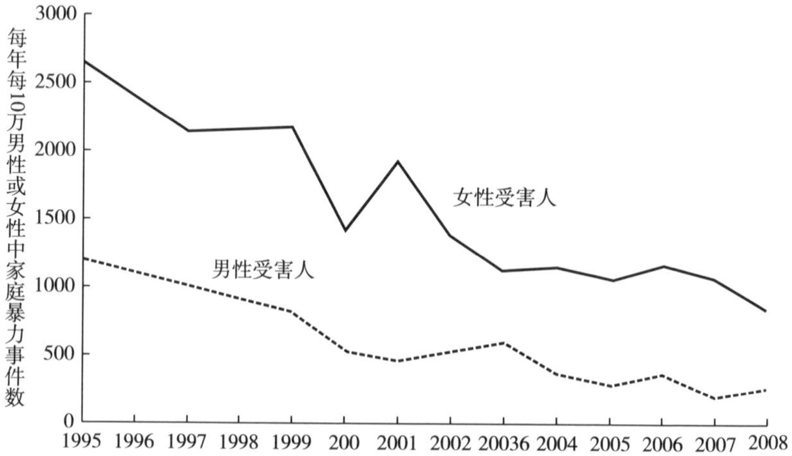

图 7–15 1995—2008 年英国和威尔士的家庭暴力

资料来源：《不列颠犯罪调查》（*British Crime Survey*）数据，英国内政部，2010 年。德瓦研究（Dewar Research）对历年的数据进行了综合，2009 年。人口估算来自英国国家统计办公室（*U. K. Office for National Statistics*），2009 年。

世界卫生组织出版了一份资料，收录了 48 个国家的严重家庭暴力数据。[89]在世界范围，一般估计是 20%~50% 的妇女都曾经是家暴的受害者，问题比西欧和英语国家要严重得多。[90]在美国、加拿大和澳大利亚，前一年只有不到 3% 的妇女报告伴侣虐待。其他国家的情形则大不一样，报告家暴的妇女在尼加拉瓜样本组中有 27%，在韩国样本组有 38%，在巴勒斯坦样本组有 52%。对婚内暴力的态度，不同国家之间也有很大差别。只有约 1% 的新西兰人和 4% 的新加坡人认为丈夫有权利殴打挨骂时回嘴和不服从的妻子，但 78% 的埃及人、50% 的印度北方邦的人、57% 的巴勒斯坦人都认为丈夫有这样的权利。

在很多国家，针对妇女遭受暴力对待的立法还远远落后于西方国家。[91] 84% 的西欧国家已经将（或者正在准备将）家庭暴力列为违法，而婚内强奸已经被 72% 的西欧国家视为非法。但在世界其他地区，这两个相应的数字是：东欧，57% 和 39%；亚洲和太平洋地区，51% 和 19%；拉丁美洲，94% 和 18%；撒哈拉以南的非洲，35% 和 12．5%；阿拉伯国家，25% 和 0%。在这些不公正之外，撒哈拉以南的非洲、南亚和西亚仍然在对妇女实行制度化的残暴伤害，例如杀婴、阴部伤残、走私儿童和儿童卖淫、性奴、荣誉杀戮，使用硫酸和煤油处罚不顺从和陪嫁不足的妻子，此外还有战争中的大规模强奸、暴乱和种族灭绝。[92]这些罪行在 21 世纪的西方已经十分罕见或者绝迹了。

那么，妇女遭受的暴力在西方和世界其他地方之间有什么不同？是不是众多因素，比如民主、繁荣、经济自由、教育、技术、良好的政府，共同向一个方向发生作用的马太效应？这个答案并不全对。韩国和日本
414 是富裕的民主国家，但仍然存在大量家庭暴力；拉美的一些国家远非发达国家，但两性间更平等，暴力的绝对水平也更低。这就要求我们在富裕程度为常数的情况下，在统计数据允许的空间中寻找其他与妇女安全有关的社会文化原因。阿彻发现，那些妇女能够在政府和专业领域得到更好的职务，工资收入也能够在家庭工资收入中占大头的国家里，妇女较少遭受配偶虐待。此外，在个人主义文化中，人们认为自己是独立自主的个体，有权追求自己的人生目标，而在集体主义文化中，人们感觉自己是社会的组成部分，集体的利益高于个体，前者针对妇女的暴力要少于后者。[93]这些相关性不能证明任何因果关系，但是它们无一不昭示，人文主义观念一直是西方社会推动针对妇女暴力减少的主要动力；相对社区传统，它要强调的是个体的权利，包括妇女个体的权利。

虽然我在预言未来方面一向谨小慎微，但我还是要说，在未来几十年内，针对妇女的暴力将在世界范围内减少。压力来自上下两个方向。国际社会已经形成共识，妇女遭受的暴力是当今世界最严重的人权问题。[94]人们已经将 11 月 25 日定为“国际消除对妇女暴力日”，联合国及其成员国政府也不断发表各种声明，虽然这些措施都是象征性的，但是以往废止奴隶制、捕鲸、海盗、私掠、化学武器、种族隔离、大气层核试验的经验表明，国际社会的谴责从长期看是有作用的。[95]联合国妇女发展基金的负责人曾经说过：“现在已经有更多的国家在制订计划、制定

政策和法规，这一趋势也出现在政府间合作领域。”[96]

全世界的观念都在发生变化，在未来几年，妇女势必将获得更大的经济权利和政治权利。皮尤研究中心“全球态度调查项目”2010 年对 22 个国家的一项调查发现，在大部分受调查国家中，包括美国、中国、印度、日本、韩国、土耳其、黎巴嫩，以及欧洲国家和拉美国家，至少有 90% 的男女受访者认为妇女应该拥有与男子平等的权利。甚至在埃及、约旦、印度尼西亚、巴基斯坦和肯尼亚，赞成男女平权的人也超过 60%，只有在尼日利亚，这个数字不到 50%。[97]有更多的人支持妇女离家工作。盖洛普全球调查显示，甚至在伊斯兰国家，大多数妇女认为只要妇女愿意，她们就应该有投票权，有工作机会，甚至在政府中任职； 415
而在大部分伊斯兰国家，大多数男人对此亦表示同意。[98]从妇女能够表达这点儿起码的要求开始，她们所在国家的政策和规则将会越来越多地顾及妇女的权益。男子不应以暴力伤害女子的生命，这一论点在今天已经不容争辩，正如雨果所说：“当一种观念成为时代的浪潮，其来势必不可阻挡。”

儿童权利与杀婴、体罚、虐童和欺负弱小

如果说在摩西、以实玛利、罗慕路斯和雷穆斯、俄狄浦斯、居鲁士大帝、萨尔贡、吉尔伽美什、后稷（周朝的始祖）之间有什么共同点，那就是他们都曾经是弃婴——被他们的父母抛弃荒野，任其自生自灭。[99]一个孤独的婴儿在寒冷、饥饿和野兽的围困下无助地等待死亡的图景，让每一个人都感到撕心裂肺；而一个弃婴成长为一个伟大王朝的奠基者，那真正是人间神话，无论是在犹太人、穆斯林、罗马人、希腊人、波斯人，还是美索不达米亚人、苏美尔人和中国人那里，我们都能看见这样的传说。但是，弃婴的普遍存在告诉我们的不仅是美好的故事片段，还有在人类历史上杀婴曾经多么常见。从我们早已无法记忆的年代开始，父母们就开始遗弃、窒息、勒死、殴打、淹死或者毒死自己新生的孩子。[100]

人类学家莱拉·威廉姆森（Laila Williamson）所做的一项文化研究

显示，世界各个大陆各个社会均有杀婴行为，从前国家时期的狩猎群体到聚居的村民一直到发达的高级文明无一例外。77%的村民接受杀婴的习俗。[101]直到最近，仍有10%~15%的新生儿在出生不久后被杀死；在有些社会，这个数字高达50%。[102]用历史学家劳埃德·德莫斯（Lloyd de-Mause）的话来说，“所有的家庭都有过杀婴的经历。所有的国家都能在源头找到使用儿童活祭的历史。所有的宗教都是以残害和谋杀儿童开始的”。[103]

杀婴是最极端的虐童形式。此外，我们的文化遗产中还有很多其他的形式，比如儿童祭献，将儿童卖为奴工、新娘、宗教服役，让儿童清扫烟囱，在煤矿的坑道里爬行运煤，此外还有几乎是酷刑的各种体罚。[104]今天，我们能够用卓越的外科手术挽救一个只有1磅重的早产儿，我们不再期望我们的孩子在30岁之前养家糊口，我们对施加于儿童的暴力保持高度警觉，甚至到了闪避球都必须禁止的程度，为此我们的确已经走过了漫长的道路。

我们怎样才能理解这种违背生命延续需要的杀婴呢？拉里·米尔纳
416 （Larry Milner）医生对全世界的杀婴做了权威性的调查，他在《冷酷的心/冷酷的生活》（*Hardness of Heart/Hardness of Life*）一书的最后一章中这样写道：

> 我开始写作本书时，心里只有一个目的——如我在导言中所说，就是要理解“为什么有些人会将自己亲生的孩子掐死”。多年前我第一次提出这个问题的时候，我以为这可能是一种大自然的独特病变。一个生物物种的生存已然处于微妙的平衡状态，而它却持续地表现出杀死自己后代的倾向。在进化的意义上，这似乎非常不合理。达尔文的基因物质自然选择意味着只有最适合生存的物种能够留存，而杀婴倾向肯定是不符这一原则的不适合生存的行为。但是，我的研究得出的答案却指出，在面对某些压力的情况下，人类自愿地杀死自己亲生的后代，是非常“自然而然”的事情。[105]

要回答米尔纳的困惑，我们要进入进化生物学的一个分支：生活史理论。[106]认为母亲视每一个子女为无价之宝这种直觉，不仅不符合自然选择理论的含义，而且根本是不相容的。自然选择表现为让一个生物在其预期生命期间最大限度地繁衍后代，这需要在是为新生后代投入，还是为原有的和未来的后代保存实力之间进行权衡。在动物之中，哺乳动物在幼崽身上投入的时间、能量和食物极大，而人类又是哺乳动物极端中的极端。怀孕和生产只是母亲投资工程的开篇，哺乳类的母亲将婴儿抚育成熟所消耗的卡路里远远大于孕期的消耗。[107]大自然憎恶沉没成本谬误，因此我们认为母亲会评估后代和自己的处境，决定是增加投入，还是将能量保留给其他已出生和未出生的子女。[108]如果婴儿身患疾病，或者生存环境过于险恶，父母就不愿意浪费资源，为烂命烧好钱，而是会控制成本，将资源转向最健壮的孩子，或者等待更好的时机做新的尝试。

对生物学家来说，人类杀婴是一种典型的筛选分诊。[109]直到最近，妇女一直是将自己的孩子抚育到2~4岁，再开始下一次孕育。许多孩子夭折，尤其是在生命的第一年。大多数母亲只能看见自己的2~4个孩子活到成年，很多母亲的孩子无一幸存。人类进化中的祖先为了在严酷的环境中成为祖母，必须进行痛苦的抉择。根据分诊理论，在一个婴儿活到成年的前景过于黯淡的时候，他的母亲可能会任其死亡。这种黯淡前景的原因可以是婴儿的原因，比如身体畸形，没有活力；也可以是母亲 417
的问题，例如已经负有养育其他子女的重负，或遭遇战争和饥荒，无法得到家庭和孩子父亲的支持。当然，这也取决于母亲是否年轻，是否还有机会再次怀孕。

马丁·戴利和马戈·威尔逊对分诊理论进行了测试，他们研究的样本涉及60个彼此无关联的社会，数据取自民族志数据库。[110]这些社会大部分都有杀婴记载，人类学家在112个杀婴案例中记录了原因。其中87%的原因符合分诊理论：或者婴儿的父亲不是母亲的丈夫，或者婴儿身体畸形或有疾患，或者婴儿生存的前景不妙，比如是双胞胎或有年龄相近的同胞，父亲外出，或者降生时正逢家庭经济发生危机。

杀婴的普遍性和杀婴在进化中的可理解性看起来非常不人道，人们一般不将此视为肆无忌惮的谋杀，而是当作特殊类型的暴力。采访过这些妇女（或者她们的亲戚——因为这些经历对母亲而言过于痛苦，有时需要其他亲人出面讲述）的人类学家通常都记录说，母亲认为婴儿死亡是不可避免的悲剧，并为失去的孩子悲伤不已。比如，据拿破仑·沙尼翁记载，当他开始实地调查的时候，一位雅诺马马头领的妻子“巴哈米正好怀孕了，但孩子出生后，她弄死了婴儿，是一个男孩儿。她眼泪汪汪地解释说她没有别的办法。这个新生儿和她最小的仍在吃奶的儿子阿里瓦里冲突了。为了不让阿里瓦里承担提早断奶的危险和不确定性，她选择了结束新生儿的生命”。[111]尽管雅诺马马人被称为彪悍的民族，杀婴却不是表达彪悍的必要方式。非洲有一些好战的部落很少杀死他们的婴儿，而一些相对和平的部落反而常规性地杀婴。[112]米尔纳的巨著的标题来自 19 世纪人类学奠基人爱德华·泰勒（Edward Tylor）的一句格言：“杀婴的起因与其说是心灵的冷酷，不如说是生活的冷酷。”[113]

是保留还是牺牲婴儿，命运的临界点由人的内心情感和文化规范共同决定。在我们这样的文化中，人们对生育怀有敬畏之意，要尽一切可能让幼儿长大成人；我们总是感到，母亲和婴儿之间那种愉悦的血肉关联几乎是本能的条件反射。但事实上，这种关联需要克服巨大的心理障碍。公元 1 世纪，古希腊历史学家普鲁塔克就已经清楚地指出了这一令人不快的事实：

> 在一个男人眼中，没有什么比女人生产更不美好、更孤立无助、更赤裸裸、更不成样、更污秽的事情了；简直可以说，大自然甚至没有留下一丝光明，完全是一片血腥之气，把一个生命的降临搞得和杀戮一般，除了某些天性富于爱心的人，实在没有什么人愿意触摸、举起、亲吻或搂抱这个小东西。[114]

418 而“天性富于爱心”却不是自然而然产生的。戴利和威尔逊，以及后来的人类学家爱德华·哈根（Edward Hagen）都指出，产后抑郁及其轻度表现“产后抑郁期”不是因为激素失调，而是做出保留婴儿决定后的情绪化表现。[115]患有产后抑郁症的母亲往往在情感上疏离婴儿，并可能怀有伤害婴儿的强迫性念头。心理学家已经发现，与我们通常享有的乐观态度相比，轻度抑郁通常让人们更准确地评估他们的生活前景。让一位抑郁的产后母亲感到最沉重也最真实的问题，就是如何承担养育孩子的重负。贯穿人类的历史，许多母亲的抉择无非是立刻发生的悲剧和将来可能发生的更惨的悲剧。一旦情况进入正轨，抑郁消失，大部分母亲会爱上自己的婴儿，觉得自己的孩子是天底下独一无二的美妙造物。

哈根研究了有关产后抑郁的心理文献，测试了5种评估是否向婴儿继续投资的预测理论。预测说，如果产妇缺乏社会支持，例如她们单身、分居、对婚姻状况不满，或者远离娘家，或是产妇经历难产或者婴儿不健康，以及产妇处于失业状态或者产妇的丈夫失业，在这些情况下，产后抑郁都会更常见。他还发现，在非西方人群的产后抑郁症报告里也看到了同样的风险因素（虽然他没有能够找到对传统家族社会的充分研究）。最后，产后抑郁与激素失调只有非常弱的关联，说明它不是一种机能失调，而是一种结构功能。

很多文化传统在婴儿确定能够活下来之前，故意拉开人对婴儿的情感。当婴儿度过危险期，人们才被允许触摸婴儿，为其取名，或者授予其法定身份，并用欢乐的仪式迎接这一转变；在西方传统中，我们有基督教的命名礼和犹太教的割礼。[116]有些传统有一系列里程碑式的仪式，比如在传统犹太教中，婴儿只有在出生30天之后才能被给予法律地位。

如果说我一直在试图让读者多少能够理解杀婴这种行为，我能做到的也只是在古人接受杀婴和我们憎恶杀婴之间，缩小一点儿历史差距。但这两点之间的差距简直是天悬地隔。即使我们意识到杀婴不过是前现代化社会艰辛人生中冷酷的进化逻辑，依照我们的标准，还是无法理解和原谅这样的残忍。戴利和威尔逊名单上的实例包括杀死通奸受孕的婴儿，以及在妇女再婚（甚至是被抢劫被迫再婚）时杀死所有与前夫所生的孩子。戴利和威尔逊指出，名单上有14%的杀婴与我们前面提到的进化生物学家提出的各个杀婴分类无关。比如，儿童献祭，岳父针对女婿 419

的恶意行为，为铲除王位继承人或者免除亲族责任进行的杀戮，而最常见的杀死婴儿的理由，仅仅因为她是女孩儿。

* * *

发展中国家的人口普查显示女性人口大规模失衡，这提醒人们，时至今日，杀死女婴仍然是世界性的问题。从统计数据上看，“1 亿人消失了”，这主要是在印度。[117]很多亚洲家庭想要养儿子。在有些国家，孕妇会要求医院进行羊水穿刺或者超声波，一旦得知是女孩子，孕妇转身就去隔壁的诊所做人工流产。现代胎儿性别检查技术似乎是当今女孩儿短缺的原因，但事实上杀死女婴在中国和印度已经有长达两千多年的历史记载。[118]旧中国的接生婆会在产床旁放上一桶水，准备淹死新生的女婴。而在印度，杀婴的方式很多，“让婴儿吞下烟草或大麻片剂，把婴儿淹没在牛奶里，在母亲的乳头上涂上鸦片或者有毒的曼陀罗汁液，在婴儿呼吸之前用牛粪糊住嘴巴”。无论是过去还是现在，即使女孩子挣扎着活了下来，也活不长久。父母将食物优先给儿子，一位医生这样解释说：“如果是男孩子生病了，父母会立刻将孩子送到医院；如果是女孩子病了，父母也许会等等，看看情况到了明天会怎么样。”[119]

杀死女婴，也称为“性别灭绝”（gendercide 和 gynocide），并非亚洲独有。[120]许多采集社会杀死女婴的数量远远多过男婴，雅诺马马人就是其中之一。在古希腊和古罗马，“婴儿被扔在河里、粪堆里，或者是臭水沟里，孩子被丢在盒子里饿死，或者交给大自然，留给野兽”。[121]在中世纪和文艺复兴时期的欧洲，杀婴也是家常便饭。[122]在所有这些地方，被害死的女孩子总是多于男孩子。有些家庭杀死每一个新生的女婴，直到他们得到一个男孩子为止，男孩子下面出生的女孩子才会被允许活下来。

杀女婴可谓生物谜案。每个孩子都有母亲和父亲，如果每个人都关心自己的子孙后裔，希望自己和家族的基因延续下去，剔除自己的女儿实在是一种疯狂的举动。进化生物学的一项基本原则是性成熟人口中两性比例应为 50:50，才有稳定的人口均衡。如果男性占多数，对女儿的需求就会上升，在吸引异性、生育下一代子女方面，女儿就会占据比儿子更有利的地位。同样，如果女性占人口多数，儿子的地位就会上升。无论是通过自然手段还是通过抚育，父母能够在某种程度上控制后代的性别比例，但是如果他们过分地偏向儿子而轻视女儿的话，子孙后代就会惩罚他们。[123]

有一种很天真的假说，认为人口中女性的数量决定了人口的增长速 420
度。部落或者国家的人口翻番达到了马尔萨斯极限的时候，就会出现杀死女儿以实现人口零增长。[124]人口零增长理论的一个问题是，许多杀婴的部落和文明并没有受到环境的压力。另一个更严肃的问题是，所有这些天真的团体利益至上理论都有一个致命的缺陷，就是他们内在的机制是自我毁灭。任何不服从这一政策而保留女儿生命的家庭将繁衍昌盛，他们的子孙将占据全部人口，而那些无私的邻居家里过多的儿子，只会单身到死也得不到婚配。因此，那些总是倾向于杀死自己女儿的家族的谱系应该早已灭绝了，在任何社会持续地残害女婴都是让人无法理解的。

进化心理学能解释性别歧视吗？对此，批评的人认为这些解释只是创意训练，似乎任何人都能对一种现象提出一个漂亮的进化论解释。问题是人们以为，很多花里胡哨的进化论假说最后都得到了数据的验证，虽然成功不是百分之百有保证的。事实上，一个最出名的假说——将关于性别比例的特里弗斯-威拉德理论应用于人类杀害女婴，已经被证明是不成立的。[125]

按照生物学家罗伯特·特里弗斯（Robert Trivers）和数学家丹·威拉德（Dan Willard）的推论，即使儿子和女儿平均会带来同样多的孙子孙女，但每个性别可能带来的最大数则不同。一个出色的儿子能够打败其他男性，让大量妇女受孕，因此生育大量子女；而一个出色的女儿能够生育的子女，最多是她在生育年龄能够受孕和抚养的数量。另一方面，女儿是更安全的赌注。一个软弱的儿子在与其他男性的竞争中失利后，可能完全没有自己的孩子，而女儿再不济事，也总能找到愿意交配的伴侣。不是说她本身的条件不重要，一个健康和招人喜爱的女儿总是比虚弱和不讨人喜欢的女儿养活更多的孩子，但与男子之间的竞争相比，女子之间的竞争不是极端的生死对决。父母在某种程度上能够预测子女的强弱（比如说，通过检测他们的健康、营养和活动范围），策略性地扭曲性别比例；当儿子具有竞争力的时候，他们就会偏向儿子，而在儿子不争气的时候，他们就会偏向女儿。

特里弗斯-威拉德理论在人类以外的很多生物中得到证实，甚至在灵长类也可以找到一些证明。在传统社会，富裕的上层不仅寿命较长，还能够吸引更多和更好的配偶；根据这个理论，应该是上层家庭偏心儿子，下层家庭偏心女儿。在某些偏心行为（比如在遗嘱中的分配）中，
421 这个理论真的成立。[126]但在更严重的问题上，比如是否让新生儿生存，这个理论却毫无用处。进化人类学家萨拉·赫尔迪（Sarah Hrdy）和克里斯滕·霍克斯（Kristen Hawkes）各自证明了特里弗斯-威拉德理论只说对了故事的一半。在印度，高级种姓的家庭确实倾向于杀死女儿，但是，低级种姓的家庭也没有更愿意杀死儿子。事实上，几乎找不到任何偏向杀死男婴的社会。[127]全世界的杀婴文化不是同样对待男婴和女婴，就是倾向杀死更多的女婴——由此，杀婴文化也杀死了特里弗斯-威拉德理论对人类杀害女婴文化的解释。

对于杀女婴这种最极端的厌女主义，女权主义的分析是，一个社会的性别歧视触及生命的权利：身为女性，就是死罪。但是，这个假说也不成立。不论性别歧视如何严重，没有一个社会是想完全没有女性的。男人的世界并不是不容许女孩儿出现的男生树屋，他们在性生活、生养孩子、采集和烹煮食物上都依赖妇女。那些杀死女婴的家庭一样希望家中有女性忙碌的身影。他们只是想让别人来养育女孩儿。杀害女婴是一种社会寄生行为，是搭便车的老问题，是平民百姓传宗接代的悲剧。[128]

当没有人拥有公共资源的时候，就会出现搭便车的问题，此处，这个公共资源就是潜在的新娘群体。在婚姻的自由市场上，父母拥有新娘的产权，儿子和女儿可以相互替代，不会过度偏向某个性别。如果家里实在需要一个凶猛的武士，或者一个干体力活的大块头，这个人是自己生养的儿子还是女儿带来的女婿，其实是没有分别的。儿子多的家庭会很愿意拿几个出来交换媳妇，反之亦然。女婿的父母肯定希望他和他们

住在一起，但你总是可以利用女儿讨价还价让女婿倒插门，如果那个年轻人的确想讨老婆的话。市场出现偏向儿子的问题，一定是产权发生了扭曲。事实上，父母只拥有自己的儿子，而不拥有自己的女儿。

霍克斯注意到，在采集人群中，有三种居住方式：男子入赘女方家的社会，即女儿留在父母家，她们的丈夫迁入她们的家庭；或者小夫妻可以随意安排自己的居处；还有就是在从父（或从夫）居社会，即女儿出嫁进入夫家或婆家，在最后一种社会中，杀女婴情况最普遍。在邻村之间经常处于战争状态的部落社会里，从夫居成为最常见的居住模式，因为战争需要有亲缘关系的男子抱团聚居，共同战斗。如果敌人来自其他部落，这种居住模式就不会这样常见，男人在自己的领地内可以更自由地行动。内战频繁的社会会陷入残暴的循环，他们杀死女婴，他们的妻子可以立刻开始尝试繁衍男丁，于是就可以更有力地袭击其他村落，更好地防卫自己的家园，更多地劫掠其他人的妇女——特别是他们已经通过杀女婴将自己的女性残害殆尽了。在荷马时代的希腊，战事连绵的部落人就掉进了类似的陷阱。[129]

印度和中国这样的国家社会为什么曾出现严重的杀女婴问题呢？霍 422
克斯认为，在国家社会中，父母同样只拥有儿子，不拥有女儿，原因是经济而不是军事。[130]在阶层化的社会中，社会精英占有不可切分的财富，通常是由儿子继承。在印度，种姓制度是对市场的一种额外扭曲：低级种姓的家庭要支付高昂嫁妆，才能将女儿嫁给高级种姓的新郎。在旧中国有句老话说，“嫁出去的闺女泼出去的水”。[131]中国 1978 年开始实行独生子女政策，这让地处农村，需要劳动力，也需要有人养老送终的父母格外紧张。今天，杀婴在这两个国家都属非法。尽管在中国，依然有人进行有选择性的堕胎，但这种活动也是非法的。在印度，尽管超声波检查和堕胎联营受到打击，但一般认为杀婴还是非常常见的行为。[132]要求减少这类杀婴活动的压力肯定会越来越大，政府只需要做一点儿简单的人口算术，就会明白，今天杀害女婴，意味着明天将面对大批难以驾驭的光棍汉（我们还会再回来讨论这个问题）。[133]

* * *

无论初为人母的女子何等绝望，无论名分上的父亲如何怀疑孩子是不是自己的骨肉，或者无论父母多么想要儿子而不是女儿，在西方，人们已经不再能杀死新生儿而不受制裁。[134] 2007 年，美国新生儿 430 万，其中有 221 名被谋杀。杀婴率为 0. 000 05，或者说减少至历史平均水平的 1/3000~1/2000。在这 221 名被杀害的婴儿中，有 1/4 是被母亲在他们出生的第一天杀死的，比如 20 世纪 90 年代头条新闻中的“垃圾筒妈妈”，她们掩盖自己怀孕的真相，秘密生产（一个女孩子在高中的毕业舞会上生产），然后闷死孩子，将孩子的尸体扔进垃圾箱。[135]这些女子发现自己陷入与史前时期人类杀婴的同样处境：她们太年轻，还是单身，独自生产，得不到家人的支持。其他一些婴儿被虐待致死，很多情况下继父是凶手。还有一些婴儿死于精神抑郁试图自杀的母亲，这些母亲自杀时带走了婴儿，因为她们无法想象孩子能够在没有母亲的世界上生存。在非常偶然的情况下，患有产后抑郁症的母亲会发展到产后精神病，并在幻觉驱动下杀死自己的孩子。比如 2001 年发生的臭名昭著的安德烈娅・耶茨案，这个母亲在洗澡盆里淹死了自己的 5 个孩子。

是什么力量导致西方的杀婴减少了整整三个数量级？第一步，将杀婴视为犯罪。犹太教《圣经》禁止杀婴，尽管并不彻底：杀死一个不足
423 月的婴儿不算谋杀，亚伯拉罕、所罗门王和耶和华自己降下的第十场瘟疫都是钻了这个漏洞。[136]在犹太教经文《塔木德》和基督教中，杀婴禁令变得明晰了，并被引入古罗马帝国。禁令的核心观念是，生命属于神，生杀取予一切听凭神的意志，因此孩子的生命不再属于他们的父母。结果，在西方道德准则和法律制度中，形成了一种禁忌，不得毁灭形体可辨识的人类生命：一个人不能决定另一个人的生命的价值。（当然，总是会有很多例外，比如异端、不忠、未开化的部落民、仇敌，以及违背几百项法规中任何一项的犯人。此外，每一次我们将士兵和警察送进危险之中，或者克扣健康和安全措施方面的开支的时候，都是在继续裁决统计意义上的生命的价值，尽管看起来与形体可辨识的生命有所不同。）

说起来，将保护有形的生命称为“禁忌”似乎很古怪，因为这种保护本来是不证自明的。将神圣的生命放在手上衡量大小的行为，显然是非常荒谬的，但禁忌正是这样产生的。人们当然可以从知识甚至从道德基础上质疑什么是禁忌中的有形人类生命。1911 年，英国医生查尔斯·默西埃（Charles Mercier）提出一个观点，即杀婴罪应该比谋杀儿童和成人的罪行要轻：

> 受害人的头脑还没有充分发育到能感觉痛苦和死亡的折磨。它还不能感受惧怕和恐怖。它的意识也还没有充分发育，所以它不知道疼痛。它的离去，不会给任何家庭留下空白，这不曾从家长或者母亲怀里夺走任何孩子，它也还不是任何人的朋友、帮手或者伴侣。[137]

今天我们知道，婴儿有痛感，但在其他方面，默西埃的推论已经被几位当代哲学家接受——尽管当他们的论文发表时，无一例外受到了人们的嘲笑。这些哲学家闯入了我们伦理直觉的隐秘地带，包括堕胎、动物权利、干细胞研究和安乐死。[138]几乎没有什么人愿意承认他们会像默西埃那样观察死亡，他们只是悄悄守着自己的直觉，觉得母亲杀死自己的新生儿与其他凶杀有所不同。很多欧洲的司法系统都区别对待这两种凶杀，将母亲杀婴和杀害新生儿作为两种不同的罪，或者准予母亲假定暂时精神失常。[139]即使在美国，虽然法律不做这样的区分，但母亲杀死新生儿时，检察官一般不予起诉；即使起诉，陪审团一般也不予定罪；即便是那些被判有罪的母亲通常也能避免坐监服刑。[140]有些时候，比如 1997 年的“垃圾筒妈妈”，因为媒体的疯狂报道，排除任何宽大处置的可能性；即便如此，这些年轻女子在 3 年监禁之后就获得了假释。

就像核武禁忌，一般而言，人类生命的禁忌是一件非常好的事情。下文摘自一部回忆录，时值 1846 年，作者当时正随同几个家庭从加利福尼亚州向俄勒冈州迁移。在路上，他们遇见了一个被遗弃的 8 岁印第安原住民女孩儿，她饥肠辘辘、衣不蔽体、满身烂疮。 424

> 男人组成委员会，商讨如何对待女孩儿。我父亲想带她一起走，其他人想杀死她，以此结束她的痛苦。父亲说，这是故意谋杀。大家投票表决，结果是什么也不做，任她留在原地。我的妈妈和姨妈不愿意抛下小姑娘。她们留下来，尽力关照她。当她们最后赶上我们的时候，眼里满含着泪水。妈妈说她跪在女孩儿身边，乞求上帝关照她。一名负责马匹的年轻男子不忍心就这样留下她，他赶了回去，向她的头上开了一枪，结束了她的痛苦。[141]

今天，这样的故事让我们感到震惊。但是，在当时西部开发者的伦理观中，让女孩儿受尽折磨后死去还是主动结束她的生命，是非常现实的选择。虽然我们会为了结束老迈的宠物或者摔断腿的马的痛苦而杀死它们，但我们将人类的生命归于神圣之物。任何基于同情和怜悯的算计都不能超过人的生命：一个有形的人的生命权利是不容谈判的。

一步一步推向极端的纳粹集中营大屠杀，从对痴呆、心理疾患病人和有残疾的孩子进行安乐死，扩展到杀害同性恋、不合时宜的斯拉夫人、吉卜赛人和犹太人。我们对纳粹大屠杀的反应就是固化的生命禁忌。在集中营大屠杀的设计者和那些胁从的头脑里，前面的每一个步骤，都让下一步变得可以给予考虑了。[142]我们现在推断，禁忌是在堕落的陡坡之上一条清晰的界限，防止人们滑入罪恶的深渊。对纳粹操纵人类生命生死存亡的厌恶，让我们无法接受对杀婴、优生学和积极安乐死的公开讨论。但是，和所有的禁忌一样，生命的禁忌与现实的某些特征是不相容的。今天在胚胎发生、深度昏迷和非瞬间死亡这些问题上如何界定人类生命，生物学提供的边界模糊不清。如何厘清这种模糊性，正是生物伦理学激烈争辩的内容。[143]

任何违背人性主流倾向的禁忌，都是靠一层又一层委婉又虚伪的表述来支持的，因此，这些禁忌对我们前面提到的活动或许没有实质的约束作用。大部分欧洲国家历史上的杀婴就是如此。也许，对人性最没有争议的一个说法就是，人类愿意在很多情况下进行性行为，而不论是否有能力抚养由此产生的婴儿。在没有避孕、堕胎和精心构造的社会福利制度的情况下，很多孩子一出生就得不到合适的照料，很难长大成人。425
不论是否有某种禁忌，这些新生儿注定要夭折。

大约1500年来，犹太教和基督教都禁止杀婴，但杀婴现象一直大量存在。有历史学家说，中世纪的弃婴“不仅数量巨大，而且绝无惩罚，被作家一笔带过”。[144]米尔纳引用的出生记录显示，平均每个富裕家庭有5.1个孩子出生，中产阶级每个家庭有2.9个孩子出生，贫困家庭有1.8个孩子出生，此外，“没有任何迹象显示怀孕数量也是这个比例”。[145]1527年，一位法国神父这样说：“那些茅厕里回荡着弃婴的哭声。”[146]

在中世纪晚期和现代早期的不同时期，司法系统几次想对杀婴采取一些行动。这些行动的效果却非常可疑。在某些国家，未婚女仆的乳房定期受到检查，看看是否有哺乳的痕迹，而如果有乳汁而没有婴儿，她会遭受严刑拷打，直到供出发生了什么。[147]如果妇女隐瞒婴儿出生，而婴儿又未能存活，便一律被推定犯有杀婴罪，处罚是死刑，经常是将她们和几只流浪猫一起缝进口袋，然后扔进河里。即使没有这么刺激的处罚方式，结果也一样让人们感到良心的重负；以处决年轻女子来遏制杀婴的做法（尤其是这些女孩子绝大多数是因为贵族雇主受孕的女佣）并不是保护人类生命的尊严，而是允许男人甩掉他们不再想要的情妇。

人们开始采取一些修补性的遮盖措施。母亲在睡眠中身体“压到”孩子导致婴儿窒息的意外死亡流行一时，简直泛滥成瘟疫。妇女被告知可以将无力抚养的婴儿送到育婴堂，有些机构设计了转盘和活板门，以确保母亲的身份不为人知。这些养育机构的婴儿死亡率从50%到超过99%。[148]母亲将自己的婴儿交给奶妈或者“育婴专业户”，这些专业户的婴儿存活率与育婴堂差不多。鸦片、酒精和糖浆是母亲和专业奶妈对付哭闹婴儿的灵丹妙药，只要用量够，的确能够有效地让孩子安静下来。熬过婴儿期活下来的孩子，很多会被送到工厂，正如狄更斯在《雾都孤儿》中描写的，他们“既不要求太多食物，也不要求太多衣服”，“恰恰相反，十之八九，这些可怜的小东西不是在饥寒交迫之中病倒，就是在极度疲劳中掉进火炉，或者遭遇其他意外；无论怎样，他们被召唤到另一个世界，在那里见到他们尚未见过的父亲”。即便有了这些新创造的

426 机构，在公园里，路旁桥下，沟渠中，还是经常能看见小小的尸体。据1862年一位英国验尸官回忆，“警察发现一具孩子的尸体，与发现死猫死狗没有分别，不会为此多动一点儿心思”。[149]

今天西方国家的杀婴已经减少为旧时的几千分之一，这部分是因为生活水平的提高，让经济压得喘不过气的母亲越来越少，部分是因为技术的进步，避孕和堕胎越来越安全有效。但是，这也反映出孩子的价值发生了变化。社会终于在宗教说教之外，承认了婴儿的生命是神圣的——不论他们的父母是谁，不论孩子出生时多么不成模样、多么污秽，不论失去孩子给家庭留下何种空白，也不论喂养和照料孩子的费用多么昂贵。

20世纪，即使在人工流产普及之前，怀孕的女孩子也很少会独自生产然后私自杀死婴儿。人们已经开始提供各种辅助，比如未婚母亲之家，还有死亡率已经大大下降的孤儿院和帮助寻找领养家庭的中介。为什么政府、慈善和宗教组织要建立这些救生机构呢？你会感觉到，孩子变得珍贵了，儿童的利益已经成为我们集体的共同关切，起点就是保护他们的生命。从如何对待孩子的其他方面看，可以肯定，变化是巨大的。

*　*　*

在对西方珍视儿童进行进一步讨论之前，我还要对杀婴历史演变的一种曲解再说几句话。有一种历史分析认为，西方人在杀婴方面的变化只是从婴儿出生之后再杀死他们，变为受孕后立即杀死他们。不错，与几个世纪前的杀婴率相比，现今世界上大约有相同比重的怀孕以人工流产终结。[150]在发达国家，12%~25%的受孕妇女人工终止妊娠，在某些国家，这一比重高达50%。仅在2003年，美国有100万名妇女堕胎，欧洲和其他西方国家则有500万名妇女堕胎，世界其他地方至少还有另外1100万名妇女堕胎。如果堕胎算暴力，那么西方在儿童暴力方面没有丝毫进步。因为有效的堕胎方式直到20世纪70年代才开始流行（尤其是美国最高法院在1973年才对罗伊诉韦德案做出有关堕胎权的裁决），自那时起，西方的道德状况毫无改善，甚至简直就是在崩溃。

本书不是要讨论堕胎是否道德，但是暴力的长期趋势可以提供某种观察的角度，并告诉我们，人们是怎样看待堕胎的。许多反对堕胎合法化的人预测，接受堕胎，将让人命特别是儿童的生命贬值，让社会滑向杀婴、对残疾人实施安乐死，逐步走向大规模的谋杀和屠杀。今天，我 427
们可以肯定地说，这样的惨剧还没有发生过。虽然堕胎在世界上大多数国家已经实行了几十年，但没有一个国家不设定堕胎的孕期期限，任凭堕胎成为合法的杀婴，也没有一个国家将堕胎作为处理残疾儿童的手段。从堕胎成为可广泛获得的手段以来，每种形式的暴力都在减少。我们已经看到，儿童生命的价值是在迅速提高。

反对堕胎的人看见了各种暴力的减少，但对他们来说，杀死胎儿仍然是令人震惊的道德伪善。对此，我们还有另一种解释。在现代人的情感中，越来越从感知的意义上，特别是从感受痛苦和实现自我的能力上看待道德价值，并将感知定位为大脑的活动。这一转变意味着人们开始摆脱宗教和习俗，转向科学和世俗的哲学，寻求道德启示的源泉。就像现行法律认定生命的终结是大脑停止活动，而不是心脏停止跳动，因此，生命的起点是胎儿大脑开始感知的那一瞬间。目前人们对感觉的神经基础的认识，将感觉与丘脑和大脑皮层之间的神经投射活动联系在一起，而 26 周左右的胎儿才开始具备这样的神经活动能力。[151]简而言之，人们认为胎儿还没有完整的意识：心理学家希瑟·格雷（Heather Gray）、库尔特·格雷（Kurt Gray）和丹尼尔·韦格纳（Daniel Wegner）告诉我们，人们认为胎儿的体验能力比机器人和尸体强，但不如动物、婴儿、儿童和成人。[152]绝大部分堕胎都是发生在胎儿的大脑开始工作之前，从这一点来看，按照我们对人类生命价值的理解，可以肯定地说在堕胎和杀婴以及其他形式的暴力之间存在着原则性的差异。

同时，我们也心存期待，对毁灭生灵的厌恶会让人们拒绝堕胎，即使他们不认为堕胎等同于谋杀。这一期待正在成为现实。这是一个几乎没有为人所注意的事实，即堕胎率在全世界普遍下降。图 7-16 显示的是几个有堕胎数据的大国（尽管数据的质量有很大区别）在 20 世纪 80 年代、1996 年和 2003 年的堕胎率。

前苏东国家的堕胎率的下降最为显著。虽然在中国、美国，在亚洲以及伊斯兰国家堕胎属于合法，但堕胎率也在下降。只有在印度和西欧，堕胎没有出现减少的迹象，但是有些地区的堕胎率本来就很低。

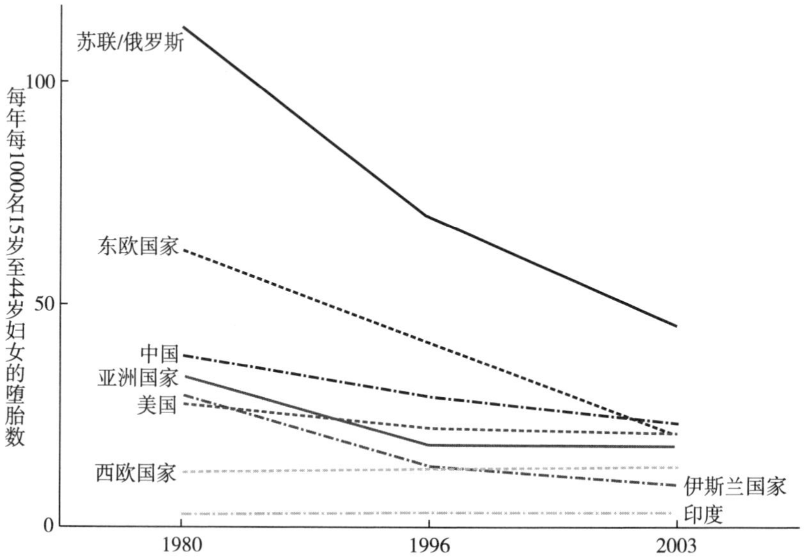

图 7-16　1980—2003 年世界堕胎情况

资料来源：20 世纪 80 年代数据，亨肖（Henshaw），1990 年；1996 年和 2003 年数据，赛德格（Sedgh）等人，2007 年。“东欧国家”综合了保加利亚、捷克斯洛伐克/捷克共和国和斯洛伐克、匈牙利、南斯拉夫、塞尔维亚和黑山以及罗马尼亚的数据。“西欧国家”综合了比利时、丹麦、英格兰和威尔士、芬兰、荷兰、挪威、苏格兰、瑞典的数据。“亚洲国家”有新加坡、日本、韩国（以 1996 年的数据替代 2003 年）。“伊斯兰国家”综合了突尼斯和土耳其的数据。

428 堕胎率下降的主要原因肯定是很实际的。与堕胎相比，避孕的手段越来越廉价，也越来越方便，一旦能够得到避孕工具，这就成为那些有自制力和预见能力的人的首选。但是，即使在使用堕胎以及主张堕胎作为一种安全和合法手段的人当中，堕胎仍然是一个有伦理考量的问题。堕胎被认为应该是尽量少使用的工具，尽管这件工具不能被犯罪化。如果真是这样，在“生命优先”和“选择权优先”两派水火不容的争执之间，堕胎的走势也许能为双方提供些许一致之处。容许堕胎的国家并没有对生命漠然处之，任凭杀婴或其他形式的暴力随意施展。相反，这些国家日渐一日地将堕胎视为非情愿的手段，为了保护生灵，尽力减少使用这样的手段。

＊　＊　＊

长期来看，针对儿童的暴力历史着实令人沮丧。对那些逃脱杀婴存活下来的孩子来说，等待他们的是经年累月的伤害和严厉的惩罚。虽然狩猎采集部落的人在使用体罚时还有所节制，但在其他所有社会中，育儿手段都是来自《爱丽丝漫游仙境》："说说你的小男孩儿吧， 429
他打喷嚏，就给他一巴掌。"[153]有关儿童成长的主流理论曾经认为，孩子有堕落的天然倾向，要靠强力使其纳入社会规范。公元前 7 世纪，亚述帝国国王的大臣就进言说"棍子闲坏了，孩子惯坏了"，这也许就是《旧约·箴言》第 13 章第 24 节的起源："不忍用杖打儿子的，是恨恶他；疼爱儿子的，随时管教他。"[154]中世纪法国版的劝诫是："让孩子在幼年挨揍，比让他成年上绞架要强。"清教牧师科顿·马瑟（英克里斯·马瑟的儿子）对儿童的未来充满焦虑，他说："宁愿挨鞭子，切莫被上帝诅咒。"[155]

至于各种惩罚手段，人类的创造力上升到挑战技术极限——怎样才能让人感到最不舒服。德莫斯这样描述中世纪的欧洲：

> 心术不正的孩子必须受到责罚，这是不言而喻的。为此人们发明了一整套责罚工具，从"九尾鞭"到铁锹、木条、铁条、荆条束、细铁链鞭子、刺棒（形状如同修鞋匠的刀子，用来刺孩子的头部或手掌），还有学校专用的体罚工具，例如打手板，梨形板子上打出小圆孔，以便在孩子的手上打出小疱疱。有记载的体罚总是严厉的，要在身体上留下瘀伤和出血。体罚往往是从婴儿时期开始，先是刺激婴儿阴部附近的皮肉，此后，这就是儿童日常生活的一部分了。[156]

严厉的体罚持续了几个世纪。有一项调查发现，在 18 世纪下半叶，百分之百的美国儿童受过棍子、鞭子或其他械具的体罚。[157]儿童也是司法制度惩处的对象：塞缪尔·约翰逊的回忆录里顺带提到18世纪英格兰一个年仅7岁的女孩子因为偷盗一件衬裙被绞刑处死。[158]甚至在20世纪初，德国的孩子还“经常因为倔强而被放到烧红的铁炉子上，连续几天被绑捆在床柱子上，被扔进冷水里或者雪地里‘锻炼意志’，或者每天被罚靠着墙边在木头上跪数小时，而他们的父母则在孩子受罚的时候吃饭或者阅读”。[159]在接受大小便训练的时候，许多孩子被灌肠折磨；而在学校，他们被殴打直到“皮肤冒烟”。

对儿童严厉体罚不是欧洲所独有的。从古埃及、古苏美尔、古巴比伦、古波斯、古希腊、古罗马、古代中国到阿兹特克，殴打儿童的记录不绝于史书。各种处罚包括“针刺，绑住孩子的手后用带刺的荆棘抽打，把孩子放在烘烤干辣椒的炭火上，被迫呼吸辛辣的烟气”。[160]德莫斯注意到，直到20世纪，日本孩子所受的惩罚中仍然包括“香头灼烧皮
430 肤，使用灌肠剂训练婴儿大小便……踢、倒吊、洗冷水澡、掐脖子、针刺、切断手指尖”。[161]（德莫斯本人既是历史学家，也是精神分析学家，他使用了很多资料解释“二战”中日本人的暴行。）

儿童也是精神折磨的受害者。他们在娱乐中也不断被提醒他们有可能被父母抛弃，被继父继母虐待，或者被妖怪和野兽摧残。从格林童话中，我们就能观察到儿童文学中悲惨的童年或者调皮捣蛋者下场的典型。在英国，摇篮曲的主角是拿破仑：

宝贝儿，宝贝儿，莫让他听见你，
他就在窗外，马蹄声声急，
他会扯下你的腿，揪下小胳臂，
就像老猫撕开小耗子。
他要揍你，揍你，再揍你，
把你打成一团烂泥，
他要吃了你，吃了你，吃了你，
一口，一口，再一口，剩不下一粒儿小渣子。[162]

在儿童文学中反复出现的创作典型是小有过失或者被冤枉的孩子，他被继母屠宰，做成晚餐，供他那个没心没肺的父亲享用。在意第绪语的版本中，一名受害者在死后向自己的姐姐哭诉：

> 被妈妈杀掉了啊，
> 被爸爸吃下肚。
> 香黛拉，他们吞下我的肉，
> 还要敲骨吸髓，
> 最后把骨头扔到窗外头。[163]

*　*　*

父母为什么要虐待自己的孩子？为什么要让自己的孩子忍饥挨饿，得不到照料，感受恐惧？人们也许会很天真地想，既然拥有更多的后代是大自然的最终选择，父母已经在进化中形成了不计代价抚育子女的本能，而孩子的一切得之父母，他们因此会毫不犹豫地服从父母。从这种天真的观点来看，父母和子女之间只有一片和谐，双方的目的只有一个，就是让孩子健康成长，直到他们强大到能有自己的儿女。

特里弗斯最先注意到自然选择理论并未给出这样的预期。[164]父母和后代之间的冲突根植于家庭的进化基因之中。父母必须将自己的投资 431
（资源、时间和风险）在所有孩子之间进行分配，包括已经出生和未出生的孩子。一切都是平均的，每一个后代都同样珍贵，只是处于无力自助的婴幼期的孩子需要父母更多的投入。但在孩子眼中，事情却是不一样的。虽然每一个后代利益与他的同胞手足的福祉利害相关，但在他与全同胞之间只分享一半的基因，而只和自己分享全部基因，因此他当然更加关注自己的利益。父母的愿望是在子女之间平均分配资源，而子女的愿望是要求自己得到更多关照，两者之间的张力就是“父母-子女冲突”。虽然冲突的对象是父母在一个孩子和其他同胞手足之间的投入，这些同胞可以是尚未出生的孩子，父母必须为了未来的子女和孙子孙女保存能量。的确可以说，为人父母的第一个困境就是是否要留下新生儿，这不过是“父母-子女冲突”的极端案例罢了。

“父母-子女冲突”理论完全没有告诉我们一个后代期望父母多少投入，或者父母应该投入多少。它只是告诉我们，不论父母愿意付出多少，孩子都会要求更多。当孩子要求帮助时，他们会哭，父母不能无视孩子的哭声。但是，人们认为孩子哭喊比他们的实际需要更响亮、更长久。父母为了孩子的安全约束孩子的行为，并帮助孩子与社区内的其他成员交往。但父母也为了自己的方便，要求孩子遵守纪律，要求孩子迁就自己的同胞手足和家族，这些要求很多已经超出了孩子自己的利益所需。“需要”（wants）、“利益”（interests）和“为了”（for）这些目的论的字眼所指的并不是人头脑中的真正愿望，而是对造成这些观念的进化压力的简称。

“父母-子女冲突”解释了为什么抚养子女是一场意志的较量。它无法解释的是，为什么这场较量有时候要使用棍棒和鞭子，有时候却需要说教和单独处分。回望几千年的历史，我们不能不为孩子感到悲哀，他们毫无必要地从家长那里遭受了无数重手。与战争的悲剧不同，战场上敌对双方相互仇视厌恶，养育子女中的暴力却完全是单方的。过去那些遭鞭笞和火烧的孩子，并不比今天的孩子更调皮，他们长大了也未见得更有品行。相反，我们已经知道，往昔成年人的暴力冲动大大高于今天的成年人。到底是什么让今天的父母发现，在养育孩子的时候，他们其实不需要祖先所使用的那么多且残酷的暴力了？

第一个变化是思想意识的改变。和许多人道主义改革一样，这个变化也是起源于“理性时代”和启蒙运动。孩子们对付“父母-子女冲突”的各种手腕，让每一个时代的父母都哀叹自己的孩子是“小恶魔”。在
432 基督教兴起的年代，这种直觉被规范为天性中的堕落和原罪。比如，16世纪20年代，一位德国神学家在布道时说，孩子的天性中隐藏着“通奸、乱伦、肮脏的欲望、淫荡、偶像敬拜、相信魔法、对抗、争吵、激情、愤怒、反叛、拉帮结派、仇恨、谋杀、酗酒和暴食暴饮”，而这些指控只是他的开篇而已。[165]人们所说的“打得他灵魂出窍”其实不是一个简单的形容！对未来生活的宿命观，让孩子的培养成了命中注定的事

情，免除了父母和教师的责任。

约翰·洛克在 1693 年出版的《教育漫话》（*Some Thoughts Concerning Education*）开始提供了一种新的教育范式，并迅速得到传播。[166]洛克认为，一个孩子“仅仅是一张白纸，或者是一块柔软的蜡，可以任人塑造成型”——这个理论就是所谓的白板理论。洛克这样写道：儿童的教育“对人类意义重大”，他鼓励老师对自己的学生怀有同情心，并尝试站在学生的立场思考问题。家教应该仔细观察学生“情绪的变化”，帮助学生享受学习过程。教师不应该期望年幼的孩子表现出和大孩子一样的“端庄、严肃和专注”。相反，“他们必须获准……做出带有适龄的傻气和孩子气的行为”。[167]

现在，大家都知道，孩子得到什么样的对待决定了他将长成什么样的人，但在过去，这是鲜为人知的智慧。洛克的几位同代人和继承人使用各种比喻来提醒人们幼儿是形成性格的时期。约翰·弥尔顿说：“儿童之于成人，就像清晨之于一日。”亚历山大·蒲柏将其上升到因果关联：“树枝弯了，树干也就跟着倾斜了。”威廉·华兹华斯将一个关于童年的比喻彻底颠倒了过来，他说：“儿童是成年男子的父亲。”这些新的理解促使人们反思原来对待儿童的粗暴方式的道德含义和实践效果。殴打儿童不再是从被恶魔势力控制的孩子身上驱邪，甚至不再是单纯减少调皮捣蛋频率的手段。对儿童的暴力塑造了他的成年，其可预见和不可预见的结果，将影响未来的人类文明。

卢梭提出了另一种格式塔，他认为孩子天性纯真，并用这一浪漫的观念替代了基督教中的原罪。在 1762 年出版的专著《爱弥儿》（*Émile*）中，卢梭写道：“在造物主手中时，一切都是美好的；一旦到了人的手中，所有的事情都开始变坏了。”作为 20 世纪心理学家让·皮亚杰（Jean Piaget）理论的前奏，卢梭将童年划分为几个阶段：直觉、感性和理念。他认为，在年幼的儿童尚未到达“理念的年纪”时，不应该指望他们按照成人的方式推理。与其用善恶规则训练孩子，不如允许孩子与自然互动，从他们自己的经验中学习。如果在探索世 433
界时损坏了什么东西，这不过是天真的失误，而不是故意的破坏。他大声疾呼要“尊重童年”，在大人介入之前，要“让自然有充分的时间完成自己的工作”。[168]在卢梭的启发之下，19世纪的浪漫主义运动将童年看作智慧、纯洁和创造力的时期，是儿童应该无拘束地享受而不是要以纪律制约的发展阶段。今天人们都熟识这一认知，但在当时，它却是相当激进的。

在启蒙运动年代，社会精英开始接受有利儿童的白板说和人天性纯真说。但有关历史学家认为，直到进入20世纪的前后几十年间，才真正出现了改变儿童待遇的转折点。[169]经济学家维维安娜·泽利泽（Viviana Zelizer）认为，在19世纪70年代至20世纪30年代，在西方中层和上层阶级的父母中出现了一种“神圣化”童年的现象。自那时起，我们赋予儿童新的价值，即“经济上一钱不值，感情上无价之宝”。[170]这个时代的发端是英国揭露一家“婴儿农场”的丑闻导致1870年成立了婴儿保护协会，接着在1872年和1897年制定了“婴儿生命保护法案”（Infant Life Protection）。大约在同一时期，奶制品的巴斯德氏消毒法和消毒奶瓶的出现，让婴儿摆脱了依赖不负责任的奶妈喂养的状态。虽然工业革命最早是将儿童从筋疲力尽的小农民变成筋疲力尽的工厂童工，但工业革命积累起来的财富，终于降低了婴儿死亡率，也降低了对童工的需要，并为保护儿童的社会服务提供了稳定的税收。大部分儿童开始进入学校，不久学校教育成为国家对国民的义务并完全免费。针对街上成帮结派的流浪儿、叫花子和技巧高超的小骗子，儿童福利机构开设幼儿园、孤儿院、感化院、教养营地，还有男童俱乐部和女童俱乐部。[171]为孩子创作的故事以带来愉悦为目的，而不再是制造恐惧或者推行教化。儿童研究试图以科学方法实现人力开发，不再迷信夸夸其谈的老太太和所谓的育儿专家。

我们在人道主义改革时期已经看到，承认一个群体的权利会导致对其他群体权利的类推，比如对暴君的否认，类推为对夫权暴力的否定；两个世纪之后，民权运动又激发了女权运动。保护受虐待的儿童，也得益于一种类比，不论你是否相信，这个类比竟然是保护动物。

1874年，曼哈顿住着一个10岁的女孩儿玛丽·埃伦·麦科马克（Mary Ellen McCormack），她是被养母及其第二任丈夫收留的孤儿，邻居注意到玛丽身上有可疑的伤痕和瘀青。[172]他们报告了主管纽约市监狱、济贫所、孤儿院和疯人院的“公共慈善和教养局”。因为当时没有专门保护儿童的法律，案件的调查员只好与美国动物保护协会联络。在会社的创建人眼中，玛丽的苦难和他营救的受主人虐待的马匹所遭受的苦难没有两样。他起用律师，向纽约州最高法院提出对人身保护法的创造性解释，要求将玛丽带离她的家庭。女孩在法庭平静地做出陈述： 434

> 妈妈几乎每天都要用鞭子抽打我。她经常用一条两股生牛皮扭成的鞭子。现在我头上有两处黑紫色的疤痕，是妈妈的皮鞭子留下的，前额左边的这个伤疤，是妈妈用剪刀捅伤后留下的……我从来不敢告诉别人，如果我说了，我会挨更多的鞭子。

《纽约时报》在一篇题为“小苦儿的非人遭遇”的文章中刊出了玛丽的法庭证词，她被带离那个家庭；最后，她的案件调查员领养了她。她的律师创立了“纽约防止虐待儿童协会”，这是世界上第一个以保护儿童为目的的中介组织。与其他同时兴起的社会组织一起，它们共同开设受虐儿童庇护所，游说制定法规惩戒施虐的父母。同样，在英国，第一个针对父母虐待保护儿童的司法案例也是由英国皇家防止虐待动物协会提出的，随后由此诞生了防止虐待儿童全国协会。

虽然贯穿整个 19 世纪，儿童在西方社会的价值日渐上升，但进步从来都不是一蹴而就的，也没有什么神奇的巨变。在欧洲历史的每一个时期和每一种文化中，都能看到人们对孩子的挚爱，为失去孩子而感到的哀伤，在孩子调皮捣蛋时产生的不快。[173]甚至很多父母暴虐地对待自己的亲生骨肉，是因为他们坚信这样做符合孩子的最终利益。与任何暴力的减少一样，很难区分导致这一趋势的各种同时发生的变化——启蒙思想、持续的经济繁荣、司法改革和观念的变化。

但是，不论这些原因是什么，它们在 20 世纪 30 年代继续发挥影响。1946 年，本杰明·斯波克（Benjamin Spock）历久不衰的畅销书《斯波克育儿经》（*Baby and Child Care*）被认为立场相当激进，因为作者在书中劝告母亲不要打孩子，不要吝啬表达喜爱，也没有必要严厉地恪守规则。虽然战后一代父母放纵孩子在当时还是新鲜事物，人们认为婴儿潮一代的人就是这样被宠坏了。当婴儿潮一代自己成为父母之后，他们对孩子甚至更加体贴。洛克、卢梭和19世纪的改革家开了温和对待儿童的先河。近几十年来，这一趋势已经逐渐成为大潮流。

* * *

435 自20世纪50年代以来，人们更加不能容忍让孩子成为暴力的受害者。人们最容易控制的暴力就是他们自己实施的暴力，比如，他们施加在孩子身上的巴掌和拳脚，以及板子、鞭子、荆条、暴晒、殴打和其他形式的体罚。20世纪，精英对体罚的态度发生了天翻地覆的变化。除了基要派的基督教团体，人们已经很少再听得到“闲坏了棍子，惯坏了孩子”这样的说辞。父亲解开皮带，母亲挥舞梳子，孩子眼泪汪汪地用枕头护着他们屁股上的青紫瘀伤，这已经不再是常见的家庭娱乐场景了。

至少自从斯波克医生出书以来，儿童养育大师大多是告诫父母不要打孩子。[174]今天，所有的儿科医生和心理协会都反对体罚，尽管使用的语言未见得像默里·斯特劳斯文章的标题那样直截了当：“无论如何，永远不应该打孩子！”[175]专家反对打孩子的意见出于三个理由。一是打孩子最终会带来副作用，让孩子缺少同情心，产生侵略性、犯法倾向以及抑郁。打孩子等于告诉孩子暴力是解决问题的手段之一，这种逻辑关系是否成立是有争议的。同样，我们可以这样解释打孩子和暴力之间的相关性，天生具有暴力倾向的父母也会有天生具有暴力倾向的孩子，而容忍暴力对付儿童的社区和文化，也容易容忍其他形式的暴力。[176]二是在减少孩子犯错误方面，打孩子的效果远不如讲道理，也不如使用非暴力的惩罚手段，例如训斥和禁闭。疼痛和羞辱让孩子分神，不再专心思考自己犯了什么错误，如果他们顺从的唯一目的就是避免处罚，那么一旦父母背过身去，他们立刻就会继续调皮捣蛋。而避免打孩子最重要的原因也许只是象征性的。斯特劳斯认为永远不应该打孩子的第三个理由是：“巴掌与一个家庭和一个社会的非暴力理念水火不容”。

是父母听从了专家的意见，还是他们自己得出了相同的结论？民意调查有时会提出这样的问题：“狠狠地揍孩子一顿，有些时候是维持纪律所必需的”，或者“在某些情况下，打孩子是完全正确的”。民调的结果取决于问题的选词和用语，但对那些历年来反复提出的问题，受访者中的认同人数明显呈下降趋势。图 7-17 给出了 1954 年以来美国的三套数据，加上来自瑞典和新西兰的调查结果。在 20 世纪 80 年代初之前，英语国家中大约 90% 的受访者赞成揍孩子。不到一代人之后，这个比重
降到大约 50% 。在不同的国家和地区，这个比重有所不同：瑞典同意打 436
孩子的人比美国和新西兰少，美国内部地区之间也有差异，正如我们在审视荣誉杀人时看到的情况。[177]2005 年的一项调查发现，在北方（倾向于投票支持民主党）蓝色州，例如麻省和佛蒙特，赞成打孩子的比重约为 55%，而在南方（倾向于支持共和党）的红色州，例如亚拉巴马和阿肯色，这一比重超过 85% 。[178]美国 50 个州赞同打孩子的比重与凶杀率吻合（两个指标的相关系数在 -1 到 1 的相关区间内为 0.52），这可以说

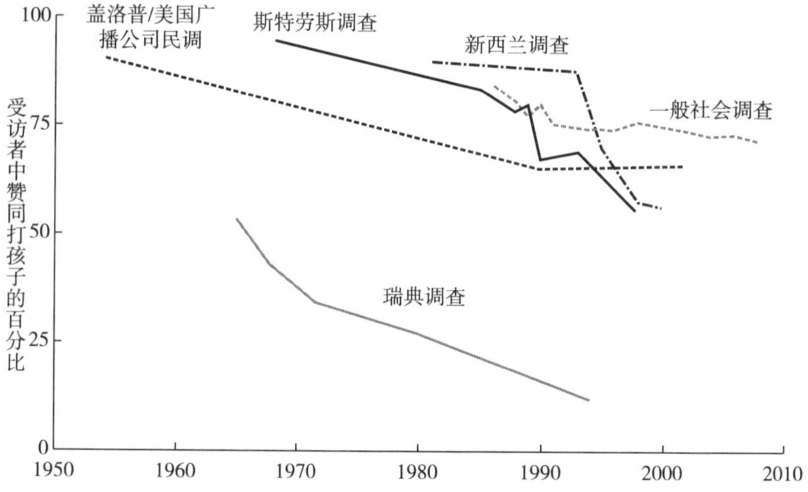

图 7-17　1954—2008 年美国、瑞典和新西兰同意打孩子的人口比重的变化

资料来源：盖洛普/美国广播公司民调，盖洛普，1999 年；美国广播公司新闻，2002 年；斯特劳斯，2001 年，206 页。“一般社会调查”：http://www.norc.org/GSS + Website/，加权平均。新西兰：卡斯韦尔（Carswell），2001 年。瑞典：斯特劳斯，2009 年。

遭到暴打的孩子长大后变成杀手，但更可能的是，鼓动揍孩子的亚文化也同样在成人中鼓动以凶杀保卫荣誉。[179]但是，即便如此，各地支持暴力对待孩子的人数都在下降；到2006年，南方各州不赞同揍孩子的比重达到了中北部和大西洋沿岸中部各州1986年的水平。[180]

家长的实际行为如何呢？如果孩子的行为超过一定界限，许多父母仍然会打孩子的手掌，但20世纪下半叶，对儿童的其他各种体罚都在减少。20世纪30年代，美国的父母每个月揍孩子3次以上，或者每年超过30次。到1975年，这个数字是每年10次；到1985年，每年只有约7
437 次。[181]欧洲的变化更加显著。[182]在50年代，94%的瑞典人打孩子；对其中33%的人来说，打孩子是每日的例行公事。到1995年，这两个数字分别降到33%和4%。到1992年，德国的父母已经不会像他们的曾祖父母那样，把孩子按在滚烫的炉子上或绑在床柱子上，但是他们中仍有81%打自己孩子的耳光，41%用棍子揍孩子，31%能将孩子打出瘀青。但到2002年，这几个数字分别是14%、5%和3%。

在其他国家，情况各不相同。在以色列、匈牙利、荷兰、比利时和瑞典，只有不到5%的大学生记得自己在少年时期挨过家长的揍。但在坦桑尼亚和南非，超过25%的大学生有这样的记忆。[183]一般而言，越富裕的国家越少暴力对待孩子，但在发达的亚洲国家或地区，例如中国台湾地区、新加坡和中国香港地区却有例外。在美国内部，不同族裔之间的差别让我们看到了一种国际对比，与白人相比，更多的非裔和亚裔赞同家长打孩子。[184]但在这三个族裔组中，赞同人数也都呈下降趋势。[185]

1979年，瑞典政府立法禁止打孩子。[186]其他斯堪的纳维亚国家和西欧各国紧随其后。联合国和欧盟已经呼吁其全体成员国禁止打儿童。一些国家发起社会运动，呼唤公众觉悟；已有24个国家通过了相关法律。

禁止打孩子，无疑颠覆了几千年来父母认为孩子属于自己，可以随意处置的观念。但是，这一变化符合国家对家庭在其他方面的介入，比如义务学校教育，强制性疫苗，将孩子带离虐待性的家庭，对父母因宗教原因拒绝施救的孩子进行强行医疗救护，以及欧洲国家严禁穆斯林移民社区实行女性阴部割礼。在有些人看来，这些政策都属于国家极权强行进入家庭的私域空间；在另一些人看来，这是承认个体自主的历史潮流。孩子也是人，和成年人一样，他们拥有对自己的生命、肢体（和私部）的权利，受到国家公器下社会契约的保护。其他个体（他们的父母），声称对孩子的所有权并不能否认孩子的基本权利。

美国人一直有重家庭轻政府的倾向，目前美国没有任何州禁止父母对孩子进行体罚。但说到政府——美国人已经开始拒绝在学校里对孩子进行体罚这种暴力形式。即使是在保守的南方各州，3/4 的人认为父母可以体罚孩子，但只有 30% 的人同意学校可以打孩子的手掌；而在自由派的蓝色州，只有不到 15% 的人还持有同样的立场。[187] 自 20 世纪 50 年代起，同意 438
学校对学生进行体罚的人数一直在下降（图 7-18）。反对体罚的意见已经进入立法。图 7-19 显示了美国各州允许学校体罚的数量正在下降。

国际社会上针对儿童的暴力甚至发生了更引人瞩目的变化，学校体 439
罚学生被视为一种非法的政府暴力，违反人权。联合国儿童权利委员会、联合国人权委员会和联合国反酷刑委员会纷纷谴责体罚学生，世界上半数以上的国家（合计 106 个），明文禁止学校体罚。[188]

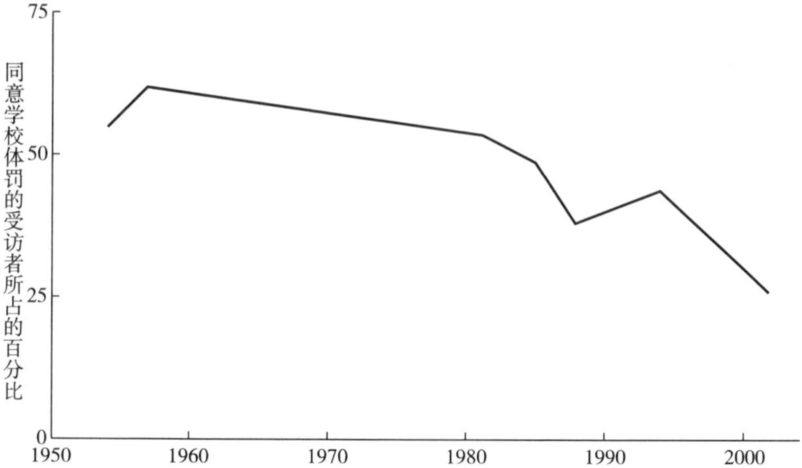

图 7-18　1954—2002 年美国同意学校体罚的比重

资料来源：1954—1994 年的数据来自盖洛普，1999 年；2002 年的数据来自美国广播公司新闻，2002 年。

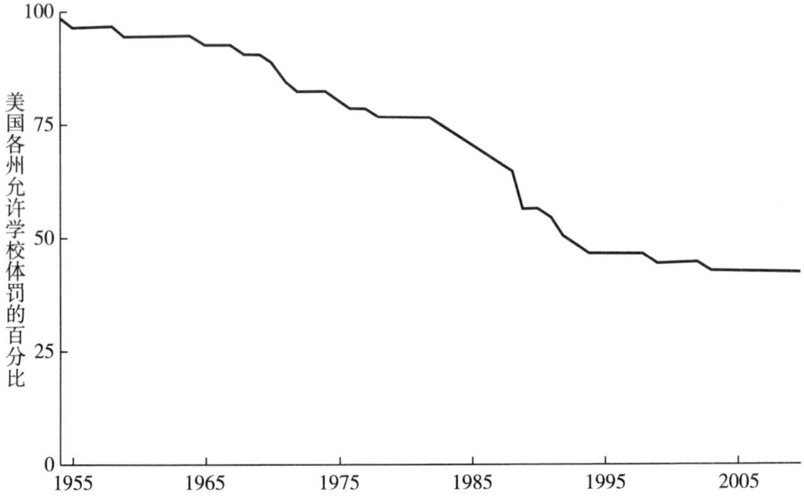

图 7–19　1954—2010 年美国各州允许学校体罚的情况

资料来源：莱特（Leiter）的数据，2007 年。

*　*　*

虽然大多数美国人仍然认可父母体罚孩子，但他们对纪律约束式的低度暴力，例如打手掌和打屁股，与拳脚、棍棒、鞭抽、殴打和恐吓之类的严重暴力之间的区分有很清楚的界限。比如，用刀枪威胁孩子，或者将孩子悬在屋顶边缘摇荡这类恐吓是不能接受的。在斯特劳斯的调查中，向受调查者发出的问卷上有一个包括各种虐待型处罚手段的清单。他发现，1975—1992 年，接受这些处罚手段的父母减少了一半，从 20% 下降到略高于 10%。[189]

与受害者的报告相反，施暴者自动报告事实上就是要他们承认自己犯了错误。目前父母打孩子的数量明显下降，很可能是更多的父母不愿意承认自己打了孩子。过去，母亲在孩子身上留下几块瘀伤不过说明她在管教自己的孩子。但自 20 世纪 80 年代起，越来越多的意见领袖、社会名流和电视剧作家开始呼吁公众关注虐待儿童的问题，他们经常将暴虐的父母塑造成食人恶魔，而受过虐待的儿童长大后都带有永久的心理创伤。在这样的社会潮流之下，即使父母曾经因暴怒在孩子身上留下伤疤，他们也不会向调查者实话实说。我们可以肯定，虐待儿童已经成为一种耻辱。1976 年，当调查问“虐待儿童是不是这个国家的一个大问题”的时候，只有 10% 的人回答“是”；而在 1985 年和 1999 年，90% 的人回答“是”。[190]斯特劳斯认为，在他的调查中，针对儿童的暴力的下降，既反映了对暴力的接受程度在下降，也反映了实际暴力水平的下降；即使只有对暴力的接受程度的变化，也是值得大大欢呼的好事情。人们开始设立儿童保护热线电话，政府中有负责儿童保护的官员，警察、社工、学校的教育顾问和义工密切关注周围儿童的安全和健康状况，一旦发现异常，立即采取保护措施，惩罚或者劝诫施虐者，并将孩子带离施虐的家庭。

人们的观念和社会组织的变化是否产生了良好的效果？建立“全国儿童受虐和忽视数据系统”的目的是从全国各地的儿童保护机构手里收集虐童案例。心理学家丽莎·琼斯（Lisa Jones）和社会学家戴维·芬克勒尔（David Finkelhor）将 1990—2007 年的数据编绘成图，发现儿童心理虐待案件减少了一半（见图 7-20）。

琼斯和芬克勒尔的研究还显示，在这一时期，性虐待案和针对儿童 440
的暴力犯罪案件，例如袭击、抢劫和强奸的数量也下降了 1/3 到 2/3。他们通过对受害者的调查，对这些数据进行理智检查，并将数据与凶杀数据、罪犯的坦白和性病发生率综合比较，发现所有数据都呈下降趋势。过去 20 年的事实证明，无论怎样衡量，儿童和青少年的生活都发生了巨大的改善。离家出走的、少年怀孕的、违法乱纪的以及自杀的人数都在减少。英国和威尔士的儿童暴力案件也大幅度减少，最新的报告说，自 20 世纪 70 年代以来，儿童暴力死亡案件下降了近 40%。[191]

20 世纪 90 年代虐童案的减少与成人凶杀案件的减少不谋而合，而且同样很难找到单一的原因。芬克勒尔和琼斯审视了几种可能性。人口构成、严刑峻法、缉毒、枪支、堕胎以及监狱都无法解释犯罪减少的原因。90 年代的经济繁荣也许算得上很次要的原因之一，但它既不能解释性虐案的减少，也不能解释进入 21 世纪经济发展开始停滞后虐童案的第二波减少。警察数量的增加和社工人员的积极干预也许很有效，但芬克

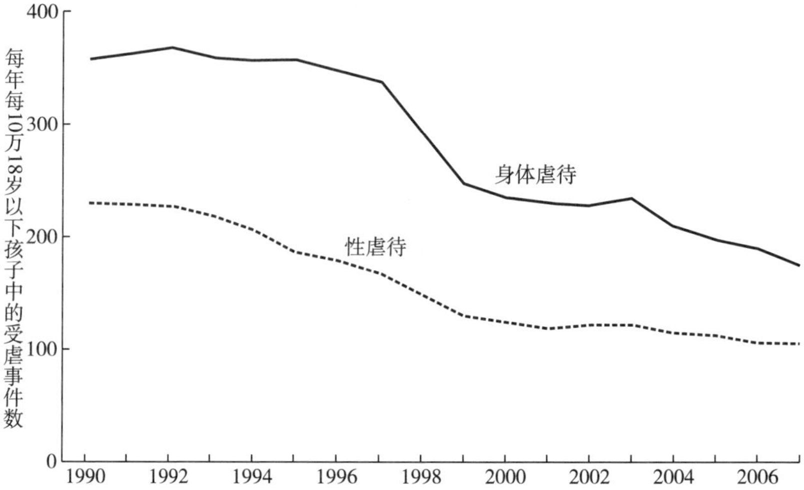

图 7-20 1990—2007 年美国虐童案

资料来源：琼斯和芬克勒尔的著作，2007 年；同时见芬克勒尔和琼斯的著作，2006 年。

勒尔和琼斯提出了一个外生因素。20 世纪 90 年代初期正是电影《少女初体验》（*Prozac Nation*）和《兴奋剂利他林》（*Running on Ritalin*）上演的年代。抗抑郁药物和儿童注意力缺失症药物的大量使用，一方面让父母自己走出晦暗阴郁，另一方面帮助很多孩子控制住自己的冲动。芬克
441 勒尔和琼斯还指出，文化范式发生了尽管模糊但却强有力的变化。正如我们在第 3 章中看到的，正是在 90 年代，文明攻势扭转了 60 年代的放荡，克制了各种形式的暴力活动。美国电视上听众参与的访谈节目暴露了各种家庭暴力，对现身说法的受害者充满同情甚至美化。

* * *

让儿童深受其害的另一种暴力是孩子欺负孩子。孩子之间的恃强凌弱是孩子的天性使然，孩子和其他年幼的灵长类一样，都是通过显示自己的强势和力量在自己的小社会中追求统治地位。许多人的童年回忆都包括遭受其他孩子欺凌的悲惨故事，愚蠢低级的恃强凌弱是一种最主要的流行文化。我们在《小顽童》（*Our Gang*）里看到的巴齐和瓦伊姆，在《回到未来》（*Back to the Future*）三部曲里看到的比夫·丹男，在

《辛普森一家》（*The Simpsons*）里看到的尼尔森·芒兹，以及在《凯文的幻虎世界》（*Calvin and Hobbes*）里看到的毛埃，都是这种流氓的样板（图 7–21）。

直到最近，成人还是将欺凌看作童年的一种理所当然的经历。他们说，“男孩子就是男孩子”，童年时学会应付欺压是为进入成人世界做准备。欺凌的受害者无处逃避，不能向老师或家长告状，因为这会让他们成为告密者和娘娘腔，使他们的处境更加糟糕。

我们已经看到很多历史性格式塔的转变，暴力从不可避免变为不能容忍，而孩子中间的恃强凌弱正成为要被消灭的对象。这场运动开始于 1999 年科伦拜恩高中屠杀惨案。围绕这起枪击案的起因，有着各种混乱的解释。媒体放大了各种谣言，比如哥特派、运动员派、抗抑郁药物、电子游戏、互联网、暴力电影、摇滚歌星玛丽莲·曼森——以及两个杀人的孩子中有一个曾经被欺凌等。结果，真相与媒体喋喋不休渲染的故事完全不同，两个凶手都不是哥特派，不曾被运动员派的人欺凌。[192]但是公众都觉得屠杀惨案是一次复仇行动，儿童专家借机将一个现代城市传说发展成一场抵制欺凌的运动。幸运的是，“今天受欺负，明天扣动 442
扳机”不是唯一的理论，还有一些更理性的解释，比如，受欺负的孩子可能陷入抑郁，在学校学业不佳，自杀率增高。[193]目前美国有 44 个州立法禁止在学校欺负同学，有些州规定在学校教材中明文谴责欺凌，鼓励培养同情心，指导孩子如何建设性地解决彼此之间的纠纷。[194]儿科医

图 7–21　针对儿童的另外一种暴力——儿童之间的欺凌

生和儿童心理学家的组织都曾经一再声明要求切实防止欺凌，杂志、电视节目、奥普拉·温弗瑞的电视访谈王国，甚至美国总统都对此发出了自己的声音。[195]再有10年时间，今天《凯文的幻虎世界》漫画中对欺凌的滑稽刻画，有可能就像我们今天看20世纪50年代咖啡广告中丈夫暴打妻子的场面一样，成为不可忍受的东西。

即使不考虑受欺凌孩子所承受的沉重的心理后果，欺负同学也是绝对不道德的。正如凯文认识到的，一旦人们长大，就不再能够无缘无故地痛打别人。成年人用法律、警察、工作场所规范和社会准则保护自己，没有理由认为孩子就不能享有这些保护，以前之所以做不到，唯一的解释就是成人在从自己的角度看待生活时懒惰且无情。因为儿童生命价值的提高以及普世的道德观，保护儿童免受同伴的欺凌，就像保护儿童免受其他伤害一样，已经是一场不可避免的社会运动。儿童和青少年长期以来一直是一些轻罪的受害者，诸如偷窃午餐钱、毁坏书本文具以及动手动脚之类的性骚扰，这些轻罪超过了学校校规的范围，又没有达到警方出警的程度。而年轻人的利益正在得到越来越多的重视。

为了保护年轻人的利益，社会已经在进行必要的调整。2004年，美国司法部和教育部联合发布题为“校园犯罪和安全指标”的报告，报告使用受害者调查以及学校和警方的统计数据，给出了1992—2003年美国校园暴力的走势。[196]报告仅在最后三年调查了校园内欺负同学的问题，但全程追踪了其他形式的暴力活动。报告的结论是打架、威胁、盗窃、性侵犯、抢劫和人身攻击等犯罪都呈下降趋势，如图7-22所示。

视频网站YouTube上流传的一群女孩对一个同伴大打出手的暴力事件，媒体不失时机大肆炒作，但与媒体的渲染相反，美国的大多数女孩并没有野性发作。目前女孩中的谋杀和抢劫率是近40年来的最低点，武器持有率、打架、斗殴和女孩遭受和实施的暴力伤害案近10年来一直在不断减少。[197]但随着YouTube大行其道，近年内我们可以预期看到更多这类视频引发的道德恐慌（诸如虐待狂、嗜血儿童或者小杀手）。

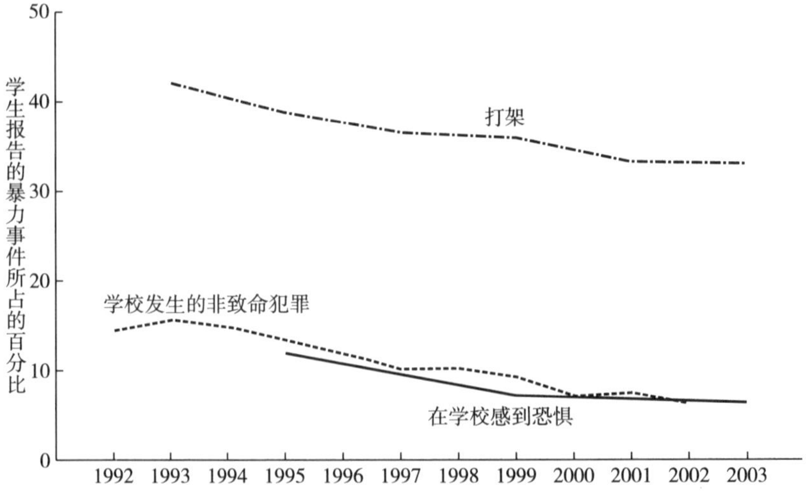

图 7-22　1992—2003 年美国针对年轻人的暴力

资料来源：数据来自德沃等人，2004 年。

*　*　*

现在说孩子一切正常还为时过早，但是显然他们的处境比以前好了很多。的确，有些反对暴力保护儿童的措施未免有些闹过火了，已经落 443
入迷信和禁忌的窠臼。

禁忌之一就是心理学家朱迪斯·哈里斯（Judith Harris）所批评的“教养说”。[198]洛克和卢梭开启了儿童养育理念的革命，改写了养育者的角色，将通过体罚纠正孩子的坏毛病，变为通过塑造为未来培养人才。到 20 世纪后期，父母虐待和忽视孩子会对孩子造成伤害的观念（这个观念是对的），逐渐让位于父母能够造就孩子的智力、个性、社交能力，甚至精神错乱（这个观点是错的）。为什么说它是错的呢？只要看看移民的孩子就知道，孩子们的口音、价值和行为标准最终是追随他们的同代人，而不是他们的父母。这个事实告诉我们，孩子是与同伴一起，而不是与家庭一起进入社会：养育孩子常常需要举全村之力。对领养儿童的研究发现，被收养孩子的个性和智商与他们的亲生同胞相关，而与领养家庭的兄弟姐妹无关。这一事实告诉我们，成人的个性和智商是由基因和机会决定的（因为这里的相关性并不完全，即使是同卵双胞胎也有差异），而不是由父母后天塑造而成，至少不是父母对孩子的管教塑造而成的。尽管有这样或那样的反证，“教养说”还是发展出一套非常顽固的专业见解，接受这些观点的母亲把自己变成每天 24 小时运转的育儿机器，激励、培养和开发她们怀中的小白板。

另一个被神圣化了的禁忌是绝对不许孩子接触任何一点儿与暴力有
444 关联的东西。2009 年在芝加哥，25 个 11 岁到 15 岁的学生参与了一场饭厅里扔食物的打斗。这原本是一项很老派的运动，但这些孩子被警察带走，还被铐上手铐，押进警车，拍摄了犯罪嫌疑人的照片，最后被控“行为鲁莽”。[199]校区内武器零容忍政策带来了一系列荒诞的故事，一个 6 岁的幼儿童子军的午饭盒里有一副套装的野营餐具，学校几乎为此重新制定校规；为了课堂作业，12 岁的女孩子用一把工具刀从玩具房子上割下了一块玻璃，结果被学校开除；雄鹰童子军队员遵循“时刻准备着”的座右铭，在自己的车里准备了一个睡袋、饮用水、食品和 2 英寸长的折叠刀，他因此被学校停课。[200]很多学校雇用了脖子上挂着哨子的“课间教练”，监督孩子从事建设性的、有组织的课间游戏。学校担心如果让孩子自由选择，孩子也许另有所爱，比如为了一只足球争吵、跳绳，或者在操场上跳方块。[201]

成年人不断努力剔除儿童文化中的暴力内容。1982 年的电影《外星人》（*E. T.*）的高潮是小男孩爱略特将外星人放在自行车的小筐子里，闯过了警察的防线。2002 年，在此电影出品 20 周年版时，史蒂文·斯皮尔伯格用数字处理解除了警官的武装，他通过计算机绘图用对讲机取代了原来警察佩带的枪支。[202]万圣节前后，父母总是得到提示，给孩子的装扮服饰要“积极向上”，比如要装扮成历史人物或南瓜胡萝卜，而不要把孩子整成僵尸、吸血鬼或者电影里的反派。[203]洛杉矶市的一所学校就万圣节化装指导，发出如下这份备忘录：

> 不得扮成流氓团伙或恐怖人物，或者让人感到恐惧；
> 只能在游行中使用面具；

化装不得侮辱任何种族、宗教、国籍、残疾或性别；
不得使用假指甲；
不得出现武器，即使假的玩具武器也不得出现。

在加利福尼亚州的另一个地方，一名妈妈认为自己的孩子也许会对邻居院子里的万圣节的墓碑装饰和怪物感到恐惧，于是打电话到警察局报告邻居犯有“仇恨罪”。[204]

儿童价值的历史性提升已经进入其衰落期。孩子不再面对出生时被闷死的噩运，不再在冷酷的孤儿院忍饥挨饿，不再被乳母下药，被父亲痛殴，被继母屠宰后做成肉馅，不再在矿井或车间里累死累活，或者感染传染病，也不再被同伴殴打。现在的专家绞尽脑汁，要在下行的曲线甚至反弹曲线上寻找一点点新的增量。不准许孩子中午在户外活动——有患皮肤癌的风险，不能在草地上玩耍——有跳蚤，不能从其他孩子的小摊子上买柠檬水——没有洗干净的柠檬皮上有细菌，不能在妈妈做蛋糕的时候舔打奶油的勺子——没有做熟的鸡蛋有沙门氏菌。律师出马检 445
查所有的操场，确保所有地方都铺满橡胶软垫，滑梯和攀登架的高度不能超过腰部，跷跷板要一律拆除，这样就不会有在下方的孩子跳离位子，看着还在上方的孩子掉到地上——这本来是跷跷板最好玩的噱头。儿童教育节目《芝麻街》的制片人发行了一套 DVD，包括这套经典系列节目最初几年的合集（1969—1974 年），他们竟然在包装外盒上警告说有些节目可能“儿童不宜”！[205]节目中有孩子进行“危险活动”的内容，例如爬上攀登架，没有戴头盔骑自行车，在弯弯曲曲的筒子里爬进爬出，接受和善的陌生人送的牛奶和饼干。受到审查总清算的节目是，《魔怪大作剧院》（*Monsterpiece Theater*）在每一集节目的结尾，都有穿着大领结小夹克、口衔烟斗的主持人蓝色“曲奇饼小妖怪”吞云吐雾，这无疑美化了香烟产品，会带来让孩子窒息的风险。

对童年影响最大的莫过于被陌生人绑架，这可谓造成恐惧心理的典型案例。[206]1979 年，当时年仅 6 岁的伊丹・派兹在纽约曼哈顿下城去校车站的路上失踪，自那时起，儿童绑架案成为全国关注的重点，美国有

3 家利益团体全力以赴安抚恐慌的父母。我们可以理解，失去孩子的父母希望自己的悲剧还能产生一些积极的结果，其中一些父母用余生奋力呼吁社会对被拐骗儿童的关注。（其中之一是约翰·沃尔什，他推动在牛奶包装盒上印刷失踪儿童的照片，并成为美国极受欢迎的电视节目《美国通缉犯》的主持人，节目涉及很多绑架和谋杀案。）政客、警长、公关公司负责人当然知道他们绝对不能错过这些社会运动，有谁胆敢出头反对保护儿童免受伤害呢？他们纷纷在宣布保护儿童的新立法的仪式上露面，这些新法案往往以失踪儿童的名字命名，例如“亚当条款”、“安玻警戒”、“梅根法”，还有“全国失踪儿童日”。媒体也认识到这些案件都是收视率的发动机，他们不仅不分昼夜连轴转地报道儿童失踪案件，节目弥漫着恐惧，而且不失时机地推出纪录片（“这是每个父母的噩梦……”），电视连续剧《法律与秩序》还专门辟出一个系列，主题就是性犯罪。

美国儿童的童年从此彻底改变了。父母绝对不会让孩子离开自己的视野。孩子有司机，有看护，装备了手机，不过，手机完全没有减轻父母的焦虑；如果孩子没有在铃响的第一时间接起电话，父母就会惊恐万分。原来，孩子在操场结识新朋友，现在必须依靠妈妈牵线，这在 20 世纪 80 年代之前还是很少见的。[207] 40 年前，2/3 的孩子或者步行上学，或者骑自行车上学；今天只有 10% 的孩子还在这样做。在一代人之前，70% 的孩子在户外玩耍，今天只剩下 30%。[208] 2008 年，记者勒诺·斯科纳兹 9 岁的儿子乞求母亲让他放学后独自一人乘纽约的地铁回家。勒诺
446 同意了，孩子平安地完成了旅程回到家中。当她在《纽约太阳报》的专栏上报道了这个小花絮时，她立即成为媒体攻击的全民公敌，被冠以“美国最糟糕母亲”的头衔。（典型的报道标题如：“妈妈让 9 岁的孩子自己乘坐地铁：专栏作家的儿童独立实验掀起风波”。）作为回应，她发起了一场“放养儿童”运动，并提议设立“全国儿童公园独立活动日”，即每年有一天将孩子带到公园，并将孩子自己留在公园，让孩子有机会学习怎样在没有大人监督的情况下自己游戏。[209]

勒诺·斯科纳兹肯定不是美国最糟糕的妈妈。她仅仅做了一件政客、

警察、父母或者制片人都没有做过的事情：对事实进行了调查。在牛奶包装盒上的失踪儿童中，绝大部分都不是被性罪犯、儿童贩子、索取赎金的绑架者拐带走的，而是十几岁的孩子自己离家出走，或者被离婚后父母中不满监护协议的一方带走。20 世纪 90 年代，美国每年有 200 ~ 300 个孩子被陌生人拐骗失踪，现在这类案件每年大约有 100 起，其中半数案件中的孩子被谋杀。美国有 5000 万名儿童，拐骗谋杀率为 100 万分之 1。这大约是溺毙风险的 1/20，车祸死亡的 1/40。作家沃里克·凯恩斯（Warwick Cairns）做了一些计算，结果是，如果一个人想要自己的孩子被绑架，需要把孩子留在无人看管的街上长达 75 万年。[210]

有人会认为，孩子的安全如此紧要，即使出现这些过度紧张和过度开销，每年能挽救几条小性命也是值得的。但这种推理非常虚假。在生活中，人们不可避免要在安全和其他美好事物之间进行取舍，就像父母为孩子积攒学费而放弃安装室内自动喷水消防装置，或者开车带着孩子外出度假，而不是整个夏天把他们留在家中玩电子游戏——虽然这样显然更安全。避免绑架的安全措施造成的代价是，孩子童年的经历变得单调了，肥胖症的儿童人数增加，职业女性长时间持续焦虑，年轻人吓得不敢要孩子。

即使将风险最小化是我们追求的唯一目标，盲目的安全建议也无济于事。许多措施，比如牛奶包装盒上的通缉犯图片，都属于犯罪学家所说的犯罪控制剧场，即属于广告宣传，不需要任何实际行动。[211]实际上，当 3 亿人为了 50 个人的安全改变了自己的生活方式，这造成的伤害可能远远超过了其带来的好处，这种规模巨大的调整的后果往往不可预见。仅举两个例子：第一个，被家长送孩子上学的车辆撞死的孩子比其他车祸死亡高 2 倍，所以，有更多的家长为了自己的孩子免遭绑架而开车送孩子上学，就有更多的孩子死于交通事故；[212]第二个，高速公路上电子显示牌上发布失踪孩子的信息，导致驾车人分神和减速，也是导致车祸 447
的原因。[213]

过去两个世纪以来，提升儿童生命价值的运动是人类历史上最伟大的道德进步之一，只是过去 20 年中的一些举措未免过火，已经有荒谬之嫌。

同性恋权利，对同性恋仇视的减少，以及同性恋非罪化

如果我说英国数学家艾伦·图灵（Alan Turing）对逻辑和数学理性做出了杰出的解释，发明了数字计算机，解决了精神与肉体的问题，拯救了西方文明，这显得非常夸张。但是，这些又绝对都是真实的。[214]

在1936年一篇开创性的论文中，图灵给出了一套简单的操作。根据他的设计，这套操作足以对任何可计算的数学和逻辑公式进行运算。[215]这套设计可以很容易地转换为一种运算机器，也就是数字计算机。10年之后，图灵实用的设计成为我们今天所使用的计算机的蓝本。“二战”期间，图灵曾经为英国政府破译密码的部门工作，帮助破译了纳粹与潜艇之间通信使用的密码，此举对打败德国的海军封锁，扭转战争局势有决定性的作用。战争结束后，图灵发表了一篇（至今仍被广泛阅读的）论文。在论文中，他将运算等同于思考，由此对机械系统怎样具有智能给出了解释。[216]此外，他将当时最艰深的科学问题作为自己的研究课题（生物结构怎样在胚胎阶段从一组化学物质发生形态转变），并提出了巧妙的解决方法。

西方文明又是怎样感谢这位旷世奇才的呢？1952年，英国政府逮捕了他，取消了他的安全许可，威胁要判他坐牢，接着对他进行化学阉割，将年仅42岁的图灵逼上自杀的绝路。

图灵做了什么，要遭受如此的唾弃？因为他与男人发生了性关系。在当时的英国，同性性交为非法行为，他被控“行为猥亵”。英国的另一位天才奥斯卡·王尔德也是在同一罪名下被打垮的。对图灵的指控出于一种政治恐惧，当局认为同性恋可能是被苏联间谍利用的弱点。8年之后，英国国防大臣约翰·普罗富莫因为与一个苏联间谍的情妇有绯闻而被迫辞职，这让对同性恋间谍的恐惧成为人们的笑料。

至少自《旧约·利未记》第20章第13节明文规定了男人与男人做
448 与妇人一样的苟合之事就要被处死以来，很多政府一直利用对暴力的垄

断对同性恋进行监禁、酷刑、阉割和处决。[217]一个同性恋者即使能逃脱政府和司法的迫害，躲过所有诸如猥亵、鸡奸、肛交、非自然行为、反自然罪等罪名，还是难逃自己同胞的同性恋仇视、同性恋迫害狂暴力和反同性恋仇恨犯罪。无论是政府主导还是草根民众自发的同性恋迫害狂暴力，在人类暴力种类中都是一种莫名其妙的分类，因为实在难以确定侵害者从中要得到什么。此种暴力并不涉及资源竞争，同性恋即使是犯罪也不存在受害者，消灭同性恋更不会带来任何和平。如果有任何利益纠结，异性恋男人应该很高兴地面对同性恋同胞，因为他会觉得："太好了！我能拥有更多的女人了！"按照这个逻辑，女同性恋应该引起更大的愤怒，因为女同性恋者将双份的女性带离交配资源库。但是，历史上对男同性恋的仇恨远远高于对女同性恋的仇恨。[218]很多司法制度单单规定男同性恋为犯罪，但从来没有一个司法制度仅仅挑出女同性恋为非法。针对男同性恋的仇恨犯罪远远高于针对女同性恋的犯罪，比率几乎是5:1。[219]

和同性恋本身一样，对同性恋的憎恶也是一个进化之谜。[220]这不是说，同性恋的性行为有任何神秘之处。人类本身就是多元性向变态的物种，一直不断地从各种有生命的物体，甚至无生命的物体——因此对物种繁衍毫无意义——上寻求性满足感。在全男性的环境中，例如航船、监狱、寄宿学校中，男人寻找任何与女性身体近似的对象进行发泄。在这样的环境中，男色成为一个比较柔软、光滑、甜蜜的对象。在很多社会，包括古希腊的精英，男妓得到制度化的认可。当然，据我们所知，在同性恋行为被制度化的社会，不存在同性恋憎恶。妇女在性向方面有比较大的弹性，很多妇女都经历过不同的性向阶段，从愉快的单身，到滥交，到一夫一妻，或者同性恋；美国女子学院的一个传统现象就是"同性恋直到毕业"（lesbian until graduation）。[221]

真正的谜是同性恋的性取向——为什么会有男人和女人坚持倾向同性性交而不是异性性交，或者有些人坚决回避与异性性交。至少，男同性恋性取向看来是天生的。男同一般都说他们在青春期初感性欲骚动的时候就开始被同性吸引。同卵双生的双胞胎同性恋比在异卵双生中更常见，这说明他们共享的基因对性取向有影响。此外，在先天与后天之争中，同性恋是少数几个政治正确指向“天生”的问题。如果按照通常的理解，同性恋是天生的，人们并不是选择成为同性恋，因此也就没有必要对他们的生活方式说三道四，而且，这也不是说，如果同性恋者愿意，他们就能在学校或者童子军中把其他孩子变成同性恋。

449 进化之谜在于为什么这种避免异性交配的基因能够如此长久地存在，既然携带此类基因的人很少有或者根本没有后代。也许“同性恋基因”具有某种补偿性优势，比如当女性携带此种基因时生育力加强，特别是当这种基因是 X 染色体，而妇女具有两个 X 染色体——女性在传播基因方面只需要比男性稍稍多过一半就具备传播优势。[222]也许，假定的同性恋基因仅仅在特定环境中才导致同性恋，而这个环境在基因筛选时还不存在。一次民族志调研发现，在近 60% 的无文字社会中，同性恋或者很罕见或者根本不为人所知。[223]或许，基因是通过让胎儿特别易受激素和抗体的影响，影响发育中的大脑，进而间接产生作用。

不论是何种解释，在不接受同性恋行为的社会中长大的同性恋者，总能感受到全社会的敌意。在意识到同性恋存在的传统社会中，不接受同性恋的社会的数量是容忍同性恋的社会的 2 倍。[224]无论是在传统社会还是在现代社会，对同性恋的不宽容都可能触发暴力。欺负弱小和粗暴常常被视为显示男子气概的最方便的手段。立法者将他们自己在同性恋问题上的道德信念转化为戒律和条例。这些信念也许是厌恶和道德感互相强化的结果，但人们最终却混淆了什么是生理的反感，什么是客观的罪恶。[225]在这种思想短路中，避免同性伙伴的本能冲动变为对同性行为的谴责冲动。在《圣经》成文的年代，对同性恋行为的厌恶感转化为法律，变成对同性恋者的迫害，特别是在基督教和伊斯兰教国家，同性恋者被判处死刑或阉割。[226]而 20 世纪令人毛骨悚然的迫害是纳粹在集中营对同性恋者实行灭绝。

在启蒙时代，人们对建立在生理反感或宗教教义上的道德戒律提出质疑，由此开始了对同性恋的重新审视。[227]孟德斯鸠和伏尔泰都表示，同性恋应该被非罪化，虽然他们也没有达到在道德上接受同性恋的程度。

1785 年，杰里米・边沁向前迈了一大步。根据功利主义分析，道德无非是能够给最多的人带来最大的善，因此边沁认为同性恋没有任何不道德可言，因为它没有对其他人造成任何福利的损失。法国大革命后，同性恋在法国合法化；在其后几十年间，又有极少几个国家采取了同样的政策，见图 7–23。直到 20 世纪中期，同性恋权利运动再次兴起，并随着人权观念的普及，在 70 年代至 90 年代达到高潮。

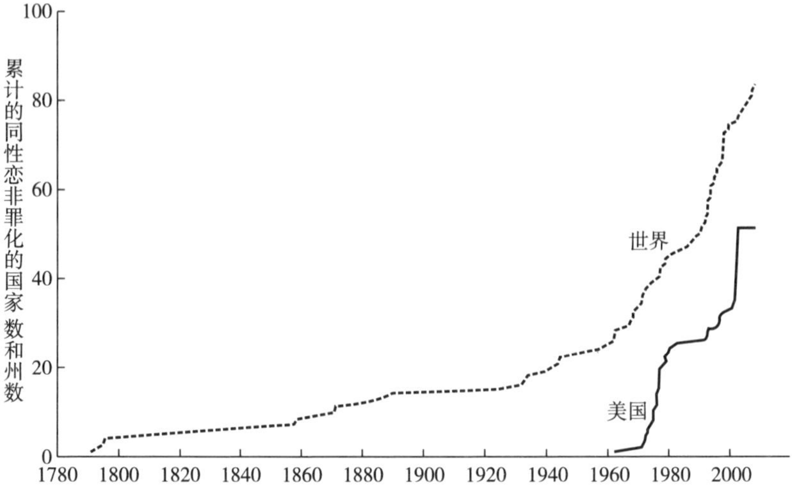

图 7–23　美国和全世界同性恋非罪化时间表

资料来源：奥托松（Ottosson），2006 年，2009 年。另外 7 个国家（东帝汶、苏里南、乍得、白俄罗斯、斐济、尼泊尔和尼加拉瓜）的日期来自“国家和地区的 LBGT 权利”（http://en.wikipedia.org/wiki/LGBt_rights），另 36 个同性恋合法的国家没有时间资料来源。

今天，同性恋已经在几乎 120 个国家得到合法地位，尽管还有 80 个国家坚持在纸面上反对同性恋，这些国家大部分在非洲、加勒比海、大洋洲和伊斯兰世界。[228]在毛里求斯、沙特阿拉伯、苏丹、也门、尼日利亚部分地区、索马里部分地区和伊朗（尽管根据马哈茂德・艾哈迈迪–内贾德的说法，伊朗不存在同性恋），仍然对同性恋者处以极刑。国际社会仍在向这些国家施加压力。所有的人权组织都认为同性恋入罪是违反人权。在 2008 年联合国大会上，66 个国家通过一项宣言，要求各国废 450

止规定同性恋违法的法律。在有关此项宣言的声明中，联合国人权官员那瓦内森·皮拉伊（Navanethem Pillay）写道："普世原则没有例外。人权是所有人与生俱来的权利。"[229]

图 7–23 也显示美国的同性恋非罪化进程相当落后。直到 1969 年，同性恋在美国除伊利诺伊州之外的所有州都属违法，都市的警察经常在不太繁忙的夜晚袭击同性恋者聚会的场所，驱赶或逮捕聚会的组织者，有时甚至动用警棍。1969 年，纽约警察袭击格林尼治村的一所同性恋夜总会"石墙酒吧"，引发了连续 3 天的抗议骚乱。全国各地的同性恋社区开始行动，要求废止规定同性恋违法的法律，立即对同性恋非罪化。在十几年之内，美国大约半数州实现了同性恋非罪化。2003 年，在新一轮的非罪化运动之后，最高法院推翻了得克萨斯州的反鸡奸法，认定所有此类法规违宪。在
451 最高法院多数法官的意见陈述中，最高法官安东尼·肯尼迪引用个人自主的原则，并批评使用公权维护某种宗教信仰和传统观念的荒唐：

> 自由给予个体的自主包括思想自由、信仰自由、表达自由以及特定亲昵行为的自由……我们当然必须承认，多少个世纪以来一直有强大的声音谴责同性恋行为不道德。这种谴责由宗教信仰、权利概念、行为准则以及对传统家庭价值的尊重所决定……但所有这些考虑都不能回答我们所面对的问题。这个问题就是多数人是否可以使用国家公权，通过刑法运作，将他们的观点强加给整个社会。[230]

20 世纪 70 年代第一波同性恋非罪化运动之后，美国人对同性恋的态度发生了巨大的转变，十几年后，残留的同性恋法律终于被彻底清除。80 年代因为艾滋病的流行，同性恋社团动员自救，并促使很多名流出柜，还有许多人在死后公布了自己的性向。这些人包括演员约翰·吉尔古德（John Gielgud）和罗克·哈德森（Rock Hudson），歌手埃尔顿·约翰（Elton John）和乔治·迈克尔（George Michael），时装设计师派瑞·艾力斯（Perry Ellis）、罗伊·侯斯顿（Roy Halston），还有伊夫·圣·洛朗（Yves Saint Laurent），运动员比利·简·金（Billie Jean King）、格雷

格·洛加尼斯（Greg Louganis），以及喜剧演员艾伦·德詹尼丝（Ellen De Generes）和罗茜·欧唐内（Rosie O'Donnell）。当红的艺人凯蒂莲（k. d. lang）、弗莱迪·摩克瑞（Freddie Mercury）和乔治男孩（Boy George）大张旗鼓地炫耀他们的同性恋个性，剧作家哈维·费斯坦（Harvey Fierstein）和托尼·库什纳（Tony Kushner）创作有关艾滋病和其他同性恋题材的影视剧本。浪漫喜剧和连续剧《威尔和格蕾丝》（*Will and Grace*）和《艾伦》（*Ellen*）中开始出现可爱的同性恋形象，异性恋接受同性恋逐渐成为正常的准则。《宋飞正传》里宋飞和乔治坚持说："我们不是同性恋！……不是因为同性恋有什么不好。"随着同性恋去污名化、家庭化甚至贵族化，很少还有同性恋者觉得需要掩盖自己的性向。1990年，我读研究生时的导师，一位1925年出生的优秀的语言心理学家和社会心理学家，在他的自传体散文的开篇这样说："当罗杰·布朗（Roger Brown）出柜时，需要勇气的时代就一去不复返了。"[231]

当美国人日复一日地认识到同性恋者是他们现实世界和虚拟世界的组成部分，他们从此无法继续将同性恋者排除在自己的情感圈子之外。民意调查充分展示了这一转变。从图7-24中，我们可以看到美国人对（两个民调组织询问的）同性恋是否不道德，同性恋是否合法，以及同性恋者是否有平等就业机会的意见。我将对最后两个问题的肯定回答在制图时颠倒过来，让所有四个问题的低值代表更大的容忍度。

对同性恋最友善的意见，也是最早出现转折的指标是公平就业机会。在民权运动之后，追求平等已经成为社会的共识，美国人即使不赞同同 452
性恋者的生活方式，但也不接受对他们的歧视。进入21世纪之后，反对给予同性恋者公平就业机会的人几乎消失了。从80年代后期开始，人们的道德判断终于赶上了他们的公平意识，越来越多的美国人表示"同性恋没有什么不对的地方"。盖洛普民调机构2008年新闻发布的标题将当时国家的情绪概括为："美国人在同性恋道德问题上对半分，但大部分人支持同性恋合法化和接受同性恋关系。"[232]

在同性恋问题上，自由派比保守派更积极，白人比黑人更开放，世俗社会比宗教界更宽容。但所有集团都趋向于给同性恋更大的空间。个人之

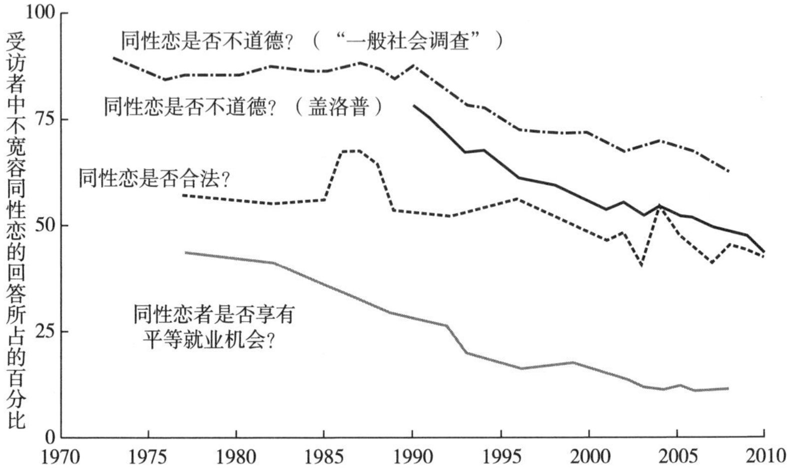

图 7–24　1973—2010 年美国对同性恋的不宽容态度

资料来源：道德缺失（GSS）来源于“一般社会调查”。其他问题来源于盖洛普，2001 年，2008 年，2010 年。所有原始数据均为肯定回答；图中“平等就业”和“合法化”取原始数据与 100 之差。

间的交往特别重要，2009 年的盖洛普调查发现，六成美国人的朋友、亲戚或者同事中有公开的同性恋者；与另外四成人相比，这六成的人更倾向于赞同同性恋和同性恋婚姻的合法化。但宽容已经相当普遍，即使在那些从来没有接触过同性恋的美国人中，62% 的人表示他们对与同性恋者的交往毫无芥蒂。[233]

美国年轻人的态度是社会变化的关键所在。虽然很多人对我说，美国年轻人已经变得非常厌恶同性恋，人们不断听到年轻人以轻蔑的口吻说“这可是太基佬腔儿了”。但是数字给出的事实是，受访者越年轻，越能够接受同性恋。[234]他们认为接受同性恋更符合道德规范。在同性恋
453 原因的争论上，年纪较大的受访者中的自然/先天派比后天派更宽容，因为他们感到一个人不能因自己无法选择的事情遭受谴责。但是十几岁和二十来岁的年轻人更同情后天派的解释，同时他们对同性恋也更宽容。这种组合说明年轻人压根儿就不认为同性恋有任何错误，所以无所谓同性恋者是否能够选择性取向。他们的态度是：“同性恋？怎么了，傻瓜。”年轻人当然比他们的父母更自由开放，不过很有可能随着年龄增

长，当他们占据人口分布的中段时，他们也许不会像现在这样宽容大度。但是，我对此是有怀疑的。我坚信对同性恋的宽容存在一道真正的代沟。现在的年轻人会一直坚守他们的立场，而随着厌恶同性恋的老一代人离去，美国将会越来越宽容。

* * *

公众对同性恋的接受，不仅解除了警察和法庭骚扰同性恋者的权力，同时也赋予了警察和法庭阻止其他公民骚扰同性恋的权力。美国的大部分州，还有20多个国家都实施反仇恨法，对基于性取向、种族、宗教或者性别的暴力犯罪予以重罚。20世纪90年代之后，美国联邦一级也制定了一系列法律。最新的法律是“马休·谢泼德和小詹姆斯·伯德法案”（Matthew Shepard and James Byrd，Jr.），即“2009年防止仇恨法案”（Hate Crimes Prevention Act of 2009）；法案以怀俄明的同性恋学生马休·谢泼德命名。1998年的一天，谢泼德在被殴打后，又被通宵绑在铁丝网上折磨至死。（该法案的另一命名来自一名美国非裔小詹姆斯·伯德，他在同一年被拖在一辆卡车后面夺去性命。）

那么，对同性恋的宽容在增长，对迫害同性恋的容忍在下降，人们的新态度和新法律确实减少了对同性恋者的暴力吗？只要看看在城市、东西两岸沿海地区和大学校区内，同性恋已经变得越来越公开，这至少说明他们感到针对性的暴力威胁不是那样严重。因为缺乏统计数据，很难给出实际暴力犯罪率的变化。仅仅是在1996年之后，联邦调查局开始公布仇恨犯罪的数据，并对犯罪动机、受害者和犯罪性质进行分类，美国才算有了这方面的统计。[235]不过，这些数据未必靠谱，因为它们主要取决于受害人报告犯罪的意愿，地方警察机构的犯罪分类以及他们是否向联邦调查局报告仇恨犯罪。[236]在发生凶杀案时，统计不是什么大问题；幸运的是——同时对社会科学家来说，很不幸的是——没有多少人因为是同性恋而被杀。自1996年以来，联邦调查局记录表明，每年有不到3起针对同性恋的凶杀案，而同期其他类型的凶杀案有1.7万起。就我们所知，其他针对同性恋者的犯罪也很少见。2008年，在每10万名同性恋者中，有 3 人会因为性取向成为被严重骚扰的对象，而仅作为一个人，他成为骚扰受害者的机会要高 100 多倍。[237]

454 我们不知道这些事件是否越来越少。自 1996 年以来，针对同性恋人群的三四种主要犯罪类别——严重伤害、一般伤害或凶杀的统计没有发生明显的变化，其中凶杀如此罕见，统计几乎是无意义的。[238]在图 7-25 中，与严重伤害的曲线相比，我给出了恐吓事件数据的曲线，其趋势呈下行。这里的恐吓是指一个人感到人身安全受到威胁。

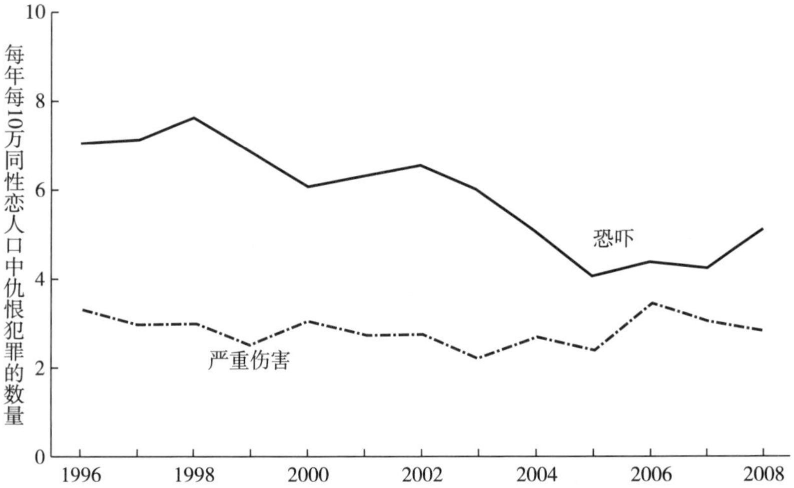

图 7-25 1996—2008 年美国针对同性恋人群的仇恨犯罪

资料来源：联邦调查局关于仇恨犯罪的年度报告（http://www.fbi.gov/hq/cid/civilrights/hate.htm）。案件数除以报告机构涵盖的人口总数，再乘以 0.03，这是通常估计成年人中同性恋所占的比重。

我们不能说美国的同性恋者在受暴力伤害这方面已经变得更安全，但是我们知道他们在受恐吓方面比以往更安全，在歧视和道德指控方面也比以往更安全。也许，最重要的变化是他们完全不再受到来自自己政府的暴力迫害。有史以来第一次，在这个世界上半数以上的国家中，国民终于可以享有某种安全——尽管还不充分，但与以往相比总算是有了进步。我们曾经有这样的时候：一个人仅仅因为自己的性取向，在帮助自己的国家免遭战败的噩运之后，仍然不能躲过政府的黑手。

动物权利和残忍对待动物行为的改善

让我先讲一件我干过的最糟心的事情。1975 年，我刚好 20 岁。作为大学二年级的学生，我得到一份在动物行为实验室做研究助理的暑期工作。一个晚上，教授派给我一项工作。实验室的老鼠中有一只发育不良的小东西，不能用于正在进行的实验，教授因此想用它做一项新的实 455
验。第一步是要用回避条件反射程序训练这只小老鼠。在一只斯金纳箱的底部接上一个电击装置和一个计时器，每隔 6 秒钟电击一下小老鼠，除非它按下一个杆子，而它按动这根杆子后，电击的间隔就变成 10 秒钟。老鼠一般很快就能明白要领，每隔 8 到 9 秒按动一下杆子，可以彻底地避免任何电击。需要我做的全部事情就是将那只小老鼠扔进实验箱，开动计时器，然后回家睡一觉。第二天早上当我回到实验室时，我应该看到一只完成条件反射训练的老鼠。

但是，当我在早上打开实验箱时，事情完全不是我所期望的样子。小老鼠紧紧地缩成一团，控制不住地打着哆嗦。几秒钟之后，它猛地跳起来，但它完全够不到控制杆。我意识到，这只小老鼠没有学会按动控制杆，因此它整个夜晚每隔 6 秒就遭到一下电击。我立刻抢救小老鼠，但发现它的身体已经发凉。我带着它冲到二层楼下的兽医室，但是已经太晚了。一个小时后，它死了。一只小动物死于我的虐待。

我刚刚看到实验指引时，已经感到有些不对头。即使整个过程进展完全顺利，这只老鼠也要在整整 12 个小时内一直处于紧张状态。我的教授是一位激进的行为主义者，对他来说，“作为一只老鼠会如何感觉”这样的问题根本就是扯淡。但我却不这么认为，我从来没有怀疑过老鼠能够感觉痛苦。教授很想留用我，所以我知道如果我拒绝执行他的这个要求，对我也不会有任何不利的结果。但是我还是照本宣科地执行了他的指示，不仅在伦理上自我欺骗，而且在心理上假定这些都是标准程序。

这次经历与 20 世纪的某些特定历史事件过于接近，实在令人无法安宁，我将在下一章展开我在那天得到的心理教训。我之所以告诉大家我良心上的纠结，是要说明当时对待动物的标准就是如此。为了刺激动物为得到食物而工作，我们让动物挨饿，直到它们的体重降至标准喂养时的 80%；对小型动物来说，这意味着连续不断的饥饿。在隔壁的实验室里，鸽子的翅膀上拴着能够放出电击的钥匙链，我看见链子磨破翅膀的皮肤，露出下面粉红的嫩肉。在另一个实验室，发射电波的安全别针就别在老鼠胸部的皮肤上。在一项有关内啡肽（安多芬）的实验中，动物要遭受严重电击；实验文件写明电击“极其强烈，出现强直”，就是说，电击之后，动物的肌肉立即出现强直性痉挛。人们的麻木甚至超出实验的需要。一名研究员为了发泄情绪，将手边没有参加实验的老鼠狠狠扔到墙上。另外一名研究员和我分享了冷酷的玩笑：一份科学刊物上刊登的老鼠照片，它已经学会了规避电击，正四脚朝天地躺着，用前爪按动食物控制杆；照片的文字说明是“床上用早餐”。

456 我可以很宽慰地说，我的小老鼠事故仅仅 5 年之后，科学家对动物福利的漠不关心就成为不可思议的非法行为。从 20 世纪 80 年代开始，使用动物进行实验和教学必须得到实验动物管理和使用委员会（IACUC）的批准；任何一位科学家都可以证明，这些委员会不是装样子的橡皮图章。笼子的尺寸、食物的数量和质量、兽医的护理、锻炼和社交的机会都得到严格的规定。研究人员和他们的助手必须接受使用实验动物的伦理培训，参加一系列训练班讨论并通过考试。任何可能将动物置于痛苦和紧张的实验都属于要被特殊监管的类别，必须提供充足的理由，说明实验是为了取得“更大的科学进步和人类福祉”。

任何一位科学家也都能够证明，科学家自身的态度也发生了变化。最近的调查显示，进行动物实验的研究人员毫不例外地相信实验动物能感觉到痛苦。[239]今天，一个对实验室动物的命运无动于衷的科学家，会遭到同行的蔑视。

实验室动物待遇的变化是权利运动的一个组成部分，人们日渐感到动物不应该遭受不必要的痛苦、伤害和死亡。动物权利的革命是暴力下降的独特象征，对这一革命的回顾正好适合作为我对暴力历史性减少的总结。因为驱动这场革命是一个纯粹的伦理原则，即任何人不应给其他有感知的生命制造痛苦。与其他权利革命不同，动物权利运动不是由受害人推动的，老鼠和鸽子完全无法提出申诉；也不是任何商业利益、互惠条款或者正和博弈的副产品，动物不会因为我们的慈悲对待就提供任何东西与我们做交换。与儿童权利革命不同，动物权利革命不能保证对动物以后的生活有积极的影响。人类纯粹是受到同情、理性和其他权利革命的启发，以动物的名义承认了动物的利益。当然，进步是不均衡的，而且如果我们能够征求动物的意见，它们绝不会同意我们现在就开始扬扬自得。但是进步的趋势相当明显，已经影响到我们和与动物伙伴之间关系的方方面面。

* * *

每当我们想到对动物的冷漠，眼前就会浮现出科学实验室和大型饲养厂。但是，对动物的冷酷绝对不是现代才有的新事物。人类的历史充满了对动物的暴行。[240]

屠宰动物、寝皮食肉是人类得以生存的前提之一。我们的祖先狩猎、宰杀和烹饪肉食已经至少有 200 万年的历史，我们的嘴巴、牙齿和消化系统是专门为包括肉食在内的饮食而设计的。[241]因为肉食中富含的脂肪 457
酸和完全蛋白质，人类才有可能演化发育出新陈代谢积极活跃的大脑，肉食对人类社会性的形成和演化也有着巨大的贡献。[242]猎物让我们的祖先找到了可以分享和交易的价值，从而进入互惠合作的社会阶段。走运的猎人在某个特定时刻能够得到超过自己消费所需的猎获，他愿意与其他人分享，因为他期待当别的猎人走运的时候，也会愿意与他分享。此外，男性狩猎和女子采集的分工带来了男女之间的协同效应。肉类猎获让男人更有效地供养后代，因此强化了家庭关系。

进化过程中肉食的生态重要性，在人类生活上留下了深刻的心理印记。肉食鲜美，食肉让人感到幸福。许多传统文化都有专门的词语描写对肉食的渴望，猎人带回一具动物的尸体，可以让整个村庄充满欢乐。成功的猎人是自傲的，性生活都会更丰富——有时是因为他们的赫赫声望，有时则是名副其实的肉体交换。几乎在所有的文化中，宴飨必须有肉。[243]

在人类生活中，肉食如此重要，那些用自己的身体为我们提供肉品的存在物的福祉当然不是人类要优先考虑的问题。人类内部缓和暴力的信号在与动物的关系中完全不存在，它们不属于人类家族，不能和我们做任何交易，它们中的很多物种根本没有能够激发我们同情心的面孔或表情。环保人士经常愤怒地指责人们只关心那些哺乳动物，因为只有它们有人类能够读懂的面部表情，比如笑容可掬的海豚、眼神伤感的熊猫和有着婴儿般胖脸蛋的小海豹。相貌丑陋的物种就只能随它自生自灭了。[244]

儿童图书中描写的狩猎-采集部落的人对大自然满怀敬畏，但这种敬畏并未妨碍他们疯狂地猎杀大型动物，直到将它们彻底灭绝，也不妨碍他们残忍地对待圈养的动物。比如，美洲印第安人霍皮部落鼓励孩子捕捉鸟类，然后在玩耍中折断鸟腿或翅膀。[245]美洲原住民的美食网站上有这样的菜谱：

烧烤乌龟

材料：

一只乌龟

一堆炭火

做法：

乌龟背向下在火上烧烤。

听到乌龟壳开裂的声音，就烤好了。[246]

458 在传统烹饪中，活杀和活烹动物很常见。非洲的马萨伊人惯于活牛放血，将牛血与牛奶搅拌，做成美味饮料；亚洲的游牧民族从特别培养的绵羊尾巴上活割大块的脂肪。[247]作为家庭宠物的动物也常受到虐待。一项跨文化调查发现，半数的传统文化既养狗又杀狗食用，而且有超过半数的文化虐待狗。比如，在非洲的姆布蒂人中，“猎狗，尽管非常珍贵，却从生到死每一天都被主人无情地踢来踢去”。[248]我向一位研究人类学的朋友询问她曾经研究过的狩猎-采集部落如何对待动物，她回答说：

> 这是作为人类学家最难接受的部分。他们觉察到我的软弱，然后试图向我出售各种小动物，告诉我，如果我不买下它们，它们会面临何种结局。我已经习惯把这些小动物带到很远的沙漠里放生。但部落人还是能追踪而去，抓回这些小东西，再次卖给我！

依赖家养牲畜的早期文明对如何对待动物有详尽的道德准则，但即使在最善良的情况下，这些准则对动物也是好坏参半。最基本的原则是，动物是为了人类的利益而存在的。在希伯来人的《圣经·创世记》第1章第28节中，上帝对亚当和夏娃所说的第一句话是：“要生养众生，遍满地面，治理这地；也要管理海里的鱼、空中的鸟和地上各样行动的活物。”虽然亚当和夏娃还是食果灵长类，但大洪水之后，人类开始吃肉了。上帝在《创世记》第9章第2节和第3节中对挪亚说：“凡地上的走兽和空中的飞鸟，都必惊恐、惧怕你们；连地上一切的昆虫并海里一切的鱼，都交付你们的手。凡活着的动物，都可以作你们的食物，这一切我都赐给你们，如同菜蔬一样。”直到古罗马人在公元70年摧毁第二圣殿时，希伯来神父每天宰杀大量动物，不是为了供养人，而是因为他们迷信必须向上帝定期供奉烧熟的牛排。（据《圣经》记载，炭烧牛肉的气味，对上帝来说是“馨香之气”。）

古希腊人和古罗马人对动物在世间的排序持相近的看法。亚里士多德写过：“植物为了动物而生，动物则为了人而生。”[249]希腊的科学家抱着这样的态度对哺乳动物进行活体解剖，有时候，他们甚至对人类做同样的事情。[据古罗马医学著作的作者塞尔苏斯（Celsus）记载，希腊亚历山大时期的“医生可以得到王室许可，从监狱购买罪犯，在罪犯活着 459
的时候进行解剖，趁着犯人仍在呼吸，观察器官的工作，直到他生命结束”。][250]罗马解剖学家盖伦（Galen）这样写过，他更愿意解剖猪而不是猴子，因为当他下刀子的时候，猴子的面部表露出“不愉快的神情”。[251]

当然，他的同胞正在斗兽场欢乐地虐待和杀戮动物，甚至不排除虐待和杀戮双足行走的灵长类。在基督教世界，圣奥古斯丁和托马斯·阿奎那综合了《圣经》和古希腊人的观点，确立了人类在对待动物时的道德超然立场。阿奎那写道："据神圣的天意，动物存在的目的就是为人所用……因此，不论是杀死还是其他什么方式，人只要利用了动物，都不算是错误。"[252]

在对待动物方面，当代哲学的起点也相当糟糕。笛卡儿在书中说，动物就是钟表，不会感觉痛苦或欢乐。我们听起来像是哭号的声音，无非是一些机械的噪声，就像是某种机器发出的警示音。笛卡儿知道动物的神经系统和人类非常相像，所以，在我们今天看来，他认为人类有感觉，却不承认动物也有感觉，这实在令人匪夷所思。但是，笛卡儿坚信灵魂的存在，上帝赋予人类以灵魂，灵魂是感觉活动的核心。他写道，当他对自己的感知进行沉思时，他不能够"将自己分切成任何部分，而只能将自己领会成一个明确无误的个体，而且是完整的单一实体……我的愿望、感觉、领会等功能不能够被单独地作为部分来进行陈述，因为它就是一个整体，而且就是这个精神的整体本身在期望、感觉和理解"。[253]语言也是这种被我们称为精神或灵魂的不可分实体所具有的功能。既然动物没有语言，所以它们也就没有灵魂；因此它们肯定也没有感觉。像动物一样，一个人有钟表一样的身体和大脑，但是此外还有灵魂，灵魂通过一个特殊的结构——松果腺——与大脑产生互动。

从现代神经科学的观点来看，这种争辩其实是毫无道理的。我们今天已经清清楚楚地知道，感知是大脑的生理活动。我们也知道，语言和感知的其余部分是可以完全分离的，最显而易见的案例是中风病人可以失去语言功能，但并不因此就变成没有感觉的机器人。但是，1861 年之前完全没有对失语症的记录［笛卡儿的同胞保罗·布罗卡（Paul Broca）对失语症做了第一次记录］，所以笛卡儿的理论在当时听起来很有道理。数百年来，人类一直在实验室内对动物进行活体解剖，因为教会不赞成对人类的尸体进行解剖。科学家从活生生的动物身上切下手脚，观察肢体是否能再生，掏出五脏，剥下皮肤，移除器官，包括它们的眼睛。[254]

农业也没有多少慈悲可言。除阉割和烙印之外，在牲畜的耳朵和尾巴上穿孔和打钉，都是历史上常见的农业活动。还有催肥动物或嫩化肉质的残忍喂养——今天遭到人们抗议的鹅肝业和牛奶喂养小牛，都不是 460
新发明。英国的烹调历史描写过17世纪嫩化肉质的某些方法：

> 为了在长途运输后不损失肉质，禽类的肠子在离开农场前被缝起来……火鸡在嘴边的血管上割开一个小口子，倒挂着慢慢控血；鹅被钉在地板上；为保证肉质坚实，三文鱼和鲤鱼活着被切成薄片；鳗鱼被活生生地剥皮，为了不让它们乱动，用叉子穿过眼睛，排成长串……人们认为，如果屠宰公牛前未经折磨，公牛的肉很难消化而且不健康……小牛和猪在屠宰前要用打结的鞭子抽死，以保证肉质鲜嫩，而今天的做法是用钉锤敲打肉片。“抓住一只还不是太老的大红公鸡，打死它。”有一份菜谱就是这样开头的……[255]

工厂化饲养也不是20世纪才有的现象：

> 伊丽莎白时代的“育肥”或催肥猪的办法是“将它们密集地关在一个小房间里，让它们没有转身的空间……它们只能趴在地上”。一篇评论说：“它们在痛苦中吃，在痛苦中躺着，在痛苦中睡眠。”禽类和猎禽通常被关在黑暗和狭小的笼子里催肥，有时甚至被弄瞎眼睛……鹅被从鹅掌处打钉子固定在地板上，据信这样可以增加重量。17世纪流传下来的习俗是，家庭主妇斩下活禽的双腿，这样饲养的家禽肉质会变得嫩滑。1686年，罗伯特·索思韦尔爵士宣布了一项牛舍新发明：“在牛舍里，牛一直待在同一个小牛栏里吃喝拉撒，不受打扰，直到养成屠宰。”在暗室里囚禁养成的多塞尔羊，是乡绅圣诞节大餐中难得的美味。[256]

许多上千年的传统做法完全无视动物的痛苦。鱼钩和鱼叉是自石器时代就开始使用的工具，甚至渔网也会慢慢地将鱼闷死。嚼子、鞭子、马刺、轭和重负，让牲畜的生命悲惨不堪，尤其是那些在阴暗的磨坊和泵站终日拉动转轴的牲口。《白鲸》的读者都知道有千百年历史的捕鲸活动。此外还有我们在第 3 章和第 4 章看到的血腥动物竞赛，例如用头撞钉在墙上的猫、棒击猪、戏弄狗熊和烧死猫。

*　*　*

在漫长的剥削和虐待动物的历史上，一直有些力量努力要限制对动
461 物的残害，但其动机都不是出于对生命的同情。素食主义、反对活体解剖主义和其他爱护动物的运动总是有着各种各样的理由。[257]让我们来看看他们的几种诉求。

我已经几处提及在人的头脑里有将厌恶感–纯洁感道德化的倾向。在公式的两个极端中，一端是极端的厌恶，一端是极端的纯净；肮脏、放荡、纵情声色和暴饮暴食等同于不道德，而在另一端，我们将美善与纯净、贞洁、禁欲和有节制画上等号。[258]这种交互判断影响到我们对食物的感情。肉食总是乱糟糟，并令人感官愉悦，因此是不好的；素食是清洁和有节制的，因此是好的。

另外，人们在意识中有本质论的倾向，我们太愿意在字面上接受“你吃什么，你就是什么”这样的描述。从一堆死肉想到什么东西的尸体，立刻让人感觉肮脏；吞下某种动物的精髓，很可能让吞食者带有这种动物的兽性。甚至常青藤大学的学生也不能免受此等幻想的诱惑。心理学家保罗·罗津（Paul Rozin）的实验显示，学生都相信一个猎取乌龟食肉、猎取野猪食其内脏的部落是游泳好手，而猎取野猪食肉、猎取乌龟取壳的部落很可能是勇猛的武士。[259]

浪漫主义世界观也能让一些人改变对肉食的态度。人类堕落之前的时代、多神教和“血与土的信条”都将处理与加工动物精心描绘成颓废腐败，而素食主义者则完完全全依靠土地产出为生。[260]出于类似的原因，对使用动物进行科学研究的忧虑造成了对科学和知识的一般性反感，正

如华兹华斯在《转折》中所写：

> 大自然的音律甜蜜芬芳；
> 我们偏要加上人类的智慧
> 扭曲了万物美好的姿态——
> 为了剖析，我们大肆谋杀。

最后，不同的亚文化对动物的态度有所不同，因此，对其他人如何对待动物的道德判断，很可能产生自己“高人一等”的结论——而对我们自己的各种做法却经常视而不见，无动于衷。对血腥的动物竞赛的态度特别能显示出阶级意识的较量，中产阶级四处游说，要求将下层百姓喜爱的斗鸡游戏和上流社会享有的猎狐运动立法废止。[261]托马斯·麦考利（Thomas Macaulay）评论说，“清教徒仇恨逗熊游戏，不是因为它给狗熊造成痛苦，而是因为它让观众感到快乐”，也就是说，反暴力运动针对的是残忍的观念，而不仅仅是受害者感受的痛苦。但是，这也点明了一种忧虑，即爱护动物人士很可能变得愤世嫉俗。

古人在肉食上有各种禁忌，其背后的动机令人困惑，最能说明这种困惑的是犹太人的饮食律法。《旧约》的《利未记》和《申命记》将这些律法作为绝对命令，而上帝没有向我们凡人解释圣意的义务。但根据拉比后来的解释，这些律法都顾虑了动物的福祉。[262]动物的宰杀只能由 462
专业屠户操刀，他们总是用干净锋利的尖刀先割断动物的颈动脉、气管和食管。这在当时应该是最仁慈的做法了，肯定比将动物活生生地剁成几块，或者活生生地架在火上烧烤要好得多。但是这种死亡远非没有痛苦，今天一些保护动物的爱心人士一直在努力禁止此类屠宰方式。不许将幼崽用母乳煮食的诫令基本上是禁止将奶制品和肉类合煮，它也被认为与动物关怀有关。不过，如果我们仔细想想，此诫令表达的完全是观察者的感受。对于一个将成为盘中餐的幼崽，汤水中拌有什么佐料，实在不是它要焦虑的问题。

素食文化背后有着五花八门的动机。[263]在公元前6世纪，毕达哥拉斯创立了一个团体，除了测量三角形两个边的边长之外，他和他的追随者拒绝吃肉，主要原因是他们相信灵魂会在不同的身体，包括动物的身体上迁徙。在19世纪40年代出现“素食者”（vegetarian）这个词之前，不食肉和鱼被称为“毕达哥拉斯饮食”。

印度教徒素食的动机是生命的轮回，虽然玩世不恭的人类学家，如马文·哈里斯（Marvin Harris）之流，提出了比较庸俗的解释：在印度，牛是珍贵的农耕工具，此外还提供珍贵的牛奶和（做燃料和肥料的）牛粪，这些用途比做咖喱牛肉的用料更要紧。[264]印度教素食主义的精神影响了佛教和耆那教，这两种宗教对动物生命有着更深刻的非暴力哲学思考。耆那教和尚在行走时清扫脚前的道路以免踩到虫子，有些人甚至戴上面具，以免呼吸时吸入微生物而杀死生命。

但是，在20世纪，纳粹对待动物的态度彻底粉碎了认为素食主义和人道主义可以合二为一的直觉。[265]希特勒和他的许多党羽都是素食主义者，主要不是出于对动物的喜爱，而是出于洁癖、多神教信徒亲近土地的渴望，以及对犹太教人类中心说和肉祭仪式的反感。纳粹在道德割裂方面表现出无与伦比的能力，他们拿人类进行着各种难以诉诸语言的实验，却制定了有史以来欧洲最严格的实验动物保护法。他们的法律甚至强行要求农场、电影摄制组和餐馆人道地对待动物，在烹饪之前，鱼类必须施以麻醉，龙虾要迅速处死。这是动物权利运动历史上最诡异的一个篇章。此后，素食倡导者只得回到他们最古老的立场：食肉让人变得粗暴，戒除肉食让人变得平和。

*　*　*

463 文艺复兴时期，人们对动物表达出某种真切的道德关怀。当时有报告说印度整个国家都不吃肉，欧洲人开始对素食主义越来越好奇。有些作家，例如伊拉斯谟和蒙田，抨击了在狩猎和屠宰中对动物的残害；达·芬奇也是批评者之一，他本人亦成为素食者。

但是，直到18和19世纪，才真正形成有关动物权利的争论。一部分起因是科学的进步。笛卡儿的实体二元论认为人的意识是一个自由浮动的实体，可以在大脑之外独立运作，逐渐让位于（精神和肉体）一元论和属性二元论，即意识等同于或者至少密切关联于大脑的活动。这种早期神经生物学的思考对动物的福祉大有助益。伏尔泰这样写道：

> 狗远远比人更加忠实于友情，而一些野蛮人抓住这条狗，将它按在桌子下面，活生生地开膛剖腹，向你展示了它的肠系膜静脉。你发现，它具有所有你感到自己也有的器官。回答我，机械师，大自然真的给了这只畜生感知的全部渠道，但最后它却什么感觉也没有吗？它的神经是不会感觉痛苦的吗？[266]

我们在第4章中已经看到，杰里米·边沁对引导他提出善待动物的伦理道德做过犀利的分析：关键不在于它们是否有理性和语言，而在于它们是否感觉到痛苦。到19世纪早期，人道主义革命已经从人类扩展到其他有感知的生命，首先指向最令人关注的动物虐待方式——血腥的动物游戏，接着针对对役畜、农场上饲养的动物和实验室动物的虐待。1821年，英国议会第一次有人尝试立法禁止虐待马；当初次宣读提案时，议员发出一片狂笑，他们表示，接下来就会有人要求保护狗甚至猫了。在不过二十多年的时间内，英国议会确实接到了这样的要求。[267]贯穿19世纪的英国，从人道主义和浪漫主义的交融中产生了不止一个反活体解剖联盟、素食运动以及各种防止虐待动物的社团。[268]1859年《物种起源》出版之后，生物学家接受了进化理论，他们因此无法再坚持感知为人类所独有的立场；到19世纪末，英国通过法律禁止活体解剖。

在20世纪中期的几十年间，保护动物运动失去了风头。两次世界大战期间严峻的生活条件，制造了大规模的肉食饥渴，大众对工厂化生产提供的廉价肉类心满意足，顾不上考虑这些肉是怎样被制造出来的。而 464
且，从19世纪开始，心理学和哲学的主流是行为主义；根据他们的理论，动物经验这种念头是一种非学术的傻气，是十恶不赦的拟人论。当时，和19世纪的和平运动一样，爱护动物运动有自己的形象问题，它成为空想社会改良家和食品健康狂人的大本营。甚至20世纪最坚定的道德发声者乔治·奥威尔，对素食主义者也不免发出调侃：

> 有些时候，一个人确实会有这样的印象，对英国的每一个靠啜果汁维生的人，裸体主义者，脚穿拖鞋的人，性欲旺盛的人，贵格会的人，主张“自然疗法”的人，以及和平主义者与女权主义者来说，某些词汇有着特殊的吸引力。根据定义，饮食怪癖者就是指那些为了让自己的躯壳延长5年寿命而从人类社会自我放逐出去的人，也就是说，一些与正常的人类不发生关系的人。[259]

直到20世纪70年代，情况才发生了变化。[270]1964年，英国出版了露丝·哈里森（Ruth Harrison）的《动物机器》（*Animal Machines*），向公众揭露了工厂化饲养中的禽畜的悲惨处境。公众人物迅速响应，据信小说家布丽吉德·布罗菲（Brigid Brophy）首先提出了“动物权利”说，她刻意将两者进行类比，说她就是想“在非人类的动物世界引进平等和解放这样的观念，虽然这些理想只是偶尔能够美梦成真，但一旦成功，通常都带有令人难忘的实际政治成果，比如让奴隶、同性恋或妇女这些受压迫的阶级得到拯救”。[271]

真正的转折点是哲学家彼得·辛格1975年的著作《动物解放》（*Animal Liberation*），人们称其为“动物权利运动的《圣经》”。[272]这里所谓“圣经”的叫法有双重的讥讽含义：辛格是一个世俗主义者和一个功利主义者。自边沁将自然权利称为“高跷上的胡言乱语”以来，功利主义者对这一观念就充满怀疑。但是，辛格追随边沁，对动物的利益给出了清晰的阐述，却没有赋予它们任何“权利”。他首先认识到，生命的感受，而不是智商或者物种的成员地位，决定其是否值得伦理考量。接着，他认为，我们不应该对动物制造任何可以避免的痛苦，这和我们不能对孩子和有精神障碍的人制造痛苦是一样的道理。他推论说，所有人都应该素食。人类完全可以依赖现代素食食谱而生存，权衡利害，动物作为生命免除痛苦和夭折的重要性，显然要高于人类从肉食中得到的微末快感。无论是在文化传统上还是在生物进化上，或者两者兼而有之，人类“天然”摄取肉食的事实都不能说明其在伦理上的天然正当性。

辛格的书取名“动物解放”，与布罗菲一样，辛格极力要将动物权利运动与20世纪60、70年代的权利革命——殖民地解放、妇女解放、同性恋解放相类比，他创造的流行字眼“物种歧视”（speciesism），成为“种族歧视”和“性别歧视”的姊妹词。辛格引用18世纪女权作家玛丽·沃斯通克拉夫特的言论，说如果玛丽关于妇女权利的论述是正确的，那么我们也必须给予“野兽”权利。玛丽的论述是一种归谬法，但辛格认为它是一个完整的演绎。对辛格来说，这些类比绝非简单的修辞技巧。他在另外一本论著《扩大的圈子》中发展了道德进步理论。他说，人类在自然选择中被授予能够与血亲和同伴共情的内在能力，这种共情的生命圈逐渐扩张，从家庭、村庄扩展到整个族群、部落、国家和物种，甚至扩展到所有有感知的生命。[273]我能写作此书，也是得益于辛格的见解。 465

人们同情动物的原因不仅仅是辛格提出的道德观。20世纪70年代，成为一个社会主义者，一个靠啜果汁维生的人，一个裸体主义者，一个脚穿拖鞋的人，一个性欲旺盛的人，一个贵格派，一个主张“自然疗法”的人，或者一个和平主义者，一个女权主义者，或者一个上述各色特点兼具之人，是一件挺得意的好事情。除了从爱心角度为素食主义辩解之外，很快又有了其他理由：肉都是催肥的，有毒，导致血管硬化；种植谷物再用来养育禽畜，而不是直接供人食用，是浪费土地和粮食；农场饲养的废料是主要的污染源，牛的食物和排泄物产生甲烷，乃温室效应的罪魁祸首。

*　*　*

不管是叫动物解放、动物权利、动物福利，还是动物运动，自1975年以来，西方文化越来越不能容忍针对动物的暴行。在以下几个方面，可以看到显著的变化。

我已经提到过第一点：保护实验用动物。不仅活的动物受到保护，不得在科研中让动物感到疼痛和紧张，或杀死动物，而且在高中生物课实验中，传统的解剖死青蛙的内容已经被文字描述和幻灯片替代。（在有些高中，学生开始使用虚拟青蛙，用计算机程序进行虚拟解剖。[274]）商业实验室使用动物对化妆品和日用品进行实验，这引起人们的强烈抨击。20 世纪 40 年代曾经有报告说，睫毛膏内的煤焦油会导致妇女失明，此后日用品都要经过臭名昭著的德蕾丝眼部刺激安全测试程序，就是将一定数量的产品直接施用在兔子的眼睛上，观察其所造成的损害。在 20 世纪 80 年代之前，很少有人听说过德蕾丝测试程序；在 90 年代之前，几乎没有人会注意到“无残酷测试”（指产品避免了虐待动物式的测试）的说明；今天，“无残酷测试”一词如徽章般装点着成千上万的日用品，人们早已习以为常，即使看见“无残酷测试避孕套”，也没有人会动动眉毛。消费品实验室仍在继续使用动物进行安全测试，但是数量日渐减少，规章日渐严格。

第二个显著的变化是禁止血腥运动。我已经提及，自 2005 年起，
466 英国贵族必须让他们的号角和猎犬永久退休了；2008 年，路易斯安那州成为美国最后一个立法禁止斗鸡的州。斗鸡曾经是一项遍及世界各地、有上千年历史的运动项目。同许多被法律禁止的事项一样，有关活动实际上禁而不止，特别是在拉美和南亚移民中继续举行，但在美国，斗鸡的数量已经大大减少，世界上很多国家都已经宣布此项运动非法。[275]

甚至令人骄傲的斗牛运动也感到了威胁。2004 年巴塞罗那明令禁止斗牛士在竞赛中杀死斗牛；2010 年，西班牙整个东北部的加泰罗尼亚地区也开始实施这一禁令。国有的西班牙电视台已经停止实况转播斗牛活动，因为人们认为此项活动对儿童来说太过暴力血腥。[276]欧洲议会正考虑在整个欧洲大陆禁止斗牛。就像被仪式和盛典神圣化了的决斗和其他暴力习俗一样，总有一天，斗牛运动也将偃旗息鼓，告别历史舞台，但不是因为爱心人士的谴责和政府的禁令，而是因为不再有观众能够忍受它的残忍。海明威在他 1932 年的作品《午后之死》（*Daath in the Afternoon*）中解释了斗牛的原始吸引力：

> （斗牛士）必须对杀戮的瞬间感到精神享受。杀戮干净利索，其手法给人一种审美上的快感，而骄傲从来就是人类最大的享受之一。一旦你接受死亡的命运，“不可杀戮”就是可以轻易和自然遵守的戒律。但是当一个男子奋起反抗死亡时，他才会快乐地想到自己也拥有神一般的属性，也能够制造死亡。在能够享受杀戮的男人身上，这是最深奥的情感之一。他们行事时满怀骄傲，骄傲对基督徒当然是一种罪，而对异教徒则是一种德。但是，正是有了骄傲才有了斗牛，有了对杀戮的真正的享受才成就了伟大的斗牛士。

30 年后，汤姆·莱勒对斗牛经历的描述已经有些变味了。他宣称：“世界上肯定没有比一个孤独的男人独自面对一头一吨重的、愤怒的红焖肉更漂亮的场景了。”在抒情诗的高潮段落，他吟诵说：

> 花镖手身段矫健，我为之欢呼雀跃，
> 眼见他巧妙地刺中公牛，
> 我已很久未曾如此快乐，自那日
> 兄弟的小狗，罗弗
> 被车撞死之后。

“罗弗是被一辆庞蒂亚克撞死的。”莱勒补充说，“撞得如此优雅和艺术，目击证人将狗的两只耳朵和尾巴奖赏给了肇事的司机。”今天西班牙年轻人对斗牛的态度更接近莱勒，而不是海明威。他们的英雄不再是斗牛士，而是不需要依赖杀戮的精神骄傲和美学骄傲就能成名的歌手和足球运动员。西班牙的斗牛还有不少忠实的粉丝，不过观众都是中年 467
人和老年人。

狩猎也是一项过气的运动。不论是由于对小鹿斑比的热爱，还是由于猎手埃尔墨的关系，为娱乐打猎的美国人越来越少了。图 7–26 显示，在过去 30 年间，在“综合社会调查”中承认自己或配偶打猎的人的比重不断下降。其他统计显示，狩猎者的平均年龄迅速上升。[277]

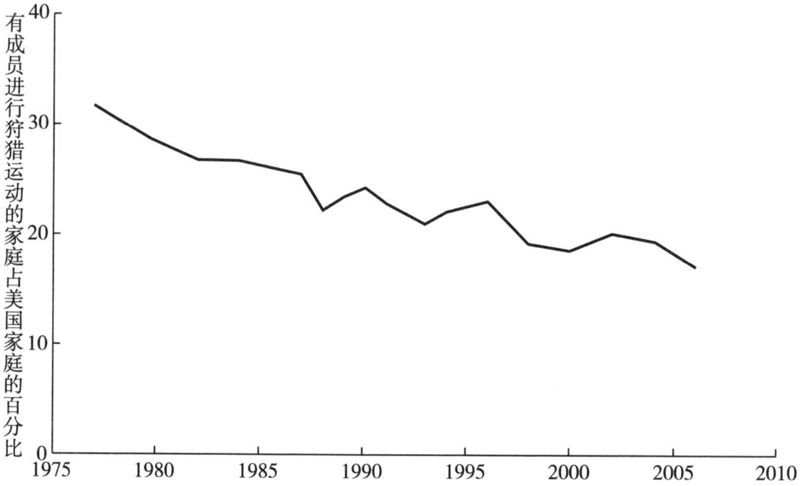

图 7-26 1977—2006 年美国进行狩猎运动的家庭的比重

资料来源：综合社会调查。

这并不是说美国人用来玩电子游戏的时间越来越多，户外活动的时间越来越少了。根据美国渔业和野生动物服务局的数据，在 1996—2006 年 10 年间，美国人狩猎的人数和天数，以及花在狩猎上的钱数下降了 10%~15%，但野生动物观察者的人数、观察的天数和花费的钱数上升了 10%~20%。[278]人们仍然愿意与动物交往和沟通，只是他们更情愿盯着它们看，而不是开抢射杀它们了。我们现在要观察的是，这一下降趋势是否会因为狂热的本地食物爱好者（"土食者"）而出现反弹，这些年轻的都市专业人士为了减少食物运输的公里数，又拿起了猎枪，收获自己放养的、食草的、可再生的、人道屠宰的肉类。[279]

很难想象垂钓居然可以是一项人道的运动，但是垂钓者正在尽力而为。他们中的一些人将捕捉后立即放生的做法发挥到极致，捕到鱼后，不将鱼带出水面就放生，因为将鱼暴露在空气中会让鱼感到紧张。当然，最好的捕鱼方式是无鱼钩的假绳钓鱼：垂钓者看着鳟鱼咬饵，感觉钓绳的那一下抖动，仅此而已。一名无钩垂钓者这样描述自己的经验："我 468
现在以一种更加自然的方式进入鳟鱼世界并与它们相处。我不会打扰它们进食的节奏。它们不断咬饵，我仍然能够感觉到它们咬饵时鱼线抖动的快感。我不再想伤害和骚扰鳟鱼，同时我也有办法继续享受垂钓。”[280]

你能看懂这些比喻修辞吗？

> 发布本博客文章时没有伤害任何树木。
>
> 制作本书预告时没有任何豚鼠受到伤害。
>
> 本商品的制作没有伤害任何北极熊。
>
> 本书评的写作没有伤害任何山羊。
>
> 本产品的生产没有伤害任何健怡可乐罐。
>
> 抗议全民医保法案中没有任何茶党成员受到伤害。

这种句式来自美国人道主义协会（American Humane Association，AHA）的标志性证书，证明在制作电影时没有动物受到伤害；在每部影片的片尾，在灯光师和场务领班的名字之后，就会出现这种证词。[281]曾经有报告说，电影在拍摄马群冲下悬崖的镜头时，竟然真的让马掉下了悬崖；美国人道主义协会为此专门设立了电影电视部，为电影业制定对待动物的指引。协会解释说，今天的消费者越来越重视动物的福利，他们和美国人道主义协会站在一起，要求使用动物演员的娱乐界提高准则和承担责任。他们坚持使用“演员”一词，说：“动物不是道具。”共有131页的《影视业安全使用动物守则》在1988年推出第一版，开篇即将动物定义为：“任何有感知的生命，包括鸟、鱼、爬行动物和昆虫”，没有留下任何生命物种不受保护或任何遗漏。[282]我随手翻开一页：

> **水效果（请参阅第5章中的“水安全”）**
>
> 第六款之二：不得有任何动物被用于极端的和强制的雨模拟。任何用来制造效果的水压和风速必须全程受到监控。
>
> 第六款之三：在模拟雨的场景中，应该提供橡胶垫或其他防滑物或防滑材料层。如果需要泥泞效果，泥泞的厚度必须在摄制之前得到美国人道主义协会的批准。在必要的情况下，泥泞下必须安装防滑层。

美国人道主义协会夸耀说：“自从实施守则以来，摄制过程中动物出现意外伤害、疾病和死亡大幅度下降。”他们有坚实的数据支持，而我又喜欢用图表讲故事，请各位看图 7–27，它给出了每年因为虐待动物演员而发生“不可接受的”动物死亡事故的影片数量。

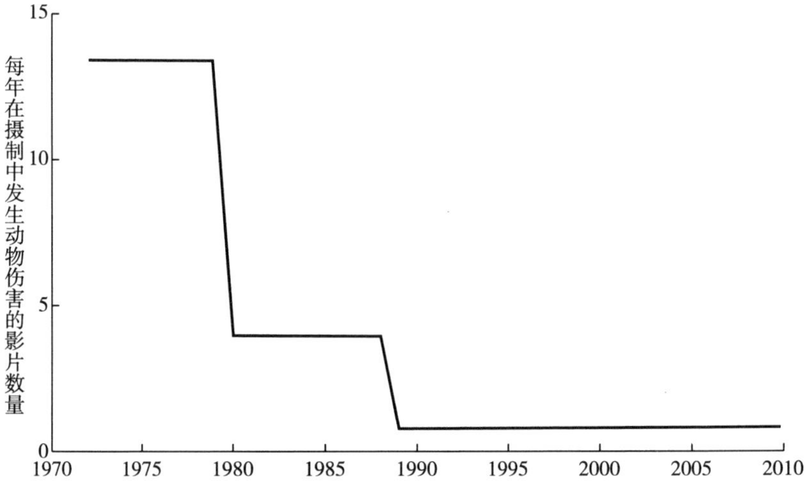

图 7–27　1972—2010 年摄制中发生动物伤害的影片数量

资料来源：美国人道主义协会，影视部，2010 年。

469 如果说以上种种还不足以让你相信动物权利已经被抬高到一个全新水准，那就请看看 2009 年 6 月 16 日发生的事件。《纽约时报》有专文记载，题目是：“什么是白色的，有 132 个房间，还有很多苍蝇？”谜语的答案是“白宫”，它刚刚受到这种昆虫的侵袭。在一次电视转播的采访节目中，一只苍蝇不停地围着奥巴马总统的脑袋打转转。特勤人员一时无法与之搏斗，并将其按倒在地上，总统本人只好亲力亲为，抬起一只手，将苍蝇拍死在另一只手上。最高终结者吹嘘说：“我击中了吸血鬼。”这一片段成为 YouTube 的热点，但是也引来“善待动物”组织的抱怨。他们在自己的博客上说，“不能说奥巴马总统不应该伤害一只苍蝇”，但为了“未来可能再次发生的昆虫事件”，他们给奥巴马送来一只他们的“人道捕虫器”。[283]

* * *

最后，我们来说说肉类。如果你要数一数50年来生活在这个世界上的每一只动物，将对动物的伤害做个总计，你会说，人类在对待动物方面毫无改进。因为动物权利革命的进步被肉用仔鸡革命的进展抵消了。[284]1928年总统竞选口号“每只锅里一只鸡”告诉我们，鸡曾经被视为奢侈品。市场的反应就是培育肉质更多的品种，进行更有效的饲养，尽管这可能更不人道：工厂化饲养的肉鸡双腿细小，鸡笼拥挤不堪，呼吸的是腥臭的空气，运输和屠宰的手法都非常粗暴。20世纪70年代，消费者开始相信白肉比红肉更健康（“国家猪肉委员会”不失时机地提出口号说猪肉是“另外 470
一种白肉”）。因为禽类的大脑非常之小，与人属于不同的物种类别，人们模模糊糊地认为，禽类比哺乳类缺少感觉的能力。于是，对鸡肉的消费需求暴涨，到90年代初，鸡肉的消费超过了牛肉。[285]一个人们原来没有预料到的结果就是，为了满足消费者，数十亿的悲惨生灵先是被带到这个世界，然后又被杀死，因为要200只鸡才能顶得上1头牛所提供的肉量。[286]工厂化饲养家禽，以及虐待家禽和牲畜已有几百年的历史，趋势恶化并非因为道德滑坡，也不是人们的心肠变得更硬了。饲养的数量在人们未注意之际不断攀升，其动力是经济利益和人们口味的变化。人们之所以对饲养数量毫无察觉，是因为他们从来就不曾对鸡的生活有任何好奇心。此外，这些动物向我们提供的是如假包换的白肉。

但是，潮流在90年代开始转向。标志之一是素食人群的扩大。我相信，许多人有和我一样的经历，请客吃饭时，一位刚刚坐上餐桌的客人宣布说：“哎呀，我忘记告诉你了。我不吃死的动物。”自那时起，事先征询客人，“可有什么忌口吗?”成了请客用餐的礼节；参加会议晚宴的人也可以在菜单上打钩，用一盘浓香酱汁茄子替代一盘没滋少味的鸡肉。这股潮流终于成了气候，《时代周刊》2002年的一篇封面报道的标题是：“你应该成为素食者吗？数百万美国人不再吃肉了。”

食品业对这股潮流的回应是推出丰盛的素食和纯素产品。我家附近自选商场的素肉部提供大豆汉堡、菜园汉堡、面筋汉堡、素菜汉堡、无肉馅饼、豆腐包、非热狗、假热狗、假培根、假肉干、豆腐干、大豆腊肠、大豆熏肠、素鸡馅饼、无肉烤鸡翅、素烧烤什锦、素腌肉、素炖肉、素菜蛋白薄片、素菜鲜贝、素金枪鱼。科技和人类的语言创造力在此宣告了当今素食主义的潮流，以及对自古以来人类馋涎肉食的抵制。那些贪食传统大型早餐的人，可以享受早餐素腌肉条，配上豆腐渣，也可以是大豆酪、大豆奶油和素油酪烹制的摊素蛋。饭后甜品有冰豆沙、大米冰激凌、豆腐甜酪，还可以点缀上素油奶花，顶上再加一颗红樱桃。最终替代肉类的将是人工培养动物的细胞组织，也叫作“无足肉”。极端乐观的动物权利组织“善待动物”悬赏 100 万美元，作为对第一个将人工细胞培养的鸡肉送上市场的科学家的奖金。[287]

素食主义无处不在，但纯粹的全素者只占人口的很小一部分。完全践行绿色生活方式并非易事。素食者被死动物和嗜肉如命的食肉者层层包围着，他们本身也不是生来就对肉没有欲望。我们没有必要奇怪，世界上有
471 很多半途而废的素食者：每见到一个素食者，就能见到三个曾经的素食者。[288]许多持续保持素食的人让自己相信鱼算是蔬菜，因为他们大啖鱼类和海鲜，有时甚至也吃鸡肉。[289]有些人像“现代派传统犹太人”一样遵守自己的饮食规则；现代派传统犹太教徒去中餐馆时，会让自己从选择很少的食谱中放纵片刻；有些素食者在外用餐时也不再受素食的约束。素食人口的主要组成是十来岁的少女，她们素食的主要动机不是对动物的爱心。少女中的素食主义者很多都患有厌食症。[290]

但是，素食主义至少仍处于上升趋势。在英国，“素食者学会”搜集了各种民调中问及素食的信息，汇编成表格。我使用他们的数据绘制了图7–28。图中笔直的上行线说明，在过去 20 年中，英国的素食人数增加了 3 倍多，从占人口的约 2% 上升到约 7%。在美国，“素食资源小组”出资，民调机构提出相当严格的问题，询问受调查者是否食用肉、鱼或者禽类，排除了半素食者和那些创意无限的林奈式分类素食。美国的素食者数量要少一些，但趋势是一样的：在大约 15 年的时间里，素食人数增加了 3 倍多。

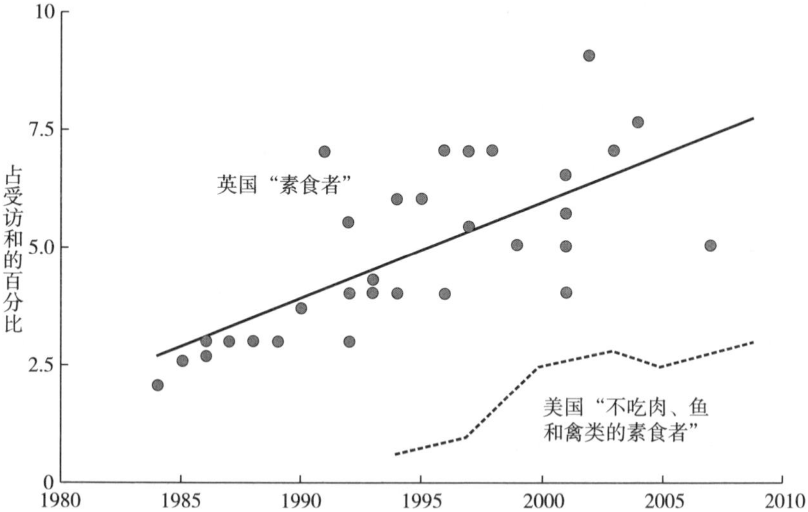

图 7–28 1984—2009 年美国和英国的素食人数占比

资料来源：英国的数据，来源于素食者学会，http://www.vegsoc.org/info/。不包括针对家庭、学生和“严格”素食者的民调数据。美国的数据，来源于素食资源小组，《素食者杂志》。

2009 年：http://www.vrg.org/press/2009poll.htm

2005 年和 2003 年：http://www.vrg.org/journal/vj2006issue4/vj2006issue4poll.htm

2000 年：http://www.vrg.org/nutshell/poll2000.htm

1997 年：http://www.vrg.org/journal/vj97sep/979poll.htm

1994 年：http:www.vrg.org/nutshell/poll.htm

对动物福利的关切日益增加，素食者的人数也在增加，但是数量仍 472
然如此之少。不过，我们也没有必要惊讶，毕竟，成为素食者和关心动物的福祉不是一回事。不仅素食者的动机可以与关怀动物毫不相关，比如健康、口味、生态、宗教，或者干脆就是为了让妈妈不高兴，而且，关爱动物的人也在犹豫，素食主义的招牌是否真是减少动物痛苦的最佳方式。他们或许认为，素食者无私放弃的汉堡，在一个消费巨量肉类的国家中实在微不足道，他们微弱的声音根本无法影响任何肉牛的生命。即使素食者的努力解救了若干肉牛，但其余肉牛依然生活悲惨。改变食品业的标准是一种集体行动困境，在这种困境中，个体总是倾向于逃避为总体福利做自我牺牲。

素食主义的趋势，可以作为人们更加关怀动物的象征性指标，尽管关怀的方式有所不同。那些在原则上仍然食肉的人，可以少吃一些。（自 1980 年起，美国人对哺乳动物肉类的消费量一直在下降。）[291]餐馆和商场越来越多地向消费者说明，主菜活蹦乱跳时喂养的饲料和活动的范围。美国的两大主要禽类加工厂在 2010 年宣布，他们开始实行更仁慈的屠宰方式：禽类在被倒挂着割喉之前，先用二氧化碳熏昏。肉类的市场营销必须小心翼翼。食客会很高兴知道他们的主菜直到生命最后一刻一直受到仁慈的对待，但是最好不要向他们描述最后的细节。即使最仁慈的屠宰技术仍然有形象的问题。一位公司主管说："我可不想听到公众说，我们对鸡施放毒气。"[292]

大多数人支持以法律措施解决集体行动的问题，通过法律迫使农场和屠宰场更人道地对待动物。在 2000 年的一次民调中，80% 的英国人说"他们希望英国的农场为禽畜提供更好的福利条件"。[293]尽管美国人有更强烈的自由意志，但也希望政府就此问题采取行动。在 2003 年的一次盖洛普民调中，竟然有 96% 的美国人说，动物应该得到某种保护，免于被伤害和被剥削。只有 3% 的人认为没有保护的必要，"因为它们是动物"。[294]虽然美国人反对禁止狩猎，反对禁止在医学研究和产品测试中使用动物，但是 62% 的人支持"立法严格监管农场饲养动物的待遇"。一旦有机会，美国人会将他们的意见转化为选票。亚利桑那州、科罗拉多州、佛罗里达州、缅因州、密歇根州、俄亥俄州和俄勒冈州均已就牲畜权利立法。2008 年，63% 的加州选民投票通过了《防止虐待农场动物法
473 案》，法案禁止小牛夹栏喂养，禁止鸡笼喂养，禁止母猪妊娠夹栏喂养，这些喂养方式都在限制动物的活动范围。[295]美国政界有句老话："加州带头，余者跟从。"

或者可以说，欧洲带头，加州跟从。欧盟已经制定了有关动物护理的详尽规则，首先承认动物是有感知的生命。大目标是确保动物不再遭受可以避免的痛苦，并要求主人和管理人保证动物的最低福利需要。[296]在这些国家中，瑞士走得最远，已经生效的长达 150 页的规则要求所有的狗主人接受 4 小时"理论"课的培训，并详细规定了家养宠物如何居住、喂养、散步、游戏以及埋葬的要求（不得将活金鱼从马桶中放水冲

走）。苏黎世有一项独特的政策，即政府支付“动物权利人士”费用以将违反动物权利的人押往法庭。被送上法庭的包括一名钓鱼爱好者，因为他向当地报纸吹牛说，他只用了 10 分钟就钓到一条大梭子鱼。（这位垂钓者最后被宣布无罪，梭子鱼则被做成了佳肴。）不过，2010 年，瑞士举行全民公决，决定是否在全国推行此项政策时，国民还是犹豫了。[297] 这一切听起来太像是美国保守人士所恐惧的噩梦，不过即使这些保守派自己也愿意让政府出面规范保护动物福利。在 2003 年的民调中，大部分共和党人主张就农场饲养动物的待遇通过“严格立法”。[298]

* * *

我们会走多远？经常有人问我，我是否认为将我们从废奴和废除酷刑带到民权、女权和同性恋权利的道德力量，也会将我们带往废除肉食、禁止打猎和动物实验。到 22 世纪时，我们的后代是否会对我们曾经吃肉感到可怕，就像我们知道祖先蓄奴会感到可怕一样。

我的回答是，也许会，也许不会。在被迫害的人和被迫害的动物之间进行类比在修辞学上很有力量。说到底，我们都是有感知的生命，都有相当的智商。但是，类比只是比较而已，两者到底不是一回事。美国非裔、妇女、儿童和同性恋者不是肉鸡，我认为动物权利的走势不会是上述任何人权运动的复制品。心理学家哈尔·赫佐格（Hal Herzog）在他的著作《为什么狗是宠物，猪是食物?》（*Some We Love*, *Some We Hate*, *Some We Eat*）一书中，列出了很多理由说明为什么在人类与动物的关系上，我们的道德哲学如此缺乏一致性。我在这里给出几个令我特别震惊的理由。

道德障碍之一是对肉食的欲望和与大快朵颐形影相随的社交快乐。虽然古老的印度教、佛教和耆那教证明不食肉的社会是存在的，但是素食产品仅占美国食品市场份额的 3%，这说明我们距离那个转折点还有十万八千里。在为写作本章收集资料时，皮尤研究所 2004 年的一次民调让我感到兴奋，民调中 13% 的人回应说自己是素食者。但细读报告，我才发现，这是对总统候选人、佛蒙特州左倾州长霍华德·迪恩的支持者进行的一次民调。这说明在“本和杰瑞冰激凌”故乡最酥脆的燕麦片堆里，仍然有87%的人要吃肉。[299]

474 但是，道德矛盾有比对肉食的渴望更深层的原因。人类和动物的许多互动只能是零和博弈。动物吃掉我们的房子、庄稼，有时甚至是我们的孩子。它们能弄得我们刺痒和流血。它们携带对人类有害甚至致命的细菌和病毒。它们互相残杀，甚至那些我们期望保留的濒临灭绝的动物也不例外。没有动物参与实验，医药将停滞在目前的水平上，数十亿活着和未出生的人将为了老鼠而忍受病痛与死亡。伦理计算认为，每一个有感知的生命所承受的痛苦的分量都是一样的，物种沙文主义是不能接受的，因此，我们不能通过牺牲动物来为人类谋福。比如，我们不可以为了救一个小女孩而射杀野狗。但是，仅仅从动物学特征上的优势看，也应该给予人类的利益更大的权重。比如，我们的大脑让我们能够尽情享受生活，思索我们的过去和未来，对死亡怀有恐惧，并在社交网络中将自己的幸福与其他人关联在一起。但是，按照这个逻辑，人类对生命的禁忌就没有意义了。正是因为这种禁忌，智力残缺的人的生命才受到保护。辛格本人毫不妥协地接受超越物种的道德观。[300]但是，在最近的将来，这种道德观还无法取代目前西方的道德观。

对动物权利的思考肯定会撞击人类思想领域某些最费解的谜，让道德直觉开始发生动摇。难题之一是意识，即感知是如何经过神经信息处理而产生的。[301]笛卡儿对哺乳动物的认识肯定是错误的，我基本上相信他对鱼的认识也是错误的。但是他对于牡蛎的理解呢，对蜒蚰呢，还有白蚁，还有蚯蚓，也都错了吗？如果我们需要在烹调、园艺、房屋修缮和娱乐中保持伦理的确定性，就必须回答这个哲学难题。我的另一个困惑是，人类是理性和道德的主体，但同时也是作为残忍大自然组成部分的生物体。我对猎人开枪射杀麋鹿的画面感到某种反感，但是，为什么我对凶狠的棕熊捕食麋鹿的画面却没有太多伤感？为什么我没有那种道德紧迫感，赶紧准备一些纯大豆制作的麋鹿风味馅饼，将棕熊从麋鹿身旁引诱走？我们是否应该让食肉物种逐渐灭绝，或者通过基因工程将它们改造成食草物种？[302]我们总是在这类思维实验中止步不前，因为无论对错，我们对我们感觉

“自然”的东西总是给予更大的道德权重。但是，如果其他物种的自然肉食性可以接受，为什么人类的自然肉食性就不能接受呢？特别是我们人类还可以调动认知能力和道德能力尽量减少被食用动物的痛苦。

我猜想，这些无解的问题使得动物权利运动不可能完全复制其他权利运动的发展趋势。但就目前的状况而言，终点线在哪里无关紧要。我们还有很多机会，只要人类付出很小的代价，就可以大大地降低动物的痛苦。考虑到最近公众敏感性的变化，可以肯定，动物的生活质量将继续得到改善。

权利革命的根源何在？ 475

当我开始为写作本章进行研究的时候，我知道，出现“长期和平”和“新和平”的几十年时间，也正是少数民族、妇女、儿童、同性恋和动物权利取得进步的时期。但我当时并不知道，在每一个案例中，量化的暴力——仇恨犯罪和强奸、殴打妻子、虐待儿童，甚至在制作中发生动物演员受伤害的影片的数量，所有这些都呈下降趋势。我们怎样理解过去 50 年来各方各面的非暴力趋势呢？

在这些趋势中，有几个共同点。在每一场运动中，人们都是逆人性的强大潮流而动。这些固有的人性包括：对外团体的非人性化和妖魔化；男性的性贪婪和他们对女性的占有意识；表现为杀婴和体罚的亲子冲突；对同性恋的性厌恶道德化；我们对肉食的嗜好，对猎获的快感，以及基于血亲、互惠和魅力的共情边界。

如果生物的属性还不够糟糕，亚伯拉罕诸教还将我们这些最糟糕的天性以戒律和信仰的形式规范化了，并在上千年的时间里一直鼓动着暴力——妖魔化异教徒、确立对女性的占有权、认定儿童天生有罪、憎恶同性恋、支配动物并拒绝承认它们有灵性。亚洲的文化也有不少耻辱之处，最耻辱的当属大规模抛弃女儿，这导致对女婴的屠杀。此外，还有各种根深蒂固的习俗：殴打妻子，痛揍孩子，夹栏饲养，电击老鼠。这些准则被人们接受，是因为每个人都认为它们从来就是被接受的。

就暴力的不道德性而言，权利革命显示，道德的生活方式经常需要坚定地否定直觉、文化、宗教和常规。在追求道德的人中，道德准则受共情和理性的引导，并以权利的语言加以陈述。我们迫使自己设身处地为其他有感知的生命着想，穿上他们的鞋子（或者它们的爪子），设想如何免受伤害或杀戮。我们不再关注那些表面的事物，比如眼睛所看到的种族、民族、性别、年龄、性取向，甚至在某种程度上，还有物种。

我的结论是，启蒙运动的道德观及其所培育的人文主义和自由主义潮流是权利革命的源泉。权利革命也就是自由主义革命。每一场权利革命都和自由主义运动密切相连，每一场自由主义运动几乎都是从欧洲发源，经过美国蓝色自由州，传递到美国红色保守州，再传向拉美和亚洲的民主国家，接着进入威权国家，可能最后是非洲和大部分的伊斯兰世界。每一场权利革命都在西方文化中留下太多的新避讳和新禁忌，人们调侃地称其为“政治正确”。但是，数字显示，权利运动减少了许多死
476 亡和苦难，同时让人们的新文化越来越不能容忍暴力，无论是何种形式的暴力。

听媒体上美国自由派的评论，你会觉得，至少在过去40多年中，美国一直在被右派拖向保守，从尼克松到里根，到金里奇，再到布什父子，现在则是茶党运动中愤怒的白人。权利革命已经触及生活的每一个角落——异族通婚、妇女地位的提升、对同性恋的宽容、儿童处罚和动物的待遇。保守派的态度也在随着自由主义的趋势变化，事实上，今天的保守派比昔日的自由派更加自由。保守主义历史学家乔治·纳什（George Nash）已经说过：“如果不是在理论上，但至少在实践中，美国今天保守派的立场就是1980年左派的立场。”[303]（也许这才是为什么这些人如此愤怒的原因。）

是什么引发了权利运动？就像很难为长期和平、新和平和90年代犯罪率下降找到原因一样，要为权利运动确定一个外生因素来解释它们的发生和发展，实在是非常困难。但是，我们可以看看那些标准答案。

战后出现了长期的经济繁荣，不过繁荣对社会的影响是弥散式的，从中找不到任何触发革命的直接动因。钱可以买到教育、警察、社会科

学、社会服务、媒体覆盖、有妇女参加的专业劳动大军，以及对儿童和动物更周到的关照，我们无法确定这中间到底哪个因素导致了变化，而且，即使能够确定某个因素，我们仍然无法回答为什么社会选择了这样的资源分配方式来保护弱势群体免受伤害。虽然我无法提供严谨的统计分析，我还是认为，从 20 世纪 60 年代直到 21 世纪的头 10 年，各种权利扩张的时间表与同时期的经济增长和衰退没有相关性。

民主政府显然发挥了它的作用。权利革命都发生在民主国家，公民以社会契约约束他们之中的暴力。民主制度本身包含着一种内在的机制，让社会契约可以向原来被排斥的团体伸延。但是，时机仍然是说不清楚的谜，因为民主本身不是一个全然外生的变量。当美国黑人在民权运动中夺回被剥夺的公民权利时，美国民主制度本身就是争议的对象。其他权利革命也有同样的经历，新团体被接纳或者经过自己的努力争取成为社会契约中的正式成员，只有这时，政府才真正得到授权监管（或放弃）针对某些社会成员的暴力。

在权利革命期间，互惠和贸易网络不断扩张，并实现了从实物经济向信息经济的转变。妇女的家务负担减轻了，社会需要更加多样和丰富的人力资本，而不仅仅是本地人工或者传统势力集团的成员。当妇女和 477
少数族裔进入政府机构和商业领域，他们就会将自己的利益带入日常的工作。我们已经看到这一机制的实例：一个国家的政府和专业机构中任职的妇女人数越多，这个国家针对妇女的家庭暴力就越少；而与同性恋有私交的人较少反对同性恋。但是，正如民主一样，制度的包容性也不是完全的外生过程。信息经济隐藏的手可能是一种让机构更愿意接纳妇女、少数族裔和同性恋者的力量，当然，政府仍然要通过消除歧视的立法彻底完成转变。在儿童和动物福利的问题上，完全没有交换互利的市场：受益人完全是单方面的。

如果我一定要对权利革命最重要的外生原因下赌注的话，我选择那些让思想和人员日益具有更大流动性的技术。发生权利革命的几十年，也正是发生电子革命的时代：电视、晶体管收音机、电缆、卫星、长途电话、复印机、传真机、互联网、手机、手机短信、网络视频；这几十年也是州级高速公路、高速铁路和喷气飞机的时代；同时，还是高等教育和科学研究飞速发展的时代。人们不太注意的是，这几十年也是图书出版大爆炸的时代：从 1960 年到 2000 年，美国每年出版的书籍几乎增加了 5 倍。[304]

我在前面曾经提到过这样的关联。人道主义革命起源于文字王国，长期和平和新和平都是地球村的孩子。请记住伊斯兰世界做错了什么：很可能是他们抵制印刷出版，拒绝进口图书和图书所包含的思想。

为什么思想和人员的传播会带来降低暴力的变革？有这样几条路径。最显而易见的是，思想和人员的传播暴露无知与迷信。交往密切且受过良好教育的大众，至少在整体上和长期趋势上，不会受到有害信仰的蛊惑，比如相信其他种族或民族的人天生贪婪和背信弃义，相信少数族裔的叛变造成了经济和军事的困境，相信妇女不介意被强奸，相信儿童只有在棍棒下才能学会规矩，相信有人选择腐败的生活方式因此成为同性恋者，还有就是相信动物是不会感到疼痛的。伏尔泰说过，那些能够让你相信谬误的人，也能让你犯下暴行。

另外一个因果路径是，鼓励人们转换视角，从与自己不同的人的角度观察世界。人道主义革命有自己的《克拉丽莎》、《帕米拉》和《茱
478 丽》，有它的《汤姆叔叔的小屋》和《雾都孤儿》，还有目击者对人们被殴打、火刑和鞭笞的报告。在电子时代，共情的技术更普及，也更能打动人心。美国非裔和美国同性恋者先是活跃在各种娱乐节目中，接着他们做访谈节目的嘉宾，然后是出演电视剧和电影中令人同情的角色。不仅纪录片，还有畅销小说和改编的电影《斯坦贝克携犬横越美国》、《阳光下的葡萄干》（*A Raisin in the Sun*）、《杀死一只知更鸟》都记载了他们在与警察的水龙和警犬对峙下的抗争。电视时代的女权主义者，不仅作为女主持人，还作为电视剧中的女主人公大声宣扬自己的理念。

正如我们在第 9 章中所见，从另外一个人的视角看待世界会扩展我们的同情和关切，这不仅是体验虚拟现实，也是一种理智敏捷性——其实也是一种智力。具有这种智力的人能够摆脱出身和乡土的狭隘约束，思考假想的世界，反思决定一个人信仰和价值的习俗、本能冲动和社会

制度。这种反省式的思维方式可能是良好教育的产物，也可能是电子媒介的产物。保罗·西蒙在歌中这样表达了他的惊讶：

天天都有奇迹发生，
刚刚接到来自远方的电话，
摄像机缓缓地追随着，
我们就这样看着自己。

第三条路径是可以促进道德提升的信息流。有些学者研究过世界不同地区物质进步的趋势，比如三卷本《文化》（*Culture*）的作者，经济学家托马斯·索维尔和《枪炮、病菌和钢铁》（*Guns, Germs, and Steel*）的作者、生物学家贾里德·戴蒙德（Jared Diamond）。他们都得出结论说，物质进步的关键在于它需要大量的创新为依托。[305]还没有人聪明到能够在完全的孤独中发明一种让其他人都喜爱的东西。成功的创新不仅站在巨人的肩膀上，而且创新者还参与大规模的知识产权盗窃，从丰沛的思想水系中汲取各种养料。欧洲和西亚的文明能够征服世界，是因为移民和航海让商人和征服者把发明和创新从原产地带到欧亚大陆的各个角落。这些技术和创新有来自中东的谷物和拼音文字，来自中国的火药和造纸，来自乌克兰的良种马，还有葡萄牙的航海技术，等等等等。Cosmopolitan（世界性）的意思是“世界公民”，而 insular（孤独）的意思就是“岛国小民”，这都是有原因的。困守孤岛或者交通不便的山区社会往往不仅技术落后，道德观念也落后。我们在前面已经看到，在低地的居民已经开始文明进程的时候，山民仍然保守着荣誉文化，也就是说将对部落的忠诚和家族复仇作为最高伦理。

479 导致技术进步的关键也是促进道德进步的关键。身处于信息集散地的个体和文明可以得到大量新生的道德资源，这是哪怕最公正的先知也无法凭空提供的。让我重温一下权利革命的简史。

马丁·路德·金在1963年的文章《非暴力的朝圣之旅》（*Pilgrimage to Nonviolence*）中，详述了形成其政治哲学的思想脉络。[306]作为一名20

世纪 40 年代末 50 年代初的神学研究生，他当然通晓《圣经》和正统神学，但是他也阅读了其他叛逆神学家的著述，例如沃尔特·劳申布施（Walter Rauschenbusch）。劳申布施不仅质疑《圣经》的准确性，还抨击耶稣基督为世人罪过而死的教理。

接着，马丁·路德·金列举了“对伟大先哲的社会和道德理论进行认真学习，从柏拉图和亚里士多德，直到卢梭、霍布斯、边沁、穆勒和洛克。一如既往，所有这些思想大师都启发我思考。在不断向他们提出质疑的同时，我从他们那里汲取丰富的思想”。他仔细地阅读（并排除了）尼采和马克思，从此免疫于共产主义意识形态，尽管这些思想对其他解放运动具有极大的吸引力。虽然他赞赏莱茵霍尔德·尼布尔（Reinhold Niebuhr）“对人性特别是对民族和社会集团行为的洞察力……尼布尔思想中的这些成分帮助我看清了肤浅乐观派对人性的幻想，以及虚幻理想主义的危险”，但他也拒绝了欧洲大陆神学家卡尔·巴特（Karl Barth）的反理性主义。

金赶赴费城聆听了霍华德大学校长莫迪凯·约翰逊（Mordecai Johnson）的讲座，自此，他的思想发生了不可逆转的变化。约翰逊刚刚结束了一次印度之行，他谈起了领导印度独立运动的莫罕达斯·甘地。金写道：“他的道理如此深刻和令人振奋，我离开聚会后立即买了几本关于甘地生平的书。”

金立刻认识到，与耶稣教义中一贯宣扬的非暴力不同，甘地的非暴力抵抗理论不是要对爱做道德肯定。相反，这是一套顽强的战略战术，是要通过更高的智慧战胜敌人，而不是要在肉体上消灭敌人。金得出结论，对暴力的禁忌可以防止运动被冒险家和暴徒侵蚀。在运动初期遭受挫折的时候，暴力禁忌可以维持成员的士气和关注点。反对暴力，让敌人失去攻击的合理性，让自己在第三方眼中保持积极的道德优势，同时让敌人处于劣势。出于同样的理由，非暴力抵抗分裂敌人，让一些敌人的支持者对单边暴力越来越反感。而运动本身可以通过静坐、罢工和示威等制造麻烦，以争取自己的目标。这种战术当然不能用来对付所有的敌人，但显然对其中某些是有效的。

1963 年，金在华盛顿大游行上所做的历史性演讲，是对他在朝圣之旅中积累的各种智慧的集大成者：有希伯来先知的想象和语汇，有基督教承担苦难的勇气，有欧洲启蒙运动个人权利的理想，有美国黑人教会的韵律和修辞，还有来自一个浸润了耆那教、印度教和英国文化的印度人的战略规划。 480

毋庸赘言，过去已经成为历史。金组装的道德装置也成为人类思想库中的瑰宝，不断成为其他权利运动的工具。后来者自觉地高举非暴力的大旗和道德理性，并学习金的各种战略战术。以历史的标准来看，20 世纪后期权利运动最显著的特征就是它所使用和所引起的暴力都非常之少。金自己成为民权运动的烈士，是种族隔离分子恐怖行动的少数受害人之一。我们谈到的 20 世纪 60 年代美国城市发生的暴动事件都与民权运动无关，它们是在民权运动已经取得历史性进展之后的事情。其他社会革命的暴力成分也非常有限：（同性恋夜总会的）“石墙骚乱”没有人员伤亡，动物权利运动中有些极端分子采用了恐怖手段，仅此而已。后期权利运动推动者的主要行动是出版书籍、发表演讲、组织游行、游说议员和为公投收集签名。公众早已接受以个人权利为基础的道德准则，而且越来越排斥任何形式的暴力，权利运动所需要的只剩下发动公众。相比之下，推翻专制政治、结束奴隶制和殖民统治的早期权利运动，无一不经过死伤几十万甚至上百万的血腥战斗。

从历史到心理学

到此我们已经用了 6 章来记载暴力减少的历史。从中我们看到图示，告诉我们 21 世纪最初 10 年的暴力水平是有史以来最低的。即使世界上仍然存在着暴力，我们还是生活在一个不寻常的时代。也许，我们经历的只是大进步中的短暂瞬间，此后将是一个更长久的和平。也许，现在的低水平暴力将是一个新常态，所有可以消除的暴力都已经解决了，继续减少暴力的任务将会非常艰难。也许，我们的好运气就要到头了。但是，不论如何推断未来，必须承认，我们能有今天，确实是非凡的成就。

马丁·路德·金有过一句名言，它改编自废奴主义者、唯一神教派牧师西奥多·帕克（Theodore Parker）1852 年的一篇短文：

> 我不想假装理解道德世界。天际广阔，我极目眺望，视野仍然有限；
> 481 仅目力所及，我无法计算世界的弧度和广度；遵循良知，我知道它是神圣的。就我所见所识，我肯定，它指向公正。[307]

150 年后，我们的眼睛可以看见天际的穹顶确实已经弯向公正，这一景象是帕克当年无法想象的。我也不想装作能够理解道德世界，或者能够凭借良知去领悟它。但是，在接下来的两章中，让我们来看看，从科学的角度，我们能够理解多少。

更 新 知 识 地 图　拓 展 认 知 边 界

下册目录

第8章
心　魔

但是人哪，骄傲的人，
掌握到暂时的小小权力，
立刻忘记了自己玻璃般易碎的本来面目，
像一只盛怒中的猴子，
在天神前扮出种种丑恶的怪相，
让天使为之哭泣。

——威廉·莎士比亚，《一报还一报》

暴力减少中有两个方面对我们理解人性有决定性的意义：（1）暴 482
力；（2）减少。前6章告诉我们，人类历史就是一连串的血腥事件。我们见到部落民在抢劫和寻仇中几乎杀光对方的男性，见到对新生儿的处置中杀死大量女婴，还见到人们为了复仇和娱乐实施酷刑，而杀戮的受害者多到可以分门别类、合辙押韵地填满整整一页字典：凶杀（homicide）、政府屠杀（democide）、种族灭绝（genocide）、种族文化灭绝（ethnocide）、政治屠杀（politicide）、弑君（regicide）、杀婴（infanticide）、杀害新生儿（neonaticide）、弑子女（filicide）、手足相残（siblicide）、性别灭绝（gynecide）、杀妻（uxoricide）、杀夫（mariticide）和自杀性恐怖主义（terrorism by suicide）。暴力遍及我们这个物种的历史和史前史的各个角落，绝非源自特定时间、特定地点的特别产出。

同时，这几章给出了几十张图表，描绘了人类历史上的暴力走向，展示出这根线条从左上角蜿蜒走向右下角。人类历史上没有任何一种暴力的趋势能够保证水平不变。不论引发暴力的原因是什么，它反正不是饥饿、性欲或者瞌睡之类的生理欲求。

因此，暴力的减少使得我们可以放弃二分法，它阻碍了我们理解几千年来暴力的根源。在二分法中，人类或者是天性良善或者是天性邪恶，或者是猩猩或者是天使，或者是鹰或者是鸽子，或者是霍布斯式的残忍暴虐，或者是卢梭式的高尚。如果任其自由发展，人类不会走向和平协作，但也不会变成嗜血动物，非要定期杀个你死我活。关于人类思维有多重功能已经形成很多概念，例如官能心理学理论（faculty psychology）、多重智能理论（multiple intelligences）、心智器官（mental organs）、心理模块说（modularity）、心理领域特殊性（domain-specificity）以及将大脑比作多功能瑞士军刀的思维暗喻。这么多的概念中总该有几颗真理的种
483 子。人性中的某些成分，例如捕食、支配和复仇，都是制造暴力的动机；但是在另一些情况下，则有另外一些成分，例如慈悲、公平、自制和理性，推动我们趋向和平。本章和下一章将探究这些动机和产生这些动机的条件。

黑暗面

在研究我们的心魔之前，我必须先要证明它们存在，因为在现代知识分子中，人性驱使我们倾向暴力的观点极其不得人心。[1]虽然关于我们是从嬉皮士猩猩（倭黑猩猩）演化而来，以及原始人对暴力毫无概念的说法，早已经遭到人类学事实的否定，我们还是会读到一些文章说，暴力都是少数坏分子的所作所为，绝大多数人都是忠诚的和平战士。

可以肯定，在大多数社会中，大多数人的生命都不是以暴力结束。前面各章图表中竖轴上的数字显示，每年每10万人中只有几个、几十个，最多几百个人死于非命。只有在很少数情况下，比如部落战争或者发生种族灭绝的时候，死亡率达到每10万人中有几千人死亡。即使在敌意最深的对抗中，不论是人类还是动物，对峙双方通常也会退后一步。甚至在战争中，很多战士都不曾扣动过扳机，那些打死过敌人的战士往往还会患上创伤后压力心理障碍。有些作家断言，绝大多数人类天生厌

恶暴力，暴力造成大量死亡只不过说明少数疯狂的暴徒可以造成何等破坏。

所以，我要让你相信，我们中的绝大多数人，包括你自己，亲爱的读者，本质上都是趋向暴力的，尽管我们很可能永远也没有机会使用暴力。让我们从我们年轻的时候开始。心理学家理查德·特伦布莱（Richard Tremblay）衡量了一个人生命进程各个阶段的暴力水平。他证明，最暴力的阶段不是青少年，甚至不是青年，而是两岁，所谓“可怕的两岁”（terrible twos）的确所言不虚。[2]一个刚刚学步的典型幼儿至少会踢踢打打，张嘴咬人，寻衅打架，身体攻击的频率随着年龄增长稳定地下降。特伦布莱说：“幼儿不会相互杀害，那是因为我们没有让他们拿到刀枪。我们过去30年一直想回答的问题是，孩子是怎样学习攻击的。但这是一个错误的问题，真正的问题是，他们是怎样学习不去攻击的。”[3]

现在，让我们看看我们的内心。你是否曾经想过杀掉一个你不喜欢的人？在几项独立的研究中，心理学家道格拉斯·肯里克（Douglas Kenrick）和戴维·巴斯向大学生提出这一问题。按一般的认知，他们应该 484
是人口统计学中暴力水平最低的部分，但得到的结果却令人震惊。[4] 70%~90%的男生和50%~80%的女生承认，在过去的一年，他们至少曾经有过一次要杀死一个人的幻想。当我在一次讲座上描述这项研究时，一位学生大声喊道：“是的，剩下的那些人都在撒谎！”至少，他们会对大律师克拉伦斯·达罗（Clarence Darrow）的名言产生共鸣：“我从来没有杀过人，但是我读过的讣告有不少确实让我满心欢喜。”

让人们幻想凶杀的动机和警察局犯罪档案中记录的动机大致吻合，主要是情人吵架、受到威胁、对羞辱或背叛的报复、家庭纠纷——与养父母的纠纷多过与生父母的纠纷。这些可怕的遐想在人们的脑海里展开，就像雷克斯·哈里森出演的充满嫉妒和复仇的影片，有交响乐团演奏的《红杏出墙》做背景音乐。在巴斯的调查中，有个男生估算自己在杀死一个前友人的路上已经走了80%。这个前友人向该男生的未婚妻造谣，说男生不忠实于她，然后自己取而代之：

> 首先，我要敲断他全身的每一根骨头，从手指头和脚趾开始，慢慢地从小骨头到大骨头。然后，我要戳开他的肺，可能还有其他脏器。总之，要在杀死他之前让他尽可能地尝尝痛苦。[5]

一名女子说，她在杀死前男朋友的路上走了有60%。她的前男友想恢复关系，威胁说要将以前两人做爱的视频发送给她的新男友和其他同学。她说：

> 我真的这样做了。我请他来吃晚饭。他在厨房的时候，傻傻地削着胡萝卜皮，准备做沙拉。我笑着走向他，很温柔，他没有任何疑心。我想着快快地抓起一把刀，在他胸口捅上几下，直到他断气。我真的干了第一件事（抓起了一把刀）。他看出了我的意图，跑掉了。

现实中的许多凶杀在发生前都被这般反复推敲过。真正实施了的谋杀数量之少，仿佛是压抑的海洋里漂浮着一座渴望凶杀的巨大冰山，水面上仅仅浮出了一个尖角而已。法医心理学家罗伯特·西蒙（Robert Simon）将这个意思作为他著作的书名（算是对弗洛伊德解释柏拉图的再解释）："好人所思，坏人所为"（Bad men do what good men dream）。

甚至那些不曾想象过杀人的人，也会从杀人或者观望杀人的替代性经验中得到极大的快感。人们为了品味各种血腥的虚拟现实，毫不吝啬时间和金钱：《圣经》故事、《荷马史诗》、英烈传、地狱图景、英雄神话、《吉尔伽美什史诗》、希腊悲剧、《贝奥武夫》、贝叶挂毯、莎翁戏
485 剧、格林童话、《潘趣和朱迪》、歌剧、侦探系列、廉价惊险小说、流行小说、纸皮小说、恐怖剧、谋杀歌谣、黑色悲剧影片、西部大片、恐怖漫画、超人漫画、《活宝三人组》、《猫和老鼠》、动画片《奔跑者》、电子游戏，还有前加州州长主演的各部影片。在《野蛮的消遣：暴力娱乐文化史》（*Savage Pastime: A Cultural History of Violent Entertainment*）一书中，研究文学的专家哈罗德·谢克特说，与以往的娱乐相比，今天的暴力影片可谓温良恭让。在过去多少个世纪中，人们一直以模拟酷刑和

肢解来赢得观众的喝彩。早在电脑制作图像之前，剧院经理绞尽脑汁，制作出各种可怕的特殊效果，比如“假人头，可以从人体模型上被斩下，再扎到长矛上；假人皮，可以从演员的身体上扒下来；盛满动物鲜血的囊袋，可以制造被刺穿后鲜血飞溅的效果”。[6]

人们头脑里会闪过很多暴力想象。与之相比，真正实施的暴力行动只是很小一部分，现实和想象的巨大差距给我们指出了人类思维设计中的某些特征。暴力统计往往低估了暴力在人类生存中的重要性。人类的大脑里不断回荡着拉丁谚语：“如果你希望和平，那就准备好战争。”即使在和平社会，人们也总是对虚张声势和威胁策略，对结盟和背叛心理，对人类身体的脆弱以及如何利用和遮盖其脆弱性充满好奇。人们对暴力娱乐表现出的普世快感，一直是作品审查和道德谴责的目标，这恰恰说明人类内心对有关暴力行为的信息充满渴望。[7]一种可能的解释是，在人类的进化历史中，暴力不容忽视，是否理解暴力的运作关系到人是否能够生存。[8]

人类学家唐纳德·西蒙斯注意到，性也是奇思异想和娱乐的一大内容，其想象和现实之间也存在巨大的差距。[9]人们对性的遐想，将不正当的性行为变为各种艺术，所做的努力远远超过他们对性事本身的投入。和通奸一样，暴力也许不常见，但一旦发生，其潜在的后果难以估量，绝对会证明达尔文的适者生存原则。西蒙斯认为，高级意识本身就是专为频率低但影响大的事件设计的。我们对每天必需的动作，例如伸手抓住一个物件，例如走路和说话，早已司空见惯、熟视无睹，更不要说花钱去看这些动作的表演。能够吸引我们注意力的是不正当的性关系，是暴力死亡和《梦里天和地》中沃尔特·米蒂式的飞跃。

说到大脑，人类的大脑就是其他哺乳动物大脑的肿胀版和皱褶版。所有的主要部件都可以在我们毛茸茸的表亲那里找到，它们的功能也是一样的，比如处理来自感官的信息，控制肌肉和腺体，储存和提取记忆。在这些部件中，有一个区域网络，取名愤怒回路（rage circuit）。神经科学家贾克·潘克赛普（Jaak Panksepp）描述了向一只猫的愤怒回路部位发送电流时所见到的景象：

486 对大脑进行电刺激几秒钟之内，这只温和的动物彻底变了情绪。它张牙舞爪，粗暴地扑向我，嘶嘶尖叫，流着口水。它似乎准备四面出击，但它正好对着我脑袋所在的方向。万幸，有树脂玻璃墙挡在我和这只愤怒的野兽之间。但在终止电刺激之后不到1分钟，这只猫就放松下来，恢复了平静，又可以让人毫无顾忌地抚摸了。[10]

人脑中也有和猫脑中愤怒回路相当的组成，同样可以被电流刺激——当然，不是在实验室，而是在神经外科手术中。外科医生做过如下描述：

最有意义（和最戏剧性的）的刺激效应是它引发一系列攻击性反应。相应地，这些反应包括从恰当的语言反应（向医生说“我觉得我要起来咬你”）到失控的诅咒和身体攻击性破坏行为……我有过一次，在电刺激终止30秒钟后，问病人是否感到愤怒。他说他曾经感到愤怒，但已经不再愤怒，听起来他对此变化感到非常惊讶。[11]

猫会嘶嘶尖叫，人会恶语诅咒。愤怒回路可以激起语言反应的事实说明，它不是惰性器官，与大脑的其他部分有积极的联系。[12]非人类哺乳动物的进攻性受大脑中几个回路的控制，愤怒回路是其中之一。我们将会看到，这些回路对理解人类的进攻性行为会很有帮助。

* * *

如果暴力印刻在我们的童年、我们的幻想世界、我们的艺术和我们的大脑里，为什么士兵在战场上开枪杀人时还会犹豫呢？难道他们不就是去干这个的吗？一项著名的“二战”老兵研究称，战斗中有能力使用武器开火的士兵不足15%~25%；另外有研究说，绝大部分子弹都没有击中目标。[13]现在，我们知道，得出第一个结论的研究非常可疑；得出第二个结论的研究有混淆事实之嫌——战斗中所发射的大部分枪弹都不是针对单兵，而是要阻止敌军的进犯。[14]士兵在战场上未能击中目标，没有什么可大惊小怪的，瞄准中靶本来并非易事。但是，我们仍然得承认，战场上弥漫着对瞄准杀人的焦虑，很多士兵在扣动扳机的瞬间手指都会发僵。

在街头打斗和酒吧争吵中也可以看到因使用致命武力造成的紧张感。莽汉之间的大多数冲突，与好莱坞西部片中令人眼花缭乱的场景毫不相干，绝不是纳博科夫笔下（《洛丽塔》）亨伯特眼中的“一拳击中面颊，一脚踢中腹部，再从空中悬索飞下”。社会学家兰德尔·柯林斯（Randall Collins）严格地检视了真实斗殴事件的图片、录像和目击者报告。他发现，大部分斗殴不像《咆哮山谷》中设计紧凑的动作场面，而更像 487
是一场无聊曲棍球比赛上仅有的两分钟争吵 。[15]两个男人怒目相视，互喷脏话，挥拳，没有击中，再挥拳，然后就倒在地上。偶尔，纠缠的双方中一人略具优势，连续击中几拳。但更经常的情况是，两人被拉开，嘴里继续喊叫着愤怒的诅咒和挽救面子的大话，离去时，自尊心上的伤痕远远多过皮肉上的瘀青。

情况真是如此。在面对面的冲突中，男人通常会保持克制。但是，这种谨慎不是说明人类的温柔和善良。相反，这恰恰说明了霍布斯和达尔文对暴力的分析。我们在本书第2章已经看到，任何暴力倾向性的演化，都是在每个个体都具有同样倾向性的世界里完成的。（如理查德·道金斯所说，一个活着的生命不同于岩石和河流，因为他会做出反击。）也就是说，人一旦采取伤害另一个人的举动，立刻会引发两件事情：

1. 增加受袭者进行攻击的可能性。
2. 受袭者将确立在你进攻之前就对你采取行动的策略目标。

即使你能在攻击中一举将对方击毙，你也会成为对方亲族的复仇目标。这就是为什么达尔文的进化生物对在势均力敌的对抗中挑起争端特别深思熟虑——谨慎到表现出焦虑和瘫痪。谨慎周全是真正的大勇，与慈悲毫不相关。

一旦有可能消灭敌人，又没有遭受报复的危险，达尔文的进化生物就不会放过这个机会。在大猩猩的劫掠行动中，我们已经见过此类案例。当一队雄性大猩猩巡视领地时，遇到来自其他群体的单只雄性大猩猩，大猩猩会利用数量优势，将落单的大猩猩撕成碎片。在出现国家社会之前，人通常也是在偷袭中而不是高调的战场上消灭敌人。人类的大部分暴力都是胆小鬼式的：打冷拳、欺负弱小、先发制人、凌晨偷袭、黑手党暗杀和打了就跑的驾车枪击。

柯林斯还记录了一种反复出现的综合征，他称之为“前行性恐慌”（forward panic），虽然更常用的字眼儿应该是“暴怒”（rampage）。当一个进攻性联盟受到阻击，并陷入对手可能长期抵抗的忧患和恐惧时，它会接着又乘虚而入压倒对手，此时恐惧转化为愤怒，人们将会野性大发作。这种似乎无法克制的暴怒驱使人们殴打敌人，直到敌人不省人事，对男子实施酷刑和肢解、强奸妇女、破坏敌人的财产。“前行性恐慌”是最丑恶的暴力。正是这种心态导致种族灭绝、大屠杀、惨烈的种族骚乱和战争中的格杀勿论，不留俘虏。警察滥用暴力也大多出于此种心态，
488 比如1991年罗德尼·金（Rodney King）在警车高速追逐和暴力拒捕之后，受到警察的野蛮殴打。随着屠杀的进行，愤怒会让位于狂喜，狂躁的屠夫在血腥的暴行中欣喜若狂。[16]

没有人被训练成暴躁的怒汉，每当军队和警察中爆发类似的暴行，总是让上级感到意外，上级也只能采取行动平息暴行，因为滥杀和残忍完全不符合军队和警察队伍的宗旨。暴怒也许是人类为了捕捉稍纵即逝的机会，将敌人在重组和反击报复之前彻底消灭掉而产生的原始适应性。这与大猩猩之间的杀戮相似程度之高，令人毛骨悚然。这种相似性还包括一个共同的触发机制：三四个同伙，面对一个孤立的敌方成员。[17]暴怒背后的直觉显示，暴力如同人类行为剧本中的一句台词，静静地等候在那里，等待出场的时机。饥渴则与其不同，饥渴感是随着时间逐渐培养起来的直觉。

道德标尺的偏差和关于纯粹邪恶的神话

在《白板》一书中，我提出，当代人否认人性的黑暗面，例如“高贵的野蛮人”说，是对19世纪末20世纪初一度甚嚣尘上的浪漫军国主

义、攻击释压说和斗争神圣化的反动。对当代人否认人性黑暗面的理论提出质疑的科学家和学者，均被指责是为暴力辩护，并成为诽谤、血诬和人身伤害的对象。[18]“高贵的野蛮人”神话显然已经成为一个样板，昭示了反暴力运动在社会礼仪和禁忌方面留下的文化遗产。

不过，我现在相信，否认人类作恶的能力有着更深刻的原因，也许这种否认本身就是人性的一个特点。这要归功于社会心理学家罗伊·鲍迈斯特（Roy Baumeister）在著作《邪恶》（*Evil*）一书中所做的精彩分析。[19]鲍迈斯特注意到，那些从事破坏性活动的人，从小偷小摸的惯犯到系列杀人犯再到大屠杀的参与者，从来不觉得自己做错了什么。他对这一现象感到困惑：难道世界上如此之多的恶行，竟然都不是恶人所为？

每当心理学家遇到一个难解之谜，他们就会动手进行实验。虽然鲍迈斯特与他的合作者阿琳·史迪威（Arlene Stillwell）和萨拉·沃特曼（Sara Wotman）不能在实验室里让人们犯下暴行，但是他们认为，日常生活中有很多小伤害，足以供他们进行细微的观察。[20]史迪威和沃特曼让实验者描述一件使他们感到愤怒的事件，再描述一件他们让别人感到愤怒的事件。研究人员随机地在实验者之间不断调换这两个话题的顺序，在两个话题之间还塞上其他一些琐碎的问题，因此实验者不会连续回答与这两个话题有关的问题。大多数人每星期至少会感到一次愤怒，几乎所有人每个月至少会感到一次愤怒，研究人员绝不缺少研究的题材。[21]作 489
恶者和受害者两个角色历数了各种原因，包括撒谎、失信、违约、犯规、泄密、不公和财务纠纷。

但是，这是作恶方和受害方都唯一同意的事情。心理学家仔细研究了实验对象的叙述和编码特征，例如事件的时间长度、双方的过失、作恶者的动机和造成伤害的后果。如果我们将他们的叙述排列起来，结果如下：

> 作恶者的叙述：故事开始于伤害行为。当时我有我的道理。我也许是回应对方的挑衅，或者我的反应是一个正常人都会有的反应。我完全有权利这样做，为此指责我是很不公平的。伤害并不严重，很容易修复，我也道歉了。现在，应该让这件事情过去了。忘掉算

了。过去的就是过去了。

受害者的叙述：故事开始的时间远早于伤害行为发生的时间，伤害行为不过是漫长错误历史中最后的事件。作恶者的行为无理、无情、难以理解。作恶者很可能就是一个施虐狂，唯一的动机就是想看到我痛苦，虽然我是完全无辜的。他造成的伤害是可怕的、难以修补的，而且是永久性的。双方都不应该忘却。

两个描述不可能都是对的——或者应该说，既然实验参加者既讲述了作为受害者的故事，也讲述了作为作恶者的故事，两个描述不可能都完全正确。人类心理中存在某种东西，它扭曲了我们对伤害性事件的解读和记忆。这就提出了一个难以回避的问题：为了解脱自己，我们内心的作恶者是不是在掩饰我们的罪过？或者，为了获得世人的同情，我们内心的受害者是否在培育冤屈？因为这几位心理学家无法翻越时间的高墙，回到事件发生的旧时光，所以完全无法确定谁的描述是真实可信的。

史迪威和鲍迈斯特设计了一个极具独创性的后续方案。他们使用控制事件进行实验，做法是创作了一个情节暧昧的故事：一名大学生提出要帮助一个同学做作业，但出于多种原因，提出帮助的一方违约了，导致本应受助的同学该门功课成绩不好，被迫改换专业，最后转到另一所大学。[22]参加实验的人（都是学生）只需要阅读整篇故事，然后一半学生从作恶者的角度，另一半学生从受害者的角度，以第一人称尽可能准确地复述故事。还有第三个实验组，这个组的人被要求以第三者的角度复述故事，他们提到的和忽略的细节，作为人类记忆的基准，属于不受私利影响的正常扭曲。作恶者和受害者为了让自己看起来更体面，丢失或粉饰了某些细节。心理学家对他们的叙述进行了分析。

结果，“我们应该相信”的答案是：谁也不能信。与故事本身的基 490
准，也就是第三者的复述相比，受害者和作恶者故事扭曲的程度是一样的，只是方向相反；每一次忽略和修饰，都是为了让自己扮演的角色显得更有道理，让对方显得更无理。最有意思的是，参加实验的人在实验中没有任何个人利益。不仅实验者和实验中的角色无关，而且也没有人要求他们同情自己复述的角色，或者为自己复述的角色辩护，对他们的要求仅仅是从第一人称的角度阅读故事，然后加以复述而已。但就是这一点要求，居然让实验参与者调动起认知过程，并做出自利的陈述。

伤害性事件在进攻者、受害者和中立方眼中出现发散型描述，就是图2-1暴力三角中出现的心理叠加。我们姑且称之为“道德标尺的偏差”（Moralization Gap）。

“道德标尺的偏差”属于自利偏差（self-serving biases）这种大现象中的一种。人们总是想看起来是个好人。“好”可以是高效率、有力量、受人喜爱和能干，也可以是善良、诚实、慷慨和无私。人具有展示自我积极面的动力，这是20世纪社会心理学的重大发现之一。最早提到这一现象的著作是社会学家欧文·戈夫曼（Erving Goffman）的《日常生活中的自我呈现》（*The Presentation of Self in Everyday Life*），最近的相关文章有卡罗尔·塔夫里斯（Carol Tavris）和艾略特·阿伦森（Elliot Aronson）的《错不在我》[*Mistakes Were Made*（*but Not by Me*）]，罗伯特·特里弗斯的《欺骗和自我欺骗》（*Deceit and Self-Deception*），罗伯特·库尔茨班（Robert Kurzban）的《人人都是伪君子》[*Why Everyone*（*Else*）*Is a Hypocrite*]。[23]认识失调或认知失谐（cognitive dissonance）是一种很典型的现象，指人们突然改变了原来的自我评价，人本来为了保持这个自我评价下的形象，一直控制着自己行为。“乌比冈湖效应”（Lake Wobegon Effect）一词来自加里森·凯勒（Garrison Keillor）的小说。在小说中的乌比冈小镇上，所有孩子都比一般孩子更优秀，镇上绝大多数人都认为自己在才华和性格上高于平均水平。[24]

自利偏差是我们在进化中作为社会动物而付出的一种代价。人们结成群体，不是因为他们像机器人一样彼此之间有磁力互相吸引，而是因为他们有社会感和道德感。他们能感受温暖和同情、感激和信任、孤独和负疚、嫉妒和愤怒。感情是内在的调节器，保障人们在社交生活——互利的交换和合作性行为——中获益，而不必付出某些代价，例如避免骗子和社会寄生虫的剥削。[25]我们对那些愿意与我们合作的人怀有同情、信任和感激，以自己的合作作为回报。而对那些欺骗我们的人，我们感到气愤和排斥，退出合作，或者予以惩罚。一个人的善行水平，是在做一个具有良好信誉的合作者和做一个骗取不义之财的坏蛋之间权衡的结果。一个社会组织就是一个市场，充满各色合作者，在慷慨和信任上水
491 平不一；人们总是能够把自己说得比实际上更慷慨一点，更值得信任一些，一般也不会出太大的差错。

“道德标尺的偏差”包含受害人和作恶者之间协商补偿时的互补性谈判战术。就像侵权诉讼案中双方的律师，起诉人强调被告行为的蓄意性，至少是无情与冷漠，以及原告为之承受的痛苦和损失。被告方的律师则强调被告行为的合理性和不可避免性，并极力缩小原告方的痛苦和损失。原告和被告双方之间的较量不仅最后形成补偿方案，也展示了双方围绕是否值得同情和是否勇于承担责任等声誉的竞争。[26]

特里弗斯最早提出道德感是为了适应合作，他还观察到一个非常重要的扭曲状态。夸张地表现善意和技能所造成的问题是，其他人能够发展出一套看穿这些夸张的能力，就像在撒谎者和测谎仪之间发动一场心理学军备竞赛。谎言特有的自相矛盾让人能够识破它——意第绪谚语说“撒谎的人要有好记性”，或者人说话时的犹疑、抽搐、脸红和出汗也会暴露撒谎。特里弗斯猜测，自然选择可能偏向某种程度的自欺，从源头上抑制说真话。我们欺骗自己，于是我们欺骗别人的时候听起来就会更加可信。[27]同时，我们头脑中的无意识思维维持着真相，告诉我们不能过分违背事实。特里弗斯表示，乔治·奥威尔最早提出这一构想：“统治的秘密就是将相信自己一贯正确和从过去的错误中学习的能力结合起来。”[28]

自欺是一种奇特的理论，因为它本身就是一种矛盾，一种叫作“自我”的东西，同时是欺骗者和被欺骗者。我们很容易就可以证明人们很容易陷入自利偏差，比如肉铺的秤，总是有误差，而且总是对肉铺有利。但是，要证明人们的自欺倾向并非易事。在心理学上，这相当于作弊的企业做两本账，一本公开的账簿为了应付检查，一本私密的账簿记载准确信息，供公司管理之用。[29]

两位社会心理学家——皮尔卡洛·瓦德索洛（Piercarlo Valdesolo）

和大卫·德斯迪诺（David DeSteno）发明的实验极有创意，能够在真正的两本账骗局中抓到现行犯。[30]他们向实验参加者表示，需要他们合作，共同计划和评估一个研究项目：一半参与者将得到轻松愉快的工作，即看10分钟照片；另外一半人则要从事冗长而艰巨的工作，即解答45分钟的数学题。研究者告诉实验参与者，他们要两人一组地进行工作，但是研究人员还没有找到决定两人中谁承担何种工作的最佳方式。因此， 492
他们让每一个实验参与者从两种方式中选择一种，来决定谁应该得到轻松的工作，谁应该得到困难的工作。参与者可以简单地为自己挑选轻松的工作，或者用一个随机数字发生器决定谁得到什么工作。人类的自私在这里得到充分表现，几乎每一个人都为自己选择了轻松的工作。稍后，研究人员给实验参与者一份评估此次实验的匿名问卷，问卷中有一道突兀的问题，问参与者是否认为他们的决定是公平的。在这里，人类的虚伪又得到充分地表现，大部分参与者认为他们的决定是公平的。接着，研究人员向另外一组实验参与者描述了这些人的选择，然后问这种自私的行为有多少公平可言。当然，另一组实验参与者认为这些自私的选择毫无公平可言。在人们评判他人行为和评判自己行为的标准之间，存在一个差距，这就是典型的自利性偏差。

现在，我们要回答一个关键的问题。自利者真的真心实意地认为他们的行为是公平的吗？或者，只是他们大脑中的一个有意识的“政治公关”告诉他们要这样说，还有一个下意识的“自我”明白什么才是真实的？为了找到答案，心理学家设计抑制有意识思维，他们要求一组实验参与者在评估实验，包括裁决他们（或其他人）的行为是否公平的同时，牢记一个七位数的数字。在有意识思维被分神的情况下，可怕的实情显露了出来：参与者对自己的评判与对他人的一样严厉。这印证了特里弗斯的理论：在人们的头脑里，真相是一直存在的。

我很高兴发现这个结果，不仅是因为自欺理论如此精妙，为此它应该成立，而且因为它给人性保留了一丝希望之光。虽然认识人类自身不完美的真相属于我们最痛苦的经验——弗洛伊德有一整套防卫机制来推迟这可怕的时刻，这些手段包括否认、压抑、揣测和反向形成——但是，至少在原则上，认识我们自身的真相还是有可能的。它也许需要嘲讽，需要争论，需要时间，需要被分神，但是，人有能力认识到自己不是永远正确的。说到底，我们还是不能在自欺这个问题上自我欺骗。如果没有对自欺的认识，人类的总体倾向是错误判断伤害性行为，无论是作为作恶者还是作为受害人。

* * *

一旦人认识到我们心理上这种宿命的怪癖，我们的社会生活，以及我们的历史和现实看起来都变了个样子。不仅是每一个争端都有来自两个方面不同的故事，而且双方都坚信自己的版本，也就是说，双方都坚信自己是无辜的、长期受到侵犯的受害者，而另一方是邪恶和危险的虐待狂。各方都有自己对事实的历史描述和数据，并对之坚信不疑。[31]比如：

• 十字军是宗教理想主义的浪潮，虽然有一些过分行为，但它给世界
493 留下了文化交流的硕果。十字军是一系列针对犹太社区的暴行，是欧洲漫长反犹历史的组成部分。十字军是对穆斯林家园的野蛮入侵，是基督教侮辱穆斯林的漫长历史的发端。

• 美国内战是废除邪恶奴隶制的必经之路，它保护了一个以自由和平等立国的国家。美国内战是中央集权的权力争夺战，目的是要摧毁南方的传统生活方式。

• 华沙集团是一个防御性联盟，是苏联为了保护自己和盟国避免再次遭受战乱。历史上它曾经两次遭受德国的入侵，损失惨重。

• “六日战争”（第三次中东战争）是一个民族争取生存的斗争。它开始于埃及驱逐联合国维和人员和封锁蒂朗海峡，埃及计划的第一步是将犹太人赶进大海，战争结束于以色列统一耶路撒冷旧城，并确立了边境防线。“六日战争”是一场侵略和征服行动。它开始于以色列入侵其邻国，结束于以色列占领邻国的领土，并建立了一个种族隔离的政权。

敌对双方的分歧不仅在于他们各自相互竞争的说辞，还在于他们量度历史的历法，以及在他们的记忆中事件重要性的顺序。冲突的受害者是一丝不苟的历史学家和记忆的耕耘人，而施暴者则是实用主义者，坚定地立足于当下。本来，我们一贯认为历史的记忆是好事情，但是每到历史事件被牢记为一块无法愈合的伤口而呼唤平反的时候，它很可能就是在召唤暴力。“牢记阿拉莫！”“牢记‘缅因号’！”“牢记‘卢西塔尼亚号’！”“牢记珍珠港！”以及“牢记‘9·11’恐怖袭击事件！”这些口号不是在建议人们重温历史，而是战斗的号角，带领美国人介入战争。俗语说，巴尔干地区受到的诅咒是让每平方英里的土地上堆积了太多的历史陈迹。塞尔维亚人在20世纪90年代对克罗地亚人、波斯尼亚人和科索沃人进行了残暴的种族清洗，但他们自己也属于世界上冤屈最深重的人民。[32]在他们的记忆中，第二次世界大战中纳粹傀儡国家克罗地亚，第一次世界大战中的奥匈帝国，一直追溯到1389年奥斯曼土耳其人的科索沃战役，都让塞尔维亚人饱受欺凌。在科索沃战役600周年纪念日时，总统米洛舍维奇发表了一篇气势汹汹的演讲，预示了20世纪90年代的巴尔干战事。

20世纪70年代末，魁北克新当选的分离主义政府重新发现了19世纪的民族主义。在魁北克爱国主义的各种表现中，有一种是将车牌上的格言“La belle province”（法语“美丽的魁省”）改为“Je me souviens”（法语“我牢记”）。从来没有人明确说过要牢记什么，但大部人认为这是新法兰西的思乡曲，而新法兰西早在1763年的“七年战争”中就被
494 英国人消灭了。这种牢固的记忆让说英语的魁北克人感到有些紧张，我这一代人中很多人因此移民多伦多。万幸，20世纪末的欧洲和平主义战胜了19世纪的高卢民族主义，魁北克现在是世界上最和平也最国际化的地区。

与受害者过多的记忆相反，施暴者的记忆往往太少。我在1992年访问日本的时候，买了一本旅游手册，里面有一份日本历史纪年表。时间线上标注出1912—1926年的大正民主，接着就是1970年的大阪世界博览会。我猜想，在这两个年代之间，日本就没有发生过什么有意思的事

情了。

一次冲突事件，无论是室友为学年论文吵架，还是国家发动世界大战，事件的各方都相信自己是正义的一方，并且还有历史记录支持自己的观点。但是，这些历史记录中的一些内容很可能是一些弥天大谎，也很可能只是由于偏见省略了一些我们认为有意义的事实，同时神化了另一些陈年旧账。现实令人不安，因为我们认识到，就分歧而言，对方很可能是对的。我们很可能过于自以为是，将会彼此攻击对方坚信不疑的立场，没有人会尊重对方，因为每个人都能看得见对方自欺欺人的弱点。

比如，今天几乎没有美国人会非议“最伟大的一代”参加正义之战——第二次世界大战。但是，当重读1941年日本偷袭珍珠港之后富兰克林·罗斯福发表的历史性演讲，我们仍然会感到某种不安。这篇演讲是受害者控诉的典范。演讲中可以找到全部鲍迈斯特实验的元素对记忆的痴迷（“它将永远成为国耻日”），受害者的无辜（“美国与那个国家一向和平相处”），入侵行动的疯狂和残暴（“这种卑鄙和怯懦的进攻”），伤亡的惨重程度（“昨天对夏威夷岛的进攻给美国海陆军部队造成了严重的损失……很多美国人失去了生命”）和报复的正当性（“美国人民一定要以自己的正义力量赢得……”）。对今天的历史学家来说，这些响亮的言辞，从最好的角度看，也是似真非真。美国已经对日本实行严厉的石油和机械禁运，并预计到日本可能发动袭击，保证了尽量小的军队伤亡，最后则是因为在珍珠港丧失的2500人而牺牲了10万美国人的生命，将无辜的日裔美国人关进集中营，最后的胜利还是通过燃烧弹和原子弹才取得的。扔在日本平民头上的原子弹可以说是人类历史上最严重的战争罪行。[33]

在没有合适的第三方出面质疑孰是孰非的那些问题上，我们必须做好准备，戴上心理学家的眼镜，看看恶魔是如何觉得自己是有德之士的。不过，戴上这副眼镜，让人感到非常不舒服。[34]当你看到“试试从希特勒的角度看待这个问题”时，千万留心你的血压——此外也可以从本·拉登的角度。然而，即使是希特勒，也像所有有感知的生命一样，有自己 495

的观点。历史学家告诉我们，他的观点甚至可以说是道德高尚的。他经历了第一次世界大战德国未曾料想的突然战败，并得出结论：战败原因是内部敌人的背叛。他对战后协约国谋杀式的食品封锁和报复性的战争赔款义愤填膺，他还见识过20世纪20年代的经济混乱和街头暴乱。而且希特勒是一个理想主义者：他有自己的道德观，相信英雄式的献身能够带来千年盛世。[35]

世界大战之外，在小规模的人际暴力上，大部分系列杀人狂也极力弱化自己的罪恶，甚至为自己的罪恶辩护。如果他们的行为不是如此恐怖，他们的这番努力简直可以说是喜剧性的。1994年，警方引述一个杀人狂的话说："除了两个人是我们杀死的，另有两个被我们打伤了，还用枪柄打伤了一个妇女，我们就是把电灯泡塞进人的嘴里，此外我们可真没有伤害过任何人。"[36]社会学家黛安娜·斯库利（Diana Scully）采访过的一个系列强奸杀人狂称，对用枪劫持来的妇女，他一向"温柔和蔼"，这些妇女很享受被强奸的体验。为了证明自己的和善，这位杀人狂特别提到，当他用刀扎死受害人的时候，行凶"总是突然的，她们不会知道自己要死了"。[37]约翰·韦恩·加西绑架、鸡奸并杀害了33名男孩，他说："我看我自己更多还是个受害者，而不是施暴者。"毫无嘲讽的意思，还接着说："我的童年是被骗走的。"他从童年受到的所谓迫害一直延续到成年，媒体莫名其妙地非要将他塑造为"一个混蛋和一个替罪羊"。[38]

小偷小摸一类的轻罪更是容易被合理化。所有在监狱和犯人打过交道的人都知道，今天的监狱关的都是无辜的受害者——不仅有因警察草率制造的冤案，还有自助正义型的暴力案。本书第3章中提到了唐纳德·布莱克有关"社会控制"制造犯罪的理论。这个理论试图解释为什么在大部分暴力犯罪中，施暴者并没有实际获益。[39]罪犯的确受到挑衅或背叛，然后进行了我们所认为的过度的反击——在争吵中殴打了伶牙俐齿的老婆，在抢夺停车位时捅死了一个陌生人。在布莱克眼中，这些都是对挑衅的自然反应，也是寻求某种正义。

*　*　*

看到这些将犯罪理性化的分析，我们感到很不舒服。这恰恰说明了用心理学分析的必要性。鲍迈斯特注意到，为了理解伤害行为，科学家或学者的观点总是和施暴者的观点相重合。[40]他们都采取离间的、无关道德的立场看待伤害行为。他们也都将犯罪情景化，总是留意事件的复杂性，以及这些复杂性与伤害行为的因果关系。而且，他们都相信伤害行为是可以解释的。相反，道德家采纳受害者的观点，认为伤害必须被认真
496 对待。暴行造成的忧伤和愤怒将持续很久。凡人之所以要对暴行进行胡乱推理，虽然仍然是宇宙奥秘，但恰好说明世界上存在着无法被消灭和不可解释的邪恶。许多集中营的记录者甚至认为，试图解释集中营的成因本身就是不道德的。[41]

鲍迈斯特仍然以心理学的角度，将这种迷思叫作“纯粹邪恶”。当我们从道德的角度思考，我们的思维方式就是受害者的思维方式。作恶是蓄意伤害，而且不需要理由，作恶的目的就是邪恶本身。作恶的恶棍恶毒透骨，一心要给无辜和善良的受害人制造痛苦。从心理学角度来看，之所以称其为迷思，是因为事实上作恶者大多都是普通人，他们在特定的情况下做出了他们认为合理和正义的反应，其中包括受害人的挑衅。

纯粹邪恶提出一个在宗教、恐怖影片、儿童故事、民族主义神话和动情的电视新闻报道中十分常见的原型。在许多宗教中，邪恶被人格化为恶魔——冥王哈迪斯、撒旦、魔王别西卜、金星路西法、魔鬼梅菲斯托费勒斯，或者摩尼教式的黑暗与光明之争中仁慈上帝的对手。在流行小说中，邪恶的相貌属于狂砍滥杀的凶手，属于系列杀人犯，属于妖魔，属于奇丑无比的怪物，属于《蝙蝠侠》里的小丑，属于《007》里的杀手；或者根据电影的年代，也可能属于纳粹军官、苏联间谍、意大利黑手党、阿拉伯恐怖分子、都市强盗、墨西哥毒枭、银河系皇帝或者公司高管。作恶者也许拥有大量的钱财和权力，但是作恶的目的总是模糊和变态的；恶魔真正想做的只是制造混乱和让无辜的受害者受难。作恶者

是敌人，是善之天敌，所以作恶者通常是外国人。好莱坞的恶棍，尽管都是些无国籍人士，口音却是一模一样的外国腔。

纯粹邪恶妨碍我们理解真正的邪恶。科学家的立场是施暴者的立场，而道德家的立场是受害者的立场，科学家被认为是“为作恶寻找借口”或“诿过受害人”，或者是在追求“理解一切、原谅一切”的道德虚无说。（前面提到过刘易斯·理查森的回答：谴责越多，理解越少。）确实，研究人员有时将作恶者的动机归咎为一些小过失，例如嫉妒，或者当时具体的情形，或者复仇，而不是更大的罪过，例如制造无穷尽的苦难，或永远维持种族、阶级和性别压迫；研究人员有时还认为这些作恶的动机是每一个普通人都可能有的，而不是少数心理变态者特有，甚或是一个邪恶政治制度的产物（因此，“高贵野蛮人说”才会如此流行）。但每到这些时候，这些研究分析就会被指责为将邪恶相对化。学者汉娜·阿伦特有专文论述阿道夫·艾希曼在组织集中营屠杀中所承担的角色问题，她杜撰了新的表述方式“平庸的恶”来阐释她在此人身上看到的平庸和此人作恶动机的平庸。[42]已经有历史学家证明，艾希曼是一个意识形态化的反犹分子，比阿伦特的描述走得更远，但不论她对艾希曼的解读是否正确，她都算得上是解构纯粹邪恶的先驱。[43]我们将会看到，近40年来的社会心理学研究——其中有些确实是受到阿伦特的启发，特别强调大部分伤害动机的平庸性。[44] 497

在本章接下来的部分，我要描述让我们趋向暴力的大脑系统和动机，同时寻找激励或抑制暴力的信息，并据此来解释暴力减少的历史趋势。大张旗鼓地采取作恶者的观点肯定不利于我要做的工作，而假定我们的大脑天然地具备道德力量，比如有些大脑指向恶，另外一些指向善，也是非常危险的。我们将会看到，在本章所谈论的心魔和下一章将谈论的天使之间有一些明确的分界线。它们不仅取决于神经生物学的现实，同时也取决于我们如何论说，因为我们的某些脑神经系统既能引起最善良的人类行为，也能导致最邪恶的行为。

暴力的器官

纯粹邪恶的症状之一是将暴力视为一种兽性的冲动，比如以下词语所示“野兽般的”、“畜生一样的”、“禽兽不如”、“非人性的”和“野性的”，而描写魔鬼的时候总让它们带着犄角和尾巴。但是，虽然在动物王国，暴力是家常便饭，但只有从受害者的视角看世界，才能将兽性看作暴力的唯一原因。想想我们人类对蚂蚁所做的种种毁灭性破坏：我们吃它们，毒死它们，不小心地踩死它们，蓄意地捏死它们。每一种杀蚁的行为动机截然不同，但如果你是蚂蚁，你不会关心这些微妙的差别。我们是人类，所以我们倾向于认为人类对同类的恶行完全是出于单一的、兽性的动机。但是，生物学家早已注意到，哺乳动物的大脑里有不同的回路来处理各种不同的攻击行为。

在动物王国，最常见的攻击性行为是捕食。捕食者，例如鹰、隼、狼、狮、虎和熊的图案，装饰着运动员和军人的外套；许多作家，例如威廉·詹姆斯，都谴责人类暴力来自“食肉动物的本性”。但从生物学角度看，捕猎食物与对抗对手、抵御威胁的攻击性行为完全不同。养猫的人都知道这种区别。当猫咪在地板上看见一只甲壳虫时，它安静地蹲着，全神贯注。但是当一只流浪猫遭遇另一只流浪猫时，它会挺起身子，毛发竖立，发出低吼和尖叫。我们已经见过神经科学家可以将电极植入猫脑中的愤怒回路，通上电流，即可触发猫的攻击模式。而将电极植入不同的回路，研究人员可以触发捕猎模式，观察一只猫无声无息地袭击幻想中的老鼠。[45]

498 像大脑中的许多系统一样，控制攻击行为的回路也有不同层级。控制肌肉基本行动的子程式位于后脑，正靠在脊椎的顶部。但是触发其工作的情绪，例如愤怒回路，则分布在较上位的中脑和前脑。拿猫来说，刺激后脑能够激活神经科学家所说的假怒。猫开始尖叫，毛发竖立，露出尖齿，但是人还可以放心地抚摸它。但是，如果刺激大脑较高部位的愤怒回路，猫所产生的情绪不再有任何虚假，它会愤怒地扑到实验者的脸上。[46]进化正好利用了大脑的这种模块组合。不同的哺乳动物利用身体的不同部位作为进犯武器，可以是嘴、獠牙、角；灵长类动物则是手。控制末梢神经的后脑回路在新谱系的演化中可以重组或者被置换，但控制情绪的中央程序却相当顽固。[47]神经科学家在人的大脑中也找到了愤怒回路，这说明人类的大脑有类似的构造。

图 8-1 是电脑制作的老鼠的大脑模型，老鼠面向左。老鼠是一种依赖灵敏的嗅觉生存的小型哺乳动物，因此有非常发达的嗅球（olfactory bulbs）；为了显示大脑的其他部位，图中嗅球左侧的大部分被切掉了。和所有四足动物一样，老鼠是水平造物，所以我们所说的神经系统的“高位”和“低位”就是指前和后；在老鼠的脑部，高级思考位于脑模 499
型的前端（左），身体控制位于模型的后端（右），与脊柱直接相连，如果要画出这一部分，它会从图右边溢出来。

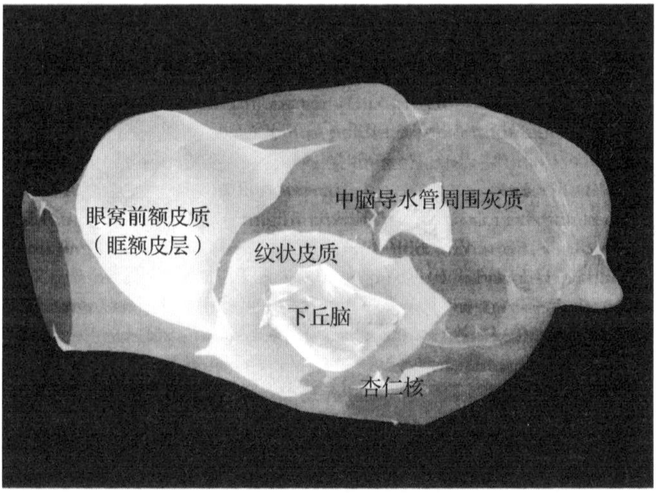

图 8-1 老鼠的大脑，与攻击行为有关的主要脑组织解构

资料来源：《阿兰鼠脑全图》（*Allen Mouse Brain Atlas*），http://mouse.brain-map.org。

愤怒回路是联结三个大脑低位器官主要部位的通道。[48]在中脑，有一个半环状的组织，称为“中脑导水管周围灰质”——“灰质”，即它由灰色物质组成［一群神经元，而没有保护输出纤维的白质髓鞘（white sheaths）］；所谓“中脑导水管周围”是指它包围着一个导水管，一个充满液体的沟渠，从脊髓到大脑的脑腔，整个穿过中枢神经。中脑导水管周围灰质中具有这些回路是控制愤怒的感觉运动组件。大脑记录疼痛、平衡、饥饿、血压、心跳、体温和听到的声音（特别是另一只老鼠同伴的尖叫）的部位发出的信号，信号进入回路，让动物感到紧张不安、沮丧或者愤怒。回路输出的信号进入运动程序后，老鼠就开始跳、踢和咬。[49]有关暴力的生物特性最早的一项发现是疼痛或沮丧与攻击之间的联系。当动物受到电击或者取得食物的通道被截断，它会攻击最靠近它的同伙；如果周围没有活着的攻击对象，它会开始咬一个玩具或者其他类似的替代品。[50]

中脑导水管周围灰质部分受下视丘（hypothalamus）控制。下视丘是一簇神经核，约束动物的感情、动机和心理，包括饥渴和情欲。下视丘也监控体温、血压、血液中的化学成分，它位于脑下垂体的正上方，脑下垂体向血液中泵入激素，其功能之一是调节肾上腺分泌的肾上腺素和生殖腺分泌的睾丸素或雌性激素。这类神经核中的两种——内侧核和腹外侧核，正是愤怒回路的组成部分。“腹”（ventral）是指动物的腹部，相对于“背”（dorsal）或者背部。这些人类大脑的术语沿用已久，因为在传统上将大脑看作垂直地位于一个直立的躯干之上，所以，人类大脑的“腹”朝向我们脚面，而“背”则是我们的脑顶壳。

下视丘受控于杏仁核。“Amygdala”在拉丁文中就是“杏仁”，用来形容人脑的形状。杏仁核是小型、复合器官，连接着大脑的记忆和动机系统。它给我们的思想和记忆涂上情绪的色彩，最擅长的就是恐怖色彩。如果训练一只动物预期在听到某种声音后将受到一下电击，杏仁核就会指挥建立记忆，将这种声音与焦虑和恐惧联系在一起。杏仁核还会在出现危险的捕食者或者发现同类威胁时发出警告。比如，人类的杏仁核对愤怒的表情会做出反应。

500 愤怒回路的上方就是大脑皮层，这是在两个大脑半球外部的一层薄薄的灰色物质，承担着对感觉、思考、计划和决策的各种计算。每一个大脑半球分成各种叶，一个在脑前部，称为额叶，计算与行为有关的决策。最主要的一片额叶正位于头骨眼眶的上方，称为眼窝前额皮质；因为在眼眶上，因此也叫作“眶额前脑皮层”（orbitofrontal cortex），简称“眶额皮层”。[51]眶额皮层与杏仁核和其他感情回路紧密地连在一起，它的作用是将情感和记忆整合，做出下一步如何行动的决策。当动物因应某种情势，包括它的情绪和经验教训，准备开始进攻的时候，就是眼眶后面大脑的这个部位负责指挥。虽然我已经说过，对愤怒的控制是自上而下的指挥系统，从眶额皮层到杏仁核，到下视丘，再到中脑导水管周围灰质，到运动程序——但是，全部的联系均为双向：这些器官之间以及与大脑的其他部分之间进行着大量的反馈和相互应答。

我已经提到过，捕食和愤怒在食肉哺乳动物的行为列表节目上属于完全不同的曲目，触发这两种行为需要电击不同的大脑部位。捕食涉及的回路是潘克赛普所说的“寻求系统”（seeking system）。[52]寻求系统的主干通过大脑中部的一束纤维——内侧前脑纤维束（medial forebrain bundle）穿过整个中脑（图8-1中未做显示）直达外侧下丘脑，再从那里向上到达腹侧纹状体（ventral striatum），所谓爬虫类脑（reptilian brain）的主体部分。纹状体的构成是许多平行的神经束，这让它看起来有很多条纹。纹状体深藏在大脑半球的内部，与额叶紧密相连。

心理学家詹姆斯·奥尔兹（James Olds）和彼得·米尔纳（Peter Milner）将电极植入老鼠大脑的中部，连接上斯金纳箱上的控制杆后，他们发现老鼠会不停地按动控制杆刺激自己的大脑，直到筋疲力尽地倒在地上。由此，他们发现了寻求系统。[53]最初，他们认为他们找到了大脑的愉悦中心，但今天的神经科学家相信，此系统发出的是欲求或渴望，而不是愉悦本身。（成年人要面对的一大现实是，你要小心自己的愿望，因为所求若非所欲，一旦到手，你很可能并不会真正享受它，而这一现象自有脑解剖学的生理依据。）连接寻求系统的不仅是一套连线，而且还有化学物质。系统内神经信号通过一种叫作多巴胺的神经传递介质进行传递。能够制造多巴胺的药物很多，例如可卡因和安非他命，都能让动物活跃起来，而减少药量，就像施用了抗精神病药物，让动物表现出消极冷漠。（腹侧纹状体中还有另外一组传输介质——内啡肽和体内内生性鸦片发生反应的回路。这些回路更接近对到手奖励的享受，而不是在期盼中渴望。)

寻求系统确立动物追求的目标，例如接近取得食物的控制杆。在比
501 较自然的环境中，寻求系统会调动食肉动物开始捕猎。我们可以想象，动物开始追踪猎物的状态，是一种愉快的预期。一旦成功，它安安静静地撕咬猎物，完全没有了攻击时愤怒的号叫。

动物的攻击既可以是进犯，也可以是防守。[54]进犯性攻击最简单的触发器是突然的疼痛或者从寻求系统发出的挫败信号。从人类的某些原始反应中能看到这样的本能反射。幼儿在愤怒时双臂突然紧贴在身体两侧，成年人在榔头敲到自己手指时，或者突然发觉自己的要求得不到满足时，会脱口诅咒或砸碎东西［在计算机维修中，有一种技术叫作“撞击维护”(percussive maintenance)］。老鼠进行防守型攻击时是扑向对手的头部，而不是在对手的身侧又踢又咬。防守型攻击由另一套大脑系统控制，此系统关乎恐惧。“恐惧系统”就像“愤怒系统”，是由中脑导水管周围灰质经过下视丘到达杏仁核的一个回路。恐惧回路（fear circuit）和愤怒回路是两个不同的回路，连接着这几个器官上不同的神经核，但是两者相近的位置，反映出它们之间频繁的互动。[55]轻度恐惧可以触发惊呆或者逃跑，但是极度恐惧加上其他的刺激，可以触发愤怒的防御性攻击。人类的“前行性恐慌”或暴怒可能就是从恐惧系统向愤怒系统发生的类似切换。

潘克赛普确定了哺乳动物大脑中的第四个动机系统。这个系统可以触发暴力，他称其为“雄性间攻击系统”（intermale aggression system）或“统治系统”（dominance system）。[56]和恐惧回路与愤怒回路一样，统治系统也是从中脑导水管周围灰质起，穿过下视丘到达杏仁核，一路上将与三束神经核联系在一起。每一束神经核都有受体接受睾丸素。潘克赛普注意到，“所有的哺乳动物几乎完全一样，雄性的性欲要求某种自我肯定，因此，雄性的性欲总是和侵犯联系在一起。的确，这些倾向相互交织在整个脑脊髓中。就我们有限的知识来看，与侵犯有关的系统位于靠近愤怒回路和寻求回路（seeking circuit）的地方，而且很可能和上

述两种回路有密切互动”。[57]如果对这一解剖做心理分析的话，可以这样说，寻求系统引导雄性自愿地甚至是渴望地寻找进犯其他雄性的机会，但是一旦开始战斗，两位雄性之一面临失败甚至死亡的危险，对打斗的关注会让位于盲目的愤怒。潘克赛普注意到在神经生物学上有两类侵犯行为，虽然两类行为存在互动。当内侧下视丘和脑纹状体的特定部位受损，动物就会向猎物或者实验者发起进攻，而不是向另外一位雄性同伴进攻。我们会看到，向动物（或者男人）提供睾丸素，并不会让他寻衅滋事。相反，他会感觉自己很伟大，信心满满地面对其他雄性的挑战。[58]

* * *

只要看一眼人类的大脑，你就知道这是一种特殊的哺乳动物。在图8–2 中，皮层部分完全透明，让我们清楚地看到，老鼠大脑的几个部分 502
被全部带进人脑，包括愤怒、恐惧和统治回路的处所：杏仁核、下视丘、中脑导水管周围灰质（在中脑的内部，脑脊髓沟从中穿过）。以多巴胺为能量的纹状体，其腹侧部位的作用是为整个大脑确立寻求的目标，在人脑中也是特别突出。

这些组织构成鼠脑的绝大部分，但在人脑中，这些组织被封在厚厚的大脑中间。如图8–3 所示，肥大的大脑皮层为了塞进头骨，被团成一团揉皱的报纸。大脑的主要部分是额叶，从这个角度向后看，额叶占据了大脑的3/4。神经解剖表明，对人类而言，愤怒、恐惧和欲求的原始冲动与受大脑约束的审慎、道德和自制力相对抗——尽管这一切都在力图驯化野性，但人们还是不能肯定谁会占上风。

在额叶内部，人们一眼就可以看出“眶额皮层”之名的来历：这是一个肥大的圆凹，正好覆盖在眼眶的骨架上。1848 年，一位名叫菲尼亚斯·盖奇（Phineas Gage）的铁路工地工头在向岩石里充填炸药时，炸药意外爆炸，将一枚钢钎插入盖奇的颧骨，再从头盖骨穿出。自那时起，科学家就知道眶额皮层的活动与情绪控制有关。[59]根据盖奇的头骨，20
503 世纪的计算机复制了他受到的损伤，显示钢钎穿过左眶额皮层，连同端脑（cerebrum）内壁的腹内侧前额叶皮层（ventromedial cortex）。（请见

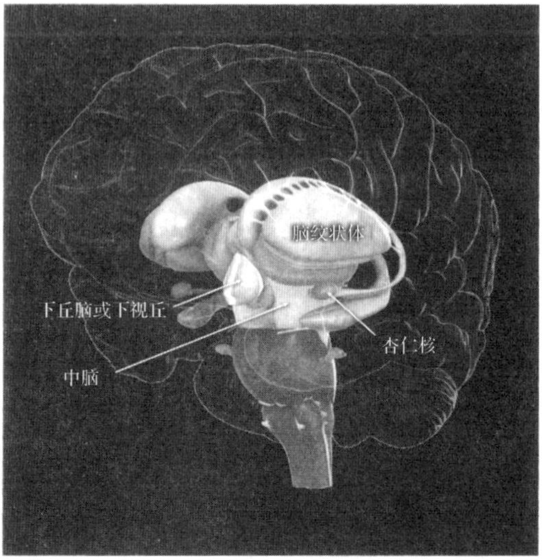

图 8-2 人脑，与攻击行为有关的主要皮层下结构

资料来源：埃克斯（AXS）生物医学动画工作室为多兰（Dolan）DNA 学习中心制作的三维图像。

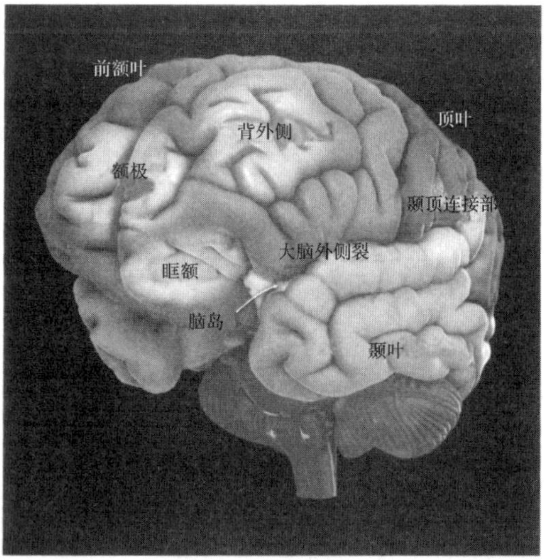

图 8-3 人脑，约束侵犯行为的主要大脑皮层区

资料来源：埃克斯生物医学动画工作室为多兰 DNA 学习中心制作的三维图像。

图8-4的内侧视图）眶额皮层和腹内侧前额叶皮层紧紧连在一起，包裹着额叶的底部，神经科学家通常使用两个词中的一个词合指两者。

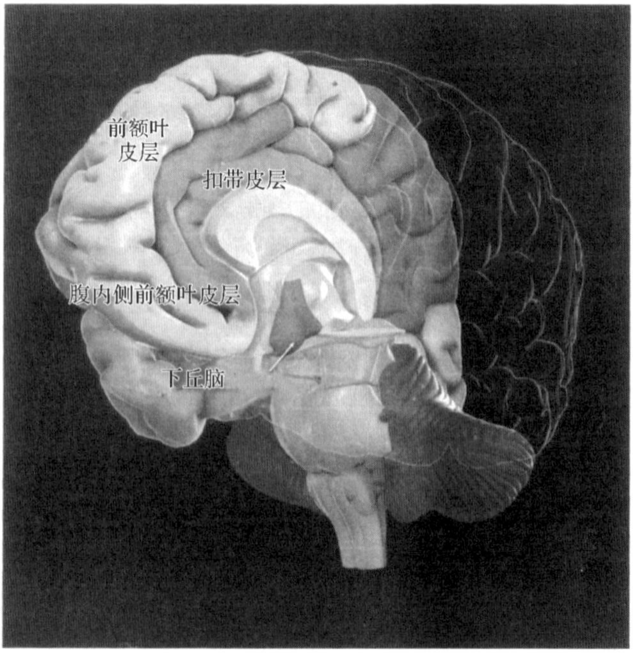

图8-4 人脑，内视图

资料来源：埃克斯生物医学动画工作室为多兰DNA学习中心制作的三维图像。

虽然盖奇的感觉、记忆和行动都没有受到影响，但不久人们就认识到，他的大脑受到的损伤有着严重的后果。以下是他的医生对变化的描述：

> 可以说，他的智能和动物性之间的平衡或均衡，似乎被完全摧毁了。他冲动无礼，不时污言秽语（他本来没有这样的恶习），完全不理会同伴的感受，对与他的本意不一致的约束和建议极不耐烦，有时固执己见，有时又犹豫不决和摇摆不定，不断制订未来的计划，但未经执行就改变主意，不论是否可行。他的智能和行为像一个孩子，

> 但却有着强壮男人的野性。尽管他没有受过多少教育，但在受伤之
> 504 前，他的思维稳健，认识他的人都尊重他的精明强干，认为他在工作上既有热情又有恒心。从这一点看，他的头脑发生了巨变，他的朋友和熟人都说他“不再是盖奇了”。[60]

虽然盖奇最后逐渐恢复了大部分均衡，但他的故事已经被扭曲，而且作为心理学教学的导言，经过一代又一代人的篡改。不过，当年医生的描述，与我们今天对眶额皮层功能的理解大致相符。

眶额皮层与杏仁核、下丘脑以及与情绪有关的其他部位有密切的联系。[61]眶额皮层的主要成分是神经元，多巴胺是其神经传递介质；眶额皮层与纹状体内的寻求系统连接在一起。与它相连的还有一个叫作“脑岛”的皮层小岛。在图 8–3 中，脑岛的前端刚好从大脑外侧裂（sylvian fissure）下方露出一点儿头，其他部分完全埋在裂沟后面，被上方的额叶和颞叶覆盖着。脑岛记录我们的身体直觉，包括胃胀的感觉和其他感觉，例如恶心、温暖、膀胱憋尿、心跳加速。有些隐喻，例如“这事让
505 我热血沸腾”和“他的行为让我呕吐”，对大脑来说，每个字都是实情。认知神经学家乔纳森·科恩（Jonathan Cohen）和他领导的研究小组发现，当一个人发觉同伙分赃不均的时候，脑岛就会活跃起来。但如果知道不公平的分配结果是计算机随机产生的，没有人可抱怨，那么脑岛部位就呈暗色。[62]

位于眼球上方的眶额皮层（图 8–3）和面向内部的腹内侧前额叶皮层（图 8–4）紧靠在一起，区分它们的功能并非易事，这也是为什么神经科学家经常将它们算作一个组织。眶额皮层似乎更多地参与决定一种经验是否愉快（恰好它紧挨着脑岛，脑岛接受来自脏器的信号），而腹内侧前额叶皮层更多地参与决定你是否得到想要得到的，避免得到不想得到的（腹内侧前额叶皮层位于脑中线两侧，正好是寻求回路展开的位置所在）。[63]眶额皮层做出的是对伤害的情绪化反应，腹内侧前额叶皮层实现的则是对上述反应的判断和反思，也许正是这两者之间的区别造成了道德范畴上的差距。但是，分界线非常模糊，我继续使用“眶额”来

称呼这两个脑组织。

眶额皮层根据接受的输入信号——直觉、欲望的目标、情绪冲动，同时还有来自大脑皮层其他部位的感觉和记忆，输出制约情绪的信号。它将人的愤怒、温暖、恐惧和厌恶等生理感觉与人的目标结合在一起，计算各种信号，再将调制信号送回最初产生情绪感觉的器官。输出的信号也被向上送往大脑皮层中进行冷静审议和执行控制的部位。

这个流程图说明，神经解剖结果与心理学家在诊所和实验室里的观察基本一致。19 世纪医疗报告中的华丽辞藻和 21 世纪的临床术语当然有所不同，但是只消略加调整，今天对眶额皮层受损病人的描述，完全可以用于菲尼亚斯·盖奇："脱抑制性，行为举止不当，易曲解他人的情感，冲动，不考虑行动的后果，对生活不负责任，对自己病情的严重性缺乏认识，主动性弱。"[64]

心理学家安杰拉·斯卡尔帕（Angela Scarpa）和阿德里安·雷恩（Adrian Raine）给出了一个类似的目录，但包括了更多的症状。最后一个症状正是我们所要讨论的问题："喜欢争论，不关心行为的后果，无视社交礼节，冲动，注意力不集中，浅薄，情绪多变，暴力。"[65]"暴力"，雷恩医生在自己的研究中观察到这个症状，他不是先挑选有眶额皮层脑损伤的病人，再观察他们的性格，而是选择有暴力倾向的人，再观察他们的大脑。他的研究重点是有反社会型人格障碍的人。美国神经病学会对反社会型人格障碍的定义是：这种心理状态完全"无视他人的权利，并对之进行侵犯"，包括犯法、欺骗、攻击、粗野和不知悔恨。506
暴力罪犯中的极大一部分都有反社会型人格障碍，而在这些人中，有一部分人还有夸夸其谈、自恋、自大和外表迷人的特征，这伙人被称为精神变态狂（有时也称为反社会变态狂）。雷恩对有暴力倾向并有反社会型人格障碍的人进行了脑扫描，他发现，这些人的眶额皮层区域萎缩，代谢活动迟缓，其他与情绪有关联的大脑部位，包括杏仁核也有同样的症状。[66]在一次实验中，雷恩对比了冲动杀人犯和预谋杀人犯的大脑。在两者中，只有冲动杀人犯有眶额皮层功能障碍，这说明这部分大脑主控的自制力承担着抑制暴力的主要功能。

此外，眶额皮层还有另外一个功能。眶额皮层发生病变的猴子，很难在等级序列中找到自己的地位，经常卷入打斗。[67]无独有偶，眶额皮层受损伤的人对社交失礼很不敏感。当他们听到一位妇女漫不经心地贬损朋友送给她的礼物，或者不小心泄露这位朋友被排挤在聚会名单之外时，病人意识不到这位妇女有什么不对的地方，也想不到这位朋友很可能受到伤害。[68]雷恩还发现，当要求有反社会型人格障碍的人就自己的错误写一篇文字并进行演讲的时候，他们的神经系统几乎没有反应，而对于正常人，这会是一桩充满羞耻和悔恨的重负。[69]

* * *

我们可以说，眶额皮层（以及紧邻它的腹内侧前额叶皮层）参与了人脑几项安定机能的工作，包括自制，对他人的同情，对规则和约定的敏感。即使如此，眶额皮层在端脑中还属于相当原始的部分。我们甚至在老鼠的脑子里也能看到它，它接收的信息，无论如何解释——文学的还是科学的，都是来自脏器的直感。大脑中还有其他装置，对暴力行为进行更精细和智能的调节。

在决定是否要对制造伤害的人进行惩罚这个思考程序中，我们的正义感告诉我们，施暴者的罪过不仅在于其造成的伤害，而且在于他或她的精神状态——是不是故意（mens rea）犯罪，绝大部分司法系统都认为这是犯罪行为的一个要件。假定一名妇女在茶水中下鼠药毒死了她的丈夫。我们在决定是否将她送上电椅时，关键要看她舀出那一勺粉末的小罐子上没有贴错“多米诺砂糖”的标签，而确实是“多康杀鼠灵”——也就是说，她清楚地知道她在下毒，她是刻意要取他的性命，否则，这可能只是一场不幸的意外事故。面对犯罪行为，人们会产生粗暴的情绪反应，如此丑恶的行径（“她杀死了她的丈夫！真可耻！”）可能触发报复的动机，而完全不考虑她的主观意图。我们如何处罚犯罪，必须考虑罪犯的精神状态，这也就有可能产生“道德标尺的偏差”。受
507 害者坚持认为罪犯是有意地要伤害受害者，而施暴者坚持说原本无意制造伤害。

心理学家利亚纳·扬（Liane Young）和丽贝卡·萨克斯（Rebecca Saxe）将实验者放在功能性核磁共振成像仪器下，让他们阅读涉及有意伤害和意外伤害的故事。[70]她们发现，根据施害者的精神状态判断其是否无罪的能力，与颞叶和顶叶之间的大脑部位有关，请见图8-3（尽管事实上，右半脑中与其对应的这一部位才是本书的着眼点）。

颞顶交界区（temporoparietal junction）处于多种信息通道的交接口上，包括对自己身体位置的感受，以及对其他人的身体位置和动作的感受。萨克斯已经在前面证明，这个区域是心智机能的关键部位，这种机能被称为心智化（mentalizing）、直觉心理能力和心智论。顾名思义，就是理解其他人信念和愿望的能力。[71]

此外还有一种超越直觉的道德考量：衡量不同行为过程的后果。让我们来看一个与道德哲学有关的老故事：为了逃避纳粹躲在地窖里的一家人，他们是否应该闷死婴儿，以免婴儿啼哭，暴露他们的藏身处？一旦暴露，全家人包括婴儿都难逃一死。是否应该将一个胖子扔到脱轨车厢的轨道上，胖子的体积足以挡住车厢，拯救在轨道上工作的五名工人？功利主义者会认为，这两例杀人都是被允许的，因为这是牺牲一人，挽救五条生命。但是，很多人在闷死婴儿和抛出胖子的时候畏缩了，因为他们有一种直觉，无法亲手伤害无辜的人。还有一个类似的逻辑悖论，一个站在轨道边上的旁观者有机会挽救五个工人，他可以扳开道岔，将脱轨的车厢转到支线上，只有一个人会在支线上被撞死。对这个版本，几乎每个人都同意扳开道岔，牺牲一个人挽救五条性命，一般认为这是因为人们没有意识到这样做是在杀死一个人，只是没有阻止脱轨的列车，是脱轨的列车杀死了这个人。[72]

哲学家乔舒亚·格林（Joshua Greene）与科恩和其他人一起证明过，反对闷死婴儿和抛出胖子的直觉反应来自杏仁核和眶额皮层，而期望尽可能多地拯救生命的功利想法来自前额叶中的背外侧前额叶皮层（dorsolateral prefrontal cortex），亦见图8-3。[73]背外侧前额叶皮层在大脑中主要处理智力和抽象问题，比如，当人们进行智力测试的时候，这个部位就特别活跃。[74]在人们考虑地窖里啼哭的婴儿时，他们的眶额皮层（这个部位对闷死婴儿

的恐惧发生反应）和背外侧前额叶皮层（这个部位在计算生命的得与
508 失）都开始活跃起来，同时活跃的还有第三个大脑部位——大脑内侧壁处的前扣带皮层（见图8-4），它的功能是处理相互冲突的冲动。那些认为可以为救全家而闷死婴儿的人的背外侧前额叶皮层特别活跃。

颞顶交界区和背外侧前额叶皮层在人类进化过程中迅猛生长，给了我们进行冷静思考的必要手段，而正是这种思考让某些暴力有了存在的理由。我们在思考后做决定时感到矛盾——闷死婴儿是否应该被视为暴力行动，或者应该被视为防范暴力的行动，这说明端脑上这部分最典型的大脑既不是内心的魔鬼，也不是善良的天使。它们只是认知的工具，既可以孕育暴力也可以约束暴力，这两种功能对人类的暴力活动都极具影响。

* * *

我对暴力神经生物学所做的概述，完全不足以充分展示我们对暴力的科学理解，而我们对暴力现象的科学理解也还非常不充分。但是，我希望，这次回顾能够让读者相信，暴力的根源不是单一的，它不仅有多重的心理根源，而且受不同的原则支配。为了理解暴力现象，我们不仅需要了解大脑的硬件，还要了解它的软件，即人们从事暴力的理由。这些理由就像大脑组织微电路板上错综复杂的纹路，我们无法直接从神经元身上读到这些理由，就像我们将DVD光盘放在显微镜下，无论怎样观察，也不可能理解光盘中储存的电影。所以，本章接下来的部分将变换角度，我要对心理学做一次综述，将心理学现象与神经解剖学联系在一起。

对暴力有多种分类方法，但区分大致类似。我在此引用鲍迈斯特的四类分法，但将其中一类一分为二。[75]

第一类暴力可以称为实用性、工具性、利用性暴力，或者就称为捕食。这是最简单的暴力形式：使用武力达到目的。暴力被用来追求某种目标，例如贪婪、肉欲或野心，大脑内的寻求系统决定人追求的目标，而暴力行动受人的全副智力的引导，智力的最佳象征就是背外侧前额叶皮层。

暴力的第二个根源是支配——追求对对手的绝对控制权，亦称追求优势（鲍迈斯特称之为“自我中心”）。这种动力可能与受睾丸素驱动的统治系统或雄性间攻击系统有关联，虽然这绝不仅限于男性，甚至也不仅限于个人。我们将会看见，群体也争夺支配权。

暴力的第三个根源是复仇——追求以同样的方式回击伤害。其直接的动力是愤怒系统，但寻求系统也有可能是此类暴力的成因。

暴力的第四个根源是施虐，即享受伤害他人。这一动机不仅令人困惑，也让人感到恐怖，它可能是我们的心理怪癖——主要是寻求系统某些怪癖的副产品。

第五个，也是后果最严重的暴力根源是意识形态。在这种暴力中， 509
虔诚的信徒将一组动机编织成信条，召唤其他人一起奉行，以达到毁灭性的目标。一种意识形态无法归结于大脑的任何部位，甚至也不能用整个大脑来解释，因为它不是具体某个人的问题，而是分布在许多人的大脑中。

捕食

第一类暴力不是一个真正的暴力分类，因为施暴者完全没有仇恨和愤怒这类破坏性的动机。他们不过是为了需要而走了捷径，而恰好一个有生命的物体挡在了路上。它充其量是一个被排除在外的范畴：此类施暴者缺乏类似同情心或道德关怀这样的抑制因子。伊曼努尔·康德的绝对命令的第二个公式这样表述——行为是否道德，在于这项行为是否将人看作人本身，而不是一种手段。康德对道德的定义，实际上就是要阻止此类暴力。

捕食也被叫作实用性、工具性或者利用性暴力。[76]它与霍布斯的争斗根源论不谋而合：为得利而攻击。它也符合达尔文的生存机器说，一个生存机器将其他生存机器视为环境的一部分，和一块岩石、一条河流或一口食物没有两样。它同样是克劳塞维茨战争名言的人际翻版：战争无非是政治通过另一种手段的继续。它也是威利·萨顿（Willie Sutton）对为何要抢劫银行的回答："因为钱在那里。"农民会告诉你，用两块砖头阉割马，可以大大提高马的工作效率，这一建议背后的原因也是捕食暴力。如果你问："这样不痛吗?"农民会告诉你："如果你不夹住自己的手指头，就不会痛的。"[77]

因为捕食暴力只是为了实现目标的手段，因此人类有多少种目标，就会有多少种暴力的形式。其最典型的形式恰如其名：捕食，为获得食物捕杀或狩猎，它对受害者不带有任何敌意。不仅对猎物没有任何仇恨，从旧石器时代的洞穴岩画和绅士俱乐部壁炉上的奖杯，我们可以看到猎人将他们的猎物英雄化和图腾化。猎人甚至对猎物有同情心——这也证明仅有同情心不足以制止暴力。生态学家路易斯·里本伯格（Louis Liebenberg）研究过非洲南部布须曼人惊人的捕猎技能，他们横穿卡拉哈里大沙漠追逐猎物，只消一点点踪迹，就能推断出猎物所在和其身体状况。[78]他们以共情的方式追逐猎物——他们让自己踏进动物蹄爪，想象它们的感觉，计算它们会到哪里藏身，其中甚至会有爱的成分。一天夜晚，看完第九局棒球赛转播之后，我已经昏昏欲睡，懒得离开沙发，也不想再改换电视频道，只是麻木地看着有线体育台播放的画面。这是一个关于垂钓的节目，整部片子就是在一片水面上，一个中年男子坐在铝制轻艇上，一条接一条地钓着鲈鱼。每次起钩，他都将鲈鱼捧在眼前，抚摸着，嘴里发出亲嘴的声音，然后赞美说："呜哇，你是个美人儿！你可真是太漂亮了！是的，绝对的！"

510 捕食施暴者的处境纯粹是非道德化的、实用的，甚至是轻飘飘的，它与捕食受害者的处境天悬地隔。完全可以说，即便鲈鱼有机会，也决不会报答温情脉脉的垂钓男子，而大部分人也不想知道肉鸡和活生生的龙虾如何看待我们在食用它们时获得的快感。这些快感就是我们不是用一盘茄子饱腹，而是要让鸡和龙虾做出牺牲的原因。同样的无动于衷能够让冷酷的捕食暴力转向人类自己。

下面是几个人类捕食暴力的例子：古罗马人镇压行省的起义；蒙古人毁灭抵抗征服的城市；毫无约束的散兵游勇打劫和强奸；殖民定居者驱赶和屠杀原住民；黑帮殴打一个对手、一个奸细或者不合作的警察；统治者刺杀政敌，或者相反；政府监禁或处决异见人士；交战国轰炸敌方的城市；流氓在抢劫或劫车过程中伤害不服从的受害者；罪犯杀害目击他犯罪的证人；母亲闷死她们觉得不能养大的新生儿。防御性和先发制人型暴力——在敌人动手之前先向敌人动手——也是一种工具性暴力。

正是因为捕食暴力如此平凡又简单，在人类的道德画面中，它又是最不寻常、最难解读的现象。我们读到的一则暴行报道中说，乌干达的叛军士兵驻扎在屋顶上，以劫持妇女为消遣。他们将抢来的妇女捆绑在一起，强奸后扔下屋顶摔死。我们会摇头，然后问："人怎么会做这样的事情？"[79]我们拒绝接受最显而易见的答案，比如因为无聊、肉欲，或者就是一场体育运动；因为受害人所遭受的苦难远远超过了施暴者的收益，令人完全无法接受。我们站在受害者的立场，提出纯粹邪恶的概念。但是为了理解这些暴行，我们最好不是追问为什么会发生这些暴行，而要问为什么这样的暴行并不常见。

可能除了耆那教的牧师之外，我们所有人都犯有捕食暴力，至少犯有捕食昆虫的暴力。在大多数情况下，针对人类的捕食暴力受到情感和认知制约的抑制。精神变态狂占男性人口的1%～3%，高低之差取决于是采用宽泛的反社会型人格障碍定义，将很多种冷酷的坏蛋都囊括其中；还是采用比较狭义的定义，只涉及最狡诈的操纵者。[80]精神变态狂从儿时就撒谎成性，惯于欺压他人，没有同情心，也不懂得悔恨。20%～30%的暴力罪犯是精神变态者，一半以上的重罪出自这些人之手。[81]他们同时还从事非暴力的犯罪活动，例如诈骗老人的退休储蓄，或者以完全无视员工或利益相关人福祉的方式经营企业。我们前面已经看到，精神变态狂大脑中处理社会情感的区域，特别是杏仁核和眶额皮层出现萎缩或者不活跃，即使这些部位没有其他病变迹象。[82]有些人在这些部位发生病变 511
或遭受外伤后出现精神变态现象，但精神变态的条件也具有可遗传性。精神变态可以演变为一种利用大众信任合作而谋利的少数派博弈战略。[83]虽然没有一个社会会让自己的民兵和军队全部由精神变态者组成，但军事组织中精神变态者总是不合比例的多。这些人出于对劫掠和强奸的向往，特别受军事冒险的吸引。我们在第6章中说过，大屠杀和内战中总是出现一种分工现象，意识形态狂或军阀策划和发布屠杀命令，有不少精神变态狂参加的突击队则兴高采烈地将屠杀计划付诸实施。[84]

* * *

捕食暴力的心理表现在人类对手段-目的进行推理的能力上，也表现在当我们面对其他生命，道德制约不会自动启动这个事实上。但在捕食暴力发生的过程中，会有两种心理变化。虽然捕食暴力纯粹是实用性的，但人类的头脑不会长久地盯在抽象推理上。它很快就会回到进化中形成的、充满情绪冲动的暴力类别。[85]一旦捕食的对象做出防护性回应，捕猎者的情绪就开始激动。被捕食的人可能隐藏自己，也可能重新集结，还可能反击，甚至威胁到捕食者的生存。他们也有自己的工具性暴力，因而产生了安全困境或霍布斯陷阱。在这些情况下，捕食者的心理状态可能从冷静的目的分析转变为厌恶、仇恨和愤怒。[86]我们已经说过，施暴者通常将自己的受害者看作害虫，对他们怀有道德厌恶。或者，他们认为这些受害者是现实的威胁，对他们充满刻骨仇恨，这种情绪正如亚里士多德所说，包含了一种不是要处罚敌人，而是要彻底铲除敌人的愿望。当无法彻底消灭敌人时，施暴者不得不直接或者通过第三方继续面对受害者，这时他们就开始感到愤怒。一旦猎物做出防守性报复行动，捕猎者的反应是自己受到了攻击，于是顿时有了合情合理的愤慨，也有了复仇的动机。这又把我们带回到“道德标尺的偏差”，他们尽力弱化自己率先攻击他人的严重性，将其作为必要的措施，同时极力指责对方的报复行动无理且蛮横。双方对错误的认知完全不一样——捕食者记住了发生在双号日的袭击，而受害者记住的是单号日的打击，两者认知上的差距足以触发螺旋上升的复仇行动。我们将在后面探究这个动态过程。

还有第二种情况，自利偏差能够将捕食暴力的小火苗煽动成熊熊烈焰。人们不仅夸大自己的道德操守，还夸大自己的实力和前途，这种自利偏差的子类，被称为“积极幻觉”。[87]数百项相关研究已经证明，人们
512 总是过高地评价自己的健康状况、领导能力、智商、专业能力、体能和管理技巧。同时，人们对自己的好运气自信到荒唐的程度。大部分人都认为，他们一出校门就能找到最好的工作，能生出天资过人的孩子，能

够长命百岁；在这些方面，他们有高于常人的机会。而大部分人也认为，他们不会成为人为事故、犯罪、疾病、抑郁、意外受孕或者地震的受害者；在这些方面，他们遭遇厄运的机会低于平均水平。

人们为什么这么容易蒙骗自己？“积极幻觉”让人们更幸福、更自信，精神更健康，但这不能解释为什么会存在这种幻觉，因为我们只能问“为什么”我们的大脑被设计成这个样子，只有虚幻的评价才能让我们幸福和自信，而不是按照真实情况来校准我们的满足感。对此最好的解释是，积极幻觉是一种讨价还价的战术，一种有根据的虚张声势。为了招徕尽可能多的同盟军加入冒险，为了拿下最好的价格，或者为了吓退敌人，合理地夸大自己的力量，肯定会对自己有所助益。而相信自己的夸张好过不知羞耻地撒谎，因为在撒谎和测谎之间存在竞赛，大多数观众有足够的知识辨识赤裸裸的谎言。[88]只要你的夸张不过分到成为笑料，你的观众就不能无视你的自我评估，因为说到底，你是最了解自己情况的人，你有内在的动机不去过分扭曲自我评价，否则你将不断地遭遇挫折。对一个物种而言，如果大家都不夸张，结果当然是最好的，但我们的大脑不是根据物种的利益筛选出来的。在一个人人自夸的团体内，没有任何个体能够作为唯一诚实的人生存下来。[89]

过度自信会给捕食行动带来更可怕的悲剧。如果人完全理性，他们只会在对胜利有把握，而且是战利品将超过战争消耗时才发动捕食攻击。出于同样的理性，弱势方在预见到败局时，应该立刻认输。在一个完全由理性人组成的世界上，会存在大量的剥夺，但不会有太多的打斗和战争，只有在双方势均力敌时才会发生暴力，因为在这种情形下，只有暴力才能区别谁更强势一些。

但是，在一个充满积极幻觉的世界上，进攻者可能会鼓足勇气发起进攻，而防守者可能会咬紧牙关进行防守，谁都不知道自己胜算几何。温斯顿·丘吉尔说过：“无论你多么肯定你能轻易获胜，永远记着，如果另外一方不认为他也有获胜的机会，那就不会有战争了。”[90]结果将是（博弈论的和军事意义上的）消耗战，正如我们在第5章谈到的情况。这些消耗战是人类历史上最具破坏性的事件，在致命冲突的幂律分布中，它以大规模而拔得头筹。

军事历史学家早就注意到，领袖们做出的战争决定不计后果到了妄
513 想的程度。[91]拿破仑入侵俄国，一个多世纪后，希特勒再次步其后尘。在过去5个世纪中，发动战争的国家中有1/4到一半最后输掉了战争，而当它们获得胜利的时候，也都是付出了巨大的代价，得不偿失。[92]巴巴拉·塔奇曼的著作《愚政进行曲：从特洛伊到越南战争》（*The March of Folly：From Troy to Vietnam*）和罗伯特·特里弗斯关于自欺的理论，给了理查德·兰厄姆某种启发。他提出，造成军事失利的问题通常不是情报不足或者战略错误，而是过分自信。[93]领袖高估了他们取胜的前景。他们的狂妄也许能够鼓舞士气，恐吓软弱的对手，但是这也让他们在战场上和对手迎头相撞，因为敌人也许并不是他们认为的那样软弱，或者敌人也有狂妄的过度自信。

和兰厄姆等人一起从事研究工作的政治学家多米尼克·约翰逊（Dominic Johnson）做过一项实验，验证双方的过度自信是否会导致战争。[94]他们设计了一个不算太复杂的战争游戏。在游戏中，一对参加者分别充当两个国家的领袖，争夺两国边境有争议地带的钻石资源。他们有几种机会，比如进行协商、相互威胁或者发动代价高昂的攻击。几个回合下来，如果还有哪个国家幸存的话，胜者只能是财源雄厚的一方。两个游戏玩家通过电脑互动，彼此见不到对方，所以他们不知道自己的对手是男性还是女性。在游戏开始之前，研究人员要实验参加者预测一下自己的游戏水平。研究人员得到了极具“乌比冈湖效应”的结果：绝大多数人都认为自己的水平高于平均水平。在乌比冈湖效应中，很可能人们确实没有自欺。假定70%的人说他们自己高于平均水平，而事实上总是会有一半的人高于平均水平，所以，只有20%的人高估了自己。但战争游戏不是简单的乌比冈。在这里，玩家（不分男女）越自信，结果越糟糕。玩家越自信，发动无端攻击的次数就越多，尤其是当两个都自信满满的玩家交手时，就会不断触发毁灭性打击。女性不会感到奇怪，这些过度自信、相互毁灭的对手，都是男性。

在现实世界中评估过度自信理论，仅仅事后证明某些军事领袖决策

错误是不够的。它必须能够证明，领袖根据特定的信息做出致命的战争决策，而没有利害关系的人根据同样的信息，会得出截然相反的结论，认为冒险很可能失败。

在《过度自信与战争：积极幻觉的浩劫与光荣》（*Overconfidence and War: The Havoc and Glory of Positive Illusions*）一书中，约翰逊证明了兰厄姆的假说。他梳理了战争前夕领袖做出的战争预测，这些预测显示这些领袖均表现出不切实际的乐观，完全不顾他们当时得到的情报。比如，在第一次世界大战爆发前的几个星期内，英国、法国和俄国为一方，德国、奥匈帝国和奥斯曼帝国为另一方，双方都预期战争将一举歼灭敌人，514
在圣诞节前就可以胜利班师。各国都有成群的年轻人狂热地冲出家门，应征入伍，不是因为他们无私地渴望为国献身，而是他们从来没有想过他们会死。不可能双方都是对的，而事实上，他们双方都错了。在越南战争中，三届美国政府不断将战争升级，尽管有大量情报告诉他们，在能够承受的代价下，胜利的希望非常渺茫。

约翰逊指出，毁灭性的消耗战不需要双方都确信或有信心取得胜利。它所需要的只是对手的主观概率总和大于1。他注意到，在现代冲突中，战争的迷雾格外浓重，领袖远离战争的现场。与当初演化形成人类“积极幻觉”的小型战争相比，现在的过度自信可以维持更长时间。另外一个当今世界特有的危险是，国家领袖大多是一些格外自信的人，这些人一般都受到重视，很容易变得过度自信。

约翰逊曾经期望，在民主国家，过度自信煽动的战争会少一些，因为信息的自由流动很可能将领袖的幻觉暴露在冰冷的现实之下。但是，他发现，真正发挥作用的不是民主制度，而是信息流本身。约翰逊的书在2004年出版，封面图案极为贴切：2003年小布什总统的著名照片。小布什总统身着飞行服，站在航空母舰的甲板上，身后的横幅上写着“任务达成”（Mission Accomplished）。说过度自信，并不是要指责伊拉克战争本身的表现（当然，就不用提萨达姆·侯赛因了），而是说它对战后重建民主伊拉克造成的严重影响；布什政府完全没有做好规划，其后果是灾难性的。政治学家凯伦·奥尔特（Karen Alter）在战争爆发前所做的分析显示，布什政府的决策过程表现出不寻常的封闭。[95]他对团体迷思现象做了教科书式的经典描述：战前政策小组坚信自己一贯正确和完美，排斥任何不同意见，强行达成共识，对个人的怀疑进行自我审查。[96]

就在伊拉克战争开战前夕，美国国防部长拉姆斯菲尔德注意到：

> 有些已知的事情已经知道了，有些事情我们明白自己知道。我们也知道有些未知是我们知道的；也就是说，我们明白有些事情我们并不知道。但是，还有一些我们不曾知道的未知——我们甚至没有意识到自己还不知道。

在哲学家斯拉沃热·齐泽克（Slavoj Žižek）的评语之后，约翰逊又提出，拉姆斯菲尔德忽略了最关键的第四个类别，不知道的已知——那些已经知道，或者至少能够知道，但是却被忽视和压制了的信息。正是
515 这些不被意识的已知，让某种有限的工具暴力（寥寥数星期的“震慑行动”）演变成一场各种暴力无休无止的混战。

支配

“拍胸脯”——说大话，“肩膀上沾着木屑”——惹是生非，“沙上画线”——表明立场，“扔下手套”——发出挑战，还有“撒尿竞赛”——毫无意义的竞赛，这些五花八门的谚语说的都是同一件事情，就是向居于强势地位者发起毫无意义的挑战。这个暴力类别与捕食性、实用性和工具性的暴力有显著的区别。尽管在有些争夺支配权的竞赛中，没有任何实质性的战利品，但它却是人类历史上造成死亡人数最多的暴力形式。我们已经看到，在暴力死亡的最高数量级上，封建王朝时代、“主权国家时代”和“民族主义时代”的很多伤亡惨重的战争，包括第一次世界大战，都是为了争夺说不清道不明的国家和民族的优势。而在另外一端，大量凶杀案的唯一动机是“摆平一些鸡零狗碎的小冲突，例如

辱骂、诅咒和碰撞”。

马丁·戴利和马戈·威尔逊在他们关于凶杀的书中提出忠告：“从参与这些‘琐碎争执’的闹事者的行为看，争执之重要似乎远不止是几分钱的找头，或者谁先占到台球桌，他们真正介意的那些东西值得我们认真思考。”[97]支配权竞争绝非表面上看起来那样可笑。在任何无政府世界，一个能动实体为了保护自己，必须建立起有意愿并且有能力对抗进犯者的声誉。虽然可以在进犯发生后的回击中展现勇气，但最好还是在造成损失之前就主动出击。为了证明自己含蓄的威胁不是空话，可能需要一个能够展示决心和报复能力的舞台—— 一个明确表示“别惹我!”的渠道。出于私利，每个人都想了解人群中其他人的战斗能力，因为当预知双方都将付出惨重代价时，各方都会期望先发制人。[98]当一个社区的成员中比较英勇的人群相对稳定并为人所熟知时，我们称其为支配等级差序（dominance hierarchy）。支配等级的基础是蛮横的实力。而即使最凶狠的灵长类动物也无法在一对三的打斗中获胜，统治有赖于结成同盟的能力——同盟者也不是随便选择队友，而是要选择比较强壮精明的同伴。[99]

在支配权竞争中，最重要的商品是信息，这也是统治之争在几个方面不同于捕食暴力的原因。当支配权竞争升级到生死冲突，特别是当参赛者实力相当，同时都充满积极幻觉的时候，在大多数情况下（无论人类还是类人的动物），他们会以表演结束竞赛。对抗的双方展示实力，挥舞武器，玩弄边缘政策的把戏；当一方终于退后一步时，竞赛也就结 516
束了。[100]而在捕食行动中，只有抓住猎物才是终点。

支配权竞争中信息具有关键作用的另一重含义是，暴力和情报交换相互交织在一起。声誉是一种社会建构，它的基础是逻辑学所说的公共知识。为避免恶斗，交战的双方不仅要明白谁更强大，还必须知道对方也明白这一点，并且肯定对方也知道自己有同样的认识，如此等等。[101]公共知识也会受到不同意见的挑战，所以支配权竞争的赛场就是公共信息的角斗场。一次羞辱就可能点燃支配权竞争的导火索，在荣誉文化和崇尚决斗传统的社会尤其如此。羞辱被认为是和武力伤害或偷窃同等的冒犯，会立即引来暴力复仇（在此，支配心理和下一节将讨论的复仇心理混合在一起了）。对美国街头暴力的研究发现，认同荣誉守则的年轻人最有可能在次年卷入严重暴力事件。[102]研究还发现，在有旁观者的时候，两个男子的争吵升级为暴力的机会要高出一倍。[103]

在一个封闭的团体内决定支配权，是一场零和博弈：如果某人的地位上升，就有一个人的地位下降。在很多小团体内，例如帮会和孤立的工作单位，支配权竞争往往演变成暴力，因为在这些地方，一个人在小圈子里的地位决定了他的全部社会价值。如果人们属于多个不同的团体，可以在其中切换角色，很可能在某个团体中得到承认，因此羞辱和轻蔑的后果就没有那么严重。[104]既然支配权竞争较量的仅仅是信息，那么，一旦双方知道了谁是老大，暴力即告终结，不会有后续的连环仇杀。灵长类动物学家弗朗斯·德瓦尔发现，在大部分灵长类动物中，在较量结束后，两只动物会修好。[105]它们可能会摸手、接吻、拥抱，倭黑猩猩还会进行性交。人们不禁会问，既然它们打算修好，为什么开始要费神对抗呢？如果它们有理由进行对抗，为什么事后又要修好呢？答案是，这样的修好只存在于长远利益一致并相关的灵长类动物中。将它们联结在一起的也许是遗传相关性，共同抵御其他捕食者，结伙对抗第三者，或者，正如在一项实验中显示的，只有合作才能得到食物。[106]它们各自的利益并不完全重合，因此仍然有理由在团体内争抢支配地位或者进行报复，但是，双方并非毫无共同利益，他们犯不上彼此纠缠不休，更不要说互相杀害了。在某些灵长类群体内，彼此没有这些共同利益时，对手之间的较量是无情的，暴力很可能会升级。比如，一个群体内的黑猩猩会在打斗后修好，但是它们永远不会与其他群体的黑猩猩在交战或袭击
517 后修复关系。[107]在下一章中，我们会看到，人类之间的修好同样是受共同利益认知的主导。

* * *

“看谁尿得更远”这个隐喻说明，性别是一个决定性因素，有条件进行此种竞赛的性别也是最有可能参加支配权竞争的性别。虽然在包括人类

在内的许多灵长类动物中，雌雄两性都会谋求支配，通常是在同性之间竞争，但支配权竞争——将莫名其妙的地位作为值得牺牲一切的无价之宝，则更多是男性头脑中的问题。对男女分组所做的个人价值调查显示，男性认为职业地位远比生活中的其他快乐更重要。[108]他们为之甘冒更大的风险，更有自信，也更加容易过度自信。[109]大多数劳动经济学家认为，男女在个人价值评价上的差异部分地解释了收入和职位上的性别差距。[110]

当然，到目前为止，男性也是更暴力的性别。虽然每个社会的暴力水平有所不同，但在任何地方，男性都比女性更喜欢武力游戏，欺负人，实施暴力，携带武器，享受暴力娱乐，幻想杀戮，进行杀戮，强奸，发动战争和参加战斗。[111]不仅这种性别差距的指向放之四海而皆准，而且肯定有其生物学起源。在其他灵长类动物进入童年之后就可以看到这一差别，甚至在（因生殖器异常而）被秘密地当作女孩子养大的男孩子中，也可以观察到这样的差异。[112]

我们已经知道性别差异演化的原因：哺乳动物中的雄性比雌性更快地完成再生产，所以他们要竞争交配的机会，而雌性总是要特别考虑自己和子女的生存。因为失父幼子的生存机会大于失母幼子，因此男性在暴力竞争中可以得到更大的收益。这不是说雌性完全不参与暴力——查克·贝里（Chuck Berry）曾经猜测说，米洛岛的维纳斯是为了争抢一名棕色眼睛的英俊男子，在搏斗中失去了双臂，只是女性觉得暴力不是那么有意思。妇女之间的竞争战术较少涉及危险的武力进攻，大多是流言蜚语和排挤。[113]

在理论上，为交配进行的暴力竞争和为支配进行的暴力竞争不一定是一回事。一个人无须引入支配概念就能解释为什么成吉思汗让如此多的妇女受孕，以至于今天在中亚随处都能找到他的Y染色体，只要看看他杀死了多少父亲和丈夫就够了。但是，社会性灵长类动物通过对统治者的服从来制约暴力，在人类的大部分历史上，支配权和交配权在实践中合二为一了。在前国家社会中，居于优势地位的男子拥有更多的妻子和女友，还可以与其他男子的妻子发生关系。[114]在人类历史上最早的6个王国中，地位和交配机会之间的相关性可以通过数据准确地表现出来。

518 劳拉·贝齐格发现，皇帝通常有几千个妻妾，皇子有几百个，贵族有几十个，上流社会的男子有十几个，中等人家的男子一般有三四个。[115]（与数学推论相符，下层社会的男性很多没有妻子，因此，他们有强烈的动机脱离自己的阶级。）最近，随着可靠的避孕手段的出现和人口再生产模式的转变，这一相关性已经被弱化了。但财产、权力和成功仍然是让一个男人更有吸引力的因素，而最表象化的身体优势——身高——仍然可以提升男人在经济、政治和浪漫情爱上的竞争力。[116]

与工具性暴力调动大脑中进行寻求和思考的部位不同，支配权竞争调动的是潘克赛普所说的“雄性间攻击”。这真的应该被称作“性内竞争”（intrasexual competition），因为女性也参与这种竞争。人类的“雄性亲职资本”，意味着女性和男性一样，具有竞争交配的进化冲动。不过，在人脑中，至少有一个回路，男性下丘脑视前区的一个神经核要比女性的大一倍。[117]整个系统布满接收睾丸素的受体，男性血液中的睾丸素含量是女性的5～10倍。下丘脑控制的脑下垂体可以分泌一种激素，它告诉睾丸或肾上腺分泌更多睾丸素。

虽然在大家的印象中，通常认为睾丸素是男性好斗的原因——记者纳塔莉·安吉耶（Natalie Angier）这样说：这是“那种让男人的行为举止像个真正的汉子的物质，让他们摆谱、推撞、叫喊、咒骂、挥动拳头、扭出弹吉他的姿势”。但是，生物学家不敢将男性的侵犯性完全归咎于睾丸素。[118]提高睾丸素，显然能够让大多数鸟类和哺乳动物更喧闹，而降低睾丸素则让它们减少喧闹，做过绝育手术的猫狗的主人都见过同样的效果。但是，睾丸素在人类身上的效果没有这样容易判定，其生物学原因说起来很无聊，而且睾丸素的水平与攻击性没有直接的关系，这其中的心理学道理却非常有意思。

根据科学家的最佳猜测，睾丸素不会让所有的雄性都变得更具侵犯性，但是会让他们为应对支配权竞争做好准备。[119]在大猩猩身上，当有雌性大猩猩在场的时候，睾丸素水平上升，上升的水平与雄性的支配地位相关，因而与它的侵犯性相关。在男人身上，当有迷人的女性在场时，以及在与其他男性进行（例如体育运动）竞赛的时候，睾丸素水平也会上升。一旦竞赛开始，睾丸素水平还会进一步提高，而决出胜负之后，得胜方的睾丸素继续升高，失利一方则不会。睾丸素水平比较高的男子在运动中更具进攻性，在竞赛中表情更严厉，更少露出笑容，握手的时候更用力。实验显示，这些男子更愿意盯住其他人愤怒的表情，也更倾向于将面无表情的脸视为愤怒。并不是只有好玩和游戏能够提高激素的水平，前面讲过的理查德·尼斯比特就荣誉心理所做的实验，来自美国 519
南方的男子被骚扰后，睾丸素上升，他们的表情更愤怒，握手更用力，离开实验室的时候格外昂首阔步。更极端的例子还有，监狱犯人中睾丸素较高者中暴力罪犯的比例也较高。

青少年和年轻人的睾丸素水平不断上升，中年之后开始下降。男人婚后、有子女后以及与子女相处一些时间后，睾丸素也会下降。所以说，这种激素是平衡养育行为和交配行为之间取舍的内在调节器；交配行为包括讨好异性和驱赶同性中的对手。[120]睾丸素可能是将男人变成爸爸或者变成无赖的旋钮。

男人一生睾丸素的上升和下降，或多或少与雄性的好斗性相关。顺便说一句，暴力第一定律——“这是年轻人的把戏”，容易观察但不容易解释。虽然人们知道为什么在进化中男人变得比女人更暴力，但却不知道为什么年轻的男性比年长的男性更加暴力。说到底，年轻人还能活很多年，所以当他们迎接暴力挑战时，是用自己未来的寿命做赌注。在数学意义上，一个人也许会得出相反的结论。就是说，当一个人的日子所剩无几，他可以变得越来越冒失，一个垂暮老者正好应该最后出击一次，大肆强奸和谋杀，直到特警小分队将他制服。[121]这样的情况没有发生的原因之一是，人们很有可能在子女、孙子女、外甥（女）和侄子（女）身上投资。所以说，老人的体力弱了，但在社会关系和精神上却更强大了，相比继续繁衍更多的后代来说，他们能通过供养和保护家庭得到更大的收益。[122]另外一个原因是，人类的支配地位在很大程度上要依靠声望，需要长期积累，并能够自我维持。每个人都喜欢胜者，没有什么能够比成功更成功。所以，在竞争的最初几个回合，声望的成本收益率最高。

睾丸素让男人（在较小程度上也让女人）为支配权竞争做好准备。它不会直接导致暴力，因为很多种暴力都与支配权无关，而且许多支配权竞争都未经暴力，而是通过表演和边缘政策决定了胜负。但是，当未婚和无法无天的年轻人竞争支配权时，无论他们是直接竞逐支配权还是以其他领袖的名义竞逐支配权，暴力的确会成为严重的问题。

*　*　*

支配权的社会构造性有助于解释哪类人会冒险保卫支配权地位。也许，过去 25 年来，最蛊惑人的一个说法就是说暴力的原因是自卑。很多一流专家都支持这个理论，根据这个理论，有些学校甚至引进一些项目，培养孩子们良好的自我感觉；20 世纪 80 年代末期，加利福尼亚州议会
520 设立了“促进自尊工作小组”。但是，鲍迈斯特已经证明，这个理论实在是不能更荒唐、更错误了。暴力的问题在于太多的自尊，而不是太少的自尊，尤其是当这些自尊不是当事人的努力所得。[123]自尊是可以被量度的。研究表明，精神变态者、街头混混、恶霸、打老婆的丈夫、系列强奸犯和仇恨罪的罪犯都是自我感觉出奇良好的人。黛安娜·斯库利在监狱的牢房里对很多强奸犯进行过访谈，这些人都向她吹嘘说自己是“多才多艺的超级成功者”。[124]心理变态者和暴力分子都特别自恋：他们自我感觉良好，不是因为他们有什么成就，而是出于一种天生的权力意识。但是，不可避免地，现实满足不了他们的理想，他们将所有的不如意都看作对个人的挑衅，而传递坏消息的人威胁到了他们脆弱的名誉，被他们视为十恶不赦的诽谤者。

当统治者具有暴力倾向时，后果更加严重。他们的病态会影响成千上万人的命运，而不仅仅是几个生活在一起或者不幸偶遇的人跟着倒霉。那些对自己水深火热中的人民实行冷酷统治的暴君和那些发动毁灭性征服战争的狂人给世界带来了无法想象的痛苦。在第 5 章和第 6 章中，我们已经看到，20 世纪伤亡惨重的战争和大规模屠杀在某种程度上可以归咎为仅仅三个男人的个性。平庸的暴君，例如萨达姆·侯赛因、蒙博托·塞塞·塞科、穆阿迈尔·卡扎菲、罗伯特·穆加贝、伊迪·阿明、让-贝德

尔·博卡萨，给自己人民带来的灾难虽然规模有限，但仍然极具悲剧性。

对政治领袖心理所做的研究，一向为人诟病。研究者不可能对调查对象进行直接测试，人们也很难克制自己不将这些道德败坏之辈病态化。在什么让希特勒成为希特勒的问题上，心理史学以进行各种别出心裁的精神分析而著称：他有一个犹太人的祖父，他只有一个睾丸，他是一个受压抑的同性恋者，他没有生殖能力，他是性欲倒错的恋物癖。在《解释希特勒》(*Explaning Hitler*) 一书中，记者罗恩·罗森鲍姆 (Ron Rosenbaum) 写道："寻找希特勒的工作得到的不是一个清晰的、大家都认识的希特勒的形象，而是很多个不同的希特勒，他们之间相互竞争，且相互冲突。如果这些希特勒在地狱里碰面，彼此大概都认不得对方，也不会敬礼高呼 'Heil'。"[125]

出于上述种种原因，比较平淡的研究领域，比如对个性分类的研究——将人分类放进鸽子笼，而不是试图解释他们，反而更有助于我们了解当代暴君的心理。美国精神病学会出版的《精神疾病诊断与统计手册》(*The Diagnostic and Statistical Manual of Mental Disorders*, DSM) 将自恋型人格障碍定义为"自以为是、寻求仰慕和缺乏共情能力的持续心理状态"。[126]与所有精神病诊断一样，自恋是一个模糊的分类，与精神变态（无视，并且会冒犯他人权利的持续心理状态）和边缘型人格障碍（情绪不稳定；非黑即白的思维；人际关系、自我形象、身份、行为混乱且 521
不稳定）均有重合的部分。但是，自恋人格的三大核心症状——自以为是、寻求仰慕和缺乏共情能力，确实是对暴君最合适的诊断。[127]狂妄自大的纪念碑、颂歌式的宣传画和万众欢呼的大型集会，典型地反映出他们的病态。当自恋的统治者手中掌握着军队和警察，他们给世界留下的瘢痕就不仅仅是雕像了，因为他们可以下令发动大规模的暴力活动。与普通的流氓和恶霸一样，暴君毫无根据的自尊非常脆弱，很容易被戳破，所以在他们眼中，反对他们的统治绝对不是批评，而是令人发指的罪行。同时，缺乏共情能力让他们对对手的惩罚毫无节制可言，无论是真实的对手还是他们想象的对手。他们精神障碍的另外一个症状，即他们对"无限的成功、权力、光辉、美或者理想的爱情"的幻想，让他们完全不考虑追逐幻想的人命代价。他们要在贪得无厌的征服中，在雄伟的建筑项目上，或在乌托邦式的宏大计划里实现他们的幻想。我们已经知道过度自信可以导致战争。

当然，所有能成为领袖的人身上都有足够的自信。在盛行心理分析的年代，评论家经常给他们不喜欢的领导人下诊断，说他们患有自恋型人格障碍。但是，千万不要混淆自信的政治家和那些把自己的国家和大半个世界一起带向毁灭的精神变态狂人。多党制的和平特性之一就是遴选领导人的程序会使完全缺乏共情的人处于劣势，制衡机制可以制约一个狂妄的领袖可能制造的损害。即使在一党制内，领导人的个性，比如斯大林和与他相反的戈尔巴乔夫，也能够对暴力水平产生巨大的影响。

*　*　*

支配欲所带来的灾难可能用第二种方式成倍地放大。决定程度大小的因素是社会心理。对此我要告诉大家一桩很可爱的逸事。每年的12月，我都会被本地的一个传统感动：加拿大新斯科舍省要向波士顿赠送一棵高大的云杉，作为城市的圣诞树。1917年，哈利法克斯港发生了可怕的军火船爆炸事故，当时波士顿市民为哈利法克斯提供了大量的人道援助。圣诞树就是新斯科舍向波士顿表达感激之礼。作为新英格兰的加拿大流放者，我可以感到双份的温暖：一份是对我的加拿大同胞得到慷慨援助的感激，另一份是对波士顿弟兄得到的美好回馈的赞赏。而你要是仔细想一想，整个仪式其实相当古怪。我和这一慷慨事件的任何一方都没有关系，既没有丝毫贡献，也无须表达谢意。今天无论是选树、伐树和送树的人，还是收树和装点树的人，都从来没有见过当年的受害人和救援者。就我所知，与当年那场悲剧有关的人都已经过世了。但是，我们还是感到在两个人之间互换同情和感激是件美事。每个人心中都有
522 一个“新斯科舍”，一个“波士顿”。对他们来说，这两个名字充满了道德情感，代表一整套价值观，而他们每个人的社会行为都受到这一道德和价值系统的约束。

个体的个人定位中有一部分是与他（或她）所从属的团体的身份交融在一起的。[128]在人们心目中，一个团体就像一个个体一样，具有自己的信仰和愿望，以及值得称赞的或者应被谴责的品质。这种社会认同表明人们接受了这样的事实：团体有助于个人的福祉。我们的适应性不仅取决于我们自己的境遇，还取决于我们所在的团体、村庄和部落的境遇。这种团体归属，可以是来自真实的或者传说的血缘，也可以是互利的关系网，或者对某些公共品——共同防御的承诺。在团体内部，有些人通过惩罚不做任何贡献的寄生虫，来帮助监管公共品的供给，这些人因此得到团体的尊重。在心理上，对群体福利的贡献，只有通过削弱群己之间的边界才能实现。以我们团体的名义，我们感受到对其他某个团体的同情、感激、愤怒、负疚、信任或者不信任。我们将这些情感连接到那个团体的成员，无论那些成员作为个人具体干过些什么。

在竞争中对团体的忠诚，比如对一支球队或一个政党的忠诚，激励我们竭尽全力争取胜利。杰瑞·塞恩菲尔德（Jerry Seinfeld）曾经说过，今天的运动员在各个运动队的花名册上高速周转，球迷不再能够拥戴一伙运动员。球迷能盯住的只有球队的徽章和球衣：“你站在那里，为了你的球衣打败了来自另一个城市的球衣而欢呼和呐喊。”但是，我们还是要站起来欢呼：球迷的心情随着他的球队的命运而涨落。[129]群己边界的消失的确可以在生化实验室里得到验证。男人在心爱的球队打败对手的时候，睾丸素上升，如同他们自己在摔跤对抗或网球单人赛上战胜了对手。[130]当他们支持的政治家在选举中获胜或失利，他们的睾丸素也随之上升或下降。[131]

我们的公共情感有它的阴暗面，我们都期望自己的团体压倒其他团体，完全无视对方团体成员的具体感觉。在一组很著名的实验中，心理学家亨利·泰弗尔（Henri Tajfel）告诉参与实验者，他们分属于按照两个不同意见划分的团队，比如，一个团队更喜欢保罗·克利的画，另一个团队更喜欢瓦西里·康定斯基。[132]接着，他让他们在分别属于不同团队的两个人之间分钱；两个人的身份都只有数字标识，而分配者的选择不会给自己带来任何收益或损失。结果是，不仅分钱的人给自己的临时队友多分钱，他们甚至宁愿放弃让实验室破费，而两队队员都能得到更多钱的机会（比如给自己的队友克利团队的粉丝19美分，让康定斯基团队的粉丝得到25美分），也要惩罚另一个团队的队员，不能让他得到比自己队友更多的钱（比如，队友克利团队的粉丝得到7美分，康定斯基团队的粉丝得到1美分）。人在很小的时候就表现出对自己团体的偏爱，
523 这似乎不是一种习得的品性，而是需要人们校正的特性。研究发展心理学的学者已经发现，学龄前儿童能够做出非常种族主义的举动，让自由主义的父母感到震惊。甚至婴儿也更愿意与本种族的和说话口音相同的人交流。[133]

心理学家吉姆·斯达纽斯（Jim Sidanius）和费利西娅·普拉图（Felicia Pratto）提出，尽管程度不同，但是人们都有一种被他们称为“社会支配”（social dominance）的动机。不过，更直白的术语表述应该是“部落主义”，即人们认为社会群体具有等级结构，自己所在的群体高于其他群体。[134]他们认为，社会支配取向决定了人们的一系列思想意识和价值，包括爱国主义、种族主义、命运、宿命、种姓、国运、军国主义、严厉打击犯罪，以及为社会权力结构和不平等的现状辩护。逆向的社会支配则将人们导向人道主义、社群主义、女性主义、普世权利、进步主义和基督教《圣经》中的平等与和平。

社会支配理论意味着，尽管种族已经成为讨论偏见的主要着眼点，但它在人的心理上其实并不重要。泰弗尔的实验显示，人们能够根据任何一种相似性，甚至仅仅是根据对两位表现主义画家的不同品位，将世界分成内群体和外群体。心理学家罗伯特·库尔茨班、约翰·图比（John Tooby）、勒达·考斯米德斯（Leda Cosmides）指出，在人类的进化历史上，不同种族的人被海洋、沙漠和崇山峻岭隔离，几乎没有机会进行面对面的接触，这也是种族特征得以演化的原因。人们的对手主要是同种族的村庄、家族和部落。人们心目中最紧要的问题不是种族，而是“盟友”，只不过今天的许多盟友碰巧与种族相吻合。[135]心理学家G.理查德·塔克（G. Richard Tucker）和华莱士·兰伯特（Wallace Lambert），以及后来的凯瑟琳·金茨勒（Katherine Kinzler）都证明过，对人

类偏见最生动的刻画是说话：人们对讲话口音不熟悉的人总是怀有戒心。[136]古老的《圣经·士师记》中对示播列（shibboleth）一词的来源做了生动的记载：

> 基列人把守约旦河的渡口，不容以法莲人过去。以法莲逃走的人若说："容我过去。"基列人就问他说："你是以法莲人不是？"他若说："不是。"就对他说："你说示播列。"以法莲人因为咬不真字音，便说西播列。基列人就将他拿住，杀在约旦河的渡口。那时以法莲人被杀的，有四万二千人。

* * *

民族主义现象可以说是人类心理和历史的一种互动，它整合了三种东西：部落主义的感情冲动，同文同域同祖"群体"的认知概念，政府 524
的政治结构。爱因斯坦说过，民族主义是"人类的麻疹"。这话不总是对的，有些时候，它只是一次伤风感冒。但是有些外强中干的小集团充满自负，这种集团的自恋癖和民族主义合并发作的时候，民族主义可能是灾难性的。前面讲过，一旦自恋狂感觉受到现实的怠慢，他会暴怒，自恋癖因此可能触发暴力。自恋癖和民族主义的结合，会产生政治学家所说的"怨恨"：坚信自己的民族或文明天生拥有历史给予它的辉煌地位，尽管它目前处境卑微，它的衰败完全是因为内部和外部敌人的阴险破坏。[137]

怨恨激起挫败感，也就是自恋狂常常会感受到的屈辱、嫉妒和愤怒。有些历史学家，例如里亚·格林菲尔德（Liah Greenfield）和丹尼尔·希罗（Daniel Chirot）认为20世纪初的大战和大屠杀起因都是德国和俄国的怨恨。两个国家都认为它们只是在争取它们应有的支配，但是敌人背信弃义，拒绝了它们的权利。[138]人们注意到，在当今世界上，俄罗斯和伊斯兰国家都对自己未能得到相称的地位感到怨怼，他们的情绪不容忽视。[139]

回望某些欧洲国家，例如荷兰、瑞典、丹麦，它们在18世纪就不再参与竞争支配权的把戏，转而将自己的自尊放在不那么激动人心但是更实惠的目标上，例如发家致富，让自己的公民享有愉快的生活。[140] 还有一些国家从来就不曾在意过是否有显赫的形象，例如加拿大、新加坡和新西兰。它们的民族自豪感尽管也不小，但与其成就相称，在国际关系方面，它们从来没有找过麻烦。

集团的野心关系其他相邻民族的命运。民族事务专家不接受“历史宿怨让相邻民族征战不休”的传统观点。[141]说到底，这个地球上有 6000 种语言，其中至少 600 种有相当数量的人在使用。[142]与可能发生的冲突相比，真正爆发的民族冲突的数量只是一个很小的零头。1996 年，詹姆斯·费伦和戴维·莱廷对两个多民族混居的地区进行了研究：一个是 20 世纪 90 年代初解体的苏联 45 个前加盟共和国；另一个是在 1960—1979 年完成去殖民化的非洲，至少有 160 个民族。费伦和莱廷统计了这两个地区爆发的内战和社区间冲突（包括严重骚乱）占相邻民族数量的比
525 重。他们发现，在苏联地区，爆发战乱的概率是约 4.4%，而在非洲，这个数字不到 1%。发达国家也有民族混居的情况，比如新西兰、马来西亚、加拿大、比利时以及美国，它们有更好的民族非暴力记录。[143]不同民族集团之间存在矛盾，但它们不一定非要相互仇杀。民族集团也和个人一样，难免争强好胜，但大多数时间里，人们并不需要大打出手。

有几个因素决定了不同民族是否能够和平共处。费伦和莱廷认为，重要因素之一是，一旦有人对其他集团成员发动袭击，这个集团如何处理挑事者。[144]如果犯事者受到自己社区的惩罚，受害的集团就会将事件视为一件孤立的犯罪行为，而不是集团间开战的信号。（我们在前面说过，国际维和部队的作用之一，就是他们可以惩罚挑事的一方，安抚另一方。）政治学家斯蒂芬·范埃弗拉（Stephen van Evera）认为，意识形态是更大的影响因素。有几种情况会让局势变得极为严峻：当混居的民族期望建立自己的国家，或者与分布在其他国家的同族人合并的时候；当人们对自己人的暴行无动于衷而牢牢记着邻国的祖先造成的伤害的时候；以及当被下流政府统治，一方面神话自己族群的光荣历史，另一方面将其他族群排挤在社会合约之外的时候 。

许多和平的国家都在经历消除部落主义心理、重新定义民族国家的过程。政府不再将自己看作特定民族的灵魂领袖，而是生活在同一片土地上的各个族群和人民共同结成的契约实体。政府机器通常就像鲁布戈德堡的机械装置——有着繁杂迂回的机构，各种特殊身份、权力分享和平权机制，这个构架复杂精巧的装置由几个类似橄榄球球队这样的民族象征组合在一起。[145]人们的根扎在球衣上，而不再是在鲜血和土地上。这种看起来乱糟糟的局面恰如人们乱糟糟的自我分群，个人可以有多重认同，并同时作为不同集团的成员。[146]

* * *

社会支配是男人的事情——不用大惊小怪，男性是痴迷支配权的性别，男人比女人有更强烈的部落情怀，包括种族主义、军国主义，以及对不平等泰然处之的能力。[147]但是，男人也更容易发觉自己是被歧视的对象。人们通常认为，种族主义和性别歧视是白人大男子制度下一对孪生的偏见，美国非裔女性受到双重的压迫，但斯达纽斯和普拉图的发现与此设想相反。事实是，与少数族裔的男性相比，女性较少成为种族主义歧视的对象。男性对女性的态度可以是家长式的或者剥夺式的，但不 526
是同性间常见的对抗式。斯达纽斯和普拉图从歧视的演化过程解释了这种差异现象。性别歧视主要源于男性要控制女性行为，特别是性行为的遗传激励。部落主义的起因是一个团体的男子和其他团体男性竞争资源和配偶。

鉴于男女两性在过度自信、个人暴力和集团敌视上的水平差异，人们不由得经常要问：女性主导的世界是否会更加和平？如果我们改换一下时态和语调，问题可能更有意思。世界变得和平了，是不是因为很多女性承担起责任？如果有更多的女性承担更大的责任，世界是否会变得更加和平？

我认为，对这三个问题的回答都是非常肯定的。之所以非常肯定，是因为性别和暴力之间的联系相当复杂，绝不是简单的“男人来自火星（战神之星）”。政治学家乔舒亚·戈尔茨坦在《战争与性别》（*War and Gender*）一书中回顾了战争与性别之间的交集，他发现，贯穿人类历史和遍布人类社会，男子都是军队的主体和主宰。[148][之所以有亚马孙人和其他女武士的形象，多半也是因为男人喜欢看看身着军装的健壮女子罢了，比如劳拉·克劳馥（Lara Croft）和西娜（Xena），而不是因为历史确有其实。]即使在女权至上的21世纪，世界军人的97%，世界作战士兵的99.9%，都是男性。（以色列以男女平等征兵著称，但女战士主要在诊所和办公室工作。）男人大可吹嘘，历史上最著名的战争狂人、嗜血暴君和杀人不眨眼的屠夫均为男性。

但是，面对这些血腥的暴力，妇女也不是良知反战者。在许多时候，她们也曾亲率大军，也曾在战地服务。当然，在更多的时候，她们鼓动自己的男人上战场或者提供后勤支援——在古代，她们自带营帐追随大军；在今天，她们是军工厂的主力。还有很多女王和女皇，包括西班牙的伊莎贝拉、英格兰的玛丽和伊丽莎白一世、俄国的叶卡捷琳娜大帝，在对内镇压和对外征服上都毫不手软。20世纪的一些国家领导人，例如玛格丽特·撒切尔、果尔达·梅厄、英迪拉·甘地和钱德里卡·库马拉通加，都曾在战时领导自己的国家。[149]

在妇女有能力从事战争和她们一贯的作为之间，存在巨大的差距。在传统社会，妇女不得不为自己和子女的安全考虑，所以，毫不奇怪，她们希望她们的男人打赢战争。因为两性差异（包括上肢的力量、掠夺和杀戮的意愿、怀孕和养育子女的能力），加上军队中男女混合产生的麻烦（比如两性浪漫引发同性间竞争），有常备军的社会一直按照性别
527 进行分工，参战送死是男人的专责。不论在任何时代，握有权力的女性都能尽忠职守，包括发动战争。一位身处王朝或帝国征战时代的女王，即使她本人爱好和平，也很难在保住自己的权力和性命的同时成为列国中唯一的和平主义者。尽管两性之间有些特性在平均水平上有巨大的差别，但这些特性仍然是两性所共有的，所以，在军事领导和战斗技能方面，许多女性甚至比大多数男性更有能力。

但是，在漫长的历史长河中，妇女一直是也仍将是和平的力量。传统战争是男人的游戏：部落的妇女从来不曾结伙袭击邻里，抢劫新郎。[150]古希腊剧作家阿里斯托芬的《利西翠妲》（*Lysistrata*）在舞台上展示这

种性别差异，剧中的古希腊妇女举行性罢工，要求男人结束伯罗奔尼撒战争。19 世纪的女权运动经常与和平主义运动和其他反暴力运动，例如废奴和动物权利运动联手。[151]在 20 世纪的反核、反越战、反对阿根廷暴力冲突、反对北爱尔兰暴力中，以及在苏联和前南斯拉夫，妇女组织都是最积极、最有效的力量。对美国 20 世纪 30 年代至 80 年代的近 300 个民意调查的回顾显示，在 87% 的问题上，男人倾向支持“更暴力和强制性的手段”，而在另外 13% 的问题上，男女倾向持平。[152]比如，男性倾向在 1939 年支持以武力与德国对抗，在 1940 年支持与日本对抗，在 1960 年支持与苏联对抗，在 1968 年支持与越南对抗。在美国 1980 年以来的历届总统选举中，支持民主党候选人的妇女选票都多于男子的选票；在 2000 年和 2004 年，与大多数男性选民相反，大多数女性选民反对小布什当选。[153]

虽然女性比男性更热爱和平，但在一个社会中，男女的意见之间存在相关性。[154]1961 年，一项美国民调询问国家是否应该“不惜打一场全面核战争也决不在共产主义制度下生存”。87% 的男子的回答是肯定的，但“仅仅”有75% 的女性持相同立场。这证明，在同一个社会的同一个时间，妇女相比男子只是更和平一些。当国家在某个问题上（比如越战）产生分裂的时候，性别鸿沟会拉大，而在整个国家的意见比较一致的时候（比如第二次世界大战），性别差距会缩小，而在某些让整个社会都感到感情纠结的问题上（比如向以色列人和阿拉伯人询问阿以冲突的解决途径），则完全不存在性别差异。

但是，妇女的社会地位会影响到社会对战争的态度，即使妇女本身不反对战争。承认妇女的权利和反对战争总是正相关的。在中东国家，民意调查显示，赞成男女平等的人，也倾向赞成以非暴力方式解决阿以冲突。[155]对传统文化社会所做的几次民族志调查发现，一个社会越是善待妇女，就越少卷入战争。[156]现代国家也有同样的情况，从西欧到美国 528
自由派的蓝色州，再到美国保守的红色州，最后是阿富汗和巴基斯坦等伊斯兰国家，和平和妇女的地位高度相关。[157]我们将在第 10 章中看到，在妇女得到充分赋权的社会，很少出现无所寄托的年轻男子拉帮结伙、无事生非的现象。[158]当然，长期和平时代和新和平时代，也正是女权革命时代。我们不知道何为因果，但是生物学和历史告诉我们，当其他条件已定，妇女拥有更大影响力的世界将是一个更和平的世界。

* * *

在经历过文明进程的社会或者在受协约和规则约束的国际关系中，无政府状态下历练的支配毫无用途。社会支配感的淡薄可以减少个人之间的暴力和群体之间的战争。这当然不是说支配感背后的情感会彻底消失，这些情感已经是我们身体的组成部分，对某个性别尤其如此，但是，我们可以将这种情感边缘化。在20世纪中后期，支配概念和与之相关的美德，例如男子气概、荣誉、名望和光荣开始被解构，解构的过程一部分是非正式的调侃，比如马克斯兄弟在滑稽剧《鸭羹》中嘲弄沙文主义。一部分是因为妇女逐渐进入专业领域。女性对竞争支配权始终保持某种心理距离，认为它不过是男孩子的吵闹，随着妇女影响力的上升，支配权竞争失去了它的魅力。（任何在男女同工环境中工作的人都知道，妇女将男性同事的装腔作势视为“典型的大男子主义”。）还有部分原因是世界主义，我们看到了其他国家的荣誉文化可以何等夸张，因此也不由得检点一下自己。新近流行的源于西班牙语的“男子汉”（macho）一词，非但没有夸耀男性英雄气概的意思，反而带着几分蔑视，被用来奚落男人的狂妄自大。“村里人”乐队（Village People）搔首弄姿的歌曲《铁血男子汉》（*Macho Man*）和其他同性恋造型中的男子形象也让更多的人对阳刚男性减少了兴趣。

我认为，生物科学的进步和它在文字文化上的影响也是一种制约支配权竞争的力量。人们越来越明白，追求支配是人类进化进程中的残余。支配权竞争背后有一连串生物学术语，谷歌图书项目对这些术语的流行程度进行了数量分析：20世纪40年代开始出现“睾丸素”，60年代开始流行“啄序”（pecking order）和“支配等级”，90年代则是“阿尔法雄性”（alpha male）。[159]中间在80年代还出现了一个令人啼笑皆非的伪医学术语“睾丸素中毒”（testosterone poisoning）。每一个术语的流行都将支配权竞争的地位贬黜一级。它们都暗含着一种意思：男子追求荣耀，无非是他们原始想象力的一点儿残迹——他们血液中一点儿化学物质产生的症状，其表现为动物的本能。我们在公鸡和狒狒身上看到这些化学物质工作时，是忍不住要发笑的。与历史久远的老概念，诸如“光荣”和“荣 529
耀”相比，生物学术语具有离间效果，而光荣和荣耀作为支配权竞争的战利品，预设了哪些算得上是男子的成就，能够带来光荣和荣耀。150年来，英语书籍中这两个词语的使用频率一直在稳步下降。[160] 不是不假思索地接受本能对意识的既有影响，而是有能力对本能进行审视，这是我们在本能带来破坏时克制本能的第一步。

复仇

人类在无数典籍中淋漓尽致地表达了他们要对一个伤害过自己的人报以伤害的坚定决心。希伯来《圣经》对复仇喋喋不休，给我们留下了数种精练的表述，例如“血债血偿”、“以眼还眼”、“伸冤在我”。荷马的阿喀琉斯描绘说，男人的胸膛里涌动着火气，复仇比流淌的蜜糖更甜美。而在夏洛克看来，复仇是人类共性的最高点。当问到他要那一磅人肉能干什么的时候，他回答说：“拿来钓鱼也是好的呀！即使他的肉不中吃，也至少可以出出我这口恶气。”

其他文化中的人也同样诗意地讴歌报仇雪恨。米洛万·吉拉斯（Milovan Djilas）出生在黑山一个世仇不断的家族，后来曾任南斯拉夫联邦人民共和国副总统，他称复仇是“我们眼睛里的光，面颊上的火焰，太阳穴处血脉的跳动；我们过去流淌过多少鲜血，听到这个字眼，我们的嗓子就开始发紧”。[161]一个新几内亚男子的叔叔受箭伤致瘫，他听说放箭射伤叔叔的人被杀死的消息后说：“我觉得我仿佛生出了翅膀，我觉得我就要飞上天空，我非常幸福。”[162]阿帕切（Apache）首领杰罗尼莫（Geronimo），在细细地品味了对墨西哥四支连队的大屠杀后写道：

> 身上还沾着敌人的鲜血，手里还握着武器，心里还洋溢着战斗、胜利和复仇的欢乐，我身边围绕着阿帕切勇士，我被授命为所有阿帕切部落的战争首领。接着，我下令剥下被杀敌人的头皮。
>
> 我不能让我所爱的人死而复生，我不能让死去的阿帕切人重返人间，但是我可以欢庆胜利的复仇。

达利和威尔逊评论说："欢庆？杰罗尼莫在牢房里写下这些话时，他的阿帕切民族已经支离破碎，几近灭亡。对复仇的渴望似乎如此徒劳无益：一切都晚了，再哭也于事无补。"[163]

尽管完全徒劳无益，但对复仇的渴望却是人类暴力的一个主要原因。血债血偿几乎是世界上95%的文化都明确赞许的准则，而不论何
530 处，引发部落战争的主要原因之一就是复仇。[164]在世界范围内，10%～20%凶杀案的动机是复仇，绝大部分校园枪杀案和个人爆炸案的动机也是复仇。[165]复仇行动有时指向一个集团而不是个人，城市暴乱、恐怖袭击、反恐怖袭击和战争的主要动机也是复仇。[166]历史学家研究过为了报复一次袭击而导致战争的案例，这些决定通常都是被愤怒冲昏头脑的产物。[167]比如，珍珠港事件之后，美国人民的反应是，"仿佛遭到当头一棒，掺杂着震惊、恐惧、困惑、悲伤、羞辱，当然最最重要的是极端的愤怒"。[168]除了战争，不可能考虑其他任何选择（例如遏制和骚扰），即使动一下这种念头都意味着叛国。对"9·11"恐怖袭击事件的反应也是如此，美国在袭击发生一个月之后入侵阿富汗，其动机既是长期战略决策，认为入侵是有效的反恐措施；也是一种情绪，认为一定要干点儿什么以示报复。[169]9月11日3000人被屠杀的恐怖袭击本身也是受复仇驱动，拉登在他的《告美国人民书》（*Letter to America*）中解释说：

> 安拉，万能的真主，准予并选择了复仇。因此，如果我们受到攻击，我们就有权回击。谁摧毁我们的村庄和城镇，我们就有权摧毁他们的村庄和城镇；谁偷盗了我们的财富，我们就有权摧毁他们的经济；

谁杀死了我们的平民，我们就有权杀死他们的人。[170]

复仇的念头不局限于政客和部落首领发热的头脑。在每个人的大脑里，复仇都是一个容易触发的键钮。大部分大学生忏悔的凶杀幻想几乎全都是复仇幻想。[171]在实验研究中，实验人员可以轻而易举地将学生带入要对羞辱进行报复的状态。研究人员要求学生写一篇作文，然后给他们看一篇其他同学对其作文所做的侮辱性评价（这个“同学”或者是匿名的实验者，或者完全是虚构）。每到这种时候，安拉就开始微笑了：在实验中写作文的学生刚好有机会处罚作文的批评家，处罚手段有电击，对着耳朵吹喇叭，或者（经人类实验反暴力委员会审查通过，在最新的实验中）强迫批评者喝下一个正在接受假想味道实验的辣椒调料。结果屡试不爽。[172]

人类对复仇的需求确实是如饥似渴。在这些实验中，就在参加实验者要实施报复性电击的那一瞬间，仪器突然失灵了（当然是研究人员做了些手脚），所以他或者她不能如愿进行电击复仇。接着，所有参加实验者被带去进行另一项品尝葡萄酒的实验。那些未能对羞辱他们的人进行报复的学生，总是要喝下更多的葡萄酒样品，仿佛要用酒来淹没他们的懊恼。[173]复仇的神经生物机理开始于中脑—下丘脑—杏仁核联结的愤怒回路，一只被刺痛或受到挫折的动物总是更倾向攻击离它最近的动物。[174]人类的愤怒回路接收来自大脑各个部位的信息，包括颞顶交界区，它 531
区分伤害是有意还是无意的。接着，愤怒回路激活产生痛感、厌恶感和愤怒感的脑岛。（前面提到过，当人们感到自己被其他人欺骗了的时候，脑岛部位开始发亮。）[175]这些感觉的滋味都令人不快，我们已经知道，动物会努力关闭对愤怒回路的电刺激开关。

但是，大脑接下来可以进入完全不同的信息处理模式。谚语如“复仇如蜜”，“与其生气，不如讨还欠账”，“复仇是一道凉菜——越冷酷越好”，都是情感神经科学的研究假设。它们给出了大脑活动的模型，从憎恶的愤怒转向冷静甚至寻求愉快的方式，很像是引导人搜索美味的食物。事实证明，很多民间神经科学的说法都很有道理。多米尼克·德·

奎尔万（Dominique de Quervain）和他的合作者进行了一项实验，他们给一组男子一次机会，将一笔钱交给另一个参加实验者操作，投资盈利，然后，或者将股份全部交给投资者，或者全部留给操作者自己。[176]［这种情况也称“信任博弈”（trust game）。］接下来，投资款被骗的实验参加者得到机会向无良信托代理处以惩罚性罚款，有时，他们需要花钱购买进行处罚的特权。在告知实验参加者有机会进行惩罚时，研究人员对他们的大脑进行扫描；他们发现，纹状体的一部分（寻求系统的核心部分）开始发亮——当一个人渴望尼古丁、可卡因和巧克力的时候，大脑的同一部位也开始发亮。复仇真的是甜蜜的。一个人纹状体的亮度越高，他愿意为得到处罚权付出的金额越大，这显示纹状体的活跃程度反映了人的真实愿望，一种他愿意付钱实现的愿望。在实验参加者选择付钱得到处罚权之后，他的眶额皮层和腹内侧前额叶皮层开始发亮——这些脑部位权衡不同行动的过程带来了愉悦和痛苦。在这个案例中，可以说是付出了复仇的代价和开销后的满足。

复仇需要丧失共情，我们可以观察到大脑的这个活动过程。塔尼亚·辛格（Tania Singer）和她的合作者做过一个类似的实验，实验参加者的诚实得到同伴的回报，或者遭到背弃。[177]接着，他们自己在手指上接受一下轻微的电击，然后看着诚实的伙伴接受电击，或者看着背信弃义的伙伴接受电击。当诚实的伙伴遭到电击的时候，参加实验者对伙伴的痛苦感同身受：自己被电击时感觉痛苦的脑岛部位发亮；在看到诚实的同伴受电击时，同一部位也会发亮。当骗子受电击的时候，女性无法阻断她们的共情，脑岛部位因同情而发亮；但是男人硬得起心肠：他们的脑岛保持黑暗，纹状体和眶额皮层却开始发光，显示达到了目标的满足。这些回路的亮度与男性实验者陈述的复仇愿望的强烈程度相符。卡罗
532 尔·吉利根（Carol Gilligan）等女权活动家认为男性更倾向报复性正义，而女性则宽宏慈悲，此实验结果与他们的观点一致。[178]塔尼亚·辛格非常谨慎地表示，女性也许是对处罚造成的肉体伤害感到畏惧；如果处罚的方式是罚款、批评甚至排挤，女性也许和男性一样富于报复心。[179]

复仇带来的冷酷而甜蜜的快感是无可否认的。恶棍得到应有的报应，

是人们编写故事时不断重现的主题；当暴力的处罚终于落到一个坏蛋头上的时候，感到开心的绝不只是警官“肮脏的哈里·卡拉汉”。作为电影院的常客，彼得·威尔（Peter Weir）的获奖影片《证人》（*Witness*）属于我最享受的片子。哈里森·福特扮演一名便衣警官，与宾州乡下的一户阿米什家庭住在一起。一天，他全身阿米什打扮，陪着这家人坐着马车进城。在路上，他们遭到一帮乡下流氓的拦截和骚扰。这家阿米什人真诚地信奉和平主义，即使一个流氓开始戏弄和欺辱他们举止庄重的父亲，他们也不做任何反抗。头戴草帽的福特渐渐按捺不住心头的怒火，出手反击，他一拳将那个小流氓打倒在地。这一手让那伙流氓大吃一惊，也让电影院里的观众欢欣不已。

*　*　*

这种叫作复仇的疯狂到底是什么？在我们的文化中，心理治疗将复仇视为一种疾患，宽恕则是良药，但复仇冲动有一个完全可以理解的功能：威慑。[180]达利和威尔逊解释说：“有效的威慑是要让敌人明白，任何伤害我方的谋利企图都将受到严厉的惩罚；损人利己的策略最终是得不偿失，不如不做。”[181]复仇性惩罚作为一种威慑的必要性，不仅是人们传诵的故事，而且在合作进化的数学模型和计算机模型中一再得到证明。[182]

有些合作形式解释起来很容易：两个人有亲属关系，或者夫妻关系，或者是队友，或者是有共同利益的知己；因此，对一个人有利的，即对另外一个人亦有利。这种共生合作是天然形成的。当人们的利益开始有一部分不一致，一方有可能利用对方的合作意愿为自己谋利的时候，他们之间的合作就不太容易解释了。正和博弈的囚徒困境是描述此类难题最简单的模型。想象《法律与秩序》连续剧中的一个场景，两个犯罪同伙（“左撇子”和“布鲁特斯”）分别被关在两个牢房内，指控他们有罪的证据不够充分，于是区助理检察官分别向两个人提出谈判条件。如果两人中的左撇子做证指控同伙布鲁特斯（“背叛”），而布鲁特斯仍忠实于左撇子（即继续与同伴保持“合作”），左撇子将获释，而布鲁特斯将被监禁10年；反之亦然。而如果两人互相背叛，做证指认对方犯罪，两人都将进监狱，但两人的刑期将被减到6年。如果两人都保持忠诚，检察官只能指控他们较轻的罪名，两人至多在牢狱里蹲上6个月。图8-5是这一困境的偿付矩阵，黑色字是第一个囚犯左撇子的选择和回报，灰色字是左撇子的同伙布鲁特斯的选择和回报。

533 布鲁特斯的选择

左撇子的选择		合作	背叛
	合作	6个月 （奖赏） 6个月 （奖赏）	10年 （受骗的代价） 自由 （诱惑）
	背叛	自由 （诱惑） 10年 （受骗的代价）	6年 （惩罚） 6年 （惩罚）

图8-5 囚徒困境

他们的悲剧是，两人本应合作，代价是仅仅6个月的刑期，博弈得到最大正数解，但两人都会选择背叛，因为他们都想到对自己最有利的两个结果：如果同伴忠诚，自己能获得自由；如果同伴背叛，自己也只是得到6年刑期，而选择忠诚自己却有可能得到10年刑期。所以，他选择背叛。而他的同伙出于同样推理，也选择背叛。如果他们都能依据利他原则做选择，本来可以只坐6个月的牢，但两人的自私自利让他们最后各得6年刑期。

囚徒困境被人们称为20世纪最伟大的思想之一，它将社会生活的悲剧提炼成一个极为简洁的公式。[183]当同伙忠诚于合作，当事人却背叛同伙时能得到最大收益；当同伙背叛，当事人仍忠诚于合作时会得到最严厉的惩罚；两个人都坚持合作，总收益最大；两人都背叛对方，总收益最小——每当面对这些选择，人类立刻就会陷入困境。生活中的许多困境都有同样的结构，其中最典型的是捕食暴力。在捕食暴力中，与和平爱好者对抗的好战者能够稳赚，但是与其他好战者对抗的好战者，则很可能两败俱伤，所以最好两个人都是和平爱好者；但当你觉得自己是和平爱好者的时候，你就开始害怕对方可能是一个好战者。这样的悲剧在我们的生活中到处可见，诸如消耗战、公共品博弈和信任博弈等都是如此，个体的自私自利充满了诱惑，但共同的自私自利则是毁灭性的。

一次性的囚徒困境结果当然很悲惨，但生活中更常见的是重复囚徒困境，参与者连续互动，经过数轮博弈得到最后结果。如果假定重复囚徒博弈的收益不是监狱和钞票，而是后裔的数量，或许可以更好地说明合作的演化。重复囚徒困境中虚拟生物之间就互助机会或者不愿意帮助其他人——例如相互梳理毛发，进行博弈，收益是身体的健康，成本是花费的时间，长期而言都可以转化为后代的数量。重复博弈就像自然选择 534
下的生物代际演化，我们可以观察哪些竞争策略在数代人之后逐渐成为大多数人的选择。各种组合可能性的数量很大，很难进行数学证明，但是这些策略可以编程，一个简单的计算机应用程序即可让各种组合进行循环竞赛。这些原本仅仅是理论家的假设，有了计算机之后，他们可以清楚地观察各方和各种策略在虚拟进化中的斗争过程。

第一轮竞争由政治学家罗伯特·阿克塞尔罗德（Robert Axelrod）主持，获胜的策略是简单的“针锋相对”或“一报还一报”（Tit for Tat）：第一步是合作，接着，如果同伴也合作，就继续合作；但如果同伴背叛，就开始背叛。[184]因为合作得到奖赏，背叛受到惩罚，因此背叛者会改换行为，转为合作，长此以往，每个人都是赢家。这个思路和罗伯特·特里弗斯的互惠利他主义的进化理论相一致，特里弗斯早几年在没有使用数学工具的情况下提出了这一理论。[185]正和奖励来自互换收益（每一方都能在自己付出很小代价的条件下为对方带来很大收益），诱惑则是完全利用对方，不付代价而得到收益。特里弗斯的理论认为，道德情感是对合作的适应，这一理论可以直接翻译成“一报还一报”的算法。同情是合作的第一步，感激是对合作者的合作，愤怒是对背叛者的背叛——或者说，是报复性的惩罚。惩罚可以是拒绝提供帮助，也可以是制造伤害。复仇不是坏事：它防止坏人利用好人，是合作的必要条件。

至今人们已经研究过几百种重复囚徒困境竞赛，并得出几项新的教训。[186]一是“一报还一报”策略尽管极其简单，但其成功仍可被分解成不同的特点，并与其他策略相结合。这些特性被按照人类的个性命名，标签的意义远不止方便记忆；合作的动态过程也许解释了为什么我们会在进化中形成了这些个性。“一报还一报”成功背后的第一个特性是友善：第一步一定是合作，尽力抓住共同获益的合作机会，决不在对方背叛之前出卖对方。第二个特性是清晰，如果战略中交往规则非常复杂，让其他参与方不能确定其行动的后果，他们的行动实际上就会成为为所欲为，而一旦出现为所欲为，最佳回应就是“永远背叛”策略。其他策略很容易与“一报还一报”策略结合，根据可能的选择进行调整。“一报还一报”的第三个特性是报复：对于背叛必以背叛回报，这是最简单的复仇形式。第四个特性是宽恕：它为悔改敞开大门，如果对手在玩弄背叛之后又转回合作，根据“一报还一报”策略就应该立即报之以合作。[187]

最后一个特性——宽恕，实际上远比人们最初设想的更加重要。“一报还一报”策略的弱点是它很容易犯错误和出现误解。假定一个参
535 与者本意是合作，但因为行动中出错变成了背叛，或者假定将其他参与者的合作意图误判为背叛，因此施以报复性背叛。于是对手也施以报复性背叛，接着就是新一轮的报复，冤冤相报，将参与者带进无休止的背叛循环——整个程序等同于一场世仇大战。我们身处一个充满噪声的世界，难免会发生误解和错误，所以具有更大宽恕度的“慷慨版一报还一报”（Generous Tit for Tat）的策略，比一般的“一报还一报”有更大的胜算。“慷慨版一报还一报”每隔一段时间会随机地宽恕叛徒，重启合作机制。无条件的宽恕行动可以将一对陷于相互背叛不能自拔的仇人拉回合作之路。

过度宽恕的战略也有自己的问题，如果在人群中有几个精神变态狂玩弄“永远背叛”，还有几个憨头只会“永远合作”，这个战略就无法被执行下去。精神变态狂通过掠夺憨头自肥，最后壮大到足以剥夺所有人。在这样的世界上，更有竞争力的策略是“悔改版一报还一报”（Contrite

Tit for Tat)，这个版本在宽恕上要更挑剔一些。它会记住自己的行为，如果一轮背叛的起因是自己的一个随机错误或误解，它会允许对手背叛一次而不予追究，然后转回合作轨道。但是，如果背叛是对手发动的，它绝不心慈手软，坚决施以报复。如果对手也奉行“悔改版一报还一报”，那么它也会原谅有理由的报复，双方仍会重返合作。所以说，不仅是复仇，还有宽恕和悔过，都是社会动物获取合作收益的必要条件。

合作的进化能否实现首先取决于重复交锋的可能性。一次性囚徒困境无法完成演化，即使是在重复囚徒博弈中，如果参与者知道博弈交手的回合有限，也难以形成合作，因为在博弈接近结束的时候，各方都因不再惧怕报复而接受背叛的诱惑。出于同样的道理，在不同分组之间，一组参与者是不能迁移的邻里，成员彼此被捆绑在一起，除了相互博弈，别无选择。与成员能够搬迁和自己选择伙伴的小组相比，不能迁移的参与者之间有更强的宽恕意愿，因为相互背叛的结局是共同毁灭。

人类的合作还有另外一个变数。我们有语言，因此不需要与他人直接交往就可以知道他们是合作者还是背叛者。我们可以四处打探询问，了解人们以往的行为记录。博弈论专家将此称为“间接互惠”，它让名誉和闲言碎语有了现实的价值。[188]

潜在的合作者必须不仅能够在两人博弈中，而且还能够在团体的合作行动中平衡自私和互利。博弈论专家也探讨过多人参与的囚徒困境，536
称为“公共品博弈”。[189]每个参与者向公库交纳一笔钱，这笔钱后来增长了一倍，在每个成员之间平均分配。（你可以想象，一群渔民共同筹款改造港口设施，例如灯塔；或者同一街区的商家合资聘用保安。）对团体来说，最好是每个人尽力出资，越多越好。但对个人来说，最好是省下自己这一份，成为搭便车者，占其他出资人的便宜。悲剧的结果是，每个人都不肯出资，公款为零，每个人的境遇都会变得更糟糕。［生物学家加勒特·哈丁（Garrett Hardin）提出过一个相同的现象——“公地悲剧”。每个农民都毫无节制地在村镇的公地上放牧，直到草场枯竭，公地成为无人能用的废地。污染、过度捕捞和碳排放都是真实的“公地悲剧”案例。] [190]但是，如果博弈的参与者有机会惩罚搭便车者，对他们在团体中剥夺其他成员的行为进行报复，让参与者有做出贡献的动力，其结果就是人人获益。

我们可以模拟的世界花样如此之多，对合作进化的建模已经变得极为复杂。但在所有复杂模型中，我们都能看见利用、复仇、宽恕、悔改、名誉、闲言碎语、小集团和睦邻友好这些人类特有行为的演化。

* * *

在真实世界中，复仇真的管用吗？有些人具有利用他人的潜能，切实可信的惩罚威胁真的能在这些人心里造成恐惧和威慑，让他们停止剥夺他人吗？来自实验室的回答是肯定的。[191]人们在实验囚徒困境博弈时的行为显示，他们倾向于“一报还一报”式的战略，结果总是能收获合作的果实。他们在进行“信任博弈”时（另外一种“囚徒困境”，也就是前面谈过的，在测试复仇时使用神经成像技术的实验），投资者有能力处罚不守信的信托托管人，这足以使托管人心生恐惧，退还投资人应得的收益。在公共品博弈中，如果人们有机会惩罚搭便车的人，搭便车的人就会消失。还记得那些研究吗？在研究中，参与者的论文被痛批，而他们有机会用电击来报复批评者，但如果知道批评者也有机会以电击进行回击的话，他们就会减弱电击的强度。[192]

只有在复仇者具有喜欢复仇的声望并有不惜成本实施复仇的意愿时，复仇才有威慑的作用。这也解释了为什么对复仇的渴望可以如此强烈，以至于有时成为自我伤害（比如寻求自助正义的人杀死不忠的配偶或者挑衅的陌生人）。[193]此外，最有效的威慑是惩罚的目标知道谁是复仇者，所以可以修正自己对复仇者的行为。[194]这一现象解释了为什么复仇者只
537 有在对方知道自己被惩罚时才感到复仇的满足。[195]司法理论上的特别威慑正是基于这些冲动：惩罚罪犯的目的是防止罪犯再次犯罪。

司法理论中的一般威慑也是基于复仇心理：明文公示的处罚就是要第三者心生畏惧，克制犯罪的诱惑。有些人为自己树立不容欺侮的强悍声望，其心理相当于一般威慑。（俗话说：“不要在太岁头上动土”、“不

要从老虎嘴里拔牙”、“不要用鸡蛋碰石头”。）实验已经显示，当有观众在场时，人们施加的惩罚会更加严厉，严厉的程度甚至会超过他们所遭受的损失。[196]正如在有旁观者的时候，男人争吵升级的概率会增加一倍。[197]

有些复仇行为只能用追求威慑效果来解释。在经济学和政治学中非常流行的理性人理论，早就在“最后通牒博弈”中被人类自己的行为证明是不成立的。[198]在博弈中，一方为提案人，手持一笔资源在他和另一位参与者之间进行分配；另一方作为响应人，可以选择接受或拒绝提议人的分配方案。如果响应方拒绝提议，双方什么都得不到。一个理性的提案人会为自己留下尽量大的份额，而一个理性的响应人会立即接受提案人留给他的那一份，无论份额多么微小，因为有一点儿小碎渣也强过什么都没有。但实验中的提案人几乎总是愿意分给对方一半的资源，而响应者对少于一半的分配方案都不愿意接受，即使拒绝较小的份额实际上对双方都是惩罚。为什么这一实验中的人行为如此缺乏理性？因为理性人假设忽视了人类的复仇心理。当提议的分配方案过于吝啬，响应人会感到愤怒——确实，我前面提到的大脑神经成像研究所观察的正是“最后通牒博弈”中人脑的反应，脑岛部分因愤怒而发亮。[199]愤怒驱使响应者对提案人进行报复性惩罚。绝大部分提案人预见到对方的愤怒，所以他们会提议一个比较大方的分配方案，慷慨到足以让对方能够接受。一旦因为博弈的规则发生变化，响应人不得不接受任一分配方案，而提案人又不需要担忧报复的时候（即所谓的“独裁博弈”），提案人的分配方案就会变得更加吝啬。

* * *

我们还有一个未解之谜。如果复仇的目的是威慑，那么为什么在现实世界中它如此常见？为什么复仇没有像冷战中的核武器，建立恐怖均衡，让每个人都不敢越雷池一步？为什么会有冤冤相报、没完没了的复仇？

主要原因是“道德标尺的偏差”。人们总是认为他们自己造成的伤

害都是事出有因、可以被原谅的，而他们遭受的伤害都是蛮横无理、刻
538 骨铭心的。双方在计算打击的先后次数和造成的伤害程度上差距越拉越大。[200]心理学家丹尼尔·吉尔伯特（Daniel Gilbert）这样形容，在一场旷日持久的战争中，交战双方很像坐在汽车后座上向父母告状的兄弟俩："他先打了我！""他出手比我重！"[201]

在苏克维恩德·谢吉尔（Sukhwinder Shergill）、保罗·贝斯（Paul Bays）、克里斯·弗里思（Chris Frith）和丹尼尔·沃尔珀特（Daniel Wolpert）所做的实验中，我们可以看到错觉导致升级的类似案例。他们的实验是让参加者将手指放在一根棍子下，然后加力下压，棍子下压的力度可以被精确量度。[202]实验的指示是，实验人甲向实验人乙的手指加力 3 秒钟，力度以他刚刚从研究人员那里感觉到的强度为准。然后，乙得到同样的指示。甲和乙轮换角色，每个人都向对方施加刚刚感受过的压力。8 个回合之后，乙向甲施压的力度是第一轮的 18 倍。之所以会出现这样的螺旋上升，因为与他们所感受的压力相比，人们总是低估他们所施加的压力；每一个回合，他们的用力大约增加 40%。在现实世界的纠纷中，错觉不是来自触感的误差，而是来自道德感的幻觉，只是两种错误都是螺旋形攀升的。

在本书的许多章节中，我都提到要感谢利维坦——垄断了合法使用暴力的政府是促成暴力减少的主要原因。仇杀和无政府是孪生兄弟。我们现在知道了利维坦有效性背后的心理学。法律也许是个混账东西，但却是个不偏不倚的混账，它可以超越施暴者或受害者的本位偏差，中立地衡量伤害。虽然肯定有一方对任何裁决都不会满意，但是政府对暴力的垄断一方面制止失败者再做抗争；另一方面，失败者也缺少与中立方进行抗争的意愿，因为他并不是在向对手认输，所以也就没有那么大的热情要重振自己的声望。古罗马正义女神朱斯提提亚（Justitia）有一套自己的行头，它简明扼要地表达了正义背后的逻辑：（1）天平；（2）蒙眼布；（3）剑。

利维坦使用剑锋实现正义，说到底依靠的还是暴力。我们已经看到，政府的复仇本身可以走多远，比如人道主义革命之前的残酷刑罚和滥用

死刑，还有像美国今天的过度监禁。刑事惩罚经常出现不必要的严厉，完全失去了作为一种讲求精确的措施，力求社会伤害总量最小化的目的。问题一部分出在制度设计上。刑事惩罚的基本原理不仅仅是个别威慑、一般威慑和隔离，它也意味着罪有应得，即公民复仇的愿望。[203]即使我们可以肯定一件残暴罪案的作案人永远不会再次犯案，案件也不会成为其他人的榜样，大部分人仍然会觉得“正义必须得到伸张”，此人必须 539
为他造成的痛苦付出代价，也尝尝痛苦的滋味。罪有应得背后的心理动机完全可以一目了然，正如达利和威尔逊观察到的：

> 从进化心理学的角度看，这种几乎是神秘和不可简化的道德律令，是一个具有自适应功能的心理机制的运作结果：通过计算罪与罚确保违规者不能从罪行中获利来实现正义和惩罚。与赎罪、忏悔、神圣正义等有关的宗教秘咒数不胜数，无非都是要将一个俗世的、现实的问题交给高高在上的超然权威：请求上天将恶行的收益降为零，以此阻止自私自利的竞争行为。[204]

但是，既然这是一条不可简约的律令，我们身在其中挣扎，看不到它的演化机理，人们在生活中量度的正义，很有可能只是大致符合此律令的激励原则。

心理学家凯文·卡尔史密斯(Kevin Carlsmith)、约翰·达利、保罗·罗宾逊（Paul Robinson）设计了一些假想案例，尝试将威慑从“罪有应得”中区分出来。[205]“罪有应得”必须考虑伤害动机的道德价值。比如同是诈骗所得，一个诈骗犯将所得转化为公司在穷国受剥削的低薪工人，另一个将所得用在自己的奢侈开销上，后者将会得到更严厉的惩罚。相比之下，威慑主要考虑的是惩罚制度的激励结构。假定罪犯预计的犯罪的代价是被抓住的可能性乘以抓住后受到的处罚，那么，越难被发现的犯罪受到的处罚应该越重。出于类似的道理，得到公众关注的罪行，与没有得到关注的罪行相比，受到的处罚也应该越重，因为对公众关注罪行的惩罚具有更高的威慑价值。但让人们置于这些情景，对虚构的犯人量刑时，他们的决定却只考虑“罪有应得”，完全不考虑威慑。邪恶的动机总是得到更严厉的惩罚，而罪行是否难以发现，或者是否受到公众的高度关注，却没有在量刑时产生加重惩罚的效果。

人道主义革命开始了废除残酷惩罚的过程，当时的功利主义经济学家切萨雷·贝卡里亚提倡司法改革。在他的新制度设计中，刑事司法从让坏人受罪的原始冲动转向更实用的威慑目的。但是卡尔史密斯的实验说明，直到今天，人们仍然没有从完全功利的意义来理解司法制度。不过，我在《白板》一书中说过，即使今天司法实践的动力还是“罪有应得”，但它最大限度地发挥了威慑的作用，因为如果一个制度过于功利
540 化，犯罪分子就会学习与之博弈。“罪有应得”消除了这种可能性。[206]

* * *

最精密的司法制度也不可能对公民进行全天候、全方位的监控，能够依赖的只有他们内心的公正和对复仇心的克制。在本书的第 3 章，我们谈到过加州沙查县的牧场主和农场主如何不惊动警方自己解决纠纷，在这中间，互惠、公议（闲言碎语）、偶发的破坏行动和对微小损失的“忍气吞声”等各项原则都有自己的作用。[207] 为什么在有些社会，人们能够不做计较，而在另一些社会，人们却会眼中冒火，脸上发烧，太阳穴上青筋乱跳？诺贝特·埃利亚斯有关文明进程的理论认为，政府司法在引导公民内化自制，约束报复冲动上具有撞击效应。在第 2 章和第 3 章中，我们看到政府的平靖措施在减少暴力方面产生巨大效果的很多实例；在下一章中，我们会看到一些实验，说明在一种条件下产生的自制，如何在其他环境中扩展开来。

第 3 章还介绍过有一项研究发现，政府的简单存在本身只能将暴力水平从每年十万分之几百的凶杀率降低到十万分之几十。暴力水平进一步降低有赖于其他一些不易辨识的因素，比如人民对政府的合法性和社会契约的认可程度。最新的一项实验也许在实验室捕捉到了这个现象。经济学家贝内迪克特·赫尔曼（Benedikt Herrmann）、克里斯蒂安·尚尼（Christian Thöni）和西蒙·盖西特（Simon Gächter）让分处在 16 个国家

的大学生参加公共品博弈（参加者向公库交纳一笔资本，资本翻番后再在参与者中分配），一种情况是相互间可以处罚，另一种是相互间不能处罚。[208]研究人员惊恐地发现，在有些国家，很多参加博弈的人惩罚那些慷慨贡献公共品的人，而不惩罚那些小气鬼。这样的行为当然会对团体利益产生极其不利的影响，因为它只能鼓励每个参加者都成为搭便车的人，对公共品的贡献很快枯竭，每个人都是输家。这些参加者之所以做出反社会的惩罚，原因似乎都是过度报复。当一些人因贡献过低而受到惩罚后，他们不是纠正过错，在下一轮博弈时增加贡献（这是这项实验开始在欧美进行时出现的结果），而是惩罚那些在上一轮惩罚他们的人，而这些人多半是利他主义者。

在一些国家，例如美国、澳大利亚、中国和西欧诸国，受罚的对象能够悔改，而在另一些国家，例如俄国、乌克兰、希腊、沙特阿拉伯和阿曼，受罚的人愤然报复，两类国家之间的区别何在？研究人员就各国的特点进行了一系列多元回归分析，这些特点取自经济统计和国际调研。预测过度报复的主要指标是社会规范：该国人民在多大程度上认为逃避 541
所得税、骗取政府福利、在公交车上逃票不是问题。（社会科学家相信，社会规范是为一个国家带来繁荣的社会资本的主要构成，其重要性超过物质资源。）社会规范又是从哪里来的呢？世界银行给每个国家一个法治（Rule of Law）分数，它能反映法庭在多大程度上能够保障私人之间的合约，司法系统是否公正，黑市和有组织犯罪的地位，警察的素质，以及发生犯罪和暴力的可能性。在公共品博弈实验中，一个国家的法治基本上预示了该国公民选择反社会复仇的程度：在法治不昌的国家，国民特别容易陷入毁灭性复仇。因为多重变量纠缠在一起，不可能确定哪一个变量是原因，但是结果总是显示，一个体面的利维坦所主持的不偏不倚的司法制度能够促使国民克制冲动，避免卷入共同毁灭的复仇循环。

* * *

充满升级冲动的复仇一定会有一个克制开关。如果没有这样的开关，道德标尺的偏差会让每一个冲突都变成不断升级的血仇，就像我们在手指压力实验中看到的，每个人都在新一轮行动中向对方施加更大的压力。但是，不仅复仇并不是一定要升级，尤其是在法治的文明社会，我们也不应该期望它会升级。合作进化的模型显示，最成功的博弈者在一报还一报的游戏中主动退让，特别是在与其他博弈者同舟共济的时候，他们愿意选择悔改和宽容。

《超越复仇：宽容本能的演化》(*Beyond Revenge*: *The Evolution of the Forgiveness Instinct*) 一书的作者，心理学家迈克尔·麦卡洛（Michael McCullough）认为，我们的确有克制复仇的开关。[209]我们见到过，几种灵长类动物可以在打斗后亲吻和修好，至少在有血缘关系、有共同利益或者有共同敌人的群体中会有这样的行为。[210]麦卡洛的研究显示，人类也具有在同样条件下启动宽恕的本能。

当侵犯者与我们共属一个天然共情圈时，复仇的欲望最容易被调整。我们会原谅亲人和朋友所犯的错误，但其他人犯下同样的错误，我们会认为是不可饶恕的。我们的共情圈可以扩展（这将是下一章的内容），我们的宽恕圈也跟着扩展。

压制复仇的第二种情况是我们与侵犯者的关系有特殊价值。我们也许不喜欢他们，但是我们已经和他们捆绑在一起，只能设法学会和他们相处。在总统初选阶段，为了赢得党内提名，对手在几个月的时间里互相攻击，甚至互相污蔑；他们在电视辩论上的身体语言，毫不掩饰地告
542 诉大家他们彼此憎恶。但是，一旦决出胜负，他们立刻咬住嘴唇，咽下自己的骄傲，团结一致对抗党外的对手。在很多情况下，胜利者会邀请失败者做自己的竞选搭档或者阁员。共同的目标有力量让宿敌和解，20世纪50年代一个著名的实验以极为戏剧性的方式证实了这种力量。在一个名为“罗伯茨山洞”的夏令营，男孩子被分成几个小组，自己发动战争，交战历时数周，包括进攻和反击，使用的武器有一定的危险性，例如装在袜子里的石头。[211]接着，心理学家安排了一些“意外”，迫使男孩子放弃争斗，共同工作，例如修复营地的供水管道和将校车拖出烂泥坑。男孩子达成停火，克制了敌意，有些男孩子甚至和敌对阵营的人成了朋友。

第三种让我们克制复仇心的情况是原来的侵犯者不再构成威胁。无论你的宽容心多么强烈或者有几多温情，在一个曾经伤害过你的人还能继续制造伤害的时候，没有人能够放下武器。如果伤人者想消除你的愤怒，再次赢得你的善意，他必须向你证明他不再有伤害你的念头了。他也许开始会说，原来的伤害是特定环境中的不幸产物，现在那种环境已然不复存在。也就是说，当时的行动不是有意的，或者是无法避免的，或者伤害是意料之外的。决非偶然，这些借口恰恰是对别人造成伤害的人真正相信的，此乃道德标尺的偏差的一端。如果这个借口说服力不够，他会接受你的解释，即承认自己犯了错误，对你的痛苦表示同情，赔偿所造成的损失，发誓赌咒不会再犯同样的错误。研究证明，这些战术确实可以平息受害人的怒气。

道歉的问题在于它可以是一文不值的假话。一个虚情假意的道歉，目的只是想避免报复，反而可能勾起受害人的怒火，不如什么都不说。受害的一方需要窥测施害一方的灵魂，看看是否还有任何再次施害的企图。真正能让人重新做人的是羞耻、愧疚和尴尬这些自我意识情感。[212]施害者的问题是如何表达这些情感。所有信号系统都要面对这样的问题，让一个信号可信的方式是让它具有相当的成本。当一个处于从属地位的灵长类动物要安抚一个首领的时候，它会让自己缩头缩脑，避免和首领对视，并且暴露出身体的脆弱部位。对人类而言，与之相当的姿态是奉承、卑躬屈膝、点头哈腰。我们的自主神经系统作为一个下意识的回路，控制着我们的血流、肌张力和腺体的活动，因此它也控制着我们身体上最易被观察的部分。带着脸红、结巴和眼泪的道歉总是比平淡、冷静和有节制的道歉显得更真诚。道歉时的痛哭流涕和涨红的脸特别有感染力，它让人觉得悔过不仅是一种表达，而且是发自内心的表达，这已经成为 543
人们的共识。情感表达人知道旁观者了解他的情感状态，旁观者也知道情感表达人对其情感状态有所了解，以此类推。共同认知消除了自我欺骗：有罪的一方不再否认令人不快的事实。[213]

* * *

麦卡洛认为，我们克制复仇的因子可以补充司法制度的不足，成为减少社会冲突的一条路径；因为法院系统不仅开支巨大，效率低下，不能满足受害人的需要，而且其本身就是暴力的工具，所以克制复仇具有巨大的潜在收益。许多社区都开始实施修复性正义（restorative justice）项目，有时作为对司法的补充，有时甚至完全替代司法。通常的做法是，施害者和受害人在各自的朋友或家人的陪同下，与辅导顾问一起座谈，辅导让受害者有机会陈述他们的痛苦和愤怒，也让施害者有机会真诚忏悔，并提出对受害者的补偿。听起来这好像是针对家庭主妇的日间电视节目，但它至少让一部分心生悔悟的施害者走上正途，同时还补偿了受害者，并且避免了将案件卷进庞大迟缓的司法机器。

在国际舞台上，过去二十多年来，我们不断见到有政治家为本国政府的罪行公开道歉。政治学家格雷厄姆·多兹（Graham Dodds）整理了囊括数百年的“一个相当全面的重要政治道歉编年目录”。他的目录开始于1077年的“神圣罗马帝国皇帝亨利四世向教皇格列高利七世就政教纠纷道歉，皇帝本人赤脚在雪地里站立三天”。[214]此后，历史等待了六百多年才见到另一次政治道歉。1711年，马萨诸塞向萨勒姆驱巫审判的受害者家庭道歉。20世纪的第一个道歉来自德国，德国在1919年的《凡尔赛合约》中承认发动了第一次世界大战，只是这个道歉也许不能作为鼓吹道歉的合适案例。但最近20年的一连串道歉的确标志着各国自我展示的新时代。有史以来，各国领导人第一次将历史事实与国际和解置于国家一贯正确的面子之上。1984年，日本裕仁天皇对到访的韩国总统说：“本世纪有过一个不幸的时期，实在令人遗憾。”这算是日本对侵略韩国所做的道歉。此后其他日本领导人不断做出更加坦白的道歉。在这一时期，德国为纳粹集中营道歉，美国为拘押美国日裔道歉，苏联为“二战”期间杀害波兰俘虏道歉，英国向爱尔兰人、印度人和毛利人道歉，以及梵蒂冈为它在宗教战争、迫害犹太人、奴隶贸易和压迫妇女方面扮演的不光彩角色道歉。图8-6显示政治道歉是我们这个时代的一个标志。

人类社交节目单上的道歉和其他和解姿态真的能够打破复仇的循环 544
吗？政治学家威廉·朗（William Long）和彼得·布莱克在他们 2003 年的著作《战争与和解：冲突解决的理性和情感》（*War and Reconciliation: Reason and Emotion in Conflict Resolution*）中回答了这个问题。布莱克就是主持整理《冲突目录》的学者，本书第 5 章的内容大量仰赖这部目录提供的资料。他和朗这次也是用数字回答问题。他们研究了 114 对在 1888—1991 年有过国家间战争的国家，外加 430 场内战。然后，他们研究了和解活动——将交战双方领导人带到一起的庆典或仪式，再比较和解活动前后几十年中军事争议（包括武力威胁和战斗）的数量，观察庆典和仪式是否产生任何影响。他们提出假说，同时使用理性人理论和进化心理学解释他们的发现。

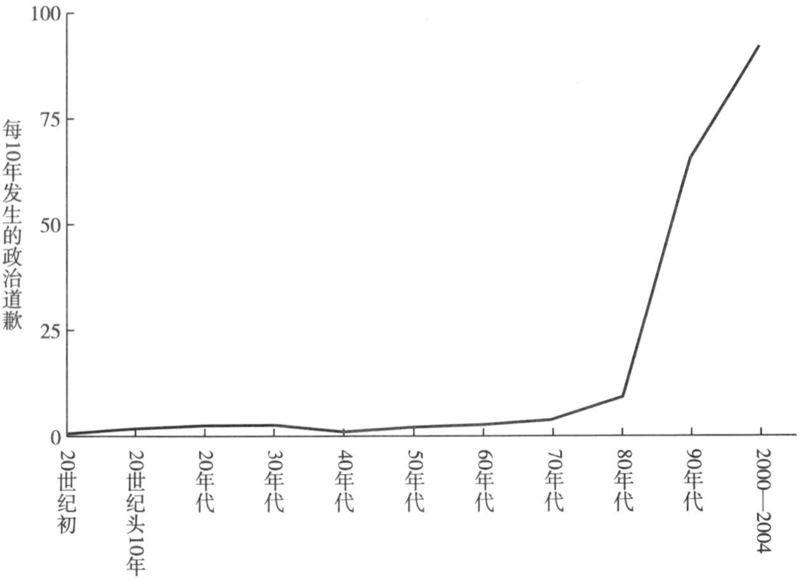

图 8–6　1900—2004 年政治家和宗教领袖的道歉

资料来源：多兹，2003 年 b，以及多兹，2005 年。

对国际纠纷而言，情感姿态没有任何作用。朗和布莱克找出21个国际和解活动，比较了那些明显让敌对双方冷静下来的案例和那些敌对双方一如既往继续对抗的案例。显然，成功不取决于象征性的姿态，而是取决于发出代价更高昂的信号。一方或者双方的国家领导人做出出人意料的、自愿的、冒险的、易受攻击的且不可撤销的和平举动，向对方明确表示他不准备继续对抗。安瓦尔·萨达特（Anwar Sadat）1977年在以色列议会发表的演讲是一个典型的案例。他的姿态让人们震惊，毫无疑问，其代价极其高昂，萨达特为此付出了自己的生命。但是，他的演讲促使了一项和平条约的签署，该条约至今仍然有效。当时几乎没有什么
545 亲热的仪式，现在两国关系并不好，但是它们保持了和平。朗和布莱克说，有些时候，那些厮杀了几个世纪的宿敌可以成为好朋友——英国和法国，英国和美国，德国和波兰，德国和法国——但是，这样的和好是几十年和平共存的结果，而不是某个和解姿态的直接产物。

前面说过，宽恕心理在施害者和受害人有亲缘关系、朋友关系、同盟关系或者相互依赖的时候最能发挥作用。所以，不必奇怪，在国际冲突中没有意义的和解姿态，在结束内战方面却有自己的作用。毕竟，内战的双方同处一道国境之内，国旗和足球队给了他们某种想象上的联盟。事实上，两者之间的联结可能还要深厚。他们很可能有共同的语言或者宗教信仰，是同事，甚至是姻亲。在很多叛乱和军阀混战中，挑战者实际上就是子侄和邻里的孩子；有些社区如果还想继续存在，就不得不欢迎那些对自己犯过暴行的人回头。将人们联结在一起的各种关系网可以为道歉或和解姿态铺平道路。与促使两国之间和平的机制，例如代价高昂的善意信号相比，这些和解姿态之所以更有效，是因为内战中的双方是无法彻底切割的实体，他们之间没有一种居高临下的权威声音，不可能在不惊动他人的情况下单纯地交换信息，而一方在提案被拒绝后也很难若无其事地坚持己见。

朗和布莱克研究了自1957年以来发生的11个象征结束内战的和解活动，其中有7个（64%）没有再次出现暴力。下面的数字给人的印象更加深刻：在没有经历任何和解活动的冲突事件中，只有9%达到了暴

力的终结。他们发现，成功的共同条件既不是完美的公正，也不是完全没有公正，而是在一套和解仪式之下实现象征性的和不完全的公正。就像一个大嗓门附近有一个麦克风，它能放大自己的输出，制造刺耳的号叫，报复性的正义将人们带回施害者制造的新创伤，这很可能激起双方螺旋上升的复仇欲望。相反，就像控制增益可以消除麦克风本身产生的反馈一样，如果控制报复性正义的严厉程度，就可以打破派系暴力的循环。在发生内战冲突之后，抑制寻求正义的渴望是关键所在，不仅警察和监狱系统这样的司法机构本身非常脆弱，而且它们本身也是施害者的主要组成部分。

南非的和解过程是内部冲突和解的典范。援用科萨人的兄弟（ubuntu）概念，尼尔森·曼德拉和德斯蒙德·图图（Desmond Tutu）确立了修复性司法，而不是报复性司法，用以愈合种族隔离统治下数十年的暴 546
力压迫和反抗给南非造成的创伤。正如权利革命的各种策略，曼德拉和图图的修复性正义既得自非暴力解决冲突的思想库，又是对此思想库的新贡献。朗和布莱克发现，莫桑比克、阿根廷、智利、乌拉圭和萨尔瓦多的国内和平都得益于类似的项目。他们认为，这剂验方有四种主要成分。

第一，开始是一轮彻底的揭露和承认伤害的事实。这也许是以组织真相与和解委员会的形式，施害者公开坦白他们的罪行；也可以是组织全国真相调查委员会，公开发布官方的正式报告。这些机制的作用直接针对人们产生道德标尺的偏差的自利心理。虽然揭露真相不会流血，但它要求忏悔方做出痛苦的感情牺牲，他们要感到羞耻和愧疚的煎熬，无条件地放弃他们的道德武器——自认清白。有些犯罪虽然大家心里知道，但是很少有人公开谈论；有些犯罪却是“众所周知”的话题，两者在人们心理上有着巨大的差距。如同脸红和眼泪让道歉容易被接受一样，公开认错可以改变对立团体之间的关系。

成功和解的第二个内容是重新明确人们的社会身份。人们根据认同重新定义社会集团。社会中曾长期受到欺辱的人也许成为领导者。叛军成为政客、官僚或者生意人。军人向国家交出权力，并成为国家的守护者。

第三个内容最为重要：不彻底的正义。一个社会必须在清算过去的违规时给出界限，在起诉凶残的首犯和某些卑鄙的打手的同时实行大规模的特赦。即使是对这些首犯和打手，惩罚也是采取针对其名誉和特权的形式，而不是血债血偿。至于可能的赔偿，则以精神安慰为主，经济意义为辅。朗和布莱克对此评论说：

> 除了莫桑比克之外，在每一个成功的和解中，正义必得伸张，但从来都不是完全彻底的伸张。这一事实也许是悲哀的，从某种法律或道德的角度看，它甚至是悲剧性的，但是，它符合重建社会秩序的要求，因为新的社会秩序以宽恕为前提。在所有成功的和解案例中，修复性正义都不可能回避，但又不可能充分实现……无论这种情况多么令人不满，人们还是能够接受以社会和平为名实行的大赦，尽管大赦可能保护了相当程度的非正义。[215]

换句话说，我们要撕掉“如果你想要和平，请追求正义”的车贴，换上乔舒亚·戈尔茨坦的名言：“如果你想要和平，请追求和平。”[216]

547 最后，敌对双方必须通过言辞的和非言辞的表达，表示自己对新关系的承诺。朗和布莱克观察到，“立法机构郑重通过决议，交战双方的首脑签署合约并互相拥抱，人们矗立起与悲剧有关的雕像和纪念碑，重写教科书，诸如此类大大小小的各种举动，都是要强调一个观念，就是过去已经过去，未来充满希望”。[217]

在很多人看来，以色列和巴勒斯坦之间的冲突是最可怕的冤冤相报。即使最最天真乐观的人也不敢说知道如何解决巴以问题。但是，以色列小说家阿摩司·奥兹（Amos Oz）对解决纷争的想象得到了“和解应用心理学”的支持：

> 悲剧只有两种终结方式：一是莎士比亚式，一是契诃夫式。莎士比亚式的悲剧结束时，尽管天空上也许盘旋着某种正义，舞台上却已

经横七竖八地躺满了尸体。与之相反的是契诃夫式的悲剧，结尾时每一个人都感到幻灭、苦涩、心碎、失望、精疲力竭，但是都还活着。对于巴以悲剧，我想要一个契诃夫式的结局，而不是莎士比亚式的。[218]

施虐狂

很难说人类的暴行中哪一种是最残暴的——可以选择的种类实在太多了，但是，如果说种族大屠杀是以数量取胜，施虐狂可能就是“质量”取胜。毫无缘由地蓄意制造痛苦，目的只是享受他人遭受苦难，这不仅在道德上是荒谬的，而且是理智难以理解的，因为从受害人的痛楚中，无论是对个人还是对种群的繁衍，施虐者得不到任何好处。与很多其他罪孽不同，人们喜欢幻想某些有罪的愉悦，但纯粹的施虐却不是大多数人能够享受的东西——很少有人会想去观赏一只猫被活活烧死。但是，无论在人类过去的历史上还是当今世界里，施虐的恶行屡见不鲜，至少在下面五种情况中，我们能够看见它们的记录。

工具暴力能转变为虐待。酷刑可以威胁政敌，但为了威胁的有效性，至少偶尔要真正施用一番。酷刑还可以用来从嫌疑犯或政敌嘴里获取情报。许多警察和国家安全机构都使用某种程度的酷刑，它们被委婉地称为“第三级待遇”、“中度肉体压力”和“强化审讯”，这些手段有时确有收效。[219]自边沁以来的道德哲学家已经表示，在理论上，酷刑甚至是符合正义的，比如定时炸弹即将在一个未知的地点爆炸，导致众多无辜百姓死伤，刑讯可以迫使罪犯供出炸弹的放置地点。[220]

但是，反对酷刑的观点很多，其中之一是它不会仅仅满足作为一件 548
工具。实施酷刑的人很快就会忘乎所以。他们在受害人身上施加的酷刑之惨重，受害人或者为了让他们停止行刑，说出任何他们想要听的话；或者被折磨得失去知觉，不能做任何回应。[221]受刑人经常死亡，让获取口供的意图化为泡影。而美军士兵在阿布格莱布（Abu Ghraib）监狱虐待伊拉克战俘之类的案例，完全没有任何实际目的；对容许发生这种事件的国家来说，这是战略性的灾难；它制造敌人，疏远朋友。

施虐的第二种常见的情况是刑事和宗教惩罚。这里又要提到酷刑的工具性动机，即以刑罚的痛苦抵消罪犯的犯罪所得，以此阻止新的犯罪。贝卡里亚和其他启蒙时代的司法改革家已经指出，处罚不一定严厉，而应该可靠，可靠的处罚一样具有威慑的效果。死刑足以惩罚死罪，但是在过去，处死罪犯之前还有漫长的酷刑折磨。事实上，极刑和执行极刑的手段已经变成为了残忍而残忍。

自娱也可能成为施虐的动机，比如古罗马的斗兽场，还有斗熊和烧猫比赛。塔奇曼提到过，中世纪的法国城镇有时候会向其他城镇购买被判刑的犯人，然后在自己的城镇里公开行刑，以此娱乐本地居民。[222]

士兵、暴乱分子、民兵，尤其是那些刚刚经历过恐惧和恶战的军人的烧杀劫掠，一般都伴随有残暴的施虐和肢体残害，兰德尔·柯林斯称之为“前行性恐慌”。此类暴行见于大屠杀、种族清洗、警察暴力和战争中溃败的士兵，包括部族战争中溃散的战士。

最后是系列杀人犯，这些人为了性满足而跟踪、绑架、虐待、肢解和杀死受害人的变态狂。像泰德·邦迪（Ted Bundy）、约翰·韦恩·盖西（John Wayne Gacy）和杰弗里·达默（Jeffrey Dahmer）这样的系列杀人犯与一般的大屠杀凶手不同。[223]杀人狂中有一些是滥杀，比如愤怒的邮局职员为了报复羞辱和证明自己的能力，在自杀之前尽可能多地杀人。杀人狂中还有一种是连环杀人，比如美国首都华盛顿的狙击杀手约翰·穆罕默德，他的复仇活动长达数周。但是，系列杀人犯的动机是施虐，让他们兴奋的是受害人感受痛苦和慢慢死亡的画面，他们要亲手折磨、肢解受害人的身体，还要分尸，挖出脏器。看到哈罗德·谢克特的权威资料《系列杀人犯档案》（*The Serial Killers Files*）中的一些描述，那些最熟知人类暴行的人也不免要心惊肉跳。

549 摇滚歌曲、电视剧和好莱坞大片都不乏臭名昭著的系列杀人犯故事，但是，真实的系列杀人犯是很罕见的。犯罪学家詹姆斯·艾伦·福克斯和杰克·莱文（Jack Levin）说过：“研究系列杀人犯的学者人数很可能多于系列杀人犯。”[224]同我们在本书中研究的所有其他暴力种类一样，这样很小数量的犯罪也在减少。20 世纪 80 年代，系列杀人犯成为公众瞩目的话题，总共有大约 200 名已知的系列杀人魔头，每年受害人约为 70 名。而到 90 年代，系列杀人犯有 141 人，进入 21 世纪后的 10 年内，只有 61 人。[225]这些数字很可能不是全部（因为很多系列杀人犯谋杀离家出走的孩子、妓女、流浪汉和其他失踪后无人报告的人），但是无论以何种方式统计，美国至多有二三十名系列杀人犯同时在活动。在美国每年 1.7 万起凶杀案中，能够算在他们头上的只是很小的一部分。[226]

系列杀人犯不是什么新事物。大多数人认为系列杀人犯是我们病态社会的产物，但谢克特证明，与这一观点相反，系列杀人狂散布在数千年人类历史的各个时期。卡利古拉、尼禄、蓝胡子（其原型应该是 15 世纪的骑士吉尔斯·德·莱斯）、穿刺王伏勒德、开膛手杰克是其中最著名的典型。有学者认为，传说中的狼人、强盗新郎和魔鬼理发师背后也许都有一个系列杀人犯的真实故事。在虐待杀戮中唯一新颖的是对这一行为动机的命名“施虐狂”（Sadism），它正是来自有史以来最臭名昭著的系列虐待狂萨德侯爵（Marquis de Sade）。几个世纪之前，系列杀人狂被叫作“杀人恶魔”“嗜血魔头”“人型妖怪”或者“道德败坏的疯子”。

虽然历史上手段花哨的系列杀人狂数量有限，但是宗教审判中的裁判官、战争中烧杀劫掠的军人、公开行刑和血腥竞赛的围观者，还有古罗马斗兽场内的观众，他们展现的虐待狂热却绝非罕见。我们看不到任何证据证明系列杀人狂的这种嗜好是因为某种遗传基因、脑瘤压迫或者童年性侵和虐待。[227]（其中相当一部分虐待狂确实是儿童性骚扰和暴力虐待的受害者，但这样的受害者有成百上千万，他们都没有成为系列杀人犯。）所以，完全可以说，理解了导致系列杀人狂的原因，也就能理解导致普通人产生虐待快感的原因。但是，我们应该怎样理解这种最难以理解的暴力形式呢？

*　　*　　*

虐待狂的发展需要两个前提：一是享受其他人痛苦的愿望，二是无视一切原本限制人们施虐的制约。

虽然承认这一点很痛苦，但是人性中至少具备四种动机，让人从他人的痛苦中得到满足。一是对生命脆弱性的病态好奇，说明这个现象的最好词语应该是“死亡”（macabre）。男孩子就是怀着这样的心理揪下蚂蚱的大腿，用放大镜烧死蚂蚁。成年人也是怀着这样的心理伸长脖子
550 张望车祸现场——这个毛病可以制造数英里长的交通阻塞，以及不惜花费有限的收入，付费阅读和观看残忍的娱乐书籍与节目。最终的动机可能是获得一种对生命世界，包括对我们自己的安全有所把握的感觉。窥视死亡隐含的教训是“那个方向盘和那个没有上锁的前门！这种事情完全可能发生在我自己身上”。[228]

希望看到他人痛苦的另一个原因是优势感。看见有权势的人垮台可以是一件很享受的事情，尤其是这些人曾经是给你制造痛苦的人。而当人们向下鄙视他人，而不是向上仰望的时候，知道自己具有统治他人的力量总是令人感到宽慰。对他人具有统治力的终极形式就是能够随意令他们感到痛苦。[229]

今天，神经科学家会把人放在核磁波下观察人类的各种体验。据我所知，至今还没有人用核磁扫描研究过虐待狂。最近的一项研究涉及施虐的淡化版——幸灾乐祸。[230]实验对象是核磁共振成像仪下的日本男生。研究人员告诉这些男生想象自己是这样一个人：他期望得到一份跨国信息技术公司的工作，但学习成绩一般，工作面试一塌糊涂，在网球俱乐部当替补队员坐冷板凳，最后只能在零售店找一份低薪工作，住在一个狭窄的出租公寓里，连个女朋友也找不到。在校友重聚时，他遇到了一个过去的同学。这个同学在跨国公司里工作，拥有自己的豪华公寓，还有一辆拉风的时髦跑车，上法国餐馆用餐，收藏名表，周末乘飞机度假，“下班后有大把的机会找女孩子”。研究人员还要求参加实验的学生想象见到另外两个同学，一个是成功人士，另外一个不算成功——和日本研究人员设想的一样，这两个同学没有引起男生的任何嫉妒心，因为这两人是女生。参加实验的男生仍然想象自己是个失败者，接着，他读了一连串他所嫉妒的成功男同学的倒霉事：这个同学被诬陷考试作弊，成为被恶

意造谣的对象，他的女朋友另有所爱，他的公司陷入财务危机，他的奖金数额很小，他的车出了故障，他的名表被偷，他的公寓大楼被人涂鸦，他在法国餐馆食物中毒，他的度假计划因台风被取消。研究人员可以清清楚楚地读出男生脑子里涌动的欢喜。当男生（虽然没有威胁性的女生不在此列）读到虚构的幸运儿遭遇不幸事件时，他们的纹状体——决定需求和偏好的寻求回路的构成部分开始发亮，亮得就像夜晚东京的繁华大道。而女生在看到一位令人嫉恨的女性对手倒霉的时候，大脑也出现同样的状况。

施虐的第三个动机是复仇，或者是复仇的第三方无害版，即所谓的公道。道德性惩罚的全部要点在于要让罪犯为所犯之罪受苦，我们也知道复仇的滋味甘甜如蜜。报复可以实实在在地关闭大脑（至少是男性大 551
脑）的共情功能，而只有当复仇者知道被报复的人明白自己所遭受到痛苦是作恶的报应时，复仇才是最完美的。[231]对复仇者来说，还有什么比亲手施虐更能让对方知道是何人在报仇呢?

最后一种施虐的情况是性虐狂。施虐行为本身不是常规的性虐待，在沉溺于S&M（施虐-受虐）的人当中，倾向受虐的人数远远多于施虐的人数；但是，在色情活动中经常能见到一定程度的男性的性支配和下流因素，原因也许是因为男性的欲火通常是盲目燃烧，而女性在性事上则比较挑剔。[232]大脑中控制性行为和侵犯行为的回路在大脑的边缘系统（limbic system）内交织在一起，并且都对睾丸素产生反应。[233]

男子的侵略性中包含着性因素。在对士兵所做的访谈中，很多人都使用典型的色情字眼描述战事。一位越战的老兵说："对有些人来说，握着一杆枪就像是永久的勃起。每一次扣动扳机，都是完成一次性活动。"[234]另一位老兵对此表示同意，说："这就是……一种能够夺走5条生命的不可思议的力量感……我想到能用来形容它的词就是射精。你得到一种不可思议的解脱感，你知道，就是'我干成了这件事'。"[235]有组织的酷刑经常同样有发泄性欲的成分。记载中的很多基督教女烈士被割掉性器官，而在中世纪的基督教王国内，酷刑的刑具总是指向女性身体的性敏感部位。[236]正如早先的殉教史，后来的恐怖娱乐，例如在巴黎大木偶剧场里的通俗剧场景里，或者刊载"真实犯罪"的小报上，经常描写女主人公被性虐和肢解的情节。[237]而在警察国家，政府执行的酷刑经常是满足施刑人性欲的工具。劳埃德·德莫斯记录过一个纳粹集中营幸存者的证言：

> 在实施鞭刑时，集中营党卫军军官就站在鞭刑架旁边……他的脸因淫荡的兴奋而涨得通红。他的双手深深地插进裤兜内，很显然，他一直在进行手淫……曾经有过三十多次类似的场景，我亲眼见证了集中营党卫军军官在实施鞭刑的时候手淫。[238]

系列杀人狂有男有女，如果系列杀人狂代表了一种对粗暴性行为的极端偏好，其中的性别差异应该能够给我们某些启发。谢克特对那些自封的“罪犯性格分析师”和“心灵猎手”深怀戒心，例如《沉默的羔羊》中的人物杰克·克劳福德，但是谢克特承认，从系列杀人狂的作案方式可以推出一个特点：“当警察发现一具尸体，喉咙被割断，胸腔被打开，内脏被掏出，生殖器被切除，他们立刻会判断说：罪犯是男
552 性。”[239]不是说女孩子不会成为系列杀手，谢克特的记录中就有几例黑寡妇和死亡天使的故事，但是女性杀手的游戏方式非常不同。谢克特的解释是：

> 在男性系列杀人狂的暴力行为——阴茎式的进犯性、插入性、贪婪性和（通常都是在陌生人身体上得到满足的）无歧视性，与男性的典型性行为之间，存在着不容忽视的相似之处。为此，不妨将施虐狂式的残害—谋杀看作男性正常性行为的古怪变体……
>
> 女性精神变态在邪恶上与男同胞相比毫不逊色。但是，粗暴的插入不会让她们感到激动。她们的兴奋点不在用阴茎状物体侵入陌生人的身体，而是来自对亲昵和温情的变态模仿和残忍扭曲。比如，向信任她的病人或者向睡眠中的孩子嘴里喂毒药。简而言之，让她们兴奋的是温柔地将朋友、家人和依赖她们的人变成尸体——以养育的手法将他们送向死亡。[240]

*　*　*

可供施虐的资源如此之多，为什么施虐狂又是如此之少呢？显然，人类的头脑里有一些安全栓防止伤害他人，只有在这些安全栓失灵的时候，施虐狂才会冒出头来。

第一道安全栓是共情。如果人们能够感觉他人的痛苦，伤害他人的感觉就会像是伤害自己。发生施虐的时候，往往也是受害者被妖魔化或非人化——被排斥在共情圈之外的时候。但是，正如我在前面提到过（而且我将在下一章继续展开），要共情成为克制侵犯的离合器，仅仅养成站在他人立场思考的习惯是不够的。比如，在如何更好地折磨受害人方面，施虐狂经常有着独创性的变态直觉。共情反应必须意味着将自己的幸福与他人的幸福看齐，而这种能力更多的是“同情”或“悲悯”。鲍迈斯特指出，还有一种情感能够触动同情达到自制，那就是“负疚”。他说，负疚的对象不一定是既成事实。我们的很多愧疚是一种期待性的情感——我们约束自己不去从事某些在将来会感到难过的行动。[241]

下一道防范施虐的安全栓是文化禁忌：不论一个人是否能够因同情而克制自己的行为，在当今世界，人们都相信故意伤害他人不是一个选择。《世界人权公约》和1949年的《日内瓦公约》都明确禁止使用酷刑。[242]与将酷刑视作大众娱乐的古代、中世纪和近代社会不同，今天的政府只能偷偷摸摸地使用酷刑，毫无例外，这说明此禁忌已经被广泛接受——尽管和其他各种禁忌一样，有些时候它只是一块虚伪的遮羞布。553
针对禁忌的伪善问题，法学家艾伦·德肖维茨（Alan Dershowitz）在2001年提出了一套旨在消除民主国家暗地里使用酷刑的法律制度设计。[243]他建议，当出现定时炸弹的时候，警方要想撬开嫌疑犯的嘴巴，获取拯救民众生命的宝贵信息，必须先从一位公正的法官手里拿到许可；除此之外，严禁一切刑讯逼供。但是，德肖维茨的设计却激起公众愤怒的抗议。对禁忌进行审查本身就是违反了禁忌，德肖维茨被人误解为是在提倡酷刑，而不是在试图限制它。[244]有些批评认为，禁忌自有其功能。他们说，如果遇到定时炸弹，最好的权宜之计是秘密刑讯逼供，无论如何不应将酷刑作为一种常规选项，因为它很可能被滥用到其他场合，不仅会被用来对付现实的威胁，甚至会被用来对付想象中的威胁。[245]

反对酷刑的最强有力的原因可能还是我们对伤害他人的生理反感。大多数灵长类动物都对同伴痛苦的尖叫感到痛苦。将猴子放在不断听见同伴遭受电击发出尖叫声的环境中，它们会停止进食。[246]紧张和压抑所说明的不是猴子有多高的道德标准，而是说明它对同伴的处境感到恐惧。（这可能也是对同伙发出的外部威胁警告的一种反应。）[247]在著名的斯坦利·米尔格拉姆（Stanley Milgram）实验中，参加者遵照指示，对行骗的同伴进行电击。他们在听到电击引起的叫喊声时，都显出不安的表情。[248]甚至在回答道德哲学的经典假说“失控车厢选择”时，当人们想到要将一个胖子扔下铁轨挡住滑轨的车厢，便纷纷退缩了，尽管他们知道这样做会挽救5条人命。[249]

现实中亲手实施暴行的人的证言与实验研究的结果相一致。我们已经知道，人类不是生来就乐于享受对他人肉体的攻击。战场上的士兵很可能手指发僵，不敢扣动扳机。[250]历史学家克里斯托弗·布朗宁（Christopher Browning）对纳粹预备役军人做过访谈，这些军人都曾经接受命令近距离射杀犹太人。访谈显示，这些军人对自己的暴行的最初反应都是生理上的反感。[251]与我们的想象不同，这些人对他们第一次杀人的记忆没有多少道德色彩——既没有对自己的行为感到负疚，也没有寻找理由减轻自己的罪责。相反，他们却都记得受害人的尖叫、飞溅的血肉和近距离射杀的心理直感如何让他们翻肠倒胃。鲍迈斯特对这些证言的总结是：“发生大规模谋杀的第一天，刽子手不会想到反省自己的良知，他们所想的就是呕吐。”[252]

* * *

人性对施虐狂有所防范，但也一定有所疏漏，否则就不会有施虐狂存在了。我们见到的最残忍的疏漏发生在人暴怒的时候，击溃敌人的宝贵机会转瞬即逝，必须毫不犹豫地抓住它，这时对亲手制造伤害的任何反感都不存在了。而最复杂的疏漏则发生在我们的意念世界，人们会暂时悬置任何疑惑，让自己沉浸在施虐的想象中。我们大脑的一部分让我们放松自己，进入虚拟的施虐情节，而另一部分提醒我们，这些都是假想的，因此我们的克制不会毁了我们的快感。[253] 554

精神变态者的问题是他们终生关闭了对施虐心态的克制。他们大脑中杏仁核和眶额皮层对压抑的信号反应迟钝，此外，他们对他人的利益完全没有同情心。[254]所有的系列杀人狂都是精神变态。经历过政府残酷刑讯和惩罚的幸存者经常回忆说，看守中有些人格外残忍，可以肯定这些人是精神变态者。[255]但是，大多数精神变态者不是系列杀人狂，甚至也不是施虐狂，而在某些环境中，比如中世纪的欧洲，公众观赏残忍的酷刑，几乎每个人都热衷于变态的施虐。也就是说，我们需要找出导致人们以制造他人的痛苦为快乐的路径，而且有些人比另外一些人更容易走上这条邪路。

施虐变态是一种后天获得性的品质。[256]政府雇用的施刑者，例如警察审讯员和监狱守卫的职业轨迹与人们的直觉完全相反。人们一般认为，新手为了得到更多口供而过度用刑，老手则因手法娴熟无须制造太多的痛苦。但事实却是老手会毫无必要地折磨犯人。他们知道怎么从中获得享受。其他类型的施虐狂也是后天培育而成的。大部分性虐狂在最初使用鞭子和锁链的时候，是为了满足数量更多的受虐狂，只是逐渐地，他们自己开始从中得到施虐的享受。系列杀人狂在第一次杀人的时候，也是充满惊恐、厌恶和失望；他们会发现，整个体验并没有带来想象中的兴奋感。但是，随着时间的推移，他们的胃口越来越大；他们发现下一次杀人总是更轻松、更愉快，于是不断加大残忍的程度来满足自己，直到成瘾。不难想象，像中世纪欧洲那样公开和经常的酷刑与死刑处决，培养了整个社会对施虐的承受力。

经常能听到一种说法，人们对暴力会变得越来越麻木，但是当人们获得虐待快感的时候，却没有变得更麻木。久居鲍肆之人，最后确实会变得不闻其臭，但对别人的痛苦，他们却不会因为见得多而变得没有感受。施虐狂从他人的痛苦中获得快感，杀人对系列杀人狂来说绝对是一种嗜好。[257]

鲍迈斯特对施虐变态的获得性做过解释，他使用了心理学家理查德·

所罗门（Richard Solomon）基于色觉比喻的动机理论。[258]所罗门认为，情感是成对发生的，正如颜色是成对的互补色。戴上玫瑰色的眼镜看世界，玫瑰的色彩会渐渐消失，世界从粉红色回到中性，但当摘掉眼镜之后，在短时间内，世界看起来是绿绿的。这是因为当时我们的色觉系统内红色（或者准确地说较长光波）和绿色（中光波）之间处于相互较量的状态，我们对中性的白色和灰色的视觉受到这种较量的影响。如果感应红
555 色的神经细胞长时间过于活跃，它们逐渐习惯并开始放松，视觉中的玫瑰色就会慢慢褪去。如果我们这时摘掉色镜，感应红色和感应绿色的神经细胞同时受到刺激，但感应红色的神经细胞已经麻木了，而感应绿色的神经细胞工作正常。所以，绿色在较量中获胜，我们看到的整个世界都是绿莹莹的。

所罗门认为，就像我们对色彩的感受，两个对抗的感觉之间的平衡保证了我们情感状态的稳定。恐惧与安慰，愉悦与压抑，饥饿与餍足都是相互平衡的感觉。相反的两种情感和互补的两个颜色之间的主要区别在于它们如何随着体验而变化。就对抗的情感而言，一个人最初的反应随着时间而弱化，平衡冲动的能力越来越强。随着体验的不断重复，对情绪反弹的感受比对情绪本身的感受更敏感。蹦极的第一跳总令人感到恐惧，猛然减速又令人激动不已，接着是一个短暂的间歇，让人感到宁静的愉悦。但随着不断重复的碰跳，对结果的确信感越来越强烈，恐惧的时间越来越短，快乐到来的时间越来越早。如果说，快感的高峰是在从恐慌突然转换到宽慰的那一刻，那么，逐渐减弱的恐慌感也减弱了因解脱恐慌而产生的快乐感。要想得到同样的快感，蹦极者只能不断增加危险程度。很多第一次积极体验都有类似作用—反作用的动态过程。第一次使用海洛因让人感到愉快，而戒断反应不会很强烈。但对已经是瘾君子的人来说，愉快的程度越来越低，戒断反应不仅来得快，而且也更难受，直到避免戒断反应的愿望压倒追求愉快的冲动。

鲍迈斯特认为，施虐狂具有同样的发展过程。[259]侵犯者对自己制造的痛苦先是感到厌恶，但这种不适应为时不久，一种逐渐明确的、越来越强有力的反向情感将他带回淡然处之的状态。随着残暴行为不断重复，

再来一次的动机越来越强，最后彻底消除了早先的厌恶感。逐渐地，整个施虐的过程从头到尾都充满了享受和愉快，最后成为迫不及待的渴望。按照鲍迈斯特的说法，快感还在后面。

情绪相对过程理论（opponent-process theory）本身非常粗糙。比如，据此理论，人们会敲打自己的脑壳，因为一旦住手会得到一种快感。显然，不是所有的体验都受作用和反作用之间张力的支配，也不是所有的体验都具有先逐渐弱化再逐渐强化的过程。一定存在某种厌恶性体验，让人们特别愿意享受克服它的快感。心理学家保罗·罗金定义了一种获得性品位综合征，被称为“良性自虐”（benign masochism）。[260]这些自相矛盾的快感包括人们喜爱食用辣椒、重味刺鼻的干酪、干葡萄酒，以及从事一些极端形式的体验，例如桑拿、跳伞、赛车和攀岩。所有这些都是成年人的品位，新手必须先克服最初的痛苦、厌恶或者恐惧，最后成为鉴赏家。而培养这些品位都需要将自己刻意暴露在剂量不断增加的刺激源下。它们之间的共同点是附带有潜在高风险（中毒、暴露和事故） 556
的潜在高收益（营养、医疗、速度、对新环境的认识）。获得这些品位的快感就是公开挑战极限的快感：一步一步地试探一个人到底能在避免发生灾难的同时达到什么样的高度，承受什么样的温度、强度和速度。个人体验的空间受到内在恐惧和谨慎的限制，而良性自虐的最大成就是拓展了这个空间。良性自虐往往会超出它最初的征服动机。所罗门和鲍迈斯特指出，克服反感的过程可能反应过度，其结果是产生欲求和上瘾。就施虐而言，潜在的收益是控制、复仇和满足性欲，潜在的危险是受到受害人或受害人盟友的报复。施虐狂确实能成为鉴赏家——中世纪欧洲的刑具，警察局的审讯中心，还有系列杀人犯的巢穴都具备某种残忍的精致。在有些情况下，他们也都对施虐成瘾。

施虐变态是后天获得性品格这一事实，既让人恐惧，也给人希望。作为大脑中动机系统铺垫的一条通道，在某些个人、保安和某些特殊人群中，施虐是永久的危险，这些人有能力主动出击，而且可以秘密行事。但是，因为它只能是获得性的，如果这条通道上的头几步被阻断，通道的其余部分被暴露在阳光下，通向施虐狂的道路也就被关闭了。

意识形态

人类中的个体从来不缺少动用暴力的自私动机。但是，历史上那些尸横遍野杀人如麻的暴力记录都发生在这样一种情形下——大量的人追捧一种意识形态。像捕食或工具暴力一样，意识形态暴力也是达致目标的手段。但是，意识形态的终极目标是理想化的，即实现更大的善。[261]

但是，在所有的理想主义名义之下，正是意识形态驱使人们实施了最无情的相互残杀。比如十字军东征、欧洲的宗教战争、法国大革命和拿破仑战争、俄国内战、越战、纳粹集中营以及斯大林、波尔布特的大屠杀。意识形态之所以危险，出于以下几个原因：它所许诺的终极完美不允许真正的信仰者接受任何折中；为了实现最后的乌托邦不惜任何代价；敌方的意识形态是彻底的邪恶，因此必须被彻底摧毁。

我们已经见到过凶残的意识形态所具备的心理特质。人类认识的前提是我们有能力进行长链条的手段—目的推理，我们因此能够为了达到预期目的而选择不愉快的手段。在某些领域，目的确实证明了手段的合
557 理，比如良药苦口和痛苦的外科手术。当为了实现宏大的目标而不惜使用伤害人类自身的手段时，目的论就变得危险了。因为我们的支配欲和复仇欲，我们本质化其他团体，特别是将他人妖魔化和害虫化的习性，我们因势而变的同情心，以及我们夸大自己的智慧和美德的自利偏向，都会鼓励手段—目的论沿着危险的思路展开。对于乱世和集体悲剧，一种意识形态总是可以找到自圆其说的解释；一面吹捧意识形态信奉者的德行和能力，一面以含糊其词或狡辩回击其他人的质疑。[262]所有这些材料，如果再加上缺乏共情能力，同时还渴望他人的仰慕，幻想无限的成功、权力、辉煌和美德，一起在一个自恋者的脑子里发酵，结果很可能是产生一种让千百万人送命的信仰。

但是，理解意识形态暴力的困惑不在于心理学，而在于流行病学：一种毒化的意识形态是如何从少数自恋狂人扩散到整个大众，让一个国家的人民心甘情愿地执行他们的设计。许多意识形态信仰不仅邪恶，而

且荒唐，任何有理智的人都不会容忍自己有这样的念头。举例说，烧死女巫，因为她们做妖法沉没船只，将男人变成猫；彻底清洗欧洲的犹太人，因为他们玷污了雅利安人的血统；处决所有戴眼镜的高棉人，因为眼镜代表他们是知识分子，所以是阶级敌人。我们应该怎样解释这些非同寻常的大众幻想和群众性癫狂呢？

群体能够让思想发生各种病态的变化。其中之一是分化。将一群意见基本一致的人放在一起，让他们的讨论形成结论；一段时间之后，他们的意见会变得相互更接近，也更极端。[263]自由派变得更自由，保守派变得更保守。迟钝是另外一种群体病态，心理学家欧文·贾尼斯（Irving Janis）将这种动态过程叫作“团体迷思”。[264]群体倾向于说些领袖喜欢听的话，压制异议，审查个人的独立见解，过滤那些与群体中正在形成的、与共识相冲突的事实。第三种病态是群体之间的敌意。[265]想象一下，你和一个持不同观点的人被关在一起几个小时——假定你是自由派，对方是保守派，或者你同情以色列，对方同情巴勒斯坦，或者假定相反。你们两人之间的对话很有可能是文明礼貌的，甚至是热情友好的。但是想象一下如果这个房间里双方各有6个人。情况很可能是双方争吵得口沫横飞、面红耳赤，甚至大打出手。根本问题是，人们习惯以团体立场作为自己的立场，而个人在团体内被接受的渴望，以及在竞争中扩张本群体的渴望，往往会压倒他们的良知和理智。

甚至当人们不曾加入组织严密的团体，他们同样受到周围同伴的影响。 558
响。斯坦利·米尔格拉姆就服从权威所做的实验受到很多心理学家的赞赏，该实验最大的成果之一是向我们展示了人们的行为在多大程度上取决于他们身处的社会环境。[266]在实验开始之前，米尔格拉姆对自己的同事、学生和一些精神病学家进行了调查，他在问卷中提问，当实验者指示各位对参加实验的同伴进行电击的时候，他们认为实验参加者会如何选择。所有的回答都说只会有很少的人使用超过150伏的电压（在这个水平上，受电击人会要求终止电击），大约会有4%的人使用300伏电压（在这一档上有标签注明“危险：强电击”），只有极个别的精神变态者会使用仪器允许的最高电压（标签注明“450伏-XXX”）。事实上，

65%的实验参加者使用了最高电压的电击，这远远超过被电击人能够承受的水平。他们任凭受害者发出的痛苦抗议变成可怕的寂静。而如果研究人员不终止实验的话，他们还会对已经不省人事的对象（或者是尸体）继续施加电击。实验参加者的年龄、性别或职业对行为几乎没有任何影响，个性的影响也非常有限。真正产生区别的是是否有其他人在场，以及这些人的行为方式。当实验组织者不在现场，通过电话或者录音机传达操作规则的时候，施加电击的人减少；当受害人与实验参加者同处一室，两人之间没有隔板的时候，施加电击的人减少；而当实验参加者必须与另外一个“同伴”（未暴露身份的实验研究人员）协同工作的时候，那么，如果“同伴”拒绝执行电击，实验参加者也会拒绝。但是如果这位“同伴”同意执行电击，实验参加者在超过90%的情况下也会同意执行电击。

人们从其他人那里寻找应该如何行动的信号。这是社会心理学黄金时代的重要结论。当时，心理实验如街头戏剧，目的是要提高人们对盲目从众的危险的认识。1964年的一条新闻报道说，在十几名纽约人无动于衷的旁观下，一位名叫姬蒂·吉诺维斯的女子在公寓小区的空地上被强奸和捅死——事实上，这个报道几乎完全是虚构的。随后，心理学家约翰·达利和比布·拉塔内（Bibb Latané）以“旁观者冷漠”为题进行了一系列具有独创性的研究。[267]心理学家开始怀疑，单个人会对紧急情况做出即时反应，但一群人却可能不做任何反应，原因是在群体中，每个人都假定如果其他人什么都不做，说明情况还不是太糟糕。在一次实验中，当参加实验者填写问卷的时候，他或者她突然听到挡板后面传来一声巨响，然后是一个声音说：“哎哟……我的脚……我动不了了……嗷，我的脚脖子哎……这是什么，怎么搬不动啊？”令人难以置信的是，如果实验参加人旁边坐着同伴，而同伴继续填写问卷，仿佛什么都没有发生，那么在80%的情况下，实验参加者也不会采取任何行动。而当实验参加者单独一人听到求助信号时，不做回应的情况只有30%。

559 人们甚至不需要目睹其他人的冷漠，也能够做出同样冷漠的行为。将人们放置在一个虚构的团体内，假定这个团体是另外一个团体的统治者，就足以激起人们的冷漠无情。在另一次经典的“心理实验道德剧”中（实验在1971年进行，当时还没有道德委员会限制用人进行实验），菲利普·津巴多（Philip Zimbardo）在斯坦福大学心理系的地下室设置了一个假监狱，他将参加实验者随机分成“犯人”和“看守”两组，他甚至请来帕洛阿尔托市（Palo Alto）的警察“逮捕”这些“犯人”，将他们扭送进他在大学校园开办的牢房。[268]津巴多亲自扮作典狱长，他告诉他的看守，可以在犯人面前耀武扬威，让犯人感到惧怕；为了制造权威感，他给看守配备了制服、警棍和反光墨镜，而让犯人穿上羞辱性的衣帽。两天之内，有些看守已经深深地进入角色，开始欺压犯人，强迫犯人脱光衣服，用手擦洗马桶，甚至强制犯人做俯卧撑，而看守就站在犯人背上，甚至做出鸡奸的姿态。6天之后，津巴多为了“犯人”的安全，不得不叫停实验。几十年后，津巴多在他的新著中将他的“校园监狱”内出人意料的虐待和伊拉克阿布格莱布监狱的情况进行了类别分析。他说，当一群人得到对另一群人的统治权，很可能让优势群体中的个体做出野蛮行径，而这些人在其他情况下可能永远也不会做出这样的行为。

很多研究大屠杀的历史学家，例如克里斯托弗·布朗宁和本杰明·瓦伦蒂诺都引用过米尔格拉姆、达利、津巴多和其他社会心理学家的实验，以此解释普通人为何会参与，或者至少默认那些极端残暴的恶行。旁观者经常被周围的疯狂吸引，成为抢劫、轮奸和大屠杀的参与者。在纳粹集中营，士兵和警察驱赶手无寸铁的平民，强迫他们在土坑前排列成行，然后开枪扫射。他们这样做不是出于对受害者的敌意，也不是出于对纳粹意识形态的信仰，而是他们认为这是他们的工作，他们不能让并肩作战的兄弟失望。他们中的很多人甚至不会因不服从而受到处罚。（我个人违背良知坚持执行电击老鼠的经历告诉我，这个令人不安的判断绝对可信。）历史学家几乎没有发现任何关于德国警察、士兵或守卫因拒绝执行纳粹命令而遭受惩罚的案例。[269]在下一章中，我们会看到，人们甚至将从众和服从作为美德。许多文化特别从道德意识方面强调集体整合和服从，将其作为大肆宣扬的美德。

米尔格拉姆是在20世纪60年代和70年代初进行他的心理实验的，

我们应该已经看到，自那时以来，人们的观念发生了很大变化。很自然地，我们会问，今天的西方人是不是还会服从权威人物发出的迫害他人
560 的指示。33 年前的斯坦福监狱实验过于怪诞，今天已经很难复制同样的实验，但是社会心理学家杰瑞·伯格（Jerry Burger）找到了新的方法就人类的服从心理进行实验，实验设计通过 2008 年道德委员会的审查。[270] 伯格注意到在米尔格拉姆的研究中，150 伏电压是被电击人第一次叫喊出声提出抗议的水平，但在原来的实验设计中，在这个电压水平上只能进不能退。如果实验参加者不拒绝执行研究人员的指示，80% 的时候他们继续实验，就意味着要使用更高的电压，直到能够承受的最高电压。所以，伯格重复米尔格拉姆的实验时，他在 150 伏电压中止实验，立即向实验参加者进行解释，防止出现太多毫不犹豫地折磨陌生人的情况。问题是，经过 40 年的叛逆，各种车贴都在号召质疑权威，人们应该具有越来越强烈的历史意识，知道“仅仅是执行命令”这样的借口是多么可笑，那么，人们还会执行来自权威的命令去伤害一个陌生人吗？答案是：他们还是会的。70% 的实验参加者对受害人进行电击，一直加压到 150 伏；我们有理由相信，如果研究人员允许使用更高的电压，他们真的会一直用到最高一档。光明的一面是，在 21 世纪第一个 10 年所做的实验中，不执行电击指示的人比 20 世纪 60 年代增加了近 1 倍（30% 比 17.5%）；新实验的参加者有更多元的种族和文化背景，如果仍然限于原来实验所使用的同质的美国白人中产阶级，这个数字也许还能够更高一些。[271] 但是，绝大部分人仍然会不顾自己的判断，执行他们认为被社会认可的伤害性命令。

* * *

人们为什么以羊自喻？我不是说合群从众本质上是非理性的。[272] 人多力量大，相信自己千百万同胞来之不易的共同智慧，比认为一个人是天才，可以一切从零开始要聪明得多。而且，合群从众在博弈论的“协调博弈”中可以是一项优点；在协调博弈中，如果其他人没有选择某个选项，一个个体就没有合乎理性的理由特别选择这个选项。靠左行车还

是靠右行车是一个典型的案例：没有人愿意在此逆流而动。纸币、互联网协议和我们的语言也是典型案例。

但是，有些时候，个人合群从众的优点却可以将整个群体引向病态。一个典型的案例是一项新技术标准在一定量的大群用户中确立立足点的途径，一般用户选用这一标准，大多是因为还有许多人也使用它，因而将其他优秀的竞争者排除在外。根据某些理论，这些“网络外部性”（network externalities）解释了英文拼写、标准键盘、家用录像系统的磁带制式、微软的软件为何能够成功（虽然每个例子都会有人提出质疑）。另外一个例子是畅销书、时装、流行歌曲和好莱坞票房大片等无法预测的命运。数学家邓肯·沃茨（Duncan Watts）为一个网站设置了 A 和 B 561
两个不同版本，网站向用户提供下载各种车库乐队制作的摇滚乐。[273]在 A 版网站上，用户看不到一首歌已经被下载过的次数；歌曲的流行程度大致接近，每一次测试中它们被下载的次数相差不远；但在 B 版网站上，用户能够看见一首歌曲被下载的次数；他们倾向于下载已经流行的歌曲，从而让流行的歌曲更加流行，形成加速的正反馈环路。放大歌曲下载之间最初的小差异，可以造成截然不同的两种命运，少数歌曲成为大家追捧的热曲，其余大量歌曲则湮没无闻。但在每一次测试中，热曲和冷板凳经常交换位置。

无论你是叫它“羊群行为”“文化回音室”“富者恒富”，还是“马太效应”，我们的从众倾向确实能导致集体性不良后果。但是，文化现象中的一些案例——漏洞百出的软件、平庸的小说、20 世纪 70 年代的时装其实都不会给我们造成什么伤害。通过社会网络宣传集体整合是否会引导大众支持他们并不认同的意识形态，并参与他们明知完全错误的行动呢？自从有了希特勒的崛起，在这一问题上一直有两种观点针锋相对，但它们似乎都令人难以接受：一个观点是希特勒单枪匹马蒙蔽了一个天真无邪的国家；另一个观点是即使没有希特勒，德国人同样会制造集中营。社会动力学分析显示，两种观点都不完全对，但一种狂热的意识形态总是比常识更容易抓住大众。

这是社会动力学中一种让人发狂的现象，可以叫作“人众无知”

（pluralistic ignorance）、“沉默的螺旋”（spiral of silence），或者叫作“阿比林悖论”（Abilene paradox）——此名词出自一个得克萨斯的逸闻，一家人在一个酷热的下午全家出动前往阿比林市，仅仅是因为家里每个人都认为其他人想去阿比林。[274]人们很可能误认为其他人赞成某种做法或者某种意见，所以他们也表示支持，尽管他们的内心很反感这种做法或意见。典型的事例是大学生中狂欢式饮酒的风气。许多调查显示，每一个学生在私下都认为狂饮到呕吐是很愚蠢的，但是每个人又都相信其他同学认为这种活动很酷。有调查证实，年轻帮派成员袭击同性恋，美国南方的种族隔离，伊斯兰世界对不遵闺训的女性实行荣誉谋杀，以及法国和西班牙的巴斯克人对恐怖组织“埃塔”（ETA）的容忍，其背后都有沉默的螺旋作祟。[275]所有这些团体暴力的支持者原本都不认为暴力是可取的，但是却都认为其他人认可暴力。

极端意识形态为什么可以占领那些本应有更好判断力的人的头脑？“人众无知”能够回答这个问题吗？社会心理学家很早就知道，事实已经证明这是很可能发生的情况。在另外一个被载入史册的实验中，所罗门·阿施（Solomon Asch）让他的实验参加者经历了一场如电影《煤气灯下》（*Gaslight*）一般的迷惑。[276]这些人与另外 7 名实验者（按照惯例，伪装的研究人员）围桌而坐，向他们展示一张画有一条线的卡片，接着是一张有三条线的卡片，然后要求他们指出后一张卡片上的三条线中哪一条
562 和第一张卡片上的线一样长。问题很简单！6 名伪装的实验者先回答问题，给出的答案都是明显错误的。当轮到真正的实验参加者回答问题的时候，3/4 的实验对象都不顾自己眼睛看到的事实，选择跟随大多数人的答案。

但是，一个人的谎言得到公众的认可还不足以煽动大众的疯狂。“人众无知”很容易被戳穿。童话《皇帝的新衣》讲得很清楚，只要有一个小男孩打破“沉默的螺旋”，虚假的共识立刻崩坍。一旦皇帝裸体成为公众的共识，人众无知就不复存在了。社会学家迈克尔·梅西（Michael Macy）认为，人众无知会顽强地抵制小男孩和其他说真话的人，这其中还有另外一种力量：强制他人。[277]人们不仅公开效忠一种他们认为其他人也同样效忠的荒谬信仰，还要惩罚那些拒绝效忠的人，主要也是

出于相信——当然也是违背真实的——其他所有人都希望进行强制惩罚。梅西和他的同事推测，对谎言的从众和对谎言的强制推行彼此互相强化，形成恶性循环，最后将大众带进他们作为个人无法接受的荒谬的意识形态。

为什么有些人要惩罚拒绝效忠一种信仰的异端，尤其是惩罚者本人也未必接受这个信仰？梅西和他的同事认为，这是为了证明自己的诚意——向其他强制执法者证明，他们拥护这一信仰不是权宜之计，而是赤胆忠心地相信这一信仰。这样做可以保护自己不受同伴的惩罚，而他们的同伴则怀有同样的念头，惩罚异端是出于恐惧，他们担心如果不这样做，自己会受到其他同伴的惩罚。

惩罚拒绝伤害他人的人，这样的恶性循环可以将一个令人厌恶的意识形态煽惑得如日中天，这在历史上确有先例。在驱巫和大清洗中，人们都曾经被卷入抢先谴责他人的恶性循环。每个人都力图在自己被其他人揭发之前揭发某人。发自内心的虔诚成为人人竞逐的品质。索尔仁尼琴回忆了莫斯科的一次党内会议，在会议结束时，与会者向斯大林致敬。每一个人都站起身，疯狂地鼓掌，3 分钟，4 分钟，5 分钟……没有一个人敢率先停下来。11 分钟之后，大家的手掌已经刺痛，主席台上的一位工厂经理终于坐了下来，其他与会者接着也满怀感激地跟着坐了下来。这位工厂经理当晚被逮捕并被押送至古拉格，他在那里待了 10 年。[278]生活在极权国家的人不得不养成掩饰自己的能力，避免让内心的真实思想背叛自己。

为了证明违心强制他人的螺旋可以支撑不受欢迎的信仰，梅西与同
事达蒙·森托拉（Damon Centola）和罗布·韦勒（Robb Willer）不仅要 563
证明这个理论合乎逻辑，而且具有数学根据。证明人众无知很简单，人众无知一旦形成，它就是一个稳定平衡，因为没有人愿意成为强权社会唯一的离经叛道者。难题是证明一个社会是怎样从这个点走到那个点的。安徒生让他的读者搁置疑惑，描绘了一个异想天开的场景、一个皇帝可以被糊弄到赤身裸体上街巡游；阿施雇用了研究助手替他撒谎。但是在真实世界，谎言是怎样运作并成为人们的共识的呢？

这三位社会学家用计算机设计了一个只有两类人（agents）的小社会。[279]一种是真正的信徒，这些人总是循规蹈矩，如果不守规矩的邻居数量增加太多，他们就会出面予以谴责。另一种人在私下里对规则满心疑惑，但又没有勇气公开表达，他们在只有少数邻居强制执行规则时才会遵守规则，而当多数邻居开始强制执行规则时，他们自己也出面强制他人执行规则。如果怀疑派没有被吓破胆，成为从众的一部分，他们也可以走向另外的方向，在从众的邻居中强制推行怀疑主义。梅西等人发现，令人反感的规则可以在某些社会关系网内扎下根，但不是所有的社会关系网都能被突破。如果真正的信徒均匀地散布在整个人口中，每个人都和其他人有互动，令人厌恶的信仰就无法占领大众。但是，如果信徒在一个社区聚集成群，他们在自己的社区内压制那些持怀疑态度的邻居，而这些怀疑派邻居高估了周围的服从程度，因恐惧被惩罚，自己开始渴望表达忠诚，于是也出头向其他人，包括自己的邻居强制执行规则。由此产生虚假服从和虚假强制的雪崩效应，最后让令人厌恶的规则充斥整个社会。

这个模拟社会距离现实世界并不遥远。詹姆斯·佩恩记录了20世纪法西斯主义占领德国、意大利和日本的共同步骤。在每种情况下，都是一小撮信仰“幼稚和激烈的意识形态”的狂热分子，他们为了信仰“可以使用任何极端手段，包括暴力”。他们收编愿意从事暴力的地痞流氓，不断恐吓其他人，最终迫使大众保持沉默。[280]

梅西和同事就米尔格拉姆最先发现的一个现象进行了分析：大众中的每一个成员都通过熟人彼此有关系，即文化基因弥姆理论中的六度分隔（six degrees of separation）。[281]他们在虚拟社会中设置了几段随机的远程链接，通过这些远程链接，成员可以与其他低度分隔链上的成员进行联系。成员之间因此可以探测其他社区成员的服从程度，消除虚假的共识，并拒绝屈服于顺服和强制的压力。远程链接打开了社区之间的通道，
564 分散了狂热分子强制执法的力量，阻止他们吓倒太多合群从众者，避免狂热形成潮流，吞没整个社会。人们一般相信，言论自由、迁移自由、信息渠道通畅的开放社会不可能被疯狂的意识形态控制。

梅西、韦勒和桑原（Ko Kuwabara）接着想在人群中实证虚假共识效应，即看一看人们是否会因受到恐吓，从而担心表达自己的真实见解会被人看不起，去抨击那些他们内心认同的人。[282]这三位社会学家非常调皮地挑选了两个领域进行实验——品酒和学术奖。他们认为在这些领域，人们的意见形成主要取决于对自己可能显得不够档次的恐惧，而不是取决于客观标准。

在品酒实验中，梅西等人先是让实验参加者产生一种自我意识；他们告诉参加者，之所以挑选他们进行实验，是因为他们鉴赏艺术品的品位高雅。然后，这组人开始了“有几百年传统”（实际上是研究人员自己炮制）的名为“荷兰圆环”的品酒活动。这一群葡萄酒爱好者先是评比一套红酒，然后再互相评比彼此评酒的水平。每个参加实验的人先拿到三杯葡萄酒，然后要求他们就香气、味道、回味、口感和总体品质进行评级。事实上，三杯酒来自同一名瓶子，其中一杯掺了少许果醋。同阿施的实验一样，在向实验参加者询问意见之前，先让他们看着四位伪装的实验参加者做评价，这四人对掺了醋的葡萄酒的评价都高于一杯没有调兑过的葡萄酒，然后给最后一杯最高的评价。不出意料，大约半数的实验参加者不顾自己味蕾的感受，做出了从众的评判。

接着，第6个实验参加者，也是一个伪装的研究人员，对酒做了准确的评价。最后，到了评酒员互相评比的时候了，有些人进行匿名评比，有些人进行公开评比。匿名评比的人都对第6个伪装的研究人员的准确评价表示了敬意，给了他最高分，尽管他们自己被吓得追随了大多数人的意见。但那些被要求公开进行评价的人，则坚持自己的虚伪，给了这位诚实的评酒员低分。

有关学术文章的实验过程与此类似，但是在结尾增加了一个实验内容。参加实验的人都是大学本科生，他们被告知当选一个学者精英小组，参加极受尊重、历史悠久的“布鲁姆斯伯里文学圆桌会议”；会议的目的是由读者公开评价一段文字，然后再互相评价彼此的文字评价能力。他们拿到一段来自罗伯特·尼尔森（Robert Nelson）博士的文章的一个段落，据说尼尔森是麦克阿瑟“天才奖金”得主和哈佛大学哲学系艾伯特·W. 纽科姆讲座教授。（当然，哈佛没有这样的教授和教授职位。）这段被命名为“微分拓扑和透射”的文字实际上是摘自艾伦·索卡尔（Alan Sokal）的论文《超越边界：对量子引力的变革性诠释》（*Transgressing the Boundaries: Towards a Transformative Hermeneutics of Quantum Gravity*）。这篇论文实际上是“索卡尔恶作剧”的主要组成部分，这位
565 物理学家在文章中堆砌了大量深奥难懂的字眼。为了证明他对后现代人文科学所谓学术标准的深刻怀疑，他将这篇文字发表在著名的《社会文本》杂志（*Social Text*）上。[283]

参加实验的人表现相当不俗，在私下评级的时候，都没有被这段文字打动。但在公开评级时，当他们看到4名伪装的实验参加者给了这段文字极高的评价之后，他们也给出了好评。接着，第6个伪装的实验参加者给论文做出了极低的评级。当他们开始互相评价的时候，他们私下里给第6个最诚实的评价者好评，但在公开评价时却给了他差评。社会学实验再次证明，对于一个自己并不同意但是却误以为其他每个人都赞同的意见，人们不仅会表示赞同，而且会虚伪地惩罚那些不愿意表示赞同的人。这项实验的附加内容是，梅西等人另外又找来一组实验参加者，让他们评价第一组实验参加者是否真诚地相信那篇胡言乱语的论文是优秀成果。新来的实验参加者认为，与那些没有惩罚诚实评价者的人相比，选择惩罚诚实评价者的人，更真诚地相信他们自己的错误评价。这个结果证实了梅西的猜测，强制他人遵守规则或信仰被看作真诚的表现。也就是说，人们为了证明自己的真诚，会去强制推行一种他们自己并不真心相信的信念。这也证明了梅西的人众无知模型，即一个社会可以被一种大多数人作为个体都不认同的信仰系统占领。

* * *

说一种兑了醋的葡萄酒芬芳醇香，或者说一篇学术垃圾逻辑严谨，后果可能无关紧要，但如果是从饥饿的乌克兰农民家里没收走最后一袋面粉，或者是向排在土坑前的犹太人开枪扫射，那就完全是另外一回事了。普通的正常人即使会对一种他们以为是公认的意识形态保持缄默，

又是怎样克服自己的良知，犯下如此残忍的暴行呢?

答案还要回到“道德标尺的偏差”。作恶者总是有一套自我开脱的说辞，他们惯于将自己的恶行解释为受到挑衅，有理由非自愿或者未产生严重后果。我在介绍“道德标尺的偏差”这个概念时提到了一些案例，作恶者会为自己出于自利动机犯下的恶行（背信弃义、抢劫和强奸）寻找理由。但是，人们也会为他们在压力下，为了其他人的目的犯下的恶行进行辩解。他们可以自欺欺人，先是加工自己的信仰，让自己相信自己的行为是正当的，然后理直气壮地告诉别人自己的行为是正当的。这个过程被称为“认知失谐消减”（cognitive dissonance reduction），它是自欺的主要战术。[284]社会心理学家，例如米尔格拉姆、津巴多、鲍迈斯特、利昂·费斯廷格（Leon Festinger）、艾伯特·班杜拉（Albert Bandura）和赫伯特·克尔曼（Herbert Kelman）的研究说明，人们有很多方式消减认知失谐，尤其是消减那些在他们犯下的错误和他们自许的道德形象之间的失谐。[285]

消减方法之一是“委婉陈辞”——用辞藻重新描述伤害，让人们觉得伤害行为没有那么邪恶。乔治·奥威尔在他的散文《政治学与英语语言》中，以他特有的犀利方式，揭露了政府怎样用官样文章掩盖暴行： 566

> 在我们这个时代，政治讲话和文章都是在为不可饶恕的错误进行辩护。诸如英国延续对印度的统治，俄国人的大清洗和流放，美国向日本投掷原子弹，你确实可以为它们辩护，但你能使用的论据不仅过于残忍，大多数人都无法接受，而且也不符合政治团体自己的宗旨。所以，政治语言只得大量使用委婉语、乞词和含混暧昧的字眼。毫不设防的村庄受到空袭，居民被驱赶到野外，牛羊遭到机枪扫射，棚屋被燃烧弹击中后成为灰烬：这叫“绥靖”。上百万农民的土地房屋被没收，屋主被赶出家园，只能拿走能够随身携带的财物：这叫“人口转移”或者“边疆整改”。人们未经审判即被经年累月地关在监狱中，被行刑队处决，或者被送往北极的伐木场，在那里死于坏血病：这叫“消灭不可靠分子”。之所以需要这样措辞，是因为

> 人们既要陈述事实，又不希望唤起这些事实在人们头脑中的景象。[286]

奥威尔说，政治委婉语是他那个时代的现象。这句话是不对的。早于奥威尔 150 年，埃德蒙·伯克就抱怨过来自法国大革命的各种委婉语：

> 这套措辞的全部意图就是为屠杀和谋杀找到几个同义词和遁词。这些事情从来不能被叫作它们本来的名字。屠杀有时被叫作“骚动”，有时被叫作“沸腾”，有时是“放纵”，有时则是“革命权力使用过头”。[287]

再举几个近几十年的例子。20 世纪 70 年代开始使用“附带伤害”，90 年代开始了“种族清洗”，21 世纪开始有“非正常引渡”。

委婉语能够有效是出于几个原因。相同含义的词很可能具有相反的情感色彩，例如“纤细”和“皮包骨头”，“肥胖”和“鲁本斯式的丰满”，或者一个猥亵的字眼和它的文雅的同义词。我在《思想本质》一书中力图证明，绝大部分委婉语都具有欺骗性：不是这些词语本身的问题，而是这些词语对世界的概念化解释是不同的。[288]比如，一个委婉语可以对一个彻头彻尾的谎言装糊涂，进行合理推诿。当对历史事实不熟悉的人第一次听到“人口转移”时，他想到的是搬家的车辆和火车票。
567 对词语的不同选择包含不同的动机，因此代表了不同的价值取向。附带伤害，意思是指伤害是无意的副产品，不是主观意愿的产物，两者之间的道德差距有天壤之别。一个人几乎可以无动于衷地使用“附带伤害”来描述在辅道上工作的倒霉工人，他是为了挽救另外 5 个人被从主道上转过来的失控车厢撞死的。所有这些因素——情感联系、合理推诿、动机论都可以用来扭曲对行为的解释。

道德脱离的第二个机制是渐变主义。人们不是一下子就成为残暴的恶魔，但是会每次一小步地逐渐泯灭人性，因为他们不会感觉到他们做了与现有规则不相符的事情。[289]历史上一个臭名昭著的实例是纳粹对有残疾和智障的人实行安乐死，剥夺犹太人的公民权，羞辱他们，将他们关进贫民窟，最后驱逐他们。不断升级的事件有一个极为委婉的名字——“最终解决方案”。另外一个案例是战争的阶段性决定。对盟友的物资支援可以升级为提供军事顾问，然后是不断增加的士兵数量，在消耗战中尤其如此。对工厂的轰炸逐渐变为对居民区附近的工厂的轰炸，再逐渐变为对居民区的轰炸。在米尔格拉姆的实验中，人们不是第一轮就对实验伙伴进行450伏的电击，参加试验者都是从弱电击开始，逐渐升级到450伏。米尔格拉姆的实验在博弈论中叫作升级博弈（escalation game），它和消耗战类似。[290]如果参加实验者因为电击太强而退出实验，他会丧失完成任务和推进科学研究而带来的满足感，而他已经为此付出的焦虑和他给实验伙伴制造的痛苦也就白白地浪费了。每次增加电压，仿佛总是在做最后一次测试，他巴望着实验员立刻宣布研究圆满结束。

第三个道德脱离机制是推卸或扩散责任。在米尔格拉姆的实验中，伪装的实验参加者总是先向真正的实验参加者表示，无论发生什么，他对一切负有全责。当情况发生变化，真正的实验参加者被告知他们要承担责任的时候，顺应的愿望立刻开始下降。我们已经看到，第二个志愿实验参加者比第一个更大胆；班杜拉的实验显示扩散责任是一个很关键的因素。[291]在米尔格拉姆式的实验中，当实验参加者认为他们选择的电压相当于其他两个参加者使用的平均水平时，他们选择的电压通常更强。历史事实展示了同样的现象。“服从命令”已经是战争罪犯为自己辩护的陈词滥调。那些残暴的领袖有意识地以特殊的方式组织军队、行刑队和官僚机构，让每一个人都觉得自己个人的行动不会亦不足以完成任何杀戮。[292]

第四个关闭常人道德判断功能的途径是疏离。我们提到过，除非人 568
们被暴乱裹挟，或者已经陷入施虐变态不能自拔，否则不会愿意亲手伤害无辜者。[293]在米尔格拉姆的研究中，将受害者带进实验参加者的房间，会让参加者将对受害人的最强电击强度减弱1/3。当要求参加者亲手将受害者的手按在电极板上时，他们会将电击强度减弱超过1/2。我们可以肯定地说，在广岛投下原子弹的“埃诺拉·盖号”（*Enola Gay*）轰炸机的飞行员不会同意用火焰喷射器在瞬间烧死几十万人。我们在第5章中看到，保罗·斯洛维奇证实了一种现象，即“一个人的死亡是个悲剧，但百万人的死亡只是一个统计数字”。[294]人们的头脑对数量巨大的人（有时甚至对为数不多的人）陷入困境总是反应迟钝，但可以随时调动起来挽救一个知道姓名和面孔的人的性命。

抑制道德意识的第五个手段是贬低受害者。我们都见过从妖魔化和非人化一个团体走向伤害该团体成员的事实。班杜拉的实验证明了这一点。他特意让一些实验参加者认为还有一组其他族裔的人参加实验，然后让他们“无意中听到”主持实验的研究人员对这一组人的蔑视和诋毁。[295]听到过这些谩骂的人对这一组人进行电击的时候，他们会提高所使用的电压。一旦人们受到操纵，开始伤害某些人，他们会相应地降低对这些人的评价。班杜拉发现，一半以上的实验参加者会赤裸裸地为自己电击他人进行辩护。很多人为自己开脱的理由是归罪受害者（米尔格拉姆也观察到同样的现象），例如“表现不佳说明懒惰和成心冒犯上级”。

社会心理学家还总结过其他各种屏蔽道德的手段，班杜拉的实验参加者只不过是重新发现了它们，其中包括尽量低估造成的伤害（“他们不会感到太痛的”），将伤害相对化（“每个人都会遇到些倒霉事”），推诿责任，说自己不过是为了完成工作（“如果说为了服从领导，我只得做个狗崽子，那也只好如此了”）。他们唯一漏掉的免除道德约束的策略是“有利对比”（advantageous comparison）：“其他人干了更可怕的事情”。[296]

* * *

意识形态是不治之症，因为它源于多种让我们变得聪明伶俐的认知能力。我们能够展望复杂抽象的因果关联。我们从其他人那里获取知识。我们为配合其他人而调整自己的行为，有些时候，这就是要求我们循规蹈矩。我们在团队中工作，实现那些单个人无法实现的丰功伟业。我们把玩抽象，不需要仔细考量每一个具体的事实。我们可以用几种不同的方式诠释某个行为，使用的方法和得到的结果，以及追求的目的与其衍生品各不相同。

这些认知能力可以形成非常有害的混合体，这就是危险的意识形态。569
有些人提出理论说，清除一个邪恶的或者无人性的集团就能够实现至善。一小撮臭味相投的信徒以惩罚非信徒的方式推行这一理论。社会中一些群体被影响，或在恐吓下表示支持这一理论。持怀疑立场的人被迫保持沉默或者被孤立。自利的理性让人们不顾自己的理智而追随甚至制造骗局。

虽然不能确保一个国家永远不受有害意识形态的感染，但开放社会算是一种防疫针。在开放社会中，人民和思想自由流动，没有人会因转播不同的观点而受到惩罚，即使这些观点是异端，不符合大多数人的共识。现代的普世民主社会对种族灭绝和意识形态化的内战相对具有免疫力。相反，那些实行顽固的信息审查和对外封闭的政权往往陷入大规模的暴力。

纯粹邪恶、心魔和暴力的下降

在本章开始，我介绍了鲍迈斯特关于纯粹邪恶的理论。当人们采取受害者的立场看待暴行时，很容易道德化地假定所有的施暴者都是施虐狂和精神变态。而在道德家眼中，暴力的历史性减少是正义战胜邪恶的成果。“最伟大的一代人”打败了法西斯，民权运动打败了种族主义，罗纳德·里根 20 世纪 80 年代的军备竞赛引发了东欧剧变。在当今世界，当然也有恶魔——施虐成性的精神变态狂和自恋的暴君肯定属于恶魔之列，因此，世界上肯定也有英雄。但是，暴力的减少似乎主要来自时间的变化。老的暴君死去，没有新的暴君继位；专制政权垮台，没有人愿意为之殊死顽抗。

与纯粹邪恶不同的观点是，人们相互伤害的主要动机是每一个普通人都有可能具有的。因此可以推论，暴力的减少主要是因为人们受此类动机驱使的情况越来越少，越来越轻，越来越有控制。征服了这些魔鬼的天使是下一章的主题。完成对我们内心魔鬼的辨认是控制它们的第一步。

20 世纪下半叶是“心理学时代”。学术研究成果日益成为大众智慧的一部分，包括支配等级、米尔格拉姆和阿施的实验，以及认知失谐理论。但不仅仅是心理学科学知识渗透进公众意识，人们也已经非常习惯于使用心理学分析人类的行为和问题。这半个世纪中，由于识字率的提
570 高、人口流动性的增加和科技的发展，全人类的自我意识空前增强——摄像头无时无刻不跟踪着我们，将我们的动作放慢分解，我们今天就是这样在观测自己。我们越来越多地从两个制高点观察我们自己：一个是在我们脑颅的内部，观察我们有何种体验；另一个是从科学家的视角，观察我们的体验在大脑进化中的活动规律，包括所有幻象和错觉。

无论是理论心理学还是公众的智慧，至今都还远远不能让我们完全理解自己。但是，一点点心理学也可以起很大的作用。在我看来，我们认知上的和情感上的几个小缺陷曾给人类带来巨大的灾难，而这些灾难本来是能够避免的。[297]我还认为，对这些缺陷的共同警惕，已经有效地控制了暴力伤亡，而人类在此还有很大的潜力。我们的五个心魔中的每一种都具有一种结构特性，我们已经开始注意到它，而且最好对它有进一步的认识。

人们，尤其是男人，对成功的前景过度自信；当他们相互对抗时，结果总是比他们最初所想的更加血腥。人们，尤其是男人，特别在意自己及所属团体的支配权；当他们加入支配权竞争时，他们几乎不可能让支配者取胜，而结果很可能是人人都是输家。人们追求复仇，而论及冤仇的方式总是夸大自己的无辜和对方的残忍；当双方寻求完全正义的时候，他们把自己和后代带入无休止的冲突。人们不仅能够压制自己对亲手施害的厌恶，甚至会养成嗜好；如果他们私下里或者与同伴合谋沉湎于此，他们可能成为施虐狂。人们能够效忠一种他们自己并不相信的信仰，仅仅因为他们认为其他人都效忠这个信仰；这样的信仰可以席卷一个封闭的社会，并将整个社会带进一种集体错觉。

第9章

善良天使

> 这应该是无可争辩的，即有某种仁爱，无论它多么微小，已经注入我们的胸腔；某种人类友情的火花；还有一点点鸽子的气质，与狼和蛇的元素一起已经糅进我们的骨架。让我们假定这些慷慨的情操从来就是如此淡薄，假定它们如此微小，甚至无法移动我们身体上的一只手或者一根手指头；但它们仍然决定了我们的意志，在其他条件相同的情况下，它们让我们在有益于人类和危害人类之间冷静地选择前者。
>
> ——大卫·休谟，《道德原理研究》

每一个时代，人们养育孩子的方式都是观察他们人性观的窗口。如果父母相信人之初性本恶，那么孩子一打喷嚏，父母就揍孩子一顿；如果父母相信人天性纯真，他们则要禁止孩子玩闪避球游戏。有一天，我在路上骑车，看到路边有一位母亲带着两个学龄前的孩子散步，那幅景象向我展示了对人性的最时髦的解释。两个孩子中的一个又哭又闹，另一个则正在接受妈妈的劝诫。我看着他们的三重奏，听到妈妈用坚定的声音说出一个词：共情！

我们生活在一个共情的时代。在21世纪第一个10年结束的时候，谈论人类共情能力的书籍不胜枚举，其中之一是知名灵长类动物学家弗朗斯·德瓦尔宣言式的大作。[1]仅在过去两年，就有冠以下列书名或副标题的书籍出版：《共情时代》（*The Age of Empathy*）、《共情的不可或缺》（*Why Empathy Matters*）、《共情的社会神经科学》（*The Social Neuroscience of Empathy*）、《共情学》（*The Science of Empathy*）、《共情落差》（*The Empathy Gap*）、《共情为何重要（以及为何濒临灭绝）》［*Why Empathy Is*

Essential（*and Endangered*）]、《全球化中的共情》（*Empathy in the Global World*）、《谁说商业直觉是天生的》（*How Companies Prosper When They Create Widespread Empathy*）。在另一本书《共情的文明》（*The Empathic Civilization*）中，社会活动家杰里米·里夫金（Jeremy Rifkin）这样解释了他的见解：

> 生物学和认知神经科学都发现了镜像神经元（mirror-neurons）——所谓的共情神经元，它让人类和其他一些物种能够设身处地地感觉
> 572 和体验他人的境遇。我们人类似乎是最具社会性的动物，不断在同胞中寻求亲密参与和伙伴关系。
>
> 社会科学家因此开始通过共情的视角重新审视人类的历史，并在这一过程中发现了以往忽略了的关键线索。这些线索告诉我们，衡量人类进化的不仅是人类征服自然的力量，还有人类跨越时间和空间的边界，对其他人共情的强度和广度。越来越多的科学证据表明，我们本质上是一种共情的物种；共情能力对人类社会有着深刻和深远的影响，而且很有可能决定了我们这个物种的命运。
>
> 如果我们想在不到一代人的时间里振兴全球经济，并让我们的生物圈恢复生机，那么今天迫切需要的就是全球性共情意识。我们要回答的问题是：历史上让共情感受力（empathic sensitivity）生长成熟和让共情意识扩展的机制是什么？[2]

也许，全球性共情意识正在扩展之中，远不止于让一个小调皮停止欺负自己的妹妹——我在路上看见的妈妈就是使用共情概念来教训自己的小男孩。也许，这位妈妈是受到诸如《共情教育》（*Teaching Empathy*）、《教育孩子共情》（*Teaching Children Empathy*）和《共情之根：改变孩子改变世界》（*The Roots of Empathy*：*Changing the World Child by Child*）之类书籍的影响。儿科医生T.贝里·布雷泽尔顿（T. Berry Brazelton）在评价这些书籍时说，作者“努力展开的是关乎世界和平和保护我们星球未来的大问题，他的起点是从所有的学校和教室

开始，每一次教育一名学生、一个家长、一位老师”。[3]

我绝不反对共情。相反，我认为—— 一般而言，虽然不是永远如此——共情是个好东西，我在本书中不止一次地提倡过共情。更大范围的共情可以解释今天人们为什么摈弃残酷处罚并更多地思考战争的人命代价。但是，今天的共情就像是 20 世纪 60 年代的爱情——成为一种感性的理想，被人们冠以各种警句和口号（告诉人们它就是世界存在的动力，是世界最基本的需要，是人类所需要的一切），它还被鼓吹为降低暴力的因子。对于美苏停止军备竞赛和代理人战争，我不认为这和爱情有多大关系，同样，它也谈不上有多少共情。虽然我会认为，我和身边的其他人有同样的共情能力，但我不认为，是因为有了共情，所以我没有反击批评我的人，没有为了抢车位大打出手，没有在妻子指责我愚蠢时抱以老拳，没有为了防止中国在经济实力上超过美国而游说发动战争。我从不先让自己停止思考，再换位到暴力受害者的立场，感受他们的痛苦，然后缩回我打算行使暴力的手。我的头脑里从未有过要暴力待人的可怕念头。这些念头实在荒唐、可笑、不可思议。当然，对上一代人来说，这些暴力选项显然有一定道理。暴力的减少也许确实与共情有关，573
但在更大程度上要归功于其他更坚实的力量，例如谨慎、理性、公平、自制、规范和禁忌以及人权理念。

本章的主题是“善良天使”：那些让我们放弃暴力的心理感官功能，而我们可以将暴力的减少归功于这些感官功能越来越重要的影响作用。共情是这些感官功能之一，但绝不是唯一一个。正如休谟所说，这些感官功能的存在已是毋庸置疑。虽然人们还会不时看到有人说，在自然选择理论中，仁慈的演化仍然是一个谜。实际上，这个谜早在几十年前就被破解了。尽管人们对细节还有很多争议，但是，今天已经没有任何生物学家还会怀疑，进化的动力，例如互助共生、亲缘以及其他形式的互惠，可以选择心理感官功能，而在外界条件具备时，这些感官功能促使人们和平共处。[4]休谟在 1751 年所写下的这段话，时至今日仍然是正确的：

> 而那些真诚地坚持人类绝对自私论的人，在听到还有一些微弱的德

> 行已经成为人类天性的一部分时，也不会有任何惊讶。相反，我们会看到，他们就像支持另一种信条一样支持这个观点；他们身上的这种（看起来的）讽刺性（而不是腐败性）自然而然地让上述两种见解都得到强化；而且，这两种见解确实是紧密地、几乎牢不可分地联系在一起。[5]

如果我在这种讽刺精神的引导下坚持说共情被过度炒作了，这并不是说我否认这一美德，也不是说我否认这一美德是人性中牢不可分的一部分。

在阅读了整整 8 章可怕的人类恶行和促发这些恶行的人性阴暗面之后，读者有权利期待在讲述天使的章节中看到一些光明向上的东西。但是，我不会用“太”幸福的结局来取悦大众，我拒绝这一诱惑。我们大脑中约束阴暗冲动的器官，在我们那些蓄奴、烧巫、暴打儿童的祖先身上也都是标准部件，显然，它们并不一定让人们成为好人。如果我说人性中有些坏因子让我们干坏事，有些好因子让我们干好事，以此来解释暴力的减少，这恐怕不是一个能够令人满意的解释。（战争，我赢；和平，你输——反正我是赢定了！）对人性中的善良天使的探究必须不仅说明它们是怎样引导我们远离暴力，还要能够说明为什么它们屡屡遭遇失败；不仅要说明它们近来不断增强的效力，还要能够解释为什么历史等待了如此之久才让天使有了今天的力量。

共情

“共情”（empathy）一词只有一个世纪的历史。人们通常认为是美国心理学家爱德华·铁钦纳（Edward Titchener）在 1909 年的教学中最先
574 使用了此词，尽管《牛津英语大词典》说英国作家弗农·李（Vernon Lee）在 1904 年就用过此词。[6]两个人都是引自德文“Einfühlung”（带着感情），并用这个词来表明一种审美体验：“用心灵的肌肉来感觉或行动”，就像我们看见一座摩天大楼后想象我们自己挺起腰板站得笔直。

到20世纪40年代，这个词在英文书籍中的流行程度迅速上升，很快它就取代了维多利亚时代代表美德的用语，例如“意志”（1961年）和“自制”（20世纪80年代中期）。[7]

“共情”一词在迅速流行的同时开始具有了新的含义，一种很接近于“同情”（sympathy）或“悲悯”（compassion）的意思。各种含义的混合很符合民间的心理学说：对他人的仁慈在于能够为他人设身处地，感其所感；穿上他人的鞋子，站在他人的立场上，用他人的眼睛看世界。[8] 这个理论不是不证自明的理论。威廉·詹姆斯在他的论文《论人类的特定盲点》（*On a Certain Blindness in Human Beings*）中讲到人和人类最好的朋友之间的联系：

> 就说狗和我们的关系吧。我们被世界上最亲密的纽带联结在一起；我们双方都是另一方生命意义之所在，但是，在这友好的喜爱之外，我们对对方毫无感受——就像我们无法体会树丛下的撒欢，或者何以贪恋树根和电灯柱子的味道，而它们也不能享受文学和艺术。当你坐在那里阅读最感人的浪漫小说，你的狐梗犬能怎样判定你的行为？尽管它对你满心忠诚，但你的行为的性质却绝对不是它能理解的。它坐在那里，像个没有生命的雕像，而你本来可以带它出去遛弯，扔根棍子让它狂奔着去叼住！你染上的该是多么古怪的疾病，手里拿着这些东西，每天要一动不动地盯上几个小时，完全没有生命的意识？[9]

所以说，今天的“共情”被赋予某种忘我的含义——一种对他人的无私关怀，共情不完全等同于想人之所想和感人之所感的能力。让我们来区分一下这个字眼被用来描述各种不同心态时的不同含义。[10]

最本源和最机械的共情感是投射（projection）——一种能够将自己置身于其他人、动物或事物的位置，想象身处其中的感觉。摩天大楼的例子说明，一个人共情的对象甚至不一定具有情感，更不要说会介意共情者感受的到底是些什么。

与投射相接近的技能是换位（perspective-taking），顾名思义，就是从另外一个人的视角来观察世界。让·皮亚杰最著名的观察是，在桌子上放上三座玩具山，6 岁以下的孩子没有能力从坐在桌子对面的人的角度设想这三座山是如何摆置的，皮亚杰称这种不成熟性为“自我中心主
575 义”（egocentrism）。公平说，不仅是孩子如此，这种换位能力对成年人也不是轻而易举的事情。查看地图搞明白“你在这里”的方位指示，以及在想象中扭转一个三维物体，对我们来说都是很大的考验，但这不等于说应该对我们的悲悯心产生怀疑。从更宽泛的意义上说，换位意味着揣摩他人的所见、所思和所感，这也就让共情有了另一重含义。

读心（mind-reading）、心智理论（theory of mind）、心智化（mentalizing）或者共情精度（empathic accuracy）都是指从某人的表情、行为和处境推断他的想法和感情的能力。比如，这种能力让我们猜想，一个刚刚误了火车的人可能非常沮丧，正在思考如何才能准时赶到他的目的地。[11]读心不要求我们自己体验共情对象的经历，甚至不一定要我们关切他们的境遇，只是要求我们能够推断他们的感受。读心也许包含了两种能力，一是读懂思想（这是自闭症病人不具备的），另一种是读懂感情（这是精神变态者所缺失的）。[12]有些很聪明的精神变态狂尽管无法理解人类情感的真正本质，但为了能够更好地操纵他人，他们也学习读懂他人的情感。举例说，一个强奸犯这样谈论他的受害人：“她们吓坏了，是不是？但是，你看，我真的不能理解她们怕什么。我自己也害怕过，害怕确实令人很不愉快。”[13]不管他们是否真正能够理解他人的情感，对于他人的情感本身，他们完全不在乎。施虐、幸灾乐祸和对动物的痛苦无动于衷说明一个人即使能够对其他生命的感觉有所认知，但仍然可以不产生任何同情心。

人们在目睹其他人遭受痛苦的时候经常会感觉到紧张不安。[14]正是这种反应让人们克制自己在争斗中伤害他人，也是这种反应让米尔格拉姆实验的参加者在动手实施电击时感到焦虑，让纳粹预备役军人在第一次近距离射杀犹太人时感到恶心。这些事例清楚地说明，对他人的痛苦感到紧张不安与同情的关切不同。相反，人们可能因厌恶这种紧张不安而

压制带来不安的受害者，或者因不快而逃避这些受害者。我们中的很多人都曾经在机舱里遇到尖叫不止的孩子，当被吵得头昏脑涨坐立不安的时候，如果说还有同情，我们对父母或许还有一些，但对孩子则没有多少了，而我们最强烈的愿望就是能够换一个远些的座位。名为“拯救儿童”的慈善组织连续多年在杂志上刊登广告，一张赤贫儿童的照片，配上文字说明“每天只要拿出5 分钱，你就可以拯救胡安·拉莫斯。或者，你可以翻过此页”。大部分人都选择赶快翻过这一页。

情感具有感染力。当你欢笑的时候，全世界都和你一起欢笑；这就是为什么喜剧中要加上笑声的录音，也是为什么拙劣的喜剧演员总是在关键台词后面加上一连串叽叽嘎嘎的模拟笑声。[15]其他有关情感传染的实例是婚礼或葬礼上的眼泪，在热闹的晚会上想要跳舞的冲动，人们在炸 576
弹案中的恐慌，还有颠簸的轮船上总是有越来越多的乘客出现呕吐。情感传染还有一种不太强烈的形式，它包括各种替代性反应，比如我们看到运动员受伤的时候会皱起眉头，看到007 系列影片中詹姆斯·邦德被捆在椅子上遭暴打的时候会闭上眼睛。另一种传染是运动神经模仿，比如我们给婴儿喂苹果泥的时候，自己也会张开嘴巴。

许多人认为共情是人类福祉至关重要的情感能力，而在这些共情倡导者的文章中，情感传染似乎是“共情”感的基础 。虽然，“共情”感中我们评价最高的心理反应叫作同情反应，或者简称同情。同情包括在认知他人的快乐和痛苦的前提下，将他人的利益视为自己的利益。人们很容易将同情等同于情感传染，但也很容易看出两者的不同。[16]如果一个孩子被乱叫的狗吓坏了，开始号啕大哭，我对她的同情不应该是和她一起恐惧地号啕大哭，而是安慰她和保护她。相反，我能够对其他人所经历的而我不可能体验的痛苦怀有深刻的同情，比如妇女生产时的痛苦，妇女被强奸的痛苦，或者癌症病人的疼痛。我们的情感反应不是自动复制他人的情感，而是取决于我们判断他们是盟友还是竞争者，然后做出可能截然相反的情感选择。当球迷观看主场比赛时，观众高兴他也高兴，观众沮丧他也沮丧，但他观看客场比赛时，观众高兴他就沮丧，而观众沮丧则轮到他得意。最常见的情况是，同情决定了情感传染，而不是相反。

人们为共情一词的各种不同含义争执不休，让共情成为今天的热议话题。用镜像神经元作为悲悯意义上同情的同义词，让对共情理解的混乱固化进入我们的文化基因。里夫金这样写道：“所谓的共情神经元，让人类和其他一些物种能够设身处地地感觉和体验其他实体的境遇。”他得出结论说：“我们从根本上是共情的物种，寻求与我们同胞的亲密参与和伙伴关系。”镜像神经元理论假定，同情（这里的“同情”和“传染”模糊难分）是我们大脑里天生的情感，是我们灵长类动物的传承，我们只需要运用它，或者说，至少不要压抑它，就能为世界迎来一个新时代。里夫金承诺“在不到10 年的时间内普及全球共情意识”。很不幸，他的承诺所依据的却是他对神经科学非常有问题的诠释。

1992 年，神经科学家贾科莫·里佐拉蒂（Giacomo Rizzolatti）和他的同事在猴子的大脑里发现了某些神经元；猴子捡到葡萄干或者猴子看见人捡到葡萄干的时候，这些神经元都会变得活跃。[17]其他神经元对其他类型的行为有同样的反应，包括自己做出的和看见的行为，比如触摸和流泪。虽然神经科学家不能在人脑里插进几根电极棒，但我们可以相信，人类的大脑有一样的神经元：脑神经成像实验已经在顶叶和内额叶找到
577 几个这样的区域，在人们自己做出某些特定动作，或看见其他人做同样动作的时候就会发亮。[18]镜像神经元的发现虽然并非完全出乎人们的意料，但是仍然意义重大：如果我们的大脑不能对同样的动作做同样的理解，不论这个动作是谁做出的，我们都不会在第一人称和第三人称时使用同样的动词。但是，这个发现立刻被炒作成一个巨大的泡沫。[19]一位神经学家声称，镜像神经元之于神经科学意义之重大就像 DNA 之于生物学的意义。[20]加上报道科研新闻的记者推波助澜，有科学家将镜像神经元吹成是语言、模仿、文化学习、潮流和时尚、球迷、代祷，当然还有共情的生物基础。

镜像神经元理论有一个小问题，在恒河猴（rhesus macaques）身上也发现了镜像神经元，但这是一种非常暴躁的小生物，从它们身上，你找不到一丝一毫的共情（或者模仿，更不要说语言了）。[21]另一个我们将要进行探究的问题，即镜像神经元主要集中在大脑的特定部位，而根据

神经成像研究，这些部位与同情关怀意义上的共情没有多大联系。[22]许多认知神经科学家猜测，镜像神经元具有让人对某种行为概念进行想象的功能；当然，这一说法也存在争议。绝大多数神经科学家都不接受对镜像神经元的夸张，例如认为它能独到地解释人类的能力；而到今天，已经没有人会将镜像神经元的活动等同于同情心了。[23]

当我们体验到痛苦以及对他人的痛苦经历产生反应的时候，我们大脑中的某些部位，特别是脑岛会特别活跃。[24]但是，这种对自身痛苦的感受和对他人痛苦感受的重合反应，是我们同情他人境遇的结果，而不是原因。还记得我们在前面一章说过的一项实验，实验参加者受到电击后，脑岛部位发亮；当这些实验参加者看见其他清白无辜的人受到电击时，脑岛的同一部位也会发亮。但是同一实验还显示，如果看到诈骗自己钱财的人受到电击，男性实验参加者的脑岛没有任何反应，他们的纹状体和眶额皮层还会因为甜蜜的复仇而发亮。[25]

共情，作为道德意义上的同情心，不是我们大脑中镜像神经元的机械动作。共情像装有开关一样，可以被开启，也可以被关闭，甚至可以转变成反向共情，即看到某人受难而感到高兴，或看到某人高兴而感到难过。复仇是开启反向共情的键钮，球迷时而狂喜时而沮丧的反应告诉我们，竞争可以触发反向共情。心理学家约翰·兰泽塔（John Lanzetta）和巴兹尔·英格里斯（Basil Englis）将电极棒粘在实验参加者的脸上和手指上，然后让他们和另外一个（伪装的）实验参加者玩投资游戏。[26]参加者被告知，他们或者两人一组进行投资，或者两人互相竞争（但每人的收益与对方的行为没有关系）。投资获益时，在计分簿上打个钩，而赔钱的时候，就给一下轻微的电击。当参加者认为两人是合作关系的时候，每当同伴有收益时，电极棒探测到的是内心的平静和微笑，而同伴受到电击的时候，电极棒探测到冒出的汗水和皱眉头。而当参加者认为 578
和同伴是竞争关系时，电极棒探测到的情况完全相反：同伴遭受电击的时候，他们放松并且微笑，而当同伴有成就的时候则感到紧张并皱起眉头。

通过共情——在感染、模仿、感情换位或者镜像神经元意义上的共情——建设美好世界的问题是，它触发的共情未必是我们想要的共情。也就是说，它所开启的不一定是对他人同情关切的情感。同情是内生的，是人们如何相处，即人际关系的结果，而不是原因。关系主体如何认识这种关系，决定了他对他人的痛苦是共情，还是无动于衷，或者是反向共情。

* * *

在前一章，我们讲到大脑中与暴力倾向有关的回路；现在让我们来看看那些与天使有关的部位。在人类的大脑中搜索共情的结果证实，替代感是弱化还是强化取决于共情者的其他信念。克劳斯·拉姆（Claus Lamm）、丹尼尔·巴特森（Daniel Batson）和让·德赛特（Jean Decety）让实验参加者观看一位（乔装的）耳鸣病人接受新式治疗，治疗方式是从耳机里播放噪声，这位“病人”听到噪声后身体做出了畏缩的动作。[27]当实验参加者对病人产生共情的时候，大脑里的活动模式与他们自己听到噪声时是一样的。这些活跃的大脑部位包括脑岛的一部分——我们在前面已经说过，无论是从字面本义还是从喻义上说，这部分大脑皮层处理的是人体脏器的感觉（见图8-3）。另外一个是大脑中的杏仁核，这个杏仁状的器官负责对恐惧和紧张做出反应（见图 8-2）。第三个部位是前扣带皮层（见图 8-4），这是一条在大脑半球内壁上的皮层，参与疼痛感引发的情绪动机——不是引发刺痛感本身，而是产生要消除痛感的强烈愿望。（在对换位性痛苦进行实验时，通常都看不到对身体真实痛感做反应的大脑部位有任何活动；如果真的出现这样的痛感，那更可能是幻觉，而不是共情。）研究人员没有给实验参加者任何可以激起反向共情的示意，例如竞争或者复仇，但是他们的共情反应仍然随着他们对情况的判断发生变化而变化。一旦他们得知这个治疗方法很有效，因此“病人”吃点儿苦头也是值得的，他们大脑中的换位性紧张反应就开始减弱。

在对充满悲悯心的大脑所做的研究中，我们完全看不到共情神经元组成的共情中心，看到的是各种激活共情和调节共情的复杂模式。决定这些模式的是认知者如何诠释他人的困境，以及如何看待两人之间的关系。共情的路径大致如下：[28]大脑上颞叶的颞顶交界区和附近的回间沟（沟槽）对他人的身体和精神状态做出评估。背外侧前额叶皮层和附近的额极（frontal pole），即大脑额叶的前端点评估情况的特殊性和本人的 579
整体目标。眶额皮层和腹内侧额叶皮层整合这些评估的结果，并与大脑中更古老和更情绪化的部位产生的反应进行协调。杏仁核加上附近额极传递过来的信息，对恐惧和紧张性刺激做出反应。脑岛则记录了厌恶、愤怒和替代性疼痛。扣带皮层协助控制对紧急信号做出反应的大脑神经系统，比如某些回路发出召唤不相容反应（incompatible responses）的信号，有些则发出感受到肉体痛苦和精神痛苦的信号。对镜像神经元理论来说，最不幸的是，大脑中镜像神经元最丰富的区域，比如指示运动神经运作的大脑额叶的某些部分（位于大脑外侧裂的最后方）和记录身体感受的大脑顶叶的某些部分，却大多不介入这些活动，唯一的例外是只有跟踪身体各个部位所处位置的顶叶部分参加了共情活动。

事实上，大脑组织中最接近悲悯性共情的既不是皮层质也不是皮层下器官，而是传输激素的系统。催产素是下丘脑制造的一种小分子物质，它对大脑的情感系统，包括杏仁核和纹状体发生影响，它由脑下垂体释放后进入血液，进而影响全身。[29]催产素原初的进化功能在于启动母性，包括生育、哺育和关照幼子。但因为这种激素能够减少与其他生物亲密接触的恐惧，因此它在进化过程中还具有支持母子之外其他亲和形式的作用，包括性高潮、异性一夫一妻制中的依恋、婚姻和伴侣之爱，以及非亲缘之间的同情和信任。为此，催产素也被称为“拥抱激素”。催产素在多种人际亲昵关系中的作用证实了巴特森的一个观点。他认为，母性关怀是其他各种人类同情形式的进化先驱。[30]

在行为经济学领域，人们做了些颇为稀奇古怪的实验，其中之一是厄恩斯特·费尔（Ernst Fehr）和合作者进行的信任博弈实验；在实验中，他们要求参加者将资金交给一位委托人进行投资，本金可能会翻几番，但委托人只需要按照自己的心愿向出资人返还资金。[31]实验参加人接受鼻腔喷雾剂，一半人吸入含有催产素的喷雾，催产素可以通过鼻腔进入大脑；另一半人则吸入空白的对照剂。那些吸入催产素的实验对象明显愿意将更多的钱交给陌生的委托人。媒体还曾经大肆报道说，某车行通过通风系统在展车厅释放含有催产素的雾剂，迷惑不明就里的消费者。（迄今为止，还没有人提议用飞机喷撒催产素的方式加速提高全球性共情意识。）另外有实验显示，吸入催产素让“最后通牒博弈”中掌握资源的提议方更加慷慨（在这种博弈中，接受方有否决权，提议方根据对
580 接受方反应的预期分配资源），但催产素对“独裁者博弈”没有影响（在独裁者博弈中，接受方要么接受要么放弃，提议方无须考虑接受方的反应）。催产素似乎很可能是对他人的信念和愿望产生同情反应的关键触发器。

* * *

在第 4 章中，我曾提及彼得·辛格有关扩大共情圈（其实是同情圈的）假说。共情圈最内层的核心是我们对儿女的养育，而触发这种温柔情感的最可靠装置是幼儿脸蛋的几何形状——我们称这种感觉为“招人怜爱”（cuteness）。1950 年，动物行为学家康拉德·洛伦茨（Konrad Lorenz）注意到，具有典型的未成熟动物体量的物体，让拿着它们的人产生温柔的情感。这些轮廓特征包括大脑袋、大脑勺、大额头和大眼睛，还有小鼻子、小下巴，以及细小的躯干和四肢。[32]“招人怜爱”最初是形容母亲关爱自己子女的映射，但是触发反射的特征在子女自己身上被大大地夸张了（以至于这些特征被当作子女健康的标识），以此诱发母亲的关爱反应，阻止杀婴倾向。[33]那些幸运地拥有幼崽脸型和体型的动物总能使抱着它们的人做出温情的反应，它们也因人类的同情心而得到更多的关照。我们觉得小白鼠和兔子要比老鼠和负鼠可爱，鸽子比牛更容易获得同情，海豹幼崽比貂或其他狡诈的毛皮动物更值得人类的保护。漫画家、泰迪熊和动漫动物的设计师都是利用这种映射让他们创作的形象更讨人喜爱。在一篇著名的有关米老鼠创作历史的文章中，斯蒂芬·杰伊·古尔德历数了在几十年的时间里，这只老鼠的眼睛和脑门如何被不断地加大，终于从一个招人讨厌的小顽皮成为一名清纯可爱的公司代言人。[34]古尔德没能活到 2009 年，否则他会看到迪士尼公司对米老鼠的新装扮。考虑到今天的孩子对“前卫”和“冒险”个性的追求，在新发行

的电子游戏中，迪士尼让米老鼠退化了，新的米老鼠在解剖学上无疑具备了更多的老鼠特征。[35]

我们在第8章中已经看到，“招人怜爱”对保育生物学家来说不是什么好事情，因为它将大量资源引向少数几个有迷人魅力的哺乳动物。甚至有组织认为，他们可以积极地利用这种反应，于是将有着两只楚楚动人的大眼圈的熊猫作为该组织的徽章。人道救援组织使用同样的手法宣传自己，他们常常用孩子的照片做自己的招贴。心理学家莱斯利·泽布罗维茨（Leslie Zebrowitz）已经证明，陪审团对长着孩子脸的被告怀有更多的同情，而这种对正义的嘲弄只能归功于我们克制不住的同情心。[36]美貌同样会因同情引致不公。容貌不佳的孩子常常受到父母和老师更严厉的处罚，也更经常成为儿童虐待的受害者。[37]容貌不佳的成年人则在诚实、善良、可信、敏感甚至智力方面被低估。[38]

当然，我们对我们的成人亲友也怀有同情心，包括那些容貌丑陋的亲友。但是，即使在边界确定的圈子内，我们尊奉同一套道德感，但却 581
不是毫无差别地释放同情心。在同情之外，一定还有其他与之相呼应的情感，我们的社交生活不可能是彻头彻尾、一成不变的温暖和柔情。社交生活中少不了摩擦和碰撞：谁踩了谁的脚指头，谁扫了谁的面子，谁又得罪了谁。如果心怀同情，我们或者感到负疚，或者愿意原谅，只是这些情感大多被局限在同一个小圈子内：我们同情的人，是那些被我们伤害后让我们感到愧疚，而伤害了我们后却容易得到我们宽恕的人。[39]罗伊·鲍迈斯特、阿琳·史迪威和托德·希瑟尔顿（Todd Heatherton）研究了关于负疚感的社会心理学文献，他们发现，负疚和共情密不可分。共情感强烈的人也具有较强的负疚感（女性的这两种情感都更丰富），而得到同情的人往往是那些让我们感到愧疚的人。这个效果非常明显，当要求人们回忆让他们感到愧疚的事件时，93%的事件与家人、朋友和情人有关，只有7%涉及一般的熟人和陌生人。

当回忆让别人感到负疚的事件时，我们得到了相同的比例：我们主要是让我们的亲友感到负疚，而不是让一般的熟人和陌生人感到负疚。我们将在有关道德的章节再来看鲍迈斯特等人对这一现象的解释。他们注意到，同情和负疚只发生在“共生关系”的圈子内。[40]在“交换关系”或“公平对等关系”中，即在我们与熟人、邻居、同事、合伙人、客户和商家的关系中，人们很少产生同情和负疚感。交换关系遵循公平原则，伴随的情感与其说是发自内心的同情，不如说是诚恳。如果我们伤害这些人，他们会回报以伤害，我们可以精准地协议罚金、退款和其他形式的赔偿来弥补此类伤害。如果这些赔偿行不通，为了减少自己的痛苦，我们可以疏远他们或者损害他们。我们会看到，交易式的议价赔偿能够修复交换性关系，但在共生关系中则成为人们的避讳，修复共生关系的代价要大得多。[41]它要求更复杂也更长效的情感黏合剂，例如同情、愧疚和宽恕。

* * *

那么，我们将同情心从婴儿、毛茸茸的小动物以及与我们有共生关系的人群向外扩张，将更多陌生人拉进同情圈会如何呢？互惠利他主义提供了一套预期，它采取“一报还一报”等在技术意义上“友善”的策略，即首先付出合作的善意，在对方没有背叛之前决不背叛对方。如果人们具有这样的善意，他们应该也具有给予陌生人同情的意愿，其最终的（即在进化中形成的）目标是试探结成互利关系的可能性。[42]尤其是
582 当我们遇到一位急需帮助的人，自己只要付出小小的代价，就能够让他人摆脱极大的困境，我们的同情心通常会油然而生。此外，在有共同利益作为润滑剂的互利关系中，即在具有同样价值取向和属于同一个阵营的人之间，同情心也很容易被调动起来。

像“招人怜爱”一样，“需要”是同情最常见的诱因。甚至几岁的孩子也会出手帮助遇到困难的人，或者安慰一个伤心的人。[43]巴特森在研究共情的时候发现，当学生面对一个需要帮助的人时，比如一个刚刚做过腿部手术的病人，即使病人不属于他们通常的社交圈，甚至不论病人是同学，还是陌生的老人或孩子，甚至是只小狗，他们都会产生同情的反应。[44]有一天，我看见一只马蹄蟹（鲎）仰天躺在沙滩上，十几只小腿无可奈何地在空中蹬扯着。于是我把它翻转过来，看着它溜回大海，

心里竟然涌起一丝幸福感。

当某人需要的帮助不能轻易被满足的时候，相同的价值观和其他共性开始发挥决定性的作用。[45]在一个颇具创意的实验中，心理学家丹尼斯·克雷布斯（Dennis Krebs）让参加实验的学生观看（研究人员假扮的）实验者玩一种特殊的轮盘赌，规则是当球落在双数栏，他赢钱；球落单数栏，他得到一下电击。[46]赌者或者被介绍为这些学生同系的同学，并具有相同的个性；或者是一个既非学生又个性不同的陌生人。当参加实验的学生认为赌者是和自己相似的人时，他们看到他被电击，就会手心出汗，心跳加速。他们说，等待他被电击时的感觉最为难过，他们甚至愿意替他接受电击，或者付钱免除他的痛苦。

克雷布斯提出一种“共情-利他假说”来解释参加试验的学生愿意为同伴做出的牺牲：共情带动利他。[47]我们已经看到，“共情”一词含义模糊，所以此处我们看到的是两个假说。第一个是基于“同情”感的共情，在人的情感状态中，包括对他人境遇的关切——为他人幸福而感到欢乐，为他人悲哀而伤感——这种心态促使我们毫不利己地帮助他人。我们将这个假说称为“同情-利他假说”。如果这个假说成立，它将推翻心理享乐主义和心理利己主义这两个老学说。心理享乐主义指人们只会做给自己带来快乐的事情，而心理利己主义则是指人们只会做给自己带来好处的事情。当然，有人会提出循环论证说，帮助他人可以满足利他情感的需要，这恰好证明了人的行为必定是为了自己的快乐或者对自己有益。但是，要证明这些玩世不恭的理论，必须指出帮助他人还有某种“独立的”利己动机，比如缓解自己的痛苦，避免遭到谴责或者得到公众的赞许。

“利他”一词的含义非常模糊。“共情-利他假说”中的“利他”是指 583
一种特定的动机意识，它以为其他人谋利为目的本身，而不是有其他目的的一种手段。[48]进化生物学所说的利他与此不同，它从行为而不是动机来界定“利他”：生物利他性包括以牺牲自己的利益为代价谋求他人利益的行为。[49]（生物学家需要识别两种一个生物有益于另一个生物的利他方式。另外一种利他方式称为“互助主义”，指一个生物在自己得益的同时亦有益于另一个生物，比如昆虫采食植物的花粉，鸟类捕捉哺乳动物身上的跳蚤，还有趣味相投的同屋互相分享音乐。）

在实践中，生物学上的利他和心理学上的利他经常相重合，原因是如果我们有动机做某件事情，我们通常也准备为此付出代价。尽管有误解，对生物学利他主义的进化解释（比如说，生物帮助自己的亲属或与亲属相互帮助，长远看都有益于基因遗传）与利他心理毫不矛盾。如果自然选择因长期收益而倾向以巨大代价帮助亲人或有潜在互惠可能的伙伴，那么自然选择会赋予人脑向这些人提供帮助的直接动机，没有必要再拐弯抹角地思考自己有何利益。事实上，利他者的基因可能获得长期收益，这一点既不说明利他者的虚伪，也不否认其利他的动机，因为基因的遗传收益在利他者的大脑中从来都不是一个明确的目标。[50]

因此，“共情–利他假说”的第一个版本是，利他心理是存在的，动机是同情心。第二个版本的“共情–利他假说”的基础是“投射”和“换位”共情。[51]根据这个假说，不论是想象自己遇到同样的境况，还是干脆将自己想象成他人，只要为他人设身处地，即可产生对他人的同情——如果“同情–利他假说”成立的话，这种同情会促成对共情对象的利他性行为。人们也可以称此为“换位–同情假说”（perspective-sympathy hypothesis）。这个假说关系到我在本书第 4 章和第 5 章提出的问题，即媒体报道、回忆录、小说、历史书籍和其他各种替代性体验的手段扩大了我们的集体同情意识，推动了人道主义革命、长期和平、新和平和权利革命。

虽然巴特森本人并没有严格将共情利他假说分为两个版本，但他历时二十多年的研究给两种版本都提供了支持。[52]

让我们从“同情–利他假说”开始。有人坚持认为帮助他人无非是为了让自己感觉好一点儿，让我们拿这种玩世不恭的观点和“同情–利他假说”做个比较。在一项研究中，实验参加者眼睁睁地看着由研究人员假扮的另一名实验参加者伊莱恩在学习实验中反复遭受电击。[53]（实验分男女进
584 行，男性看到的是一名叫作查理的男子。）随着实验的进行，伊莱恩表现出明显沮丧的情绪，这时，参加实验的人被告知有机会替代伊莱恩继续实验；同时被告知，除伊莱恩之外，其他人都已经完成了自己的实验任务，可以选择立刻离开。所以，在这个时候接替伊莱恩的工作，将是一个纯粹

的利他行为。在另外一组实验中，参加实验的人还要继续观看伊莱恩遭受另外 8 次电击。巴特森的理由是，如果人们仅仅是为了避免自己的痛苦，不想再看见伊莱恩受罪，才自愿替代伊莱恩进行实验，那么，如果他们有机会离开，可以不再看到伊莱恩接受电击，他们就没有必要出手替换伊莱恩。只有在他们不得不继续目击伊莱恩的痛苦，继续听到她的呻吟的时候，他们才会愿意付出自己遭受电击的代价。与克雷布斯的实验一样，实验参加者的同情心受到测试，她们被告知伊莱恩具有与她们相同或者相反的价值取向和兴趣（比如，如果实验对象喜欢读《新闻周刊》，那么伊莱恩被说成是喜欢读《时尚》或者《十七岁》）。无疑，当实验参加人感到自己和伊莱恩相像的时候，不论她们是否还要继续观看她被电击，她们都愿意替换她，让她不再遭受痛苦。如果她们觉得与伊莱恩是不同的人，那么只有在还要继续观看她受苦的情况下，她们才会愿意替代伊莱恩接受电击。此项实验和其他的研究共同证明，人们自私自利地帮助他人，帮助他人的目的是解除自己看到他人受罪而感到的痛苦。但是，当他们同情一个受害者的时候，他们的动机可以转变为单纯为了解救受害人，无论这样做是否能够减轻自己的痛苦。

另外还有一组实验测试助人的第二种隐蔽动机，即以前所说的渴望自己的行为得到社会的赞许。[54]在这个实验中，巴特森等人没有再操纵情感，但是，即使人们对同一事件都抱有同情感，每个人同情感的程度也有所不同。巴特森这次利用了人们同情感的差距。他们让实验参加者听到伊莱恩焦虑地大声抱怨即将到来的电击，然后要求他们指出他们所感受的同情、感动、怜悯、柔情、温情和心软的程度。有些人在所有这些形容词后面都给了高分，另一些人则都给了低分。

实验正式开始后，伊莱恩已经精疲力竭，失误越来越多，明显地感到沮丧。这时候，研究人员用一种很隐秘的方式来评估实验参加者是否出于纯属善意的意愿帮助伊莱恩摆脱困境，或者只是为了想要表现自己的善意。研究人员通过问卷来评估实验对象的情绪之后，或者告诉他们，如果他们能够圆满完成自己的任务，就有机会让伊莱恩解脱；或者告诉他们，他们不需要做任何事情就可以让伊莱恩结束实验，只是这样也就没有任何功劳可以夸耀。对同情伊莱恩的人来说，这两种情况让他们得到同样的解脱感；而对伊莱恩没有同情感的人来说，只有靠他们自己的努力让伊莱恩解脱时，他们才感到满足。另外还有一组实验，实验参加者必须在猜字游戏中得到高分才有资格替换伊莱恩，他们或者被告知游戏很容易（因此绝对没有机会造假得低分而逃避），或者被告知游戏很难（因而有机会名正言顺地逃
585 避牺牲）。对伊莱恩没有同情心的人借机逃避，在所谓的难题面前束手无策；而对伊莱恩怀有同情心的人在解“难题”上的得分甚至更优异，因为他们知道必须付出加倍的努力才有机会替代伊莱恩受苦。所以说，同情感可以产生真正的康德意义上的道德感，即视人为目的，而不是达到目的的工具——在这个实验中，甚至不是为了实现自己享受助人为乐的快感这种高尚目的的工具。

在这些实验中，人们从其他人——实验人制造的痛苦中解救受害者。那么，同情触发的利他行为能否抑制自己利用他人，或者抑制自己报复他人挑衅的欲望呢？答案是肯定的。在另外的实验中，巴特森让妇女进行一次性囚徒博弈，她们和一位研究人员假扮的匿名对手斗牌，斗牌的结果是以交易形式产生一些抽奖券号码。[55]在大部分情况下，她们采取了博弈论专家所说的最优策略，即背叛对方。她们根据保护自己不受欺骗并能够借机利用对方的原则选择出牌，与根据合作原则出牌相比，这样出牌会让双方都失去更多机会。不过，当实验参加者读过她那位匿名伙伴的一个私人便条之后，激起了对伙伴的同情心，她以合作原则出牌的比率从20%跳升到70%。在后面的实验中，另一组妇女进行“重复囚徒博弈”，这让博弈者有机会以自己的背叛来惩罚背叛的伙伴。对先行背叛的伙伴仍然报之以合作的次数只有5%。但是，如果预先让实验参加者对伙伴抱有同情心，她们就会更愿意宽恕，以德报怨的次数上升到45%。[56]所以说，同情可以减少自相残杀式的对抗和得不偿失的报复。

在这些实验中，在一种情况下，同情是一个间接变量，由参加人与给定对象（比如伊莱恩）之间价值取向的相似性所决定；在另一种情况下，同情完全是内生的：研究人员在现场观察到实验参与者的共情反应有差异，有些人多一些，有些人少一些，无论原因何在。而理解暴力下降过程的关

键是，同情是否可以由外生因素来左右。

前面说过，同情以及相伴随的负疚和宽恕主要发生在共生关系圈子中。因此，任何能够产生共生关系的东西，也应该能够产生同情。建立共生性的主要手段是引导人们合作实现一个共同的目标。（罗伯茨岩洞营交战的男孩子，最后协作将校车拉出泥潭。）很多解决冲突训练班也是遵循这一原则：先是将冲突各方带进一种友善的氛围中，让他们有机会进行个人交流，然后交给他们一项共同任务，协商如何能够解决冲突。这些做法都能够激发相互同情，训练班通常要求学员进行变换视角为对方着想的训 586
练。[57]不过，在所有这些案例中，合作被强加在参与者身上，显然我们不可能让数十亿人加入有人指导的化解冲突训练班。

最有力量的同情外生触发器，所费有限且俯拾皆是，它就是人们在阅读小说、回忆录、自传和报告文学时产生的角色换位。那么，接下来的共情学问题是，读者对媒介的消费产生了换位思考，但是它是否真的带来了对作家、评论家和他们所描绘的群体的同情呢？巴特森的研究团队对此进行了实验，研究人员让实验参加者相信他们正在为大学广播站做市场调研。[58]他们要对一个叫作“个人视角新闻报道”的新节目进行评估。这个新节目的宗旨是“超越当地新闻事件本身，报道事件对个人生活所产生的影响”。实验要求一组参加者“专注于广播的技术层面”，“客观地看待节目所讲述的事实”，不要被受访对象的感情影响；要求另一组参加者“想象受访人对事件的感受和事件对他们的生活产生的影响”——人为地操纵换位思考以制造某种同情感。必须承认，这样的操纵很不高明：因为人们在读书和看新闻时，不需要别人告诉他们应该如何思考如何感受。但是作家都知道，如果能够引诱观众进入故事主人公的立场，他们就会满怀同情地追随他进入故事情节。所以，对想要成功的剧作家的最好劝告就是“整出个英雄，再给他找些麻烦”。应该说，真正的作品不需要向观众下指令，所谓感人的主角，就是说他能抓住观众的同情心。

第一组实验显示，换位思考产生的同情和伊莱恩实验中发现的同情一样真诚。[59]实验参加者先是观看了对凯蒂的采访，凯蒂的父母在一起车祸中双双丧生，她只好承担起抚养年幼弟妹的责任。接着，实验参加者被告知，他们有机会做些小事情帮助凯蒂，比如照顾孩子，或者开车送她去一些地方。研究人员在志愿计划表上做了些手脚，或者让名单看起来已经有很多学生签名准备帮助凯蒂，以此制造同伴压力；或者让名单上只有两个名字，让实验参加者可以毫不羞愧地忽视凯蒂的困难。那些专注于报道技术层面的人只在有很多同学报名帮助凯蒂的时候才志愿提供帮助，而那些仔细听过凯蒂采访的人，不论是否有其他同学报名，都在志愿者名单上签上了自己的名字。

对一个处于困境的人抱有同情是一回事，对一个人所代表的群体产生同情则是另一回事。读者是仅仅对汤姆大叔抱有同情，还是对所有的美国黑人奴隶都抱有同情？是仅仅同情奥利弗·特威斯特（Oliver Twist），还是同情所有的孤儿？是仅仅同情安妮·弗兰克（Anne Frank），还是同情所有的集中营受害者？在一项有关同情泛化的实验中，学生听到一位年轻女子
587 朱丽讲述她车祸后因输血感染艾滋病的遭遇（在进行此项实验的时候，人们还没有找到艾滋病的有效治疗方法）。

> 是啊，你们可以想象，这真是挺可怕的。我是说，我每次咳嗽或者感到虚弱时，都会想，是不是到时候了？你知道，就是生命是不是开始衰竭了。有时候我感觉挺好的，但在我脑子的深处，有种恐惧一直在那里。任何一天都可能是走向死亡的（停顿）转折点。我知道——至少是现在——我没有生路。我知道他们在寻找治疗办法——我也知道，人都是要死的。但是这一切真是太不公平了，太恐惧了，像一场噩梦。（停顿）我的意思是，我本来觉得自己刚刚才开始生活，突然，我马上就要死了。（停顿）这真叫人受不了。[60]

稍后，当学生在问卷上填写对艾滋病人的态度时，换位思考的学生比仅做技术评估的学生有更强烈的同情心，这说明对一个人的同情确实可以扩展到对这个人所代表的群体的同情。但是，此处很容易产生一种误解。换位思考所产生的同情效果受道德教化的规范，我们从实际生活中可以认识到，同情感不是天然的生理反射。朱丽承认，她因为整整一个夏天没有

防护的滥交，才感染上了艾滋病。尽管那些换位思考者仍然对艾滋病患者这个群体怀有更大的同情心，但是对感染艾滋病的年轻妇女这个群体却没有太多同情了。以流浪汉为对象的实验也得出类似的结果，实验参加者有男生也有女生，他们的同情心对因疾病而陷于窘困的流浪者和因厌倦工作而流浪的人是不同的。

接着，心理学家研究团队继续拓展他们的实验，这次他们要看看人们对被定罪的谋杀犯能有多少同情心。[61]没有人一定想要人们对杀人犯抱有温情，但是，对不值得同情的人怀有某种程度的同情，也许是反对残忍处罚和滥用死刑所需要的。我们可以想象，正是因为有这样一点儿同情心，才产生了人道主义革命时期的刑罚改革。巴特森并没有到拿精神变态杀人狂来博取同情的地步，他很巧妙地编造了一个典型的常见凶杀案，杀人犯受到同样不讨人喜欢的受害人的挑衅。下面是“詹姆斯杀死邻居的故事”：

> 没过多长时间，情况就变得越来越糟糕。他把垃圾倒在我家后院的篱笆旁边。我在他家房子的侧墙上喷上了红漆。然后，他在我的车库放火，我的车还停在车库里呢。他知道那辆车是我的骄傲和欢乐。那真是我的宝贝，我把它收拾得好好的。我睡醒的时候，他们已经把火扑 588
> 灭了，可我的车毁了——彻底毁了！而他还在笑！我被气昏了——我没有喊叫；我一声都没有吭，但我浑身哆嗦，站都站不稳了。我当时就下了决心，他死定了。那天晚上，他回到家的时候，我拿着猎枪，在他家的前廊上等着他。他又笑了起来，说我是个懦夫，说我没有胆子做任何事。但是，我做了。我向他开了4枪。他当时就在门廊上咽了气。警察来的时候，我还拿着枪站在那里。
>
> （审讯员：你对做过的事情后悔吗？）
>
> 现在？当然了。我知道杀人不对，没有人——包括他在内，应该这样被杀死。但是当时我全部的想法就是不能饶了他——他必受报应，我不想再看见他。（停顿）我向他开抢的时候，心里感到很痛快、很轻松。我觉得自己自由了。不再愤怒，不再害怕，也不再仇恨，但是这种感觉也就有一两分钟吧。他才是得到自由的人，而我要在

> 监狱度过余生了。（停顿）看看我现在的样子。

对杀人犯詹姆斯本人，采取换位思考的学生比做技术评估的学生还是要多一点点同情，但对杀人犯这个群体，无论是换位思考还是技术观察，两组学生的态度几乎没有发生变化。

但是，意料之中还有意外。一两周后，参加实验的学生突然接到一个有关监狱改造的民调电话。（打电话的人是乔装改扮的巴特森实验研究人员，不过没有学生想到这一点。）民调中有一个问题涉及对谋杀犯的态度，它与学生实验问卷上的问题极为相似。研究人员希望在这个时间间隔上，显出换位思考的效果。那些在一两周之前尝试站在詹姆斯的角度看问题的学生对谋杀犯明显抱有更大的同情。研究人员称所追踪的这种延迟影响为“睡眠者效应”。当人们突然接触到原来不为他们所接受但却能够改变他们态度的信息时，比如本案中对杀人犯怀有某种温情，他们意识到这种令人不快的影响，因此有意识地加以排斥。随着时间的推移，他们的心理防线松懈了，内心的变化开始浮现。此项研究的要点在于，听到一个陌生人的故事，设身处地地进入他的角色，即使这个人属于被人们极端厌恶的群体，人们还是会真诚地对他和他所属的群体抱有更多同情——即使不能在听到他的故事后立刻就能做到这一点。

在一个人际交往密切的世界上，人们有很多渠道接触陌生人的故事，包括面对面的交流、媒体的采访，还有各种回忆录和自传。那么，虚构世界的那部分信息流——让观众心甘情愿遭受折磨的小说、电影和电视剧的影响又如何呢？听故事的愉悦来自听者进入角色，然后对比各种不
589 同角色的立场，比如故事中其他人物的立场、讲故事的人的立场和读者自己的立场。小说是不是一条扩张共情的隐秘途径？乔治·艾略特在1856年的散文中为这一心理假说进行过辩护：

> 只有已经具备同情心和道德情操的人才能感悟理论和数字的感召力，但是，一个伟大的艺术家所展现的人类生活画面，可以让最平凡和最自私的人心动，让他们关切他们身外的世界，这或许可以叫作道

> 德情操的原料。当司各特将我们带入走运佬马克雷白克特的小村舍，或者给我们讲述《两只鸽子》的故事；当华兹华斯向我们吟诵《苏珊的幻想》；当金斯利向我们展示奥尔顿·洛克如何可怜巴巴地凝望着大门，门外的大路通向他平生第一次见到的树林；当霍农描画出一群清扫烟囱的人，就沟通上层社会和下层社会，打破粗暴的排他性而言；他们的作品，超过了成百上千次布道和成百上千篇哲学论文。艺术最贴近生活，它让我们得以超越自身的局限，不断丰富我们人生的体验，不断扩展我们与同胞的交往。[62]

当代历史学家林恩·亨特、哲学家玛莎·努斯鲍姆（Martha Nussbaum）、心理学家雷蒙德·马尔（Raymond Mar）和基思·奥特利（Keith Oatley）等人强烈主张阅读小说是共情扩展的主要途径，也是推动人道主义进步的力量。[63]人们也许会认为，文学理论家会加入他们的阵营，全力证明文学理论研究的对象是推动时代进步的力量；而在这个时代，学生和资金居然纷纷弃文学而去。但是，许多文学理论家，比如《共情与小说》（*Empathy and the Novel*）的作者苏珊·基恩，对于阅读小说能够提升道德的建议甚至感到恼怒。在他们眼中，这种观点太庸俗、太功利、太低级趣味、太煽情、太奥普拉——太哗众取宠了！他们指出，阅读小说，迫不及待地看着书中反面人物倒霉遭殃，同样可以培养幸灾乐祸的情感。它可以强化对“另外那些人”居高临下的优越感。它甚至可能分流对现实中活生生的人的关注，将同情转向不存在的虚构受害者。他们还表示，我们完全没有必要闹出一大堆实验室数据来显示杜撰的作品可以共情。马尔、奥特利和他们的合作者都证明阅读小说的人在共情和社交机敏度测试中得分较高，但是这种相关性不能说明到底是阅读小说让他们更富有同情心，还是共情能力强的人更喜欢阅读小说。[64]

如果虚构的体验不能产生真实体验一样的效果，那倒是让人觉得奇怪了，因为人们经常在自己的记忆中混淆两者。[65]有几项实验说明小说确实可以扩展同情。巴特森所做的一项广播节目实验中有一个对瘾君子的采访，参加实验的学生分为两组，一组被告知这位瘾君子真有其人，另一组被告知是演员在表演。[66]凡是被要求换位思考的听众都对590 瘾君子抱有更大的同情，不论他是真人现身还是演员表演（虽然在被告知是真实人物时，同情增多了些）。而在一个绘声绘色的说书人手中，虚构的人物甚至能够比真人有更强烈的感染力。文学理论家杰梅扬·哈克穆尔德（Jèmeljan Hakemulder）在他的著作《道德实验室》（*The Moral Laboratory*）一书中说，在实验中，实验参加者阅读了事实相同但题材不同的作品。作品都是关于阿尔及利亚妇女的悲惨处境，他们或者是通过马里克·默克戴姆（Malike Mokkeddem）的小说《流离失所》（*The Displaced*）的主人公的眼睛接触事实，或者是通过冉·古德温（Jan Goodwin）的纪实报告《荣誉的代价》（*Price of Honor*）来了解情况。[67]阅读小说的人比阅读纪实报告的人变得更加同情阿尔及利亚的妇女，因为他们更少将妇女的困境归咎于文化和宗教传统。这些实验让我们有理由相信，人道主义革命的编年表恰好排在通俗小说流行之后，不完全是一种巧合：换位思考确实有助于扩展同情圈。

*　*　*

共情研究已经证明，同情可以推动真正的利他主义，对个体的遭遇换位思考所产生的同情可以扩展至个体所在的群体，这个个体甚至可以只是小说中的虚构人物。人们一直在揣测，是对人类苦难的感受，以及减轻其苦难的真挚愿望推动了人道主义改革，实验研究证明了这一猜测。正因为如此，对历史上多种暴力下降的解释必须考虑到换位思考的认知过程和同情感所发挥的作用。我们这里所谈的暴力涉及有组织的暴力，例如残酷刑罚、奴隶制、滥用死刑；涉及日常弱势群体，例如妇女、儿童、同性恋、少数族裔和动物的虐待；还涉及杀人如麻的战争、征服和种族清洗。

同时，研究还提醒我们，为什么我们不能拿“共情时代”或者“共情文明”作为解决我们问题的手段。共情也有它的阴暗面。[68]

首先，当共情与社会的基本原则——公平相抵触的时候，它会危害人类的福祉。巴特森发现，当人们对身患重症的10岁小姑娘谢里产生共情后，他们选择让谢里跳过其他排队等候的孩子先得到治疗，尽管其他孩子的病情更重，已经等候了更长时间。共情在这里等于将其他孩子交给死亡和痛苦，仅仅因为共情者不知道他们的名字和故事。那些知道谢里的遭遇但没有对她产生共情的人，做出的决定反而更公正。[69]其他实验也得出了同样的结论。巴特森还发现，在公共品博弈中（成员向公库上交资源，公库获利后向成员进行再分配），博弈者可能对其他成员产生共情，比如读到报道说这位女子刚刚和男友分手了，于是将本应交给 591
公库的资源转给这位女子；对公库贡献的减少，损害了所有成员的利益。[70]

共情和公平之间的冲突不仅仅是实验室的兴趣所在，在真实世界，它可能产生沉重的后果。如果一个社会的领导人和政府雇员对自己的亲族和密友产生共情，关切地向他们发放特殊津贴，而不是铁面无私地分配给陌生人，社会将因此陷于灾难。裙带关系不仅侵蚀警察、政府和企业的生命力，而且在家族和种族之间开启对生活必需品的零和竞争，这样的竞争必定走向暴力。现代组织的核心是承担抽象的委托义务，而这些义务超越所有的共情关系。

还有另外一个问题，作为谋求普世人类福祉的力量，共情过于狭隘。虽然有镜像神经元，但共情不是生理的自然反射，并不是每个人都能泛起同情心。共情像开关一样，可以打开，也可以关上，甚至走向反面，它取决于人们如何解释他们之间的关系。可怜可爱、容貌俊秀、亲族、朋友、相似的人或者具有共同利益的群体都可以激发共情。虽然共情可以通过换位思考向小圈子外扩展，但巴特森警告过，其扩展的余地非常有限，而且为时可能非常短暂。[71]期望人类的共情梯度可以平展扩张、无限伸延，人们待所有的陌生人都如同家人和友人，这曾是20世纪的乌托邦梦想，它实际上要求对人性进行不切实际的压制，而压制的结果还未必如愿。[72]

压制人性也是完全没必要的。扩展共情圈不等于说我们必须对地球上每一个人的痛苦都感同身受。没有任何人有这样多的时间和精力，即使我们的共情可以勉强铺张开来，伸展向更远的人群，但这样肯定会导致情感不堪重负，怜悯心产生疲劳。[73]《旧约》指示我们要爱我们的邻居，《新约》教导我们要爱我们的敌人。但道德理性似乎应该是：爱你的邻居和敌人，因此不要去杀害他们。坦率地说，我不爱我的邻居，更不要说敌人了。所以，更准确的表述应该是：不要杀害你的邻居和敌人，即使你完全不爱他们。

真正得到扩展的与其说是共情圈，不如说是权利圈——对其他生命做出承诺，不论这些生命与我们多么不同、多么疏远，都应该免于被伤害和被剥夺。在激发人们的良知，关切受歧视集团方面，共情发挥了历史性的重要作用。但光有这些良知的感悟是不够的。共情之所以能够发挥作用，在于它推动改变了决定社会如何对待这些团体成员的政策和规则。在历史上有些关键时刻，对生命价值的新感受很可能扭转精英的决
592 策和大众的传统观点。但是，我们将在本书讨论理性的部分看到，要克服共情固有的狭隘性，非常需要抽象的道德讨论。我们的最终目标应该是让政策和规则成为我们的第二天性，共情则成为非必需品。事实上，共情就像爱，并不是我们所需要的一切。

自制

自从亚当和夏娃偷吃了禁果，奥德修斯将自己捆缚在桅杆上，蚂蚁储存食物时蚱蜢尽展歌喉，圣奥古斯丁祈祷“求主让我贞洁——不过现在还不是时候”以来，人类就一直在为自制而挣扎。在当今世界，自制成为越来越紧要的美德，因为我们已经驯服了自然的灾难，我们的痛苦绝大部分都是我们自作自受的结果。我们暴饮暴食、抽烟、聚赌、透支信用卡、轻薄滥情，沉溺于海洛因、可卡因和电子邮件不能自拔。

暴力也是一个自制力的问题。研究人员罗列了长长的暴力风险因素，包括自私、羞辱、嫉妒、部落偏见、挫折感、拥挤、热天气以及雄性。当然，世界上大致有一半的生命是雄性，我们都被羞辱过，都有嫉妒心，都遭遇过挫折，或者都在还没出拳时就已经被吓出一身冷汗。无处不在的凶杀幻想也说明，我们不能消灭暴力的诱惑，只不过是学会了抵制这

种诱惑而已。

现代欧洲的凶杀率下降到中世纪欧洲的1/30，自制力被认为是导致这一历史性趋势的最主要因素。我们讲到过诺贝特·埃利亚斯有关文明进程的理论，国家权力的巩固和商业的发展不仅扭转了激励机制，让人们放弃了强盗生意；它也向人们不断地灌输自制伦理，终于让克制和得体成为人们的第二天性。人们控制住自己不再在衣橱里小便，不再在公共场合性交，不再在餐桌旁放屁，不再抱着骨头大啃，啃到一半又把骨头放回到菜盘子里的同时，也控制住自己不再在餐桌上互相动刀子和互相割掉鼻子。在荣誉文化中，受到羞辱立刻施以报复的人受到尊敬，而在尊严文化中，能够克制自己的冲动的人才值得尊重。在20世纪60年代发达国家和去殖民化后的发展中国家出现暴力增加的同时，人们也不再珍视自制力，长者不再遵纪守法，年轻人更可以肆意妄为。

缺乏自制也会带来大规模的暴力冲突。很多愚蠢的战争和动乱的起因都是领袖或社群对某人某事大肆鞭挞，其实第二天早上，他们就已经对自己的出言不逊而感到后悔。这里列举两个典型的实例：1968年，马丁·路德·金遇刺后，美国非裔在自己的社区放火抢劫；2006年，真主党发动一次袭击之后，以色列彻底摧毁了黎巴嫩的基础设施。[74]

在本节中，我将以在前一节探究共情是否支持扩展同情圈的方式， 593
从科学的角度探讨自制力，论证它是否支持"文明进程论"。文明进程论，就像弗洛伊德的本我和自我理论，对人类的神经系统做出了若干非常明确的说明，我们将逐一进行检视。大脑里是否确实存在一个冲动和自制的竞争系统？对于人类的种种恶习，从暴饮暴食到滥交再到拖延症，从小偷小摸到严重侵犯，自制力是不是驯服它们的唯一力量？如果答案是肯定的，那么个人是否有办法增强自己的自制力？自制力的调整是否能够遍布全社会，从而改造社会的特性，形成新的自我约束？

* * *

让我们先来理解自制力这个概念，以及它在什么情况下是理性的，在什么情况下是非理性的。[75]首先，让我们撇开纯粹的自私自利，即损人利己，我们要观察的是自我放纵，即为了自己眼前的愉快而给自己带来长期的伤害。事例不胜枚举。今天的美食，明天的脂肪；今天的尼古丁，明天的癌症；今天歌舞狂欢，明天要付乐师的账单；今天性交，明天怀孕、得性病或者嫉妒；今天大打出手，明天就生活在瓦砾之中。

及时行乐并不一定是非理性。说到底，星期二的你和星期三的你相比，不会因为在星期二吃了一块巧克力就缺点儿什么。相反，星期二的你可能因此更有价值。如果那块巧克力足够大，帮你填饱肚子，星期二吃了它让你不再饥肠辘辘，而把它留到星期三，则意味着你星期二可能要挨饿。再说，你克制自己在星期二享用这块巧克力的欲望，但你可能当晚长眠不醒，无论是星期二的你，还是星期三的你，都永远没有机会享用这块巧克力了。最后，你将巧克力藏起来，它还有可能变质，也可能失窃，反正让现在的你和将来的你都尝不到一点儿甜头。

所有的东西都有自己的价值，及时行乐也是有代价的。这就是为什么我们借出钱，一定要收取利息。明天的1 美元比今天的 1 美元价值要低（即使我们假定没有通货膨胀），利息就是我们给两者之差决定的价格。人们按照单位时间内固定利率计算利息，也就是说，它是利上加利，或者叫作呈指数增加。利息补偿了人们在收回本金之前，随着时间的流逝本金所失去的价值，这种贬值也呈指数形态。为什么会呈指数变化呢？每过去一天，你都有可能死亡，借款人也可能逃匿或者破产，你可能再也见不到自己的这笔钱财了。而每过去一天，发生这些不幸事件的概率就增加一点儿，你要求的补偿也因此相应地翻番。至于享乐，对理性人来说，如果必须在纵情今朝还是快乐明天之间做决定，那么，只有在明天的快乐呈指数放大的情况下才会选择快乐明天。换句话说，是理性人，就应该对未来打折扣，以放弃某些第二天打了折扣的快乐为代价，享受
594 一下今天的快乐。为了能够在90 岁的生日晚会上挥霍一把，而让一个人节衣缩食一辈子，这可太没有意思了！

只有在我们过分忽视未来的时候，也就是我们将未来的自己过分贬值，以至于在未来的自己还可能活着享受储蓄的时候，已经将储蓄挥霍一空时，这时的自我放纵才成为一种非理性。在数学意义上，有一个最

佳未来折现率，亦即最佳利率——它计算了人的预期寿命，保有储蓄的可能性，你的资源最多能够维持多少时间，以及在生命的不同阶段（比如年富力强的时候和年老体衰的时候），你能享用的资源。“吃喝玩乐吧，反正我们明天都是要死的”这个观点是完全合理的，如果我们真的能够肯定我们明天就会死掉。但是，如果我们还有明天，而我们却像没有明天一样暴饮暴食，那就是非理性的。过度的自我放纵，缺乏自制，是让我们自己的未来过度贬值，等于是为我们放弃的某些快乐索取过高的利息。没有任何合理的利息率，能够让我们20岁时抽烟的快乐与50岁时癌症的痛苦等价。

当今社会人类缺乏自制力的行为，大多来自折现未来的意识，而这个意识很可能是在史前时代就已经被植入了我们的神经系统；当时我们祖先面对的是一个充满不确定性的世界，人们的寿命很短，也没有多少储备手段能够应付数年之后的需要。[76]经济学家已经注意到，当人们只能听天由命的情况下，他们为退休所存的积蓄非常之少，仿佛总是觉得自己活不了几年了。[77]行为经济学家理查德·塞勒（Richard Thaler）和卡斯·桑斯坦（Cass Sunstein）等人提出了“自由意志家长制”（libertarian paternalism）理论，其依据正在于此。他们提出政府应该——在人民的同意之下——在人民的现在和人民的未来之间实行倾斜性政策。[78]实例之一是将加入退休金计划作为工资单上的一项自动预置，让人们选择退出计划，而不是让人们选择加入计划。另外一个实例就是将销售税转嫁到最不健康的食品上。

但是，意志软弱的表现还不仅是过分地无视未来。如果我们只是将未来的自己过度贬值，我们也许是做了不利的选择，但是这些选择不会随时间的推移和其他可能性的流逝而变化。如果我们内心有一个声音不断地大声喊叫说“立刻上甜品”，这个声音完全淹没了小声嘟囔的“脂肪脂肪”，那么，不论是在5分钟内拿到甜品，还是在5个小时内拿到甜品，结果都是一样的。但在现实中，人们的偏好可以随着对象是否立等可取而变换，这种现象也称为“近视贴现”（myopic discounting）。[79]我们在酒店的房间里填写次日早餐的订单，可以毫不犹豫地选择无脂酸奶加水果，但如果是站在自助早餐的食台前，我们却会挑选煎五花咸肉和牛角酥。许多实验显示，很多生物都有同样的倾向，即在两个遥远的收益之间进行选择的时候，宁愿选择较大的收益，即使要等待更长的时间。比如，如果你有两个选择，第一个是在一个 7 天内得到 10 美元，第二个
595 是在 8 天内得到 11 美元，你会选择第二个。但是，如果两个选择近在眼前，人们就会失去自制力，偏好发生变化，我们会选择立刻到手的好处，哪怕分量小一些，而放弃还要等待更长时间的那个好处，哪怕它的数量会大一些：就是今天，10 美元！宁愿今天立刻到手 10 美元，也不想等到明天拿 11 美元。对单纯的贴现未来而言，只要贴现率合理，选择贴现就是合理的，但近视贴现与此不同，近视带来的偏好逆转，绝对没有理性可言。而所有的生物都是近视的。

喜欢数学思维的经济学家和心理学家用数学解释近视偏好反转，他们认为，生物进行的是“双曲线贴现”（*hyperbolic* discounting），而不是更理性的指数贴现。[80]当我们为自己的未来计算折旧的时候，并不是在必须等待的每个单位时间内，将回报的主观价值重复乘上一个固定的折旧率，即第一步是为折扣原值的一半，然后折旧 1/4、1/8、1/16 等等，而是用递减折旧率计算每个时间单位的主观原值，即表现为首先是原值折扣一半，然后是 1/3、1/4、1/5，以此类推。在定量表述之外，我们还可以更直观和定性地表述这个观点。双曲线是一条有一个突凸的曲线，如同一条陡直下降的曲线和另一条几乎平缓的曲线焊接在一起。而指数曲线则像是一条斜率不变的平滑下降的滑雪道。这一数学解释和心理学对近视贴现的解释相一致，有心理学理论认为近视贴现来自大脑的两个系统，一个系统处理当下的享受，另一个处理遥远的或者完全假想的享受。[81]托马斯·谢林这样说：“有些时候，人们的行为仿佛他们有两个自我；一个自我想要一个干净的肺，长命百岁，另一个自我则酷爱烟草；或者一个自我想要身材苗条，另一个则喜爱甜食；或者一个自我想要阅读亚当·斯密来提高自己……另一个只想看个电视上的老电影。”[82]弗洛伊德关于本我和自我的理论，以及俗话说的人类的过失是身体内有小魔鬼在捣乱的结果（“我真是中了邪了”），都是对自制力如同脑子里有小

人在打架一样的直觉描述。心理学家沃尔特·米歇尔（Walter Mischel）和珍妮特·梅特卡夫（Janet Metcalfe）以孩子为对象进行了近视贴现的实验研究，他让孩子们在立刻得到一颗棉花糖和15分钟后得到两颗棉花糖之间做出痛苦的选择；他们认为，即刻享用的渴望来自大脑的“热系统”，而等待的耐心来自“冷系统”。[83]

在本书前面的章节中，我们已经看到了大脑的冷热两个系统的轮廓：大脑的边缘系统（图8-2显示了这一系统的主要部分）和脑额叶部分（见图8-3）。边缘系统包括愤怒回路、恐惧回路和优势回路，它们从中脑穿过下丘脑直到杏仁核；属于边缘系统的还有受多巴胺驱动的寻求回路，它从中脑穿过下丘脑到达大脑纹状体。两条路径均与眶额皮层和脑 596
额叶有双向的联系，而眶额皮层和脑额叶调控着这些情感回路的活动，从而控制人们的行为。我们能否说，自制是大脑的边缘系统和脑额叶之间的一场拔河赛？

2004年，经济学家戴维·莱布森（David Laibson）和乔治·罗文斯坦（George Loewenstein）、心理学家萨缪尔·麦克卢尔（Samuel McClure）和神经成像专家乔纳森·科恩组成的课题小组试图通过两个大脑系统之间的较量解释近视贴现之谜。他们将两个系统命名为“边缘蚱蜢”（limbic grasshoper）和“脑额叶蚂蚁”（frontal lobeant）。[84]参加实验的人躺在扫描仪下对两笔奖赏进行选择，比如说，或者很快可以得到5美元，或者等几个星期得到40美元。研究人员想知道，大脑对于“在立刻拿到5美元2两周后拿到40美元之间选择”与“2周内拿到5美元和6周内拿到40美元之间选择”的处理是否不同。答案是，确实不同。在唾手可得的满足感面前，立刻满足的可能性让实验对象的大脑纹状体和内侧眶额皮层部分闪闪发亮。而两种选择都会让背外侧前额叶皮层发亮，脑额叶的这个部分负担较冷静的更有意识的信息。更妙的是，神经成像专家可以清晰地读出实验对象的想法。当他们的侧前额叶皮层比边缘系统更活跃的时候，他们抗住诱惑，选择延迟但更大的收获；当边缘体和侧前额叶同样活跃甚至更活跃的时候，他们屈服于眼前的诱惑，选择尽管数量较小却可以最快到手的收获。

如图 8-3 中前部发达的大脑显示，前额叶包括许多部件，构造复杂，它们涉及多重自制功能。[85]前额叶的最后端，即连接顶叶的部位，就是所谓的运动神经，它控制全身的肌肉。紧挨在运动神经前面的是运动前区，承担组织运动指令，形成更复杂的运动形式；人们最早就是在这个区域发现了镜像神经元。在这个区域之前的部位被称为“前额叶皮层”，它包括我们已经反复提及的背外侧、眶额/腹内侧皮层区域，以及左右两个大脑顶端的额极。额极有时候也被称为“前额叶之前额叶”，当人们选择放弃即刻但较小的收获，追求延迟但更大的收获时，额极连同背外侧皮层特别活跃。[86]

与那些把自己的学生塞进扫描仪的科学家相比，对前额叶与自制力之间关系的新发现，丝毫没有让传统的神经病学，即那些治疗脑伤的神经科医生感到惊讶。很多脑外伤病人的病因都是过度折扣了自己的未来，开车不系安全带，或者骑摩托车不戴头盔。为了早一秒钟上路，或者为了风撩头皮的快感，他们放弃了未来的更大收益——免于事故，保住自
597 己的前额叶完整无损。这笔交易实在太不划算了。据说，前额叶受伤的病人都变得刺激驱动。他们看见梳子，会立刻拿起来梳理自己的头发；只要眼前有食物，就忍不住要向嘴里送；让他们冲澡，不去叫他们出来，他们就会一直站在淋浴喷头下面。完好的前额叶是人们摆脱刺激性控制的前提，它负担着让人们的行动服务于自己的目的和计划的功能。

当头部受到硬物撞击，前额叶与颅骨发生冲击后会受到严重损伤。在美国铁路工头菲尼亚斯·盖奇遭受的意外中，一根钢钎扎穿了他的眶额皮层和腹内侧皮层，但没有伤及外侧和最前端的部位。他的故事告诉我们，前额叶的不同部位涉及不同的自制力。盖奇的记录显示，他丧失了“智能和动物本能之间”的平衡。今天的神经学家也认为，眶额皮层负担着协调情感和行为的主要功能。眶额皮层受损的病人变得冲动，不负责任，不能集中注意力，社交失态，有时候甚至变得暴力。神经科学家安东尼奥·达马西奥（Antonio Damasio）认为，这种病状的症结是病人对情感信号缺乏敏感。他证明，这些病人在牌桌上出牌的时候，无论输赢概率，他们都不会冒冷汗，而正常人在输钱风险特大的时候，都会

有紧张冒汗的体验。[87]这种情感驱动的自制——我们将之称为忧患（apprehension）——有着古老的进化历史，哺乳动物如老鼠都有非常发达的眶额皮层（见图8-1）。

但是，还存在着更冷静的、规则驱动的自制力，前额叶的外层和最前端部位承担这类自制力的调控，这部分大脑主要是在人类进化过程中才出现的。[88]我们已经看到，当涉及在两个延后的享受之间进行选择时，以及是在扳动脱轨车厢的行车道岔撞死1名工人，或者任车厢留在原轨道上撞死5名工人之间进行选择时，背外侧额叶皮层负责对成本收益进行理性计算。[89]额极在指令链上居于更高的地位，人类的生活充满各种欲求之间的竞争，神经科学家认为额极让这些竞争顺利地展开。[90]每当我们同时面临多重任务，探索新的问题，恢复中断的话题，或者每当我们在梦想和专注现实世界之间进行切换的时候，额极开始活跃介入。额极让我们能够分神关注一个杂念，然后又跳回原来正在进行的工作，就像我们有时候因为缺少一味原料中断烹饪，跑到商店买回作料后再接着烹炸煎炒。神经科学家艾蒂安·克什兰（Etienne Koechlin）对前额叶的功能做了这样的总结：它最后端的部位负责对刺激做出反应；侧额叶负责处理故事的背景环境，额极则专注于故事的主要情节本身。具体说，当电话铃声响起，我们拿起电话，这是我们对刺激做出反应。如果我们是在朋友家中做客，我们会任凭电话铃声一直响下去，直到主人自己拿起电话，这是我们对场景进行回应。如果我们的朋友正在洗澡，告诉我们替他接一 598
下电话，这是我们对具体的情节做出反应。

这几个层次的自制力发生故障时，就会导致冲动型暴力。拿对儿童进行粗暴体罚来说，反对暴力已经是现代西方的父母固有的准则，他们对打孩子这样的想法几乎会产生生理反感，这可以说是眶额皮层做出的反应。其他时代和其他文化下的父母（比如那些会对孩子说“等你爸爸回家再说”的母亲）也许会根据孩子捣蛋的程度来调整自己对打孩子的态度，比如孩子是在家中闯祸还是在外面闯祸；如果是在家里调皮，当时家中是否有客人在场。自制力比较弱的父母，或者认为孩子的行为让他们无法容忍的父母，有可能大发雷霆，就是说他们大脑内的愤怒回路挣脱了前额叶的控制，将孩子痛揍一顿，下手之重，这些父母自己事后也会后悔莫及。

艾德里安·雷尼以前曾经发现，精神变态者和冲动型杀人犯或者眶额皮层部位很小，或者反应迟钝。他最近又进行了一项神经成像实验。实验证明，来自边缘系统的冲动和来自前额叶的自制力出现失衡会导致暴力。[91]他对一群殴打妻子的丈夫进行了脑扫描，让他们看一些带有负面情感色彩的单词印刷图片，例如愤怒、仇恨、恐怖和惧怕等，告诉他们尽量忽略单词的含义，只要指出单词的印刷颜色［此类测试注意力的方式被称为“叫色测试”（Stroop task）］。家暴男子在指出颜色的时候反应迟缓，心理学家认为这是因为他们内心充满激愤，对负面情感词汇超级敏感。正常人可以毫不延迟地指出印刷字体的颜色，完全不受词汇含义的影响；与这些正常人的大脑相比，家暴男子的边缘系统（包括脑岛和纹状体）更加活跃，而背外侧额叶皮层则比较迟钝。我们可以猜测在冲动型攻击者的大脑中，来自边缘系统的进攻性冲动较强烈，前额叶操控的自制力却较弱。

* * *

当然，大多数人都不是极端缺乏自制力，所以大多数人都不曾卷入暴力行为。但即使在非暴力的大多数人中，也有些人的自制力强过另外一些人。除了智商之外，没有其他特质比自制力更能预示一个人的健康和成功了。[92]沃尔特·米歇尔在 20 世纪 60 年代后期对推迟享受进行了实验。在实验中，他给孩子们两个选择：立刻得到一颗棉花糖，或者等一会儿得到两颗棉花糖。他一直追踪着这些参加实验的孩子，直到他们长大成人。[93]10 年之后，对这些长大了的孩子再次进行实验的结果证明，在棉花糖实验中显示出较强意志力的孩子，青春期调整顺利，SAT（学业能力倾向测验）分数更高，在校就读的时间更长。十几二十年后，这些孩子已经进入成年，那些有耐心的孩子，成年后很少服用可卡因，有更强的自尊心，人际关系更好，懂得如何应对压力，很少有边缘型人格障碍问题，有更高的学位，挣钱也更多。 599

其他对样本更大的青少年和成年人的研究得出了类似的结论。成年人都能做到为两颗棉花糖多忍耐一会儿，但是我们也看到，面对“是今天拿到5美元还是等两周之后拿40美元”时，他们同样遇到了挑战。莱布森、克里斯托弗·查布里斯（Christopher Chabris）、克里斯·柯比（Kris Kirby）、安杰拉·达克沃思（Angela Duckworth）、马丁·塞利格曼（Martin Seligman）和其他人进行的研究也发现，那些选择延后但是更大回报的人，也是学习成绩更好、体重更轻、抽烟少、锻炼多、每个月都付清信用卡账单的人。[94]

鲍迈斯特和他的合作者用另外一种方式测度自制力。[95]他们让大学生对下述这些句子进行评级来暴露自己的自制力：

> 我有抵御诱惑的能力。
> 我心里想什么都忍不住要说出来。
> 我从来不会失去自制。
> 我总是随心所欲。
> 我太容易发脾气。
> 我守不住秘密。
> 如果我行动前能停下来想一想就好了。
> 我太贪玩了，经常因此不能完成工作。
> 我总是很准时。

研究人员对评级中迎合社会偏好的倾向进行校正，将各种反应综合为一个测度习惯性自制力的单一指标。他们发现，得分高的学生往往学习成绩好，很少有饮食失调问题，较少饮酒，较少有身心病痛，很少精神紧张、抑郁、恐惧和偏执，有较强的自尊和良知，与家人保持良好的关系，有稳定的朋友，较少发生事后后悔的性关系，不太能够想象自己婚姻出轨欺骗配偶，较少有“发泄”或者“出气”的需要，更多感到愧疚，但很少感到羞耻。[96]有自制力的人更能够替他人着想，虽然他们具有同样的同情心，但他们对他人困境的反应不会太紧张。通常认为，那些自制力太强的人紧张、压抑、神经质、不善交往，强迫症人格，性心理停留在性心理发育阶段。但事实与此相反，研究人员发现，人们的自制力越强，他们生活得越好。自制力评级最高的人心理也最健康。

自制力弱的人是否容易行使暴力？至少有间接的证据显示答案是肯
600 定的。第 3 章中我们谈过的迈克尔·戈特弗里德森（Michael Gottfredson）、特拉维斯·赫希（Travis Hirschi）、詹姆斯·Q. 威尔逊和理查德·赫恩斯坦（Richard Herrnstein）所推崇的犯罪理论，即犯罪的人也是自制力最弱的人。[97]他们总是经受不住眼前来路不正的小诱惑，不肯等待需要长期诚实耕耘的果实，比如远离监狱。暴力型的青少年和年轻人往往有违反校规的历史，他们很容易卷入证明他们缺乏自制力的各种麻烦，比如酒驾、吸毒酗酒、事故、考试不及格、滥交、失业，以及一些非暴力的犯罪，比如盗窃、破坏他人财产和偷车。许多暴力犯罪都属于典型的冲动型。一个人本来只是要到店里买包香烟，结果却头脑发热掏出枪抢劫了收银机，或者受到某人的谩骂或侮辱，拔出刀捅死了挑衅者。

为了说明这一理论的普遍意义，我们必须能够表示心理学上的自制力与犯罪学上的自制力两个概念相符合；前一个概念以选择即时的小报偿或选择未来的大报偿来衡量，或者以自我冲动评级来衡量，而后一个概念以实际发生的暴力为量度。米歇尔检测了城市初中里的孩子，他发现那些能够为得到更多巧克力糖豆而等候更长时间的孩子，更少卷入打架或与同伴发生冲突。[98]很多对老师给学生评语所做的研究证实，在老师眼中，冲动的孩子往往具有较强的进攻性。[99]心理学家阿夫沙洛姆·卡斯皮（Avshalom Caspi）和泰里·莫菲特（Terri Moffitt）做过一项特别富有信息量的研究，他们对新西兰但尼丁市 1972 年和 1973 年出生的全部儿童进行追踪。[100]在 3 岁时被鉴定为“低度控制”（undercontrolled），即冲动、焦躁、抗拒性、不能集中注意力和情绪波动的儿童进入 21 岁后成为罪犯的可能性要高很多。（这项研究没有区分犯罪是不是暴力犯罪，但对同一样本进行的后续研究显示，暴力犯罪与非暴力犯罪高度相关。）[101]导致这些人高犯罪倾向的原因之一很可能在于他们对行为后果的预期非常不同。根据他们对问卷的回答，控制力低的人倾向于认为自己连续犯罪后被抓获的可能性不大，他们还认为违法行为被发现后失去亲友尊重的可能性也很小。

青少年时期是自制力不断增长的时期，他们选择放弃眼前的小甜头，得到未来更大报偿的意愿越来越强烈，这种变化影响到青少年的犯罪轨迹。产生这一变化的部分原因是大脑的发育成熟。20岁之前，前额叶皮层的各种连接尚未完成，外侧和额极区是大脑中最后发育成熟的部位。[102]但是自制力不是故事的全部。如果自制力是导致行为不端的唯一原因，随着年龄的增长，青少年的麻烦应该越来越少，而事实并非如此。暴力不仅和自制力有关，而且和行使自制力的欲望有关。[103]青春期也是被称 601
为“寻求刺激”（sensation-seeking）冲动发生涨落的年纪，这一冲动的动力来自大脑中寻求回路的活动。其活跃程度在18岁时达到峰值。[104]受睾丸素支配的雄性间竞争在青春期也处于上升状态。[105]虽然20岁左右的年轻人的大脑前额叶开始成熟，但对感官刺激和竞争的追求很可能压倒自制力的增长，让年轻人表现得更加暴力。长期而言，随着人生阅历的增加，年轻人终于明白追求刺激和竞争要付出代价，而自制则带来收获，此时自制力才会占上风。青少年犯罪的弧线是这几种动能合力的结果。[106]

所以，自制力从幼年起就是表现人和人之间差异的一种稳定的特质。至今还没有人对双胞胎和领养儿童进行过自制力行为研究，例如孩子面对棉花糖的诱惑以及其他对成人的类似标准实验，而探讨自制力的遗传性非常需要有这样的研究。不过，我们基本上可以肯定地说，自制力和遗传有关，因为差不多每一种心理特质都具有部分遗传性。[107]自制和智力具有某种相关性（在 -1 和 1 的区间内，相关系数为 0.23 左右），两个特质都依赖于大脑的同一部位，虽然依赖的方式不完全相同。[108]智力本身与犯罪高度相关——比较迟钝的人既更多地行使暴力，也更多地成为暴力的受害者，虽然我们无法证明高自制力到底是高智力的结果，还是高智力的原因，这两个特质对非暴力各有其作用。[109]说明自制力具有遗传性的另一个线索是，以缺乏自制、注意缺陷多动障碍（此病症也与违法乱纪和犯罪有关联）为代表的症候属于遗传性非常强的人格特质。[110]

就我们目前所知，缺乏自制力走向暴力的证据所证明的是相关性。因为人们发现，有些人比另外一些人缺少自制力，而这些人也更容易行为不端、发怒和犯罪。但是，相关性不能证明因果。自制力弱的人更倾向犯罪也许是因为他们智力不高，或者是因为他们生长的环境太糟糕，或许他们还有其他一些宏观上的缺陷。更重要的是，某一个因人而异的特质无法解释我们试图回答的问题：为什么历史上暴力水平发生了变化。为了证明这一点，我们需要证明个人放松自制会产生什么样的暴力结果。我们还必须能够证明，人民和社会能够不断地培养自制力，以此制约暴力。下面，让我们看看我们是否能够找到这些此前没有留意到的关系。

* * *

一个人和一种欲望做斗争，需要付出艰苦的努力。许多有关自制的成语和词语都表现出自制是一种力量，比如意志力、毅力、意志坚强和
602 自我抵制。语言学家勒·塔尔梅（Len Talmy）已经说过，有关自制的词语均来自与力量有关的语言，仿佛自制力是我们脑子里的一个小人，正在与顽强的对手进行肉搏。[111]我们在语言中使用同样的句型说萨莉强行推开了门和萨莉强迫自己继续工作，比菲控制住自己的狗和比菲控制住自己没有发脾气。还有很多概念隐喻，比如“自制就是力量”。人们发现这一隐喻实际上有着神经生物学的真实依据。

鲍迈斯特和他的合作者在一系列出色的实验中证明，自制就像是人体的肌肉，会变得疲劳。让我引用他们的一篇论文中方法论部分的片段，这些文字翔实地说明了他们的实验过程：

> 实验参加者报名参加一项有关味觉的实验。研究人员为每一名参加者安排一次个人测试时间，要求参加者在测试之前少吃一顿饭，保证三个小时之内不能吃任何东西。
>
> 研究人员在实验参加者到达之前精心布置了实验场地。一个小

> 烤箱里烘烤着巧克力饼干。整个房间弥漫着新烘焙糕点的诱人香味。实验参加者落座的桌子上摆着另外两种食物，一盘是巧克力饼干配着巧克力糖，还有一碗红白小萝卜。[112]

主题故事是，这是关于感觉记忆的实验，参加者对两种截然不同的味道中的一种进行体验，一小段时间后，回忆味道的品质。研究人员告诉一半的实验参加者吃两三块饼干，告诉另一半实验参加者吃两三颗小萝卜。做完说明后，她离开房间，从单向视窗后观察实验对象，确认他们没有违规。论文中有如下记载："他们中有些人明确地表现出对巧克力的兴趣，不过只是眼馋地看着盘子中的巧克力，有几位甚至拿起巧克力饼干闻了闻。"然后研究人员告诉他们，为了测试味觉记忆，他们要坐在那里等候15分钟。在这段时间，他们做用铅笔描画几何图形的解谜游戏，游戏要求是描线不得重复，铅笔不能离开纸面。为了增加心理压力，研究人员给实验对象的都是些无解的游戏题，旨在测试他们在放弃之前能够坚持多长时间。品尝饼干的人在游戏上投入18.9分钟，进行了34.3次尝试，而吃小萝卜的人在游戏上花了8.4分钟，进行了19.4次尝试。可以说，吃小萝卜的人在抗拒饼干诱惑上消耗了太多精力，以至于没有更多的耐心尝试解谜了。鲍迈斯特将这一现象称为自我消耗（ego depletion），这里的自我是弗洛伊德意义上的自我，即控制激情的自我意识。

这项研究受到很多争议：也许吃萝卜的人只是感到沮丧，或者气愤， 603
或者情绪不佳，或者就是饿了。但是鲍迈斯特的研究团队逐一回应了这些批评，随后10年不断积累的大量实验证明，从事任何需要一定毅力的工作，都会妨碍同时完成另外一项也需要毅力的工作。下面是几项消耗自我的工作：

• 说出一个颜色词的印刷颜色（比如蓝色印刷的"红"字），不要受颜色词本身的影响（即"叫色测试"）。

• 两个相邻的屏幕，一个上面播放一出喜剧录像，实验参加者被要求不要注意喜剧，集中注意力跟踪另一个屏幕上移动的方格，就像玩猜豆子游戏。

• 就“为什么应该涨学费”写一篇具有说服力的演讲稿。

• 写一篇散文，描述一个胖子生命中普通的一天，但要不落俗套。

• 看电影《母女情深》（*Terms of Endearment*）中德博拉·温格在死前和孩子道别的场景，但不能表现出任何感情。

• 让一个有种族偏见的人长时间地与一位美国非裔谈话。

• 写下脑子里所有的念头，同时不能想起北极熊。[113]

下面是人们丧失意志力的结果：

• 在用手挤压一杆把柄的同时做拼字游戏，或者看着一部绝对无聊的电影——片子的全部内容就是桌子上放着一只盒子，人们会在较短时间里提出放弃。

• 在味觉实验中品尝了一勺冰激凌之后，违背自己的节食规则，吃了更多的冰激凌。

• 在品酒实验中多喝啤酒，尽管马上就要参加模拟驾驶考试。

• 在拼字游戏中无法克制性意识，比如将“NISEP”这 5 个字母拼成“penis”（阴茎），而不是“spine”（脊椎）。

• 无法在教别人打高尔夫球推杆入洞的同时和另外一个人谈话。

• 在看到让自己心动的手表、汽车和游艇的时候，出价超过原来的预算。

• 在参加有关口香糖、糖果、玉米薄脆片或者和纸牌游戏有关的研究中，每当有研究人员调皮地减价推销这些东西，实验参加者往往将刚刚挣到的小钱花个精光。

通过设定不同的控制条件，心理学家可以排除其他可能性，比如疲劳、难度、情绪和缺乏自信。测度的唯一共性是需要多大的自制力。

这项研究提出一个重要的观点，自制力可以掩盖个体之间的差异。[114]所以，20世纪60年代的流行文化诋毁节制和自制力，同时抨击社会的一致性，大家推崇的口号是“做你自己的事情”。每个人都有自己的事情， 604
但是社会所坚持的只有一件事情，所以我们必须通过自制完成这件事情。如果自制让个性扁平化，我们也可以预测，一旦自我消耗殆尽，个性会反弹回来。而这正是鲍迈斯特的研究团队所发现的一个现象。在“品尝冰激凌实验”中，在事先没有提醒实验参加者注意克制自己的情况下，节食的人和饮食正常的人吃下相同分量的冰激凌。但在意志力被消耗的情况下，节食的人会吃下更多冰激凌。“自我消耗”凸显出的个体差异还包括偏见水平不同的人固守成见的程度不同，酒鬼和饮酒适度的人在实验中喝下的啤酒数量不同，以及羞涩的人和开朗的人持续聊天闲扯的时间长短不同。

鲍迈斯特的小组还证实了一个维多利亚时代的观点，人——特别是男人，在控制性欲方面需要调动意志力。[115]在一项研究中，心理学家评估了两个人在发生一夜情式的随意性交之前，一个人对另外一个人的情感接近程度。不仅个体之间有差别，男女之间也有明显的差别，伍迪·艾伦影片中的一段对话可以作为对这一差别的写照：黛安娜·基顿说，“我相信，没有爱的性体验毫无意义”，伍迪·艾伦回答，“是的，但是没有意义的体验也是体验，而且是最好的体验之一”。在此项研究的实验参加者中，研究人员先让一半的人经受了自我消耗——根据不断变换的规则玩串字游戏，然后告诉所有人，让他们想象自己本来正与某人发展着浪漫关系，但是突然发现自己和另一位极具魅力的异性在酒店房间里相会。接着，研究人员询问他们是否想象自己屈服于性的诱惑。不论是否经受过自我消耗，凡是认为没有爱的性关系毫无意义的人（不分性别）都想象自己会抵制诱惑。但是，对那些接受一夜情式性关系的人来说，瞬间的意志软弱则带来非常不同的结果：如果他们刚刚经过自我消耗，他们中很多人会想象自己屈服于诱惑。

两性之间在此问题上有巨大的差别。当人们意志力旺盛的时候，男女之间没有区别，两性都抗拒想象的不忠；当人们的意志力被消磨之后，女性仍然继续拒绝欺骗，而很多男子开始想象自己出轨。有些人认为自己意志力强，有些人则认为自己没有多少自制力——这里不考虑短暂的自我消耗，对这两类人进行的简单分析，也说明风流需要自制。在自制力强的人中，不论男女都不能想象自己欺骗伴侣，但在自制力弱的人当中，男性则想象自己会出轨。失去了自制力的羁绊，男子的行为更符合演化心理学对他们的估测。

鲍迈斯特和盖略特（Gailliot）继续推进实验，目的是探究自制力对
605 真实的——不是想象的——性行为有什么样的影响。他们邀请成双成对的伴侣进行实验，这些人或者是已经有相当长的性关系，或者是刚刚开始他们的性关系；研究人员将他们分开，然后分别进行自我消耗（要求他们在嘈杂的环境中集中注意力观看一部非常无聊的电影）；再让他们相聚，研究人员似乎有事要离开实验室几分钟，给伴侣一点儿能够互相亲昵的时间。出于礼貌，研究人员既没有对这些伴侣进行录像，也没有从单视镜背后进行观察，他们只是要求每个人自己在一个简短的报告里描述两人之间发生了什么。经验丰富的伴侣即使经历了自我消耗，仍然能够避免身体接触，仿佛性已经从激情变为家常便饭。但是自我消耗后的新情侣则克制不住进行身体亲热。根据他们写下的报告：“他们长时间地湿吻，互相抚摸（比如臀部和女性的胸部），甚至掀开衣服暴露自己。”

*　*　*

根据文明进程理论，在中世纪欧洲，自制匮乏之下是各种形式的放纵，包括邋遢、暴躁、放荡、粗鲁、无视未来，以及最糟糕的一项放纵——暴力。对自制力的研究证明，自制作为一种意志力可以克制大部分放纵行为，但我们还需要证明，暴力也是可以被克制的放纵。我们已经知道，自制力弱的人更经常卷入吵架斗殴和寻衅滋事。那么，我们是否能够在实验中通过操纵自制力释放出人性中的这头野兽呢？

谁也不想把实验室闹得天翻地覆，于是鲍迈斯特想到了辣味调料。他征求饥肠辘辘的实验参加者进行品尝食品和书面表述之间关系的研究。[116]他们要指出他们最喜欢的味道和最不喜欢的味道，写一篇短文表达他们对堕胎

的看法，评判一位伪装的实验参加者的短文，再评判一种食品的滋味，最后阅读一篇同伴对自己短文的反馈。在品尝测试中，一半人必须品尝甜面包圈的滋味、口感和香气，另一半人品尝小萝卜的滋味、口感和气味。就在实验参加者将食品塞进嘴里那一刻，研究人员喊叫起来："等等！对不起，我可能搞错了。这可能不是你的样品，请不要再吃了。我要去问问下面应该怎么办。"说罢他离开房间，让实验对象一个人和面包圈、小萝卜一起待上5分钟。毫无疑问，这是一场关于自制力的有效实验，请看下面几段摘自书面报告的文字：

> 实验参加者：40名本科生参加了此项研究。作为交换，他们得到了一定的学分。其中7个人的数据完全无效，不能做分析之用，原因是有4个人对同伴的反馈表示怀疑，另外有3个人则是因为不顾指示吃掉了整个面包圈。

参加者接着读到实验同伴对自己短文的反馈，当然都是些尖酸刻薄 606
的评论。同时他们也了解到评论者的味觉偏好，即是否喜欢辛辣食品。接下来，研究人员要求参加实验的学生为同伴准备一份点心，原料是一包薯条和一罐辣酱，辣酱瓶子上明显标注着"辣"。研究人员在学生离开之后，通过瓶子里剩余的辣酱来测量这位学生使用了多少辣酱。参加实验的学生同时被要求为自己的情绪，包括愤怒的程度评级。那些失去了就要到嘴的面包圈的学生，丧失了自制力，尽管还没有疯狂，但的确进行了反击。在为尖刻的实验同伴准备的薯条里，他们倒上的辣酱比一般人要多62%，他们实在是无法克制报复的冲动。如果你有机会折磨一个嘲笑过你的人，比如每当他在电脑游戏中出错，你可以按键让他听到一声高音喇叭的尖叫。实验的结果显示，意志力被损耗的人总是更乐意揿下按钮。

还有一项测试人进攻性的实验，研究人员让实验参加者想象自己带着挚爱的女友站在酒吧里，一个情敌出现了，开始和女友调情，而且让她感到很开心。（如实验对象是女性，那就想象自己和男友在一起，情敌是另外一位女子。）想象自己开始和情敌发生顶撞，被情敌一把推到吧台上。而吧台上正有一个啤酒瓶子。实验参加者要回答的问题是："你有多大的可能性会将啤酒瓶子砸到对手的脑袋上？请分级回答，评级从 -100（完全不可能）到 100（极为可能）。"对自制力薄弱的人，如果他们的自制力完全没有受到损耗，他们回答说"不会武力报复"；但是如果他们的意志力刚好被消磨了一番，他们的回答就变成"很可能会将酒瓶子敲到情敌的头上"。

如果我们综合（1）鲍迈斯特的实验——实验室内消减自制力能够增加性冲动和暴力倾向，（2）个体中自制力薄弱和童年行为不端、成年放纵和犯罪之间的相关关系，（3）神经成像研究所证明的前额叶活动和自制力之间的相关关系，以及（4）神经成像研究显示的冲动型暴力和前额叶功能损伤之间的相关关系，我们所得到的实证图景完全支持埃利亚斯的猜想，即自制神经机制的软弱很可能导致暴力。

* * *

这个结论仍然不完整。个人身上的特质一般具有几十年的稳定性，但在几分钟之内就能被耗尽，因此无法用特质的存在来解释一个社会在几个世纪中的变迁。我们必须揭示无论一个人与生俱来的自制水平如何，他或她都能够提升自制力。自制力既有个体遗传的可能性，也有持续提升的可能性，这是不争的事实。它就像人们的身高：基因让我们中的有些人比其他人更高，但是在几个世纪中，人们的平均身高也在增长。[117]

人们在思考自制的同时，也在思考增强自制力的方法。奥德修斯告诉船员将他捆缚在桅杆上之后，船员用蜡紧紧堵住自己的耳朵，只有奥德修斯一个人能够听见海妖曼妙的歌声，但又不会在诱惑下驾船撞向岩
607 礁。这种为了自己的未来而约束现在的自己的行为被冠名为"奥德修斯模式"或"尤利西斯模式"。我们可以为此行为模式找到成百上千的实例。[118]我们尽量不在空腹的时候购物。我们在能够控制自己的时候尽力控制自己，在馋涎流淌之前扔掉巧克力松糕、香烟和酒精。我们将闹钟

放到卧室里离床最远的地方，以免闹钟响后我们伸手就能关上闹铃再次入睡。我们授权雇主从每一张工资单上扣除一笔钱放进养老金账户。我们克制自己在完成手头的工作之前不去买让人分神的书刊杂志。我们把钱交给 Stickk. com 这样的公司，设置好程序，每一次我们达到一个目标，就能拿回一部分钱；如果我们到期达不到目标，这笔钱就会捐给我们最讨厌的政客。我们总是当众发誓洗心革面，如果食言就会名誉受损。

如我们在第 3 章中所见，在近代欧洲初期，人们奉行奥德修斯式自制的实践之一就是不再在餐桌上使用锋利的刀子。出于同样的目的，美国西部开发时酒馆门口总有一个大家熟识的提示——“在门口交出枪支”。这和今天控制枪支的法律和裁军协议异曲同工。自制的另一种策略是远离麻烦，比如避免与仇人碰面。打架的人接受旁人劝架，也是一种自制战术，而且还有避免承认自己软弱和胆怯的好处。

自制力还有各种心理战略。沃尔特·米歇尔告诉我们，如果把自己面前诱人的棉花糖遮盖起来，或者扭头不看它们，或者唱歌分散自己的注意力，或者在自己脑子里将棉花糖重构为一朵小小的白云，而不是好吃的糖果，甚至4 岁的孩子也可以为了拿到双份的棉花糖而长时间等候。[119]暴力案中可以见到同样的情况，即重构对羞辱性行为的认知，对方的挑衅可以被看作对一个人荣誉的沉重打击，也可以是一个不妨忽略不计的摆谱，或者不过是肇事人的幼稚无知。人们时常提出忠告说“别介意，这不是针对你个人的”，或者劝你不要在意肇事者，说“他不过是吹牛皮”、“他还是个孩子”、“无聊人的无聊话，不值得理会”，还有谚语如“棍棒石头能断骨，言语随风不过心”，这些见识的背后都是人们的认知重构。

马丁·戴利和马戈·威尔逊表示，根据经济学的“最优利率模式”和生物学的“最佳觅食模式”，还有操纵自制力的第三种方式。他们提出，生物具备一个内变量，就像浮动利率，其可调整的幅度受控于对未来的预期。[120]该变量的设定取决于社会环境是否稳定，以及人们的预期寿命。如果明天永远不会来临，就不会有人愿意为明天进行储蓄；如果人们身处乱世，也就没有信心能够收回自己的储蓄。达利和威尔逊对主要大城市中的不同居民区进行了量化比较研究，他们发现，预期寿命越

短（只考虑暴力之外的影响因素），暴力水平越高。两者的相关关系支
608 持下述假说：以年龄为常数，人们未来的生活岁月越短，暴力倾向越严重。因应环境的不确定性而对未来的折现率进行调整可能会产生恶性循环，因为一个人不计后果的鲁莽将影响所有其他人的折现率。马太效应，即所谓在一些社会中诸事正确，而在另一些社会中每一件事都是错误的，很可能是环境的不确定性和每个个体不顾未来的行为叠加影响的结果。

在一个社会中，人们提升自制的第四个方式是改善人们的营养、健康和有节制地生活。大脑的前额叶是一大块代谢旺盛的组织，对葡萄糖和其他营养胃口极大。用身体的体力来比喻自制力不仅仅是一种语言形容。鲍迈斯特已经发现，当人们因为注意力高度集中或者从事需要意志力的工作而导致“自我消耗”时，血糖水平急剧下降。[121]这个时候，如果给人们喝一杯加糖（不能是代糖品）的柠檬水，补充身体内的葡萄糖，他们在接下来的工作中就能够避免通常会出现的挫折。我们可以想象，在现实世界中，低血糖、酗酒、滥用毒品、寄生虫负载，以及维生素和微量矿物质缺乏造成前额叶损伤，确实会降低贫困人群的自控能力，让他们具有更强的冲动型暴力倾向。几项安慰剂对照研究均证明，向囚犯提供膳食补养品能够减少他们的冲动性暴力。[122]

鲍迈斯特进一步证实了人们使用的隐喻词有着极为真实的基础。如果意志力就像肌肉，在使用中因消耗能量而疲劳，而一杯提神的甜品就能让人恢复精力，那么，锻炼是否也能够增强人的意志力呢？人们是否能够通过坚持展示自己的决心和毅力来提升意志力？我们还是不能完全按照字面的意思来理解隐喻词——前额叶毕竟不是二头肌，不可能因锻炼而鼓胀起来。但是，在使用中我们有可能强化大脑皮层和边缘系统之间的神经联络。同时，人们可以学习自制的策略，享受把握冲动的快感，尝试新掌握的行为自律的诀窍。

鲍迈斯特和其他心理学家在实验中测试了锻炼对意志力的作用，他们要求参加者在自我消耗研究开始数周或数月之前开始执行自制锻炼计划。[123]这些锻炼计划包括要求参加实验的学生持续记录他们吞下的每一口食物；参加

体育锻炼、财务管理或者学习技能之类的项目；用平时不习惯使用的手刷牙或控制鼠标；对学生真正构成自制力挑战的任务是：说话时不用脏字，使用完整的句子，不用“我”作为句子的开始。经过几个星期的交叉训练，学生在自我消耗实验中确实变得更有耐受力了，他们在现实生活中也表现得更自律。他们抽烟少了，喝酒少了，吃的垃圾食品也少了，609
花钱少了，看电视的时间也少了，学习的时间多了，更经常地清洗脏碗脏盘子，而不是一直把它们留在厨房的水池里。实验再次证明了埃利亚斯的推测，即生活小节上的自制力可以成为人的第二本能，并可以影响到一个人的举止风度。

在接受“尤利西斯式约束”、认知重构、内在浮动贴现率、改善营养和类似体能锻炼的机能训练这些调整之外，自制力还有可能是社会推崇的时尚。[124]在某些时代，自制力是一个体面人的优点：说明这个人成熟，有尊严，是位淑女或绅士，一位品行高雅的人。在另外一些时代，自制力成为嘲弄的对象，被指为拘谨、装正经、古板和道学。犯罪高发的20世纪60年代是距离我们最近的一个宣扬放松自制的时代：“为所欲为”“张扬自我”“感觉好，就去做”“让我们尽情狂放”。那10年的音乐会影片充分展示了自我放纵的主题，每一个摇滚歌星都试图表现得比其他人更狂躁，以至于他们的冲动看起来都经过周密的计划，费了很大的心血。

* * *

这6条通向自制的途径是否能够增进社会成员的自制，从而让自制成为一个社会的特征？这将是文明进程理论诠释链上的最后一张多米诺骨牌。第一张外生的骨牌是执法的变化和经济合作的机会，它们产生倾斜性回报，让延迟满足，特别是回避冲动型暴力从长期看有利可图。接下来的连锁反应是强化人们的自制机能，让人有能力克制自己的暴力冲动，不仅仅是担心被发现后的处罚。这个过程甚至可以是一个自我强化的积极反馈环，而且是工程和人本双重意义上的“积极”。在一个社会中，当大家都开始克制侵犯性行为，个人时刻准备回击侵犯的必要性也就下降了，因此每个人身上的压力都减轻了，形成积极的良性循环。

心理学和历史学之间有一道鸿沟，跨越鸿沟的桥梁是寻找一个衡量自制力的社会性指标。我们已经看到，利率就是这样一个指标，它展示了人们对延迟消费所要求的补偿。当然，利率在一定程度上取决于通货膨胀、预期收入增长和投资失败的风险等客观因素。但是，它也反映了人们不愿意延迟满足的心理。一位经济学家这样说，一个 6 岁儿童情愿立刻吃下一颗棉花糖，而不愿意等几分钟拿到两颗棉花糖，其效果等于是要求每天 3% 的利率，即每个月的月息为 150%。[125]

610 格里高利·克拉克——我们在第 4 章中已经见过这位经济史教授，估算了英国人在 1170—2000 年以地租和房租形式索取的利率，这八百多年正是文明进程展开的时期。克拉克认为，1800 年之前不存在通货膨胀的问题，收入水平没有变化，业主失去财产的风险低而且没有太大的变化。如果确实如此，实际利率所体现的就是人们对自己的当下和未来的偏好程度。

图 9-1 显示，在英国凶杀率急剧减少的几百年间，实际利率也出现急剧下降，从超过 10% 降至 2% 以下。其他欧洲社会也呈现出同样的变迁趋势。相关不能说明因果，但是这种关系符合埃利亚斯的观点，在中世纪欧洲进入现代欧洲的过程中，暴力下降是自制和面向未来这一大趋势的组成部分。

什么能够更直接地测度一个社会的综合自制力？年利率只是人们延迟消费的货币运作，从这里推向克制日常生活中的暴力冲动还有相当长的一段距离。虽然用个体的特质来代表一个社会的本质（比如说，“残暴的人民”）有很大的风险，但是，有些文化中的人确实在生活中表现出更强的自制，人们之所以有这样的印象也不是毫无道理可言。尼采将文化分为阿波罗式（Apollonian）和狄俄尼索斯式（Dionysian）两种，取名来自希腊的两个神祇：太阳神和酒神。人类学家鲁思·本尼迪克特（Ruth Benedict）在她 1934 年出版的经典之作、民族志文集《文化模式》（*Patterns of Culture*）中使用了尼采的区分手法。阿波罗文化被认为是思考、自制、理性、逻辑和有秩序的，而狄俄尼索斯文化则是感性、激情、 611

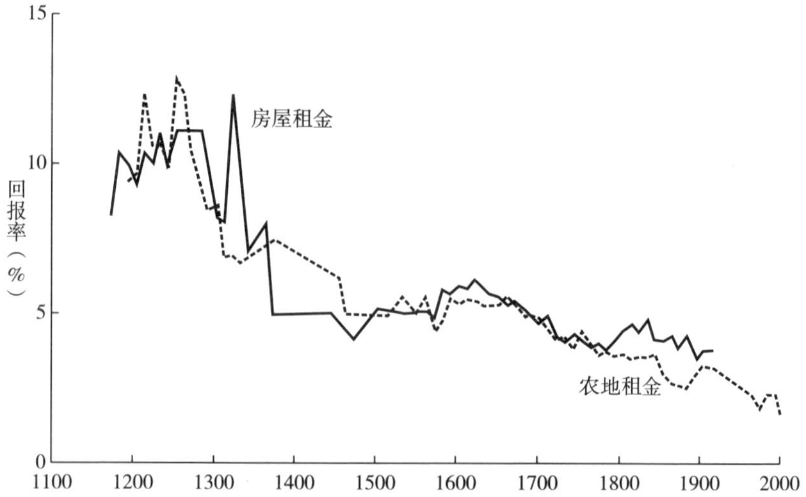

图 9-1 1170—2000 年英国的隐性利率

资料来源：克拉克绘制，2007 年 a，第 33 页

本能、非理性和混乱的。今天已经不会再有人类学家使用此种两分法的分析方式，不过，社会学家海尔特·霍夫斯泰德（Geert Hofstede）对世界上各种文化进行了量化分析，他通过对一百多个国家中产阶级市民对问卷的回答，重新发现了文化模式的差异。

根据霍夫斯塔特的数据，不同的国家可以在 6 个维度上呈现差异。[126]差异之一，是追求长远收益还是追求短期利益："长期收益导向的社会培育追求未来回报的美德，特别是储蓄、坚韧和应变能力；短期利益导向的社会则推崇与过去和当下相关的美德，例如民族骄傲，尊重传统，维持'面子'，承担社会责任。"差异之二是追求"放纵"还是"克制"："'放纵'表示一个社会容许人们比较自由地追求人欲的满足，享受生活，寻找快乐；'克制'代表着一个社会用严厉的社会规范压抑人欲。"当然，上述两个维度都与人的自制能力有关，而且两个维度存在相关性（110 个国家数据的相关系数为0.45）。如果埃利亚斯知道有这样的数据，他会预测这些民族特质与该国的凶杀率相关。事实确实如此。长期利益导向的国家强调控制人欲，它们的国民确实在凶杀犯罪上有所节制。[127]

所以说，像扩张共情圈理论一样，文明进程理论也从远离自身领域的地方得到了实验和数据支持。心理学、神经科学和经济学都已经确认了埃利亚斯的估测，即人具有克制暴力和非暴力性冲动的自制力。人在自己的一生中可以强化和扩大自制的能力，而在不同的社会和不同的历史时期，人们的自制力有强弱之分。

迄今为止，我还没有提到对自制能力长期增长的另一个解释：它是一个生物学意义上的进化过程。在转向我们的最后两位天使——道德和理性——之前，我需要就这个众说纷纭的问题花上几页篇幅。

最新的生物进化？

很多人在使用“进化”一词时相当随意，既用它代指文化变迁（即历史），也将它用作生物变化（即跨越数代生命的基因频率的转变）。文化和生物进化当然有互动关系。比如，当欧洲和非洲的部落人开始驯养奶畜时，他们也开始进化出让人在成年后仍能消化乳糖的基因。[128]但这是完全不同的两个过程，在理论上，我们总是可以通过实验区分两者。
612 比如，一个社会从另一个社会领养的孩子，如果这两个社会已经分别出现适应不同文化的生物演化，那么，在平均水平上，领养的孩子与本地生养的孩子应该有所差别。

人们经常就暴力下降提出一个问题，即它是否和人类最新的生物进化有关。在一个已经经历了“平靖进程”和“文明的进程”的社会中，人们的基因构成是否已经有了相应的改变，因而在推进历史进程的同时，让人类具有永久背离暴力的倾向？当然，这样的转变不会是文化潮流被吸收进入基因的拉马克式（Lamarckian）进化，而只能是适应生存并繁衍的达尔文式进化。那些恰好天生适合新文化的个人比其他人具有更强的生存和繁衍能力，因此让下一代人携带了更多适者基因，进而改变整个群体的基因组成。

比如，不妨想象一下，在霍布斯的无政府社会，冲动性暴力具有自我保护的功能，但在经历了平靖进程或文明进程的社会中，动辄复仇的暴力不仅于事无补，而且伤害自身。利维坦势必极力剿杀精神变态狂和狂热分子，将他们送进地牢或送上绞刑架，让头脑冷静的人在安定的社会中生儿育女。有利于共情和自制的基因得以繁衍，而放任捕食暴力、争夺优势和复仇的基因则日渐衰落。

即使一夫多妻向一夫一妻转变这样简单的文化变迁，在理论上也改变了人类的选择。根据拿破仑·沙尼翁对雅诺马马人的记录，杀过男人的男子，比没有杀过人的男子有更多妻子和子女；厄瓜多尔的黑瓦洛人（舒阿尔人）中也有同样的情况。[129]如果这个简单的数据模式持续数代人或数十代人，遗传倾向肯定是趋于选择具备杀戮的意愿和能力。相反，当一个社会转向一夫一妻制，杀戮不再带来繁衍后代的优势，为此行凶杀人的动力自然会减少。

贯穿本书，我始终假设在认知和情感意义上，人性在过去的一万年间未曾发生改变，不同社会之间的行为差异都有其严格的环境诱因，而在这期间，暴力的减少有目共睹。这是一个标准的进化心理学假设，它所依据的事实是，就我们这个物种已经存在的漫长历史而言，人类社会发生分化和变迁的几百年甚至几千年都只算是短暂的一瞬。[130]因为大部分适应性进化是渐进的，而人类在几万年的生存历史中，绝大部分时间都以觅食为生，因此人类的生物演化主要是为了适应觅食生活方式。觅食社会之后的其他社会形态和社会的分化都属于很晚近的事件。这个假定得到人类心理同一性事实的支持——无论生活在哪种社会形态，人类 613 都具有基本相同的能力，诸如语言、推理、心理直觉、性嫉妒、恐惧、愤怒、爱，还有厌恶；人类历史上最近发生的人口融合，没有显示任何与这些基本能力不同的内在差异。[131]

但是，有关远古人类的生物适应性和心理同一性的假说仅仅是假说而已。生物演化的速度还取决于其他很多因素，包括选择压力的强度——当一个基因发生两种变异，两种变异载体的后代在生存数量上的平均差距、种群构成，实现变迁所需要的基因数量，以及基因之间互动的方式。[132]虽然由一套相互关联的基因构造而成的复杂器官可能经过亿万年的演化，但一个或者为数不多的一组独立变异的基因也可以实现一定量化的调整，只要调整对生存适应产生足够大的效果，在几个世代内就可以完成进化变迁的过程。[133]我们没有任何理由排除人类在久已完成人种、族群和民族分化之后的最近几千年甚至几百年间，继续经历某种程度的生物进化的可能性。

虽然人们有时表示，除非有人能够发明时间机器让我们回到从前，否则，有关自然选择的假说永远都是无法被证实的猜想。事实上，自然选择是一种特征鲜明的机械过程，它在生命机体的性状及其基因组合的形态上都留下了自己的制作痕迹。自2000年完成第一阶段“人类基因组计划”（Human Genome Project）以来，对自然选择的指纹图谱所做的研究一直是人类基因学研究中最激动人心的工作。[134]一种研究手法是，将人类的基因与其他物种的相应基因进行并列对照，对比两套基因内对机体性状没有影响的同义变异（silent changes）的数量，以及对机体性状产生影响的变异的数量。因为同义变异不改变生物机体，所以它只可能是由随机漂变（random drift）积累而成，而有影响的突变则可能是自然选择的结果。另外一种研究技术是观察某个基因在不同个体之间的变异性。作为自然选择结果的某种人类基因，与人类作为整体和其他哺乳动物之间的差异相比，它在人类群体内的个体之间不应该有太大的变异。此外，在突变发生杂交或者经过性交配生成新的碎片之前，还有其他方法能够检测在人类共有的大条染色体中间是否藏有某个有用的基因。这种共有的染色体标志着最新发生的“选择性清除”（selective sweep）。人们至少已经有十几种技术方法研究基因变异，这些方法还在不断改进之中。它们不仅可以针对特定的基因，而且可以被应用于整个基因组研究，估测人类基因中哪些部分是最新的自然选择的目标。

这些分析已经得出令人惊异的成果。基因学家乔舒亚·阿基（Joshua Akey）在对2009年的回顾中总结说：“可以被视为今天人类
614 基因组中强选择事件的数量，比我们10年前所能想象的要多很多……（大约）8%的基因组受到正向选择的影响，还有更大部分的基因处于较温和的选择压力的影响之下。”[135]许多经过选择的基因都涉及人类神经系统的运作。在理论上，它们对人类的认知和情感产

生影响。而选择的规律则因种群而异。

有些记者还没有弄明白这些研究成果的含义就开始大唱赞歌，他们认为这些研究是对进化心理学的抨击；在他们眼中，说人性是对漫长的狩猎–采集生活方式的适应有非常危险的政治含义。事实上，如果新近发生的进化选择涉及与人类的认知和情感有关的基因，这些进化事实将支持一种更激进的进化心理学，即在远古形成的人性基础之上，人类心智的生物形态还受到新环境的塑造。据此可能推出非常煽动性的论点，比如说，与在有文字的国家社会生活了几千年的人种相比，某些原住民和新移民群体在生物形态上无法适应现代生活的需要。一个在政治上令人不快的假说不一定就不成立，但它确实要求我们在做出这一假说成立的结论之前格外小心谨慎。我们是否真的有理由相信，某些特定社会中暴力的减少是因为其社会成员的基因发生了变异？

* * *

研究暴力的神经生物学是一个在研究自然选择方面研究对象丰富的领域。对小老鼠进行四至五代的选育，就可以培养出与现有老鼠相比暴力水平有明显差异的新世系。[136]当然，人类的暴力远比老鼠的暴力要复杂，但是，如果人类之间在暴力倾向性上的差异具有遗传性，变异是更加倾向暴力还是离弃暴力，选择的结果肯定有利于能够带来更多健康后代的变异，人群中煽动暴力或平靖暴力的基因浓度将因此随着时间推移而发生变化。所以，不论攻击性是否可以遗传，我们首先要确定人群中个体之间攻击性的差异是由人们的基因差异造成的。

至少有三种方式可以衡量基因的遗传性。[137]一是观察在出生后被分开养育的同卵双生子之间特质的相关程度；他们具有同样的基因，不同的家庭环境（在样本环境范围许可的范围之内）。二是与异卵双生子（他们有一半相同的基因和基本相同的家庭环境）相比，观察同卵双生（他们有共同的基因和基本相同的家庭环境）之间是否存在更高的特质相关性。三是观察亲生兄弟姐妹（他们有一半共同的基因和基本相同的家庭环境）之间是否比领养兄弟姐妹（他们之间没有共同基因，但有基本相同的家庭环境）有更强的特质相关性。比如，同卵双生很可能比异卵双生更易成为犯罪伙伴。每一种方法各有其优缺点。
615 但三种方式的优劣各不相同，所以，如果这三种方法得出的结果趋同，我们就有足够的根据相信某些特质具有遗传性。

这些观察已经证明，反社会人格和违法乱纪的秉性具有极强的遗传性，尽管其影响有时取决于环境因素。在1984年对丹麦领养儿童进行的一项大规模研究发现，在父母有犯罪记录的领养家庭中长大的青少年中，罪犯父母的亲生后代中约25%有犯罪行为，而无犯罪记录的父母的亲生后代中只有15%有犯罪行为。[138]但在这项研究中，只有在非暴力型犯罪，例如窃车犯罪中能明显看到血缘之间的相关效果。因此，20世纪80年代的许多教科书说，只有非暴力犯罪特质具有遗传性。这个结论过于草率。暴力犯罪的数量远比非暴力犯罪的数量少，因为暴力罪犯的样本非常少，因此显示遗传的可能性也就非常弱。另外，刑事司法系统本身的变化对定罪率产生的影响之巨大，完全盖过了犯案人的暴力倾向。

我们今天使用更敏感的测度手法研究暴力，包括保密的自我报告，对侵犯行为和反社会行为进行分级，以及来自老师、朋友和父母的鉴定。比如，一个人可以被定级为“可以为了自己的利益伤害他人”或者“刻意恐吓和引起他人的不适”。所有这些测度都与一个人暴力犯罪的可能性相关，同时可以提供丰富的数据。[139]使用行为遗传学工具对这些数据进行分析，所有三种方式都证实人的侵犯倾向具有明显的遗传性。[140]

对在出生时即被分离养育的双生子进行分析是最不常用的行为遗传学研究手法，原因是今天很少能够找到这样的案例。但明尼苏达大学进行了一项大规模研究，对分开养育的同卵双生子的攻击性进行了观察。观察发现，遗传系数为0.38，也就是说，样本中攻击性差异的38%可以用基因差异进行解释。[141]比较常见的是对领养儿童的研究。据其中一项最出色的研究估测，样本中攻击性行为的遗传力高达0.70。[142]对比同卵双生子和异卵双生子的攻击性倾向，例如争吵、争斗、威胁、破坏以及违抗父母和老师，各个研究得出的遗传力在0.4~0.6，在儿童期和成人期特别明显。（在青春期，同伴之间的影响通常会盖过基因的作用。）[143]

行为遗传学家李秀贤（Soo Hyun Rhee）和欧文·瓦尔德曼（Irwin Waldman）最近审查了攻击性遗传学的全部研究文献，其中包括一百多项对双生子和领养子女的研究。[144]他们按照严格的研究标准遴选了19个单项观察进攻性行为（例如打架、残害动物和欺负弱小）的案 616
例。此外，他们还审查了所有已经发表的对被逮捕和被定罪的罪犯双生子与领养子女的研究。他们估测进攻性行为的遗传力约为0.44，犯罪性行为的遗传力约为0.75，其中0.33为加成性遗传力（additive heritability），即纯种繁育的方差，0.42为非加成性遗传力，即基因间互动产生的方差。虽然他们使用的犯罪行为的数据资料没有区分暴力和非暴力犯罪，但他们引用了丹麦双生子研究的结论，估算暴力犯罪的遗传力为0.50。[145]行为遗传学的大部分研究都显示，抚养家庭的环境影响力之小，完全可以忽略不计。而其他环境因素，例如邻里、亚文化或特殊的个人经历等肯定具有影响力的因素，却非我们所使用的研究手法能够轻易加以测度。对于这些遗传力的具体数字，我们没有必要过于认真，真正的问题在于这些数字都远远大于0。行为遗传学证实攻击性行为具有遗传性，因而让自然选择有了改变一个群体的平均暴力倾向的空间。

* * *

遗传力是进化变异的必要条件，但它所度量的是各种影响因素的混合产出。一旦对这些因素条分缕析，我们就会发现若干自然选择扭转人类暴力倾向性的特定路径。以下是其中的几种：

自我驯化和幼态化。理查德·兰厄姆指出，动物的驯化通常是要放缓它们身体某些部位的发育节奏，将幼兽的某些特征一直保持到成年，这个过程被称为幼态化或幼态持续。[146]经过驯化的品种或物种往往有更接近幼崽的头颅和脸型，性别差异较少，更喜欢玩耍，更少攻击性。在那些刻意驯化的家畜，例如马、牛、羊和狐狸身上，我们通常都能见到这些变化。数千年前，一些狼开始盘桓在人类营地周围搜寻吃剩的食物，这开启了狼向狗的自驯化过程。在本书第 2 章中，我提到过，当倭黑猩猩的觅食生态不再鼓励雄性的进攻性后，倭黑猩猩出现幼态化，脱离类似黑猩猩的祖先，逐渐演化为今日的样子。兰厄姆认为，根据旧石器时代人类化石显示的幼形变化，在过去3 万年至5 万年，人类也经历了幼态化过程，而这个过程至今也许仍在持续。

大脑的结构。神经科学家保罗·汤普森（Paul Thompson）已经证明，大脑皮层包括背外侧额叶前区灰质的分布具有高度的遗传性：它在同卵双生子之间几乎完全一致，而在异卵双生子之间相似性要差很多。[147]连接额
617 叶皮层和大脑其他部位脑白质的分布也具有高度遗传性。[148]所以，每个人进行自制的额叶回路很有可能先天不同，因此它很可能成为晚近自然选择的对象。

催产素即所谓的激励同情和信任的拥抱激素，在大脑的数个部位承担受体的功能，这些受体的数量和分布对人类的行为有巨大的影响作用。抗利尿激素（vasopressin）是一种在雄性大脑中工作的类催产素激素，而草甸田鼠是一种缺少此种激素、具有攻击性并且性滥交的动物。在一项非常有名的实验中，生物学家将一个抗利尿激素的受体基因植入草甸田鼠。结果，这些接受了新基因的、原本“一夫多妻”的草甸田鼠成为恩爱的一夫一妻，变得就像它们在进化中携带此种受体的表亲草原田鼠。[149]实验说明，催产素—抗利尿激素系统中一个简单的基因变化，就能够在同情心、亲密感和由此而来的抑制攻击性上产生深刻的影响。

睾丸素。一个人对优势挑战的反应在一定程度上取决于进入血液的睾丸素的数量，以及在人们的大脑中此种激素受体的分布情况。[150]个体的睾丸素受体基因因人而异，因此，一定浓度的睾丸素对某些人的大脑可以产生强烈的影响作用。男子所携带的编码基因中睾丸素受体越敏感，他在与吸引他的女子交谈时，睾丸素上振的幅度也就越大，这可能带来减少恐惧和鼓励冒险的效果。在一项以强奸犯和谋杀犯为对象的研究中，样本里相当多数量的人带有这样的基因。[151]决定睾丸素水平的遗传通道相当复杂，但自然选择正是通过筛选这些路径，改变了人们接受攻击性挑战的意愿。

神经递质（Neurotransmitters）是神经元释放出的特殊分子，渗透穿过微小的突触间隙，与另外一个神经元表层上的受体锁定后改变这个神经元的活动，从而让神经的放电形态在大脑中得以扩散。儿茶酚胺（catecholamines）是最主要的一种神经递质，它包括多巴胺、血清素和去甲肾上腺素（或名降肾上腺素，它与触发“或战或退”反应的肾上腺素有关联）。大脑的几个动机系统和情感系统都有儿茶酚胺的活动，其浓度受降解和回收儿茶酚胺的蛋白质的调控。这些蛋白质之一是单胺氧化酶A，简称MAO-A，它具有分解神经递质的作用，防止递质在大脑中积聚。而一旦出现递质的积聚过多，人对威胁就会做出过度反应，也就更容易采取攻击行动。

人们最早是从一个荷兰家庭的案例中发现了单胺氧化酶A对人类的暴力行为有影响。这个荷兰家庭发生了罕有的基因突变，一半以上的男性成员身上都没有有效的单胺氧化酶A基因。[152]（单胺氧化酶A是X染色体携带的基因，而男性只有一个X染色体，因此如果男子的单胺氧化 618
酶A基因出现缺陷，没有备份作为弥补。）在这个家庭以往的至少5代人中，有基因缺陷的男子不断卷入暴力冲突。比如，一位男成员用刀子威胁自己的妹妹脱光衣服，另一位企图开车撞死自己的老板。

还有一种更常见的变异刚好发生在决定单胺氧化酶A生成数量的基因身上。携带低活性型基因的人大脑中多巴胺、血清素和去甲肾上腺素的数量增加。很多出现此种基因变异的人有反社会型人格障碍的症状，以及暴力行为和暴力犯罪的记录。在看到他人愤怒和恐惧的表情时，他们大脑中的杏仁核反应强烈，而眶额皮层反应则不太强烈；在心理实验中，他们一旦认为实验伙伴有欺诈行为，就会强迫这个伙伴喝下辣椒酱。[153]与其他影响人类行为的基因有所不同，低活性型单胺氧化酶A基因对人类的攻击性行为有特殊的作用，而和人类的其他人格特质则没有明显的相关性。[154]

对那些在压力型生活环境中长大的人来说，例如受过父母的虐待或忽视，或者在学校成绩落后于人，低活性型单胺氧化酶A基因让他们更容易具有攻击性。[155]我们很难指明具体哪一种压力具有这样的效果，压力型的生活往往在各个方面都充满压力。事实上，调控因素中很可能包含虐待型父母与子女共有的某些其他基因，让父母和子女都具有攻击倾向，并引起周围人的反感。[156]不管调节因素是什么，它都不会彻底扭转低活性型单胺氧化酶 A 基因的作用。所有研究都表明，此种基因在人口中有集合效应或主效应，这就有可能让它成为自然选择的目标。莫菲特和卡斯皮首先发现了低活性型单胺氧化酶 A 基因的作用与压力型生活环境有关，但他们也表示，与其将此种低活性型基因视为引发暴力的因子，不如将高活性型基因视为抑制暴力的因子：它防止人们对生活压力进行过度反应。遗传学家已经发现了对人类单胺氧化酶 A 基因自然选择的统计证据，尽管他们还无法从中区分低活性型和高活性型变异的不同影响，也无法证明此种基因在进化中胜出是因为它的攻击效应。[157]

其他影响多巴胺的基因也与犯罪行为有关联，其中包括一种影响多巴胺受体密度（DRD_2）的基因类型和一种影响多巴胺转运蛋白（DAT_1）的基因类型，多巴胺转运蛋白具有清除突触间隙内过量多巴胺的功能，并将多巴胺送回释放它的神经元。[158]这些基因都可以快速成为自然选择的对象。

* * *

在我们审视过的人类历史变迁中，可能已经发生过对暴力或者非暴力遗传倾向的自然选择。问题是，选择的结果是什么？存在进化的通道
619 并不等于证明进化确实经过了这些通道。进化不仅取决于遗传的素材，而且也取决于其他因素，诸如人口结构（同时包括人口的绝对数量和从其他族群吸纳移民的水平）、遗传和环境的随机造化，以及对文化环境的适应性调整所具有的弱化遗传效果的作用。

我们要问，真的有证据证明历史上的平靖进程和文明进程确实让被平靖和被文明化的人在体质上不再对暴力感到激动了吗？一般的印象非常容易造成误导。历史上有很多案例显示，一个民族认为另外一个民族是“野蛮人”或者“食人生番”，但这种印象更多出于种族主义偏见以及在观察中使用了不同的社会标准，而不是对人性中先天和后天特质的认真分析。1788—1868 年，16. 8 万名英国罪犯被流放到澳大利亚殖民

地。有人会认为，今天的澳大利亚人很可能继承了其先人不安分的特质。但是，当今澳大利亚的凶杀率低于它原来的母国，事实上，它是世界上凶杀率最低的国家之一。1945 年以前，德国人是地球上最好战的民族；今天，他们可能是最爱好和平的人民。

进化基因组学（evolutionary genomics）的革命性进展是否为我们提供了确凿的证据？在他们的宣言《一万年的爆发：文明如何加速人类进化》（*The 10000 Years Explosion：How Civilization Accelerated Human Evolution*）中，物理学家格雷戈里·柯克伦（Gregory Cochran）和人类学家亨利·哈本丁（Henry Harpending）审视了人类最新的进化选择的证据。他们推测，进化中包含了人类气质和行为的改变。但是，所有他们提到的进化所选择的基因都不涉及人类的行为，它们仅限于消化、抗病和皮肤色素。[159]

就我所知，有两项声称暴力行为与人类进化有关的研究，找到了某些科学证据的支持。其中之一是对约 1000 年前定居新西兰的波利尼西亚人中的毛利人的研究。和其他很多半狩猎半种植型非国家社会一样，毛利人生活中战事频繁，他们曾经对附近查塔姆群岛上的莫里奥里人（Moriohi people）进行过灭绝性的大屠杀。他们今天的文化中仍然保存着许多往昔尚武的痕迹，比如新西兰英式橄榄球大赛前的毛利人哈卡战舞，能让国家队“全黑队”队员热血沸腾；此外，还有各式各样美丽的绿岩制武器。（我的办公室里有一把绿岩战斧，是我在奥克兰大学讲学时学校赠送的礼物。）1994 年颇受好评的影片《战士奇兵》（*Once Were Warriors*）生动地展现了毛利人的犯罪和家庭暴力，新西兰的一些毛利人社区至今仍深受其害。

2005 年的一份研究报告说，有 70% 的毛利人携带低活性型单胺氧化酶 A 基因，高于欧洲裔新西兰人（只有 40% 的人携带此种基因）；在这样的文化背景下，新西兰媒体立刻对此进行了报道。[160]领导此项研究的遗传学家罗德·利亚（Rod Lea）表示，这是毛利人基因自然选择的结果；
620 迁徙新西兰的毛利人必须愿意接受风险极大的独木舟航海，而在定居后又必须能够在不断自相残杀的部落战争中生存下来。媒体将此基因贴上了“勇士基因”的标签，并推测说这种基因解释了当今新西兰毛利人遭遇的严重社会问题。

不过，对勇士基因理论持怀疑态度的科学家大有人在。[161]问题之一是，基因瓶颈也有可能是造成基因选择特征的原因，一个族群只有为数有限的祖先，这寥寥几个人碰巧携带的随机分配的基因被他们枝繁叶茂的子孙成倍地放大了。问题之二是，低活性型单胺氧化酶 A 基因在中国男性身上更加普遍（77% 的中国男子携带此种基因），但是中国人早已不是勇士的后代，在现代社会中也没有暴力的病态倾向。第三，也是关系最密切的问题是，在非欧洲人口之外，我们并没有确立此种基因和攻击性之间的关系。也许，其他人种演化出其他方式控制儿茶酚胺的分泌水平。[162]（基因不是孤立的，而是在与其他基因相互关联反馈的网络中运作。所以，在一个族群中，某个基因不活跃，可能会有其他基因特别活跃以对其进行补偿。）到目前为止，勇士基因理论受到不少严厉的指责，有些抨击可以说是致命性的。

另一项提出人类新近进化影响到人类行为的研究涉及文明进程，反而与平靖进程没有太大关系。在《应该读点经济史：一部世界经济简史》（*A Farewell to Alms*：*A Brief Economic History of the World*）一书中，作者克拉克试图对工业革命发生的时间表和地点做出解释。工业革命是人类历史上第一次物质财富增长的速度超过了人口的增长（本书第 4 章中图4-7即援引自这本书）。克拉克问，为什么是英国出现了逃离马尔萨斯陷阱的一次性跳跃？

克拉克的回答是，英国人的天性发生了变化。自 1250 年左右开始，英国开始从骑士社会转向（被拿破仑嗤之以鼻的）“小店主国家”，大概是因为比较富裕的平民能够在年轻力壮时结婚，食物比较充足，生活环境比较卫生，他们比穷人生养了更多的孩子。克拉克将此称为“最富者生存”：富有的人越来越富有，而且拥有后代。英国中上层阶级的生育率也超过了贵族，当时的贵族正忙着在比武和私家战争中劈脑壳和大卸八块，参见第 3 章的图 3-7，资料来源也是克拉克的数据。要到 19 世纪之后，英国的经济才出现了全面的发展，而在此之前，富裕商人家庭中生存下来的多余子女在社会上没有向上爬的经济机会，只能屈居底层。他们不断地取代比较贫困的贫民的位置，但同时保持了他们小资产阶级的节俭、勤劳、自制、珍惜未来和远离暴力的特质。英国人口的进化选择了中产阶级价值。当工业革命的技术创新带来各种机会时，中产阶级价值观让英国人处于最有利的位势，充分把握了这些机会。虽然克拉克为了将就政治正确，时不时要说明非暴力和自制也可以是父母传授给子女的文化习性，在为应该读点经济史一书所写的标题为“资本主义的基因?”的摘要中，他毫不含糊地阐释了他的论点： 621

> 到19世纪，英国社会的性质已经完全资本主义化——个人主义盛行，时间偏好率低，延长工作时间，人力资本上升，所有这一切也许源于达尔文式优胜劣汰的规则，由人类社会从长期稳定的农业社会向工业革命变化中的生存压力所决定。当今世界上资本主义的胜利不仅取决于我们的意识形态和理性，也取决于我们的基因。[163]

这本书对工业革命的历史沿革给出了翔实的统计资料和生动的文字阐述。但是，在各种增长经济学理论的生存竞争中，生物基因资本主义理论的竞争力至今未显优势。[164]问题之一是，直到最近，几乎在任何一个社会，富人的繁育数量都压倒了穷人，这不是工业革命后社会所独有的特性。问题之二是，虽然贵族和王室在合法婚生子嗣的数量上无法和资产阶级家庭抗衡，但在制造私生子方面却让其他人望尘莫及，因此在下一代基因库中，贵族和王家拥有的份额高于上一代的比例。问题之三是，当社会制度发生变化，一个民族可以在未经历中产阶级价值发展阶段的条件下进入高速经济增长，比如战后的日本和社会主义的中国。最重要的是，克拉克没有给出任何数据显示与未经历工业革命的国家相比，英国公民天生拥有更强的自制力和更低的暴力倾向。

* * *

所以，最新的生物进化在理论上也许能够改变我们对暴力和非暴力的倾向性，但我们提不出任何过硬的证据证明实际发生了什么。相反，我们有足够的证据证明已经发生的变化不可能是遗传进化的结果，虽然我们已经知道进化过程从未停止，但某些社会变化的时间之短暂，超出了自然选择能够解释的范围。人道主义革命时期废除了奴隶制和酷刑，权利革命时期针对少数族裔、妇女、儿童、同性恋以及动物的暴力减少，长期和平与新和平时期战争及种族灭绝的数量大幅下降，所有这些进步都发生在数十年甚至数年之间，有些甚至是发生在同一代人的身上。最戏剧性的变化是，美国的凶杀率在犯罪率大下降的20 世纪 90 年代整整下降了一半。美国犯罪率下降的速率为每年约 7%，在仅仅两代人之内，美国的凶杀率就下降到只有原来水平的 1%，而这一期间人类的基因频率并没有发生任何改变。无可争辩的是，文化和社会环境可以调整我们内心善良天使（例如自制和共情）的设置，从而控制我们的暴力倾向。
622 因此，我们不需要基因变化的假说，也有办法解释暴力减少的全部原因。至少到现在为止，基因假说不是我们的必要条件。

道德和禁忌

世界上的道德规范实在是过多了。如果我们将在追求自助正义中发生的凶杀、宗教冲突和革命战争带来的死难、因无受害人犯罪和过失被处决的人，以及意识形态大屠杀的对象加总在一起，这个数字肯定要超过不道德的掠夺和征服造成的死亡。人类总是用道德感作为原谅自己残忍行为的借口，认为自己动机纯正，且暴力也不曾给自己带来任何实际利益。对异教徒和改宗的犹太人实施酷刑，对女巫处以火刑，监禁同性恋，将不遵闺训的姐妹和女儿处死——受道德驱使的人给世界带来了无数苦难。难怪人们会对喜剧演员乔治·卡林（George Carlin）的粗话抱有同情。他说：“我认为人们太看重动机了。你要是敢说哪些人懒惰，整天窝在家里看电视上的抢答竞赛和自撸，我就敢告诉你哪些人真是他妈的一点儿麻烦都没找过!”

虽然人类的道德感对人类福祉的总贡献很可能是一个巨大的负数，

但在某些关键时刻，如果运用得当，道德感也可以是推进人类进步的强大动力，比如启蒙运动中的人道主义改革和最近几十年发生的权利革命。对于毒化人们心灵的意识形态，道德既可以是疾病，也可以是解药。人们的禁忌心理和道德心态一样，都是双刃剑。它可以让不同的宗教见解或者性取向的偏差成为必须严厉惩处的罪恶，但同时它也能够抑制人们的某些危险的邪念，例如武力征服、使用化学武器和核武器、对其他族裔怀有歧视性偏见、强奸，以及杀死已经成形的胎儿。

这部分天性似乎是我们身上最美好的资源，但在实践中，它却可以比我们心中最恶毒的魔鬼更残忍。我们怎样才能理解这个癫狂的天使呢？

为了理解在暴力减少历史进程中道德感的作用，我们必须先解开几个心理学之谜。第一，在不同的时代和不同的文化中，人们是怎样从各自的经验出发确立符合某些“道德”的追求，而以我们现在的道德准则，已经完全无法接受那些“道德”。第二，为什么一般来说道德感非但不能减少苦难，反而经常增加痛苦？第三，道德感何以如此割裂：一个正直的市民怎么会殴打自己的妻子和孩子？一个崇尚民主和自由的人怎么会蓄奴和进行殖民征伐，为什么德国纳粹对动物格外仁慈？第四，无论是好是坏，为什么道德感会进入人们的思想和行动，制造出禁忌悖论？而最大的迷惑当然是：是什么发生了变化？在历史进程中，人类的 623
道德感得到多大程度的解放，最终驱动暴力水平不断下降？

*　*　*

出发点是区分本质上作为哲学议题的道德（尤其是“规范伦理学”），或是作为心理学议题的人类的道德感。除了持极端道德相对论立场的人，一般人们都相信，在某种意义上，人们的道德信念可以是错误的，即认为大屠杀、强奸、荣誉杀戮和残害异端具有合理性是错误的，不仅仅是因为我们在感情上无法接受这些恶行。[165]一个人不论是道德现实主义者，相信道德真理是像数学公理一样的客观存在，还是仅仅简单地认为，如果道德陈述能够成立，也只是因为它与公共信念相一致，或者说，它是我们集体理性思考得出的最佳认识，他都能够看到道德问题和道德心理问题之间的区别。道德心理问题追问的是人们体验道德的心理过程，就像我们对其他认知能力和情感能力的研究一样，我们也可以通过实验室和田野调查研究道德心理。

理解道德感的第二步是承认在人们思索自己的行动——不只是规避某种行动——时，道德感是一种独特的思考方式。人们会因为一种行为被指为不道德（“杀人是错误的”）而规避这种行为，也可能仅仅因为有不同品位（“我讨厌菜花”）、不时兴（“喇叭裤过时了”）或者不审慎（“不要抓破蚊子叮咬的包”）而规避这些行为，两者之间有着至关重要的心理差异。[166]差异之一是对不道德行为的反对是普世的或普遍化的。如果你觉得菜花的味道令人厌恶，其他人是否要吃菜花不是你应该顾虑的问题。但是，如果你认为谋杀、酷刑、强奸违反道德，你绝不可能仅仅是自己不去参与这些不道德的活动，而对其他人是否烧杀奸淫全然无动于衷。你必定反对任何人从事此类活动。

其次，道德化的信念可以付诸行动。人们也许无法不懈地实践苏格拉底的格言“知善者行善”，但是他们对此却充满渴望。在人们眼中，德行本身就是具有实质价值的目标，不需要计较它们是否还有其他动机。如果人们相信谋杀是不道德的，无须收买，甚至无须赞美，他们就会约束自己的行为，不去谋杀他人。一旦人们触犯了某项道德戒律，他们会设法为自己的行为寻找理由，如果不是极力寻找相反的戒律和借口为自己辩护，就是承认自己的失败有个人性格缺陷的原因。除了那些魔鬼和小说里的恶棍，没有人会说：“我认为杀人是可怕的暴行，但为了达到个人的目的，我随时可以杀人。”[167]

最后，违背道德可以受到惩罚。如果一个人认为杀人是错误的，他不仅有权看到杀人凶手受到惩罚，还有义务实现惩罚。用我们的话说，就是不能让凶手逍遥法外。如果将“谋杀”换为“偶像崇拜”，或者
624 “同性恋”“亵渎神明”“颠覆”“下流”“叛逆”，我们就能看到人类的道德感可能成为多么强大的邪恶力量。

道德感还有一个特征，即很多道德信念成为社会的规范和禁忌，而不是信仰者能够进行表述和捍卫的原则。心理学家劳伦斯·科尔伯格

（Lawrence Kohlberg）提出了著名的道德发展六阶段说。这六个阶段始于孩子规避惩罚，终于哲学家阐述普世原则，（而很多人从未能超越的）中间两个阶段，即制定“好男孩”“好女孩”的标准，以及维护社会稳定的惯例。科尔伯格提出了一个著名的道德悖论，这个悖论是说，海因茨为了挽救病危的妻子，闯入药店盗窃一种定价过高的药品。在对海因茨的道德困境进行推理的时候，处于这两个道德阶段的人能够做出的回答不外乎：其一，他不应该偷药，因为偷窃不好，而且触犯法律，但他不是罪犯；其二，他应该偷药，因为作为好丈夫，他只能如此。[168]很少有人能够对道德判断的原则进行阐述，比如说人的生命具有的基本价值高于任何社会规范、社会稳定或者遵纪守法。

心理学家乔纳森·海特（Jonathan Haidt）特别强调了道德规范的难以言说性，他将这一现象称为道德失声（moral dumbfounding）。人们时常有一种瞬时直觉，感到一种行为是不道德的，但对其之所以不道德的理由却感到困惑和挣扎，而且往往给不出解答。[169]比如，海特询问他的病人的下列行为是否正当：兄妹之间发生有保护措施的性交；某人用美国国旗擦马桶；某家人吃掉他们被车撞死的狗；某个男子买了一只死鸡，然后对死鸡进行了性行为；某人违背对母亲临终时的誓言，没有去祭扫母亲的坟墓。回答是，上述每一项行为都不正当。但当被问及这些行为不正当的理由是什么时，他们惶惑起来，经过一番无效的努力，他们都表示：“我不知道，我无法解释，我就是知道这是错误的。”

即使道德规范难以言说，有些时候它们仍然可以有效地制止暴力行为。在当代西方，人们不再对被遗弃的孩子实施安乐死，对羞辱进行报复，以及向另一个发达国家发动战争。规避这些暴力不是出于对道德问题的权衡，对他人的共情，或者对冲动的克制，而是出于在人们心中这些暴力已经完全不是现实的选择。这些暴行不是被深思熟虑后再被放弃的，而根本是不可思议，甚至非常可笑的。

* * *

决定行为规范的文化差异，加上我们自己文化中的道德失声，会给人某种印象，似乎道德规范和禁忌完全是主观性的——也许在某个地方有某种文化，如果组成句子的字数是偶数，说话人就是不道德的，或者，如果否认海水是滚烫的也是不道德的。但是，人类学家理查德·施韦德（Richard Shweder）和他的学生以及合作者发现，全世界的各种道德规范
625 均集中在为数寥寥的一小部分主题上。[170]人类的道德关注可能早已成为德化，即确立道德规范的认知和情感工具，而那些被现代西方人视为道德核心的直觉——公平、正义，保护个人的权利和预防伤害——仅是这几个关注领域中的一个而已。我们只需粗略地浏览一下古老的宗教，例如犹太教、伊斯兰教和印度教，就会知道它们就其他一系列关注点确立了道德规范，比如忠、敬、顺从、禁欲，以及对饮食、性事和经期等与生理机能有关的某些规定。

施韦德将世界范围的道德关注划分为三类。[171]“自主”（autonomy），这是当代西方人承认的伦理，它假定社会由个体组成，道德的宗旨在于让个体进行选择并使自己不受伤害。与之相对比的是“社群”（community）伦理，它将社会视为由部落、家族、家庭、组织机构、行会和其他联合体的总集，道德就等于责任、尊敬、忠诚和相互依赖。“神性”（divinity）伦理认为世界的本质是神性，而部分神性的实质寄居在人的身上，道德的宗旨是保护神圣的精神不受侵蚀和玷污。如果人的身体不过是承载灵魂的容器，其最终归属权在神，或者是神的一部分，那么人就没有权利随意处置自己的身体。他们有责任避免身体被不洁净的男女饮食和其他肉体快感玷污。神性伦理为厌恶感的道德化以及纯洁和禁欲的清规戒律提供了依据。

海特接过了施韦德道德三分说，并将其中两个伦理再一分为二，形成他所谓的五项道德基准。[172]“社群”被切分为“内群体忠诚”（in-group loyalty）和“权威/尊敬”（authority respect），“自主”则被分成“公平/互惠”（fairness/reciprocity）即支撑互惠利他主义的道德）和“伤害/关爱”（harm/care，培养人们的善良和爱心，约束残忍和攻击性）。海特为“神性伦理”贴上了更世俗化的标签——“贞洁/神圣”（purity/sanctity）。除了这些调整，为了强调道德五基准的普世性，海特

特别说明，在世俗西方人的道德直觉中能够找到这五个领域的所有内容。他在论及发生道德失声的情况时认为，“贞洁/神圣”让信守此道德的人对乱伦、人兽交和吃家庭宠物产生厌恶感，“权威/尊敬”要求人们为母亲扫墓，“内群体忠诚”禁止人们侮辱美国国旗。

我本人认为最有意义的是人类学家艾伦·菲斯克（Alan Fiske）发展的理论体系。在这个理论中，德化来自四个互动模型，每一个模型都反映了人们看待人际关系的一种独特视角。[173]他的理论试图解释在既定的社会中人们如何分配资源，在进化历史的哪个阶段产生了人们的道德执着，为什么不同的社会有不同的道德，以及人们是如何区隔化道德，并通过禁忌来保护道德的。下面的表格大致展示出菲斯克的四种互动模型与施韦德和海特的道德分类之间的关联。

施韦德的伦理	神性	社群		自主		626
海特的道德基准	贞洁/神圣	内群体忠诚	权威/尊敬	伤害/关爱	公平/互利	
菲斯克的关系模型	社群共享		权威序列	平等互惠	市场定价/ 理性-合法（法理）	

菲斯克的第一个模型，社群共享（简称“共享”），结合了“内群体忠诚”和“贞洁/神圣”。在人们进入“共享”心态的时候，他们在群体内无偿地分享资源，不介意谁付出多少，谁又得到多少。他们将群体视为血肉相连的“一体”，这个共同的实体必须被小心保护，不容任何玷污。人们用各种显示连接和亲和的仪式强化这种团体直觉，比如身体接触、聚餐、团体操练、同声唱诗或祈祷、分享情感、同样的身体修饰和纹彩，在哺育、性交和歃血盟誓类的鲜血仪式中交融体液；此外还有祖先的神话、家族传承、祖辈扎根的领土，或者共同的图腾。“共享”是从母性关怀、亲缘选择和互利主义演化而来，它至少有一部分已经通过催产素系统植入人类的大脑。 627

菲斯克的第二个互动模型——“权威序列”（autherity ranking），是一个由权威、地位、年龄、性别、身材、体力、财产或优先权所定义的线性等级结构。“权威序列”让上级有权对下级予求予取，接受供奉，要求下级顺服和尽忠，同时也要求上级承担家长式、牧师式或贵族式保护下级的义务。这个模式可以说是从灵长类动物的等级差序进化而成，很可能在某种程度上通过睾丸素反应回路嵌入人类的大脑。

“平等互惠”（equality matching）包含投桃报李式的互惠以及其他公平分配资源的模式，比如轮候、抽签、多予多取、等额分配、儿歌式的口头规则。虽然黑猩猩有非常粗糙的公平感，但动物一般都没有能力完成明确的互惠活动，在出现自己要吃亏的情况时尤为如此。“平等互惠”的神经基础是我们的大脑能够记载人们的意图、欺骗、冲突、变换观察角度和计算，它涉及的大脑部位有脑岛、眶额皮层、扣带皮层、背外侧前额叶皮层、顶叶皮层和颞顶交界区。“平等互惠”是人类公平意识和直观经济意识的基础，在知己和战友之外，它让人们以邻居、同事、熟人、贸易伙伴的形式联结在一起。很多部落都保留着交换毫无用途的礼品的仪式，比如我们在圣诞节都要尝一口甜腻的果仁糕，目的不过是为了巩固“平等互惠”的互动关系。[174]

（读者对照三种分类后可能会问，为什么海特的“伤害/关爱”会和“公平”相接，并和菲斯克的“平等互惠”排列在一个对照组，难道它不是更应该接近更加感情化的关系，例如“社群”或者“神圣”。这样划分的理由在于，海特“伤害/关爱”的对象不是关怀的标准受益人——亲朋好友，而是泛指的“某个人”。人们对海特“关爱”问题的回答，与对他所提出的“公平”问题的回答完全吻合，这当然绝非偶然。[175]我们前面曾经提到，公平意识背后的互惠利他主义逻辑是率先给予合作，表
628 示“善意”；在对方背叛之前决不背叛对方；当自己所费不高但能让他人受益匪浅——或云拔一毛能利天下时，一定出手帮助他人。一旦关爱和伤害伸延到亲友的小圈子之外，它们只能是公平逻辑的组成部分。）[176]

菲斯克的最后一个互动模型是“市场定价”（market pricing）：货币体系、价格、租金、工薪、收益、利息、信用、其他衍生品都是推动现代经济的力量。“市场定价”依赖数字、数学公式、会计、电子数字传

递和规范的合约语言。与其他三个模型不同，“市场定价”依赖文字、数字和其他新近发明的技术，因此它不具备普适性。人们也不是天然地就接受“市场定价”的逻辑。正如我们所知，直到当代，人类社会一直普遍抵制利息和利润。菲斯克表示，四个模型可以按照一定的顺序排列，排序的标准或多或少反映出它们在进化、儿童发育和历史进程中出现的时间：社群共享 > 权威序列 > 对等互惠 > 市场定价。

在我看来，“市场定价”模型的特点既不在市场，也不在定价，它应该和其他正式社会组织的样板具有同样的性质。这些组织已然经历了几个世纪的磨砺，即使在今天技术高度发达的社会中，仍然是千百万人管理自己事务的有效方式，只不过未受调教的大脑很难自发地获得这些知识。[177]民主政治制度也是这些组织之一，所谓“民主”，意味着权力不在强人（“权威”）手里，而是在经过正式投票程序产生的代表的掌握之中。代表所拥有的特权受法律制度的制约。其他的组织形式有公司、大学或非营利组织。在这些组织工作的人既不能任意雇用自己的朋友和亲属（“共享资源”），也不应该私相授受（“对等互惠”），而必须恪守信托责任和规则。我对菲斯克理论的修订绝非无中生有。菲斯克说过，他的“市场定价”模型深受马克斯·韦伯“法理型社会”概念的启发；在韦伯的理论中，社会权力来源有三种模式：传统型、非凡人格型和法理型。其中，法理型权力的正当性来自一套合乎理性并严格按照规则实施的法律制度。[178]因此，我有时候会用更通用的术语“法理型”来称呼“市场定价”互动模式。

施韦德、海特和菲斯克三人的理论有重合也有分歧，但他们在道德感如何发挥作用的问题上的想法是一致的。没有任何社会是通过“黄金法则”或“绝对律令”来规范日常行为中的品德和是非。相反，道德与否就看是遵从还是违背了这些互动模型（或互动伦理、互动准则）：背叛、欺骗或者推翻一个联盟，玷污自己或者玷污自己的社区，蔑视或侮辱一个合法的权威，无故伤害他人，白占他人的便宜，贪污或滥用特权。

* * *

这些分类的着眼点不是要将整个社会塞进笼子，而是为阐述社会规
629 范提供一套语言法则。[179]这套语言法则应该能够揭示在文化差异和历史差异背后的共同规律（包括暴力的减少），应该能够预测人们对违反惯例的行为可能做出的反应，包括人在道德区隔化（moral compartmentalization）上表现出的天生的局限性。

某些社会规范不过是协调博弈的手段，比如行车靠右、流通纸币和使用地方性语言，[180]但是大部分规范都具有道德含义。每一个道德化的规范都是一个被分隔的区间，其中含有一个互动模型，一个或几个社会角色（父母、子女、老师、学生、丈夫、妻子、上级、雇员、客户、邻居、陌生人），一个场景（家、街道、学校、工作场所）和一种资源（食物、金钱、土地、房屋、时间、建议、性、劳动力）。要适应某一种文化的社会成员，意味着严守一大套社会规范。

以友谊为例。两个亲近的朋友之间的互动方式主要是“社群共享”。他们在饭局上随意地分享食物，互相帮助，用不着斤斤计较。但是在某些场合，他们必须遵守其他互动规范。如果他们共同从事一项工作，两人中的一人是专家，此人可向另一人发号施令（“权威序列”）；他们也可能各付某次旅行中一半的油钱（“对等互惠”）；或者一个人按照蓝皮书上的市价买下另一个人的旧车（“市场定价”）。

违背互动规范绝对是不道德的。在规范友谊关系的“社群分享”模型中，一个人决不应该在分享时小气吝啬。就“对等互利”模型中油费分账的特例而言，拒不支付自己的一份是不道德的。但是在持续的互利关系中，“对等互利”允许放宽衡量的尺度，比如在美国加州沙查县，牧场主用大致对等的互惠补偿对方的损失，而对某些小损失则采取不予追究的态度。[181]“市场定价”和其他“法理型”模式则没有这样宽容。在昂贵的餐馆里用餐后不付饭钱的人，恐怕不能指望店主会让他赊账，甚至免单。店主很可能会立刻报警。

当一个人违反了公认的互动规范，违规者会被视为害虫或者骗子，

成为道德谴责的目标。但是，当一个人将一个互动模型的规范用于原本受另外一个互动模型制约的行为时，则会产生一种新的心理现象。这个人“不懂规矩”，所以他的犯规行为不算太严重。人们对“不懂规矩”的反应程度可以从困惑、受窘和难堪，一直到震惊、反感和愤怒。[182]比如说，我们可以想象，一个人用餐后心满意足地向餐馆的主人表示感激，然后提出在将来的某个时候请他到家里吃顿饭（在“市场定价”的场合使用“社群共享”规则）；反之，我们也可以想象，应邀在朋友家吃饭 630
时（“社群共享”的时光），某人突然掏出钱包说要付给主人饭钱（“市场定价”），或者主人家要求正在电视机前放松自己的客人起来刷锅洗碗（“对等互惠”）。同样，还可以想象一位客人提出向主人兜售自己的旧车，然后狮子大开口，拼命提高价格；或者主人突然建议每对夫妻在回家之前玩半小时交换性伴侣的游戏。

人们对规范错位的情绪反应取决于违规行为是意外还是有心为之，是哪一种规范发生错位，以及所涉及的资源的性质。心理学家菲利普·泰特罗克（Philip Tetlock）表示，当一种资源被人们视为神圣的时候，规范错位会引发禁忌心理——某些想法一旦被公之于众，即会引起人们愤怒的反应。[183]神圣的价值不是可以买卖的交易品。神圣的资源通常受“共享”和“权威”基础模型的规范。当有人将“对等互利”和“市场定价”这两种高级模型用于神圣资源的时候，就会触发禁忌反应。比如，有人向你提出要买你的孩子（突然将“社群共享”关系扔进“市场定价”模型），你不会问对方出价几何，而是会被他的提议本身激怒。如果有人出价要买你珍藏的私人纪念品或传家宝，或者出价要你出卖朋友、配偶或者国家，也会引起你同样的反应。泰特罗克发现，当要求学生就神圣资源开放市场问题，比如允许交易选票、兵役、陪审员义务、身体器官、供人领养的儿童分析利弊的时候，大多数学生不是就自己的反对立场提出强有力的论证（比如困境中的穷人将会出卖自己的器官），而是对问题本身表示愤慨。最经典的“论证”是：“这实在是太可耻、太不人道了，令人无法容忍！”“我们会变成什么样的人啊?!”

禁忌心理不是完全非理性的。[184]为了维系珍贵的人际关系，仅仅是说正确的话和做正确的事还不够。我们还必须展示我们心地纯正，不会为了好处就出卖信任我们的人。对于卑鄙的提议，只有愤然拒绝，否则就说明你不懂得父母、夫妻和公民的真正含义。而这种理解包含了赋予基础互动模型以神圣价值的文化规范。

有个老笑话说，一个男人问一个女人为了 100 万美元是否愿意和他睡觉，她回答说她愿意考虑。接着他问，那么为了 100 美元，她是否愿意和他睡觉。她回答说：“你以为我是什么样的女人？”他回答说：“我们已经解决了这个问题，现在只是在讨论价钱而已。”这个笑话告诉我们，大部分神圣价值事实上是伪神圣。如果对这些神圣价值的出卖是模糊不清的，被花言巧语掩饰的，或者可以重新包装的，人们完全可以在诱惑下做出妥协。[185]（这个笑话使用了标志性的数字“100 万美元”，这将一个简单的金钱交易解释成改变生活的机会，具体说，就是成为一个
631 百万富翁。）当最早出现人寿保险的时候，人们对给人的生命标价，并让妻子拿丈夫的死亡押注非常反感，而人们对人寿保险的认识在技术上是非常准确的。[186]人寿保险业发起大规模广告宣传，将寿险产品重新包装成有责任心的丈夫必须考虑的安排，寿险让他可以在自己万一不在世的时候继续承担关照家人的责任。

泰特罗克区分了三种不同的交换。“常规”交换是在单一互动模型中权衡后做出的选择，比如与张三而不是李四做朋友，或者买这辆车而不是那一辆车。“禁忌”交换是以某个模型中的神圣价值对抗另外一个模型中的普通价值，比如为了金钱出卖朋友、爱人、器官或者自己的良知。“悲剧”交换则是两个神圣价值的交锋，比如决定两个急需器官移植的病人谁应该排在前面，或者最悲惨的终极选择，苏菲必须在自己的两个孩子之间选择孰生孰死。泰特罗克指出，政治的艺术主要就是将禁忌选择包装成悲剧的抉择（或者说，政治上的反对派则反其道而行之，将悲剧的选择说成是禁忌权衡）。想要改造社保体制的政治家必须躲开改革“失信于老年公民”的指责（这是其对手的诠释），强调改革是“减轻辛苦谋生的工薪阶层的重负”或者“停止侵蚀下一代的教育资

源”。在阿富汗保留军队可以从“将我们战士的生命置于险境”转换成“确保我们国家对自由的承诺”或“最终赢得反恐战争”。我们将会看到，对神圣价值进行重新包装成一种维和心理的策略，没有得到人们足够的重视。

* * *

这些有关道德感的新理论帮助人们理解道德情感、道德区隔和道德禁忌。我们现在将用这些理论分析一下不同文化之间，特别是不同历史进程中的德化标准的差异。

某些互动模型对社会角色的配置得到所有文化的认同，这样的模型很可能具有生物学的基础。比如，家庭成员之间的“共同分享”，家庭内部尊重长者的“权威序列”，以及根据“对等互利”交换商品和互相帮助。但是，有些模型对资源和社会角色的配置却因不同文化和不同时代而有巨大的差异。[187]

比如在西方的传统婚姻中，丈夫可以对妻子摆出“权威”。这个模型在20世纪70年代基本被推翻，有些夫妇受到女权主义的影响，转向“对等互利”，两人严格平分家务和照顾孩子的工作，甚至到了要按小时计算的地步。“对等互利”产生的算计感与大多数夫妇追求的亲昵感不能兼容，所以现代婚姻的主流采取了“社群共享”模型——结果，很多 632
妻子认为，夫妻双方对家庭的贡献账目不清，自己总是做得过多，而得不到应有的评价。夫妻关系偶尔也进入“法理型”互动，比如“婚前协议”，或者在遗嘱中分别规定以前的婚姻所生子女的继承权。

互动模型与资源之间或者和社会角色之间的不同联系，说明了一种文化和另一种文化的差异。一个社会中的成员可以鬻田卖地，另一个社会允许买卖或交换新娘，双方都可能对对方的实践感到不可思议。在有些文化中，女性的性生活完全受家庭中男性权威的主宰，但在另一些文化中，妇女可以自由地以“社群共享”的方式结交情人，或者她们可以毫无羞耻地按照“对等互利”原则用性来交换其他资源。在有些社会，只有受害者的亲族可以为复仇进行杀戮（“对等互利”）；而在另一些社会，人命可以用金钱赔偿（“市场定价”）；或者，杀人必受国家机器（“权威序列”）的惩罚。

承认某人属于不同的文化，在某种程度上能够缓解对其违反互动规范的愤怒。不同文化的人的犯规行为甚至可以成为幽默的原料，比如在早年的喜剧中，懵懂的移民和乡巴佬总是在买火车票时讨价还价，在公园的草坪上牧羊，或者提议让自己的女儿和债权人结婚来抵偿债务。在影片《波拉特》（*Borat*）中，这个公式倒转了过来，喜剧演员萨沙·拜伦·科恩尽情地调侃美国人如何为了刻意地容忍不同的文化，任凭一个拆烂污的移民在他们中间胡作非为。不过，一旦违规涉及神圣价值，比如西方国家中的移民要实行女性阴部割礼、荣誉谋杀、买卖儿童新娘，又比如西方人在小说和报刊漫画中描绘与讥讽伊斯兰教的先知穆罕默德，或者让小学生用先知的名字命名小熊玩具，容忍就达到了极限。

互动模型中社会角色和资源的配置也可以说明一个社会的政治意识形态。[188]法西斯主义、封建主义、神权和其他原始性的意识形态的基础都是“社群共享”和“权威序列”互动模型。个人利益完全被淹没在社群中［法西斯一词源于意大利文的“捆绑”（bundle）］，而社群受军队、贵族或神职集团的统治。共产主义主张的是资源的“社群共享”（“各尽所能，按需分配”），生产工具的“公平互惠”和政治权力的“权威序列”［理论上是无产阶级专政，实际上是强人统治下的官员特权制（nomenklatura）］。民粹社会主义追求生活必需品，例如土地、医疗、教育和
633 托儿等资源的“对等互利”。而相反的极端情况是，自由意志主义则允许人们在“市场定价”的原则下对几乎所有资源协商议价，包括人体器官、婴儿、医疗、性和教育。

介于这两个极端之间的是人们已经熟知的自由保守主义（liberal-conservative）。海特进行的数次调查显示，自由主义者相信道德的意义在于防止伤害和保证公平（与施韦德的“自主”和菲斯克的“公平互惠”等价）。保守主义者则给予五种道德基础同样的权重，包括“内群体忠诚”（例如稳定、传统和爱国主义的价值观），“贞洁/神圣”（例如礼貌、体面和宗教仪式），以及“权威/尊重”（例如尊重权威、顺从上帝、承认男

女不同的社会角色、军人服从命令)。[189]美国文化战争的战场遍及税收、医保、福利、同性恋婚姻、堕胎、军队的规模、进化论课程、媒体上的污言秽语、政教分离各个领域。在很大程度上，争夺的目标是要决定什么是这个国家正当的道德观。海特说，两个极端的意识形态狂热分子都认为对方是不道德的，但事实上，尽管双方大脑中的道德回路都在熊熊燃烧，但点燃它们的道德概念却完全不同。

* * *

在论及道德心理和暴力之间的关系之前，让我用互动模型理论解决本书前面提出的一个心理困惑。许多带来观念变化的道德进步并不是让人们觉得某种行为罪过，而是感到这种行为荒唐可笑，比如决斗、斗牛和侵略战争。许多影响深远的社会批评家，例如斯威夫特、约翰逊、伏尔泰、马克·吐温、奥斯卡·王尔德、罗素、汤姆·莱勒、乔治·卡林，他们更像伶牙俐齿的喜剧演员，而不是满口箴言警句的先知。那么，我们心里有什么东西，让笑话比利剑更有力量?

幽默利用不和谐让听众感到冲突，但转换参照系可以化解不和谐。在新的参照系中，调侃的对象可以失去原有的光环，变成微不足道或有损尊严的东西。[190]当伍迪·艾伦说“我很为我的金表感到自豪，这可是我爷爷咽气之前卖给我的”时，听众先是觉得惊讶，这样情深义重的传家宝的传承为何是买卖而不是赠予，再说卖者已经完全不能享受买卖的收益。接着，他们认识到伍迪·艾伦扮演的人物是家庭中不受待见的家伙，而这个家庭充满了钩心斗角和唯利是图。带来不和谐感的第一个参照系通常包含某种居主流地位的互动模型。要理解笑话的可笑之处，必须摆脱原有的互动模型，比如，将伍迪·艾伦的金表继承从“社群共享”切换到“市场定价”。

拿政治议题或者道德议题开心的笑话，不动声色地向原已成为第二天性的互动模式发出挑战，迫使听众睁开眼睛，看着他们的世界观被彻底颠覆。当人们心目中的战争形象已从惊心动魄和光彩辉煌变成浪费生命并愚蠢时，人们就特别能欣赏喜剧经典《鸭羹》。鲁弗斯·T. 法亚弗 634

为了一个完全是假想的羞辱，可以斗志昂扬地发动战争，这让民族自豪和“权威序列”都成为十足的笑料。讽刺是推动社会进步的加速器。20世纪60年代，种族主义者和大男子主义者被塑造成头脑迟钝的尼安德特人，越战鹰派被刻画成嗜血的心理变态狂。

18世纪的作家玛丽·沃特利·蒙塔古（Mary Wortley Montagu）说：“讽刺，应如利刃般锋锐，轻触处刀入肌肤，似无痛楚，不见血痕。”不过，很少有讽刺能够磨砺到这般锋锐，刀过无痕，而被取笑的人也太明白其背后的颠覆力量。他们感到神圣的价值在遭受有意的羞辱，尊严被折辱，而且认识到，人们的笑声说明大家都知道他们受到了羞辱，为此他们很可能做出剧烈反应。2005年丹麦报纸《日德兰邮报》（*Jyllands-Posten*）刊登的漫画引发多起流血骚乱，证明当某些人的神圣互动模型受到刻意贬低的时候，幽默就不是好笑的事情了。（在《日德兰邮报》的一幅漫画上，一批人体炸弹袭击者刚刚抵达天堂，迎接他们的穆罕默德惊呼：“停一停吧！处女已经用完啦！”）

* * *

构成道德感的互动模型是怎样让人们感到暴力具有道德正当性的？社会有多大的自由度能够控制道德暴力，甚至能够实现道德反暴力？所有的互动模型都要求对违反规范的人进行道德惩罚，但每一种模型所允许的暴力各有其特性。[191]

菲斯克说，人类之间的互动不是必须使用任何模型，他称不服从互动模型的状态为无效人际关系或反社会人际关系。不从属任何互动模型的人会被非人化：他们被视为缺乏人性的某些基本属性，被当作没有生命的物体，可以任意被忽视、被剥削或者被捕食。[192]因此，反社会关系可以为征服、强奸、刺杀、杀婴、战略轰炸、殖民掠夺和其他犯罪铺垫基础。

将他人置于互动模型之中，至少表明承担顾及其利益的义务。“社群共享”本身包含着对内群体成员的同情和温情——当然，也仅仅是对自己的成员而言。菲斯克的合作者尼克·哈斯拉姆（Nick Haslam）表示过，“社群共享”可以产生第二种非人性化：不是机械地将反社会关系非人化，而是将对象兽性地非人化，拒绝承认社群之外的人同样具有人类的共同特质，例如理性、个性、自制、德行、文化。[193]对待团体之外的人，人们并非只是冷淡和麻木，而是厌弃和轻蔑。“社群共享”会鼓 635
励这种非人化，因为受排挤的人被认为缺少本群体成员特有的纯洁性和神圣性，这些人的存在就是肮脏的污染源。所以，尽管“社群共享”四个字中的每个字都很美好，但部落屠杀、种族和民族灭绝、宗教清洗此类意识形态都可以在“社群共享”那里找到思想支持。

“权威序列”同样也有两面性。家长式的权威有责任保护和支持自己的羽翼，这也许就是“平靖进程”中领主制止属下自相残杀的心理依据。奴隶主、殖民统治者和仁慈的独裁者因此找到了自己的道德合理性。但是“权威序列”也承认可以对不尊上、不顺从、违背命令、叛国、亵渎、异端、冒犯君主的人进行暴力惩罚。当“权威序列”和“社群共享”结合在一起的时候，它为一个集团针对另一个集团的暴力，包括帝国侵略和武力征服，以及对下层阶级、殖民地人民和奴隶的镇压提供了理由。

双方交换互惠的义务让“对等互利”成为一种比较仁义的互动模型。在这个模型中，各方都以对方的存在和福祉为自己的存在和福祉的前提。对等互利鼓励某种程度的换位思考，而换位思考能产生真正的同情。个人之间和国家之间的商贸具有平靖效应，其背后的思维是交易伙伴之间就算没有诚挚的爱，至少还懂得彼此珍惜。另一方面，对等互利符合“一报还一报”的复仇理念——以眼还眼、以牙还牙、杀人抵命、血债血偿。我们在本书第8章看到，即使在现代社会，人们仍然倾向于认为刑事处罚是罪有应得，而不是普遍威慑或特殊威慑。[194]

法理型理性是在文字和数字社会才出现的新型互动模型，它既非直觉亦非感情，本身对暴力既不鼓励也不抑制。如果不是人人都明确拥有选举权，并拥有对自己人身和财产的所有权作为前提，由于市场经济原则下无道德约束的利润追逐，人们就会发现自己陷入奴隶交易和人口走私，甚至以炮舰外交开辟新的外国市场。量化工具可以在高科技战争中用于产生最大化的杀伤力。当然，我们应该看到，法理型理性也可以服务于功利主义道德观，即衡量最大多数人的最大幸福，精确测度警察和军队的最低需要量，以最大限度地减少暴力的总量。[195]

* * *

那么，道德心理到底发生了什么变化，产生了人道主义革命、长期和平和权利革命，促成了暴力的全面减少？

636 常规互动模型的变化方向相当清晰。菲斯克和泰特罗克观察到："在世界范围内，最近 3 个世纪以来，社会制度在整体上沿着从'社群共享'向'权威序列'，再向'对等互利'和'市场定价'的方向加速移动。"[196]如果我们使用第 7 章提到的民调数据作为指标，社会自由主义引领风气变化之先河，社会保守主义最终追随其后。海特关于自由主义和保守主义道德关怀的数据也给出了同样的结论。我在前文提到过，在判断道德关怀的重要性时，社会自由主义者对"内群体忠诚"和"纯洁/神圣"（菲斯克将此涵盖在"社群共享"）以及"权威/尊敬"不屑一顾，而几乎将全部关注放在"伤害/关怀"和"公平/互利"上。社会保守主义者则对所有五类道德规范一视同仁。[197]社会自由主义导向的历史趋势，与社群和权威渐行渐远，其价值观越来越多地以平等、公正、自治和合法权利为基础。虽然自由派和保守派可能都不愿意承认正在发生这样或那样的历史趋势，但今天，没有任何主流保守政治家还会像几十年前那样，打出传统、权威、凝聚力或者宗教的旗号，为种族隔离，妇女不能离家工作、指控同性恋为犯罪等行为进行辩护。[198]

道德资源撤离社群、圣洁和权威何以具有反对暴力的效果？一个原因是集体性或公社性（communality）是部落制和沙文主义的道德核心，权威则给政府镇压的正当性提供了理由。然而，更主要的原因是，当道德被约束在一定的边界之内。这个范围越小，人们能够合法惩处的违规行为就越少。无论是传统还是现代，是自由主义还是保守主义，每个人都同意道德的基石之一是自主和公平。没有人反对政府行使暴力将刺客、强奸犯和谋杀犯关进监狱。但是，在这个共识之外，传统道德的卫道士希望再加上一个非暴力型犯罪名单，比如同性恋、放荡、亵渎、异端、淫秽和玷污圣符。为了让卫道士的道德谴责具有威力，必须由利维坦来惩处越轨行为。从法律条文中删除这些罪名，也就减少了权威挥舞棍棒、手铐、板子，以及实施监禁和处决的机会。

社会规范向“市场定价”方向推移让很多人感到恐慌，但是它同时也表明这是一个走向非暴力的趋势。酷爱“市场定价”模型的激进自由意志主义者，甚至主张将卖淫、吸毒和赌博一概非罪化，清空当今世上关押了千百万人的监狱（老鸨和毒枭应该可以被送进对付流氓团伙的感化营）。越来越多的个人自由自然地提出一个问题，以社会认可的暴力 637
对付很多人不认可的行为，例如亵渎神明、同性恋、吸毒、卖淫，是否符合我们的道德理想。但是，无论对错，问题的关键在于随着道德退出社区、权威、神明这些传统领域，暴力确实在减少。而道德退出也恰是古典自由主义追求的目标：个人摆脱部落和权威的束缚获得更大的自由，宽容个人选择，只要这些选择不伤害其他人的自主和福祉。

现代社会中道德发展的历史方向不仅仅是离开集体和权威，而且是走向法理型组织，这本身也是趋向和平的发展。菲斯克说，以谋求最大多数人的最大幸福为目标的功利主义道德，可谓“市场定价”模型的典范。“市场定价”是法理型思维的一个特例。[199] 功利主义大家切萨雷·贝卡里亚开创了刑法改革，将赤裸裸的复仇饥渴变为以威慑预防为目标的政策。边沁的功利推理指出了处罚同性恋和虐待动物的非理性，约翰·斯图亚特·穆勒据此提出了最早的女权议题。在 20 世纪 90 年代南非民族解放运动中，曼德拉、图图和其他和解派人士公开谴责复仇型正义，而主张实行揭露真相—大赦—适当惩罚元凶的配合政策，这也是通过达到功利的均衡以减少暴力的成功案例。国际社会对种族隔离的南非实行经济制裁而不是武力打击，同样符合这一原则。

* * *

如果道德心理学最新理论的方向是正确的，那么，不管我们如何努力限制社群、权威、神圣和禁忌的影响，这些直觉都是且很可能永远是人性的组成部分。但我们没有必要为此惊慌。不同的互动模型可以相互结合，相互嵌入，追求暴力最小化的法理型思维模型可以约束其他思维模式的暴力性。[200]

如果某个版本的“社群分享”对人的生命进行资源配置，社区的范围涵盖全人类，远非一个家庭、一个族群或者一个国家，这个模型完全可以成为抽象人权原则的情感依据。我们是一个人类大家庭，在这个家庭内，没有人能够剥夺其他人的生命和自由。在“权威序列”模型中，为了防止更大的暴力伤害，国家被赋予使用暴力的垄断权。国家对其公民的权威，以民主制衡的形式嵌入“权威序列”，比如总统可以否决国会通过的法案，同时国会可以弹劾和罢免总统。神圣的价值观和捍卫神
638 圣价值的各种禁忌，也可以反映出我们认为必须珍视的价值和事物，比如已经成形的胎儿，国家的边界和禁止使用化学武器与核武器。

斯科特·阿特兰与两位心理学家杰里米·金吉斯（Jeremy Ginges）和道格拉斯·梅丁（Douglas Medin），以及政治学家哈利勒·史卡基（Khalil Shikaki）合作，探讨了如何以和平为目的重造心理禁忌的问题。[201] 在理论上，和平谈判应该遵守“市场定价”模型的规范。当敌对双方放下武器，自然产生一笔红利——所谓的“和平红利”，双方同意分享红利达成和平。为了得到一份和平红利，各方都必须放弃自己的最高要求，所得到的红利将大于他们拒绝谈判的收益，而继续交战还将付出更大的代价。

不幸的是，神圣价值和禁忌心理会拒绝理性交易的最佳方案。如果对手中的一方固执于价值的神圣性，那么他所捍卫的是无价之宝，就像我们不会出卖自己的孩子，他也决不肯就自己的神圣价值进行交易。被民族主义和宗教狂热煽动起来的人总是认为自己所坚持的是神圣不可侵犯的价值，比如对某片圣地的主权和对历史暴行的某种承认。即使是为了和平的目的妥协也是触犯禁忌，甚至动一动这样的念头都证明此人是叛徒、内奸、唯利是图的小人、荡妇。

流行的心理学实验的方式，都是研究人员找几十名大学生，每人给一杯啤酒的钱，然后让他们回答问卷。但在一项非常大胆的实验中，研

究人员找到了真正生活在以巴冲突地带的居民进行调查：西岸的 600 多名以色列定居者、500 多名巴勒斯坦难民、700 多名巴勒斯坦学生，其中半数承认追随哈马斯或“巴勒斯坦伊斯兰圣战组织”。研究人员在每一个小组中都能找到视自己的要求为神圣价值的狂热分子。几乎一半的以色列定居者表示，不论有多大的好处，犹太人民永远不能同意放弃任何以色列领土，包括（构成西岸的）朱迪亚和撒马利亚。在巴勒斯坦人中，超过半数的学生表示，不论有多大的好处，在耶路撒冷的主权问题上决不能有任何妥协。80% 的难民认为，巴勒斯坦人返回以色列的权利不容让步。

研究人员将以巴两族人各分三份，组成三组，再向每一组人出示一个要求各方就自己的神圣价值进行妥协的假想和平方案。其中一组得到“两国方案”，要求以色列从 99% 的西岸和加沙地带撤走，但不需要接纳巴勒斯坦难民。毫不奇怪，这一方案没有得到什么支持。双方的极端分子对方案本身表示愤慨和厌恶，并声称如果有必要，将以暴力抗拒这样的方案。

第二组受访者拿到一个在两国方案之外，附加美国和欧盟在 100 年 639
内每年补贴 10 亿美元，或确保人民生活和平繁荣的方案。面对这些甜头，非极端分子的反对立场有所软化，但因为方案带有明显的收买意味，极端分子变得更加狂躁和愤怒，也更加暴力。一旦涉及政治和宗教冲突，人类行为分析中的理性人假设实在没有太大的意义。

这一切听起来非常令人沮丧，但是我们不应该忘记，根据泰特罗克的观察，很多表面上无比神圣的价值实际上都是伪神圣，如果能够对禁忌的权衡折中巧妙地重新包装，妥协的空间仍然存在。在假设和平方案的第三个版本中，两国解决方案之外被加上一个纯粹象征性的宣言，明示其敌人就某一神圣价值做出让步。展示给以色列定居者的方案说，巴勒斯坦人“将放弃任何返回以色列的要求，这本是他们的神圣权利”，或者“需要承认犹太人民对以色列土地的历史的和合法的权利”。而在交给巴勒斯坦人的方案中，以色列将“承认巴勒斯坦人对自己国家的历史的和合法的权利，并将为对巴勒斯坦人犯下的所有错误道歉”，或者将“放弃他们所坚信的、对西岸的神圣权利”，或者将“象征性地承认（巴勒斯坦人）返回以色列的历史正当性”（但并不真正给予这一权利）。这些辞藻真的产生了不同的结果。与公然地拿和平和金钱进行贿赂不同，敌人在神圣价值上的象征性让步，尤其是特别强调这是一方的神圣价值时，确实弱化了极端分子的怒火、厌恶和支持暴力的意愿。虽然这样的方案并没能将双方的极端分子减少到绝对少数，但是减少的数量足以改变各方新近举行的大选结果。

这一操控人类道德心理的实验具有深远的含义。找到软化以巴双方狂热分子的对抗立场，其他各国也公认的唯一可行的解决方案几乎可看作人间奇迹。古板的外交家将争执双方视为理性人，强调和平方案的成本收益，这种标准做法将会招致反感。如果他们的和平方案有任何成功希望的话，他们必须将对抗双方视为道德人，认真操作方案的象征性框架。当人们放纵自己捍卫神圣和禁忌的心态时，道德感很可能成为和平的障碍。只有当此种心态愿意根据理性目标接受调整，才会产生真正符合道德的结果。

* * *

什么样的外生原因让道德直觉离开社群、权威和圣洁，而趋向公平、自治和理性？

640 一个显而易见的外力是人口的迁徙和社会流动性。人们不再被局限在家庭、村庄和部落。在这样的小世界里，整合和团结是生活的基础，一个人被排斥和遭放逐意味着他的社会生命的死亡。现在，人们可以在其他地方寻找自己的机会；在这个过程中，他们接触到新的世界观，接受更普世的道德规范，即以个人权利为中心，而不是崇拜某个集团的强权。

出于同样的原因，开放社会让人们尽显才华、雄心和运气，不受出生身份的制约。在人们眼中，“权威序列”不再被认为是不可逾越的自然法则，而更多地被视为历史文物，甚至是某种不公正的遗产。

来自多元背景的人相聚在一起，互通商贸，按照职业或者社会偏好合作谋求共同的远大目标，他们头脑中原本圣洁的意识会逐渐褪色。我们在第 7 章中提到，当某人认识某位同性恋朋友的时候，他对同性恋的宽容程度会大大提高。海特认为，当人们近距离观察美国的大选版图时，从粗分的红州和蓝州，到细分的红县和蓝县，都显示支持自由派候选人的地区主要分布在沿海和主要水路沿岸。在喷气式飞机和州际高速公路出现之前，这些地区是人口和思想交流汇聚频率最高的地带。这些地区早年的优势，让它们成为交通、商业、传媒、研究和教育的集散中心，至今仍然是多元和自由派的大本营。虽然美国政治中的自由派和古典自由主义已经没有多少共同之处，但二者在道德领域的侧重点仍然一致。自由派的微观空间分布说明，背离社区、权威和圣洁的道德发展趋势的确是流动性和都市化的结果。[202]

另一种颠覆社区、权威和圣洁观念的力量是对历史的客观研究。菲斯克说，社群思维将团体视为一种永恒的存在：一种不朽的本质将人们联结为集团，传统之悠久可以一直追溯到太初。[203]“权威序列”也天然具有永久的生命力。他们受命于天，遵从宇宙的规则而世代沿袭。这两个模型都在炫耀自己天生而永恒的高贵和圣洁。

在这种为统治寻找合理性的罗网之下，一个真正的历史学家就像游园会上冒出来的一只臭鼬。唐纳德·布朗在开始人类共性的研究之前，曾经试图解释为什么印度的印度教几乎没有产生什么伟大的历史学家，而邻邦的中华文明却正好相反。[204]布朗推测，在等级森严的种姓社会中，声称自己是英雄和神祇的后裔的统治精英明白，让学者不断地在故纸堆中搜寻窥视不会有什么好结果，他们很可能会找到一些证据，戳穿权贵的谎言。布朗研究了亚洲和欧洲的 25 个文明的历史，他发现，等级化的 641
社会青睐神话、传说和英雄故事，排斥历史、社会科学、自然科学、传记、写实肖像和正规教育。19 世纪和 20 世纪出现的民族主义运动索性招募写手，炮制自己国家永恒的、光彩夺目的历史。[205]从 20 世纪 60 年代开始，一些民主国家开始挖掘自己国家浅薄的根基和曾经犯下的卑鄙罪行，修正的新历史让很多人的心理受到重创。在新史学中，爱国主义、部落主义和对上层的盲从不再具有原来的地位。自由派和保守派在学生教科书和博物馆展品内容上的争执直到今天仍在继续。

虽然，对于各种自私自利的传奇故事，历史事实是最好的解毒剂，而虚构的作品也一样能够转变读者和观众的道德意识。忠诚、服从、爱国主义、责任、法律或者习俗所规范的道德，与道德原则要求的行动之间发生冲突，让很多作品中的主人公面临艰难的抉择。在1967年出品的电影《铁窗喋血》（*Cool Hand Luke*）中，一名狱警在处罚保罗·纽曼扮演的角色卢克，将他关进闷罐监牢时解释说："抱歉，卢克，我不过是行使职责。你要理解我。"卢克回答说："甭来这一套——管这叫执行职责，不等于说这是对的，头儿。"

偶尔，作者能够唤醒读者，让他们意识到良知本身是个靠不住的向导。哈克贝利·费恩带着黑奴杰姆逃往自由州，两人漂荡在密西西比河上。哈克突然对自己帮助杰姆感到莫名的愧疚，因为他突然想到，杰姆的主人是他合法的拥有者呀！

> 在我自言自语的时候，杰姆不停地大声念叨着。他说，到了自由州，他要干的第一件事，就是拼命挣钱，一个子儿也不花，等到攒够数了，就把老婆赎出来。杰姆的妻子如今在一家农场为奴，就在华生小姐家的附近。然后他们两个人要拼命干活，好把两个孩子赎出来。要是孩子们的那个主人不肯卖孩子的话，他们就去找废奴活动家，把孩子们偷出来。
>
> 听到他这样说，我几乎全身冰凉……我心想，这都是因为我没有转转脑子。在我面前的，就是这么一个黑鬼，我差不多一直是在帮着他逃跑，如今竟然这么大大咧咧地说什么要偷走他的孩子——这些孩子可是属于一个我不认识的人，而且此人从来也没有害过我啊……
>
> 我的良知在心里煽起的火越烧越旺。到后来，我对我自己的良心说："饶了我吧——还来得及呢，待会儿一看见灯光，我就划过去，上岸，告发他。"……我所有的烦恼也都烟消云散了。我继续张望着，看有没有灯光。这时我高兴得简直要在心里为自己唱上一

曲哩。没有多久，出现了一处灯光……

（他）跳将起来，弄好了小舟，把他的旧外套铺在船底板上，好让我坐在上面。他把桨递给了我。在我划桨的时候，他说：“麻（马）上，我就要欢呼啦。我要说，这一切，都亏了哈克。嗯呐，我（是）个自由人啦。嗯呐，可要是哈克，我哪里得自由呢。全亏哈克才成功的。杰姆一辈子也忘不下你，哈克。你是杰姆贼（最）好的盆（朋） 642
友，嗯呐，你也是老杰姆现在唯一的盆友。”

而我刚刚才把小船划开，急着想去告发他。他的这番话，让我像被掏空了一样瘪了下来。

在这段让人心惊肉跳的心理发展中，原则、服从、互惠和对陌生人的同情指导着良知，把哈克拖向错误的方向。同时，对一位朋友的同情和直接牵挂将他拉向正确的方向（读者脑海里可能还会闪出人权观念）。这段文学叙事也许称得上是对人性的脆弱，对人们在道德和不被道德承认的信念之间困惑挣扎的绝妙刻画。

理性

眼下理性的日子很不好过。大众文化在“赛愚昧”的深渊中继续沉沦，美国的政治话语则已经陷入“逐底竞赛”。[206]我们生活在一个科学神创论、胡言乱语的新纪元运动、“9·11”恐怖袭击事件阴谋论、心灵热线和宗教极端主义复兴的年代。

似乎四处弥漫的非理性还不够糟糕，很多评论家绞尽他们的推理脑汁，要说明理性的重要性被过分地高估了。在2001年乔治·W. 布什总统就职典礼之后的媒体蜜月期间，编辑甚至放言说，一个伟大的总统不一定要很聪明。一个心地善良、具有坚实明确的道德观念的人赛过那些精于计算、花言巧语、受了过多教育的政客。他们表示，说到底，还不是哈佛训练出来的最优秀、最聪明的人把美国拖进了越战的泥淖。左翼的“批判思想家”和后现代主义者，在一个问题上与右翼的宗教卫道士意见一致，即两次世界大战和纳粹集中营是启蒙运动以来的西方科学和理性培育出的毒果。[207]

甚至科学家也追随其后。许多心理学家说，人类受激情的引导，只有在事后为给自己的直觉寻找理由时才会调动那点儿可怜的理性能力。行为经济学家欣喜若狂地向世界展示，人类的行为如何远离理性人假设；报道行为经济学进展的记者，不放过任何抨击理性人理论的机会。这其中的含义是，既然非理性是不可避免的，我们干吗不接受它，享用它呢？

在本章——本书结论部分之前的最后一章，我要试图说服你，无论是对世界理性现状的悲观评估，还是认为即使如此也不是什么坏事情的轻佻，都是错误的。尽管人们干了不少蠢事，但是当今社会还是变得越来越聪明了，假定其他条件不变，一个世界越聪明也就越少暴力。

643 在展示证据之前，我要先扫清那些反对理性的偏见。现在，乔治·W. 布什总统已经卸任，所谓“我们最好有个不太聪明的领袖”的理论只能让人脸红，而我们甚至可以量化害臊的理由。我们都知道，人们在衡量公共人物的心理特质方面没有什么良好的记录，但是，心理学家迪恩·西蒙顿（Dean Simonton）发展了几种（从心理计量学家的技术角度看）可靠和有效，而在政治上无党派立场的历史计量手法。[208]他分析了从华盛顿到小布什 42 位总统的数据资料。他发现，根据非党派历史学家的评估，对总统的绩效而言，天生的智力和对新思想、新价值的开放心态都有关键的作用。[209]虽然布什在智力上远远超过一般人的平均水平，但他在总统绩效排名上却是倒数第三。而在经验开放性这个项目上，他是倒数第一名，评分从最低 0 分到最高 100 分，他的得分是不折不扣的 0 分。西蒙顿在 2006 年发表了他的研究，当时布什仍在总统任上；自那时之后，又有三位历史学家进行了类似的研究，他们得出的结果很接近：布什在 42 位总统中排名为第 37、第 36 和第 39。[210]

至于越南战争，认为只要肯尼迪和约翰逊的顾问没有那么聪明，美国就会避免卷入战争的观点，不符合历史的事实；在这些人退出舞台之后，战争在理查德·尼克松手里继续残酷地推进。而尼克松既算不上最优秀也算不上最精明。[211]总统的智力和战争之间的关系可以做量化处理。1946 年（奥斯陆国际和平研究所数据库起始的年份）到 2008 年，总统的智商和其任期内美国卷入战争的战争死亡人数负相关，相关系数为 -0.45。[212]我们可以这样说，总统智商增加一个 IQ 点，战争死亡减少 13440 人。虽然更准确的说法应该是，战后最聪明的三位总统——肯尼迪、卡特和克林顿，没有将国家带进毁灭性的战争。

认为集中营是启蒙运动的产品的观点，如果不是下作，至少是荒唐。我们在本书第 6 章已经看到，20 世纪真正发生改变的并不是大屠杀发生的次数，而是人们在观念上终于认为大屠杀是一种邪恶。在集中营毁灭的人类生命前面，它的技巧和组织形式是无足轻重的陪衬，而卢旺达发生种族灭绝手段极为原始，它也提醒我们，技术和组织并不是实施大屠杀的必要条件。纳粹的意识形态，就像同时代的民族主义、浪漫军国主义和共产主义运动一样，是 19 世纪反启蒙思潮的果实，绝非伊拉斯谟、培根、霍布斯、斯宾诺莎、洛克、休谟、康德、边沁、杰斐逊、麦迪逊、穆勒的传承。在真正的科学面前，纳粹主义自命的科学是非常滑稽的伪科学。哲学家亚基·曼申弗劳德（Yaki Menschenfreund）最近在他的一篇精彩文章中评价了认为启蒙运动的理性要为纳粹集中营负责的理论：

> 纳粹意识形态不仅是非理性，而且在很大程度上是反理性的，不承认这一点就不可能理解其政策的破坏性。它美化多神的、基督教之前的日耳曼民族的历史，拥抱回归自然和“原生态”的浪漫情思，培育终结旧时代的天启式期待，幻想届时将彻底解决种族之间无休止的斗争……对理性主义及其有关理论的轻蔑，以及对启蒙运动的彻底排斥是纳粹思想的核心；纳粹运动的意识形态狂热分子一贯强调“weltanschauung”（世界观）——对世界的自然和直接的体验，与“welt-andenken”（对世界的思考）之间的冲突。在他们看来，对世界的思考，就是通过概念化、计算和理论化分解现实的“破坏性”智力活动。与“堕落的”自由主义布尔乔亚崇尚理性相对抗，纳粹宣扬的是一种生 644

气勃勃的、自然的生活观，不受妥协或者困惑的阻碍和烦恼。[213]

最后，我们来看看所谓理性无力对抗情感的意见——这完全是本末倒置。心理学家戴维·皮萨罗（David Pizarro）和保罗·布鲁姆（Paul Bloom）曾经表示，持此观点的人，是对实验室中的道德失声现象和其他道德困境引起的生理反应解读过度。[214]即使是直觉主导的决定，直觉本身已经是以往道德推理的产物。这个过程也许是个人的反思，也许是餐桌上的争论，也许是人们在争论中产生的规范被社会同化吸收。案例研究表明，在个人生活的一些关键时刻（比如一名妇女决定堕胎），或者在社会面临转折的历史关头（比如内战、女权、同性恋权利、宣布国家参战的重大问题），人们都会纠结于痛苦的思考和忧虑。我们已经知道很多历史性的道德转变，其发端都是一些经过人们艰苦思索的观点，这些观点在提出之初遭遇猛烈的抨击。当辩论平息的时候，胜方的主张已经自然而然地融入人们的情感。比如，如果你今天问人们为什么不烧死宗教异端，为什么不蓄奴，为什么不鞭笞儿童，或者为什么不对犯人处以轮刑，人们也许会“道德失声”，说不出什么像样的理由，但在几个世纪之前，这些问题都曾是人们争议的焦点。在乔舒亚·格林就失控车厢道德困境进行脑扫描研究时，我们甚至可以目睹人们的直觉和推理交互妥协的神经解剖学基础：每一种道德感都有其神经生物的基地。[215]

* * *

当休谟写下他的名言“理性是，并且也应该是情感的奴隶”的时候，他的本意并不是要人们鲁莽、纵情，或者即使遇人不淑，也任凭自己神魂颠倒。[216]他是在就自己的观点进行逻辑论证，说明理性本身仅仅是从一个真命题到达另一个真命题的工具，与这些命题的价值取向完全无关。然而，有很多理由决定了为什么理性，配合以“一点点鸽子的气
645 质，揉进我们的骨架”，必然地“决定了我们的意志，在其他条件相同的情况下，它们让我们在有益于人类和危害人类之间冷静地选择前者”。让我们来看看某些理性的运作为什么可以带来暴力水平的下降。

科学革命和“理性时代”发生在人道主义革命之前的时间顺序告诉我们，理性抗拒暴力的一个最大的原因就是如伏尔泰所说的“荒谬导致暴行”。戳穿某些谎言，比如众神要求牺牲献祭，巫师咒语灵验，异教徒终将下地狱，犹太人在水井内投毒，动物没有感觉，孩子是父母的所属品，非洲人非常残忍，君权神授等等，即可以破除很多暴力的思想基础。

运用理性的另一个和平效果是，理性是自制的伙伴。我提到过，在人身上有两种特质之间存在统计相关性，它们在大脑中的生理基底相互重合。[217]这就是理性——推演一种行为的长期后果，让人们认识到有必要自制。

当然，自制还不止于避免做出损害自己未来利益的仓促决定，它也意味着为了我们所认为的正当动机而克制自己的某些本能。有些精心设计的实验技巧，比如测度人们用多长时间将类似“好”和“坏”这样的字与白人的面孔和黑人的面孔联系在一起，通过神经成像实验监测大脑中杏仁核的活动，可以辨识出很多白人对美国非裔有轻微的生理反感。[218]但是，第 7 章的图 7–6、图 7–7 和图 7–8 显示，人们对非裔美国人的态度已经发生了巨大的变化，今天白人和黑人在一起共同工作和生活，彼此以礼相待的现实，证明人们可以通过自己的理性判断克服这些偏见。

推理与道德观也可以相互作用。四种互动模型是人们道德冲动的源泉，每一个模型都具有自己特殊的推理模式；每一种推理模式各有其相应的计量尺度，并通过特有的认知方式展开推演。[219]“社群共享”模型的思维标准是“全或无”，或者说“非此即彼”（即所谓的“名目尺度”）：一个人或者属于神圣家族，或者不属于。与此相应的认知方式是生物学直觉思维，着眼于生物性的纯洁本质和潜在的污染源。“权威序列”使用顺序尺度：对统治与被统治阶层进行线性排序。它的认知手段是对空间、力和时间的物理学直觉：人的排序越高，他的形象就越大，力量越强，地位越高，越具有优先权。“对等互惠”采用等距尺度，两个量之间可以比较大小，但是不存在比例关系。具体的量度方法如排序、记数，或者以相同的单位进行比较。只有“市场定价”（以及“市场定价”所

646 属的法理型思维）能够用“比例性”（proportionality）尺度进行量度和运算。法理性模型要求以非直觉性的符号数学做推理工具，比如分数、百分比、幂。我已经说过，法理型模型在人类历史上远非常见的道德规范，它要求人们具有高级的认知能力——熟练把握文字和数字的能力。

“Proportionality”一词在数学意义上是“比例性”，在道德意义上是“均衡性”、“相称性”和“合理性”。它具有这样的含义不是偶然的。只有布道家和流行歌曲的歌手会宣称总有一天暴力要从地球上彻底消失。哪怕仅仅是作为一种防备，为了威慑捕食者和在威慑无效时解除侵犯者的武装，以警察和军队形式存在的暴力手段总是必要的。但是，以尽可能小的必要暴力制止更大的暴力，与人在头脑发昏时为寻求惩罚性正义制造的暴行之间有着天壤之别。一报还一报的粗糙复仇感，在处罚的程度上特别带有自利的偏向，因此产生了数量巨大的过度暴力，包括酷刑和非常处罚，殴打有过失的孩子，战争中毁灭性的报复行动，私人之间因小恩怨而伤人性命。但道德进步并不在于全面打击暴力，而是有理有度地对症下药。我们看到的例子有遵循贝卡里亚功利主义观的刑法制度改革，接受启蒙思想的父母有节制地惩罚孩子，拒绝暴力手段的公民不服从和消极抵抗，现代民主国家对挑衅的适度反应（军事演习、鸣枪示警、对军事设施进行外科手术式的精确打击），以及在冲突之后实行有限大赦与和解。这些弱化暴力的措施都要求对比例、均衡和相称有某种感觉，而这种思维习惯不是与生俱来的，需要理性的教养和培育。

当理性将暴力本身抽象为一种心理范式，并将它构建为一个需要解决的问题，而不是一场需要取胜的竞赛时，理性就是在抗拒暴力。荷马时代的古希腊人将古希腊的毁灭性战争形容为天上变态傀儡一手操办的孽作。[220]我们完全可以说，这是抽象思维的杰作：他们超脱了那种将战争归咎于阴险宿敌的立场。当然，将战争归罪于天神不能给凡尘众生带来减少战争的机会。对战争的道德谴责也具有抗拒暴力的力量，不过它没有告诉人们，当强敌临门时应该做些什么。格劳秀斯、霍布斯、康德和其他当代思想家的著述展示了真正的道德进步：将战争作为博弈论的题目进行理智分析，而积极的制度安排可以成为解决问题的答案。几个世纪之后，这些制度安排，比如康德的民主—商贸—国际共同体的三位一体论，在长期和平与新和平时期发挥了它的作用。在古巴导弹危机中，肯尼迪和赫鲁晓夫有意识地将危机包装成对方为自己设下的陷阱，让两个人都能不失脸面地后撤一步。

* * *

所有这些为理性辩护的理由都没有提到休谟的观点：理性只是实现某种目的的手段，而目的取决于思考者的情感。如果思考者想要得到和平与和谐的话，理性可以勾画出通向和平与和谐的路线图。但是，如果思考者愿意看到战争和冲突，理性也可以产生走向战争和冲突的路线图。我们是否有理由期待理性让推理者期望更少的暴力呢？ 647

根据严密的逻辑，答案是“没有理由”。但是，略做加工，就可以将答案变为“有理由”。我们所需要的仅仅是两个前提条件。第一个条件，思考者关心自己的福祉：他们想活下去，而不是去死；他们想自己肢体健全，而不是残缺；他们想生活舒适，而不是生活在痛苦中。仅是逻辑本身不足以让人们拥有这些成见。但是，任何自然选择的结果——的确，任何有意识的主体，只要能在足够长的时间内承受住熵的摧残，都会产生这些愿望。

第二个条件是，思考者是其他意识主体共同组成的社区中的一员，这些主体可以影响自己的福祉。他们之间可以交换意见，并且能够理解对方的理性。这一假设同样没有逻辑上的必然性。我们可以想象，鲁滨孙在孤独中思考，银河霸主的属下不能挑战他的权威。但是，自然选择至今还不曾制造出一个孤独的思考者，因为进化以生命群体为对象。说到人类，他不仅是理性的动物，而且是社会的动物，还是使用语言的动物。即使是银河霸主，王冠在头难安枕席，霸业至此，他还是要担心失去权力的可能性，不得不对付他昔日的属下。

我们在第4章的结尾提到，如果人类的自利性和社会性假设结合以理性，就会推出以非暴力为目标的道德观。暴力是囚徒博弈，博弈双方以侵蚀对方获取私利，但是两个人在相互侵害中都会遍体鳞伤，且不说还可能丧命；如果双方都不去伤害对方的话，两人反而得到更大的收益。在博弈论对囚徒困境进行定义的时候，说明不允许双方交谈；而即使他们能够交谈，他们也没有互相信任的基础。但在现实生活中，人们可以协商，并可以通过情感、社会和法律担保约束彼此的承诺。当一方试图说服另一方不要实施伤害时，他首先必须自己承诺不去伤害对方。一旦他提出“你伤害我是不对的”，也等于是说“我伤害你也是不对的”，因为在逻辑推理上，“你”和“我”是没有区别的两个实体。（说到底，这两个代词的意义随着对话的进行不断调换位置。）哲学家威廉·戈德温（William Godwin）这样说过：“代词‘我的’到底有一种怎样的神奇力量，它竟然能够让我们有理由推翻至公至正的真理？”[221]理性既不能区别张三和李四，或者王五和赵六，也不能区别任何个体的集合，因为就逻辑所关心的问题而言，他们不过是一些 x 和 y 而已。所以，你一开口试
648 图劝说某人不要伤害你，提出各种他不应该伤害你的理由，就等于是接受了以避免伤害为最终目标的承诺。只要你还为自己高品质的理性感到自豪，愿意广泛地运用自己的理性，并以此劝服他人，你就会调动这一理性追求公众的利益，包括避免暴力。[222]

当然，人类并非生来就具有理性。我们由猿演化而来，在小群体状态下生活了几十万年，认知过程的演化都是以狩猎、采集和社交为目的。仅仅是在文字、城市、远程交往和通信出现之后，我们的祖先才逐渐培养起理性判断的能力，并不断扩展理性施用的范围，这个进程还在继续发展之中。我们也许有理由期待，集体理性经过时间的砥砺，将一点一点地打磨掉我们身上导致暴力的短视和冲动；面对数量越来越多的理性主体，我们希望对方以何种方式对待我们，就必须以同样的方式对待他们——己之所欲，亦施于人。

我们的认知能力不是必然向这个方向演化。但是，一旦人们秉持一种开放的推理体系，即便这个体系是从平凡的琐事，比如从准备晚餐和保护盟友发端演化而来，你总是忍不住要用这个体系考虑一下那些作为其他命题结果的命题。当你用母语学会并理解了“这是那只杀死了老鼠的猫”这句话，你自然就能明白“这是那只吃了麦芽的老鼠”是什么意

思；如果你能学会运算 37 + 24，那么 34 + 27 之和对你也不会是太大的难题。研究认知的科学家将这一奇妙现象称为系统性（systematicity），并认为这一特性来自人类神经系统所具有的支撑语言和理性的组合能力。[223] 如果一个物种的成员有彼此理性互动的能力，并有足够的机会运用这种能力，他们迟早会发现非暴力和其他互利安排所能带来的共同利益，并且将在越来越多的领域发挥这种能力。

这正是彼得·辛格最早提出的"扩大的圈子"理论。[224] 我借用了他的修辞手法，用"扩大的圈子"来形容一种历史进程——人们有了更多换位思考的机会，因此对更多样的人群产生了同情心。不过，辛格本人极其理智，对这些情绪化的表达没有多少兴趣。他是哲学家的哲学家，他认为，经过漫长的演化，人确确实实已经有思考的能力，能够想明白他们应该尊重其他人的利益。而且，这种尊重不局限于我们社会小圈子里的亲友熟人。就像你不可能一边坚守做人的原则，一边干着损人利己的勾当，你也不可能去损害其他团体成员为自己的团体成员谋利。对辛格而言，人们的伦理圈子之所以在向外扩大，不是因为软心肠的共情，而完全是冷静思考的理性结果：

> 开启理性思考，就像在黑暗中踏上上行的滚梯。一旦我们迈出了第一步，能够走多远已经不由我们的意愿所决定，我们也无法事先知道哪里是我们的终点…… 649
>
> 如果我们不知道滚梯是什么东西，那么我们登上滚梯后，打算跟着它移动几米，弄明白我们所处的位置，但是这个时候，已经很难避免一直前行，直到终点。同样，一旦开始理性思考，人们也无法知道它会在哪里停止。人们之所以会有为自己的行为进行客观公正的辩解的想法，是因为人的社会属性以及群体生活的需要，但是，一旦理性思考开始运作，它有自身的运行逻辑，不受社会集团边界的制约。[225]

根据辛格引证的历史发展顺序，早期古希腊人的道德圈子限于城邦，如公元前 5 世纪的这篇原本无意搞笑但却颇为滑稽的墓志铭所展示的：

> 这是在一位大好人尸身上建立的纪念碑。来自迈加拉的庇锡扬，杀死了7个人，在他们身体上折断了7把标枪的枪尖……这个男子，挽救了3个雅典兵团……从未让活在世上的任何人有过丝毫的悲伤，在众人景仰之下，他进入了冥界。[226]

柏拉图将他的道德圈子外推了一点点。他认为，希腊人应该避免毁灭和奴役其他希腊人，被毁灭和受奴役的噩运只属于非希腊人。在近代，欧洲人对所有的欧洲人实行不得奴役的准则，但非洲人却是可以奴役的对象。当然，在今天，对所有人而言，奴隶制都是非法的。

辛格的比喻只有一个问题，道德关怀的历史似乎不大像一部滚梯，而更像一个被卡在某层楼上的电梯，似乎永远也不打算再工作了，但突然间它又晃晃荡荡地上升一层，然后又滞留在那里不动了，接着再上升一层……辛格叙述的历史显示，在2500年间，人类的道德圈子只向外推延了4圈，每625年向外推出1圈。作为一部滚梯，这样的速度给人的感觉确实有些不牢靠。辛格承认道德进步是一个跌跌撞撞的过程，而原因是伟大的思想家太稀缺了：

> 仅就一种质疑精神的出现时机和成功而言，历史只是记录了一连串意外事件而已。但是，如果理性思维能够在习惯道德的制约下茁壮发展，长期来看，进步就不是偶然的意外。不时会有杰出的思想家出现，他们被习俗施加在理性思考上的边界困扰，因为理性思考的性质不喜欢“小心禁区不得入内”的警示。理性思考是天生的扩张主义者，它追求普适性。除非它被对抗的力量粉碎，否则，理性思考的每一次应用，都是在为后人理性思考的新领域添加基石。[227]

但是，世界历史舞台上卓越的思想家如此罕见，理性的扩展如此艰 650
难，人们会问，为什么人类的理性要历时数千年才能得出奴隶制不太对头的结论？同样的问题还有殴打儿童、强奸妇女、灭绝原住民、监禁同性恋，或者为了抚慰国王受伤的虚荣心而发动战争，这些难道不是显而易见的错误吗？这不应该是非得有爱因斯坦的头脑才能想清楚的问题。也许，问题在于理性滚梯论不符合历史事实，因为引导人性道德进步的力量在于心灵，而不在于头脑。也许，即使辛格是对的，或者至少有一部分是对的，但是，滚梯的移动不仅有赖于寥若晨星的大思想家，还有赖于我们每一个普通人的思考水平的提升。

*　*　*

不论你们相信与否，人确实是越来越聪明了。20 世纪 80 年代初，哲学家詹姆斯·弗林（James Flynn）注意到出售智商测试结果的公司定期调整试题时，他欣喜若狂，仿佛得到一个重大的发现。[228]人们设定 100 为智商的平均值，但是答对的问题所占的百分比却是一个取决于问题难度的任意值。考试公司必须用一个公式将正确答案所占的百分比转换为智商的 IQ 值。他们发现，这个公式总是出问题。几十年中，智商测试的平均分数越来越高，为了维持 100 的平均值，每过几年就要调整换算公式。也就是说，为了得到同样的 IQ 值，后来的测试者必须比以前的人答对更多问题。如果不做这样的调整，IQ 就会出现膨胀。

智商膨胀不是通货膨胀那种需要人们去抑制的问题。弗林认识到，它展示了某种有关人类智力的重大历史现象。新一代人在拿到和老一代人一样的试题时，能正确回答更多问题，得到更好的成绩。进入 20 世纪后，智力测验大行其道，遍及世界各地。在某些国家，每一个学龄儿童和应征的军人都要接受智力测试，数据的积累已经足以显示变化的趋势。弗林进行了两类比较，他一方面仔细收集同一套智力测试题的历年数据，另一方面又搜寻各种设法调试测试结果的标准。两类比较得出相同的结果：IQ 值一直在提高。[229]1994 年，理查德·赫恩斯坦和政治学家查尔斯·默里（Charles Murray）将此现象命名为“弗林效应”。自此，弗林的名字就和智商上升联系在一起了。[230]

自第一次世界大战前后人们开始进行大规模智商测试以来，30 个国家，其中包括发展中国家，都出现了稳定的“弗林效应”。[231]更早的英国
651 数据显示，弗林效应甚至可以追溯到 1877 年出生的一群英国佬（尽管他

们是成年后接受的智商测试）。[232]变化可真是不小：平均每 10 年提升 3 个 IQ 点（为标准偏差的 1/5）。

变化是惊人的。如果时间机器将今天十几岁的少年送回 1950 年，他们的平均 IQ 将是 118；如果回到 1910 年，他们的平均 IQ 将是 130，高于当时 98% 的人。不错，按照弗林效应的字面含义，今天的一个普通人，比 1910 年“太平盛世”里 98% 的人都更加聪明。更不客气地说，如果时间机器将 1910 年的一个普通人送到今天，他的平均智商将会是 70，差不多是在智障的边缘。如果使用专门测试一般智力的“瑞文氏推理测试”，1910 年的普通人的智商放在今天只有 50，已经完全属于智障的范围，在“中度”和“轻度”智障之间。[233]

显然，我们不能这样简单地理解弗林效应。1910 年时的世界并不是一个住满了傻瓜的世界。评论家一直在设法否认存在“弗林效应”，但是始终没有找到有力的论据。无论是主张平均主义的左翼作家，还是信奉自我实现的右翼作家，都不愿意接受“智商”这个概念和衡量智商的工具。但是研究人类个体差异的科学家却无一例外地认为，智商是可以被测度的，一个人的智商终其一生相当稳定，并且可以根据一个人的智商水平预测他的学术和专业成就。[234]你也许会认为，过去几十年来，学校已经变成考场，孩子也都成了某种考试专家。但是，正如弗林指出的，考试的变化很不均匀，时紧时松，而智商的增长则非常稳定。[235]那么，这是否和试题的内容有关系？比如“谁是《罗密欧与朱丽叶》的作者”这样的问题已经成为常识，或者词汇部分的很多单词已经进入人们的日常生活，或者学校早就教过这些算数。不过，智商测试分数增长最多的部分恰恰不是常识、词汇和数学。[236]智商测试分数增长最多的部分是与抽象推理有关的试题，比如“相似”（“一磅和一寸有什么共同点?”）、“类比”（“树和什么具有相当于鸟和蛋的关系?”）以及“直观推理”（给出一个由行和列组成的几何图形，要求测试者推出如何填补右下角的空缺：比如，每一行的从左到右，每个图案比前一个增加一个边框，减少一条竖线，一个空白点被填黑）。词汇和数学是智商测试分数变化最小的部分，其他类型的考试也显示了同样的结果，比如 SAT 在有些年份甚至出现某些年龄组平均考分下降的现象。[237]图 9-2 显示的是 20 世纪 40 年代以来美国智商测试和分项测试分数上升的情况。

652

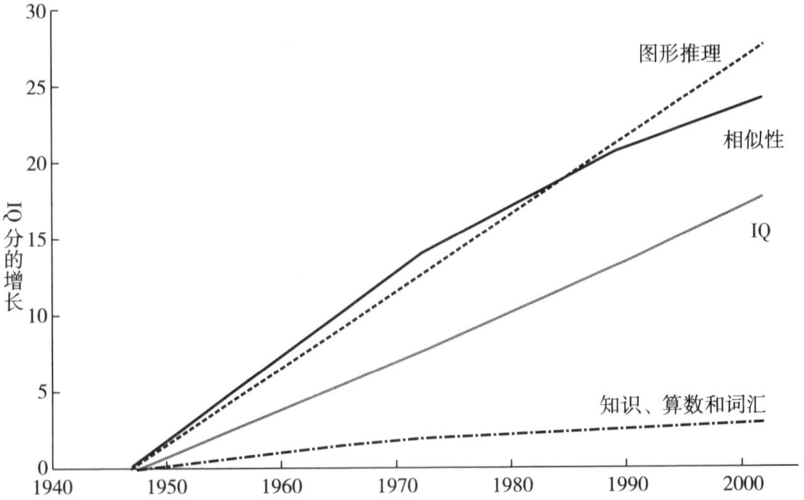

图 9-2 弗林效应：1947—2002 年智商测试分数不断上升

资料来源：弗林，2007 年，第 8 页

弗林效应是一颗科学重磅炸弹，因为我们只需要看看“图形推理”和“相似”两类测试分数的提高，就会知道几十年来人们的“一般智力”得到了多大改善。人们认为，这几项智商测试试题所测的正是一般智力，它们的高低与测试者在总测试中其他部分的得分高度相关。我们将一般智力称为 g（或 G 因素），g 的存在通常被认为是心理测试科学上最重大的发现。[238]如果你任意提出一项常规智力测验——数学、词汇、几何、逻辑、文本理解、事实知识，那些在某一项测试上得高分的人，一般在其他项目的测试上也有好成绩。人们原来并没有认识到这一点。这并不是一个预料之中的结论。我们都听说，不善言辞的数学天才和滔滔不绝的诗人不会理财；人们会认为，一种类型的智力发达了，肯定在大脑中挤占了其他类型智力的资源，所以说，用于数学的脑细胞多了，用于语言的就会少一些。但事实并非如此。有些人的确比其他人更有

数学才能，另一些人更有语言才华，但是就整体人口而言，在同一个人身上，总是同时具备这两种才能——以及其他所有与智力有关的才能。

此外，一般智力具有极强的遗传性，几乎不受家庭环境的影响（虽然可能会受文化环境的影响）。[239]我们这样说的根据是，出生时就分开的
653 同卵双胞胎在成人后，两人的一般智力因素高度相关，而在同一个家庭的领养同胞之间却没有任何的智力相关性。一般智力因素与某些神经结构和功能的指标存在相关性，这些指标包括处理信息的速度、大脑的容量、大脑皮层灰质的厚度，以及连接不同皮层区的白质的完整性。[240]最有可能的是，人的一般智力因素是很多基因影响累积的总和，每一种基因都对大脑的功能有微小的影响。

弗林效应的震撼力在于，这一效应肯定与环境有关。自然选择的进化过程有自己的时速限制，它只能以代际来衡量，但是弗林效应却可以以数年甚至数十年为尺度来衡量的。弗林明确地排除了营养、整体健康水平、远系生育（与外地人结婚生育）对此效应的影响作用。[241]产生弗林效应的因素与人们的基因、饮食、疫苗或婚姻都没有关系，那么，我们只能在人们的认知环境中寻找它了。

破解弗林效应之谜的关键是，人们认识到弗林效应所指的智商提高不是所谓的一般智力的提高。[242]如果是指一般智力，那么所有分项测试的分数都应该提高，包括词汇、数学和原始记忆力，提升的幅度应该相当于这些项目与一般智力因素的关联程度。但是，智商测试值的提高集中在“相似”和“图形推理”这样的项目上。不管这个神秘的环境因素是什么，它高度选择性地作用于某些智力构件——它选择的不是人脑先天的智力，而是把握抽象推理所需要的能力。

对“弗林效应”最好的解释是，它有数种原因，每一种原因在不同的时期产生了不同的影响力。高科技日新月异的发展和充满象征符号的环境，要求人们分析各种视觉图像，并赋予这些图形某种约定的规则，这当然推动了人们直观推理能力的提高。[243]但是，要理解智力提升和道德推理之间有何种关联，指望视觉能力显然是不行的。与所谓的“前科

学思维”相比，弗林将新提高的能力定义为“后科学思维”。[244]如果一个智力测验的“相似性”部分有这样一道题：“狗和兔子有何共性?”对我们来说，答案显然是“它们都是哺乳动物”。但1900年的美国人很可能告诉你：“你用狗捕猎兔子。”弗林认为，区别在于我们今天很自然地使用科学范畴对世界进行分类，而在不久之前，这个“正确”的答案却过于深奥，而且与生活毫不相关。弗林想象说，1900年的智力测试者会问“‘谁会在意它们是否都是哺乳动物’”，“从他的观点看，没有比这更不重要的事情了。重要的是空间和时间的位置，是那些有用的东西，那些自己能够控制的事物”。[245]

这几句话是弗林硬塞进前人的嘴巴里的，但是心理学家在对前现代社会进行研究时，对人们的推理方式做过一些记录，比如迈克尔·科尔（Michael Cole）和亚历山大·卢里亚（Alexander Luria）的研究。卢里亚向苏联偏远地区的农民提出了类似智力测验中“相似性”的问题，记录如下： 654

> 问：一条鱼和一只乌鸦有什么共同的地方?
>
> 答：一条鱼——鱼生活在水里，乌鸦会飞。如果鱼只会躺在水面上，乌鸦就会啄它。乌鸦能吃鱼，但鱼不能吃乌鸦。
>
> 问：你能用一个词（比如“动物”）来指它们吗?
>
> 答：如果你叫它们“动物”，那可不成。一条鱼不是一只动物，一只乌鸦也不是……一个人能吃鱼，但是不能吃乌鸦。

卢里亚的受访者还拒绝接受完全假想型思维——在皮亚杰的认知阶段论中被称为“形式操作”（与之相对的是“具体操作”）。

> 问：在终年冰雪的地方，所有的熊都是白色的。新地岛终年冰雪。那里的熊是什么颜色的?
>
> 答：我只见过黑色的熊，我不谈论我没有见过的东西。
>
> 问：那我说的话是什么意思?
>
> 答：如果一个人没有去过那里，他不能只凭别人的话就说什么。

> 如果一个 60 岁或者 80 岁的人见过白熊，告诉我白熊的事情，他应该是信得过的。[246]

弗林评论说："这些农民的回答是完全正确的。他们理解分析命题和综合命题之间的区别：纯逻辑不能告诉我们任何事实，只有经验才能告诉我们事实，但是这对他们的智力测验毫无帮助。"因为现行的智力测验专注于抽象、形式推理——这种能力能够让一个人跳出局限于周围事物的狭隘知识，探索纯粹假想世界的各种假说。

弗林认为，产生弗林效应的原因是人们越来越多地戴上"科学眼镜"观察世界；如果他是对的，那么是什么样的外生原因让人们能够得到这样的"眼镜"呢？最明显的一个原因是学校教育。我们知道，学校教育引导青少年从皮亚杰的认知的具体运动阶段进入认知的形式运动阶段，不过，即便有学校，也不是每一个孩子都能完成这个转变。[247]贯穿整个 20 世纪，遍布世界各地，孩子在学校里度过的时间越来越长。1900 年，美国成年人平均上学的时间为 7 年，其中有 1/4 的人上学时间不到 4 年。[248]直到 30 年代，高中才成为义务教育。

在这个转变时期，学校教育的性质也发生了变化。20 世纪初期，阅读就是站着大声朗读书本。根据教育专家理查德·罗思坦（Richard Rothstein）的观察，"许多第一次世界大战的新兵都不能通过书面智力测
655 验，部分原因是，即使他们上过几年学，知道怎样朗读，但军队的测验是问他们如何理解和解释他们所读到的东西，而他们中间很多人从来没有学过这种技能"。[249]另一位研究人员杰里米·吉诺维斯（Jeremy Genovese）通过分析 1902—1913 年的高中入学考试的内容，并对比 90 年代高中同龄学生的能力测验，记录了 20 世纪教育目标的转变过程。[250]就事实性知识而言，今天的年轻人并没有比前人做得更好。比如，今天关键考试的地理部分居然要求学生在世界地图上指出美国！他们的曾祖父母却是要"给出从（俄亥俄州的）哥伦布市出发旅行到墨西哥湾一路途经各州的名字，并给出这些州的首府的位置和名字"。但在另一方面，今天的考试通常会要求学生掌握比率、数量、多重选择和基本经济学知识：

某社区所在地区饮用水稀缺。为了妥善管理水资源，下面哪些事情是该社区不应该做的？

A. 提高用水量。

B. 从另一个社区买水。

C. 各家安装节水装置。

D. 提高水费。

任何理解供求规律的人都知道，D 不是这道题的正确答案。但是，如果你的脑子里只有一个简单的画面—— 一池子水，一群喝水的人，那么，在收取多少水费和池水能维持多长时间之间，你很难立刻就能建立起联系。

弗林认为，在整个 20 世纪，通过学校等机构，科学推理渗入人们的日常思维。越来越多的人在办公室工作，有自己的专业，他们每天都在和符号而不是庄稼、动物、机器打交道。人们也有了更多闲暇，可以用来阅读，玩组合游戏，更新知识，与时俱进。而且，弗林还认为，缩写抽象符号（shorthand abstractions）随处可见，这说明科学思维已经深入我们的日常用语。每一个缩写抽象概念都是一件经过磨炼的分析利器，人们一旦掌握它，就可以轻而易举地玩弄各种抽象的关系。任何一位有能力阅读本书的读者，即使没有受过科学或者哲学训练，也极有可能在平时的阅读、谈话和媒体报道中接触过成百上千个抽象概念，包括比例、百分数、相关、因果、控制组、安慰剂（空白对照组）、代表样本、假阳性、实证分析、事后分析、统计分析、中位数、可变性、循环论证、权衡取舍和成本收益分析。随着 20 世纪印刷业的兴盛，这些抽象概念一个接一个地从阳春白雪的学术界渗入大众，越来 656
越普及，甚至像“百分比”概念一样渐渐成为人们的第二本能。[251]

不只是惯于大发议论的有识之士掌握了专业性的抽象概念。布鲁斯·斯普林斯汀（Bruce Springsteen）的歌曲《河流》（*The River*）中有这样的歌词：“我本在庄斯顿公司干着建筑工/但近来经济不好活计越来越少。”语言学家杰弗里·农贝格（Geoffrey Nunberg）就此评论说，只是在最近40年来，普通人才开始像谈论天气一样谈论“经济”，仿佛经济也是一种具有因果关系的自然力量。[252]而在以前，他也许会说“因为世道艰难”。或者，他还会加上一句说，因为犹太人、黑鬼或者富农在捣乱。

* * *

现在，我们可以将本节提出的两个重要概念结合在一起：理性的和平效应和弗林效应。我们有几个理由认为强化的理性力量——尤其是搁置直接经验的能力，让人摆脱狭隘的个人观点，用抽象、通用的术语组织自己的思想，能够产生更高的道德承诺，包括避免暴力。而我们刚刚已经看到，贯穿整个20世纪，人们理性思考的能力——尤其是搁置直接经验，摆脱狭隘的个人观点，用抽象概念组织思想的能力——不断地得到强化。将这两个概念结合在一起，是否有助于我们解释20世纪下半叶记录所显示的暴力减少呢？这个下行趋势的时间跨度从长期和平到新和平再到权利革命。是否还存在一个道德方面的弗林效应，就是说，将我们带离暴力冲动的理性滚梯也出现了加速提升的现象？

这个想法不是痴人说梦。弗林效应中增长最大的认知能力，是对直接经验的具象进行抽象的能力，这也正是共情换位和扩大道德关怀圈所需要的能力。弗林本人从与他父亲的对话中看到了这两者之间的联系。弗林的父亲是1884年出生的爱尔兰人，非常聪明，但没有受过多少学校教育。

> 我父亲心中装满了对英国人的深仇大恨，以至于已经没有余力再去歧视其他集团。但是，他对黑人还留着几分种族偏见。我和弟弟一直想打消他的偏见。“如果哪天早上你一觉醒来发现自己的皮肤变黑了，难道你就低人一等了？”他立刻反驳说：“这可是你们说过的最愚蠢的话了。有谁听说过人的皮肤一夜之间会变黑的？”[253]

像俄国农民看待熊皮的颜色一样，弗林的父亲被局限在具象、前科学型的思维中。他拒绝进入假想的世界，拒绝探索各种推理的结果，而这却是人们反思自己的道德承诺，包括反思他们的部落主义和种族主义意识形态的途径之一。

至于高中考试中某个特殊城市的用水量的问题，除了要求其他知识 657
之外，还要求学生使用比例的概念。弗林注意到，有关比例的问题对很多青少年特别困难，而把握比例关系的能力也是弗林效应的组成部分。[254]在刑事处罚和军事行动中如何公正使用暴力的问题上，我们已经看到比例思维的关键作用。我们只需要在考试题中将“管理水资源”换成“管理犯罪率”，就可以看到智力的提高如何转换成更人性化的社会政策。在心理学家迈克尔·萨金特（Michael Sargent）最近做的一项研究中，即使在考虑到人们的年龄、性别、种族、受教育的程度，以及收入和政治倾向之后，数据仍然显示，人的“认知需求”即具有能够享受智力挑战的特质越高，对刑法惩罚性的要求就越低。[255]

弗林效应是否让理性滚梯加速上升，让人们具有更宽广的道德关怀，更少的暴力？在我们进行检测之前，有必要对弗林效应本身是否成立做一次检查。今天的人真的比昨天的人更聪明吗？弗林自己在一篇早年发表的论文中忧心忡忡地说，在某些国家，按照过去的老标准，现在1/4的孩子都可以被认为是“天资聪颖”，真正可以称为“天才”的人的数量增长了6倍。“这个结果简直标志着一场文化复兴运动，如果它真的发生了，人们决不会看不到它。”[256]不过，近几十年来的确已经发生了一场知识复兴运动，也许不涉及文化，但肯定涉及科学和技术。宇宙学、粒子物理学、地质学、遗传学、分子生物学、进化生物学和神经科学让人们对世界的理解有了令人眩晕的飞跃，同时，技术进步又给我们带来了各种人间奇迹，比如：人体器官移植；常规性的基因组扫描；精彩纷呈的外行星和遥远星系的图像；一件小小的玩具就能够和几十亿人交谈，能够摄像，能够全球定位，能够存取巨大的音乐收藏，能够从无数的图书馆取书阅读，还能够进入美妙的互联网天地。这些奇迹接踵而至的速度之快，反而让我们对那些使这一切成为可能的思想感到麻木了。但是，以百年为尺度观察人类历史演变的历史学家对所发生的事实不可能熟视无睹。他们知道，我们生活在一个脑力非凡活跃的时期。

人们也很容易对道德进步感觉麻木，但从长远观点观察世界的历史学家们明确地表示对过去60年间的道德进步感到惊异。我们知道，军事历史学家对长期和平感到困惑不解。权利革命带给我们很多观念，今天受过良好教育的人对这些观念已经习以为常，认为这是理所当然的。但事实上，这些观念在人类历史上都是前所未见的，比如人不分种族不分信仰都具有平等的权利，妇女不应受任何形式的压迫，在任何情况下都不得体罚儿童，学生应该受到保护，不受其他孩子的欺负，同性恋没有
658 任何过错。我认为完全可以说，在某种程度上，这些新观念是理性得到广泛应用的成果。

检测弗林效应是否成立的另一半工作是要问，我们的近代祖先是否可以被认为都是道德白痴。回答是“是的”。我做好了为此进行论辩的准备。虽然他们肯定都是一些脑筋灵活的体面人，但是，以当代人的道德标准来看，在他们所生活的文化中，集体道德的发育程度非常原始，就像用今天的医学标准看古人的泥浴疗法和草药一样。他们的很多信念不仅是荒谬的，而且完全可以说是愚蠢的。这些信念彼此之间互相冲突，经不起理性的检验，它们之所以顽固地存在，完全是因为那个时代的理性之光过于微弱，往往照不到它们的头上。

你大可不必认为这个判断污辱了先人，想想在抽象理性开始生长并发挥影响之前，人们所追求的那些共同信念吧。在一个世纪之前，多少伟大的作家和艺术家在颂扬战争的壮美和高贵，对第一次世界大战充满了向往。西奥多·罗斯福被认为是一位立场“激进”的总统。他说过，为了防止新大陆变成“留给肮脏野蛮人的狩猎场”，必须消灭美洲印第安人；他还说十之八九，“只有死了的印第安人才是好印第安人”。[257]另外一位“激进派”总统伍德罗·威尔逊是白人至上种族主义者。在担任普林斯顿大学校长期间，他坚决拒收黑人学生，夸赞三K党，清除联邦政府机构中的黑人雇员；而对于少数族裔移民，他是这样说的：“任何一个不纯正的美国人身上都挂着一把匕首，只要有机会，他就会向我们合众国的肌体上扎上一刀。”[258]第三位“激进”总统富兰克林·罗斯福，把几十万美国公民关进集中营，仅仅是因为他们和日本敌军是同一个

族裔。

在大西洋的另一边，年轻的温斯顿·丘吉尔开始著书立说，他提到在大英帝国的疆土上参加了“很多次对付野蛮人的快乐的小型战争”。对这样快乐的小战争，他的描写是：“作为惩罚性行动，我们对村庄系统地逐一围剿，我们拆毁房屋，填埋水井，炸掉塔楼，砍倒大树，焚烧庄稼，破坏水库。”丘吉尔为这些暴行辩护的理由是“雅利安血统必胜”。他还说，他“强烈赞同对未开化的部落施用毒气”。对于英国人治理不善而产生的大饥荒，他归因于印度人民不断地“像兔子一样繁殖”，意犹不足，他还要加上一句：“我恨印度人。他们是些信蛮教的野人。”[259]

对他们自己种族的人民而言，当时这几位领袖在很多方面都是非常开明和人道的。他们的道德观如此之割裂，或者说道德区隔之狭隘，让今天的人目瞪口呆。他们从来没有完成走向对各族人民一视同仁的思维飞跃。我还记得，20世纪60年代初，当姐姐和我还是孩子的时候，妈妈对我们的教导。这几十年来，千百万孩子所接受的正是这样的教导： 659
“有坏的黑人，有好的黑人，就像有坏的白人和好的白人。光是看人的肤色，你是没法看出他是好人还是坏人的。”“不错，这些人在我们看来是很可笑，但问题是，我们在他们看来也是很可笑的。”这些教导不是灌输，而是引导孩子进行思考，让他们推理，得出自己的结论。当然，100年前的大政治家的脑神经硬件已经具备这样的推理能力，区别在于，今天的孩子受到鼓励完成这个认知飞跃，继而，认知飞跃的结论成为他们的第二天性。缩写抽象符号，例如言论自由、宽容、人权、民权、民主、和平共处以及非暴力（它们的对立面，例如种族主义、大屠杀、极权主义和战争罪），起始于简练的政治语言，随着不断扩散，最终成为每个人大脑中的思维工具。我们完全可以将这种进步称为智力提升，因为它和智力测验中抽象推理题得分的增长没有太大的不同。

道德愚昧不限于领袖制定的政策，它们还被写入法律。本书的很多读者都有这样的经历：国家强制实行种族隔离；妇女不能在强奸案审理中担任陪审员，因为证词会让她们受窘；同性恋是犯罪；男人可以强奸妻子，将妻子关在家中，甚至可以杀死通奸的妻子和她的情人。如果你觉得今天国会的议事过程充满蠢话，那你真该看看 1876 年旧金山市华人移民权听证会上一位律师的证词：

> 至于（华人的）宗教，不是我们的宗教。完全可以说：如果我们的宗教正确，他们的必然错误。（提问：我们的宗教是指什么？）我们的宗教相信存在神圣旨意，它决定了国家的命运。上帝——神圣智慧已经说过，神划分了国家和世界，由 5 个大家族继承，他将非洲给予黑种人，欧洲给予白种人，美洲给予红种人，亚洲则给予黄种人。上帝不仅激励我们保护自己的遗产，还激励我们从红种人的手中偷取美洲；现在的情况是，撒克逊人，或者说来自欧洲家族的美国人，白种人，拥有欧洲和美洲的继承权，中国的黄种人应该留在全能上帝原来交给他们的土地上；既然他们不是上帝的选民，因此不能允许他们从我们手中偷取土地，那是我们从美洲野人手里抢夺来的东西。[260]

不仅没有议员以道德理性对此提出挑战，我在第 6 章提到过，在 19
660 世纪末 20 世纪初，很多大文豪（包括叶芝、萧伯纳、福楼拜、威尔斯、劳伦斯、沃尔夫、贝尔、艾略特）都对大众表示出极度的轻蔑，几乎走到灭绝其生命存在的地步。[261]还有很多知识分子成为法西斯主义、纳粹主义的支持者，也拥护斯大林主义。[262]约翰·凯里引用过艾略特散文中的一句话，诗人是在对大艺术家的精神优越感进行评价：“说来不免悖谬，但是，作恶也比无所作为要好：至少，它证明我们存在。”一个世纪之后，凯里评论这句话说：“我们发现，这句耸人听闻的名言忘记提到，恶行是有受害者的。”[263]

*　*　*

产生弗林效应的变迁因素同时也是扩展人们道德关怀的力量，这个观点即使通过检验证明成立，也并不意味着存在这样的事实。要证明更多的理性思考导致了暴力的减少，我们至少必须在这两者之间建立起直接联系：一般而言，其他各种因素不变，一个人的理性思考能力（以智商测试或其他测试为量度标准）越强，那么他的合作能力也越强，道德关怀的圈子越大，对暴力的同情越少。或者可以更简练地说，我们至少要证明，由理性思考能力强的个体组成的社会倾向采取有利于减少暴力的社会政策。如果人越聪明、社会越聪明，他们越排斥暴力，那么，智力的提高也许就可以解释暴力的减少。

在我们检视此假说之前，我要先明确它不是什么。与道德进步相关的理性不是大脑天赋能力意义上的一般智力，而是后天培养的抽象推理能力，也正是弗林效应所说的被大大提升了的智力。道德进步和推理能力高度相关，因此，对智商的测度将可以显示抽象推理能力的水平，但只有抽象推理才是滚梯假说中的动力。出于同一原因，尽管一般智力具有极强的遗传性，人们在抽象推理能力上的差异却不是得自遗传；我的假设是，各个群体之间抽象推理能力的差距起因是环境的影响。

同样重要的是，我们必须记住，滚梯假说谈论的是推理［或合理性（rationality）］——是一个社会的抽象推理水平的影响作用，而不是知识分子的影响作用。用作家埃里克·霍弗（Eric Hoffer）的话说，知识分子“在常温下没有行动能力”。[264]他们总是被大胆的见解、花哨的理论、包罗万象的意识形态，以及在20世纪制造了无数麻烦的乌托邦思想激发。强化道德情感的那种理性不是来自宏大的知识“体系”，而是来自逻辑性、清晰性、客观性和比例性的运用。这些思维习性在任何时候都不是均匀分布在人口之中，但弗林效应显示水涨船高，所有的小艇都漂荡在更高的水位上，所以，我们期望看到在精英和大众之中各种微观的和宏观的启蒙浪潮。

下面，我要给出理性思考能力与和平价值观的七种关联，至于它们之间关系的直接性，在程度上各有不同。

661 智力和暴力犯罪。第一个关联最为直接：社会经济地位和其他变量为常数，人越聪明就越少犯罪，也越少成为暴力犯罪的受害者。[265]我们无法指出因果箭头的方向——我们不知道到底是聪明人认识到暴力是错误的或者是没有意义的，还是他们有更强的自制力，或者是他们躲开了产生暴力的环境 。但是，假定所有这一切不变（比如，不考虑20 世纪60 年代至80 年代犯罪率的起伏），人变得越来越聪明，暴力也就越来越少。

智力和合作。与纯粹的抽象相比较，我们可以用一个最纯粹的模型——囚徒博弈，来想象一下抽象推理如何抵御暴力的诱惑。计算机科学家道格拉斯·霍夫斯塔特（Douglas Hofstadter）在《科学美国人》上有一个受人欢迎的专栏。有一次，他在专栏中提到他对一次性囚徒博弈的困惑，为什么看上去理性的选择却是错误的。[266]你不能相信另外一个玩家能够和你合作，因为他也没有任何根据可以信任你，而在他背叛的时候，你的合作只会给你带来最坏的结果。霍夫斯塔特之所以困惑，是因为他看到，如果双方能够走出各自狭隘的立场，站在奥林匹亚山尖上，从同一个视角向山下观望他们的困境，他们两人可以推断出同样的结论，最好的结果是双方合作。如果他们每个人都相信对方有此认识，而且对方也认识到他或她有此认识，以此类推，双方就应该合作并享受合作的收益。霍夫斯塔特设想了一种“超级理性”（superrationality）状态，在这个状态中，双方确信对方的理性，并确知对方也确信自己的理性，如此等，虽然他最后心有不甘地承认，很难知道怎样才能让人们进入超级理性状态。

智力程度的提高是否至少能够将人们向超级理性状态的方向推进一把呢？是不是可以说，更理性的人，更愿意琢磨相互合作带来最大共同收益这个事实，也更愿意假定另外那个家伙转着同样的脑筋，因此也更有机会从同步发生的信任飞跃中获益？还没有人针对智力程度不同的人做过一次性囚徒博弈测试。不过，最近有一项研究使用了序贯（sequential）一次性囚徒博弈；在实验中，第二个玩家在看见第一个玩家做出动作之后才采取行动。经济学家斯蒂芬·伯克斯（Stephen Burks）和他的合作者一起对1000 名实习卡车司机进行了推理智力测试和囚徒博弈实验。在博弈中，他们用钱作为奖励。[267]排除年龄、种族、性别、学校教育的长短和收入水平的影响，结果是越聪明的司机越可能在第一步就选择合作。研究人员还特别观察了第二个玩家对第一个玩家行动的反应。他们的反应与超级理性没有任何关系，但确实反映出一个人在看出对方合作的意图后有合作的意愿。如果这是重复性博弈，双方的合作就能够让他们从中获益。实验的结果显示，聪明的卡车司机更有可能对合作回报以合作，对背叛回报以背叛。

经济学家加勒特·琼斯（Garrett Jones）以另外一种途径将智力和囚 662
徒博弈联系在一起。他搜索了 1959—2003 年大专院校进行的所有重复性囚徒博弈实验的文献。[268]从涉及数千名参加者的 36 次实验中，他发现，一个学校的 SAT 的中值越高（这个指标与智商测试中值高度相关），这个学校的学生就有更强的合作意愿。两个完全不同的研究都显示，在合作收益可预见的情况下，智力可以强化合作行为。所以，一个社会变得越聪明，这个社会也就越具有合作性。

智力和自由主义。现在我们来看看这样的说法，一个人越是聪明就越倾向自由主义。这句话事实上并不是像它听起来那么偏颇。这句陈述肯定会让保守派非常不满，不仅因为它污辱了他们的智商，而且他们完全有理由抱怨说，许多社会科学家（绝大部分是自由派或者是左派）利用他们的研究随意地攻击右派。在他们的研究中，保守主义仿佛成了一种智障。（泰特罗克和海特两人都提出要警惕这种学术政治化的倾向。）[269]所以，在寻找智力和自由主义的联系的证据之前，我先要解释一下这个联系。

首先，既然说智力和社会阶级相关，那么，说智力与自由主义的相关性，如果没有统计学的意义，都可能是中产阶级上层的政治偏见。不过，重要的是，理性滚梯论中所指的智商仅仅与古典自由主义有关。相对于部落、权威、传统的种种限制，古典自由主义更珍重个人的自主和福祉。而古典自由主义本身就是理性换位思考的结果。某些意识形态与当今中间偏左的政治同盟，例如民粹主义、政治正确、身份政治和绿色运动纠缠在一起，智商并不必然和这些意识形态相关。在有些情况下，古典自由主义反而与自由意志主义和反政治正确派意气相投。不过，从总体来看，海特的调查发现，认为自己的政治立场是“自由派”的人，更倾向于将古典自由主义的核心价值——公平和自主置于社会、权威和纯洁性之上。[270]我们在第 7 章已经看到，自认为是自由派的人，在个人自主方面引领着时代的潮流。自由派在几十年前作为开拓者所持的观点，已经越来越多地被今天的保守派接受。

心理学家金泽哲（Satoshi Kanazawa）对两个大型美国数据库进行了分析。两组数据都显示，在年龄、性别、种族、教育、收入和宗教为不变量时，人的智力和其政治自由主义立场正相关。[271]在参加“全国青少年健康纵向研究”的 2000 多名年轻成年人中，平均智商从自认为是
663 “非常保守派”的 94.8，稳定地上升到自认为是“非常自由派”的 106.4。“综合社会调查”的数据显示了同样的相关性，同时还显示，智商与古典自由主义的关联比与左翼自由派的关联更为密切。在这项调查中，对于“政府有责任在贫富之间进行再分配”的问题（左派的立场，而不是古典自由主义的观点），越聪明的人，越倾向于表示不赞同；同时，对于“政府应该帮助美国黑人，以补偿他们在历史上遭受的歧视”（自由派的这一立场完全受其公平价值观的驱动），越聪明的人，越倾向于表示赞同。

心理学家伊恩·迪瑞（Ian Deary）和他的同事对 1970 年某个星期内英国出生的所有儿童的数据进行了分析，他们的研究成果更好地展示了智力与古典自由主义之间存在因果关系，而不仅仅是相关关系。他们的论文题目说明了一切：“儿时聪颖，成人开明。”[272]他们所说的“开明”（enlightened），是指经过“启蒙运动”（Enlightenment）开启的思维。根据《简明牛津辞典》的定义，启蒙运动是“一种哲学，它强调理性和个人主义，而不是传统”。他们的研究发现，将教育、社会地位（阶级）、父母的社会地位设为不变量，孩子在 10 岁时的智商（包括抽象推理测试）可以预测他们 30 岁时的反种族主义、社会自由派和支持妇女工作权的立场。排除社会经济因素的影响，加上测度智商和测度政治态度之间 20 年的时差，证据确凿地显示，因果箭头从智商指向古典自由主义。而他们进行的第二次分析发现，10 岁时聪明的孩子长大后更愿意投票，而且倾向于投票给自由民主党（中间偏左派与自由意志主义者的同盟）或

者绿党，而不太会投票给民族主义和反移民的政党。同样，数据分析再次显示，智力指向古典自由主义，而不是左翼自由主义：当将社会阶级地位设为不变量时，智商和绿党之间的相关性消失，但智商和自由民主党的相关性仍然存在。

智力和经济知识。就像说智力与自由主义相关惹恼了右派一样，讨论智力和经济知识的关联，会惹恼左派。经济学家布莱恩·卡普兰（Bryan Caplan）也研究了“综合社会调查”的资料，他发现（甚至在将教育、收入、性别、政党和政治倾向都设为常量之后），人越聪明，越倾向于像经济学家一样思考问题。[273]他们更同情移民，赞同自由市场和自由贸易，更不赞同保护主义、就业政策和政府干预经济。当然，所有这些立场都与暴力没有直接的关系。但是，如果我们拉开距离，广角地观察这些立场下面的基础，我们有理由说，这个基础不仅与智力相关，历史证明，它也倾向于和平。所谓像经济学家一样思考，就是接受源于古典自由主义的文明商业理论；它宣扬交换产生正和收益，而扩展合作 664
关系可以带来多赢的连锁效益。[274]因此，它站在民粹主义、民族主义的对立面；在持这些意识形态的人眼中，世界上的财富是零和博弈；一个集团得到了，只能是另一个集团失去了。在历史上，对经济学无知的结果就是民族暴力和阶级暴力，因为人们以为，穷者改变自己处境的唯一方式就是强制剥夺富者，并惩罚他们的贪婪。[275]我们在第7章中看到，自第二次世界大战以来，特别是在西方国家，族群骚乱和大屠杀都在减少，人们的经济学常识的积累也许发挥了一定的作用（“近来经济不好，活计越来越少”）。在国际关系层面，过去50年来，贸易已经取代了以邻为壑的保护主义；贸易，加上民主和国际共同体，共同为世界带来了康德的民主和平时代。[276]

教育、民智和民主。说到康德式和平，作为其三角支架中一支的民主，也因人们理性思考能力的提升而变得更坚实了。政治学的一大困惑是，为什么民主在有些国家生根开花，而在另外一些国家却没有。比如，为什么苏联卫星国和在欧洲部分的苏联加盟国完成了民主变迁，而在中亚部分的前加盟国却没有。强加在伊拉克和阿富汗身上的民主制度，动荡不堪，让这些地方的老问题变得更加尖锐。

理论上，人们一直猜测，能够阅读和具有一定知识的民众是民主得以运行的前提条件。从我现在坐着的地方向南走，就是波士顿公共图书馆，其门楣上刻着一行激情洋溢的大字："麻省需要人民接受教育，唯此秩序与自由方有保障。"可以假定，刻字人所想的"教育"不是指有本事说出从俄亥俄州的哥伦布市到墨西哥湾一路上各州州府的名字，而是阅读和算术，是理解民主政府和公民社会赖以存在的原则，是评估领导人和他们的政策的能力，是对他人的存在和多元文化的自觉意识，是对这个共同体内受过教育的成员都具有如此共识的期盼。[277]这些能力只要求有限的抽象推理，并与弗林效应中提升的理性能力相重合。重合的原因很可能是弗林效应本身就是教育推动的结果。

但是，直到最近，波士顿公共图书馆门楣上的民主—阅读论从未被检验过。人们早就知道，一个成熟的民主社会的人民总是受过更好的教育，也更聪明；但是，一个成熟的民主社会在生活的方方面面都更丰富，我们无法说何为因何为果。也许，一个更民主的国家因为更富有，更有能力提供更多的学校和图书馆，因此让它们的人民受到更好的教育，变得更聪明，而不是相反。

心理学家海纳·林德曼（Heiner Rindermann）试图用社会科学研究
665 中被称为交叉-滞后相关分析的方法，解开纠结不清的相互关联（我们前面提到，此乃英国所做的"儿时聪颖，长大开明"研究所使用的方法）。[278]有些数据库对一些国家的民主和法治给出了量化的指标。不少国家都有儿童上学年数的统计。林德曼还取得了一些样本国家中通用的智商测验数据，再加上国际认可的学业测试的结果，他将两套数据结合，用来量度智力。林德曼测试了一个时期（1960—1972 年）中一个国家的教育水平和智力水平，是否能够预测后面一个时期（1991—2003 年）这个国家的繁荣、民主和法治的水平。如果波士顿公共图书馆的理论成立，在控制其他变量后，如前一时期的国民财富不变的情况下，这些因素之间应该存在强相关。最关键的是，其相关性应该要远比前一个时期的民主和法治，与后一个时期的教育和智力之间的相关性更高，因为过去影响现在，而非现在影响过去。

让我们向波士顿公共图书馆的刻字人致敬。其他所有因素不变，过去的教育和智力确实能够预测日后的民主和法治（还有繁荣）。相反，过去的财富，不能预测今天的民主（虽然可以在某种程度上预测法治）。与学校教育的年数相比，智力水平是预测民主的更强有力的指标；林德曼证明，学校教育只有在和智力相关的时候，才对民主有作用力。现在，我们应该可以得出结论说，在教育辅助下不断提升的理性能力，通过推进民主，让一部分世界变得更安全了。民主本身的定义关系制约政府的暴力，我们还知道，统计证明民主抑制国家之间的战争、民族之间的流血冲突、大屠杀，并且减轻内战的残酷性。[279]

教育和内战。虽然发展中国家智力测验的平均分数开始的时候比较低，但在有测试记录的国家中，例如肯尼亚和多米尼加，智力分数一直在迅速提升。[280]我们是否能够将一部分“新和平”的成就归功于这些国家理性水平的提高呢？虽然我们对此还找不到直接的证据，但是可以看到一些很有启示性的现象。在本书前面我们说过，新和平的部分动因是民主和开放经济。这两项，都是聪明人倾向支持的。我们可以这样推理，更多的教育产生更聪明的公民（当然是我们所说的“聪明”），以此为民主和开放社会铺垫道路，以此促进和平。

很难对链条中的每一环进行证明，但新近发表的一篇论文证明了第
666 一环和最后一环之间的相关性。论文的题目是“字母、数字和黄金法则：内战中教育的和平作用，1980—1999 年”。[281]我们在本书第 6 章提及詹姆斯·费伦和戴维·莱廷对内战所做的分析，政治学家克莱顿·泰恩（Clayton Thyne）使用他们的数据分析了 160 个国家和 49 场内战。泰恩发现：一个国家度量教育水平的 4 个指标——国内生产总值中用于小学教育的投资所占的比重，适龄儿童中小学生所占的比重，青少年人口中中学生（特别是男生）的比重，（影响比较小）成人识字率。每一个指

标都可以降低一个国家一年后卷入内战的可能性。这 4 个因素的影响力非常可观：将以往的战争史、人均收入、人口、山区、石油出口、民主与专制的水平、族群和宗教因素设为常数，与一个小学生入学率的标准偏差低于平均水平的国家相比，如果一个国家的小学生入学率的标准偏差高于平均水平，那么，这个国家在来年爆发内战的可能性下降73%。

仅从这些相关性，我们不能得出结论说，学校教育让人们更聪明，他们因此更加厌恶内战。学校教育确实有其他的和平效应。它能提高人们对自己政府的信心，因为政府投资学校至少证明它们总算还能做件好事。它给了人们技能，因此人们可以寻找工作，而不是只能投靠军团或军阀。它也让年轻人离开街道，躲开民兵武装。但是，这些相关性如此诱人，泰恩忍不住争辩说，教育的和平效应至少有一部分是“给了人们和平解决争端的工具”。[282]

政治话语的复杂程度。最后，我们来看看政治话语。大多数人都认为，政客们的语言非常愚蠢，而且越来越蠢。世界上没有一种东西叫作演讲智商，但是泰特罗克和其他政治心理学家分离出一种称为“综合复杂度”（integrative complexity）的变量，用它测度语言中的平衡感、微妙度和深度。[283]一段综合复杂度低的语言表述，平铺直叙一种意见，没完没了地重复说过的字眼，毫无转圜和深度。通过计算某些字眼，例如“绝对”“总是”“肯定”“决定性地”“完全地”“永远”“无可争议”“难以辩驳”“毫无疑问”和“不可置疑地”的使用次数，给出话语的最低复杂度。一段表述中如果使用了“通常”“几乎”“但是”“然而”和“也许”，让话语带有几分婉转，会提高综合复杂度。如果在表述中承认两种观点，复杂度更高；如果能够讨论关系、权衡取舍或者妥协，复杂度继续提高；最高的复杂度是引用原则和体系来解释各种关系。一段话语的综合复杂度和其作者的智力不完全是一回事，但是两者相关。根据西蒙顿的观点，尤其是对美国总统而言，两者高度相关。[284]

话语的综合复杂度与暴力有关联。一般而言，一个人的语言综合复杂度越低，这个人以暴力解决问题的倾向越强，在战争游戏中越有可能进入战争。[285]泰特罗克和心理学家彼得·聚德费尔德（Peter Suedfeld）合作，对20世纪的几位国家领导人在数次政治危机中的讲话进行了复杂度分析。这几次危机有些最终以和平方式解决（比如1948年的柏林封锁和古巴导弹危机），有些则演变为战争（比如第一次世界大战和朝鲜战争）。分析发现，如果领导人演讲的语言复杂度下降，战争就会随后而至。[286]最特别的是，他们发现，在阿拉伯和以色列之间，在冷战时期的美国和苏联之间，领导人演讲中简单愚笨的修辞和军事冲突相关。[287]我们并不确切知道这种相关关系意味着什么：到底是蠢驴脑袋的双方实在想不出达成协议的途径，还是好战的双方简化了自己的修辞，以彰显自己不容讨价还价的谈判立场。在研究了实验室案例和现实案例之后，泰特劳罗表示，两种意图同时存在。[288] 667

政治话语的综合复杂度是否出现了弗林效应式的提升了？政治学家詹姆斯·罗西瑙（James Rosenau）和迈克尔·法根（Michael Fagen）的研究结果显示，可能确有其事。[289]研究人员将前后两个时期（1916—1932年和1970—1993年）的美国国会证词和有关新闻报道的综合复杂度进行了编码。他们研究了这两个时期中围绕若干内容相近的争议所使用的修辞。比如，就压制自由贸易的《斯穆特-霍利关税法案》（Smoot-Hawley Act）和开放市场的《北美自由贸易协定》（NAFTA），以及就给予妇女投票权和后来的《平等权利修正案》进行对比。几乎在每一项对比中，与今天政治观察家的噩梦相反，从20世纪初到20世纪末，政治话语的复杂度提高了。唯一的例外是男性国会议员在女权问题上的陈述。下面是1917年支持妇女投票权的一段精彩发言：

> 在伟大的孤星州，合众国最大之州，我有幸代表其中58县。在那里，每一个年满21岁者均可投票，除非你是犯人、疯子和妇女。在孤星州，妇女竟被置于囚犯和疯子的同类，此实非我之所愿。[290]

这里还有1972年反对《平等权利修正案》的一段辩论，来自生于

1896 年的参议员山姆·欧文（Sam Ervin）：

>（《平等权利修正案》）说，男人和女人是一模一样、在法律上平等的人。这让人想起很多愚蠢的傻事。将一个母亲从孩子身边带走，她因此能够与敌人作战，把父亲留在家中照顾孩子，这绝对是荒谬的。来自印第安纳州的参议员也许认为这样做是明智的，但是我不这样认为。我认为这是愚蠢的。[291]

668 这位参议员关于女权的陈词滥调只是一个特例，另外 28 个比较案例告诉我们，20 世纪的政治话语的复杂度是在上升的。顺便说一句，欧文并非冥顽不化之人，他是一个受人尊敬的参议员，在他说了上述那番话不久，即被推举主持水门调查委员会，将理查德·尼克松赶下了总统宝座。人们对参议院演讲的要求一向不高，即使如此，他的话今天听起来也格外昏庸愚昧。这个事实提醒我们，对几十年前的政治话语大可不必抱有怀旧之情。

不过，在一个特殊的竞技场上——美国的总统大选辩论，政客真的是在逆弗林效应的潮流而动。凡是关注 2008 年总统大选辩论的人都知道，5 个字就可以说明问题：管道工老乔（Joe the Plumber）。心理学家威廉·戈顿（William Gorton）和珍妮·迪尔斯（Janie Diels）搜集了 1960—2008 年总统候选人的辩论，对语言的复杂度评分，量化了话语变化的趋势。[292]他们发现，1992—2008 年，总的复杂度呈现下降趋势，而从 1984 年开始，与经济学有关的言论的质量就开始直线下滑。具有讽刺意味的是，总统辩论话语复杂度的下降，很可能是政治策略复杂度上升的结果。在竞选最后几周内电视转播的总统辩论，针对的观众是一群特定的、尚未做出投票决定的选民，他们是选民中最不了解情况也最不关心选举的一群人。他们往往是根据他们听到的一句话、读到的一行字决定自己的选票投给哪位候选人，所以竞选专家总是劝告候选人将目标尽量放低一些，再放低一些。2000 年和 2004 年的竞选语言复杂度落到最低点，布什的民主党对手用大白话对付布什的大白话。美国政治制度的这个弱点，也许能够帮助我们解释为什么在一个连续和平的时代，美国会卷入两场旷日持久的战争。

＊　＊　＊

我将理性排在人类天性中四位善良天使的最后一位是有道理的。当一个社会达到一定的文明程度之后，理性是人类得以进一步抑制暴力的最大希望。从我们成为人的那一天起，其他三位天使就和我们形影相随，但是在人类漫长的历史中，她们既未能防止战争，也未能阻止奴隶制、专制、制度化的施虐和压迫妇女。共情、自制和道德感的重要性毋庸赘言，但是就推动近几十年和近几百年来的人类进步而言，她们自己也没有多大的自由度，行动的范围非常有限。

共情的圈子可以扩大，但是其弹性受限于亲族、朋友、同类和讨人喜爱的特性。理性告诉我们，我们的道德关怀应该延及整个群体，但共情圈子的极限距离理性指出的边界还非常遥远。此外，共情很容易变成纯粹的情感。只有理性能够教会我们扩张共情的窍门，也只有理性能够告诉我们，如何以及何时我们可以将对可怜的陌生人的同情心转换为有行动意义的政策。

自制是一块能够锻炼增强的肌肉，但是，它仅仅能够防范那些源于 669
我们内心诱惑的伤害。而且，20 世纪 60 年代的口号至少在一个问题上说对了：人在一生中总有一些时刻，应该摆脱束缚，做自己想做的事情。理性则告诉我们，不论这些时刻在哪里：当人们做自己事情的时候，不能侵犯其他人做自己事情的自由。

道德感针对人的社会角色和社会资源提出三项伦理规范。但是道德感的运用却没有多少道德可言，它们大多是与部落、权威或清规戒律联系在一起的。只有理性能够告诉我们，在道德感的运用模式中有哪些应该被奉为规范。法理型思维，是真正可以为最大多数的人带来最大幸福的伦理规范，而它却与自发的道德感毫不相干。

理性能够满足这些需要，因为它是一个开放性的组合系统，是一个能够产生无数新思想的引擎。它只需要以基本的自利原则和与他人沟通的能力进行编程，假以时日，其内在的逻辑就会要求它尊重他人的利益，而这个“他人”的数量可以是不断增长的。也只有理性可以认识以前推理过程中所犯的错误，对自己进行更新和改善。如果你发现我这里所做的论证有缺陷，是理性允许你指出疏漏所在，并给出你自己的论证。

亚当·斯密是休谟的朋友，也是苏格兰启蒙运动的大思想家；他在《道德情操论》（*The Theory of Moral Sentiments*）中第一次提出了这个观点，他在文中的生动举例，直至今天仍然让人感到震撼。他让我们想象一下，当读到为数众多的陌生人遭遇可怕的灾变，比如 1 亿中国人在地震中丧生的消息时，我们会有何反应。如果我们是诚实的，我们会承认，我们的反应或多或少会是下面这个样子。有一会儿，我们感到很难过，怜悯受难者，或者还会想到生命的脆弱性。也许，我们今天会开张支票或在某个网站点击一下捐款键，援助幸存者。接着，我们回到自己的工作，享用晚餐，上床睡觉，仿佛一切都不曾发生过。但是，如果我们自己遭遇意外，即使与千万人的性命相比微不足道，比如失去了小手指头，我们感到的痛苦却将如此巨大，无法忘怀。

这一切听起来非常玩世不恭，但是斯密在这个基础上继续论证他的观点。想象另外一种场景。这一次，你可以进行选择：你可能失去你的小手指头，或者1 亿人失去生命。你会为了保住自己的小手指头牺牲 1 亿人的性命吗？斯密预测，而我也同意，几乎没有人会做这样可怕的选择。但是，斯密问，既然我们对陌生人的同情远远不能和我们对自己私利的关切相比，为什么人们不做这样的选择呢？他通过比较我们的善良天使，回答了这个问题：

> 这不是人性温柔的力量，不是上帝用来照亮人心的微弱的仁慈之光，它们仅仅能够抑制私欲最强烈的冲动。这是一种更强大的力量，一种更有力的动机；每当这样的时刻，它就会发挥作用。这是理性、道义、良心，是胸中的居士，那个内在的人，是审判我们行为的大法官兼仲裁者。每当我们的行为将要威胁到他人幸福时，是他向我们大声疾呼，他的声音足以震慑我们心中最剧烈的冲动：我们不过 670

是无数生命中的一员，绝不高人一等；如果我们如此妄自尊大，必将受到人们的仇视、憎恨和诅咒。只有他才能让我们明白自己以及一己之私的微不足道，而且只有用不偏不倚的旁观者的标准才能纠正自私心理自然产生的偏差。是他向我们指出：慷慨是合宜的，违反正义则是丑恶的；为了更大的他人利益而放弃自己最大的利益是合宜的，为了自己得到最大的好处而使他人受到哪怕是最小的伤害，也是丑恶的。[293]

第 10 章

在天使的翅膀上

> 随着人类文明的发展，小部落联合成大社群，只需要最简单的推理，每个人都能明白，应该让自己的社会性本能和同情心扩大，延及本民族的每一个成员，无论他个人是否认识他们。人一旦做到这一点，即阻止他将同情心延及人类之所有民族和所有种族的障碍，就只剩下最后一个了。
>
> ——达尔文，《人类的由来》

671 本书原本是想回答一个问题："你现在有什么可以乐观的？"我希望，我所罗列的数字，能够让你摆脱一些悲哀黯淡的成见，对世界现状的评估分数有所提升。但是，尽管我记录到若干暴力减少的趋势、若干恶法的废止和若干种恶行被清除为零，我的心情与其说是乐观，不如说是感激。乐观需要些许傲慢，因为它毕竟是要从过去推演未知的将来。虽然我坚信，短期内我们不会再见到活人祭祀、奴隶制、轮刑折磨和民主国家之间的战争；我也可以预期，目前的犯罪率、内战、恐怖主义虽然仍将存在，但将龟缩在某些最阴暗的角落里，世界上总会有些地方连天使也不敢涉足。可以确定无误的是，许多种类的暴力已经减少到目前的水平，我们可以尝试理解为什么会发生这样的减少。作为科学家，我必须对任何带着我们升华的神秘力量和红运天道保持怀疑。暴力减少是社会、文化和物质进步的成果。如果这些条件继续存在，暴力就将保持在一个低水平，甚至会继续减少；如果这些条件不存在了，那么暴力的水平则会上升。

在本书的最后一章，我不打算做任何预言，也不准备向政客、警察局长或和谈代表提供建议；在我来说，这些都不是我的本职工作。我将尝试的是，辨认推动暴力减少的各种力量。我所使用的材料就是本书有关历史的章节（第2章至第7章）中反复出现的历史进展，以及在有关心理学的章节（第8章和第9章）探索的人类心智功能。所以，我要在平靖进程、文明进程、人道主义革命、长期和平、新和平和权利革命中 672 寻找它们之间的共性。每一种共性指出一种途径，人们循此途径以自制、共情、道德和理性战胜了掠夺欲、支配欲、复仇欲、施虐欲或者意识形态的偏见。

我们不应期望会发现一个有关这些力量的宏大理论。我们寻求解释的暴力减少跨越规模迥异的不同时期和各种灾难：驯服周期性的抢劫和争夺；克制个人之间的恶性暴力，例如割掉对手的鼻子；停止残酷的习俗，例如活人献祭、酷刑处决和鞭刑，废除奴隶制和债务监狱一类的社会体制；不再崇尚血腥的游戏和决斗，政治谋杀和专制独裁逐渐消失；以及最近战争、集体迫害、大屠杀与针对妇女的暴力行为及对同性恋的歧视都在减少，而对儿童和动物的保护则在增强。上述暴力活动只有一个共性，就是它们在肉体上伤害受害人，所以，只有站在一种泛受害人的立场，我们前面说过，这也正是道德主义者的立场——我们才会梦想找到一种终极的理论。从科学家的角度看，施害人的动机五花八门，对反抗这些动机的力量的阐述也只能是各色各异的。

同时，所有这些发展都明确地指向同一个方向。在人类历史上，对一个潜在受害人来说，现在是赶上好时光了。我们不妨想象一下，如果上述暴力活动有不同的发展趋势，历史叙事会是什么样的：比如，奴隶制被废除了，但是父母决定恢复痛打孩子的做法；或者，国家对自己的公民越来越人道，但国家之间却战事连绵。当然，事实是，绝大部分暴力活动都在向弱化的方向发展，步调之一致，很难说是巧合。

当然，也有背道而驰的逆流：“二战”中欧洲战场上的毁灭性较量（其残酷性压倒了战争频率的下降，直到后来两个指标同时下行）；20世纪中叶屠杀自己人民的独裁者大行其道；60年代的高犯罪率；去殖民化后发展中国家的内战。但是，所有这些倒行逆施都已经被扭转。从目前来看，所有的暴力趋势都指向更和平的方向。我们不是在每个问题上都必然能找到一种理论，但是，当如此多的发展都指向同一个方向的时候，我们确实需要一种理论来解释它的原因。

重要，但不能持续稳定地发挥作用

让我先说明几种力量，它们在本书第 2 章至第 7 章所讨论的进程、和平和革命中似乎有着至关重要的作用。但事实上，就我的理解，它们并没有那么重要。不是说这些力量无足轻重，而是说，它们在抑制暴力上无法持续稳定地发挥作用。

673 武器和裁军。专注于暴力的作家和抵制暴力的作家有一个共性，他们的双眼都紧盯着武器。军事史的作者和读者都是些汉子，满篇都是长弓、马镫、大炮和坦克。许多非暴力运动则是诋毁武器的运动，比如用“战争贩子”这个词对军火商的妖魔化，各种反核示威以及控制枪支的宣传。而热衷武器的一方虽然立场截然不同，但也只是专注于对战争武器的描述，并认为正是因为破坏性之大令人难以想象的武器（炸药、毒气、原子弹）的发明，让战争变得越来越不可能了。

显然，武器技术通过决定胜负、确立威慑和制造毁灭性的破坏，多次改变了历史的进程。比如，没有人会否认，在发展中国家限制使用自动武器会有利于和平。几千年间，武器，像其他技术一样，越来越精良，但是暴力的水平却不是一成不变地向上爬升，而是起伏地下滑，形成一条锯齿状的下行线。前国家时代的长矛和弓箭制造的伤亡率，一直是最高的历史纪录，以后的任何武器都未曾打破这个纪录（本书第 2 章）；“三十年战争”中的长枪手和骑兵手下的人命数量，超过第一次世界大战的炮火和毒气（第 5 章）。虽然 16 世纪和 17 世纪出现了军事革命，但它主要是军队的竞赛，各国政府纷纷加强手中军队的规模和效率，武器竞赛反而是次要的。大屠杀的历史则显示，人们在杀人的时候，手持原始器械可以和手持工业化技术一样有效率（第 5 章和第 6 章）。

在“长期和平”“新和平”“美国犯罪率大下降”这些时期中，暴力大幅度减少都不是以敌对双方化剑为犁为起点。历史的顺序往往与此相反，就像在冷战结束之后，裁减军备是和平红利的一部分。而在核武器和平问题上，我们已经看到，因为核武器的无用性，以及目前常规武器所具有的巨大的破坏力，核武器对世界事务已经没有什么影响力了（第 5 章）。有一种流行（并且荒唐）的观点认为，核大国为了证明自己研发核武器所付出的代价是正确的，因此不可避免地会使用核武器，这个说法至今被证明是错误的。

看到技术决定论作为一种暴力历史理论的失败，我们应该不会感到惊讶。人类的行为是目标导向，而不是刺激驱动，与暴力相关的关键问题是，一个人是否真的想要另一个人死。反对枪械控制的一句老生常谈在字面上还真的没有错：枪不杀人，人才杀人（这句话既不支持禁枪主张，也不反对禁枪主张）。任何人，只要有工具能够打猎、收割庄稼、劈木柴，或者准备凉菜，就有办法制造严重的人身伤害。需求是发明之 674
母，只要大敌当前，人们就将不断地更新技术以对抗来自敌人的压力。换句话说，在暴力呈减少趋势的历史进程中，武器在很大程度上是内生因素。当人们受到贪婪的驱使，或者处于恐惧时，他们就会为自己开发武器，而当头脑比较冷静的时候，又让那些武器躺在和平中锈蚀。

资源和权力。20 世纪 70 年代，当我还是个学生时，有一位教授，只要有学生愿意听，他就要传播一个有关越战的内幕：整个战争是为了钨。他发现，在南海有世界上最大的钨矿矿藏，钨这种金属是制造灯泡里的灯丝和冶炼合金钢的原料。所谓民族主义和牵制战略的说法全是烟幕，不过是为了掩盖超级大国为控制重大战略资源所进行的对抗。

越战钨矿论是资源决定论的一个典型，它认为人类不可避免地要相互争夺有限的资源，例如土地、水、矿藏和战略地带。有一种见解认为，冲突的原因是资源分布不均；如果能够公平地分配资源，人类就能实现和平。另外一个听起来像是“现实主义”理论的说法是，争夺土地和资源的冲突是国际关系的永恒属性，和平是力量均衡的结果，即各方都感到对方的威慑，不敢涉足对方的势力范围。

在历史上，对资源的争夺确实是一种强大的动力，但对资源的争夺却无法解释暴力的大趋势。在过去 500 年内，所有最具破坏力的冲突都不是资源驱动，而是意识形态驱动的，例如宗教、革命、民族主义、法西斯主义和共产主义（第 5 章）。虽然没有人能证明这些人类的灾难真的和钨或者其他什么资源没有关系，但是，所有要证明这些灾难起因于争夺资源的努力，都像是偏执的阴谋论。至于说力量均衡，苏联解体和德国统一，这样翻天覆地的变化也没有让世界进入疯狂的混战。相反，它对发达国家之间的“长期和平”趋势毫无影响，还预示了发展中国家中“新和平”时期的到来。所有这些令人欣喜的发展都不是源于资源的发现和再分配。事实上，在发展中国家，资源常常变成诅咒，而不是祝福。拥有丰富石油和矿藏的国家，虽然理论上是有了更大的馅饼可以在自己的国民之间进行分配，但这些国家总是居于最暴力的国家之列（第 6 章）。

看到资源控制未必涉及暴力，我们也不应该感到奇怪。进化心理学家们告诉我们，无论男人多么富有或多么贫穷，他们总是要争夺女人、地位和优势。经济学家告诉我们，创造财富的不是土里埋藏的东西，而
675 是调动起来的人的聪明才智、干劲和合作，是人将土里的东西变成有用的果实。当人们进行分工和交换各自的收获的时候，财富就会增长，每个人都是赢家。也就是说，资源竞争并非必然，它是包括暴力在内的各种社会力量系统内生的现象。不同时代和不同地区的人，因为不同的社会构造和思维方式，可以选择对最终产品进行交换的正和博弈，也可以选择争夺原材料的零和竞争，甚至是负和竞争，因为战争的代价会超过抢来的原料的价值。美国可以入侵加拿大，控制进入大湖区的航道，或者占领珍贵的镍矿，但是，既然美国人已经通过贸易享受到所有这些资源，有什么必要这样做呢？

富裕。在过去1000 年以来，世界越来越繁荣，暴力也越来越少。人类社会是不是越富有，也就越和平呢？也许，每天面对贫困的痛苦和挫

折感让人们更加暴躁，也更有理由去打斗，而丰裕社会的享受则让人们觉得生命值得珍惜，继而也珍惜他人的性命。

不过，很难在富裕和非暴力之间找到密切的相关性，有些相关性甚至是反向的。在前国家社会，经常是在水草丰美的温带定居的部落，比如在西北太平洋沿岸的美洲人，实行奴隶制、种姓制和武士文化；而物质贫瘠的非洲桑族人和马来半岛塞迈人的生活要和平得多，内部分配也公平得多（第 2 章）。正是在那些辉煌的古老帝国，我们看到了无数奴隶、十字架酷刑、角斗士、无情征服战争和活人献祭（第 1 章）。

民主和人道主义革命背后的思想在 18 世纪蓬勃发展，但物质财富的大繁荣却是相当后期的事情（第 4 章）。西方的财富是 19 世纪工业革命之后才出现的，而直到 19 世纪末公共卫生革命，才开始改善人类的健康和延长人的寿命。较小尺度上的繁荣波动，似乎也与人权状况没有同步关系。虽然有人提出过，在美国南方，棉花价格下降的时候，鞭刑的数量上升，但历史的大趋势是，鞭刑在 20 世纪上半叶呈指数级减少，无论是经济繁荣的“咆哮的 20 年代”还是经济衰退的大萧条，都不曾让这种趋势出现任何偏离（第 7 章）。就我们所知，发祥于 20 世纪 50 年代后期的权利革命，既没有借过经济周期的东风，也没有受它的牵累。而且，权利革命也不是现代丰裕社会的自动产物，亚洲的一些富国，仍然相对容忍家庭暴力和体罚儿童（第 7 章）。

暴力犯罪的水平亦与经济指标不相吻合。20 世纪美国犯罪率的曲线与繁荣的曲线大多没有时间相关性：大萧条期间谋杀率大幅度下降，在经济 676
繁荣的 60 年代直线上升，但到 2007 年开始的经济衰退期间，又跌至新低（第 3 章）。警察的案情记录早已指出两者之间的弱关联，警方记录的凶杀动机往往与社会道德有关，例如复仇和不忠，很少是为了金钱和食物等物质利益。

在一种情况下，财富和暴力之间显示出强大的关联：在经济发展程度最低的国家中，可以看见这些差异（第 6 章）。人均 GDP 在 1000 美元的国家，爆发内战的可能性迅速上升。但是，很难说清楚这一关联背后的原因。钱确实能买到很多东西，但要说就是因为穷国买不起东西而要对暴力负责，却没有足够的证据。问题可能在于贫困对个人的影响，例如营养和医疗，也可能在于对国家的影响，例如学校、警察和政府能力的不足（第6章）。因为战争和发展势不两立，我们甚至无法知道在何种程度上是贫困带来了战争，还是战争造成了贫困。

虽然赤贫与内战有关联，但与大屠杀没有关联。不要忘记，穷国总是有更多政治危机，政治危机可以导致大屠杀，但是一旦一个国家发生危机，贫困并不是产生大屠杀的原因（第6章）。在丰裕坐标的另一端，30年代末期的德国已经摆脱了经济萧条，成为发达的工业国家，但就是在这样的时刻，它开始酝酿成为大屠杀象征的暴行。

财富和暴力之间纠结的关系提醒我们，人类的生活不仅仅是吃饱饭。我们相信，作为道德动物，我们中间的很多暴力来自破坏性的意识形态，而不是不够富裕。无论结果是更好还是更坏——通常是更坏，人们总是愿意为了所谓的精神纯洁、集体光荣或者绝对公正而放弃物质享受。

宗教。说到意识形态，我们已经看到，古代的部落教条实在没有留下什么好东西。走遍全世界，各种对超自然力的信仰，赋予人们权力为了取悦嗜血的神灵牺牲活人的性命，杀害巫师，因为他们具有邪恶的力量（第4章）。经书中描述的那位神，对大屠杀、强奸、奴隶制和处决异教徒感到欢欣；一千多年以来，这些文字成为杀害共情别恋的妻子、占有妇女、殴打儿童、虐待动物、迫害异端和同性恋的依据（第1章、第4章和第7章）。人道主义革命，例如停止残酷刑罚、激发共情的小说的传播以及废奴，在当时都遭遇教会和卫道士们的激烈反对（第4章）。
677 将狭隘的价值观拔高成为神圣信仰，目的无非是要给自己开一张践踏他人利益的许可证，并拒绝任何妥协的可能性（第9章）。欧洲的宗教战争，是近代西方历史上第二个最血腥的时期，参战者正是受到宗教的煽动，而在今天的中东和伊斯兰世界的某些地区，它仍在煽动狂热分子。宗教右派分子及其盟友通常会说宗教是主张和平的力量，只是这个理论与历史事实不相符合。

为宗教辩护的人认为，法西斯是无神论。但事实是，法西斯不是无神论（第 4 章）。在西班牙、意大利、葡萄牙、克罗地亚，法西斯和天主教幸福地生活在一起，虽然希特勒不需要基督教，他却不是一个无神论者，而且他始终认为他是在执行神意。[1]历史学家的记录证明，许多纳粹精英将纳粹主义和德国基督教拼凑为一种合成信仰，既取基督教千禧年之说，亦接续了其悠久的反犹历史。[2]大批教会神职人员和信众积极投向纳粹，他们对魏玛共和国时期宽容、世俗和世界主义文化的厌恶，终于在纳粹那里找到了共鸣。[3]

但是，否定一种偏执狭隘的意识形态，并不意味着肯定其他的意识形态。同时，在特定的历史时刻，特定的宗教运动也曾经反抗暴力。在无政府时期，宗教组织有时发挥着文明力量的作用，因为宗教组织在社会上以道德准则自诩，它们也确实成为人们内省和善行的场所。贵格会信徒将启蒙运动反对奴隶制和反对战争的主张落实到自己的废奴与和平行动中；19 世纪，其他自由主义的新教教派开始加入贵格派的努力（第 4 章）。新教教会在驯服野蛮的美国南方和西部新边疆上颇有贡献（第 3 章）。（虽然，马丁・路德・金拒绝了主流基督教教义，而接受了甘地、世俗西方哲学和反叛的人本主义神学家的启发。）美国非裔教会不仅为民权运动提供了组织基础，还提供了话语权 。而在 20 世纪 90 年代，非裔教会与警方和社区组织合力，控制美国城市中非裔聚居的老城区的犯罪率（第 3 章）。在发展中国家，图图主教和其他教会领袖与政治家及非政府组织联手，在一些结束了种族隔离制度和内战的国家推动和解与重建（第 8 章）。

所以说，克里斯托弗・希钦斯（Christopher Hitchens）的无神论畅销书的副标题“宗教如何毒害一切”，是夸大其词。宗教在暴力的历史上扮演了不止一种角色，因为宗教在人类历史的方方面面都不是一种单一的力量。我们统称为“宗教”的，实际上是无数纷繁复杂的运动，彼此之间大相径庭；它们只有在一点上是共同的，即与古老的宗教组织相比，在人类活动的舞台上，非宗教的社会组织都算是新鲜事物。虽然宗教都自称源于神，但其信仰和实践都来自人类活动，反映了人类的智能和社会潮流。当潮流顺着启蒙主义的方向涌动，宗教也顺应大势，小心谨慎地避开《旧 678

约》中最血腥的说教。当然，很多调整不是那么显而易见，但摩门教的某些变化却是赤裸裸的。1890 年，摩门教的领袖自称从耶稣基督那里得到指示，教会将停止实行多妻制（当时，一夫多妻制成为犹他州加入美国联邦的障碍）；1978 年，摩门教的领袖再次得到聆训，允许黑人担任圣职，而在此之前，黑人被认为身上刻有该隐的邪恶印记。教会的分裂派、改革运动、大公会议和其他自由派力量发动了更多更细致的变革，让宗教更顺应人本主义的浪潮。只有在宗教激进主义势力试图逆潮流而动，推行坚持部落和独裁的刻板戒条时，宗教才成为一种暴力力量。

和平主义者困境

让我放下这些并不坚定抵制暴力的因素，来看看那些坚定的抵抗者。我不打算给这些抵抗力量开列名单，只想找到一个分析框架，看看这些力量之间是否存在某些共性。我们想解答的是，为什么暴力如此具有诱惑力，为什么人们永远在渴望减少暴力，为什么暴力如此之顽固，如此之难以制服，为什么某些特定的变化最终让暴力减少了。要做到真正地解答我们的问题，这些导致暴力减少的变化必须是外生的：它们不应是我们试图解释的暴力减少本身的一部分，而是在暴力减少之前即存在并最终导致暴力减少的独立的历史进程。

为了更好地理解暴力多变的动态过程，让我们回想一下合作（或者说是克制攻击性）收益的经典模型，即所谓“囚徒困境”（第8 章）。我们可以给它换一个名字，姑且称它为“和平主义者困境”。一个人或者一个联盟受到在掠夺性攻击中取胜的诱惑（相当于背叛它的合作者），当然它同时也想避免受骗，避免被有同样贪念的敌人击败。但是如果双方都选择攻击，他们将陷入报复性战争（相互背叛），结果只能是双方付出比他们选择和平（相互合作）更大的代价。图 10-1 描述了和平主义者困境；胜负的数字是假定数据，但是它们反映了此困境的悲剧性构造。

对方的选择 679

		和平	侵犯
自己的选择	和平	和平（5） 和平（5）	战败（－100） 战胜（10）
	侵犯	战胜（10） 战败（－100）	战争（－50） 战争（－50）

图10–1　和平主义者困境

无论如何，和平主义者困境都不是一个数学模型；我不断强调这一点，只是想说明为什么我要用文字来解释说明其中的含义。模型中的数字反映了暴力的双重悲剧性。在这样的结果下，第一个悲剧是，做一个和平主义者是非理性的选择。如果你的对手是和平主义者，你会受到诱惑去利用他的这个弱点（如果你选择进攻获胜，你得到10分，高于选择和平能得到的5分）；而如果对手是一个侵略者，你选择战争，承受战争的惩罚（损失50分），也强过做一个马屁精，让对方利用你的软弱（损失惨重，－100分）。因此，无论如何，攻击都是理性的选择。

第二个悲剧是受害者的代价（在此为－100分）与胜利者的收益（10分）极其不合比例。除非交战双方在对抗中互置对方于死地，在这个模型中，进攻不是零和博弈，而是负和博弈；对双方而言，尽管有胜利的奖赏，但是他们还是以共同选择不进攻对方更合算。征服者为了多抢到一小片土地，要以杀害整整一个家庭为代价；强奸者片刻的“驱力降低”体验，绝对无法与他给受害者造成的巨大伤害相比。熵定律的结果之一就是不对称性：宇宙中只有极微小的部分有可能处于有序状态，能够支持生命和幸福，所以，破坏和制造痛苦远比培育和创造幸福要容易。就是说，即使是以最精准的功利主义观念来看，由一位最公正的中立观察家来加总社会的总幸福和总不幸，他会得出结论说，暴力是不可取的，因为它给受害者制造的不幸大于给施害者带来的幸福，导致世界幸福总量的减少。

680 但是，当我们从高高在上的、中立的、毫无倾向的观察家立场回到地面，站在博弈一方的角度进行观察，就能看到为什么暴力如此难以消除。任何让自己一方成为唯一选择和平的人，都是在发疯，因为对手会因此受到进攻的诱惑，和平者要付出可怕的代价。常言“那是对方的问题”，解释了为什么和平主义左脸挨打后送上右脸，“铸剑为犁”等其他高尚的道德情操不能始终如一地制约暴力：因为只有在对方也同时具有同样情感的时候，和平主义才有积极的结果。我还认为，这也有助于我们理解为什么在不同的历史时期，暴力水平会发生出人意料的螺旋式上升，或者螺旋式下降。每一方都必须显示出足够强的攻击性，以免让对方以为自己是容易捕获的目标，通常的情况是以攻为守，而且有力的攻击就是最好的防卫。双方均怀有被对方攻击的恐惧，这也就是所谓的“霍布斯陷阱”，也称为“安全困境”，它会导致双方的暴力升级（第2章）。即使博弈是重复性的，而且报复的威胁（在理论上）对双方都有威慑力，对战略优势的过度自信和其他自利性偏差仍然会导致暴力循环。根据同样的逻辑，在人们意想不到的时候，如果一个善意的姿态偶然得到了善意的回报，也可能破解循环，让暴力螺旋式下降。

要寻找促使暴力减少的历史性因素所具有的共性，着眼点就在于这些因素应该能够改变和平博弈的回报结构——调整棋盘上的数字，吸引双方进入左上角的格子——双赢的和平收益。

根据我们已经讨论过的历史和心理学，我相信我们可以确认有五种发展，具有将世界推向和平方向的力量。尽管程度有所不同，但我们可以在各种历史事件、数据库和实验研究中看到这五种发展。每一种发展都以自己的方式改变了和平者博弈的回报结构，将人们带进珍贵的和平。让我们按照它们在本书中出现的顺序，对这五种发展做一番总结。

利维坦

国家，为了使自己的国民免受相互伤害而垄断了使用暴力的权力，是始终如一的暴力减速器。图 2-1 中的侵犯者-受害者-旁观者暴力三角，描绘了国家与暴力的简单逻辑，而用和平主义者困境的术语对这一逻辑的描述可以是：如果政府处罚侵犯者，让侵犯行为的成本大到足以抵消其收益，比如，罚金是侵犯获利的 3 倍。这将改变两种选择对潜在侵犯者的回报，让和平比战争更有吸引力（图 10-2）。

对方的选择 681

自己的选择	和平	侵犯
和平	和平（5） 和平（5）	战败（－100） 战胜－受惩罚（10－15＝－5）
侵犯	战胜－受惩罚（10－15＝－5） 战败（－100）	战败－受惩罚（－50－150＝－200） 战败－受惩罚（－50－150＝－200）

图 10-2　利维坦如何解决和平主义者困境

除了改变理性人的行为，一个利维坦——或者相当于利维坦的女性对等角色正义女神朱斯提提亚，就是公正的第三方。他的处罚不受参与者自利偏差的影响，他也不是某一方复仇行动所针对的目标。有裁判监督的博弈，博弈者进行先发制人型或自卫型攻击的动机会减弱，而一方软化进犯性立场的愿望，会让对手感到放松；良性的相互影响，最终让双方走出暴力的循环。谢天谢地，心理实验显示，人类的自制力具有泛化效果，克制进攻性可以成为一种习性；即使在利维坦眼光有限关照不到的时候，经过文明教化的各方仍将会继续约束自己的行为。

本书第 2 章所述“平靖进程”和第 3 章所述“文明进程”背后的动因就是利维坦效应。当第一个国家出现，控制了史前人类的小团伙、部落、酋邦的时候，对劫掠和争斗的压制，让暴力死亡率下降至之前的1/5（第 2 章）。而当欧洲的采邑合并为王国和主权国家之后，执法力量的统一，最终将凶杀率又压低至之前的 1/30（第 3 章）。在政府鞭长莫及的地带，比如欧洲的边远山区，美国南方和西部的新边疆都曾经长期处于无政府状态，这些地区保留了暴力的荣誉文化（第 3 章）。在社会经济层面上，也有一部分无政府的荒漠，例如得不到稳定的法律保护的下层人民，还有不敢暴露自己的走私和犯罪团伙，这些阶层同样也保留了暴力的荣誉文化（第 3 章）。而当政府执法发生倒退，比如速成的非殖民化时期、失败的国家、权贵倾轧的伪民主国家、警察罢工期间、20 世纪 60 年代的美国，暴力可以疯狂地杀回头来（第 3 章和第 6 章）。我们发现，政府治理无能是导致内战的最危险因素之一。是否拥有这笔资产，也许是受暴力蹂躏的发展中国家和享有更多和平的发达国家之间真正的分野（第 6 章）。某些国家的国民法制意识淡薄，在实验室里，他们沉溺于毫无必要的恶意惩罚，让博弈中所有人的处境都变得更糟（第 8 章）。

682 霍布斯笔下的利维坦和法院的象征雕塑朱斯提提亚，都武装着佩剑。但有些时候，他们只要有蒙眼布和天平也就足够了。人们像爱惜自己的身体和财产一样爱惜自己的名誉，所以，第三方的威信和软实力，或者丧失名誉和被社会排挤的压力，会和拥有暴力威胁手段的警察与军队一样有效力。在国际舞台上，软实力至关重要，因为世界政府至今还只是人们的幻想，但第三方仲裁，间或辅之以制裁或象征性武力威胁，仍然大有可为。在参加国际组织或允许国际维和部队工作的国家，内战的风险下降，这说明非武装的或者只有很少武装的第三方所具有的和平作用（第5 章和第 6 章）。

一旦利维坦挥舞利剑，其收益取决于它使用武力是否合乎法理，在属民的决策矩阵中是否仅仅惩处“侵犯”行为。如果利维坦不分青红皂白地对矩阵中所有四个单元施加惩罚，为了保住自己的权力迫害人民，那么，它能防止多少伤害，它也就能制造多少伤害（第 2 章和第 4 章）。民主优越于专制和伪民主之处在于一个政府能够对症下药，将适度的武力置于决策矩阵中的适当单元，将和平主义者的选择从一种难以维系的理想变成诱惑之大以至于无法拒绝的现实选项。

文明商业

启蒙运动的重要思想成果之一，就是交易可以将零和的战争博弈换作正和的互利博弈，而现代生物学对非亲缘之间合作演化的解释，为启蒙主义的利益交换说提供了新的依据。在和平主义者博弈中，它提高了共同选择和平、共享交换所得的收益水平（图 10–3）。

虽然文明商业不能消除一方在攻击中被击败的灾难，但它能够消除敌人发动进攻的动机（如果敌方能够从和平的交易中获益）。相互合作 683
能够产生收益，这至少具有部分的外生性，因为它不完全取决于主体的交易意愿；它还取决于交易双方擅长提供对方需要的产品，并取决于交易得以顺利进行的基础设施，例如交通、金融、簿记、履约保证。一旦人们受到吸引，开始自愿交换，他们就会受到激励，互相站在对方的角度思考，以求达成最合算的交易（比如“消费者永远是正确的”），继而，他们之间即使没有温情，也会对对方的利益抱有某种程度的尊重。

		对方的选择	
		和平	侵犯
自己的选择	和平	和平 + 收益（5 + 100 = 105） 和平 + 收益（5 + 100 = 105）	战败（ – 100） 战胜（10）
	侵犯	战胜（10） 战败（ – 100）	战争（ – 50） 战争（ – 50）

图 10–3　商业如何解决和平主义者困境

在诺贝特·埃利亚斯的理论中，利维坦和文明商贸是欧洲文明进程的两大驱动力（第 3 章）。自中世纪开始，不断扩张的各个王国不仅严惩劫匪，国家化司法，而且发展商贸的基础设施，包括货币和强制执行合约。这些制度性基础设施，加上道路和钟表等的技术进步，以及人们在观念上消除了在利息、发明和竞争等方面的禁忌，让商贸更加有利可图。商人、工匠和官僚最终取代了勇武的骑士。历史数据支持埃利亚斯的理论，欧洲的商贸的确在中世纪晚期开始发展，而犯罪学数据表明，欧洲的暴力死亡率自那时起迅速下降（第 9 章和第 3 章）。

随着远洋航船、新型金融机构的出现和重商主义政策的衰落，人类社会的大型实体之间，例如城市和国家之间的商贸日趋发达。这些发展在某种程度上受益于18世纪一批好战的帝国，例如瑞典、丹麦、荷兰和西班牙，它们纷纷接受教化，变为商业国家（第5章）。在世界其他地方，国家荣耀至上的价值观也在发生改变，赚钱致富的念头压倒了收复失地之类的复仇心（第5章）。之所以发生这样的变化，是因为经济全球化带来的丰厚赢利，给人们带来了巨大诱惑。

上述所有叙述都有量化研究的支持。战后出现长期和平及新和平的年代，也正是国际贸易高速发展的时期，而事实证明，如果其他条件不变，有贸易关系的国家之间兵戎相见的机会大大减少（第5章）。读者应该记得，一个国家经济的开放程度越大，发生大屠杀和内战的可能性就越小（第6章）。但是，如果一个国家的政府运作完全依赖开采自然资源，例如石油、
684 铁矿和钻石，而不是依赖通过商业和贸易的附加价值，这个国家陷入内战的机会则会增加（第6章）。

文明商业理论不仅有国际数据的验证，也符合人类学家早已知道的一个现象：许多文化都维持着成员之间相互交换的网络，因为他们知道，交换关系维护着他们之间的和平，即使很多时候彼此交换的都是些无用的礼品。[4] 艾伦·菲斯克和他的同事正是从这些民族志记载的现象想到，处于平等交换或“市场定价”两种关系中的人，认为自己被相互承诺的义务联系在一起，所以当彼此关系冷漠或者某些人难以融入社会的时候，人们也很少将对方非人化（第9章）。

文明商业背后的心态，与我在本章回顾的其他和平力量不同，并没有在心理实验中做过直接验证。我们确实知道，当人们（甚至猴子）进入正和博弈，需要合作实现一个共同受益的目标，人际间的紧张关系能够缓解（第8章）。我们还知道，在真实世界中，交换可以是有利可图的正和博弈。但是，我们还不知道，是不是交换本身减弱了交换双方之间敌对的紧张。就我所知，在有关共情、合作和攻击的海量文献中，还没有人测试过在有过互利交换往来的人之间，互相电击或者在对方的食物上倒满特辣级辣酱的行为是否会有所减少。我疑心，对做研究的学者来说，文明商业（也可称为温柔商业）还算不上是个性感刺激的概念。文化界和知识界的精英总觉得自己比做生意的人优越，在他们的大脑里，绝对想不到要将和平

这样高贵的东西归功于锱铢必较的商人。[5]

女性化

山口勉之到底是世界上最走运的男人，还是世界上最不走运的男人，就看你怎么想了。山口在广岛遭遇第一颗原子弹爆炸时侥幸逃生，但是很不幸，他选择逃到长崎避难。不过，他同样侥幸逃生，又活了 65 年，直到 2010 年在 93 岁高龄时离世。一个男人，经历了历史上仅有的 2 次原子弹袭击并能够生还，这本身就值得我们敬重。而他在去世之前，给我们留下了一张核武器时代的和平处方："唯一能被允许管理拥有核武器的国家的人，只能是母亲，而且是那些还在亲自给孩子哺乳的母亲。"[6]

山口所说的，正是对暴力的经验性概括，即暴力的执行者主要都是男人。从孩童时期起，与女孩相比，男孩的游戏更加暴力，幻想也更加暴力，消费更多的暴力娱乐产品，是暴力罪犯的主力，更乐于惩罚和复仇，更愿意在攻击性行为中承担愚蠢的风险，更多地将选票投给好战的领袖和政策，并筹划和执行了几乎所有战争和大屠杀（第 2、3 章和第 685
7、8 章）。尽管有时做出同样选择的有男有女，男女平均水平的差距不大，但在选票接近的大选中，如此有限的差距也可以决定选举的结果，或者，在双方较量谁更加好勇斗狠的博弈中，这点儿差距也足以触发螺旋上升的暴力冲突。在历史上，妇女领导了和平主义和人道主义运动，尽管当时她们在其他政治机构中几乎没有什么影响力。最近几十年，妇女在社会生活的各个层面都具有了前所未有的巨大影响，也正是在这几十年，发达国家之间的战争已经变得完全不可思议了（第 5 章和第 7 章）。詹姆斯·希恩认为，战后欧洲国家的使命发生了变化，其特点是，从军事力量转向对国民生老病死的全程关照。这几乎就是一幅传统性别分工的漫画。

山口药方的细节当然是可以讨论的。乔治·舒尔茨回忆，1986 年，他告诉玛格丽特·撒切尔，他本人目睹了罗纳德·里根向米哈伊尔·戈尔巴乔夫建议两国禁止核武器，撒切尔听到后将手提包砸到了他的身上。[7]但是，山口可能会说，撒切尔的孩子已经长大了，她的世界观已经适应了一个男性治理的世界。既然近期我们不会看到单独由女性——更不要说单独由哺乳的母亲，来掌管所有的核武器国家，所以我们很难知道山口的药方是否灵验。但是，有一点他是对的，他预见到当世界变得更女性化的时候，会变得更加和平。

人们之所以认为女性倾向的价值观可以压制暴力，原因是性别之间生物差异造成的心理遗产，即为了争夺得到女性的机会，男性有更强烈的竞争冲动，而为了不让自己的孩子成为失去父母的孤儿，女性则有更强烈的躲避危险的动机。无论是部落里男性为争夺女性展开的竞争，还是骑士时代为荣誉、地位、统治优势展开的竞争，或者现代社会里为名望而展开的竞争，都是零和博弈，而且主要是男人的喜好。假定在和平主义者博弈中，战争胜利的收益与不战而败的成本之比，暂且为80%——相当于男性自我受伤后的瘀肿和青紫。假定现在做出选择决策的是女性，男性心理的影响还要相应下降（见图10-4；为了清晰起见，我删除了所有“对方的选择”）。这样一来，和平变得比战胜更有吸引力了，而战争的成本比不战而败还要高昂。和平主义者的选项表现出绝对优势。如果我们对战争选项下女性承受的战争成本再做调整，战争与和平之间的成本收益之比的变化将会更加戏剧性。

686 对方的选择

		和平	侵犯
自己的选择	和平	和平（5）	战败，没有羞辱 （－100＋80＝－20）
	侵犯	战胜，没有光荣 （10－8＝2）	战争（－50）

图10-4　女性化如何解决和平主义者困境

无疑，决策中从男性主导转向女性主导未见得是一个外生因素。在有些社会，贪婪的敌人随时都有可能大举进犯，必须具备最勇武的价值观念，否则就是自杀。一个女性化的价值体系是奢侈品，只有那些已经可以免于捕食者侵犯的社会才有资格享受。但是，向女性利益相对倾斜的决策，也可以来自与暴力无关的外生因素。在传统社会，生活安排就是一种这样的外生力量：如果妇女和娘家一起生活，得到父兄的保护，丈夫只是来访者，妇女的境遇要好过嫁到婆家，受丈夫和夫家男性的统治（第7章）。在现代社会，这些外生力量包括各种技术进步和经济进步，比如成品食物、家用电器、避孕、更长的寿命，还有信息经济时代的到来，都让妇女摆脱了长时间养育儿童的重负和各种家务。

不论是在传统社会还是在现代社会，妇女的地位越高，社会中有组织的暴力也就越少（第 8 章）。最典型的例子就是那些为了抢劫妇女，或者为了报复敌人抢劫自己的妇女而发动战争的部落和酋邦，例如雅诺马马人和荷马时代的古希腊人（第 1 章和第 2 章）。在现代社会，我们则可以比较某些欧洲国家和伊斯兰国家；在西欧的“过度女性化的民主国家”，政治暴力和司法暴力的水平已经非常低；而在亚非实行伊斯兰教法律的伊斯兰国家，还在对女性实施阴蒂切割，以石刑处死通奸的妇女，女性还必须套上蒙头盖脸的罩袍，那里的政治暴力和司法暴力的发生率就非常之高（第6 章）。

女性化不一定需要妇女拥有更大的战争决策权。它可以是一个社会逐渐放弃男性的荣誉文化，比如武力复仇，以体罚培养男孩子的男子气，宣扬军事胜利的光荣（第 8 章）。欧洲和发达民主国家以及美国自由派倾向的蓝色各州已经处于这一潮流之中（第 3 章和第 7 章）。一些保守派学者曾经伤感地向我表示，现代西方正在被削弱，因为它丧失了勇武和英雄的美德，变得越来越物质主义、轻佻、颓废和娇气。我的假设始终是，暴力 687
除了在防止暴力加剧的时候，它都是一种恶；但是这些学者没有错，这是一种价值判断，选择和平还是选择荣誉和光荣，在逻辑上没有什么可讨论的余地。我只是觉得，这些男子气概的潜在受害者在这场讨论中应该有发言的权利；他们也许不会同意，要用他们的生命和身体来为荣耀男子气概的美德付出代价。

还有另外一个理由说女性化是一种指向和平的发展 。有利于女性的社会制度和性生活安排可以减少男性间竞争产生的暴力。婚姻就是此类制度安排之一，在婚姻中，男子承担向自己的子女投资的义务，放弃为争夺其他性交机会而与其他男子的竞争。结婚能够减少男性的睾丸素和降低犯罪的可能性，我们从统计数据中看到，在美国20世纪40年代和50年代，当人们幸福地成家结婚时，凶杀率直线下降，而到60年代和70年代，结婚年龄后移，凶杀率上升，在结婚率特别低的美国非裔社区，凶杀率一直保持在相当高的水平（第3章）。

另一个消除暴力沼泽的因素是男女数量的均衡。毫无约束的纯男性社会环境，例如美国边疆开发时代的牛仔和矿工营地，总是充满了暴力（第3章）。西部之所以野蛮，是因为年轻男子蜂拥而去的时候，女子留在了东部。

20世纪80年代开始出现的选择性堕胎产业，让阿富汗、孟加拉、中国、巴基斯坦和印度的部分地区的人口性比例严重失调，男性比重畸高（第7章）。[8]如此多的剩余男性，预示着这些地区和平和民主的近景相当黯淡。而从较长的时间来看，性别比例将随着女权主义和人道主义
688 的发展恢复平衡；一方面停止杀害女婴，另一方面，政治领袖总要学会人口统计，鼓励人们养大自己的女儿。对女婴利益的保障可以说是社会暴力减少的保证。但是，在性比例实现均衡之前 ，这些社会恐怕还不得不忍受颠簸和动荡。

一个社会尊重妇女的利益与暴力水平还有一重联系。暴力不仅是男性过多，而且是年轻男性过多的问题。至少有两个大型研究项目证明，年轻男性比重高的国家，卷入国家间战争和内战的可能性更高（第6章）。[9]人口金字塔中年轻人组成的基座过大是危险的，这不仅因为年轻人容易骚动，还因为他们在数量上大大超过了他们谨慎的长辈。同时，这样的结构还说明这些年轻人在追寻地位和配偶上受到压制，缺少机会。这些发展中国家僵化的经济制度，无法灵活地吸纳数量巨大的年轻人，很多人失业或者就业不足。如果这些社会在某种程度上还实行合法的或事实上的多妻制，大量年轻女性被年长或富有的人占有，那么，过多的

边缘化的年轻人，就意味着过多的边缘化的年轻男子。这些年轻男子没有什么东西可以留恋，他们很可能在民兵、军阀和恐怖分子那里找到工作和生活的意义（第6 章）。

《性与战争》（*Sex and War*）有一个听起来极为吸引男性的书名，但这本新书事实上是一篇女性赋权的宣言。[10]繁殖生物学家马尔科姆·波茨（Malcolm Potts）、政治学家马莎·坎贝尔（Martha Campbell）和记者托马斯·海登（Thomas Hayden）合著此书，书中给出大量的证据，指出与妇女被当作生育机器的男性社会相比，当一个国家的妇女能够掌握避孕手段，并有自由按照自己的意愿婚嫁时，她们生育的数量减少。也就是说，这个国家的人口增长速度会放缓，其结构中年轻人组成的基座不至于过分庞大。（与人们以往的理解不同，一个国家不是在丰裕之后才能出现人口出生率的下降。）波茨和他的合作者们认为，让妇女掌握自己的生育能力（在生物战场上，这一直是两性争夺的领域），是当今世界那些最危险的地区减少暴力的不二法门。但是，这样的赋权必须克服强大的反对力量，传统男性总是想掌握对妇女生育权的控制，而宗教组织总是排斥避孕和堕胎。

直接的政治赋权，男子气概的贬值，女性婚姻自主，女婴生存权，妇女对自己生育权的控制，这几类女性主义化的发展都是推动暴力减少的力量。在世界上，任何在这些方面发展滞后的地区，也是暴力减少滞后的地区。但是，世界范围内民调资料显示，即使在那些最顽固的国家，对妇女赋权的呼吁也在变强，许多国际组织承诺要努力加速这一进程（第6 章和第 7 章）。如果短期内还很难看到世界上暴力的进一步减少， 689
但就长期而言，这些都是充满希望的标志。

扩大的圈子

我最后要论及的两种和平力量改变了暴力的心理回报。第一种力量是同情圈的扩大。假定生活在都市化程度较高的社会，我们可以接触到形形色色的人；他们代表了多样的群体，我们有机会接受他们的视角观察世界，从而改变了我们对其处境的情感反应。想象一下这个过程的逻辑结果：我们的福祉和他们的福祉密不可分，我们真的是可以爱上我们的敌人，感受到他们的痛苦。我们的潜在敌人所得到的回报，也会加总到我们自己的账单上（反之亦然），因此，和平主义将成为绝对有利的选择（图10–5）。

		对方的选择	
		和平	侵犯
自己的选择	和平	和平（5 +5 =10） 和平（5 +5 =10）	战败（ –100 +10 = –90） 战胜（10 + –100 = –90）
	侵犯	战胜（10 + –100 = –90） 战败（ –100 +10 = –90）	战争（ –50 + –50 = –100） 战争（ –50 + –50 = –100）

图 10–5　共情和理性怎样解决和平主义者困境

当然，让所有活生生的人的利益完美地融合在一起，那是一个不可能达到的极乐世界。但是，在考量他人利益的时候，稍微地多为他人想想，比如，在想到他人被奴役、遭受酷刑或肢解时，会感到一种油然而生的愧疚之情——能够改变人们攻击他人的可能性。

我们已经看到了这个因果链上两个环节的证据：带来更多换位思考的外生事件，以及换位思考变为同情心的心理反应过程（第 4 章和第 9 章）。从 17 世纪开始，出版业和运输业的技术进步创造了文字共和国和阅读革命，由此播下了人道主义革命的种子（第 4 章）。读书的人越来越多，读物中的小说让人们进入他人的生活和头脑，讽刺和笑话让人们开始怀疑自己习以为常的社会准则。对奴隶制、施虐式刑罚、战争、虐
690 待儿童和虐待动物的生动描述，让读者感受到其他生命的苦难，为最终废除这些制度或减少这些实践创造了条件。虽然编年史不是因果证明，但是实验室研究证明，人们听到或者读到第一人称的故事，可以强化他们对诉说者的同情心，至少让他们感到故事更加可信（第9 章）。

识字率、城市化、流动性、大众传媒在 19 世纪和 20 世纪持续发展，而到 20 世纪下半叶开始出现地球村。人们越来越意识到，世界上还有很多和自己不一样的人（第 5 章和第 7 章）。也许，就像文字共和国和阅读革命点燃了 18 世纪的人道主义革命一样，地球村和电子革命促进了 20 世纪的长期和平、新和平和权利运动。尽管我们无法证明人们常说的大众媒体加速了民权运动、反战运动和共产主义的衰落，但是，对换位共情的研究证明了这种可能性，我们也看到在大都市人群多样性和人文价值认受性之间存在的数种统计关系（第 7 章和第 9 章）。[11]

理性的滚梯

扩大的圈子和理性的滚梯都是受同样的外生因素的推动，例如识字率、都市化和教育。[12]因为它们有同样的利益结构，所以两者的和平效应可以用同一个和平主义者博弈模型进行描述 。但是在概念上，扩大的圈子和理性的滚梯是有区别的（第 9 章）。前一个要求我们换到他人的视角，设身处地，想象他人的情感。后一个要求我们上升到一定的高度，站在奥林匹亚的山顶，从超理性的角度，永恒的角度，没有立场不偏不倚的角度，在思考中将自己利益和他人的利益视为等价。

理性滚梯还有一个外源的动力：现实性。现实的逻辑关系和经验事实独立于试图把握现实的思考者的心理变化。当人类磨砺他们的知识和理性体系，并从信仰系统中剔除迷信和矛盾，必定得出某些特定的结论，就像一个人擅长算数，他的运算必然会得出某个特定的和，或者某个特定的乘积（第 4 章和第 9 章）。在很多情况下，人们得出的结论都让人们越来越少地诉诸暴力。

本书通篇所讲的都是将理性应用于人类事务所能得到的成果。在历史的不同时期，当越来越有知识的公众开始质疑迷信杀戮，比如活人献祭、驱巫、血祭诽谤、宗教审判所，以及让某个民族做替罪羊，迷信依据的事实性假设被戳穿后，杀戮也就逐渐停止了（第 4 章）。人们就反 691
对奴隶制、专制、酷刑、宗教迫害、虐待动物、暴力对待儿童和妇女、轻率地发动战争、迫害同性恋进行了审慎的理性论证，这些论证绝不是夸夸其谈，而是通过参加辩论并推动改革的人和社会组织，进入决策过程（第 4 章和第 7 章）。

当然，区分共情和理性并不容易，就像有时很难区分心和头脑。但是，共情能够达到的边界是有限的，它的亲和力止于与我们类似或者与我们接近的人，这说明共情只有插上理性的、普世化的翅膀，才能给全世界带来抑制暴力的政策和规范变化（第 9 章）。这些变化不仅包括立法禁止暴力行为，还包括设计降低暴力诱惑性的社会制度。这些制度设计包括民主政府、康德式的反战保障、发展中国家的和解运动、非暴力的抵抗运动、国际维和行动、90 年代的预防犯罪改革和文明攻势，此外，还有牵制、制裁和谨慎接触等外交策略，给予一国领袖更多的选择，避免只能在导致第一次世界大战的“小鸡博弈”和导致第二次世界大战的绥靖政策之间做选择（第 3 章和第8 章）。

尽管理性滚梯走走停停，经常停滞不前，甚至倒退，它却是一场影响深远的运动，它离弃道德体系里的部落主义、权威和纯洁，走向人道主义、古典自由主义、自主和人权（第 9 章）。将人类福祉奉为至善的人本主义价值体系是理性思考的产物，因为它的合理性是可以被证明的：任何思想者的群体，只要他们关心自己的价值，进行理性的对话，都会接受这个目标，而社群和权威价值体系则狭隘地局限于本部落或者本阶层（第 4 章和第9 章）。

证据显示，都市化的浪潮将形形色色的人卷入讨论，言论自由允许人们在讨论中畅所欲言，人们能够揭露和总结历史的教训，人本主义的价值体系正沿着自由人文主义的方向演化（第 4 章至第 9 章）。我们已经见到的证据之一是，极权主义意识形态正在衰亡，连带它所煽动的大屠杀和战争也在销声匿迹，而权利革命的思想正在蔓延，已经不再有人能够为种族歧视进行辩护，反对种族压迫发展到反对一切对妇女、儿童、同性恋和动物的压迫（第 7 章）。我们还见到，这些变革逐渐地改变了保守分子的立场，尽管他们在最初总是抵制变革。例外则从反面提供了证据，在那些与世界隔离的社会中，人们无法获得外来的思想，政府和神权压制出版自由，正是这些社会顽固地抗拒人文主义，死抱着部落、权威和宗教的意识形态（第 6 章）。然而，随着电子文字共和国的兴起，692
即使是这些社会，恐怕也无法继续置身于浩浩荡荡的自由主义潮流之外。

“滚梯”的比喻，暗示着随机游走的思想潮流相互叠加，产生的合力决定了运动的方向，这似乎很有些辉格派和现代主义的味道，外带些颇为天真的历史观。但是，这种辉格史观得到了事实的支持。我们看到，发源于西欧和美国沿海地带的自由主义变革，在一定的滞后之后，纷纷被世界上较保守的其他地区效仿（第 4 章和第 6、7 章）。我们还看到，在充分发展的理性能力以及对合作、民主、古典自由主义和非暴力的接受能力之间，不仅存在相关关系，甚至还存在某种因果关系（第 9 章）。

反思

在我们人类这个物种的历史上，暴力的减少也许算得上是最有意义但最不被赏识的发展状况了。暴力减少的含义触及我们信仰和价值的核心——随着历史的进程，人类的生存条件是越来越改善还是越来越恶化，或者没有任何变化？还有什么比理解这个问题更重要的呢？有些观念，比如失去纯真的堕落，宗教典籍和森严等级的道德权威，性本恶还是性本善，历史的推动力，以及对自然、社区、传统、情感、理性和科学的道德评价，都悬而未决。我一直在长篇累牍地试图记录和解释暴力的减少，这里我不想为探讨它们的含义再泼洒笔墨了。但是，在结束本书的时候，我要再对两个问题进行反思，因为它们也许会让暴力的下降趋势发生逆转。

第一个反思关系我们如何看待现代性——科学、技术和理性让人类生活发生了变化，伴随着习俗、信仰、社区、传统权威、返璞归真的自然观的消亡。

仇恨现代性是当代社会批判的永恒主题之一。不论人们怀旧的目标是小镇温情还是生态系统的可持续性，是社群凝聚力还是家庭价值，是宗教信仰还是某种主义，或者是与自然韵律之和谐，每个人都巴望着倒转时光。他们说，除了异化、掠夺、社会病态、失去意义，以及为了豪宅、越野车和电视真人秀不惜毁灭地球的消费文化之外，技术给我们带来了什么？

正如历史学家阿瑟·赫尔曼（Arthur Herman）的《西方历史中的衰落观》（*The Idea of Decline in Western History*）一书向我们所展示的，在人类思想史上，失落伊甸园是一曲悠久的哀歌。[13]但自20世纪70年代起，当浪漫乡愁成为大众的流行观念，统计学家和历史学家就一直想厘清事实，反驳人们的成见。他们著述的书名就足以说明问题：《好消息就是
693 坏消息是错的》（*The Good News Is the Bad News Is Wrong*）、《越来越好》（*It' s Getting Better All the Time*）、《过去的好时光——其实它们糟透了》（*The Good Old Days—They Were Terrible!*）、《为理性乐观主义辩护》（*The Case for Rational Optimism*）、《改善中的世界》（*The Improving State of the World*）、《美国人何以如此郁闷：进步的悖论》（*The Progress Paradox*），以及最近出版的马特·里德利（Matt Ridley）的《理性乐观派》（*The Rational Optimist*）和查尔斯·肯尼（Charles Kenny）的《渐入佳境》（*Getting Better*）。[14]

这些为现代性辩护的作者，历数了人类进入丰裕和科技时代之前日常生活的细节。他们提醒我们，先人的身上长满了跳蚤和寄生虫，和自己的粪便一起蜗居在地洞中。食物不仅寡淡、单调，而且时有时无，没有保证。医疗要仰仗医生的锯子和牙医的钳子。不论男女，从日出一直劳作到日落，然后遁入黑暗。冬天意味着在大雪覆盖下的农舍里，忍受连续数月的饥饿、寂寞和孤独。

还不止于此，我们的先辈们匮乏的不仅是世俗的物质享受，他们的生活中更缺少那些高级层面的精神享受，比如知识、美、人与人的交往。即使到目前为止，世界上大部分人的行走出入，也从来没有超出自己出生地方圆几公里的范围。所有人都不了解宇宙的广袤，不知道史前人类的历史、生命的基因谱系、遗传密码、微生物的世界，更不知道物质和生命的构成。音乐录音、随手可得的书籍、即时的世界新闻、艺术杰作

的大量复制、影视戏剧，都是我们的先人想也想不到的，更不要说还有能够放进衬衣口袋的小小的电子工具。过去，当子女移民海外，他们的父母可能永远也见不到他们和自己的孙子孙女，永远也听不到他们的声音了。这里还有现代性给生命本身的馈赠：延长了几十年的寿命，能够看见自己的新生儿的母亲；能够活过一岁生日的幼儿。每当我在新英格兰的老墓地徜徉，总是被大量的小墓地和哀伤的墓志铭感动："埃尔维娜・玛利亚，死于1845 年 7 月 12 日，年仅 4 岁零 9 个月。原谅我们的泪水，这是父母的悲泣。一朵凋零的小花在此长眠。"

所有这些理由都说明，没有哪个浪漫分子真的愿意乘上时间机器回到过去，但是，怀旧分子总是要亮出他们的道德底牌：恐怖的现代暴力。他们说，至少我们的祖先不用担心抢劫、学校枪击、恐怖袭击、集中营、世界大战、杀戮场、凝固汽油弹、劳改营和核毁灭。当然，波音 747 飞机、抗生素、iPod（一种数字音乐播放器）都抵不上现代社会及其技术给人类带来的灾难。

在这里，只有没有感情色彩的历史和统计知识能够改变我们对现代性的态度。它们显示，怀旧所追念的和平安定纯粹是一种幻觉。我们已经看到，尽管儿童读物对原住民的生活大肆浪漫化，但是他们的战争死亡率高过我们的世界大战。对中世纪欧洲风情的浪漫遐想，忽略了工艺精湛的酷刑刑具，看不见在那个时代遭到谋杀的风险是我们今天的 30 倍。在人们怀念的那些旧时光里，有外遇的妻子会被割掉鼻子，7 岁的孩子会因偷了一件小衣服而被送上绞架，囚犯的家庭要付钱才能让犯人 694
免戴镣铐，女巫会被锯成两半，水手会被鞭打成肉酱。我们今天的道德共识，比如奴隶制、战争和酷刑是错误的，在过去可以被当作矫揉造作，而我们的普世人权观念简直就是痴人说梦。过去的史书中找不到关于大屠杀和战争罪行的记录，仅仅是因为当时没有人认为这些零碎儿值得记录。20 世纪上半叶的世界大战和种族灭绝几乎过去 70 年了，从今天的角度看，这些灾难既不是人类噩运的先兆，也不是世界常态的新标准，而是一个局部的暴力高点。自此，暴力趋势开始蹒跚下行。支撑世界大战和种族灭绝的意识形态，没有被纳入现代性思维，而是被倒进了历史的垃圾堆。

现代性的力量——理性、科学、人本主义、个人权利，当然不曾是一鼓作气地向着一个方向推进，而且它们永远也不可能带来乌托邦，或者终结人类之间的摩擦和作为人的痛苦。但是，在现代性给我们带来的各种收益——健康、体验和知识之上，我们还可以再加上一个收益：它具有减少暴力之效。

* * *

对那些已经注意到暴力减少的作家来说，暴力减少的规模之大，而且发生在几乎各种时间尺度和水平量级上，实在有些神秘的意味。詹姆斯·佩恩暗示，有“一种更高的力量在做功”，整个过程“几乎像着了魔法”。[15]罗伯特·赖特几乎屈从于这一诱惑，他怀疑零和竞争的减少是不是“神示证据”，是一种“天授神意”的标志，或者是一个“宇宙主宰者”的故事。[16]

我可以毫不费力地抵制此类诱惑，但是我也同意，说明暴力逐渐减少的数据所具有的相重性（multiplicity）确实是一个值得推敲的谜。是什么让我们感到人类历史的进程有某种方向性？我们自然也有权问，指示方向的箭头在哪里，又是谁将这个箭头贴在那里的？如此之多的历史力量都整齐地指向一个有益人类的方向，如果这还不意味着是神的作品，那么，它是不是证明了某种道德实在论（moral realism）观念的真实性——存在一种道德真理，它等待着我们去发现，就像我们发现科学真理和数学真理一样？[17]

我个人的观点是，“和平主义者困境”至少澄清了个中奥秘，并且证明，历史进程的非随机性方向源于某种人性的现实，而我们对道德和目的的认识也深受这些现实的影响。我们这个物种生来就是要面对困境，因为我们每个人的最终利益都是不同的，因为我们脆弱的躯体让我们成为易于剥夺的对象，同时想成为剥夺者而不是被剥夺者的愿望，还会将所有人卷入惩罚性冲突。单边的和平主义是一种输家的策略，共同的和平则是可望而不可即。和平主义者困境回报的数学结构向我们展示了各种令人沮丧的可能性，在这种意义上，这些数字所反应的恰恰是人类世界现实的本质。毫不奇怪，古希腊人将战争归罪于众神的任性，希伯来人和 695 基督徒则祈求他们神圣的道德主宰调整一下来世的回报，期望以此来改变人们感知的激励结构。

演化生成的人性，天生无力应付和平主义者困境的挑战，不会选择进入矩阵左上角幸福的和平单元。贪婪、恐惧、优势和肉欲这些动机总是在吸引我们发起攻击。虽然存在一种应对措施—— 一报还一报的复仇威胁，有可能在重复性博弈中开启合作，但在实践中，自利的偏差总是让博弈者打错算盘，结果往往不是威慑产生稳定，而是无休止的循环冲突。

但是，人性中也包含着进入和平单元的动机，比如同情心和自制。它还包括像语言这样的沟通渠道。人类还具有一个开放性的组合推理体系。当这个体系经过辩论的提炼，它的成果通过文字和其他文化记忆逐渐积累，它就会找到改变回报结构的途径，让和平选项越来越有吸引力。在这些途径中，相当重要的一条是超级理性诉求，它所要求的是对现实的另一重抽象：视角的可互换性，亦即承认我们个人狭隘视野的非特殊性。它将两个对手的回报混合在一起，由此破解了博弈的困境。

只有当我们的自我意识膨胀，觉得人类自身之重要实乃宇宙之核心时，人类才会将逃出和平主义者困境的愿望变成一种天赋宏愿。但是，这个愿望确乎属于非物质世界中的偶然现象，所以它不同于其他能激起物质发明的愿望，比如对精制糖或者中央供暖的渴望。和平主义者困境中令人沮丧的回报结构，是对现实的一种抽象认识。而走出困境的最全面的解决方法——视角的可互换性，也是对现实的一种抽象认识，它是“黄金法则”背后的基本原则，很多传统道德都有类似的黄金法则。在人类的历史中，我们的认知过程就是与这些人性现实进行斗争的过程，就像我们的认知一直在与逻辑定律和几何定律进行斗争一样。

虽然，人类摆脱毁灭性竞争算不上是一个天赋的宇宙目标，但它的确是一个人类的目标。宗教捍卫者很久以来一直声称，没有神的法令，道德就永远失去了外在的根据。人只会追求一己之私，尽管这种追求可以按照品味或时尚有所调整，并成为相对主义或虚无主义的信徒。我们现在可以来领会一下为什么这种观点是错误的。在人间找到一些让人类得以兴旺繁荣的途径，包括找到一些策略，帮助人类解脱天性中具有攻击冲动的悲剧，应该足以成为所有人的目标。这个目标，比加入天堂合唱团、融入宇宙精神或者转世为更高级的生命都要更高贵，因为这个目标是可以向任何一个进行思考的同胞证明，而不需要由强人、传统或武力任意灌输给某一部分人群。我们在本书中见到的数据显示，有了这样
696 的目标，人类就会进步，尽管这一进步是步履蹒跚的、不完美的，但却是确凿无疑的。

* * *

最后一个反思。在写作本书的过程中，我采取了一种分析性的，有些时候是不敬的腔调，因为我相信，这个主题激发太多的虔诚，太少的理解。但是，在任何时候，我从来都不曾忘记数字背后的现实。回顾暴力的历史，就是一次又一次地被暴力的残忍和毁灭震撼。有时，则是被愤怒、厌恶和无限的悲哀淹没。我知道，在图表的背后，是一名年轻男子在忍受刀伤的剧痛，眼睁睁地看着自己的生命渐渐消失，知道自己几十年的生命就这样被夺走了。这里还有一名酷刑的受害者，他的全部意识已经被难以承受的痛苦取代，只剩下唯一的愿望，那就是意识本身的终结。这里还有一名女子，她刚刚得知丈夫、父亲和兄弟们已经横尸壕坑，而她自己很快就要“落入野蛮粗暴的奸淫者之手”。[18]这样的惨剧落在一个人的身上、十个人的身上或者一百个人的身上，已经够可怕了。但是，这里的数字不是成百上千，也不是数以万计，甚至不是数以百万计，而是一百个百万——以亿为单位。这是一个让人精神崩溃的数字，这些不长毛的猿猴到底给自己的同类制造了多少苦难啊！一旦想到这一点，内心就充满无法言说的痛苦。[19]

但是，当我们的行星按照引力的既定法则继续运行的时候，人类也在想方设法减少暴力的死伤数量，让越来越多的同胞能够在和平中生活，

在和平中寿终。[20]面对我们生活中的无数忧患，面对这个世界上继续存在的重重灾难，暴力的减少是一个我们可以仔细品味的成就；它让我们更加珍惜文明和启蒙的力量，因为是它们，让暴力的减少成为可能。

注　　释

序言

1. Slovic, 1987; Tversky & Kahneman, 1973.
2. Coined by Gaddis, 1986.
3. 我在以前出版的书中讨论过暴力下降的问题：Pinker, 1997, pp. 518-519; Pinker, 2002, pp. 166-169, 320, 330-336。
4. 其他讨论暴力下降的著作有：Elias, 1939/2000; Human Security Report Project, 2011; Keeley, 1996; Muchembled, 2009; Mueller, 1989; Nazaretyan, 2010; Payne, 2004; Singer, 1981/2011; Wright, 2000; Wood, 2004。

第 1 章

1. 调查数据：贝内特·哈兹尔顿（Bennett Haselton）和我向 265 名互联网用户展示了 5 对历史时期，并问他们认为哪个时期的暴力死亡率更高：史前狩猎–采集群体和第一个国家，当代狩猎–采集群体和现代西方社会，14 世纪英格兰的凶杀和 20 世纪英国的凶杀，20 世纪 50 年代的战争和 21 世纪初的战争，20 世纪 70 年代美国的凶杀和 21 世纪初美国的凶杀。在每一个对比组，受访者都认为后者更暴力，是前者的 1.1 倍到 4.6 倍。而实际上，我们将会看到，在每一个对比组中，前者的暴力程度更高，是后者的 1.6 倍到 30 多倍。
2. B. Cullen, "Testimony from the Iceman," *Smithsonian*, Feb. 2003; C. Holden, "Iceman's final hours," *Science, 316*, Jun. 1, 2007, p. 1261.
3. McManamon, 2004; C. Holden, "Random samples," *Science, 279*, Feb. 20, 1998, p. 1137.
4. Joy, 2009.
5. "2000-year-old brain found in Britain," *Boston Globe*, Dec. 13, 2008.
6. C. Holden, "A family affair," *Science, 322*, Nov. 21, 2008, p. 1169.
7. Gottschall, 2008.
8. Homer, 2003, p. 101.
9. Gottschall, 2008, p. 1.
10. Gottschall, 2008, pp. 143-144.
11. *Iliad* 9. 325-327，引自 Gottschall, p. 58。
12. Kugel, 2007.
13. Genesis 34:25-31.
14. "Kill every male": Numbers 31.
15. Deuteronomy 20:16-17.
16. Joshua 6.
17. Joshua 10:40-41.
18. 1 Samuel 15:3.
19. 1 Samuel 18:7.
20. 1 Chronicles 20:1-3.
21. 1 Kings 3:23-28.
22. Schwager, 2000, pp. 47, 60.
23. 《圣经》学者认为洪水发生在公元前 2300 年。1978 年，麦克伊韦迪和琼斯估计，公元前 3000 年时世界人口约为 1400 万，公元前 2000 年时约为 2700 万。
24. Kugel, 2007.
25. Ehrman, 2005.
26. B. G. Walker, "The other Easters," *Freethought Today*, Apr. 2008, pp. 6-7; Smith, 1952.
27. Kyle, 1998.
28. Edwards, Gabel & Hosmer, 1986.

29. Gallonio, 1903/2004; Kay, 2000.
30. 引自 Gallonio, 1903/2004, p. 133。
31. Lehner & Lehner, 1971.
32. Grayling, 2007; Rummel, 1994.
33. 引自 Bronowski, 1973, p. 216。
34. Rummel, 1994.
35. Grayling, 2007, p. 25.
36. John 15：6.
37. Kaeuper, 2000, p. 24.
38. 引自 Kaeuper, 2000, p. 31。
39. 引自 Kaeuper, 2000, p. 30。
40. *Henry V*, Act 3, Scene III。
41. Tatar, 2003, p. 207.
42. Tatar, 2003.
43. Schechter, 2005, pp. 83-84.
44. Davies, Lee, Fox & Fox, 2004.
45. Chernow, 2004.
46. Krystal, 2007.
47. Krystal, 2007；Schwartz, Baxter & Ryan, 1984.
48. Pinker, 1997, chap. 8.
49. Stevens, 1940, pp. 280-283, 引自 Mueller, 1989, p. 10。
50. Sheehan, 2008; van Creveld, 2008.
51. A. Curry, "Monopoly killer," *Wired*, Apr. 2009.
52. Cooney, 1997.
53. Ad Nauseam, 2000. The Chase & Sanborn ad ran in *Life* magazine on Aug. 11, 1952.
54. 引自 2010 年 11 月 19 日，汤姆 · 琼斯给作者的电邮，经他同意转载。
55. 与英国朋友和天主教朋友的私人交谈，另见 S. Lyall, "Blaming church, Ireland details scourge of abuse: Report spans 60 years," *New York Times,* May 21, 2009。

第 2 章

1. 来自 Bob Mankoff 创作的漫画。
2. Maynard Smith, 1998; Maynard Smith & Szathmáry, 1997.
3. Dawkins, 1976/1989, p. 66.
4. Williams, 1988; Wrangham, 1999a.
5. Hobbes, 1651/1957, p. 185.
6. Darwin, 1874; Trivers, 1972.
7. Pinker, 1997, 2002.
8. Schelling, 1960.
9. Rousseau, 1755/1994, pp. 61-62.
10. Van der Dennen, 1995, 2005.
11. Goodall, 1986; Wilson & Wrangham, 2003; Wrangham, 1999a; Mitani, Watts, & Amsler, 2010.
12. Maynard Smith, 1988; Wrangham, 1999a.
13. Goodall, 1986.
14. Wilson & Wrangham, 2003; Wrangham, 1999a; Wrangham, Wilson & Muller, 2006.
15. Wilson & Wrangham, 2003; Wrangham, 1999a; Wrangham & Peterson, 1996; Mitani 等人, 2010。
16. de Waal & Lanting, 1997; Furuichi & Thompson, 2008; Wrangham & Peterson, 1996. I. Parker, "Swingers," *New Yorker*, Jul. 30, 2007; M. Dowd, "The Baby Bust," *New York Times*, Apr. 10, 2002.
17. de Waal, 1996; de Waal & Lanting, 1997.
18. Furuichi & Thompson, 2008; Wrangham & Peterson, 1996; I. Parker, " Swingers," *New Yorker*, Jul. 30, 2007.
19. Wrangham & Pilbeam, 2001.
20. Plavcan, 2000.
21. White 等人, 2009。
22. Plarcan, 2000；Wrangham & Peterson, 1996, pp. 178-182.
23. Diamond, 1997; Gat, 2006; Otterbein, 2004.
24. Cavalli-Sforza, 2000; Gat, 2006.
25. Gat, 2006.
26. Diamond, 1997; Gat, 2006; Kurtz, 2001; Otterbein, 2004.
27. Goldstein, 2011.
28. Gat, 2006; Kurtz, 2001; North, Wallis & Weingast, 2009; Otterbein, 2004; Steckel & Wallis, 2009; Tilly, 1985.
29. Daly & Wilson, 1988, p. 152.

30. Freeman, 1999; Pinker, 2002, chap. 6; Dreger, 2011; C. C. Mann, "Chagnon critics overstepped bounds, historian says," *Science*, Dec. 11, 2009.
31. Keeley, 1996.
32. Eckhardt, 1992, p. 1.
33. Keeley, 1996; LeBlanc, 2003; Gat, 2006; Van der Dennen, 1995; Thayer, 2004; Wrangham & Peterson, 1996.
34. Chagnon, 1996; Gat, 2006; Keeley, 1996; LeBlanc, 2003; Thayer, 2004; Wrangham & Peterson, 1996.
35. Keeley, 1996.
36. 引自 Schechter, 2005, p. 2。
37. Valero & Biocca, 1970.
38. Morgan, 1852/1979, pp. 43-44.
39. Burch, 2005, p. 110.
40. Fernández-Jalvo 等人, 1996; Gibbons, 1997。
41. E. Pennisi, "Cannibalism and prion disease may have been rampant in ancient humans," *Science*, Apr. 11, 2003, pp. 227-228.
42. A. Vayda's *Maori warfare* (1960), 引自 Keeley, 1996, p. 100。
43. Chagnon, 1988; Daly & Wilson, 1988; Gat, 2006; Keeley, 1996; Wiessner, 2006.
44. 引自 Wilson, 1978, pp. 119-120。
45. Daly & Wilson, 1988; McCullough, 2008.
46. Bowles, 2009; Gat, 2006; Keeley, 1996.
47. Keeley, 1996; McCall & Shields, 2007; Steckel & Wallis, 2009; Thorpe, 2003; Walker, 2001.
48. Bowles, 2009; Keeley, 1996.
49. Bowles, 2009.
50. Gat, 2006; Keeley, 1996.
51. Keeley, 1996.
52. 3% 的估计来自赖特 1600 页的著述《战争研究》：Wright, 1942, p. 245。第一版在 1941 年 11 月完成，翌年即第二次世界大战最残忍的时期。但在 1965 年修订的时候，赖特并没有改动数据。Wright, 1942/1965, p. 245。在 1964 删节本（Wright, 1942/1964, p. 60）中，尽管赖特在同一段中提到了德累斯顿、广岛和长崎，但未对死亡率进行调整。我认为这就是作者的本意，因为战后几十年的相对和平和高生育率，世界人口增加了 10 亿之众，这抵消了世界上额外的战争死亡人数。
53. Keeley, 1996, from Harris, 1975.
54. 在（国家之间的、国际的和国内的）三组与战争相关的数据集中，有 1900-1945 年战争死亡的总数，在此使用两列数据"各国死亡人数"和"死亡总人数"中更大的那个数据。同时还使用了奥斯陆国际和平研究所战争死亡数据集中对 1946-2000 年估算的"战争死亡最小数值"和"战争死亡最大数值"的加权平均数（Gleditsch, Wallensteen, Eriksson, Sollenberg, & Strand, 2002; Lacina & Gleditsch, 2005; http://www.prio.no/Data/）。
55. 以 60 亿总死亡人数为分母，估算的根据是 20 世纪总人口为 120 亿（Mueller, 2004b, p. 193），在 20 世纪结束时，世界总人口约为57.5亿。
56. 引自怀特，待出；以 62.5 亿总死亡人数为基数，得出暴力死亡率为 3%；见注释 54。
57. 伊拉克联军伤亡计算。
58. Human Security Report Project, 2008, p. 29。世界卫生组织估算的 2000 年世界人口死亡总数是 5650 万，是世界卫生组织估算的 31 万"与战争有关的死亡"的 200 倍。这是世界卫生组织提供的最新的数据。见 Krug, Dahlberg, Mercy, Zwi, & Lozano, 2002, p. 10。
59. Steckel & Wallis, 2009.
60. Eisner, 2001.
61. Daly & Wilson, 1988.
62. Keeley, 1996, table 6.1, p. 195.
63. Keeley, 1996, table 6.1, p. 195; 20 世纪中缺少数据的年份按比例推算。

64. Leland & Oboroceanu, 2010,"Total Deaths" column. 人口数据来自美国人口普查局。

65. 根据怀特估算的1.8亿死亡，20世纪年均世界人口为30亿。

66. United States: www.icasualties.org. World: UCDP/PRIO Armed Conflict Dataset, Human Security Report Project, 2007; 见Human Security Centre, 2005, 部分数据来自Gleditsch等人, 2002, and Lacina & Gleditsch, 2005。

67. Divale, 1972; Ember, 1978; Keeley, 1996. 另见Chagnon, 1988; Gat, 2006; Knauft, 1987; Otterbein, 2004. Van der Dennen, 2005。登嫩引用了对很少或者从未卷入战争的非国家社会的8个估算值，中值为15%。

68. "Noble or savage? The era of the hunter-gatherer was not the social and environmental Eden that some suggest"（是高贵还是野蛮？狩猎-采集时代不是某些人所说的社会和环境的天堂），*Economist*, Dec. 19, 2007。

69. Gat, 2006; Keeley, 1996; Van der Dennen, 2005.

70. Goldstein, 2001, p. 28.

71. Knauft, 1987.

72. Gat, 2006; Lee, 1982.

73. Fox & Zawitz, 2007; Zahn & McCall, 1999; Gat, 2006.

74. Chirot & McCauley, 2006, p. 114.

75. 引自Thayer, 2004, p. 140。

76. Ericksen & Horton, 1992.

77. Wiessner, 2006.

78. Steckel & Wallis, 2009; Diamond, 1997.

79. Kugel, 2007.

80. Gat, 2006; North等人, 2009; Steckel & Wallis, 2009。

81. Steckel & Wallis, 2009.

82. Betzig, 1986; Otterbein, 2004; Spitzer, 1975.

第3章

1. Fletcher, 1997.

2. Gurr, 1981.

3. 见本书第1章注释1。

4. Cockburn, 1991; Eisner, 2001, 2003; Johnson & Monkkonen, 1996; Monkkonen, 1997; Spierenburg, 2008.

5. Eisner, 2003.

6. Cockburn, 1991.

7. Eisner, 2003, pp. 93-94; Zimring, 2007; Marvell, 1999, Daly & Wilson, 1988.

8. Keeley, 1996, pp. 94-97; Eisner, 2003, pp. 94-95.

9. Eisner, 2003, 2009; Daly & Wilson, 1988.

10. Eisner, 2003; Clark, 2007a, p. 122; Cooney, 1997.

11. Daly & Wilson, 1988; Eisner, 2003; Eisner, 2008.

12. Elias, 1939/2000, pp. 513-516; 讨论部分见pp. 172-182; Graf zu Waldburg Wolfegg, 1988。

13. Tuchman, 1978, p. 8.

14. Elias, 1939/2000, p. 168.

15. Hanawalt, 1976, pp. 311-312, 引自Monkkonen, 2001, p. 154。

16. Tuchman, 1978, p. 135.

17. Groebner, 1995.

18. Groebner, 1995, p. 4.

19. Elias, 1939/2000, pp. 168-169.

20. Tuchman, 1978, p. 52.

21. D. L. Sayers, 导言，《罗兰之歌》(*The Song of Roland*, New York: Viking, 1957), p. 15, 引自Kaeuper, 2000, p. 33。

22. Elias, 1939/2000, p. 123.

23. Elias, 1939/2000, p. 130.

24. Curtis & Biran, 2001; Pinker, 1997, chap. 6; Rozin & Fallon, 1987.

25. Pinker, 2007b, chap. 7.

26. Hughes, 1991/1998, p. 3.

27. Daly & Wilson, 2000; Pinker, 1997, chap. 6; Schelling, 1984.

28. Brown, 1991; Duerr, 1988-1997, 见 Mennell & Goudsblom, 1997。
29. Elias, 1939/2000, pp. 135, 181, 403, 421.
30. Wright, 1942, p. 215; Richardson, 1960, pp. 168-169.
31. Levy, Walker & Edwards, 2001.
32. Tilly, 1985.
33. Daly & Wilson, 1988, p. 242.
34. Daly & Wilson, 1988, pp. 241-245.
35. Tuchman, 1978, p. 37.
36. Tuchman, 1978, p. 37.
37. Cosmides & Tooby, 1992; Ridley, 1997; Trivers, 1971.
38. Mueller, 1999, 2010b.
39. 引自 Fukuyama, 1999, p. 254。
40. Maynard Smith & Szathmáry, 1997. 综述见 Pinker, 2000。
41. Wright, 2000.
42. de Swaan, 2001; Fletcher, 1997; Krieken, 1998; Mennell, 1990; Steenhuis, 1984.
43. Eisner, 2008.
44. Eisner, 2003.
45. Eisner, 2003; Roth, 2009.
46. Ellickson, 1991; Fukuyama, 1999; Ridley, 1997.
47. Fiske, 1992; 另见本书第 9 章的“道德和禁忌”。
48. Roth, 2009, p. 355. 按照 Roth 在该书第 495 页上的建议，成年牧人的暴力死亡率，根据 Roth 书中图 7. 2 中的数据，乘上 0. 65 的系数，推算出每 10 万人的死亡率。
49. Cooney, 1997; Eisner, 2003.
50. 引自 Wouters, 2007, p. 37。
51. 引自 Wouters, 2007, p. 37。
52. S. Sailer, 2004,“More diversity = Less welfare?” http: //www. vdare. com/sailer/diverse. htm.
53. Spierenburg, 2008; Wiener, 2004; Wood, 2004.
54. Black, 1983; Wood, 2003.
55. Black, 1983; Daly & Wilson, 1988; Eisner, 2009.
56. Black, 1983, p. 39.
57. 见 Pinker, 2002, chap. 17。
58. Wakefield, 1992.
59. Black, 1980, pp. 134-141, 引自 Cooney, 1997, p. 394。
60. Cooney, 1997, p. 394.
61. MacDonald, 2006.
62. Wilkinson, Beaty & Lurry, 2009.
63. Eisner, 2003; Gat, 2006.
64. Mueller, 2004a.
65. LaFree, 1999; LaFree & Tseloni, 2006.
66. 凡有世界卫生组织的估计数时，我优先使用世界卫生组织的数据；没有世界卫生组织数据时，我使用联合国毒品和犯罪问题办公室高估值和低估值的几何平均数。
67. Krug 等人, 2002, p. 10。
68. Elias, 1939/2000, p. 107.
69. LaFree & Tseloni, 2006; Patterson, 2008; O. Patterson, “Jamaica's bloody democracy,” *New York Times*, May 26, 2010. Civil war in anocracies: Gleditsch, Hegre & Strand, 2009; Hegre, Ellingsen, Gates & Gleditsch, 2001; Marshall & Cole, 2008. Civil war shades into crime: Mueller, 2004a.
70. Wiessner, 2006.
71. Wiessner, 2006, p. 179.
72. Spierenburg, 2008; Wiener, 2004; Wood, 2003, 2004.
73. Wiessner, 2010.
74. 见 Pinker, 2002, pp. 308-309。
75. Monkkonen, 1989, 2001. 美国大约 65% 的凶杀与枪支有关, Cook & Moore, 1999, p. 279; U. S. Department of Justice, 2007, Expanded Homicide Data, Table 7, http: //www2. fbi. gov/ucr/cius2007/offenses/expanded_information/data/shrtable_07. html。这说明即使扣除与枪支有关的凶杀，美国的凶杀率仍然高于大多数欧洲国家的综合

凶杀率。

76. 见注释66。

77. Fox & Zawitz, *Homicide trends in the US*, 2007.

78. Skogan, 1989, pp. 240-241.

79. Courtwright, 1996, p. 61; Nisbett & Cohen, 1996.

80. Gurr, 1981; Gurr, 1989a; Monkkonen, 1989, 2001; Roth, 2009.

81. Gurr, 1981, 1989a; Monkkonen, 1989, 2001.

82. Gurr, 1981, 1989a.

83. Monkkonen, 2001; Roth, 2009. Gurr, 1989b, p. 39.

84. Anderson, 1999.

85. Spierenburg, 2006.

86. Monkkonen, 2001, p. 157.

87. Monkkonen, 1989, p. 94.

88. 引自 Courtwright, 1996, p. 29。

89. Monkkonen, 2001, pp. 156-157; Nisbett & Cohen, 1996; Gurr, 1989a, pp. 53-54, note 74.

90. Nisbett & Cohen, 1996.

91. Cohen & Nisbett, 1997.

92. Cohen, Nisbett, Bowdle & Schwarz, 1996.

93. Ellickson, 1991. Chu, Rivera & Loftin, 2000.

94. Nabokov, 1955/1997, pp. 171-172.

95. Courtwright, 1996, p. 89.

96. Courtwright, 1996, pp. 96-97. Roth, 2009, p. 381.

97. Courtwright, 1996, p. 100.

98. Courtwright, 1996, p. 29.

99. Courtwright, 1996, p. 92.

100. Umbeck, 1981, p. 50.

101. Courtwright, 1996, pp. 74-75.

102. Daly & Wilson, 1988; Eisner, 2009; Wrangham & Peterson, 1996.

103. Buss, 2005; Daly & Wilson, 1988; Geary, 2010; Gottschall, 2008.

104. Daly & Wilson, 1988, p. 163.

105. Bushman, 1997; Bushman & Cooper, 1990.

106. Courtwright, 1996.

107. Sampson, Laub & Wimer, 2006.

108. Eisner, 2003; Eisner, 2008; Fukuyama, 1999; Wilson & Herrnstein, 1985.

109. U. S. Bureau of Justice Statistics, Fox & Zawitz, 2007.

110. Zahn & McCall, 1999.

111. Courtwright, 1996.

112. Zimring, 2007, pp. 59-60; Skogan, 1989.

113. Wilson, 1974, pp. 58-59, 引自 Zimring, 2007, pp. 58-59。

114. Zimring, 2007, pp. 58-59.

115. Chwe, 2001; Pinker, 2007b, chap. 8.

116. Lieberson, 2000. Pinker, 2007b, chap. 8.

117. Fukuyama, 1999.

118. 引自 Charles Murray, "Prole Models," *Wall Street Journal*, Feb. 6, 2001。

119. Elias, 1939/2000, p. 380.

120. 见 Pinker, 2002, pp. 261-262。

121. 见 Brownmiller, 1975, pp. 248-255, 以及本书第7章很多实例。

122. Cleaver, 1968/1999, p. 33. 另见 Brownmiller, 1975, pp. 248-253。

123. Jacket and interior blurbs in Cleaver, 1968/1999.

124. Wilson & Herrnstein, 1985, pp. 424-425. 另见 Zimring, 2007, figure 3.2, p. 47。

125. Fukuyama, 1999.

126. Kennedy, 1997.

127. Wilkinson 等人, 2009。

128. Massey & Sampson, 2009.

129. Fukuyama, 1999; Murray, 1984.

130. Harris, 1998/2008; Pinker, 2002, chap. 19; Wright & Beaver, 2005.

131. FBI *Uniform Crime Reports*, 1950-2005, U. S. Federal Bureau of Investigation, 2010b.

132. Gartner, 2009.

133. Eisner, 2008.

134. U. S. Bureau of Justice Statistics, *National crime victimization survey*, 1990 and 2000, reported in Zimring, 2007, p. 8.

135. 引自 Zimring, 2007, p. 21。
136. 引自 Levitt, 2004, p. 169。
137. 引自 Levitt, 2004, p. 169。
138. 引自 Gardner, 2010, p. 225。
139. Zimring, 2007, pp. 22, 61-62.
140. Zimring, 2007.
141. Eisner, 2008.
142. Zimring, 2007, p. 63; Levitt, 2004; Raphael & Winter-Ebmer, 2001.
143. 引自 A. Baker, "在这次的经济萧条中，艰难时光并没有产生更多犯罪（如果它曾经有过这样的效果的话），" *New York Times*, Nov. 30, 2009。
144. Daly, Wilson & Vasdev, 2001; LaFree, 1999.
145. U. S. Census Bureau, 2010b.
146. Neumayer, 2003, 2010.
147. Donohue & Levitt, 2001.
148. Levitt, 2004.
149. Joyce, 2004; Lott & Whitley, 2007; Zimring, 2007; Foote & Goetz, 2008; S. Sailer & S. Levitt, "堕胎是否防止了犯罪?"（"Does abortion prevent crime?"）*Slate*, Aug. 23, 1999, http: //www. slate. com/id/33569/entry/33571/. 莱维特的答复：Levitt, 2004; 另见他在*Slate* 杂志上对赛勒的回应。
150. Lott & Whitley, 2007; Zimring, 2007.
151. Joyce, 2004.
152. Harris, 1998/2008, chaps. 9, 12, 13; Wright & Beaver, 2005.
153. Foote & Goetz, 2008; Lott & Whitley, 2007; S. Sailer & S. Levitt, "Does abortion prevent crime?" *Slate*, Aug. 23, 1999, http: //www. slate. com/id/33569/entry/33571/.
154. Blumstein & Wallman, 2006; Eisner, 2008; Levitt, 2004; Zimring, 2007.
155. J. Webb, "Why we must fix our prisons," *Parade*, Mar. 29, 2009.
156. Zimring, 2007, figure 3. 2, p. 47; J. Webb, "Why we must fix our prisons," *Parade*, Mar. 29, 2009.
157. Wolfgang, Figlio, & Sellin, 1972.
158. Gottfredson & Hirschi, 1990; Wilson & Herrnstein, 1985.
159. Levitt & Miles, 2007; Lott, 2007; Raphael & Stoll, 2007.
160. "City without cops," *Time*, Oct. 17, 1969, p. 47; reproduced in Kaplan, 1973, p. 20.
161. Eisner, 2008; Zimring, 2007.
162. Johnson & Raphael, 2006.
163. Levitt, 2004.
164. F. Butterfield, "In Boston, nothing is something," *New York Times*, Nov. 21, 1996; Winship, 2004.
165. MacDonald, 2006.
166. Wilson & Kelling, 1982.
167. Zimring, 2007; MacDonald, 2006.
168. Zimring, 2007, p. 201.
169. Levitt, 2004; B. E. Harcourt, "Bratton's 'broken windows': No matter what you've heard, the chief's policing method wastes precious funds," *Los Angeles Times*, Apr. 20, 2006.
170. Keizer, Lindenberg & Steg, 2008.
171. Eisner, 2008; Rosenfeld, 2006. 另见 Fukuyama, 1999。
172. Anderson, 1999; Winship, 2004.
173. Winship, 2004; p. Shea, "Take us out of the old brawl game," *Boston Globe*, Jun. 30, 2008; F. Butterfield, "In Boston, nothing is something," *New York Times*, Nov. 21, 1996.
174. M. Cramer, "Homicide rate falls to lowest level since' 03," *Boston Globe*, Jan. 1, 2010.
175. J. Rosen, "Prisoners of parole," *New York Times Magazine*, Jan. 10, 2010.
176. Daly & Wilson, 2000; Hirschi & Gottfredson, 2000; Wilson & Herrnstein, 1985. 另见本书第 9 章中的"自制"。
177. Fiske, 1991, 1992, 2004a. 另见本书第 9 章中的"道德和禁忌"。

178. J. Rosen, "Prisoners of parole," *New York Times Magazine*, Jan. 10, 2010.
179. J. Seabrook,"Don't shoot: A radical approach to the problem of gang violence," *New Yorker*, Jun. 22, 2009.
180. "Don't shoot: A radical approach to the problem of gang violence," *New Yorker*, Jun. 22, 2009, pp. 37-38.
181. Fukuyama, 1999, p. 271;"Positive trends recorded in U. S. data on teenagers," *New York Times*, Jul. 13, 2007.
182. Wouters, 2007.

第 4 章

1. http: //www. torturamuseum. com/this. html.
2. Held, 1986; Puppi, 1990.
3. Held, 1986; Levinson, 2004b; Mannix, 1964; Payne, 2004; Puppi, 1990.
4. Held, 1986, p. 12.
5. Mannix, 1964, pp. 123-124.
6. Davies, 1981; Mannix, 1964; Payne, 2004; Spitzer, 1975.
7. Menschenfreund, 2010. Linker, 2007.
8. Bourgon, 2003; Kurlansky, 2006; Sen, 2000.
9. Davies, 1981; Mannix, 1964; Otterbein, 2004; Payne, 2004.
10. 2 Kings 23∶10.
11. White, 待出。
12. White, 待出。
13. Payne, 2004, pp. 40-41.
14. 引自 M. Gerson, "Europe's burqa rage," *Washington Post*, May 26, 2010.
15. Payne, 2004, p. 39.
16. Chagnon, 1997; Daly & Wilson, 1988; Gat, 2006; Keeley, 1996; Wiessner, 2006.
17. Atran, 2002.
18. Daly & Wilson, 1988, pp. 237, 260-261.
19. Willer, Kuwabara & Macy, 2009. 同样可见 McKay, 1841/1995。
20. Mannix, 1964; A. Grafton,"Say anything," *New Republic*, Nov. 5, 2008.
21. White, 待出。Rummel, 1994, p. 70。
22. Rummel, 1994, p. 62; A. Grafton, "Say anything," *New Republic*, Nov. 5, 2008.
23. Rummel, 1994, p. 56.
24. Mannix, 1964, pp. 133-134.
25. Mannix, 1964, pp. 134-135, 另见 McKay, 1841/1995。
26. Thurston, 2007; Mannix, 1964, p. 137.
27. Rummel, 1994; Rummel, 1997; White, 待出; White, 2010b。
28. White,（待出）提供了下述估算：十字军，300 万；镇压阿尔比教派，100 万；胡格诺教派战争，200 万至 400 万；"三十年战争"，750 万。怀特没有对宗教裁判所的死亡人数进行多来源的估算，但他使用了 1808 年宗教裁判所总书记官的数据：3.2 万。
29. 美国人口调查局估算的世界人口历史数据中公元 1200 年的数字, U. S. Census Bureau, 2010a。
30. Rummel, 1994, p. 46.
31. Chalk & Jonassohn, 1990; Kiernan, 2007; Rummel, 1994.
32. Mannix, 1964, pp. 50-51.
33. Rummel, 1994, p. 70.
34. Grayling, 2007.
35. Lull, 2005.
36. 引自 Grayling, 2007, p. 41。
37. Grayling, 2007.
38. Payne, 2004, p. 17.
39. Wright, 1942, p. 198.
40. 见马修·怀特第 195 页上表格中的估计和比较数据。
41. Schama, 2001, p. 13. 沙玛引用的资料说"至少有 25 万人"死于英国、威尔士和苏格兰，估计在爱尔兰有 20 万人死亡，当时不列颠群岛总人口为 500 万。
42. Holsti, 1991, p. 25.
43. Perez, 2006.
44. Popkin, 1979.
45. Grayling, 2007.
46. 异教徒是否会遭到迫害，引自 Grayling,

2007，pp. 53-54。
47. 引自 Grayling，2007，p. 102。
48. 引自 Payne，2004，p. 126。
49. 引自 Clark，2007a，p. 182。
50. Mannix，1964，pp. 132-133.
51. Mannix，1964，pp. 146-147. 另见 Payne，2004，chap. 9。
52. Payne，2004，p. 122.
53. Payne，2004，p. 122.
54. Mannix，1964，p. 117.
55. *Trewlicher Bericht eynes scrocklichen Kindermords beym Hexensabath*. Hamburg，Jun. 12，1607. http：//www. borndigital. com/wheeling. htm.
56. Hunt，2007，pp. 70-76.
57. Hunt，2007，p. 99.
58. 引自 Hunt，2007，p. 75。
59. Montesquieu，1748/2002.
60. 引自 Hunt，2007，pp. 112，76。
61. 引自 Hunt，2007，p. 98。
62. 引自 Hunt，2007，p. 98。
63. Hunt，2007.
64. Hunt，2007，chap. 2.
65. Gross，2009；Shevelow，2008.
66. Rummel，1994，p. 66；Payne，2004.
67. Payne，2004，p. 120.
68. Rummel，1994，p. 66.
69. Payne，2004，p. 119.
70. E. M. Lederer，"UN General Assembly calls for death penalty moratorium，" *Boston Globe*，Dec. 18，2007.
71. 美国废除了死刑的州有阿拉斯加州、夏威夷州、伊利诺伊州、艾奥瓦州、缅因州、马萨诸塞州、密歇根州、明尼苏达州、新罕布什尔州、新泽西州、新墨西哥州、纽约州、北达科他州、罗得岛州、佛蒙特州、西弗吉尼亚州、威斯康星和哥伦比亚特区。堪萨斯州最后一次非军人死刑是在 1965 年。
72. 21 世纪，美国每年大约有 16 500 人被谋杀，大约有 55 人被执行死刑。
73. Death Penalty Information Center，2010b.
74. Death Penalty Information Center，2010a.
75. Payne，2004，p. 132.
76. Davis，1984；Patterson，1985；Payne，2004；Sowell，1998.
77. Rodriguez，1999.
78. 引自"Report on the coast of Africa made by Captain George Collier，1918-1919，" Eltis & Richardson 再版重刊，2010。
79. Rummel，1994，pp. 48，70. 怀特，待出，估计 1600 万人死于大西洋奴隶贸易，1850 万人死于中东的奴隶贸易。
80. Smith，1776/2009，p. 281.
81. Mueller，1989，p. 12.
82. Fogel & Engerman，1974.
83. Nadelmann，1990，p. 492.
84. Nadelmann，1990，p. 493；Ray，1989，p. 415.
85. Davis，1984；Grayling，2007；Hunt，2007；Mueller，1989；Payne，2004；Sowell，1998.
86. Thomas Jefferson，"To Roger C. Weightman，" Jun. 24，1826，in *Portable Thomas Jefferson*，p. 585.
87. Payne，2004，pp. 193-199.
88. 引自 Payne，2004，p. 196。
89. Payne，2004，p. 197.
90. Feingold，2010，p. 49.
91. "自由奴隶"（http：//www. freetheslaves. net/，accessed Oct. 19，2010）称"今天世界上有 2700 万奴隶"，这个数字比联合国教科文组织人口贩卖统计计划的数字高出一个数量级。Feingold，2010。贝勒斯论废奴运动所取得的进步：S. L. Leach，"Slavery is not dead，just less recognizable，" *Christian Science Monitor*，Sept. 1，2004。
92. Betzig，1986.
93. Davies，1981，p. 94.
94. Payne，2004，chap. 7；Woolf，2007.
95. Eisner，2011.
96. Rummel，1994，1997.
97. Payne，2004，pp. 88-94；Eisner，2011.
98. Hobbes，1651/1957，p. 190.

99. Locke, *Two Treatises on Government*, 引自 Grayling, 2007, p. 127。
100. Pinker, 2002, chap. 16; McGinnis, 1996, 1997.
101. Federalist Papers No. 51, in Rossiter, 1961, p. 322.
102. Federalist Papers No. 51, in Rossiter, 1961, pp. 331-332.
103. McGinnis, 1996, 1997.
104. 引自 the epigraph of Kurlansky, 2006。
105.《旧约·以赛亚书》第2章第4节。
106.《新约·路加福音》第6章第27~29节。
107. G. Schwarzenberger,"International law," *New Encyclopaedia Britannica*, 15th ed., 引自 Nadelmann, 1990。
108. 见图5-7，资料来自布莱克的《冲突目录》，我在第5章进行了讨论。Brecke, 1999, 2002; Long & Brecke, 2003。
109. Kurlansky, 2006.
110. *Henry IV, Part I*, Act 5, scene 1.
111. *Idler*, No. 81 [82], Nov. 3, 1759, in Greene, 2000, pp. 296-297.
112.《格列佛游记》第二部，第六章。
113. "Justice and the reason of effects," *Pensées*, 293.
114. Bell, 2007a; Mueller, 1989, 1999; Russett & Oneal, 2001; Schneider & Gleditsch, 2010.
115. Kant, 1795/1983.
116. Mueller, 1989, p. 25.
117. Kant, 1795/1983.
118. Luard, 1986, 346-347.
119. Mueller, 1989, p. 18, 根据卢亚德的研究, 1986。
120. Mueller, 1989, pp. 18-21.
121. Levy, 1983.
122. Payne, 2004, p. 29.
123. Payne, 2004, 2005.
124. Nadelmann, 1990.
125. Buss, 2005; Symons, 1979.
126. Haidt, Björklund & Murphy, 2000; Rozin, 1997.
127. Glover, 1999.
128. Langbein, 2005.
129. Payne, 2004, p. 28.
130. Clark, 2007a, pp. 251-252.
131. Keen, 2007, p. 45.
132. Clark, 2007a, pp. 178-180; Vincent, 2000; Hunt, 2007, pp. 40-41.
133. Blum & Houdailles, 1985. Other Eurpean countries: Vincent, 2000, pp. 4, 9.
134. Darnton, 1990; Outram, 1995.
135. Darnton, 1990, p. 166.
136. Singer, 1981.
137. Hunt, 2007; Price, 2003. Hunt, 2007, p. 40.
138. 引自 Hunt, 2007, pp. 47-48。
139. 引自 Hunt, 2007, p. 55。
140. 引自 Hunt, 2007, p. 51。
141. Keen, 2007.
142. Lodge, 1988, pp. 43-44.
143. P. Cohen, "Digital keys for unlocking the humanities' riches," *New York Times*, Nov. 16, 2010.
144. Pinker, 1999, chap. 10; Pinker, 1997, chap. 2; Pinker, 2007b, chap. 9.
145. Goldstein, 2006.
146. E. L. Glaeser,"Revolution of urban rebels," *Boston Globe*, Jul. 4, 2008.
147. Popkin, 1979.
148. Nagel, 1970; Singer, 1981.
149. Bourgon, 2003; Sen, 2000. 另见 Kurlansky, 2006。
150. Burke, 1790/1967; Sowell, 1987.
151. Payne, 2005; Rindermann, 2008.
152. Federalist Papers No. 51, in Rossiter, 1961, p. 322. 另见 McGinnis, 1996, 1997; Pinker, 2002, chap. 16.
153. 引自 Bell, 2007a, p. 77。
154. 最早出自索维尔，1987年，他称其为"受约束版"和"不受约束版"；见 Pinker, 2002, chap 16。

155. Berlin, 1979; Garrard, 2006; Howard, 2001, 2007; Chirot, 1995; Menschenfreund, 2010.
156. Berlin, 1979, p. 11.
157. Berlin, 1979, p. 12.
158. 引自 Berlin, 1979, p. 14。
159. Berlin, 1979, p. 18.
160. 引自 Bell, 2007a, p. 81。
161. Claeys, 2000; Johnson, 2010; Leonard, 2009. 社会达尔文之谜起源于理查德·霍夫施塔特一篇政治化的历史论文的标题“美国人思想中的社会达尔文主义”。
162. Mueller, 1989, p. 39.

第 5 章

1. *War and civilization* (1950), p. 4, 引自 Mueller, 1995, p. 191。
2. Mueller, 1989, 1995.
3. Hayes, 2002; Richardson, 1960; Wilkinson, 1980.
4. Richardson, 1960, p. 133.
5. White, 2004.
6. Menschenfreund, 2010. 最著名的例子包括西格蒙德·弗洛伊德、米歇尔·福柯、齐格蒙特·鲍曼、埃德蒙·胡塞尔（Edmund Husserl）、西奥多·阿多诺（Theodor Adorno）、马克斯·霍克海默（Max Horkheimer）和让-弗朗西斯·利奥塔（Jean-François Lyotard）。
7. Gaddis, 1986, 1989. 加迪斯这里所说的长期和平是指美国和苏联之间未发生战争，我扩展了这个词的含义，指所有大国和发达国家之间的和平。
8. 一般认为这个笑话的作者是研究管理学的学者塔利布（Nassim Nicholas Taleb）。
9. 历史人口数据来自麦克伊韦迪和琼斯的估算（ 1978）。
10. Tversky & Kahneman, 1973, 1974.
11. Gardner, 2008; Ropeik & Gray, 2002; Slovic, Fischof, & Lichtenstein, 1982.
12. White, 2010a. 另见怀特（待出），对各次事件的叙述和较新的估计。他使用该网站的数字和资料进行的估算。
13. 怀特注意到，安史之乱的死亡数据是有争议的。有些历史学家认为，移民和人口调查的中断导致数据不可信。也有人认为，数据是可靠的，因为在灌溉设施被摧毁的情况下，自给自足的小农变得非常脆弱。
14. Keegan, 1993, p. 166.
15. Saunders, 1979, p. 65.
16. 引自大量文献，包括 Gat, 2006, p. 427。
17. Zerjal et al. , 2003.
18. Rummel, 1994, p. 51.
19. 怀特，待出。
20. Eckhardt, 1992.
21. Eckhardt, 1992, p. 177.
22. Payne, 2004, p. 69.
23. Payne, 2004, pp. 67-70.
24. Taagepera & Colby, 1979.
25. Keegan, 1993, pp. 121-122.
26. Richardson, 1960, p. xxxvii.
27. Richardson, 1960, p. xxxv.
28. Richardson, 1960, p. 35.
29. Richardson, 1960, p. 113.
30. Richardson, 1960, pp. 112, 135-136.
31. Richardson, 1960, p. 130.
32. Richardson, 1960; Wilkinson, 1980.
33. Feller, 1968.
34. Kahneman & Tversky, 1972; Tversky & Kahneman, 1974.
35. Gould, 1991.
36. 辛格和斯莫尔的“战争项目相关数据”也支持战争爆发的随机性，见辛格和斯莫尔，1972 年，第 205-206 页（另见 Helmbold, 1998）；昆西·赖特的《战争研究》数据库，见理查森，1960 年，129 页；索罗金的 2500 年战争目录，Sorokin，1957 年，561 页；并见莱维的“大国战争数据库”，莱维，1983 年，第 136-137 页。
37. 在《冲突目录》中也发现了战争持续时间的指数分布。Brecke, 1999, 2002。

38. See Wilkinson, 1980, for refinements.
39. Richardson, 1960, pp. 140-141; Wilkinson, 1980, pp. 30-31; Levy, 1983, pp. 136-138; Sorokin, 1957, pp. 559-563; Luard, 1986, p. 79.
40. Sorokin, 1957, p. 563.
41. White, 1999.
42. Lebow, 2007.
43. 引自 Mueller, 2004a, p. 54。
44. Mueller, 2004a, p. 54.
45. Goldhagen, 2009; Himmelfarb, 1984, p. 81; Fischer, 1998, p. 288; Valentino, 2004.
46. Keller, 1986. 统计学家和魔术师佩尔西·迪亚科尼斯（Persi Diaconis）可以连续 10 次掷出硬币头像向上的结果；见 E. Landuis, "Lifelong debunker takes on arbiter of neutral choices," *Stanford Report*, Jun. 7, 2004。
47. *Science and Method*, 引自 Richardson, 1960, p. 131。
48. Richardson, 1960, p. 167.
49. Sorokin, 1957, p. 564: "这里使用的数据绝对不支持战争已经消亡的观点，同样，尽管 20 世纪的战争数字出奇的高，也绝对没有任何（或者将有任何）的迹象支持战争在加剧的观点。总之，曲线是波动的，仅此而已。"辛格和斯莫尔，1972, p. 201: "战争的危险在加剧吗？我们这一代的学者和普通人都倾向于这样认为。答案是一个非常明确的否定。"卢亚德，1986, p. 67: "（1917—1986 年）战争的整体频率与前一个时期（1789—1917 年）没有很大的不同……作为更有意义的一个量度，平均每个国家发生战争的数量与 1789—1914 年整个时期相比减少了。但是如果仅仅与 1815—1914 年这一阶段相比，则没有什么变化。"
50. Richardson, 1960, p. 142.
51. 准确地说，因为存在一个非零的截距，所以它们之间不是"比例"关系，而是"线性相关"。
52. Cederman, 2003.
53. Newman, 2005.
54. Mitzenmacher, 2004, 2006; Newman, 2005.
55. Zipf, 1935.
56. Francis & Kucera, 1982.
57. Hayes, 2002; Newman, 2005.
58. Newman, 2005.
59. 为了保持线性坐标和对数坐标单位的对称，在标示不同规模城市在总城市中的比重时，纽曼使用的是城市的真实人口统计数据，而不是分档的人口规模数据（个人交流，2011 年 2 月 1 日）。
60. Levy & Thompson, 2010; Vasquez, 2009.
61. Mitzenmacher, 2004; Newman, 2005.
62. Richardson, 1960, pp. 154-156.
63. Cederman, 2003; Roberts & Turcotte, 1998.
64. Maynard Smith, 1982, 1988; 另见 Dawkins, 1976/1989。
65. Kahneman & Renshon, 2007; Kahneman & Tversky, 1979, 1984; Tversky & Kahneman, 1981. Sunk costs in nature: Dawkins & Brockmann, 1980.
66. Richardson, 1960, p. 130; Wilkinson, 1980, pp. 20-30.
67. 长期战争成本的非线性增长：在"国际战争相关资料数据库"79 次战争数据中，时间的指数函数对死亡人数的解释（可以解释偏差的 48%）比时间长度本身（可以解释偏差的 18%）更好。
68. Richardson, 1960, p. 11.
69. Slovic, 2007.
70. Wilkinson, 1980, pp. 23-26; Weiss, 1963; Jean-Baptiste Michel, 私人交流。
71. Newman, 2005.
72. Richardson, 1960, pp. 148-150.
73. Fox & Zawitz, 2007; 算上 2006—2009 年的数据，按照每年 17 000 推断，总谋杀死亡为 955 603。
74. Krug et al., 2002, p. 10; 另参见注

释 76。

75. Richardson, 1960, p. 153.

76. 2000 年，根据世界卫生组织有关暴力和健康的报告，全世界凶杀死亡数为 52 万，“与战争有关联的死亡”数为 31 万。世界各种原因的总死亡人数为 5600 万，按此计算的暴力死亡率为 1.5%。这一数据无法和理查森的数据做直接对比，因为 1820—1952 年的数据非常不完整。

77. 依据是理查森整理的死亡数据中第 4 至 7 级上的 94 场战争。

78. Levy, 1983; Levy et al., 2001.

79. Levy, 1983, p. 3.

80. Gleditsch et al., 2002; Lacina & Gleditsch, 2005; http://www.prio.no/Data/.

81. Levy, 1983, p. 107.

82. Correlates of War Inter-State War Dataset, 1816-1997 (v3.0), http://www.correlatesofwar.org/Sarkees, 2000.

83. 记住，莱维的数据不包括殖民战争，除非有某一个大国参战，支持反对殖民政府的抵抗力量。

84. Correlates of War Inter-State War Dataset, 1816-1997 (v3.0), http://www.correlatesofwar.org/, Sarkees, 2000; and for the Kosovo war, PRIO Battle Deaths Dataset, 1946-2008, Version 3.0, http://www.prio.no/CSCW/Datasets/Armed-Conflict/Battle-Deaths/, Gleditsch et al., 2002; Lacina & Gleditsch, 2005.

85. Brecke, 1999, 2002; Long & Brecke, 2003.

86. “欧洲”的定义：虽然我坚持使用《冲突目录》的编码方案，其他数据库还是将这些国家定义为亚洲国家（比如，见“人类安全报告项目”，2008 年）。

87. 如果将同样的数据按照对数标度绘图，会得到类似图 5-15 的幂律分布图形，反映出绝大部分的战争死亡是那些最大规模的战争（即有大国，而且主要是欧洲大国参与的战争）造成的。但是，由于 1950 年后欧洲战争死亡的陡然下降，对数标度放大了 20 世纪最后 25 年的小回弹。

88. Long & Brecke, 2003; Brecke, 1999, 2002.

89. 我向 100 名互联网用户发出调查请求，要求他们给出他们所能想到的所有战争的名字，没有任何人提起上面这几个名字。

90. Howard, 2001, pp. 12, 13.

91. Luard, 1986, p. 240.

92. Betzig, 1986, 1996a, 2002.

93. Luard, 1986, p. 85.

94. Luard, 1986, pp. 85-86, 97-98, 105-106.

95. *Black Lamb and Grey Falcon* (1941), quoted in Mueller, 1995, p. 177.

96. Betzig, 1996a, 1996b, 2002.

97. Luard, 1986, pp. 42-43.

98. Mattingly, 1958, p. 154, 引自 Luard, 1986, p. 287。

99. Wright, 1942, p. 215; Gat, 2006, p. 456.

100. Gat, 2006; Levy & Thompson, 2010; Levy 等人, 2001; Mueller, 2004a。

101. Tilly, 1985, p. 173.

102. Mueller, 2004a, p. 17.

103. Gat, 2006, pp. 456-480.

104. Bell, 2007a.

105. Brecke, 1999; Luard, 1986, p. 52; Bell, 2007a, p. 5. 贝尔的“娱乐哈巴狗”转自迈克尔·霍华德的引述。

106. Howard, 2001.

107. Bell, 2007a.

108. Bell, 2007a, p. 77.

109. Howard, 2001, p. 38.

110. Howard, 2001, p. 41; 另见 Schroeder, 1994。

111. Howard, 2001, p. 45.

112. Howard, 2001, p. 54.

113. Luard, 1986, p. 355.

114. Glover, 1999.

115. 引自 Moynihan, 1993, p. 83。

116. 引自 Mueller, 1989, pp. 38-51。

117. 引自 Mueller, 1995, p. 187。

118. 引自 Mueller, 1989, pp. 38-51。
119. James, 1906/1971.
120. Mueller, 1989, p. 43.
121. Bell, 2007a, p. 311.
122. Gopnik, 2004.
123. Ferguson, 1998; Gopnik, 2004; Lebow, 2007; Stevenson, 2004.
124. Correlates of War Inter-State War Data-set, Sarkees, 2000; White, 待出。
125. Chirot, 1995; Chirot & McCauley, 2006.
126. Mueller, 1989, 2004a.
127. Howard, 2001; Kurlansky, 2006; Mueller, 1989, 2004a; Payne, 2004.
128. Mueller, 1989, p. 30.
129. 引自 Wearing, 2010, p. viii。
130. Ferguson, 1998; Gardner, 2010; Mueller, 1989.
131. Luard, 1986, p. 365.
132. Remarque, 1929/1987, pp. 222-225.
133. Remarque, 1929/1987, p. 204.
134. Mueller, 1989, 2004a.
135. Turner, 1996.
136. Mueller, 1989, p 64.
137. 见 Mueller, 1989, p. 271, notes 2 and 4, and p. 98。
138. 引自 Mueller, 1995, p. 192。
139. 这里也包括朝鲜战争，苏联仅仅向盟友朝鲜提供了有限的空中支援，从来没有进入距离战场 60 英里（约 97 千米）以内的区域。
140. Mueller, 1989, pp. 3-4; Gaddis, 1989.
141. B. DeLong, "Let us give thanks (Wacht am Rhein Department)," Nov. 12, 2004, http://www. j-bradford-delong. net/movable_type/2004 -2_archives/000536. html.
142. Correlates of War Inter-State War Data-set (v3. 0), Sarkees, 2000.
143. Correlates of War Inter-State War Data-set (v3. 0), Sarkees, 2000. 国际战争数据库（CoW）对于国际战争的定义是一年内死亡 1000 人，参战双方是国际社会的成员。北约在 1999 年轰炸南斯拉夫没有被计入战争数据库，因为数据库的数据只到 1997 年为止。奥斯陆国际和平研究所的数据库将北约轰炸算作国际化的国家战争（内战），因为北约的介入是为了支持科索沃解放军。按照莱维的标准，由于有大国介入，所以北约轰炸应该算为大国战争。
144. Mueller, 1989, pp. 4 and 271, note 5.
145. 政治学家马克·察赫尔详细地整理了一个 7 场征服战争的名单（Zacher, 2001）：印度-果阿战争（1961 年），印度尼西亚-西伊利安战争（1961—1962 年），中国-印度东北边境战争（1962），以色列-耶路撒冷/西岸/加沙/戈兰高地战争（1967 年），北越-南越战争（1975 年），伊朗-霍尔木兹海峡群岛战争（1971 年），中越西沙海战（1974 年）、中越南沙海战（1988）。其他的侵略带来的变化很小，有的导致建立了新的政治实体。
146. Sheehan, 2008, pp. 167-171.
147. Human Security Centre, 2005; Human Security Report Project, 2008.
148. Zacher, 2001.
149. Russett & Oneal, 2001, p. 180.
150. Mueller, 1989, p. 21.
151. Levy 等人, 2001, p. 18。
152. 1991 年时，莱维为了得出"二战"后大国实计战争次数的概率为 0. 005 的结果，在计算中剔除了朝鲜战争（见莱维等人，2001 年，注释 11）。自莱维得出这个结果 20 年之后，我们已经没有必要为了同样的统计结果而做这番手脚了。
153. 1495—1945 年，大国之间发动战争的年发生率和至少有一个大国参与发动的战争的年发生率均来自莱维，1983 年，图 4-1，第 88 至 91 页。1815—1945 年欧洲国家之间发动战争的年发生率来自"战争相关数据库"，萨吉斯，2000年。这些发生率乘于65，得出泊松分布中的λ参数，再用λ参数计算出泊松分布中实计战争次数概率或者更小的概率。

154. Levi, 1981; Gaddis, 1986; Holsti, 1986; Luard, 1988; Mueller, 1989; Fukuyama, 1989; Ray, 1989; Kaysen, 1990.

155. Jervis, 1988, p. 380.

156. Kaysen, 1990, p. 64.

157. Keegan, 1993, p. 59.

158. Howard, 1991, p. 176.

159. Luard, 1986, p. 77.

160. Gat, 2006, p. 609.

161. Payne, 2004, p. 73.

162. Sheehan, 2008, p. 217.

163. Payne, 2004; International Institute for Strategic Studies, 2010; Central Intelligence Agency, 2010.

164. Payne, 1989.

165. 在此整个时期中63个国家的未加权平均数来自 Correlates of War National Material Capabilities Dataset （1816-2001), Sarkees, 2000, http://www. correlatesofwar. org。

166. Hunt, 2007, pp. 202-203.

167. V. Havel, "How Europe could fail," *New York Review of Books*, Nov. 18, 1993, p. 3.

168. Vasquez, 2009, pp. 165-166.

169. Zacher, 2001.

170. Schelling, 1960.

171. Luard, 1986, p. 268.

172. 引自 Mueller, 2004a, p. 74。

173. "Carter defends handling of hostage crisis," *Boston Globe*, Nov. 17, 2009.

174. Glover, 1999, p. 202.

175. Kennedy, 1969/1999, p. 49.

176. 引自 Glover, 1999, p. 202。

177. Mueller, 1989.

178. Hoban, 2007; 与杰克·霍本的私人交流，2009年11月14日。

179. Hoban, 2007, 2010.

180. Humphrey, 1992.

181. 根据奥斯陆国际和平研究所的数据（拉齐纳和格莱迪奇，2005），2001—2008年，阿富汗战争的战争死亡为14200人，伊拉克的战争死亡为13500人。社区间冲突的死亡人数更多，我们将在下一章里讨论。

182. N. Shachtman, "The end of the air war," *Wired*, Jan. 2010, pp. 102-109.

183. Goldstein, 2011.

184. Bohannon, 2011. 我的估算是2004—2010年死亡为5300人，根据是2004—2009年公布的4024名平民死亡（第1260页）和2010年的1152名平民死亡（2009—2010年死亡总数的55%，第1257页）。越战死亡数字是鲁梅尔的估算（1997年），表6-1-A。这个数字与奥斯陆和平研究所《最新战争数据库》的估算（平民和军人共计死亡）160万（格莱迪奇等人，2002年；拉辛那，2009年）以及将在第6章讨论的假设——战争中大约有半数死亡是平民——相吻合。

185. Kagan, 2002.

186. Sheehan, 2008.

187. Kabul, Dec. 11, 2003.

188. 见 Mueller, 1989, p. 271, note 3。最近的例子见 van Creveld, 2008。

189. W. Churchill, "Never Despair," 在英国下院演讲，1955年3月1日。

190. 引自 Mueller, 2004a, p. 164。

191. Mueller, 1989, chap. 5; Ray, 1989, pp. 429-431.

192. 引自 Ray, 1989, p. 429。

193. Ray, 1989, pp. 429-430.

194. Mueller, 1989.

195. Luard, 1986, p. 396.

196. Ray, 1989, p. 430; Huth & Russett, 1984; Kugler, 1984; Gochman & Maoz, 1984, pp. 613-615.

197. Schelling, 2000, 2005; Tannenwald, 2005b.

198. Tannenwald, 2005b, p. 31.
199. Paul, 2009; Tannenwald, 2005b.
200. "Daisy: The Complete History of an Infamous and Iconic Ad," http: //www. conelrad. com/daisy/index. php.
201. 引自 Tannenwald, 2005b, p. 30。
202. 引自 Schelling, 2005, p. 373。
203. Schelling, 2005; Tannenwald, 2005b. 杜勒斯的原话引自 Schelling, 2000, p. 1。
204. Schelling, 2000, p. 2.
205. Schelling, 2000, p. 3.
206. Mueller, 2010a, p. 90.
207. 见 Mueller, 2010a, p. 92。
208. 引自 Price, 1997, p. 91。
209. 引自 Mueller, 1989, p. 85。
210. Mueller, 1989, p. 85; Price, 1997, p. 112.
211. "Charges facing Saddam Hussein," BBC News, Jul. 1, 2004, http: //news. bbc. co. uk/2/hi/middle_east/3320293. stm.
212. Mueller, 1989, p. 84; Mueller, 2004a, p. 43.
213. Hallissy, 1987, pp. 5-6, 引自 Price, 1997, p. 23。
214. Perry, Shultz, Kissinger & Nunn, 2008; Shultz, Perry, Kissinger & Nunn, 2007.
215. Shultz, 2009, p. 81. www. globalzero. org.
216. Global Zero Commission, 2010.
217. Schelling, 2009; H. Brown & J. Deutch, "The nuclear disarmament fantasy," *Wall Street Journal*, Nov. 19, 2007, p. A19. Global Zero planning: B. Blechman, "Stop at Start," *New York Times*, Feb. 19, 2010.
218. D. Moynihan, "The American experiment," *Public Interest*, Fall 1975, quoted in Mueller, 1995, p. 192. 其他例子见 Gardner, 2010。
219. Marshall & Cole, 2009.
220. Mueller, 1989, 2004a; Ray, 1989; Rosato, 2003; White, 2005b.
221. Rosato, 2003.
222. Russett & Oneal, 2001; White, 2005b.
223. Russett & Oneal, 2001.
224. Gochman & Maoz, 1984; Jones, Bremer & Singer, 1996.
225. 拉西特和昂尼尔在 2001 年发表的分析文章，数据来自"战争相关项目的国家间军事争端 2.1 版数据集"（琼斯等人，1996 年），数据时间为 1885—1992 年（同见 Gochman & Maoz，1984 年）。拉西特在 2008 年根据包括直至 2001 年数据的 3.0 版数据集扩展了分析数据（Ghosn, Palmer & Bremer, 2004）。
226. Russett & Oneal, 2001, pp. 108-111; Russett, 2008, 2010.
227. Russett & Oneal, 2001, p. 116.
228. Russett & Oneal, 2001, p. 115.
229. Russett & Oneal, 2001, p. 112.
230. Russett & Oneal, 2001, pp. 188-189.
231. Russett & Oneal, 2001, p. 121.
232. Russett & Oneal, 2001, p. 114.
233. Gleditsch, 2008; Goldstein & Pevehouse, 2009; Schneider & Gleditsch, 2010.
234. 这个观点一般认为是记者托马斯·弗里德曼（Thomas Friedman）最早提出的。还有一个可算可不算的例外是 1989 年美国对巴拿马的军事行动，但是，这次行动的死亡人数大大低于战争标准定义的要求。1999 年巴基斯坦和印度的卡吉尔战争是另一个例外，当然这要取决于巴方武装应该算是独立的游击队还是政府的军人。见怀特，2005 年 b。
235. Gaddis, 1986, p. 111; Ray, 1989.
236. Keegan, 1993, 例如, p. 126。
237. Ferguson, 2006.
238. Gat, 2006, pp. 554-557; Weede, 2010.
239. Russett & Oneal, 2001, pp. 145-148, p. 153.
240. Hegre, 2000.
241. Russett & Oneal, 2001, p. 148.
242. McDonald, 2010; Russett, 2010.
243. Gartzke, 2007; Gartzke & Hewitt, 2010;

McDonald, 2010; Mousseau, 2010; Mueller, 1999, 2010b; Rosecrance, 2010; Schneider & Gleditsch, 2010; Weede, 2010.

244. Gartzke & Hewitt, 2010; McDonald, 2010; Mousseau, 2010; 另见 Russett, 2010。
245. Gleditsch, 2008.
246. Mueller, 1989, p. 98.
247. Mueller, 1989, pp. 109-110; Sowell, 2010, chap. 8.
248. Sheehan, 2008, pp. 158-159.
249. Sheehan, 2008.
250. Russett, 2008.
251. Cederman, 2001; Mueller, 1989, 2004a, 2007; Nadelmann, 1990; Payne, 2004; Ray, 1989.
252. 见 Goldstein & Pevehouse, 2009; Ray, 1989; Thayer, 2004。
253. Bennett, 2005; English, 2005; Tannenwald, 2005a; Tannenwald & Wohlforth, 2005; Thomas, 2005.
254. A. Brown, "When Gorbachev took charge," *New York Times*, Mar. 11, 2010.
255. Kant, 1784/1970, p. 47, 引自 Cederman, 2001。
256. Cederman, 2001.
257. 另见 Dershowitz, 2004a。

第 6 章

1. Gardner, 2010; Mueller, 1995, 2010a.
2. 引自 S. McLemee, "What price Utopia?" (review of J. Gray's *Black mass*), *New York Times Book Review*, Nov. 25, 2007, p. 20。
3. S. Tanenhaus, "The end of the journey: From Whittaker Chambers to George W. Bush, "*New Republic*, Jul. 2, 2007, p. 42.
4. 引自 C. Lambert, "Le Professeur," *Harvard Magazine*, Jul. -Aug. , 2007, p. 36。
5. 引自 C. Lambert, "Reviewing 'reality,' " *Harvard Magazine*, Mar. -Apr. 2007, p. 45。
6. M. Kinsley, "The least we can do," *Atlantic*, Oct. 2010.
7. Leif Wenar, 引自 Mueller, 2006, p. 3。
8. Kaldor, 1999.
9. For quotations, 见 Mueller, 2006, pp. 6, 45。
10. Melander, Oberg & Hall, 2009; Goldstein, 2011; Human Security Report Project, 2011.
11. Brecke, 1999, 2002; Long & Brecke, 2003.
12. Lacina & Gleditsch, 2005; http: //www. prio. no/CSCW/Datasets/Armed-Conflict/Battle-Deaths/.
13. http: //www. prio. no/CSCW/Datasets/Armed-Conflict/UCDP-PRIO/. SIPRI: www. sipri. org, Stockholm International Peace Research Institute, 2009. http: //www. hsrgroup. org/; Human Security Centre, 2005, 2006; Human Security Report Project, 2007, 2008, 2009.
14. Human Security Report Project, 2008, p. 10; Hewitt, Wilkenfeld & Gurr, 2008; Lacina, 2009.
15. 鲁梅尔是第一位计算出在 20 世纪种族屠杀死亡的人数多于战争死亡人数的学者。1994 年，怀特验证了这一结论（2005 年 a），戈德哈根 2009 年出版了研究种族屠杀的著作，书名为"比战争更残忍"（*Worse than War*）。马修·怀特（在即将出版的书中）指出这一比较取决于如何划分战争时期的种族屠杀，这一类屠杀占总屠杀死亡的半数。比如，集中营死亡中的大部分取决于是否是发生在德国占领的欧洲。如果将战时种族屠杀的死亡加在战争死亡上，那么战争死亡数字更高，战争死亡为 10500 万，屠杀为 4000 万。如果集中营死亡与和平时期的种族屠杀归为一类，那么种族屠杀的死亡更高，为 8100 万，战争死亡为 6400 万（两个数字都不包括饥荒造成的死亡）。

16. Eck & Hultman, 2007; Harff, 2003, 2005; Rummel, 1994, 1997; "One-Sided Violence Dataset" in http: //www. pcr. uu. se/research/ucdp/datasets/.
17. PRIO Documentation of Coding Decisions, Lacina, 2009, pp. 5-6; Human Security Report Project, 2008.
18. Pinker, 2007b, pp. 65-73, 208-225.
19. Oxford 等人, 2002。
20. 2000-2005 年的平均数，"人类安全报告项目"报告的国家操纵战争的战争死亡，2007 年，数据来自 UCDP/PRIO 数据库，格莱迪奇等人，2002 年。人口数据来自美国人口普查局的"国际数据库"，2010 年 c。
21. Krug 等人, 2002, p. 10。
22. 本段落的所有死亡数字均来自奥斯陆和平研究所数据库：格莱迪奇等人，2002 年；拉齐纳，2009 年；拉齐纳和格莱迪奇，2005 年；此数据库与三幅图所使用的乌普萨拉/奥斯陆数据库略有出入：人类安全中心，2006 年；"人类安全报告项目"，2007 年。
23. 奥斯陆和平研究所新战争数据库战争死亡的"最佳估计值"，见格莱迪奇等人, 2002 年; 拉齐纳, 2009 年。
24. Bijian, 2005; Weede, 2010; Human Security Report Project, 2011. Turkey's "zero problems with neighbors" policy: "Ahmet Davutoglu," *Foreign Policy*, Dec. 2010, p. 45. Brazilian boast: S. Glasser, "The FP Interview: The Soft-Power Power" (对 Celso Amorim 的采访), *Foreign Policy*, Dec. 2010, p. 43。
25. Human Security Report Project, 2011, chaps. 1, 3.
26. Marshall & Cole, 2009, p. 114.
27. Human Security Report Project, 2009, p. 2.
28. Human Security Centre, 2005, p. 152, using data from Macartan Humphreys and Ashutosh Varshney.
29. Fearon & Laitin, 2003; Theisen, 2008.
30. Human Security Report Project, 2008, p. 5; Collier, 2007.
31. Human Security Report Project, 2011, chaps. 1, 3.
32. Human Security Report Project, 2007, p. 27.
33. 引自 Goldhagen, 2009, p. 212。
34. Fearon & Laitin, 2003; Mueller, 2004a.
35. 这个比喻可能不是罗斯福首创的，见 http: //message. snopes. com/showthread. php? t =8204。
36. Human Security Centre, 2005, p. 153.
37. Mueller, 2004a, pp. 76-77. American misestimation: Blight & Lang, 2007.
38. C. J. Chivers & M. Schwirtz, "Georgian president vows to rebuild army," *New York Times*, Aug. 24, 2008.
39. Human Security Report Project, 2007, 2008; Marshall & Cole, 2009.
40. Marshall & Cole, 2008. 另见 Pate, 2008, p. 31。
41. Human Security Report Project, 2008, pp. 48-49.
42. Collier, 2007; Faris, 2007; Ross, 2008.
43. Collier, 2007, p. 1.
44. Mueller, 2004a, p. 1.
45. Mueller, 2004a, p. 103.
46. Fearon & Laitin, 2003, p. 76.
47. Human Security Report Project, 2007, pp. 26-27.
48. R. Rotberg, "New breed of African leader," *Christian Science Monitor*, Jan. 9, 2002.
49. Human Security Report Project, 2007, pp. 28-29; Human Security Centre, 2005, pp. 153-155.
50. Gleditsch, 2008; Lacina, 2006.
51. Blanton, 2007; Bussman & Schneider, 2007; Gleditsch, 2008, pp. 699-700.
52. Fortna, 2008; Goldstein, 2011.

53. Hewitt 等人, 2008, p. 24; Human Security Report Project, 2008, p. 45. Rates of onset and termination: Fearon & Laitin, 2003。
54. Human Security Centre, 2005, pp. 153-155; Fortna, 2008; Gleditsch, 2008; Goldstein, 2011.
55. Fortna, 2008, p. 173.
56. Fortna, 2008, p. 129.
57. Fortna, 2008, p. 140.
58. Fortna, 2008, p. 153.
59. Human Security Centre, 2005, p. 19.
60. Rummel, 1994, p. 94.
61. Human Security Report Project, 2007, pp. 36-37; Human Security Report Project, 2011.
62. Fischer, 2008.
63. 1998—2008 年刚果民主共和国内战战争死亡的“最佳估计”是 147618 人。而全部战争的总死亡人数为 940 万，乃最低和最高战争死亡估计加总后的几何平均数。Both from the PRIO Battle Deaths Dataset, 1946-2008, Version 3.0, http://www.prio.no/CSCW/Datasets/Armed-Conflict/Battle-Deaths/Lacina & Gleditsch, 2005。
64. Human Security Centre, 2005, p. 75; Goldstein, 2011; Roberts, 2010; White, 待出。
65. Faust, 2008.
66. Burnham 等人, 2006。
67. Human Security Report Project, 2009; Johnson 等人, 2008; Spagat, Mack, Cooper & Kreutz, 2009。
68. Bohannon, 2008.
69. Obermeyer, Murray & Gakidou, 2008.
70. Spagat 等人, 2009。
71. Coghlan 等人, 2008。
72. Human Security Report Project, 2009.
73. Human Security Report Project, 2009.
74. Human Security Report Project, 2009, p. 3.
75. Human Security Report Project, 2009, p. 27.
76. Rummel, 1994, p. 31. Reviews of genocide: Chalk & Jonassohn, 1990; Chirot & McCauley, 2006; Glover, 1999; Goldhagen, 2009; Harff, 2005; Kiernan, 2007; Payne, 2004; Power, 2002; Rummel, 1994; Valentino, 2004.
77. Rummel, 1994, 1997.
78. White, 2010c, note 4; Dulić, 2004a, 2004b; Rummel, 2004.
79. White, 2005a, 待出。
80. 怀特，待出，另见本章注释 15。
81. Bell, 2007a, pp. 182-183; Payne, 2004, p. 54.
82. Goldhagen, 2009, p. 124. Keegan, 1993, p. 166.
83. Goldhagen, 2009, p. 120.
84. Chalk & Jonassohn, 1990, p. 7.
85. Deuteronomy 28: 52-57; translation from Kugel, 2007, pp. 346-347.
86. Goldhagen, 2009; Power, 2002; Rummel, 1994.
87. Dostoevsky, 1880/2002, p. 238.
88. Glover, 1999, p. 342.
89. Pinker, 1997, pp. 306-313; Pinker, 1999/2011, chap. 10.
90. Jussim, McCauley & Lee, 1995; Lee, Jussim & McCauley, 1995; McCauley, 1995.
91. Jussim 等人, 1995。
92. Jussim 等人, 1995; Lee 等人, 1995; McCauley, 1995。
93. Gelman, 2005; Gil-White, 1999; Haslam, Rothschild & Ernst, 2000; Hirschfeld, 1996; Prentice & Miller, 2007.
94. Chalk & Jonassohn, 1990; Chirot & McCauley, 2006; Goldhagen, 2009; Harff, 2003; Valentino, 2004.
95. Goldhagen, 2009.
96. Kiernan, 2007, p. 14.
97. Glover, 1999; Goldhagen, 2009.
98. 引自 Chirot & McCauley, 2006, pp. 72-73。
99. 引自 Daly & Wilson, 1988, p. 232。
100. 引自 Daly & Wilson, 1988, pp. 231-232。
101. Pinker, 2007b, chap. 5.

102. Chirot & McCauley, 2006; Goldhagen, 2009; Kane, 1999; Kiernan, 2007.
103. Kane, 1999. Quote from Kiernan, 2007, p. 606.
104. 引自 Chalk & Jonassohn, 1990, p. 198。
105. 引自 Kiernan, 2007, p. 606; Kane, 1999。
106. Chirot & McCauley, 2006, pp. 16, 42; Goldhagen, 2009.
107. Curtis & Biran, 2001; Rozin & Fallon, 1987; Rozin, Markwith, & Stoess, 1997.
108. Haidt, 2002; Haidt 等人, 2000; Haidt, Koller & Dias, 1993; Rozin 等人, 1997; Shweder, Much, Mahapatra & Park, 1997. 另请见本书第 9 章的“道德和禁忌”。
109. Primo Levi, *The Drowned and the Saved*, 引自 Glover, 1999, pp. 88-89。
110. Goldhagen, 2009. 另见 Haslam, 2006。
111. Epigraph for this chapter, from Solzhenitsyn, 1973/1991, pp. 173-174.
112. Geary, 2002.
113. Caplan, 2007; Caplan & Miller, 2010; Fiske, 1991, 1992, 2004a; Sowell, 1980, 2005.
114. Sowell, 1996.
115. Chirot, 1994; Courtois 等人, 1999; Glover, 1999; Horowitz, 2001; Sowell, 1980, 2005.
116. Chirot & McCauley, 2006, p. 144. 另见 Ericksen & Heschel, 1999; Goldhagen, 1996; Heschel, 2008; Steigmann-Gall, 2003。
117. Chirot, 1994; Glover, 1999; Oakley, 2007.
118. Brown, 1997; Fearon & Laitin, 1996; Harff, 2003; Valentino, 2004.
119. Valentino, 2004, p. 24.
120. Mueller, 2004a; Payne, 2005; Valentino, 2004.
121. Valentino, 2004. 另见 Goldhagen, 2009。
122. Valentino, 2004.
123. Chalk & Jonassohn, 1990, p. 58.
124. Chalk & Jonassohn, 1990, p. xvii.
125. Kiernan, 2007, p. 12.
126. Rummel, 1994, pp. 45, 70; 另见 Rummel, 1997, 原始数据。鲁梅尔的猜测数字不是精确统计，但他欢迎其他人检查他的资料来源并进行验算。
127. Chalk & Jonassohn, 1990, p. 180.
128. Payne, 2004, p. 47.
129. Bhagavad-Gita, 1983, pp. 74, 87, 106, 115, 引自 Payne, 2004, p. 51。
130. 引自 Payne, 2004, p. 53。
131. 引自 Payne, 2004, p. 53。
132. 引自 Kiernan, 2007, pp. 82-85。
133. Chirot & McCauley, 2006, pp. 101-102. Nothing wrong with genocide: Payne, 2004, pp. 54-55; Chalk & Jonassohn, 1990, pp. 199, 213-214; Goldhagen, 2009, p. 241.
134. Courtwright, 1996, p. 109.
135. Carey, 1993, p. 12.
136. Mueller, 1989, p. 88.
137. Chalk & Jonassohn, 1990.
138. Payne, 2004, p. 57.
139. Chalk & Jonassohn, 1990, p. 8.
140. Chalk & Jonassohn, 1990, p. 8.
141. Rummel, 1994, pp. xvi-xx; Rummel, 1997. 特例请另见 White, 2010c, note 4。
142. Rummel, 1994, chap 2.
143. White, 2010c, note 4.
144. White, 2007.
145. Rummel, 1994, p. 4.
146. Rummel, 1997, p. 367.
147. Rummel, 1994, p. 15.
148. Rummel, 1994, p. 2.
149. Rummel, 1997, pp. 6-10; 另见 Rummel, 1994。
150. Rummel, 1994, p. xxi.
151. 请留意图 6-7 重复计算了图 6-1 中的死亡数字，因为鲁梅尔将很多平民战争死亡划分为政府屠杀。本图也重复计算了第 5 章中马修·怀特人类历史 21 次大杀戮表中的数字。怀特将战时大屠杀的死亡按照战争死亡计算。
152. Rummel, 1997, p. 471. 不过，鲁梅尔

为证明这一观点所做的回归分析是有问题的。

153. Mueller, 2004a, p. 100.

154. Goldhagen, 2009; Mueller, 2004a; Power, 2002.

155. Harff, 2003, 2005; Marshall 等人, 2009。

156. Kreutz, 2008; Kristine & Hultman, 2007; http: //www. pcr. uu. se/research/ucdp/datasets/.

157. 死亡数据是哈尔夫 2005 年发表的表 8. 1 中各项值域的几何平均，但达尔富尔数据例外，达尔富尔的数字是马歇尔等人在 2009 年将政治动荡专责小组（PITF）数据库 2003—2008 年的量级录入转换为值域的几何平均后再进行加总。

158. 比如，波斯尼亚的屠杀大约杀害了 10 万人，而不是 20 万人；Nettelfield, 2010. On conflict numbers, 见 Andreas & Greenhill, 2010。

159. Harff, 2003, 2005.

160. Harff, 2003, p. 62.

161. Harff, 2003, p. 61.

162. Watson, 1985. p. Chaunu, cited in Besançon, 1998. 另见 Bullock, 1991; Courtois 等人, 1999; Glover, 1999。

163. Himmelfarb, 1984.

164. 引自 Valentino, 2004, p. 61。

165. Memorial Institute for the Prevention of Terrorism（数据已经不再对公众开放），Human Security Centre 报告，2006, p. 16。

166. 引文见 Mueller, 2006。

167. Prophecy of terrorist doom: R. A. Clarke, “Ten years later,” *Atlantic*, Jan. –Feb. 2005.

168. Clauset, Young & Gleditsch, 2007.

169. Global Terrorism Database, START (National Consortium for the Study of Terrorism and Responses to Terrorism, 2010; http: //www. start. umd. edu/gtd/), 2010 年 4 月 21 日网络取得的数据。数据不包括与卢旺达大屠杀有关的恐怖主义袭击的数据。

170. Mueller, 2006.

171. National Vital Statistics for the year 2007, Xu, Kochanek, & Tejada-Vera, 2009, table 2.

172. Mueller, 2006, note 1, pp. 199-200; National Safety Council statistics conveniently summarized in http: //danger. mongabay. com/injurydeath. htm.

173. Gigerenzer, 2006.

174. Slovic, 1987; Slovic 等人, 1982. 另见 Gigerenzer, 2006; Gigerenzer & Murray, 1987; Kahneman, Slovic & Tversky, 1982; Ropeik & Gray, 2002; Tversky & Kahneman, 1973, 1974, 1983。

175. Daly & Wilson, 1988, pp. 231-232, 237, 260-261.

176. Mueller, 2006; Slovic, 1987; Slovic 等人, 1982; Tetlock, 1999。

177. The al-Qaida tapes,” *Guardian*, http: //www. guardian. co. uk/alqaida/page/0, 12643, 839823, 00. html. 另见 Mueller, 2006, p. 3。

178. 引自 M. Bai, “Kerry’s undeclared war,” *New York Times*, Oct. 10, 2004。

179. Payne, 2004, pp. 137-140; Cronin, 2009, p. 89.

180. Abrahms, 2006; Cronin, 2009; Payne, 2004.

181. Abrahms, 2006; Cronin, 2009; Payne, 2004.

182. 另见 Cronin, 2009, p. 91。

183. Cronin, 2009, p. 110.

184. Cronin, 2009, p. 93. Cronin, 2009, p. 215.

185. Cronin, 2009, p. 114. 俄克拉何马城 165 人死亡的数字来自“全球恐怖主义数据库”（见 n. 182）。

186. Global Terrorism Database, START (National Consortium for the Study of Terrorism and Responses to Terrorism), 2010;

2010年4月6日登录取数。

187. National Consortium for the Study of Terrorism and Responses to Terrorism, 2009.
188. Atran, 2006.
189. National Counterterrorism Center, 2009.
190. Cronin, 2009, p. 67; note 145, p. 242. Minority of attacks, majority of casualties: Atran, 2006.
191. 引自 Atran, 2003。
192. Tooby & Cosmides, 1988.
193. Chagnon, 1997.
194. Valentino, 2004, p. 59.
195. Gaulin & McBurney, 2001; Lieberman, Tooby & Cosmides, 2002.
196. Chagnon, 1988, 1997.
197. Wilson & Wrangham, 2003.
198. Daly, Salmon & Wilson, 1997; Lieberman 等人, 2002; Pinker, 1997。
199. Daly, Salmon & Wilson, 1997; Lieberman 等人, 2002; Pinker, 1997。
200. Mueller, 2004a; Thayer, 2004.
201. 引自 Thayer, 2004, p. 183。
202. Broyles, 1984.
203. Rapoport, 1964, pp. 88-89; Tooby & Cosmides, 1988.
204. Atran, 2003, 2006, 2010.
205. Atran, 2006.
206. Atran, 2003; Blackwell & Sugiyama, 待出。
207. Willer 等人, 2009。
208. Atran, 2006, 2010; Ginges 等人, 2007; McGraw & Tetlock, 2005。
209. Atran, 2010.
210. Cronin, 2009, pp. 48-57, 66-67.
211. Cronin, 2009, p. 67. 其他样本包括美国在巴格达，以及北爱尔兰、塞浦路斯和黎巴嫩的政府当局。
212. E. Bronner, "Palestinians try a less violent path to resistance," *New York Times*, Apr. 6, 2010.
213. S. Shane, "Rethinking which terror groups to fear," *New York Times*, Sept. 26, 2009.
214. Human Security Report Project, 2007.
215. 引自 F. Zakaria, "The jihad against the jihadis," *Newsweek*, Feb. 12, 2010。
216. Al Qaeda's revolt against bin Laden," *New Republic*, Jun. 11, 2008。
217. p. Bergen & p. Cruickshank, "The unraveling: Al Qaeda's revolt against bin Laden," *New Republic*, Jun. 11, 2008.
218. F. Zakaria, "The jihad against the jihadis," *Newsweek*, Feb. 12, 2010.
219. 引自 p. Bergen & p. Cruickshank, "The unraveling: Al Qaeda's revolt against bin Laden," *New Republic*, Jun. 11, 2008。
220. 引自 p. Bergen & p. Cruickshank, "The unraveling: Al Qaeda's revolt against bin Laden," *New Republic*, Jun. 11, 2008。
221. 自 F. Zakaria, "The jihad against the jihadis," *Newsweek*, Feb. 12, 2010。
222. Human Security Report Project, 2007, p. 19.
223. F. Zakaria, "The only thing we have to fear...," *Newsweek*, Jun. 2, 2008.
224. Human Security Report Project, 2007, p. 15.
225. Iraq Body Count, http://www.iraqbodycount.org/database/accessed Nov. 24, 2010. 另见 Human Security Report Project, 2007, p. 14。
226. Human Security Report Project, 2007, p. 15.
227. Gardner, 2010; Mueller, 1995, 2010a.
228. 在奥斯陆国际和平研究所数据库中，2008年发生的36宗武装冲突中有19宗涉及伊斯兰国家：以色列-哈马斯，伊拉克-艾尔马赫迪武装，菲律宾-摩洛伊斯兰解放阵线（MILF），苏丹-公平与平等运动（JEM），巴基斯坦-俾路支解放军（BLA），阿富汗-塔利班，索马里-伊斯兰青年军（Al-Shabaab），伊朗-真主旅，土耳其-库尔德工人党（PKK），印度-克什米尔叛军，马里-北马里图阿雷格人变革联盟（ATNMC），阿尔及利亚-伊斯兰北非基地组织（AQIM），巴基斯坦-巴基斯坦塔利班/或称巴基斯坦学生运动（TTP），美国-基地组织，泰国-北大年叛乱分子，尼日尔-"尼日尔正义运动"（MNJ），俄罗斯-"高加索酋长国"，印度-人民联合解放阵线（PULF），吉布提-厄立特里亚。美国国务院 2008 年《恐怖主义国家报告》列出的 44 个恐怖组织中有 30 个与穆斯林有关。http: //www. state. gov/s/ct/rls/crt/2008/122449. htm，2010 年 4 月 21 日登录取数。
229. Payne，1989.
230. 在美国国务院的恐怖主义国家报告中，44 个外国恐怖组织中有 30 个是伊斯兰。http: //www. state. gov/s/ct/rls/crt/2008/122449. htm，2010 年 4 月 21 日登录检索。
231. Esposito & Mogahed，2007，p. 30.
232. Esposito & Mogahed，2007，p. 30.
233. Pryor，2007，pp. 155-156.
234. Payne，2004，p. 156.
235. Esposito & Mogahed，2007，p. 117.
236. Payne，2004，p. 156.
237. A. Sandels，"Saudi Arabia: Kingdom steps up hunt for 'witches' and 'black magicians,'" *Los Angeles Times*，Nov. 26，2009.
238. Fattah & Fierke，2009；Ginges & Atran，2008.
239. 见 Goldhagen，2009，pp. 494-504；Mueller，1989，pp. 255-256。
240. United Nations Development Programme，2003；另见 R. Fisk，"UN highlights uncomfortable truths for Arab world，" *Independent*，Jul. 3，2002。
241. "A special report on the Arab world，" *Economist*，Jul. 23，2009.
242. Lewis，2002，p. 114.
243. Lewis，2002，p. 142.
244. "Iran launches new crackdown on universities，" *Radio Free Europe/Radio Liberty*，August 26，2010；http: //www. rferl. org/content/Iran_Launches_New_Crackdown_On_Universities/2138387. html.
245. Huntington，1993.
246. Esposito & Mogahed，2007.
247. Asal，Johnson & Wilkenfeld，2008.
248. Clauset & Young，2005；Clauset 等人，2007。
249. Mueller，2006，p. 179.
250. Tversky & Kahneman，1983.
251. Slovic 等人，1982。
252. Johnson 等人，1993。
253. Mueller，2010a，p. 162.
254. Mueller，2010a，p. 181.
255. 引自 Parachini，2003。
256. Mueller，2010a，p. 181.
257. Gardner，2010.
258. Levi，2007；Mueller，2010a；Parachini，2003；Schelling，2005.
259. Mueller，2006；Mueller，2010a.
260. Parachini，2003.
261. 引自 Mueller，2010a，p. 166。
262. Human Security Report Project，2007，p. 19.
263. Mueller，2010a，p. 166.
264. 引自 Mueller，2010a，p. 185。
265. Levi，2007，p. 8.
266. J. T. Kuhner，"The coming war with Iran: Real question is not if，but when，" *Washington Times*，Oct. 4，2009.
267. Mueller，2010a，pp. 153-155；Lindsay & Takeyh，2010；Procida，2009；Riedel，2010；p. Scoblic，"What are nukes good for?" *New Republic*，Apr. 7，2010.
268. "Iran breaks seals at nuclear plant，"

CNN, Aug. 10, 2005, http: //edition. cnn. com/2005/WORLD/europe/08/10/iran. iaea. 1350/index. html.

269. C. Krauthammer, "In Iran, arming for Armageddon," *Washington Post*, Dec. 16, 2005. Y. K. Halevi & M. Oren, "Contra Iran," *New Republic*, Feb. 5, 2007.
270. M. Ahmadinejad, interview by A. Curry, NBC News, Sept. 18, 2009, http: //www. msnbc. msn. com/id/32913296/ns/world_ news-mideastn _ africa/print/1/displaymode/1098/.
271. E. Bronner, "Just how far did they go, those words against Israel?" *New York Times*, Jun. 11, 2006.
272. Mueller, 2010a, p. 150.
273. Mueller, 2010a; Procida, 2009.
274. Schelling, 2005.
275. T. F. Homer-Dixon, "Terror in the weather forecast," *New York Times*, Apr. 24, 2007.
276. 引自 S. Giry, "Climate conflicts," *New York Times*, Apr. 9, 2007; 另见 Salehyan, 2008。
277. Buhaug, 2010; Gleditsch, 1998; Salehyan, 2008; Theisen, 2008.
278. Atran, 2003.

第 7 章

1. Boulton & Smith, 1992; Geary, 2010; Maccoby & Jacklin, 1987.
2. Geary, 2010; Ingle, 2004; Nisbett & Cohen, 1996.
3. Horowitz, 2001.
4. Horowitz, 2001, chap. 1.
5. Payne, 2004, pp. 173-175.
6. Payne, 2004, pp. 180-181.
7. Waldrep, 2002.
8. Payne, 2004, p. 180.
9. Payne, 2004, pp. 174, 180-182; Horowitz, 2001, p. 300.
10. "The best of the century," *Time*, Dec. 31, 1999.
11. http: //www. fbi. gov/hq/cid/civilrights/hate. htm.
12. Horowitz, 2001, p. 561.
13. Horowitz, 2001, pp. 300-301.
14. Horowitz, 2001, p. 561.
15. Steinbeck, 1962/1997, p. 194.
16. La Griffe du Lion, 2000; M. Fumento, "A church arson epidemic? It's smoke and mirrors," *Wall Street Journal*, Jul. 8, 1996.
17. Human Rights First, 2008. 最接近的案例有: 1. 一名土耳其裔的丹麦少年受攻击死亡，但警方排除案件有种族主义动机；2. 有一段视频显示两名男子被俄国新纳粹团伙以处决的方式杀害，两人可能是达吉斯坦人和塔吉克人。
18. Horowitz, 2001, pp. 518-521.
19. Gurr & Monty, 2000; Asal & Pate, 2005, pp. 32-33.
20. Asal & Pate, 2005.
21. Asal & Pate, 2005, pp. 35-36.
22. Asal & Pate, 2005, p. 38.
23. A. Hacker, *The end of the American era*, 引自 Gardner, 2010, p. 96。
24. 引自该书 219 页。
25. 引自 Bobo, 2001。
26. Bobo, 2001; 另见 Patterson, 1997。
27. Bobo, 2001.
28. Caplow, Hicks & Wattenberg, 2001, p. 116.
29. 在 Youtube. com 搜寻 "racist Bugs Bunny"。
30. http: //theimaginaryworld. com/ffpac. html.
31. Kors & Silverglate, 1998. 另见 Foundation for Individual Rights in Education, www. thefire. org。
32. "Political correctness versus freedom of thought-The Keith John Sampson story," http: //www. thefire. org/article/10067. html; "Brandeis University: Professor found guilty of harassment for protected speech,"

http: //www. thefire. org/case/755. html.
33. Kors & Silverglate, 1998.
34. Goldhagen, 2009; Horowitz, 2001; Rummel, 1994. Brownmiller, 1975; Rummel, 1994.
35. Brownmiller, 1975; Wilson & Daly, 1992.
36. Brownmiller, 1975, p. 312.
37. Brownmiller, 1975, pp. 364-366.
38. Brownmiller, 1975, p. 296.
39. Thornhill & Palmer, 2000; Wilson & Daly, 1992; Jones, 1999.
40. A. Dworkin, 1993, p. 119.
41. Archer, 2009; Clutton-Brock, 2007; Symons, 1979; Trivers, 1972.
42. Jones, 1999.
43. Jones, 1999, 2000; Thornhill & Palmer, 2000.
44. Gottschall & Gottschall, 2003; Jones, 1999.
45. Buss, 2000; Symons, 1979; Wilson & Daly, 1992.
46. Buss, 2000.
47. Brownmiller, 1975; Wilson & Daly, 1992.
48. Brownmiller, 1975. Wilson & Daly, 1992.
49. Brownmiller, 1975, p. 374.
50. 引自 Wilson & Daly, 1992。Brownmiller, 1975。
51. Symons, 1979; Thornhill & Palmer, 2000.
52. Buss, 1989; Thornhill & Palmer, 2000.
53. Hunt, 2007; Macklin, 2003.
54. Brownmiller, 1975.
55. 引自 Jaggar, 1983, p. 27。
56. 引自 Brownmiller, 1975, p. 302。
57. 引自 Brownmiller, 1975, p. 302。
58. United Nations Development Fund for Women, 2003.
59. 2007 年 1 月 13 日与 F. X. Shen 的私人交流。http: //www. gamegrene. com/node/447; http: //www. cnn. com/2010/WORLD/asiapcf/03/30/japan. video. game. rape/index. html。
60. Taylor & Johnson, 2008.
61. Sommers, 1994, chap. 10; MacDonald, 2008.
62. U. S. Bureau of Justice Statistics, Maston, 2010.
63. Spence, Helmreich, & Stapp, 1973; Twenge, 1997.
64. Salmon & Symons, 2001, p. 4.
65. Buss, 1989.
66. Brownmiller, 1975, p. 15.
67. Brownmiller, 1975, p. 209.
68. Check & Malamuth, 1985; Gottschall & Gottschall, 2001; Jones, 1999, 2000; MacDonald, 2008; Sommers, 1994; Thornhill & Palmer, 2000; Pinker, 2002, chap. 18.
69. MacDonald, 2008.
70. Kimmel, 2002; Wilson & Daly, 1992.
71. Buss, 2000; Symons, 1979; Wilson & Daly, 1992.
72. Wilson & Daly, 1992.
73. Suk, 2009, p. 13.
74. Wilson & Daly, 1992.
75. Suk, 2009, p. 10.
76. Rossi, Waite, Bose, & Berk, 1974.
77. Shotland & Straw, 1976.
78. Johnson & Sigler, 2000.
79. Johnson & Sigler, 2000.
80. Archer, 2009; Straus, 1977/1978; Straus & Gelles, 1988.
81. Straus, 1977/1978, pp. 447-448.
82. Johnson, 2006; Johnson & Leone, 2005.
83. Dobash 等人, 1992; Graham-Kevan & Archer, 2003; Johnson, 2006; Johnson & Leone, 2005; Kimmel, 2002; Saunders, 2002。
84. Straus, 1995; Straus & Kantor, 1994.
85. Straus & Kantor, 1994, figure 2.
86. Browne & Williams, 1989.
87. 见 Jansson, 2007.
88. Archer, 2006a.
89. Heise & Garcia-Moreno, 2002.

90. United Nations Population Fund, 2000.
91. United Nations Development Fund for Women, 2003, 附录 1。
92. Kristof & WuDunn, 2009; United Nations Development Fund for Women, 2003.
93. Archer, 2006a. 这篇论文中给出相关性时，没有将丰裕作为控制变量，但在与作者阿尔青的私人通信中，他确认当人均 GDP 纳入回归方程后，妇女授权和个人主义两项因素仍然具有统计意义。
94. Kristof & WuDunn, 2009; United Nations Development Fund for Women, 2003.
95. Nadelmann, 1990.
96. I. Alberdi 的陈述，联合国消灭针对读女暴力国际日十周年声明，UNIFEM http: //www. unifem. org/news_ events /story_ detail. php? StoryID =976。
97. Pew Research Center, 2010.
98. Esposito & Mogahed, 2007; Mogahed, 2006.
99. Milner, 2000, pp. 206-208.
100. Breiner, 1990; Daly & Wilson, 1988; deMause, 1998; Hrdy, 1999; Milner, 2000; Piers, 1978; Resnick, 1970; Williamson, 1978.
101. Williamson, 1978. 另见 Daly & Wilson, 1988; Divale & Harris, 1976; Hrdy, 1999; Milner, 2000。
102. Milner, 2000, p. 3; 另见 Williamson, 1978。
103. deMause, 1974, 引自 Milner, 2000, p. 2。
104. Breiner, 1990; deMause, 1974, 1998, 2008; Heywood, 2001; Hrdy, 1999; Milner, 2000.
105. Milner, 2000, p. 537.
106. Daly & Wilson, 1988; Hagen, 1999; Hawkes, 2006; Hrdy, 1999; Maynard Smith, 1988, 1998.
107. Hagen, 1999.
108. Maynard Smith, 1998. Dawkins & Brockmann, 1980.
109. Daly & Wilson, 1988; Hagen, 1999; Hrdy, 1999.
110. Daly & Wilson, 1988, pp. 37-60.
111. 引自 Daly & Wilson, 1988, p. 51。
112. Williamson, 1978, p. 64.
113. 引自 Milner, 2000, p. 12。
114. Plutarch, "On affection for children", 引自 Milner, 2000, p. 508。
115. Hagen, 1999; Daly & Wilson, 1988, pp. 61-77.
116. Daly & Wilson, 1988; Milner, 2000.
117. Sen, 1990; Milner, 2000, chap. 8; "N. D. Kristof, Stark data on women: 100 million are missing", *New York Times*, Nov. 5, 1991.
118. Milner, 2000, pp. 236-245; 另见 Hudson & den Boer, 2002。
119. 引自 N. D. Kristof, "Stark data on women: 100 million are missing", *New York Times*, Nov. 5, 1991。
120. Milner, 2000, chap. 8; Hrdy, 1999; Hawkes, 1981; Daly & Wilson, 1988, pp. 53-56.
121. Breiner, 1990, pp. 6-7.
122. Milner, 2000; Hanlon, 2007; Hynes, 待出。
123. Maynard Smith, 1988, 1998.
124. Chagnon, 1997; Daly & Wilson, 1988; Hawkes, 1981.
125. Trivers & Willard, 1973. Hawkes, 1981; Hrdy, 1999.
126. Hrdy, 1999.
127. Milner, 2000, p. 238; Williamson, 1978, 注 33; Hynes, 待出。
128. Gottschall, 2008.
129. Chagnon, 1997; Gottschall, 2008.
130. Hawkes, 1981; Sen, 1990.
131. 引自 Milner, 2000, p. 130。
132. India and China today; Milner, 2000, pp. 236-245.

133. Hudson & den Boer, 2002.
134. FBI Uniform Crime Reports, 2007: Crime in the United States, U. S . Department of Justice, 2007, http: //www2. fbi. gov /ucr/cius2007/offenses/expanded_ information/data/shrtable_02. html .
135. Milner, 2000, p. 124; Daly & Wilson, 1988; Resnick, 1970.
136. Milner, 2000, chap. 2; Breiner, 1990.
137. Quotedin Milner, 2000, p. 512.
138. Brock, 1993; Glover, 1977; Green, 2001; Kohl, 1978; Singer, 1994; Tooley, 1972.
139. Milner, 2000, p. 16.
140. Resnick, 1970.
141. 出自本杰明·富兰克林·邦尼的回忆录，引自 Courtwright, 1996, pp. 118-119。
142. Glover, 1999.
143. Brock, 1993; Gazzaniga, 2005; Green, 2001; Singer, 1994.
144. W. Langer, quotedby Milner, 2000, p. 68. 另见 Hanlon, 2007; Hynes, 待出。
145. Milner, 2000, p. 70.
146. 引自 de Mause, 1982, p. 31。
147. Milner, 2000, p. 71.
148. Milner, 2000, pp. 99-107; chaps. 3-5.
149. 引自 Milner, 2000, p. 100。
150. Henshaw, 1990; Sedghetal. , 2007.
151. Gazzaniga, 2005.
152. Gray, Gray, & Wegner, 2007.
153. Levinson, 1989; Milner, 2000, p. 267.
154. Milner, 2000, p. 257.
155. Heywood, 2001, p. 100.
156. deMause, 1998.
157. Heywood, 2001, p. 100.
158. A. Helms, "Review of Peter Martin's 'Samuel Johnson: A Biography,'" *Boston Globe*, Nov. 30, 2008.
159. deMause, 2008, p. 10.
160. Milner, 2000, p. 267.
161. deMause, 2008.
162. Piers, 1978, 引自 Milner, 2000, p. 266。
163. Milner, 2000, pp. 386-389; 另见 Heywood, 2001, pp. 94-97; Daly & Wilson, 1999; Tatar, 2003。
164. Dawkins, 1976/1989; Hrdy, 1999; Trivers, 1974, 1985.
165. 引自 Heywood, 2001, p. 33。
166. Heywood, 2001, pp. 23-24.
167. 引自 Heywood, 2001, p. 23。
168. 引自 Heywood, 2001, p. 24。
169. Heywood, 2001; Zelizer, 1985.
170. Zelizer, 1985.
171. White, 1996.
172. H. Markel, "Case shined first light on abuse of children," *New York Times*, Dec. 15, 2009.
173. Heywood, 2001.
174. Harris, 1998/2008; Straus, 1999.
175. Straus, 2005.
176. Harris, 1998/2008.
177. Nisbett & Cohen, 1996.
178. www. surveyusa. com/50StateDisciplineChild0805SortedbyTeacher. htm. 红州和蓝州的由 2004 年总统选举的投票结果界定。
179. www. surveyusa. com/50StateDisciplineChild0805SortedbyTeacher. htm.
180. 数据来自“综合社会调查”，http: //www. norc. org/GSS + Website/。
181. Straus, 2001, pp. 27-29; Straus, 2009; Straus&Kantor, 1995.
182. Straus, 2009.
183. Straus, 2009.
184. Harris, 1998/2008.
185. 数据来自“综合社会调查”。
186. Straus, 2009.
187. www. surveyusa. com/50StateDiscipli neChild0805SortedbyTeacher. htm.
188. Human Rights Watch, 2008.
189. Straus & Kantor, 1995.
190. Straus & Gelles, PRNewswire, http: //www. nospank. net/n-e62. htm.
191. A. Gentleman, "'The fear is not in step

with reality,'" *Guardian*, Mar. 4, 2010. 193.
192. Cullen, 2009.
193. P. Klass, "Atlast, facing down bullies (and their enablers)," *New York Times*, Jun. 9, 2009.
194. J. Saltzman, "Anti bully law may face free speech challenges," *Boston Globe*, May 4, 2010; W. Hu, "Schools' gossip girls and boys get some lessons in empathy," *New York Times*, Apr. 5, 2010; p. Klass, "At last, facing down bullies (and their enablers)," *New York Times*, Jun. 9, 2009.
195. "The truth about bullying," *Oprah Winfrey Show*, May 6, 2009; http: //www. oprah. com/relationships/School-Bullying.
196. DeVoe 等人, 2004。
197. M. Males & M. Lind, "The myth of mean girls," *New York Times*, Apr. 2, 2010; W. Koch, "Girls have not gone wild, juvenile violence study says," *USA Today*, Nov. 20, 2008. 有关至2004年的数据，另见 Girls Study Group, 2008。
198. Harris, 1998/2008; 另见 Pinker, 2002, chap. 19; Harris, 2006; Wright & Beaver, 2005。
199. S. Saulny, "25 Chicago students arrested for a middle-school food fight," *New York Times*, Nov. 11, 2009.
200. I. Urbina, "It's a fork, it's a spoon, it's a... weapon?" *New York Times*, Oct. 12, 2009; I. Urbina, "After uproar on suspension, district will rewrite rules," *New York Times*, Oct. 14, 2009. "Brickbats," *Reason*, Apr. 2010.
201. W. Hu, "Forget goofing around: Recess has a new boss," *New York Times*, Mar. 14, 2010.
202. Schechter, 2005.
203. J. Steinhauer, "Drop the mask! It's Halloween, kids, you might scare somebody," *New York Times*, Oct. 30, 2009.
204. Skenazy, 2009, p. 161.
205. Skenazy, 2009, p. 69.
206. Skenazy, 2009; Finkelhor, Hammer, & Sedlak, 2002; "Phony numbers on child abduction," STATS at George Mason University; http: //stats. org/stories/2002/phony_aug01_02. htm.
207. Google Books, "书虫项目" 分析, Michel 等人, 2011; 见图 7-1 的说明。
208. Skenazy, 2009.
209. Skenazy, 2009.
210. 引自 Skenazy, 2009, p. 16。
211. D. Bennett, "Abducted: The Amber Alert system is more effective as theater than as a way to protect children," *Boston Globe*, Jul. 20, 2008.
212. Skenazy, 2009, p. 176.
213. D. Bennett, "Abducted: The Amber Alert systemis more effective as theater than as a way to protect children," *Boston Globe*, Jul. 20, 2008.
214. Hodges, 1983.
215. Turing, 1936.
216. Turing, 1950.
217. Fone, 2000. Present: Ottosson, 2009.
218. Fone, 2000. Ottosson, 2006.
219. U. S. Department of Justice, FBI, *2008 Hate crime statistics*, table 4, http: //www2. fbi. gov/ucr/hc2008/data/table_04. html.
220. Bailey, 2003; Hamer & Copeland, 1994; LeVay, 2010; Peters, 2006.
221. Baumeister, 2000.
222. Hamer & Copeland, 1994.
223. Broude & Greene, 1976.
224. Broude & Greene, 1976.
225. Haidt, 2002; Rozin, 1997.
226. Fone, 2000.
227. Fone, 2000.

228. Ottosson, 2006, 2009.
229. 引自 Ottosson, 2009。
230. Lawrencev. Texas (02-102), 2003, http: //www. law. cornell. edu/supct/html/02-102. ZO. html.
231. Pinker, 1998.
232. Gallup, 2008.
233. Gallup, 2009.
234. Gallup, 2002.
235. http: //www. fbi. gov/hq/cid/civilrights/hate. htm.
236. Harlow, 2005.
237. *FBI, 2008 Hate crime statistics*, http: //www2. fbi. gov/ucr/hc2008/index. html. *FBI, 2008 Crime in the United States*, http: //www2. fbi. gov/ucr/cius2008/index. html.
238. *FBI, 2008 Hate crime statistics,* http: //www. fbi. gov/ucr/hc2008/index. html. 1996—2005 年，有 115 件仇恨犯罪被记录在案，其中 1/5 是针对同性恋的仇恨犯罪。
239. Herzog, 2010, p. 209.
240. Gross, 2009; Harris, 1985; Herzog, 2010; Spencer, 2000; Stuart, 2006.
241. Boyd & Silk, 2006; Harris, 1985; Herzog, 2010; Wrangham, 2009a.
242. Boyd & Silk, 2006; Cosmides & Tooby, 1992; Tooby & DeVore, 1987.
243. Boyd & Silk, 2006; Harris, 1985; Symons, 1979.
244. Herzog, 2010.
245. Brandt, 1974.
246. www. nativetech. org/recipes/recipe. php?recipeid =211.
247. Wrangham, 2009a.
248. Gray & Young, 2011; 引自 C. Turnbull。
249. 引自 Stuart, 2006, p. xviii。
250. 引自 Spencer, 2000, p. 210。
251. 引自 Gross, 2009。
252. 引自 Gross, 2009。
253. Descartes, 1641/1967.
254. Spencer, 2000, p. 210.
255. P. C. D. Brears, *The gentlewoman's kitchen,* 1984, 引自 Spencer, 2000, p. 205。
256. p. Pullar, *Consuming passions,* 1970, 引自 Spencer, 2000, p. 206。
257. Herzog, 2010; Rozin et al. , 1997; Spencer, 2000; Stuart, 2006.
258. Haidt, 2002; Rozin 等人, 1997; Shweder 等人, 1997。
259. Rozin, 1996.
260. Spencer, 2000; Stuart, 2006.
261. Herzog, 2010.
262. Schechter, Greenstone, Hirsch, & Kohler, 1906.
263. Spencer, 2000.
264. Harris, 1985.
265. Herzog, 2010; Stuart, 2006.
266. 引自 Spencer, 2000, p. 210。
267. N. Kristof, "Humanity toward animals," *New York Times,* Apr. 8, 2009.
268. Gross, 2009; Herzog, 2010; Stuart, 2006.
269. *The road to Wigan Pier*, 引自 Spencer, 2000, pp. 278-279。
270. Singer, 1975/2009; Spencer, 2000.
271. 引自 Spencer, 2000, p. 303。
272. Singer, 1975/2009.
273. Singer, 1975/2009.
274. K. W. Burton, "Virtual dissection," *Science*, Feb. 22, 2008.
275. Herzog, 2010, pp. 155-162.
276. D. Woolls, "Tuning out tradition: Spain pulls live bullfights off state TV," *Boston Globe*, Aug. 23, 2007.
277. K. Johnson, "Form any youths, hunting loses the battle for attention," *New York Times,* Sept. 25, 2010.
278. U. S. Fish and Wild life Service, 2006.
279. S. Rinella, "Locavore, get your gun," *New York Times,* Dec. 14, 2007.
280. P. Bodo, "Hookless fly-fishing is a humane advance," *New York Times*,

Nov. 7, 1999.
281. American Humane Association Film and Television Unit, 2010; http: //www. americanhumane. org/protecting-animals/programs/no-animals-were-harmed/.
282. American Humane Association Film and Television Unit, 2009.
283. M. Leibovich, " What's white, has 132 rooms, and flies?" *New York Times*, Jun. 18, 2009.
284. Herzog, 2010.
285. U. S. Department of Agriculture, Economic Research Service, graphed at http: //www. humanesociety. org/assets/pdfs/farm/Per-Cap-Cons-Meat-1. pdf.
286. Herzog, 2010, p. 193.
287. J. Temple, "The no-kill carnivore," Wired, Feb. 2009.
288. Herzog, 2010, p. 200.
289. Herzog, 2010; C. Stahler, "How many vegetarians are there?" *Vegetarian Journal*, Jul. -Aug. 1994.
290. Herzog, 2010, pp. 198-199.
291. U. S. Department of Agriculture, Economic Research Service, 图见 http://www. humanesociety. org/assets/pdfs/farm/Per-Cap-Cons-Meat-1. pdf。
292. W. Neuman, "New way to help chickens cross to other side," *New York Times*, Oct. 21, 2010.
293. 2000 Taylor Nelson Poll for the RSPCA, 引自*Vegetarian Society*, 2010。
294. Gallup, 2003.
295. N. D. Kristof, " A farm boy reflects," *New York Times*, Jul. 31, 2008.
296. http: //ec. europa. eu/food/animal/index_en. htm.
297. L. Hickman, "The lawyer who defends animals," *Guardian*, Mar. 5, 2010.
298. Gallup, 2003.
299. "The Dean activists: Their profile and prospects," Pew Research Center for the People & the Press, 2005, http: //people-press. org/report/? pageid =936.
300. Singer, 1994.
301. Pinker, 1997, chaps. 2, 8.
302. J. McMahon, "The meateaters," *New York Times*, Sept. 19, 2010.
303. Nash, 2009, p. 329; Court wright, 2010.
304. Caplowetal. , 2001, p. 267.
305. Diamond, 1997; Sowell, 1994, 1996, 1998.
306. King, 1963/1995.
307. Parker, 1852/2005, " Of Justice and Conscience," *Ten Sermons of Religion*.

第 8 章

1. 见 Pinker, 2002。
2. Côté et al. , 2006.
3. 引自 C. Holden, "The violence of the lambs," *Science*, 289, 2000, pp. 580-581。
4. Kenrick & Sheets, 1994; Buss, 2005, pp. 5-8.
5. 引自 Buss, 2005, pp. 6-7。
6. Schechter, 2005, p. 81.
7. Schechter, 2005.
8. Pinker, 1997, chap. 8. Morbid curiosity about violence: Baumeister, 1997; Tiger, 2006.
9. Symons, 1979.
10. Panksepp, 1998, p. 194.
11. 引自 Hitchcock & Cairns, 1973, pp. 897, 898。
12. Pinker, 2007b, chap. 7.
13. Collins, 2008; Grossman, 1995; Marshall, 1947/1978.
14. Bourke, 1999; Spiller, 1988.
15. Collins, 2008.
16. Bourke, 1999; Collins, 2008; Thayer, 2004.
17. Wrangham, 1999a.
18. Pinker, 2002, chap. 6; Dreger, 2011.
19. Baumeister, 1997; Baumeister & Camp-

bell, 1999.
20. Baumeister, Stillwell, & Wotman, 1990.
21. Baumeister et al. , 1990.
22. Stillwell & Baumeister, 1997.
23. Goffman, 1959; Tavris & Aronson, 2007; Trivers, 待出; von Hippel & Trivers, 2011; Kurzban, 2011。
24. Festinger, 1957. Taylor, 1989.
25. Haidt, 2002; Pinker, 2008; Trivers, 1971.
26. Baumeister, 1997; Baumeister et al. , 1990; Stillwell & Baumeister, 1997。
27. Trivers, 1976, 1985, 待出; von Hippel & Trivers, 2011。
28. 引自 Trivers, 1985。
29. Pinker, 2011.
30. Valdesolo & DeSteno, 2008.
31. Baumeister, 1997.
32. Baumeister, 1997, pp. 50-51; van Evera, 1994.
33. Mueller, 2006.
34. Baumeister, 1997, chap. 2.
35. Baumeister, 1997, chap. 2; Bullock, 1991; Rosenbaum, 1998.
36. 引自 J. McCormick & p. Annin, "Alienated, marginal, and deadly," *Newsweek*, Sept. 19, 1994。
37. 引自 Baumeister, 1997, p. 41。
38. 引自 Baumeister, 1997, p. 49。
39. Black, 1983. Buss, 2005; Collins, 2008; Straus, 1977/1978.
40. Baumeister, 1997.
41. Shermer, 2004, pp. 76-79; Rosenbaum, 1998.
42. Arendt, 1963.
43. Goldhagen, 2009.
44. Milgram, 1974.
45. Adams, 2006; Panksepp, 1998.
46. Panksepp, 1998.
47. Adams, 2006.
48. Panksepp, 1998.
49. Adams, 2006; Panksepp, 1998.
50. Renfrew, 1997, chap. 6.
51. Damasio, 1994; Fuster, 2008; Jensen 等人, 2007; Kringelbach, 2005; Raine, 2008; *Scarpa & Raine*, 2007; Seymour, Singer, & Dolan, 2007。
52. Panksepp, 1998.
53. Olds & Milner, 1954.
54. Adams, 2006; Panksepp, 1998.
55. Adams, 2006; Panksepp, 1998.
56. Panksepp, 1998.
57. Panksepp, 1998, p. 199.
58. Archer, 2006b; Dabbs & Dabbs, 2000; Panksepp, 1998.
59. Damasio, 1994; Macmillan, 2000.
60. 引自 Macmillan, 2000。
61. Damasio, 1994; Fuster, 2008; Jensen 等人, 2007; Kringelbach, 2005; Raine, 2008; Scarpa & Raine, 2007; Seymour 等人, 2007。
62. Sanfey 等人, 2003。
63. Jensen 等人, 2007; Kringelbach, 2005; Raine, 2008; Seymour 等人, 2007。
64. Séguin, Sylvers, & Lilienfeld, 2007, p. 193.
65. Scarpa & Raine, 2007, p. 153.
66. Blair & Cipolotti, 2000; Blair, 2004; R-aine, 2008; Scarpa & Raine, 2007.
67. Séguinetal. , 2007, p. 193.
68. Stone, Baron-Cohen, & Knight, 1998.
69. Raine et al. , 2000.
70. Young & Saxe, 2009.
71. Saxe & Kanwisher, 2003.
72. Greene, 待出; Greene & Haidt, 2002; Pinker, 2008。
73. Greene, 待出; Greene & Haidt, 2002; Greene 等人, 2001。
74. Fuster, 2008.
75. Baumeister, 1997.
76. Buss & Duntley, 2008.
77. From F. Zimring, 引自 Kaplan, 1973, p. 23。
78. Liebenberg, 1990.
79. Baumeister, 1997, p. 125.

80. Hare, 1993; Lykken, 1995; Mealey, 1995; Raine, 2008; Scarpa & Raine, 2007.
81. G. Miller, "Investigating the psychopathic mind," *Science,* Sept. 5, 2008, pp. 1284-1286; Hare, 1993; Baumeister, 1997, p. 138.
82. Raine, 2008.
83. Hare, 1993; Lykken, 1995; Mealey, 1995; Raine, 2008. Psychopathy as a cheater strategy: Kinner, 2003; Lalumière, Harris, & Rice, 2001; Mealey, 1995; Rice, 1997.
84. Mueller, 2004a; Valentino, 2004.
85. Cosmides & Tooby, 1992; Pinker, 2007b, chaps. 5 and 9.
86. Tooby & Cosmides, 2010.
87. Johnson, 2004; Tavris & Aronson, 2007; Taylor, 1989.
88. von Hippel & Trivers, 2011.
89. Trivers, 1976, 待出; von Hippel & Trivers, 2011。
90. 引自 Johnson, 2004, p. 1。
91. Luard, 1986, pp. 204, 212, 268-269.
92. Johnson, 2004, p. 4; Lindley & Schildkraut, 2005; Luard, 1986, p. 268.
93. Wrangham, 1999b.
94. Johnson 等人, 2006。
95. K. Alter, "Is Groupthink driving us to war?" *Boston Globe*, Sept. 21, 2002.
96. Janis, 1982.
97. Daly & Wilson, 1988, p. 127.
98. Daly & Wilson, 1988; Dawkins, 1976/1989; Maynard Smith, 1988.
99. Boehm, 1999; de Waal, 1998.
100. Dawkins, 1976/1989; Maynard Smith, 1988.
101. Chwe, 2001; Lee & Pinker, 2010; Lewis, 1969; Pinker, 2007b.
102. Brezina, Agnew, Cullen, & Wright, 2004.
103. Felson, 1982; Baumeister, 1997, pp. 155-156. 另见 McCullough, 2008; McCullough, Kurzban, & Tabak, 2010。
104. Baumeister, 1997, p. 167.
105. de Waal, 1996; McCullough, 2008.
106. McCullough, 2008.
107. Vander Dennen, 2005; Wrangham & Peterson, 1996; Wrangham 等人, 2006。
108. Browne, 2002; Susan M. Pinker, 2008; Rhoads, 2004.
109. Byrnes, Miller, & Schafer, 1999; Daly & Wilson, 1988; Johnson, 2004; Johnson 等人, 2006; Rhoads, 2004。
110. Browne, 2002; Susan M. Pinker, 2008; Rhoads, 2004.
111. Archer, 2006b, 2009; Buss, 2005; Daly & Wilson, 1988; Geary, 2010; Goldstein, 2001.
112. Geary, 2010; Pinker, 2002, chap. 18; Archer, 2009; Blum, 1997; Browne, 2002; Halpern, 2000.
113. Geary, 2010; Crick, Ostrov, & Kawabata, 2007.
114. Buss, 1994; Daly & Wilson, 1988; Ellis, 1992; Symons, 1979.
115. Betzig, 1986; Betzig, Borgerhoff Mulder, & Turke, 1988.
116. Buss, 1994; Ellis, 1992.
117. Blum, 1997; Geary, 2010; Panksepp, 1998.
118. N. Angier, "Does testosterone equal aggression? Maybe not," *New York Times*, Jun. 20, 1995.
119. Archer, 2006b; Dabbs & Dabbs, 2000; Johnson 等人, 2006; McDermott, Johnson, Cowden, & Rosen, 2007。
120. Buss, 1994; Buss & Schmitt, 1993.
121. Daly & Wilson, 2005.
122. Daly & Wilson, 1988, 2000; Rogers, 1994.
123. Baumeister, 1997; Baumeister, Smart, & Boden, 1996.
124. 引自 Baumeister, 1997, p. 144。
125. Rosenbaum, 1998, p. xii.
126. American Psychiatric Association, 2000.
127. Bullock, 1991; Oakley, 2007; Shermer, 2004. 另见 Chirot, 1994; Glover,

1999。
128. Brown, 1985; Pratto, Sidanius, & Levin, 2006; Sidanius & Pratto, 1999; Tajfel, 1981; Tooby, Cosmides, & Price, 2006.
129. Brown, 1985.
130. Archer, 2006b; Dabbs & Dabbs, 2000; McDermott 等人, 2007。
131. Stanton 等人, 2009。
132. Brown, 1985; Hewstone, Rubin, & Willis, 2002; Pratto 等人, 2006; Sidanius & Pratto, 1999; Tajfel, 1981。
133. Aboud, 1989. Babies, race, and accent: Kinzler, Shutts, De Jesus, & Spelke, 2009.
134. Prattoetal. , 2006; Sidanius & Pratto, 1999.
135. Kurzban, Tooby, & Cosmides, 2001; Sidanius & Pratto, 1999.
136. Tucker & Lambert, 1969; Kinzleretal. , 2009.
137. Chirot, 1994, chap. 12; Goldstein, 2001, p. 409; Baumeister, 1997, p. 152.
138. Chirot, 1994, chap. 12; Goldstein, 2001, p. 409; Baumeister, 1997.
139. Fattah & Fierke, 2009.
140. Mueller, 1989.
141. Brown, 1997; Fearon & Laitin, 1996; Fearon & Laitin, 2003; Lacina, 2006; Mueller, 2004a; van Evera, 1994.
142. Pinker, 1994, chap. 8.
143. Brown, 1997.
144. Fearon & Laitin, 1996.
145. Asal & Pate, 2005; Bell, 2007b; Brown, 1997; Mnookin, 2007; Sowell, 2004; Tyrrell, 2007. Rugby team as national unifier: Carlin, 2008.
146. Appiah, 2006; Sen, 2006.
147. Pratto 等人, 2006; Sidanius & Pratto, 1999; Sidanius & Veniegas, 2000。
148. Goldstein, 2001.
149. Luard, 1986, p. 194.
150. Gottschall, 2008.
151. Goldstein, 2001; Mueller, 1989.
152. Goldstein, 2001, pp. 329-330.
153. "Exitpolls, 1980—2008," *New York Times*, http: //elections. nytimes. com /2008/results/president/exit-polls. html.
154. Goldstein, 2001, pp. 329-330.
155. Goldstein, 2001, pp. 329-330.
156. Goldstein, 2001, pp. 396-399.
157. Goldstein, 2001, p. 399.
158. Hudson & den Boer, 2002; Potts & Hayden, 2008.
159. Google Books, "书虫"分析报告（见标题至图 7-1 内容）, Michel 等人, 2011。
160. Google Books, "书虫"分析报告（见标题至图 7-1 内容）, Michel 等人, 2011。
161. 引自 Daly & Wilson, 1988, p. 228。
162. 引自 J. Diamond, "Vengeance is ours," *New Yorker*, Apr. 21, 2008。
163. 引自 Daly & Wilson, 1988, p. 230。
164. McCullough, 2008, pp. 74-76; Daly & Wilson, 1988, pp. 221-227. Revenge in tribal warfare: Chagnon, 1997; Daly & Wilson, 1988; Keeley, 1996; Wiessner, 2006.
165. McCullough 等人, 2010。
166. Atran, 2003; Horowitz, 2001; Mueller, 2006.
167. Luard, 1986, p. 269.
168. G. Prange, 引自 Mueller, 2006, p. 59。
169. Mueller, 2006.
170. "Full text: Bin Laden's 'Letter to America,'" *Observer*, Nov. 24, 2002; http: // www . guardian. co. uk/world/2002/nov/24/theobserver.
171. Buss, 2005; Kenrick & Sheets, 1994.
172. McCullough, 2008.
173. Giancola, 2000.
174. Panksepp, 1998.
175. Sanfey 等人, 2003。
176. de Quervain 等人, 2004。

177. Singer 等人，2006。
178. Gilligan, 1982.
179. Crick 等人，2007; Geary, 2010。
180. McCullough, 2008; McCullough 等人，2010。
181. Daly & Wilson, 1988, p. 128.
182. Axelrod, 1984/2006; Axelrod & Hamilton, 1981; McCullough, 2008; Nowak, 2006; Ridley, 1997; Sigmund, 1997.
183. Poundstone, 1992.
184. Axelrod, 1984/2006; Axelrod & Hamilton, 1981.
185. Trivers, 1971.
186. McCullough, 2008; Nowak, May, & Sigmund, 1995; Ridley, 1997; Sigmund, 1997.
187. Axelrod, 1984/2006.
188. Nowak, 2006; Nowak & Sigmund, 1998.
189. Fehr & Gächter, 2000; Herrmann, Thöni, & Gächter, 2008a; Ridley, 1997.
190. Hardin, 1968.
191. Fehr & Gächter, 2000; Herrmann, Thöni, & Gächter, 2008b; McCullough, 2008; McCullough 等人，2010; Ridley, 1997。
192. Diamond, 1977; 另见 Ford & Blegen, 1992。
193. Frank, 1988; Schelling, 1960. Black, 1983; Daly & Wilson, 1988.
194. Sell, Tooby, & Cosmides, 2009.
195. Gollwitzer & Denzler, 2009.
196. Bolton & Zwick, 1995; Brown, 1968; Kim, Smirth, & Brigham, 1998.
197. Felson, 1982.
198. Bolton & Zwick, 1995; Fehr & Gächter, 2000; Ridley, 1997; Sanfey et al, 2003.
199. Sanfey 等人，2003。
200. Baumeister, 1997.
201. D. Gilbert, "He who cast the first stone probably didn't," *New York Times*, Jul. 24, 2006.
202. Shergill, Bays, Frith, & Wolpert, 2003.
203. Kaplan, 1973.
204. Daly & Wilson, 1988, p. 256.
205. Carlsmith, Darley, & Robinson, 2002.
206. Pinker, 2002, chap. 10.
207. Ellickson, 1991.
208. Herrmannetal. , 2008a, 2008b.
209. McCullough, 2008; McCullough 等人，2010。
210. de Waal, 1996.
211. Sherif, 1966.
212. Baumeister, Stillwell, & Heatherton, 1994; Haidt, 2002; Trivers, 1971.
213. Chwe, 2001; Lee & Pinker, 2010; Lewis, 1969; Pinker, 2007b; Pinker, Nowak, & Lee, 2008.
214. Dodds, 2003b, Jun. 28, 2010. 另见 Dodds, 2003a。
215. Long & Brecke, 2003, pp. 70-71.
216. Goldstein, 2011.
217. Long & Brecke, 2003, p. 72.
218. Oz, 1993, p. 260.
219. Levinson, 2004a, p. 34; p. Finn, J. Warrick, & J. Tate, "Detainee became an asset," *Washington Post*, Aug. 29, 2009.
220. Levinson, 2004a; Posner, 2004; Walzer, 2004.
221. A. Grafton, "Say any thing," *New Republic*, Nov. 5, 2008.
222. Tuchman, 1978.
223. Schechter, 2003.
224. Fox & Levin, 1999, p. 166.
225. C. Beam, "Bloodloss: The decline of the serial killer," *Slate*, Jan. 5, 2011.
226. Fox & Levin, 1999, p. 167; J. A. Fox, 引自 Schechter, 2003, p. 286。
227. Schechter, 2003.
228. Nell, 2006; Tiger, 2006; Baumeister, 1997.
229. Potegal, 2006.
230. Takahashi 等人，2009。
231. Singer 等人，2006。Gollwitzer & Den-

zler, 2009。
232. Baumeister, 1997; Baumeister & Campbell, 1999.
233. Panksepp, 1998.
234. 引自 Thayer, 2004, p. 191。
235. 引自 Baumeister, 1997, p. 224。
236. Gallonio, 1903/2004; Puppi, 1990.
237. Schechter, 2005.
238. Theweleit, 1977/1987, 引自 deMause, 2002, p. 217。
239. Schechter, 2003, p. 31.
240. Schechter, 2003, p. 31.
241. Baumeister, 1997, chap. 10; Baumeister 等人, 1994。
242. Levinson, 2004b.
243. Dershowitz, 2004b.
244. Dershowitz, 2004b; Levinson, 2004a.
245. Levinson, 2004a; Posner, 2004.
246. de Waal, 1996; Preston & deWaal, 2002.
247. Hauser, 2000, pp. 219-223.
248. Milgram, 1974.
249. Greene & Haidt, 2002; Greene 等人, 2001。
250. Collins, 2008.
251. Browning, 1992.
252. Baumeister, 1997, p. 211.
253. Sperber, 2000.
254. Blair, 2004; Hare, 1993; Raine 等人, 2000。
255. Baumeister, 1997, chap. 7.
256. Baumeister, 1997, chap. 7; Baumeister & Campbell, 1999.
257. Baumeister, 1997; Schechter, 2003.
258. Solomon, 1980.
259. Baumeister, 1997, chap. 7; Baumeister & Campbell, 1999.
260. Rozin, 1996. Pinker, 1997, pp. 389, 540.
261. Baumeister, 1997, chap. 6; Chirot & McCauley, 2006; Glover, 1999; Goldhagen, 2009; Kiernan, 2007; Valentino, 2004.
262. 感谢 Jennifer Sheehy-Skeffington 提供这一思路。
263. Myers & Lamm, 1976.
264. Janis, 1982.
265. Hoyle, Pinkley, &Insko, 1989; 另见 Baumeister, 1997, pp. 193-194。
266. Milgram, 1974.
267. Manning, Levine, & Collins, 2007. Latané & Darley, 1970.
268. Zimbardo, 2007; Zimbardo, Maslach, & Haney, 2000.
269. Goldhagen, 2009.
270. Burger, 2009. 见 Reicher & Haslam, 2006, 关于部分斯坦福监狱实验的案例，因结果差异太大，仍需观察、测试。
271. Twenge, 2009.
272. Deutsch & Gerard, 1955.
273. Salganik, Dodds, & Watts, 2006.
274. Centola, Willer, & Macy, 2005; Willer 等人, 2009。
275. Spencer & Croucher, 2008.
276. Asch, 1956.
277. Centola 等人, 2005; Willer 等人, 2009。
278. Glover, 1999, pp. 292-293.
279. Centola 等人, 2005。
280. Payne, 2005.
281. Travers & Milgram, 1969.
282. Willer 等人, 2009。
283. Sokal, 2000.
284. Festinger, 1957.
285. Bandura, 1999; Bandura, Underwood, & Fromson, 1975; Kelman, 1973; Milgram, 1974; Zimbardo, 2007; Baumeister, 1997, part 3.
286. Orwell, 1946/1970.
287. 引自 Nunberg, 2006, p. 20。
288. Pinker, 2007b; Pinker 等人, 2008。
289. Glover, 1999; Baumeister, 1997, chaps. 8 and 9.
290. Katz, 1987.
291. Bandura 等人, 1975; Milgram, 1974。
292. Arendt, 1963; Baumeister, 1997; Brown-

ing, 1992; Glover, 1999.

293. Greene, 待出.

294. Slovic, 2007.

295. Bandura 等人, 1975。

296. Bandura, 1999; Gabor, 1994.

297. 另见 Kakneman&Renshon, 2007。

第 9 章

1. de Waal, 2009.
2. Rifkin, 2009. 摘自 http: //www. huffingtonpost. com/jeremy-rifkin/the-empathic-civilization_ b_ 416589. html。
3. Gordon, 2009.
4. Dawkins, 1976/1989; McCullough, 2008; Nowak, 2006; Ridley, 1997.
5. Hume, 1751/2004.
6. Titchener, 1909/1973.
7. 根据“书虫项目”对谷歌图书的一份分析，见 Michel 等人, 2011; 见从标题到图 7-1 部分内容。
8. Batson, Ahmad, Lishmer, & Tsang, 2002; Hoffman, 2000; Keen, 2007; Preston & de Waal, 2002.
9. James, 1977.
10. Batson 等人, 2002; Hoffman, 2000; Keen, 2007; Preston & de Waal, 2002。
11. Baron-Cohen, 1995.
12. Blair & Perschardt, 2002.
13. Hare, 1993; Mealey & Kinner, 2002.
14. Batson 等人, 2002。
15. Preston & de Waal, 2002.
16. Bandura, 2002.
17. di Pellegrino, Fadiga, Fogassi, Gallese, & Rizzolatti, 1992.
18. Iacoboni 等人, 1999。
19. Iacoboni, 2008; J. Lehrer, “Built to be fans,” *Seed,* Feb. 10, 2006, pp. 119-120; C. Buckley, “Why our hero leapt onto the tracks and we might not,” *New York Times,* Jan. 7, 2007; S. Vedantam, “How brain's ‘mirrors’ aid our social understanding,” *Washington Post,* Sept. 25, 2006.
20. Ramachandran, 2000.
21. McCullough, 2008, p. 125.
22. Lamm, Batson, & Decety, 2007; Moll, de Oliveira-Souza, & Eslinger, 2003; Moll, Zahn, de Oliveira-Souza, Krueger, & Grafman, 2005.
23. Csibra, 2008; Alison Gopnik, 2007; Hickok, 2009; Hurford, 2004; Jacob & Jeannerod, 2005.
24. Singer 等人, 2006; Wicker 等人, 2003。
25. Singer et al. , 2006.
26. Lanzetta & Englis, 1989.
27. Lamm 等人, 2007。
28. Damasio, 1994; Lamm 等人, 2007; Moll 等人, 2003; Moll 等人, 2005; Raine, 2008。
29. Pfaff, 2007.
30. Batson 等人, 2002; Batson, Lishner, Cook, & Sawyer, 2005。
31. Kosfeld 等人, 2005; Zak, Stanton, Ahmadi, & Brosnan, 2007。
32. Lorenz, 1950/1971.
33. Hrdy, 1999.
34. Gould, 1980.
35. B. Barnes, “After Mickey's makeover, less Mr. Nice Guy,” *New York Times,* Nov. 4, 2009.
36. Zebrowitz & McDonald, 1991.
37. Berkowitz & Frodi, 1979.
38. Etcoff, 1999.
39. Baumeister 等人, 1994; Hoffman, 2000; McCullough, 2008; McCullough 等人, 2010。
40. Baumeister 等人, 1994; Clark, Mills, & Powell, 1986; Fiske, 1991; Fiske, 1992, 2004a。
41. Fiske & Tetlock, 1997; McGraw & Tetlock, 2005.
42. Axelrod, 1984/2006; Baumeister 等人, 1994; Trivers, 1971。
43. Warneken & Tomasello, 2007; Zahn-Waxler, Radke-Yarrow, Wagner, &

Chapman, 1992.
44. Batson 等人，2005b。
45. Preston & de Waal, 2002, p. 16; Batson, Turk, Shaw, & Klein, 1995c.
46. Krebs, 1975.
47. Batson & Ahmad, 2001; Batson 等人，2002; Batson, Ahmad, & Stocks, 2005a; Batson, Duncan, Ackerman, Buckley, & Birch, 1981; Batson 等人，1988; Krebs, 1975。
48. Batsonetal. , 2002; Batson 等人，1981; Batson 等人，1988。
49. Dawkins, 1976/1989; Hamilton, 1963; Maynard Smith, 1982.
50. Pinker, 1997, chaps. 1, 6; Pinker, 2006。
51. Batson & Ahmad, 2001; Batson 等人，2002; Batson 等人，2005a; Batson 等人，1981; Batson 等人，1988。
52. Batson 等人，2002; Batsonetal. , 2005a。
53. Batson 等人，1981。
54. Batson 等人，1988。
55. Batson & Moran, 1999.
56. Batson & Ahmad, 2001.
57. Batson 等人，2005a, pp. 367-368; Stephan & Finlay, 1999。
58. Batson 等人，1997。
59. Batson 等人，1988。
60. Batson 等人，1997。
61. Batson 等人，1997。
62. "The natural history of German life," 引自 Keen, 2007, p. 54。
63. Hunt, 2007; Mar & Oatley, 2008; Mar 等人，2006; Nussbaum, 1997, 2006。
64. Mar 等人，2006。
65. Strange, 2002.
66. Batson, Chang, Orr, & Rowland, 2008.
67. Hakemulder, 2000.
68. Batson 等人，2005a; Batson 等人，1995a; Batson, Klein, Highberger, & Shaw, 1995b; Prinz, 待出。
69. Batson 等人，1995b。
70. Batson 等人，1995a。
71. Batson 等人，2005a, p. 373。
72. Pinker, 2002.
73. Batson 等人，2005a。
74. Mueller & Lustick, 2008.
75. Ainslie, 2001; Daly & Wilson, 2000; Kirby & Herrnstein, 1995; Schelling, 1978, 1984, 2006.
76. Daly & Wilson, 1983, 2000, 2005; Wilson & Daly, 1997.
77. Akerlof, 1984; Frank, 1988.
78. Thaler & Sunstein, 2008.
79. Ainslie, 2001; Kirby & Herrnstein, 1995.
80. Ainslie, 2001; Kirby & Herrnstein, 1995.
81. Pinker, 1997, p. 396; Laibson, 1997.
82. Schelling, 1984, p. 58.
83. Metcalfe & Mischel, 1999.
84. McClure, Laibson, Loewenstein, & Cohen, 2004.
85. Fuster, 2008.
86. Shamosh 等人，2008。
87. Anderson 等人，1999; Damasio, 1994; Macmillan, 2000; Raine, 2008; Raine 等人，2000; Scarpa & Raine, 2007。
88. Hill 等人，2010。
89. Greene 等人，2001; McClure 等人，2004。
90. Gilbert 等人，2006; Koechlin & Hyafil, 2007; L. Helmuth, "Brain model puts most sophisticated regions front and center," *Science, 302,* p. 1133。
91. Lee, Chan, & Raine, 2008.
92. Gottfredson, 1997a, 1997b; Neisser 等人，1996。
93. Metcalfe & Mischel, 1999; Mischel 等人，待出。
94. Chabris 等人，2008; Duckworth & Seligman, 2005; Kirby, Winston, & Santiesteban, 2005。
95. Tangney, Baumeister, & Boone, 2004.
96. Tangney 等人，2004。
97. Gottfredson, 2007; Gottfredson & Hirschi, 1990; Wilson & Herrnstein, 1985.
98. Rodriguez, Mischel, & Shoda, 1989.

99. Dewall 等人, 2007; Tangney 等人, 2004。
100. Caspi, 2000. 另见 Beaver, DeLisi, Vaughn, & Wright, 2008。
101. Caspi 等人, 2002。
102. Fuster, 2008, pp. 17-19.
103. Wilson & Daly, 2006.
104. Romer, Duckworth, Sznitman, & Park, 2010.
105. Archer, 2006b.
106. Romer 等人, 2010。
107. Bouchard & McGue, 2003; Harris, 1998/2008; McCrae 等人, 2000; Pinker, 2002; Plomin, DeFries, McClearn, & McGuffin, 2008; Turkheimer, 2000。
108. Burks, Carpenter, Goette, & Rustichini, 2009; Shamosh & Gray, 2008. Shamosh 等人, 2008。
109. Herrnstein & Murray, 1994; Neisser 等人, 1996. Batty, Deary, Tengstrom, & Rasmussen, 2008。
110. Beaver 等人, 2008; Wright & Beaver, 2005。
111. Talmy, 2000; Pinker, 2007b, chap. 4.
112. Baumeister 等人, 1998; 引自 p. 1254。
113. Baumeister 等人, 1998; Baumeister, Gailliot, Dewall, & Oaten, 2006; Dewall 等人, 2007; Gailliot & Baumeister, 2007; Gailliot 等人, 2007; Hagger, Wood, Stiff, & Chatzisarantis, 2010。
114. Baumeister 等人, 2006。
115. Gailliot & Baumeister, 2007.
116. Dewall 等人, 2007。
117. Weedon & Frayling, 2008.
118. Schelling, 1984, 2006.
119. Metcalfe & Mischel, 1999.
120. Daly & Wilson, 2000, 2005; Wilson & Daly, 1997, 2006.
121. Gailliot 等人, 2007。
122. Baumeister, 1997; Bushman, 1997. J. Bohannon, "The theory? Diet causes violence. The lab? Prison," *Science, 325,* Sept. 25, 2009.
123. Baumeister 等人, 2006。
124. Eisner, 2008; Wiener, 2004; Wouters, 2007.
125. Clark, 2007a, p. 171.
126. Hofstede & Hofstede, 2010.
127. 对 95 个国家的数据所推出长期利益导向社会和凶杀率之间的相关系数为 −0.325。"放纵"和凶杀率的相关系数是 0.25。两个数字都有统计意义。长期利益导向社会的数据来自 http://www.geerthofstede.nl/research-vsm/dimension-data-matrix.aspx 凶杀数据来自《国际凶杀统计》(*International homicide statistics*) 中估算的高位数字。见 United Nations Office on Drugs and Crime, 2009 年。
128. Tishkoff 等人, 2006。
129. Chagnon, 1988; Chagnon, 1997. Redmond, 1994.
130. Pinker, 1997; Tooby & Cosmides, 1990a, 1990b.
131. Brown, 1991, 2000; Tooby & Cosmides, 1990a, 1992.
132. Maynard Smith, 1998.
133. Tooby & Cosmides, 1990a.
134. Akey, 2009; Kreitman, 2000; Przeworski, Hudson, & Di Rienzo, 2000.
135. Akey, 2009, p. 717.
136. Cairns, Gariépy, & Hood, 1990.
137. Plomin 等人, 2008; Pinker, 2002, chap. 19。
138. Mednick, Gabrielli, & Hutchings, 1984.
139. Caspi 等人, 2002; Guo, Roettger, & Cai, 2008b。
140. Plomin 等人, 2008, 第 13 章; Bouchard & McGue, 2003; Eley, Lichtenstein, & Stevenson, 1999; Ligthart 等人, 2005; Lykken, 1995; Raine, 2002; Rhee & Waldman, 2007; Rowe, 2002; Slutske 等人, 1997; van Beijsterveldt, Bartels, Hudziak, & Boomsma, 2003; van den Oord, Boomsma, & Verhulst, 1994。

141. Bouchard & McGue, 2003, 图 6.
142. vanden Oord 等人, 1994; 另见 Rhee & Waldman, 2007。
143. Cloninger & Gottesman, 1987; Eleyetal. , 1999; Ligthart 等人, 2005; Rhee & Waldman, 2007; Slutske 等人, 1997; van Beijsterveldt 等人, 2003。
144. Rhee & Waldman, 2007.
145. Cloninger & Gottesman, 1987.
146. Wrangham, 2009b; Wrangham & Pilbeam, 2001.
147. Thompson 等人, 2001。
148. Chiang 等人, 2009。
149. McGraw & Young, 2010.
150. Archer, 2006b; Dabbs & Dabbs, 2000.
151. Rajender 等人, 2008; Roney, Simmons, & Lukaszewski, 2009。
152. Brunner 等人, 1993。
153. Alia-Klein 等人, 2008; Caspi 等人, 2002; Guo, Ou, Roettger, & Shih, 2008a; Guo 等人, 2008b; McDermott 等人, 2009; Meyer-Lindenberg, 2006。
154. N. Alia-Klein, 引自 Holden, 2008, p. 894; Alia-Klein 等人, 2008。
155. Caspi 等人, 2002; Guo 等人, 2008b。
156. Harris, 2006; Guo 等人, 2008b, p. 548。
157. Gilad, 2002.
158. Guo 等人, 2008b; Guo, Roettger, & Shih, 2007。
159. Cochran & Harpending, 2009. 另见 Wade, 2006。
160. Holden, 2008; Lea & Chambers, 2007; Merriman & Cameron, 2007.
161. Merriman & Cameron, 2007.
162. Widom & Brzustowicz, 2006。
163. Clark, 2007b, p. 1. 另见 Clark, 2007a, p. 187。
164. Betzig, 2007; Bowles, 2007; Pomeranz, 2008.
165. Harris, 2010; Nagel, 1970; Railton, 1986; Sayre-McCord, 1988.
166. Haidt, 2002; Rozin, 1997; Rozin 等人, 1997。
167. Bandura, 1999; Baumeister, 1997.
168. Kohlberg, 1981.
169. Haidt, 2001.
170. Fiske, 1991; Haidt, 2007; Rai & Fiske, 2011; Shweder 等人, 1997。
171. Shweder 等人, 1997。
172. Haidt, 2007.
173. Fiske, 1991, 1992, 2004a, 2004b; Haslam, 2004; Rai & Fiske, 2011.
174. Mauss, 1924/1990.
175. Haidt, 2007.
176. Axelrod, 1984/2006; Trivers, 1971.
177. Pinker, 2007b, chaps. 8 & 9; Lee & Pinker, 2010; Pinker 等人, 2008; Pinker, 2010。
178. Fiske, 1991, pp. 435, 47; Fiske, 2004b, p. 17.
179. Fiske, 2004b.
180. Fiske, 2004b.
181. Ellickson, 1991.
182. Fiske & Tetlock, 1999; Tetlock, 1999.
183. Fiske & Tetlock, 1999; Tetlock, 1999; Tetlock 等人, 2000。
184. Fiske & Tetlock, 1999; Tetlock, 2003.
185. Fiske & Tetlock, 1997; McGraw & Tetlock, 2005; Tetlock, 1999, 2003.
186. Zelizer, 2005.
187. Fiske, 1991, 1992, 2004a; Rai & Fiske, 2011.
188. Fiske&Tetlock, 1999; McGraw & Tetlock, 2005; Tetlock, 2003.
189. Haidt, 2007; Haidt & Graham, 2007; Haidt & Hersh, 2001.
190. Koestler, 1964; Pinker, 1997, chap. 8.
191. Fiske, 1991, pp. 46-47, 130-133.
192. Fiske, 2004b.
193. Haslam, 2006.
194. Carlsmith 等人, 2002; 另见 Sargent, 2004。
195. Rai & Fiske, 2011; Fiske, 1991, p. 47; McGraw & Tetlock, 2005.

196. Fiske & Tetlock, 1997, p. 278, note 3.
197. Haidt, 2007; Haidt & Graham, 2007; Haidt & Hersh, 2001.
198. Courtwright, 2010; Nash, 2009.
199. Rai & Fiske, 2011; Fiske, 1991, p. 47; McGraw & Tetlock, 2005.
200. Fiske, 2004b; Fiske & Tetlock, 1999; Rai & Fiske, 2011.
201. Ginges 等人, 2007。
202. Haidt & Graham, 2007; 另见 http: //e-lections. nytimes. com/2008/results/president/map. html.
203. Fiske, 1991, p. 44.
204. Brown, 1988.
205. Bell, 2007b; Scheff, 1994; Tyrrell, 2007; van Evera, 1994.
206. "dumbth" 是斯蒂夫·艾伦(Steve Allen)杜撰的新词。
207. 见 Menschenfreund, 2010。左派的例子包括鲍曼, 福柯和阿多诺, 从宗教立场出发的例子有《基督教何以如此伟大?》(*What's so great about Christianity?*)*的作者*迪内希·德·索萨, 以及理查德·约翰·诺伊豪斯代表的神学保守主义; 见 Linker, 2007。
208. Simonton, 1990.
209. Simonton, 2006.
210. C-SPAN 2009 Historians presidential leadership survey, C-SPAN, 2010; J. Griffin & N. Hines, "Who's the greatest? The Times U. S. presidential rankings," *New York Times*, Mar. 24, 2010; Siena Research Institute, 2010.
211. 尼克松在 42 位总统绩效排名中分别在注释 210 中提到的三位历史学家的研究中列为第 38, 第 27 和第 30; 在智商上, 他排名第 25; 见 Simonton, 2006, 图 1, p. 516, 柱状图 I-C(选择 Simonton 的数据, 是因为他估测的智商得分最合乎情理)。
212. 相关和趋势估算来自对美国作为主要或辅助参战国参与的全部战争的战争死亡与总统的智商进行的回归。战争死亡数为奥斯陆国际和平研究所《战争死亡数据库》"最佳估算"数字(拉齐纳, 2009); 智商值为 Simonton 的估计数, 2006, 图 1, p. 516, 柱状图 I-C。
213. Menschenfreund, 2010.
214. Haidt, 2001. Pizarro & Bloom, 2003.
215. Greene, inpress; Greene 等人, 2001。
216. Hume, 1739/2000, p. 266.
217. Burks 等人, 2009; Shamosh & Gray, 2008. Shamosh 等人, 2008。
218. Phelps 等人, 2000。
219. Fiske, 2004a.
220. Gottschall, 2008.
221. 引自 Singer, 1981/2011, pp. 151-152。
222. Nagel, 1970; Singer, 1981/2011.
223. Fodor & Pylyshyn, 1988; Pinker, 1994, 1997, 1999, 2007b.
224. Singer, 1981/2011.
225. Singer, 1981/2011, pp. 88, 113-114.
226. 引自 Singer, 1981/2011, p. 112。
227. Singer, 1981/2011, pp. 99-100.
228. Flynn, 1984; Flynn, 2007.
229. Flynn, 2007, p. 2; Flynn, 1987.
230. Herrnstein & Murray, 1994.
231. Flynn, 2007, p. 2.
232. Flynn, 2007, p. 23.
233. Flynn, 2007, p. 23.
234. Deary, 2001; Gottfredson, 1997a; Neisser 等人, 1996。Gottfredson, 1997b; Herrnstein & Murray, 1994。
235. Flynn, 2007, p. 14.
236. Flynn, 2007; Greenfield, 2009. 另见 Wicherts 等人, 2004。
237. Flynn, 2007, p. 20; Greenfield, 2009.
238. Deary, 2001; Flynn, 2007; Neisser 等人, 1996。
239. Bouchard & McGue, 2003; Harris, 1998/2008; Pinker, 2002; Plomin 等人, 2008; Turkheimer, 2000。

240. Chiang 等人，2009；Deary，2001；Thompson 等人，2001。
241. Flynn，2007，pp. 1012. Flynn，2007，pp. 102-106.
242. Flynn，2007；Wicherts 等人，2004。
243. Greenfield，2009.
244. Flynn，2007. 另见 Neisser，1976；Tooby & Cosmides，待出；Pinker，1997，pp. 302-306。
245. Flynn，2007，p. 24.
246. Cole，Gay，Glick，& Sharp，1971；Luria，1976；Neisser，1976.
247. Flynn，2007，p. 32.
248. Flynn，2007，p. 32.
249. Rothstein，1998，p. 19.
250. Genovese，2002.
251. 根据“书虫项目”对谷歌图书所做的分析，所有这些词语的使用频率在 20 世纪都提高了：Michel 等人，2011；另见图 7-1 的解释。
252. G. Nunberg，社论版块，*Fresh Air*，National Public Radio，2001。
253. J. Flynn，“What is intelligence: Beyond the Flynn effect,” Harvard Psychology Department Colloquium，Dec. 5，2007；另见“The world is getting smarter,” *Economist/Intelligent Life,* Dec. 2007；http：//moreintelligentlife. com/node/654。
254. Flynn，2007，p. 30.
255. Sargent，2004.
256. Flynn，1987，p. 187.
257. Roosevelt，*The Winning of the West (Whitefish，Mont：Kessinger),* vol. 1，p. 65. 引自 Courtwright，1996，p. 109。
258. Loewen，1995，pp. 22-31.
259. Toye，2010；引自 J. Hari，“The two Churchills,” *New York Times,* Aug. 12，2010。
260. 引自 Courtwright，1996，pp. 155-156。
261. Carey，1993.
262. Carey，1993；Glover，1999；Lilla，2001；Sowell，2010；Wolin，2004.
263. Carey，1993，p. 85.
264. Carey，1993；Glover，1999；Lilla，2001；Sowell，2010；Wolin，2004.
265. Herrnstein & Murray，1994；Wilson & Herrnstein，1985；Farrington，2007，pp. 22-23，26-27.
266. Hofstadter，1985.
267. Burks，2009.
268. Jones，2008.
269. Haidt & Graham，2007；Tetlock，1994.
270. Haidt，2007；Haidt & Graham，2007.
271. Kanazawa，2010.
272. Deary，Batty，& Gale，2008.
273. Caplan & Miller，2010.
274. Kant，1795/1983；Mueller，1999；Russett & Oneal，2001；Schneider & Gleditsch，2010；Wright，2000，Mueller，2010b.
275. Sowell，1980，1996.
276. Gleditsch，2008；Russett，2008；Russett & Oneal，2001.
277. Rindermann，2008.
278. Rindermann，2008.
279. Gleditsch，2008；Harff，2003，2005；Lacina，2006；Pate，2008；Rummel，1994；Russett，2008；Russett & Oneal，2001.
280. Flynn，2007，p. 144.
281. Thyne，2006.
282. Thyne，2006，p. 733.
283. Suedfeld & Coren，1992；Tetlock，1985；Tetlock，Peterson，& Lerner，1996.
284. Suedfeld & Coren，1992. Simonton，2006.
285. Tetlock，1985，pp. 1567-1568.
286. Suedfeld & Tetlock，1977.
287. Suedfeld，Tetlock，& Ramirez，1977. Tetlock，1985.
288. Tetlock，1985；Tetlock 等人，1996。
289. Rosenau & Fagen，1997.
290. 引自 Rosenau & Fagen，1997，p. 676。
291. 引自 Rosenau & Fagen，1997，p. 677。
292. Gorton & Diels，2010.
293. Smith，1759/1976，p. 136.

第 10 章

1. Murphy, 1999.
2. Ericksen & Heschel, 1999; Goldhagen, 1996; Heschel, 2008; Steigmann-Gall, 2003; Chirot & McCauley, 2006, p. 144.
3. Ericksen & Heschel, 1999, p. 11.
4. Mauss, 1924/1990.
5. Mueller, 1999, 2010b.
6. D. Garner, "After atom bomb's shock, the real horrors began unfolding," *New York Times*, Jan. 20, 2010.
7. Shultz, 2009.
8. Hudson & den Boer, 2002.
9. Fearon & Laitin, 2003; Mesquida & Wiener, 1996.
10. Potts, Campbell, & Hayden, 2008.
11. 案例包括妇女越有影响力的国家，家庭暴力也就越少（Archer, 2006）；认识同性恋的人对同性恋的敌视越少（见第 7 章注释 232）；美国沿海和主要水路旁的县在大选中更倾向自由派（Haidt & Graham, 2007）。
12. 均引自 Singer, 1981/2011。
13. Herman, 1997.
14. Bettmann, 1974; Easterbrook, 2003; Goklany, 2007; Kenny, 2011; Ridley, 2010; Robinson, 2009; Wattenberg, 1984.
15. Payne, 2004, p. 29.
16. Wright, 2000, p. 319. Wright, 2000, p. 320. Wright, 2000, p. 334.
17. Nagel, 1970; Railton, 1986; Sayre-McCord, 1988; Shafer-Landau, 2003; Harris, 2010.
18. 《亨利五世》第三幕第三场。
19. Rummel, 1994, 1997. 引自 Desmond Morris。
20. 《物种起源》一书的最后一句话。

参考文献

ABC News. 2002. Most say spanking's OK by parents but not by grade-school teachers. *ABC News Poll*. New York. http://abcnews.go.com/sections/US/DailyNews/spanking_poll021108.html.

Aboud, F. E. 1989. *Children and prejudice*. Cambridge, Mass.: Blackwell.

Abrahms, M. 2006. Why terrorism does not work. *International Security, 31*, 42–78.

Ad Nauseam. 2000. *"You mean a woman can open it . . . ?": The woman's place in the classic age of advertising*. Holbrook, Mass.: Adams Media.

Adams, D. 2006. Brain mechanisms of aggressive behavior: An updated review. *Neuroscience & Biobehavioral Reviews, 30*, 304–18.

Ainslie, G. 2001. *Breakdown of will*. New York: Cambridge University Press.

Akerlof, G. A. 1984. *An economic theorist's book of tales*. New York: Cambridge University Press.

Akey, J. M. 2009. Constructing genomic maps of positive selection in humans: Where do we go from here? *Genome Research, 19*, 711–22.

Alia-Klein, N., Goldstein, R. Z., Kriplani, A., Logan, J., Tomasi, D., Williams, B., Telang, F., Shumay, E., Biegon, A., Craig, I. W., Henn, F., Wang, G. J., Volkow, N. D., & Fowler, J. S. 2008. Brain monoamine oxidase-A activity predicts trait aggression. *Journal of Neuroscience, 28*, 5099–5104.

American Humane Association Film and Television Unit. 2009. *No animals were harmed: Guidelines for the safe use of animals in filmed media*. Englewood, Colo.: American Humane Association.

American Humane Association Film and Television Unit. 2010. No animals were harmed: A legacy of protection. http://www.americanhumane.org/protecting-animals/programs/no-animals-were-harmed/legacy-of-protection.html.

American Psychiatric Association. 2000. *Diagnostic and statistical manual of mental disorders: DSM-IV-TR*, 4th ed. Washington, D.C.: American Psychiatric Association.

Amnesty International. 2010. Abolitionist and retentionist countries. http://www.amnesty.org/en/death-penalty/abolitionist-and-retentionist-countries.

Anderson, E. 1999. *The code of the street: Violence, decency, and the moral life of the inner city*. New York: Norton.

Anderson, S. W., Bechara, A., Damasio, H., Tranel, D., & Damasio, A. R. 1999. Impairment of social and moral behavior related to early damage in human prefrontal cortex. *Nature Neuroscience, 2*, 1032–37.

Andreas, P., & Greenhill, K. M., eds. 2010. *Sex, drugs, and body counts: The politics of numbers in global crime and conflict*. Ithaca, N.Y.: Cornell University Press.

Appiah, K. A. 2006. *Cosmopolitanism: Ethics in a world of strangers*. New York: Norton.

Archer, J. 2006a. Cross-cultural differences in physical aggression between partners: A social role analysis. *Personality and Social Psychology Bulletin, 10*, 133–53.

Archer, J. 2006b. Testosterone and human aggression: An evaluation of the challenge hypothesis. *Neuroscience & Biobehavioral Reviews, 30*, 319–45.

Archer, J. 2009. Does sexual selection explain human sex differences in aggression? *Behavioral & Brain Sciences, 32*, 249–311.

Arendt, H. 1963. *Eichmann in Jerusalem: A report on the banality of evil*. New York: Viking Press.

Asal, V., Johnson, C., & Wilkenfeld, J. 2008. Ethnopolitical violence and terrorism in the Middle East. In J. J. Hewitt, J. Wilkenfeld & T. R. Gurr, eds., *Peace and conflict 2008*. Boulder, Colo.: Paradigm.

Asal, V., & Pate, A. 2005. The decline of ethnic political discrimination 1950–2003. In M. G. Marshall & T. R. Gurr, eds., *Peace and conflict 2005: A global survey of armed conflicts, self-determination movements, and democracy*. College Park: Center for International Development and Conflict Management, University of Maryland.

Asch, S. E. 1956. Studies of independence and conformity I: A minority of one against a unanimous majority. *Psychological Monographs: General and Applied, 70,* Whole No. 416.
Atran, S. 2002. *In gods we trust: The evolutionary landscape of supernatural agency.* New York: Oxford University Press.
Atran, S. 2003. Genesis of suicide terrorism. *Science, 299,* 1534–39.
Atran, S. 2006. The moral logic and growth of suicide terrorism. *Washington Quarterly, 29,* 127–47.
Atran, S. 2010. Pathways to and from violent extremism: The case for science-based field research (Statement Before the Senate Armed Services Subcommittee on Emerging Threats & Capabilities, March 10, 2010). *Edge.* http://www.edge.org/3rd_culture/atran10/atran10_index.html.
Axelrod, R. 1984/2006. *The evolution of cooperation.* New York: Basic Books.
Axelrod, R., & Hamilton, W. D. 1981. The evolution of cooperation. *Science, 211,* 1390–96.
Bailey, M. 2003. *The man who would be queen: The science of gender-bending and transsexualism.* Washington, D.C.: National Academies Press.
Bandura, A. 1999. Moral disengagement in the perpetration of inhumanities. *Personality & Social Psychology Review, 3,* 193–209.
Bandura, A. 2002. Reflexive empathy: On predicting more than has ever been observed. *Behavioral & Brain Sciences, 25,* 24–25.
Bandura, A., Underwood, B., & Fromson, M. E. 1975. Disinhibition of aggression through diffusion of responsibility and dehumanization of victims. *Journal of Research in Personality, 9,* 253–69.
Baron-Cohen, S. 1995. *Mindblindness: An essay on autism and theory of mind.* Cambridge, Mass.: MIT Press.
Batson, C. D., & Ahmad, N. 2001. Empathy-induced altruism in a prisoner's dilemma II: What if the partner has defected? *European Journal of Social Psychology, 31,* 25–36.
Batson, C. D., Ahmad, N., Lishmer, D. A., & Tsang, J.-A. 2002. Empathy and altruism. In C. R. Snyder & S. J. Lopez, eds., *Handbook of positive psychology.* Oxford, U.K.: Oxford University Press.
Batson, C. D., Ahmad, N., & Stocks, E. L. 2005. Benefits and liabilities of empathy-induced altruism. In A. G. Miller ed., *The social psychology of good and evil.* New York: Guilford Press.
Batson, C. D., Batson, J. G., Todd, M., Brummett, B. H., Shaw, L. L., & Aldeguer, C. M. R. 1995. Empathy and the collective good: Caring for one of the others in a social dilemma. *Journal of Personality & Social Psychology, 68,* 619–31.
Batson, C. D., Chang, J., Orr, R., & Rowland, J. 2008. Empathy, attitudes, and action: Can feeling for a member of a stigmatized group motivate one to help the group? *Personality & Social Psychology Bulletin, 28,* 1656–66.
Batson, C. D., Duncan, B. D., Ackerman, P., Buckley, T., & Birch, K. 1981. Is empathic emotion a source of altruistic motivation? *Journal of Personality & Social Psychology, 40,* 292–302.
Batson, C. D., Dyck, J. L., Brandt, R. B., Batson, J. G., Powell, A. L., McMaster, M. R., & Griffitt, C. 1988. Five studies testing two new egoistic alternatives to the empathy-altruism hypothesis. *Journal of Personality & Social Psychology, 55,* 52–77.
Batson, C. D., Klein, T. R., Highberger, L., & Shaw, L. L. 1995b. Immorality from empathy-induced altruism: When compassion and justice conflict. *Journal of Personality & Social Psychology, 68,* 1042–54.
Batson, C. D., Lishner, D. A., Cook, J., & Sawyer, S. 2005b. Similarity and nurturance: Two possible sources of empathy for strangers. *Basic & Applied Social Psychology, 27,* 15–25.
Batson, C. D., & Moran, T. 1999. Empathy-induced altruism in a prisoner's dilemma. *European Journal of Social Psychology, 29,* 909–24.
Batson, C. D., Polycarpou, M. R., Harmon-Jones, E., Imhoff, H. J., Mitchener, E. C., Bednar, L. L., Klein, T. R., & Highberger, L. 1997. Empathy and attitudes: Can feeling for a member of a stigmatized group improve feelings toward the group? *Journal of Personality & Social Psychology, 72,* 105–18.
Batson, C. D., Turk, C. L., Shaw, L. L., & Klein, T. R. 1995. Information function of empathic emotion: Learning that we value the other's welfare. *Journal of Personality and Social Psychology, 68,* 300–313.
Batty, G. D., Deary, I. J., Tengstrom, A., & Rasmussen, F. 2008. IQ in early adulthood and later risk of death by homicide: Cohort study of 1 million men. *British Journal of Psychiatry, 193,* 461–65.
Baumeister, R. F. 1997. *Evil: Inside human violence and cruelty.* New York: Holt.
Baumeister, R. F. 2000. Gender differences in erotic plasticity: The female sex drive as socially flexible and responsive. *Psychological Bulletin, 126,* 347–74.
Baumeister, R. F., Bratslavsky, E., Muraven, M., & Tice, D. M. 1998. Ego depletion: Is the active self a limited resource? *Journal of Personality & Social Psychology, 24,* 1252–65.
Baumeister, R. F., & Campbell, W. K. 1999. The intrinsic appeal of evil: Sadism, sensational thrills, and threatened egotism. *Personality & Social Psychology Review, 3,* 210–21.
Baumeister, R. F., Gailliot, M., Dewall, C. N., & Oaten, M. 2006. Self-regulation and personality: How interventions increase regulatory success, and how depletion moderates the effects of traits on behavior. *Journal of Personality, 74,* 1773–1801.
Baumeister, R. F., Smart, L., & Boden, J. M. 1996. Relation of threatened egotism to violence and aggression: The dark side of high self-esteem. *Psychological Review, 103,* 5–33.

Baumeister, R. F., Stillwell, A. M., & Wotman, S. R. 1990. Victim and perpetrator accounts of interpersonal conflict: Autobiographical narratives about anger. *Journal of Personality & Social Psychology,59*,994–1005.
Baumeister, R. F., Stillwell, A. M., & Heatherton, T. F. 1994. Guilt: An interpersonal approach. *Psychological Bulletin, 115*, 243–67.
Beaver, K. M., DeLisi, M., Vaughn, M. G., & Wright, J. P. 2008. The intersection of genes and neuropsychological deficits in the prediction of adolescent delinquency and low self-control. *International Journal of Offender Therapy & Comparative Criminology, 54*, 22–42.
Bell, D. A. 2007a. *The first total war: Napoleon's Europe and the birth of warfare as we know it.* Boston: Houghton Mifflin.
Bell, D. A. 2007b. Pacific nationalism. *Critical Review, 19*, 501–10.
Bennett, A. 2005. The guns that didn't smoke: Ideas and the Soviet non-use of force in 1989. *Journal of Cold War Studies, 7*, 81–109.
Berkowitz, L., & Frodi, A. 1979. Reactions to a child's mistakes as affected by her/his looks and speech. *Social Psychology Quarterly, 42*, 420–25.
Berlin, I. 1979. The counter-enlightenment. *Against the current: Essays in the history of ideas.* Princeton, N.J.: Princeton University Press.
Besançon, A. 1998. Forgotten communism. *Commentary*, Jan., 24–27.
Bettmann, O. L. 1974. *The good old days—they were terrible!* New York: Random House.
Betzig, L. L. 1986. *Despotism and differential reproduction.* Hawthorne, N.Y.: Aldine de Gruyter.
Betzig, L. L. 1996a. Monarchy. In D. Levinson & M. Ember, eds., *Encyclopedia of Cultural Anthropology.* New York: Holt.
Betzig, L. L. 1996b. Political succession. In D. Levinson & M. Ember, eds., *Encyclopedia of Cultural Anthropology.* New York: Holt.
Betzig, L. L. 2002. British polygyny. In M. Smith, ed., *Human biology and history.* London: Taylor & Francis.
Betzig, L. L. 2007. The son also rises. *Evolutionary Psychology, 5*, 733–39.
Betzig, L. L., Borgerhoff Mulder, M., & Turke, P. 1988. *Human reproductive behavior: A Darwinian perspective.* New York: Cambridge University Press.
Bhagavad-Gita. 1983. *Bhagavad-Gita as it is.* Los Angeles: Bhaktivedanta Book Trust.
Bijian, Z. 2005. China's "peaceful rise" to great-power status. *Foreign Affairs*, Sept./Oct.
Black, D. 1983. Crime as social control. *American Sociological Review, 48*, 34–45.
Blackwell, A. D., & Sugiyama, L. S. In press. When is self-sacrifice adaptive? In L. S. Sugiyama, M. Scalise Sugiyama, F. White, D. Kenneth, & H. Arrow, eds., *War in Evolutionary Perspective.*
Blair, R.J.R. 2004. The roles of orbital frontal cortex in the modulation of antisocial behavior. *Brain & Cognition, 55*, 198–208.
Blair, R.J.R., & Cipolotti, L. 2000. Impaired social response reversal: A case of "acquired sociopathy." *Brain, 123*, 1122–41.
Blair, R.J.R., & Perschardt, K. S. 2002. Empathy: A unitary circuit or a set of dissociable neurocognitive systems? *Behavioral & Brain Sciences, 25*, 27–28.
Blanton, R. 2007. Economic globalization and violent civil conflict: Is openness a pathway to peace? *Social Science Journal, 44*, 599–619.
Blight, J. G., & Lang, J. M. 2007. Robert McNamara: Then and now. *Daedalus, 136*, 120–31.
Blum, A., & Houdailles, J. 1985. L'alphabétisation au XVIIIe et XIXeme siècle. L'illusion parisienne. *Population, 6.*
Blum, D. 1997. *Sex on the brain: The biological differences between men and women.* New York: Viking.
Blumstein, A., & Wallman, J., eds. 2006. *The crime drop in America*, rev. ed. New York: Cambridge University Press.
Bobo, L. D. 2001. Racial attitudes and relations at the close of the twentieth century. In N. J. Smelser, W. J. Wilson, & F. Mitchell, eds., *America becoming: Racial trends and their consequences.* Washington, D.C.: National Academies Press.
Bobo, L. D., & Dawson, M. C. 2009. A change has come: Race, politics, and the path to the Obama presidency. *Du Bois Review, 6*, 1–14.
Boehm, C. 1999. *Hierarchy in the forest: The evolution of egalitarian behavior.* Cambridge, Mass.: Harvard University Press.
Bohannon, J. 2008. Calculating Iraq's death toll: WHO study backs lower estimate. *Science, 319*, 273.
———. 2011. Counting the dead in Afghanistan. *Science, 331*, 1256–60.
Bolton, G. E., & Zwick, R. 1995. Anonymity versus punishment in ultimatum bargaining. *Games & Economic Behavior, 10*, 95–121.
Bouchard, T. J., Jr., & McGue, M. 2003. Genetic and environmental influences on human psychological differences. *Journal of Neurobiology, 54*, 4–45.
Boulton, M. J., & Smith, P. K. 1992. The social nature of play fighting and play chasing: Mechanisms and strategies underlying cooperation and compromise. In J. Barkow, L. Cosmides, & J. Tooby, eds., *The adapted mind: Evolutionary psychology and the generation of culture.* New York: Oxford University Press.

Bourgon, J. 2003. Abolishing "cruel punishments": A reappraisal of the Chinese roots and long-term efficiency of the Xinzheng legal reforms. *Modern Asian Studies, 37*, 851–62.

Bourke, J. 1999. *An intimate history of killing: Face-to-face killing in 20th-century warfare*. New York: Basic Books.

Bowles, S. 2007. Genetically capitalist? *Science, 318*, 394–95.

Bowles, S. 2009. Did warfare among ancestral hunter-gatherers affect the evolution of human social behaviors? *Science, 324*, 1293–98.

Boyd, R., & Silk, J. B. 2006. *How humans evolved*, 4th ed. New York: Norton.

Brandt, R. B. 1974. *Hopi ethics: A theoretical analysis*. Chicago: University of Chicago Press.

Brecke, P. 1999. *Violent conflicts 1400 A.D. to the present in different regions of the world*. Paper presented at the 1999 Meeting of the Peace Science Society (International).

Brecke, P. 2002. Taxonomy of violent conflicts. http://www.inta.gatech.edu/peter/power.html.

Breiner, S. J. 1990. *Slaughter of the innocents: Child abuse through the ages and today*. New York: Plenum.

Brezina, T., Agnew, R., Cullen, F. T., & Wright, J. P. 2004. The code of the street: A quantitative assessment of Elijah Anderson's subculture of violence thesis and its contribution to youth violence research. *Youth Violence & Juvenile Justice, 2*, 303–28.

Brock, D. W. 1993. *Life and death: Philosophical essays in biomedical ethics*. New York: Cambridge University Press.

Bronowski, J. 1973. *The ascent of man*. Boston: Little, Brown.

Broude, G. J., & Greene, S. J. 1976. Cross-cultural codes on twenty sexual attitudes and practices. *Ethnology, 15*, 409–29.

Brown, B. R. 1968. The effects of need to maintain face on interpersonal bargaining. *Journal of Experimental Social Psychology, 4*, 107–22.

Brown, D. E. 1988. *Hierarchy, history, and human nature: The social origins of historical consciousness*. Tucson: University of Arizona Press.

Brown, D. E. 1991. *Human universals*. New York: McGraw-Hill.

Brown, D. E. 2000. Human universals and their implications. In N. Roughley, ed., *Being humans: Anthropological universality and particularity in transdisciplinary perspectives*. New York: Walter de Gruyter.

Brown, M. E. 1997. The impact of government policies on ethnic relations. In M. Brown & S. Ganguly, eds., *Government policies and ethnic relations in Asia and the Pacific*. Cambridge, Mass.: MIT Press.

Brown, R. 1985. *Social psychology: The second edition*. New York: Free Press.

Browne, A., & Williams, K. R. 1989. Exploring the effect of resource availability and the likelihood of female-perpetrated homicides. *Law & Society Review, 23*, 75–94.

Browne, K. 2002. *Biology at work*. New Brunswick, N.J.: Rutgers University Press.

Browning, C. R. 1992. *Ordinary men: Reserve police battalion 101 and the final solution in Poland*. New York: HarperCollins.

Brownmiller, S. 1975. *Against our will: Men, women, and rape*. New York: Fawcett Columbine.

Broyles, W. J. 1984. Why men love war. *Esquire* (November).

Brunner, H. G., Nelen, M., Breakfield, X. O., Ropers, H. H., & van Oost, B. A. 1993. Abnormal behavior associated with a point mutation in the structural gene for monoamine oxidase A. *Science, 262*, 578–80.

Buhaug, H. 2010. Climate not to blame for African civil wars. *Proceedings of the National Academy of Sciences, 107*, 16477–82.

Bullock, A. 1991. *Hitler and Stalin: Parallel lives*. London: HarperCollins.

Burch, E. S. 2005. *Alliance and conflict*. Lincoln: University of Nebraska Press.

Burger, J. M. 2009. Replicating Milgram: Would people still obey today? *American Psychologist, 64*, 1–11.

Burke, E. 1790/1967. *Reflections on the revolution in France*. London: J. M. Dent & Sons.

Burks, S. V., Carpenter, J. P., Goette, L., & Rustichini, A. 2009. Cognitive skills affect economic preferences, strategic behavior, and job attachment. *Proceedings of the National Academy of Sciences, 106*, 7745–50.

Burnham, G., Lafta, R., Doocy, S., & Roberts, L. 2006. Mortality after the 2003 invasion of Iraq: A cross-sectional cluster sample survey. *Lancet, 368*, 1421–28.

Bushman, B. J. 1997. Effects of alcohol on human aggression: Validity of proposed explanations. *Recent Developments in Alcoholism, 13*, 227–43.

Bushman, B. J., & Cooper, H. M. 1990. Effects of alcohol on human aggression: An integrative research review. *Psychological Bulletin, 107*, 341–54.

Buss, D. M. 1989. Conflict between the sexes. *Journal of Personality & Social Psychology, 56*, 735–47.

Buss, D. M. 1994. *The evolution of desire*. New York: Basic Books.

Buss, D. M. 2000. *The dangerous passion: Why jealousy is as necessary as love and sex*. New York: Free Press.

Buss, D. M. 2005. *The murderer next door: Why the mind is designed to kill*. New York: Penguin.

Buss, D. M., & Duntley, J. D. 2008. Adaptations for exploitation. *Group Dynamics: Theory, Research, & Practice, 12*, 53–62.

Buss, D. M., & Schmitt, D. P. 1993. Sexual strategies theory: An evolutionary perspective on human mating. *Psychological Review, 100*, 204–32.

Bussman, M., & Schneider, G. 2007. When globalization discontent turns violent: Foreign economic liberalization and internal war. *International Studies Quarterly, 51*, 79–97.
Byrnes, J. P., Miller, D. C., & Schafer, W. D. 1999. Gender differences in risk-taking: A meta-analysis. *Psychological Bulletin, 125*, 367–83.
C-SPAN. 2010. C-SPAN 2009 Historians presidential leadership survey. http://legacy.c-span.org/PresidentialSurvey/presidential-leadership-survey.aspx.
Cairns, R. B., Gariépy, J.-L., & Hood, K. E. 1990. Development, microevolution, and social behavior. *Psychological Review, 97*, 49–65.
Capital Punishment U.K. 2004. *The end of capital punishment in Europe*. http://www.capitalpunishmentuk.org/europe.html.
Caplan, B. 2007. *The myth of the rational voter: Why democracies choose bad policies*. Princeton, N.J.: Princeton University Press.
Caplan, B., & Miller, S. C. 2010. Intelligence makes people think like economists: Evidence from the General Social Survey. *Intelligence, 38*, 636–47.
Caplow, T., Hicks, L., & Wattenberg, B. 2001. *The first measured century: An illustrated guide to trends in America, 1900–2000*. Washington, D.C.: AEI Press.
Carey, J. 1993. *The intellectuals and the masses: Pride and prejudice among the literary intelligentsia, 1880–1939*. New York: St. Martin's Press.
Carlin, J. 2008. *Playing the enemy: Nelson Mandela and the game that made a nation*. New York: Penguin.
Carlsmith, K. M., Darley, J. M., & Robinson, P. H. 2002. Why do we punish? Deterrence and just deserts as motives for punishment. *Journal of Personality & Social Psychology, 83*, 284–99.
Carswell, S. 2001. *Survey on public attitudes towards the physical punishment of children*. Wellington: New Zealand Ministry of Justice.
Caspi, A. 2000. The child is father of the man: Personality continuities from childhood to adulthood. *Journal of Personality & Social Psychology, 78*, 158–72.
Caspi, A., McClay, J., Moffitt, T. E., Mill, J., Martin, J., Craig, I. W., Taylor, A., & Poulton, R. 2002. Evidence that the cycle of violence in maltreated children depends on genotype. *Science, 297*, 727–42.
Cavalli-Sforza, L. L. 2000. *Genes, peoples, and languages*. New York: North Point Press.
Cederman, L.-E. 2001. Back to Kant: Reinterpreting the democratic peace as a macrohistorical learning process. *American Political Science Review, 95*, 15–31.
Cederman, L.-E. 2003. Modeling the size of wars: From billiard balls to sandpiles. *American Political Science Review, 97*, 135–50.
Center for Systemic Peace. 2010. Integrated network for societal conflict research data page. http://www.systemicpeace.org/inscr/inscr.htm.
Centola, D., Willer, R., & Macy, M. 2005. The emperor's dilemma: A computational model of self-enforcing norms. *American Journal of Sociology, 110*, 1009–40.
Central Intelligence Agency. 2010. *The world factbook*. https://www.cia.gov/library/publications/the-world-factbook/.
Chabris, C. F., Laibson, D., Morris, C. L., Schuldt, J. P., & Taubinsky, D. 2008. Individual laboratory-measured discount rates predict field behavior. *Journal of Risk & Uncertainty, 37*, 237–69.
Chagnon, N. A. 1988. Life histories, blood revenge, and warfare in a tribal population. *Science, 239*, 985–92.
Chagnon, N. A. 1996. Chronic problems in understanding tribal violence and warfare. In G. Bock & J. Goode, eds., *The genetics of criminal and antisocial behavior*. New York: Wiley.
Chagnon, N. A. 1997. *Yanomamö*, 5th ed. New York: Harcourt Brace.
Chalk, F., & Jonassohn, K. 1990. *The history and sociology of genocide: Analyses and case studies*. New Haven, Conn.: Yale University Press.
Check, J.V.P., & Malamuth, N. 1985. An empirical assessment of some feminist hypotheses about rape. *International Journal of Women's Studies, 8*, 414–23.
Chernow, R. 2004. *Alexander Hamilton*. New York: Penguin.
Chiang, M. C., Barysheva, M., Shattuck, D. W., Lee, A. D., Madsen, S. K., Avedissian, C., Klunder, A. D., Toga, A. W., McMahon, K. L., de Zubicaray, G. I., Wright, M. J., Srivastava, A., Balov, N., & Thompson, P. M. 2009. Genetics of brain fiber architecture and intellectual performance. *Journal of Neuroscience, 29*, 2212–24.
China (Taiwan), Republic of, Department of Statistics, Ministry of the Interior. 2000. The analysis and comparison on statistics of criminal cases in various countries. http://www.moi.gov.tw/stat/english/topic.asp.
Chirot, D. 1994. *Modern tyrants*. Princeton, N.J.: Princeton University Press.
Chirot, D. 1995. Modernism without liberalism: The ideological roots of modern tyranny. *Contention, 5*, 141–82.
Chirot, D., & McCauley, C. 2006. *Why not kill them all? The logic and prevention of mass political murder*. Princeton, N.J.: Princeton University Press.
Chu, R., Rivera, C., & Loftin, C. 2000. Herding and homicide: An examination of the Nisbett-Reeves hypothesis. *Social Forces, 78*, 971–87.

Chwe, M. S.-Y. 2001. *Rational ritual: Culture, coordination, and common knowledge*. Princeton, N.J.: Princeton University Press.

Claeys, G. 2000. "The survival of the fittest" and the origins of Social Darwinism. *Journal of the History of Ideas, 61*, 223–40.

Clark, G. 2007a. *A farewell to alms: A brief economic history of the world*. Princeton, N.J.: Princeton University Press.

Clark, G. 2007b. Genetically capitalist? The Malthusian era and the formation of modern preferences. http://www.econ.ucdavis.edu/faculty/gclark/papers/capitalism%20genes.pdf.

Clark, M. S., Mills, J., & Powell, M. C. 1986. Keeping track of needs in communal and exchange relationships. *Journal of Personality & Social Psychology, 51*, 333–38.

Clauset, A., & Young, M. 2005. Scale invariance in global terrorism. arXiv:physics/0502014v2 [physics.soc-ph].

Clauset, A., Young, M., & Gleditsch, K. S. 2007. On the frequency of severe terrorist events. *Journal of Conflict Resolution, 51*, 58–87.

Cleaver, E. 1968/1999. *Soul on ice*. New York: Random House.

Cloninger, C. R., & Gottesman, I. I. 1987. Genetic and environmental factors in antisocial behavior disorders. In S. A. Mednick, T. E. Moffitt, & S. A. Stack, eds., *The causes of crime: New biological approaches*. New York: Cambridge University Press.

Clutton-Brock, T. 2007. Sexual selection in males and females. *Science, 318*, 1882–85.

Cochran, G., & Harpending, H. 2009. *The 10,000 year explosion: How civilization accelerated human evolution*. New York: Basic Books.

Cockburn, J. S. 1991. Patterns of violence in English society: Homicide in Kent, 1560–1985. *Past & Present, 130*, 70–106.

Coghlan, B., Ngoy, P., Mulumba, F., Hardy, C., Bemo, V. N., Stewart, T., Lewis, J., & Brennan, R. 2008. *Mortality in the Democratic Republic of Congo: An ongoing crisis*. New York: International Rescue Committee. http://www.theirc.org/sites/default/files/migrated/resources/2007/2006-7_congomortalitysurvey.pdf.

Cohen, D., & Nisbett, R. E. 1997. Field experiments examining the culture of honor: The role of institutions in perpetuating norms about violence. *Personality & Social Psychology Bulletin, 23*, 1188–99.

Cohen, D., Nisbett, R. E., Bowdle, B., & Schwarz, N. 1996. Insult, aggression, and the southern culture of honor: An "experimental ethnography." *Journal of Personality & Social Psychology, 20*, 945–60.

Cole, M., Gay, J., Glick, J., & Sharp, D. W. 1971. *The cultural context of learning and thinking*. New York: Basic Books.

Collier, P. 2007. *The bottom billion: Why the poorest countries are failing and what can be done about it*. New York: Oxford University Press.

Collins, R. 2008. *Violence: A micro-sociological theory*. Princeton, N.J.: Princeton University Press.

Cook, P. J., & Moore, M. H. 1999. Guns, gun control, and homicide. In M. D. Smith & M. A. Zahn, eds., *Homicide: A sourcebook of social research*. Thousand Oaks, Calif.: Sage.

Cooney, M. 1997. The decline of elite homicide. *Criminology, 35*, 381–407.

Cosmides, L., & Tooby, J. 1992. Cognitive adaptations for social exchange. In J. H. Barkow, L. Cosmides, & J. Tooby, eds., *The adapted mind: Evolutionary psychology and the generation of culture*. New York: Oxford University Press.

Côté, S. M., Vaillancourt, T., LeBlanc, J. C., Nagin, D. S., & Tremblay, R. E. 2006. The development of physical aggression from toddlerhood to pre-adolescence: A nationwide longitudinal study of Canadian children. *Journal of Abnormal Child Psychology, 34*, 71–85.

Courtois, S., Werth, N., Panné, J.-L., Paczkowski, A., Bartosek, K., & Margolin, J.-L. 1999. *The black book of communism: Crimes, terror, repression*. Cambridge, Mass.: Harvard University Press.

Courtwright, D. T. 1996. *Violent land: Single men and social disorder from the frontier to the inner city*. Cambridge, Mass.: Harvard University Press.

Courtwright, D. T. 2010. *No right turn: Conservative politics in a liberal America*. Cambridge, Mass.: Harvard University Press.

Crick, N. R., Ostrov, J. M., & Kawabata, Y. 2007. Relational aggression and gender: An overview. In D. J. Flannery, A. T. Vazsonyi, & I. D. Waldman, eds., *The Cambridge handbook of violent behavior and aggression*. New York: Cambridge University Press.

Cronin, A. K. 2009. *How terrorism ends: Understanding the decline and demise of terrorist campaigns*. Princeton, N.J.: Princeton University Press.

Csibra, G. 2008. Action mirroring and action understanding: An alternative account. In P. Haggard, Y. Rosetti, & M. Kawamoto, eds., *Attention and performance XXII: Sensorimotor foundations of higher cognition*. New York: Oxford Univeristy Press.

Cullen, D. 2009. *Columbine*. New York: Twelve.

Curtis, V., & Biran, A. 2001. Dirt, disgust, and disease: Is hygiene in our genes? *Perspectives in Biology & Medicine, 44*, 17–31.

Dabbs, J. M., & Dabbs, M. G. 2000. *Heroes, rogues, and lovers: Testosterone and behavior*. New York: McGraw Hill.

Daly, M., Salmon, C., & Wilson, M. 1997. Kinship: The conceptual hole in psychological studies of social cognition and close relationships. In J. Simpson & D. Kenrick, eds., *Evolutionary social psychology*. Mahwah, N.J.: Erlbaum.
Daly, M., & Wilson, M. 1983. *Sex, evolution, and behavior,* 2nd ed. Belmont, Calif.: Wadsworth.
Daly, M., & Wilson, M. 1988. *Homicide*. New York: Aldine De Gruyter.
Daly, M., & Wilson, M. 1999. *The truth about Cinderella: A Darwinian view of parental love*. New Haven, Conn.: Yale University Press.
Daly, M., & Wilson, M. 2000. Risk-taking, intrasexual competition, and homicide. *Nebraska Symposium on Motivation*. Lincoln: University of Nebraska Press.
Daly, M., & Wilson, M. 2005. Carpe diem: Adaptation and devaluing of the future. *Quarterly Review of Biology, 80,* 55–60.
Daly, M., Wilson, M., & Vasdev, S. 2001. Income inequality and homicide rates in Canada and the United States. *Canadian Journal of Criminology, 43,* 219–36.
Damasio, A. R. 1994. *Descartes' error: Emotion, reason, and the human brain*. New York: Putnam.
Darnton, R. 1990. *The kiss of Lamourette: Reflections in cultural history*. New York: Norton.
Darwin, C. R. 1874. *The descent of man, and selection in relation to sex,* 2nd ed. New York: Hurst & Co.
Davies, N. 1981. *Human sacrifice in history and today*. New York: Morrow.
Davies, P., Lee, L., Fox, A., & Fox, E. 2004. Could nursery rhymes cause violent behavior? A comparison with television viewing. *Archives of Diseases of Childhood, 89,* 1103–5.
Davis, D. B. 1984. *Slavery and human progress*. New York: Oxford University Press.
Dawkins, R. 1976/1989. *The selfish gene,* new ed. New York: Oxford University Press.
Dawkins, R., & Brockmann, H. J. 1980. Do digger wasps commit the Concorde fallacy? *Animal Behavior, 28,* 892–96.
de Quervain, D. J.-F., Fischbacher, U., Treyer, V., Schellhammer, M., Schnyder, U., Buck, A., & Fehr, E. 2004. The neural basis of altruistic punishment. *Science, 305,* 1254–58.
de Swaan, A. 2001. Dyscivilization, mass extermination, and the state. *Theory, Culture, & Society, 18,* 265–76.
de Waal, F.B.M. 1996. *Good natured: The origins of right and wrong in humans and other animals*. Cambridge, Mass.: Harvard University Press.
de Waal, F.B.M. 1998. *Chimpanzee politics: Power and sex among the apes*. Baltimore: Johns Hopkins University Press.
de Waal, F.B.M. 2009. *The age of empathy: Nature's lessons for a kinder society*. New York: Harmony Books.
de Waal, F.B.M., & Lanting, F. 1997. *Bonobo: The forgotten ape*. Berkeley: University of California Press.
Deary, I. J. 2001. *Intelligence: A very short introduction*. New York: Oxford University Press.
Deary, I. J., Batty, G. D., & Gale, C. R. 2008. Bright children become enlightened adults. *Psychological Science, 19,* 1–6.
Death Penalty Information Center. 2010a. *Death penalty for offenses other than murder.* http://www.deathpenaltyinfo.org/death-penalty-offenses-other-murder.
Death Penalty Information Center. 2010b. *Facts about the death penalty.* http://www.deathpenaltyinfo.org/documents/FactSheet.pdf.
deMause, L. 1974. *The history of childhood*. New York: Harper Torchbooks.
deMause, L. 1982. *Foundations of psychohistory*. New York: Creative Roots.
deMause, L. 1998. The history of child abuse. *Journal of Psychohistory, 25,* 216–36.
deMause, L. 2002. *The emotional life of nations*. New York: Karnac.
deMause, L. 2008. The childhood origins of World War II and the Holocaust. *Journal of Psychohistory, 36,* 2–35.
Dershowitz, A. M. 2004a. *Rights from wrongs: A secular theory of the origins of rights*. New York: Basic Books.
Dershowitz, A. M. 2004b. Tortured reasoning. In S. Levinson, ed., *Torture: A collection*. New York: Oxford University Press.
Descartes, R. 1641/1967. Meditations on first philosophy. In R. Popkin, ed., *The philosophy of the 16th and 17th centuries*. New York: Free Press.
Deutsch, M., & Gerard, G. B. 1955. A study of normative and informational social influence upon individual judgment. *Journal of Abnormal & Social Psychology, 51,* 629–36.
DeVoe, J. F., Peter, K., Kaufman, P., Miller, A., Noonan, M., Snyder, T. D., & Baum, K. 2004. *Indicators of school crime and safety: 2004*. Washington, D.C.: National Center for Education Statistics and Bureau of Justice Statistics.
Dewall, C., Baumeister, R. F., Stillman, T., & Gailliot, M. 2007. Violence restrained: Effects of self-regulation and its depletion on aggression. *Journal of Experimental Social Psychology, 43,* 62–76.
Dewar Research. 2009. *Government statistics on domestic violence: Estimated prevalence of domestic violence*. Ascot, U.K.: Dewar Research. http://www.dewar4research.org/DOCS/DVGovtStatsAug09.pdf.
di Pellegrino, G., Fadiga, L., Fogassi, L., Gallese, V., & Rizzolatti, G. 1992. Understanding motor events: a neurophysiological study. *Experimental Brain Research, 91,* 176–80.
Diamond, J. M. 1997. *Guns, germs, and steel: The fates of human societies*. New York: Norton.

Diamond, S. R. 1977. The effect of fear on the aggressive responses of anger-aroused and revenge-motivated subjects. *Journal of Psychology, 95*, 185–88.
Divale, W. T. 1972. System population control in the Middle and Upper Paleolithic: Inferences based on contemporary hunter-gatherers. *World Archaeology, 4*, 222–43.
Divale, W. T., & Harris, M. 1976. Population, warfare, and the male supremacist complex. *American Anthropologist, 78*, 521–38.
Dobash, R. P., Dobash, R. E., Wilson, M., & Daly, M. 1992. The myth of sexual symmetry in marital violence. *Social Problems, 39*, 71–91.
Dodds, G. G. 2003a. Political apologies and public discourse. In J. Rodin & S. P. Steinberg, eds., *Public discourse in America*. Philadelphia: University of Pennsylvania Press.
Dodds, G. G. 2003b. Political apologies: Chronological list. http://reserve.mg2.org/apologies.htm.
Dodds, G. G. 2005. Political apologies since update of 01/23/03. Concordia University.
Donohue, J. J., & Levitt, S. D. 2001. The impact of legalized abortion on crime. *Quarterly Journal of Economics, 116*, 379–420.
Dostoevsky, F. 1880/2002. *The Brothers Karamazov*. New York: Farrar, Straus & Giroux.
Dreger, A. 2011. Darkness's descent on the American Anthropological Association: A cautionary tale. *Human Nature*. DOI 10.1007/s12110-011-9103-y.
Duckworth, A. L., & Seligman, M.E.P. 2005. Self-discipline outdoes IQ in predicting academic performance of adolescents. *Psychological Science, 16*, 939–44.
Duerr, H.-P. 1988–97. *Der Mythos vom Zivilisationsprozess*, vols. 1–4. Frankfurt: Suhrkamp.
Dulić, T. 2004a. A reply to Rummel. *Journal of Peace Research, 41*, 105–6.
Dulić, T. 2004b. Tito's slaughterhouse: A critical analysis of Rummel's work on democide. *Journal of Peace Research, 41*, 85–102.
Dworkin, A. 1993. *Letters from a war zone*. Chicago: Chicago Review Press.
Easterbrook, G. 2003. *The progress paradox: How life gets better while people feel worse*. New York: Random House.
Eck, K., & Hultman, L. 2007. Violence against civilians in war. *Journal of Peace Research, 44*, 233–46.
Eckhardt, W. 1992. *Civilizations, empires, and wars*. Jefferson, N.C.: McFarland & Co.
Edwards, W. D., Gabel, W. J., & Hosmer, F. 1986. On the physical death of Jesus Christ. *Journal of the American Medical Association, 255*, 1455–63.
Ehrman, B. D. 2005. *Misquoting Jesus: The story behind who changed the Bible and why*. New York: HarperCollins.
Eisner, M. 2001. Modernization, self-control, and lethal violence: The long-term dynamics of European homicide rates in theoretical perspective. *British Journal of Criminology, 41*, 618–38.
Eisner, M. 2003. Long-term historical trends in violent crime. *Crime & Justice, 30*, 83–142.
Eisner, M. 2008. Modernity strikes back? A historical perspective on the latest increase in interpersonal violence 1960–1990. *International Journal of Conflict & Violence, 2*, 288–316.
Eisner, M. 2009. The uses of violence: An examination of some cross-cutting issues. *International Journal of Conflict & Violence, 3*, 40–59.
Eisner, M. 2011. Killing kings: Patterns of regicide in Europe, 600–1800. *British Journal of Criminology, 51*, 556–77.
Eley, T. C., Lichtenstein, P., & Stevenson, J. 1999. Sex differences in the etiology of aggressive and nonaggressive antisocial behavior: Results from two twin studies. *Child Development, 70*, 155–68.
Elias, N. 1939/2000. *The civilizing process: Sociogenetic and psychogenetic investigations*, rev. ed. Cambridge, Mass.: Blackwell.
Ellickson, R. C. 1991. *Order without law: How neighbors settle disputes*. Cambridge, Mass.: Harvard University Press.
Ellis, B. J. 1992. The evolution of sexual attraction: Evaluative mechanisms in women. In J. Barkow, L. Cosmides, & J. Tooby, eds., *The adapted mind: Evolutionary psychology and the generation of culture*. New York: Oxford University Press.
Eltis, D., & Richardson, D. 2010. *Atlas of the transatlantic slave trade*. New Haven, Conn.: Yale University Press.
Ember, C. 1978. Myths about hunter-gatherers. *Ethnology, 27*, 239–48.
English, R. 2005. The sociology of new thinking: Elites, identity change, and the end of the Cold War. *Journal of Cold War Studies, 7*, 43–80.
Ericksen, K. P., & Horton, H. 1992. "Blood feuds": Cross-cultural variation in kin group vengeance. *Behavioral Science Research, 26*, 57–85.
Ericksen, R. P., & Heschel, S. 1999. *Betrayal: German churches and the Holocaust*. Minneapolis: Fortress Press.
Esposito, J. L., & Mogahed, D. 2007. *Who speaks for Islam? What a billion Muslims really think*. New York: Gallup Press.
Espy, M. W., & Smykla, J. O. 2002. Executions in the United States, 1608–2002. Death Penalty Information Center. http://www.deathpenaltyinfo.org/executions-us-1608-2002-espy-file.
Etcoff, N. L. 1999. *Survival of the prettiest: The science of beauty*. New York: Doubleday.
Faris, S. 2007. Fool's gold. *Foreign Policy*, July.

Farrington, D. P. 2007. Origins of violent behavior over the life span. In D. J. Flannery, A. T. Vazsonyi, & I. D. Waldman, eds., *The Cambridge handbook of violent behavior and aggression*. New York: Cambridge University Press.
Fattah, K., & Fierke, K. M. 2009. A clash of emotions: The politics of humiliation and political violence in the Middle East. *European Journal of International Relations, 15*, 67–93.
Faust, D. 2008. *The republic of suffering: Death and the American Civil War*. New York: Vintage.
Fearon, J. D., & Laitin, D. D. 1996. Explaining interethnic cooperation. *American Political Science Review, 90*, 715–35.
Fearon, J. D., & Laitin, D. D. 2003. Ethnicity, insurgency, and civil war. *American Political Science Review, 97*, 75–90.
Fehr, E., & Gächter, S. 2000. Fairness and retaliation: The economics of reciprocity. *Journal of Economic Perspectives, 14*, 159–81.
Feingold, D. A. 2010. Trafficking in numbers: The social construction of human trafficking data. In P. Andreas & K. M. Greenhill, eds., *Sex, drugs, and body counts: The politics of numbers in global crime and conflict*. Ithaca, N.Y.: Cornell University Press.
Feller, W. 1968. *An introduction to probability theory and its applications*. New York: Wiley.
Felson, R. B. 1982. Impression management and the escalation of aggression and violence. *Social Psychology Quarterly, 45*, 245–54.
Ferguson, N. 1998. *The pity of war: Explaining World War I*. New York: Basic Books.
Ferguson, N. 2006. *The war of the world: Twentieth-century conflict and the descent of the West*. New York: Penguin.
Fernández-Jalvo, Y., Diez, J. C., Bermúdez de Castro, J. M., Carbonell, E., & Arsuaga, J. L. 1996. Evidence of early cannibalism. *Science, 271*, 277–78.
Festinger, L. 1957. *A theory of cognitive dissonance*. Stanford, Calif.: Stanford University Press.
Finkelhor, D., Hammer, H., & Sedlak, A. J. 2002. *Nonfamily abducted children: National estimates and characteristics*. Washington, D.C.: U.S. Department of Justice, Office of Justice Programs: Office of Juvenile Justice and Delinquency Prevention.
Finkelhor, D., & Jones, L. 2006. Why have child maltreatment and child victimization declined? *Journal of Social Issues, 62*, 685–716.
Fischer, H. 2008. *Iraqi civilian deaths estimates*. Washington, D.C.: Library of Congress.
Fischer, K. P. 1998. *The history of an obsession: German Judeophobia and the Holocaust*. New York: Continuum.
Fiske, A. P. 1991. *Structures of social life: The four elementary forms of human relations*. New York: Free Press.
Fiske, A. P. 1992. The four elementary forms of sociality: Framework for a unified theory of social relations. *Psychological Review, 99*, 689–723.
Fiske, A. P. 2004a. Four modes of constituting relationships: Consubstantial assimilation; space, magnitude, time, and force; concrete procedures; abstract symbolism. In N. Haslam, ed., *Relational models theory: A contemporary overview*. Mahwah, N.J.: Erlbaum.
Fiske, A. P. 2004b. Relational models theory 2.0. In N. Haslam, ed., *Relational models theory: A contemporary overview*. Mahwah, N.J.: Erlbaum.
Fiske, A. P., & Tetlock, P. E. 1997. Taboo trade-offs: Reactions to transactions that transgress the spheres of justice. *Political Psychology, 18*, 255–97.
Fiske, A. P., & Tetlock, P. E. 1999. Taboo tradeoffs: Constitutive prerequisites for social life. In S. A. Renshon & J. Duckitt, eds., *Political psychology: Cultural and cross-cultural perspectives*. London: Macmillan.
Fletcher, J. 1997. *Violence and civilization: An introduction to the work of Norbert Elias*. Cambridge, U.K.: Polity Press.
Flynn, J. R. 1984. The mean IQ of Americans: Massive gains 1932 to 1978. *Psychological Bulletin, 95*, 29–51.
Flynn, J. R. 1987. Massive IQ gains in 14 nations: What IQ tests really measure. *Psychological Bulletin, 101*, 171–91.
Flynn, J. R. 2007. *What is intelligence?* Cambridge, U.K.: Cambridge University Press.
Fodor, J. A., & Pylyshyn, Z. 1988. Connectionism and cognitive architecture: A critical analysis. *Cognition, 28*, 3–71.
Fogel, R. W., & Engerman, S. L. 1974. *Time on the cross: The economics of American Negro slavery*. Boston: Little, Brown & Co.
Fone, B. 2000. *Homophobia: A history*. New York: Picador.
Foote, C. L., & Goetz, C. F. 2008. The impact of legalized abortion on crime: Comment. *Quarterly Journal of Economics, 123*, 407–23.
Ford, R., & Blegen, M. A. 1992. Offensive and defensive use of punitive tactics in explicit bargaining. *Social Psychology Quarterly, 55*, 351–62.
Fortna, V. P. 2008. *Does peacekeeping work? Shaping belligerents' choices after civil war*. Princeton, N.J.: Princeton University Press.

Fox, J. A., & Levin, J. 1999. Serial murder: Popular myths and empirical realities. In M. D. Smith & M. A. Zahn, eds., *Homicide: A sourcebook of social research*. Thousand Oaks, Calif.: Sage.
Fox, J. A., & Zawitz, M. W. 2007. Homicide trends in the United States. http://bjs.ojp.usdoj.gov/content/homicide/homtrnd.cfm.
Francis, N., & Kučera, H. 1982. *Frequency analysis of English usage: Lexicon and grammar*. Boston: Houghton Mifflin.
Frank, R. H. 1988. *Passions within reason: The strategic role of the emotions*. New York: Norton.
Freeman, D. 1999. *The fateful hoaxing of Margaret Mead: A historical analysis of her Samoan research*. Boulder, Colo.: Westview Press.
French Ministry of Foreign Affairs. 2007. *The death penalty in France*. http://ambafrance-us.org/IMG/pdf/Death_penalty.pdf.
Fukuyama, F. 1989. The end of history? *National Interest*, Summer.
Fukuyama, F. 1999. *The great disruption: Human nature and the reconstitution of social order*. New York: Free Press.
Furuichi, T., & Thompson, J. M. 2008. *The bonobos: Behavior, ecology, and conservation*. New York: Springer.
Fuster, J. M. 2008. *The prefrontal cortex*, 4th ed. New York: Elsevier.
Gabor, T. 1994. *Everybody does it! Crime by the public*. Toronto: University of Toronto Press.
Gaddis, J. L. 1986. The long peace: Elements of stability in the postwar international system. *International Security, 10*, 99–142.
Gaddis, J. L. 1989. *The long peace: Inquiries into the history of the Cold War*. New York: Oxford University Press.
Gailliot, M. T., & Baumeister, R. F. 2007. Self-regulation and sexual restraint: Dispositionally and temporarily poor self-regulatory abilities contribute to failures at restraining sexual behavior. *Personality & Social Psychology Bulletin, 33*, 173–86.
Gailliot, M. T., Baumeister, R. F., Dewall, C. N., Maner, J. K., Plant, E. A., Tice, D. M., Brewer, L. E., & Schmeichel, B. J. 2007. Self-control relies on glucose as a limited energy source: Willpower is more than a metaphor. *Journal of Personality & Social Psychology, 92*, 325–36.
Gallonio, A. 1903/2004. *Tortures and torments of the Christian martyrs*. Los Angeles: Feral House.
Gallup. 2001. American attitudes toward homosexuality continue to become more tolerant. http://www.gallup.com/poll/4432/American-Attitudes-Toward-Homosexuality-Continue-Become-More-Tolerant.aspx.
Gallup. 2002. Acceptance of homosexuality: A youth movement. http://www.gallup.com/poll/5341/Acceptance-Homosexuality-Youth-Movement.aspx.
Gallup. 2003. Public lukewarm on animal rights. http://www.gallup.com/poll/8461/Public-Lukewarm-Animal-Rights.aspx.
Gallup. 2008. Americans evenly divided on morality of homosexuality. http://www.gallup.com/poll/108115/Americans-Evenly-Divided-Morality-Homosexuality.aspx.
Gallup. 2009. Knowing someone gay/lesbian affects views of gay issues. http://www.gallup.com/poll/118931/Knowing-Someone-Gay-Lesbian-Affects-Views-Gay-Issues.aspx.
Gallup. 2010. Americans' acceptance of gay relations crosses 50% threshold. http://www.gallup.com/poll/135764/Americans-Acceptance-Gay-Relations-Crosses-Threshold.aspx.
Gallup, A. 1999. *The Gallup poll cumulative index: Public opinion, 1935–1997*. Wilmington, Del.: Scholarly Resources.
Gardner, D. 2008. *Risk: The science and politics of fear*. London: Virgin Books.
Gardner, D. 2010. *Future babble: Why expert predictions fail—and why we believe them anyway*. New York: Dutton.
Garrard, G. 2006. *Counter-Enlightenments: From the eighteenth century to the present*. New York: Routledge.
Gartner, R. 2009. Homicide in Canada. In J. I. Ross, ed., *Violence in Canada: Sociopolitical perspectives*. Piscataway, N.J.: Transaction.
Gartzke, E. 2007. The capitalist peace. *American Journal of Political Science, 51*, 166–91.
Gartzke, E., & Hewitt, J. J. 2010. International crises and the capitalist peace. *International Interactions, 36*, 115–45.
Gat, A. 2006. *War in human civilization*. New York: Oxford University Press.
Gaulin, S.J.C., & McBurney, D. H. 2001. *Psychology: An evolutionary approach*. Upper Saddle River, N. J.: Prentice Hall.
Gazzaniga, M. S. 2005. *The ethical brain*. New York: Dana Press.
Geary, D. C. 2010. *Male, female: The evolution of human sex differences*, 2nd ed. Washington, D.C.: American Psychological Association.
Geary, P. J. 2002. *The myth of nations: The medieval origins of Europe*. Princeton, N.J.: Princeton University Press.
Gelman, S. A. 2005. *The essential child: Origins of essentialism in everyday thought*. New York: Oxford University Press.
Genovese, J.E.C. 2002. Cognitive skills valued by educators: Historical content analysis of testing in Ohio. *Journal of Educational Research, 96*, 101–14.

Ghosn, F., Palmer, G., & Bremer, S. 2004. The MID 3 Data Set, 1993–2001: Procedures, coding rules, and description. *Conflict Management & Peace Science, 21*, 133–54.
Giancola, P. R. 2000. Executive functioning: A conceptual framework for alcohol-related aggression. *Experimental & Clinical Psychopharmacology, 8*, 576–97.
Gibbons, A. 1997. Archeologists rediscover cannibals. *Science, 277*, 635–37.
Gigerenzer, G. 2006. Out of the frying pan into the fire: Behavioral reactions to terrorist attacks. *Risk Analysis, 26*, 347–51.
Gigerenzer, G., & Murray, D. J. 1987. *Cognition as intuitive statistics*. Hillsdale, N.J.: Erlbaum.
Gil-White, F. 1999. How thick is blood? *Ethnic & Racial Studies, 22*, 789–820.
Gilad, Y. 2002. Evidence for positive selection and population structure at the human MAO-A gene. *Proceedings of the National Academy of Sciences, 99*, 862–67.
Gilbert, S. J., Spengler, S., Simons, J. S., Steele, J. D., Lawrie, S. M., Frith, C. D., & Burgess, P. W. 2006. Functional specialization within rostral prefrontal cortex (Area 10): A meta-analysis. *Journal of Cognitive Neuroscience, 18*, 932–48.
Gilligan, C. 1982. *In a different voice: Psychological theory and women's development*. Cambridge, Mass.: Harvard University Press.
Ginges, J., & Atran, S. 2008. Humiliation and the inertia effect: Implications for understanding violence and compromise in intractable intergroup conflicts. *Journal of Cognition & Culture, 8*, 281–94.
Ginges, J., Atran, S., Medin, D., & Shikaki, K. 2007. Sacred bounds on rational resolution of violent political conflict. *Proceedings of the National Academy of Sciences, 104*, 7357–60.
Girls Study Group. 2008. *Violence by teenage girls: Trends and context*. Washington, D.C.: U.S. Department of Justice: Office of Justice Programs. http://girlsstudygroup.rti.org/docs/OJJDP_GSG_Violence_Bulletin.pdf.
Gleditsch, K. S. 2002. Expanded trade and GDP data. *Journal of Conflict Resolution, 46*, 712–24.
Gleditsch, N. P. 1998. Armed conflict and the environment: A critique of the literature. *Journal of Peace Research, 35*, 381–400.
Gleditsch, N. P. 2008. The liberal moment fifteen years on. *International Studies Quarterly, 52*, 691–712.
Gleditsch, N. P., Hegre, H., & Strand, H. 2009. Democracy and civil war. In M. Midlarsky, ed., *Handbook of war studies III*. Ann Arbor: University of Michigan Press.
Gleditsch, N. P., Wallensteen, P., Eriksson, M., Sollenberg, M., & Strand, H. 2002. Armed conflict 1946–2001: A new dataset. *Journal of Peace Research, 39*, 615–37.
Global Zero Commission. 2010. *Global Zero action plan*. http://static.globalzero.org/files/docs/GZAP_6.0.pdf.
Glover, J. 1977. *Causing death and saving lives*. London: Penguin.
Glover, J. 1999. *Humanity: A moral history of the twentieth century*. London: Jonathan Cape.
Gochman, C. S., & Maoz, Z. 1984. Militarized interstate disputes, 1816–1976: Procedures, patterns, and insights. *Journal of Conflict Resolution, 28*, 585–616.
Goffman, E. 1959. *The presentation of self in everyday life*. New York: Doubleday.
Goklany, I. M. 2007. *The improving state of the world: Why we're living longer, healthier, more comfortable lives on a cleaner planet*. Washington, D.C.: Cato Institute.
Goldhagen, D. J. 1996. *Hitler's willing executioners: Ordinary Germans and the Holocaust*. New York: Knopf.
Goldhagen, D. J. 2009. *Worse than war: Genocide, eliminationism, and the ongoing assault on humanity*. New York: PublicAffairs.
Goldstein, J. S. 2001. *War and gender*. Cambridge, U.K.: Cambridge University Press.
Goldstein, J. S. 2011. *Winning the war on war: The surprising decline in armed conflict worldwide*. New York: Dutton.
Goldstein, J. S., & Pevehouse, J. C. 2009. *International relations*, 8th ed., 2008–2009 update. New York: Pearson Longman.
Goldstein, R. N. 2006. *Betraying Spinoza: The renegade Jew who gave us modernity*. New York: Nextbook/Schocken.
Gollwitzer, M., & Denzler, M. 2009. What makes revenge sweet: Seeing the offender suffer or delivering a message? *Journal of Experimental Social Psychology, 45*, 840–44.
Goodall, J. 1986. *The chimpanzees of Gombe: Patterns of behavior*. Cambridge, Mass.: Harvard University Press.
Gopnik, Adam. 2004. The big one: Historians rethink the war to end all wars. *New Yorker* (August 23).
Gopnik, Alison. 2007. Cells that read minds? What the myth of mirror neurons gets wrong about the human brain. *Slate* (April 26).
Gordon, M. 2009. *Roots of empathy: Changing the world child by child*. New York: Experiment.
Gorton, W., & Diels, J. 2010. Is political talk getting smarter? An analysis of presidential debates and the Flynn effect. *Public Understanding of Science* (March 18).
Gottfredson, L. S. 1997a. Mainstream science on intelligence: An editorial with 52 signatories, history, and bibliography. *Intelligence, 24*, 13–23.
Gottfredson, L. S. 1997b. Why *g* matters: The complexity of everyday life. *Intelligence, 24*, 79–132.

Gottfredson, M. R. 2007. Self-control and criminal violence. In D. J. Flannery, A. T. Vazsonyi, & I. D. Waldman, eds., *The Cambridge handbook of violent behavior and aggression*. New York: Cambridge University Press.
Gottfredson, M. R., & Hirschi, T. 1990. *A general theory of crime*. Stanford, Calif.: Stanford University Press.
Gottschall, J. 2008. *The rape of Troy: Evolution, violence, and the world of Homer*. New York: Cambridge University Press.
Gottschall, J., & Gottschall, R. 2003. Are per-incident rape-pregnancy rates higher than per-incident consensual pregnancy rates? *Human Nature, 14*, 1–20.
Gould, S. J. 1980. A biological homage to Mickey Mouse. *The panda's thumb: More reflections in natural history*. New York: Norton.
Gould, S. J. 1991. Glow, big glowworm. *Bully for brontosaurus*. New York: Norton.
Graf zu Waldburg Wolfegg, C. 1988. *Venus and Mars: The world of the medieval housebook*. New York: Prestel.
Graham-Kevan, N., & Archer, J. 2003. Intimate terrorism and common couple violence: A test of Johnson's predictions in four British samples. *Journal of Interpersonal Violence, 18*, 1247–70.
Gray, H. M., Gray, K., & Wegner, D. M. 2007. Dimensions of mind perception. *Science, 315*, 619.
Gray, P. B., & Young, S. M. 2010. Human-pet dynamics in cross-cultural perspective. *Anthrozoos 1, 24*, 17–30.
Grayling, A. C. 2007. *Toward the light of liberty: The struggles for freedom and rights that made the modern Western world*. New York: Walker.
Green, R. M. 2001. *The human embryo research debates: Bioethics in the vortex of controversy*. New York: Oxford University Press.
Greene, D., ed. 2000. *Samuel Johnson: The major works*. New York: Oxford University Press.
Greene, J. D. In press. *The moral brain and what to do with it*.
Greene, J. D., & Haidt, J. 2002. How (and where) does moral judgment work? *Trends in Cognitive Science, 6*, 517–23.
Greene, J. D., Sommerville, R. B., Nystrom, L. E., Darley, J. M., & Cohen, J. D. 2001. An fMRI investigation of emotional engagement in moral judgment. *Science, 293*, 2105–8.
Greenfield, P. M. 2009. Technology and informal education: What is taught, and what is learned. *Science, 323*, 69–71.
Groebner, V. 1995. Losing face, saving face: Noses and honour in the late medieval town. *History Workshop Journal, 40*, 1–15.
Gross, C. G. 2009. Early steps toward animal rights. *Science, 324*, 466–67.
Grossman, L.C.D. 1995. *On killing: The psychological cost of learning to kill in war and society*. New York: Back Bay Books.
Guo, G., Ou, X.-M., Roettger, M., & Shih, J. C. 2008a. The VNTR 2 repeat in MAOA and delinquent behavior in adolescence and young adulthood: Associations and MAOA promoter activity. *European Journal of Human Genetics, 16*, 626–34.
Guo, G., Roettger, M. E., & Cai, T. 2008b. The integration of genetic propensities into social-control models of delinquency and violence among male youths. *American Sociological Review, 73*, 543–68.
Guo, G., Roettger, M. E., & Shih, J. C. 2007. Contributions of the DAT1 and DRD2 genes to serious and violent delinquency among adolescents and young adults. *Human Genetics, 121*, 125–36.
Gurr, T. R. 1981. Historical trends in violent crime: A critical review of the evidence. In N. Morris & M. Tonry, eds., *Crime and justice*, vol. 3. Chicago: University of Chicago Press.
Gurr, T. R. 1989a. Historical trends in violent crime: Europe and the United States. In T. R. Gurr, ed., *Violence in America*, vol. 1: *The history of crime*. Newbury Park, Calif.: Sage.
Gurr, T. R., ed. 1989b. *Violence in America*, vol. 1. London: Sage.
Gurr, T. R., & Monty, M. G. 2000. Assessing the risks of future ethnic wars. In T. R. Gurr, ed., *Peoples versus states*. Washington, D.C.: United States Institute of Peace Press.
Hagen, E. H. 1999. The functions of postpartum depression. *Evolution & Human Behavior, 20*, 325–59.
Hagger, M., Wood, C., Stiff, C., & Chatzisarantis, N.L.D. 2010. Ego depletion and the strength model of self-control: A meta-analysis. *Psychological Bulletin, 136*, 495–525.
Haidt, J. 2001. The emotional dog and its rational tail: A social intuitionist approach to moral judgment. *Psychological Review, 108*, 813–34.
Haidt, J. 2002. The moral emotions. In R. J. Davidson, K. R. Scherer, & H. H. Goldsmith, eds., *Handbook of affective sciences*. New York: Oxford University Press.
Haidt, J. 2007. The new synthesis in moral psychology. *Science, 316*, 998–1002.
Haidt, J., Bjorklund, F., & Murphy, S. 2000. Moral dumbfounding: When intuition finds no reason. University of Virginia.
Haidt, J., & Graham, J. 2007. When morality opposes justice: Conservatives have moral intuitions that liberals may not recognize. *Social Justice Research, 20*, 98–116.
Haidt, J., & Hersh, M. A. 2001. Sexual morality: The cultures and emotions of conservatives and liberals. *Journal of Applied Social Psychology, 31*, 191–221.
Haidt, J., Koller, H., & Dias, M. G. 1993. Affect, culture, and morality, or is it wrong to eat your dog? *Journal of Personality & Social Psychology, 65*, 613–28.

Hakemulder, J. F. 2000. *The moral laboratory: Experiments examining the effects of reading literature on social perception and moral self-concept*. Philadelphia: J. Benjamins.

Hallissy, M. 1987. *Venomous woman: Fear of the female in literature*. Westport, Conn.: Greenwood Press.

Halpern, D. F. 2000. *Sex differences in cognitive abilities*, 3rd ed. Mahwah, N.J.: Erlbaum.

Hamer, D. H., & Copeland, P. 1994. *The science of desire: The search for the gay gene and the biology of behavior*. New York: Simon & Schuster.

Hamilton, W. D. 1963. The evolution of altruistic behavior. *American Naturalist, 97*, 354–56.

Hanawalt, B. A. 1976. Violent death in 14th and early 15th-century England. *Contemporary Studies in Society & History, 18*, 297–320.

Hanlon, G. 2007. *Human nature in rural Tuscany: An early modern history*. New York: Palgrave Macmillan.

Hardin, G. 1968. The tragedy of the commons. *Science, 162*, 1243–48.

Hare, R. D. 1993. *Without conscience: The disturbing world of the psychopaths around us*. New York: Guilford Press.

Harff, B. 2003. No lessons learned from the Holocaust? Assessing the risks of genocide and political mass murder since 1955. *American Political Science Review, 97*, 57–73.

Harff, B. 2005. Assessing risks of genocide and politicide. In M. G. Marshall & T. R. Gurr, eds., *Peace and conflict 2005: A global survey of armed conflicts, self-determination movements, and democracy*. College Park, Md.: Center for International Development & Conflict Management, University of Maryland.

Harlow, C. W. 2005. *Hate crime reported by victims and police*. Washington, D.C.: U.S. Department of Justice, Bureau of Justice Statistics. http://bjs.ojp.usdoj.gov/content/pub/pdf/hcrvp.pdf.

Harris, J. R. 1998/2008. *The nurture assumption: Why children turn out the way they do*, 2nd ed. New York: Free Press.

Harris, J. R. 2006. *No two alike: Human nature and human individuality*. New York: Norton.

Harris, M. 1975. *Culture, people, nature*, 2nd ed. New York: Crowell.

Harris, M. 1985. *Good to eat: Riddles of food and culture*. New York: Simon & Schuster.

Harris, S. 2010. *The moral landscape: How science can determine human values*. New York: Free Press.

Haslam, N. 2006. Dehumanization: An integrative review. *Personality & Social Psychology Review, 10*, 252–64.

Haslam, N., ed. 2004. *Relational models theory: A contemporary overview*. Mahwah, N.J.: Erlbaum.

Haslam, N., Rothschild, L., & Ernst, D. 2000. Essentialist beliefs about social categories. *British Journal of Social Psychology, 39*, 113–27.

Hauser, M. D. 2000. *Wild minds: What animals really think*. New York: Henry Holt.

Hawkes, K. 1981. A third explanation for female infanticide. *Human Ecology, 9*, 79–96.

Hawkes, K. 2006. Life history theory and human evolution. In K. Hawkes and R. Paine, eds., *The evolution of human life history*. Oxford: SAR Press.

Hayes, B. 2002. Statistics of deadly quarrels. *American Scientist, 90*, 10–15.

Hegre, H. 2000. Development and the liberal peace: What does it take to be a trading state? *Journal of Peace Research, 37*, 5–30.

Hegre, H., Ellingsen, T., Gates, S., & Gleditsch, N. P. 2001. Toward a democratic civil peace? Democracy, political change, and civil war 1816–1992. *American Political Science Review, 95*, 33–48.

Heise, L., & Garcia-Moreno, C. 2002. Violence by intimate partners. In E. G. Krug, L. L. Dahlberg, J. A. Mercy, A. B. Zwi, & R. Lozano, eds., *World report on violence and health*. Geneva: World Health Organization.

Held, R. 1986. *Inquisition: A selected survey of the collection of torture instruments from the Middle Ages to our times*. Aslockton, Notts, U.K.: Avon & Arno.

Helmbold, R. 1998. How many interstate wars will there be in the decade 2000–2009? *Phalanx, 31*, 21–23.

Henshaw, S. K. 1990. Induced abortion: A world review, 1990. *Family Planning Perspectives, 22*, 76–89.

Herman, A. 1997. *The idea of decline in Western history*. New York: Free Press.

Herrmann, B., Thöni, C., & Gächter, S. 2008a. Antisocial punishment across societies. *Science, 319*, 1362–67.

Herrmann, B., Thöni, C., & Gächter, S. 2008b. Antisocial punishment across societies: Supporting online material. http://www.sciencemag.org/content/319/5868/1362/supp/DC1.

Herrnstein, R. J., & Murray, C. 1994. *The bell curve: Intelligence and class structure in American life*. New York: Free Press.

Herzog, H. 2010. *Some we love, some we hate, some we eat: Why it's so hard to think straight about animals*. New York: HarperCollins.

Heschel, S. 2008. *The Aryan Jesus: Christian theologians and the Bible in Nazi Germany*. Princeton, N.J.: Princeton University Press.

Hewitt, J. J., Wilkenfeld, J., & Gurr, T. R., eds. 2008. *Peace and conflict 2008*. Boulder, Colo.: Paradigm.

Hewstone, M., Rubin, M., & Willis, H. 2002. Intergroup bias. *Annual Review of Psychology, 53*, 575–604.

Heywood, C. 2001. *A history of childhood*. Malden, Mass.: Polity.

Hickok, G. 2009. Eight problems for the mirror neuron theory of action understanding in monkeys and humans. *Journal of Cognitive Neuroscience, 21*, 1229–43.

Hill, J., Inder, T., Neil, J., Dierker, D., Harwell, J., & Van Essen, D. 2010. Similar patterns of cortical expansion during human development and evolution. *Proceedings of the National Academy of Sciences, 107,* 13135–40.
Himmelfarb, M. 1984. No Hitler, no Holocaust. *Commentary,* March, 37–43.
Hirschfeld, A. O. 1996. *Race in the making: Cognition, culture, and the child's construction of human kinds.* Cambridge, Mass.: MIT Press.
Hirschi, T., & Gottfredson, M. R. 2000. In defense of self-control. *Theoretical Criminology, 4,* 55–69.
Hitchcock, E., & Cairns, V. 1973. Amygdalotomy. *Postgraduate Medical Journal, 49,* 894–904.
Hoban, J. E. 2007. The ethical marine warrior: Achieving a higher standard. *Marine Corps Gazette* (September), 36–40.
Hoban, J. E. 2010. Developing the ethical marine warrior. *Marine Corps Gazette* (June), 20–25.
Hobbes, T. 1651/1957. *Leviathan.* New York: Oxford University Press.
Hodges, A. 1983. *Alan Turing: The enigma.* New York: Simon & Schuster.
Hoffman, M. L. 2000. *Empathy and moral development: Implications for caring and justice.* Cambridge, U.K.: Cambridge University Press.
Hofstadter, D. R. 1985. Dilemmas for superrational thinkers, leading up to a Luring lottery. In *Metamagical themas: Questing for the essence of mind and pattern.* New York: Basic Books.
Hofstede, G., & Hofstede, G. J. 2010. Dimensions of national cultures. http://www.geerthofstede.nl/culture/dimensions-of-national-cultures.aspx, retrieved July 19, 2010.
Holden, C. 2008. Parsing the genetics of behavior. *Science, 322,* 892–95.
Holsti, K. J. 1986. The horsemen of the apocalypse: At the gate, detoured, or retreating? *International Studies Quarterly, 30,* 355–72.
Holsti, K. J. 1991. *Peace and war: Armed conflicts and international order 1648–1989.* Cambridge, U.K.: Cambridge University Press.
Homer. 2003. *The Iliad,* trans. E. V. Rieu & P. Jones. New York: Penguin.
Horowitz, D. L. 2001. *The deadly ethnic riot.* Berkeley: University of California Press.
Howard, M. 1991. *The lessons of history.* New Haven, Conn.: Yale University Press.
Howard, M. 2001. *The invention of peace and the reinvention of war.* London: Profile.
Howard, M. 2007. *Liberation or catastrophe? Reflections on the history of the twentieth century.* London: Continuum.
Hoyle, R. H., Pinkley, R. L., & Insko, C. A. 1989. Perceptions of social behavior: Evidence of differing expectations for interpersonal and intergroup interaction. *Personality & Social Psychology Bulletin, 15,* 365–76.
Hrdy, S. B. 1999. *Mother nature: A history of mothers, infants, and natural selection.* New York: Pantheon.
Hudson, V. M., & den Boer, A. D. 2002. A surplus of men, a deficit of peace: Security and sex ratios in Asia's largest states. *International Security, 26,* 5–38.
Hughes, G. 1991. *Swearing: A social history of foul language, oaths, and profanity in English.* New York: Penguin.
Human Rights First. 2008. *Violence against Muslims: 2008 hate crime survey.* New York: Human Rights First.
Human Rights Watch. 2008. *A violent education: Corporal punishment of children in U.S. public schools.* New York: Human Rights Watch.
Human Security Centre. 2005. *Human Security Report 2005: War and peace in the 21st century.* New York: Oxford University Press.
Human Security Centre. 2006. *Human Security Brief 2006.* Vancouver, B.C.: Human Security Centre.
Human Security Report Project. 2007. *Human Security Brief 2007.* Vancouver, B.C.: Human Security Report Project.
Human Security Report Project. 2008. *Miniatlas of human security.* Washington, D.C.: World Bank.
Human Security Report Project. 2009. *Human Security Report 2009: The shrinking costs of war.* New York: Oxford University Press.
Human Security Report Project. 2011. *Human Security Report 2009/2010: The causes of peace and the shrinking costs of war.* New York: Oxford University Press.
Hume, D. 1739/2000. *A treatise of human nature.* New York: Oxford University Press.
Hume, D. 1751/2004. *An enquiry concerning the principles of morals.* Amherst, N.Y.: Prometheus Books.
Humphrey, R. L. 1992. *Values for a new millennium.* Maynardville, Tenn.: Life Values Press.
Hunt, L. 2007. *Inventing human rights: A history.* New York: Norton.
Huntington, S. P. 1993. The clash of civilizations? *Foreign Affairs,* Summer.
Hurford, J. R. 2004. Language beyond our grasp: What mirror neurons can, and cannot, do for language evolution. In D. K. Oller & U. Griebel, eds., *Evolution of communication systems: A comparative approach.* Cambridge, Mass.: MIT Press.
Huth, P., & Russett, B. 1984. What makes deterrence work? Cases from 1900 to 1980. *World Politics, 36,* 496–526.
Hynes, L. In press. Routine infanticide by married couples in Parma, 16th–18th century. *Journal of Early Modern History.*
Iacoboni, M. 2008. *Mirroring people: The new science of how we connect with others.* New York: Farrar, Straus & Giroux.

Iacoboni, M., Woods, R. P., Brass, M., Bekkering, H., Mazziotta, J. C., & Rizzolatti, G. 1999. Cortical mechanisms of human imitation. *Science, 286*, 2526–28.

Ingle, D. 2004. Recreational fighting. In G. S. Cross, ed., *Encyclopedia of recreation and leisure in America*. New York: Scribner.

International Institute for Strategic Studies. 2010. *The military balance 2010*. London: Routledge.

Jacob, P., & Jeannerod, M. 2005. The motor theory of social cognition: A critique. *Trends in Cognitive Sciences, 9*, 21–25.

Jaggar, A. M. 1983. *Feminist politics and human nature*. Lanham, Md.: Rowman & Littlefield.

James, W. 1906/1971. The moral equivalent of war. *The moral equivalent of war and other essays*. New York: Harper & Row.

James, W. 1977. On a certain blindness in human beings. In J. J. McDermott, ed., *The writings of William James*. Chicago: University of Chicago Press.

Janis, I. L. 1982. *Groupthink: Psychological studies of policy decisions and fiascoes*, 2nd ed. Boston: Houghton Mifflin.

Jansson, K. 2007. *British crime survey: Measuring crime for 25 years*. London: U.K. Home Office.

Jensen, J., Smith, A. J., Willeit, M., Crawley, A. P., Mikulis, D. J., Vitcu, I., & Kapur, S. 2007. Separate brain regions code for salience versus valence during reward prediction in humans. *Human Brain Mapping, 28*, 294–302.

Jervis, R. 1988. The political effects of nuclear weapons. *International Security, 13*, 80–90.

Johnson, D.D.P. 2004. *Overconfidence and war: The havoc and glory of positive illusions*. Cambridge, Mass.: Harvard University Press.

Johnson, D.D.P., McDermott, R., Barrett, E. S., Cowden, J., Wrangham, R., McIntyre, M. H., & Rosen, S. P. 2006. Overconfidence in wargames: Experimental evidence on expectations, aggression, gender and testosterone. *Proceedings of the Royal Society B, 273*, 2513–20.

Johnson, E. A., & Monkkonen, E. H. 1996. *The civilization of crime*. Urbana: University of Illinois Press.

Johnson, E. J., Hershey, J., Meszaros, J., & Kunreuther, H. 1993. Framing, probability distortions, and insurance decisions. *Journal of Risk & Uncertainty, 7*, 35–41.

Johnson, E. M. 2010. Deconstructing social Darwinism. *Primate Diaries*. scienceblogs.com/primatediaries/2010/01/deconstructing_social_darwinis.php

Johnson, G. R., Ratwik, S. H., & Sawyer, T. J. 1987. The evocative significance of kin terms in patriotic speech. In V. Reynolds, V. Falger & I. Vine, eds., *The sociobiology of ethnocentrism*. London: Croon Helm.

Johnson, I. M., & Sigler, R. T. 2000. The stability of the public's endorsements of the definition and criminalization of the abuse of women. *Journal of Criminal Justice, 28*, 165–79.

Johnson, M. P. 2006. Conflict and control: Gender symmetry and asymmetry in domestic violence. *Violence Against Women, 12*, 1003–18.

Johnson, M. P., & Leone, J. M. 2005. The differential effects of intimate terrorism and situational couple violence: Findings from the National Violence Against Women Survey. *Journal of Family Issues, 26*, 322–49.

Johnson, N. F., Spagat, M., Gourley, S., Onnela, J.-P., & Reinert, G. 2008. Bias in epidemiological studies of conflict mortality. *Journal of Peace Research, 45*, 653–63.

Johnson, R., & Raphael, S. 2006. How much crime reduction does the marginal prisoner buy? University of California, Berkeley.

Jones, D. M., Bremer, S., & Singer, J. D. 1996. Militarized interstate disputes, 1816–1992: Rationale, coding rules, and empirical patterns. *Conflict Management & Peace Science, 15*, 163–213.

Jones, G. 2008. Are smarter groups more cooperative? Evidence from prisoner's dilemma experiments, 1959–2003. *Journal of Economic Behavior & Organization, 68*, 489–97.

Jones, L., & Finkelhor, D. 2007. *Updated trends in child maltreatment, 2007*. Durham, N.H.: Crimes Against Children Research Center, University of New Hampshire.

Jones, O. D. 1999. Sex, culture, and the biology of rape: Toward explanation and prevention. *California Law Review, 87*, 827–942.

Jones, O. D. 2000. Reconsidering rape. *National Law Journal*, A21.

Joy, J. 2009. *Lindow Man*. London: British Museum Press.

Joyce, T. 2004. Did legalized abortion lower crime? *Journal of Human Resources, 39*, 1–28.

Jussim, L. J., McCauley, C. R., & Lee, Y.-T. 1995. Why study stereotype accuracy and inaccuracy? In Y.-T. Lee, L. J. Jussim, & C. R. McCauley, eds., *Stereotype accuracy: Toward appreciating group differences*. Washington, D.C.: American Psychological Association.

Kaeuper, R. W. 2000. Chivalry and the "civilizing process." In R. W. Kaeuper, ed., *Violence in medieval society*. Rochester, N.Y.: Boydell & Brewer.

Kagan, R. 2002. Power and weakness. *Policy Review, 113*, 1–21.

Kahneman, D., & Renshon, J. 2007. Why hawks win. *Foreign Policy*, December.

Kahneman, D., Slovic, P., & Tversky, A. 1982. *Judgment under uncertainty: Heuristics and biases*. New York: Cambridge University Press.

Kahneman, D., & Tversky, A. 1972. Subjective probability: A judgment of representativeness. *Cognitive Psychology, 3*, 430–54.

Kahneman, D., & Tversky, A. 1979. Prospect theory: An analysis of decisions under risk. *Econometrica, 47*, 313–27.

Kahneman, D., & Tversky, A. 1984. Choices, values, and frames. *American Psychologist, 39*, 341–50.

Kaldor, M. 1999. *New and old wars: Organized violence in a global era*. Stanford, Calif.: Stanford University Press.

Kanazawa, S. 2010. Why liberals and atheists are more intelligent. *Social Psychology Quarterly, 73*, 33–57.

Kane, K. 1999. Nits make lice: Drogheda, Sand Creek, and the poetics of colonial extermination. *Cultural Critique, 42*, 81–103.

Kant, I. 1784/1970. Idea for a universal history with a cosmopolitan purpose. In H. Reiss, ed., *Kant's political writings*. New York: Cambridge University Press.

Kant, I. 1795/1983. Perpetual peace: A philosophical sketch. In *Perpetual peace and other essays*. Indianapolis: Hackett.

Kaplan, J. 1973. *Criminal justice: Introductory cases and materials*. Mineola, N.Y.: Foundation Press.

Katz, L. 1987. *Bad acts and guilty minds: Conundrums of criminal law*. Chicago: University of Chicago Press.

Kay, S. 2000. The sublime body of the martyr. In R. W. Kaeuper, ed., *Violence in medieval society*. Woodbridge, U.K.: Boydell.

Kaysen, C. 1990. Is war obsolete? *International Security, 14*, 42–64.

Keegan, J. 1993. *A history of warfare*. New York: Vintage.

Keeley, L. H. 1996. *War before civilization: The myth of the peaceful savage*. New York: Oxford University Press.

Keen, S. 2007. *Empathy and the novel*. Oxford, U.K.: Oxford University Press.

Keizer, K., Lindenberg, S., & Steg, L. 2008. The spreading of disorder. *Science, 322*, 1681–85.

Keller, J. B. 1986. The probability of heads. *American Mathematical Monthly, 93*, 191–97.

Kelman, H. C. 1973. Violence without moral restraint: Reflections on the dehumanization of victims and victimizers. *Journal of Social Issues, 29*, 25–61.

Kennedy, R. 1997. *Race, crime, and the law*. New York: Vintage.

Kennedy, R. F. 1969/1999. *Thirteen days: A memoir of the Cuban missile crisis*. New York: Norton.

Kenny, C. 2011. *Getting better: Why global development is succeeding—and how we can improve the world even more*. New York: Basic Books.

Kenrick, D. T., & Sheets, V. 1994. Homicidal fantasies. *Ethology & Sociobiology, 14*, 231–46.

Kiernan, B. 2007. *Blood and soil: A world history of genocide and extermination from Sparta to Darfur*. New Haven, Conn.: Yale University Press.

Kim, S. H., Smirth, R. H., & Brigham, N. L. 1998. Effects of power imbalance and the presence of third parties on reactions to harm: Upward and downward revenge. *Personality & Social Psychology Bulletin, 24*, 353–61.

Kimmel, M. S. 2002. "Gender symmetry" in domestic violence. *Violence Against Women, 8*, 1332–63.

King, M. L., Jr. 1963/1995. Pilgrimage to nonviolence. In S. Lynd & A. Lynd, eds., *Nonviolence in America: A documentary history*. Maryknoll, N.Y.: Orbis Books.

Kinner, S. 2003. Psychopathy as an adaptation: Implications for society and social policy. In R. W. Bloom & N. Dess, eds., *Evolutionary psychology and violence: A primer for policymakers and public policy advocates*. Westport, Conn.: Praeger.

Kinzler, K. D., Shutts, K., DeJesus, J., & Spelke, E. S. 2009. Accent trumps race in guiding children's social preferences. *Social Cognition, 27*, 623–34.

Kirby, K. N., & Herrnstein, R. J. 1995. Preference reversals due to myopic discounting of delayed reward. *Psychological Science, 6*, 83–89.

Kirby, K. N., Winston, G., & Santiesteban, M. 2005. Impatience and grades: Delay-discount rates correlate negatively with college GPA. *Learning and Individual Differences, 15*, 213–22.

Knauft, B. 1987. Reconsidering violence in simple human societies. *Current Anthropology, 28*, 457–500.

Koechlin, E., & Hyafil, A. 2007. Anterior prefrontal function and the limits of human decision-making. *Science, 318*, 594–98.

Koestler, A. 1964. *The act of creation*. New York: Dell.

Kohl, M., ed. 1978. *Infanticide and the value of life*. Buffalo, N.Y.: Prometheus Books.

Kohlberg, L. 1981. *The philosophy of moral development: Moral stages and the idea of justice*. San Francisco: Harper & Row.

Kors, A. C., & Silverglate, H. A. 1998. *The shadow university: The betrayal of liberty on America's campuses*. New York: Free Press.

Kosfeld, M., Heinrichs, M., Zak, P. J., Fischbacher, U., & Fehr, E. 2005. Oxytocin increases trust in humans. *Nature, 435*, 673–76.

Krebs, D. L. 1975. Empathy and altruism. *Journal of Personality & Social Psychology, 32*, 1134–46.

Kreitman, M. 2000. Methods to detect selection in populations with applications to the human. *Annual Review of Genomics & Human Genetics, 1*, 539–59.

Kreutz, J. 2008. *UCDP one-sided violence codebook version 1.3*. http://www.pcr.uu.se/digitalAssets/19/19256_UCDP_One-sided_violence_Dataset_Codebook_v1.3.pdf.

Krieken, R. V. 1998. Review article: What does it mean to be civilised? Norbert Elias on the Germans and modern barbarism. *Communal/Plural: Journal of Transnational & Cross-Cultural Studies, 6*, 225–33.

Kringelbach, M. L. 2005. The human orbitofrontal cortex: Linking reward to hedonic experience. *Nature Reviews Neuroscience, 6,* 691–702.
Kristine, E., & Hultman, L. 2007. One-sided violence against civilians in war: Insights from new fatality data. *Journal of Peace Research, 44,* 233–46.
Kristof, N. D., & WuDunn, S. 2009. *Half the sky: Turning oppression into opportunity for women worldwide.* New York: Random House.
Krug, E. G., Dahlberg, L. L., Mercy, J. A., Zwi, A. B., & Lozano, R., eds. 2002. *World report on violence and health.* Geneva: World Health Organization.
Krystal, A. 2007. En garde! The history of dueling. *New Yorker* (March 12).
Kugel, J. L. 2007. *How to read the Bible: A guide to scripture, then and now.* New York: Free Press.
Kugler, J. 1984. Terror without deterrence. *Journal of Conflict Resolution, 28,* 470–506.
Kurlansky, M. 2006. *Nonviolence: Twenty-five lessons from the history of a dangerous idea.* New York: Modern Library.
Kurtz, D. V. 2001. Anthropology and the study of the state. *Political anthropology: Power and paradigms.* Boulder, Colo.: Westview Press.
Kurzban, R. 2011. *Why everyone (else) is a hypocrite: Evolution and the modular mind.* Princeton, N.J.: Princeton University Press.
Kurzban, R., Tooby, J., & Cosmides, L. 2001. Can race be erased? Coalitional computation and social categorization. *Proceedings of the National Academy of Sciences, 98,* 15387–92.
Kyle, D. G. 1998. *Spectacles of death in ancient Rome.* New York: Routledge.
La Griffe du Lion. 2000. Analysis of hate crime. *La Griffe du Lion,* 2(5). http://lagriffedulion.f2s.com/hatecrime.htm.
Lacina, B. 2006. Explaining the severity of civil wars. *Journal of Conflict Resolution, 50,* 276–89.
Lacina, B. 2009. *Battle Deaths Dataset 1946–2009: Codebook for version 3.0.* Center for the Study of Civil War, and International Peace Research Institute Oslo (PRIO).
Lacina, B., & Gleditsch, N. P. 2005. Monitoring trends in global combat: A new dataset in battle deaths. *European Journal of Population, 21,* 145–66.
Lacina, B., Gleditsch, N. P., & Russett, B. 2006. The declining risk of death in battle. *International Studies Quarterly, 50,* 673–80.
LaFree, G. 1999. A summary and review of cross-national comparative studies of homicide. In M. D. Smith & M. A. Zahn, eds., *Homicide: A sourcebook of social research.* Thousand Oaks, Calif.: Sage.
LaFree, G., & Tseloni, A. 2006. Democracy and crime: A multilevel analysis of homicide trends in forty-four countries, 1950–2000. *Annals of the American Academy of Political and Social Science, 605,* 25–49.
Laibson, D. 1997. Golden eggs and hyperbolic discounting. *Quarterly Journal of Economics, 112,* 443–77.
Lalumière, M. L., Harris, G. T., & Rice, M. E. 2001. Psychopathy and developmental instability. *Evolution and Human Behavior, 22,* 75–92.
Lamm, C., Batson, C. D., & Decety, J. 2007. The neural substrate of human empathy: Effects of perspective-taking and cognitive appraisal. *Journal of Cognitive Neuroscience, 19,* 42–58.
Lane, R. 1989. On the social meaning of homicide trends in America. In T. R. Gurr, ed., *Violence in America,* vol. 1: *The history of crime.* Newbury Park, Calif.: Sage.
Langbein, J. H. 2005. The legal history of torture. In S. Levinson, ed., *Torture: A collection.* New York: Oxford University Press.
Lanzetta, J. T., & Englis, B. G. 1989. Expectations of cooperation and competition and their effects on observers' vicarious emotional responses. *Journal of Personality & Social Psychology, 56,* 543–54.
Latané, B., & Darley, J. M. 1970. *The unresponsive bystander: Why doesn't he help?* New York: Appleton-Century Crofts.
Lea, R., & Chambers, G. 2007. Monoamine oxidase, addiction, and the "warrior" gene hypothesis. *Journal of the New Zealand Medical Association, 120.*
LeBlanc, S. A. 2003. *Constant battles: The myth of the noble savage and a peaceful past.* New York: St. Martin's Press.
Lebow, R. N. 2007. Contingency, catalysts, and nonlinear change: The origins of World War I. In J. S. Levy & G. Goertz, eds., *Explaining war and peace: Case studies and necessary condition counterfactuals.* New York: Routledge.
Lee, J. J., & Pinker, S. 2010. Rationales for indirect speech: The theory of the strategic speaker. *Psychological Review, 117,* 785–807.
Lee, R. 1982. Politics, sexual and non-sexual, in egalitarian society. In R. Lee & R. E. Leacock, eds., *Politics and history in band societies.* New York: Cambridge University Press.
Lee, T.M.C., Chan, S. C., & Raine, A. 2008. Strong limbic and weak frontal activation to aggressive stimuli in spouse abusers. *Molecular Psychiatry, 13,* 655–60.
Lee, Y.-T., Jussim, L. J., & McCauley, C. R., eds. 1995. *Stereotype accuracy: Toward appreciating group differences.* Washington, D.C.: American Psychological Association.
Lehner, E., & Lehner, J. 1971. *Devils, demons, and witchcraft.* Mineola, N.Y.: Dover.
Leiter, R. A., ed. 2007. *National survey of state laws,* 6th ed. Detroit: Thomson/Gale.
Leland, A., & Oboroceanu, M.-J. 2010. *American war and military operations casualties: Lists and statistics.* http://fpc.state.gov/documents/organization/139347.pdf.

Leonard, T. 2009. Origins of the myth of Social Darwinism: The ambiguous legacy of Richard Hofstadter's "Social Darwinism in American thought." *Journal of Economic Behavior & Organization, 71*, 37–59.
LeVay, S. 2010. *Gay, straight, and the reason why: The science of sexual orientation*. New York: Oxford University Press.
Levi, M. A. 2007. *On nuclear terrorism*. Cambridge, Mass.: Harvard University Press.
Levi, W. 1981. *The coming end of war*. Beverly Hills, Calif.: Sage Publications.
Levinson, D. 1989. *Family violence in cross-cultural perspective*. Thousand Oaks, Calif.: Sage.
Levinson, S., ed. 2004a. Contemplating torture: An introduction. In S. Levinson, ed., *Torture: A collection*. New York: Oxford University Press.
Levinson, S. 2004b. *Torture: A collection*. New York: Oxford University Press.
Levitt, S. D. 2004. Understanding why crime fell in the 1990s: Four factors that explain the decline and six that do not. *Journal of Economic Perspectives, 18*, 163–90.
Levitt, S. D., & Miles, T. J. 2007. Empirical study of criminal punishment. In A. M. Polinsky & S. Shavell, eds., *Handbook of law and economics*, vol. 1. Amsterdam: Elsevier.
Levy, J. S. 1983. *War in the modern great power system 1495–1975*. Lexington: University Press of Kentucky.
Levy, J. S., & Thompson, W. R. 2010. *Causes of war*. Malden, Mass.: Wiley-Blackwell.
Levy, J. S., & Thompson, W. R. 2011. *The arc of war: Origins, escalation, and transformation*. Chicago: University of Chicago Press.
Levy, J. S., Walker, T. C., & Edwards, M. S. 2001. Continuity and change in the evolution of warfare. In Z. Maoz & A. Gat, eds., *War in a changing world*. Ann Arbor: University of Michigan Press.
Lewis, B. 2002. *What went wrong? The clash between Islam and modernity in the Middle East*. New York: HarperPerennial.
Lewis, D. K. 1969. *Convention: A philosophical study*. Cambridge, Mass.: Harvard University Press.
Liebenberg, L. 1990. *The art of tracking: The origin of science*. Cape Town, South Africa: David Philip.
Lieberman, D., Tooby, J., & Cosmides, L. 2002. Does morality have a biological basis? An empirical test of the factors governing moral sentiments relating to incest. *Proceedings of the Royal Society of London B, 270*, 819–26.
Lieberson, S. 2000. *A matter of taste: How names, fashions, and culture change*. New Haven, Conn.: Yale University Press.
Ligthart, L., Bartels, M., Hoekstra, R. A., Hudziak, J. J., & Boomsma, D. I. 2005. Genetic contributions to subtypes of aggression. *Twin Research & Human Genetics, 8*, 483–91.
Lilla, M. 2001. *The reckless mind: Intellectuals in politics*. New York: New York Review of Books.
Lindley, D., & Schildkraut, R. 2005. *Is war rational? The extent of miscalculation and misperception as causes of war*. Paper presented at the International Studies Association. http://www.allacademic.com/meta/p71904_index.html.
Lindsay, J. M., & Takeyh, R. 2010. After Iran gets the bomb. *Foreign Affairs*.
Linker, D. 2007. *The theocons: Secular America under siege*. New York: Anchor.
Lodge, D. 1988. *Small world*. New York: Penguin.
Loewen, J. W. 1995. *Lies my teacher told me: Everything your American history textbook got wrong*. New York: New Press.
Long, W. J., & Brecke, P. 2003. *War and reconciliation: Reason and emotion in conflict resolution*. Cambridge, Mass.: MIT Press.
Lorenz, K. 1950/1971. Part and parcel in animal and human societies. *Studies in animal and human behavior*, vol. 2. Cambridge, Mass.: Harvard University Press.
Lott, J. 2007. Crime and punishment. *Freedomnomics: Why the free market works and other half-baked theories don't*. Washington, D.C.: Regnery.
Lott, J. R., Jr., & Whitley, J. E. 2007. Abortion and crime: Unwanted children and out-of-wedlock births. *Economic Inquiry, 45*, 304–24.
Luard, E. 1986. *War in international society*. New Haven, Conn.: Yale University Press.
Luard, E. 1988. *The blunted sword: The erosion of military power in modern world politics*. New York: New Amsterdam Books.
Lull, T. F., ed. 2005. *Martin Luther's basic theological writings*. Minneapolis: Augsburg Fortress.
Luria, A. R. 1976. *Cognitive development: Its cultural and social foundations*. Cambridge, Mass.: Harvard University Press.
Lykken, D. T. 1995. *The antisocial personalities*. Mahwah, N.J.: Erlbaum.
Maccoby, E. E., & Jacklin, C. N. 1987. *The psychology of sex differences*. Stanford, Calif.: Stanford University Press.
MacDonald, H. 2006. New York cops: Still the finest. *City Journal, 16*.
MacDonald, H. 2008. The campus rape myth. *City Journal, 18*.
Macklin, R. 2003. Human dignity is a useless concept. *British Medical Journal, 327*, 1419–20.
Macmillan, M. 2000. *An odd kind of fame: Stories of Phineas Gage*. Cambridge, Mass.: MIT Press.
Manning, R., Levine, M., & Collins, A. 2007. The Kitty Genovese murder and the social psychology of helping: The parable of the 38 witnesses. *American Psychologist, 62*, 555–62.

Mannix, D. P. 1964. *The history of torture*. Sparkford, U.K.: Sutton.
Mar, R. A., & Oatley, K. 2008. The function of fiction is the abstraction and simulation of social experience. *Perspectives on Psychological Science, 3*, 173–92.
Mar, R. A., Oatley, K., Hirsh, J., dela Paz, J., & Peterson, J. B. 2006. Bookworms versus nerds: Exposure to fiction versus non-fiction, divergent associations with social ability, and the simulation of fictional social worlds. *Journal of Research in Personality, 40*, 694–717.
Marshall, M. G., & Cole, B. R. 2008. Global report on conflict, governance, and state fragility, 2008. *Foreign Policy Bulletin, 18*, 3–21.
Marshall, M. G., & Cole, B. R. 2009. *Global report 2009: Conflict, governance, and state fragility*. Arlington, Va.: George Mason University Center for Global Policy.
Marshall, M. G., Gurr, T. R., & Harff, B. 2009. *PITF State Failure Problem Set: Internal wars and failures of governance 1955–2008. Dataset and coding guidelines*. Political Instability Task Force. http://globalpolicy.gmu.edu/pitf/pitfdata.htm.
Marshall, S.L.A. 1947/1978. *Men against fire: The problem of battle command in future war*. Gloucester, Mass.: Peter Smith.
Marvell, T. B. 1999. Homicide trends 1947–1996: Short-term versus long-term factors. *Proceedings of the Homicide Research Working Group Meetings, 1997 and 1998*. Washington, D.C.: U.S. Department of Justice.
Massey, D. S., & Sampson, R., eds. 2009. Special issue: The Moynihan report revisited: Lessons and reflections after four decades. *Annals of the American Academy of Political & Social Science, 621*, 6–326.
Maston, C. T. 2010. Survey methodology for criminal victimization in the United States, 2007. http://bjs.ojp.usdoj.gov/content/pub/pdf/cvus/cvus07mt.pdf.
Mattingly, G. 1958. International diplomacy and international law. In R. B. Wernham, ed., *The New Cambridge Modern History*, vol. 3. New York: Cambridge University Press.
Mauss, M. 1924/1990. *The gift: The form and reason for exchange in archaic societies*. New York: Norton.
Maynard Smith, J. 1982. *Evolution and the theory of games*. New York: Cambridge University Press.
Maynard Smith, J. 1988. *Games, sex, and evolution*. New York: Harvester Wheatsheaf.
Maynard Smith, J. 1998. *Evolutionary genetics*, 2nd ed. New York: Oxford University Press.
Maynard Smith, J., & Szathmáry, E. 1997. *The major transitions in evolution*. New York: Oxford University Press.
McCall, G. S., & Shields, N. 2007. Examining the evidence from small-scale societies and early prehistory and implications for modern theories of aggression and violence. *Aggression and Violent Behavior, 13*, 1–9.
McCauley, C. R. 1995. Are stereotypes exaggerated? A sampling of racial, gender, academic, occupational, and political stereotypes. In Y.-T. Lee, L. J. Jussim, & C. R. McCauley, eds., *Stereotype accuracy: Toward appreciating group differences*. Washington, D.C.: American Psychological Association.
McClure, S. M., Laibson, D., Loewenstein, G., & Cohen, J. D. 2004. Separate neural systems value immediate and delayed monetary rewards. *Science, 306*, 503–7.
McCrae, R. R., Costa, P. T., Ostendorf, F., Angleitner, A., Hrebickova, M., Avia, M. D., Sanz, J., Sanchez-Bernardos, M. L., Kusdil, M. E., Woodfield, R., Saunders, P. R., & Smith, P. B. 2000. Nature over nurture: Temperament, personality, and life span development. *Journal of Personality & Social Psychology, 78*, 173–86.
McCullough, M. E. 2008. *Beyond revenge: The evolution of the forgiveness instinct*. San Francisco: Jossey-Bass.
McCullough, M. E., Kurzban, R., & Tabak, B. A. 2010. Revenge, forgiveness, and evolution. In M. Mikulincer & P. R. Shaver, eds., *Understanding and reducing aggression, violence, and their consequences*. Washington, D.C.: American Psychological Association.
McDermott, R., Johnson, D., Cowden, J., & Rosen, S. 2007. Testosterone and aggression in a simulated crisis game. *Annals of the American Association for Political & Social Science, 614*, 15–33.
McDermott, R., Tingley, D., Cowden, J., Frazzetto, G., & Johnson, D.D.P. 2009. Monoamine oxidase A gene (MAOA) predicts behavioral aggression following provocation. *Proceedings of the National Academy of Sciences, 106*, 2118–23.
McDonald, P. J. 2010. Capitalism, commitment, and peace. *International Interactions, 36*, 146–68.
McEvedy, C., & Jones, R. 1978. *Atlas of world population history*. London: A. Lane.
McGinnis, J. O. 1996. The original constitution and our origins. *Harvard Journal of Law & Public Policy, 19*, 251–61.
McGinnis, J. O. 1997. The human constitution and constitutive law: A prolegomenon. *Journal of Contemporary Legal Issues, 8*, 211–39.
McGraw, A. P., & Tetlock, P. E. 2005. Taboo trade-offs, relational framing, and the acceptability of exchanges. *Journal of Consumer Psychology, 15*, 2–15.
McGraw, L. A., & Young, L. J. 2010. The prairie vole: An emerging model organism for understanding the social brain. *Trends in Neurosciences, 33*, 103–9.
McKay, C. 1841/1995. *Extraordinary popular delusions and the madness of crowds*. New York: Wiley.
McManamon, F. P. 2004. Kennewick Man. *Archeology Program*. http://www.nps.gov/archeology/kennewick/index.htm.

Mealey, L. 1995. The sociobiology of sociopathy: An integrated evolutionary model. *Behavioral & Brain Sciences, 18*, 523–41.

Mealey, L., & Kinner, S. 2002. The perception-action model of empathy and psychopathic "cold-heartedness." *Behavioral & Brain Sciences, 42*, 42–43.

Mednick, S. A., Gabrielli, W. F., & Hutchings, B. 1984. Genetic factors in criminal behavior: Evidence from an adoption cohort. *Science, 224*, 891–93.

Melander, E., Oberg, M., & Hall, J. 2009. *Are "new wars" more atrocious?* Paper presented at the annual meeting of the International Studies Association: Exploring the Past, Anticipating the Future.

Mennell, S. 1990. Decivilising processes: Theoretical significance and some lines of research. *International Sociology, 5*, 205–23.

Mennell, S., & Goudsblom, J. 1997. Civilizing processes—myth or reality? A comment on Duerr's critique of Elias. *Comparative Studies in Society & History, 39*, 729–33.

Menschenfreund, Y. 2010. The holocaust and the trial of modernity. *Azure, 39*, 58–83.

Merriman, T., & Cameron, V. 2007. Risk-taking: Behind the warrior gene story. *Journal of the New Zealand Medical Association, 120*.

Mesquida, C. G., & Wiener, N. I. 1996. Human collective aggression: A behavioral ecology perspective. *Ethology & Sociobiology, 17*, 247–62.

Metcalfe, J., & Mischel, W. 1999. A hot/cool system analysis of delay of gratification: Dynamics of willpower. *Psychological Review, 106*, 3–19.

Meyer-Lindenberg, A. 2006. Neural mechanisms of genetic risk for impulsivity and violence in humans. *Proceedings of the National Academy of Sciences, 103*, 6269–74.

Michel, J.-B., Shen, Y. K., Aiden, A. P., Veres, A., Gray, M. K., The Google Books Team, Pickett, J. P., Hoiberg, D., Clancy, D., Norvig, P., Orwant, J., Pinker, S., Nowak, M., & Lieberman-Aiden, E. 2011. Quantitative analysis of culture using millions of digitized books. *Science, 331*, 176–82.

Milgram, S. 1974. *Obedience to authority: An experimental view*. New York: Harper & Row.

Milner, L. S. 2000. *Hardness of heart / Hardness of life: The stain of human infanticide*. New York: University Press of America.

Mischel, W., Ayduk, O., Berman, M. G., Casey, B. J., Gotlib, I., Jonides, J., Kross, E., Teslovich, T., Wilson, N., Zayas, V., & Shoda, Y. I. In press. "Willpower" over the life span: Decomposing impulse control. *Social Cognitive & Affective Neuroscience*.

Mitani, J. C., Watts, D. P., & Amsler, S. J. 2010. Lethal intergroup aggression leads to territorial expansion in wild chimpanzees. *Current Biology, 20*, R507–8.

Mitzenmacher, M. 2004. A brief history of generative models for power laws and lognormal distributions. *Internet Mathematics, 1*, 226–51.

Mitzenmacher, M. 2006. Editorial: The future of power law research. *Internet Mathematics, 2*, 525–34.

Mnookin, R. H. 2007. Ethnic conflicts: Flemings and Walloons, Palestinians and Israelis. *Daedalus, 136*, 103–19.

Mogahed, D. 2006. *Perspectives of women in the Muslim world*. Washington, D.C.: Gallup.

Moll, J., de Oliveira-Souza, R., & Eslinger, P. J. 2003. Morals and the human brain: A working model. *NeuroReport, 14*, 299–305.

Moll, J., Zahn, R., de Oliveira-Souza, R., Krueger, F., & Grafman, J. 2005. The neural basis of human moral cognition. *Nature Reviews Neuroscience, 6*, 799–809.

Monkkonen, E. 1989. Diverging homicide rates: England and the United States, 1850–1875. In T. R. Gurr, ed., *Violence in America*, vol. 1: *The history of crime*. Newbury Park, Calif.: Sage.

Monkkonen, E. 1997. Homicide over the centuries. In L. M. Friedman & G. Fisher, eds., *The crime conundrum: Essays on criminal justice*. Boulder, Colo.: Westview Press.

Monkkonen, E. 2001. *Murder in New York City*. Berkeley: University of California Press.

Montesquieu. 1748/2002. *The spirit of the laws*. Amherst, N.Y.: Prometheus Books.

Moore, S., & Simon, J. L. 2000. *It's getting better all the time: Greatest trends of the last 100 years*. Washington, D.C.: Cato Institute.

Morgan, J. 1852/1979. *The life and adventures of William Buckley: Thirty-two years as a wanderer amongst the aborigines*. Canberra: Australia National University Press.

Mousseau, M. 2010. Coming to terms with the capitalist peace. *International Interactions, 36*, 185–92.

Moynihan, D. P. 1993. *Pandaemonium: Ethnicity in international politics*. New York: Oxford University Press.

Muchembled, R. 2009. *Une histoire de la violence*. Paris: Seuil.

Mueller, J. 1989. *Retreat from doomsday: The obsolescence of major war*. New York: Basic Books.

Mueller, J. 1995. *Quiet cataclysm: Reflections on the recent transformation of world politics*. New York: HarperCollins.

Mueller, J. 1999. *Capitalism, democracy, and Ralph's Pretty Good Grocery*. Princeton, N.J.: Princeton University Press.

Mueller, J. 2004a. *The remnants of war*. Ithaca, N.Y.: Cornell University Press.

Mueller, J. 2004b. Why isn't there more violence? *Security Studies, 13*, 191–203.

Mueller, J. 2006. *Overblown: How politicians and the terrorism industry inflate national security threats, and why we believe them*. New York: Free Press.

Mueller, J. 2007. The demise of war and of speculations about the causes thereof. Paper presented at the national convention of the International Studies Association.
Mueller, J. 2010a. *Atomic obsession: Nuclear alarmism from Hiroshima to Al-Qaeda*. New York: Oxford University Press.
Mueller, J. 2010b. Capitalism, peace, and the historical movement of ideas. *International Interactions, 36*, 169–84.
Mueller, J., & Lustick, I. 2008. Israel's fight-or-flight response. *National Interest* (November 1).
Murphy, J.P.M. 1999. Hitler was *not* an atheist. *Free Inquiry, 9*.
Murray, C. A. 1984. *Losing ground: American social policy, 1950–1980*. New York: Basic Books.
Myers, D. G., & Lamm, H. 1976. The group polarization phenomenon. *Psychological Bulletin, 83*, 602–27.
Nabokov, V. V. 1955/1997. *Lolita*. New York: Vintage.
Nadelmann, E. A. 1990. Global prohibition regimes: The evolution of norms in international society. *International Organization, 44*, 479–526.
Nagel, T. 1970. *The possibility of altruism*. Princeton, N.J.: Princeton University Press.
Nash, G. H. 2009. *Reappraising the right: The past and future of American conservatism*. Wilmington, Del.: Intercollegiate Studies Institute.
National Consortium for the Study of Terrorism and Responses to Terrorism. 2009. *Global terrorism database: GTD variables and inclusion criteria*. College Park: University of Maryland.
National Consortium for the Study of Terrorism and Responses to Terrorism. 2010. Global Terrorism Database. http://www.start.umd.edu/gtd/.
National Counterterrorism Center. 2009. *2008 Report on terrorism*. Washington, D.C.: National Counterterrorism Center. http://wits-classic.nctc.gov/ReportPDF.do?f=crt2008nctcannexfinal.pdf.
Nazaretyan, A. P. 2010. *Evolution of non-violence: Studies in big history, self-organization, and historical psychology*. Saarbrucken: Lambert Academic Publishing.
Neisser, U. 1976. General, academic, and artificial intelligence: Comments on the papers by Simon and by Klahr. In L. Resnick, ed., *The nature of intelligence*. Mahwah, N.J.: Erlbaum.
Neisser, U., Boodoo, G., Bouchard, T. J. Jr., Boykin, A. W., Brody, N., Ceci, S. J., Halpern, D. F., Loehlin, J. C., Perloff, R., Sternberg, R. J., & Urbina, S. 1996. Intelligence: Knowns and unknowns. *American Psychologist, 51*, 77–101.
Nell, V. 2006. Cruelty's rewards: The gratifications of perpetrators and spectators. *Behavioral & Brain Sciences, 29*, 211–57.
Nettelfield, L. J. 2010. Research and repercussions of death tolls: The case of the Bosnian book of the dead. In P. Andreas & K. M. Greenhill, eds., *Sex, drugs, and body counts*. Ithaca, N.Y.: Cornell University Press.
Neumayer, E. 2003. Good policy can lower violent crime: Evidence from a cross-national panel of homicide rates, 1980–97. *Journal of Peace Research, 40*, 619–40.
Neumayer, E. 2010. Is inequality really a major cause of violent crime? Evidence from a cross-national panel of robbery and violent theft rates. London School of Economics.
Newman, M.E.J. 2005. Power laws, Pareto distributions and Zipf's law. *Contemporary Physics, 46*, 323–51.
Nisbett, R. E., & Cohen, D. 1996. *Culture of honor: The psychology of violence in the South*. New York: HarperCollins.
North, D. C., Wallis, J. J., & Weingast, B. R. 2009. *Violence and social orders: A conceptual framework for interpreting recorded human history*. New York: Cambridge University Press.
Nowak, M. A. 2006. Five rules for the evolution of cooperation. *Science, 314*, 1560–63.
Nowak, M. A., May, R. M., & Sigmund, K. 1995. The arithmetic of mutual help. *Scientific American, 272*, 50–55.
Nowak, M. A., & Sigmund, K. 1998. Evolution of indirect reciprocity by image scoring. *Nature, 393*, 573–77.
Nunberg, G. 2006. *Talking right: How conservatives turned liberalism into a tax-raising, latte-drinking, sushi-eating, Volvo-driving,* New York Times*–reading, body-piercing, Hollywood-loving, left-wing freak show*. New York: PublicAffairs.
Nussbaum, M. 1997. *Cultivating humanity: A classical defense of reform in liberal education*. Cambridge, Mass.: Harvard University Press.
Nussbaum, M. 2006. Arts education: Teaching humanity. *Newsweek* (August 21–28).
Oakley, B. 2007. *Evil genes: Why Rome fell, Hitler rose, Enron failed, and my sister stole my mother's boyfriend*. Amherst, N.Y.: Prometheus Books.
Obermeyer, Z., Murray, C.J.L., & Gakidou, E. 2008. Fifty years of violent war deaths from Vietnam to Bosnia: Analysis of data from the World Health Survey Programme. *BMJ, 336*, 1482–86.
Olds, J., & Milner, P. 1954. Positive reinforcement produced by electrical stimulation of septal area and other regions of rat brain. *Journal of Comparative & Physiological Psychology, 47*, 419–27.
Orwell, G. 1946/1970. Politics and the English language. In *A collection of essays*. Boston: Mariner Books.
Otterbein, K. F. 2004. *How war began*. College Station, Tex.: Texas A&M University Press.
Ottosson, D. 2006. *LGBT world legal wrap up survey*. Brussels: International Lesbian and Gay Association.

Ottosson, D. 2009. *State-sponsored homophobia*. Brussels: International Lesbian, Gay, Bisexual, Trans, and Intersex Association.
Outram, D. 1995. *The enlightenment*. New York: Cambridge University Press.
Oxford, J. S., Sefton, A., Jackson, R., Innes, W., Daniels, R. S., & Johnson, N. P. 2002. World War I may have allowed the emergence of "Spanish" influenza. *Lancet Infectious Diseases, 2*, 111–14.
Oz, A. 1993. A postscript ten years later. In A. Oz, *In the land of Israel*. New York: Harcourt.
Panksepp, J. 1998. *Affective neuroscience: The foundations of human and animal emotions*. New York: Oxford University Press.
Parachini, J. 2003. Putting WMD terrorism into perspective. *Washington Quarterly, 26*, 37–50.
Parker, T. 1852/2005. *Ten sermons of religion*. Ann Arbor: University of Michigan Library.
Pate, A. 2008. Trends in democratization: A focus on instability in anocracies. In J. J. Hewitt, J. Wilkenfeld, & T. R. Gurr, eds., *Peace and conflict 2008*. Boulder, Colo.: Paradigm.
Patterson, O. 1985. *Slavery and social death*. Cambridge, Mass.: Harvard University Press.
Patterson, O. 1997. *The ordeal of integration*. Washington, D.C.: Civitas.
Patterson, O. 2008. Democracy, violence, and development in Jamaica: A comparative analysis. Harvard University.
Paul, T. V. 2009. *The tradition of non-use of nuclear weapons*. Stanford, Calif.: Stanford University Press.
Payne, J. L. 1989. *Why nations arm*. New York: Blackwell.
Payne, J. L. 2004. *A history of force: Exploring the worldwide movement against habits of coercion, bloodshed, and mayhem*. Sandpoint, Idaho: Lytton.
Payne, J. L. 2005. The prospects for democracy in high-violence societies. *Independent Review, 9*, 563–72.
Perez, J. 2006. *The Spanish Inquisition: A history*. New Haven, Conn.: Yale University Press.
Perry, W. J., Shultz, G. P., Kissinger, H. A., & Nunn, S. 2008. Toward a nuclear-free world. *Wall Street Journal*, A13 (January 15).
Peters, N. J. 2006. *Conundrum: The evolution of homosexuality*. Bloomington, Ind.: AuthorHouse.
Pew Research Center. 2010. *Gender equality universally embraced, but inequalities acknowledged*. Washington, D.C.: Pew Research Center. http://pewglobal.org/files/pdf/Pew-Global-Attitudes-2010-Gender-Report.pdf.
Pfaff, D. W. 2007. *The neuroscience of fair play: Why we (usually) follow the golden rule*. New York: Dana Press.
Phelps, E. A., O'Connor, K. J., Cunningham, W. A., Funayama, E. S., Gatenby, J. C., Gore, J. C., & Banaji, M. R. 2000. Performance on indirect measures of race evaluation predicts amygdala activation. *Journal of Cognitive Neuroscience, 12*, 729–38.
Piers, M. W. 1978. *Infanticide: Past and present*. New York: Norton.
Pinker, S. 1994. *The language instinct*. New York: HarperCollins.
Pinker, S. 1997. *How the mind works*. New York: Norton.
Pinker, S. 1998. Obituary: Roger Brown. *Cognition, 66*, 199–213.
Pinker, S. 1999. *Words and rules: The ingredients of language*. New York: HarperCollins.
Pinker, S. 2000. Review of John Maynard Smith and Eörs Szathmáry's "The origins of life: From the birth of life to the origin of language." *Trends in Evolution & Ecology, 15*, 127–28.
Pinker, S. 2002. *The blank slate: The modern denial of human nature*. New York: Viking.
Pinker, S. 2006. Deep commonalities between life and mind. In A. Grafen & M. Ridley, eds., *Richard Dawkins: How a scientist changed the way we think*. New York: Oxford University Press.
Pinker, S. 2007a. A history of violence. *New Republic* (March 19).
Pinker, S. 2007b. *The stuff of thought: Language as a window into human nature*. New York: Viking.
Pinker, S. 2008. The moral instinct. *New York Times Sunday Magazine* (January 13).
Pinker, S. 2010. The cognitive niche: Coevolution of intelligence, sociality, and language. *Proceedings of the National Academy of Sciences, 107*, 8993–99.
Pinker, S. 2011. Two problems with invoking self-deception too easily: Self-serving biases versus genuine self-deception, and distorted representations versus adjusted decision criteria. *Behavioral & Brain Sciences, 34*, 35–37.
Pinker, S., Nowak, M. A., & Lee, J. J. 2008. The logic of indirect speech. *Proceedings of the National Academy of Sciences USA, 105*, 833–38.
Pinker, Susan M. 2008. *The sexual paradox: Men, women, and the real gender gap*. New York: Scribner.
Pipes, R. 2003. *Communism: A history*. New York: Modern Library.
Pizarro, D. A., & Bloom, P. 2003. The intelligence of the moral intuitions: A comment on Haidt (2001). *Psychological Review, 110*, 193–96.
Plavcan, J. M. 2000. Inferring social behavior from sexual dimorphism in the fossil record. *Journal of Human Evolution, 39*, 327–44.
Plomin, R., DeFries, J. C., McClearn, G. E., & McGuffin, P. 2008. *Behavior genetics*, 5th ed. New York: Worth.
Pomeranz, K. 2008. A review of "A farewell to alms" by Gregory Clark. *American Historical Review, 113*, 775–79.
Popkin, R. 1979. *The history of skepticism from Erasmus to Spinoza*. Berkeley: University of California Press.

Posner, R. A. 2004. Torture, terrorism, and interrogation. In S. Levinson, ed., *Torture: A collection*. New York: Oxford University Press.
Potegal, M. 2006. Human cruelty is rooted in the reinforcing effects of intraspecific aggression that subserves dominance motivation. *Behavioral & Brain Sciences, 29*, 236–37.
Potts, M., & Hayden, T. 2008. *Sex and war: How biology explains warfare and terrorism and offers a path to a safer world*. Dallas, Tex.: Benbella.
Poundstone, W. 1992. *Prisoner's dilemma: Paradox, puzzles, and the frailty of knowledge*. New York: Anchor.
Power, S. 2002. *A problem from hell: America and the age of genocide*. New York: HarperPerennial.
Pratto, F., Sidanius, J., & Levin, S. 2006. Social dominance theory and the dynamics of intergroup relations: Taking stock and looking forward. *European Review of Social Psychology, 17*, 271–320.
Prentice, D. A., & Miller, D. T. 2007. Psychological essentialism of human categories. *Current Directions in Psychological Science, 16*, 202–6.
Preston, S. D., & de Waal, F.B.M. 2002. Empathy: Its ultimate and proximate bases. *Behavioral & Brain Sciences, 25*, 1–72.
Price, L. 2003. *The anthology and the rise of the novel: From Richardson to George Eliot*. New York: Cambridge University Press.
Price, R. M. 1997. *The chemical weapons taboo*. Ithaca, N.Y.: Cornell University Press.
Prinz, J. J. In press. Is empathy necessary for morality? In P. Goldie & A. Coplan, eds., *Empathy: Philosophical and psychological perspectives*. Oxford: Oxford University Press.
Procida, F. 2009. Overblown: Why an Iranian nuclear bomb is not the end of the world. *Foreign Affairs*.
Pryor, F. L. 2007. Are Muslim countries less democratic? *Middle East Quarterly, 14*, 53–58.
Przeworski, M., Hudson, R. R., & Di Rienzo, A. 2000. Adjusting the focus on human variation. *Trends in Genetics, 16*, 296–302.
Puppi, L. 1990. *Torment in art: Pain, violence, and martyrdom*. New York: Rizzoli.
Rai, T., & Fiske, A. P. 2011. Moral psychology is relationship regulation: Moral motives for unity, hierarchy, equality, and proportionality. *Psychological Review, 118*, 57–75.
Railton, P. 1986. Moral realism. *Philosophical Review, 95*, 163–207.
Raine, A. 2002. The biological basis of crime. In J. Q. Wilson & J. Petersilia, eds., *Crime: Public policies for crime control*. Oakland, Calif.: ICS Press.
Raine, A. 2008. From genes to brain to antisocial behavior. *Current Directions in Psychological Science, 17*, 323–28.
Raine, A., Lencz, T., Bihrle, S., LaCasse, L., & Colletti, P. 2000. Reduced prefrontal gray matter volume and reduced autonomic activity in antisocial personality disorder. *Archives of General Psychiatry, 57*, 119–29.
Rajender, S., Pandu, G., Sharma, J. D., Gandhi, K.P.C., Singh, L., & Thangaraj, K. 2008. Reduced CAG repeats length in androgen receptor gene is associated with violent criminal behavior. *International Journal of Legal Medicine, 122*, 367–72.
Ramachandran, V. S. 2000. Mirror neurons and imitation learning as the driving force behind "the great leap forward" in human evolution. *Edge*. http://www.edge.org/3rd_culture/ramachandran/ramachandran_index.html.
Raphael, S., & Stoll, M. A. 2007. *Why are so many Americans in prison?* Berkeley: University of California Press.
Raphael, S., & Winter-Ebmer, R. 2001. Identifying the effect of unemployment on crime. *Journal of Law & Economics, 44*, 259–83.
Rapoport, A. 1964. *Strategy and conscience*. New York: Harper & Row.
Ray, J. L. 1989. The abolition of slavery and the end of international war. *International Organization, 43*, 405–39.
Redmond, E. M. 1994. *Tribal and chiefly warfare in South America*. Ann Arbor: University of Michigan Museum.
Reicher, S., & Haslam, S. A. 2006. Rethinking the psychology of tyranny: The BBC prison study. *British Journal of Social Psychology, 45*, 1–40.
Remarque, E. M. 1929/1987. *All quiet on the western front*. New York: Ballantine.
Renfrew, J. W. 1997. *Aggression and its causes: A biopsychosocial approach*. New York: Oxford University Press.
Resnick, P. J. 1970. Murder of the newborn: A psychiatric review of neonaticide. *American Journal of Psychiatry, 126*, 58–64.
Rhee, S. H., & Waldman, I. D. 2007. Behavior-genetics of criminality and aggression. In D. J. Flannery, A. T. Vazsonyi, & I. D. Waldman, eds., *The Cambridge handbook of violent behavior and aggression*. New York: Cambridge University Press.
Rhoads, S. E. 2004. *Taking sex differences seriously*. San Francisco: Encounter Books.
Rice, M. 1997. Violent offender research and implications for the criminal justice system. *American Psychologist, 52*, 414–23.
Richardson, L. F. 1960. *Statistics of deadly quarrels*. Pittsburgh: Boxwood Press.
Ridley, M. 1997. *The origins of virtue: Human instincts and the evolution of cooperation*. New York: Viking.
Ridley, M. 2010. *The rational optimist: How prosperity evolves*. New York: HarperCollins.

Riedel, B. 2010. If Israel attacks. *National Interest* (August 24).
Rifkin, J. 2009. *The empathic civilization: The race to global consciousness in a world in crisis.* New York: J. P. Tarcher/Penguin.
Rindermann, H. 2008. Relevance of education and intelligence for the political development of nations: Democracy, rule of law and political liberty. *Intelligence, 36,* 306–22.
Roberts, A. 2010. Lives and statistics: Are 90% of war victims civilians? *Survival, 52,* 115–36.
Roberts, D. C., & Turcotte, D. L. 1998. Fractality and self-organized criticality of wars. *Fractals, 6,* 351–57.
Robinson, F. S. 2009. *The case for rational optimism.* New Brunswick, N.J.: Transaction.
Rodriguez, J. P. 1999. *Chronology of world slavery.* Santa Barbara, Calif.: ABC-CLIO.
Rodriguez, M. L., Mischel, W., & Shoda, Y. 1989. Cognitive person variables in the delay of gratification of older children at risk. *Journal of Personality & Social Psychology, 57,* 358–67.
Rogers, A. R. 1994. Evolution of time preference by natural selection. *American Economic Review, 84,* 460–81.
Romer, D., Duckworth, A. L., Sznitman, S., & Park, S. 2010. Can adolescents learn self-control? Delay of gratification in the development of control over risk taking. *Prevention Science, 11,* 319–30.
Roney, J. R., Simmons, Z. L., & Lukaszewski, A. W. 2009. Androgen receptor gene sequence and basal cortisol concentrations predict men's hormonal responses to potential mates. *Proceedings of the Royal Society B: Biological Sciences, 277,* 57–63.
Ropeik, D., & Gray, G. 2002. *Risk: A practical guide for deciding what's really safe and what's really dangerous in the world around you.* Boston: Houghton Mifflin.
Rosato, S. 2003. The flawed logic of democratic peace theory. *American Political Science Review, 97,* 585–602.
Rosecrance, R. 2010. Capitalist influences and peace. *International Interactions, 36,* 192–98.
Rosenau, J. N., & Fagen, W. M. 1997. A new dynamism in world politics: Increasingly skillful individuals? *International Studies Quarterly, 41,* 655–86.
Rosenbaum, R. 1998. *Explaining Hitler: The search for the origins of his evil.* New York: Random House.
Rosenfeld, R. 2006. Patterns in adult homicide: 1980–1995. In A. Blumstein & J. Wallman, eds., *The crime drop in America,* rev. ed. New York: Cambridge University Press.
Ross, M. L. 2008. Blood barrels: Why oil wealth fuels conflict. *Foreign Affairs.*
Rossi, P. H., Waite, E., Bose, C., & Berk, R. A. 1974. The structuring of normative judgements concerning the seriousness of crimes. *American Sociological Review, 39,* 224–37.
Rossiter, C., ed. 1961. *The Federalist Papers.* New York: New American Library.
Roth, R. 2001. Homicide in early modern England, 1549–1800: The need for a quantitative synthesis. *Crime, History & Societies, 5,* 33–67.
Roth, R. 2009. *American homicide.* Cambridge, Mass.: Harvard University Press.
Rothstein, R. 1998. *The way we were? The myths and realities of America's student achievement.* New York: Century Foundation Press.
Rousseau, J.-J. 1755/1994. *Discourse upon the origin and foundation of inequality among mankind.* New York: Oxford University Press.
Rowe, D. C. 2002. *Biology and crime.* Los Angeles: Roxbury.
Rozin, P. 1996. Towards a psychology of food and eating: From motivation to module to model to marker, morality, meaning, and metaphor. *Current Directions in Psychological Science, 5,* 18–24.
Rozin, P. 1997. Moralization. In A. Brandt & P. Rozin, eds., *Morality and health.* New York: Routledge.
Rozin, P., & Fallon, A. 1987. A perspective on disgust. *Psychological Review, 94,* 23–41.
Rozin, P., Markwith, M., & Stoess, C. 1997. Moralization and becoming a vegetarian: The transformation of preferences into values and the recruitment of disgust. *Psychological Science, 8,* 67–73.
Rummel, R. J. 1994. *Death by government.* Piscataway, N.J.: Transaction.
Rummel, R. J. 1997. *Statistics of democide.* Piscataway, N.J.: Transaction.
Rummel, R. J. 2002. 20th century democide. http://www.hawaii.edu/powerkills/20th.htm.
Rummel, R. J. 2004. One-thirteenth of a data point does not a generalization make: A reply to Dulić. *Journal of Peace Research, 41,* 103–4.
Russett, B. 2008. Peace in the twenty-first century? The limited but important rise of influences on peace. Yale University.
Russett, B. 2010. Capitalism *or* democracy? Not so fast. *International Interactions, 36,* 198–205.
Russett, B., & Oneal, J. 2001. *Triangulating peace: Democracy, interdependence, and international organizations.* New York: Norton.
Sagan, S. D. 2009. The global nuclear future. *Bulletin of the American Academy of Arts & Sciences, 62,* 21–23.
Sagan, S. D. 2010. Nuclear programs with sources. Stanford University.
Salehyan, I. 2008. From climate change to conflict? No consensus yet. *Journal of Peace Research, 45,* 315–26.
Salganik, M. J., Dodds, P. S., & Watts, D. J. 2006. Experimental study of inequality and unpredictability in an artificial cultural market. *Science, 311,* 854–56.
Salmon, C. A. 1998. The evocative nature of kin terminology in political rhetoric. *Politics & the Life Sciences, 17,* 51–57.

Salmon, C. A., & Symons, D. 2001. *Warrior lovers: Erotic fiction, evolution, and female sexuality.* New Haven, Conn.: Yale University Press.

Sampson, R. J., Laub, J. H., & Wimer, C. 2006. Does marriage reduce crime? A counterfactual approach to within-individual causal effects. *Criminology, 44,* 465–508.

Sanfey, A. G., Rilling, J. K., Aronson, J. A., Nystrom, L. E., & Cohen, J. D. 2003. The neural basis of economic decision-making in the ultimatum game. *Science, 300,* 1755–58.

Sargent, M. J. 2004. Less thought, more punishment: Need for cognition predicts support for punitive responses to crime. *Personality & Social Psychology Bulletin, 30,* 1485–93.

Sarkees, M. R. 2000. The Correlates of War data on war: An update to 1997. *Conflict Management & Peace Science, 18,* 123–44.

Saunders, D. G. 2002. Are physical assaults by wives and girlfriends a major social problem? A review of the literature. *Violence Against Women, 8,* 1424–48.

Saunders, J. J. 1979. *The history of the Mongol conquests.* London: Routledge & Kegan Paul.

Saxe, R., & Kanwisher, N. 2003. People thinking about thinking people: The role of the temporoparietal junction in "theory of mind." *NeuroImage, 19,* 1835–42.

Sayre-McCord, G. 1988. *Essays on moral realism.* Ithaca, N.Y.: Cornell University Press.

Scarpa, A., & Raine, A. 2007. Biosocial bases of violence. In D. J. Flannery, A. T. Vazsonyi, & I. D. Waldman, eds., *The Cambridge handbook of violent behavior and aggression.* New York: Cambridge University Press.

Schama, S. 2001. *A history of Britain,* vol. 2: *The wars of the British 1603–1776.* New York: Hyperion.

Schechter, H. 2003. *The serial killer files: The who, what, where, how, and why of the world's most terrifying murderers.* New York: Ballantine.

Schechter, H. 2005. *Savage pastimes: A cultural history of violent entertainment.* New York: St. Martin's Press.

Schechter, S., Greenstone, J. H., Hirsch, E. G., & Kohler, K. 1906. Dietary laws. *Jewish encyclopedia.*

Scheff, T. J. 1994. *Bloody revenge: Emotions, nationalism, and war.* Lincoln, Neb.: iUniverse.com.

Schelling, T. C. 1960. *The strategy of conflict.* Cambridge, Mass.: Harvard University Press.

Schelling, T. C. 1978. *Micromotives and macrobehavior.* New York: Norton.

Schelling, T. C. 1984. The intimate contest for self-command. *Choice and consequence: Perspectives of an errant economist.* Cambridge, Mass.: Harvard University Press.

Schelling, T. C. 2000. The legacy of Hiroshima: A half-century without nuclear war. *Philosophy & Public Policy Quarterly, 20,* 1–7.

Schelling, T. C. 2005. An astonishing sixty years: The legacy of Hiroshima. In K. Grandin, ed., *Les Prix Nobel.* Stockholm: Nobel Foundation.

Schelling, T. C. 2006. *Strategies of commitment, and other essays.* Cambridge, Mass.: Harvard University Press.

Schelling, T. C. 2009. A world without nuclear weapons? *Daedalus, 138,* 124–29.

Schneider, G., & Gleditsch, N. P. 2010. The capitalist peace: The origins and prospects of a liberal idea. *International Interactions, 36,* 107–14.

Schroeder, P. W. 1994. *The transformation of European politics, 1763–1848.* New York: Oxford University Press.

Schuman, H., Steeh, C., & Bobo, L. D. 1997. *Racial attitudes in America: Trends and interpretations.* Cambridge, Mass.: Harvard University Press.

Schwager, R. 2000. *Must there be scapegoats? Violence and redemption in the Bible.* New York: Crossroad.

Schwartz, W. F., Baxter, K., & Ryan, D. 1984. The duel: Can these men be acting efficiently? *Journal of Legal Studies, 13,* 321–55.

Sedgh, G., Henshaw, S. K., Singh, S., Bankole, A., & Drescher, J. 2007. Legal abortion worldwide: Incidence and recent trends. *International Family Planning Perspectives, 33,* 106–16.

Séguin, J. R., Sylvers, P., & Lilienfeld, S. O. 2007. The neuropsychology of violence. In D. J. Flannery, A. T. Vazsonyi, & I. D. Waldman, eds., *The Cambridge handbook of violent behavior and aggression.* New York: Cambridge University Press.

Sell, A., Tooby, J., & Cosmides, L. 2009. Formidability and the logic of human anger. *Proceedings of the National Academy of Sciences, 106,* 15073–78.

Sen, A. 1990. More than 100 million women are missing. *New York Review of Books* (December 20).

Sen, A. 2000. East and West: The reach of reason. *New York Review of Books* (July 20).

Sen, A. 2006. *Identity and violence: The illusion of destiny.* New York: Norton.

Seymour, B., Singer, T., & Dolan, R. 2007. The neurobiology of punishment. *Nature Reviews Neuroscience, 8,* 300–311.

Shafer-Landau, R. 2003. *Moral realism: A defence.* Oxford: Clarendon Press.

Shamosh, N. A., De Young, C. G., Green, A. E., Reis, D. L., Johnson, M. R., Conway, A.R.A., Engle, R. W., Braver, T. S., & Gray, J. R. 2008. Individual differences in delay discounting: Relation to intelligence, working memory, and anterior prefrontal cortex. *Psychological Science, 19,* 904–11.

Shamosh, N. A., & Gray, J. R. 2008. Delay discounting and intelligence: A meta-analysis. *Intelligence, 38,* 289–305.

Sheehan, J. J. 2008. *Where have all the soldiers gone? The transformation of modern Europe.* Boston: Houghton Mifflin.

Shergill, S. S., Bays, P. M., Frith, C. D., & Wolpert, D. M. 2003. Two eyes for an eye: the neuroscience of force escalation. *Science, 301*, 187.

Sherif, M. 1966. *Group conflict and cooperation: Their social psychology*. London: Routledge & Kegan Paul.

Shermer, M. 2004. *The science of good and evil: Why people cheat, gossip, care, share, and follow the golden rule*. New York: Holt.

Shevelow, K. 2008. *For the love of animals*. New York: Holt.

Shotland, R. L., & Straw, M. K. 1976. Bystander response to an assault: When a man attacks a woman. *Journal of Personality & Social Psychology, 34*, 990–99.

Shultz, G. P. 2009. A world free of nuclear weapons. *Bulletin of the American Academy of Arts & Sciences, 62*, 81–82.

Shultz, G. P., Perry, W. J., Kissinger, H. A., & Nunn, S. 2007. A world free of nuclear weapons. *Wall Street Journal* (January 4).

Shweder, R. A., Much, N. C., Mahapatra, M., & Park, L. 1997. The "big three" of morality (autonomy, community, and divinity) and the "big three" explanations of suffering. In A. Brandt & P. Rozin, eds., *Morality and health*. New York: Routledge.

Sidanius, J., & Pratto, F. 1999. *Social dominance*. Cambridge, U.K.: Cambridge University Press.

Sidanius, J., & Veniegas, R. C. 2000. Gender and race discrimination: The interactive nature of disadvantage. In S. Oskamp, ed., *Reducing prejudice and discrimination: The Claremont symposium on applied social psychology*. Mahwah, N.J.: Erlbaum.

Siena Research Institute. 2010. *American presidents: Greatest and worst. Siena's 5th presidential expert poll*. Loudonville, N.Y.: Siena College. http://www.siena.edu/uploadedfiles/home/parents_and_community/community_page/sri/independent_research/Presidents%20Release_2010_final.pdf.

Sigmund, K. 1997. Games evolution plays. In A. Schmitt, K. Atzwanger, K. Grammer, & K. Schäfer, eds., *Aspects of human ethology*. New York: Plenum.

Simons, O. 2001. *Marteaus Europa oder Der Roman, bevor er Literatur wurde*. Amsterdam: Rodopi.

Simonton, D. K. 1990. *Psychology, science, and history: An introduction to historiometry*. New Haven, Conn.: Yale University Press.

Simonton, D. K. 2006. Presidential IQ, openness, intellectual brilliance, and leadership: Estimates and correlations for 42 U.S. chief executives. *Political Psychology, 27*, 511–26.

Singer, D. J., & Small, M. 1972. *The wages of war 1816–1965: A statistical handbook*. New York: Wiley.

Singer, P. 1975/2009. *Animal liberation: The definitive classic of the animal movement*, updated ed. New York: HarperCollins.

Singer, P. 1981/2011. *The expanding circle: Ethics and sociobiology*. Princeton, N.J.: Princeton University Press.

Singer, P. 1994. *Rethinking life and death: The collapse of our traditional ethics*. New York: St. Martin's Press.

Singer, T., Seymour, B., O'Doherty, J. P., Stephan, K. E., Dolan, R. J., & Frith, C. D. 2006. Empathic neural responses are modulated by the perceived fairness of others. *Nature, 439*, 466–69.

Skenazy, L. 2009. *Free-range kids: Giving our children the freedom we had without going nuts with worry*. San Francisco: Jossey-Bass.

Skogan, W. 1989. Social change and the future of violent crime. In T. R. Gurr, ed., *Violence in America*, vol. 1: *The history of crime*. Newbury Park, Calif.: Sage.

Slovic, P. 1987. Perception of risk. *Science, 236*, 280–85.

Slovic, P. 2007. "If I look at the mass I will never act": Psychic numbing and genocide. *Judgment & Decision Making, 2*, 79–95.

Slovic, P., Fischof, B., & Lichtenstein, S. 1982. Facts versus fears: Understanding perceived risk. In D. Kahneman, P. Slovic, & A. Tversky, eds., *Judgment under uncertainty: Heuristics and biases*. New York: Cambridge University Press.

Slutske, W. S., Heath, A. C., Dinwiddie, S. H., Madden, P.A.F., Bucholz, K. K., Dunne, M. P., Statham, D. J., & Martin, N. G. 1997. Modeling genetic and environmental influences in the etiology of conduct disorder: A study of 2,682 adult twin pairs. *Journal of Abnormal Psychology, 106*, 266–79.

Smith, A. 1759/1976. *The theory of moral sentiments*. Indianapolis: Liberty Classics.

Smith, A. 1776/2009. *The wealth of nations*. New York: Classic House Books.

Smith, H. 1952. *Man and his gods*. Boston: Little, Brown.

Sokal, A. D. 2000. *The Sokal hoax: The sham that shook the academy*. Lincoln: University of Nebraska Press.

Solomon, R. L. 1980. The opponent-process theory of acquired motivation. *American Psychologist, 35*, 691–712.

Solzhenitsyn, A. 1973/1991. *The Gulag archipelago*. New York: HarperPerennial.

Sommers, C. H. 1994. *Who stole feminism?* New York: Simon & Schuster.

Sorokin, P. 1957. *Social and cultural dynamics: A study of change in major systems of art, truth, ethics, law, and social relationships*. Boston: Extending Horizons.

Sowell, T. 1980. *Knowledge and decisions*. New York: Basic Books.

Sowell, T. 1987. *A conflict of visions: Ideological origins of political struggles*. New York: Quill.

Sowell, T. 1994. *Race and culture: A world view*. New York: Basic Books.

Sowell, T. 1996. *Migrations and cultures: A world view*. New York: Basic Books.

Sowell, T. 1998. *Conquests and cultures: An international history*. New York: Basic Books.

Sowell, T. 2004. *Affirmative action around the world: An empirical study*. New Haven, Conn.: Yale University Press.

Sowell, T. 2005. Are Jews generic? In T. Sowell, *Black rednecks and white liberals*. New York: Encounter.

Sowell, T. 2010. *Intellectuals and society*. New York: Basic Books.

Spagat, M., Mack, A., Cooper, T., & Kreutz, J. 2009. Estimating war deaths: An arena of contestation. *Journal of Conflict Resolution, 53*, 934–50.

Spence, J. T., Helmreich, R., & Stapp, J. 1973. A short version of the Attitudes toward Women Scale (AWS). *Bulletin of the Psychonomic Society, 2*, 219–20.

Spencer, A. T., & Croucher, S. M. 2008. Basque nationalism and the spiral of silence: An analysis of public perceptions of ETA in Spain and France. *International Communication Gazette, 70*, 137–53.

Spencer, C. 2000. *Vegetarianism: A history*. New York: Four Walls Eight Windows.

Sperber, D., ed. 2000. *Metarepresentations: A multidisciplinary perspective*. New York: Oxford University Press.

Spierenburg, P. 2006. Democracy came too early: A tentative explanation for the problem of American homicide. *American Historical Review,111*, 104–14.

Spierenburg, P. 2008. *A history of murder: Personal violence in Europe from the Middle Ages to the present*. Cambridge, U.K.: Polity.

Spiller, R. J. 1988. S.L.A. Marshall and the ratio of fire. *RUSI Journal, 133*, 63–71.

Spitzer, S. 1975. Punishment and social organization: A study of Durkheim's theory of penal evolution. *Law & Society Review, 9*, 613–38.

Stanton, S. J., Beehner, J. C., Saini, E. K., Kuhn, C. M., & LaBar, K. S. 2009. Dominance, politics, and physiology: Voters' testosterone changes on the night of the 2008 United States presidential election. *PLoS ONE, 4*, e7543.

Statistics Canada. 2008. Table 1: Homicide rates by province/territory, 1961 to 2007. http://www.statcan.gc.ca/pub/85-002-x/2008009/article/t/5800411-eng.htm.

Statistics Canada. 2010. Homicide offences, number and rate, by province and territory. http://www40.statcan.ca/l01/cst01/legal12a-eng.htm.

Steckel, R. H., & Wallis, J. 2009. Stones, bones, and states: A new approach to the Neolithic Revolution. http://www.nber.org/~confer/2007/daes07/steckel.pdf.

Steenhuis, A. 1984. We have not learnt to control nature and ourselves enough: An interview with Norbert Elias. *De Groene Amsterdammer* (May 16), 10–11.

Steigmann-Gall, R. 2003. *The Holy Reich: Nazi conceptions of Christianity, 1919–1945*. New York: Cambridge University Press.

Steinbeck, J. 1962/1997. *Travels with Charley and later novels, 1947–1962*. New York: Penguin.

Stephan, W. G., & Finlay, K. 1999. The role of empathy in improving intergroup relations. *Journal of Social Issues, 55*, 729–43.

Stevens, W. O. 1940. *Pistols at ten paces: The story of the code of honor in America*. Boston: Houghton Mifflin.

Stevenson, D. 2004. *Cataclysm: The first world war as political tragedy*. New York: Basic Books.

Stillwell, A. M., & Baumeister, R. F. 1997. The construction of victim and perpetrator memories: Accuracy and distortion in role-based accounts. *Personality & Social Psychology Bulletin, 23*, 1157–72.

Stockholm International Peace Research Institute. 2009. *SIPRI yearbook 2009: Armaments, disarmaments, and international security*. New York: Oxford University Press.

Stone, V. E., Baron-Cohen, S., & Knight, R. T. 1998. Frontal lobe contributions to theory of mind. *Journal of Cognitive Neuroscience, 10*, 640–56.

Strange, J. J. 2002. How fictional tales wag real-world beliefs: Models and mechanisms of narrative influence. In M. C. Green, J. J. Strange, & T. C. Brock, eds., *Narrative impact: Social and cognitive foundations*. New York: Routledge.

Straus, M. A. 1977/1978. Wife-beating: How common, and why? *Victimology, 2*, 443–58.

Straus, M. A. 1995. Trends in cultural norms and rates of partner violence: An update to 1992. In S. M. Stith & M. A. Straus, eds., *Understanding partner violence: Prevalence, causes, consequences, and solutions*. Minneapolis: National Council on Family Relations.

Straus, M. A. 1999. Corporal punishment by American parents: National data on prevalence, chronicity, severity, and duration, in relation to child, and family characteristics. *Clinical Child & Family Psychology Review, 2*, 55–70.

Straus, M. A. 2001. *Beating the devil out of them: Corporal punishment in American families and its effects on children*, rev. ed. New Brunswick, N.J.: Transaction.

Straus, M. A. 2005. Children should never, ever be spanked no matter what the circumstances. In D. R. Loseke, R. J. Gelles & M. M. Cavanaugh eds., *Current controversies about family violence*. Thousand Oaks, Calif.: Sage.

Straus, M. A. 2009. Differences in corporal punishment by parents in 32 nations and its relation to national differences in IQ. Paper presented at the 14th International Conference on Violence, Abuse, and Trauma. http://pubpages.unh.edu/~mas2/Cp98D%20CP%20%20IQ%20world-wide.pdf.

Straus, M. A., & Gelles, R. J. 1986. Societal change and change in family violence from 1975 to 1985 as revealed by two national surveys. *Journal of Marriage & the Family, 48*, 465–80.
Straus, M. A., & Gelles, R. J. 1988. How violent are American families? Estimates from the National Family Violence Resurvey and other studies. In G. T. Hotaling, D. Finkelhor, J. T. Kirkpatrick, & M. A. Straus, eds., *Family abuse and its consequences: New directions in research*. Thousand Oaks, Calif.: Sage.
Straus, M. A., & Kantor, G. K. 1994. Change in spouse assault rates from 1975 to 1992: A comparison of three national surveys in the United States. Paper presented at the 13th World Congress of Sociology. http://pubpages.unh.edu/~mas2/V55.pdf.
Straus, M. A., & Kantor, G. K. 1995. Trends in physical abuse by parents from 1975 to 1992: A comparison of three national surveys. Paper presented at the American Society of Criminology.
Straus, M. A., Kantor, G. K., & Moore, D. W. 1997. Changes in cultural norms approving marital violence from 1968 to 1994. In G. K. Kantor & J. L. Jasinski, eds., *Out of the darkness: Contemporary perspectives on family violence*. Thousand Oaks, Calif.: Sage.
Stuart, T. 2006. *The bloodless revolution: A cultural history of vegetarianism from 1600 to modern times*. New York: Norton.
Suedfeld, P., & Coren, S. 1992. Cognitive correlates of conceptual complexity. *Personality & Individual Differences, 13*, 1193–99.
Suedfeld, P., & Tetlock, P. E. 1977. Integrative complexity of communications in international crises. *Journal of Conflict Resolution, 21*, 169–84.
Suedfeld, P., Tetlock, P. E., & Ramirez, C. 1977. War, peace, and integrative complexity: UN speeches on the Middle East problem 1947–1976. *Journal of Conflict Resolution, 21*, 427–42.
Suk, J. 2009. *At home in the law: How the domestic violence revolution is transforming privacy*. New Haven, Conn.: Yale University Press.
Symons, D. 1979. *The evolution of human sexuality*. New York: Oxford University Press.
Taagepera, R., & Colby, B. N. 1979. Growth of western civilization: Epicyclical or exponential? *American Anthropologist, 81*, 907–12.
Tajfel, H. 1981. *Human groups and social categories*. New York: Cambridge University Press.
Takahashi, H., Kato, M., Matsuura, M., Mobbs, D., Suhara, T., & Okubo, Y. 2009. When your gain is my pain and your pain is my gain: Neural correlates of envy and schadenfreude. *Science, 323*, 937–39.
Talmy, L. 2000. Force dynamics in language and cognition. *Toward a cognitive semantics 1: Concept structuring systems*. Cambridge, Mass.: MIT Press.
Tangney, J. P., Baumeister, R. F., & Boone, A. L. 2004. High self-control predicts good adjustment, less pathology, better grades, and interpersonal success. *Journal of Personality, 72*, 272–324.
Tannenwald, N. 2005a. Ideas and explanation: Advancing the theoretical agenda. *Journal of Cold War Studies, 7*, 13–42.
Tannenwald, N. 2005b. Stigmatizing the bomb: Origins of the nuclear taboo. *International Security, 29*, 5–49.
Tannenwald, N., & Wohlforth, W. C. 2005. Introduction: The role of ideas and the end of the Cold War. *Journal of Cold War Studies, 7*, 3–12.
Tatar, M. 2003. *The hard facts of the Grimm's fairy tales*, 2nd rev. ed. Princeton, N.J.: Princeton University Press.
Tavris, C., & Aronson, E. 2007. *Mistakes were made (but not by me): Why we justify foolish beliefs, bad decisions, and hurtful acts*. Orlando, Fla.: Harcourt.
Taylor, S., & Johnson, K. C. 2008. *Until proven innocent: Political correctness and the shameful injustices of the Duke lacrosse rape case*. New York: St. Martin's Press.
Taylor, S. E. 1989. *Positive illusions: Creative self-deception and the healthy mind*. New York: Basic Books.
Tetlock, P. E. 1985. Integrative complexity of American and Soviet foreign policy rhetoric: A time-series analysis. *Journal of Personality & Social Psychology, 49*, 1565–85.
Tetlock, P. E. 1994. Political psychology or politicized psychology: Is the road to scientific hell paved with good moral intentions? *Political Psychology, 15*, 509–29.
Tetlock, P. E. 1999. Coping with tradeoffs: Psychological constraints and political implications. In A. Lupia, M. McCubbins, & S. Popkin, eds., *Political reasoning and choice*. Berkeley: University of California Press.
Tetlock, P. E. 2003. Thinking the unthinkable: Sacred values and taboo cognitions. *Trends in Cognitive Sciences, 7*, 320–24.
Tetlock, P. E., Kristel, O. V., Elson, B., Green, M. C., & Lerner, J. 2000. The psychology of the unthinkable: Taboo tradeoffs, forbidden base rates, and heretical counterfactuals. *Journal of Personality & Social Psychology, 78*, 853–70.
Tetlock, P. E., Peterson, R. S., & Lerner, J. S. 1996. Revising the value pluralism model: Incorporating social content and context postulates. In C. Seligman, J. M. Olson, & M. P. Zanna, eds., *The psychology of values: The Ontario symposium*, vol. 8. Mahwah, N.J.: Erlbaum.
Thaler, R. H., & Sunstein, C. R. 2008. *Nudge: Improving decisions about health, wealth, and happiness*. New Haven, Conn.: Yale University Press.

Thayer, B. A. 2004. *Darwin and international relations: On the evolutionary origins of war and ethnic conflict*. Lexington: University Press of Kentucky.
Theisen, O. M. 2008. Blood and soil? Resource scarcity and internal armed conflict revisited. *Journal of Peace Research, 45*, 801–18.
Theweleit, M. 1977/1987. *Male fantasies*. Minneapolis: University of Minnesota Press.
Thomas, D. C. 2005. Human rights ideas, the demise of communism, and the end of the Cold War. *Journal of Cold War Studies, 7*, 110–41.
Thompson, P. M., Cannon, T. D., Narr, K. L., van Erp, T.G.M., Poutanen, V.-P., Huttunen, M., Lönnqvist, J., Standertskjöld-Nordenstam, C.-G., Kaprio, J., Khaledy, M., Dail, R., Zoumalan, C. I., & Toga, A. W. 2001. Genetic influences on brain structure. *Nature Neuroscience, 4*, 1–6.
Thornhill, R., & Palmer, C. T. 2000. *A natural history of rape: Biological bases of sexual coercion*. Cambridge, Mass.: MIT Press.
Thorpe, I.J.N. 2003. Anthropology, archaeology, and the origin of war. *World Archaeology, 35*, 145–65.
Thurston, R. 2007. *Witch hunts: A history of the witch persecutions in Europe and North America*. New York: Longman.
Thyne, C. L. 2006. ABC's, 123's, and the golden rule: The pacifying effect of education on civil war, 1980–1999. *International Studies Quarterly, 50*, 733–54.
Tiger, L. 2006. Torturers, horror films, and the aesthetic legacy of predation. *Behavioral & Brain Sciences, 29*, 244–45.
Tilly, C. 1985. War making and state making as organized crime. In P. Evans, D. Rueschemeyer, & T. Skocpol, eds., *Bringing the state back in*. New York: Cambridge University Press.
Tishkoff, S. A., Reed, F. A., Ranciaro, A., Voight, B. F., Babbitt, C. C., Silverman, J. S., Powell, K., Mortensen, H. M., Hirbo, J. B., Osman, M., Ibrahim, M., Omar, S. A., Lema, G., Nyambo, T. B., Ghori, J., Bumptstead, S., Pritchard, J. K., Wray, G. A., & Deloukas, P. 2006. Convergent adaptation of human lactase persistence in Africa and Europe. *Nature Genetics, 39*, 31–40.
Titchener, E. B. 1909/1973. *Lectures on the experimental psychology of the thought-processes*. New York: Arno Press.
Tooby, J., & Cosmides, L. 1988. The evolution of war and its cognitive foundations. *Institute for Evolutionary Studies Technical Report*.
Tooby, J., & Cosmides, L. 1990a. On the universality of human nature and the uniqueness of the individual: The role of genetics and adaptation. *Journal of Personality, 58*, 17–67.
Tooby, J., & Cosmides, L. 1990b. The past explains the present: Emotional adaptations and the structure of ancestral environments. *Ethology & sociobiology, 11*, 375–424.
Tooby, J., & Cosmides, L. 1992. Psychological foundations of culture. In J. Barkow, L. Cosmides, & J. Tooby, eds., *The adapted mind: Evolutionary psychology and the generation of culture*. New York: Oxford University Press.
Tooby, J., & Cosmides, L. 2010. Groups in mind: The coalitional roots of war and morality. In H. Høgh-Oleson, ed., *Human morality and sociality: Evolutionary and comparative perspectives*. New York: Palgrave Macmillan.
Tooby, J., & Cosmides, L. In press. Ecological rationality and the multimodular mind: Grounding normative theories in adaptive problems. In K. I. Manktelow & D. E. Over, eds., *Reasoning and rationality*. London: Routledge.
Tooby, J., Cosmides, L., & Price, M. E. 2006. Cognitive adaptations for n-person exchange: The evolutionary roots of organizational behavior. *Managerial & Decision Economics, 27*, 103–29.
Tooby, J., & DeVore, I. 1987. The reconstruction of hominid evolution through strategic modeling. In W. G. Kinzey, ed., *The evolution of human behavior: Primate models*. Albany, N.Y.: SUNY Press.
Tooley, M. 1972. Abortion and infanticide. *Philosophy & Public Affairs, 2*, 37–65.
Toye, R. 2010. *Churchill's empire: The world that made him and the world he made*. New York: Henry Holt.
Travers, J., & Milgram, S. 1969. An experimental study of the small-world problem. *Sociometry, 32*, 425–43.
Trivers, R. L. 1971. The evolution of reciprocal altruism. *Quarterly Review of Biology, 46*, 35–57.
Trivers, R. L. 1972. Parental investment and sexual selection. In B. Campbell, ed., *Sexual selection and the descent of man*. Chicago: Aldine.
Trivers, R. L. 1974. Parent-offspring conflict. *American Zoologist, 14*, 249–64.
Trivers, R. L. 1976. Foreword. In R. Dawkins, ed., *The selfish gene*. New York: Oxford University Press.
Trivers, R. L. 1985. *Social evolution*. Reading, Mass.: Benjamin/Cummings.
Trivers, R. L. In press. *Deceit and self-deception*.
Trivers, R. L., & Willard, D. E. 1973. Natural selection of parental ability to vary the sex ratio of offspring. *Science, 179*, 90–91.
Tuchman, B. W. 1978. *A distant mirror: The calamitous 14th century*. New York: Knopf.
Tucker, G. R. & Lambert, W. E. 1969. White and Negro listeners' reactions to various American-English dialects. *Social Forces, 47*, 465–68.
Turing, A. M. 1936. On computable numbers, with an application to the Entscheidungsproblem. *Proceedings of the London Mathematical Society, 42*, 230–65.
Turing, A. M. 1950. Computing machinery and intelligence. *Mind, 59*, 433–60.

Turkheimer, E. 2000. Three laws of behavior genetics and what they mean. *Current Directions in Psychological Science, 5*, 160–64.
Turner, H. A. 1996. *Hitler's thirty days to power: January 1933*. New York: Basic Books.
Tversky, A., & Kahneman, D. 1973. Availability: A heuristic for judging frequency and probability. *Cognitive Psychology, 4*, 207–32.
Tversky, A., & Kahneman, D. 1974. Judgment under uncertainty: Heuristics and biases. *Science, 185*, 1124–31.
Tversky, A., & Kahneman, D. 1981. The framing of decisions and the psychology of choice. *Science, 211*, 453–58.
Tversky, A., & Kahneman, D. 1983. Extensions versus intuitive reasoning: The conjunction fallacy in probability judgment. *Psychological Review, 90*, 293–315.
Twenge, J. M. 1997. Attitudes toward women, 1970–1995: A meta-analysis. *Psychology of Women Quarterly, 21*, 35–51.
Twenge, J. M. 2009. Change over time in obedience: The jury's still out, but it might be decreasing. *American Psychologist, 64*, 28–31.
Tyrrell, M. 2007. Homage to Ruritania: Nationalism, identity, and diversity. *Critical Review, 19*, 511–12.
Umbeck, J. 1981. Might makes rights: A theory of the formation and initial distribution of property rights. *Economic Inquiry, 19*, 38–59.
United Kingdom. Home Office. 2010. Research development statistics: Crime. http://rds.homeoffice.gov.uk/rds/bcs1.html.
United Kingdom. Office for National Statistics. 2009. Population estimates for U.K., England and Wales, Scotland, and Northern Ireland—Current datasets. http://www.statistics.gov.uk/statbase/Product.asp?vlnk=15106.
United Nations. 2008. *World population prospects*: Population database, 2008 rev. http://esa.un.org/unpp/.
United Nations Development Fund for Women. 2003. *Not a minute more: Ending violence against women*. New York: United Nations.
United Nations Development Programme. 2003. *Arab Human Development Report 2002: Creating opportunities for future generations*. New York: Oxford University Press.
United Nations Office on Drugs and Crime. 2009. *International homicide statistics*. http://www.unodc.org/documents/data-and-analysis/IHS-rates-05012009.pdf.
United Nations Population Fund. 2000. *The state of world population: Lives together, worlds apart—Men and women in a time of change*. New York: United Nations.
U.S. Bureau of Justice Statistics. 2009. *National crime victimization survey spreadsheet*. http://bjs.ojp.usdoj.gov/content/glance/sheets/viortrd.csv.
U.S. Bureau of Justice Statistics. 2010. *Intimate partner violence in the U.S.* http://bjs.ojp.usdoj.gov/content/intimate/victims.cfm.
U.S. Bureau of Justice Statistics. 2011. *Homicide trends in the U.S.: Intimate homicide*. http://bjs.ojp.usdoj.gov/content/homicide/intimates.cfm.
U.S. Census Bureau. 2010a. *Historical estimates of world population*. http://www.census.gov/ipc/www/worldhis.html.
U.S. Census Bureau. 2010b. *Income. Families*. Table F-4: Gini ratios of families by race and Hispanic origin of householder. http://www.census.gov/hhes/www/income/data/historical/families/index.html.
U.S. Census Bureau. 2010c. *International data base (IDB): Total midyear population for the world: 1950–2020*. http://www.census.gov/ipc/www/idb/worldpop.php.
U.S. Federal Bureau of Investigation. 2007. *Crime in the United States*. http://www.fbi.gov/ucr/cius2007/index.html.
U.S. Federal Bureau of Investigation. 2010a. *Hate crimes*. http://www.fbi.gov/about-us/investigate/civilrights/hate_crimes/hate_crimes.
U.S. Federal Bureau of Investigation. 2010b. *Uniform crime reports*. http://www.fbi.gov/about-us/cjis/ucr/ucr.
U.S. Federal Bureau of Investigation. 2011. *Preliminary annual uniform crime report, January–December 2010*. http://www.fbi.gov/about-us/cjis/ucr/crime-in-the-u.s/2010/preliminary-annual-ucr-jan-dec-2010.
U.S. Fish and Wildlife Service. 2006. *National survey of fishing, hunting, and wildlife-associated recreation*. https://docs.google.com/viewer?url=http://library.fws.gov/Pubs/nat_survey2006.pdf.
Valdesolo, P., & DeSteno, D. 2008. The duality of virtue: Deconstructing the moral hypocrite. *Journal of Experimental Social Psychology, 44*, 1334–38.
Valentino, B. 2004. *Final solutions: Mass killing and genocide in the 20th century*. Ithaca, N.Y.: Cornell University Press.
Valero, H., & Biocca, E. 1970. *Yanoama: The narrative of a white girl kidnapped by Amazonian Indians*. New York: Dutton.
van Beijsterveldt, C.E.M., Bartels, M., Hudziak, J. J., & Boomsma, D. I. 2003. Causes of stability of aggression from early childhood to adolescence: A longitudinal genetic analysis in Dutch twins. *Behavior Genetics, 33*, 591–605.

van Creveld, M. 2008. *The culture of war*. New York: Ballantine.
van den Oord, E.J.C.G., Boomsma, D. I., & Verhulst, F. C. 1994. A study of problem behaviors in 10- to 15-year-old biologically related and unrelated international adoptees. *Biological Genetics, 24,* 193–205.
Van der Dennen, J.M.G. 1995. *The origin of war: The evolution of a male-coalitional reproductive strategy.* Groningen, Netherlands: Origin Press.
Van der Dennen, J.M.G. 2005. *Querela pacis:* Confession of an irreparably benighted researcher on war and peace. An open letter to Frans de Waal and the "Peace and Harmony Mafia." University of Groningen.
van Evera, S. 1994. Hypotheses on nationalism and war. *International Security, 18,* 5–39.
Vasquez, J. A. 2009. *The war puzzle revisited*. New York: Cambridge University Press.
Vegetarian Society. 2010. Information sheet. http://www.vegsoc.org/info/statveg.html.
Vincent, D. 2000. *The rise of mass literacy: Reading and writing in modern Europe*. Malden, Mass.: Blackwell.
von Hippel, W., & Trivers, R. L. 2011. The evolution and psychology of self-deception. *Behavioral & Brain Sciences, 34,* 1–56.
Wade, N. 2006. *Before the dawn: Recovering the lost history of our ancestors*. New York: Penguin.
Wakefield, J. C. 1992. The concept of mental disorder: On the boundary between biological facts and social values. *American Psychologist, 47,* 373–88.
Waldrep, C. 2002. *The many faces of Judge Lynch: Extralegal violence and punishment in America*. New York: Palgrave Macmillan.
Walker, A., Flatley, J., Kershaw, C., & Moon, D. 2009. *Crime in England and Wales 2008/09*. London: U. K. Home Office.
Walker, P. L. 2001. A bioarchaeological perspective on the history of violence. *Annual Review of Anthropology, 30,* 573–96.
Walzer, M. 2004. Political action: The problem of dirty hands. In S. Levinson, ed., *Torture: A collection*. New York: Oxford University Press.
Warneken, F., & Tomasello, M. 2007. Helping and cooperation at 14 months of age. *Infancy, 11,* 271–94.
Watson, G. 1985. *The idea of liberalism*. London: Macmillan.
Wattenberg, B. J. 1984. *The good news is the bad news is wrong*. New York: Simon & Schuster.
Wearing, J. P., ed. 2010. *Bernard Shaw on war*. London: Hesperus Press.
Weede, E. 2010. The capitalist peace and the rise of China: Establishing global harmony by economic independence. *International Interactions, 36,* 206–13.
Weedon, M., & Frayling, T. 2008. Reaching new heights: Insights into the genetics of human stature. *Trends in Genetics, 24,* 595–603.
Weiss, H. K. 1963. Stochastic models for the duration and magnitude of a "deadly quarrel." *Operations Research, 11,* 101–21.
White, M. 1999. Who's the most important person of the twentieth century? http://users.erols.com/mwhite28/20c-vip.htm.
White, M. 2004. 30 worst atrocities of the 20th century. http://users.erols.com/mwhite28/atrox.htm.
White, M. 2005a. Deaths by mass unpleasantness: Estimated totals for the entire 20th century. http://users.erols.com/mwhite28/warstat8.htm.
White, M. 2005b. Democracies do not make war on each other . . . or do they? http://users.erols.com/mwhite28/demowar.htm.
White, M. 2007. Death tolls for the man-made megadeaths of the 20th century: FAQ. http://users.erols.com/mwhite28/war-faq.htm.
White, M. 2010a. Selected death tolls for wars, massacres and atrocities before the 20th century. http://users.erols.com/mwhite28/warstato.htm.
White, M. 2010b. Selected death tolls for wars, massacres and atrocities before the 20th century, page 2. http://users.erols.com/mwhite28/warstatv.htm#Primitive.
White, M. 2010c. Death tolls for the man-made megadeaths of the twentieth century. http://users.erols.com/mwhite28/battles.htm.
White, M. 2011. *The great big book of horrible things. The definitive chronicle of history's 100 worst atrocities*. New York: Norton.
White, S. H. 1996. The relationships of developmental psychology to social policy. In E. Zigler, S. L. Kagan, & N. Hall, eds., *Children, family, and government: Preparing for the 21st century*. New York: Cambridge University Press.
White, T. D., Asfaw, B., Beyene, Y., Haile-Selassie, Y., Lovejoy, C. O., Suwa, G., & WoldeGabriel, G. 2009. *Ardipithecus ramidus* and the paleobiology of early hominids. *Science, 326,* 64–86.
Wicherts, J. M., Dolan, C. V., Hessen, D. J., Oosterveld, P., Van Baal, G. C. M., Boomsma, D. I., & Span, M. M. 2004. Are intelligence tests measurement invariant over time? Investigating the nature of the Flynn effect. *Intelligence, 32,* 509–37.
Wicker, B., Keysers, C., Plailly, J., Royet, J.-P., Gallese, V., & Rizzolatti, G. 2003. Both of us are disgusted in my insula: The common neural basis of seeing and feeling disgust. *Neuron, 40,* 655–64.
Widom, C., & Brzustowicz, L. 2006. MAOA and the "cycle of violence": Childhood abuse and neglect, MAOA genotype, and risk for violent and antisocial behavior. *Biological Psychiatry, 60,* 684–89.

Wiener, M. J. 2004. *Men of blood: Violence, manliness, and criminal justice in Victorian England*. New York: Cambridge University Press.
Wiessner, P. 2006. From spears to M-16s: Testing the imbalance of power hypothesis among the Enga. *Journal of Anthropological Research, 62*, 165–91.
Wiessner, P. 2010. Youth, elders, and the wages of war in Enga Province, PNG. *Working Papers in State, Society, and Governance in Melanesia*. Canberra: Australian National University.
Wilkinson, D. 1980. *Deadly quarrels: Lewis F. Richardson and the statistical study of war*. Berkeley: University of California Press.
Wilkinson, D. L., Beaty, C. C., & Lurry, R. M. 2009. Youth violence—crime or self help? Marginalized urban males' perspectives on the limited efficacy of the criminal justice system to stop youth violence. *Annals of the American Association for Political Science, 623*, 25–38.
Willer, R., Kuwabara, K., & Macy, M. 2009. The false enforcement of unpopular norms. *American Journal of Sociology, 115*, 451–90.
Williams, G. C. 1988. Huxley's evolution and ethics in sociobiological perspective. *Zygon: Journal of Religion and Science, 23*, 383–407.
Williamson, L. 1978. Infanticide: An anthropological analysis. In M. Kohl, ed., *Infanticide and the value of life*. Buffalo, N.Y.: Prometheus Books.
Wilson, E. O. 1978. *On human nature*. Cambridge, Mass.: Harvard University Press.
Wilson, J. Q. 1974. *Thinking about crime*. New York: Basic Books.
Wilson, J. Q., & Herrnstein, R. J. 1985. *Crime and human nature*. New York: Simon & Schuster.
Wilson, J. Q., & Kelling, G. 1982. Broken windows: The police and neighborhood safety. *Atlantic Monthly, 249*, 29–38.
Wilson, M., & Daly, M. 1992. The man who mistook his wife for a chattel. In J. H. Barkow, L. Cosmides, & J. Tooby, eds., *The adapted mind: Evolutionary psychology and the generation of culture*. New York: Oxford University Press.
Wilson, M., & Daly, M. 1997. Life expectancy, economic inequality, homicide, and reproductive timing in Chicago neighborhoods. *British Medical Journal, 314*, 1271–74.
Wilson, M., & Daly, M. 2006. Are juvenile offenders extreme future discounters? *Psychological Science, 17*, 989–94.
Wilson, M. L., & Wrangham, R. W. 2003. Intergroup relations in chimpanzees. *Annual Review of Anthropology, 32*, 363–92.
Winship, C. 2004. The end of a miracle? Crime, faith, and partnership in Boston in the 1990's. In R. D. Smith, ed., *Long march ahead: The public influences of African American churches*. Raleigh, N.C.: Duke University Press.
Wolfgang, M., Figlio, R., & Sellin, T. 1972. *Delinquency in a birth cohort*. Chicago: University of Chicago Press.
Wolin, R. 2004. *The seduction of unreason: The intellectual romance with fascism from Nietzsche to postmodernism*. Princeton, N.J.: Princeton University Press.
Wood, J. C. 2003. Self-policing and the policing of the self: Violence, protection, and the civilizing bargain in Britain. *Crime, History, & Societies, 7*, 109–28.
Wood, J. C. 2004. *Violence and crime in nineteenth-century England: The shadow of our refinement*. London: Routledge.
Woolf, G. 2007. *Et tu, Brute? A short history of political murder*. Cambridge, Mass.: Harvard University Press.
Wouters, C. 2007. *Informalization: Manners and emotions since 1890*. Los Angeles: Sage.
Wrangham, R. W. 1999a. Evolution of coalitionary killing. *Yearbook of Physical Anthropology, 42*, 1–30.
Wrangham, R. W. 1999b. Is military incompetence adaptive? *Evolution & Human Behavior, 20*, 3–17.
Wrangham, R. W. 2009a. *Catching fire: How cooking made us human*. New York: Basic Books.
Wrangham, R. W. 2009b. The evolution of cooking: A talk with Richard Wrangham. *Edge*. http://www.edge.org/3rd_culture/wrangham/wrangham_index.html.
Wrangham, R. W., & Peterson, D. 1996. *Demonic males: Apes and the origins of human violence*. Boston: Houghton Mifflin.
Wrangham, R. W., & Pilbeam, D. 2001. African apes as time machines. In B.M.F. Galdikas, N. E. Briggs, L. K. Sheeran, G. L. Shapiro, & J. Goodall, eds., *All apes great and small*. New York: Kluwer.
Wrangham, R. W., Wilson, M. L., & Muller, M. N. 2006. Comparative rates of violence in chimpanzees and humans. *Primates, 47*, 14–26.
Wright, J. P., & Beaver, K. M. 2005. Do parents matter in creating self-control in their children? A genetically informed test of Gottfredson and Hirschi's theory of low self-control. *Criminology, 43*, 1169–202.
Wright, Q. 1942. *A study of war*, vol. 1. Chicago: University of Chicago Press.
Wright, Q. 1942/1964. *A study of war*, 2nd ed. Abridged by Louise Leonard Wright. Chicago: University of Chicago Press.
Wright, Q. 1942/1965. *A study of war*, 2nd ed., with a commentary on war since 1942. Chicago: University of Chicago Press.
Wright, R. 2000. *Nonzero: The logic of human destiny*. New York: Pantheon.

Xu, J., Kochanek, M. A., & Tejada-Vera, B. 2009. *Deaths: Preliminary data for 2007*. Hyattsville, Md.: National Center for Health Statistics.
Young, L., & Saxe, R. 2009. Innocent intentions: A correlation between forgiveness for accidental harm and neural activity. *Neuropsychologia, 47*, 2065–72.
Zacher, M. W. 2001. The territorial integrity norm: International boundaries and the use of force. *International Organization, 55*, 215–50.
Zahn, M. A., & McCall, P. L. 1999. Trends and patterns of homicide in the 20th century United States. In M. D. Smith & M. A. Zahn, eds., *Homicide: A sourcebook of social research*. Thousand Oaks, Calif.: Sage.
Zahn-Waxler, C., Radke-Yarrow, M., Wagner, E., & Chapman, M. 1992. Development of concern for others. *Developmental Psychology, 28*, 126–36.
Zak, P. J., Stanton, A. A., Ahmadi, S., & Brosnan, S. 2007. Oxytocin increases generosity in humans. *PLoS ONE*, 2, e1128.
Zebrowitz, L. A., & McDonald, S. M. 1991. The impact of litigants' babyfacedness and attractiveness on adjudications in small claims courts. *Law & Human Behavior, 15*, 603–23.
Zelizer, V. A. 1985. *Pricing the priceless child: The changing social value of children*. New York: Basic Books.
Zelizer, V. A. 2005. *The purchase of intimacy*. Princeton, N.J.: Princeton University Press.
Zerjal, T., Xue, Y., Bertorelle, G., Wells, R. S., Bao, W., Zhu, S., Qamar, R., Ayub, Q., Mohyuddin, A., Fu, S., Li, P., Yuldasheva, N., Ruzibakiev, R., Xu, J., Shu, Q., Du, R., Yang, H., Hurles, M. E., Robinson, E., Gerelsaikhan, T., Dashnyam, B., Mehdi, S. Q., & Tyler-Smith, C. 2003. The genetic legacy of the Mongols. *American Journal of Human Genetics, 72*, 717–21.
Zimbardo, P. G. 2007. *The Lucifer effect: Understanding how good people turn evil*. New York: Random House.
Zimbardo, P. G., Maslach, C., & Haney, C. 2000. Reflections on the Stanford prison experiment: Genesis, transformations, consequences. In T. Blass, ed., *Current perspectives on the Milgram paradigm*. Mahwah, N.J.: Erlbaum.
Zimring, F. E. 2007. *The great American crime decline*. New York: Oxford University Press.
Zipf, G. K. 1935. *The psycho-biology of language: An introduction to dynamic philology*. Boston: Houghton Mifflin.

索 引

索引所标页码为英文版页码，即本书边码